HANAUER GESCHICHTSBLÄTTER – BAND 35, 1997

HANAUER
GESCHICHTSBLÄTTER

VERÖFFENTLICHUNGEN

DES

HANAUER GESCHICHTSVEREINS

SCHRIFTLEITUNG:
MARTIN HOPPE · ECKHARD MEISE · GÜNTER RAUCH
HANAU

DIE FINANZWIRTSCHAFT DER STADT HANAU VON 1936 BIS 1954

VON

KARL-HEINZ RUTH

HANAU 1997

IM SELBSTVERLAG DES HANAUER GESCHICHTSVEREINS

Der Druck dieses Buches wurde ermöglicht durch finanzielle Hilfen des Rotary Clubs Hanau–Maintal, des Lions-Clubs Hanau Brüder Grimm, der Stiftung der Sparkasse Hanau und durch die Unterstützung der Stadt Hanau.

Die vorliegende Arbeit wurde 1997
vom Fachbereich Wirtschaftswissenschaften
der Johann Wolfgang Goethe-Universität in Frankfurt am Main
als Dissertation angenommen.

Printed in Germany

Schloßplatz 2, 63450 Hanau

Herstellung: Hanauer Anzeiger Druck & Verlag,
Hammerstraße 9, 63450 Hanau

ISBN-Nr. 3-9805307-2-8

Für Lieselotte,

ohne deren Ermutigung, Hilfe und Geduld
diese Arbeit nicht zustande gekommen wäre

INHALTSVERZEICHNIS

Seite

Geleitwort XXI
Vorwort des Verfassers XXIII
Einleitung 1

Erster Hauptteil

DIE ALLGEMEINEN BESTIMMUNGSFAKTOREN DER HANAUER FINANZWIRTSCHAFT

1. Das Stadtgebiet 9
2. Die Bevölkerung 14
3. Die Wirtschaft 21
4. Die Kriegszerstörungen 28

Zweiter Hauptteil

DER GESETZLICHE UND INSTITUTIONELLE RAHMEN DER HANAUER FINANZWIRTSCHAFT

1. Allgemeines 33
2. Die gesetzlichen Grundlagen der städtischen Finanzwirtschaft 34
3. Die Willensbildung und Entscheidungsfindung in der kommunalen Finanzpolitik
   a) Die städtischen Körperschaften 37
   b) Die Verwaltung 41
4. Der Haushaltsplan 44
   a) Aufstellung und Vollzug 45
   b) Inhalt und Einteilung 46
      b1) Gliederung der Verwaltungszweige 47
      b2) Gruppierung der Einnahmen und Ausgaben 49

Dritter Hauptteil

DIE FINANZIELLEN ERGEBNISSE DER HANAUER FINANZWIRTSCHAFT

1. Abschnitt:

DIE AUSGABEN UND EINNAHMEN NACH DEM RECHNUNGSQUERSCHNITT [HORIZONTALANALYSE]

Vorbemerkung 53

A. DER ORDENTLICHE HAUSHALT

I. ALLGEMEINES 57

II. DAS HAUSHALTSNIVEAU 59

Seite

III. DIE AUSGABEN 61

§ 1 Personalausgaben 65

1. Die Entwicklung der Aufgaben und des Personalstandes 65
2. Die Entwicklung der Löhne und Gehälter 79
3. Zusammenfassung und kritische Würdigung 83

§ 2 Zuweisungen, Umlagen und Steuerbeteiligungsbeträge 88

1. Zuweisungen an Gebietskörperschaften 89
   a) Zuweisungen an Bund (Reich) und Land 90
      a1) Der Schullastenausgleich 90
      a2) Die Bezirksumlage 94
      a3) Der Polizeikostenbeitrag 96
      a4) Der Kriegsbeitrag 97
      a5) Andere Zuweisungen 98
   b) Zuweisungen an andere Gemeinden und Gemeindeverbände 99
2. Sonstige Zuweisungen und Umlagen 100
   a) Zahlungen an Zweckverbände 100
   b) Zuschüsse an sonstige Körperschaften, Verbände und Vereine 101
3. Betriebszuschüsse an eigene wirtschaftliche Unternehmen 103
4. Gewerbesteuerausgleichszahlungen an Wohngemeinden 104

§ 3 Fürsorgeausgaben 109

1. Die Leistungen in der offenen Fürsorge 112
   a) Die allgemeinen Fürsorgeleistungen von 1936-1944 112
   b) Die allgemeinen Fürsorgeleistungen von 1945-1954 114
   c) Die Kriegsfolgenhilfe 117
2. Die Leistungen in der geschlossenen Fürsorge 118
3. Sonstige Fürsorgeleistungen (Erweiterte Fürsorge) 121

§ 4 Andere sächliche Verwaltungs- und Zweckausgaben 123

1. Instandhaltung des Immobiliarvermögens 124
2. Allgemeine sächliche Ausgaben 129
   a) Der Büro- und Geschäftsbedarf 130
   b) Die Postkosten 131
   c) Die Reise- und Umzugskosten 131
   d) Die Fracht- und Transportkosten 132
   e) Die Aus- und Fortbildungskosten 133
   f) Die Gerichts- und Prozeßkosten 133
   g) Die Vereinsbeiträge 134
   h) Die Fehlgelder 134
3. Sonstige sächliche Verwaltungs- und Zweckausgaben 135
   a) Geräteinstandhaltungs- und Betriebskosten 136
   b) Andere Verwaltungs- und Zweckausgaben 139
      b1) Die Mieten und Pachten 141
      b2) Die Kosten für Heizung, Reinigung und Beleuchtung 144

Seite

b3) Die Kosten der Instandhaltung des Mobiliars 145
b4) Die Sachversicherungen 145
b5) Die Ausgaben für Dienst- und Schutzkleidung 147
b6) Die Steuern und Abgaben 148
b7) Die Ausgaben für Lebensmittel 149
b8) Die Ausgaben für Wäsche, Anstalts- und Heimkleidung 150
b9) Die übrigen Verwaltungs- und Zweckausgaben 151
4. Die Zuweisungen an den Außerordentlichen Haushalt 153
5. Die Zinszahlungen 155

§ 5 Ausgaben der Vermögensbewegung 158

1. Die Tilgung von Kapitalschulden und der Schuldendienst 159
2. Die Zuführungen an Rücklagen und Kapitalvermögen 163
3. Die investiven Ausgaben 167
4. Andere Ausgaben der Vermögensbewegung 172

IV. DIE EINNAHMEN 173

§ 1 Steuern und Zuweisungen 175

A. Steuern 176
1. Die Realsteuern 176
a) Die Grundsteuer 179
b) Die Gewerbesteuer 183
b1) Die Gewerbesteuer nach Ertrag und Kapital 183
b2) Die Lohnsummensteuer 190
b3) Die Gewerbesteuerausgleichszahlungen von Betriebsgemeinden 191
2. Die sonstigen Steuern aus Vermögen, Vermögensverkehr und Einkommen 193
a) Die Bürgersteuer 193
b) Die Grunderwerbssteuer 195
c) Die Wertzuwachssteuer 195
d) Die Schankerlaubnissteuer 197
3. Die Verbrauchs- und Aufwandssteuern 198
a) Die Biersteuer 199
b) Die Getränke- und Speiseeissteuer 200
c) Die Hundesteuer 201
d) Die Vergnügungssteuer 203
4. Die Kaufkraftentwicklung der Steuereinnahmen 206

B. Zuweisungen 210
1. Zuweisungen von Bund/Reich und Land 211
a) Allgemeine Finanzzuweisungen 211
a1) Die Schlüsselzuweisungen 213
a2) Die Bedarfszuweisungen aus dem Ausgleichsstock und dem Sonderfonds 218
a3) Der Bürgersteuerausgleich 220

Seite

a4) Die Realsteuerausfallentschädigungen 221
a5) Die Körperschaftsteuerrücküberweisungen 224
b) Zweckzuweisungen 225
b1) Die Anteile an der Hauszinssteuer 226
b2) Die Polizeikostenzuschüsse 227
b3) Die Zuweisungen im Schulwesen 230
b4) Der Theaterzuschuß 233
b5) Ersätze und Zuschüsse im Fürsorgewesen und in der Kriegsfolgenhilfe 233
b6) Zuschüsse zu den Kriegswirtschafts- und Kriegsfolgenämtern 236
b7) Sonstige Zweckzuweisungen 237
2. Zuweisungen von übergeordneten Gemeindeverbänden 238
3. Zuweisungen von sonstigen Gemeinden und Gemeindeverbänden 240
4. Andere Zuweisungen 240

§ 2 Gebühren, Beiträge, Entgelte, Strafen 242

1. Verwaltungsgebühren und Bußgelder 244
2. Benutzungsgebühren und Entgelte 246
3. Beiträge im Sinne des Abgabenrechts 247

§ 3 Andere Einnahmen aus Verwaltung und Betrieb 250

1. Die Ersätze 251
2. Betriebs- und sonstige Einnahmen 251
3. Miet- und Pachteinnahmen 252
4. Zinseinnahmen 253
5. Ablieferungen von wirtschaftlichen Unternehmen 254

§ 4 Einnahmen aus Vermögensbewegung 258

1. Rückflüsse von Darlehen (Tilgungen) 259
2. Entnahmen aus Rücklagen 260

V. ZUSAMMENFASSUNG DES ORDENTLICHEN HAUSHALTS 262

B. DER AUSSERORDENTLICHE HAUSHALT

Vorbemerkung 268

I. ALLGEMEINES 269

II. DIE AUSSERORDENTLICHEN HAUSHALTE DER REICHSMARKZEIT (1936-1947) 270

Seite

III. DIE AUSSERORDENTLICHEN HAUSHALTE DER DM-ZEIT (1948-1954) IM RECHNUNGSQUERSCHNITT 275

1. DIE AUSGABEN 275

a) Die Ausgaben der Gruppen 5 und 6 275
b) Die Ausgaben der Gruppe 9 276
b1) Die Tilgung von Schulden 276
b2) Die Gewährung von Darlehen 277
b3) Die Zuführungen an Rücklagen und zum Kapitalvermögen 278
b4) Die Sachinvestitionen 280
b4.1) Der Ankauf von Grundstücken 280
b4.2) Die Hochbauten 282
b4.3) Die Tiefbauten 286
b4.4) Sonstige Anlagen und die Trümmerbeseitigung 287
b4.5) Die Anschaffungen von beweglichem Vermögen 291

2. DIE EINNAHMEN 294

a) Die Einnahmen der Gruppe 0 295
a1) Die Staatszuweisungen 295
a2) Andere Zuweisungen 298
b) Die Einnahmen der Gruppe 1 298
c) Die Einnahmen der Gruppe 2 299
d) Die Einnahmen der Gruppe 3 301
d1) Rückflüsse aus Aktivdarlehen 301
d2) Die Aufnahme von Darlehen 302
d3) Entnahmen aus Rücklagen 307
d4) Erlöse aus dem Verkauf von Grundstücken 308

IV. ZUSAMMENFASSUNG DER AUSSERORDENTLICHEN HAUSHALTE 309

2. Abschnitt:

DIE AUSGABEN UND EINNAHMEN NACH DEM RECHNUNGSLÄNGSSCHNITT [VERTIKALANALYSE]

Vorbemerkung 316

§ 1 EINZELPLAN 0 - Allgemeine Verwaltung 318

1. Gliederung und finanzwirtschaftliche Gesamtergebnisse 318
2. Die obersten Gemeindeorgane 323
3. Das Rechnungsprüfungsamt 323
4. Das Hauptverwaltungsamt 326

Seite

§ 2 **EINZELPLAN 1 - Öffentliche Sicherheit und Ordnung** 328

1. Gliederung und finanzwirtschaftliche Gesamtergebnisse 328
2. Die Polizei 331
3. Die Ordnungsverwaltung 337
4. Die Investitionen im Bereich der öffentlichen Sicherheit 341

§ 3 **EINZELPLAN 2 - Schulen** 342

1. Gliederung und finanzwirtschaftliche Gesamtergebnisse 342
2. Die Volks- und Hilfsschulen 346
3. Die Mittelschulen 351
4. Die Höheren Schulen 353
5. Die berufsbildenden Schulen 357

§ 4 **EINZELPLAN 3 - Kultur** 364

1. Gliederung und finanzwirtschaftliche Gesamtergebnisse 364
2. Das Stadttheater 366
3. Der Wiederaufbau des Kulturlebens 371
   a) Das Kulturamt 371
   b) Der Abschnitt Volksbildung 376
      b1) Die Stadtbibliothek 376
      b2) Die Zuschüsse an die Volkshochschule 378
   c) Die Wiederaufbaukosten im Außerordentlichen Haushalt 378

§ 5 **EINZELPLAN 4 - Fürsorge und Jugendhilfe** 380

1. Gliederung und finanzwirtschaftliche Gesamtergebnisse 380
2. Die städtischen Einrichtungen des Fürsorgewesens und der Jugendhilfe 387
   a) Die Heime zur Alten- und Kinderbetreuung 387
   b) Die Stadtküche 390
   c) Die sonstigen Einrichtungen 392
3. Die Leistungen in der Jugendhilfe und Jugendpflege 393

§ 6 **EINZELPLAN 5 - Gesundheits- und Jugendpflege** 397

1. Gliederung und finanzwirtschaftliche Gesamtergebnisse 397
2. Die Gesundheitsverwaltung (Gesundheitsamt) 401
3. Das Stadtkrankenhaus 403
   a) Der Wiederaufbau 403
   b) Zur Frage der Pflegesätze 408
4. Die Sportförderung 413

§ 7 **EINZELPLAN 6 - Bau- und Wohnungswesen** 415

1. Gliederung und finanzwirtschaftliche Gesamtergebnisse 415
2. Die Ämter des Bau- und Vermessungswesens 419
3. Die Wohnraumbewirtschaftung und Wohnungsaufsicht 423

Seite

4. Der Wiederaufbau und die Förderung des Wohnungsbaus 427
5. Der Unterabschnitt "Straßen, Wege, Plätze, Brücken" 435
6. Der Unterabschnitt "Wasserläufe und Hochwasserschutz" 437

§ 8 EINZELPLAN 7 - Öffentliche Einrichtungen, Wirtschaftsförderung 440

1. Gliederung und finanzwirtschaftliche Gesamtergebnisse 440
2. Die Beleuchtung und Reinigung des Stadtgebiets 444
   a) Die Straßenbeleuchtung 444
   b) Die Straßenreinigung 446
   c) Die Stadtentwässerung 448
   d) Die Müllabfuhr 450
   e) Der Fuhrpark 453
   f) Die Tierpflege und Tierkörperbeseitigung 456
3. Das Feuerlöschwesen 456
4. Die Einrichtungen der Lebensmittelversorgung und das Marktwesen 458
   a) Die Märkte und Messen 458
   b) Der Schlachthof und die Freibank 460
5. Das Bestattungswesen 463
6. Die sonstigen öffentlichen Einrichtungen 464
   a) Die Wald-, Park- und Gartenanlagen 464
   b) Die Badeanstalten und die Flußbäder 466
7. Andere Einrichtungen (Uhren, Anschlagwesen) 468
8. Die Wirtschaftsförderung 468

§ 9 EINZELPLAN 8 - Wirtschaftliche Unternehmen 470

1. Gliederung und finanzwirtschaftliche Gesamtergebnisse 470
2. Straßenbahn und Autobusbetrieb 474
3. Die Stadtwerke 478
4. Die Unternehmen der Verkehrsförderung 486
   a) Die Stadthalle 486
   b) Das Gästehaus ("Hanauer Hof") 487

§ 10 EINZELPLAN 9 - Finanzen und Steuern 489

1. Gliederung und finanzwirtschaftliche Gesamtergebnisse 489
2. Die Finanz- und Steuerverwaltung 494
3. Die Verwaltung des städtischen Grundbesitzes 495

§ 11 ZUSAMMENFASSUNG 499

Seite

Vierter Hauptteil

DIE ENTWICKLUNG DES VERMÖGENS, DER RÜCKLAGEN UND DER SCHULDEN DER STADT HANAU

Vorbemerkung 505

I. Das Vermögen 505

II. Die Rücklagen 509

III. Die Schulden 513

Schlußbetrachtung 518

Literaturverzeichnis 521

Anhang A "Hanauer Dokumentation" [A 1 - A 37] 533

Anhang B "Städtevergleich" [B 1 - B 43] 573

Anhang C "Graphische Darstellungen" [C 1 - C 11] 619

Anhang D "Karten" 633

Register 639

Verzeichnis der Tabellen und graphischen Darstellungen

		Seite
Tabelle 01	Bereinigte Gesamtergebnisse des Ordentlichen Haushalts	59
Tabelle 02	Gesamtausgaben im Ordentlichen Haushalt nach Ausgabengruppen	62
Tabelle 03	Personalausgaben der Stadt Hanau nach Einzelplänen	67
Tabelle 04	Unmittelbare Personalausgaben im Schuletat 1952 und 1954	78
Tabelle 05	Zuweisungen, Umlagen. Steuerbeteiligungsbeträge	89
Tabelle 06	Zuweisungen an Bund (Reich) und Land	90
Tabelle 07	Zahlungen an das Land im Schullastenausgleich	92
Tabelle 08	Die Kriegsbeiträge an das Reich 1939-1944	97
Tabelle 09	Zahlungen an andere Fürsorgeverbände	99
Tabelle 10	Förderungsleistungen an Dritte	103
Tabelle 11	Belastung der Stadt Hanau aus dem Gewerbesteuerausgleich	107
Tabelle 12	Fürsorgeausgaben absolut	111
Tabelle 13	Fürsorgeausgaben je Einwohner	111
Tabelle 14	Fürsorgeunterstützungen an Arbeitslose	113
Tabelle 15	Leistungen des Bezirksfürsorgeverbandes in der allgemeinen Fürsorge	115
Tabelle 16	Leistungen des Bezirksfürsorgeverbandes in der Kriegsfolgenhilfe	117
Tabelle 17	Ausgaben in der geschlossenen Fürsorge 1937/1939/1943	119
Tabelle 18	Leistungen des Bezirksfürsorgeverbandes in der geschlossenen Fürsorge	120
Tabelle 19	Familienunterhaltszahlungen 1936-1944	122
Tabelle 20	Andere sächliche Verwaltungs- und Zweckausgaben	123
Tabelle 21	Ausgaben für die Instandhaltung des Immobiliarvermögens	124
Tabelle 22	Ausgaben für Gebäudeinstandhaltung	125
Tabelle 23	Allgemeine sächliche Ausgaben	129
Tabelle 24	Geräteinstandhaltungs- und Betriebskosten	136
Tabelle 25	Fuhrparkkosten 1945-1954	138
Tabelle 26	Andere Verwaltungs- und Zweckausgaben	140
Tabelle 27	Ausgaben für die Bekleidung und Ausrüstung der Polizei 1946-1954	147
Tabelle 28	Ausgaben für Lebensmittel 1945-1954	150
Tabelle 29	"Einmalige Ausgaben" für den Wiederaufbau (in RM) 1945-1948	154
Tabelle 30	Ausgaben der Vermögensbewegung	158
Tabelle 31	Schuldendienst	161
Tabelle 32	Investive Ausgaben für Immobilien und Mobilien im OH 1936-1944	168
Tabelle 33	Schwerpunkte der Hoch- und Tiefbauinvestitionen im OH 1950-1954	169
Tabelle 34	Schwerpunkte der Investitonen in Mobilien im OH 1950-1954	170
Tabelle 35	Gesamteinnahmen im Ordentlichen Haushalt nach Einnahmegruppen	174
Tabelle 36	Einnahmen aus Steuern und Zuweisungen	175
Tabelle 37	Einnahmen aus Steuern nach Steuerarten	177
Tabelle 38	Einnahmen aus Realsteuern	179
Tabelle 39	Aufkommen der Grundsteuer A und B	181
Tabelle 40	Grundsteuer B - Zerlegung nach der Höhe des Kriegschadens 1945-1950	182
Tabelle 41	Gewerbesteueraufkommen nach Wirtschaftszweigen in vH des Ist-Aufkommens	188
Tabelle 42	Gewerbesteueraufkommen des Schmuckgewerbes 1949 und 1950	189
Tabelle 43	Aufkommen der Steuern aus Vermögen, Vermögensverkehr und Einkommen	193

Seite

Tabelle 44 Einnahmen der Stadt Hanau aus Verbrauchs- und Aufwandssteuern 198
Tabelle 45 Hundesteueraufkommen und Hundehaltung 1945-1954 202
Tabelle 46 Vergnügungssteuer- und Kinosteueraufkommen 205
Tabelle 47 Aufkommen aus Zuweisungen an die Stadt Hanau 211
Tabelle 48 Allgemeine Finanzzuweisungen 212
Tabelle 49 Grundsteuerausfall und Grundsteuerausfallentschädigung 1945-1954 223
Tabelle 50 Einnahmen der Stadt Hanau aus Zweckzuweisungen 225
Tabelle 51 Leistungen des Landes Hessen für Schulgeldausfall 1947-1954 232
Tabelle 52 Einnahmen aus Gebühren, Beiträgen, Entgelten, Strafen 243
Tabelle 53 Einnahmen aus Berufsschulbeiträgen 1936-1941 248
Tabelle 54 Aufkommen aus anderen Einnahmen aus Verwaltung und Betrieb 250
Tabelle 55 Einnahmen aus der Vermögensbewegung 259
Tabelle 56 Einnahmen und Ausgaben der Außerordentlichen Haushalte 1936-1941 (Soll) 271
Tabelle 57 Einnahmen und Ausgaben der Außerordentlichen Haushalte 1945-1948 (Soll) 273
Tabelle 58 Effektive Ausgaben der Außerordentlichen Haushalte von 1949-1954 275
Tabelle 59 Ausgaben im Außerordentlichen Haushalt zur Gewährung von Darlehen 277
Tabelle 60 Zuführungen an Rücklagen und zum Kapitalvermögen 279
Tabelle 61 Investitionen in Hochbauten 283
Tabelle 62 Investitionen in Tiefbauten 286
Tabelle 63 Investitionen in sonstige Anlagen und Ausgaben zur Trümmerräumung 287
Tabelle 64 Investitionen der Stadt Hanau in Mobilien 291
Tabelle 65 Effektive Einnahmen der Außerordentlichen Haushalte von 1949-1954 294
Tabelle 66 Effektive Einnahmen im Außerordentlichen Haushalt aus Zweckzuweisungen 296
Tabelle 67 Effektive Einnahmen aus Anteilbeträgen des OH 1949 bis 1954 300
Tabelle 68 Effektive Einnahmen aus Darlehensaufnahmen im AOH nach Haushaltsstellen 306
Tabelle 69 Rechnungsergebnisse des Einzelplans 0 im OH, Gesamtergebnisse 320
Tabelle 70 Rechnungsergebnisse des Einzelplans 0 im OH nach Haushaltsabschnitten 321
Tabelle 71 Rechnungsergebnisse des UA "Hauptverwaltung" im OH 326
Tabelle 72 Effektiv-Ausgaben des Einzelplans 0 im Außerordentlichen Haushalt 327
Tabelle 73 Rechnungsergebnisse des Einzelplans 1 im OH, Gesamtergebnisse 330
Tabelle 74 Rechnungsergebnisse des Einzelplans 1 im OH nach Haushaltsabschnitten 330
Tabelle 75 Zuschußbedarf des Einzelplans 1 von 1936-1943 331
Tabelle 76 Zuschußbedarf des Einzelplans 1 von 1945-1954 332
Tabelle 77 Einnahmen aus Verwarnungsgebühren 1951-1954 336
Tabelle 78 Rechnungsergebnisse des Abschnitts "Öffentliche Ordnung" im OH 338
Tabelle 79 Effektiv-Ausgaben des Einzelplans 1 im Außerordentlichen Haushalt 341
Tabelle 80 Rechnungsergebnisse des Einzelplans 2 im OH, Gesamtergebnisse 343
Tabelle 81 Rechnungsergebnisse des Einzelplans 2 im OH nach Haushaltsabschnitten 344
Tabelle 82 Effektiv-Ausgaben des Einzelplans 2 im Außerordentlichen Haushalt 345
Tabelle 83 Einnahmen und Ausgaben des Abschnitts "Volksschulen" im OH 348

Seite

Tabelle 84 Einnahmen und Ausgaben des UA "Oberschule für Mädchen" im OH 1936-1943 354
Tabelle 85 Einnahmen und Ausgaben des UA "Oberschule für Mädchen" im OH 1950-1954 356
Tabelle 86 Erstattung von Beschulungskosten bei den Berufsschulen 359
Tabelle 87 Städtischer Zuschuß an die Zweckverbandsschulen 362
Tabelle 88 Rechnungsergebnisse des Einzelplans 3 im OH, Gesamtergebnisse 365
Tabelle 89 Rechnungsergebnisse des Einzelplans 3 im OH nach Haushaltsabschnitten 367
Tabelle 90 Einnahmen und Ausgaben des Hanauer Stadttheaters 1936-1943 368
Tabelle 91 Ausgaben des UA "Stadtbibliothek" 377
Tabelle 92 Ausgaben des UA "Allgemeine Volksbildung" 378
Tabelle 93 Effektiv-Ausgaben des Einzelplans 3 im Außerordentlichen Haushalt 379
Tabelle 94 Rechnungsergebnisse des Einzelplans 4 im OH, Gesamtergebnisse 382
Tabelle 95 Rechnungsergebnisse des Einzelplans 4 im OH nach Haushaltsabschnitten 384
Tabelle 96 Effektiv-Ausgaben des Einzelplans 4 im Außerordentlichen Haushalt 386
Tabelle 97 Einnahmen und Ausgaben der städtischen Sozialeinrichtungen 1936-1943 387
Tabelle 98 Einnahmen und Ausgaben der städtischen Sozialeinrichtungen 1945-1954 389
Tabelle 99 Die Betriebsergebnisse des UA "Stadtküche" 1947-1953 391
Tabelle 100 Einnahmen und Ausgaben des Abschnitts "Jugendhilfe" 394
Tabelle 101 Einnahmen und Ausgaben des Abschnitts "Jugendpflege" 395
Tabelle 102 Rechnungsergebnisse des Einzelplans 5 im OH, Gesamtergebnisse 399
Tabelle 103 Rechnungsergebnisse des Einzelplans 5 im OH nach Haushaltsabschnitten 399
Tabelle 104 Effektiv-Ausgaben des Einzelplans 5 im Außerordentlichen Haushalt 401
Tabelle 105 Einnahmen und Ausgaben des UA "Gesundheitsamt" 1950-1954 403
Tabelle 106 Einnahmen und Ausgaben des UA "Stadtkrankenhaus" 1945-1954 409
Tabelle 107 Rechnungsergebnisse des Einzelplans 6 im OH, Gesamtergebnisse 417
Tabelle 108 Rechnungsergebnisse des Einzelplans 6 im OH nach Haushaltsabschnitten 418
Tabelle 109 Effektiv-Ausgaben des Einzelplans 6 im Außerordentlichen Haushalt 419
Tabelle 110 Personal / Einnahmen und Ausgaben des "Bau- und Vermessungswesens" 420
Tabelle 111 Ausgaben des UA "Wohnungsamt" 1941/1945/1950/1954 426
Tabelle 112 Die außerordentlichen Ausgaben zur Förderung des Wohnungsbaus 1949-1954 431
Tabelle 113 Einnahmen und Ausgaben des UA "Straßen, Wege, Plätze, Brücken" 435
Tabelle 114 Ausgaben z.Beseitigung von Hochwasserschäden (Voranschläge) 1938-1943 438
Tabelle 115 Ausgaben z.Beseitigung von Hochwasserschäden (Ist-Zahlen) 1946-1953 438
Tabelle 116 Einnahmen und Ausgaben des Abschnitts "Wasserbau" im OH 1949-1954 439
Tabelle 117 Rechnungsergebnisse des Einzelplans 7 im OH, Gesamtergebnisse 441

Seite

Tabelle 118	Rechnungsergebnisse des Einzelplans 7 im OH nach Haushaltsabschnitten	442
Tabelle 119	Effektiv-Ausgaben des Einzelplans 7 im Außerordentlichen Haushalt	443
Tabelle 120	Gesamtausgaben des UA "Straßenbeleuchtung"	444
Tabelle 121	Laufende Kosten des UA "Straßenbeleuchtung"	445
Tabelle 122	Gesamteinnahmen und -ausgaben des UA "Straßenreinigung"	447
Tabelle 123	Personal- und Sachausgaben des UA "Straßenreinigung"	447
Tabelle 124	Gesamteinnahmen und -ausgaben des UA "Stadtentwässerung"	448
Tabelle 125	Gesamteinnahmen des UA "Stadtentwässerung" nach Einnahmearten	450
Tabelle 126	Gesamteinnahmen und -ausgaben des UA "Müllbeseitigung"	451
Tabelle 127	Einnahmen des UA "Müllbeseitigung" aus Benutzungsgebühren	452
Tabelle 128	Ausgaben des UA "Müllbeseitigung" nach Personal- und Sachkosten	452
Tabelle 129	Gesamteinnahmen und -ausgaben des UA "Fuhrpark"	453
Tabelle 130	Ausgaben des UA "Fuhrpark" nach Personal- und Sachkosten	454
Tabelle 131	Gesamteinnahmen und -ausgaben des UA "Tierpflege"	456
Tabelle 132	Ausgaben des UA "Feuerlöschwesen" nach Personal- und Sachkosten	457
Tabelle 133	Einmalige u.vermögenswirksame Ausgaben des UA "Feuerlöschwesen"	458
Tabelle 134	Gesamteinnahmen und -ausgaben des UA "Märkte und Messen"	459
Tabelle 135	Gesamteinnahmen und -ausgaben des UA "Schlachthof"	461
Tabelle 136	Gebühren, Miet- und Pachteinnahmen des UA "Schlachthof"	462
Tabelle 137	Ausgaben des UA "Schlachthof" nach Ausgabearten	462
Tabelle 138	Gebühreneinnahmen des UA "Bestattungswesen" 1936/41 1945-1954	464
Tabelle 139	Gesamteinnahmen und -ausgaben UA "Wald-, Park- u.Gartenanlagen"	465
Tabelle 140	Gebühreneinnahmen des UA "Badeanstalten"	467
Tabelle 141	Gebühreneinnahmen des UA "Anschlagwesen"	468
Tabelle 142	Rechnungsergebnisse des Einzelplans 8 im OH, Gesamtergebnisse	472
Tabelle 143	Rechnungsergebnisse des Einzelplans 8 im OH nach Haushaltsabschnitten	473
Tabelle 144	Effektiv-Ausgaben des Einzelplans 8 im Außerordentlichen Haushalt	473
Tabelle 145	Rechnungsergebnisse des Einzelplans 9 im OH, Gesamtergebnisse	491
Tabelle 146	Rechnungsergebnisse des Einzelplans 9 im OH nach Haushaltsabschnitten	492
Tabelle 147	Effektiv-Ausgaben des Einzelplans 9 im Außerordentlichen Haushalt	494
Tabelle 148	Einnahmen und -ausgaben des Abschnitts "Finanz- und Steuerverwaltung"	494
Tabelle 149	Rechnungsergebnisse des Abschnitts "Grundvermögen"	496
Tabelle 150	Rechnungsergebnisse des UA "Bebauter Grundbesitz" 1950-1954	498
Tabelle 151	Prozentanteile der Einzelpläne an den Gesamtergebnissen des OH	499
Tabelle 152	Summe der AO-Ausgaben von 1948 DM bis 1954 nach Einzelplänen	502
Tabelle 153	Nachweisung über den Stand des Vermögens 1938/39 und 1953/54	507
Tabelle 154	Geschätzter Vermögensbestand am 1.Oktober 1947	508
Tabelle 155	Rücklagenbestand	509
Tabelle 156	Rücklagenbestandsgliederung nach Arten	510
Tabelle 157	Nachweisung der Schulden 1936/1938 und 1946/1948 in Reichsmark	515
Tabelle 158	Nachweisung der Schulden 1948/1950 und 1952/1954 in Deutsche Mark	516

		Seite
Graphik 01	Anteil der Ausgabengruppen an den Gesamtausgaben	63
Graphik 02	Personalentwicklung nach Stellenplänen	77
Graphik 03	Die Zinsausgaben	156
Graphik 04	Einnahmen aus Steuern	178
Graphik 05	Realsteueraufkommen	185
Graphik 06	Steueraufkommen in Kaufkraft von 1938	209
Graphik 07	Darlehensaufnahmen innerhalb der Gesamteinnahmen im AOH	303

Verzeichnis der Abkürzungen

AG	Aktiengesellschaft
AOH	Außerordentlicher Haushalt
BGBl	Bundesgesetzblatt
BHE	Bund der Heimatvertriebenen und Entrechteten
DGO	Deutsche Gemeindeordnung
DNVP	Deutschnationale Volkspartei
DVP	Deutsche Volkspartei
DP	Displaced Persons
DVO	Durchführungsverordnung
EBVO	Eigenbetriebsverordnung
EinfGRealStG	Einführungsgesetz zu den Realsteuergesetzen
Einw.	Einwohner
ERP	European Recovery Program (Marshall-Plan)
FAG	Finanzausgleichsgesetz
FÄG	Fürsorgeänderungsgesetz
GemHVO	Gemeindehaushaltsverordnung
GesVG	Reichsgesetz über die Vereinheitlichung des Gesundheitswesens
GmbH	Gesellschaft mit beschränkter Haftung
GS	Preußische Gesetzessammlung
GVBl	Gesetz- und Verordnungsblatt des Landes Hessen
HGO	Hessische Gemeindeordnung
HHPl	Haushaltsplan
HMdF	Hessischer Minister der Finanzen
Hrsg	Herausgeber
KAG	Kommunalabgabengesetz
KdF	NS-Gemeinschaft "Kraft durch Freude"
KuRVO	Verordnung über das Kassen- und Rechnungswesen der Gemeinden
LAG	Lastenausgleichsgesetz
LAV	Lohnabzugsverordnung
MdF	Minister der Finanzen
MdI	Minister des Innern
MtBl	Mitteilungsblatt
NSDAP	Nationalsozialistische Deutsche Arbeiterpartei
NSV	Nationalsozialistische Volkswohlfahrt

OH	Ordentlicher Haushalt
RAnz	Reichsanzeiger
RdErl	Runderlaß
RdF	Reichsminister der Finanzen
RFM	Reichsfinanzministerium
RGBl	Reichsgesetzblatt
RGr	Reichsgrundsätze
RJWG	Reichsjugendwohlfahrtsgesetz
RKP	Reichskommissar für die Preisbildung
RMBliV	Reichsministerialblatt der Inneren Verwaltung
RMdI	Reichsminister des Innern
RuPrMdI	Reichs- und Preußischer Minister des Innern
RücklVO	Rücklagenverordnung
RVO	Reichsversicherungsordnung
SA	Sturmabteilung (politische Kampftruppe der NSDAP)
UA	Unterabschnitt
UNRRA	United Nations Relief and Rehabilitation Administration
VO	Verordnung
WiGVBl	Gesetz- und Verordnungsblatt des Wirtschaftsrates für das Vereinigte Wirtschaftsgebiet

Geleitwort

Neubeginn und Kontinuität – diese Begriffe ließen sich in einem Untertitel zur hier vorgelegten Arbeit von Karl-Heinz Ruth unterbringen. Mit dem Ende der nationalsozialistischen Diktatur verschwanden auch die politischen Machthaber und die Aktivisten des NS-Regimes aus der kommunalen Verantwortung. Noch vor dem Aufbau demokratischer Strukturen aber arbeitete ein Teil des vorhandenen Verwaltungspersonals, verstärkt durch neu hinzugezogene Hilfskräfte, unter Aufsicht und mit Legitimation der Militärregierung weiter. Daß die laufenden alltäglichen Verwaltungsvorgänge und die eingefahrene finanzwirtschaftliche Organisation mit dem Ende des NS-Staates nicht komplett durch einen Federstrich hinfällig wurden, versteht sich fast von selbst: Eine Stunde Null in der Bedeutung eines radikalen Neubeginns gewissermaßen aus dem Nichts hat es 1945 auf kommunaler Ebene nicht gegeben.

Dies wird aus Karl-Heinz Ruths Arbeit deutlich. Deutlich wird aber auch, mit welcher Energie und mit welcher Zielstrebigkeit die demokratisch legitimierten politisch Verantwortlichen nach 1945 die gewaltige Aufgabe des Wiederaufbaus angingen. Und wenn wir erfahren, daß schon Ende 1945 die Strom- und Wasserversorgung wenigstens notdürftig in Gang gebracht war und daß vor allem die wichtigen Industriebetriebe an die Leitungsnetze angeschlossen waren, werden uns zwei Dinge klar: Man war sich der Bedeutung einer funktionierenden und florierenden Industrie für den Wiederaufbau und die zukünftige Entwicklung Hanaus bewußt. Und die These, es habe ernsthaft der Plan bestanden, das zerstörte Hanau einzuebnen und die Stadt anderswo ganz neu aufzubauen (gleiches wird ja auch in anderen im Krieg völlig zerstörten Städten erzählt), mag ein Gedankenspiel gewesen sein – als wirklich konkrete Überlegung aber gehört diese Nachricht in den Bereich der Legende. Ein guter Teil des städtischen Vermögens lag unzerstört als Leitungs-, Versorgungs- und Kanalisationssystem unter der Erde – und diese noch vorhandene Infrastruktur wurde von Anfang an wieder planmäßig aktiviert.

Mit der Arbeit von Karl-Heinz Ruth legt der Hanauer Geschichtsverein eine Publikation vor, die Licht auf das kommunale Verwaltungswesen der NS-Zeit und der Wiederaufbauphase wirft und somit für einen sehr speziellen Bereich eine sachlich fundierte Diskussionsgrundlage darstellen kann. Wer bereit ist, sich auf das Nachdenken über Verwaltungsdinge einzulassen, kann – um ein Modewort unserer Zeit zu gebrauchen – durchaus „spannende“ Entdeckungen machen.

Der Geschichtsverein ist froh darüber, den vielen Mosaiksteinchen, aus denen sich das Bild der Historie Hanaus zwangsläufig fragmentarisch zusammensetzt, mit diesem Werk ein weiteres Stück hinzugefügt zu haben. Ohne vielfache ideelle und finanzielle Hilfe wäre dies nicht möglich gewesen. Für Spenden zum Druck dieses Buches danken wir dem Rotary Club Hanau–Maintal und seinem Präsidenten, meinem ehemaligen Kesselstädter Klassenkameraden Horst Lach und weiter dem Lions-Club Hanau Brüder Grimm und seinem Präsidenten Rainer Krebs. Weiterer Dank für großzügige finanzielle Unterstützung gebührt der Stiftung der Sparkasse Hanau (stellvertretend für diese Institution sei der Vorstandsvorsitzende Alfred Merz genannt) und der Stadt Hanau für die Förderung der Publikation mit städtischen Mitteln. Hier danken wir Frau Oberbürgermeisterin Margret Härtel.

Ein besonderer und ganz persönlicher Dank gilt Stadtrat Klaus Remer, der nach eingehenden Gesprächen zum Druck dieses Buches ermutigte. Wir wissen ja, daß die Publikationen des Hanauer Geschichtsvereins über den wissenschaftlichen Schriftenaustausch eine weite nationale und auch internationale Verbreitung finden, somit den Bekanntheitsgrad Hanaus positiv erhöhen und auch weit außerhalb unserer Region bei historisch Forschenden die Kenntnisse über unsere Stadt vertiefen.

Hanau am Main, im September 1997

Eckhard Meise

Vorwort des Verfassers

Diese Monographie geht zurück auf eine Arbeit über die Finanzwirtschaft der Stadt Hanau, die in den Jahren 1952 bis 1954 entstanden ist und in wesentlichen Teilen bereits abgeschlossen war. Im Rahmen eines finanzwissenschaftlichen Seminars an der Universität Frankfurt hatte Professor Dr. Richard Herzog Untersuchungen angeregt, die der Frage nachgehen sollten, wie die schwer zerstörten Städte Hessens mit den Auswirkungen des Krieges, mit den ungeheuer schwierigen Bedingungen, unter denen die Verwaltung nach dem Zusammenbruch des Dritten Reiches ihre Arbeit aufnehmen mußte, und insbesondere mit den Problemen des Wiederaufbaus fertig geworden sind. Als typisches Beispiel für eine solche Gebietskörperschaft mit hohem Zerstörungsgrad galt die Stadt Hanau, und die Untersuchung ihrer Entwicklung war deshalb von besonderem Interesse.

Fortführung und Abschluß dieser Arbeit mußten 1954 aus beruflichen Gründen des Verfassers unterbrochen werden und ruhten seitdem.

Viele Jahre sind inzwischen ins Land gegangen. Was damals hochaktuell war, ist inzwischen Geschichte geworden. Dennoch hat das Thema nichts von seinem ursprünglichen Reiz verloren. Das gilt nicht nur aus historischer Sicht; viele Fragen haben auch heute durchaus noch einen aktuellen Bezug. Man denke nur an die Diskussionen um das kommunale Finanzsystem, insbesondere an die Ausgestaltung des Steuerwesens, die Problematik des Finanz- und Lastenausgleichs oder etwa an die steigende Kostenbelastung der städtischen Krankenanstalten. So schien es dem Verfasser angezeigt, die Untersuchung noch einmal aufzugreifen, die eigenen Ausführungen zu überarbeiten und in einen größeren zeitlichen Rahmen zu stellen. Die historische Dimension des Neuanfangs nach dem Zusammenbruch von 1945 gewinnt erheblich an Plastizität, wenn man die "Vorgeschichte", d.h. die finanzwirtschaftliche Entwicklung der Vorkriegs- und Kriegszeit, kennt und in die Betrachtung mit einbezieht.

Der Dokumentation stellten sich von Anfang an, vor allem bei der Materialbeschaffung, viele Hindernisse in den Weg. Das verwundert nicht, wenn man bedenkt, daß die Stadt Hanau mit der Vernichtung ihres Rathauses fast alle Akten und Unterlagen aus der Zeit vor 1945 verloren hatte. Was noch vorhanden war, war vom Volumen her sehr bescheiden, so daß für die Gewinnung des Zahlenmaterials im wesentlichen nur die Haushaltspläne, Prüfungsberichte, wenige Sachbücher (1944) sowie einige erhalten gebliebene Aktenauszüge herangezogen werden konnten. Über die ersten Nachkriegsjahre gab es ebenfalls nur spärliche Aufzeichnungen. Das lag einerseits an den schwierigen Umständen, unter denen die Verwaltung damals ihre Arbeit hatte bewältigen müssen. Notdürftig und in beengten Verhältnissen untergebracht, mangelte es an nahezu allem. Die Ämter waren nur provisorisch eingerichtet. Es fehlte an Schreibtischen, Schreibmaschinen und Papier. Büromaterial war Mangelware und - wenn überhaupt vorhanden - von schlechter Qualität. Hinzu kamen personelle Probleme. Nach Kriegsende mußte die Stadt auf zahlreiche Verwaltungsfachleute verzichten, sei es, daß sie nach ihrem Militärdienst aus der Kriegsgefangenschaft noch nicht zurückgekehrt, oder weil sie wegen ihrer Zugehörigkeit zur NSDAP aus ihrem Amt entfernt worden waren. So blieb manches im Ansatz stecken, anderes wiederum mußte improvisiert werden. Die Haushaltspläne der Jahre 1945 und 1946 beispielsweise, die unter denkbar schwierigen Bedingungen zustande kamen, existierten bei ihrer Verabschiedung nur in wenigen, handgeschriebenen oder hektographierten Exemplaren. Sie waren wegen der miserablen Papierqualität teilweise kaum lesbar und überdies nicht frei von Fehlern, wie die später erschienenen Prüfungsberichte belegen. Wesentliche Anlagen fehlten vollständig. Nur allmählich trat hier eine Besserung und erst nach der Währungsreform 1948 schließlich eine Normalisierung ein.

Ein anderes Problem bestand darin, das Zahlenmaterial des gesamten Untersuchungszeitraums vergleichbar zu machen. Die Haushaltspläne der Vor- und Nachkriegszeit waren nicht einheitlich strukturiert, sondern wichen sowohl in vertikaler Sicht, d.h. hinsichtlich ihrer Gliederung nach Abschnitten und Unterabschnitten, als auch horizontal in der Gruppierung nach Einnahme- und Ausgabearten zum Teil deutlich voneinander ab. Die Lösung dieses Problems brachte die für alle Gemeinden verbindliche Einführung von Gliederungs- und Gruppierungsziffern in der Finanzstatistik im Jahre 1952. Das neue Kennziffernschema wurde dem Aufbau der Studie zugrundegelegt. Allerdings mußte dazu das gesamte Zahlenmaterial auch für die zurückliegenden Jahre nach diesem System neu aufbereitet werden - eine Arbeit, die allein mehr als zwei Jahre in Anspruch nahm.

So wird denn verständlich, daß die Untersuchung, die zudem mehrfach unterbrochen werden mußte, sich über einen langen Zeitraum hinzog. Viele Zusammenhänge konnten wegen des Fehlens von Verwaltungsberichten, Akten oder sonstigen aufschlußreichen Unterlagen nachträglich nur durch Einsichtnahme in die Sach- und Abschlußbücher, andere nur durch Rückfragen bei den zuständigen Amtsleitern und Sachbearbeitern geklärt und interpretiert werden. Für diese Hilfe bin ich den Mitarbeitern und Mitarbeiterinnen der Verwaltungsdienststellen der Stadt Hanau, des Stadtarchivs, der Landeskundlichen Abteilung der Stadtbücherei sowie des Statistischen Amtes zu großem Dank verpflichtet. Danken möchte ich auch Frau Sibylle Schwan, der Leiterin der Bibliothek des Amtes für Statistik, Wahlen und Einwohnerwesen der Stadt Frankfurt, für die tatkräftige Unterstützung bei der Literaturbeschaffung, Frau Inge Dreger für die viel Erfahrung und Umsicht erfordernde Anfertigung der Reinschrift sowie Herrn Pfarrer i.R. Walter Hees für die gewissenhafte Durchsicht der Arbeit. Besonderen Dank schulde ich den Mitgliedern meiner Familie: Josephine, Peter, Dr. Andreas Ruth und Benno Zollner, die mir bei der Bewältigung von Computer- und Textverarbeitungsproblemen immer mit Rat und Tat zur Seite standen, sowie meiner Frau Lieselotte als ständige Ansprech- und Diskussionspartnerin. Ihr aufmunternder Beistand in allen Phasen der Arbeit hat mir sehr geholfen.

Dankbar gedenke ich an dieser Stelle meinem verehrten Lehrer, Herrn Professor Dr. Wilhelm Gerloff, sowie Herrn Professor Dr. Richard Herzog, der den Anstoß zur vorliegenden Untersuchung gab und sie in den Anfangsjahren wesentlich gefördert hat.

Mein Dank gilt ferner Herrn Professor Dr. Toni Pierenkemper, der meiner bereits weit fortgeschrittenen Arbeit großes Interesse entgegenbrachte und sich spontan bereitfand, sie bis zu ihrem Abschluß zu betreuen. Seine Ratschläge und Hinweise waren mir außerordentlich wertvoll. Sehr zu danken habe ich schließlich auch Herrn Professor Dr. Norbert Andel für sein Entgegenkommen und seine Bereitschaft, als weiterer Gutachter tätig zu werden.

Hanau am Main, im Februar 1997

Karl-Heinz Ruth

EINLEITUNG

Wohl kaum ein Ereignis in der fast 700jährigen Geschichte der Stadt Hanau hat jemals so viel Leid, Not und Elend über ihre Bürger gebracht, wie jener schwere Luftangriff am 19. März 1945. Nur wenige Wochen vor dem Ende des Zweiten Weltkriegs wurde die einst blühende Stadt durch einen Bombenhagel in ein riesiges Trümmerfeld verwandelt. Alles Leben schien ausgelöscht. Die meisten Menschen, die das Inferno überlebten, hatten die Stadt verlassen und auf dem Lande Zuflucht gesucht. Nur wenige waren geblieben und hausten unter heute kaum vorstellbaren Bedingungen in Kellern und Ruinen. In der Innenstadt gab es keine bewohnbaren Häuser und keine Geschäfte mehr. Die Versorgung mit lebensnotwendigen Gütern war zusammengebrochen. Es fehlte an Wasser, Strom und Gas. Die öffentlichen Einrichtungen waren zerstört, die Straßen verschüttet. Die einst vorhandene Infrastruktur existierte nicht mehr. Das Wohn- und Geschäftszentrum innerhalb der großen Kinzigschleife glich nach jenem denkwürdigen Tag im März 1945 einer toten Stadt.

Allein in den wenigen Außenbezirken regte sich noch Leben. Hier gab es noch einige, von der Zerstörung weniger betroffene Gebäude, in denen Menschen dicht gedrängt zusammenlebten. In die Randgebiete hatte sich verlagert, was von der Geschäftigkeit in dieser Stadt übrig geblieben war, und von hier gingen auch die Impulse aus, die schließlich den Wiederaufbau in Gang setzten.

Zehn Jahre nach ihrem Untergang hatte diese Stadt wieder ein Gesicht, ein anderes zwar, aber ein mit Stolz vorzeigbares. Ein großer Teil der Wunden, die der Krieg hinterlassen hatte, schien geheilt. Viele Kulturgüter waren zwar für immer verloren und konnten nicht wieder ersetzt werden. Dafür aber war Neues entstanden. 1954 hatte die Stadt wieder Wohnraum für mehr als 40 000 Menschen, sie hatte wieder eine prosperierende Wirtschaft, funktionierende öffentliche Einrichtungen und eine intakte Infrastruktur.

War es ein Wunder ? - -

Es war kein Wunder ! Es war das Ergebnis gewaltiger Anstrengungen und eines unbeirrbaren Glaubens an den Erfolg, geboren aus dem ungebrochenen Lebenswillen der Bürger dieser Stadt.

Diese faszinierende Entwicklung ist ohne Beispiel in der Hanauer Geschichte. Sie wirft auch heute noch viele Fragen auf: Wie ist die Stadt mit der chaotischen Situation nach dem Zusammenbruch, als fremde Truppen sie besetzt hatten, fertig geworden ? Was hat den Wiederaufstieg in so relativ kurzer Zeit überhaupt ermöglicht? Wie ist es ihr gelungen, angesichts der ungeheuren Zerstörungen und der damit zusammenhängenden großen Verluste an Steuereinnahmen, ihren Haushalt und die gewaltigen Aufbauleistungen zu finanzieren ? Und schließlich - im Vergleich dazu - wie sah die Entwicklung in den Jahren vor dem bitteren Ende aus ?

Solchen Fragen nachzugehen und unter dem Blickwinkel der städtischen Finanzwirtschaft zu untersuchen, ist Gegenstand dieser Arbeit. Unter Finanzwirtschaft soll hier verstanden werden die Mittelbeschaffung, die Mittelverwaltung und Mittelverwendung für die Erfüllung sowohl der öffentlichen Aufgaben, die sich die Stadt im Rahmen ihrer Autonomie selbst gestellt hat, als auch derjenigen, die ihr als unterste Verwaltungsbehörde vom Staat zugewiesen worden sind.

Für den Aufbau der Arbeit waren drei Fragenkomplexe richtungweisend:

So war zunächst zu fragen, von welchen besonderen örtlichen Verhältnissen die Finanzwirtschaft der Stadt Hanau auszugehen hat, denn Umfang und Vielfalt ihrer Aufgaben sind davon entscheidend abhängig. Die Gemeinde ist eine Gebietskörperschaft. Ihre Tätigkeit ist daher immer und in erster Linie gebietsbezogen. Unterschiede zu anderen Gebietskörperschaften hinsichtlich des Aufgabenbestands und der Aufgabenerfüllung ergeben sich vor allem aus ihrer Größe, den Besonderheiten ihrer geographischen Lage, der Zusammensetzung ihrer Bevölkerung sowie der Gliederung ihrer Wirtschaft. Gebiet, Bevölkerung und Wirtschaft sind die gegebenen Grundlagen, auf denen jede kommunale Tätigkeit aufbaut. Sie definieren den Bereich, in dem die meisten Aufgaben entstehen, und sind bestimmend für den Aktionsradius, in dem die Gemeinde ihre Ordnungs-, Verwaltungs- und Entwicklungsfunktion zum Wohle ihrer Bürger wahrnimmt. Sie bergen zugleich die Finanzquellen, aus denen die dafür erforderlichen Einnahmen primär beschafft, und liefern die Zielsetzungen, für die sie ausgegeben werden. Sie gehören damit zu den elementaren Bestimmungsfaktoren, unter denen sich die Gemeindefinanzwirtschaft vollzieht. Zu diesen allgemeinen Grundlagen kamen in Hanau nach 1945 die ausgedehnten Kriegszerstörungen als besondere Einflußgröße hinzu. Sie haben die finanzwirtschaftliche Entwicklung der Stadt nach dem Zusammenbruch entscheidend geprägt und sind daher für die Untersuchung von ausschlaggebender Bedeutung.

Weiterhin war zu fragen nach den normativen und institutionellen Rahmenbedingungen der städtischen Finanzwirtschaft, d.h. nach den geltenden gesetzlichen Bestimmungen, nach den Organen der Stadt, ihren finanzwirtschaftlichen Planungs-, Entscheidungs- und Ausführungskompetenzen sowie nach dem Rechnungswesen, in dessen Mittelpunkt der Haushaltsplan steht. Man könnte diesen Bereich, in dem finanzwirtschaftliche Daten Gestalt annehmen und zu berechenbaren Größen werden, im weiteren Sinne als den Bereich der Aufgabenkonkretisierung und Entscheidungsfindung bezeichnen.

Den eigentlichen Kern der Untersuchung bildet schließlich der dritte Fragenkomplex, der Bereich der Aufgabenerfüllung, d.h. die Analyse der tatsächlich erzielten Einnahmen und der damit bestrittenen Ausgaben. Während unter der institutionellen Finanzwirtschaft die zentralen gesetzlichen, organisatorischen und verfahrenstechnischen Fragen - losgelöst von den Finanzvorgängen - betrachtet werden, sind jene im Rahmen der materiellen Finanzwirtschaft alleiniger Gegenstand der Betrachtung. Hier geht es faktisch um die Erstellung der öffentlichen Leistungen der Stadt durch Transformation der aufgewandten Mittel in öffentliche Güter und Dienste. Im Vordergrund stehen die quantitativen Ergebnisse der Finanzwirtschaft bei der Erfüllung der städtischen Aufgaben. Gefragt wird nach dem Finanzbedarf und dem "Wie" seiner Deckung. Die vorliegende Untersuchung bewegt sich dabei in zwei Richtungen: sie konzentriert sich zunächst auf die einzelnen Einnahme- und Ausgabe*arten*, auf ihre jeweilige Höhe und ihre Relevanz im Rahmen des Gesamthaushalts; danach schlüsselt sie die Finanzmasse abschnittsweise, d.h. nach der Gliederung des Haushaltsplans, auf und verfolgt so ihre Bedeutung im Zusammenhang mit den jeweiligen Amtsbereichen, Dienststellen und städtischen Einrichtungen. Durch die unterschiedlichen Perspektiven dieser Quer- und Längsschnittanalyse werden Interdependenzen freigelegt und Prioritäten deutlich gemacht, die ansonsten kaum oder nur in unzureichendem Maße sichtbar geworden wären. Daß sich bei dieser Vorgehensweise gewisse Überschneidungen ergeben, daß auch einige Wiederholungen unumgänglich sind, daß man den einen oder anderen Schwerpunkt auch anders hätte setzen können, versteht sich dabei von selbst.

Bevor wir uns aber den drei Fragenkomplexen im einzelnen zuwenden, soll hier noch eine kurze Betrachtung der allgemeinen und für die jeweilige Periode typischen Aufgabenlage der Gemeinden vor und nach dem Zweiten Weltkrieg unter dem Blickwinkel der Hanauer Verhältnisse angestellt werden.

Der Gesamtbestand der öffentlichen Aufgaben und seine horizontale und vertikale Verteilung auf die Gebietskörperschaften war von jeher großen Schwankungen unterworfen. Die Zeit des totalitären Parteistaates (1933-1945) brachte "eine starke Anspannung der zentralistischen Komponente, veränderte und vermehrte Aufgaben und belastete schließlich in den Kriegsfolgen die Aufgabenlage von Staat und Gemeinden auf lange Zeit."[1] Das Ermächtigungsgesetz, die Beseitigung demokratischer Einrichtungen und die Verwirklichung der Einheit von Partei und Staat hatten unübersehbare Folgen für den kommunalen Wirkungskreis. Die herkömmlichen Aufgaben der Verwaltung blieben zwar allgemein erhalten, sie wurden aber den politischen Zielsetzungen der Staatspartei angepaßt. Die Stärkung der Zentralgewalt durch einschneidende organisatorische Maßnahmen und solche mit Wirkung auf die Verwaltungsstruktur "machte die früher wichtige Frage überflüssig, ob es sich jeweils um Reichs-, Landes- oder Kommunalaufgaben bestimmten Typs handelt."[2] Die Tendenz zur Vereinheitlichung und zur Schematisierung der Aufgabenerfüllung "entsprach den Interessen des Einheitsstaates. Wo Ermessensspielraum erhalten blieb oder ausdrücklich eingeräumt wurde, war das Ermessen im Sinne der herrschenden Ideologie wahrzunehmen."[3] Die Anspannung und Gleichschaltung aller Kräfte auf das vom Reich verordnete Kriegsziel machte die Gemeinden im Zweiten Weltkrieg dann schließlich völlig zur örtlichen Vollzugsinstanz.

Unter den zeittypischen Gemeindeaufgaben, die der 1939 begonnene Krieg mit sich brachte, standen in Hanau die Verwaltungsmaßnahmen zur Sicherung von Ernährung, Kleidung und Wohnung an vorderster Stelle. Die Aufrechterhaltung der Versorgung mit lebensnotwendigen Gütern hatte Vorrang. Auf ausdrückliche staatliche Weisung waren deshalb auch die Kontrollen zur Überwachung der Zwangswirtschaft und der Preisbindung zu verstärken. Zum Schutz der Menschen mußten ferner Vorkehrungen für den Luftschutz

1) E.Mäding, H.Tigges, H.Hack, Entwicklung der öffentlichen Aufgaben, Konrad-Adenauer-Stiftung, Institut für Kommunalwissenschaften, St.Augustin 1980, S.13

2) a.a.O., S.13

3) a.a.O., S.14

getroffen, Sammelschutzräume und Brandwachen eingerichtet werden. Für Hanau als Garnisonstadt war darüber hinaus die Bereitstellung von Schulgebäuden für militärische Zwecke (Lazarette) angeordnet worden.[1)]

Von den Folgen des fortschreitenden Luftkrieges blieb die Stadt zunächst verschont. Erst gegen Ende des Krieges mehrten sich die Fliegerangriffe und sorgten für schwere Belastungen. Die zunehmende Wirkung der feindlichen Bombenabwürfe zwang häufiger zu Aufräumungs- und Instandsetzungsarbeiten, zur Vorbereitung und Durchführung von Evakuierungsmaßnahmen für die Bevölkerung und machte erhöhte Anstrengungen zur Aufrechterhaltung und Sicherung der Funktionsfähigkeit von öffentlichen Einrichtungen notwendig.[2)] Dieser Aufgabenkatalog ließe sich noch erheblich erweitern. Die wenigen Hinweise sollen hier aber genügen, die typische Ausgangslage der städtischen Aufgaben in der ersten Hälfte des Untersuchungszeitraums deutlich zu machen.

Die Situation nach Kriegsende war grundlegend verschieden. Anders als 1918 kam 1945 der Staatsapparat mit der Besetzung des Reiches durch die Siegermächte völlig zum Erliegen. Die Militärbefehlshaber der Alliierten übernahmen die Macht und übten sie aus.[3)] Eine treffende Schilderung der Lage findet sich in der Untersuchung von Mäding, Tigges und Hack,[4)] die in dieser Form auch für Hanau zutrifft. Dort heißt es:

> "Die Ortskommandanten der Militärregierungen waren angewiesen, zur Befriedigung der elementaren Bedürfnisse der Bevölkerung wie der Besatzungsmacht die örtliche Verwaltung nach Auswechslung der Spitze und politisch exponierter Dienstkräfte funktionsfähig zu erhalten. Eine Stunde Null hat es daher auf der kommunalen Ebene in der laufenden Verwaltung nicht gegeben; gewählte Vertretungskörperschaften konnten erst später gebildet werden. Mit dem verbliebenen Personal und greifbaren Hilfskräften wurde die Verwaltung weitergeführt mit dem Ziel, das Existenzminimum der Menschen zu sichern. Einmalig in der modernen Verwaltungsgeschichte wurden die lebenswichtigen öffentlichen Aufgaben auf kommunaler Ebene ohne Mitwirkung eines Staatsapparates allzuständig wahrgenommen, lediglich legitimiert durch den alliierten Ortskommandanten.... Die Arbeitsweise war höchst pragmatisch, die Möglichkeiten waren infolge der Zerstörungen, des Mangels an Ressourcen sowie angesichts der Eingriffe und Verbote der Militärregierung begrenzt."

Nach dem Rückfall der Lebensbedingungen auf die Stufe der Naturalwirtschaft kann für den Anfang der Nachkriegsverwaltung in Hanau festgestellt werden, daß die vielfältigen Aufgaben der öffentlichen Ordnung und der unmittelbaren Existenzsicherung den örtlichen Umständen entsprechend unter schwierigsten Bedingungen von der Stadtverwaltung aus eigener Kraft wahrgenommen wurden, "während mittlere und zentrale bzw. obere

---

1) Die frühzeitige Einrichtung der staatlichen Hohen Landesschule als Lazarett ist dafür ein treffendes Beispiel. Mit Rücksicht auf ihre Belegung mußte fast während der gesamten Kriegszeit der Unterricht in andere Schulen verlegt werden. Dies hatte zur Folge, daß über Jahre an einigen Hanauer Schulen der Schichtunterricht zum Regelfall wurde

2) Vgl. E.Mäding, H.Tigges, H.Hack a.a.O., S.16

3) a.a.O., S.17

4) a.a.O., S.17

Behörden noch nicht funktionsfähig waren." [1] Im Vordergrund standen unübersehbare Versorgungsprobleme. Sie lagen vor allem auf den Gebieten der Ernährung, der Wohnraumbeschaffung und -bewirtschaftung sowie auf dem Energie-, Treibstoff- und Heizmaterialsektor. Zu den dringendsten Aufgaben gehörten außerdem die Beseitigung der Kriegszerstörungen, insbesondere die Wiederherstellung und Ingangsetzung der öffentlichen Einrichtungen und Anlagen, die Trümmerräumung sowie die Unterstützung der lokalen Wirtschaft zur Überwindung der unmittelbaren Kriegsfolgen. Bei der Bewältigung der akuten Probleme der ersten Jahre erwies sich die städtische Verwaltung - wie in vielen anderen schwer betroffenen Städten - als "unerläßliche Existenzbedingung für die Bevölkerung, ...als innovativ und demokratisch integrativ".[2]

Der Zeit der Improvisation und der totalen Abhängigkeit von alliierter Befehlsgewalt folgte eine erste, etwa vier Jahre andauernde Konsolidierungsphase, in der die übergeordneten Verbände - Land und Bund - sich neu konstituierten und das alte Ordnungsgefüge des staatlichen Aufbaus auf demokratischer Grundlage wieder herstellten. Die Arbeit der Stadt Hanau wurde wieder eingegliedert in das staatliche Verbundsystem und durch die Zuweisung neuer Aufgaben erheblich ausgeweitet. An erster Stelle dieser Neuerungen stand die Kommunalisierung der Polizei, die eine völlige Abkehr von den zentralistischen Strukturen der Sicherheits- und Vollzugsorgane während des Dritten Reiches bedeutete und die Stadt vor gewaltige Finanzierungsprobleme stellte. Hinzu kamen die mit der Erfassung von Kriegsschäden verbundenen Aufgaben, die Flüchtlingsfürsorge, die Einrichtung von Ausländerlagern sowie die Betreuung von politisch, rassisch und religiös Verfolgten. Zwar nicht grundsätzlich neu, aber in ihrer Auswirkung auf die Verwaltungsarbeit gewichtiger waren schließlich die aus der Knappheit des Güterangebots resultierenden vermehrten Bewirtschaftungsauflagen sowie die wachsenden Anforderungen in der Unterbringung von Ausgebombten, Evakuierten und Heimkehrern. Kennzeichnend für diese Übergangsphase war der große Mangel an Baustoffen, der die Behebung der Wohnungsnot sowie die Beseitigung von Kriegszerstörungen außerordentlich erschwerte und vielfach nur notdürftige Instandsetzungen oder provisorische Lösungen zuließ. Erst nach der Währungsreform, in der etwa 1949 beginnenden dritten Phase, kann von einem systematischen Wiederaufbau gesprochen werden. Mit diesem Zeitabschnitt, der durch die schrittweise Aufhebung der Bewirtschaftung eingeleitet wurde, begann denn auch die eigentliche Wiedergeburt der vom Kriege schwer heimgesuchten Stadt. In Hanau war jene Periode dank des raschen Aufschwungs der heimischen Wirtschaft von einer Erholung der städtischen Finanzen begleitet, die die Erfüllung der kommunalen Aufgaben, insbesondere die Durchführung der großen Aufbauvorhaben wesentlich begünstigte, wie noch zu zeigen sein wird.

---

1) Vgl. dazu E.Mäding, H.Tigges, H.Hack a.a.O., S.18, die für die gesamte kommunale Nachkriegsverwaltung zu eben dieser Einschätzung gelangen

2) a.a.O., S.18

Erster Hauptteil

DIE ALLGEMEINEN BESTIMMUNGSFAKTOREN DER HANAUER FINANZWIRTSCHAFT

1. Das Stadtgebiet

Die Stadt Hanau - industrieller Mittelpunkt und Verkehrsknoten in der Ostregion des Rhein-Main-Gebietes - liegt, von einem breiten Waldgürtel umgeben, an der Mündung der Kinzig in den Main. Ihre Fläche umfaßte seit der Eingemeindung der ehemaligen Gutsbezirke Wilhelmsbad und Philippsruhe sowie der Oberförsterei Hanau[1] im Jahre 1928 insgesamt 2054 ha, die etwa zu einem Drittel mit Gebäuden und Verkehrsanlagen bebaut war. Diese Flächengröße blieb während des hier untersuchten Zeitraums, d.h. von 1936 bis 1954, unverändert.

Das Stadtgebiet begann im Osten von jeher dort, wo die alten Handelsstraßen von Leipzig und Nürnberg das ausgedehnte Waldgebiet der Bulau westwärts verlassen und erstreckte sich im Westen weit über Kesselstadt hinaus etwa bis zu einer Linie Wasserturm - Wilhelmsbader Hof, wo die in Hanau zusammentreffenden Verkehrswege die Gemarkungsgrenze überschreiten und der alten Reichsstadt Frankfurt zustreben. So gesehen, war die Stadt Hanau schon immer das östliche Eingangstor zum Rhein-Main-Gebiet. Ihre Lage in der Nachbarschaft einer Großstadt mit starker kommerzieller Anziehungskraft verweist auf die besonderen Bedingungen, die ihre Entwicklung Jahrhunderte hindurch bestimmt haben. Die Stadt hatte es immer schwer, sich der von Frankfurt ausgehenden Sogwirkung zu erwehren und ihre eigene Position als regionaler Schwerpunkt zu behaupten. Andere hessische Städte, die - weiter entfernt vom Zentrum des Rhein Main Gebietes gelegen - weniger den konkurrierenden Einflüssen der nahen Metropole ausgesetzt waren, hatten da günstigere Voraussetzungen. Erst mit der verkehrstechnischen Erschließung des Hanauer Raumes im ausgehenden neunzehnten Jahrhundert durch den Ausbau von Nah- und Fernverbindungen im Eisenbahn- und Straßennetz begann sich ein deutlicher Wandel abzuzeichnen. Hanau wurde attraktiv für Industrieansiedlungen und erhielt dadurch auch als Gebietskörperschaft mehr eigenes Gewicht. Die Ausprägung als günstiger Industriestandort mit guten Verkehrsanbindungen, die durch den Bau des Mainhafens 1924 noch erweitert wurden, und einem wachsenden Arbeitsplatzangebot haben die Beziehungen zum Umland wesentlich gefördert und Hanau in eine regionale Mittelpunktfunktion hineinwachsen lassen, die für die Entwicklung in der Folgezeit von entscheidender Bedeutung wurde.[2] Ihre besondere Stellung als Markt, als Handels-, Kultur- und Verwaltungszentrum für den sie umgebenden Raum erschließt sich dem Betrachter in dem systematischen Ausbau der Infrastruktur und der öffentlichen Einrichtungen seit Beginn dieses Jahrhunderts. Die Gründung einer Straßenbahngesellschaft mit der Nachbargemeinde Steinheim zur Verbesserung der Personenbeförderung am Ort, die Einrichtung von Buslinien in die umliegenden Dörfer als Zubringerdienste im Nahverkehr, der Anschluß von Vorortgemeinden an die Gas- und Stromversorgung der Stadt, die Öffnung von Schulen und Krankenhäusern für die Bewohner des Landkreises, um nur einige Beispiele zu nennen, sind Zeugnisse jener zunehmend engeren Bindungen zwischen der

1) Vgl. dazu Stadt Hanau: Bericht über die Verwaltung und den Stand der Gemeindeangelegenheiten für die Rechnungsjahre 1919-1930, S.142

2) Vgl. dazu H.Klemt, Die Stadt Hanau und ihr Umland, Heft 24 der Rhein-Mainischen Forschungen, Frankfurt 1940

Stadt und ihrem Umland. Sie kennzeichnen die gegenseitigen Abhängigkeiten, die dadurch entstanden sind. Es kann daher kaum überraschen, daß die nahen Beziehungen zu einzelnen Randgemeinden im Laufe der Zeit auch Bestrebungen zur Vereinigung ausgelöst haben, die - aus Hanauer Sicht - das Ziel einer organischen Erweiterung des Stadtgebiets im Auge hatten.[1]) Solche, über viele Jahre hin andauernde Bemühungen um eine stärkere territoriale Integration führten nach dem Zweiten Weltkrieg im Zuge der Gebietsreform dann schließlich auch zu praktischen Ergebnissen.[2])

Hanau liegt am Unterlauf zweier Flüsse in einem hochwassergefährdeten Gebiet. Der Kernbereich mit Alt- und Neustadt wird im Nordosten, Norden und Westen von der großen Kinzigschleife, im Süden durch den Main begrenzt. Jenseits des Wasserlaufs der Kinzig schließen sich die Randzonen - ursprünglich überwiegend Wiesen- und Ackerflächen - an und ziehen sich halbkreisförmig um die Innenstadt (siehe dazu den Stadtplan und die Umgebungskarte in Anhang D). Der größte, bis zum Ende des Zweiten Weltkriegs noch unbebaute Teil des Stadtgebietes war von jeher Überschwemmungsland. Der Grundwasserspiegel liegt hoch und erreicht stellenweise die Geländeoberfläche.[3]) Weite Bereiche im Norden und Osten hatten Bruchwiesencharakter und waren einer Bebauung nicht zugänglich. Der Mangel an Baugelände war deshalb stets ein besonderes Problem für die Entwicklung der Stadt.

Die aus dem Hochwasser resultierenden Gefahren haben bereits viele Generationen beschäftigt. Die Bebauungsgrenzen der zentralen, also der älteren Teile der Stadt lagen immer schon "vom Flusse abgerückt". Als Erklärung dafür verweist Wolf auf die "Überschwemmungen der Uferstrecken seit alter Zeit, durch die die Menschen gezwungen wurden, sich nicht unmittelbar in der Talaue der Flüsse anzusiedeln."[4]) Gefürchtet waren vor allem die Überflutungen im Mündungsbereich der Kinzig, die fast alljährlich nach der Schneeschmelze eintraten und in der Stadt selbst großen Schaden anrichteten. Durch umfangreiche Dammbauten hat man die am meisten gefährdeten Teile vor Hochwasser zu schützen gesucht.[5])

Einzelne Abschnitte der Wälder und Talauen rings um die Stadt, vorwiegend aber im Gebiet der Bulau, haben noch etwas von ihrem einstigen Moorcharakter bewahrt. "Früher waren solche Sumpfstrecken in größerer Zahl vorhanden und von erheblicher Ausdehnung."[6]) Auf sie ist die weite Verbreitung der Schnaken zurückzuführen, die in den Wasserlachen der Feuchtgebiete geeignete Brutplätze finden und in der feuchtwarmen Jahreszeit zur Plage werden können. Mit diesem Problem sah sich die Stadtverwaltung in früheren Jahren häufig konfrontiert.

---

1) Vgl. dazu H.Krause, Die Eingemeindungsforderungen der Stadt Hanau, Denkschrift, Hanau 1948

2) Durch die Eingemeindungen von Mittelbuchen, Wolfgang, Großauheim, Klein-Auheim und Steinheim hat sich die Gesamtfläche der Stadt mehr als verdreifacht. Sie wird heute mit 7560 ha angegeben

3) Vgl. Flächennutzungsplan Stadt Hanau, Entwurfsvorlage 1980, S.16

4) G.W.Wolf, Die Stadt Hanau am Main geographisch betrachtet, Heft 6 der Rhain-Mainischen Forschungen, Frankfurt 1932, S.15

5) Wolf, a.a.O., S.12

6) Wolf, a.a.O., S.13

Aufschlußreich ist ein Vergleich der Bodennutzung[1] in der Zeit vor und nach 1945. Von der Gesamtfläche der Stadt entfielen

	1939	1955
auf den mit Gebäuden bebauten Teil	415 ha (20%)	592 ha (29%)
auf Straßen, Wege, Plätze und Bahntrassen	237 ha (12%)	267 ha (13%)
auf sonstige Flächen	1402 ha (68%)	1200 ha (58%).

Die Zahlen zeigen eine bemerkenswerte Entwicklung. Der mit Häusern und Verkehrsanlagen bebaute Geländeanteil ist insgesamt um mehr als 10 vH zu Lasten der übrigen Flächen gewachsen. Darin spiegelt sich die expansive Bautätigkeit nach der Zerstörung, vor allem in den letzten Jahren des Untersuchungszeitraums. Angesichts der dringend notwendigen Schaffung von Wohnraum und der großen Schwierigkeiten bei der Räumung des Stadtkerns nach seiner fast vollständigen Vernichtung mußten dezentrale Baulandreserven erschlossen werden und haben so die Stadt stärker in die Randzonen hinauswachsen lassen. Bei einer derart signifikanten Änderung der Bodennutzungsstruktur in nur wenigen Jahren ist es wichtig und für das Verständnis der späteren Betrachtungen auch von Vorteil, sich die Ausgangslage, gleichsam das Bild der "heilen Stadt", noch einmal ins Gedächtnis zurückzurufen.

Nach dem letzten, vor Kriegsbeginn veröffentlichten Stadtplan (1938) gliederte sich das Stadtgebiet in fünf Bezirke. Um das Zentrum, die Innenstadt, gruppierten sich die Ortsteile Kesselstadt, West, Lamboy und Freigericht, die sich - historisch gesehen - entlang den Ausfallstraßen entwickelt hatten. Bei einem Blick auf die Karte ist die "strahlenförmige Ausdehnung in der Richtung der Hauptverkehrswege" deutlich zu erkennen. Nur langsam war die Besiedlung des dazwischen liegenden Geländes nachgerückt[2] und hatte so die Leerräume, wo die Bebauung dies zuließ, allmählich weiter ausgefüllt.

Den Stadtkern bildeten die Bereiche Altstadt und Neustadt. Während der ältere, nur etwa 6,25 ha große Teil mit seinen kurzen, winkligen Gassen alle Züge einer mittelalterlichen Stadtgründung aufwies, zeigte die Neustadt, deren Entstehung auf die Anfänge des 17.Jahrhunderts zurückgeht, das Bild einer planvoll aufgebauten Stadtsiedlung. Der regelmäßige Wechsel von Häuserblocks und rechtwinklig sich kreuzenden Straßenzügen von annähernd einheitlicher Breite vermittelte den Eindruck einer von der Raumaufteilung her bestimmten Ordnung. Die schachbrettartig angelegten, verkehrstechnisch meist gleichberechtigten Straßen entsprachen ganz den Bedürfnissen ihrer Erbauer, weniger dagegen den Anforderungen des motorisierten, fließenden Verkehrs. Außer in der gemischt, d.h. gewerblich und zu Wohnzwecken genutzten Innenstadt befanden sich die Wohnbezirke vorwiegend im Westen, Norden und Nordosten der Stadt, wobei die Wohndichte vom Zentrum her nach außen hin abnahm.

An der Ausfallstraße zum Lamboywald grenzten die Wohnsiedlungen an das weitläufige Areal der zwischen 1883 und 1910 errichteten Kasernen, die den einstigen Ruf Hanaus als

---

1) Vgl. Statistisches Jahrbuch deutscher Gemeinden, 34.Jahrgang 1939, S.26 und 43.Jahrgang 1955, S.5

2) Vgl. Wolf, a.a.O., S.34

Garnisonstadt begründeten. Mit dem Bau weiterer Kasernen am Ortsrand nach Wolfgang war 1938 begonnen worden. Die Industriegebiete lagen am östlichen und südöstlichen Stadtrand und dehnten sich bis zum Mainhafen hin aus.

Für die Bewältigung des innerstädtischen Personenverkehrs existierten 1938 außer einer Straßenbahnlinie (Beethovenplatz - Hauptbahnhof) mit einer Streckenlänge von 4,9 Kilometern vier Buslinien, die vom Markt aus die Verbindung zu den Außenbezirken Lamboystraße und Kesselstadt sowie nach Steinheim und Wolfgang herstellten. Die Busstrecken hatten eine Gesamtlänge von 13,9 Kilometern.[1)] Als besonderes Hindernis für den Verkehrsfluß im Stadtbereich erwiesen sich für den öffentlichen ebenso wie für den Individualverkehr die beiden Eisenbahntrassen von Hanau nach Frankfurt-Ost und Friedberg, die das Stadtgebiet in voller Länge durchschnitten und an zehn beschrankten Bahnübergängen zeitweilig für erhebliche Stauungen sorgten. Dieses Problem, wie überhaupt Fragen der Verbesserung der Verkehrssituation im Stadtzentrum haben die Verwaltung immer wieder beschäftigt.

Von den ehemaligen Reichs- und heutigen Bundesstraßen berühren oder durchqueren die Stadt die

B 8 ...Aschaffenburg - Hanau - Frankfurt - Limburg...
B 40 ...Fulda - Hanau - Frankfurt - Wiesbaden...
B 43 ...Gelnhausen - Hanau - Frankfurt - Mainz...
B 45 ...Friedberg - Hanau - Eberbach/Neckar...

Die Fernstraßen, ergänzt durch zahlreiche Landes- und Kreisstraßen, bilden zusammen mit den Stadtstraßen sowie den nicht ausgebauten Fahr- und Feldwegen das Straßennetz, das von der Stadt Hanau zu unterhalten ist. Es hatte in der Zeit zwischen 1936 und 1954 eine Gesamtlänge von knapp 116 Kilometern, wie die nachfolgende Übersicht nach dem Stand vom 1.10.1947 zeigt:

Reichs-/Bundesstraßen	6,0 km
Landstraßen I. Ordnung	6,8 km
Landstraßen II.Ordnung	11,4 km
Stadtstraßen	60,6 km
Nicht ausgebaute städtische Straßen und Wege	31,0 km
Insgesamt	115,8 km.

Das in diesen Verkehrswegen verlegte und zu unterhaltende Netz von Versorgungsleitungen und Abwasserkanälen hatte eine beachtliche Ausdehnung. Nach dem Stand vom Dezember 1949 betrug die Länge

des Gasrohrnetzes	122,0 km
des Wasserrohrnetzes	80,0 km
der Abwasserkanäle	65,0 km.

---

1) Vgl. Statistisches Jahrbuch deutscher Gemeinden, 35.Jahrgang, 1940, S.177 ff. Vgl. dazu auch die Übersicht "Verkehrsbetriebe" im Anhang B40 mit Zahlenangaben der Vergleichsstädte Gießen und Marburg

Da während des Krieges und danach bis zum Jahre 1949 ein wesentlicher Ausbau der Straßen sowie der Versorgungs- und Entsorgungsanlagen nicht stattgefunden hat, kann davon ausgegangen werden, daß diese Angaben cum grano salis auch für die Vorkriegszeit (1938) zutreffend sind.

Alle ausgebauten Stadtstraßen waren voll erschlossen und verfügten, bis auf wenige Ausnahmen in den Randzonen, über Wasser- und Kanalanschluß. Die auffallende Länge der Gasrohrleitungen ergibt sich aus dem über den Bebauungsbereich der Stadt weit hinausgehenden Leitungsanteil zur Versorgung von Vorortgemeinden.[1)]

Als Eisenbahnknotenpunkt hat Hanau überregionale Bedeutung. Im Laufe des neunzehnten Jahrhunderts entstanden vier Hauptverbindungen,[2)] die hier zu einem Kreuz zusammentreffen und den Personen- und Güterverkehr auf der Schiene mit Mittel- und Süddeutschland abwickeln. Die bis zur Mainbrücke bei Steinheim südlich des Flusses verlaufende Strecke Frankfurt-Offenbach-Bebra-Berlin schneidet in Hanau die Linie Frankfurt-Aschaffenburg-Würzburg-München, die nördlich des Mains verlegt wurde. Der Streckenführung zu beiden Seiten des Flusses verdankt die Stadt zugleich einen doppelten Eisenbahnanschluß an das Verkehrszentrum Frankfurt, ein für den Personen- und Güternahverkehr außerordentlich wichtiger Faktor. Die Anschlüsse an den Ost-West-Verkehr werden ergänzt durch die beiden Bahnlinien Hanau-Friedberg und Hanau-Babenhausen-Eberbach-Stuttgart, die die Verbindungen nach Norden und Süden herstellen.

Abgerundet wird diese ausgezeichnete Verkehrslage im Straßen- und Schienenverkehr einerseits durch den Mainhafen, der der Stadt einen Zugang zum Binnenschiffahrtsnetz verschafft und sie so als Umschlagplatz für Massengüter attraktiv macht, andererseits durch die Nähe zum Frankfurter Flughafen, die es erlaubt, auch die Möglichkeiten der Personen- und Frachtgutbeförderung im Luftverkehr voll zu nutzen.

---

1) Außer der Versorgung der Nachbargemeinden Klein- und Großsteinheim, die schon vor dem Ersten Weltkrieg an das Hanauer Gasrohrnetz angschlossen waren, wurden im Jahre 1928 nach einem Vertrag mit dem Landkreis Hanau weitere Ortschaften, u.a. Wolfgang und Großauheim, durch Fernleitungsstränge von Hanau aus mit Gas beliefert. [Vgl. dazu E.Stein (Hrsg), Monographien deutscher Städte, Band XXXI, Hanau, der Main- und Kinziggau, Berlin 1929, S.109; und Stadt Hanau (Hrsg), Bericht über die Verwaltung und den Stand der Gemeindeangelegenheiten für die Rechnungsjahre 1919-1930]

2) Eröffnung der Bahnstrecken: Frankfurt-Hanau [1848], Hanau-Aschaffenburg [1854], Hanau-Wächtersbach (Strecke nach Bebra [1867]), Frankfurt-Offenbach-Hanau [1873], Hanau-Windecken (Strecke nach Friedberg [1879]), Hanau-Babenhausen (Strecke nach Eberbach [1882]); vgl. dazu E.J.Zimmermann, Hanau Stadt und Land, 2.Auflage 1919, Nachdruck der vermehrten Ausgabe, Hanau 1978, S.781ff

2. Die Bevölkerung

Die Entwicklung Hanaus zur Industriestadt im neunzehnten Jahrhundert war von einem stetigen Bevölkerungswachstum begleitet. Um 1850 hatte Hanau kaum 15 000 Einwohner. Nur 50 Jahre später waren es bereits doppelt so viele, und kurz vor dem Beginn des Ersten Weltkriegs hatte die Stadt dann etwa den Bevölkerungsstand erreicht, den sie - von geringen Schwankungen abgesehen - etwa 30 Jahre lang beibehalten sollte.

Jahr	Einwohner [1]
1834	13 983
1851	15 200
1880	23 086
1890	25 029
1900	29 846
1910	37 472

Diese Aufwärtsentwicklung war in erster Linie eine Folge des wirtschaftlichen Aufschwungs der Stadt durch die Ansiedlung zahlreicher Industriebetriebe. Nennenswerte Zugewinne durch Gebietserweiterungen hatte es bis dahin kaum gegeben. Mit der Eingemeindung von Kesselstadt im Jahre 1907 beispielsweise waren nur etwa 2800 Personen hinzugekommen.[2] Die verbesserte Beschäftigungslage der sich ausbreitenden gewerblichen Wirtschaft wirkte anziehend auf die Arbeit suchende Bevölkerung des Umlandes und führte zu einer erhöhten Zuwanderung siedlungsbereiter Arbeitskräfte. So stieg mit dem wachsenden Arbeitsplatzangebot auch die Einwohnerzahl ständig an und stabilisierte sich schließlich auf einem Niveau von etwa 40 000 bis in die Vierziger Jahre.

Jahr	Einwohner	
1925	38 670	
1933	40 655	[Volkszählung am 16.06.1933]
1936	40 713	
1939	42 167	[Volkszählung am 17.05.1939]
1941	39 397	
1944	38 140[3]	

Die weitere Bevölkerungsentwicklung wäre wahrscheinlich ziemlich undramatisch verlaufen, wäre da nicht jener gewaltige Einschnitt am Ende des Zweiten Weltkriegs gewesen. Infolge der schweren Zerstörungen hatten etwa achtzig Prozent der Einwohner

---

1) Die Einwohnerzahlen bis 1910 finden sich bei E.J.Zimmermann, Hanau Stadt und Land, 2.Auflage 1919, Nachdruck der vermehrten Ausgabe, Hanau 1978

2) Wolf, a.a.O., S.74

3) Ermittelt aus den bei vier Hanauer Fisch-Fachgeschäften geführten Kundennummern für die Pro-Kopf-Zuteilung von Frischfisch und Salzheringen nach Aufrufen in der Presse, veröffentlicht in den amtlichen Bekanntmachungen der "Hanauer Zeitung", Amtliche Tageszeitung der NSDAP für die Kreise Hanau, Gelnhausen, Schlüchtern, Jahrgang 1944; die sog. "Kundenbindung bei Salzheringen", d.h. die Einschreibung jedes Verbrauchers bei nur einem Fachgeschäft wurde am 13. November 1948 aufgehoben [Vgl. Mitteilungsblatt der Stadt Hanau vom 13.11.1948]

ihre Wohnungen verloren und waren - soweit sie nicht in den weniger in Mitleidenschaft gezogenen Stadtrandgebieten bei Freunden und Verwandten eine notdürftige Unterkunft gefunden hatten - in die Dörfer der umliegenden Landkreise evakuiert worden. Nachträglich angestellte Schätzungen des Statistischen Amtes der Stadt Hanau gehen davon aus, daß die Zahl der Einwohner in den ersten Monaten des Jahres 1945 weit unter 10 000 Personen abgesunken war, die zum Teil unter heute kaum noch vorstellbaren Bedingungen in Gartenlauben, Garagen und Kellern hausten.[1] Man hätte annehmen können, daß der Selbsterhaltungstrieb der Menschen, ihre Scheu vor den gewaltigen Schwierigkeiten des Aufbaus und das allmähliche Vertrautwerden mit ihrer neuen Umgebung die Verödung der Stadt verewigen würde. Doch es kam anders. Zunächst nur zögernd, dann aber in wachsender Zahl kehrten Geflüchtete und Evakuierte zurück. Die erste amtlich festgestellte Bevölkerungsziffer nach dem Einmarsch der amerikanischen Truppen, Anfang April 1945, liegt für den 3. Juli desselben Jahres vor und betrug bereits 16 603. Sie wurde nach den Unterlagen des Ernährungsamtes bei der Lebensmittelkartenausgabe für die 77. Zuteilungsperiode (25. Juni bis 22. Juli 1945) ermittelt[2]. Die Rückwanderungsbewegung der Bevölkerung hielt - trotz der ungeheuren Wohnungsnot und aller damit verbundenen Probleme - auch in den folgenden Jahren an und sorgte zusammen mit einem natürlichen Wachstum durch Geburtenüberschuß[3] und der Aufnahme von Neubürgern für einen kontinuierlichen Anstieg der Einwohnerzahl, deren Umfang nur zehn Jahre danach das Vorkriegsniveau schon fast wieder erreicht hatte.

Jahr	Einwohner	
31.12.1945	20 663[4]	
29.10.1946	22 067	[Volkszählung]
31.12.1947	24 473	
31.12.1948	26 527	
31.12.1949	28 643	
13.09.1950	30 766	[Volkszählung]
31.12.1951	34 703	
31.12.1952	36 622	
31.12.1953	38 977	
31.12.1954	41 089	

Diese Bevölkerungsziffern werden später in den Tabellen des dritten Hauptteils der Arbeit den finanzwirtschaftlichen Pro-Kopf-Berechnungen zugrunde gelegt.

---

1) Vgl. Stadt Hanau (Hrsg), Die Kriegsschäden und der Wiederaufbau der Stadt Hanau in der Statistik, Hanau 1949, S.5
Die erste Schätzung des Bevölkerungsstandes nach dem Bombenangriff am 19. März 1945 findet sich in einer Notiz des Mitteilungsblattes der Stadt Hanau vom 19.1.1946. Darin heißt es: "Bei der Besetzung der Stadt durch die amerikanischen Truppen Anfang April 1945 zählte man nur noch etwa 6-8000 Einwohner"

2) Vgl. Mitteilungsblatt der Stadt Hanau vom 7. Juli 1945

3) Nach den Feststellungen des Hessischen Statistischen Landesamtes war Hanau 1948 - 1956 die geburtenreichste kreisfreie Stadt Hessens. Der Geburtenüberschuß war 1956 auch absolut höher als in den weit größeren Städten Offenbach und Wiesbaden. Vgl. dazu Hess.Stat.Landesamt (Hrsg), Die Hessischen Landkreise und kreisfreien Städte, Wiesbaden 1957, S.221

4) Mittelwert aus den Einwohnerzahlen vom 26. September 1945 (19 501) und vom 13. Februar 1946 (21 825); vgl. dazu Mitteilungsblatt der Stadt Hanau vom 13. Oktober 1945 und 23. Februar 1946

Über die demographische Gliederung der Einwohnerschaft gibt es aus der Vorkriegszeit nur verhältnismäßig wenig statistisches Material, so daß Vergleiche auch wegen der etwas anderen Aufbereitung nur sehr beschränkt möglich sind. Die Ergebnisse der Volkszählungen von 1939, 1946 und 1950 erlauben aber immerhin einen Einblick in den Aufbau nach Alter und Geschlecht. Zu beachten ist dabei allerdings, daß die neuere Statistik Jugendliche von 6 bis unter 15 Jahren einordnet, während die Reichsstatistik 1939 Jugendliche nur von 6 bis unter 14 Jahren zusammenfaßte. Die beiden mittleren Altersgruppen sind daher nicht exakt vergleichbar.

Unter Berücksichtigung dieser Unterschiede ergab sich folgendes Bild der Gesamtbevölkerung nach Geschlecht und Altersstruktur:

	Männer	Frauen	im Alter von .... Jahren unter 6	6 bis unter 14/15	14/15 bis zu 65	über 65
1939 (vH)	47,2	52,8	8,5	10,6	72,5	8,4
1946 (vH)	45,4	54,6	7,8	11,9	70,3	10,0
1950 (vH)	46,5	53,5	7,9	12,9	69,1	10,1

Auffallend ist zunächst der hohe Frauenüberschuß. Die Zahlen für 1939 täuschen allerdings insofern, als hier nur die "ständige" Bevölkerung berücksichtigt und die zum Wehrdienst einberufenen Hanauer Bürger nicht in die Berechnung einbezogen worden sind. Der tatsächliche Frauenüberschuß lag 1939 in seiner Gesamtheit mit 101,6 Frauen auf 100 Männer erheblich niedriger. Erst der Krieg und seine Folgewirkungen haben dieses Bild wesentlich verändert und den Frauenüberschuß stark anwachsen lassen; insbesondere die Altersgruppen zwischen zwanzig und vierzig Jahren, unter denen die meisten Kriegsopfer zu verzeichnen waren, schlugen deutlich nach der Frauenseite hin aus und haben bis zum Jahre 1946 dazu beigetragen, daß der Überschuß auf 120 Frauen je 100 Männer anstieg. Doch schon in den anschließenden vier Jahren verbesserte sich das Verhältnis wieder durch heimkehrende Kriegsgefangene auf 115:100. [1]

Deutlich wird in der Übersicht auch der relativ hohe Anteil an alten Menschen. Wie eine Studie des Statistischen Amtes der Stadt Hanau[2] zeigt, waren in der Alterspyramide im Gegensatz zu den mittleren Jahrgängen, bei denen die hohen Kriegsverluste beider Weltkriege durch geringere Häufigkeiten sichtbar werden, die älteren Jahrgänge auffallend stark vertreten. Von 1946 bis 1950 verzeichneten die Gruppen der Siebzigjährigen bis in die ältesten Jahrgänge sogar überdurchschnittliche Zuwachsraten, eine Tatsache, die die fortschreitende Überalterung der Bevölkerung erkennen läßt.

Interessant ist auch eine Gegenüberstellung der Eheschließungen und Geburten vor und nach dem Zweiten Weltkrieg:

---

1) Vgl.dazu die Untersuchungen des Statistischen Amtes der Stadt Hanau in den Statistischen Vierteljahresberichten, II/1952, S.15ff

2) Veränderungen der Altersschichtung der Hanauer Bevölkerung zwischen 1946 und 1950, Tabelle III, a.a.O., S.18

	1932	je 1000 Einw.	1939	je 1000 Einw.	1949	je 1000 Einw.	1954	je 1000 Einw.
Eheschließungen	362	9	620	15	395	14	435	11
Geburten	574	14	995	24	475	17	694	17

Die Zahlen[1] machen deutlich, daß mit der Überwindung der Wirtschaftskrise auch die Familiengründungen nach 1932 in Hanau stark zugenommen hatten. Der sichtbare Anstieg der Eheschließungs- und der Geburtenrate bis 1939 läßt den damals oft vernommenen Ruf nach mehr Wohnungen, nach Kindergärten und erweiterten Schulen nur allzu verständlich erscheinen. Die Entwicklung nach 1945 verlief dagegen wesentlich verhaltener. Die Zahl der Geburten je 1000 Einwohner stagnierte während die der Eheschließungen relativ sogar abnahm. Die noch immer harten Lebensbedingungen, vor allem aber die große Wohnungsnot finden darin ihren sichtbaren Ausdruck.

Wie nachhaltig die Bevölkerungsentwicklung der Stadt seit 1948 vor allem durch den Zuzug von außen beeinflußt worden ist, zeigt eine Gegenüberstellung der Geburtenüberschüsse und Wanderungsgewinne.

Jahr	Geburtenüberschuß	Wanderungsgewinn	Gesamtzuwachs
1948	122	2 054	2 176
1949	180	2 116	2 296
1950	108	2 778	2 886
1951	115	3 158	3 273
1952	153	1 761	1 914
1953	120	2 219	2 339
1954	291	1 811	2 102
insgesamt	1 089	15 897	16 986
in vH	6,4	93,6	100

Die auffallend starke Zuwanderung hatte zwei Hauptursachen: In den Jahren bis 1951 bestimmte die Wiedereingliederung rückkehrwilliger, evakuierter Hanauer Bürger, die überwiegend in Orten der benachbarten Landkreise untergebracht waren, den Zustrom in die Stadt.[2] Mit umfangreichen Wohnungsbauprogrammen waren die für die Aufnahme notwendigen Voraussetzungen dazu geschaffen worden. In der Zeit danach waren es vor allem Flüchtlinge und Heimatvertriebene, die sich als neue Bürger in der Stadt

---

1) Der Zahlenvergleich für 1932/39 ist einem Hinweis im Hanauer Anzeiger vom 13.3.1941 entnommen; die übrigen Angaben wurden aus den Statistischen Vierteljahresberichten der Stadt Hanau IV/1949 und IV/1954 zusammengestellt

2) Im Oktober 1951 ermittelte das Statistische Amt der Stadt Hanau insgesamt noch rund 5 000 evakuierte Hanauer Bürger, von denen nur etwa 3 500 die Rückkehr in ihre Heimatstadt anstrebten während die restlichen 1 500 an ihrem damaligen Wohnort verbleiben wollten. Vgl. dazu Stat.Vierteljahresberichte der Stadt Hanau, IV/1951, S.24

niederließen. Viele hatten durch Umsiedlungsmaßnahmen des Landes Hessen in Hanau ihre neue Heimat gefunden. Mit einer schwerpunktartigen Wohnungsbauförderung im Rahmen des sogenannten "Hessenplans" wurden Arbeitskräfte näher an ihren Arbeitsplatz herangeführt. Als Industriestadt mit einem großen Bedarf an Facharbeitern erhielt Hanau - wie später noch zu zeigen sein wird - in diesem Zusammenhang nachhaltige Unterstützung durch das Land Hessen. Der Anteil der Flüchtlinge und Heimatvertriebenen an der Gesamtbevölkerung der Stadt, der 1947 nur 2,8 vH betrug, ist so allmählich gewachsen und erreichte im Jahre 1954 ein Volumen von 14,7 vH. Umgekehrt dagegen verlief die Entwicklung bei den Personen mit fremder Staatsangehörigkeit.

	Flüchtlinge, Evakuierte und Heimatvertriebe	Ausländische Staatsangehörige
1947	855	6 142
1948	1 192	5 252
1949	1 402	1 454
1950	2 191	534
1951	3 741	423
1952	4 603	589
1953	5 366	658
1954	6 048	683

Der anfänglich hohe Ausländeranteil in den ersten Nachkriegsjahren resultierte aus der Einrichtung eines Lagers der I.R.O. (International Refugee Organization) für "displaced persons" auf dem Gebiet der Stadt Hanau, die meist als Zwangsarbeiter nach Deutschland verschleppt und vor ihrer Repatriierung hier zusammengefaßt worden waren. Sie gehörten zwar zur "versorgten" Bevölkerung, wurden aber als Einwohner nicht gezählt. Mit der Rückführung in die Heimat nahm ihre Zahl seit 1947 (5821) kontinuierlich ab (1948: 4914) und betrug 1949, kurz vor der Auflösung des Lagers, nur noch 1130 Personen. Die Anzahl der in Hanau ansässigen ausländischen Staatsangehörigen, also der Einwohner mit nichtdeutscher Staatsangehörigkeit, wuchs dagegen von 1947 bis 1954 von 321 auf 683 Personen an.

Einen Einblick in die Wirtschafts- und Sozialstruktur der Bevölkerung vermittelt die Aufgliederung nach den wichtigsten Erwerbsquellen und der Stellung im Beruf. Ein Vergleich für die Jahre 1939 und 1950 zeigt, daß sich die Verhältnisse hier nicht wesentlich verändert hatten. Von den Erwerbstätigen (mit ihren Angehörigen) verdienten ihren Lebensunterhalt

	1939	1950
in der Land- und Forstwirtschaft	1,2 vH	1,3 vH
in Industrie und Handwerk	48,0 vH	44,2 vH
im Handel und Verkehr	17,8 vH	17,0 vH.

Die weitaus wichtigsten Erwerbszweige waren demnach Industrie und Handwerk; von ihnen lebte nahezu die Hälfte der Bevölkerung. Das war - bezogen auf das Jahr 1950 - nach Offenbach der relativ höchste Anteil unter den kreisfreien Städten Hessens.[1)]

Nach der beruflichen Gliederung der Erwerbspersonen mit ihren Familien entfielen auf die Gruppe der

	1939	1950
Selbständigen	11,0 vH	13,0 vH
mithelfenden Familienangehörigen	1,6 vH	1,6 vH
Beamten und Angestellten	28,4 vH	29,1 vH
Arbeiter	44,3 vH	39,3 vH.

Von den in der Stadt ansässigen Erwerbspersonen allein, d.h. ohne ihre Familienmitglieder, waren 1950[2)]

49 vH Arbeiter
34 vH Angestellte und Beamte und nur
17 vH Selbständige oder mithelfende Familienmitglieder.

Mit dem großen Anteil von abhängig Beschäftigen wird ein Problemkreis erkennbar, mit dem sich die Stadt seit der Zeit der Weimarer Republik immer wieder hat auseinandersetzen müssen: die Arbeitslosenfrage und ihre Auswirkungen auf den Fürsorgeetat. An dieser Stelle sei deshalb ein kurzer Rückblick auf die allgemeine Entwicklung der frühen dreißiger Jahre gestattet.

Die Verschärfung der Arbeitsmarktsituation während der Weltwirtschaftskrise hatte die Zahl der langfristig Erwerbslosen im Reich stark nach oben getrieben und das Schwergewicht der Erwerbslosenfürsorge mehr und mehr zu Lasten der Bezirksfürsorgeverbände verschoben. Mehr als die Hälfte aller unterstützten Erwerbslosen hatten Ende 1932, als die Arbeitslosenzahlen ihren Höhepunkt erreichten, die Gemeinden zu betreuen. Ihr Lastenanteil an den gesamten Unterstützungskosten stieg damals auf 63 vH.[3)]

Wie sehr die Stadt Hanau von diesem Problem betroffen war, zeigen die Arbeitslosenzahlen aus jener Zeit:

Unterstützte Arbeitslose in Hanau	
am 31.12.1932	4 869
am 28.02.1934	3 351.

---

1) Vgl. Hessisches Statistisches Landesamt (Hrsg), Die Hessischen Landkreise und kreisfreien Städte, Wiesbaden 1957, S.221f

2) Vergleichbare Zahlen aus dem Jahr 1939 nur für Erwerbspersonen liegen heute nicht mehr vor; die oben für 1939 und 1950 gegenübergestellte Berufsgruppenstruktur der Gesamtbevölkerung läßt jedoch vermuten, daß die Verhältnisse damals kaum wesentlich anders waren

3) Vgl. dazu Statistisches Jahrbuch deutscher Gemeinden, 28.Jahrgang, 1933, S.543f

Geht man davon aus, daß knapp die Hälfte der Wohnbevölkerung Erwerbspersonen waren - bei der Volkszählung 1933 waren es genau 45,8 vH -, so bedeutete der Höchststand mit 4 869 Unterstützungsempfängern, daß 1932 etwa jede vierte Hanauer Arbeitskraft ohne Beschäftigung war. Die Stadt lag damit weit über den Vergleichswerten anderer hessischer Städte, wie etwa Fulda, Gießen oder Marburg, die nicht einmal halb so viele Erwerbslose zu unterstützen hatten.[1)]

Der Abbau der hohen Arbeitslosenquote und der daraus resultierenden Fürsorgelasten gelang nur allmählich, wie sich aus den Hanauer Arbeitslosenzahlen für die folgenden Stichtage ersehen läßt :

am 28.02.1935	3 049
am 31.08.1936	2 032
am 31.03.1937	1 002.

In der Zeit nach dem Zweiten Weltkrieg gewann dieses Problem dann erneut an Bedeutung, wenn auch mit weit geringerem Gewicht als in den Dreißiger Jahren. Nach einer zunächst günstig verlaufenden Anfangsphase stieg die Zahl der Erwerbslosen ab 1950 allmählich wieder an und erreichte bei heftigen saisonellen Schwankungen Ende 1952 für den Stadtkreis Hanau wieder einen Stand von 1500.

Neben der wirtschaftlichen und sozialen Gliederung der Bevölkerung ist ihre politische Struktur von besonderem Einfluß auf die Kommunalpolitik. Das Wahlverhalten der Bürger bestimmt die Zusammensetzung des Stadtparlaments und wirkt so mittelbar ein auf die gemeindliche Willensbildung. Veränderungen in der Zusammensetzung des Parlaments ebenso wie wechselnde Mehrheiten können die Zielsetzungen, Schwerpunkte und Prioritäten gemeindlicher Aufgaben wesentlich beeinflussen und damit auch für die Finanzwirtschaft der Stadt von großer Bedeutung sein. Es soll deshalb hier noch ein kurzer Blick auf die Zusammensetzung des Kommunalparlaments in der Zeit von 1929 bis 1952 geworfen werden, um die politischen Gewichtsverlagerungen sichtbar zu machen. Nach den Gemeindewahlen ergab sich für die Sitzverteilung in der Hanauer Stadtverordnetenversammlung in den einzelnen Jahren[2)] jeweils folgendes Bild:

	1929	1933
NSDAP	-	17
SPD	8	5
Zentrum	3	3
KPD	?[3)]	9
DNVP	1	1
DVP	6	-
Sonstige Parteien	18	1
Sitze insgesamt	36	36

	1946	1948	1952
SPD	9	11	15
CDU	9	9	7
KPD	6	9	5
FDP	-	7	6
BHE	-	-	3
	24	36	36

1) Vgl. dazu die Städtevergleichszahlen für Fulda, Gießen und Marburg im Anhang B 01

2) Die Zahlen für 1929 und 1933 sind dem Statistischen Jahrbuch deutscher Gemeinden, 28.Jahrgang, 1933, S.550f entnommen; für die Jahre 1946 bis 1952 vgl. Verwaltungsbericht der Stadt Hanau für 1945 und 1946, S.8, und Statistische Vierteljahresberichte der Stadt Hanau II/1952, S.27

3) Die Sitze der KPD sind im Statistischen Jahrbuch deutscher Gemeinden, 29. Jahrgang, 1933, nicht gesondert ausgewiesen, sondern in der Summe der sonstigen Parteien miterfaßt worden; vgl.a.a.O., S.551

Die Ergebnisse von 1933 mit den außergewöhnlich hohen Gewinnen der Nationalsozialisten zeigen hier auf kommunaler Ebene den politischen Umschwung an, der sich im Anschluß daran im gesamten Reich vollzog und die unheilvolle Entwicklung einleitete, die mit der totalen Zerstörung vieler Städte endete. Wie sehr diese politische Entscheidung der Bevölkerung damals auch die kommunale Wirtschaft bestimmt hat, soll später an Beispielen der Stadt Hanau noch dargelegt werden.

Die politische Nachkriegsentwicklung begann praktisch mit den ersten freien Gemeindewahlen am 26. Mai 1946 und stützte sich anfänglich nur auf drei Parteien, zu denen bis 1952 zwei weitere hinzukamen. Sie läßt eine sehr viel ausgewogenere Verteilung der Parlamentssitze erkennen, wobei die Arbeiterparteien ein leichtes Übergewicht hatten und viele Neubürger sich ab 1952 durch eigene Vertreter im Block der Heimatvertriebenen (BHE) repräsentiert sahen.

3. Die Wirtschaft

Wenn man von der Wirtschaftsstruktur einer Stadt spricht, so meint man damit im allgemeinen das Kräfteverhältnis der einzelnen, auf ihrem Gebiet vorkommenden Wirtschaftszweige. Jede darauf gerichtete Untersuchung muß deshalb von quantitativen Merkmalen, also etwa von Betriebs- und Beschäftigtenzahlen, ausgehen, um Relationen sichtbar machen und ihre Gewichte gegeneinander abwägen zu können. Zu berücksichtigen sind außerdem standortspezifische und entwicklungsgeschichtliche Zusammenhänge. Das Ergebnis einer solchen Analyse ist dann meist ein bestimmter Städtetyp, der je nach den vorherrschenden Gliederungsmerkmalen eine mehr landwirtschaftliche, handwerkliche oder industrielle Prägung aufweist.

Für die Gliederung der Hanauer Wirtschaft in den fünfziger Jahren ist die historische Entwicklung von nicht unerheblicher Bedeutung gewesen, so daß es zweckmäßig erscheint, zunächst darauf einen kurzen Blick zu werfen.

Über die ursprünglichen Bewohner der Siedlung rund um die Burg der "Herren von Hagenowe", den späteren Grafen von Hanau, geben die Quellen[1] nur wenig Auskunft. Vermutlich waren es Hörige, Ackerbauern und Handwerker, die wohl zum Teil aus dem benachbarten Kinzdorf, einer kleinen Ansiedlung zwischen Kinzig und Main, zugewandert und so zur Keimzelle eines neuen Gemeinwesens geworden waren.[2] Viel weiß man über die wirtschaftliche Betätigung dieser ersten Einwohner nicht, doch sprechen alle Anzeichen dafür, daß das agrarwirtschaftliche Element überwog. Die viel gepriesene Fruchtbarkeit des Bodens im Hanauer Raum und das Privileg zur Abhaltung eines wöchentlichen Obst- und Gemüsemarktes, das den Hanauer Bürgern zuteil wurde,[3] weisen jedenfalls auf eine

---

1) Zu nennen sind hier vor allem das umfangreiche Werk von E.J.Zimmermann, Hanau Stadt und Land, 2.Auflage 1919, und die Untersuchung von H.Bott, Gründung und Anfänge der Neustadt Hanau 1596-1620, Bd.22 und 23 der Hanauer Geschichtsblätter, Hanau 1970/71

2) Vgl. E.J.Zimmermann a.a.O., Einleitung, S.XLVI-VII

3) Vgl. dazu G.Wolf a.a.O., S.26

vorwiegend agrarische Grundstruktur der althanauer Wirtschaft hin.[1] Die Verleihung der Stadtrechte im Jahre 1303 hat an diesem bäuerlichen Charakter der "Altstadt" wohl kaum etwas geändert.

Erst mit der Gründung einer neuen Siedlung vor den Toren der "alten Stadt" im Jahre 1597 trat hier eine auffallende Wandlung ein. Damals wurde zwischen dem Grafen Philipp Ludwig II. und den Abgesandten reformierter Niederländer und Wallonen, die ihres Glaubens wegen aus ihrer Heimat vertrieben worden waren, ein Abkommen getroffen, in dem diesen Emigranten gestattet wurde, sich am Rande der "Altstadt" niederzulassen.[2] Die Neubürger, die sowohl geschickte Handwerker als auch kluge Kaufleute waren, entwickelten ein reges gewerbliches Leben. Bereits wenige Jahre nach ihrer Niederlassung fand man in Hanau - so berichtet Zimmermann - 157 Posamentiers, 26 Tuchmacher, 25 Handelsleute, 18 Goldschmiede und 10 Krämer.[3]

Der wirtschaftliche Charakter der Stadt hatte sich damit entscheidend verändert. Aus einem Gemeinwesen mit vorwiegend landwirtschaftlicher Prägung war eine mittelalterliche Handwerkerstadt geworden, die dank des Fleißes und der besonderen künstlerischen Fähigkeiten ihrer Neubürger gewerbliche Schwerpunkte erhielt und bald einen raschen Aufstieg nahm.

Während die anfänglich vorherrschenden Textilmanufakturen, vor allem die Webereien und Stickereien, im Laufe der folgenden Jahrhunderte allmählich zurückgingen und schließlich vollkommen verschwanden,[4] entwickelte sich das Kunsthandwerk der Gold- und Silberschmiede zu großer Blüte und wurde zum "Stammgewerbe" der Stadt. Die Erzeugung von Schmuck und Bijouteriewaren, an der auch viele zuarbeitende Gewerbezweige[5] wie die der Graveure, Ziseleure, Kettenmacher, Diamantschleifer, Fasser etc. großen Anteil hatten, weitete sich aus und gewann im Laufe der Zeit eine deutliche Vorrangstellung gegenüber dem übrigen ansässigen Handwerk. Durch Spezialisierung der Fertigung und die Erschließung neuer, insbesondere ausländischer Märkte erreichte die Bijouterie in der zweiten Hälfte des 19. Jahrhunderts die Höhe ihrer Entwicklung und festigte den Ruf Hanaus als "Stadt des edlen Schmucks" in aller Welt.

Welche außergewöhnliche Rolle die Schmuckherstellung im Wirtschaftsleben der Stadt einmal spielte, wird an einigen Zahlen deutlich, die für das Jahr 1907 vorliegen. Damals

---

1) Diese Auffassung vertritt auch Thieme, der wohl nach ähnlichen Überlegungen zu dem Schluß kam: "Hanau war bis zur Wendezeit des 16.Jahrhunderts eine befestigte Kleinstadt mit vorwiegend ackerbautreibender Bevölkerung;" Vgl. E.Thieme, Der wirtschaftliche Aufbau der Hanauer Edelmetallindustrie, Tübingen 1920, S.1

2) Vgl. Klemt, a.a.O., S.13

3) zit. nach Wolf, a.a.O., S.41

4) Die Gründe für diesen Wandel konnten bis heute nicht eindeutig geklärt werden. Nach der Auffassung des Hanauer Chronisten E.J.Zimmermann ist der Rückgang des Tuchmacher- und Posamentierhandwerks möglicherweise auf das "Verschwinden der Kniehosen und Seidenstrümpfe nach der Französischen Revolution" zurückzuführen. Thieme vermutet ebenfalls, daß modische Einflüsse dafür ausschlaggebend waren (Thieme, a.a.O., S.12). Vielleicht spielte aber auch die Tatsache eine Rolle, daß bereits "1608 das Seidenfärben in der Kinzig verboten wurde, was wahrscheinlich auf eine Beschwerde der Fischer zurückging;" diese Ansicht jedenfalls vertritt Klemt, a.a.O., S.18

5) Für 1913 weist Thieme in Hanau u.a. folgende Hilfsgewerbe nach: 20 Diamant- und Edelsteinschleifereien, 20 Graveurgeschäfte, 4 Estamperieen (Kupfer- und Stahlstechereien), 3 Emaillieranstalten, 3 selbständige Zeichner, 2 Vergoldungsanstalten, 2 Drahtziehereien, 3 Werkzeughandlungen, 8 Etuisfabriken; vgl. Thieme a.a.O., S.61

betrug die Gesamtzahl aller Erwerbstätigen[1] in Hanau 18 711 Personen. Der Anteil der in gewerblichen Berufen Beschäftigten belief sich auf 14 213, wovon allein 2 669 Personen oder 18,8 vH in der Edelmetallbranche arbeiteten. Fast jeder fünfte in Hanau gewerblich Tätige hatte also mit Schmuck zu tun.

Bis etwa um 1850 mögen die Betriebsgrößen meist Klein- und Mittelbetriebe gewesen sein. Mit fortschreitender Arbeitsteilung und Spezialisierung sowie dem vermehrten Einsatz von Maschinen und Geräten vollzog sich dann aber in zahlreichen Betrieben der Übergang zur fabrikmäßigen Fertigung in raschen Schritten. Nach Thieme[2] gab es 1898 in Hanau bereits:

51 Bijouteriefabriken	mit 1004 Beschäftigten
11 Kettenfabriken	mit 320 Beschäftigten
14 Silberwarenfabriken	mit 370 Beschäftigten,

zusammen also 76 Produktionsbetriebe mit insgesamt 1694 Arbeitskräften. Bis 1913 stieg die Zahl der Goldwarenfabriken sogar auf 60, die der Silberwarenfabriken auf 20 an mit einem Beschäftigtenvolumen von zusammen 2863 Personen.

Diese Entwicklung mit einem erkennbaren Trend zu größeren Betriebsformen verlief parallel mit einer weiteren großen Strukturwandlung im Wirtschaftsbild der Stadt. Neben dem historisch gewachsenen Gewerbezweig der Schmuckerzeugung entstanden im Zuge der Industrialisierung bis zum Ersten Weltkrieg neue Fertigungsbetriebe anderer Fachrichtungen, die in zunehmendem Maße das Gesicht der Stadt bestimmten. Zu den wichtigsten gehörten die kautschuk-, metall- und holzverarbeitenden Industrien (Vgl. hierzu die Entwicklung der Betriebs- und Beschäftigtenziffern ausgewählter Wirtschaftszweige in Hanau von 1907-1939[3] im Anhang A 01).

Da der Hanauer Raum arm an Bodenschätzen ist, eine Rohstofforientierung dieser Produktionen also nicht gegeben sein kann, müssen andere Gründe bei der Standortwahl eine Rolle gespielt haben. So sind beispielsweise einige Werke der Metallverarbeitung - gemeint sind hier vor allem die Platinschmelzen sowie die Gold- und Silberscheideanstalten - als Funktionsindustrie der Schmuckwarenherstellung entstanden.[4] Die in den Goldschmiedewerkstätten anfallenden Edelmetallabfälle mußten vor ihrer Wiederverwendung gereinigt und geschieden werden. Das einzige, wegen des hohen Schmelzpunktes schwierige Aufbereitungsverfahren für Platin kannte man aber bis zur Mitte des vergangenen Jahrhunderts nur in London und Paris. Die Hanauer Goldschmiede waren deshalb gezwungen, ihren aus der Scheidung gewonnenen "Platinschwamm" in andere Länder zu schicken und zu warten, bis er von dort in verarbeitungsfähiger Form wieder zurückkam. Diese langwierige, risikoreiche und kostspielige Reise des Platins fand erst ihr Ende, als es dem Hanauer Apotheker Heraeus gelungen war, die Aufbereitung nach einem

---

1) Thieme, a.a.O., S.27

2) Vgl. Thieme a.a.O., S.17

3) zusammengestellt nach den Ergebnissen der Berufs- und Betriebszählungen des Statistischen Reichsamts

4) Am Ort ihrer Kunden gegründet, haben diese Industrien sehr zum Aufschwung des Edelmetallhandwerks beigetragen. Der Vorteil aus der räumlich engen Zusammenführung beider Produktionszweige kann als typischer Agglomerationsfaktor im Sinne der Weberschen Standortlehre angesehen werden. Gleiches gilt übrigens auch für die Etuisfabriken und einige Hersteller von Spezialwerkzeugen

neuen, von ihm entwickelten Schmelzverfahren selbst vorzunehmen. Dem technischen Fortschritt also verdankte die daraus hervorgegangene Industrie ihre Entstehung.[1)]

Die Existenz eines Teils der Holzindustrie, nämlich der Betriebe, die sich mit der Herstellung von Etuis befaßten, hing ebenfalls mit der Gold- und Silberwarenbranche eng zusammen. Hier gab offensichtlich die Kundennähe den entscheidenden Anstoß zur Niederlassung am Ort. Andere, vorwiegend mit der Herstellung von Zigarrenkisten und Wickelformen befaßte Unternehmen waren ursprünglich Zulieferer der im Hanauer Raum ansässigen Tabakmanufakturen.

Für die Gründung der Kautschukindustrie in Hanau macht Klemt mehr zufällige Ursachen geltend,[2)] wenngleich das Vorhandensein von großen Arbeitskraftreserven im Einzugsgebiet der Stadt sowie ihre gute Verkehrslage nicht unerhebliche Bestimmungsgründe für die Niederlassung gewesen sein dürften.

Während die Schmuckwarenbranche nach dem Ersten Weltkrieg infolge der durch die Inflation und die allgemeine Verarmung ungünstiger gewordenen Marktlage für wertvollen Schmuck mehr und mehr zurückging und ihre gewerbliche Vorrangstellung allmählich einbüßte, festigten andere Wirtschaftszweige ihre Bedeutung durch kräftiges Wachstum. Das galt vor allem für einen Teil der Hanauer Kautschukindustrie, die mit der Herstellung von Fahrzeugreifen am Aufschwung der Automobilindustrie partizipierte.

In der nachfolgenden Übersicht (Seite 25) sind die Betriebs- und Beschäftigtenziffern der verschiedenen Industriezweige für die Zeit vor und nach 1945 gegenübergestellt und für 1949 durch Angaben der Handwerks- und Gewerbezählung ergänzt worden. Wenn die dabei benutzte Einteilung nicht der heute üblichen Gliederung der Industriestatistik entspricht, dann liegt das daran, daß die einzigen vorhandenen Vergleichszahlen aus dem Jahre 1936, die der Verfasser den Aufzeichnungen Klemts[3)] verdankt, in dieser Form aufbereitet worden sind. Die Einordnung der entsprechenden Zahlen für 1949[4)] in das so vorgegebene Schema war daher geboten, um überhaupt einen exakten Vergleich durchführen zu können.

In der Aufstellung werden das Kräfteverhältnis der einzelnen Wirtschaftsgruppen, die neuen Schwerpunkte wie überhaupt der Wandel Hanaus zur Industriestadt deutlich sichtbar. Rund 52 vH aller Arbeitsplätze in der Stadt entfielen 1949 auf den industriellen Bereich, knapp 17 vH auf das Handwerk, der Rest auf die übrigen Gewerbezweige, die öffentliche Hand und die freien Berufe.

Während in Handwerk, Handel und Verkehr die Kleinbetriebe vorherrschten, die Zahl der Beschäftigten pro Betriebseinheit im Durchschnitt unter 10 Personen lag, überwogen in der Industrie die Mittel- und Großbetriebsformen.

---

1) Vgl. dazu die "Festschrift zum hundertjährigen Bestehen der Firma Heraeus", Hanau 1951

2) Nach der Untersuchung von Klemt fanden die Betriebe der Kautschukindustrie hier zufällig gewerbliche Räume, die später ausgebaut wurden; vgl. dazu Anmerkung 17, a.a.O., S.17

3) Klemt a.a.O., S.16f

4) Die Zahlen für 1949 sind zum größten Teil einer Aufstellung des Arbeitsamts Hanau entnommen; ergänzend wurden die Unterlagen der Betriebsaufnahme der gewerbesteuerpflichtigen Betriebe der Stadt Hanau für 1949 herangezogen

Die Industriestruktur selbst hat sich nach 1945 - ungeachtet der starken Kriegszerstörungen, die in allen Wirtschaftszweigen zu überwinden waren - nur unwesentlich verändert. Die hohen Substanzverluste der Holz-, Papier- und elektrotechnischen Industrie sind auf die zum Teil vollständige Vernichtung einzelner Betriebe zurückzuführen. Die meisten der Unternehmen mit Totalschaden waren 1949 noch nicht wieder aufgebaut. Einige hatten die Produktion verlagert, andere sie ganz aufgegeben. Um so überraschender verlief die Entwicklung in der Kautschuk- und der Metallindustrie. Trotz der schweren Kriegsschäden haben sich beide Wirtschaftsbereiche verhältnismäßig rasch erholt und

Die Hanauer Wirtschaftsstruktur

Industriezweig	Anzahl der Betriebe		Anzahl der Beschäftigten	
	1936	1949	1936	1949
Kautschukindustrie	2	2	3 639	3 718
Metallindustrie	10	15	2 167	2 790
Holzindustrie	20	11	788	562
Elektrotechnische Industrie	8	3	434	493
Papier- und Druckindustrie	16	4	547	330
Nahrungsmittelindustrie	4	6	163	278
Chemische und verwandte Industrie	3	7	97	225
Industrie Steine und Erden	3	3	74	283
Textilindustrie	-	1	--	40
Lederindustrie	1	-	22	--
Zigarrenindustrie	2	-	89	--
insgesamt	69	52	8 020	8 719

Im Stadtkreis Hanau betrug Ende 1949[1] die Zahl der Betriebe und Beschäftigten

	Betriebe	Beschäftigte
im Handwerk:	563	2 816
in Handel, Verkehr und allen übrigen Gewerben:[2]	1 205	5 345
in allen Gewerbebetrieben zusammen:	1 820	16 880

den Wiederaufbau vorangetrieben. Ihre Beschäftigtenziffern hatten 1949, also nur wenige Jahre nach dem Zusammenbruch, das Niveau des Jahres 1936 nicht nur wieder erreicht, sondern sogar wesentlich überschritten. Ihre überragende Bedeutung für die Stadt als Arbeitgeber wie als Steuerzahler wird dadurch offenkundig. Die Gummiindustrie avancierte schließlich zum wichtigsten heimischen Wirtschaftsfaktor (vgl.dazu Anhang A 02/03).

1) Vgl. Statistische Vierteljahresberichte der Stadt Hanau, II/50 B1, S.15ff sowie I/51, B1, S.17ff

2) einschließlich der freien Berufe; nicht erfaßt sind 44 Betriebe und Dienststellen der öffentlichen Hand. Unter den 1205 übrigen Gewerben sind neben kleineren Fertigungsbetrieben, soweit sie nicht in der Industriestruktur eingeordnet werden konnten, auch 888 Einmannbetriebe - meist selbständige Handwerker (Schneider, Schuhmacher, Friseure etc.) erfaßt

Mit dem verstärkten Wiederaufbau erhöhte sich das Industriepotential bis 1956 auf 100 Betriebe mit rund 14 900 Beschäftigten, das waren 71 vH mehr als 1949. Davon entfiel der weitaus größte Teil wiederum auf die Kautschukverarbeitung mit 4900 Arbeitskräften, die ihre führende Position damit unangefochten behauptete. An die nächsten Stellen rückten die Metall- und die elektrotechnische Industrie mit 2500 Arbeitskräften, die eine beachtliche Aufwärtsentwicklung genommen und auf den Gebieten des elektrischen Apparate- und Industrieofenbaus sowie der Bestrahlungs- und Medizintechnik Weltruf erlangt hatten.

Die ungewöhnlich hohe Industriedichte mit 348 Industriebeschäftigten auf 1000 Einwohner erklärt sich aus der großen Zahl der Einpendler (siehe dazu Anhang A 04). Für Hanau ergaben sich daraus erhebliche Konsequenzen hinsichtlich des Gewerbesteuerausgleichs, wie noch zu zeigen sein wird. 1950 waren es rund 12 900 Personen, die täglich von ihrem Wohnort nach Hanau zur Arbeit fuhren. Die meisten kamen aus den umliegenden Landkreisen Hanau, Gelnhausen und Offenbach. Der Anteil der Einpendler an der Gesamtzahl der in Hanau Beschäftigten lag bei 53 vH und war mit Abstand der höchste aller hessischen kreisfreien Städte. Die Zahl der Auspendler, also der erwerbstätigen Einwohner, die ihren ständigen Arbeitsplatz außerhalb des Stadtgebiets hatten, war dagegen vergleichsweise gering und betrug 1950 rund 1600.[1]

Einen interessanten Einblick in die Zusammensetzung des Hanauer Handwerks erlauben die Ergebnisse der Handwerkszählung vom 30. September 1949:[2]

Die Hanauer Handwerksbetriebe und ihre Beschäftigten 1949

Handwerksgruppe	Betriebe		Beschäftigte		Gesamtumsatz	
	absolut	vH	absolut	vH	in 1000 DM	vH
Bauhandwerke	119	21,1	1 122	39,9	6 406	31,8
Nahrungsmittelhandwerke	77	13,7	277	9,8	3 752	18,6
Textil- und Lederverarbeitung	131	23,3	310	11,0	1 198	6,0
Metallverarbeitung	127	22,6	592	21,0	5 971	29,6
Holzverarbeitung	43	7,6	220	7,8	1 226	6,1
Gesundheit, Körperpfl., chem.Reinig.	53	9,4	235	8,4	1 008	5,0
Papierverarbeitung und andere	13	2,3	60	2,1	593	2,9
insgesamt	563	100,0	2 816	100,0	20 154	100,0

Mit rund 100 Arbeitskräften auf 1000 Einwohner gehörte das Hanauer Handwerk zu den am besten besetzten unter allen kreisfreien Städten des Landes Hessen.

Bei Betrachtung der Tabelle fällt das Bau- und Baunebengewerbe besonders auf. Nach Betrieben nur an dritter Stelle, lag es dagegen nach Beschäftigtenziffer und Umsatz 1949 bereits weit an der Spitze aller Handwerksbereiche. Diese Vorrangstellung ergab sich aus

1) Vgl. Hessisches Statistisches Landesamt (Hrsg.), Die Hessischen Landkreise und kreisfreien Städte, Wiesbaden 1957, S.222

2) zusammengestellt nach den endgültigen Ergebnissen der Handwerkszählung vom 30.9.1949; vgl. dazu Statistische Vierteljahresberichte der Stadt Hanau, I/51, S.17f

dem außerordentlich hohen Baubedarf als Folge der Kriegszerstörungen. Sie festigte sich in den Jahren danach vor allem durch den forcierten Wohnungsbau und erreichte 1956 mit 64 Beschäftigten auf 1000 Einwohner einen Höhepunkt.

Im gesamten Bauhauptgewerbe, d.h. in Industrie- und Handwerksbetrieben zusammen, verzeichnete Hanau mit 3500 Beschäftigten, das sind 83 Arbeitskräfte auf 1000 Einwohner, die relativ stärkste Besetzung unter allen hessischen Stadt- und Landkreisen.[1)]

Die zweite Position in der Rangordnung belegte mit mehr als 20 vH aller Beschäftigten das metallverarbeitende Handwerk, in dem zusammen mit den Schlosserei- und Kraftfahrzeugbetrieben u.a. auch das Hanauer Traditionsgewerbe der Gold- und Silberschmiede erfaßt ist. Die relativ hohe Umsatzziffer dieser Sparte ist ein deutlicher Hinweis darauf. Das Bekleidungshandwerk stand zwar nach der Anzahl der Betriebe an vorderster Stelle, machte aber - wegen der häufig vorkommenden Einmannbetriebe im Schneider- und Schuhmacherhandwerk - nur insgesamt 11 vH aller Beschäftigten aus. Seine Bedeutung war daher, wie auch die Umsätze zeigen, nur gering. Anders dagegen das Nahrungsmittelhandwerk, das 1949 umsatzmäßig bereits an dritter Stelle lag und mit dem Anwachsen der Bevölkerung sowie der Aufhebung der Bewirtschaftung einen starken Auftrieb erhielt.

Unter den übrigen Wirtschaftsbereichen traten der Hafen und die Verkehrswirtschaft besonders hervor. Mit 83 Beschäftigten auf 1000 Einwohner wies die Verkehrswirtschaft 1950 - knapp hinter der Stadt Darmstadt - sogar die relativ höchste Besetzung des Landes auf. Drei Viertel dieser Beschäftigten waren allein bei der Deutschen Bundesbahn tätig.[2)]

Der Hanauer Hafen war seit seiner Inbetriebnahme im Jahre 1924 ein Güterumschlagplatz von überregionaler Bedeutung. Der Anschluß an das Wasserstraßennetz, der den Umschlag von Massengütern begünstigt, hat die Entwicklung der Stadt und des Hinterlandes wesentlich gefördert. So kamen die Vorzüge der niedrigeren Transportkosten im Schiffsverkehr der heimischen Wirtschaft voll zugute. 1954 registrierte man im Hanauer Hafen mehr als 1100 Schiffsbewegungen. Unter den einkommenden Gütern rangierte die Steinkohle an erster Stelle vor Braunkohle, Getreide, Kies, Sand und Holz. Verschifft wurden hauptsächlich Düngemittel (Kali), Steine und Getreide. Nahezu der gesamte, für den westeuropäischen Raum bestimmte Export der Kaligruben der vorderen Rhön wurde zum Weitertransport auf dem Wasserweg in Hanau umgeschlagen.

---

1) Vgl. Hessisches Statistisches Landesamt (Hrsg.), [1957] a.a.O.

2) Hessisches Statistisches Landesamt (Hrsg.), [1957], S.223

4. Die Kriegszerstörungen

Das Ausmaß der Kriegsschäden in Hanau am Ende des Zweiten Weltkriegs war im wesentlichen eine Folge mehrerer Fliegerangriffe, denn Kampfhandlungen hatten hier nicht stattgefunden. Die ersten Bomben, die größere Zerstörungen anrichteten und Menschenleben forderten, fielen in der zweiten Hälfte des Jahres 1944[1]) und galten den Industrie- und Bahnanlagen. Im Januar 1945 folgten weitere Luftangriffe, bei denen auch die Zivilbevölkerung erneut Verluste zu beklagen hatte. Den Schlußpunkt des Vernichtungswerks setzte schließlich ein Flächenbombardement am 19. März 1945, dem viele Menschen zum Opfer fielen und das die gesamte Innenstadt dem Erdboden gleichmachte. Damit schien das Schicksal Hanaus besiegelt. Niemand wollte in den Tagen nach dem Einmarsch der amerikanischen Truppen so recht daran glauben, daß diese Stadt je wiedererstehen und sich das Leben darin einmal wieder normalisieren würde. In den ersten Tagen ist angesichts der unvorstellbaren Zerstörungen sogar ernsthaft erwogen worden, die Trümmerwüste so zu belassen, wie sie war, und die Stadt an anderer Stelle wieder aufzubauen.[2]) Vielen schien es ohne jede realistische Hoffnung, dieser chaotischen Verhältnisse jemals Herr zu werden. Wie verständlich eine solche Auffassung damals sein mußte, vermittelt das Bild vom Ausmaß der Verwüstungen, das sich aus der folgenden Bilanz der Kriegsschäden ergibt, die aus Aufzeichnungen des Verfassers sowie aus Angaben des Statistischen Amtes der Stadt Hanau zusammengestellt wurde.[3])

Die Kriegsschäden der Stadt Hanau

Objekte	1939 insgesamt	davon total zerstört	schwere und mittelschwere Schäden	leichte Schäden	unbeschädigt
Wohngebäude	3 638	2 240	242	808	348
Wohnungen	12 749	7 934	869	2 869	1 077
Öffentliche Gebäude	115	57	45	7	6
darunter Kirchen	10	5	3	1	1
Schulgebäude	19	12	4	2	1
Industriebetriebe	104	50	26	22	6
Edelmetallbetriebe	88	60	14	9	5
Landwirtschaftliche Betriebe	31	15	1	1	14
Gartenbaubetriebe	32	15	5	3	9

Straßen	115,8 km	davon zerstört oder nicht benutzbar:	53 vH
Gasrohrnetz	122,0 km	davon zerstört oder nicht benutzbar:	100 vH
Wasserrohrnetz	80,0 km	davon zerstört oder nicht benutzbar:	100 vH
Kanalrohrnetz	65,0 km	nach 104 Bombentreffern nur beschränkt nutzbar	

1) Daten solcher Angriffe finden sich auf den Gräbern des Ehrenfriedhofs auf dem Hanauer Hauptfriedhof, so u.a. der 25. September, der 12. und 21. Dezember 1944

2) Diese Feststellung findet sich bei Josef Grimmer, Stadtverordnetenvorsteher, in seiner Ansprache zur Eröffnung der Feierstunde am 20. Juni 1986, zum 40.Jahrestag der ersten Kommunalwahl und des Zusammentritts der ersten frei gewählten Stadtverordnetenversammlung nach 1945, als Manuskript gedruckt (Nr.8 der Schriftenreihe: Hanau, herausgegeben vom Hauptamt der Stadt Hanau, 1986), S.10

3) Statistisches Amt der Stadt Hanau (Hrsg.), Die Kriegsschäden und der Wiederaufbau der Stadt Hanau in der Statistik, Hanau 1949

Umspannstationen	zerstört oder nicht mehr betriebsfähig:	55 vH
Hochwasserdämme	durch 38 Bombentreffer zum Teil schwer beschädigt	

Zu den in Mitleidenschaft gezogenen städtischen Gebäuden und Einrichtungen, die teilweise Totalschäden erlitten oder unter dem Bombenhagel so schwere Beeinträchtigungen erfahren hatten, daß sie nach dem 19. März 1945 nicht mehr funktionsfähig waren, gehörten insbesondere:

das Rathaus mit allen Verwaltungsstellen,
die Stadtwerke,
das Stadttheater,
das Stadtkrankenhaus
das Altstädter Rathaus,
der Schlachthof,
der Fuhrpark,
die Müllabfuhr,
die Badeanstalten
das Krematorium,
die Feuerwehr,
die Straßenbeleuchtung,
Depot, Wagenpark sowie Gleis- und Oberleitungsanlagen der Straßenbahn

Von den nicht städtischen Einrichtungen waren u.a. zerstört oder erheblich beschädigt:
zwei weitere Krankenhäuser,
drei von vier Bahnhöfen,
das Gericht,
die Post,
das Finanzamt,
das Stadtschloß,
die Stadthalle,
zwei Warenhäuser,
vier Kinotheater,
nahezu sämtliche Ladengeschäfte der Innenstadt.

Diese Auflistung, obwohl keineswegs vollständig, läßt den Umfang der Katastrophe sichtbar werden und etwas von dem Leid erahnen, das der Stadt am Ende des Zweiten Weltkriegs widerfahren war.

Über den Begriff des Zerstörungsgrades, seinen Inhalt und seine Berechnungsmethoden, ist häufig gestritten worden.[1)] Angesichts der großen Bedeutung solcher Schadensziffern für den Finanzausgleich zwischen Ländern und Gemeinden, für Baustoffzuteilungen sowie für die Zuweisung von Flüchtlingen hatte die amtliche Statistik verschiedene Methoden entwickelt. Dabei wurden mehrere Berechnungsweisen nebeneinandergestellt und der Zerstörungsgrad gleichsam als eine Kombination dieser Teilergebnisse interpretiert:

1. <u>Berechnung nach der Bevölkerungsabnahme:</u>
   In der Stadt Hanau betrug der amtlich festgestellte Rückgang der Einwohnerzahl 47,7 vH. Sie lag damit an der Spitze aller hessischen Stadtkreise vor Kassel mit 41,0 vH, Marburg mit 33,9 vH und Darmstadt mit 33,8 vH. Im gesamten Bundesgebiet wurde Hanau nur von Würzburg mit einer Bevölkerungsabnahme von 48,3 vH übertroffen.

1) Vgl. dazu Statistisches Jahrbuch deutscher Gemeinden, 37.Jahrgang, 1949, S.361ff

2. Berechnung nach der Zahl der zerstörten Wohnungen:
Nach dieser Methode rangierte Hanau mit 88,6 vH mit großem Abstand vor allen anderen Stadtkreisen Hessens, gefolgt von Gießen mit 76,5 vH und Kassel mit 63,9 vH. Einen höheren Verlust an Wohnungen hatten im gesamten Bundesgebiet nur die Mittelstädte Düren (99,2 vH), Paderborn (95,6 vH) und Bocholt (89,0 vH) zu verzeichnen.

3. Berechnung nach dem Ausfall der Grundsteuer B im Jahre 1946:
Auch hier lag die Stadt Hanau mit 67,5 vH unter den hessischen Städten an vorderster Stelle vor Darmstadt mit 62,9 vH und Kassel mit 57,6 vH. Ein höherer Grundsteuerausfall wurde damals im Bundesgebiet nur für Würzburg mit 78,1 vH ermittelt.

4. Berechnung nach der unaufgelockerten Trümmermenge:
Die umstrittenste, weil überwiegend auf Schätzungen basierende Berechnungsmethode, die überdies den Gemeinden für eigenwillige Interpretationen viel Spielraum ließ[1] und deshalb für zwischenörtliche Vergleiche kaum geeignet ist, ging von den Trümmermengen aus. Hiernach lag Hanau mit 13,0 cbm je Einwohner unter den hessischen Stadtkreisen an fünfter Stelle hinter Gießen mit 34,4 cbm, Kassel mit 26,7 cbm, Darmstadt mit 26,0 cbm und Frankfurt mit 21,1 cbm je Einwohner.

Faßt man die Ergebnisse zusammen, so kann man sagen, daß Hanau am Ende des Zweiten Weltkriegs die relativ am stärksten zerstörte Stadt Hessens gewesen ist und unter den Mittelstädten im gesamten Bundesgebiet wohl nur von Düren und Würzburg übertroffen wurde.[2] Diese traurige Bilanz mußte für die Finanzwirtschaft der Stadt schwere Folgen haben. Ihrer eigenen Steuerkraft weitgehend beraubt, war sie mehr denn je auf die Hilfe von außen angewiesen. Allen Verantwortlichen war klar, daß das weitere Schicksal der Stadt vom Gelingen des Wiederaufbaus abhing - vom Wohnungsbau, um den Menschen wieder eine Heimstatt zu geben, ebenso wie vom Aufbau der Wirtschaft, von der die Stadt ihre einst hohe Steuerkraft herleitete. Stadtverordnete und Magistrat haben deshalb von Anbeginn an unter allen öffentlichen Aufgaben, die es zu bewältigen galt, den Fragen des Wiederaufbaus höchste Priorität eingeräumt. Wie ein roter Faden zieht sich diese Politik durch die Planung und Abrechnung der Haushalte nach 1945.

Im Vordergrund standen die Errichtung von Häusern und Wohnungen und die Wiederherstellung der öffentlichen Einrichtungen. Da die hierfür erforderlichen Mittel die Finanzkraft der schwer geschwächten Stadt aber weit überstieg, erhöhte sich ihre Abhängigkeit von staatlichen Zuweisungen in den ersten Jahren beträchtlich und blieb so lange vorherrschend, bis die eigene Steuerkraft sich wieder normalisiert hatte. Welchen besonderen Schwierigkeiten sie sich dabei gegenüber sah, wird in den Kapiteln über den Finanzausgleich im einzelnen noch darzulegen sein.

---

1) Hierzu bemerkt F.Kästner: "Allein schon der vielgestaltige Begriff "Trümmermenge" führte zu verschiedenen Berechnungsergebnissen der Gemeinden, so daß die interkommunalen Zahlenunterschiede oft nur Begriffsunterschiede repräsentierten. Allmählich entwickelte sich ein ziemliches Durcheinander in der Trümmerstatistik, wobei in der Öffentlichkeit die Zahlen nach Belieben ausgesucht und verwendet wurden." (Statistisches Jahrbuch deutscher Gemeinden, 37.Jg., 1949, S.361)

2) Vgl. dazu die Tabelle: "Zerstörungsgrad" mit einer Zusammenstellung der entsprechenden Schadensziffern der neun Stadtkreise Hessens sowie einiger anderer schwer zerstörter Städte des Bundesgebiets im Anhang B 07

Zweiter Hauptteil

DER GESETZLICHE UND INSTITUTIONELLE RAHMEN DER HANAUER FINANZWIRTSCHAFT

1. Allgemeines

Die öffentliche Finanzwirtschaft dient der "Verwirklichung gesellschaftspolitischer Ziele". Die Erfüllung bestimmter, dem Gemeinwohl dienender Aufgaben erfordert finanzielle Mittel, die beschafft und für die Erstellung öffentlicher Leistungen ausgegeben werden müssen. So gesehen sind Einnahmen und Ausgaben die finanzpolitischen Instrumente der Gebietskörperschaften zur Lösung öffentlicher Aufgaben.[1]

Die Gemeinde ist die unterste Ebene des föderativen Staatsaufbaus. Sie fördert das Wohl ihrer Einwohner in freier Selbstverwaltung durch ihre von der Bürgerschaft gewählten Organe[2] und ist vom Gesetzgeber dazu bestimmt, in ihrem Gebiet ausschließlicher und eigenverantwortlicher Träger der öffentlichen Verwaltung zu sein.[3]

Bei kommunalen Aufgaben unterscheidet man zwischen Selbstverwaltungsaufgaben, die freiwillige[4] oder Pflichtaufgaben[5] sein können, und Weisungsaufgaben. Nach dem Grundsatz der Universalität steht den Gemeinden im Rahmen ihrer Selbstverwaltung das Recht zu, alles in ihren Wirkungskreis einzubeziehen, was der ideellen und materiellen Wohlfahrt ihrer Einwohner und Bürger dient. Dazu gehören Aktivitäten etwa im Bereich des örtlichen Bildungs-, Verkehrs- und Gesundheitswesens, auf kulturellem Gebiet sowie bei der Versorgung der Bevölkerung mit Wasser, Gas und elektrischer Energie, um nur einige Beispiele zu nennen. Es sind dies Aufgaben, die sich die Gemeinde selbst stellt, die aus den örtlichen Gegebenheiten erwachsen und deren Erfüllung nach Art, Umfang und Dringlichkeit im Interesse ihrer Einwohner und Bürger notwendig ist. Daneben gibt es eine wachsende Zahl von Gemeindeangelegenheiten, die sich aus der staatlichen Ordnungsfunktion herleiten und deren Durchführung den Gemeinden als den untersten Verwaltungsbehörden vom Staat auferlegt ist. Solche Pflichtaufgaben, wie sie u.a. im Bereich der öffentlichen Sicherheit und Ordnung, in der Fürsorge, bei der Wohlfahrts- und Jugendpflege anzutreffen sind, bilden zusammen mit den durch Gesetz auf die Gemeinden übertragenen speziellen Weisungsaufgaben[6] die sogenannten "Auftragsangelegenheiten".

Jede kommunalpolitische Entscheidung in Sachfragen beruht sowohl auf fachlichen als auch auf politischen Erwägungen; Richtung und Ziel erhalten die Maßnahmen erst durch

---

1) Vgl. W.Wittmann, Einführung in die Finanzwissenschaft, IV.Teil, 2.Auflage, Stuttgart u.a. 1977, S.1

2) § 1 der Hessischen Gemeindeordnung (HGO) vom 25. Februar 1952 (GVBl. S.11)

3) § 2 HGO 1952

4) Zu den Aufgaben, bei denen das Ob und Wie in das Ermessen der Stadt gestellt ist, gehören z.B. die Unterhaltung von Theatern, Museen, Schwimmbädern, Grünanlagen sowie die Heimatpflege

5) Es sind dies Aufgaben, die die Stadt aufgrund gesetzlicher Verpflichtungen zu erfüllen hat, bei denen jedoch die Art und Weise der Durchführung in das pflichtgemäße Ermessen der Stadt gestellt ist. Dabei können bestimmte Mindestvorschriften gesetzlich festgelegt sein. Beispiele hierfür sind u.a. die Einrichtung und Unterhaltung von Grund- und Hauptschulen, Beratungsstellen und die Jugendhilfe (vgl. dazu M.Fuchs, Kommunales Haushaltswesen, 3.Auflage, Göttingen 1980, S.59)

6) § 4 HGO 1952; Bei den Weisungsaufgaben bestimmt das Gesetz die Voraussetzungen und den Umfang des Weisungsrechts und hat gleichzeitig die Aufbringung der Mittel zu regeln. Die Stadt hat einen Ermessensspielraum nur, soweit die staatliche Weisung dazu Raum läßt. Beispiele dafür sind das Standesamt, Versicherungsamt, Lastenausgleichsamt sowie die Bau- und die Gewerbeaufsicht

die politische Motivation.[1] Das gilt insbesondere von allen finanzpolitischen Entscheidungen der Gemeinden, und zwar bei der Festlegung der Ausgaben ebenso wie bei der Beschaffung der Mittel. "Mit der Aufstellung des Haushaltsplanes, seinem Vollzug und seiner Kontrolle werden die einzelnen Entscheidungen auf diesem Gebiete zahlenmäßig konkretisiert, miteinander abgestimmt und in einen zeitlichen und größenmäßigen Rahmen gestellt". Der Haushaltsplan, auch als Etat oder Budget bezeichnet, stellt ein genaues Spiegelbild des finanzpolitisch Gewollten und - nach seinem Vollzug - des Erreichten dar. Aber auch das Nichterreichte läßt sich gegebenenfalls daraus ableiten, so daß u.U. ein Nachtragshaushaltsplan notwendig wird.[2]

In den folgenden Kapiteln soll nun der institutionelle Bereich der Finanzwirtschaft der Stadt Hanau unter besonderer Berücksichtigung der ab 1936 eingetretenen Veränderungen näher betrachtet werden. Dazu gehören neben den gesetzlichen und organisatorischen Rahmenbedingungen die finanzpolitische Willensbildung und Entscheidungsfindung in den dafür zuständigen Gremien bis hin zu ihrem Niederschlag im Haushaltsplan.

2. Die gesetzlichen Grundlagen der städtischen Finanzwirtschaft

Für den dieser Untersuchung zugrundeliegenden Zeitraum, also für die Jahre von 1936 bis 1954, galten für die Finanzwirtschaft der Stadt Hanau die folgenden gesetzlichen Rahmenbedingungen:

a. Die Gemeindeordnung.

Die Gemeindeordnung ist das grundlegende Gesetzeswerk des gemeindlichen Verfassungsrechts. Die Deutsche Gemeindeordnung [DGO] vom 30. Januar 1935,[3] baute auf preußischen Traditionen auf und ging in wesentlichen Teilen auf die von Popitz entwickelten Grundsätze zurück. Kernpunkt der inneren Gemeindeverfassung war das "Führerprinzip", das die bis dahin geltende Regelung der Repräsentation der Gemeinden durch aus freien Wahlen hervorgegangene Gemeindevertretungen beseitigte. Die DGO wurde nach dem Ende des Zweiten Weltkriegs durch die Hessische Gemeindeordnung [HGO] vom 21. Dezember 1945[4] ersetzt, die ihrerseits wieder mit Wirkung ab 5. Mai 1952 durch die Hessische Gemeindeordnung vom 25. Februar 1952[5] abgelöst wurde. Bei dieser Neufassung sind nicht nur die Bestimmungen berücksichtigt worden, die in den einzelnen Landesteilen Hessens vor 1933 galten, sondern auch der sogenannte Weinheimer Entwurf von 1948, die in

---

1) H.Peters, Kommunalwissenschaften und Kommunalpolitik, im: Handbuch der kommunalen Wissenschaft und Praxis, 1.Band, Berlin u.a. 1956, S.6

2) G.Schmölders, Kommunale Finanzpolitik, im: Handbuch der kommunalen Wissenschaft und Praxis, 3.Band, Berlin u.a. 1959, S.31

3) RGBl.I, S.49

4) GVBl.1946, S.1

5) GVBl.Nr.4, S.11

anderen Ländern bereits erlassenen neuen Ordnungen sowie die damals vorliegenden Entwürfe für Nordrhein-Westfalen und Bayern.[1)]

Wo nicht ausdrücklich anders vermerkt, wird in dieser Arbeit bei Zitaten oder Rückgriffen auf die Hessische Gemeindeordnung immer die Fassung vom 25. Februar 1952 zugrunde gelegt.

Die Gemeindeordnung bildet den äußeren gesetzlichen Rahmen der Kommunalverfassung. Alle drei vorgenannten Versionen enthalten im 6. Teil "Gemeindewirtschaft" jeweils die Normen für die Wirtschaftsführung, insbesondere die Vorschriften über das Gemeindevermögen, die wirtschaftliche Betätigung der Gemeinden, die Schuldenaufnahme, den Haushalt sowie das Kassen-, Rechnungs- und Prüfungswesen.

Gemäß § 105 Abs.2 DGO war der Reichsminister des Innern ermächtigt, im Einvernehmen mit dem Reichsminister der Finanzen die Wirtschaftsführung der Gemeinden durch Verordnungen näher zu regeln. Dies geschah zwischen 1936 und 1938 insbesondere durch den Erlaß der nachfolgend behandelten Vorschriften, die im wesentlichen auch bis zum Ende des Untersuchungszeitraums ihre Gültigkeit behielten.

b. Die Gemeindehaushaltsverordnung (GemHVO) vom 4. September 1937.[2)]

Die GemHVO schrieb für Gemeinden mit mehr als 3000 Einwohner die Aufstellung, Gliederung, Gruppierung und Ausführung des Haushaltsplans nach einheitlichen Grundsätzen vor. Die Mustergliederung in Einzelpläne und Abschnitte war erstmals für das Rechnungsjahr 1938 verbindlich, ebenso die Gruppierung der Einnahmen und Ausgaben, für die nach § 5 GemHVO eine dort näher beschriebene Mindestunterteilung in "fortdauernde" und "einmalige" Einnahmen bzw. Ausgaben galt. Für die Gemeinden bestanden danach bei der Aufstellung des Haushaltsplans Gestaltungsmöglichkeiten innerhalb der Vertikalstruktur nur bei den Unterabschnitten, in der Horizontalstruktur dagegen durch eine über die Mindestanforderung hinausgehende Gruppierung der Einnahmen und Ausgaben.

Gegenüber diesem Vorkriegsstatus des kommunalen Haushaltsrechts ist vom Rechnungsjahr 1951 an in allen Ländern der Bundesrepublik Deutschland mit der Einführung des finanzstatistischen Kennziffernplans für alle Gemeinden und Gemeindeverbände eine weitergehende Vereinheitlichung vorgenommen worden. In Hessen wurde die Neuordnung der Gliederung des Haushaltsplans und der Jahresrechnung sowie die Gruppierung der Einnahmen und Ausgaben nach Arten,

---

1) Vgl. R.Ebel, W.Emrich (Hrsg.): Hessische Gemeindeordnung vom 25.2.1952, Heft 4 der Schriftenreihe des Kreisverbandes der Kommunalbeamten Frankfurt/Main, Gewerkschaft Deutscher Beamten und Angestellten im Deutschen Beamtenbund, Frankfurt 1953, S.12

2) RGBl.I, S.921; dazu Ausführungsanweisung vom 10. Dezember 1937 (RMBliV.,S.1899) und Muster zur GemHVO im Runderlaß des RuPrMdI und des RdF vom 4. September 1937 (RMBliV.,S.1460), geändert durch Runderlaß des RuPrMdI und des RdF vom 10. und 22. Dezember 1937 (RMBliV., S.1899 und 2010), Runderlaß des RuPrMdI und des RdF vom 7. Oktober 1938 (RMBliV., S.1648) sowie vom 3. Mai 1939 (RMBliV., S.1000)

die im übrigen auch bei der Gemeindefinanzstatistik anzuwenden ist, durch Ministererlaß vom 19. Oktober 1950[1)] allen Gemeinden zur Pflicht gemacht.

c. Die Verordnung über das Kassen- und Rechnungswesen der Gemeinden (KuRVO) vom 2. November 1938.[2)]

Die KuRVO faßt die Vorschriften zusammen, die die gemeindliche Kassenführung und die Rechnungslegung betreffen. Sie regelt insbesondere den personellen Aufbau und die Aufgaben der Gemeindekasse, den Geschäftsgang, den Zahlungsverkehr, die Buchführung, die Kassenprüfung sowie die Aufstellung der Jahresrechnung für die Kasse, den Haushalt und das Gemeindevermögen.

d. Die Rücklagenverordnung (RücklVO) vom 5. Mai 1936.[3)]

Als Reaktion auf die hohe Verschuldung der Gemeinden zu Beginn der dreißiger Jahre waren für die Rechnungsjahre 1935 und 1936[4)] Haushaltserlasse ergangen, die die zusätzliche Schuldentilgung und die Bildung von Rücklagen zu obersten finanzpolitischen Geboten erhoben. Beide Maßnahmen sollten dazu beitragen, die finanzielle Gesundung der Gemeinden herbeizuführen. Die Rücklagenverordnung trat damals an die Stelle der in dem Haushaltserlaß von 1936 gegebenen Weisungen und regelte erstmals systematisch für alle Gemeinden im gesamten Reichsgebiet[5)] die Ansammlung, Anlegung und Verwendung von Rücklagen, d.h. von Mitteln, die aus dem Haushaltskreislauf auszugliedern und für eine spätere, zweckbestimmte Verwendung bereitzuhalten sind.

e. Die Eigenbetriebsverordnung (EBVO) vom 21. November 1938.[6)]

Die EBVO schuf die Rahmenbedingungen für eine Betriebsverfassung der durch die DGO geschaffenen "Eigenbetriebe", d.h. der wirtschaftlichen Unternehmen der Gemeinden ohne eigene Rechtspersönlichkeit. Sie enthält u.a. wesentliche Bestimmungen über die Zusammenfassung von Versorgungsbetrieben, also etwa Elektrizitäts-, Gas- und Wasserwerken, zu "Stadtwerken" oder von gemeindlichen Unternehmen des Verkehrs zu "städtischen Verkehrsbetrieben". Sie enthält weiterhin Vorschriften hinsichtlich der Leitung, der Vertretung und des Rechnungswesens der Eigenbetriebe und "regelt deren finanzwirtschaftliche Beziehungen zur Gemeinde".[7)]

---

1) Erlaß des Hessischen MdI und MdF, betreffend: Gliederung der Haushaltspläne der Gemeinden und Gemeindeverbände und Einführung einer finanzstatistischen Kennziffer, vom 10. Oktober 1950, Beilage Nr.9 zum "Staatsanzeiger für das Land Hessen" Nr.43, vom 28. Oktober 1950

2) RGBl.I, S.1583; dazu die Ausführungsanweisung, Runderlaß des RMdI und das RFM vom 1. März 1939 (RMBliV., S.441)

3) RGBl.I, S.435; dazu Ausführungsanweisung, Runderlaß RuPrMdI und des RFM vom 17. Dezember 1936 (RMBliV., S.1647)

4) RMBliV 1935, S.101; RMBliV 1936, S.159

5) ausgenommen waren nur die Städte Berlin, Hamburg, Bremen und Lübeck; vgl. Gemeindewirtschaftsrecht (Gesetzessammlung), Kohlhammer Gesetzestexte, Stuttgart 1949, S.196

6) RGBl.I, S.1650; dazu Ausführungsanweisung Runderlaß des RMdI und des RFM vom 22. März 1939 (RMBliV., S.633)

7) W.Fischer, Die Finanzwirtschaft der Stadt Darmstadt, Darmstadt 1954, S.15

3. Die Willensbildung und Entscheidungsfindung in der kommunalen Finanzpolitik

a) Die städtischen Körperschaften

In Hanau bestand bis zum Jahre 1933 eine "unechte" Magistratsverfassung,[1] in der die Aufgaben der Stadtverwaltung durch zwei kollegiale Organe - der Stadtverordnetenversammlung und dem Magistrat - mit eigenen, durch das kommunale Verfassungsrecht abgegrenzten Wirkungskreisen erfüllt werden. Im Unterschied zur "echten" Magistratsverfassung, bei der die Beschlüsse der Stadtverordnetenversammlung der Zustimmung des Magistrats bedürfen, spricht man von einer "unechten" Magistratsverfassung dann, wenn die Arbeit des Magistrats darauf beschränkt ist, die Beschlüsse der Stadtverordnetenversammlung umzusetzen und die laufende Verwaltung zu besorgen.

Dieses "Zweikörpersystem wie überhaupt jede Form kollegialer Gemeindeverwaltung" wurde durch den nationalsozialistischen Staat für das gesamte Reichsgebiet mit der Deutschen Gemeindeordnung vom 30. Januar 1935 beseitigt[2] - in Preußen, so auch in Hanau, übrigens schon mit dem Gemeindeverfassungsgesetz vom 15. Dezember 1933 (GS S.427). An die Spitze der städtischen Verwaltung trat als "Leiter der Gemeinde" der Oberbürgermeister, dem die Beigeordneten, die sogenannten Stadträte, zur Seite standen (§ 32 DGO). Die Gemeindewahlen wurden abgeschafft und zum Zwecke der Gleichschaltung die bis dahin amtierenden, leitenden Persönlichkeiten abgelöst. Sie wurden durch Anhänger der NSDAP ersetzt.[3] Die Einführung des "Führerprinzips" erfolgte unter dem Leitsatz "Autorität nach unten, Verantwortung nach oben".[4] An die Stelle gewählter Vertreter traten die durch "das Zusammenwirken von Partei und Staat" ernannten Amtsträger.[5]

Der Oberbürgermeister führte die Verwaltung. Er vertrat die Stadt nach außen und traf alle Entscheidungen in voller und ausschließlicher Verantwortung. Die neuen Beigeordneten waren dem Oberbürgermeister nachgeordnete Beamte. Der erste Beigeordnete trug die Amtsbezeichnung Bürgermeister, der mit der Verwaltung des Finanzwesens beauftragte die Bezeichnung Stadtkämmerer, während die übrigen Beigeordneten den Titel Stadtrat unter Hinzufügung ihres Kompetenzbereichs[6] führten. Im Verhältnis zum Oberbürgermeister hatten sie eine Stellvertreterfunktion (§ 34 DGO).

Die Stadtverordneten wurden 1935 durch Gemeinderäte ersetzt. Sie hießen Ratsherren und waren Ehrenbeamte. Sie bildeten kein Kollegium und waren nicht mehr Träger eines von

---

1) Sie geht zurück auf die Städteordnung für die [preußische] Provinz Hessen-Nassau vom 4. August 1897 (GS S.254)

2) W.Elsner, Gemeindeverfassungsrecht in den Ländern der Magistratsverfassung, im Handbuch der kommunalen Wissenschaft und Praxis, 1.Band, Berlin u.a. 1956, S.281

3) In Hanau gehörten dem vorläufigen Gemeinderat der oberste örtliche Leiter der NSDAP und der rangälteste Führer der SA an

4) Vgl. E.Becker, Entwicklung der deutschen Gemeinden und Gemeindeverbände im Hinblick auf die Gegenwart, im Handbuch der kommunalen Wissenschaft und Praxis, 1.Band, Berlin u.a. 1956, S.103

5) E.Becker, a.a.O.; Zur Mitwirkung der Partei an der Gemeindeverwaltung durch den Beauftragten der NSDAP siehe auch § 33 DGO

6) z.B. Stadtrechtsrat, Stadtschulrat, Stadtbaurat etc.

unterschiedlichen politischen Parteien verliehenen Mandats, sondern einzelverantwortliche Berater des Oberbürgermeisters. Sie hatten keine Kontrollrechte. Ihre Berufung erfolgte durch den Beauftragten der NSDAP (§ 51 DGO) im Einvernehmen mit dem Oberbürgermeister.

Die Ratsherren waren bei wichtigen Gemeindeangelegenheiten zur Beratung hinzuzuziehen. Das galt insbesondere auch bei dem Erlaß der Haushaltssatzung und der Beratung der Haushaltsrechnung.[1]) Gemäß § 55 DGO war ihnen Gelegenheit zur Äußerung zu geben, Abstimmungen fanden jedoch nicht statt.

Zur beratenden Mitwirkung für bestimmte Verwaltungszweige wurden ferner Beiräte eingerichtet, denen auch sachkundige Bürger angehörten.[2])

1935 hatte die Stadt Hanau insgesamt vier besoldete und vier unbesoldete Führungsbeamte sowie 21 Ratsherren.[3]) Drei Jahre später wurde die Zahl der hauptamtlichen Führungsbeamten auf fünf erhöht, die der Ratsherren, die zuvor bereits einmal um drei auf 18 reduziert worden war, auf 16 herabgesetzt (siehe Auszug aus der Hauptsatzung vom 31.10.1938 im Anhang A 05). Hanau blieb damit deutlich unter der durch die DGO festgesetzten Höchstgrenze.[4]) Nach der Entschließung der Gemeinderäte zur Hauptsatzung der Stadt Hanau vom 31. Oktober 1938[5]) bestand der Gemeindevorstand aus vier hauptamtlichen Mitgliedern: dem Oberbürgermeister, dem der Bürgermeister (zugleich in seiner Eigenschaft als Stadtkämmerer), der technische Beigeordnete (Stadtbaurat) und ein weiterer besoldeter Beigeordneter (Stadtrat) zur Seite standen (siehe dazu den oben erwähnten Auszug aus der Hauptsatzung der Stadt Hanau vom 31.10.1938 im Anhang A 05).

Nach dem Inkrafttreten der Hessischen Gemeindeordnung vom 21. Dezember 1945 und den ersten Kommunalwahlen nach dem Kriege in Hessen, am 26. Mai 1946, gab sich die Stadt Hanau eine neue Hauptsatzung, die das kollegiale Vertretungsorgan wieder einführte. Die Satzung basierte auf einem Beschluß der gewählten Stadtverordnetenversammlung vom 1. August 1946 und begrenzte den Magistrat auf drei hauptamtliche und bis zu fünf ehrenamtliche Mitglieder (siehe dazu den Auszug aus der Hauptsatzung der Stadt Hanau vom 1.8.1946 im Anhang A 06). Die Zahl der Stadtverordneten, deren Wahlzeit auf zwei Jahre beschränkt war, betrug wegen der durch die Evakuierung vieler Bürger verminderten Bevölkerungszahl nur noch 24. Mit den Gemeinderatswahlen[6]) vom

---

1) Vgl. §§ 84 und 96 DGO

2) Hanauer Anzeiger vom 14.7.1938, S.3

3) Hanauer Anzeiger Nr.137 vom 15.6.1935, S.3

4) Die Zahl der Ratsherren (Gemeinderäte) war gemäß § 49 DGO durch die Hauptsatzung festzulegen. Die Höchstzahl für Stadtkreise betrug allgemein 36. In der Ausführungsanweisung zu § 49 waren dazu Richtzahlen genannt, die für Stadtkreise mit bis zu 50 000 Einwohnern, zu denen Hanau zu rechnen war, eine Höchstzahl von 24 Gemeinderäten vorsah

5) Vgl. dazu Anlage 5 zu den Entschließungen der Gemeinderäte in der Sitzung am 31. Oktober 1938, Seite 38 Nr.53, [Stadtarchiv 82, 220/8 Blatt 93]

6) Grundlagen hierfür waren das Gesetz zur vorläufigen Regelung der Wahlen in den Gemeinden (Gemeindewahlgesetz) vom 11. Februar 1948 und die Wahlordnung für die Wahlen zu den Gemeindevertretungen vom 20. Februar 1948

25. April 1948 rückte der Stadtkreis Hanau nach Überschreiten der Einwohnergrenze von 25 000 dann wieder in die Gruppe der Gemeinden mit 36 Gemeindevertretern.[1)]

Die Änderung der Hessischen Gemeindeordnung im Jahre 1952 machte auch eine entsprechende Änderung der Hauptsatzung[2)] erforderlich. Dabei wurde die Zahl der besoldeten Magistratsmitglieder von drei auf vier erhöht. Die Zahl der ehrenamtlich tätigen Stadträte blieb hingegen unverändert.

Insgesamt ergaben sich von 1936-1954 folgende Veränderungen in der Zusammensetzung der Körperschaften nach der Hauptsatzung der Stadt und den Ergebnissen der jeweiligen Kommunalwahlen:

	vor 1938	ab 1938	ab 1946	ab 1952
Gemeindeleitung/Magistrat				
Oberbürgermeister	1	1	1	1
Bürgermeister und Kämmerer	1	1	1	1
Stadtrat	1	1	1	1
Stadtbaurat	1	1	---	1
= Hauptamtliche Mitglieder	4	4	3	4
+ Ehrenamtliche Mitglieder				
Stadträte	4	5	5	5
Gemeindeleitung insgesamt	8	9	8	9
Ratsherren/Stadtverordnete	18	16	24	36[3)]

Die nach der Hauptsatzung zulässigen Mitgliederzahlen des Magistrats wurden allerdings nicht immer voll ausgeschöpft. Bei der am 21. Juni 1948 anstehenden Neuwahl des Magistrats hatte man im Rahmen einschneidender Sparmaßnahmen auf die Wiederbesetzung der dritten hauptamtlichen Stadtratsstelle verzichtet,[4)] so daß der Magistrat einige Zeit nur aus sieben Mitgliedern bestand, aus zwei besoldeten (Oberbürgermeister und Bürgermeister) und fünf unbesoldeten (Stadträte) [vgl.dazu die Darstellung der Verwaltungsgliederung und Dezernatsverteilung im Anhang A 08 und A 09]. Erst im September 1950 wurde die eingesparte Magistratsstelle des hauptamtlichen zweiten Beigeordneten

1) § 38 HGO 1952

2) Beschluß der Stadtverordnetenversammlung vom 1. Oktober 1952

3) Die Zahl von 36 Stadtverordneten galt bereits von der 2.Nachkriegslegislaturperiode an, d.h. seit dem 25. Mai 1948

4) Darüber war es unter den Fraktionen der Stadtverordnetenversammlung zu heftigen politischen Auseinandersetzungen gekommen. Die von den Sparmaßnahmen betroffene hauptamtliche Magistratsstelle war ursprünglich von der Fraktion der KPD besetzt gewesen, die damit ihren Sitz im Gemeindevorstand, auf den sie Anspruch erhob, verloren hatte. Sie versuchte deshalb, ihre Forderung in einem Streitverfahren vor dem Verwaltungsgericht durchzusetzen. 1949 einigte man sich schließlich im Stadtparlament darauf, der KPD ersatzweise einen unbesoldeten Magistratssitz einzuräumen

wieder besetzt. Angesichts der wachsenden Bedeutung des Bauwesens wurde sie dem Baudezernat zugeordnet. Aufgabe und Kompetenz des hauptamtlichen Stadtbaurats waren dabei nicht nur auf den inneren Verwaltungsbereich beschränkt. Sie erstreckte sich vielmehr auf die gesamte Wiederaufbauplanung und die Koordination aller städtischen Wiederaufbaumaßnahmen. Die mit der Neufassung der Hauptsatzung am 1. Oktober 1952 eingerichtete, aber zunächst offen gehaltene Stelle eines dritten besoldeten Beigeordneten wurde erst im Juni 1954 durch die Berufung eines Stadtrats für das Sozialwesen besetzt.[1)]

Die von den Bürgern in allgemeiner, freier, gleicher, unmittelbarer und geheimer Wahl (§ 29 HGO) gewählte Stadtverordnetenversammlung ist das oberste Organ der Gemeinde. Sie trifft alle wichtigen Entscheidungen und überwacht die gesamte Verwaltung (§ 9 Abs.1 HGO). Eine Einschränkung findet diese umfassende Zuständigkeit dadurch, daß die "laufende Verwaltung" expressis verbis dem Gemeindevorstand, dem Magistrat, übertragen ist (§ 9 Abs.2 HGO). Im übrigen ist die Zuständigkeit der Stadtverordnetenversammlung nur dort beschränkt, wo der Gesetzgeber dies zwingend vorschreibt. Sie kann allerdings die Beschlußfassung über bestimmte Angelegenheiten an andere Gemeindeorgane delegieren. Dies gilt jedoch nicht für eine Reihe von Entscheidungen, für die die Stadtverordnetenversammlung die ausschließliche Kompetenz besitzt (§ 51 HGO). Zu solchen Entscheidungen gehören, soweit sie auf die städtische Finanzwirtschaft einen unmittelbaren Einfluß haben, u.a.:

der Erlaß der Haushaltsatzung und die Feststellung des Haushaltsplans,

die Genehmigung außerplanmäßiger und überplanmäßiger Ausgaben,

die Beratung der Jahresrechnung und die Entlastung des Gemeindevorstands,

die Festsetzung öffentlicher Abgaben und privatrechtlicher Entgelte,

die Errichtung, Erweiterung, Übernahme und Veräußerung von öffentlichen Einrichtungen und wirtschaftlichen Unternehmen sowie die Beteiligung an diesen,

die Aufnahme von Darlehen, die Übernahme von Bürgschaften und die Bestellung anderer Sicherheiten für Dritte.

Die Willensbildung in der Stadtverordnetenversammlung vollzieht sich nach gründlichen Beratungen in den Fraktionen und Ausschüssen durch Beschlüsse und Wahlen. Anträge und Wahlvorschläge aus den Reihen der Stadtverordneten und Fraktionen sowie Beschlußvorschläge der Fachausschüsse oder des Magistrats (Vorlagen) bilden dabei in der Regel die Entscheidungsgrundlage.[2)] Ausschüsse bildet das Stadtparlament grundsätzlich "aus seiner Mitte" (§ 62 HGO). Es können aber auch Vertreter der betroffenen Bevölkerungsgruppen und Sachverständige, allerdings nur in beratender Funktion, hinzugezogen werden. Der wichtigste Ausschuß ist der Finanzausschuß. Seine Aufgabe besteht darin, die ihm zugewiesenen Finanzangelegenheiten zu prüfen, zu beraten und diesbezügliche

---

1) Die Wahl erfolgte in der Sitzung der Stadtverordnetenversammlung vom 12. Mai 1954

2) Vgl. F.Foerstemann, Die Gemeindeorgane in Hessen, Kommunale Schriften für Hessen Nr.49, 3.Auflage, Mainz 1990, S.134

Beschlüsse wie überhaupt finanzpolitische Entscheidungen der Stadtverordnetenversammlung vorzubereiten. Nach den Hessischen Gemeindeordnungen von 1945 und 1952 war seine Einrichtung zunächst nur fakultativ ["es *soll* ein Finanzausschuß bestellt wer den" (§ 62 Abs.2)]; inzwischen ist die Bildung jedoch - wie in anderen Bundesländern - obligatorisch.[1)]

Einen Einblick in die Vielschichtigkeit des Ausschußwesens in der Hanauer Kommunalpolitik nach 1945 gibt die Liste der mit dem Beginn der zweiten Amtsperiode der Stadtverordneten am 21. Juni 1948 in öffentlicher Sitzung gewählten Ausschußmitglieder. Danach wurden, außer dem Finanzauschuß, u.a. folgende Ausschüsse eingerichtet, von denen einige typisch sind für die Nachkriegsperiode:[2)]

Rechnungsprüfungsauschuß,
Sozialpolitischer Ausschuß,
Jugendwohlfahrtsausschuß,
Verbraucherausschuß,[3)]
Ausschüsse für Flüchtlings- und
Heimkehrerfragen sowie für
Angelegenheiten der Fliegergeschädigten und Verfolgten,
Wohnungsausschuß,
Beschwerdeausschuß beim Wohnungsamt,
Verkehrsausschuß,
Ausschuß für kulturelle Angelegenheiten.

Die meisten Ausschüsse bestanden über Jahre, so auch der später gebildete und für die Entscheidungsfindung bei der Planung und Vergabe von Wiederaufbauprojekten wichtige Bauausschuß. Einige - wie etwa der sozialpolitische oder der Jugendwohlfahrtsausschuß - waren Dauereinrichtungen, während andere nur von Fall zu Fall gebildet und nach Erledigung der Sache wieder aufgegeben wurden, so zum Beispiel der 1954 im Zusammenhang mit größeren Polizeiaktionen ins Leben gerufene "Ausschuß für die Bekämpfung des Dirnenunwesens".[4)]

b) Die Verwaltung

Anders als in der Zeit des Dritten Reiches, in der - wie oben dargelegt - die Entscheidungskompetenz der Stadtverwaltung allein durch das Führerprinzip bestimmt war, sind seit 1945 nach der erneut eingeführten unechten Magistratsverfassung Beschlußfassung und -ausführung Funktionen, die wieder von verschiedenen Organen wahrgenommen werden. Während die Beschlußkompetenz allein bei der Stadtverordnetenversammlung liegt, fällt die Umsetzung der Beschlüsse in den Kompetenzbereich der Verwaltung, d.h. des

---

1) § 62 Abs.1 Satz 2 HGO in der Fassung vom 1. April 1981 (GVBl.I S.66)

2) Vgl. dazu Mitteilungsblatt für den Stadt- und Landkreis Hanau, Folge 166, vom 26. Juni 1948

3) Seine Aufgabe war es, die Verteilung von bewirtschafteten Gütern durch das Wirtschaftsamt zu überwachen und Beschwerden aus Verbraucherkreisen abzuhelfen (Vgl. Mitteilungsblatt für den Stadt- und Landkreis Hanau, Folge 150, vom 6. März 1948)

4) Vgl. Hanau Anzeiger vom 28. Oktober 1954, S.3; alle Fraktionen waren aufgefordert worden, ein Mitglied in diesen Ausschuß zu entsenden

Magistrats und seiner nachgeordneten Dienststellen. Das gilt insbesondere auch für alle Entscheidungen in der Finanzpolitik.

Der Magistrat ist aber nicht nur ausführendes Organ in diesem Sinne, sondern er verfügt in seiner Eigenschaft als Verwaltungsbehörde der Stadt zugleich über einen eigenen, gesetzlich begrenzten Wirkungskreis, denn er besorgt im Rahmen der bereitgestellten Mittel die sogenannten "einfachen Geschäfte der laufenden Verwaltung".[1] Dazu gehören nach der Rechtsprechung[2] solche Geschäfte, die nach Art und Umfang in einer gewissen Regelmäßigkeit wiederkehren, zur ungestörten und ununterbrochenen Fortführung der Verwaltung notwendig und für die Stadt nicht von grundsätzlicher, sondern von geringer sachlicher und finanzieller Bedeutung sind. Bei der Leitung des Verwaltungsapparates ist der Magistrat zwar "an die von der Stadtverordnetenversammlung aufgestellten Grundsätze über die Verwaltungsführung und die Einhaltung des Haushaltsplans gebunden. In die Geschäfte der laufenden Verwaltung im einzelnen darf die Gemeindevertretung - ungeachtet ihres allgemeinen Kontrollrechts - aber nicht eingreifen."[3]

Die Verwaltung der Stadt Hanau ist nach Sachgebieten gegliedert. Die Organisationsstruktur, die von Zweckmäßigkeitsgesichtspunkten bestimmt wird, besteht aus mehreren Abteilungen und hat von 1936 bis 1954 mehrfach Änderungen erfahren. Solche Änderungen sind - wie sich aus den folgenden Beispielen ersehen läßt - häufig Ausdruck einer zeitbedingten unterschiedlichen Gewichtung einzelner Bereiche gewesen. Im Jahre 1938 galt zunächst die folgende Abteilungsgliederung:

Abt.A Allgemeine Verwaltung
Abt.P Polizei- u. staatliche Auftragsangelegenheiten
Abt.W Wirtschaftliche Unternehmen
Abt.S Sozialpolitische Angelegenheiten
Abt.B Bildungs- und Erziehungswesen
Abt.T Technische Angelegenheiten
Abt.F Finanz- und Steuerwesen.

Nach dem Zusammenbruch und der Wiedereinführung der unechten Magistratsverfassung wurde die Verwaltungsstruktur erweitert. Im Jahre 1948, das hier als Beispiel herangezogen werden soll, waren die Abteilungen G/PR (Gewerbliche und Preisangelegenheiten) und K (Zwangsbewirtschaftung) als gesonderte Bereiche hinzugekommen, letztere vor allem deswegen, weil die Überwachung der Versorgung der Bevölkerung mit den knappen Gütern des täglichen Bedarfs und die Bekämpfung des Schwarzmarkts größte Aufmerksamkeit erforderten. Durch die Einrichtung der Abteilung K wurde dem auch verwaltungsintern Rechnung getragen. Auf der anderen Seite hatte man das Schulwesen wegen seiner besonderen Problematik - nur eine von 19 Hanauer Schulen war im Kriege unbeschädigt geblieben - aus dem allgemeinen Bildungs- und Kulturbereich herausgenommen und zu einer eigenständigen Abteilung gemacht:

Abt.B I Schulwesen
Abt.B II Kulturelle Angelegenheiten.

---

1) so bezeichnet in § 28 Abs.3 der Gemeindeordnung für Nordrhein-Westfalen (zit. nach G.Schmölders a.a.O., S.33)

2) Einzelheiten bei F.Foerstemann a.a.O., S.174

3) W.Elsner, a.a.O., S.318

Mit der Lockerung der Bewirtschaftungsmaßnahmen ist die Abteilung K später wieder weggefallen. Andererseits ist in den Jahren des Wiederaufbaus, in denen der Grundstücksverkehr erheblich zunahm und zu einem zentralen Aufgabenkreis bei der Realisierung von großen Wohnungsbauvorhaben wurde, die Abteilung L (Liegenschaften) verselbständigt und in die Zuständigkeit eines Magistratsmitglieds gestellt worden.

Unterhalb der aufgezeigten Abteilungsebene besteht eine tiefergehende Gliederung in Ämter, Dienststellen, Anstalten und Betriebe, in denen die eigentliche Erfüllung der Verwaltungsaufgaben sowie die Umsetzung der Stadtverordnetenbeschlüsse stattfindet. Auf dieser Ebene werden die meisten der unmittelbaren öffentlichen Leistungen der Stadt erbracht.

Während die städtische Organisationsgliederung sich an sachlichen Gesichtspunkten, so etwa an der inneren und äußeren Zusammengehörigkeit von Sachgebieten, orientiert, basiert die Einteilung der Geschäftsbereiche der Magistratsmitglieder überwiegend auf politischen Entscheidungen. Die Zuständigkeiten sind im Dezernatsverteilungsplan festgelegt und decken sich nicht unbedingt mit den durch die Abteilungsstruktur gezogenen Grenzen (siehe dazu den Dezernatsverteilungsplan für das Jahr 1948 im Anhang A 08/09). Das hängt nicht zuletzt damit zusammen, daß die Verantwortungsbereiche der Magistratsmitglieder nach Ablauf der Wahlperiode neu verteilt werden, wobei personelle Änderungen auch Änderungen in der Kompetenzverteilung nach sich ziehen können.

Der Oberbürgermeister, in seiner Eigenschaft als Leiter der Stadtverwaltung, ist zugleich Dienstvorgesetzter aller städtischen Beamten, Angestellten und Arbeiter mit Ausnahme der Beigeordneten (§ 73 Abs.2 HGO). "Er allein" - und nicht das Magistratskollegium - "leitet und beaufsichtigt den Geschäftsgang der gesamten Verwaltung und hat für den geregelten Ablauf der Verwaltungsgeschäfte zu sorgen".[1] Seine Geschäftsverteilungskompetenz erfaßt jedoch nicht diejenigen Arbeitsgebiete, für die hauptamtliche Magistratsmiglieder gewählt sind.[2]

Ähnlich wie das Stadtparlament zur Beschlußvorbereitung Ausschüsse bilden kann, hat der Magistrat die Möglichkeit, zur dauernden Verwaltung oder Überwachung einzelner Geschäftsbereiche und zur Durchführung vorübergehender Aufträge Kommissionen (Deputationen) einzusetzen (§ 72 HGO). Hanauer Beispiele hierfür waren die 1948 gebildete

Baukommission,
die Friedhofskommission,
die Schlachthofkommission sowie
die Kommission für das Stadtkrankenhaus.

Vorsitzender dieser Hilfsorgane des Magistrats war der Oberbürgermeister oder ein von ihm bestimmtes Magistratsmitglied. Im übrigen setzten sich die Kommissionen zusammen aus Stadträten, Stadtverordneten und - soweit dies für die Erfüllung des Auftrags angezeigt war - auch sachverständigen Bürgern der Stadt.

---

1) F.Foerstemann, a.a.O., S.230

2) Vgl. F.Foerstemann, a.a.O.

Wichtige und für die Durchführung der städtischen Finanzwirtschaft spezifische Funktionen auf der Verwaltungsebene werden innerhalb des Organisationsbereichs "Finanzen und Steuern" von den Dienststellen:

Allgemeine Finanzverwaltung,
Stadtsteueramt und
Stadtkasse

wahrgenommen. In die Zuständigkeit der allgemeinen Finanzverwaltung, die auch als Stadtkämmerei bezeichnet wird, gehören u.a. die zusammenfassende Finanzplanung, die Buchhaltung[1]), die Aufstellung des Haushaltsplans sowie die gesamte Vermögens- und Schuldenverwaltung. Das Stadtsteueramt führt die Veranlagung aller städtischen Steuern sowie der in den großen Gebührenhaushalten (Stadtentwässerung und Müllabfuhr) anfallenden Benutzungsgebühren durch. Die Stadtkasse schließlich ist für die kassenmäßige Abwicklung des Haushaltsplans und des gesamten damit verbundenen Zahlungsverkehrs einschließlich der Beitreibung fälliger Steuern und Abgaben sowie der vorübergehenden Anlage von Kassenmitteln zuständig.

Die Sachkunde "der Verwaltung zeigt sich finanzpolitisch am stärksten bei der Aufstellung des Haushaltsplanentwurfs, lange bevor die parlamentarische Beratung und Beschlußfassung einsetzt; schon in diesem frühen Stadium der finanzpolitischen Willensbildung"[2]) sind Wissen und Erfahrung der Amts- und Ressortleiter gefordert, wenn es um die Schätzung des Finanzbedarfs und der Ergiebigkeit der Finanzquellen der ihnen unterstehenden Dienstbereiche sowie um den Ausgleich von Einnahmen und Ausgaben geht.

4. Der Haushaltsplan

Unter dem städtischen Haushaltsplan im weiteren Sinne wird allgemein das meist in Heft- oder Buchform herausgebrachte Gesamtdruckwerk verstanden, das die Haushaltssatzung mit Anlagen sowie sämtliche Daten der planmäßigen Vorausschau für das jeweilige Rechnungsjahr enthält, nämlich

1. die textliche Ausformulierung der Haushaltssatzung mit Angaben über die Höhe der Steuersätze der Gemeindesteuern, den Höchstbetrag der Kassenkredite sowie den Gesamtbetrag der Darlehen, die zur Bestreitung von Ausgaben des außerordentlichen Haushaltsplans bestimmt sind (§ 112 HGO 1952);

2. den Haushaltsplan im engeren Sinne, d.h. das Gesamtzahlenwerk der Ausgaben und Einnahmen, das sich aus einem ordentlichen und einem außerordentlichen Teil zusammensetzt (§ 1 GemHVO) und jeweils in Gesamt- und Einzelpläne gegliedert ist (§ 2 GemHVO), sowie einen Vorbericht (§ 6 GemHVO) und die dazugehörigen Anlagen (§ 7 GemHVO). Zu diesen Anlagen gehören:

---

1) Die Buchhaltung wurde bei der Stadt Hanau einzelplanweise beim sogenannten Rechnungsamt geführt, das im Organisationsplan zeitweilig als Abteilung F I ausgewiesen wurde

2) G.Schmölders, Kommunale Finanzpolitik, im Handbuch der kommunalen Wissenschaft und Praxis, 3.Band, Berlin u.a. 1956, S.34

a) die Sammelnachweise,
b) die Wirtschaftspläne der Eigenbetriebe,
c) der Nachweis des Vermögens- und Schuldenstands,
d) eine Übersicht über die Entwicklung der Steuereinnahmen,
e) der Stellenplan.

In den folgenden Kapiteln wird - wo anderes nicht ausdrücklich vermerkt ist - der Begriff des Haushaltsplans immer auf das Gesamtzahlenwerk bezogen, also als Haushaltsplan im engeren Sinne verstanden.

a) Aufstellung und Vollzug

"Wie alle öffentliche Finanzwirtschaft ist auch die der Gemeinde in erster Linie "Planwirtschaft"; der Haushaltsplan... ist das Kernstück der kommunalen Finanzpolitik, deren Willensbildung darin ihren zahlenmäßigen Niederschlag findet".[1] Seiner Struktur nach ist der Haushaltsplan ein Katalog sämtlicher kommunalen Aufgabenbereiche, gegliedert nach Dienststellen, Ämtern und Verrechnungsabschnitten. Seinem Wesen nach ist er eine Vorausschau, eine Schätzung und ein Vergleich der diesen Aufgabenbereichen zugeordneten künftigen Einnahmen und Ausgaben. Nach seiner parlamentarischen Beratung und Verabschiedung hat er - nach Schmölders - "eine für die Wirtschaftsführung der Gemeinde richtunggebende Bedeutung... mit dem Charakter strenger Verbindlichkeit".[2]

Die Aufstellung des Haushaltsplans erfolgt in einem zunächst verwaltungsinternen, dann in einem parlamentarischen Prozeß, an dessen Ende die beschlußreife Fassung steht. Ämter, Dienstbereiche und sonstige mittelverwendende Stellen[3] melden ihren Finanzbedarf und ihre Einnahmeerwartungen über den zuständigen Dezernenten an den Kämmerer. Er erfaßt alle Meldungen und stellt sie zu einem Haushaltsentwurf zusammen. Unterdeckungen werden auf dem Verhandlungswege zunächst auf der Ämterebene zu beseitigen versucht. Danach erfolgen Ausgleichsversuche auf der Ebene der Dezernenten entweder

a) durch Kürzung der Ausgaben
oder b) durch Erhöhung der Einnahmen[4]
oder c) durch Rückgriff auf Rücklagen.

In oft langwierigen Verhandlungen mit den einzelnen Dezernenten muß der Kämmerer schließlich versuchen, die Ausgabepositionen den voraussichtlich verfügbaren Mitteln anzupassen; die Diskussionen "erstrecken sich u.U. auf jede einzelne Personalstelle, auf Bürobedarf, Heizung, Reisekosten und anderes mehr."[5]

---

1) G.Schmölders a.a.O., S.43
2) G.Schmölders, a.a.O.
3) das sind Haushaltsstellen, die für eigene Zwecke oder andere Stellen Geldbeträge "verwalten", d.h. abrechnen, einnehmen und ausgeben
4) Über die besonderen Schwierigkeiten der Einnahmeschätzung und -festlegung siehe W.Wübben, Verfahren kommunaler Einnahmeschätzung, Opladen 1972
5) G.Schmölders, a.a.O., S.44

Der Magistrat als Kollegium bringt den fertigen Etatentwurf schließlich in die Stadtverordnetenversammlung ein. Damit "gelangt der Haushaltsplan aus der sachlichen, durch Fachwissen bestimmten Atmosphäre der Vorbereitung vor das politische Forum, auf die offene Szene der finanzpolitischen Willensbildung" der Stadt.[1]

Mit der Beratung und Verabschiedung durch die Stadtverordneten, der Unterzeichnung, Veröffentlichung sowie der Vorlage des Plans bei der Aufsichtsbehörde, die lediglich formale Bedeutung hat, ist das Finanzprogramm des jeweiligen Haushaltsjahres in seinen Größenordnungen zahlenmäßig fixiert.[2]

Während des sich anschließenden Etatvollzuges ist die finanzpolitische Willensbildung aber nicht grundsätzlich beendet. Sobald die "jeweils wechselnde Lage" neue und weitergehende finanzielle Maßnahmen erforderlich macht, kann die Stadtverordnetenversammlung entsprechende Beschlüsse fassen. "Erweist sich die Durchführung des Budgets in der festgelegten Form als unmöglich, sei es infolge einer unvorhergesehenen Entwicklung der Einnahmen oder der Notwendigkeit über- oder außerplanmäßiger Ausgaben, so müssen entsprechende Ergänzungshaushalte, Nachtragshaushalte oder außerordentliche Haushalte in grundsätzlich dem gleichen Verfahren wie der ursprüngliche Haushalt aufgestellt, beraten und beschlossen werden."[3] Dieser letzte Gesichtspunkt hat in Hanau in den Nachkriegsjahren eine besondere Rolle gespielt und ist geradezu typisch geworden für die Haushaltswirtschaft der Stadt in dieser Zeit. Häufig mußten angesichts des bestehenden außerordentlichen Finanzbedarfs zur Bewältigung des Aufbauvolumens einerseits und der unvorhergesehenen Entwicklung der Steuereinnahmen andererseits - sie stiegen nach 1949 überproportional und zum Teil sprunghaft an - entsprechende Nachtragshaushalte, meist sogar mehrere, verabschiedet werden.[4] Das jährliche Finanzvolumen der Stadt insgesamt übertraf im letzten Drittel der Untersuchungsperiode regelmäßig und zum Teil in beachtlichem Maße die Größenordnung der jeweils ersten Haushaltsvoranschläge (siehe hierzu die Übersicht über die Nachtragshaushalte der Stadt Hanau von 1949-1954 im Anhang A 10).

b) Inhalt und Einteilung

Die Haushaltspläne der Stadt Hanau für die Rechnungsjahre von 1936 bis 1954 unterscheiden sich nicht nur rein äußerlich, sondern auch nach Anlage und Struktur sehr wesentlich. Die Gliederung der Verwaltungszweige und die Gruppierung der Einnahmen und Ausgaben basierten während des Untersuchungszeitraums auf unterschiedlichen gesetzlichen Grundlagen und führten so auch zu verschiedenen Darstellungsformen, die nicht ohne weiteres vergleichbar sind.

---

1) G.Schmölders, a.a.O.

2) Vgl. G.Schmölders, a.a.O., S.45

3) G.Schmölders, a.a.O., S.45

4) In den Rechnungsjahren 1949-1951 waren es jeweils zwei Nachtragshaushalte, 1952 bis 1954 jeweils ein Nachtragshaushalt, die wegen erhöhter Steuereinnahmen zur Verabschiedung kamen. Im Jahr 1950 hatte man wegen des starken Anstiegs der Gewerbesteuereinnahmen sogar einen dritten Nachtragshaushalt in Erwägung gezogen; ein erster Entwurf dafür lag bereits vor; er wurde aber wegen der inzwischen in Gang gekommenen Vorbereitungen für den Haushaltsplan 1951 nicht verwirklicht. (Vgl. dazu auch die späteren Ausführungen zu den Einnahmen aus der Gewerbesteuer)

b1) Gliederung der Verwaltungszweige

Die Haushaltspläne bis zum Jahre 1937 einschließlich sind vom Volumen her weniger umfangreich, sie sind weniger tief gestaffelt und die Informationen deshalb nicht so differenziert wie in den späteren Etats. Sie enthalten die eigentliche Satzung und als deren wesentliche Bestandteile den Ordentlichen Haushalt und den Außerordentlichen Haushalt sowie fünf Beilagen (siehe Seite 45), die sich in ähnlicher Form auch in den späteren Haushaltsplänen wiederfinden. Abweichungen innerhalb der Beilagen im Vergleich zu den Folgejahren bestehen darin, daß Ausgaben und Einnahmen sowie statistische Angaben der Schulen gesondert nachgewiesen sind, während Wirtschaftspläne der Stadtwerke (Eigenbetriebe) fehlen.

Zumindest auf den ersten Blick wirkt die Anordnung der Spalten in den Ordentlichen und Außerordentlichen Haushaltsplänen bis 1937 nicht so übersichtlich wie in den späteren Jahren (siehe hierzu die Auszüge aus den Etats von 1936, 1939 und 1953 im Anhang A 11-13)[1]. Die Gliederung des Ordentlichen Haushalts, auf den das Hauptaugenmerk hier gerichtet sein soll, lehnte sich eng an die Struktur der Verwaltungsorganisation an. Sie schlüsselte die Gesamtverwaltung in sieben Abteilungen auf (siehe hierzu die Ausführungen auf Seite 42) und untergliederte diese durch fortlaufend numerierte "Titel" von 1 bis 278. Die Titel entsprachen Haushaltsstellen (Amtsbereichen oder Verrechnungsstellen), denen die Einnahmen und Ausgaben zugeordnet wurden.

Mit dem Inkrafttreten der Gemeindehaushaltsverordnung vom 4. September 1937,[2] die erstmals auf den Haushaltsplan von 1938 Anwendung fand, wurde für alle Gemeinden ein einheitliches Gliederungsschema vorgeschrieben. Es unterschied nach dem als Anlage der GemHVO beigefügten Musterplan[3] die folgenden 10 Einzelpläne :

Einzelplan 0 - Allgemeine Verwaltung
Einzelplan 1 - Polizei
Einzelplan 2 - Schulwesen
Einzelplan 3 - Kultur- und Gemeinschaftspflege
Einzelplan 4 - Fürsorgewesen und Jugendhilfe
Einzelplan 5 - Gesundheitswesen, Volks- und Jugendertüchtigung
Einzelplan 6 - Bau-, Wohnungs- und Siedlungswesen
Einzelplan 7 - Öffentliche Einrichtungen und Wirtschaftsförderung
Einzelplan 8 - Wirtschaftliche Unternehmen
Einzelplan 9 - Finanz- und Steuerverwaltung

---

1) Zum Vergleich wurden herangezogen: die Seiten 18 und 19 des Haushaltsplans 1936 (Abt.T: Technische Angelegenheiten), die Seiten 78 und 79 des Haushaltsplans 1939 (Aus dem Einzelplan 7: Öffentliche Einrichtungen und Wirtschaftsförderung, Abschnitt 71: Öffentliche Einrichtungen, U.A.7100 Straßenbeleuchtung, U.A.7101 Straßenreinigung, U.A.7102 Stadtentwässerung) sowie die Seiten 110 und 111 des Haushaltsplans 1953 (Aus dem Einzelplan 7: Öffentliche Einrichtungen und Wirtschaftsförderung, Abschnitt 70: Beleuchtung und Reinigung des Gemeindegebiets, U.A.701 Strassenbeleuchtung, U.A.702 Stadtentwässerung, Bedürfnisanstalten)

2) Verordnung über die Aufstellung und Ausführung des Haushaltsplans der Gemeinden (GemHVO) vom 4. September 1937 (RGBl.I S.921)

3) Nach der Ausführungsanweisung zu § 4 GemHVO war für die Bezeichnung und Bezifferung der Einzelpläne und Abschnitte das Muster 3 des RdErl vom 4.9.1937 (RMBliV S.1460) verbindlich

Diese Gliederung der Verwaltungszweige in Einzelpläne kam bei der Stadt Hanau bis zum Jahr 1951 unverändert zur Anwendung. Sie gilt - sieht man von einigen unwesentlichen Korrekturen einmal ab - im großen und ganzen auch heute noch (wegen der unterschiedlichen Bezeichnungen der Einzelpläne sei hier auf die Gegenüberstellung im Anhang A 14 verwiesen).

Die im Musterhaushaltsplan der GemHVO festgelegte Unterteilung der Einzelpläne in Abschnitte war ebenfalls verbindlich. Gestaltungsmöglicheiten bestanden für die Gemeinden nur noch bei den Unterabschnitten; sie waren aber auch hier nicht völlig frei.

Innerhalb dieser vorgegebenen Haushaltsstruktur hat es in Hanau von 1938 bis 1951 jedoch mehrfach Verschiebungen gegeben, und zwar in der Zuordnung einzelner Abschnitte und Unterabschnitte zu bestimmten Verwaltungszweigen. Betroffen hiervon waren vorwiegend solche Bereiche, die erst nach dem Inkrafttreten der Gemeindehaushaltsverordnung eingerichtet worden sind. Beispiele hierfür sind Ämter und Haushaltsstellen, die sich mit Aufgaben der Kriegswirtschaft oder mit den Kriegsfolgen zu befassen hatten, z.B. das Amt für Quartierwesen, Ernährungsamt, Wirtschaftsamt, Soforthilfeamt, aber auch die Baupolizei/Bauaufsicht, die Treibstoffstelle und die Stadtküche. Sie haben während des Untersuchungszeitraums - zum Teil mehrmals - ihren Platz im Etat gewechselt.[1] Ihre Zuordnung zu unterschiedlichen Einzelplänen[2] folgte wohl mehr organisatorischen als finanzwirtschaftlichen Überlegungen und führte dazu, daß intertemporale Vergleiche der Rechnungsergebnisse auf der Ebene der Einzelpläne ohne eine entsprechende Bereinigung nicht möglich waren. Bei der Quer- und Längsschnittuntersuchung der Haushaltspläne - wie sie im dritten Hauptteil der Arbeit durchgeführt wird - mußte daher zuerst eine Vereinheitlichung der Gliederung für den gesamten Zeitraum von 1936 bis 1954 vorgenommen werden (siehe dazu die diesbezügliche Vorbemerkung auf Seite 53).

Die Einführung des finanzstatistischen Kennziffernplanes vom Rechnungsjahr 1952[3] an hat die sachliche Ordnung des Haushaltsplans in zehn Einzelpläne grundsätzlich beibehalten, die Untergliederung aber im Interesse besserer interkommunaler Vergleichsmöglichkeiten weiter systematisiert, wodurch die Gestaltungsspielräume der Gemeinden zwar weiter eingeengt, aber nicht gänzlich beseitigt wurden. Der Gliederungsplan ist Teil eines "statistischen Kontenrahmens" der etwa dem des Kostenstellenplans im kaufmännischen Rechnungswesen entspricht.

Alle Haushaltsbereiche sind nach dem Dezimalsystem mit "dreistelligen Gliederungsziffern" versehen, wobei die erste Ziffer den Einzelplan, die zweite den Abschnitt und die dritte den

---

1) Die Kriegswirtschaftsstellen Ernährungsamt und Wirtschaftsamt beispielsweise, die in den Kriegsjahren unter dem Abschnitt 99 im Einzelplan 9 untergebracht waren, wechselten nach 1946 in den Einzelplan 0, wo sie im Abschnitt 02 als "besondere Verwaltungsstellen zur Durchführung von Auftragsangelegenheiten" geführt wurden, ehe sie 1952 im Rahmen der finanzstatistischen Neuordnung als Abwicklungsstellen dem Bereich der "Öffentlichen Einrichtungen" (Einzelplan 7) zugewiesen wurden.

2) Auf die unterschiedliche Zuordnung einzelner Haushaltsstellen wird bei der Betrachtung der Rechnungsergebnisse nach dem Längsschnitt noch näher eingegangen

3) Vgl. Erlaß des Hessischen Ministers des Innern (MdI) und Ministers der Finanzen (MdF), betreffend: Gliederung der Haushaltspläne der Gemeinden und Gemeindeverbände und Einführung einer finanzstatistischen Kennziffer, vom 19. Oktober 1950, Beilage Nr.9 zum "Staatsanzeiger für das Land Hessen" Nr.43 vom 28. Oktober 1950

Unterabschnitt bezeichnet. Alle Finanzvorfälle können so durch die Gliederungsziffer einer genau definierten Haushaltsstelle zugeordnet werden.

Im Jahre 1952, in dem der neue Kennziffernplan erstmalig angewandt wurde, betrug die Anzahl der Abschnitte im Ordentlichen Haushalt der Stadt Hanau insgesamt 71, die der Unterabschnitte 172 und lag höher als in den Jahren zuvor. 1947 beispielsweise waren es nur 59 Abschnitte und 158 Unterabschnitte. Diese Zunahme war aber keineswegs allein eine Folge der Neustrukturierung des Haushaltsplans, sondern vielmehr zugleich Ausdruck der Erweiterung der Aufgabenbereiche, wie später noch darzulegen sein wird.

b2) Gruppierung der Einnahmen und Ausgaben

Bis 1937 einschließlich sind Einnahmen und Ausgaben in den Haushaltsplänen der Stadt Hanau vorwiegend in Sammelposten ausgewiesen worden. Die Sammelposten enthielten überdies in großem Umfang Saldierungen, d.h. sie folgten nicht durchgängig dem Bruttoprinzip.[1] Eine feststehende, an bestimmten Merkmalen ausgerichtete Ordnung der Einnahmen und Ausgaben im Sinne einer Nomenklatur[2] war dem System fremd.

Das änderte sich 1938 mit dem Inkrafttreten der Gemeindehaushaltsverordnung. Sie unterschied zwischen fortdauernden und einmaligen Einnahmen und Ausgaben und schrieb als Mindestgruppierung (§ 5 Abs.2) die folgende Einteilung vor, die von diesem Jahr an in den Haushaltsplänen und Jahresrechnungen anzuwenden war:

1. Einnahmen:
   a) Fortdauernde Einnahmen:
   Gebühren und Beiträge, Miete, Pacht, Zinsen Tilgung, andere Einnahmen aus dem Betriebe, sonstige Einnahmen.
   b) Einmalige Einnahmen.

2. Ausgaben:
   a) Fortdauernde Ausgaben:
   Persönliche Verwaltungsausgaben, sächliche Verwaltungsausgaben, Zweckausgaben, Schuldendienst, Zuführung an Rücklagen, sonstige Ausgaben.
   b) Einmalige Ausgaben.

Eine strengere Systematik der Gruppierung von Einnahmen und Ausgaben nach *Arten* brachte erstmals der 1952 eingeführte "Gruppierungsplan" nach dem Schema der finanzstatistischen Kennziffer. Er ist ähnlich wie der Gliederungsplan nach dem Dezimalsystem

---

1) Nach dem Haushaltsgrundsatz der Bruttoveranschlagung sind Einnahmen und Ausgaben jeweils für sich in voller Höhe anzusetzen. Von den Ausgaben dürfen Einnahmen vorweg nicht abgezogen werden und umgekehrt. Durch die Verwirklichung dieses Grundsatzes wird der Forderung nach Klarheit des Haushaltsplans Rechnung getragen und das Prinzip der Vollständigkeit des Etats ergänzt (vgl. dazu M.Fuchs, Kommunales Haushaltswesen, 3.Auflage, Göttingen 1980, S.65)

2) Eine derartige Nomenklatur brachte erst die Gemeindehaushaltsverordnung (vgl. dazu § 48 GemHVO)

aufgebaut und entspricht etwa dem Kostenartenplan in der Betriebsabrechnung des kaufmännischen Rechnungswesens. Der Gruppierungsplan unterscheidet vier Einnahme- und sechs Ausgabegruppen, die jeweils in Untergruppen und einzelne Arten weiter unterteilt sind:

Einnahmen:	Gruppe 0	Steuern und Zuweisungen
	Gruppe 1	Gebühren, Entgelte, Strafen
	Gruppe 2	Andere Einnahmen aus Verwaltung und Betrieb
	Gruppe 3	Einnahmen aus Vermögensbewegung
Ausgaben:	Gruppe 4	Persönliche Ausgaben
	Gruppe 5	Zuweisungen, Steuerbeteiligungsbeträge, Fürsorgeleistungen
	Gruppe 6 }	Andere sächliche Verwaltungs-
	Gruppe 7 }	und
	Gruppe 8 }	Zweckausgaben
	Gruppe 9	Ausgaben der Vermögensbewegung.

Eine dreistellige Gruppierungsziffer ermöglicht die Zuordnung der einzelnen Finanzansätze zu den entsprechenden Einnahmen- und Ausgabenbereichen, wobei die erste Ziffer die Gruppe, die zweite die Untergruppe und die dritte die jeweilige Art bezeichnet. Eine tiefergehende Staffelung durch Anhängen weiterer Stellen ist jedoch möglich. In den Haushaltsplänen der Stadt Hanau wurden ab 1952 vierstellige Gruppierungsziffern verwandt.

Einen gewissen Spielraum bei der Gestaltung des Haushaltsplans für eine stärkere Differenzierung insbesondere des breiten Sachausgabenkatalogs boten die Gruppen 6 bis 8, da die darin enthaltenen Untergruppen 63 bis 87 für die Zwecke der Finanzstatistik nicht aufgeschlüsselt zu werden brauchten.[1)]

Da in der vorliegenden Arbeit die Gruppierung nach dem finanzstatistischen Kennziffernplan durchgängig für alle Untersuchungsjahre zugrundegelegt wurde (siehe dazu die Vorbemerkung zum dritten Hauptteil auf Seite 53), soll auf die sonst gebräuchlichen Unterscheidungen

bei den Einnahmegruppen
in allgemeine und spezielle Deckungsmittel[2)]

und bei den Ausgabegruppen
in fortdauernde und einmalige Zahlungen

nur dort zurückgegriffen werden, wo dies die Sachzusammenhänge verdeutlicht.

---

1) Vgl. F.Hötte, F.Mengert, K.Weyershäuser, Gemeindehaushalt in Schlagworten, Kommunale Schriften, Nr.6, Neue Folge, Stuttgart 1956, S.24

2) Unter allgemeinen Deckungsmitteln versteht man in der kommunalen Finanzwirtschaft solche Einnahmen, die ihrem Wesen nach nicht bestimmten Verwaltungszweigen zugerechnet werden, zum Beispiel Steuern und allgemeine Finanzzuweisungen, Kapitalerträge und Einnahmen aus dem städtischen Grundvermögen; bei den speziellen Deckungsmitteln handelt es sich dagegen um Einnahmen, die aus dem Tätigwerden der Verwaltungszweige stammen und diesen direkt zugeordnet werden, z.B. Gebühren, Beiträge, Entgelte, Ersätze; (vgl. dazu W.Fischer a.a.O., S.24)

Dritter Hauptteil

DIE FINANZIELLEN ERGEBNISSE DER HANAUER FINANZWIRTSCHAFT

1. Abschnitt

DIE AUSGABEN UND EINNAHMEN NACH DEM RECHNUNGSQUERSCHNITT

[HORIZONTALANALYSE]

Vorbemerkung:

In diesem dritten Hauptteil wird die finanzwirtschaftliche Entwicklung der Stadt Hanau anhand der Jahresrechnungen für die Zeit von 1936 bis 1954 nach zwei Richtungen hin untersucht:

Im ersten Abschnitt werden die einzelnen Ausgabe- und Einnahme*arten* analysiert, und zwar losgelöst von den Haushaltsstellen, bei denen sie anfallen. Das Schwergewicht der Untersuchung richtet sich also auf die Ausgabe- und Einnahme*arten* selbst und ihre jeweilige Relevanz im Rahmen des Gesamthaushalts. Diese Betrachtungsweise, die sich sowohl auf den Ordentlichen als auch auf den Außerordentlichen Haushalt erstreckt, wird allgemein als Horizontal- oder Querschnittsanalyse bezeichnet.

Im zweiten Abschnitt werden die Finanzvorgänge im Kontext gesehen mit den jeweiligen Abschnitten und Unterabschnitten des Haushaltsplans, denen sie zuzurechnen sind. Bei dieser Art der Untersuchung, der sogenannten Vertikalanalyse oder Längsschnittbetrachtung, stehen die *Aufgabenbereiche*, d.h. die Ämter, Betriebe, Dienst- und Haushaltsstellen im Vordergrund, bei denen die Ausgaben entstehen und die Einnahmen erzielt oder verrechnet werden.

Die Aufschlüsselung des Zahlenmaterials nach zwei Richtungen folgt hier dem Beispiel Fischers, der den "Rechnungsquerschnitt" zur Analyse des Ordentlichen Haushalts bereits 1946 bei der Stadt Darmstadt eingeführt hat.[1)]

Ein besonderes Problem bei der Aufbereitung der Ergebnisse der Hanauer Finanzwirtschaft bestand darin, die Zahlen des Untersuchungszeitraums sowohl abschnittsweise als auch in ihrer zeitlichen Folge vergleichbar zu machen. Bis zur Einführung der finanzstatistischen Kennziffern (1952) waren in Hanau Ausgaben und Einnahmen nach den Mindestanforderungen des § 5 Absatz 2 GemHVO gruppiert worden, so daß ein Vergleich mit den Zahlen späterer Jahre nicht ohne weiteres möglich war. Insbesondere bei den Ausgaben erwies sich die alte Einteilung in "persönliche" und "sächliche Verwaltungsausgaben", in "Zweckausgaben", "sonstige" und "einmalige Ausgaben" als zu wenig differenziert und nur begrenzt aussagefähig. Der Verfasser entschloß sich deshalb, das gesamte Zahlenmaterial einheitlich nach dem tiefer gestaffelten finanzstatistischen Gruppierungsplan neu aufzu-

---

1) Vgl. W.Fischer, Die Finanzwirtschaft der Stadt Darmstadt, Bd.1, Darmstadt 1954, S.17

bereiten, um weitere Einblicke zu gewinnen und nicht nur intertemporale, sondern auch interregionale Vergleiche zu ermöglichen. Dies zwang allerdings auch zu Kompromissen. So waren wegen fehlender Unterlagen zur Aufschlüsselung von Ergebnissen früherer Jahre (1936-1941) bei einzelnen Einnahme- und Ausgabearten lediglich summarische Vergleiche durchführbar. In anderen Fällen mußten durch Analogieschlüsse oder Schätzungen gewonnene Näherungswerte als Vergleichszahlen dienen oder Vergleiche auf der Basis von Sollzahlen oder der Zusammenfassung mehrerer Untergruppen zu Hauptgruppen angestellt werden. Letzteres galt beispielsweise für die Personalausgaben, die anhand der Ist-Werte durchgängig für den gesamten Untersuchungszeitraum weder nach Arten zerlegt (Lohn-, Gehalts- und Ruhegeldzahlungen) noch nach der Rechtsstellung ihrer Bezieher (Beamte, Angestellte und Arbeiter) exakt getrennt werden konnten. Wenn angesichts solcher Schwierigkeiten in einigen, wenigen Bereichen ein weiteres Vordringen in tiefere Zusammenhänge auch unmöglich war, so erbrachte doch allein schon die Untersuchung der Gesamtentwicklung in diesen Fällen interessante Ergebnisse, die den großen, mit der Materialaufbereitung verbundenen Aufwand durchaus rechtfertigte.

Zugrunde gelegt wurden bei der Horizontalanalyse die effektiven Einnahmen und Ausgaben, d.h. die Rechnungsergebnisse, wie sie in den Haushaltsplänen jeweils für das zweite vorausgegangene Jahr[1] nachgewiesen worden sind, abzüglich der Kassenreste. Es wurde also abgestellt auf die innerhalb des jeweiligen Rechnungsjahres tatsächlich verfügbaren Einnahmen und die tatsächlich geleisteten Ausgaben. Die Ausklammerung der Reste war schon deshalb angezeigt, weil sie insbesondere in der Nachkriegszeit zu einer nicht unwesentlichen Verzerrung der Ist-Werte beigetragen haben. Vor allem auf der Einnahmeseite, vornehmlich bei den Steuereinnahmen, entstanden durch das Auseinanderklaffen von Steuerveranlagung und Steuerentrichtung häufig große Einnahmereste. Ähnliche Abweichungen zwischen Soll und Ist gab es auch bei einigen Staatszuweisungen. So wiesen die Rechnungsabschlüsse nach 1945 zum Teil deutlich höhere Zahlen aus als Mittel wirklich vorhanden waren. Derartige Diskrepanzen, die in den Jahren vor 1945 weit weniger ins Gewicht fielen als nach dem Krieg,[2] galt es, soweit wie möglich zu beseitigen und die Finanzvorgänge auf die tatsächlich realisierten Werte zu reduzieren. Erforderliche Korrekturen, wie sie für die Zeit von 1944 bis 1954 unter Verwendung vorhandener Buchhaltungsbelege vorgenommen werden konnten, ließen sich indessen nicht ohne Einschränkung für die vorausgegangenen Perioden durchführen, denn in den wenigen, aus den Trümmern des Rathauses geretteten Unterlagen der Kriegs- und Vorkriegszeit fanden sich für die Untersuchungsjahre 1936 und 1941 überhaupt keine Angaben mehr über die Kassenreste. Für 1938 gab es lediglich eine, wenn auch unvollständige, Resteliste, die sich aber - zumindest für die beiden wichtigsten Einnahmearten, bei denen Reste anfallen (Realsteuern und Mieten) - als aussagefähig erwies. Die Jahre 1936 und 1941 wurden daher grundsätzlich mit den ungekürzten Ist-Zahlen übernommen und nur dort, wo es verwertbare Hinweise auf Reste gab, wurden sie berücksichtigt und dies im Text entsprechend vermerkt.

---

1) So sind beispielsweise die Rechnungsergebnisse des Jahres 1936 im Haushaltsplan 1938, die des Jahres 1951 im Haushaltsplan 1953 nachgewiesen

2) Als Beispiel sei in diesem Zusammenhang auf die Kasseneinnahmereste bei der Gewerbesteuer verwiesen. Sie betrugen in den Jahren 1938: 75 374 RM (=2,9 vH); 1944: 12 394 RM (=0,3 vH); 1951 dagegen 406 051 DM (=6,6 vH) und 1952: 652 955 DM (=8,1 vH) der jeweiligen Gesamteinnahmen aus der Gewerbesteuer

Wenn die Ergebnisse der Zeit von 1936 bis 1941 insoweit auch nicht in allen Einzelheiten exakt vergleichbar sind, so sollte doch auf ihre Heranziehung hier nicht verzichtet werden. Dies empfahl sich umso mehr, als die Bearbeitung der Jahre 1938 und 1944 sowie die Durchsicht der spärlich vorhandenen Unterlagen dazwischenliegender Jahre gezeigt hatten, daß bei den Rechnungsabschnitten vor 1945 davon ausgegangen werden kann, daß die enthaltenen Reste insgesamt von weit geringerem Umfang sind als in der Nachkriegszeit und sich deshalb auf die Jahresergebnisse auch weniger gravierend auswirken.[1)]

Im Gegensatz zu den Einnahmeresten, haben die Kassenausgabereste nie eine besondere Rolle gespielt. Eine Ausnahme bildete lediglich das Jahr 1947, in dem verstärkt Wiederaufbauzahlungen und solche für Ersatzbeschaffungen von zerstörten Einrichtungen aufgeschoben werden mußten.

Außer dieser zeitaufwendigen Bearbeitung des Zahlenmaterials hinsichtlich der Reste erschien es sinnvoll, weitere Bereinigungen vorzunehmen. Bei der Durchsicht insbesondere der älteren Jahresrechnungen fanden sich zahlreiche Ansätze, die aus heutiger Sicht eher als "Durchlaufende Gelder" zu behandeln wären und den Haushalt nur unnötig aufblähen. Diese Posten so weit wie möglich zu eliminieren, war ebenso angezeigt, wie die Beseitigung von Doppelerfassungen. Dabei handelt es sich um Buchungen, die praktisch zweimal in der Rechnung erscheinen. Als Beispiel seien hier die vom Staat an die Gemeinden überwiesenen Anteile an der Reichskraftfahrzeugsteuer genannt. Solche Beträge wurden im Einzelplan 9 im Unterabschnitt 941 als zweckgebundene Steuerüberweisungen des Staates für die Unterhaltung von Straßen vereinnahmt und unter dem gleichen Titel als Ausgabe an die Straßenbaubehörde im Unterabschnitt 661 des Einzelplans 6 verbucht. Im Unterabschnitt 661, wo die Gelder dann für die Herrichtung von Straßen tatsächlich verwendet wurden, erschienen die Beträge so ein zweites Mal auf der Einnahmeseite. In der vorliegenden Untersuchung wurden derartige Finanzvorgänge nur einmal erfaßt, und zwar bei dem Unterabschnitt, bei dem die Mittel im Rahmen der städtischen Aufgabenerfüllung für den jeweiligen Zweck tatsächlich ausgegeben wurden.

Bei den Erstattungen - das sind buchmäßige Verrechnungen innerhalb des Haushaltsplans, die sich in Einnahme und Ausgabe ausgleichen[2)] - wurden, wie es die Gemeindefinanzstatistik vorsieht, nur die "Notwendigen Erstattungen" berücksichtigt. Notwendig sind Erstattungen dann, wenn sowohl die erstattende als auch die empfangende Haushaltsstelle in Erfüllung eigener Aufgaben handelt.[3)]

Schwierigkeiten verursachte in Einzelfällen auch die Auflösung der "Weggefallenen Posten". Hierbei handelt es sich überwiegend um in der Spalte der Jahresrechnung ausgewiesene Sammelbeträge, die in der textlichen Gliederung des aktuellen Haushaltsvoranschlages ohne Entsprechung sind. Ihre Zerlegung in Einzelposten, die bestimmten Einnahme- und Ausgabearten zugeordnet werden konnten, ließ sich meist nur mit Hilfe der Sachbücher erreichen.

---

1) Siehe oben Anmerkung 2) auf Seite 54

2) Vgl. § 48 Ziffer 26 GemHVO

3) Vgl. Schlagwortverzeichnis des Statistischen Bundesamts zur Gemeindefinanzstatistik, Ausgabe 1950, S.52

Eine ziffernmäßige Neuordnung größeren Umfangs brachte schließlich noch die Einbeziehung der Rechnungsergebnisse des Stadtkrankenhauses in die Jahresrechnungen von 1945, 1946 und 1947 mit sich. Das Krankenhaus, das ursprünglich zusammen mit dem Landkreis Hanau als Zweckverband betrieben wurde, war 1944, kurz vor seiner fast vollständigen Zerstörung, in die alleinige Trägerschaft der Stadt Hanau übergegangen. Sein Kassen- und Rechnungswesen wurde jedoch bis 1947 getrennt geführt und außerhalb des städtischen Haushaltsplans veranschlagt. Etatzahlen und Rechnungsergebnisse waren lediglich als Anlage dem Haushaltsplan der Stadt beigefügt. Erst ab 1948 erschien das Krankenhaus mit allen Einnahmen und Ausgaben in den Haushaltsplänen der Stadt, während bis dahin nur die Betriebszuschüsse und summarische Zuweisungen für den Wiederaufbau ausgewiesen worden waren.

Angesichts dieser Sachlage und im Interesse einer ganzheitlichen Betrachtung der städtischen Finanzwirtschaft wurde deshalb der Krankenhauskomplex mit allen Einnahmen und Ausgaben auch für die Jahre 1945, 1946 und 1947 in die Ergebnisse der Jahresrechnung voll integriert. Die Bereinigung in dieser Weise erschien dem Verfasser als die zweckmäßigste Lösung und auch deshalb tragbar, weil das Schwergewicht der Betrachtung auf der neueren Entwicklung seit Kriegsende liegt.

So ist insgesamt ein Zahlenwerk entstanden, das in Ausgaben und Einnahmen von den Ergebnissen der Jahresrechnungen der Stadtkasse erheblich abweicht und in dieser Form bei der Verwaltung der Stadt Hanau nicht vorliegt. Unter Beschränkung auf das Wesentliche enthält es in 158 numerierten, aus dem kameralistischen Urmaterial entwickelten Tabellen und zahlreichen ergänzenden Statistiken aus peripheren Quellen alle finanzwirtschaftlich relevanten Daten, von denen die städtische Finanzpolitik in annähernd zwei Jahrzehnten geprägt worden ist.

A.

DER ORDENTLICHE HAUSHALT

I. ALLGEMEINES

Im Unterschied zum Außerordentlichen Haushalt, der in erster Linie die Investitionen und die Quellen ihrer Finanzierung ausweist[1] (siehe dazu Seite 268f), sind im Ordentlichen Haushalt die Finanzvorgänge zusammengefaßt, die - unter dem Aspekt des zeitlichen Ablaufs betrachtet - überwiegend periodisch anfallen und regelmäßig wiederkehren. Es sind dies in der Hauptsache die Ausgaben zur Aufrechterhaltung der laufenden Geschäftsbesorgung der Verwaltung, der städtischen Einrichtungen und Betriebe sowie die Einnahmen, die dafür benötigt werden.

Die Ausgaben der laufenden Geschäftsbesorgung setzen sich zusammen aus:

1. den Kosten der allgemeinen Dienst- und Betriebsbereitschaft
   und
2. den besonderen Leistungen zur Erfüllung des jeweiligen Verwaltungs- oder Betriebszwecks.

Zu den ersten gehören u.a. die Personalausgaben, die Sachausgaben für Bürobedarf, Betriebsmittel und andere Materialien, für Energie, Heizung, Reinigung, Beleuchtung, Fernsprechkosten, Dienst- und Schutzkleidung etc. sowie Ausgaben für den Betrieb und die Instandhaltung von Fahrzeugen, Maschinen und Geräten. Diese Ausgaben gehen ein in die von der Stadt erbrachten öffentlichen Leistungen, die ihrerseits Dienstleistungen oder/und Sachleistungen sein können.

Zu den Ausgaben für die Erfüllung des Verwaltungs- und Betriebszwecks rechnen u.a. Transferzahlungen im Fürsorgehaushalt, Ausgaben für kulturelle Zwecke, Wirtschaftsförderung, Gesundheitspflege, Jugendförderung, Zahlungen also, die als solche bereits städtische Leistungen darstellen und im Rahmen der jeweiligen Amtsbereiche als Ziel der Aufgabenerfüllung angesehen werden. Zu dieser Kategorie von Zweckausgaben gehören zum Beispiel auch die Kosten der laufenden Unterhaltung von Straßen, Plätzen,

---

1) Die Einstellung investiver Maßnahmen in den Außerordentlichen Haushalt ist nach dem Gemeindehaushaltsverordnung von 1937 (RGBl.I S.921) nicht zwingend, weil die Zuordnung zum einen oder anderen Teil des Gesamthaushalts sich nur nach der Art der Deckungsmittel richtet (§ 1 GemHVO). So kann beispielsweise ein Bauprojekt in einem Rechnungsjahr im Ordentlichen Haushalt veranschlagt werden, weil es aus allgemeinen Deckungsmitteln (Steuern, Finanzzuweisungen) finanziert wird, im anderen Rechnungsjahr aber im Außerordentlichen Haushalt, weil es ganz oder zum Teil mit außerordentlichen Einnahmen (z.B.Kreditaufnahmen oder Erlösen aus Vermögensveräußerungen) finanziert werden muß. Die mehr betriebswirtschaftlichen Vorstellungen entsprechende Einteilung des Gesamthaushalts in einen "Verwaltungshaushalt", in dem alle nicht vermögenswirksamen Ausgaben und Einnahmen zusammengefaßt sind, und einen "Vermögenshaushalt", der alle vermögenswirksamen Ausgaben enthält, wie sie durch die Haushaltsrechtsreform 1974 verwirklicht wurde, bestand während des Untersuchungszeitraums noch nicht (Vgl. dazu M.Fuchs, Kommunales Haushaltswesen, 3.Auflage, Göttingen 1980, S.18f)

Wasserläufen, Brücken, Kanalisationsanlagen und anderen öffentlichen Einrichtungen, soweit sie nicht Betriebskosten darstellen und in den Ausgaben zur Aufrechterhaltung der Dienstbereitschaft enthalten sind.

Zum Ordentlichen Finanzbedarf rechnet die Gemeindefinanzstatistik außer dem Finanzbedarf für die laufende Geschäftsbesorgung:

die Zuweisungen und Umlagen an andere öffentliche Körperschaften (z.B. Bezirksumlage, Gewerbesteuerausgleichszahlungen an Wohngemeinden etc.), an Zweckverbände, Verbände und Vereine sowie Betriebszuschüsse an eigene wirtschaftliche Unternehmen,

Anteilbeträge an den Außerordentlichen Haushalt,

Schuldzinsen

und die vermögenswirksamen Ausgaben (häufig auch einmalige Ausgaben), soweit sie nicht für einen außerordentlichen Bedarf bestimmt sind (Tilgungen, Darlehensgewährungen, Zuführungen an Rücklagen und Kapitalvermögen, Erwerb von Grundvermögen, Mobiliarvermögen, Hoch- und Tiefbauten etc.).

Zur Deckung des Ordentlichen Finanzbedarfs dienen nach § 1 der Gemeindehaushaltsverordnung

1. die Verwaltungseinnahmen,
   (Gebühren, Beiträge, Ersätze, Mieten, Pachten etc.)

2. die allgemeinen Deckungsmittel,
   (Steuereinnahmen, allgemeine Finanzzuweisungen, Erträge des allgemeinen Kapital- und des Grundvermögens, Ablieferungen der wirtschaftlichen Unternehmen etc.)

3. die Entnahmen aus Rücklagen, soweit sie nicht für einen außerordentlichen Bedarf angesammelt sind.

II. DAS HAUSHALTSNIVEAU

Nach der Bereinigung des Zahlenmaterials ergaben sich für den Untersuchungszeitraum im Ordentlichen Haushalt der Stadt Hanau die folgenden rechnerischen Gesamtergebnisse:

Tabelle 01 Bereinigte Gesamtergebnisse des Ordentlichen Haushalts der Stadt Hanau

Berechnungsjahr	Gesamtausgaben RM/DM	Gesamteinnahmen RM/DM	Rechnerischer Überschuß (+) Fehlbetrag (-) RM/DM	Haushaltsniveau[a)] RM/DM	Index
1936	8 399 108	7 766 949	- 632 159	8 083 028	
1938	8 555 688	8 631 927	+ 76 239	8 593 807	100
1941	13 601 507	13 723 996	+ 122 489	13 662 751	159
1944	11 365 763	12 136 452	+ 770 689	11 751 107	137
1945	6 460 473	6 404 075	- 56 398	6 432 274	75
1946	8 803 614	8 754 421	- 49 199	8 779 017	102
1947	8 970 746	10 943 186	+ 1 972 440	9 956 966	116
1948 RM	6 262 592	8 819 344	+ 2 556 752}		
1948 DM	7 392 854	7 387 613	- 5 241}	9 853 644[b)]	115
1949	10 487 387	10 352 042	- 135 345	10 419 714	121
1950	9 274 766	9 129 152	- 145 614	9 201 959	107
1951	12 194 716	12 239 359	+ 44 643	12 217 037	142
1952	14 937 338	15 301 827	+ 364 559	15 119 617	176
1953	16 914 407	17 365 659	+ 451 252	17 140 033	199
1954	19 668 115	19 631 233	- 36 882	19 649 674	229

a) Mittelwert aus den Gesamtausgaben und Gesamteinnahmen
b) Haushaltsniveau des DM-Abschnitts auf 1 Jahr umgerechnet

Der Zahlenspiegel läßt erkennen, daß das Haushaltsniveau der Stadt Hanau in einem Zeitraum von knapp zwanzig Jahren um mehr als das Doppelte gewachsen ist.[1)] Diese erstaunliche Entwicklung verlief allerdings keineswegs geradlinig, sondern in mehreren Schüben und sorgte so für markante Abschnitte, die sich deutlich voneinander unterscheiden:

1. die Vorkriegszeit, in der das Haushaltsniveau über einige Jahre ziemlich konstant bei etwa 8 Millionen RM lag und der Haushalt - nach einer seit der

1) Der Anstieg verlief deutlich steiler als der des Durchschnitts aller kommunalen Haushalte in der Bundesrepublik, wie eine Gegenüberstellung mit dem von G.Schölders zusammengestellten Zahlenmaterial [Handbuch der Kommunalen Wissenschaft und Praxis, 1.Auflage, Band 3, Berlin u.a. 1959, S.52] zeigt. Siehe Anhang A 15 und die entsprechende Graphik im Anhang C 05. Wenn die Ergebnisse der Vorkriegszeit dabei auch mit denen der Jahre ab 1948 nicht unmittelbar verglichen werden können, weil erstere sich auf das gesamte Reichsgebiet beziehen, die der Nachkriegszeit dagegen nur auf die Bundesrepublik, so hat die Aussage doch immerhin tendenziell ihre Gültigkeit

Weltwirtschaftskrise andauernden und durch hohen Ausgabenüberhang gekennzeichneten Konsolidierungsphase - 1938 erstmals wieder ausgeglichen abschloß. Das Jahr 1938 kann deshalb hier auch als Ausgangs- und Vergleichsbasis herangezogen werden;

2. die Kriegszeit, in der die Finanzwirtschaft der Stadt einerseits durch steigende Steuereinnahmen aus der Rüstungskonjunktur Vorteile zog, andererseits aber - abgesehen von höheren Ausgaben durch kriegsbedingte Aufgaben - auch zu größeren Leistungen an das Reich (Kriegsbeiträge) herangezogen wurde;

3. die Nachkriegszeit, in der nach einem abrupten Abfall das Haushaltsniveau sehr bald den Vorkriegsstand nicht nur wieder erreichte, sondern - angesichts der strukturell veränderten und wegen der großen Zerstörungen wesentlich erweiterten Aufgabenlage - sogar übertraf und mit der Neuordnung des Geldwesens sowie der danach einsetzenden Prosperitätsphase der Wirtschaft steil anstieg.

Bei der Betrachtung der obigen Tabelle - wie übrigens auch der meisten nachfolgenden Zahlenübersichten - ist zu beachten, daß die Werte am Anfang und Ende der Untersuchungsperiode nicht ohne weiteres miteinander zu vergleichen sind. Das gilt bei Einnahmen und Ausgaben für die absoluten Ergebnisse ebenso wie für die später daraus abgeleiteten Relativzahlen. Sie sind nicht nur unter völlig unterschiedlichen allgemeinen, politischen, sondern auch unter divergierenden ökonomischen Rahmenbedingungen zustandegekommen. Die Lohn- und Preisbasis hatte sich entscheidend verändert. Der Lebenshaltungsindex ist von 1938 bis 1954 um knapp 70 vH gestiegen. Die Bruttostundenverdienste in der Industrie lagen 1954 um 116 vH, die Baukosten um 121 vH und die Grundstoffpreise sogar um 135 vH über denen des Jahres 1938. Während die Reallöhne der Industriearbeiter am Ende deutlich den Vorkriegsstand übertrafen, hinkten die Realeinkommen der Beamten und Angestellten merklich hinterher. Anders wiederum gestaltete sich der Einkommensverlauf bei den Selbständigen in Handel und Handwerk. Angesichts solcher unterschiedlichen Entwicklungen lassen sich aus der bloßen Abfolge der Nominalwerte des städtischen Haushalts nur begrenzt Aussagen gewinnen. Über die veränderten Kaufkraftverhältnisse und deren Auswirkung auf die städtische Finanzwirtschaft geben die Tabellen jedenfalls keine Auskunft. Dies kann nur im Einzelfall hinterfragt werden und soll später bei einigen ausgewählten Beispielen auch geschehen.

Ausgehend von dem jeweils durch die Aufgaben der Stadt Hanau bestimmten Finanzbedarf werden in den folgenden Kapiteln zunächst die Ausgaben des Ordentlichen Haushalts untersucht. Dies bedeutet insofern eine Abweichung von der Systematik der Finanzstatistik, als nach dem Dezimalsystem des Kennziffernplans die Einnahmegruppen (0 - 3) vor den Ausgabengruppen (4 - 9) rangieren. Doch sollte hier dem finanzwirtschaftlichen Leitgedanken, daß die notwendigen Ausgaben für die Beschaffung der Einnahmen bestimmend sind, auch bei der Gliederung dieser Arbeit Rechnung getragen werden.

III. DIE AUSGABEN

Die Gesamtausgaben der Stadt Hanau gliedern sich in fünf Gruppen:

1. Personalausgaben
2. Zuweisungen, Umlagen und Steuerbeteiligungsbeträge
3. Fürsorgeausgaben
4. Andere sächliche Verwaltungs- und Zweckausgaben
5. Ausgaben der Vermögensbewegung.

Obwohl die Fürsorgeausgaben mit den Zuweisungen, Umlagen und Steuerbeteiligungsbeträgen augenscheinlich nur wenig gemeinsam haben, hat der finanzstatistische Kennziffernplan sie in einer Gruppe (5) zusammengefaßt (siehe dazu Seite 50). Dieser Auffassung konnte hier nicht gefolgt werden.[1] Die Fürsorgeleistungen der Stadt, die eine in sich geschlossene Ausgabenkategorie darstellen, werden in der vorliegenden Untersuchung sowohl tabellarisch als auch textlich von den Zuweisungen, Umlagen und Steuerbeteiligungsbeträgen getrennt behandelt. Andererseits werden die sächlichen Verwaltungs- und Zweckausgaben, die in der Finanzstatistik - wie an anderer Stelle bereits dargelegt - in mehrere Gruppen unterteilt sind (Gruppen 6, 7 und 8), hier zu einem Ausgabenkomplex zusammengezogen.

Die Ist-Ausgaben der Stadt Hanau während des gesamten Untersuchungszeitraums ergeben sich aus Tabelle 02 (siehe nächste Seite).

Wie das Zahlenmaterial erkennen läßt, ist das Ausgabenvolumen - wenn man von den durch hohe Kriegsbeiträge an das Reich belasteten Jahren 1939 bis 1944 einmal absieht - in der Zeit von 1936 bis 1954 insgesamt um weit mehr als 100 Prozent gewachsen. Dabei ist die starke, abrupte Zunahme ab 1949 besonders evident. Allein in den letzten sechs Jahren des Untersuchungszeitraums (1949-1954) sind die Ausgaben des Ordentlichen Haushalts um 87,5 vH gestiegen. Allerdings zeigen die Relativzahlen erhebliche Gewichtsverlagerungen unter den einzelnen Ausgabegruppen. Die Schere zwischen Personal- und Sachausgaben einerseits und den übrigen Ausgabegruppen, auf die in den folgenden Kapiteln noch näher eingegangen werden muß, hat sich nach 1945 erheblich zuungunsten der letzteren geöffnet (siehe hierzu Graphik 01 auf Seite 63).

Besonders auffällig ist der Verlauf der Personalkosten, die trotz der gewaltigen Veränderungen bei Kriegsende 1945 kaum zurückgingen und sich in den Folgejahren kontinuierlich erhöhten. Sie sind mit einem Anteil zwischen 36,9 und 46,5 vH seit 1948 der größte Posten auf der Ausgabenseite des Ordentlichen Haushalts. Ihre starke Zunahme, die mit einer signifikanten und nahezu parallel verlaufenden Steigerung der sächlichen Verwaltungs- und Zweckausgaben Hand in Hand geht und auf enge Zusammenhänge zwischen diesen Ausgabegruppen hindeutet, ist im übrigen symptomatisch für die Entwicklungsphase gegen Ende des Untersuchungszeitraums.

---

1) Den Überlegungen Fischers, der für eine gruppenmäßige Trennung beider Ausgabearten eintritt, die auch ohne "Durchbrechung des Dezimalsystems" im Rahmen des Kennziffernplans möglich wäre, ist beizupflichten (Fischer a.a.O., S.105)

Tabelle 02 Gesamtausgaben (Ist) im Ordentlichen Haushalt der Stadt Hanau in RM/DM

Rechnungsjahr	Personalausgaben	Zuweisungen Umlagen Steuerbeteiligungsbeträge	Fürsorgeausgaben	Andere sächliche Verwaltungs- und Zweckausgaben	Ausgaben der Vermögensbewegung	Gesamtausgaben
1936	2 064 478	1 480 713 **a)**	1 644 747	2 074 725	1 134 445	8 399 108
	24,6 %	17,6 %	19,6 %	24,7 %	13,5 %	100 %
1938	2 089 447	1 227 333	1 168 477	1 552 831	2 517 600	8 555 688
	24,4 %	14,3 %	13,7 %	18,2 %	29,4 %	100 %
1941	2 590 475	2 559 574	3 017 484	1 516 445	3 917 529	13 601 507
	19,0 %	18,8 %	22,2 %	11,2 %	28,8 %	100
1944	2 601 834	2 973 552	3 212 491	1 536 013	1 041 873	11 365 763
	22,9 %	26,1 %	28,3 %	13,5 %	9,2 %	100 %
1945	2 391 866	432 408	677 523	2 498 802	459 874	6 460 473
	37,1 %	6,7 %	10,5 %	38,6 %	7,1 %	100 %
1946	2 563 588	1 055 292	610 962	3 327 742	1 246 030	8 803 614
	29,1 %	12,0 %	6,9 %	37,8 %	14,2 %	100 %
1947	3 242 771	259 369	749 155	4 020 766	698 685	8 970 746
	36,1 %	2,9 %	8,4 %	44,8 %	7,8 %	100 %
1948 RM	858 372	862 966	164 258	1 032 117	3 344 879	6 262 592
	13,7 %	13,8 %	2,6 %	16,5 %	53,4 %	100 %
1948 DM	2 725 010	386 609	595 144	2 808 897	877 194	7 392 854
	36,9 %	5,2 %	8,0 %	38,0 %	11,9 %	100 %
1949	3 918 161	525 259	797 472	4 769 736	476 759	10 487 387
	37,4 %	5,0 %	7,6 %	45,5 %	4,5 %	100 %
1950	4 313 110	714 966	765 548	2 560 226	920 916	9 274 766
	46,5 %	7,7 %	8,3 %	27,6 %	9,9 %	100 %
1951	5 238 524	835 485	896 511	4 599 650	624 546	12 194 716
	43,0 %	6,8 %	7,4 %	37,7 %	5,1 %	100 %
1952	6 225 223	968 867	1 567 218 **b)**	5 081 755	1 094 275	14 937 338
	41,7 %	6,5 %	10,5 %	34,0 %	7,3 %	100 %
1953	6 512 963	1 948 631	1 257 592	5 951 357	1 243 864	16 914 407
	38,5 %	11,5 %	7,4 %	35,2 %	7,4 %	100 %
1954	7 432 211	1 864 575	1 422 387	6 673 551	2 275 391	19 668 115
	37,8 %	9,5 %	7,2 %	33,9 %	11,6 %	100 %

a) einschließlich 312 096 RM Beiträge an die Landesschulkasse für Lehrerstellen an Volks- und Mittelschulen

b) einschließlich 627 117 DM für den Bund verausgabte Leistungen nach dem Lastenausgleichsgesetz

Die Gesamtausgaben im Fürsorgebereich sind dagegen nach 1945 stark abgesunken. Die Hauptursache dafür ist darin zu sehen, daß die im Fürsorgehaushalt verbuchten und vom Reich ersetzten hohen Beträge an Unterhaltszahlungen für Kriegsdienstverpflichtete (Militärangehörige, Arbeits- und Luftschutzdienstpflichtige), für die die Stadt auf der unteren Verwaltungsebene als Auszahlungsstelle fungierte, nach 1945 weggefallen sind. Eliminiert man diese "durchlaufenden Gelder", so wird offenbar, daß die eigentlichen Fürsorgeleistungen der Stadt je Einwohner sich nur unwesentlich verändert haben. Der summarische Rückgang der Ausgaben im Fürsorgeetat nach 1945 entspricht denn auch insoweit etwa der zahlenmäßigen Abnahme der Bevölkerung (vgl. dazu Seite 14f).

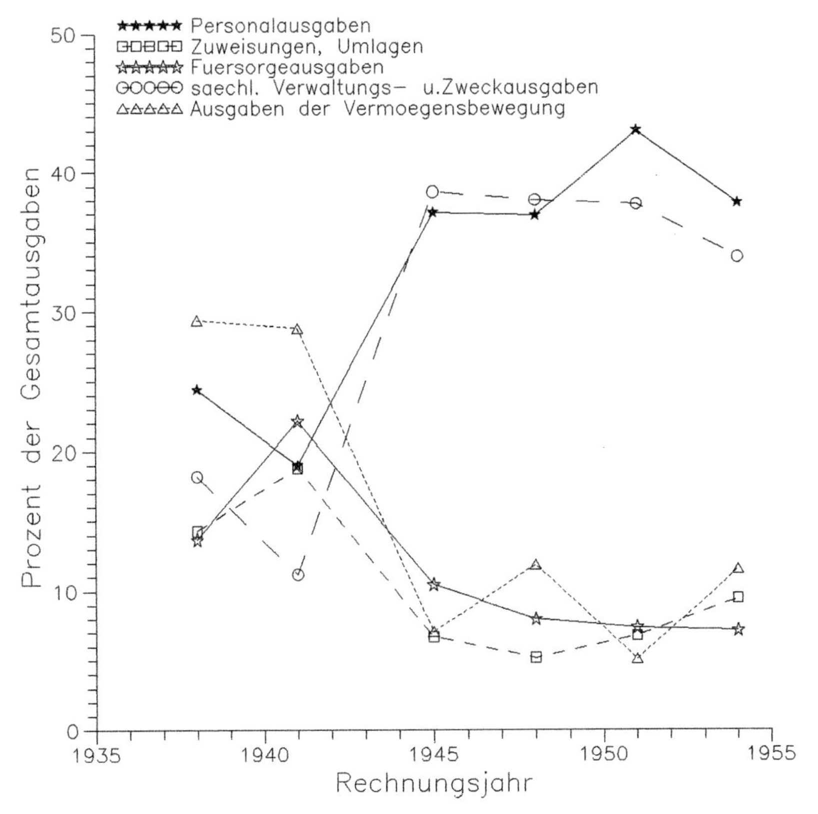

Graphik 01 Anteile der Ausgabengruppen an den Gesamtausgaben der Stadt Hanau in den Jahren 1938, 1941, 1945, 1948, 1951 und 1954 (Fuer 1948 wurden die Werte des DM-Abschnitts auf ein Jahr umgerechnet)

Beachtliche Verschiebungen ergaben sich bei den Zuweisungen und Umlagen, die nach dem Wegfall der Kriegsbeiträge[1)] an das Reich insgesamt um mehr als die Hälfte zurückfielen. Auch bei den Ausgaben der Vermögensbewegung ist eine deutliche Abnahme

1) Die Stadt Hanau zahlte an Kriegsbeiträgen an das Reich 1941: 1 152 528 RM, 1944: 2 141 056 RM

festzustellen. Dieser letzte Punkt irritiert insofern, als man in der Wiederaufbauphase ein stärkeres Wachstum der vermögenswirksamen Ausgaben hätte erwarten können. Die Investitionen sind aber nach der Währungsreform vom 21. Juni 1948 vorwiegend über den Außerordentlichen Haushalt finanziert worden, was wesentlich zur Entlastung des Ordentlichen Haushalts beitrug. Faßt man die investiven Ausgaben beider Haushalte jedoch zusammen, so ergibt sich für die Jahre nach 1948 insgesamt ein wesentlich höheres Volumen an Ausgaben der Vermögensbewegung als für die Kriegs- und Vorkriegszeit (siehe dazu Anhang A 16).

§ 1 Personalausgaben

Nach der Gemeindefinanzstatistik umfaßt der in der Gemeindehaushaltsverordnung nicht näher umschriebene Begriff der persönlichen Ausgaben alle Aufwendungen der Gemeinde für ihre zur Erledigung der laufenden, regelmäßigen oder regelmäßig wiederkehrenden Arbeiten eingestellten Bediensteten und deren Alters- und Hinterbliebenenversorgung.[1] So gesehen, gehören nicht nur die tatsächlichen Arbeitskosten, d.h. die gezahlten Vergütungen, Löhne und Gehälter, einschließlich der Arbeitgeberanteile zur Sozialversicherung, in den Kreis der Betrachtung, sondern auch die Pensions- und Ruhegeldzahlungen. Sie sind integrierende Bestandteile der städtischen Personalausgaben. Wenn sie im vorliegenden Falle aus den vorhandenen Rechnungsergebnissen auch nicht isoliert und damit exakt beziffert werden konnten, so ergab sich doch aus den Sammelnachweisen, daß sie etwa ein Sechstel[2] der gesamten Personalkosten ausmachten (siehe dazu Anhang A 17 und A 18).

Wie aus der Tabelle 02 ersichtlich ist, sind die Personalausgaben der Stadt Hanau, wenn man von den geringfügigen Abweichungen der Jahre 1938 und 1945/46 einmal absieht, während des Untersuchungszeitraums permanent gestiegen - in den Jahren 1949 bis 1954 allein um 89,7 vH und damit stärker als die Gesamtausgaben im gleichen Zeitraum (87,5 vH). Ihr Anteil an den Gesamtausgaben unterlag indessen erheblichen Schwankungen. Die Schwankungsbreite reichte von 19,0 vH im Jahre 1941 bis zu 46,5 vH im Jahre 1950 und war im wesentlichen durch die starke Fluktuation der Gesamtausgaben bedingt.[3] Von 1950 an blieben die Personalausgaben die stärkste Ausgabengruppe des Ordentlichen Haushalts.

1. Die Entwicklung der Aufgaben und des Personalstandes

Der Umfang der städtischen Personalausgaben wird - läßt man die Pensions- und Ruhegeldzahlungen einmal außer acht - im wesentlichen bestimmt durch den Personalbestand und die Entwicklung der Löhne und Gehälter im öffentlichen Dienst. Der Personalbestand ist seinerseits wiederum abhängig von der jeweiligen Aufgabenlage der Stadt. Jede Analyse der Personalausgaben muß sich daher zunächst mit dem Funktionszusammenhang zwischen Aufgabenlage und Personalstand befassen, nicht zuletzt deswegen, weil die Stadt hier weitgehend frei ist in ihrer Entscheidung, mit welcher personellen Besetzung sie welche Aufgaben wahrzunehmen gedenkt. Das gilt sowohl hinsichtlich der Anzahl der Arbeitskräfte, die sie für die Aufgabenerfüllung einsetzt, als auch für deren Qualifikation, die letztlich für die Einstufung in Vergütungsgruppen und damit für die Höhe der Arbeitsentgelte maßgebend ist. Weit weniger Einfluß hat die Stadt hingegen - und das gilt insbesondere auch für den vorliegenden Untersuchungszeitraum - auf die Entwicklung

1) F.Hötte u.a., Gemeindehaushalt in Schlagworten, Kommunale Schriften Nr.6 (neue Folge), Stuttgart 1956, S.243

2) Die Aufschlüsselung der Personalausgaben nach Arbeitsentgelten und Versorgungsleistungen war nur an Hand der Sammelnachweise möglich, weil das gegebene Zahlenmaterial eine exakte Aufteilung der entsprechenden Ist-Ausgaben nicht zuließ. Nach den Sammelnachweisen entfielen auf die Pensions- und Ruhegeldzahlungen im Durchschnitt der letzten sechs Untersuchungsjahre 16,3 vH der gesamten Personalausgaben

3) Vgl. dazu die Graphik im Anhang C 01

der Arbeitsentgelte selbst, weil diese überwiegend von Entscheidungen des Gesetzgebers (Besoldungsordnung) oder von tarifvertraglichen Vereinbarungen abhängig ist.

Das Personal der Stadt Hanau, das durch die Personalausgaben des Ordentlichen Haushalts abgedeckt wurde, umfaßte die Beschäftigten der Kämmerei- oder Stammverwaltungen sowie die städtischen Lehrkräfte. Zu den Kämmerei- oder Stammverwaltungen, die sich - bis auf wenige Ausnahmen - mit den Einzelplänen des Etats decken, gehörten die Bereiche:

> Allgemeine Verwaltung, Öffentliche Sicherheit und Ordnung, Schulen, Kultur, Fürsorge und Jugendhilfe, Gesundheits- und Jugendpflege, Bau- und Wohnungswesen, Öffentliche Einrichtungen und Wirtschaftsförderung, Finanzen und Steuern.

Personalentwicklung der Kämmereiverwaltungen der Stadt Hanau einschließlich der Lehrkräfte

1938	Personalbestand:[1]	1946	1948	1950	1952	1954
156	Beamte)[2]	39	267	270	284	206
211	Angestellte)	430	364	245	332	413
103	Arbeiter	694	435	308	321	351
470[3]	insgesamt	1163	1066	823	937	970

Nicht zu den Kämmereiverwaltungen zählten die wirtschaftlichen Unternehmen (Stadtwerke, Verkehrs- und Wirtschaftsbetriebe) sowie die Stadtsparkasse. Sie besaßen eigene Personalhoheit und erschienen nicht in der Haushaltsrechnung der Stadt.

---

1) Die Zahlen für 1946 sind nach Angaben des Verwaltungsberichts für 1945/46, die für 1948 bis 1954 nach den im Statistischen Jahrbuch deutscher Gemeinden, 37.-43.Jhrg. veröffentlichten Daten zusammengestellt

2) einschließlich Beamtenanwärter und Lehrkräfte

3) Für die Vorkriegszeit - hier für das Jahr 1938 - sind exakte statistische Angaben über das städtische Personal nicht mehr vorhanden. Man ist deshalb auf Näherungswerte angewiesen, für die die Stellenpläne zumindest Anhaltspunkte liefern. So weist der Haushaltsplan 1939 an tatsächlich besetzten Stellen zur Mitte des Rechnungsjahres 1938 (30.9.) die folgenden Zahlen aus:

	Verwaltungsbeamte	114		
	Verwaltungspolizeibeamte	2		
	beamtete Lehrkräfte	40	zusammen	156
	Angestellte			114
	Arbeiter (ohne Stadtwerke)			103
Summe	Verwaltungspersonal		=	373

Hinzuzurechnen sind als "sonstiges Personal"
die unter Arbeitsvertrag stehenden, in den Stellenplänen nicht, in den Personalausgaben dagegen enthaltenen Mitarbeiter des Stadttheaters mit 82
und eine geringe Zahl von außer- und überplanmäßig sowie aushilfsweise Beschäftigten, die nach einer Schätzung des Hauptverwaltungsamts anzunehmen ist mit 15
Daraus errechnet sich für 1938 ein Gesamtpersonalstand der Kämmereiverwaltungen von 470

Einen Sonderfall bildete das Stadttheater, das während der ersten Hälfte des Untersuchungszeitraums als städtische Einrichtung zwar mit sämtlichen Einnahmen und Ausgaben über den Ordentlichen Haushalt abgerechnet wurde, von dessen Personal aber nur das Verwaltungspersonal im Stellenplan der Stadt erfaßt und die darauf entfallenden Besoldungsaufwendungen als "persönliche Verwaltungsausgaben" ausgewiesen wurden. Die Löhne und Gehälter des künstlerischen Personals sowie der Handwerker und Bühnenarbeiter, die den eigentlichen Personalkörper des Theaters ausmachten und nicht den für das Verwaltungspersonal geltenden Besetzungsbedingungen des Stellenplans unterlagen, wurden dagegen unter den Zweckausgaben ("persönliche Zweckausgaben") verbucht. Da sie jedoch ebenfalls Personalausgaben darstellen und für die Zeit von 1936 bis 1944 in den Gesamtsummen der Tabelle 02 enthalten sind, war dieser Personenkreis dem Personalbestand hinzuzurechnen.

Unter Berücksichtigung dieser Abgrenzungen ergaben sich für 1938 und die Zeit nach Kriegsende die oben auf Seite 66 dargestellten Personalbestände.

Die für die Vergleichsjahre vorliegenden Rechnungsergebnisse der gesamten Personalausgaben verteilten sich auf die Einzelpläne wie folgt:

Tabelle 03 Personalausgaben (Ist) der Stadt Hanau nach Einzelplänen 1938-1954

Einzelplan	1938 RM	1941 RM	1944 RM	1946 RM	1948[1] DM	1950 DM	1952 DM	1954 DM
0	242 058	282 446	264 422	165 945	279 565	433 668	565 486	678 581
1	61 573	59 442	97 591	511 053	648 608	646 054	906 278	1 153 084
2	457 691	569 378	634 071	278 662	447 784	612 320	943 461	613 484
3	292 194	341 608	316 205	42 474	35 674	55 452	104 148	146 202
4	171 716	188 493	134 368	165 757	210 790	331 748	522 078	770 886
5	20 912	27 887	22 391	344 504	467 445	608 635	1 015 311	1 417 689
6	206 577	247 624	223 857	305 251	590 794	685 852	791 695	983 399
7	399 822	623 007	722 787	599 529	758 209	685 248	897 753	1 057 190
8	200	540	240	--	--	--	16 158	9 797
9	236 704	250 050	185 902	150 413	194 477	254 133	462 855	601 899
	2 089 447	2 590 475	2 601 834	2 563 588	3 633 346	4 313 110	6 225 223	7 432 211

Der Anstieg der Personalkosten stagnierte nur vorübergehend (1945/46); er vollzog sich danach sprunghaft mit sehr unterschiedlichen Zuwachsraten, die 1947 mit 26,5 vH und 1951 mit 21,4 vH ihre höchsten Werte erreichten. Die aus Gründen der Straffung im Drei- bzw. Zwei-Jahresrhythmus erstellte Tabelle 03 zeigt dabei sehr unterschiedliche Entwicklungen innerhalb der einzelnen Verwaltungsbereiche. Die stärksten Veränderungen im Vergleich der Vor- und Nachkriegszeit ergaben sich in den Einzelplänen 1 (Polizei), 3 (Kultur), 5 (Gesundheitswesen), 6 (Bau- und Wohnungswesen) sowie 7 (Öffentliche Einrichtungen). Hier lagen zum Teil stark gegenläufige Bewegungen vor, deren Ursache aus den folgenden Untersuchungen verständlich wird (vgl.dazu auch die Graphiken im Anhang

1) Die Werte des DM-Abschnitts sind auf ein Jahr umgerechnet

C 02, C 03 und C 04). Besonders markant sind die Einschnitte am Ende des Krieges und nach 1948, so daß sich der Gesamtzeitraum bis 1954 in drei Abschnitte aufteilen läßt:

1) 1936 - 1944

Das Jahr 1936 lag noch im Trend der strengen Sparmaßnahmen, die die Stadt Hanau wegen ihrer hohen Verschuldung nach der Weltwirtschaftskrise auf allen Gebieten - so auch auf dem Personalsektor - eingeleitet hatte.[1] Der Anstieg der Personalausgaben war durch eine Einstellungssperre gebremst worden. Die Höhe der Bezüge stand noch unter den Auswirkungen der Brüningschen Notverordnung. Die 1931/32 in Kraft getretenen Kürzungen[2] der Beamtenbezüge und Angestelltenvergütungen, die sich mit einer durchschnittlichen Verringerung um 20 vH auf die Grundgehälter, Wohnungsgeldzuschüsse und Sonderzuschläge auswirkten, galten nach wie vor. Sie haben übrigens noch bis weit in die Nachkriegszeit hinein Geltung behalten.

Nach der Angleichung der Besoldung der Kommunalbeamten an die der Reichsbeamten herrschten weiterhin strenge Einstellungsbedingungen; altersbedingte Personalabgänge wurden nur insoweit ersetzt, als dies unbedingt erforderlich war.[3] Das hatte seine Auswirkungen auf die Höhe der Ruhegehaltszahlungen für Beamte, wie den Haushaltsvoranschlägen der Jahre 1935-1937 zu entnehmen ist.[4] Eine Umkehr dieses Trends zeigte sich erst nach 1938, wie aus der Tabelle 02 auf Seite 62 hervorgeht. Der entschiedene Sparkurs wich wieder einer elastischeren Personalpolitik, die teilweise durch neue, an die Stadt übertragene Aufgaben erzwungen wurde.[5] Das Jahr 1938 kann deshalb auch hier für spätere Vergleiche mit der Vorkriegszeit als Basisjahr herangezogen werden.

Am 1.4.1938 trat an die Stelle des "Kommunalen Angestelltentarifs Rhein-Main" die Tarifordnung im öffentlichen Dienst (TOA), die die Angestelltenvergütungen nicht

---

1) Die Jahresrechnungen der Stadt Hanau hatten seit der Wirtschaftskrise noch bis 1936 mit Fehlbeträgen abgeschlossen, die zu erhöhter Sparsamkeit Anlaß gaben. Ohne Staatsbeihilfen war es der Stadt bis zum Rechnungsjahr 1935 einschließlich nicht einmal möglich gewesen, die laufenden Einnahmen und Ausgaben auszugleichen (Vgl.dazu Protokoll der Beigeordnetenbesprechung vom 6. Oktober 1938 über den Bericht des Gemeindeprüfungsamts bezüglich der Jahresrechnung 1936 [Stadtarchiv B2, 218/6])

2) 1.Gehaltskürzungsverordnung in Kapitel II des 2.Teils der VO des Reichspräsidenten zur Sicherung von Wirtschaft und Finanzen vom 1. Dezember 1930, RGBl.I S.522, in der sich aus der 3.VO des Reichspräsidenten zur Sicherung von Wirtschaft und Finanzen und zur Bekämpfung politischer Ausschreitungen vom 6. Oktober 1932 (RGBl.I S.537) ergebenden Fassung - in Kraft seit dem 1. Februar 1931; 2.Gehaltskürzungsverordnung in Kapitel I des 2.Teils der 2.VO des Reichspräsidenten zur Sicherung von Wirtschaft und Finanzen vom 5. Juni 1931, RGBl.I S.282 - in Kraft seit 1. Juli 1931; 3.Gehaltskürzungsverordnung in Kapitel VI des 7. Teils der 4.VO des Reichspräsidenten zur Sicherung von Wirtschaft und Finanzen und zum Schutz des inneren Friedens vom 8. Dezember 1931, RGBl.I S.738 - in Kraft seit 1.Januar 1932

3) Ein Beispiel dafür ist die Nichtbesetzung der Stelle des Stadtgarteninspektors nach dessen Versetzung in den Ruhestand (Vgl.dazu Protokoll der Beigeordnetenbesprechung vom 12. Januar 1937 [Stadtarchiv B2, 218/3])

4) Nach den Voranschlägen für die Jahre 1935-1937 ging die Summe der Ruhegehälter für Verwaltungsbeamte von 201 684 RM auf 194 475 RM zurück ; in der gleichen Zeit stiegen allerdings die Arbeiterruhelöhne von 45 840 RM auf 53 304 RM

5) Personalerweiterungen gab es u.a. im Schulwesen, beim Meldeamt, beim Standesamt, das zum "Sippenamt" erweitert werden mußte, beim Verkehsamt sowie beim Rechnungsprüfungsamt

mehr nach dem Dienstalter, sondern nach dem Lebensalter berechnete. Damit erhöhten sich die Arbeitgeberanteile zur Sozialversicherung und bewirkten langfristig eine merkliche Steigerung der Personalausgaben, zumal die Angestellten knapp die Hälfte der insgesamt Beschäftigten ausmachten (siehe Übersicht auf Seite 66).

Neben dieser auf tarifpolitischen Änderungen basierenden allgemeinen Zunahme der Personalausgaben entstanden höhere Ausgaben in den Folgejahren vor allem im Einzelplan 2 durch die personelle Ausweitung des Lehrkörpers an städtischen Schulen und die Einrichtung der Berufsschule für das Edelmetallgewerbe; ferner im Einzelplan 3 durch die Vergrößerung des künstlerischen Personals des Stadttheaters.

An neuen Auftragsangelegenheiten kamen außerdem in dieser Zeit hinzu

im Einzelplan 1 das Preisamt sowie die Unterabschnitte Treibstoffwirtschaft, Quartieramt, Luftschutz und Technische Nothilfe,
im Einzelplan 7 die neu geschaffenen Kriegswirtschaftsstellen[1]: Ernährungs- und Wirtschaftsamt.

Die letzteren waren für die Ordnung und Sicherstellung der Versorgung der Bevölkerung mit Gütern des täglichen Bedarfs von zentraler Bedeutung. Sie gehörten wegen des mit der Ausgabe und Abrechnung von Lebensmittelkarten und Bezugscheinen verbundenen hohen Arbeitsaufwands und wegen des umfangreichen Publikumsverkehrs bald zu den am stärksten besetzten Dienststellen der Verwaltung. Sie wuchsen zudem im Verlauf des Krieges mit der immer umfassender werdenden Bewirtschaftung, die nahezu alle Bedarfsgüter erfaßt hatte, stark an, wie die auf sie entfallenden Personalausgaben erkennen lassen:

Personalausgaben

	Ernährungsamt RM	Wirtschaftsamt RM	zusammen RM
1938	5 861	--	5 861[2]
1941	75 902	104 981	180 883
1944	133 446	147 855	281 301

In beiden Ämtern wurden - wie übrigens auch bei anderen Dienststellen als Ersatz für die zum Wehrdienst einberufenen Mitarbeiter - Kriegsaushilfsangestellte[3] eingesetzt.

1) Zu den "Kriegswirtschaftstellen", die 1939 eingerichtet und ab 1940 als Abschnitt 99 im Einzelplan 9 des Haushaltsplans veranschlagt wurden, rechneten außer dem Ernährungs- und Wirtschaftsamt die Unterabschnitte: Quartieramt, Treibstoffwirtschaft, Rückwandererfürsorge, Leistungen für das Heer, Luftschutz und Ärztliche Versorgung der Zivilbevölkerung. Bei der Aufbereitung der vorliegenden Arbeit mußten sie nach dem finanzstatistischen Kennziffernplan unterschiedlichen Einzelplänen zugeordnet werden

2) Als Vorläufer des späteren Ernährungsamts, das unter dieser Bezeichnung erst 1940 entstand, fungierte seit 1938 der Unterabschnitt 026 "Maßnahmen für die Lebensmittelversorgung"

3) Kriegsaushilfsangestellte wurden in den Stellenplänen nicht ausgewiesen. Ihre Gehälter waren demzufolge in den Haushaltsplänen auch nicht unter den stellenplanbezogenen Angestelltenvergütungen, sondern unter den "sonstigen persönlichen Verwaltungsausgaben" zu finden

Dabei handelte es sich meist um berufsfremde, angelernte Arbeitskräfte, die nach einer entsprechenden Einweisung unter der Aufsicht von Verwaltungsbeamten die ihnen zugewiesenen Sachgebiete bearbeiteten.

Bis 1944 stiegen die Personalausgaben dann außer in den Kriegswirtschaftsämtern nur noch im Schulhaushalt (Einzelplan 2) an, während sie in allen übrigen Bereichen, im wesentlichen als Folge der Heranziehung von städtischen Bediensteten zum Kriegsdienst, rückläufig waren. Die Vergütungen der einberufenen Beamten und Angestellten[1] wurden vielfach zu Lasten ihrer Dienststellen weitergezahlt, wodurch es in manchen Fällen zu Doppelbelastungen der Haushaltsabschnitte kam, was sich dahingehend auswirkte, daß das Niveau der Personalausgaben bis zum Jahre 1944 nicht zurückging, sondern sogar noch etwas anstieg (siehe Tabelle 02).

Wie sehr die Zahl der Beschäftigten allein durch die neu hinzugekommenen, überwiegend kriegsbedingten Gemeindeaufgaben gewachsen ist, wird verständlich, wenn man den Gesamtpersonalbestand des Jahres 1938, der oben mit rund 470 angenommen wurde, mit dem des letzten Kriegsjahres vergleicht. Dieser wird im Verwaltungsbericht des Jahres 1945/46 für den 31. März 1944 mit 706 beziffert und lag damit um ziemlich genau 50 vH über dem des Jahres 1938.

2) 1945 - 1948

Mit dem Zusammenbruch des Reiches, der zur Aufhebung der staatlichen Ordnung und zur Kontrolle des öffentlichen Lebens durch die Besatzungsmacht geführt hatte, einerseits und der Vernichtung des Rathauses sowie fast aller städtischen Einrichtungen andererseits hätte man 1945 die weitgehende Auflösung der Verwaltung und damit auch einen entsprechenden Rückgang der Personalausgaben erwarten können. Doch das Gegenteil war der Fall. Die Personalausgaben blieben unverhältnismäßig hoch und stiegen - nach einem nur vorübergehenden Rückgang von etwa 200 000 RM - bereits 1946 wieder fast bis auf das Niveau des letzten Kriegsjahres an. Diese ungewöhnliche Entwicklung ist das Ergebnis des Zusammenwirkens sehr unterschiedlicher Ursachen, die sowohl den Personalbestand als auch die Personalstruktur wesentlich beeinflußt und sich bis weit in die fünfziger Jahre hinein ausgewirkt haben.

Die veränderte Ausgangslage ergab sich

a) aus einer Personalverringerung,

einerseits als Folge der von der Besatzungsmacht angeordneten Entnazifizierung,
andererseits durch Einsparungen aus der Auflösung von Unterabschnitten des Haushalts sowie wegen des zerstörungsbedingten Ausfalls städtischer Einrichtungen;

---

1) Zahlen über die zum Kriegsdienst herangezogenen städtischen Bediensteten sind heute nicht mehr feststellbar; geht man von den nicht besetzten Stellen des Stellenplans, die teilweise von Kriegsaushilfsangestellten eingenommen wurden, aus, so dürfte die Zahl der Einberufenen im Bereich der Verwaltung (ohne Stadtwerke) 1942 insgesamt zwischen 50 und 70 gelegen haben

b) aus einer Personalerweiterung

zur Fortführung der Verwaltungsarbeit unter gänzlich veränderten räumlichen und organisatorischen Bedingungen, wobei sich der Fachkräftemangel erschwerend auswirkte,

für die Trümmerbeseitigung und die Ingangsetzung der von Kriegsschäden betroffenen und nicht mehr funktionsfähigen Anstalten und Anlagen sowie für die Übernahme völlig neuer öffentlicher Aufgaben.

Aufgrund der Kontrollratsdirektive Nr.24 wurden bereits im Frühjahr 1945 zahlreiche Bedienstete wegen ihrer Zugehörigkeit zur NSDAP oder einer ihrer Organisationen entlassen. Weitere Entlassungen folgten im Laufe des Jahres in mehreren Schüben. Davon betroffen waren insgesamt:

85 Beamte,
94 Angestellte und
4 Arbeiter,

zusammen also 183 Personen. Auf Befehl der Militärregierung vom Juni 1945 waren an die wegen ihrer politischen Vergangenheit Ausgeschiedenen weder Pensionen noch Unterhaltsleistungen zu zahlen.[1)]

Personaleinsparungen leiteten sich einmal ab aus dem Wegfall der Unterabschnitte:

Verkehrsamt, Stadttheater, Abrechnungsstelle für den Familienunterhalt von Wehrpflichtigen, Luftschutz, Quartieramt und Entscheidungen des Oberbürgermeisters als Beschlußbehörde (früher Stadtverwaltungsgericht),

zum anderen aus dem Verlust des größten Teils der Schulen, der Kultur- und anderer städtischer Einrichtungen sowie aus der anfänglich in einzelnen Bereichen noch eingeschränkten allgemeinen Verwaltungstätigkeit. Die Bediensteten wurden - soweit sie nicht unter die Entlassungen fielen - anderen Dienstbereichen zugeordnet. Der Spareffekt war insgesamt allerdings gering und eher eine rechnerische Größe, denn es zeigte sich, daß die gewaltige Aufgabe, Ordnung in das nach dem Zusammenbruch entstandene Chaos zu bringen und die Hinterlassenschaften des Krieges aufzuarbeiten, ohne zusätzliche Arbeitskräfte nicht zu bewältigen war. Der Personalverringerung standen deshalb schon sehr bald Neueinstellungen gegenüber, die im Laufe der Jahre 1945 bis 1947 die Einsparungen der Anfangsphase erheblich übertrafen und dabei gleichzeitig die Personalstruktur merklich veränderten (siehe Übersicht auf Seite 66).

- Die Personalnot wurde schon in den ersten Monaten nach dem Einmarsch der Amerikaner offenbar. Die große Zahl der aus politischen Gründen Entlassenen hinterließ eine beachtliche Lücke, denn die verbliebenen Kräfte reichten nicht aus, die herkömmlichen Verwaltungsaufgaben zu bewältigen, geschweige denn mit den dringenden, neu hinzugekommenen Problemen, vor die sich die Stadt-

1) Vgl. dazu W.Fischer a.a.O., S.111

verwaltung gestellt sah, fertig zu werden. Der Notstand zwang zur Selbsthilfe, einerseits wegen des herrschenden Wohnungsmangels nach der Zerstörung der Innenstadt, der viele, schwerwiegende Eingriffe der Verwaltung in die Besitzverhältnisse des noch verfügbaren Wohnraums erforderlich machte. Andererseits war die katastrophale allgemeine Versorgungslage der Stadt ohne zentrale Beschaffungsmaßnahmen, wie etwa bei der Brennstoffversorgung, und weitere Rationierungen nicht zu bewältigen. Hinzu kam die Notwendigkeit der Anwendung strengerer Maßstäbe bei der Bewirtschaftung und deren Kontrolle. Die Stadtverwaltung war in dieser Zeit praktisch die einzige Behörde, die für ratsuchende Bürger, für Ausgebombte und Evakuierte als Ansprechpartner in Frage kam. Sie wurde zur Anlaufstelle praktisch für alles, was organisiert, in die Tat umgesetzt und überwacht werden mußte - und dies in den durch die Befehlsgewalt der ständig präsenten Besatzungsmacht gezogenen Grenzen. Darüber hinaus galt es, die städtischen Einrichtungen in Selbsthilfe wieder funktionsfähig zu machen, denn aktiver Beistand von dritter Seite war nicht zu erwarten und einen Markt für gewerbliche Leistungen, auf die man hätte zurückgreifen können, gab es zu dieser Zeit noch nicht.

Zu all dem brauchte man Arbeitskräfte in großer Zahl. Hinzu kamen an neuen Aufgaben: die Übernahme des Krankenhauses[1)] in städtische Regie, die Aufstellung einer kommunalen Kriminal- und Vollzugspolizei sowie die Eingliederung des Polizeigefängnisses, die zusammen allein mehr als 200 neue Personalstellen ausmachten und bereits 1945 mit persönlichen Mehrausgaben von 508 000 RM zu Buche schlugen. Die Angehörigen der Polizei standen zunächst im Angestelltenverhältnis. Sie wurden erst am 1. April 1947 als Beamte in den städtischen Dienst übernommen.[2)] So wuchs das Personal in den ersten zwei Jahren überproportional an und erreichte 1946 mit insgesamt 1163 Beschäftigten, darunter allein 694 Lohnempfänger, seinen bis dahin höchsten Stand.

Für die aus politischen Gründen Ausgeschiedenen standen fachlich qualifizierte Ersatzkräfte kaum zur Verfügung[3)]. Soweit neue Mitarbeiter für die Verwaltung gefunden wurden, verfügten diese häufig weder über die notwendigen Kenntnisse noch über ausreichende Erfahrungen und konnten sich diese auch trotz großen Fleißes

---

1) Im Jahre 1944 hatte sich der Zweckverband Hanau Stadt und Land des Krankenhauses Hanau aufgelöst, der 1941 das ehemalige Landkrankenhaus Hanau von der Landesverwaltung in Kassel übernommen hatte. Gegen eine Abfindung von 50 000 Reichsmark an den Landkreis Hanau war dieser aus dem Zweckverband ausgeschieden. Die Stadt Hanau war dadurch alleinige Trägerin des Krankenhauses geworden. Die Einnahme- und Ausgabe-rechnung des Krankenhauses, das im letzten Kriegsjahr kaum nennenswerte städtische Zuschüsse benötigte, war 1944 noch nicht in den Haushaltsplan der Stadt Hanau integriert

2) Der Wechsel in der Rechtsstellung der 1946 vorhandenen 158 Polizeivollzugskräfte wird in der Übersicht auf Seite 66 durch eine Erhöhung der Beamtenzahl und eine entsprechende Verringerung der Angestelltenziffer des Jahres 1948 sichtbar. Wenn die jeweilige Zu- und Abnahme nicht exakt mit der Anzahl der Polizeikräfte übereinstimmt, so hängt das damit zusammen, daß von 1946 bis 1948 weitere Beamte und Angestellte wieder oder neu eingestellt wurden

3) Wie schwierig es damals war, verwaltungserfahrene Kräfte zu finden, ergibt sich aus den wiederholten Anzeigen und Aufrufen zur hauptberuflichen Mitarbeit in der Stadtverwaltung im örtlichen Mitteilungsblatt, die - wie sich später zeigte, nur wenig Erfolg hatten; gesucht wurden u.a. Bewerber für Amtmann- und technische Amtmann-Stellen, Verwaltungsinspektoren-, Stadtsekretär- und Angestellten-Stellen sowie Ingenieure und Maschinenmeister (Vgl. dazu Mitteilungsblatt der Stadtverwaltung Hanau, Folge 18 vom 11. August 1945; ferner Folge 55 vom 27. April 1946)

und ernsthaften Bemühens in der Kürze der Zeit kaum aneignen, so daß neben Mängeln[1] auch Engpässe in den Arbeitsabläufen auftraten, die teilweise wiederum nur durch vermehrten Personaleinsatz ausgeglichen werden konnten. Eine Aufblähung des Personalbestandes war zwangsläufig die Folge.

Bei Neueinstellungen wurden Beamtenstellen zunächst mit Angestellten besetzt. Diese Tendenz, die im übrigen auch in anderen Städten beobachtet wurde[2], ist aus dem Personalstrukturvergleich der Jahre 1938 und 1946 deutlich zu ersehen (siehe Seite 66). Sie hat sich auch in den späteren Jahren fortgesetzt (vgl.dazu die Graphik 02 auf Seite 77). Auf die Höhe der Personalausgaben hatte dies aber nur geringen Einfluß, weil die Verminderung der Beamtengehälter durch eine entsprechende Zunahme der Angestelltenvergütungen kompensiert wurde (vgl.dazu die Graphik im Anhang C 06).

An neuen Abschnitten und Unterabschnitten kamen in dieser Periode bis zur Währungsreform hinzu:

1945: Schutzpolizei, Kriminalpolizei, Polizeigefängnis, Besatzungskostenamt (ab 1947 Schadens- und Besatzungskostenamt), Fahrbereitschaft (ab 1947 Straßenverkehrsamt), Flüchtlingsfürsorge, Stadtküche, Kinderheim Langenselbold, Altenheim Langenselbold, Altenheim Schloß Naumburg, Stadtkrankenhaus;

1946/47: Altenheim Gondsroth, Betreuungsamt für politisch, rassisch und religiös Verfolgte, Kreisstelle für Bauwirtschaft sowie als Sonderabteilung des Wirtschaftsamts der Bereich "Brennstoffbeschaffung", der den Holzeinschlag für die Winterbrandversorgung der Bevölkerung - zum Teil mit eigens dafür angeworbenen Arbeitskräften - in eigener Regie übernahm;

1947: Statistisches Amt.

Die Ausweitung des Personals und damit des Besoldungsaufwands 1946 und 1947 erklärt sich aber auch - zumindest teilweise - aus der Rückkehr von Bediensteten aus der Kriegsgefangenschaft, die ihre Tätigkeit wieder aufnahmen. Sie beruhte ferner darauf, daß die nach Abschluß ihres Spruchkammerverfahrens aufgrund des "Gesetzes zur Befreiung von Nationalsozialismus und Militarismus" vom 5. März 1946[3] als "Nicht-Betroffene", "Entlastete" (Gruppe V) oder "Mitläufer" (Gruppe IV) Eingestuften wieder eingestellt wurden.

---

1) Mängel im Kassen- und Rechnungswesen, die u.a. auch bei der Durchführung der vorliegenden Untersuchung erhebliche Schwierigkeiten bereiteten, sind in den Prüfungsberichten der Jahresrechnungen 1945, 1946 und 1947 mehrfach angesprochen worden. Die Prüfungsberichte waren wegen der schwierigen Aufarbeitung lange Zeit rückständig und konnten erst 1949 bzw. 1950 vom Rechnungsprüfungsamt vorgelegt werden

2) Vgl. dazu W.Fischer, der für Darmstadt zu ähnlichen Ergebnissen kommt (a.a.O., S.110 ff)

3) Gesetz- und Verordnungsblatt für das Land Hessen 1946 (GVBl), S.57

Für einen größeren Personalbedarf ganz allgemein sorgte schließlich auch die starke Dezentralisierung der städtischen Verwaltung[1] sowie die Auslagerung von Sozialeinrichtungen, wie etwa der Alten- und Kinderheime in Langenselbold und im Schloß Naumburg sowie der Teilkrankenhäuser in Neuenhaßlau und Langenselbold.

- Besonders auffallend war die Erhöhung des Personalbestandes bei den Arbeitern (siehe Seite 66). Gemessen an dem Jahr 1938 betrug deren Zahl 1945 das Sechs-, 1946 sogar nahezu das Siebenfache. Dies war allerdings, wie die anschließenden Jahre zeigen, nur eine vorübergehende Erscheinung. Ab 1948 ist bereits ein deutlicher Rückgang erkennbar. Die Gründe für die hohen Arbeiterzahlen sind einerseits aus dem Zugang des Krankenhauses,[2] vor allem aber aus der allgemeinen Notstandssituation zu erklären, in der sich die Stadt damals befand. Das ungewöhnliche Ausmaß der Zerstörungen erforderte den Einsatz aller verfügbaren Kräfte[3], um Ruinen abzubrechen, Gefahrenherde zu beseitigen, Straßen von Schuttmassen zu räumen und die lebensnotwendigen öffentlichen Einrichtungen wieder funktionsfähig zu machen. Dabei mangelte es an Facharbeitern. Rückgriffsmöglichkeiten auf Firmen der Privatwirtschaft gab es praktisch nicht. Es fehlte zudem an geeignetem Gerät, vor allem an Baggern und Fahrzeugen. So blieb als Ausweg nur der verstärkte Einsatz menschlicher Arbeitskraft. Die Stadt unternahm es daher, zusätzliche Arbeiter einzustellen, um in Selbsthilfe die Freilegung und Wiederherstellung städtischer Anlagen und Einrichtungen voranzutreiben.[4] In der Bildung von "Einreißtrupps"[5], "Räumkommandos" und "Instandsetzungskolonnen" fand diese aus den Zwängen der Lage entstandene Einstellungspolitik ihren Niederschlag. Die dadurch herbeigeführte kräftige Personalausweitung hat sich jedoch, wenn man die persönlichen Gesamtausgaben der Jahre 1945 und 1946 vergleicht (siehe Tabelle 02), finanzwirtschaftlich nicht in dem Maße ausgewirkt, wie man dies hätte erwarten können. Das erklärt sich damit, daß der weitaus größte Teil der Arbeitskräfte in den unteren Lohnklassen beschäftigt und nur nach den tatsächlich geleisteten Stunden bezahlt wurde.

Während schon in der zweiten Hälfte des Rechnungsjahres 1947 - wohl in der Erwartung währungspolitischer Maßnahmen - eine gewisse Zurückhaltung bei der

---

1) Die gesamte Verwaltung ist nach der Zerstörung des Rathauses und anderer Diensträume innerhalb des Stadtgebiets mehrfach umgezogen. Nach einer ersten provisorischen Unterbringung in den Räumen der Bezirksschule I und II am Johanneskirchplatz übersiedelten nach deren Vernichtung Teile der Verwaltung vorübergehend in das Gebäude der Diamantschleifergenossenschaft am Sandeldamm, später in die Räume der Bezirksschule IV in Kesselstadt und schließlich in die von der Besatzungsmacht frei gemachten, für Verwaltungszwecke wenig geeigneten Räume des Schlosses Philippsruhe. Große Teile der technischen Abteilung, insbesondere der Bauverwaltung wurden zu Beginn des Rechnungsjahrs 1948 in provisorisch wiederhergerichtete Gebäude in der Stadtmitte verlegt. Zwischen den einzelnen Dienststellen herrschte ein reger Botenverkehr

2) Das Schwestern- und Pflegepersonal wurde überwiegend nach geleisteten Arbeitsstunden bezahlt

3) Zu den groß angelegten Aufräumungsarbeiten wurden 1945-1947 nicht nur städtische Arbeitskräfte, sondern auch alle verfügbaren Einwohner mit herangezogen. Ein von der Stadtverwaltung organisierter "Ehrendienst" der Bürger sorgte für die Räumung der Innenstadt von Trümmerschutt und half so, die wichtigste Voraussetzung für den Wiederaufbau der Stadt zu schaffen

4) Siehe dazu die Stellenausschreibung für 250 - 300 Arbeitskräfte für die Aufstellung einer ständigen Arbeitskolonne im Mitteilungsblatt für den Stadt- und Landkreis Hanau, Folge 93, vom 25. Januar 1947

5) Ihre Aufgabe bestand vorwiegend darin, die durch überhängende Mauerreste oder stehengebliebene Kamine entstandenen Gefahrenquellen zu beseitigen

Einstellung von weiteren Arbeitskräften zu beobachten war, wurde das Rechnungsjahr 1948 zum Jahr des Umbruchs in der städtischen Personalpolitik. Die infolge der Währungsreform knapp gewordenen Finanzmittel zwangen die Gemeinden zu äußerster Sparsamkeit und damit auch zu einer Reduzierung des Personals. So kam es - verstärkt durch Auflagen des Gesetzgebers - zum Abbau von Beschäftigten. Die Einschränkung einiger Amtsbereiche (z.B. bei den Kriegswirtschaftsämtern) führte zu ersten Entlassungen. Arbeitsgebiete wurden zusammengelegt und freiwerdende Stellen nicht mehr besetzt. Als Folge der 1. Hessischen Verordnung über Maßnahmen zur Sicherung der Währung und öffentlichen Finanzen vom 7. Juli 1948 (Erste Sparverordnung)[1] sank schließlich die Zahl der in den Kämmereiverwaltungen der Stadt Hanau Beschäftigten 1948 gegenüber 1946 um fast 100 (siehe dazu Übersicht auf Seite 66).

3) 1949 - 1954

Obwohl sich die Bemühungen um eine Verringerung des Personals in den folgenden Jahren fortsetzten und - wie die Übersicht zeigt - auch erfolgreich waren, hielt der Anstieg der Personalausgaben unvermindert an. Der Hauptgrund dafür lag in den nach der Währungsumstellung verstärkt einsetzenden Lohn- und Gehaltsanpassungen an die steigenden Lebenshaltungskosten, auf die die Stadt keinen unmittelbaren Einfluß hatte. Auf diese Zusammenhänge wird im nächsten Kapitel noch ausführlich einzugehen sein. Hier zeigten sich nun die starken finanzwirtschaftlichen Belastungen, die sich als Folge der Personalausweitung in den ersten Nachkriegsjahren ergaben. Die Stadt hatte große Probleme, die Beschäftigtenzahl zurückzuführen und den vom Land verordneten Sparkurs durchzuhalten; doch ihre finanzielle Situation zwang sie dazu. Das war nicht ohne umfangreiche Entlassungen möglich. Die größten Auswirkungen zeigten sich bei den Kriegsfolgenämtern.[2] Von den am 31.3.1948 dort insgesamt vorhandenen 277 Bediensteten wurden in kaum mehr als zwei Jahren allein 234 (= 84,5 vH) abgebaut. Die Stadt Hanau, die in diesen Verwaltungszweigen ohnehin personell auffallend stark besetzt war,[3] rangierte damit in der Personalreduzierung während dieser Phase an der Spitze der regionalen Vergleichsstädte vor Aschaffenburg und Gießen (siehe dazu Anhang B 10).

Der Personalbestand in den Kämmereiverwaltungen einschließlich der Lehrkräfte erreichte so 1949 mit insgesamt 817 Beschäftigten seinen tiefsten Stand und erholte sich 1950 nur geringfügig. Erst 1951 begannen die Zahlen wieder deutlicher zu steigen, und zwar stärker bei den Angestellten als bei Beamten und Arbeitern. Offensichtlich begünstigt durch die steigenden Einnahmen der Stadt wurde in den letzten Untersuchungsjahren die Einstellungspolitik wohl nicht mehr so restriktiv gehandhabt wie in den Jahren zuvor. Hinzu kam, daß die mit dem Wiederaufbau befaßten Verwaltungsstellen (Bauverwaltung, Hochbauamt, Vermessungswesen etc.), die Sozialeinrichtun-

1) Gesetz- und Verordnungsblatt für das Land Hessen 1948, S.86

2) Zu den Kriegsfolgenämtern gehörten: Kriegsschadenamt, Soforthilfeamt (Ausgleichsamt), Verwaltung der Kriegsfolgenhilfe (kriegsbedingte Fürsorge), Ernährungs- und Wirtschaftsamt, Wohnungsamt

3) Im Vergleich mit den anderen Städten der Region war in Hanau die Arbeit der Wohnraumbewirtschaftung wegen der großen Zahl an Evakuierten und des äußerst knappen Wohnraums nach der Zerstörung besonders personalintensiv

gen (Altenheime, Krankenhaus) ebenso wie einige der wieder hergestellten und - gegenüber früher - technisch erheblich besser ausgestatteten öffentlichen Einrichtungen (Straßenreinigung, Müllabfuhr, Fuhrpark etc.) einen erhöhten Personaleinsatz notwendig machten. Unter dieser erkennbaren Tendenz zur erneuten Personalausweitung verbergen sich allerdings zum Teil auch kompensatorische Effekte, verursacht durch Zu- und Abgänge im städtischen Aufgabenkatalog. In der folgenden Übersicht sind diese Änderungen in der Struktur der Unterabschnitte des Haushaltsplans zusammengefaßt, soweit sie sich auf den Personalstand und damit auf die Personalausgaben nachhaltig ausgewirkt haben.

Jahr	Abgänge	Zugänge
1948	Kreisstelle für Bauwirtschaft	
1949	Fahrbereitschaft/Straßenverkehrsamt Heimstätte Schloß Naumburg	Höhere Handelsschule Amt für Soforthilfe Schädlingsbekämpfung
1950	Ernährungsamt	Amt für Wirtschaft und Verkehr Ordnungsamt Bezirksschule III städtisches Gesundheitsamt Werkstattbetrieb (Fuhrpark) Schreinerei (Fuhrpark)
1951	Amt für Wirtschaft und Verkehr Polizeigefängnis Wirtschaftsamt/Treibstoffstelle Altersheim Gondsroth	Bezirksschule V Flüchtlingsamt Fürsorgestelle für Kriegsbeschädigte und -hinterbliebene Sportamt Wasserläufe u.Hochwasserschutz
1952		Kantine Altersheim Fasanerie Kinderhort Salzstraße Land- u.forstwirtschaftliche Unternehmen (Stadtwald)
1953	Schadens- und Besatzungskostenamt Betreuungsstelle für politisch, rassisch und religiös Verfolgte Altersheim Langenselbold Kinderheim Langenselbold	Notunterkunft Ost Bezirksschule I
1954		Schullandheim Rückersbach Kinderhort Bezirksschule III (Brüder-Grimm-Schule) Kinderheim Sandeldamm Trümmerbeseitigung und -verwertung Anschlagwesen

Einen bedeutsamen Einschnitt in den Personalbestand der Stadt brachte schließlich das Hessische Schulkostengesetz vom 10. Juli 1953[1] (vgl. dazu im einzelnen die Ausführungen zum "Schullastenausgleich" auf Seite 90ff). Die Lehrkräfte der städtischen Schulen schieden danach aus dem Personalhaushalt der Stadt Hanau aus und wurden mit Wirkung vom 1. April 1954 Staatsbedienstete. Betroffen davon waren insgesamt 49 Beamte sowie 10 Angestellte, und zwar bei

Personalentwicklung nach Stellenplaenen

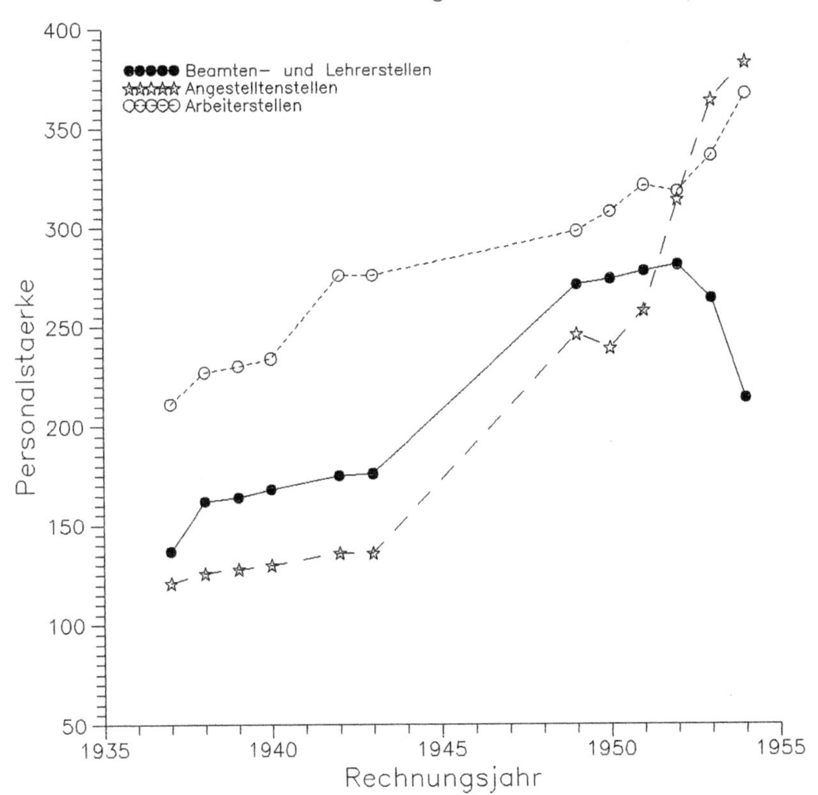

Graphik 02 Personalentwicklung der Stadt Hanau nach den Stellenplaenen (ohne Stadtwerke und Stadtsparkasse)
Fuer die Jahre 1944 bis 1949 liegen veroeffentlichte Stellenplaene nicht vor

dem Realgymnasium für Mädchen	24 Beamte und 4 Angestellte,
den Kaufmännischen Schulen	15 Beamte und 4 Angestellte,
den Hauswirtschaftlichen Schulen	10 Beamte und 2 Angestellte.

Für die Stellenpläne der Stadt bedeutete das - zumindest im Hinblick auf die Zahl der beamteten Lehrkräfte - eine erhebliche Entlastung, wie aus der obigen Graphik 02 ersichtlich ist. Die unmittelbaren Personalausgaben gingen damit im Bereich der Schulen deutlich zurück - im Vergleich der Jahre 1952 und 1954 um etwa ein Drittel (siehe dazu den Zahlenspiegel auf Seite 78). Allerdings stiegen dafür die von der Stadt an das Land

1) Hessisches Gesetz- und Verordnungsblatt 1953, S.126

Hessen zu zahlenden Anteilbeträge an der Lehrerbesoldung (mittelbarer Personalaufwand) erheblich an, so daß die finanzwirtschaftliche Auswirkung der Neuregelung praktisch auf eine Umschichtung innerhalb der Ausgabenstruktur hinauslief. Bezieht man die Zuweisungen zur Lehrerbesoldung an das Land Hessen für das Jahr 1954 in Höhe von 575 403 DM in den Vergleich mit ein und addiert sie dem der Stadt verbliebenen unmittelbaren Personalaufwand[1] des Schuletats hinzu, so zeigt sich, daß die Gesamtbelastung gegenüber 1952 sogar beträchtlich, nämlich um 26,9 vH, gewachsen war. Die Mehrausgaben resultierten im

Tabelle 04 Unmittelbare Personalausgaben (Ist) im Schuletat der Stadt Hanau in DM

	1952	1954
Volksschulen	72 322	127 256
Mittelschule	39 521	46 448
Höhere Schulen	423 810	230 712
Berufsschulen	212 593	108 739
Berufsfachschulen	133 938	30 692
Insgesamt	882 184	543 847

wesentlichen aus der Mehrstellenfinanzierung der inzwischen wieder aufgebauten und in Betrieb genommenen Bezirksschule I (Pestalozzischule) sowie aus dem Übergang der bis dahin staatlichen Hohen Landesschule in die Trägerschaft der Stadt Hanau, die nunmehr - außer für die gesamten Sachausgaben - auch für die Mehrstellen[2] dieser Schule aufzukommen hatte.[3] Auf Einzelheiten dazu ist bei der Betrachtung des Schuletats später noch einzugehen.

1) Dazu gehörten die persönlichen Ausgaben sowohl für das Verwaltungspersonal als auch für Lehrer, die weiterhin im städtischen Dienst tätig waren sowie vom Land Hessen nicht übernommene Versorgungsleistungen an ehemalige städtische Lehrkräfte

2) § 14 des Schulkostengesetztes vom 10. Juli 1953

3) Für die staatliche Hohe Landesschule hatte die Stadt Hanau nach einem mit dem Land Hessen abgeschlossenen Vertrag bis dahin lediglich einen geringen Teil der Sachkosten (Wasser-, Strom- und Gasverbrauch) zu tragen

2. Die Entwicklung der Löhne und Gehälter

Trotz des Einschnitts im Schulsektor waren die Personalausgaben der Stadt Hanau 1954 insgesamt nicht geschrumpft, sondern hatten sich weiter erhöht. Die Zuwachsraten erreichten seit 1950 - mit Ausnahme von 1953 (287 000 DM) - jährlich Beträge von mehr als 900 000 DM, die den Haushaltsausgleich außerordentlich erschwerten, wie in den Protokollen über die Etatberatungen nachzulesen ist. Mit entscheidend für diese Entwicklung war vor allem die ständige Anpassung der Löhne und Gehälter an die gestiegenen Lebenshaltungskosten, die bereits 1948 einsetzte und auf die die Körperschaften keinen unmittelbaren Einfluß hatten.[1)] Besonders massiv waren die Erhöhungen im Jahr 1951.

Im einzelnen ergaben sich in der Zeit von 1948 bis zum Ende des Untersuchungszeitraums u.a. folgende besoldungsrelevante Veränderungen für Beamte und Angestellte:

(1) Befristete Aussetzung der 6%igen Kürzung nach der Brüningschen Notverordnung für alle Angestellten unter gleichzeitiger Anhebung der ungekürzten Grundvergütung in den Vergütungsgruppen X - VI um 4 vH für die Zeit vom 21. Juni bis 15. August 1948.[2)]

(2) Erhöhung der Grundvergütung in den Vergütungsgruppen X - VII für Angestellte, stufenweise von 15 vH bis 3 vH der gekürzten Grundvergütung (6%ige Kürzung nach der Notverordnung) ab 1. Oktober 1948.[3)]

(3) Endgültige Aufhebung der 6%igen Kürzung nach der Brüningschen Notverordnung für Beamte und Angestellte mit einem monatlichen Grundgehalt von bis zu 350 DM ab 1. April 1949, für Beamte und Angestellte mit einem monatlichen Grundgehalt von mehr als 350 DM ab 1. September 1949.[4)]

(4) Gewährung einer befristeten und nicht ruhegehaltsfähigen Sonderzulage in Höhe von monatlich 20 DM an Beamte und Angestellte, sofern Grundgehalt oder -vergütung, Diäten oder Unterhaltszuschüsse den Betrag von monatlich 350 DM nicht überstiegen, ab 1. Oktober 1950.[5)]

---

1) Von den jenseits gesetzlicher oder tarifvertraglicher Regelungen in eigener Verwantwortung von den Stadtverordneten beschlossenen freiwilligen Geldleistungen sind hier zu erwähnen die Sonderzulage (Gefahrenzulage) an die Bediensteten der städtischen Vollzugs- und Kriminalpolizei (Beschluß der Stadtverordnetenversammlung mit Wirkung vom 1. Juli 1947) [vgl. Mitteilungsblatt für den Stadt- und Landkreis Hanau, Folge 128 vom 27. September 1947] sowie die einmaligen Weihnachtszuwendungen für Angestellte und Arbeiter, die später Gegenstand tarifvertraglicher Vereinbarung wurden

2) Tarifvertrag vom 23. Juni 1948 zwischen dem Hessischen Arbeitgeberverband der Gemeinden und Kommunalverbände e.V., Frankfurt, und der Gewerkschaft Öffentliche Dienste, Transport und Verkehr, Bezirksleitung Hessen

3) Schiedsspruch des Schlichters in Arbeitsstreitigkeiten für das Land Hessen vom 19. Oktober 1948

4) Hessisches Gesetz über die Aufhebung der Gehaltskürzungsverordnung vom 12. Oktober 1949, GVBl. S.153, sowie Tarifvertrag vom 27. Oktober 1949 zwischen dem Hessischen Arbeitgeberverband der Gemeinden und Kommunalverbände e.V., Frankfurt, und der Gewerkschaft Öffentliche Dienste, Transport und Verkehr, Bezirksleitung Hessen

5) Gesetz über die Gewährung einer Sonderzulage an Angehörige des Öffentlichen Dienstes im Lande Hessen vom 11. November 1950, GVBl. S.250 sowie Tarifvertrag vom 19. Oktober 1950 zwischen dem Hessischen Arbeitgeberverband der Gemeinden und Kommunalverbände e.V., Frankfurt, und der Gewerkschaft Öffentliche Dienste, Transport und Verkehr, Bezirksleitung Hessen

(5) Gewährung einer Ausgleichszulage an alle Angestellten, unabhängig von der Höhe der Grundvergütung ab 1. Februar 1951.[1])

(6) Zahlung einer allgemeinen, nicht ruhegehaltsfähigen Zulage von 15 vH zum Grundgehalt der Beamten und eine Erhöhung der Angestelltenvergütungen um 20 vH der Grundvergütung unter Anrechnung der zuvor gezahlten Teuerungszulage von monatlich DM 20 ab 1. April 1951. Hinzu kamen verschiedene monatliche Sonderzulagen zwischen 24 und 2 DM für die unteren Besoldungsgruppen bei Beamten und Angestellten sowie ab 1. Oktober 1951 eine Erhöhung der nicht ruhegehaltsfähigen Zulage zum Grundgehalt der Beamten auf 20 vH. Die verschiedenen Sonderzulagen wurden unverändert beibehalten.[2])

(7) Anhebung der Grundvergütung für Angestellte unter 26 Jahren im kommunalen Dienst auf Bundesebene ab 1. Januar 1951.[3])

(8) Einmalige Ausgleichszahlung für Beamte und Angestellte in der Größenordnung eines halben Monatsgehalts (Teuerungszulage) im Juni 1952.[4])

(9) Anhebung der Arbeitgeberanteile zur Sozialversicherung aufgrund der Erhöhung der Beitragsbemessungsgrenzen in der Pflichtversicherung der Angestellten von 7 200 auf 9 000 DM und in der Krankenversicherung von 4 500 auf 6 000 DM ab 1. September 1952.[5])

(10) Einmalige Notstandsunterstützung für Beamte und Angestellte in Höhe von 30 vH des Grundgehalts im Dezember 1952.[6])

(11) Anhebung des Kinderzuschlags und des Wohngelds ab 1. Januar 1953.[7])

(12) Erhöhung der ruhegehaltsfähigen Zulage zum Grundgehalt der Beamten auf 40 vH

---

1) Tarifvertrag vom 8. Februar 1951 zwischen dem Hessischen Arbeitgeberverband der Gemeinden und Kommunalverbände e.V, Frankfurt, und der Gewerkschaft Öffentliche Dienste, Transport und Verkehr, Bezirksleitung Hessen

2) Die Anpassung der Besoldung der Kommunalbeamten an die bestehenden Bedingungen auf Bundesebene erfolgte in Hessen durch das Gesetz zur Änderung und Angleichung von Vorschriften des Besoldungs- und Beamtenrechts an bundesrechtliche Vorschriften (Angleichungsgesetz) vom 18. März 1952, GVBl. S.80. Die Zulage von 20 vH wurde gleichzeitig damit für ruhegehaltsfähig erklärt. Die Heraufsetzung der Angestelltenvergütungen basierte auf dem Tarifvertrag vom 9. Juni 1951 zwischen dem Hessischen Arbeitgeberverband der Gemeinden und Kommunalverbände e.V., Frankfurt, und der Gewerkschaft Öffentliche Dienste, Transport und Verkehr, Bezirksleitung Hessen

3) Tarifvertrag zwischen der Vereinigung der Kommunalen Arbeitgeberverbände mit den Gewerkschaften des Öffentlichen Dienstes vom 7. April 1952

4) Die Regelung für Beamte fußte auf einem Erlaß des Hessischen Ministers der Finanzen (HMdF - P 1500 A-71- I 32) vom 27. Juni 1952, der einer entsprechenden Bundesregelung folgte. Die Zahlung für die Angestellten ging auf eine Vereinbarung der Tarifpartner auf Bundesebene vom 8. April 1952 zurück

5) Gesetz über die Erhöhung der Einkommensgrenzen in der Sozialversicherung vom 13. August 1952, BGBl. S.437

6) Erlaß des Bundesministers der Finanzen (BMdF -I 2-BA 3004-240/52) vom 3. Dezember 1952 und Erlaß des Hessischen Ministers der Finanzen (HMdF -P 1500 A-115-I 32-) vom 11. Dezember 1952

7) 3. Gesetz zur Änderung und Ergänzung des Besoldungsrechts vom 27. März 1953, BGBl.S.81, und Erlaß des Hessischen Ministers der Finanzen (HMdF -P 1500 A-73-I 32-) vom 21. März 1953; für die Angestellten gemäß Tarifvertragsvereinbarungen vom 3. und 25. November 1952 zwischen der Vereinigung der Kommunalen Arbeitgeberverbände und den Gewerkschaften auf Bundesebene

und entsprechende Anpassung der Angestelltenvergütungen zum Ausgleich für die gestiegenen Lebenshaltungskosten ab 1. April 1953.[1])

Zu berücksichtigen ist außerdem, daß durch die Aufstockung der Angestelltenvergütungen auch die städtischen Anteile an den Sozialversicherungskosten (Arbeitgeberanteile) sowie die Beiträge an die Zusatzversorgungskasse für die pflichtversicherten Angestellten gestiegen waren, was die persönlichen Ausgaben weiter nach oben trieb.

Nicht unerheblich für den Kostenverlauf waren schließlich auch die strukturellen Einkommensverbesserungen. Es zeigte sich nämlich, daß mit der erneuten Trendumkehr in der Personalentwicklung die Stellenbesetzung in den oberen Besoldungs- und Vergütungsgruppen sich verdichtet hatte. Bei den Laufbahnbeamten war der Anteil der Stellen in den Gruppen A1 bis A4 von 1951 bis 1953 von 42,9 vH auf 47,3 vH gewachsen, ehe er durch die Ausgliederung der Lehrkräfte auf 36,9 vH zurückfiel. Bei den Angestellten stieg der Prozentsatz der höheren und mittleren Vergütungsgruppen (I bis VI) sogar von 21,8 vH im Jahre 1951 auf 31,3 vH im Jahre 1954, während er bei den unteren Gehaltsgruppen entsprechend zurückging. An dieser Stellenbesetzung zugunsten höherer Gruppierungen war insbesondere der Personalhaushalt des Krankenhauses beteiligt, der in den Angestelltenvergütungsgruppen I bis III die stärksten Zuwächse aufwies. Bei den Magistratsstellen wirkte sich die Änderung der Besoldungsordnung ab 1953 dahingehend aus, daß die Einstufung nicht mehr nach den Gruppen B und A, sondern nach den für Wahlbeamte geschaffenen Gruppen W5 bis W8 vorgenommen wurde, die - je nach Schwierigkeitsgrad und Gewicht der Problemlage des Ressorts - eine partielle Höherstufung der Amtsträger zuließ. Die in der Stellenplanentwicklung der letzten Jahre erkennbare Tendenz zur Hebung des Besoldungsniveaus wurde zweifellos durch die sich verbessernde Einnahmesituation der Stadt begünstigt. Sie fand indessen nicht immer den Beifall der Stadtverordnetenversammlung.[2])

Ähnlich wie bei den Beamtengehältern und Angestelltenvergütungen verlief die Entwicklung bei den Arbeiterlöhnen, jedoch mit dem Unterschied, daß ihre Angleichung an die allgemeine Entwicklung der Bruttostundenverdienste früher einsetzte und zügiger vorankam. Dem besseren Verständnis der Zusammenhänge diene hier ein kurzer Rückblick auf die Ausgangssituation.

- Eine neue Form der tariflichen Lohnbestimmung war im "Dritten Reich" durch das Gesetz zur Ordnung der nationalen Arbeit vom 20. Januar 1934[3]) eingeleitet worden. Nach der Auflösung der Gewerkschaften und der Arbeitgeberverbände 1933 hatten staatliche Rechtsverordnungen der sogenannten Treuhänder der Arbeit die Tarifverträge ersetzt. Im Zuge der Kriegsvorbereitung folgte 1936 ein allgemeiner Preisstopp[4]) und wenig später, im Jahre 1938, der Erlaß eines Lohnstopps.[5])

---

1) Für Hessen: 6.Gesetz zur Änderung des Besoldungsrechts vom 17. November 1953, GVBl.S.192, sowie Tarifvertrag auf Bundesebene vom 20. April 1953 zwischen der Vereinigung der Kommunalen Arbeitgeberverbände und den Gewerkschaften

2) In der Stadtverordnetenversammlung war es darüber zu heftigen Auseinandersetzungen gekommen; vgl. hierzu Hanauer Anzeiger Nr.112 vom 17. Mai 1951; siehe auch Hanauer Anzeiger Nr.116 vom 21. Mai 1953 und Nr.77 vom 1. April 1954

3) RGBl.I, S.45

4) Verordnung über das Verbot von Preiserhöhungen vom 26. November 1936, RGBl.I S.936

5) Verordnung über die Lohngestaltung vom 25. Juni 1938, RGBl.I S.691

Zusammengefaßt und inhaltlich erweitert wurden diese Bestimmungen in der Kriegswirtschaftsverordnung von 1939.[1] Die Eingriffe des Staates in die Preis- und Lohngestaltung hatten zum Ziel, das Preisniveau zu stabilisieren und preissteigernde Wirkungen des Nachfrageüberschusses, der unter dem Druck der Rüstungsproduktion entstanden war, zu verhindern. Die Löhne blieben so bis zum Kriegsende eingefroren. Als nach dem Zusammenbruch 1945 die Regierungsgewalt vom Alliierten Kontrollrat und den Militärregierungen wahrgenommen wurde, änderte sich an diesen Verhältnissen zunächst nichts. Erst nachdem der Wirtschaftsrat für das Vereinigte Wirtschaftsgebiet nach der Währungsreform den Lohnstopp aufgehoben hatte,[2] gewannen die Tarifverträge auch im öffentlichen Dienst wieder erhöhte Bedeutung.[3]

In rascher Folge wurden die Löhne an die steigenden Lebenshaltungskosten angepaßt. Ohne hier auf die Lohnabschlüsse ab 1948 im einzelnen einzugehen, kann festgestellt werden, daß im Vergleich mit den Bezügen der Beamten und Angestellten die relativen Steigerungen bei den Arbeiterlöhnen im Zeitabschnitt bis 1949 größer waren. Während der Index der Beamtengehälter und Angestelltenvergütungen (errechnet auf der Basis 1938 = 100) 1949 erst den Wert von 119 erreicht hatte, lag der Index der Bruttostundenverdienste der Arbeiter nach einer Untersuchung des Deutschen Städtetages[4] in jenem Jahr bereits bei 151,9. Aus dem weiteren Verlauf beider Indizes wird außerdem deutlich, daß die Gesamtsteigerung der Arbeiterlöhne der der Beamtengehälter und Angestelltenvergütungen - zumindest bis 1952 - erheblich voraus war.

Jahresdurchschnitt	Index der Beamtengehälter und Angestelltenvergütungen	Index der Bruttostundenverdienste der Arbeiter
1938	100	100
1949	119,0	151,9
1950	126,6	161,9
1951	137,8	185,8
1952	159,5	195,8
1953[a]	·	210,0
1954[a]	·	215,0

a) Die Indexwerte für 1953 und 1954 aus: R.Skiba, Die Lohnentwicklung seit der Währungsreform, in WWI-Mitteilungen, Heft 7/8, 1968; für die Vergütungen der Beamten und Angestellten lagen entsprechende Indexzahlen nicht vor.

Für die Stadt Hanau mußte das finanzielle Auswirkungen haben, zumal in der Zeit, in der die Arbeiter unter allen städtischen Bediensteten die größte Gruppe bildeten. Ihr Anteil an der Gesamtbeschäftigtenzahl war 1949 mit rund 41 vH noch überdurchschnittlich hoch. So

1) Kriegswirtschaftsverordnung vom 4. September 1939, RGBl.I S.1609, und Durchführungsbestimmung zur Kriegswirtschaftsverordnung vom 12. Oktober 1939, RGBl.I S.2028

2) Gesetz zur Aufhebung des Lohnstopps vom 3. November 1948, Gesetzblatt der Verwaltung des Vereinigten Wirtschaftsgebietes, S.117

3) R.Skiba, Die Lohnentwicklung seit der Währungsreform, in WWI-Mitteilungen, XXI.Jahrgang 1968, Heft 7/8, S.210 f

4) Vgl. dazu "Rückkehr zur verbundenen Steuerwirtschaft", Denkschrift des Deutschen Städtetags, Köln 1953, S.23-27

ist der Personalausgabenanstieg im gleichen Jahr auch davon stark beeinflußt worden (siehe dazu Tabelle 02 sowie die Aufschlüsselung der Personalausgaben nach den Sammelnachweisen im Anhang A 17 und A 18). Von den Auswirkungen des Sparkurses nach der Währungsreform blieben jedoch auch die Arbeiter nicht verschont. Mit dem Stellenabbau bis 1950 ging der Anteil der Arbeiterlöhne an den gesamten Personalausgaben, der 1947 noch 39 vH betragen hatte, auf 29 vH zurück. Infolge der überproportionalen Zuwachsraten bei den Beamten- und Angestelltenvergütungen[1] sank er bis 1953 relativ sogar noch weiter bis auf 26 vH, obwohl die Zahl der Arbeiter ab 1951 bereits wieder zugenommen hatte. Den stärksten Anstieg verzeichneten die Unterabschnitte: Stadtkrankenhaus (Schwestern) sowie Park- und Gartenanlagen. Aber auch bei den Dienststellen Vermessungsamt, Straßen, Wege, Plätze einschließlich Hochwasserschutz, Müllabfuhr, Friedhof und Krematorium sowie bei der Hausverwaltung waren Neueinstellungen vorgenommen worden. Der Fortschritt beim Wiederaufbau und die damit gleichzeitig verbundene Modernisierung der städtischen Betriebe und Einrichtungen, die technisch auf den neuesten Stand gebracht und den Bedürfnissen einer stetig wachsenden Bevölkerung entsprechend dimensioniert wurden, machte die Personalaufstockung bei den Lohnempfängern praktisch unausweichlich (siehe dazu die Übersicht auf Seite 66). Dabei nahm der Prozentsatz der höher bezahlten Facharbeiter zwangsläufig zu und sorgte so wiederum für steigende Anteile der Arbeiterlöhne an den Personalgesamtausgaben.

3. Zusammenfassung und kritische Würdigung

Hohe Peronslausgaben der städtischen Verwaltung sind an sich kaum überraschend, wenn man bedenkt, daß ein großer Teil der städtischen Leistungen aus Dienstleistungen besteht. Viele der wahrzunehmenden Aufgaben sind Ordnungsaufgaben (Standesamt, Meldebehörde, Gewerbeaufsicht etc.) oder haben unmittelbar Dienstleistungscharakter (Schulen, Kindergärten, Altenheime, Müllabfuhr etc.). Ihre Erfüllung setzt den Einsatz menschlicher Arbeitskraft voraus, der sich dann in einem entsprechenden Personalaufwand niederschlagen muß. Was die Personalausgaben jedoch in einem kritischen Licht erscheinen läßt und die Öffentlichkeit immer wieder beschäftigt hat, ist neben dem zu beobachtenden kontinuierlichen Anstieg ihr wachsender Anteil an den Gesamtausgaben. Die relative Zunahme geht zwangsläufig zu Lasten anderer Ausgaben, insbesondere solcher für investive Zwecke, und engt damit den Entscheidungsspielraum in der gemeindlichen Aufgabenerfüllung ein.[2] Eine Verschärfung erfährt dieser Zusammenhang dadurch, daß wachsende Personalausgaben in der Regel mit steigenden Sachausgaben Hand in Hand gehen. Bei einem Teil dieser Ausgaben, insbesondere denjenigen, die an den Arbeitsplatz

---

1) Durch die massiven Gehaltserhöhungen im Jahr 1951, die im Vergleich zum Vorjahr nominal 24 vH, real dagegen 16 vH betrugen, wurde die reale Gehaltsexpansion im öffentlichen Dienst erst wieder in Gang gebracht (vgl. dazu R.Skiba, "Arbeiterlöhne, Angestelltengehälter und Beamtenbezüge in der Vor- und Nachkriegszeit", in WWI Mitteilungen, 23.Jahrgang 1970, Heft 9, S.262 f

2) Obwohl für die Personalausgaben das Nonaffektationsprinzip gilt, d.h. keine Verpflichtung zur Deckung durch Steuereinnahmen besteht, so ist doch zumindest rechnerisch der Vergleich interessant, daß in den ersten drei Nachkriegsjahren die Steuereinnahmen der Stadt Hanau jeweils nicht ausgereicht haben, die Personalausgaben zu finanzieren (siehe dazu Anhang A 19)

gebunden sind und die man auch als "personalabhängige Sachaufwendungen" bezeichnen könnte (Bürobedarf, Fernsprechkosten, Reise- und Fortbildungskosten, Dienst- und Schutzkleidung etc.), ist eine direkte Korrelation mit der Entwicklung der Löhne und Gehälter gegeben (siehe dazu die Graphik im Anhang C 07).

Es nimmt deshalb nicht wunder, wenn die Personalausgaben häufig als Gradmesser der Sparsamkeit und Wirtschaftlichkeit gemeindlicher Haushaltswirtschaft angesehen werden.[1] Diese Betrachtungsweise übersieht allerdings, daß die Personalkostenentwicklung nicht allein von autonomen Entscheidungen der Verwaltung oder des Stadtparlaments, sondern ebenso von einer Reihe exogener Faktoren abhängig ist. Zu den letzteren rechnen neben den linearen Erhöhungen der Arbeitsentgelte aufgrund gesetzlicher Vorschriften und tarifvertraglicher Vereinbarungen vor allem die Personalausweitungen als Folge neuer Aufgaben, denen sich die Stadt nicht entziehen kann. Dazu gehörten im Rahmen der gemeindlichen Selbstverwaltung nach 1945 beispielsweise die Beseitigung von Kriegsschäden oder der Aufbau und die Unterhaltung eines eigenen Krankenhauses, was - wie in Hanau - auch bezüglich der Personalausgaben zu einer außergewöhnlichen Belastung geführt hat. Bei den vom Staat übertragenen Aufgaben ist u.a. an die Einrichtung der Kriegswirtschafts-, später der Kriegsfolgenämter zu denken oder an die Aufstellung der städtischen Polizei. Solche Maßnahmen hatten erhebliche Auswirkungen auf den Personalhaushalt. Steigende Personalausgaben sind also nicht schlechthin ein Zeichen mangelnder Sparsamkeit; sie können ebenso ein Indiz für die veränderte Aufgabenlage und/oder die qualitative Verbesserung der kommunalen Leistungen sein. Nur unter Berücksichtigung aller Rahmenbedingungen, unter denen die Verwaltung ihre Aufgabe am Ort erfüllen muß, können Anhaltspunkte für die Beurteilung der Angemessenheit von Personalausgaben gewonnen werden. In einer Stadt wie Hanau, deren Ausgangssituation nach dem Krieg durch den totalen Verlust ihrer Infrastruktur bestimmt war, in der - ungeachtet der zeitbedingten großen wirtschaftlichen Schwierigkeiten - eine funktionierende Verwaltung sowohl hinsichtlich der Unterbringung als auch arbeitskräftemäßig von Grund auf neu organisiert werden mußte, sind die personalpolitischen Entscheidungen der ersten Jahre gewiß anders zu beurteilen als in einer Stadt mit intakten und von den Folgen des Krieges weniger betroffenen Infrastrukturverhältnissen. Daß bei Personalentscheidungen gelegentlich auch weniger pragmatische Gesichtspunkte eine Rolle gespielt haben, die sich zudem häufig als unvorteilhaft erwiesen, ist kaum zu bestreiten. Parteistrategen und Proporzverfechter waren nicht immer die besten Ratgeber bei der Besetzung von Arbeitsstellen und öffentlichen Ämtern. Mit Recht weist Fischer deshalb darauf hin, daß für Übergangsperioden, insbesondere nach politischen Umwälzungen, wie sie der hier untersuchte Zeitabschnitt zweifellos darstellt, schon immer außergewöhnliche Bedingungen gegolten haben, in denen sich politische Einflüsse mehr als sonst auf die Personalpolitik der Städte wie überhaupt der öffentlichen Körperschaften auswirkten.[2][3]

---

1) Vgl. D.Lenz, Determinanten des Personalaufwandes in den kommunalen Haushalten, in: Der Städtetag, neue Folge, Jahrgang 24, Heft 12, 1971, S.670

2) Vgl. W.Fischer, a.a.O., S.107

3) Beispiele dafür sind die zum Teil heftigen Auseinandersetzungen in der Stadtverordnetenversammlung der Stadt Hanau über die parteipolitischen Interessen bei der Stellenbesetzung (Vgl. dazu Mitteilungsblatt für den Stadt- und Landkreis Hanau, Folge 127, vom 20. September 1947)

Nicht unerwähnt bleiben darf in diesem Zusammenhang schließlich, daß die städtischen Personalausgaben die Bürger nicht nur als Kostenfaktor belasten, sondern daß sie zugleich Einkommen und damit Kaufkraft darstellen, die zu einem Teil auf dem Wege über die Konsumausgaben der heimischen Wirtschaft wieder zufließen.[1)]

Wie sehr sich die Personalsituation der Stadt Hanau nach 1945 gegenüber der Vorkriegszeit verändert hatte, wird besonders deutlich, wenn man die Zahl der städtischen Bediensteten zur Einwohnerzahl in Beziehung setzt.

Jahr	Einwohner	Bedienstete	Bedienstete auf 1000 Einwohner
1938	40 561	470	11,6
1946	22 067	1 163	52,7
1948	26 527	1 066	40,2
1950	30 766	823	26,7
1952	36 622	937	25,6
1954	41 089	970	23,6

Die außergewöhnliche Aufblähung des Personalbestandes nach Kriegsende, als die Stadt zeitweilig zu einem der größten Arbeitgeber am Ort geworden war, kommt in dem Quotienten von 52 Bediensteten je 1000 Einwohner für 1946 ebenso zum Ausdruck wie der drastische Personalabbau auf 26 Bedienstete je 1000 Einwohner, der 1950 die Normalisierungphase einleitete. Dennoch bleibt festzustellen, daß - bei annähernd gleichem Bevölkerungsumfang - der Personalbestand 1954 immerhin noch doppelt so hoch war wie vor dem Zweiten Weltkrieg. Maßgeblich beteiligt an dieser Divergenz waren vor allem der zusätzliche Personalbedarf für den Aufbau der Polizei und die Übernahme des Krankenhauses. Daß insbesondere die Eingliederung des Krankenhauses nachhaltigen Einfluß auf die Beziehungszahl hat, läßt sich indirekt aus einem interkommunalen Vergleich ersehen. Bei einer Gegenüberstellung der Hanauer Relativzahlen mit denen der hessischen Vergleichsstädte Fulda, Gießen und Marburg für die Jahre 1952 und 1954 zeigt sich, daß die Quotienten der beiden Städte mit kommunalen Krankenhäusern (Hanau und Fulda) auffallend höher lagen als die der beiden Städte ohne eigene Krankenhäuser (Gießen und Marburg).

Erhebungsstichtage Personal/Einwohner	Bedienstete je 1000 Einwohner[2)] der Städte			
	Hanau[3)]	Fulda	Gießen	Marburg
2.10./ 31.03.1952	25.2	20.1	18.4	13.0
2.10./ 31.12.1954	24.3	18.0	13.8	11.3

1) Vgl. W.Fischer a.a.O., S.108

2) Errechnet nach Angaben des Statistischen Jahrbuchs deutscher Gemeinden 40., 41. und 43.Jahrgang (1952, 1953, 1954)

3) Die gegenüber den weiter oben angegebenen Werten leicht abweichenden Quotienten der Stadt Hanau ergeben sich aus den unterschiedlichen Erhebungsstichtagen der zugrundeliegenden Basiswerte

Der Rückgang der Quotienten von 1952 bis 1954 ist für alle Städte gleichermaßen durch die Bevölkerungszunahme bedingt. Im Falle der Stadt Hanau verdeckt er allerdings die Tatsache, daß die Beschäftigtenzahl im gleichen Zeitraum - anders als bei den Vergleichsstädten - absolut gestiegen war (siehe dazu die Tabelle im Anhang B 09). Die Beobachtung ist kaum anders als mit der Lockerung der bis dahin strengen Sparpolitik zu erklären. Die kräftig fließenden Gewerbesteuereinnahmen haben eine solche Tendenz in der Personalpolitik zweifellos begünstigt und einer gewissen Großzügigkeit bei der Behandlung von Neueinstellungen Vorschub geleistet. Man konnte sich nun eher wieder eine zusätzliche Arbeitskraft leisten, wo bisher äußerst restriktive Maßstäbe angezeigt waren.

Für den Ausgabenanstieg war diese Lockerung aber keineswegs allein verantwortlich. Wie die Entwicklung der Jahre 1950 bis 1954 zeigt, stand der Steigerung der Personalausgaben von 72 vH nur eine Vermehrung des Personals von 18 vH gegenüber. Die Stellenvermehrung war demnach von geringerer Bedeutung für das Wachstum der Personalausgaben. Entscheidend waren vielmehr die linearen Einkommensverbesserungen im Zusammenwirken mit strukturellen Änderungen des Stellenkegels. Während letztere im wesentlichen auf autonomen Entscheidungen der Stadt selbst beruhten, hatte die Verwaltung auf die linearen Erhöhungen der Arbeitsentgelte keinen direkten Einfluß.

Die Beziehung zwischen der Höhe der Verwaltungsausgaben und der Bevölkerungszahl folgt, wie Evers und Groll nachgewiesen haben,[1] bestimmten Gesetzmäßigkeiten. So steigen mit wachsender Größe der Bevölkerung die Verwaltungsausgaben progressiv. Der Ausdruck progressiv ist dabei stets im Vergleich zur Veränderung der Einwohnerzahlen zu verstehen.[2] Für den Zusammenhang zwischen Gemeindegröße und Personalausgaben ergibt sich grundsätzlich das gleiche Verhältnis wie für die Gesamtausgaben.

Der progressive Charakter der Beziehung tritt besonders klar hervor, wenn man die Vergleichsgrößen aufeinander bezieht. Man kommt dann zu sogenannten Pro-Kopf-Beträgen, die den Aufwand je Einwohner in eine rechnerische Größe fassen. Ansteigende Kopfbeträge zeigen an, daß die Personalausgaben rascher wachsen als die Zahl der Einwohner, sich also im Vergleich mit der Bevölkerungszahl progressiv entwickeln.[3]

Was Evers und Groll für unterschiedliche Gemeindegrößenklassen im interkommunalen Vergleich festgestellt haben, gilt offensichtlich auch für einzelne Gemeinden mit wachsender Einwohnerzahl, wie das Beispiel der Stadt Hanau zeigt.[4] Dem Anstieg der Einwohnerzahl von 1950 bis 1954 um 33 vH stand eine Erhöhung der Personalausgaben (einschließlich Versorgungsleistungen) von 72 vH gegenüber; in Kopfbeträgen ausgedrückt entsprach das einem Wachstum von 140,19 DM auf 188,88 DM je Einwohner oder rund 35 vH (siehe dazu die Graphik im Anhang C 08).

Dieser außergewöhnlichen Entwicklung in nur wenigen Jahren verdankte Hanau eine Ausnahmestellung unter den westdeutschen Gemeinden. Nach den Untersuchungen von

---

1) H.Evers, Gemeindegröße und Verwaltungsaufwand, in: "Informationen" des Instituts für Raumforschung, 7.Jahrgang, Heft 7, Bad Godesberg 1957, S.147ff; M.Groll, Ausgabengestaltung und Gemeindegröße, Mitteilungen aus dem Institut für Raumforschung, Heft 38, Bad Godesberg 1958

2) M.Groll, a.a.O., S.8

3) M.Groll, a.a.O., S.8

4) Ob sich dieses für die Stadt Hanau gesicherte Ergebnis als allgemeingültige Aussage erhärten läßt, müßten weitere Zeitreihenuntersuchungen ergeben

Evers für das Jahr 1953, der dazu das Datenmaterial des Statistischen Jahrbuchs deutscher Gemeinden auswertete,[1] lag die Stadt Hanau unter allen Städten der Bundesrepublik mit mehr als 10 000 Einwohnern bei den Personalausgaben (ohne Versorgungsleistungen) pro Kopf der Bevölkerung mit einem Satz von 158,20 DM vor Bad Wildungen (134,32 DM), Bad Reichenhall (129,78 DM) und Frankfurt (129,61 DM) mit großem Abstand an der Spitze (siehe dazu die Tabelle im Anhang B 12). Die damit verbundene finanzwirtschaftliche Belastung hat der Stadt in den folgenden Jahren noch schwer zu schaffen gemacht.

1) H.Evers, a.a.O., S.171ff

§ 2 Zuweisungen, Umlagen und Steuerbeteiligungsbeträge

An anderer Stelle wurde bereits darauf hingewiesen, daß es wenig sinnvoll ist, die in der Gruppe 5 des finanzstatistischen Kennziffernplans erfaßten Zuweisungen, Umlagen und Steuerbeteiligungsbeträge mit den in derselben Gruppe verbuchten "Leistungen des Fürsorgewesens" zusammen zu behandeln. Letztere wurden deshalb abgetrennt und im nachfolgenden Abschnitt (§ 3) gesondert dargestellt (Seite 109).

Bei den Zuweisungen und Umlagen unterscheidet die Finanzstatistik Zahlungen

an Gebietskörperschaften,

d.h. an Bund (Reich) und Land, an übergeordnete, nachgeordnete und sonstige Gemeinden und Gemeindeverbände, und

an Zweckverbände, andere Körperschaften, Verbände und Vereine.

Während die Zuweisungen an Gebietskörperschaften in den Bereich des gemeindlichen vertikalen oder horizontalen Finanz- und Lastenausgleichs gehören und von der Stadt Hanau überwiegend auf der Basis öffentlich-rechtlicher Beziehungen gezahlt werden, handelt es sich bei der zweiten Ausgabenkategorie meist um freiwillige Leistungen der Stadt oder um solche, denen besondere vertragliche Vereinbarungen zugrunde liegen.

Zu bemerken ist hier allerdings, daß die Zuweisungen der Stadt Hanau an andere Gemeinden und Gemeindeverbände auch Zahlungen enthalten, die weniger fiskalisch als vielmehr privatrechtlich begründet sind. Eine strenge finanzstatistische Trennung in diesem Sinne wurde in Hanau - zumindest während der hier untersuchten Jahre - nicht vorgenommen. So erscheinen unter dieser Ausgabengruppe zum Beispiel auch die Vergütungen an die Stadt Aschaffenburg für Gastvorstellungen des dortigen Stadttheaters in Hanau oder die Zahlungen an die Gemeinde Dörnigheim für die Bewirtschaftung von Teilen des städtischen Waldes.

In die Gruppe 5 gehören neben den oben genannten Zuweisungen ferner:

die *Betriebszuschüsse* an eigene wirtschaftliche Unternehmen sowie

die *Steuerbeteiligungsbeträge*, von denen die Gewerbesteuerausgleichszahlungen an die Wohngemeinden die wichtigsten sind.

Die Ausgaben der Gruppe 5 (ohne den Fürsorgebereich), die die Stadt Hanau während des Untersuchungszeitraums insgesamt geleistet hat, ergeben sich aus der folgenden Tabelle 05.

Tabelle 05 Zuweisungen, Umlagen, Steuerbeteiligungsbeträge (Ist) der Stadt Hanau in RM/DM

Rechnungsjahr	Zuweisungen an Gebietskörperschaften an Bund (Reich) und Land insgesamt	darin Bezirksumlage	an andere Gemeinden und Gemeindeverbände	Sonstige Zuweisungen und Umlagen an Zweckverbände	an sonstige Körpersch. Verbände und Vereine	Betriebszuschüsse an eigene wirtschaftl. Unternehmen	Gewerbesteuerausgleich an Wohngemeinden	Summe Zuweisungen Umlagen Steuerbeteiligungsbeträge
1936	729 534	242 041	33 936	720	99 680	239 374	65 373	1 168 617
1938	722 985	292 523	18 555	121 262	57 960	142 505	136 676	1 227 333 a)
1941	2 046 226	262 668	41 902	192 681	44 465	-	234 300	2 559 574
1944	2 822 059	237 116	7 833	81 932	61 728	-	-	2 973 552
1945	382 606	109 314	14 585	34 202	1 015	-	-	432 408
1946	451 566	218 627	38 932	11 201	14 400	500 000	39 193	1 055 292
1947	209 639	98 744	18 969	17 591	11 410	-	1 760	259 369
1948 RM	452 923	27 328	4 274	5 634	135	400 000	-	862 966
1948 DM	68 959	65 761	24 669	25 851	87 130	180 000	-	386 609
1949	129 563	124 150	45 133	68 524	65 685	-	216 353	535 259
1950	344 007	321 674	20 764	70 418	94 415	-	185 362	714 966
1951	310 218	300 593	12 460	127 330	80 272	-	305 205	835 485
1952	323 290	298 899	10 591	124 883	96 163	-	413 940	968 867
1953	1 152 639	302 281	18 564	170 431	151 317	-	455 680	1 948 631
1954	1 060 172	460 154	21 735	73 542	226 481	-	482 645	1 864 575

a) In der Gesamtsumme ist ein Bürgersteueranteil für auswärtige Gemeinden in Höhe von 27 390 RM enthalten

1. Zuweisungen an Gebietskörperschaften

Wie aus der Tabelle hervorgeht, nehmen die Zuweisungen an Bund (Reich) und Land innerhalb dieser Gruppe den weitaus größten Raum ein. Sie stiegen mit dem Beginn des Krieges infolge der Belastung der Stadt durch die Kriegsbeiträge an (siehe dazu Seite 97f), fielen dann jedoch ab 1945 stark zurück und erreichten erst gegen Ende des Untersuchungszeitraums wieder die Millionengrenze. Wesentlichen Anteil an dieser signifikanten Entwicklung hatten außer den Kriegsbeiträgen vor allem die Zahlungen der Stadt im Rahmen des Schullastenausgleichs. Größere Teilbeträge entfielen bis zum Jahre 1944 ferner auf die Polizeikostenbeiträge, die Ablieferungen von Zins- und Tilgungsbeträgen aus Hauszinssteuerhypotheken sowie auf die städtischen Beiträge zum staatlichen Gesundheitsamt. In der Nachkriegszeit (ab 1947) reduzierten sich die Ausgaben im Schullastenausgleich auf zunächst unbedeutende Beträge, stiegen aber mit der gesetzlichen Neuordnung der Schulfinanzierung 1953 wiederum beträchtlich an.

Die Zahlungen an Bund (Reich) und Land sind in der folgenden Tabelle 06 nach Arten aufgeschlüsselt.

Von der Betragshöhe her als weniger auffallend erwiesen sich die Zuweisungen an andere Gemeinden und Gemeindeverbände, von denen der Hauptanteil auf die Zahlungen an andere Fürsorgeverbände entfiel (siehe dazu Seite 99).

Tabelle 06 Ist-Zuweisungen der Stadt Hanau an Bund (Reich) und Land in RM/DM

Jahr	Zahlungen im Schullasten-ausgleich	Bezirksumlage	Polizeikosten-beitrag	Beitrag zum staatlichen Gesundheits-amt	Ablieferung von Zins- und Tilgungsbeiträgen aus Hauszins-steuerhypotheken	Andere Zuweisungen
1936	270 457	242 041	127 554	12 000	12 574	64 908 a)
1938	240 491	292 523	127 517	21 047	33 661	7 746
1941	342 514	262 668	109 606	14 260	162 206	1 154 972 b)
1944	301 812	237 116	99 547	13 682	28 845	2 141 057 c)
1945	233 382	109 314	-	-	39 910	-
1946	158 989	218 627	-	-	73 950	-
1947	372	98 744	-	-	110 523	-
1948 RM	-	27 328	-	-	425 595	-
1948 DM	374	65 761	-	-	2 824	-
1949	1 816	124 150	-	-	3 597	-
1950	2 099	321 674	-	-	7 794	12 440 d)
1951	3 022	300 593	-	-	6 603	-
1952	5 015	298 899	-	-	19 376	-
1953	783 654	302 281	-	-	12 563	54 141 e)
1954	586 202	460 154	-	-	13 816	-

a) darin Zahlungen von 64 601 RM im Rahmen des Polizeilastenausgleichs
b) darin Kriegsbeitrag 1 152 528 RM
c) nur Kriegsbeitrag
d) Rücküberweisung an das Land Hessen für zu viel erhaltenen Kostenbeitrag für die Verwaltung von Umstellungsgrundschulden
e) Ausgleichsabgabe nach Artikel 131 GG

a) Zuweisungen an Bund (Reich) und Land

a1) Der Schullastenausgleich

Seit der Weimarer Verfassung (Artikel 145) war der Unterricht an den Grundschulen in Deutschland unentgeltlich.[1] Die entstehenden Kosten wurden zwischen Staat (Land) und Gemeinden geteilt. Dabei gab es zwei Grundformen der Schulträgerschaft: die gemeinschaftliche und die getrennte Schulunterhaltung.[2] Nach der schulgesetzlichen Regelung in Preußen[3] bildeten die Gemeinden in der Regel einen eigenen Schulverband. Als Träger der Volksschulen hatten sie die sächlichen Ausgaben, der Staat die persönlichen

1) Verfassung des Deutschen Reichs vom 11. August 1919, RGBl. S.1383

2) Heckel spricht bei der gemeinschaftlichen Schulunterhaltung von sogenannten "staatskommunalen Schulen"; siehe dazu H.Heckel, Schulverwaltung, in H.Peters (Hrsg.): Handbuch der kommunalen Wissenschaft und Praxis, 2.Band, Berlin u.a. 1957, S.137

3) Gesetz, betreffend die Unterhaltung der öffentlichen Volksschulen vom 28. Juli 1906, Preußische Gesetzsammlung (GS) 1906, S.335; Gesetz, betreffend das Diensteinkommen der Lehrer und Lehrerinnen an den öffentlichen Volksschulen vom 17. Dezember 1920 / 1. Januar 1925, Preußische Gesetzsammlung (GS) 1925, S.17

Lasten zu tragen. Zu den Sachkosten gehörten die Ausgaben für die Errichtung und Unterhaltung von Schulgebäuden, für die Anschaffung von Mobiliar, sonstigem Inventar und Lehrmitteln sowie für deren Instandhaltung und schließlich die sachbezogenen Kosten für den laufenden Schulbetrieb (Heizung, Reinigung, Beleuchtung etc.).

Die Lehrer waren Landesbeamte. An den persönlichen Ausgaben, zu denen außer den Dienstbezügen und Zulagen, auch die Ruhegehälter, die Hinterbliebenenfürsorge (Witwen- und Waisengelder), die Notstandsbeihilfen etc. gehörten, konnte der Staat die Gemeinden beteiligen. Zu diesem Zweck wurden die Schulverbände (Schulgemeinden) zu einer Landesschulkasse vereinigt, die die erforderlichen Mittel zur Finanzierung primär aus

a) Staatszuweisungen im Rahmen des Finanzausgleichs und
b) etwaigen eigenen Einnahmen der Schulkasse

erhielt. Als Ergänzung dienten Beiträge der Schulverbände, die zur Aufbringung des durch die Staatszuweisungen und die eigenen Einnahmen nicht gedeckten Finanzbedarfs der Landesschulkasse verpflichtet waren.[1] Der Bedarfsrechnung lagen einseitig vom Land festgelegte Verhältniszahlen von Schülern und Lehrern, sogenannte Meßzahlen, zugrunde. In Preußen entfielen auf 60 Volksschüler eine Lehrkraft. Nach der Zahl der zugeteilten Schulstellen wurden die jährlichen Beiträge an die Landesschulkasse berechnet. Die Einrichtung von "Mehrstellen", d.h. von Stellen, die über das zugeteilte Maß hinausgingen, war auf Antrag möglich. Sie bedurfte in jedem Falle der Zustimmung des Kultusministers. Für Mehrstellen mußten die im Staatsvoranschlag gesondert aufgeführten Kosten gezahlt werden, die sich im allgemeinen nach den Durchschnittssätzen der Bezüge einer Lehrkraft zuzüglich eines Anteils an den Versorgungsbezügen richtete.

In den ehemals preußischen Gebieten, so auch in Hanau, war diese gemeinschaftliche Schulunterhaltung die Regelform für die allgemeinbildenden Schulen. Sie hatte in den Reichsgrundsätzen über den Finanz- und Lastenausgleich zwischen Ländern und Gemeinden (Gemeindeverbänden) vom 10. Dezember 1937 (RGBl.I S.1352) ihren Niederschlag gefunden. Nach Artikel II dieser Grundsätze waren die Gemeinden mit mindestens einem Viertel an den persönlichen Kosten der Lehrkräfte zu beteiligen. Diese Regelung galt auch für die Mittelschulen. Allerdings waren hier die Beiträge je Lehrerstelle an die Landesmittelschulkasse wesentlich höher, wie die folgenden Zahlen der besetzten Stellen aus den Haushaltsvoranschlägen der Stadt Hanau für die Jahre 1938 bis 1943 zeigen.

	Volksschulen				Mittelschule	
Jahr	Normalstellen	Beitrag je Stelle RM	Mehrstellen	Beitrag je Stelle RM	Normalstellen	Beitrag je Stelle RM
1938	79	1 272	7	3 180	19	5 520
1939	80	1 380	9	3 450	20	5 520
1940	.	.	.	.	21	5 880
1941	.	.	.	.	23	.
1942	78	1 680	11	4 200	24	6 300
1943	79	1 680	11	4 200	24	6 300

1) Vgl. § 45 des Gesetzes über das Diensteinkommen der Lehrer und Lehrerinnen an den öffentlichen Volksschulen vom 17. Dezember 1920, in der Fassung vom 1. Januar 1925

Obwohl die Lehrer der allgemeinbildenden Schulen im Zuge der nationalsozialistischen Zentralisierungspolitik 1939 zu Reichsbeamten geworden waren,[1] hatten die Länder ihre Besoldung zunächst weiter zu tragen. An der Mitfinanzierung durch die Schulverbände über die Landesschulkassen hatte sich indessen nichts geändert. 1944 folgte mit der Verordnung über die Besoldung der Lehrer an den öffentlichen Volksschulen und an den Hauptschulen durch das Reich vom 30. Oktober 1944[2] auch formalrechtlich der Übergang der vollen Personalkostenträgerschaft auf das Reich. Danach waren die Gemeinden an den Kosten der Lehrerbesoldung nicht mehr zu beteiligen. Allerdings sollten als Ablösung bis zu einer endgültigen Regelung die im Jahre 1943 gezahlten Stellenbeiträge vorläufig weitergezahlt werden. Der Zusammenbruch des Reiches verhinderte das Zustandekommen einer abschließenden Regelung.

Das Land Hessen übernahm 1945 zunächst wesentliche Teile der Finanzausgleichsverordnung vom 30. Oktober 1944[3] und damit auch die Lehrerbesoldung unter Heranziehung der Gemeinden zu einem Kostenbeitrag. Mit dem hessischen Finanzausgleichsgesetz vom 1. August 1947[4] fiel dann die Kostenbeteiligung der Gemeinden für die Normalstellen weg. Lediglich für Mehrstellen waren noch Pauschalbeträge zu zahlen. In den Finanzausgleichsgesetzen des Landes Hessen für die Rechnungsjahre 1948 bis 1953[5] ist das Verfahren nicht grundsätzlich geändert worden.

Tabelle 07 Ist-Zahlungen der Stadt Hanau an das Land im Schullastenausgleich in RM/DM

Jahr	Zahlungen an die Landesschulkassen für Volks- schulen[a]	Mittel- schulen[a]	Sachkostenzuschuß an die staatliche Hohe Landesschule	Zuschuß an die staatliche Zeichenakademie	Anteile an der Lehrerbesoldung in den Höheren Schulen	Berufsschulen	Fachschulen	im Schulfilmunterricht
1936	131 988	138 469	-	-	-	-	-	-
1938	133 796	106 695	-	-	-	-	-	-
1941	195 578	146 936	-	-	-	-	-	-
1944	187 926	113 886	-	-	-	-	-	-
1945	126 183	107 199	-	-	-	-	-	-
1946	51 799	107 172	18	-	-	-	-	-
1947	-	-	372	-	-	-	-	-
1948 RM	-	-	-	-	-	-	-	-
1948 DM	-	-	374	-	-	-	-	-
1949	-	-	1 816	-	-	-	-	-
1950	-	-	2 099	-	-	-	-	-
1951	-	-	2 522	500	-	-	-	-
1952	-	-	4 015	1 000	-	-	-	-
1953	90 917[b]		2 128	1 000	374 005	187 276	128 328	-
1954	72 333[b]		-	3 000	310 620	104 880	87 570	7 799

a) für Normal- und Mehrstellen zusammen
b) für Mehrstellen bei Volks- und Mittelschulen

1) Gesetz über die Vereinheitlichung im Behördenaufbau vom 5. Juli 1939, RGBl.I S.1197

2) RGBl.I S.288

3) RGBl.I S.282

4) § 3, Abs.1 des Gesetzes zur Regelung des Finanzausgleichs für das Haushaltsjahr 1947 vom 1.August 1947 (GVBl.S.61)

5) Hessische Gesetze zur Regelung des Finanzausgleichs vom 10. Juni 1948 (GVBl.S.83), vom 14. Juni 1949 (GVBl.S.50), vom 27. Juni 1950 (GVBl.S.119), vom 17. Juli 1951 (GVBl.S.39), vom 11. Mai 1953 (GVBl.S.105)

Für die Stadt Hanau bedeutete diese Regelung eine starke Entlastung, zumal die Weiterzahlung der Stellenbeiträge in den Jahren 1945 und 1946 angesichts der zerstörten Schulen, der geringeren Bevölkerungszahl und des auf ein Minimum zusammengeschrumpften Schulbetriebs finanzwirtschaftlich als eine besondere Härte empfunden werden mußte. Die im Finanzausgleichsgesetz von 1947 festgelegten Meßzahlen für Normalstellen von 55 Schülern je Klasse bei den Volksschulen und 45 Schülern je Klasse bei den Mittelschulen wurden in den Aufbaujahren bis 1952 nicht überschritten, so daß keine Pauschalbeträge für Mehrstellen zu zahlen waren.

Von 1946/47 bis 1952 leistete die Stadt Hanau nur geringe Zuschüsse an die beiden staatlichen Schulen in Hanau: die Hohe Landesschule und die Zeichenakademie. Nach der vollständigen Zerstörung der städtischen Oberrealschule hatte die Stadtverwaltung durch Vertrag mit dem Lande Hessen einen Teil der Sachkosten der einzigen am Ort noch vorhandenen Höheren Schule für Jungen übernommen. Wie aus den Sachbüchern hervorgeht, handelte es sich dabei im wesentlichen um die Stromkosten für den im anfänglich noch stark beschädigten Gebäude der Hohen Landesschule wieder aufgenommenen Unterrichtsbetrieb. Die Zahlungen an die staatliche Zeichenakademie waren freiwillige Leistungen der Stadt, die als Teil der Förderung des heimischen Traditionsgewerbes, des Gold- und Silberschmiedehandwerks, anzusehen sind.

Der vertikale Schullastenausgleich erhielt in Hessen 1953 eine alle Schulzweige umfassende neue Grundlage. Nach dem Schulkostengesetz vom 10. Juli 1953[1)] waren die kreisfreien Städte und Landkreise fortan grundsätzlich verpflichtet, Volksschulen zu errichten, und berechtigt, bestehende Mittelschulen fortzuführen. Sie waren außerdem zur Errichtung von Höheren Schulen, Berufsschulen, landwirtschaftlichen, gewerblichen, kaufmännischen und hauswirtschaftlichen Berufsfach- und Fachschulen verpflichtet, sofern dafür Bedarf bestand. Das Land selbst hatte ein konkurrierendes Recht zur Einrichtung von Lehranstalten, wenn es sich um Versuchsschulen oder um Schulen besonderer pädagogischer Prägung oder besonderer Bedeutung handelte (§ 1 Abs.7). Allein die Einrichtung von Ingenieurschulen war Aufgabe des Landes und ihm vorbehalten (§ 1 Abs.6). Wer eine Schule errichtete oder eine bestehende fortführte, wurde Schulträger im Sinne dieses Gesetzes.

Zur Förderung des Schulbaus gewährte das Land je nach der Dringlichkeit des Projekts und unter Berücksichtigung der finanziellen Verhältnisse der Gemeinde Beihilfen als verlorene Zuschüsse oder in der Form verzinslicher oder unverzinslicher Darlehen (siehe dazu auch das Kapital über die Bedarfszuweisungen auf den Seiten 218ff).

Hinsichtlich der Behandlung der Sachkosten blieb es allgemein bei der Regelung nach dem preußischen Vorbild, wonach die Schulträger dafür aufzukommen hatten. Allerdings wurde ihr Rahmen erweitert. Zu den Sachkosten rechneten nun grundsätzlich "alle Kosten, die nicht Personalkosten sind", so außer der Schulraumausstattung und -unterhaltung, den Ausgaben für Heizung, Reinigung, Beleuchtung, Wasser und Energie u.a. auch die Bereitstellung von Spiel - und Turnplätzen, die Verwaltungskosten der Schulleitung, die Kosten der Hausverwaltung, der gesundheitlichen Überwachung der Schüler sowie Beihilfen an Lehrer zur Durchführung von Schulwanderungen und Lehrausflügen.

---

1) GVBl. S.126ff

Für die Stadt Hanau ergab sich auf der neuen Grundlage zunächst eine zusätzliche Belastung durch die Übernahme der Trägerschaft für die bis dahin staatliche Hohe Landesschule,[1]) für die sie in den vorangegangenen Jahren nur sehr bescheidene Beträge hatte aufwenden müssen. Die Unterhaltung und die sächlichen Betriebskosten gingen nun voll zu Lasten der Stadt. Weitere Folgen hatte die grundsätzliche Änderung der Finanzierung der Besoldung der Lehrkräfte.

Die Lehrer aller Schulzweige wurden Bedienstete des Landes. Für die entstehenden Personalkosten hatte das Land Hessen aufzukommen. Die oberste Schulaufsichtsbehörde setzte die Zahl der Schulstellen nach dem Unterrichtsbedürfnis für jede Schule im Rahmen des Haushaltsgesetzes fest. Die Schulträger konnten jedoch weitere Stellen (Mehrstellen) auf eigene Kosten einrichten.

An den Personalkosten, die das Land im jeweils abgelaufenen Rechnungsjahr für die Höheren Schulen, die Berufsschulen, die Berufsfach- und Fachschulen aufzuwenden hatte, wurden die kreisfreien Städte und die Landkreise als Schulträger mit 45 vom Hundert beteiligt. Sie mußten entsprechende Beträge an das Land erstatten. Wie sich das im einzelnen ausgewirkt hat, wird aus der obigen Tabelle 07 sichtbar. Für den Hanauer Etat brachte der Wechsel in der Besoldungsträgerschaft durch die Umwandlung von direkten Personalausgaben in Zuweisungen an das Land für die Lehrkräfte an Höheren und weiterbildenden Schulen - insgesamt gesehen - eine erhebliche Mehrbelastung mit sich, auf die bereits bei der Betrachtung der Personalkosten hingewiesen wurde (siehe oben S.77).

Auf die Problematik des horizontalen Schullastenausgleichs wird bei den später zu behandelnden Einnahmen aus den Gastschulbeiträgen noch ausführlich einzugehen sein.

a2) Die Bezirksumlage

Bei der Bezirksumlage handelt es sich um Geldleistungen der Gemeinden an den übergeordneten Kommunalverband des jeweiligen Regierungsbezirks im Rahmen des vertikalen Finanz- und Lastenausgleichs. Sie dienen der Deckung des dort entstehenden Zuschußbedarfs für Leistungen, die der Kommunalverband auf den Gebieten der Wohlfahrtspflege, des Gesundheitswesens und des regionalen Straßenbaus zu erbringen hat.

Die von der Stadt Hanau in diesem Zusammenhang gezahlten Beträge ergeben sich aus den Tabellen 05 und 06 auf den Seiten 89 und 90.

Hanau ist im Verlauf der jüngeren Geschichte verschiedenen Kommunal- oder Bezirksverbänden zugeordnet gewesen. Eine kurze Rückschau ist deshalb hier angezeigt.

- Innerhalb Preußens hatte im hessischen Raum ein Provinzialverband als Gemeindezusammenschluß einer höheren Ordnung ursprünglich nicht bestanden. Erst 1866 wurden, um den regionalen Besonderheiten der Provinz Hessen-Nassau gerecht

1) § 26 des Hessischen Schulkostengesetzes vom 10. Juli 1953

zu werden, die Bezirkskommunalverbände Kurhessen und Nassau eingerichtet, deren Grenzen mit denen der Regierungsbezirke Kassel und Wiesbaden übereinstimmten. Nach dieser Einteilung gehörte Hanau zum kurhessischen Regierungsbezirk und damit zum Kommunalverband Kassel.[1]) Mit der 1944 vollzogenen Teilung der Provinz Hessen-Nassau in zwei selbständige Provinzen war auch eine Neubestimmung der Regierungsbezirke verbunden, bei der die Kreise Hanau, Gelnhausen und Schlüchtern dem Regierungsbezirk Wiesbaden zugeschlagen wurden. Von diesem Zeitpunkt an war der Bezirksverband Wiesbaden für die Stadt Hanau zuständig. Ein erneuter Wechsel, diesmal zum Regierungsbezirk Darmstadt, ergab sich schließlich mit der Auflösung des Regierungsbezirks Wiesbaden im Jahre 1968.[2])

Die Anpassung der Bezirksumlage - in Preußen hieß sie noch Provinzialumlage - an die Bedingungen im Dritten Reich stand in engem Zusammenhang mit der Realsteuerreform von 1936.[3]) Nach den Änderungen der Grundsteuer, der Gewerbesteuer und der Gebäudeentschuldungssteuer war die Aufgaben- und Lastenverteilung zwischen Ländern und Gemeinden (Gemeindeverbänden) nach einheitlichen Grundsätzen neu zu regeln. Diese Grundsätze ergingen am 10. Dezember 1937[4]) und sahen die "Übertragung von Lasten auf den Gebieten des Schulwesens, der Wohlfahrtspflege und des Straßenbaus" vor (siehe dazu die Ausführungen über den Schullastenausgleich auf den Seiten 90ff). Soweit die Wahrnehmung solcher Aufgaben den Gemeindeverbänden (Bezirksverbänden) oblag und ihre Mittel aus den Länderzuweisungen zur deren Erfüllung nicht ausreichten, waren sie berechtigt, von den angeschlossenen Gemeinden Umlagen zu erheben. Als Umlagemaßstab waren vor allem die Realsteuer- und Bürgersteuermeßbeträge zu verwenden.

Die Finanzausgleichsverordnung vom 30. Oktober 1944[5]) legte der Berechnung der damaligen "Reichsgauumlage" die Steuerkraftmeßzahlen der Schlüsselzuweisungen an die Gemeinden zugrunde.

Das Land Hessen führte diese Finanzausgleichsregelung nach 1945 fort durch Anwendung eines einheitlichen Hundertsatzes auf den Betrag, der sich aus der Zusammenrechnung aktualisierter Ist-Aufkommen an Grund- und Gewerbesteuer und dem Soll der Bürgersteuerausgleichsbeträge ergab. Der Hundertsatz für die Erhebung wurde so festgesetzt, daß den Bezirksverbänden dieselben Einnahmen aus der Umlage zuflossen wie im Rechnungsjahr 1944.[6])

Wie aus der Tabelle 06 ersichtlich ist, gingen die Zahlungen der Stadt Hanau ab 1945 zunächst merklich zurück. Das hing vor allem damit zusammen, daß die der Berechnung zugrundeliegenden Realsteuermeßbeträge infolge der großen Gebäudeschäden erheblich gesunken waren. Im Rechnungsjahr 1948, dem Jahr der Währungsumstellung von Reichs-

---

1) Vgl. H.J.Stargardt, Hessisches Kommunal-Verfassungsrecht, Herford, 1987, S.617

2) Gesetz über die Grenzen der Regierungsbezirke und den Dienstsitz der Regierungspräsidenten vom 29. April 1968; GVBl.I, S .119

3) siehe dazu § 26 des Einführungsgesetzes zu den Realsteuergesetzen vom 1. Dezember 1936 (RGBl.I S.961)

4) Grundsätze über den Finanz- und Lastenausgleich zwischen Ländern und Gemeinden (Gemeindeverbänden) vom 10. Dezember 1937, RGBl.I S.1352

5) RGBl.I S.282

6) Verordnung über die Erhebung der Bezirksumlage für das Rechnungsjahr 1946 vom 31. Januar 1947, GVBl.Nr.6, S.32

mark auf Deutsche Mark, erhoben die Kommunalverbände nur eine Umlage in Höhe des halben Betrages des Rechnungsjahrs 1944. In den folgenden Rechnungsperioden wurde die Umlagebasis von den Ministern der Finanzen und des Innern dann jährlich neu festgesetzt. Wie der weitere Verlauf erkennen läßt, erreichte und übertraf die von der Stadt Hanau gezahlte Bezirksumlage erst ab 1950 wieder das Niveau der Kriegs- und Vorkriegszeit.

Im Jahre 1953 wurden die kreisfreien Städte und die Landkreise im Zuge der hessischen Verwaltungsreform zu einem "Landeswohlfahrtsverband Hessen" zusammengeschlossen und gleichzeitig durch Gesetz vom 7. Mai 1953[1]) die Bezirkskommunalverbände Kassel und Wiesbaden aufgelöst. An die Stelle der Bezirksumlage trat damit die Verbandsumlage.

Der Landeswohlfahrtsverband ist eine Körperschaft öffentlichen Rechts; er ist Landesfürsorgeverband im Sinne der Verordnung über die Fürsorgepflicht und als Fürsorgeerziehungsbehörde auch Träger der Kosten der Fürsorgeerziehung. Seine Finanzierung war sichergestellt einerseits durch jährliche Beiträge des Landes Hessen, deren Höhe jeweils durch den Staatshaushaltsplan festgesetzt wurde, andererseits durch die Verbandsumlage. Berechnungsgrundlage der Umlage waren gemäß § 11 des Finanzausgleichsgesetzes vom 11. Mai 1953[2]) die Steuerkraftmeßzahlen der Realsteuern zuzüglich eines Ansatzes von 50 vom Hundert der Gemeindeschlüsselzuweisungen.

a3) Der Polizeikostenbeitrag

Bis zum Ende des Zweiten Weltkriegs wurden in Hanau die Aufgaben der Sicherheits- und Kriminalpolizei sowie des Polizeigefängnisses von staatlichen Behörden wahrgenommen, zu deren unmittelbaren und mittelbaren Kosten die Stadt Beiträge zu leisten hatte. Die gesetzliche Grundlage dafür war das Preußische Polizeikostengesetz vom 2. August 1929,[3]) auf dem alle späteren Regelungen[4]) fußten bis zum Erlaß des Reichspolizeikostengesetzes vom 29. April 1940[5]). Danach wurden die Gemeinden zu einem Finanzbeitrag herangezogen, dessen Höhe jeweils durch die Minister des Innern und der Finanzen jährlich neu festzustellen und auf die Gemeinden umzulegen war. Die Verteilung erfolgte zur Hälfte nach der jeweiligen Bevölkerungszahl, zur Hälfte nach Maßgabe des gemeindlichen Anteils an der Einkommen- und Körperschaftsteuer (§ 3). Nachdem die großen Beteiligungssteuern durch die Realsteuerreform weggefallen waren, wurde die Einwohnerzahl alleiniger Maßstab für die Berechnung des Polizeikostenbeitrages.[6]) Seine Höhe war gestaffelt und lag zwischen 2 und 4 Reichsmark je Einwohner. Für Hanau ergab sich dabei eine Belastung von 2,50 Reichsmark pro Kopf der Bevölkerung.[7])

---

1) Gesetz über die Mittelstufe der Verwaltung und den Landeswohlfahrtsverband Hessen vom 7. Mai 1953, GVBl.Nr.15, S.93

2) Gesetz zur Regelung des Finanzausgleichs vom 11. Mai 1953, GVBl. S.105

3) Preußische Gesetzessammlung (GS) 1929, S. 162

4) Gesetz über den Polizeikostenbeitrag der Gemeinden zu den Kosten der staatlichen Polizei vom 29. März 1935 (RGBl.I S.455) und vom 31. März 1936 (RGBl.I S.335)

5) RGBl.I S.688

6) Vgl. § 2 des Reichspolizeikostengesetzes vom 29. April 1940

7) Vgl. dazu Artikel 4 der Verordnung zur Durchführung des Reichspolizeikostengesetzes vom 23. September 1940, RGBl.I S.1260

Die Polizeikostenbeiträge der Stadt Hanau betrugen während des hier betrachteten Zeitraums

1936	127 554 RM[1])
1937	127 517 RM
1938	127 517 RM
1939	127 517 RM
1940	118 561 RM
1941	109 606 RM
1942	109 606 RM (Voranschlag)
1943	100 650 RM (Voranschlag)
1944	99 547 RM.

Die Verminderung der Polizeikostenbeiträge zum Ende des Zweiten Weltkrieges erklärt sich einerseits aus dem Rückgang der Einwohnerzahl, andererseits aber auch aus der zeitbedingten Verringerung der Polizeistärke überhaupt. Infolge der Mobilisierung aller verfügbaren Kräfte für den Fronteinsatz wurde der Personalstand der Polizei in den Kriegsjahren ständig zurückgenommen.

a4) Der Kriegsbeitrag

Obwohl sie nur wenige Jahre auf der Ausgabenseite der kommunalen Haushalte eine Rolle gespielt haben, sind diese Beiträge nicht nur zeitgeschichtlich von Interesse, sie waren auch von besonderem finanzwirtschaftlichem Gewicht, wie die Ist-Ergebnisse der Stadt Hanau beweisen.

Tabelle 08 Die Kriegsbeiträge der Stadt Hanau an das Reich

Jahr	absolut in RM		in vH der Gesamtausgaben
1939	671 161		6,53
1940	1 340 687		10,61
1941	1 152 528		8,47
1942	1 396 056	(Voranschlag)	11,19
1943	1 911 180	(Voranschlag)	14,29
1944	2 141 057		18,88

Im letzten Jahr vor dem Zusammenbruch machten die Kriegsbeiträge fast ein Fünftel der städtischen Gesamtausgaben aus. In diesem hohen Anteil spiegelt sich zugleich die

1) Zusätzlich zu dem Polizeikostenbeitrag ist 1936 und 1937 jeweils ein Betrag in Höhe von 64 601 RM bzw. 66 622 RM im Rahmen des sogenannten Polizeilastenausgleichs gezahlt worden. Unabhängig von diesen Zahlungsverpflichtungen hatte die Stadt Hanau Anspruch auf einen Ausgleichsbetrag von je 3000 RM für zwei von der Aufsichtsbehörde bestätigte, überwiegend mit polizeilichen Aufgaben beschäftigte Polizeiverwaltungsbeamte (siehe dazu die entsprechenden Einnahmen unter den Zweckzuweisungen in der Tabelle 50 auf S.225)

beachtliche Steuerkraft der Stadt als Folge der Rüstungskonjunktur, von der die Hanauer Wirtschaft profitierte.

Mit dem Eintritt des Deutschen Reichs in den Zweiten Weltkrieg stand die Kriegsfinanzierung im Vordergrund des staatlichen Interesses. Die Kriegswirtschaftsverordnung vom 1. September 1939[1]), die allen "Volksgenossen zum Schutze des Vaterlandes und zur Sicherung der Grenzen", wie es damals in der Presse hieß,[2]) höchste Opfer und beachtliche Einschränkungen in der Lebensführung auferlegte, brachte nicht nur kräftige Steuererhöhungen,[3]) sie zog auch Länder und Gemeinden zur Deckung des erhöhten Finanzbedarfs heran. Gemäß § 14 der genannten Vorschrift hatten die Gemeinden Kriegsbeiträge an das Reich zu leisten, deren Gesamthöhe sich aus Teilbeträgen von monatlich

2,5 vH der Steuermeßbeträge der Grundsteuer von den land- und forstwirtschaftlichen Betrieben,

5 vH der Steuermeßbeträge der Grundsteuer von den Grundstücken,

7,5 vH der Steuermeßbeträge der Gewerbesteuer nach Ertrag und Kapital und

10 vH der Steuermeßbeträge der Bürgersteuer

errechnete.

Anders als die verhältnismäßig statischen Größen der Grundsteuermeßbeträge enthielten die auf der Gewerbesteuer und der Bürgersteuer fußenden Beitragsanteile ein außerordentlich dynamisches Element, das für den starken Anstieg der Zahlungen in den letzten beiden Jahren verantwortlich war.

a5) Andere Zuweisungen

Außer den in der Tabelle 06 (Seite 90) gesondert ausgewiesenen Beiträgen zu den Kosten des Gesundheitsamts, das bis 1944 eine staatliche Einrichtung war,[4]) und der Abführung von angefallenen Zins- und Tilgungsbeträgen aus staatlichen Hauszinssteuerhypotheken an die Regierungshauptkasse enthalten die übrigen Zuweisungen nur unbedeutende Kleinbeträge.[5]) Zum Teil betreffen sie Einzelfälle, die in den Anmerkungen zur Tabelle erläutert sind.

---

1) RGBl I 1939, Seite 1609

2) Hanauer Anzeiger Nr.207 vom 3. September 1939, S.4

3) Erhoben wurden: ein Kriegszuschlag zur Einkommensteuer (§ 2), auf Bier und Tabakwaren (§ 6), auf Branntweinerzeugnisse (§ 11) und Schaumweine (§12)

4) siehe dazu auch den Hinweis im letzten Absatz des Kapitels über die "Zahlungen an Zweckverbände" auf Seite 101

5) Hierzu rechnen u.a. auch Überweisungen, die im Zusammenhang mit dem ehemaligen Stadtverwaltungsgericht an die Regierungshauptkasse vorgenommen worden sind

b) Zuweisungen an andere Gemeinden und Gemeindeverbände

Diese Gruppe enthält in der Hauptsache die Ausgaben der Stadt Hanau, die sie innerhalb der offenen und geschlossenen Fürsorge an andere Fürsorgeverbände geleistet hat. Sie sind durchgängig während des gesamten Untersuchungszeitraums angefallen (siehe dazu auch die Ausführungen auf den Seiten 109ff) und haben - abgesehen von den Jahren 1936 und 1946, für die Ausnahmebedingungen[1)] galten, die die Höhe der Zahlungen beeinflußte - die Grenze von jährlich 20 000 RM/DM kaum überschritten. Meist lagen sie sogar erheblich darunter.

Tabelle 09 Ist-Zahlungen der Stadt Hanau an andere Fürsorgeverbände

1936	33 936 RM	1948	7 815 DM
1938	18 555 RM	1949	18 894 DM
1941	14 602 RM	1950	13 804 DM
1944	7 833 RM	1951	11 456 DM
1945	14 585 RM	1952	10 364 DM
1946	27 232 RM	1953	16 461 DM
1947	18 969 RM	1954	20 135 DM
1948	4 274 RM		

In der Gesamttabelle 05 auf Seite 89, auf die nachfolgend Bezug genommen wird, sind alle Ausgaben an andere Gemeinden und Gemeindeverbände zusammengefaßt. Der starke Anstieg in den Jahren 1941 und 1946 erklärt sich aus dem Ausgleich von Verpflichtungen gegenüber der Stadt Aschaffenburg in Höhe von 27 300 RM und 11 700 RM für Vertragsvorstellungen des dortigen Stadttheaters in Hanau. Die Überweisung von 1946 betraf eine noch ausstehende Abrechnung von Veranstaltungen des Jahres 1944. Ihr war ein längerer Schriftwechsel zwischen beiden Städten vorausgegangen, weil wegen des Verlustes aller diesbezüglichen Unterlagen beim Brand des Hanauer Rathauses der offene Saldo und die Modalitäten der Abwicklung erst rekonstruiert werden mußten.

In den höheren Beträgen der ersten drei Jahre der DM-Periode sind Zahlungen an den Landkreis Hanau für die Führung des nach dem Kriege gemeinsam betriebenen kommunalen Gesundheitsamts für den Stadt- und Landkreis Hanau enthalten, und zwar für

1948	16 780 DM,
1949	25 706 DM und
1950	6 768 DM.

Nach 1945 war die Frage der Zuständigkeit für die örtliche Gesundheitsbehörde zunächst unklar. Wie die in die Haushaltsvoranschläge der Stadt Hanau für 1946 und 1947

1) 1936 wurde außer den Leistungen an andere Fürsorgeverbände erstmals neben den stadteigenen Kosten für die allgemeine Gesundheitsverwaltung ein Beitrag von 12 000 RM an das staatliche Gesundheitsamt gezahlt; auf der Einnahmeseite wurde der Stadt dafür das Gehalt einer Beamtin von der gleichen Stelle erstattet; das Jahr 1946 enthält noch in größerem Umfang aufgestaute Zahlungen für unerledigte Fälle früherer Jahre, die wegen der Kriegswirren erst nach der Wiederaufnahme des Verwaltungsbetriebs aufgearbeitet und ausgeglichen werden konnten

eingesetzten Kostenbeiträge an den Staat erkennen lassen, rechnete man bei der Verwaltung zunächst noch mit der Fortführung der bis dahin staatlichen Einrichtung. Erst das Gesetz über die Regelung des Finanzausgleichs für das Haushaltsjahr 1946 vom 8. April 1947[1]) brachte hier Klarheit, indem es die Gesundheitsämter auf die Stadt- und Landkreise übertrug. Für die Zeit vom 1. Oktober 1945 bis 30. September 1946 wurden weder Zuschüsse gezahlt noch Beiträge gefordert. Danach kam es zur Einrichtung einer gemeinsamen Behörde beim Landkreis Hanau, an deren Kosten die Stadt Hanau beteiligt war (siehe dazu auch die folgenden Ausführungen über die "Zahlungen an Zweckverbände"). Ab 1951 unterhielt die Stadt Hanau dann ein eigenes Gesundheitsamt.

Außer den genannten Finanzbewegungen sind in dieser Gruppe seit 1949 nur noch geringe Gastschulbeiträge an die Stadt Frankfurt als Schulträger der Berufsschule für Gartenbau und Forstwirtschaft, die von Hanauer Schülern besucht wurde, sowie finanzwirtschaftlich unbedeutende Zahlungen an die Gemeinde Dörnigheim für die Bewirtschaftung eines Teils des Hanauer Stadtwaldes verbucht worden.

2. Sonstige Zuweisungen und Umlagen

a) Zahlungen an Zweckverbände

Zweckverbände sind Zusammenschlüsse von Gemeinden oder Gemeindeverbänden zur Durchführung öffentlicher Aufgaben, zu deren Erfüllung sie entweder verpflichtet oder berechtigt sind.[2]) Ihre Einrichtung kann sich als zwingend notwendig, wegen der technisch erforderlichen Mindestgröße einer öffentlichen Einrichtung aber auch als die zweckmäßigste Lösung zur Erreichung des von den Verbandsmitgliedern angestrebten Erfolges erweisen.

Den Zweckverbänden, denen die Stadt Hanau während des Untersuchungszeitraums angehörte und für die sich die von ihr insgesamt aufgewandten Ausgaben aus der Tabelle 05 (Seite 89) ergeben, war gemeinsam, daß sie in der Zusammenarbeit mit dem Landkreis Hanau entstanden sind. Auf die wichtigsten soll hier kurz hingewiesen werden.

Mit Wirkung vom 1. April 1938 wurde zwischen beiden Körperschaften ein Zweckverband zur Einrichtung, zum Betrieb, zur Verwaltung und Unterhaltung einer gemeinsamen gewerblichen Berufsschule für die männliche Jugend gebildet, die während des gesamten Untersuchungszeitraums bestanden hat. Die Verwaltung führte der Oberbürgermeister der Stadt in seiner Eigenschaft als Verbandsvorsteher. Gleichzeitig war ein weiterer Zweckverband für die Einrichtung und den Betrieb einer Diamantschleifer-Schule entstanden, dessen Geschäfte vom Landrat geführt wurden. Für die Diamantschleifer-Schule bestand angesichts der in Hanau und Umgebung angesiedelten Unternehmen des Schmuckgewerbes,

---

1) GVBl. S.24

2) Vgl. dazu K.Staender, Lexikon der öffentlichen Finanzwirtschaft, 2.Auflage, Heidelberg 1989, S.404, aber auch H.Zimmerman/K.D.Henke, Einführung in die Finanzwissenschaft, 5.Auflage, München 1987, S.103

unter denen die Diamantschleifereien zahlenmäßig stark vertreten waren, ein besonderer regionaler Bedarf. Nach dem Zusammenbruch 1945 ist die Schule dann allerdings nicht mehr fortgeführt worden.[1]

Hierher gehören ferner die Zahlungen der Stadt an den vom Stadt- und Landkreis betriebenen Zweckverband "Dr.Robert-Ley-Krankenhaus", der im Jahre 1941 das ehemalige Landkrankenhaus von der Landesverwaltung in Kassel übernommen hatte. Der Zweckverband hatte sich am 1. April 1944 aufgelöst.

Schließlich sind unter dieser Ausgabenkategorie auch die vergleichsweise geringen Beträge nachgewiesen, die die Stadt nach einem Aufbringungsschlüssel für die Tierkörperverwertungsanstalt (Sammelwasenmeisterei) in Bruchköbel an den Landkreis Hanau geleistet hat.

Die Ausgaben der Stadt Hanau an den Landkreis für das zeitweilig gemeinsam betriebene Gesundheitsamt, die - streng genommen - hier ebenfalls einzuordnen gewesen wären, wurden den Zuweisungen an andere Gebietskörperschaften zugerechnet und dort behandelt (siehe Seite 99), weil die gezahlten Beträge wegen der unklaren Rechtslage - zumindest in den ersten Jahren nach 1945 - nicht auf grundsätzlichen Vereinbarungen im Sinne des Zweckverbandsgesetzes[2] beruhten, sondern Zuschußcharakter hatten.

b) Zuschüsse an sonstige Körperschaften, Verbände und Vereine

Bei den hier erfaßten städtischen Geldleistungen an sonstige Körperschaften, Verbände und Vereine (siehe dazu die Tabelle 05 auf Seite 89) handelt es sich überwiegend um Förderungsmaßnahmen auf wirtschaftlichem, sozialem oder kulturellem Gebiet, die als solche bereits öffentliche Leistungen darstellen. Ihre Erscheinungsformen sind vielgestaltig und erlauben gewisse Einsichten in die von der örtlichen Kommunalpolitik gesetzten aber auch von Zeitströmungen beeinflußten Schwerpunkte.

Unter den bis zum Jahre 1944 unterstützten Empfängern ragten die damals staatstragende Partei, die NSDAP, und ihre zahlreichen Gliederungen besonders heraus. So weisen die Haushaltspläne neben allgemeinen Zuschüssen zur "Förderung der Volksgemeinschaft in Verbindung mit der NSDAP und der Garnison" u.a. Zuwendungen an die "Nationalsozialistische Volkswohlfahrt" (NSV), den "Reichsluftschutzbund", die Organisation "Kraft durch Freude" (KdF) und "Beihilfen an die Hitlerjugend" aus. Die letzteren, die vorwiegend der Jugendertüchtigung dienen sollten, wurden für Jugendlager, Schulungsveranstaltungen, den Ausbau von HJ-Heimen, zuletzt auch für die Wehrerziehung verwandt. Sie hatten bis zum Kriegsende stark zugenommen, wie aus den folgenden Zahlen hervorgeht:

---

1) Der Schlußbericht des Rechnungsprüfungsamtes der Stadt Hanau für das Jahr 1938 nennt als weiteren Zweckverband, dem die Stadt Hanau angehörte, den "Zweckverband zum Ankauf und zur Verwertung von Grundbesitz". Der Stadt- und Landkreis Hanau waren je zur Hälfte mit 40 000.- RM beteiligt. Seine Aufgabe war es, das Verwaltungsgebäude der Kreisleitung der NSDAP anzukaufen und an die Partei weiterzuverkaufen

2) Zweckverbandsgesetz vom 7. Juni 1939, RGBl.I S.979

Beihilfen der Stadt Hanau an die Hitlerjugend

1936	3 898 RM
1938	12 586 RM
1941	14 568 RM
1944	22 042 RM.

Die vergleichsweise hohen Gesamtbeträge der Jahre 1936 und 1938 (siehe Tabelle 05) waren mitverursacht durch Betriebszuschüsse an die Hanauer Straßenbahn AG in Höhe von 72 000 und 10 000 RM.[1]

Die übrigen Ausgaben verteilten sich auf Beiträge zur Unterstützung von allgemeinen kulturellen Veranstaltungen, von öffentlichen Konzerten und Vorträgen, auf Zuschüsse an wissenschaftliche Institutionen (Wetterauische Gesellschaft und Geschichtsverein Hanau), an gewerbliche Vereinigungen zur Förderung des Edelmetallhandwerks sowie an den Hanauer Verkehrsverein.

In den Ausgaben des Jahres 1944 ist ein Sonderbeitrag an das "Deutsche Goldschmiedehaus" in Höhe von 30 000 RM enthalten.

Die Nachkriegsentwicklung begann mit einem kräftigen Rückgang der Ausgaben und zeigte im weiteren Verlauf eine andere Schwerpunktverteilung. Zunächst fehlten der Stadt wegen der hohen Steuerausfälle die Mittel für freiwillige Leistungen. Die Kriegszerstörungen hatten neue Prioritäten gesetzt; die Pflichtaufgaben standen im Vordergrund, so daß für die Erfüllung freiwilliger Aufgaben der finanzielle Spielraum auf das äußerste geschrumpft war. Andererseits konnten auch die Verbände und Vereine ihre Funktionen nicht mehr wahrnehmen oder waren von der Besatzungsmacht verboten worden. So beschränkte sich die Stadt während der Reichsmarkperiode bis 1948 im wesentlichen auf höchst bescheidene Zuschüsse an die Träger der freien Wohlfahrtspflege (Rotes Kreuz) und der Erwachsenenbildung (Volkshochschule). Auf kulturellem Gebiet überließ die Stadt das Feld zunächst weitgehend privaten Initiativen, ehe sie sich im Zuge der reichlicher fließenden Einnahmen auch wieder finanziell engagierte und dies mit wachsenden Zuschußbeträgen (siehe dazu die Ausführungen zum Kulturetat im zweiten Abschnitt dieser Arbeit).

Wie die Tabelle 05 weiterhin deutlich macht, nahmen die Ausgaben an sonstige Körperschaften, Verbände und Vereine nach der Währungsreform kräftig zu und erreichten 1954 einen Wert, der fast dreimal so hoch war wie 1948. Die nachfolgende Aufschlüsselung der Jahresergebnisse 1951 bis 1954 zeigt, daß dabei die stärksten Zunahmen bei den Förderleistungen für Theater-, Konzert- und andere Veranstaltungen, bei den Zuschüssen an Kir-

1) Obwohl die Stadt Hanau 1938 am Aktienkapital der Hanauer Straßenbahn AG in Höhe von 86 000 RM nur mit 88,3 vH beteiligt war (die restlichen Aktien gehörten der hessischen Gemeinde Steinheim), rechnete die Gesellschaft zu den eigenen wirtschaftlichen Unternehmen der Stadt (Einzelplan 8 des Haushaltsplans). Sie war mit eigener Rechtspersönlichkeit ausgestattet und somit kein Eigenbetrieb im Sinne der Eigenbetriebsverordnung (EBVO). Die Zuweisungen an die Straßenbahn AG waren daher nicht als Betriebszuschüsse an eigene Unternehmen, sondern als Zuweisungen an andere Körperschaften nachzuweisen. Entsprechendes gilt von der DM-Erstausstattung in Höhe von 70 000 DM, die die Stadt Hanau im DM-Abschnitt des Jahres 1948 an die Gesellschaft gezahlt hat

chengemeinden sowie an die Verbände der freien Wohlfahrtspflege zu verzeichnen waren. Neue Schwerpunkte setzte die Stadt seit 1952 durch vermehrte Zuweisungen an die Baugesellschaft Hanau im Rahmen der Unterstützung des sozialen Wohnungsbaus und durch Aufbauhilfen an private Kindergärten.

Tabelle 10

Förderungsleistungen (Ist) der Stadt Hanau in DM	1951	1952	1953	1954
an Vereine[a)]	2 975	9 806	9 016	9 661
an wissenschaftliche Institutionen und Vereinigungen	7 518	7 901	4 202	4 378
für Konzert-, Theater- und andere Veranstaltungen	29 192	40 124	54 826	58 095
an Hanauer Künstler	797	1 936	1 840	1 936
an die Volkshochschule	7 000	10 516	14 270	18 720
an Kirchengemeinden	4 300	4 200	6 200	25 888
an Verbände der freien Wohlfahrtspflege	14 000	10 000	10 000	20 776
an private Kindergärten	-	-	20 000	36 000
an den Verkehrsverein (Reisebüro)	6 000	6 000	6 000	-
an die Baugesellschaft (Betriebs- und Zinszuschuß)	5 422	2 682	17 880	26 003
an das Deutsche Goldschmiedehaus	-	-	-	16 500
an andere Einrichtungen[b)]	3 068	2 998	7 083	8 524
insgesamt	80 272	96 163	151 317	226 481

a) einschließlich Vereinsbeiträge und Instandhaltung von Vereinssportanlagen
b) Jugendherbergen, Kreisnaturschutzstelle, Stadthallen GmbH (Mietzuschüsse für städtische und andere öffentliche Veranstaltungen)

3. Betriebszuschüsse an eigene wirtschaftliche Unternehmen

Zuschüsse zu den Betriebskosten gingen in der Zeit von 1936 - 1940 lediglich an den städtischen Hafenbetrieb, der bis dahin nicht kostendeckend gearbeitete hatte. Er erhielt erst ab 1937 eine eigene kaufmännische Buchführung und wurde vom Rechnungsjahr 1939 an in die Verwaltung der Stadtwerke eingegliedert. Danach entstandene Fehlbeträge mußten innerhalb der Stadtwerke ausgeglichen werden. Der Zuschußbedarf des Hafens im Jahre 1938 war insbesondere durch den Ausbau der Stromzuführung für die bestehende Krananlage entstanden.

In der Nachkriegszeit sind folgende Betriebszuschüsse aus dem Ordentlichen Haushalt an die Stadtwerke gezahlt worden:

im Jahre 1946 eine Summe von 500 000 RM zur partiellen Abdeckung der durch die Kriegszerstörungen eingetretenen Verluste;

1948 zwei Teilbeträge im Zusammenhang mit der Währungsreform, nämlich ein Betrag vom 400 000 RM zum rechnerischen Ausgleich offener Salden und eine DM-Zahlung von 180 000 aus Mitteln der DM-Erstausstattung.

4. Die Gewerbesteuerausgleichszahlungen an Wohngemeinden

Der Gewerbesteuerausgleich, wie er während des Untersuchungszeitraums durchgeführt wurde, ging auf das Einführungsgesetz zu den Realsteuergesetzen von 1936[1] zurück, das in den §§ 12-21 einen Teil des interkommunalen Finanz- und Lastenausgleichs regelte. Die Vorschriften waren mit dem Inkrafttreten des Grundgesetzes Landesrecht geworden.[2] In Hessen wurde die Materie vom Rechnungsjahr 1950 an durch die Verordnung über den Gewerbesteuerausgleich zwischen Wohn- und Betriebsgemeinden vom 14. April 1950[3] und ab Rechnungsjahr 1953 durch das Gewerbesteuerausgleichsgesetz vom 12. Februar 1953[4] normiert.

Ansätze zu einem dieser Regelung ähnlichen Finanz- und Lastenausgleich zwischen Gemeinden finden sich bereits in dem § 53 des Preußischen Kommunalabgabengesetzes vom 14. Juli 1893, die später durch Gesetz vom 26. August 1921[5] präzisiert wurden. Danach stand der Wohnsitzgemeinde das Recht zu, von der Beschäftigungsgemeinde einen angemessenen Zuschuß zu den Mehrausgaben für Wohlfahrts-, Schul- und Polizeizwecke zu verlangen.[6] Die Höhe des Anspruchs richtete sich nach der Anzahl der in bestimmten Betrieben der Beschäftigungsgemeinde tätigen Arbeiter und der Steuerkraft dieser Gemeinde.

Die seit 1950 bzw. 1953 geltenden Fassungen des Gewerbesteuerausgleichs waren allgemeiner gehalten und hatten zumindest einen Teil der umständlichen und zeitraubenden Berechnungsmethoden des alten Verfahrens beseitigt. Ihnen lag der Gedanke zugrunde, zwischen den Lasten, die den Wohngemeinden durch die Bereitstellung öffentlicher Leistungen für diejenigen ihrer Bürger entstehen, die am Ort wohnen, aber in anderen Gemeinden (Betriebsgemeinden) arbeiten, und den Vorteilen, die die Betriebsgemeinden aus der Tätigkeit dieser Bürger ziehen, einen Ausgleich herbeizuführen. Die Vorteile wurden insbesondere darin gesehen, daß die Steuerkraft der Unternehmen in den Betriebsgemeinden, die letztlich auch auf der Arbeitsleistung der Einpendler beruht, eben jenen Gemeinden zugute kommt.

Da die Stadt Hanau sowohl Wohnsitzgemeinde als auch Betriebsgemeinde war, kamen Gewerbesteuerausgleichszahlungen sowohl auf der Ausgabenseite als auch auf der Einnahmeseite des Haushalts vor. Die hier betrachteten Ausgaben resultierten aus den Verpflichtungen der Stadt gegenüber den Wohnsitzgemeinden, deren Bürger in Hanau beschäftigt waren.

Nach der gesetzlichen Systematik waren für die Errechnung des Gewerbesteuerausgleichs nur diejenigen Beschäftigten heranzuziehen, die in gewerbesteuerpflichtigen Betrieben arbeiteten.

---

1) EinfGRealStG vom 1. Februar 1936 (RGBl.I S.396)

2) Vgl. J.Schiefer, Die einzelnen Gemeindesteuern, in H.Peter (Hrsg), Handbuch der kommunalen Wissenschaft und Praxis, 1.Auflage, 3.Band, Berlin u.a. 1959, S.322

3) GVBl.S.99, einschließlich VO vom 20. Juni 1950, GVBl.S.117, und Änderung der VO vom 31. Juli 1951, GVBl.S.63

4) Gesetz über den Gewerbesteuerausgleich zwischen Wohngemeinden und Betriebsgemeinden vom 12. Februar 1953, GVBl.S.6, sowie 1.VO zur Durchführung des Gesetzes vom 12. Februar 1953, GVBl.S.8

5) Preußische Gesetzessammlung (GS), S.495

6) J.Schiefer, a.a.O., S.323

Der Ausgleichszuschuß war gesetzlich als Höchstbetrag definiert. Er betrug je Arbeitnehmer für das Rechnungsjahr

1947 [1]	22 RM,
1950 [2]	25 DM,
1951 [3]	40 DM und
ab 1952 [4]	50 DM,

höchstens jedoch die Hälfte des Betrages, der sich ergab, wenn das gesamte Gewerbesteueraufkommen der Betriebsgemeinde im vorangegangenen Rechnungsjahr geteilt wurde durch die Zahl aller Arbeitnehmer, die jeweils am 10. Oktober des Vorjahres in einem der Gewerbesteuer unterliegenden Unternehmen der Betriebsgemeinde beschäftigt waren. Bei gegenläufigen Pendlerbewegungen zwischen einzelnen Gemeinden wurden die Zahlen der Arbeitnehmer gegeneinander aufgerechnet. Verblieb dabei ein Überschuß zugunsten der Wohngemeinde, so war der Anspruch auf Ausgleichszuschuß nur durchsetzbar, wenn der Überhang mehr als zehn Arbeitnehmer betrug.

Die Gewerbesteuerausgleichszahlungen der Stadt Hanau an Wohngemeinden hatten - wie sich aus der Tabelle 05 (Seite 89) ergibt - am Ende der Untersuchungsperiode die bemerkenswerte Höhe von knapp einer halben Million DM erreicht. Das waren immerhin etwa 5 vH der Gewerbesteuereinnahmen des Jahres 1954. Mit Ausnahme einiger Jahre, in denen ein Ausgleich nicht stattfand, betrugen die Zahlungen an die Wohngemeinden am Ende mehr als das Zehnfache der Zahlungseingänge von den Betriebsgemeinden (siehe dazu Seite 191). Dieses negative Verhältnis von Ausgaben zu Einnahmen aus dem Gewerbesteuerausgleich beruhte auf der großen Zahl von Einpendlern gegenüber einer vergleichsweise geringen Zahl von Hanauer Bürgern, die an anderen Orten beschäftigt waren. Die starke, überwiegend einwärts gerichtet Pendlerbewegung - die Anzahl der Einpendler war nach 1945 zeitweilig acht- bis zehnmal höher als die der Auspendler - erklärt sich sowohl aus der Mittelpunktfunktion der Stadt als auch aus ihrem besonderen Charakter als Industriestandort. Das umfangreiche und vielfältige Angebot an Arbeitsplätzen (zur Wirtschaftsstruktur siehe Seite 21ff) hatte immer eine starke Anziehungskraft auf Arbeitskräfte des Umlandes, die ihren Wohnsitz in den umliegenden Städten und Dörfern beibehielten und in Hanau zur Arbeit gingen. Die Attraktivität war trotz der gewaltigen Kriegsschäden auch nach dem Zusammenbruch nicht geringer geworden. Wiederaufbau und wirtschaftlicher Aufschwung spiegeln sich in der steigenden Zahl von Pendlern, die täglich nach Hanau hereinkamen, um ihrer beruflichen Arbeit nachzugehen.

Beträchtlich erweitert hatte sich das Arbeitsplatzangebot der Hanauer Wirtschaft nach 1948. Bei der Betrachtung der Entwicklung ist allerdings zu beachten, daß nach Kriegsende vielen tausend Hanauern, die nach dem Verlust ihrer Wohnungen durch Kriegseinwirkung auswärts untergebracht worden waren, die Rückkehr in ihre Heimatstadt zunächst nicht ermöglicht werden konnte.

---

1) § 4 der VO zur Durchführung des Gesetzes betreffend die Änderung der VO über die Erhebung der Gewerbesteuer in vereinfachter Form vom 28. November 1946, GVBl.1947, S.26f

2) § 5 der VO über den Gewerbesteuerausgleich zwischen Wohn- und Betriebsgemeinden vom 14. April 1950, GVBl.S.99

3) Vgl. W.Fischer a.a.O., S.150

4) §§ 3 und 5 der 1.VO zur Durchführung des Gesetzes über den Gewerbesteuerausgleich zwischen Wohngemeinden und Betriebsgemeinden vom 12. Februar 1953, GVBl.S.8f

Einpendler 1936 bis 1954

1936:		5 512
1938:		6 710
1940:		5 804
1947:		8 473
1949:		11 187
1951:		12 808
1954:	über	13 000 [1]

Sie waren, da sie nun auf dem Lande wohnten, ihren Arbeitsplatz in Hanau aber beibehalten hatten, zwangsläufig zu Pendlern geworden. Die Pendlerfrage erwies sich hier also auch als ein besonderes Problem, das im Zusammenhang mit dem Wohnungsbau gesehen werden muß und bereits in früheren Jahren die Verwaltung der Stadt Hanau - wenn auch unter anderen Bedingungen - stark beschäftigt hat.[2] Der unzureichende Bestand an Wohnungen erwies sich lange Zeit als Hauptursache für die hohe Zahl der Einpendler. An ihrer Senkung war die Stadt Hanau, die dem Wohnungsbau im Rahmen des gesamten Wiederaufbaus ohnehin höchste Priorität eingeräumt hatte, ebenso interessiert[3] wie die heimische Industrie, die mit eigenen Bauprojekten, mit Finanzierungsbeihilfen zu städtischen Bauvorhaben[4] sowie durch Baukostenzuschüsse und Arbeitgeberdarlehen ihren Mitarbeitern bei der Rückkehr in die Stadt zu helfen suchte. Obwohl der Wohnungsbedarf der in Hanau niederlassungswilligen Arbeitnehmer bis zum Ende des Untersuchungszeitraums nicht voll gedeckt werden konnte, trat doch mit Teilerfolgen bei der Rücksiedlung in der Struktur der Pendler allmählich eine gewisse Umschichtung ein. Während die Zahl der "althanauer" Pendler langsam zurückging, nahm die der "echten" Pendler zu, und zwar sowohl relativ als auch absolut. Entscheidend dafür waren die Kapazitätserweiterungen der gut beschäftigten Hanauer Industrie, die sich am Ende des Untersuchungszeitraums in hohem Maße bemerkbar machten (siehe dazu auch Seite 25/26).

Für eine gewisse Entspannung auf dem Wohnungssektor sorgten in diesem Zusammenhang die Sonderbauprogramme des Landes Hessen, die im Rahmen des sogenannten "Hessenplans" Arbeitskräfte näher an ihre Arbeitsplätze heranführen und die Integration von Flüchtlingen erleichtern sollten. Für die staatlich finanzierten Bauvorhaben im Stadtgebiet wurde das Bauland durch die Stadt Hanau zur Verfügung gestellt.

---

1) nach Hinweisen in der Jahresrückschau des Oberbürgermeisters, abgedruckt im Hanauer Anzeiger Nr.304 vom 31. Dezember 1954, S.5; exakte statistische Angaben liegen für 1954 nicht vor

2) 1939 kamen bereits 50 vH der in Hanau beschäftigten Arbeiter von auswärts, was als ein Zeichen der großen Wohnungsnot in der Stadt angesehen wurde, der dringend abzuhelfen sei [Vgl. Hanauer Anzeiger Nr.168 vom 21.7.1939, S.3]. Im Zusammenhang mit wachsenden Ausgaben des Fürsorgeetats beschäftigte die Pendlerfrage die Stadt 1935. Angesichts der hohen Arbeitslosigkeit hatte der Magistrat 1935 an die Hanauer Wirtschaft appelliert, bei der Neueinstellung von Arbeitskräften "mehr ortsansässige Erwerbslose zu beschäftigen und nicht den Einpendlern den Vorzug zu geben." Vom Standpunkt der städtischen Finanzwirtschaft sei es zu beklagen, daß der Prozentsatz der auswärtigen, nach Hanau hereinkommenden Arbeitskräfte im Steigen begriffen sei, während die Zahl der aus Hanau kommenden Beschäftigten stagniere. So sei der stark belastete Sozialetat der Stadt auf die Dauer nicht zu entlasten [Vgl. Hanauer Anzeiger Nr.137 vom 15. Juni 1935, S.3]

3) Nach den Vorgaben der Stadtverwaltung waren Einpendler bei der Zuteilung von Neubauwohnungen besonders zu berücksichtigen

4) Zu denken ist hier beispielsweise an den zweiten Bauabschnitt des Wohnblocks "Französische Allee", bei dem 1950 u.a. auch Hanauer Industriebetriebe an der Finanzierung des von der Stadt Hanau initiierten Projekts beteiligt waren

Die finanzwirtschaftliche Belastung der Stadt aus dem Gewerbesteuerausgleich, die in der folgenden Tabelle 11 dargestellt ist, ergibt sich aus der Gegenüberstellung von Reineinnahmen und Reinausgaben. Bei den Reineinnahmen und -ausgaben handelt es sich jeweils um die nach der gegenseitigen Aufrechung mit einzelnen Gemeinden verbliebenen Salden.

Tabelle 11 Belastung der Stadt Hanau aus dem Gewerbesteuerausgleich

Rechnungs-jahr	Reineinnahmen von Betriebsgemeinden für Auspendler RM/DM	Reinausgaben an Wohngemeinden für Einpendler RM/DM	Belastung (Spalte 3-2) RM/DM
1936	8 997	65 373	56 376
1938	4 173	136 676	132 503
1941	17 390	234 300	216 910
1944	-	-	-
1945	-	-	-
1946	3 269	39 193	35 924
1947	1 877	1 760	(+) 117
1948 RM	-	-	-
1948 DM	-	-	-
1949	8 235	216 353	208 118
1950	15 334	185 362	170 028
1951	30 295	305 205	274 910
1952	37 530	413 940	376 410
1953	38 235	455 680	417 445
1954	47 715	482 645	434 930

Der Ausgabensprung nach 1936 ging auf die hinzugekommene Beteiligung auch außerpreußischer Wohngemeinden zurück. Eine große Zahl von Pendlern kam aus den unterfränkischen Teilen des Spessarts. Die zunehmende Belastung in der Kriegszeit hing eng mit der intensiven Rüstungswirtschaft zusammen. Die Ausgleichszahlungen verliefen nahezu parallel mit dem der Gewerbesteuereinnahmen jener Jahre. Wie aus der Übersicht ebenfalls hervorgeht, hatte weder 1944 noch 1945 ein Gewerbesteuerausgleich stattgefunden. Dasselbe galt übrigens auch für 1947; der dort ausgewiesene geringe Betrag, der hier mehr zufällig zu einer Lastumkehr führte, gehörte rechnerisch noch in das Vorjahr. Auch die Ausgleichszahlungen für 1948 waren infolge der Währungsreform erst 1949 buchmäßig wirksam geworden.

Auffallend ist der stetige Aufwärtstrend seit 1951. Wachsende Pendlerzahlen, steigende Gewerbesteuererträge und höhere Ausgleichsbeträge je Arbeitnehmer waren die Hauptursache dafür. Aber auch die über die Beseitigung von Kriegsschäden hinausgehende Expansion einiger Industriezweige im Zuge der günstigen konjunkturellen Entwicklung schlagen sich hier nieder. Das gilt in erster Linie für die kautschukverarbeitende, aber auch für große Teile der Hanauer Metallindustrie, die zu den führenden Werken ihrer Branche gehörten und von den großen Marktchancen der ersten Nachkriegsdekade profitierten.

Die Problematik des Gewerbesteuerausgleichs zeigte sich besonders deutlich bei den Vorortgemeinden, die einerseits als selbständige Wohngemeinden für ihre Auspendler Ausgleichszahlungen erhielten, andererseits aber auch, ohne eigene Mittel dafür aufbringen zu müssen, von den öffentlichen Einrichtungen und Leistungen der Betriebsgemeinde profitierten.[1] Derartige Vorteilsverlagerungen zugunsten von Vorortgemeinden sind oft das Ergebnis jahrzehntelanger Entwicklung und stellen Problemkreise dar, deren Lösung oft nur im Rahmen einer Gebietsneuordnung möglich ist. Sie führen häufig zu Eingemeindungsforderungen der meist größeren Betriebsgemeinden mit dem Ziel der Revision überholter kommunaler Abgrenzungen. Ein Beispiel dafür bieten die engen wechselseitigen Beziehungen der Stadt Hanau mit den Gemeinden Steinheim, Großauheim und Wolfgang, aus denen Arbeitnehmer in großer Zahl nach Hanau einpendelten (siehe dazu die Statistik der Pendelwanderer im Anhang A 04) und an die die Stadt deshalb hohe Ausgleichszahlungen zu leisten hatte. Aus allen drei Gemeinden, deren Ortsmitte jeweils nur drei oder weniger Kilometer vom Zentrum der Stadt entfernt liegt, fuhren beispielsweise 1949 täglich rund 1350 Arbeitskräfte zu ihrem Arbeitsplatz nach Hanau, während umgekehrt etwa 300 Beschäftigte aus Hanau in diesen Gemeinden ihrer Arbeit nachgingen. Der Überhang von mehr als 1000 Einpendlern war von der Stadt Hanau finanziell auszugleichen. Auf der anderen Seite zogen die Gemeinden erhebliche Vorteile aus ihrer unmittelbaren Nachbarschaft zu Hanau, weil sie auf eine Reihe von öffentlichen Einrichtungen der Stadt zurückgreifen konnten, für die sie selbst nicht Vorsorge zu treffen brauchten. So waren sie in das innerstädtische Verkehrsnetz der Hanauer Straßenbahn AG voll eingebunden, sie wurden mit Gas - teilweise auch mit Wasser - von den Stadtwerken versorgt, das städtische Krankenhaus und die Kultureinrichtungen standen ihren Bürgern, der städtische Schlachthof ihren Fleischern, die Höheren Schulen der Stadt ihren Schülern zur Verfügung und wurden von ihnen auch in Anspruch genommen. Die Eingemeindung von Großauheim und Steinheim ist deshalb seit dem Ersten Weltkrieg häufig erörtert, ein Eingemeindungsvertrag mit der Gemeinde Wolfgang 1941 fast bis zur Abschlußreife gebracht worden.[2] Seine Realisierung zerschlug sich allerdings wegen der Kriegsereignisse. Die Pläne wurden jedoch nicht aufgegeben, sondern nach 1945 erneut zum Gegenstand von Verhandlungen gemacht. Dies schien den Verantwortlichen der Stadt Hanau nicht allein aus raumordnungspolitischen Gründen wichtig und notwendig zu sein, sondern ebenso wegen der damit eng verknüpften Fragen des Wiederaufbaus. Einerseits sollte der zentrifugal sich ausbreitenden Siedlungstätigkeit, die die Innenstadt zu vernachlässigen und in die Randzonen, aber auch in die Vorortgemeinden, abzudriften drohte, Einhalt geboten werden. Andererseits schwebte ihnen vor, durch Einbeziehung insbesondere der östlichen Vororte frühzeitig eine Entscheidung herbeizuführen, die nicht nur dem Vorteilsausgleich, sondern auch - im Zusammenhang mit der Wiederaufbauplanung - der Dimensionierung der öffentlichen Einrichtungen unter dem Aspekt eines wachsenden Gemeinwesens Rechnung tragen sollte. Die angestrebte neue Ordnung ist aber an den großen Widerständen der betroffenen Gemeinden zunächst gescheitert. Erst die Gebiets- und Verwaltungsreform von 1974[3] brachte die Lösung des Problems. Sie ging sogar über die ursprünglichen Zielvorstellungen hinaus und sorgte für den Anschluß weiterer Gemeinden (Klein-Auheim, Mittelbuchen) an die Kernstadt Hanau.

1) Zwar sind auch umgekehrte Verhältnisse denkbar, doch spielen sie in der Praxis kaum eine Rolle, weshalb die Einbeziehung hier vernachlässigt werden kann

2) Vgl. dazu H.Krause, Die Eingemeindungsforderungen der Stadt Hanau, Hanau 1948

3) Gesetz zur Neugliederung der Landkreise Gelnhausen, Hanau und Schlüchtern und der Stadt Hanau sowie die Rückkreisung der Städte Fulda, Hanau und Marburg (Lahn) betreffende Fragen vom 12. März 1974 (GVBl.I, S.149)

§ 3 Die Fürsorgeausgaben

Die Unterstützung Hilfsbedürftiger gehört zu den klassischen Aufgaben gemeindlicher Selbstverwaltung. Die Gemeinde ist die Gemeinschaft der Bürger und in diesem Sinne zugleich Solidargemeinschaft, die zur Hilfeleistung für Schwache, Kranke und Alte in ihrer Mitte an erster Stelle berufen ist. Ihre Kompetenz leitet sich her aus der Unmittelbarkeit des Verhältnisses der Gemeinde zu ihren Bürgern, denen sie Wohnsitz und Heimat ist.

Die Neuorganisation des Fürsorgewesens in seiner modernen Ausprägung geht zurück auf die Reichsfürsorgepflichtverordnung (RFV) vom 13. Februar 1924,[1] die einerseits die Finanzierung der öffentlichen Fürsorgeaufgaben regelte, andererseits einheitliche und leistungsfähige Träger, die Fürsorgeverbände, schuf, denen die Wohlfahrtspflege als Pflichtaufgabe zugewiesen wurde.[2] Als örtliche Träger fungierten fortan die kreisfreien Städte und Landkreise; sie wurden zu Bezirksfürsorgeverbänden. Mit der gleichzeitigen Einrichtung von Landesfürsorgeverbänden verband sich der Gedanke der Verteilung der Lasten zwischen Land und Gemeinden, denn ihnen oblag die Erfüllung solcher Aufgaben, die nach Art und Besonderheit einem überörtlichen Träger zugeordnet werden müssen.[3]

Voraussetzung für die Gewährung von Fürsorgeleistungen, die sowohl in Geldzahlungen als auch in Sachleistungen oder in persönlicher Betreuung (Dienstleistungen) bestehen können, ist die Bedürftigkeit des Hilfesuchenden. "Hilfsbedürftig ist, wer den notwendigen Lebensbedarf für sich und seine unterhaltsberechtigten Angehörigen nicht oder nicht ausreichend aus eigenen Kräften und Mitteln beschaffen kann und ihn auch nicht von anderer Seite, insbesondere von Angehörigen, erhält."[4]

Nach ihren verschiedenen Funktionen unterscheidet man die wirtschaftliche, die gesundheitliche und die erzieherische Fürsorge. Ziel der wirtschaftlichen Fürsorge ist die Sicherung des notwendigen Lebensunterhalts, die Erhaltung oder Wiederherstellung der Arbeitskraft des Hilfsbedürftigen. Gegenstand der gesundheitlichen Fürsorge sind Maßnahmen der Gesundheitspflege im weitesten Sinne, während die erzieherische Fürsorge vor allem präventiven Charakter hat und ein Abgleiten in Randgruppen der Gesellschaft verhindern soll.[5]

Für die Untersuchung der Fürsorgeausgaben der Stadt Hanau ist die in den Haushaltsplänen verwandte Einteilung in Leistungen

1. der offenen Fürsorge und
2. der geschlossenen Fürsorge

---

1) RGBl.I S.100

2) Vgl. M.Thoma, Die öffentliche Fürsorge, im Handbuch der kommunalen Wissenschaft und Praxis, 1.Auflage, 2.Band, Berlin u.a. 1957, S.284

3) Vgl. M.Thoma, a.a.O., S.301

4) § 5 der Reichsgrundsätze über Voraussetzung, Art und Maß der öffentlichen Fürsorge (RGr) vom 4. Dezember 1924 (RGBl.I S.765) i.d.Fassung des Gesetzes über die Änderung und Ergänzung fürsorgerechtlicher Bestimmungen (FÄG) vom 20. August 1953 (BGBl.I S.967)

5) Vgl. M.Thoma, a.a.O., S.287

grundsätzlich beibehalten worden, obwohl der Begriff der offenen Fürsorge bereits 1951 aufgegeben und die Gliederung der Fürsorgeleistungen aufgrund gesetzlicher Vorschriften, insbesondere in den letzten Jahren der Untersuchungsperiode, stark geändert worden ist. Die Beibehaltung empfahl sich auch schon deswegen, weil wegen der uneinheitlichen Zuordnung einzelner Ausgabenkategorien unterhalb dieser Unterscheidungsebene nur so eine intertemporale Vergleichbarkeit - wenigstens für die summarischen Werte - gewährleistet werden konnte.

Unter offener Fürsorge wird allgemein die Unterstützungsgewährung verstanden, die den Empfänger der Leistungen in seiner Bewegungsfreiheit nicht einengt, ihn also in seiner häuslichen Umgebung, bei seinen Familienangehörigen beläßt.[1] Bei der geschlossenen Fürsorge handelt es sich dagegen um Anstaltsfürsorge für Gebrechliche.

Alle sonstigen Leistungen des Fürsorgewesens, soweit sie nicht der offenen oder der geschlossenen Fürsorge zuzurechnen sind, sind unter dem Begriff "Erweiterte Fürsorge" zusammengefaßt.

Wie an anderer Stelle bereits ausgeführt wurde, sind in den hier betrachteten Fürsorgeausgaben diejenigen Geldleistungen nicht enthalten, die die Stadt Hanau als örtlicher Fürsorgeverband an andere Bezirksfürsorgeverbände sowie an den Landesfürsorgeverband gezahlt hat. Sie gehören - analog den Geldleistungen von anderen Fürsorgeverbänden an die Stadt Hanau - in das Gebiet des Finanz- und Lastenausgleichs und sind den Zuweisungen an andere beziehungsweise von anderen Gebietskörperschaften zugeordnet worden (vgl. dazu die Seiten 99 und 238).

Wie aus der Tabelle 02 auf Seite 62 hervorgeht, schwankte der Anteil der Fürsorgeausgaben an den Gesamtausgaben der Stadt Hanau nach 1945 zwischen 7 und 11 vH. In der Zeit davor lagen die Anteile dagegen deutlich höher, was anfänglich mit der noch immer ausgeprägten Arbeitslosigkeit (1936), später mit dem wachsenden Volumen an Unterhaltsleistungen für Angehörige von Kriegsteilnehmern zusammenhing, deren Verrechnung im Fürsorgeetat vorgenommen wurde (siehe dazu das Kapitel "Erweiterte Fürsorge" auf Seite 121).

Die Aufschlüsselung der Fürsorgeausgaben der Stadt Hanau in der Zeit von 1936 bis 1954 nach absoluten Beträgen und solchen je Einwohner ergibt sich aus den nachfolgenden Tabellen 12 und 13 (Seite 111).

---

1) Vgl. Muthesius, Fürsorge und Sozialreform, bundesrechtliche Grundlagen der öffentlichen Fürsorgepflicht, S.75, (zit. nach W.Fischer, a.a.O., S.154); auf die Leistungen der sogenannten "halboffenen Fürsorge" für die Unterbringung oder Verpflegung in bestimmten Heimen (Nachtasylen, Wandererholungsstätten und dergleichen) braucht hier nicht näher eingegangen zu werden, weil sie in Hanau nicht gesondert ausgewiesen, sondern unter die offene Fürsorge subsumiert wurden

Tabelle 12 Fürsorgeausgaben absolut (Ist) der Stadt Hanau in RM/DM[a)]

Rechnungs-jahr	Offene Fürsorge			Leistungen in der geschlossenen Fürsorge	Summe der Fürsorge-leistungen	Erweiterte Fürsorge einschl. Fami-lienunterhalt	Gesamtausgaben im Fürsorgewesen
	Geld-leistungen	Sach- und Dienst-leistungen	insgesamt				
1936	1 255 368	234 973	1 490 341	114 161	1 604 502	40 245[b)]	1 644 747
1938	772 888	58 305	831 193	189 247	1 020 440	148 037[b)]	1 168 477
1941	347 203	16 156	363 359	123 760	487 119	2 530 365[b)]	3 017 484
1944	326 892	8 426	335 318	70 943	406 261	2 806 230[b)]	3 212 491
1945	464 678	36 423	501 101	158 671	659 772	17 751	677 523
1946	450 775	24 091	474 866	122 966	597 832	13 130	610 962
1947	578 650	22 438	601 088	111 118	712 206	36 949	749 155
1948 RM	137 159	2 748	139 907	18 406	158 313	5 945	164 258
1948 DM	434 189	27 849	462 038	113 105	575 143	20 001	595 144
1949	557 167	35 512	592 679	176 302	768 981	28 491	797 472
1950	483 302	39 867	523 169	202 712	725 881	39 667	765 548
1951	469 789	64 273	534 062	321 223	855 285	41 226	896 511
1952	509 940	52 449	562 389	377 612	940 001	100	940 101[c)]
1953	664 614	91 700	756 314	500 278	1 256 592	1 000	1 257 592
1954	567 170	266 794	833 964	434 097	1 268 061	154 326	1 422 387

a) 1945 - 1954 einschließlich Kriegsfolgenhilfe
b) einschließlich Familienunterhalt für Wehrdienst-, Arbeitsdienst- und Luftschutzdienstpflichtige
c) Die Gesamtausgaben betragen tatsächlich 1 567 218 DM. Bei der Differenz in Höhe von 627 117 DM handelt es sich um Vorleistungen der Stadt nach dem Lastenausgleichsgesetz. Diese Ausgabenposition ist ein Einzelfall, der zudem den Charakter eines durchlaufenden Postens hat. Im Interesse der Vergleichbarkeit der Zahlen wurde auf eine gesonderte Ausweisung in der Tabelle verzichtet.

Tabelle 13 Fürsorgeausgaben der Stadt Hanau je Einwohner in RM/DM[a)]

Rechnungs-jahr	Offene Fürsorge			Leistungen in der geschlossenen Fürsorge	Summe der Fürsorge-leistungen	Erweiterte Fürsorge einschl. Fami-lienunterhalt	Gesamtausgaben im Fürsorgewesen
	Geld-leistungen	Sach- und Dienst-leistungen	insgesamt				
1936	30,83	5,77	36,60	2,80	39,41	0,99[b)]	40,40
1938	19,05	1,44	20,49	4,67	25,16	3,65[b)]	28,81
1941	8,81	0,41	9,22	3,14	12,36	64,23[b)]	76,59
1944	8,57	0,22	8,79	1,86	10,65	73,58[b)]	84,23
1945	22,49	1,76	24,25	7,68	31,93	0,86	32,79
1946	20,43	1,09	21,52	5,57	27,09	0,60	27,69
1947	23,64	0,92	24,56	4,54	29,10	1,51	30,61
1948 RM	5,17	0,10	5,27	0,69	5,96	0,22	6,18
1948 DM	16,37	1,05	17,42	4,26	21,68	0,75	22,43
1949	19,45	1,24	20,69	6,16	26,85	0,99	27,84
1950	15,71	1,30	17,01	6,59	23,60	1,29	24,89
1951	13,54	1,85	15,39	9,26	24,65	1,19	25,84
1952	13,92	1,43	15,35	10,31	25,66	.	25,66[c)]
1953	17,05	2,35	19,40	12,84	32,24	0,03	32,27
1954	13,80	6,49	20,29	10,56	30,85	3,76	34,61

a) 1945 - 1954 einschließlich Kriegsfolgenhilfe
b) einschließlich Familienunterhalt für Wehrdienst-, Arbeitsdienst- und Luftschutzdienstpflichtige
c) Ohne Vorleistungen der Stadt nach dem Lastenausgleichsgesetz.

1. Die Leistungen in der offenen Fürsorge

Wie die Tabelle 12 zeigt, übertreffen in der offenen Fürsorge die Leistungen in Geld die in Sach- und Dienstleistungen um ein Vielfaches. Das hängt vor allem damit zusammen, daß die Dienstleistungen nur in wenigen, meist besonders gelagerten Fällen gewährt wurden. Die Geldleistungen dienten allgemein der Sicherung des notwendigen Lebensbedarfs[1] und waren an Richtsätzen orientiert, die den örtlichen Verhältnissen Rechnung tragen und bei deren Festsetzung ein angemessenes Verhältnis der aus Mitteln der Allgemeinheit gewährten Unterstützung zu den Arbeitseinkommen der erwerbstätigen Bevölkerung gewahrt sein sollten.[2] Die Sach- und Dienstleistungen waren dagegen von den besonderen individuellen Umständen des Hilfsbedürftigen abhängig und kamen überwiegend in den Bereichen der wirtschaftlichen und gesundheitlichen Fürsorge vor. In Hanau wurden Sach- und Dienstleistungen u.a. in der Form von Lebensmitteln, Kleidung, Hausrat und Heizmaterial gewährt. Hierher gehörten ferner Mietbeihilfen, Behandlungskosten für Geschlechtskranke sowie Aufwendungen für heimatlose Jugendliche und in der Obdachlosenfürsorge. Die Abgrenzung von den Geldleistungen war meist schwierig; die Übergänge waren oft fließend.

a) Die allgemeinen Fürsorgeleistungen von 1936 bis 1944

Bei der Betrachtung der Tabelle 12 fallen die hohen Ausgaben in den Anfangsjahren 1936 und 1938 besonders auf. Nicht nur die Geldleistungen der offenen Fürsorge, sondern auch die Sach- und Dienstleistungen bewegten sich auf einem Niveau, das in keinem der nachfolgenden Jahre mehr erreicht worden ist. Sie markieren das Ende einer Periode, in der der Fürsorgeetat der Stadt Hanau den mit Abstand größten Zuschußbedarf aller Einzelpläne des Gesamthaushalts erforderte und zum neuralgischen Punkt des Haushaltsausgleichs geworden war. Ein kurzer Rückblick auf die Vorgeschichte dieser Entwicklung soll hier das Verständnis der finanzwirtschaftlichen Zusammenhänge erleichtern.

- Bis zum Jahre 1928 einschließlich hatte die Stadt Hanau ihre Etats ausgleichen können. Ab 1929 waren die Auswirkungen der Weltwirtschaftskrise auf die städtischen Einnahmen und Ausgaben so gravierend, daß dies nicht mehr gelang. Die Arbeitslosenzahlen wuchsen rapide an und mit ihnen die Wohlfahrtsausgaben. Da gleichzeitig die Steuereinnahmen erheblich zurückgingen und ein finanzieller Ausgleich durch das Reich nicht stattfand, waren zunehmende Fehlbeträge im Gesamthaushalt die Folge. Sie erreichten 1931 mit annähernd 3,5 Millionen Reichsmark ihren Höhepunkt. Die Zahl der in der offenen Fürsorge laufend bar unterstützten Personen stieg bis 1932 auf 5 056 an, darunter allein 3 755 Wohlfahrtserwerbslose, für die ein Unterstützungsbetrag von rund 1,8 Millionen Reichsmark aufzuwenden war. Hanau befand sich damit in einer bemerkenswerten Ausnahmesituation im Vergleich mit anderen Städten (siehe dazu die Gegenüberstellungen im Anhang B 01 und B 04).

---

1) Unter dem Begriff "Lebensbedarf" versteht man die Gesamtheit aller Bedürfnisse des Hilfsbedürftigen, die im Rahmen der Fürsorge als unumgänglich notwendig anerkannt und ohne Ausnahme in den gesetzlichen Vorschriften aufgelistet sind; dazu gehören insbesondere Unterkunft, Nahrung, Kleidung und Pflege, Krankenhilfe sowie Hilfe zur Wiederherstellung der Arbeitsfähigkeit (§ 6 RGr); vgl. dazu M.Thoma, a.a.O., S.289

2) vgl. M.Thoma, a.a.O., S.295

Jahr	In der offenen Fürsorge laufend bar unterstützte Personen[1]	Unterstützte Arbeitslose
1932	5 056	3 755
1934	4 009	3 351
1936	2 831	2 515

Die Stadt versuchte mit Notstandsarbeiten, für die das Reich Mittel - wenn auch ohne gesetzlichen Anspruch - in beschränktem Umfang zur Verfügung stellte, eine Besserung der Lage herbeizuführen (siehe dazu auch Seite 212). Die Regulierung der Kinzig vom Herrenmühlenwehr bis zur Kirschenallee, ein Projekt,[2] an dem in den Jahren 1933 bis 1935 zeitweilig bis zu 200 Wohlfahrtsunterstützungsempfänger arbeiteten, sowie die Regulierung der Nebenbäche (Krebsbach und Fallbach) in den späteren Jahren gehörten zu den wichtigsten Notstandsmaßnahmen jener Zeit.

Die Belastungen des Fürsorgehaushalts durch die hohen Arbeitslosenzahlen gingen nur langsam zurück. Im Jahre 1936, als der Haushalt der Stadt Hanau erstmals wieder ausgeglichen abschloß, betrugen sie immer noch fast 870 000 Reichsmark. Die auf Wohlfahrtserwerbslose, Fürsorgearbeiter[3] und zusätzlich unterstützte Arbeitslosen- und Krisenunterstützungsempfänger entfallenden Fürsorgeleistungen sanken dann aber rasch weiter ab und fielen 1940 schließlich ganz weg, nachdem die Betreuung "einsatzfähiger Arbeitsloser" durch das Arbeitsamt übernommen worden war.

Tabelle 14 Fürsorgeunterstützungen[a] der Stadt Hanau an Arbeitslose in RM

	1936	1937	1938	1939	1940
Wohlfahrtserwerbslose	394 542	501 943	257 145	61 572	--
Sonstige Arbeitslose [Fürsorgearbeiter]	466 762	32 359	25 476	10 000	--
Zusätzlich unterstützte Alu- und Kru-Empfänger[b]	8 100	4 530	860	89	--
Insgesamt	869 404	538 832	283 481	71 661	--

a) Geld- und Sachleistungen einschließlich der Zahlungen an andere Fürsorgeverbände
b) Empfänger von Arbeitslosen- und Krisenunterstützung

1) Die Zahlenübersicht ist zusammengestellt aus Angaben des Statistischen Jahrbuchs deutscher Gemeinden, 29.-32.Jhrg. 1934-1937

2) Zur Vorfinanzierung des 2.Projektabschnitts mußte die Stadt Hanau einen Kredit in Höhe von 290.000,- RM bei der Rentenbank-Kreditanstalt aufnehmen (Beschluß des Magistrats vom 9. Mai 1933); vgl.dazu Hanauer Anzeiger Nr.110, vom 12. Mai 1933, S.4

3) In dem Unterabschnitt 415 "Fürsorgearbeiter" wurden die Ausgaben für die Überleitung oder Wiedereingliederung von Fürsorgeempfängern in den Arbeitsprozeß veranschlagt

§ 1 der Verordnung über die Fürsorgepflicht (RFV) vom 13. Februar 1924 machte noch den Unterschied zwischen "allgemeiner" und "gehobener Fürsorge". In der gehobenen Fürsorge sollten ganze Gruppen von Hilfsbedürftigen, deren Notlage als Folge des Ersten Weltkriegs und der Inflation anzusehen war, ferner besonders schutzwürdige Gruppen, wie die Minderjährigen und die Wöchnerinnen, bessergestellt werden. Die Differenz zur allgemeinen Fürsorge drückte sich in zum Teil sehr unterschiedlichen Richtsätzen aus, die von Stadt zu Stadt erheblich variierten (siehe dazu Anhang B 13). Nach den Haushaltsplänen der Stadt Hanau wurden bis zum Jahre 1944 die folgenden Personengruppen der gehobenen Fürsorge zugerechnet:

Kriegsbeschädigte und Tumultbeschädigte,
Sozialrentner,
Kleinrentnerhilfeempfänger,
Sonstige Kleinrentner und ihnen Gleichgestellte.

Zum Personenkreis der allgemeinen Fürsorge zählten dagegen, außer den in der Tabelle 14 genannten Arbeitslosengruppen, die

Pflichtarbeiter,
Pflegekinder und
sonstigen Hilfsbedürftigen.

Nach einem Runderlaß des Reichsministers des Innern vom 31. Oktober 1941[1] waren etwa zwei Drittel der sonstigen Hilfsbedürftigen in die gehobene Fürsorge zu übernehmen. Trotz dieser Aufwertung eines Teils der Fürsorgeempfänger und der Einführung einer weiteren Bedürftigenkategorie, der sogenannten "Kriegshilfe"[2], gingen die Fürsorgeausgaben der Stadt Hanau während der Kriegsjahre weiter zurück. Ursächlich dafür waren die insgesamt schrumpfenden Zahlen der betreuten Parteien, die beispielsweise bei den Sozialrentnern von durchschnittliche 465 im Jahre 1938 auf 370 im Jahre 1942, bei den Kleinrentnerhilfeempfängern und ihnen Gleichgestellten von 150 (1938) auf 125 (1943) und bei den sonstigen Hilfsbedürftigen von 500 (1938) auf 200 (1943) zurückfielen.

b) Die allgemeinen Fürsorgeleistungen von 1945 bis 1954

Die Unterscheidung in allgemeine und gehobene Fürsorge wurde nach dem Zusammenbruch des Reiches von den Besatzungsmächten beseitigt. Seitdem galt wieder der "Grundsatz der Einheitsfürsorge", der jede unterschiedliche Behandlung von Hilfsbedürftigen verbietet.[3] Die Folgen des Krieges brachten zudem einschneidende Änderungen im Fürsorgewesen. Von Not und Elend gezeichnete Menschen, Ausgebombte, Verfolgte, Vertriebene und Entrechtete ließen völlig neue Gruppen von Bedürftigen entstehen, die das Bild der städtischen Fürsorge entscheidend mitbestimmten.

---

1) zitiert nach Angaben im Haushaltsplan der Stadt Hanau von 1942, S.73, Erläuterung 5

2) Unter der Bezeichnung "Kriegshilfe" wurden Unterstützungszahlungen an bedürftig gewordene Personen zusammengefaßt, die durch Geschäftsschließungen infolge der Einberufung des Personals (oder Inhabers) und Warenkontingentierung verursacht waren.

3) Vgl. M.Thoma a.a.O., S.288

Die geänderten Strukturen werden am deutlichsten sichtbar in der Erweiterung des von der Wohlfahrtspflege erfaßten Personenkreises. Einzelheiten dazu sind dem folgenden Kapitel "Kriegsfolgenhilfe" (Seite 117) zu entnehmen.

Die Bezieher von städtischen Leistungen in der allgemeinen Fürsorge beschränkten sich auf drei Gruppen: allgemeine Unterstützungsempfänger, Sozialrentner und Pflegekinder. Bei den Geldleistungen unterschied man zwischen laufenden Barunterstützungen, einmaligen Barunterstützungen, Erziehungsbeihilfen, Wochenfürsorge-, Tbc- und anderen gesundheitlichen Fürsorgeleistungen. Zu den gewährten Sach- und Dienstleistungen gehörten neben Mietbeihilfen u.a. Ausgaben im Rahmen der wirtschaftlichen Fürsorge, wie etwa für Brennmaterial, Kleidung, Hausrat etc., und innerhalb der gesundheitlichen Fürsorge zum Beispiel für Arzt- und Arzneikosten, zahnärztliche Behandlung etc.

In der folgenden Tabelle 15 sind die städtischen Leistungen der allgemeinen Fürsorge ohne Kriegsfolgenhilfe für die Jahre 1947 bis 1952 summarisch zusammengestellt. Auf die Darstellung der Jahresergebnisse für 1945 und 1946 sowie für 1953 und 1954 nach dem gleichen Schema mußte dabei verzichtet werden; für die Anfangsjahre fehlten dazu präzise Unterlagen, die eine entsprechende Gruppierung ermöglicht hätten; für 1953 und 1954 scheiterte die Aufschlüsselung daran, daß die Fürsorgeausgaben mit Wirkung ab 1953 nach anderen Gesichtspunkten gegliedert wurden. Die vorliegende Form der Zusammenfassung blieb somit die einzige Möglichkeit, wenigstens Teilergebnisse zeitlich vergleichbar zu machen. Das gleiche gilt im übrigen auch für die folgenden Tabellen 16 und 18.

Tabelle 15 Leistungen des Bezirksfürsorgeverbands Hanau in der allgemeinen Fürsorge in RM/DM

Fürsorgeleistungen (ohne Kriegsfolgenhilfe)	1947	1948[a)]	1949	1950	1951	1952
Geld-, Sach- und Dienstleistungen an Allgemeine Fürsorgeempfänger und Sozialrentner	265 240	325 685	393 678	355 737	379 230	447 301
an Pflegekinder	11 058	11 251	12 578	12 474	12 896	15 134
Summe allgemeine Fürsorgeleistungen	276 298	336 936	406 256	368 211	392 126	462 435

a) 1948: RM/DM = 1:1

Wie die Übersicht zeigt, sind bei den Leistungen in der offenen Fürsorge nur verhältnismäßig geringe Schwankungen aufgetreten. Der Verlauf deckt sich insoweit mit der Entwicklung der vom Bezirksfürsorgeverband Hanau laufend unterstützten Parteien. Ihre Zahl betrug, jeweils am Jahresende,[1]

1948	799
1949	850
1950	648

1) Vgl. Statistische Vierteljahresberichte der Stadt Hanau IV 1948 - IV 1954

1951	695
1952	744
1953	731
1954	834.

Für die insgesamt leicht ansteigende Tendenz ab 1951 ist vor allem die Erhöhung der Fürsorge-Richtsätze verantwortlich. Die Richtsätze gelten als Maßstäbe für die Berechnung des Bedarfs von Fürsorgeleistungsempfängern ohne eigenes Einkommen, wobei durchschnittliche Lebensverhältnisse zugrunde gelegt werden.[1] Sie berücksichtigen den regelmäßigen Bedarf an Gütern der allgemeinen Lebenshaltung (Nahrung, Kleidung und deren Instandhaltung, Heizung, Beleuchtung etc.) und sind den steigenden Lebenshaltungskosten von Zeit zu Zeit angepaßt worden.

Fürsorge-Richtsätze des Bezirskfürsorgeverbandes Hanau in der offenen Fürsorge in RM/DM

ab/bis	Allein-stehende	Familien-vorstand	Haushaltsangehörige über 16 Jahre	Haushaltsangehörige unter 16 Jahre
1945/1946	33,00	30,00	21,00	15,00
ab 01.08.1946	42,90	39,00	27,30	19,50
ab 01.07.1949	43,00	39,00	29,00	21,50[a]
ab 01.04.1951	50,00	47,00	34,00	26,00
ab . . 1953	53,00	50,00	37,00	29,00
ab 01.10.1954	56,00	53,00	40,00	32,00

a) für das 1.Kind 21,50 DM; für jedes weitere Kind 23,00 DM

Die abrupt angestiegenen Bar- und Sachleistungen des Bezirksfürsorgeverbands Hanau in den Jahren 1953 und 1954 (Tabelle 12, Seite 111) waren im wesentlichen die Folge der Neustrukturierung des Fürsorgewesens aufgrund des Gesetzes über die Änderung und Ergänzung fürsorgerechtlicher Bestimmungen (FÄG) vom 20. August 1953.[2] Danach wurden bis dahin bestehende Mängel und Ungleichmäßigkeiten bei den Fürsorgeleistungen beseitigt, gleichzeitig aber bestätigt, "daß es sozial gerechtfertigt ist, bestimmten Gruppen von Hilfsbedürftigen einen erhöhten Lebensbedarf zuzubilligen und damit einen sogenannten 'Mehrbedarf' anzuerkennen."[3] Die Anerkennung des Mehrbedarfs bei schwer erwerbsbeschränkten Personen, Müttern mit mindestens zwei Kindern, Beschädigten im Sinne des Bundesversorgungsgesetzes, Unfallrentnern, Opfern nationalsozialistischer Verfolgung, Blinden und anderen Personen hat, zusammen mit Richtsatzerhöhungen und Teuerungszulagen, zu einer generellen Leistungsverbesserung geführt, die sich in den höheren Fürsorgeausgaben niederschlug.

1) Die Richtsätze sollen eine gleichmäßige Bewertung der Aufwendungen für die zum laufenden Lebensunterhalt gehörigen Bestandteile ermöglichen. Soweit im Einzelfall ein Bedarf festgestellt wird, der eine vom Richtsatz abweichende Bemessung erfordert, ist die Fürsorgeleistung nach dem tatsächlichen Bedarf zu bestimmen. Richtsätze sind daher keine festen Unterstützungsbeträge (vgl. dazu M.Thoma, a.a.O., S.294)

2) BGBl.I S.967

3) M.Thoma, a.a.O., S.296

c) Die Kriegsfolgenhilfe

Als mit dem Einmarsch der amerikanischen Truppen die staatliche Organisationsstruktur zusammenbrach und keine Regierungen mehr auf Reichs- und Länderebene existierten, waren es zunächst die Städte und Gemeinden, die als erste Anlaufstellen für Hilfesuchende und Notleidende die ganze Last der Kriegsfolgenhilfe zu tragen hatten. Die einsetzende große Flüchtlingsbewegung, die das Land überzog, sorgte für neue und schwerwiegende soziale Probleme. Zwar war die Stadt Hanau wegen ihrer großen Wohnungsverluste zunächst nicht in der Lage, Heimatvertriebene auf Dauer aufzunehmen, doch blieben ihr erhebliche Lasten in der Form einmaliger Unterstützungszahlungen an diesen Personenkreis nicht erspart.[1)] Hinzu kamen wachsende Aufwendungen für mittellos gewordene Angehörige von Kriegsgefangenen, Vermißten und Heimkehrern, für die durch den Bombenkrieg Obdachlosgewordenen, für Kriegsversehrte, Staatenlose und Verfolgte, die zusätzlich zu dem Kreis der allgemeinen Fürsorgeempfänger zu betreuen waren. Die folgende Tabelle 16 gibt einen Überblick über den betroffenen Personenkreis und die dafür von 1947 bis 1952 aufgewandten Beträge.

Tabelle 16 Leistungen des Bezirksfürsorgeverbands Hanau in der Kriegsfolgenhilfe in RM/DM

Geld-, Sach- u. Dienstleistungen an	1947	1948[a)]	1949	1950	1951	1952
Heimatvertriebene	53 056	46 257	26 223	23 520	37 875	29 960
Evakuierte	2 568	3 945	4 344	3 230	4 228	4 175
Angehörige von Kriegsgefangenen	168 668	108 002	47 878	29 789	971	6
Ausländer und Staatenlose	-	2 361	4 589	18 971	17 658	17 821
Kriegsbeschädigte u.Gleichgestellte	92 678	99 624	95 989	64 277	61 971	28 613
Zugewanderte aus der Sowjetzone	1 078	6 251	7 400	12 188	17 389	17 698
Andere Leistungsempfänger	6 742	./.1 431	-	2 983	1 844	1 681
Summe Geld-, Sach- u.Dienstleistungen	324 790	265 009	186 423	154 958	141 936	99 954

a) 1948: RM/DM = 1:1

Es verstand sich von selbst, daß die Gemeinden diese zusätzlichen Ausgaben nicht allein tragen konnten. So übernahm das Land Hessen nach seiner Konstituierung im ersten hessischen Finanzausgleichsgesetz[2)] für das Haushaltsjahr 1946 die gesamten Kosten der Fürsorge für die Ostflüchtlinge. Die später folgenden Finanzausgleichsregelungen, in die 1950 auch der Bund[3)] eintrat, indem er den größten Teil der Kriegsfolgekosten von den Ländern übernahm, haben die Gemeinden zwar entlastet, ihnen zugleich aber einen Anteil an den gesamten Kriegsfolgekosten aufgebürdet, der zwischen 10 vH und 20 vH schwankte. Außerdem mußten sie ständig mit ihren Leistungen in Vorlage treten und hatten überdies keinen Anspruch auf Ersatz der damit verbundenen Verwaltungskosten (siehe dazu das Kapitel über die Einnahmen aus Zweckzuweisungen auf Seite 225ff).

1) W.Fischer hat für die Stadt Darmstadt sehr ähnliche Beobachtungen gemacht (vgl. dazu W.Fischer, a.a.O., S.370)

2) Gesetz über Regelung des Finanzausgleichs für das Haushaltsjahr 1946 vom 8. April 1947, GVBl. S.24

3) 1.Gesetz zur Überleitung von Lasten und Deckungsmitteln auf den Bund vom 28. November 1950 (BGBl. S.773)

Wie die Tabelle 16 zeigt, sind die Geld- und Sachaufwendungen für alle Unterstützungsempfänger in der Kriegsfolgenhilfe allmählich zurückgegangen, mit Ausnahme der Leistungen für Zugewanderte aus der sowjetisch besetzten Zone und Westberlin. Allerdings war hier der nominelle Zuwachs weniger auf steigende Zahlen der Unterstützungsempfänger als vielmehr auf materielle Leistungsverbesserungen und Teuerungszulagen zurückzuführen.

Stark abgenommen haben insbesondere die Aufwendungen für Angehörige von Kriegsgefangenen, Vermißten und Heimkehrern. Diese Ausgaben, die an die Stelle der bis 1944 gezahlten Familienunterhaltsleistungen aus "Anlaß des Einsatzes bei der Wehrmacht" getreten waren, sanken mit der zunehmenden Rückkehr von Kriegsteilnehmern. Der Bezirksfürsorgeverband Hanau hatte zudem an Teile dieses Personenkreises ab 1. April 1950 nur noch Zusatzunterstützungen zu zahlen, nachdem der Bund die Unterhaltsbeihilfen für Angehörige von Kriegsbeschädigten übernommen hatte.[1] Die Unterstützung von entlassenen Kriegsteilnehmern und ihren Angehörigen ist ab 1953 kaum noch in Erscheinung getreten.

Während der Aufwand an Geld-, Sach- und Dienstleistungen in der Kriegsfolgenhilfe deutlich geringer wurde - in der Zeit von 1947 bis 1952 um rund zwei Drittel -, haben die Leistungen der geschlossenen Fürsorge im gleichen Zeitraum um mehr als das Dreifache zugenommen (siehe dazu Tabelle 18). Unbeschadet dieses Kompensationseffekts blieben die Ausgaben in der Kriegsfolgenhilfe bis zum Ende des Untersuchungszeitraums insgesamt rückläufig (vgl. dazu die Übersicht im Anhang A 21).

2. Die Leistungen in der geschlossenen Fürsorge

Auch für die Heim- und Anstaltsfürsorge fehlte während des Untersuchungszeitraums in den Haushaltsplänen der Stadt Hanau ein einheitliches Ordnungsprinzip. Bis 1938 wurden die Ausgaben in der geschlossenen Fürsorge nur summarisch als "Unterbringungskosten in fremden Anstalten" ausgewiesen. Erst von 1939 an trat eine Differenzierung ein, die den Gesamtaufwand in Ausgaben der "ordentlichen" und "außerordentlichen Fürsorge" zerlegte. Zum Bereich der ordentlichen Fürsorge rechnete man die Kosten für die Krankenhausbehandlung, für die Unterbringung in Alters- und Siechenheimen, Tuberkulose-Anstalten sowie Säuglings- und Kinderheimen. Die außerordentliche Fürsorge umfaßte dagegen die Unterbringung von Gebrechlichen, geistig und körperlich Behinderten (Geisteskranke, Schwachsinnige, Fallsüchtige, Taubstumme, Blinde und Körperbehinderte).

Bis zum Kriegsende waren die Ausgaben in der geschlossenen Fürsorge stark rückläufig (siehe dazu Tabelle 12 auf Seite 111). An diesem Rückgang waren die Ausgaben in der ordentlichen und in der außerordentlichen Fürsorge gleichermaßen beteiligt, wie die Ergebnisse der Jahre 1937, 1939 und 1943 beispielhaft erkennen lassen.

---

1) Gesetz über die Unterhaltsbeihilfen für Angehörige von Kriegsbeschädigten vom 13. Juni 1950, BGBl.S.204

Tabelle 17 Ausgaben der Stadt Hanau in der geschlossenen Fürsorge in RM

im Bereich	1937 Ist	1939 Ist	1943 [1] Soll
ordentliche Fürsorge	105 381	81 199	61 800
außerordentliche Fürsorge	74 587	71 774	42 000
Gesamtausgaben	179 968	152 973	103 800

Besonders stark abgenommen hatten die Kosten für den stationären Krankenhausaufenthalt zugunsten ambulanter Behandlungen wegen der kriegsbedingt eingeschränkten Aufnahmekapazität der Krankenanstalten. Diese Ausgaben, die den größten Posten in der ordentlichen Fürsorge repräsentierten, sanken bis zum Jahre 1944 um mehr als zwei Drittel von 75 073 RM (1937) auf etwa 20 000 RM.[2] Eine Steigerung, wenn auch in vergleichsweise geringem Umfang, erfuhren dagegen in den letzten Kriegsjahren die Kosten der Unterbringung von Säuglingen und Kleinkindern infolge des erhöhten Arbeitseinsatzes von Frauen in der Rüstungswirtschaft.

Die Entwicklung nach 1945 nahm einen gänzlich anderen Verlauf. Wegen der allgemein größeren Notlage der Bevölkerung und des Hinzukommens völlig neuer Gruppen von Hilfsbedürftigen (Kriegsfolgenhilfe) begann die Heim- und Anstaltsfürsorge auf einem wesentlich höheren Niveau, und zwar sowohl absolut als auch relativ. Bei der Betrachtung der Ausgaben der geschlossenen Fürsorge, wie sie in der Tabelle 12 dargestellt sind, ist zu berücksichtigen, daß im Vergleich mit den Jahren bis 1944 die Einwohnerzahl 1945 auf kaum mehr als die Hälfte geschrumpft war und, nach einer allmählichen Erholung, erst am Ende des Untersuchungszeitraums den Vorkriegsstand wieder erreichte. Die Niveauveränderung tritt daher am deutlichsten bei den errechneten Ausgaben je Einwohner zutage (Tabelle 13 auf Seite 111). Sie lagen 1945 ad hoc immerhin um 64,5 vH über dem Pro-Kopf-Betrag des Jahres 1938. Nach einer nur vorübergehenden leichten Rückentwicklung der Zahl der betreuten Personen nahm diese und damit das Ausgabevolumen dann wieder ständig zu.

Geschlossene Fürsorge der Stadt Hanau

Jahr	Betreute Personen[a]
1947	180
1949	205
1950	257
1951	232
1952	240
1953	265
1954	367

a) Stand jeweils am Jahresende

1) Nach dem Voranschlag
2) Nach dem Voranschlag

Von großem Einfluß auf die Entwicklung der Fürsorgeleistungen waren die Auswirkungen der Währungsreform 1948. Während die Zahl der in der offenen Fürsorge Betreuten abnahm, stieg die der Anstaltspfleglinge merklich an. Es wäre jedoch irrig anzunehmen, daß diese Wandlung aus einer tatsächlichen Abnahme der wirtschaftlich Schwachen resultierte. Die gegenläufige Bewegung hatte ihre Ursache vielmehr darin, daß ein Teil der Unterstützten in der Folgezeit in den Genuß einer Rente oder höherer Leistungen aus der Alters- oder Invalidenversicherung gekommen oder in die Betreuung der staatlichen Soforthilfe übergewechselt war, während ein anderer Teil in die geschlossene Fürsorge übernommen werden mußte. Die ungleichmäßige Entwicklung der Ausgaben in der offenen und der geschlossenen Fürsorge während der Jahre 1949 bis 1952 (Tabelle 12) veranschaulicht das. Erst ab 1953 zogen auch die Ausgaben in der offenen Fürsorge dann wieder stärker an.

Die Leistungen der Stadt Hanau in der geschlossenen Fürsorge während der zweiten Hälfte des Untersuchungszeitraums sind in der folgenden Tabelle 18 nachgewiesen.

Tabelle 18 Leistungen des Bezirksfürsorgeverbandes Hanau in der geschlossenen Fürsorge in RM/DM

	1947	1948[a)]	1949	1950	1951	1952
Allgemeine Fürsorgeempfänger						
Pflegekosten in:						
Krankenhäusern	19 216	14 900	14 639	19 774	19 506	36 260
Alters- und Siechenheimen	27 861	27 649	37 673	43 792	102 618	103 403
Kinder- und Säuglingsheimen	3 013	2 852	13 191	19 623	25 347	34 348
Unterbringung von:						
Geisteskranken	35 663	56 314	65 060	64 828	87 418	99 838
Schwachsinnigen	2 107	589	6 011	7 486	9 219	12 205
Blinden und Körperbehinderten	789	333	779	3 982	4 774	6 428
Sonstige Leistungen	--	--	6 450	1 439	10 057	10 318
Summe Allgemeine Fürsorgeempfänger	88 649	102 637	143 803	160 924	258 939	302 800
Empfänger von Kriegsfolgenhilfe						
Heimatvertriebene	8 692	11 572	9 440	9 618	18 829	22 603
Evakuierte	1 519	3 597	2 257	1 617	2 572	2 343
Kriegsgefangene und Angehörige	4 012	2 736	2 438	1 010	1 716	738
Ausländer und Staatenlose	--	126	1 133	1 203	2 908	3 729
Kriegsbeschädigte u. Gleichgestellte	8 056	9 181	15 515	22 869	24 298	26 528
Zugewanderte aus der Sowjetzone	--	--	1 716	5 471	11 961	18 871
Andere Leistungsempfänger	190	1 662	--	--	--	--
Summe Empfänger von Kriegsfolgenhilfe	22 469	28 874	32 499	41 788	62 284	74 812
Gesamtsumme geschlossene Fürsorge	111 118	131 511	176 302	202 712	321 223	377 612

a) 1948: RM/DM = 1:1

Der Anstieg der Gesamtausgaben in der geschlossenen Fürsorge war nicht allein das Ergebnis der größeren Zahl der Leistungsempfänger; vielmehr haben Preissteigerungen, Teuerungszulagen und gestiegene Verpflegungskosten in der Heim- und Anstaltsunterbringung den Auftrieb mitbewirkt. Das gilt insbesondere für die Pflegekosten in den Altersheimen, die ab 1951 den stärksten Zuwachs unter allen Leistungen an allgemeine Fürsorgeempfänger verzeichneten. In diesem Bereich hatte allerdings auch die Zahl der betreuten Personen am stärksten zugenommen.

Der relative Anteil der Leistungen in der Kriegsfolgenhilfe, die wegen der unterschiedlichen Erfassungskriterien nicht nach dem gleichen Schema zu gruppieren sind wie die Leistungen an allgemeine Fürsorgeempfänger, blieb in der Zeit von 1947 bis 1952 ziemlich konstant und schwankte zwischen 18 und 22 vH der Gesamtausgaben in der geschlossenen Fürsorge. Auffallend dabei war die Steigerung der Ausgaben für Heimatvertriebene und Zugewanderte aus der sowjetischen Besatzungszone. Hierin spiegelt sich der zunehmende Flüchtlingsanteil an der Bevölkerung, der auch in den Jahren 1953 und 1954 weiter gewachsen war (siehe Seite 18).

3. Sonstige Fürsorgeleistungen (Erweiterte Fürsorge)

Renten, Geldzuwendungen und sonstige Zahlungen außerhalb der Sozialleistungen sind hier unter dem Oberbegriff der "erweiterten Fürsorge" zusammengefaßt. Sie waren allerdings nicht als Sammelposten im Einzelplan 4 zu finden, sondern erschienen meist als Einzelbeträge unter verschiedenen Abschnitten des Haushaltsplans. In diese Gruppe der städtischen Aufwendungen fielen zum Beispiel die Notstandsbeihilfen an Mitarbeiter der Verwaltung, Erziehungs- und andere Beihilfen außerhalb der Sozialhilfe[1]), Leibrenten an Bürger der Stadt für die Überlassung ihres Grund- und Gebäudebesitzes, Abfindungen und Entschädigungen für die Aufgabe von Rechten sowie sonstige Geldzuwendungen an durch Katastrophen (z.B. Hochwasser) geschädigte Privatpersonen, soweit es sich hierbei nicht um Fürsorgeleistungsempfänger handelte. Bis zur Einführung der allgemeinen Schulgeld- und Lernmittelfreiheit wurden die an städtischen Schulen gewährten Schülerbeihilfen sowie die Aufwendungen für Lernmittel für Bedürftige hier ebenfalls eingeordnet. Schließlich gehörten auch die nach 1945 in Einzelfällen gezahlten Kriegsgefangenenentschädigungen und die Zuwendungen an Besucher aus der sowjetischen Besatzungszone in diese Gruppe.

Besonders hervorstechend in der Tabelle 12 sind die außerordentlich hohen Beträge in den Anfangsjahren und der Anstieg am Ende des Untersuchungszeitraums. In den Werten für 1936 bis 1944 sind die Familienunterhaltszahlungen an Wehrdienst-, Arbeitsdienst- und Luftschutzdienstpflichtige enthalten, die - obwohl es sich um Geldleistungen handelt - mit den eigentlichen Fürsorgegeldleistungen des Sozialhaushalts nur wenig gemein hatten. Die Empfänger waren meist nicht Fürsorgeempfänger im eigentlichen Sinne, sondern Angehörige und Abhängige von Einberufenen, die zum Unterhalt ihrer Familien infolge des Kriegsdienstes nicht mehr beitragen konnten. Die Gewährung von Familienunterhalt nahm

---

1) In den Haushaltsplänen der Stadt Hanau aus den Jahren vor 1945 finden sich dafür zahlreiche Einzelbeispiele, so etwa Beihilfen für die Beschaffung von Zivilkleidern an aus dem Wehrdienst entlassene Kriegsbesoldungsempfänger und Unterstützungen an Insassen von unselbständigen Stiftungen

daher den Charakter von Einkommensersatzleistungen an, die überwiegend aus staatlichen und zum geringeren Teil aus städtischen Mitteln finanziert wurden. Der Bezirksfürsorgeverband Hanau fungierte dabei für den Ortsbereich als Zahlstelle.

Die Unterhaltsleistungen erschienen erstmals im Haushaltsplan 1936 und haben mit jährlich steigenden Beträgen den Fürsorgeetat rasch aufgebläht.

Tabelle 19 Familienunterhaltszahlungen der Stadt Hanau (in RM)

Jahr	Gesamtausgaben nach der Rechnung	städtischer Lastenanteil[a]
1936	8 219	1 644
1937	71 751	14 350
1938	105 184	21 037
1939	1 501 334	300 267
1940	2 451 343	122 945 }
1941	2 493 302	129 240 }
1942[b]	2 800 000	144 731 } ø 5,1 vH
1943[b]	2 800 000	144 699 }
1944	2 786 100	143 882 }

a) nach den Ist-Ausgaben errechnet
b) nach dem Haushaltsvoranschlag

Von den Aufwendungen trug das Reich, bis zum Rechnungsjahr 1939 einschließlich, vier Fünftel. Ein Fünftel ging zu Lasten der Stadt Hanau. Dieses Verhältnis änderte sich nach einem Erlaß vom 31. Januar 1940.[1] Danach übernahm das Reich ab 1. April 1940

90 vH der Barleistungen, soweit die Kosten den Betrag von 2,40 RM je Kopf der Bevölkerung nicht überstiegen, und
95 vH der darüber hinausgehenden Kosten.

Die Änderung brachte für die Stadt eine sichtbare Entlastung; ihr Anteil sank damit auf durchschnittlich 5,1 vH, wie aus der obigen Zahlenaufstellung ersichtlich ist.

Die Entwicklung der sonstigen Fürsorgeleistungen am Ende der Tabelle 12 (Seite 111) ist durch die bereits erwähnte Änderung der Gliederung der Fürsorgeausgaben ab 1952 stark beeinflußt. Der größte Teil der Ausgaben der erweiterten Fürsorge wurde in die Kategorie der Fürsorge-Geldleistungen integriert, so daß lediglich geringe Einzelposten noch auszuweisen waren. Der hohe Betrag des Jahres 1954 beruht auf einem getrennten Ansatz von Spezialpflegekosten.

---

1) Nach Angaben im Haushaltsplan der Stadt Hanau für das Rechnungsjahr 1940, Seite 57, Erläuterung 4)

§ 4 Andere sächliche Verwaltungs- und Zweckausgaben

Die Ausgabengruppen 6 - 8, die in der Finanzstatistik sehr heterogene Kostenelemente zusammenfassen, bilden neben dem Personalaufwand den größten Posten der städtischen Gesamtausgaben (siehe dazu Tabelle 02 auf Seite 62). Sie enthalten

1. die Sachausgaben, die zur Aufrechterhaltung der Verwaltungs- und Betriebsbereitschaft städtischer Amtsstellen, Betriebe und Einrichtungen sowie zur laufenden Durchführung der Verwaltungsgeschäfte und zur Erreichung des Betriebszwecks erforderlich sind,

2. die Anteilbeträge an den Außerordentlichen Haushalt,

3. die Zinsen für in Anspruch genommene Kredite.

Innerhalb der Sachausgabengruppe wiederum unterscheidet man zwischen:

a) Ausgaben zur Instandhaltung des Immobiliarvermögens,
b) allgemeinen sächlichen Ausgaben und
c) sonstigen sächlichen Verwaltungs- und Zweckausgaben (einschließlich der Instandhaltung des Mobiliarvermögens).

In der nachfolgenden Tabelle 20 sind die Ausgaben der Gruppe 6 - 8 nach der aus dem finanzstatistischen Kennziffernplan abgeleiteten Aufteilung dargestellt.

Tabelle 20 Andere sächliche Verwaltungs- und Zweckausgaben (Ist) der Stadt Hanau in RM/DM

Rechnungsjahr	Instandhaltung des Immobiliarvermögens	Allgemeine sächliche Ausgaben	Sonstige sächliche Verwaltungs- und Zweckausgaben	Beträge an den Außerordentlichen Haushalt (inkl. einmalige Ausgaben für den Wiederaufbau)	Zinsen	Summe Andere sächliche Verwaltungs- und Zweckausgaben
1936	329 076	38 933	937 346	-	769 370	2 074 725
1938	300 367	59 016	776 692	13 000	403 756	1 552 831
1941	305 530	80 456	789 640	-	340 819	1 516 445
1944	274 523	85 557	754 185	< 181 214 >	240 534	1 536 013
1945	70 593	46 097	590 636	(1 558 895)	232 581	2 498 802
1946	57 658	82 995	1 058 970	(1 905 220)	222 899	3 327 742
1947	126 172	126 197	1 338 177	(2 212 309)	217 911	4 020 766
1948 RM	49 384	41 494	306 442	(576 810)	57 987	1 032 117
1948 DM	210 738	103 157	961 366	(1 515 799)	17 837	2 808 897
1949	283 157	149 289	1 487 265	2 827 562	22 463	4 769 736
1950	340 408	202 868	1 722 745	266 109	28 096	2 560 226
1951	381 882	209 980	2 026 066	1 843 314	138 408	4 599 650
1952	447 309	269 866	2 546 968	1 551 524	266 088	5 081 755
1953	590 526	275 527	2 811 581	1 876 457	397 266	5 951 357
1954	691 513	277 077	2 826 261	2 313 159	565 541	6 673 551

1. Instandhaltung des Immobiliarvermögens

Unter dem Immobiliarvermögen ist der Teil des Verwaltungsvermögens zu verstehen, der in feststehende Anlagen investiert ist. Dazu gehören alle städtischen Verwaltungs- und Betriebsgebäude, Straßen, Wege, Plätze einschließlich der Straßenbeleuchtung, die Wasserschutzbauten, Garten- und Friedhofsanlagen, das Kanalnetz sowie die auf Dauer installierten maschinellen Einrichtungen städtischer Betriebe. Zu den Ausgaben der Instandhaltung dieser Vermögensteile rechnen die Kosten der laufenden Reparaturen der Hoch- und Tiefbauten sowie der Wartung und Instandsetzung der technischen Ausrüstungen, soweit sie wesentliche Bestandteile dieser Anlagen sind. Nicht zur Unterhaltung und Instandsetzung gehören dagegen die Kosten der Ersatzbeschaffungen sowie der Großreparaturen. Letztere allerdings nur dann nicht, wenn der reparierte oder überholte Gegenstand einen Wert von mehr als 500 RM/DM und die Kosten der Instandsetzung mindestens ein Drittel seines Wertes betragen.[1)] Generalüberholungen und große Instandsetzungen, die den Wert des Verwaltungsvermögens erhöhen, werden sowohl im Ordentlichen als auch im Außerordentlichen Haushalt bei den "Ausgaben der Vermögensbewegung" in der Gruppe 9 ausgewiesen.

Tabelle 21 Ist-Ausgaben für die Instandhaltung des Immobiliarvermögens der Stadt Hanau in RM/DM

Rechnungsjahr	Instandhaltung der						Summe Instandhaltung des Immobiliarvermögens
	Gebäude	Straßen, Wege, Plätze und Brücken	Straßenlaternen	Kanäle, Wasserläufe einschl. Hochwasserschutz	Wald-, Park-, Garten- und Friedhofsanlagen	sonstigen Anlagen	
1936	173 834	113 279	16 376	6 310	11 566	7 711	329 076
1938	153 437	81 683	20 559	28 351	8 438	7 899	300 367
1941	117 826	138 901	13 732	23 874	5 892	5 305	305 530
1944	73 935	160 193	9 593[a)]	34 002	3 667	2 726	274 523
1945	36 253	17 833	-	4 949	1 841	124	70 593
1946	21 357	25 089	-	7 261	3 525	426	57 658
1947	38 429	58 558	-	18 432	9 640	1 113	126 172
1948 RM	10 952	31 098	-	862	5 844	607	49 384
1948 DM	69 607	123 153	-	10 813	4 298	2 867	210 738
1949	94 322	122 787	11 003	33 200	18 099	3 746	283 157
1950	146 981	108 959	23 264	34 603	20 463	6 138	340 408
1951	151 462	156 401	27 911	19 237	21 229	5 642	381 882
1952	184 021	153 206	42 337	26 113	27 872	13 760	447 309
1953	203 943	240 645	62 359	34 495	29 818	19 266	590 526
1954	225 684	336 116	65 000	30 895	11 050	22 768	691 513

a) Dieser unter den Ausgaben des Jahres 1945 verrechnete Betrag gehört voll in das Rechnungsjahr 1944. Es handelt sich hierbei um die letzten Aufwendungen für die Unterhaltung der Straßenlaternen vor der Zerstörung der Stadt. Mit der Bombennacht vom 19. März 1945 war die gesamte Straßenbeleuchtung praktisch zum Erliegen gekommen und erst nach der Währungsreform wieder hergerichtet worden

1) Vgl. F.Hötte/F.Mengert/K.Weyershäuser, Gemeindehaushalt in Schlagworten, 3.Auflage, Köln 1965, S.146

Ein Blick auf die Tabelle läßt erkennen, daß die Instandhaltungskosten, die bereits während des Krieges wegen fehlender Baumaterialien stark abgenommen und zu einer gewissen Vernachlässigung der Vermögenserhaltung geführt hatten, mit dem Jahre 1945 in ihrer ganzen Breite schlagartig zurückgegangen sind. Die drastische Verminderung um mehr als drei Viertel war eine Folge der schweren Verluste an Bausubstanz, die die Stadt durch die Luftangriffe erlitten hatte. Die meisten städtischen Verwaltungsgebäude, Schulen und öffentlichen Einrichtungen waren dem Bombenhagel wenige Tage vor dem Zusammenbruch zum Opfer gefallen, die Straßen verschüttet, das Kanalsystem und die Garten- und Friedhofsanlagen schwer beschädigt worden. Die Mehrzahl der Einrichtungen hatte dabei so schwer gelitten, daß eine den herkömmlichen Maßstäben entsprechende Instandhaltung ausgeschlossen war. Am deutlichsten wird das bei den Kosten der Gebäudeinstandhaltung, wie eine Gegenüberstellung für die Jahre 1938 und 1946 zeigt. Für die laufenden Reparaturen wurden ausgegeben bei

	1938	1946
den Schulen	28 521 RM	4 354 RM
dem Theater	5 801 RM	--- RM
den öffentlichen Einrichtungen	23 502 RM	5 408 RM
dem bebauten städtischen Grundbesitz	72 240 RM	6 945 RM
anderen Objekten	9 598 RM	4 650 RM
zusammen	139 662 RM	21 357 RM.

Beschädigte Objekte konnten in den Anfangsjahren nach 1945 wegen des großen Mangels an Baustoffen nur notdürftig hergerichtet und benutzbar gemacht werden. Unter den insgesamt geringen Ausgaben für die Zeit bis 1948 treten nur diejenigen etwas hervor, die für die weniger stark betroffenen Gebäudeteile des Krankenhauses und einiger städtischer Wohngrundstücke aufgewandt worden sind. In beiden Fällen waren zumindest Grundstücksteile einer provisorischen Instandsetzung zugänglich und konnten so wenigstens partiell zweckentsprechend verwendet werden. Erst nach der Währungsreform begann dann der systematische Wiederaufbau stadteigener Immobilien auf breiter Basis. Der Anstieg ab 1950 hängt eng mit aufwendigen Reparaturen des Schlosses Philippsruhe zusammen, das die Stadt 1951 angekauft hatte (siehe dazu Seite 142f).

Tabelle 22 Ist-Ausgaben der Stadt Hanau für Gebäudeinstandhaltung in DM

Jahr	Polizei	Schulwesen	Krankenhaus	Öffentliche Einrichtungen	Bebauter Grundbesitz	Andere Einrichtungen	Summe Ausgaben Gebäudeinstandhaltung
1948 DM	2 115	4 733	6 994	4 266	35 378	16 121	69 607
1949	-	9 494	15 459	8 987	49 882	10 500	94 322
1950	2 099	20 701	17 476	18 161	69 595	18 949	146 981
1951	3 800	15 111	15 966	12 798	76 179	27 608	151 462
1952	4 250	18 261	18 020	17 264	83 149	43 077	184 021
1953	5 350	10 262	18 003	22 062	113 968	31 298	200 943
1954	6 100	22 502	13 201	33 419	117 432	33 030	225 684

Eine ähnliche Entwicklung zeigen die Kosten für die Unterhaltung der Straßen, Wege, Plätze und Brücken im Stadtgebiet. Wie bei den Gebäudereparaturen lagen die Ausgaben vor der Währungsreform außerordentlich niedrig. Das hängt damit zusammen, daß die Fahrbahnen und Gehsteige zunächst von Schutt und Trümmern geräumt werden mußten, ehe man überhaupt an eine Ausbesserung denken konnte. Hinzu kam die vordringliche Behebung von Schäden am Kanalnetz. Schließlich hatte auch in diesem Falle der herrschende Materialmangel die Aufschiebung der Instandsetzung vieler Straßenzüge erzwungen. In den ersten drei Jahren wurden deshalb nur die nötigsten Arbeiten ausgeführt, wobei die Durchgangsstraßen Vorrang hatten.

Die Herrichtung der völlig zusammengebrochenen Straßenbeleuchtung begann erst 1948. Instandhaltungskosten sind daher erstmals wieder 1949 im Haushaltsplan ausgewiesen worden. Sie stiegen rasch an und behielten die wachsende Tendenz auch bis zum Ende des Untersuchungszeitraums bei (Tabelle 21). Die Gründe dafür werden im zweiten Abschnitt bei der Betrachtung der Haushaltsstelle "Straßenbeleuchtung" noch näher erläutert (siehe dazu Seite 444).

Die Ausgabenentwicklung, wie sie in Tabelle 21 dargestellt ist, könnte vermuten lassen, daß sich die Instandhaltung des Immobiliarvermögens in Hanau nach ersten Schwierigkeiten verhältnismäßig rasch normalisiert und das Vorkriegsniveau nicht nur wieder erreicht, sondern sogar überschritten hat. Immerhin lag die Summe der dafür aufgewandten Beträge bereits 1950 geringfügig über dem Stand von 1938 und war 1954 sogar mehr als doppelt so hoch. Diese Feststellung läßt jedoch die Kaufkraftentwicklung außer acht. Die Löhne und Preise hatten in der Zwischenzeit beträchtlich angezogen, so daß sich hier die Frage nach einem Realvergleich stellt. Durch die Umrechnung der tatsächlich aufgewandten Kosten mit entsprechenden Preisindizes soll deshalb versucht werden, eine Antwort auf diese Frage zu geben. Bei den Kosten der Gebäudeunterhaltung eignet sich dafür am besten der Baukostenindex ("Preisindex für den Wohnungsbau").

Ausgaben für die Instandhaltung der Gebäude (RM/DM)

Jahr	Ausgaben absolut	Baukostenindex [1]	Ausgaben umgerechnet auf der Preisbasis 1938 = 100
1938	153 437	100	153 437
1948 DM	69 607	207	33 626
1949	94 322	193	48 871
1950	146 981	184	79 880
1951	151 462	213	71 109
1952	184 021	227	81 066
1953	203 943	220	92 701
1954	225 684	221	102 119

Wie das Ergebnis der Umrechnung zeigt, haben die Kosten der Gebäudeinstandhaltung realiter in keinem Jahr des Untersuchungszeitraums den Vorkriegsstand wieder erreicht,

1) Statistisches Jahrbuch für die Bundesrepublik Deutschland 1955, S.459

was als Ausdruck der hohen Substanzverluste gewertet werden kann. Trotz des nach 1948 forcierten Wiederaufbaus bestand 1954 noch ein erheblicher Nachholbedarf an Aufbauleistungen.

Bei dem Realvergleich für die Instandsetzungsausgaben für Tiefbauten (Straßen, Wege, Plätze, Kanäle und Hochwasserschutzbauten) sowie Garten- und Friedhofsanlagen war wegen der andersgearteten Kostenstruktur von einem Index auszugehen, der sowohl den hohen Lohnanteil der Reparaturarbeiten als auch die stark divergierende Produktpalette der involvierten Ersatzteile berücksichtigt. Zu diesem Zweck wurde für die Vergleichsrechnung aus dem "Index der Bruttowochenverdienste" und dem "Index der Erzeugerpreise industrieller Produkte" durch Anwendung des arithmetischen Mittels ein Mischindex gebildet.

Ausgaben für die Instandhaltung von Tiefbauten, Garten- und Friedhofsanlagen (RM/DM)

Jahr	Ausgaben absolut	Index der Brutto-wochen-verdienste[1]	Index der Erzeuger-preise in-dustrieller Produkte[2]	Mischindex	Ausgaben umgerechnet auf der Preisbasis 1938 = 100
1938	118 472	100	100	100	118 472
1948 DM	138 264	110,0	184,0	147,0	94 057
1949	174 086	140,6	191,0	165,8	104 997
1950	164 025	156,6	186,0	171,3	95 753
1951	196 867	177,4	221,0	199,2	98 829
1952	207 191	191,0	226,0	208,5	99 372
1953	304 958	201,3	220,0	210,65	144 770
1954	378 061	210,0	217,0	213,5	177 078

Aus den umgerechneten Beträgen ist zu entnehmen, daß in diesem Falle die Aufwendungen zur Werterhaltung, die in der Kriegszeit bereits merklich zurückgefallen waren, den Vorkriegsstand real erst 1953 wieder erreicht haben (siehe dazu auch die Ausführungen zur Kaufkraftentwicklung der Steuereinnahmen auf Seite 206ff).

Am ehesten wurde der Anschluß an das Vorkriegsniveau wieder hergestellt bei den Instandsetzungsausgaben der Straßenbeleuchtung. Sie reichten bereits in den Jahren 1950 und 1951 dicht an den Vorkriegsstand heran und übertrafen ihn vollends ab 1952 (siehe Seite 128). Mit entscheidend dafür war allerdings - neben der Ausdehnung des Versorgungsnetzes auf neu erschlossene Baugebiete - die Änderung der technischen Konzeption im Rahmen des Wiederaufbaus durch eine teilweise Umstellung von gasbetriebenen auf elektrische Beleuchtungskörper, verbunden mit einer insgesamt moderneren und aufwendigeren Ausstattung. Am Beispiel der Straßenbeleuchtung wird deshalb besonders augenfällig, wie investive Ausgaben, die - wie hier - nicht nur dem Anlagenersatz, sondern auch der Qualitätsverbesserung der öffentlichen Leistung dienen, zur Aufrechterhaltung dieses Leistungsstandards erhöhte Folgekosten nach sich ziehen.

1) Statistisches Jahrbuch für die Bundesrepublik Deutschland 1955, S.483

2) Statistisches Jahrbuch für die Bundesrepublik Deutschland 1955, S.434

Für den Realvergleich empfahl sich in diesem Falle die Anwendung einer Kombination aus dem "Preisindex der Elektroindustrie" und dem "Index der Bruttowochenverdienste", wobei wegen des höheren Materialanteils der Lohnindex hier nur mit einem Drittel gewichtet wurde.[1])

Ausgaben für die Instandhaltung der Straßenbeleuchtung (RM/DM)

Jahr	Ausgaben absolut	Index der Brutto-wochen-verdienste	Index der Erzeuger-preise der Elektro-industrie[2])	Mischindex	Ausgaben umgerechnet auf der Preisbasis 1938 = 100
1938	20 559	100	100	100	20 559
1949	11 003	140,6	175,0	163,5	6 730
1950	23 264	156,6	158,0	157,5	14 771
1951	27 911	177,4	192,0	187,1	14 918
1952	42 337	191,0	192,0	191,7	22 085
1953	62 359	201,3	181,0	187,8	33 205
1954	65 000	210,0	175,0	186,7	34 815

Faßt man die Ergebnisse zusammen, so läßt sich feststellen, daß nach 1941 bis zum Kriegsende die erforderlichen Aufwendungen der Stadt Hanau für die Instandhaltung ihres Immobiliarvermögens, gemessen am Beispiel des Jahres 1938, nicht mehr erreicht wurden. Insoweit hat die Stadt hier bereits von der Substanz gelebt und den zwangsweise aufgestauten Nachholbedarf nicht ausgleichen können. Dieser Periode folgte 1945 der im Volumen weitaus größere Verlust an Vermögenssubstanz durch Kriegseinwirkung. Für den Rest des Verwaltungsvermögens, der erhalten geblieben war, betrugen die Instandhaltungskosten im Durchschnitt der Jahre 1944 bis 1948 nominell kaum mehr als die Hälfte des Wertes von 1938. Trotz erheblicher Ausgabensteigerung im Zuge des Wiederaufbaus nach der Währungsreform, die 1954 nominell mehr als das Doppelte des Standes von 1938 ausmachte, hat die Stadt Hanau aber erst am Ende des Untersuchungszeitraums die Vorkriegswerte real überschritten, wie die folgende Zusammenfassung der Indexrechnungen für die Instandhaltung der Gebäude, Tiefbauanlagen und Straßenbeleuchtung (ohne sonstige Anlagen) erkennen läßt:

Summe der Ausgaben für Instandhaltung (RM/DM)
(ohne sonstige Anlagen) umgerechnet nach Indizes

Jahr	Summe absolut	Meßziffer
1938	292 468	100
1952	202 523	69,2
1953	270 676	92,5
1954	314 012	107,4

1) Das Verhältnis der Gewichtung ergab sich aus den Erfahrungen der ersten Jahre nach der Währungsreform, in denen wegen des Nebeneinanders von Gas- und elektrischen Anlagen bei Reparaturen der Lohnanteil unter 50 Prozent lag

2) Statistisches Jahrbuch für die Bundesrepublik Deutschland 1955, S.434

2. Allgemeine sächliche Ausgaben

Die Gemeindehaushaltsverordnung unterscheidet unter den fortdauernden Ausgaben zwischen sächlichen Verwaltungs- und Zweckausgaben (§5). Sächliche Verwaltungsausgaben sind Aufwendungen, die die *Tätigkeit des Verwaltungsapparates überhaupt ermöglichen*, also für die Durchführung der eigentlichen Verwaltungsaufgaben notwendig sind, während Zweckausgaben der *Aufgabenerfüllung* des jeweiligen Einzelplans unmittelbar dienen.[1] Die Grenzen sind jedoch manchmal fließend. Die Trennung bereitet oft Schwierigkeiten, wenn sich unter gebräuchlichen Oberbegriffen unterschiedliche Zuordnungen verbergen. So sind etwa die Instandhaltungskosten für die Dienstgebäude der städtischen Verwaltung den sächlichen Verwaltungsausgaben, die Instandhaltungskosten für Straßen, Wege und Plätze, die ja unmittelbare öffentliche Leistungen darstellen, den Zweckausgaben zuzurechnen.

Die Gliederung der allgemeinen sächlichen Verwaltungsausgaben, wie sie die Stadt Hanau nach der Einführung der finanzstatistischen Kennziffer ab 1952 in ihren Haushaltsplänen vorgenommen hat, ergibt sich aus der folgenden Tabelle.

Tabelle 23 — Allgemeine sächliche Ausgaben (Ist) der Stadt Hanau in RM/DM

Rechnungsjahr	Büro- und Geschäftsbedarf		Porto- und Fernsprechkosten	Reise- und Umzugskosten	Fracht- und Transportkosten[a]	Aus- und Fortbildungskosten	Gerichts- und Prozeßkosten	Vereinsbeiträge	Fehlgelder	Summe Allgemeine sächliche Ausgaben
	Schreib- und Zeichenmaterial	Bücher Zeitungen Zeitschriften								
1936	18 378	-[b]	14 404	3 070	-[d]	-[d]	1 025	1 460	596	38 933
1938	22 630	-[b]	17 711	4 194	-[d]	-[d]	939	12 967	575	59 016
1941	33 937	-[b]	30 666	5 384	5 586	-[d]	202	4 045	636	80 456
1944	33 693	-[b]	28 032	14 564	1 285	-[b]	223	7 075	685	85 557
1945	31 370	-[b]	8 517	5 281	162	-[b]	-[b]	58	709	46 097
1946	36 498[c]	-	32 542	7 899	2 471	2 865	-[b]	480	240	82 995
1947	47 689[c]	-	39 821	14 781	14 135	6 770	-[b]	1 761	1 240	126 197
1948 RM	14 698[c]	-	14 365	3 089	6 141	2 521	-[b]	595	85	41 494
1948 DM	42 372[c]	-	32 439	4 102	13 980	8 381	-[b]	1 671	212	103 157
1949	64 027	176	47 123	9 376	10 221	5 234	7 969	4 823	340	149 289
1950	64 993	8 819	62 958	15 014	14 811	8 507	22 284	5 142	340	202 868
1951	70 303	12 560	75 095	15 745	15 064	8 832	5 411	6 630	340	209 980
1952	102 103	17 435	88 759	20 597	17 502	16 362	721	5 717	670	269 866
1953	103 261	19 298	101 919	20 334	13 032	4 192	2 574	10 078	839	275 527
1954	100 124	13 828	108 481	34 395	8 433	-[e]	2 923	8 012	881	277 077

a) einschließlich der Kosten für die Beförderung von Schulkindern
b) nicht gesondert ausgewiesen
c) einschließlich der Ausgaben für Bücher, Zeitungen und Zeitschriften
d) wegen fehlender Unterlagen nicht feststellbar
e) nicht mehr getrennt ausgewiesen

1) Vgl. Gemeindewirtschaftsrecht (Gesetzessammlung), Kohlhammer Gesetzestexte, Stuttgart 1949, S.10

Die Struktur war in den vorausgegangenen Jahren nicht immer einheitlich und bei den Haushaltsunterabschnitten teilweise auch weniger stark differenziert. Das galt insbesondere für die Jahre bis 1944. Bei der Aufteilung der Ist-Ausgaben mußten, weil die Sachbücher aus dieser Zeit nicht mehr zur Verfügung standen, die Sammelnachweise als Verteilungsmaßstab herangezogen werden.

a) Der Büro- und Geschäftsbedarf

Diese Ausgabenart umfaßt die Anschaffungen von Papier, Schreib- und Zeichenmaterial sowie von Drucksachen, Büchern und Fachzeitschriften. Die letzteren, d.h. die Ausgaben für Fachliteratur, wurden erst ab 1949 in den Haushaltsplänen gesondert ausgewiesen.

Der Anstieg in den Jahren bis 1944 ist auf die zunehmende Verwaltungstätigkeit zurückzuführen, die vor allem mit den zahlreichen kriegsbedingten Aufgabenerweiterungen zusammenhing und sich nicht nur auf den Geschäftsgang der Hauptverwaltungsstelle auswirkte. Die notwendige personelle Aufstockung der Kriegswirtschaftsämter sowie die Einrichtung der Fürsorgestelle für den Familienunterhalt spielten dabei eine nicht unerhebliche Rolle.

Auffallend ist andererseits der vergleichsweise geringe Ausgabenrückgang 1945, nachdem die Verwaltungsarbeit nach dem Einmarsch der amerikanischen Besatzungstruppen zunächst beträchtlich geschrumpft war und erst allmählich wieder anlief. Er findet seine Begründung in dem Vakuum, das durch die Vernichtung des Rathauses mit dem gesamten Inventar und allen Materialbeständen entstanden war. Da auf Reserven nicht zurückgegriffen werden konnte, mußte praktisch für alle arbeitsfähigen Amtsbereiche eine gewisse Mindestausstattung an Büromaterial erst wieder beschafft werden. Daß dies angesichts der bestehenden Not und des großen Mangels an allen Gütern des täglichen Bedarfs mit außerordentlichen Schwierigkeiten verbunden war, sei nur am Rande erwähnt.

Der weitere Anstieg in den Jahren bis 1948 ist auf die hinzugekommene Verwaltungsarbeit der Polizei einschließlich der Ordnungsbehörden (Gewerbe- und Preisamt), des Krankenhauses sowie auf die verstärkte Inanspruchnahme des Wohnungsamts und der Kreisstelle für Bauwirtschaft zurückzuführen. Die Sparmaßnahmen als Folge der Währungsreform wirkten sich lediglich in einer Verminderung der Zuwachsraten aus. Zu einem echten Rückgang ist es jedoch, wie die Zahlen für 1949 und 1950 zeigen, nicht gekommen. Auch die Einsparungen durch die Auflösung der Kriegswirtschaftsämter und der Kreisstelle für Bauwirtschaft sind durch die erweiterte Tätigkeit der Dienststellen der städtischen Bauverwaltung im Rahmen des Wiederaufbaus sowie das Hinzukommen des Ausgleichsamtes überkompensiert worden. Schließlich haben sich bei allen Amtsbereichen die Preiserhöhungen gegen Ende der Untersuchungsperiode auf die Ausgabenentwicklung stark ausgewirkt.

b) Die Postkosten

Diese Ausgabengruppe setzt sich zusammen aus den Porto-, Telefon- und Fernschreibgebühren. Das Schwergewicht innerhalb der Gruppe lag eindeutig bei den Telefonkosten. 1938 betrug das Verhältnis der Portoauslagen zu den Telefongebühren ziemlich genau 1:2. Nach dem Kriege hat es sich jedoch immer mehr zugunsten der letzteren verschoben und lag 1954 - wohl auch wegen des hinzugekommenen Fernschreibverkehrs - bei etwa 1:3.

Bei den Postkosten insgesamt bestand eine gewisse Parallelität der Entwicklung mit den Ausgaben des Büro- und Geschäftsbedarfs, wenngleich hier der Einbruch 1945 deutlich stärker hervortrat, weil die Besatzungsmacht zunächst jeden Post- und Telefonverkehr unterbunden hatte.[1] Nach der Aufhebung der Sperre mußte man sich zeitweilig mit provisorischen Fernsprechinstallationen begnügen, da das Leitungsnetz, das bei der Zerstörung der Stadt schwer in Mitleidenschaft gezogen worden war, erst allmählich wieder ergänzt werden konnte. Mit dem Umzug der Verwaltung in die Räume des Schlosses Philippsruhe 1946 und der Einrichtung einer zentralen Fernsprechanlage nahm dieser Teil der Postkosten dann sehr bald wieder zu.

Den größten Anteil an den Porto- und Telefonausgaben, deren Niveau durch das Hinzukommen der Polizei und des Krankenhauses ohnehin angestiegen war, hatten zunächst die Hauptverwaltung, die neu geschaffenen Dienststellen der Ordnungsbehörde sowie - bis zur Währungsreform - die Kreisstelle für Bauwirtschaft. Weitere Schwerpunkte ergaben sich bei der Fürsorgeverwaltung, dem Jugend- und dem Ausgleichsamt sowie bei den Ämtern der Finanz- und Steuerverwaltung. An dem starken Anstieg der Postkosten in den letzten beiden Jahren des Untersuchungszeitraums waren auch die räumlich und personell erheblich gewachsenen Dienststellen der Bauverwaltung (einschließlich Stadtplanung, Vermessungswesen, Bauaufsicht und Hochbauamt) sowie die 1952 als selbständiger Unterabschnitt neu eingerichtete städtische Hausverwaltung beteiligt.

Der im Vergleich mit den Aufwendungen für Büro- und Geschäftsbedarf ähnlich verlaufende Aufwärtstrend hing im übrigen damit zusammen, daß beide Ausgabengruppen im Zuge der Ausweitung der Verwaltungstätigkeit in besonderem Maße von der Personalentwicklung beeinflußt waren (siehe dazu die Grafik Personalkostenentwicklung und personalabhängige Sachausgaben im Anhang C 07).

c) Die Reise- und Umzugskosten

Unter dieser Ausgabenposition, die in den Vorkriegsjahren finanzwirtschaftlich kaum einen nennenswerten Umfang erreicht hatte, wurden erfaßt: die Reisekostenvergütungen für Dienstreisen des städtischen Personals, die Auslagen für Dienst- und Botengänge am Ort

---

1) Vgl. dazu Verwaltungsbericht der Stadt Hanau 1945/46, S.11. Die anfängliche Unterbindung des gesamten öffentlichen Nachrichtenverkehrs durch die Besatzungsmacht hatte weitreichende Folgen für die Stadtverwaltung. Die Zustellung der "Amtspost" erfolgte in den ersten Monaten nach dem Zusammenbruch ausschließlich durch Boten, die unermüdlich unterwegs waren, um die Addressaten auf Trümmergrundstücken, in Kellern, Gartenhäusern und Behelfsheimen ausfindig zu machen

und zwischen den städtischen Verwaltungsstellen, Entschädigungen für die Benutzung privater Fahrzeuge und Fahrräder sowie die Umzugskostenvergütungen nach dem Umzugskostenrecht.

Der aus dem Rahmen fallende Betrag für 1944 ist fast ausschließlich durch das Stadttheater verursacht worden, das bei Gastspielverpflichtungen in besonderen Fällen für die Reisekosten einzelner Ensemblemitglieder aufzukommen hatte. Nach der Währungsreform haben die Ausgaben dann allgemein zugenommen. An der Steigerung im Jahre 1954 waren vornehmlich die Hauptverwaltung und die Polizeidienststellen beteiligt.

In den Haushaltsplänen der ersten Nachkriegsjahre finden sich bei vielen Unterabschnitten auffallend häufig Ausgabenansätze über Entschädigungen für die dienstliche Nutzung privater Fahrräder. Dies wird verständlich vor dem Hintergrund des damals herrschenden großen Mangels an stadteigenen Fahrzeugen und der starken Denzentralisierung der Verwaltung nach der Zerstörung des Stadtkerns. Da es für die Aufrechterhaltung des Dienstverkehrs zwischen Ämtern, Betrieben, Baustellen und anderen Einsatzorten an Beförderungsmitteln fehlte, die angesichts der außerordentlich schwierigen Versorgungslage zunächst auch nicht beschafft werden konnten, war die Stadt hier auf die Unterstützung durch ihre Mitarbeiter angewiesen. Erst nach der Währungsumstellung 1948 war es wieder möglich, Dienstfahrräder anzukaufen, was dann auch tatsächlich geschah (siehe dazu Seite 171 unten).

d) Die Fracht- und Transportkosten

Hierunter sind diejenigen Ausgaben nachgewiesen, die von Verwaltungsstellen und Anstalten für die Inanspruchnahme fremder Transportleistungen bei der Materialbeschaffung oder der Versorgung mit Gütern des täglichen Bedarfs aufgewandt wurden. Sie unterscheiden sich damit von den sogenannten Fuhrkosten, unter denen die Aufwendungen für die von der Stadt selbst erbrachten Beförderungsleistungen verstanden werden.

> Die Fuhrkosten, die sich aus verschiedenen Kostenelementen zusammensetzen (Löhne, Betriebsstoffe, Fahrzeugabschreibung etc.), werden entweder als innerbetriebliche Teilleistungen des Fuhrparks zu wesentlichen Bestandteilen der städtischen Verwaltungs- und/ oder Betriebsleistungen (z.B. Müllabfuhr) oder sie werden unmittelbar in städtische Leistungen transformiert (entgeltliche Fuhrleistungen für Dritte [siehe dazu auch Seite 138/39]).

Zu den wichtigsten Unterabschnitten, bei denen Fracht- und Transportkosten Dritter angefallen sind, weil sie nicht selbst oder nur in begrenztem Umfang über Fahrzeuge verfügten, gehörten nach 1945:

die Stadtküche (Beschaffung von Lebensmitteln, Transport der Schulkinderspeisung, Auslieferung von Mahlzeiten an verschiedene Ausgabestellen),

die Altersheime in Schloß Naumburg, Langenselbold und Gondsroth sowie das Stadtkrankenhaus mit den Ausweichstellen in Langenselbold und Neuenhaßlau (Versorgung mit allen notwendigen Bedarfsgütern).

Eine Besonderheit bildeten die Beförderungskosten für Schulkinder, die bei der allgemeinen Schulverwaltung anfielen und ebenfalls hier nachgewiesen wurden.

- Wegen des Verlustes nahezu aller städtischen Schulgebäude standen nach Kriegsende nur wenige Unterrichtsräume in den Außenbezirken Kesselstadt und Lamboy zu Verfügung, die zudem mehrschichtig genutzt werden mußten. Im Interesse eines den Umständen angepaßten Schulbetriebes entschloß sich die Stadt deshalb, den unteren Klassen der Volks- und Hilfsschulen durch die Übernahme der Kosten für die Benutzung städtischer Verkehrsmittel eine Fahrmöglichkeit zu schaffen, nicht zuletzt auch, um den Schulkindern die langen Schulwege durch die Trümmergebiete der Innenstadt zu ersparen.

Hierher gehörten schließlich auch die Beförderungsausgaben für die Jugendlichen, die an den vom Schulamt der Stadt beim Hanauer Haus Rückersbach organisierten Zeltlagern teilnahmen.

e) Die Aus- und Fortbildungskosten

Kosten für die Aus- und Weiterbildung von städtischen Bediensteten sind vor dem Krieg in den Haushaltsplänen nicht besonders ausgewiesen worden. Das bedeutet allerdings nicht, daß solche Kosten nicht angefallen wären. Da die Beträge insgesamt allerdings nur von verhältnismäßig geringem Umfang waren,[1] sind sie in jenen Jahren unter den sogenannten "vermischten Ausgaben" erfaßt worden. Ähnliche Überlegungen mögen es auch gewesen sein, die dazu geführt haben, ab 1954 von einer gesonderten Veranschlagung im Etat wieder abzusehen.

Aus- und Fortbildungskosten entstehen durch die Teilnahme von städtischen Bediensteten an Lehrgängen und Fortbildungsveranstaltungen sowie durch Schulgeldzahlungen der Stadt an den Hessischen Verwaltungsschulverband.[2] Entsprechend dem Erlaß des Hessischen Ministers des Innern (Az. I e-1/Az. 15 h/16 b) vom 9. Mai 1950 übernahm die Stadt für Lehrlinge und Beamtenanwärter den vollen Schulgeldbetrag, für alle übrigen städtischen Bediensteten die Hälfte des Schulgeldes.[3]

In der Hauptsache sind Ausgaben dieser Gruppe für Bedienstete der ab 1945 hinzugekommenen Amtsstellen aufgewandt worden. Die Ausbildung der neu eingestellten Polizeibeamten machte denn auch den größten Teil der Beträge, insbesondere des herausragenden Betrages von 1952, aus.

f) Die Gerichts- und Prozeßkosten

Wie die Tabelle 23 zeigt, bewegten sich diese Kosten, die neben Gerichts- und Prozeßauslagen auch die Notariatsgebühren in Grundstücksangelegenheiten sowie Vollstreckungs-

1) In den Haushaltsvoranschlägen für 1936 und 1937 waren zum Beispiel jeweils 1500 RM für die Aus- und Fortbildung der Beamten und Angestellten angesetzt; dazu gehörten u.a. auch die Kosten für die Teilnahme an sozialpolitischen und anderen Schulungslehrgängen der Partei

2) Vgl. Hessisches Gesetz über die Bildung eines Verwaltungsschulverbandes vom 6. Juni 1946, GVBl. S.169

3) Vgl. dazu W.Fischer a.a.O., S.184

kosten bei der Eintreibung von Forderungen umfassen, in den Jahren vor 1945 auf sehr niedrigem Niveau und lagen meist unter 1000 RM. Der ursprünglich zentralen Verrechnung der Ausgaben beim Stadtrechtsamt folgte nach dem Kriege die direkte Belastung der Unterabschnitte, bei denen die Kosten entstanden, von 1945 bis 1948 allerdings ohne gesonderten Ausweis im Haushaltsplan.[1]

Die im Vergleich zur Vorkriegszeit erheblich höheren Beträge ab 1949 haben ihre Ursache in den zahlreichen Grundstücksgeschäften im Rahmen des Wiederaufbaus. Insgesamt gesehen, blieben die Aufwendungen finanzwirtschaftlich jedoch ohne große Bedeutung.

g) Die Vereinsbeiträge

Beiträge zahlte die Stadt Hanau an Verbände, Organisationen und Vereine, denen sie als Mitglied angehörte. Nicht hier verrechnet wurde allerdings der Beitrag an den Gemeindeunfallversicherungsverband, da er - ähnlich wie die Sozialversicherungsbeiträge - den sonstigen persönlichen Ausgaben zuzurechnen ist.[2]

Der herausragende Wert des Jahres 1938 resultiert im wesentlichen aus dem Beitrag an den Deutschen Gemeindetag. In der Zeit von 1945 bis 1948 haben die Mitgliedsbeiträge keine nennenswerte Höhe erreicht. Das hatte seine Ursache vor allem darin, daß - nach dem Zusammenbruch - zahlreiche Organisationen aufgelöst wurden, andere sich noch nicht wieder etabliert hatten oder weil ihre Aktivitäten ruhten. Von 1949 an haben die Vereinsbeiträge wieder zugenommen. Die Stadt ist neuen Verbänden und Vereinigungen beigetreten[3], einerseits im Interesse städtischer Belange, andererseits aber auch um die Ziele der Organisationen zu fördern und ihnen durch die Mitgliedsbeiträge eine gewisse Unterstützung zuteil werden zu lassen.

h) Die Fehlgelder

Die Nachweisung der Fehlgelder in Tabelle 23 (Seite 129) erfolgte lediglich der Vollständigkeit halber. Die ausgewiesenen Beträge dienten der Abdeckung von Kassenfehlbeträgen nach den Vorschriften der Kassen- und Rechnungsverordnung (KuRVO) vom 2. November 1938.[4]

---

1) Die Stadt Darmstadt ist bei der Zuordnung der Kosten ähnlich vorgegangen; vgl. dazu W.Fischer a.a.O., S.182

2) Fischer macht in seiner Arbeit über die Stadt Darmstadt darauf aufmerksam, daß nach den Richtlinien des Statistischen Bundesamtes die Beiträge zum Gemeindeunfallversicherungsverband eigentlich den Mitgliedsbeiträgen zuzurechnen gewesen wären (vgl. W.Fischer a.a.O., S.183)

3) Wie vielschichtig diese Mitgliedschaften waren, zeigt ein Auszug aus der Auflistung der Empfänger von Vereinsbeiträgen, wie sie dem Haushaltsplan 1953 (Seite 15) zu entnehmen ist: "Deutscher Städtetag, Hessischer Städteverband, Deutscher Verband für Wohnungswesen und Städtebau, Deutsches Volksheimstättenwerk, Aufbauwerk für Heimatvertriebene, Stiftung zur Erforschung des Volksaufbaus, Verein für kommunale Wirtschaft und Politik, Soziographische Gesellschaft, Internationale Bürgermeister-Union für Deutsch-Französische Verständigung, Europa-Union, Kriegsgräberfürsorge, Vogelschutzwarte, Arbeitgeberverband, Finanzdezernententagung, Jugendherbergswerk, Gesellschaft zur Rettung Schiffbrüchiger, Brüder in Not u.a."

4) RGBl.I S.1583; hier insbesondere § 5 sowie die Richtlinien über die Gewährung einer Entschädigung für die beim baren Zahlungsverkehr entstehenden Verluste (Kassenverlustentschädigung) gemäß Anlage 7 zur KuRVO nach dem Runderlaß des Reichsministers des Innern vom 22. Mai 1942 - Va 5142 V/41 - 1013 (MBliV S.1057)

3. Sonstige sächliche Verwaltungs- und Zweckausgaben

An anderer Stelle ist bereits darauf hingewiesen worden, daß der finanzstatistische Kennziffernplan die Ausgabegruppen 6 bis 8 nur grob unterteilt, im übrigen es aber den Gemeinden überlassen hat, die weitere Untergliederung nach eigenen Gruppierungsziffern vorzunehmen. Dies eröffnete den Gemeinden gewisse Gestaltungsspielräume, erschwerte andererseits aber den interkommunalen Detailvergleich, weil nicht alle Gemeinden dabei nach einheitlichen Kriterien vorgegangen sind. Aber selbst Vergleiche zwischen Abschnitten und Unterabschnittten innerhalb einer Gemeinde können, wie das Beispiel der Stadt Hanau zeigt, zuweilen Schwierigkeiten bereiten, wenn sich unter bestimmten Gruppierungsziffern - wie weiter unten zu zeigen sein wird - nicht immer die gleichen Ausgabepositionen wiederfinden.

Die sonstigen sächlichen Verwaltungs- und Zweckausgaben sind eine Anhäufung von zum Teil sehr unterschiedlichen Kostenarten. Neben inhaltlich klar definierten Einzelausgaben (Miete, Pacht, Heizung, Reinigung, Beleuchtung) gibt es solche, die sich aus mehreren Kostenelementen zusammensetzen und inhaltlich nicht eindeutig definiert sind (Betriebsausgaben).[1] Insbesondere bei den Zweckausgaben finden sich in den Haushaltsplänen zahlreiche Pauschalansätze, die sich als spezifische Leistungen eines Unterabschnitts darstellen, deren Zusammensetzung aber nicht ohne weiteres erkennbar ist ("Schädlingsbekämpfung", "Hochwasserschutz", "Schneeräumung"). Meist handelt es sich dabei um Ausgabenbündelungen von Arbeits-, Maschinen-, Material- und Transportkosten.

Eine Aufgliederung der Ausgabengruppen 6 bis 8 wurde im vorliegenden Falle dadurch erschwert, daß die Stadt Hanau nach Einführung der finanzstatistischen Kennziffer unter einzelnen Gruppierungsziffern unterschiedliche Ausgaben erfaßt hat. So sind etwa im Haushaltsplan für das Rechnungsjahr 1953 unter der Ausgabenkennziffer 6601 ausgewiesen worden:

bei den Unterabschnitten:	
Straßenbeleuchtung	Ausgaben für Strom und Gas,
Stadtentwässerung	Kosten für Instandhaltung von Maschinen,
Straßenreinigung	Fuhrkosten,
Park- und Gartenanlagen	Kosten für Beleuchtung und Wasserverbrauch.

Unter der Ausgabenkennziffer 6602 findet man beispielsweise:

bei den Unterabschnitten:	
Friedhof und Krematorium	Kosten der Erdbestattung,
Feuerlöschwesen	Kosten für die Instandhaltung der Uniformen,
Park- und Gartenanlagen	Pacht für Gärtnerei und Baumschulen,
Müllbeseitigung	Kosten der Instandsetzung von Mülltonnen,
Fuhrpark-Werkstatt	Ausgaben für die Heizung der Werkstatt.

1) Betriebsausgaben des Schlachthofs beispielsweise setzen sich anders zusammen als etwa die der Straßenreinigung oder der Müllabfuhr

Allen genannten Ausgaben ist gemeinsam, daß es sich dabei um Betriebsausgaben im weiteren Sinne handelt. Ihre bloße summarische Zusammenfassung zu einem Sammelposten würde aber nur wenig befriedigen, weil sich dahinter zu viele heterogene Kostenelemente verbergen. Der Aussagewert wäre überdies nur sehr gering. Was für die Ausgabengruppe 66 gesagt ist, kann ceteris paribus auch auf die Gruppen 67 und 68 angewandt werden. Auch hier gab es zahlreiche Überschneidungen. Es empfahl sich daher, die Ausgaben losgelöst von den Gruppierungsziffern nach anderen Gesichtspunkten zu ordnen, um den großen Block der "vermischten Ausgaben" so klein wie möglich zu halten. Der Verfasser entschloß sich deshalb, solche Ausgabearten herauszuziehen und gesondert nachzuweisen, die sich unter einheitlichen Oberbegriffen zusammenfassen ließen. Dies gelang zumindest für einen Teil der Kosten, die für die Aufrechterhaltung der Betriebsbereitschaft und die Leistungserstellung städtischer Betriebe und Anstalten erforderlich sind (Tabelle 24). Der ursprünglich aus den Gruppen 66 bis 68 bestehende Sammelposten reduzierte sich damit im Durchschnitt um knapp die Hälfte. Der verbliebene Rest ist in der Spalte "Übrige Verwaltungs- und Zweckausgaben" am Ende der Tabelle 26 (Seite 140) nachgewiesen.

a) Geräteinstandhaltungs- und Betriebskosten

Die Kosten der Instandhaltung der Maschinen, Geräte, Fahrzeuge und betrieblichen Anlagen sowie deren allgemeine Betriebskosten sind in der folgenden Tabelle zusammengestellt.

Tabelle 24 Geräteinstandhaltungs- und Betriebskosten (Ist) der Stadt Hanau in RM/DM

Rechnungsjahr	Instandhaltung Maschinen, Fahrzeuge und Geräte[a]	Maschinen- und Fahrzeugbetriebskosten	Sonstige Energiekosten	Fuhrkosten[b]	Andere Betriebskosten	Summe Geräteinstandhaltungs- und Betriebskosten
1936	35 761	46 819	40 854	-	27 306	150 740
1938	46 416	52 267	31 399	-	31 249	161 331
1941	38 251	52 575	2 592	-	36 019	129 437
1944	35 843	37 582	1 133	-	37 094	116 652
1945	59 630	46 175	820	4 507	5 616	116 748
1946	79 208	90 401	6 223	32 920	10 445	219 197
1947	74 959	95 309	8 746	61 626	18 194	258 834
1948 RM	17 875	14 650	1 645	6 345	5 907	46 422
1948 DM	55 197	63 803	9 948	39 651	6 548	175 147
1949	96 755	83 124	31 427	121 453	15 243	348 002
1950	116 599	100 852	54 925	130 565	22 627	425 568
1951	119 220	103 216	47 621	165 924	24 889	460 870
1952	121 628	117 224	87 429	166 025	19 050	511 356
1953	140 999	124 884	92 263	184 036	26 975	569 157
1954	158 336	116 020	119 090	186 104	24 978	604 528

a) einschließlich Werkzeuge und Dienstfahrräder

b) Für die Jahre 1936 bis 1944 sind die Fuhrkosten im einzelnen nicht feststellbar; sie sind in den "anderen Betriebskosten" mit enthalten; 1945 bis 1948 sind nur die als "Fuhrkosten" bezeichneten Werte erfaßt

Ausgaben für die *Instandhaltung von Maschinen, Fahrzeugen und Geräten* (einschließlich Werkzeugen) sind schwerpunktmäßig bei den öffentlichen Einrichtungen angefallen. Hier sind zu nennen: Straßenbeleuchtung (Laterneninstandhaltung), Stadtentwässerung, Fuhrbetrieb mit Werkstatt und Schreinerei, Feuerlöschwesen, Schlachthof, Freibank, Friedhof und Krematorium, Park- und Gartenanlagen sowie die Badeanstalt Kesselstadt. Hinzu kam das Krankenhaus, dessen technische Ausstattung im Zuge des Wiederaufbaus ständig erweitert wurde. Betragsmäßig weniger ins Gewicht fielen dagegen entsprechende Aufwendungen anderer Kämmereiverwaltungen, wie der Schutz- und Kriminalpolizei (Fahrzeuge und Betriebsgeräte), des Gewerbeamtes, der Kreisbildstelle, der Stadtbibliothek (Buchbindereinrichtung) und der Stadtküche. Einen auffallend häufig vorkommenden, wenn auch finanzwirtschaftlich unerheblichen Posten bildeten die Kosten für die Instandhaltung von Dienstfahrrädern, die in nahezu allen Einzelplänen zu finden waren.

Auch bei den *Maschinen- und Fahrzeugbetriebskosten* lag das Schwergewicht eindeutig bei den städtischen Einrichtungen: Stadtentwässerung, Müllbeseitigung, Fuhrbetrieb und Schlachthof. Weiterhin von Bedeutung waren die Betriebskosten des Krankenhauses, der Badeanstalt und die Kfz-Betriebskosten der Polizei.

Ein Blick auf die Tabelle 24 läßt erkennen, daß in der Zeit bis zur Währungsreform die Maschinen- und Fahrzeugbetriebskosten die Instandhaltungskosten übertrafen, während sich in den Jahren danach das Verhältnis umkehrte. Dies hatte seine Ursache einerseits in den nach dem Krieg hinzugekommenen neuen Aufgaben (Polizei, Krankenhaus), die einen entsprechenden Zugang an technischen Anlagen im Gefolge hatten; andererseits hing es auch damit zusammen, daß in den Aufbaujahren bei der Wiederherstellung zerstörter städtischer Einrichtungen die untergegangenen Maschinen und Geräte Schritt für Schritt ersetzt wurden durch moderne und zum Teil leistungsfähigere Aggregate, die einen erhöhten Wartungsaufwand nach sich zogen. So gesehen, können die gegen Ende des Untersuchungszeitraums angestiegenen Kosten, wenn man von den darin enthaltenen Preissteigerungen einmal absieht, auch als Ausdruck einer insgesamt verbesserten öffentlichen Leistung gewertet werden.

Auffallend sind die gegenüber den Kriegsjahren hohen Instandhaltungskosten der Zeit von 1945 bis 1947. Sie sind ein Zeugnis für die aufwendige, von vielfältigen Improvisationen gekennzeichnete, notdürftige Wiederherrichtung lebensnotwendiger städtischer Einrichtungen. Dazu gehörten auch hier wiederum das Krankenhaus, ferner der Fuhrpark, die Stadtentwässerung (Pumpstationen) und die Feuerwehr, die neben ihrer eigentlichen Funktion auch die Aufgaben einer technischen Nothilfe wahrzunehmen hatte. Besonders hohe Anteile an Reparaturkosten - insgesamt etwa die Hälfte - entfielen in dieser Periode allein auf die Instandhaltung der städtischen Fahrzeuge, die angesichts ihres Alters und der starken Beanspruchung besonders anfällig waren (zum Fahrzeugbestand vor und nach dem Zusammenbruch siehe Anhang A 22). Neben den Polizeidienststellen, war es vor allem der städtische Fuhrbetrieb, bei dem diese Kosten zu Buche schlugen. Auch die hohen Fahrzeugbetriebskosten der Notjahre bis 1947 spiegeln sich in der Tabelle wider. Sie entstanden durch den permanenten Einsatz der vorhandenen Lastkraftwagen, um den hohen Anforderungen an Transportleistungen im Bereich der innerstädtischen Verwaltung, bei der Versorgung ausgelagerter Anstalten (Teilkrankenhäuser, Alters- und Kinderheime), der Müllentsorgung, Schlammabfuhr und Grubenentleerung sowie bei der Schutt- und Trümmerbeseitigung gerecht zu werden. Speziell der Trümmerräumdienst hat die Kosten des Jahres 1946 nachhaltig beeinflußt und nach oben getrieben. Wie die nachfolgende Tabelle der Fuhrparkkosten zeigt, waren die Fahrzeugbetriebskosten in keinem Jahr des Untersuchungszeitraums höher als 1946.

Tabelle 25 Fuhrparkkosten der Stadt Hanau in RM/DM

Jahr	Fahrzeug- Instandhaltung	Fahrzeug- Betrieb
1945	22 226	22 515
1946	39 310	54 015
1947	31 882	36 850
1949	35 099	32 780
1950	38 661	47 940
1951	38 821	45 790
1952	38 564	46 616
1953	39 408	49 738
1954	44 933	37 957

Unter den *sonstigen Energiekosten* sind die Aufwendungen für den Strom- und Gasverbrauch zusammengefaßt, soweit sie bei den Haushaltsstellen einzeln verbucht und im Haushaltsplan gesondert ausgewiesen worden sind. Dazu gehörten u.a. die Stadtküche, der Schlachthof, die Badeanstalt und das Krematorium. Der Hauptanteil der Energiekosten - im Durchschnitt rund 88 vH dieser Ausgaben - entfiel jedoch auf die Straßenbeleuchtung. Der deutliche Rückgang dieser Kostenart während der Kriegsjahre ist mit der damals für das gesamte Reichsgebiet angeordneten Verdunkelung zu erklären. Nach der Zerstörung der Stadt blieb die Beleuchtung der Straßen bei den Wiederaufbaumaßnahmen zunächst weitgehend unberücksichtigt, weil die dafür benötigten Mittel für andere dringendere Projekte benötigt wurden. Erst 1948 begann man mit der Herrichtung des Laternennetzes, wie die danach ansteigenden Energieausgaben deutlich erkennen lassen. Zu weiteren Einzelheiten kann hier auf die Ausführungen im zweiten Abschnitt dieses Hauptteils (Seite 444ff) verwiesen werden.

Über die Abgrenzung der *Fuhrkosten* von den allgemeinen Transportkosten ist an anderer Stelle bereits gesprochen worden (siehe Seite 132). Fuhrkosten sind die buchmäßig verrechneten Aufwendungen, mit denen städtische Ämter, Anstalten und Betriebe, die keine eigenen Fahrzeuge unterhalten,[1] für die Inanspruchnahme des Fuhrparks belastet werden.

1) Grundsätzlich ist für das gesamte Transportwesen der Stadt der städtische Fuhrbetrieb zuständig, bei dem auch die dafür anfallenden Kosten verbucht werden. Eine Ausnahme bildete die Polizei, die für Dienstfahrten über eigene Einsatzfahrzeuge verfügte, deren Instandhaltungs- und Betriebskosten dem Abschnitt 1100 *Schutzpolizei* direkt belastet wurden. Für Transportleistungen allerdings, für die der städtische Fuhrbetrieb in Anspruch genommen wurde, entstanden aber auch hier Fuhrkosten

Sie finden ihre Entsprechung auf der Einnahmeseite des Fuhrbetriebs in dem Posten "Erstattungen für Leistungen und Arbeiten für städtische Dienststellen".

Diese Ausgabenart ist in den Vorkriegsjahren nicht getrennt aufgezeichnet, sondern als Teil der sonstigen Betriebsausgaben behandelt worden, so daß hier ein Detailvergleich mit den entsprechenden Daten der Jahre nach 1945 nicht möglich ist. Dies erklärt auch, warum die Werte in der Spalte *Andere Betriebskosten* (Tabelle 24) in den Jahren bis einschließlich 1944 deutlich höher sind als danach, als man unter der Kontenbezeichnung "allgemeine Betriebsbedürfnisse" nur noch die Ausgaben für Hilfsstoffe, Kleinmaterial (Schrauben, Nägel etc.), geringwertige Einzelteile und ähnliches erfaßte.

Der sichtbare Anstieg der Fuhrkosten nach 1948 beruhte einerseits auf der Erweiterung des Fuhrbetriebs durch die Anschaffung neuer Fahrzeuge (siehe dazu die Ausführungen im zweiten Abschnitt, Seite 453ff). Er ist andererseits aber auch damit zu erklären, daß sich die Ausgabengliederung der Haushaltsabschnitte und -unterabschnitte verfeinert hatte, indem Fuhrkostenbelastungen, die in den RM-Jahren noch in Sammelposten enthalten waren ("Betriebsausgaben"), nun gesondert veranschlagt wurden. So gesehen, sind die Fuhrkostenbeträge der RM-Periode mit denen nach 1948 nicht exakt vergleichbar, weil es sich bei ersteren nur um die Summe der unter der Bezeichnung "Fuhrkosten" im Haushaltsplan tatsächlich ausgewiesenen handelt.

Transportleistungen wurden in der Hauptsache und vor allem regelmäßig in Anspruch genommen von den Haushaltsstellen der Müllbeseitigung, Straßenreinigung und Stadtentwässerung (Grubenentleerung, Schlammabfuhr) sowie vom Tiefbauamt (Straßen, Wege, Plätze, Wasserläufe und Hochwasserschutz) und der Dienststelle Park- und Gartenanlagen. In den ersten Nachkriegsjahren sind auch bei der Stadtküche Fuhrkosten, insbesondere für die Schulkinderspeisung, angefallen.

Für die Müllbeseitigung und Straßenreinigung sind die Fuhrleistungen des Fuhrparks wesentliche Voraussetzung für die Erfüllung ihrer Aufgaben. Die Fuhrkosten waren daher in beiden Betrieben der mit Abstand größte Posten der Betriebsausgaben. Einen ähnlich große Bedeutung hatten die Fuhrkosten bei der Tiefbauverwaltung im Bereich Straßen, Wege, Plätze (einschließlich Wasserläufe und Hochwasserschutz). Allein diese drei Haushaltsstellen beanspruchten im Durchschnitt der Jahre 1950 bis 1954 84,6 vH der gesamten Fuhrkosten der Stadt Hanau.

b) Andere Verwaltungs- und Zweckausgaben

Aus der großen Gruppe der anderen Verwaltungs- und Zweckausgaben wurden diejenigen Ausgaben herausgezogen und in der folgenden Tabelle 26 aufgelistet, die sich klar abgrenzen ließen und während des gesamten Untersuchungszeitraums mehr oder weniger regelmäßig angefallen sind. Ausnahmen bilden die *Repräsentationskosten*, die erst nach 1948 gesondert erschienen sowie die *Fehlbeträge* der Jahre 1936 und 1938, die hier lediglich der Vollständigkeit halber nachgewiesen wurden. Die *übrigen Verwaltungs- und Zweckausgaben* sind in der vorletzten Spalte zusammengefaßt.

Tabelle 26 Andere Verwaltungs- und Zweckausgaben (Ist) der Stadt Hanau in RM/DM

Rechnungsjahr	Miete Pacht	Heizung Beleuchtung Reinigung	Mobiliarunterhaltung	Sachversicherungen	Dienst- und Schutzkleidung	Steuern und Abgaben
1936	29 410	82 426	14 584	22 580	4 022	154 059
1938	46 752	85 184	15 406	24 311	9 311	171 733
1941	69 567	106 965	11 445	24 537	4 116	208 920
1944	38 477	83 687	9 428	22 447	1 423	188 696
1945	15 350	106 008	1 637	6 810	4 492	87 899
1946	26 950	147 928	4 244	17 116	32 087	107 628
1947	48 659	149 693	6 071	15 515	40 845	159 544
1948 RM	12 450	27 740	3 042	10 202	10 624	27 417
1948 DM	58 007	127 708	6 416	14 638	9 247	112 058
1949	45 463	244 924	6 601	17 753	30 606	202 641
1950	63 781	227 106	8 377	33 682	25 121	183 463
1951	67 618	340 198	12 191	22 695	44 350	200 128
1952	77 413	413 914	17 832	23 841	37 369	199 132
1953	110 803	484 670	14 748	25 609	45 840	230 864
1954	119 563	422 520	15 271	26 463	55 629	205 939

Rechnungsjahr	Lebensmittel	Wäsche, Anstalts- und Heimkleidung[b)]	Repräsentationskosten[c)]	Verfügungsmittel des Oberbürgermeisters	Fehlbeträge aus Vorjahren	Übrige Verwaltungs- und Zweckausgaben	Summe
1936	46 583[a)]	-	-	2 829	[100 734]	329 379	786 606
1938	34 800[a)]	-	-	3 241	[1 423]	223 200	615 361
1941	12 151[a)]	-	-	2 012	-	220 490	660 203
1944	17 500[a)]	-	-	1 710	-	274 165	637 533
1945	111 059	4 261	-	-	-	136 372	473 888
1946	238 845	3 961	-	-	-	261 014	839 773
1947	363 734	5 144	-	4 695	-	285 443	1 079 343
1948 RM	94 567	681	-	3 330	-	69 967	260 020
1948 DM	229 017	6 693	2 737	645	-	219 053	786 219
1949	268 625	13 895	2 930	2 368	-	303 457	1 139 263
1950	318 601	12 140	5 499	2 997	-	416 410	1 297 177
1951	341 995	13 399	8 327	3 402	-	510 893	1 565 196
1952	532 959	17 288	6 575	3 000	-	706 289	2 035 612
1953	588 814	18 058	7 347	3 000	-	712 671	2 242 424
1954	562 917	17 037	8 463	2 997	-	784 934	2 221 733

a) Die Angaben für die Jahre 1936, 1938 und 1944 beruhen auf den Voranschlagszahlen und enthalten für das Pflegehaus und die Kinderkrippe neben den Ausgaben für Beköstigung auch Anteile für Wäsche und Bekleidung, die wegen nicht mehr vorhandener Unterlagen nicht getrennt werden konnten. Ihr Anteil kann mit etwa 10 Prozent angenommen werden. Die Zahlen für 1941 sind Rechnungsergebnisse. Ausgaben für Lebensmittel fielen 1936 außer in den vorgenannten Einrichtungen in einem Kinderheim sowie bei der Schulspeisung an

b) In den Jahren bis 1944 nicht getrennt ausgewiesen; siehe auch Anmerkung a)

c) Repräsentationskosten wurden erst ab 1948 im Haushaltsplan gesondert veranschlagt

b1) Die Mieten und Pachten

Bei den Ausgaben für Mieten und Pachten teilt sich der Untersuchungszeitraum in zwei völlig verschiedene Abschnitte. Bis 1944 verfügte die Stadt Hanau über ausreichend eigene Amts- und Betriebsgebäude, in denen die städtischen Dienststellen untergebracht waren, so daß nur in wenigen Einzelfällen Liegenschaften oder Räumlichkeiten angemietet werden mußten. Zu den Einrichtungen, die die Stadt nicht selbst unterbringen konnte, gehörten 1936 die Stadtbibliothek und das Stadtarchiv. Für sie sind Teile des ehemaligen Gerichtsgebäudes am Bangert mietweise in Anspruch genommen worden. Angemietet wurde ferner ein Haus am Kanaltor für die Einrichtung von Dienstwohnungen für den Schlachthof. In den folgenden Jahren kamen weitere Mietverträge hinzu: 1938 für das Standesamt[1)] und die technische Nothilfe, 1941 für das Stadtmuseum (Wetterauische Gesellschaft) sowie für Proberäume und Werkstätten des Stadttheaters und schließlich 1943 für die Unterbringung der Feuerwehr.

Während der gleichen Periode wurden in den Haushaltsplänen Pachtzahlungen nur in zwei Fällen nachgewiesen, die finanzwirtschaftlich allerdings ohne besondere Bedeutung waren. Sie wurden entrichtet an die staatliche Forstverwaltung für einen Gebietsstreifen im Lamboywald zur Abhaltung des Lamboyfestes sowie an die Deutsche Reichsbahn für Geländenutzungen zum Betrieb der Industriebahn Hanau-Nord.

Der weitaus größte Teil der Ausgaben bis 1944 entfiel auf die Mieten für Obdachlose. Sie erreichten verhältnismäßig hohe Beträge,[2)] wie die folgenden Zahlen zeigen:

Jahr	absolut	in vH der Mietausgaben
1936	24 616 RM	83,7
1938	36 994 RM	79,1
1941	38 670 RM	55,6
1944	12 108 RM	31,5.

Im Grunde handelte es sich hierbei um Ausgaben, die heute der erweiterten Fürsorge zugerechnet werden; sie sind jedoch damals unter den Zweckausgaben der Obdachlosenpolizei als Mietzahlungen ausgewiesen und deshalb hier eingeordnet worden.

Ein weiterer Ausgabeposten, der während des Krieges eine gewisse Bedeutung erlangte, waren die Nutzungsentschädigungen an private Quartiergeber für durch die Wehrmacht in Anspruch genommene zivile Objekte.[3)] Dabei ging es vornehmlich um die Bereitstellung von Büroräumen und Unterstellmöglichkeiten für das Heer und die Standortverwaltung.

---

1) Das Standesamt war im Gebäude Hainstraße 32 untergebracht, das am 6. Januar 1945 stark beschädigt und am 19. März 1945 vollständig zerstört wurde

2) Die höchsten Mietausgaben für Obdachlose fielen im Jahre 1940 an mit 41 736 RM

3) Als Ausgleich erhielt die Stadt Hanau dafür vom Reich sogenannte "Quartiervergütungen"; außerdem erhielt sie eine Entschädigung für die von der Wehrmacht aufgrund des Reichsleistungsgesetzes in Anspruch genommenen städtischen Schulgebäude (Mieten wurden vom Reich dafür nicht gezahlt). Belegt war 1941 vom Wehrbezirkskommando nur noch die Bezirksschule II für Bürozwecke

Während die Mietaufwendungen für Obdachlose bis 1941 zwar absolut anstiegen, relativ aber zurückgingen, nahmen in der gleichen Zeit die Quartiergelder sowohl absolut als auch relativ zu. Sie betrugen 1938 nur 585 RM (1,3 vH), 1941 aber bereits 13 631 RM (19,6 vH) und 1944 immer noch 10 637 RM (27,6 vH).

Für die Zeit nach dem Zusammenbruch ergab sich ein völlig anderes Bild. Infolge der Zerstörung des Rathauses und anderer Verwaltungs- und Betriebsgebäude war die Stadt in hohem Maße auf nicht stadteigene Liegenschaften angewiesen. Soziale Einrichtungen wie Alters- und Kinderheime sowie Teile des Krankenhauses mußten in Gemeinden des Landkreises oder in andere Orte der näheren Umgebung verlegt,[1] der Schulunterricht teilweise in Privatwohnungen abgehalten werden.[2] Die gesamte Verwaltung, die zunächst in dem einzigen unversehrt gebliebenen Schulhaus in Kesselstadt provisorisch eingerichtet worden war, bezog im Juli 1945 das mit Genehmigung der amerikanischen Besatzungsmacht beschlagnahmte Schloß Philippsruhe, für das in den Folgejahren hohe Nutzungsentschädigungen zu zahlen waren. Als Konsequenz dieser grundlegend veränderten Unterbringungssituation ergab sich ein Anstieg der Miet- und Pachtausgaben wie überhaupt der gesamten Raumkosten, denn auch die Aufwendungen für Heizung, Reinigung und Beleuchtung folgten diesem Trend, wie die Tabelle 26 sehr deutlich zeigt.

- Während die Raumkosten[3] in der Zeit von 1936 bis 1944 durchschnittlich bei rund 143 000 RM lagen, stiegen sie im Durchschnitt der Jahre 1948 bis 1950 etwa auf das Doppelte, nämlich 276 000 DM, an. Diese massive Steigerung vermittelt einen Eindruck von der Mehrbelastung, die der Stadt durch den Verlust ihrer Dienstgebäude entstanden war; sie kann zugleich als Ausdruck für die starke Dezentralisierung der städtischen Behörden angesehen werden. Die weitere Zunahme der Raumkosten im Durchschnitt der Jahre 1951/52 auf mehr als das Dreifache (449 000 DM) und im Durchschnitt der Jahre 1953/54 auf annähernd das Vierfache (568 000 DM) des Reichsmarkbetrages war im wesentlichen die Folge zusätzlichen Raumbedarfs für die Bauverwaltung und auf dem Schulsektor (Mädchenberufs- und Haushaltungsschulen) sowie steigender Mieten und Preise.

Der auf das Jahr 1948 zurückgehende Mietvertrag für das Schloß Philippsruhe wurde 1951 in einen Mietkaufvertrag umgewandelt. Ein kurzer Rückblick auf die Vorgeschichte soll die Zusammenhänge erhellen.

- Bereits beim Abschluß des Mietvertrages über die von der städtischen Verwaltung in Anspruch genommenen Räume des Schlosses hatte die Stadt Hanau ihr Interesse an dem Ankauf des gesamten Objekts zu erkennen gegeben, ohne daß es jedoch zu konkreten Verhandlungen darüber gekommen war. Das war angesichts der gerade erst abgeschlossenen Währungsumstellung und der sich daraus ergebenden notwendigen Sparmaßnahmen auch nicht opportun, zumal die finanzielle Entwicklung der

---

1) Zu nennen sind in diesem Zusammenhang: Heimstätte "Schloß Naumburg", Altersheime Langenselbold und Gondsroth, Kinderheim Langenselbold, Teilkrankenhäuser Langenselbold und Neuenhaßlau

2) Ein Beispiel hierfür ist das Realgymnasium für Mädchen, dessen Unterricht 1945 zunächst in den Wohnräumen von Lehrkräften wieder aufgenommen, später in eine Baracke verlegt und schließlich im Schichtbetrieb zusammen mit anderen Schulen an verschiedenen Stellen in der Stadt abgehalten wurde

3) Unter den Raumkosten ist hier die Summe der Ausgaben für Miete, Heizung, Reinigung und Beleuchtung zu verstehen

Stadt in diesem Zeitpunkt von niemandem vorausgesehen werden konnte. Die Sondierungsgespräche in dieser Richtung wurden jedoch mit dem Rechtsvertreter[1] der Eigentümerin des Schlosses, Prinzessin Gisela von Hessen, fortgesetzt. 1950 kam es schließlich zu einem konkreten Angebot, das sich als Mietkauf mit einer Laufzeit von 20 Jahren darstellte, bei dem - ausgehend von einem Kaufpreis von 550 000 DM für die gesamte Liegenschaft[2] - die Kaufpreisraten in den ersten 10 Jahren jährlich 43 700 DM, ab 1961 jährlich 31 800 DM betragen sollten. Bei einem Zinssatz von 4 vom Hundert für die jeweilige Restschuld belief sich der Gesamtkaufpreis auf 755 000 DM.

Nachdem die Stadtverordnetenversammlung in ihrer Sitzung vom 6. November 1950 dem Ankauf zu diesen Bedingungen[3] zugestimmt und den Abschluß des Vertrages beschlossen hatte, ging das Schloß Philippsruhe mit Wirkung vom 1. April 1951 in das Eigentum der Stadt Hanau über.

Auf die dort untergebrachten Verwaltungsdienststellen wurden die Nutzungsanteile kostenmäßig nach der Raumgröße umgelegt. Im übrigen entsprachen die betragsmäßigen Veränderungen des gesamten Mietaufwandes bis 1952 der allgemeinen Mietpreisentwicklung. Der sichtbare Anstieg am Ende des Untersuchungszeitraums (1953/54) erklärt sich aus dem Abschluß weiterer Mietverträge. Sie dienten einerseits der Verlegung der gesamten Bauverwaltung (Vermessungsamt, Stadtplanung, Bauaufsicht und Hochbauamt) in die Räume des ehemaligen Kaufhofgebäudes[4] im Stadtzentrum,[5] was allein 1953 Mehrausgaben von 12 300 DM zur Folge hatte. Hinzu kamen die Unterbringung der Mädchenberufs- und der Haushaltungsschule[6] in der staatlichen Zeichenakademie mit jährlichen Mehrausgaben von rund 8 000 DM sowie erhöhte Mietzahlungen (4 800 DM) der Haushaltsstelle "Bebauter Grundbesitz".

---

1) Die Interessen der Eigentümerin wurden von der Kurhessischen Hausstiftung, vertreten durch ihren Geschäftsführer, wahrgenommen

2) Dazu gehörten sämtliche Nebengebäude sowie der Schloßpark, insgesamt ein Areal von 119 000 Quadratmetern

3) Dem Vorbehalt der Stadt Hanau, die Kaufpreisraten durch die Aufnahme einer Hypothek finanzieren zu können, hatte die Eigentümerin zugestimmt

4) Heute befindet sich dort das Parkhaus Nürnberger Straße

5) Der Umzug der Bauverwaltung in die Innenstadt hatte sich als ebenso notwendig wie zweckmäßig erwiesen. Die Verlegung der Planungs-, Prüfungs- und Bauaufsichtsbehörden in den Kernbereich des Wiederaufbaus verbesserte die Einsatzmöglichkeiten des Personals vor Ort, sie verkürzte die Wege, was vor allem Zeiteinsparungen mit sich brachte und so die Effektivität der Arbeit merklich erhöhte. Ein weiterer Vorteil ergab sich daraus, daß die Einrichtung dieser stark frequentierten städtischen Behörden im noch weitgehend zerstörten Zentrum der Stadt wesentlich zur Belebung der Innenstadt beitrug und so der Gefahr ihrer Verödung entgegenwirkte

6) Die beiden Berufsschulen waren mehrfach umgezogen. So war die Mädchenberufsschule bis etwa 1951 in einer Baracke im Hof der Bezirksschule V (Gebeschusschule) untergebracht, ehe sie 1952 in die Hochstädter Landstraße und ab 1953 in die staatliche Zeichenakademie übersiedelte. Die Haushaltungsschule folgte der Mädchenberufsschule ab 1951 in die jeweils bezogenen Räume nach

b2) Die Kosten für Heizung, Reinigung und Beleuchtung

Wie bereits im vorigen Kapitel erwähnt wurde, machen die Kosten für Heizung, Reinigung und Beleuchtung den größten Teil der Raumkosten aus. Sie sind ein Teil der Bewirtschaftungskosten der Verwaltungs- und Betriebsgebäude und dienen der Aufrechterhaltung der Dienstbereitschaft und des Dienstbetriebs. Nicht in dieser Ausgabengruppe enthalten sind die Kosten der Straßenbeleuchtung sowie der Straßenreinigung. Diese gehören zu den betrieblichen Zweckausgaben, die für die Straßenbeleuchtung in der Tabelle 24, für die Straßenreinigung unter den "übrigen Zweckausgaben" in der vorletzten Spalte der Tabelle 26 nachgewiesen sind.

In der Zeit bis 1944 betrugen die jährlichen Aufwendungen für Heizung, Beleuchtung und Reinigung zwischen 82 000 und 85 000 RM, wovon im Durchschnitt auf die Heizungskosten 51 vH, die Ausgaben für Beleuchtung 10 vH und die Reinigungskosten 39 vH entfielen.[1] Die auffallende Ausgabensteigerung des Jahres 1941 (Tabelle 26) stellt insofern eine Ausnahme dar, als sie allein auf die außergewöhnlich hohen Heizungskosten während des sehr harten Winters 1941/42 zurückzuführen ist.

Ab 1945 weist die Ausgabenposition eine gänzlich andere Entwicklung auf. Sie ist gekennzeichnet von einem insgesamt höheren und permanent steigenden Volumen. Die Ursache dafür ist hauptsächlich in den für Verwaltungszwecke wenig geeigneten Räumlichkeiten des Schlosses Philippsruhe zu suchen, die sich wegen ihres Zuschnitts, ihrer Größe und ihrer schlechten Beheizbarkeit als der entscheidende Kostentreiber erwiesen. So stiegen die Heizungs- ebenso wie die Beleuchtungskosten ad hoc auf ein deutlich höheres Niveau als vor dem Krieg und nahmen bis 1947 auch relativ stärker zu. Nur die Reinigungskosten hielten sich wegen der anfänglich geringeren Raumzahl einigermaßen in Grenzen. Ihr relativer Anteil sank vorübergehend sogar auf 25 vH ab. Dieses Beispiel ist ein Hinweis darauf, daß eine rationelle und kostensparende Verwaltungsarbeit sehr wesentlich auch von den räumlichen Rahmenbedingungen abhängig ist. Die Verwaltung der Stadt Hanau war sich der Tatsache durchaus bewußt und hatte deshalb schon früh den Wiederaufbau des Rathauses ins Auge gefaßt,[2] ihn aber wegen des hohen Investitionsbedarfs[3] und der Vordringlichkeit anderer Projekte immer wieder zurückstellen müssen.

Zu den insgesamt hohen Kosten trug in den Folgejahren - neben der Erweiterung der Raumkapazität - auch die zunehmende Dezentralisierung durch die an sich notwendige Verlegung einzelner Dienststellen in andere Stadtbezirke bei, ebenso wie die mangelnde Konzentration in der Unterbringung von Pfleglingen in Heimen und Anstalten des Gesundheits- und Sozialbereichs.

Schließlich sind die Preis- und Lohnsteigerungen zu berücksichtigen, die sich beim Heizmaterial, insbesondere aber bei den Reinigungskosten auswirkten. Bei letzteren waren die Lohnerhöhungen mit entscheidend dafür, daß ihr Anteil an der Ausgabenposition

---

1) Die Aufschlüsselung wurde anhand der Sammelnachweise vorgenommen

2) Für den Wiederaufbau des Rathauses sprachen auch andere als nur Kostenersparnisgründe, so etwa die Mittelpunktfunktion der städtischen Verwaltung ("Das Rathaus gehört in die Stadt, nicht an den Rand"); man versprach sich davon eine Belebung des Stadtkerns, die dem Wiederaufbau von Wohn- und Geschäftshäusern im Zentrum Auftrieb geben würde

3) Man rechnete damals mit Aufbaukosten von 1 Million DM (Vgl. dazu Bericht des Bürgermeisters im Hanauer Anzeiger Nr.255/218.Jg. vom 1. November 1950, S.3)

von 25 vH (1947) auf 42 vH (1953) wuchs. Sowohl relativ als auch absolut hatten die Reinigungskosten damit die Höhe der Heizungskosten erreicht.

b3) Die Kosten der Instandhaltung des Mobiliars

Zu diesem finanzwirtschaftlich unbedeutenden Posten gehören die Ausgaben für die Instandhaltung von Büromöbeln, -maschinen und -geräten sowie der Ausstattungsgegenstände von Schulklassen und Sozialeinrichtungen (Kinderhorte, Jugend- und Altersheime, Krankenhaus). Neben reinen Reparaturaufwendungen wurden hierunter auch Ersatzbeschaffungen buchmäßig erfaßt, sofern sie sich wertmäßig im Rahmen dessen bewegten, was man im Steuerrecht unter geringwertigen Wirtschaftsgütern versteht. Die zu aktivierenden Neuanschaffungen wurden hingegen unter den Ausgaben der Vermögensbewegung in der Ausgabengruppe 9 nachgewiesen.

Wie aus der Tabelle 26 ersichtlich ist, gingen die Ausgaben bereits in den Kriegsjahren merklich zurück, weil Ersatzbeschaffungen kaum noch vorgenommen werden konnten. Mit der Vernichtung des Rathauses und der meisten städtischen Einrichtungen war 1945 der größte Teil des Inventars verlorengegangen oder ein Opfer der Flammen geworden. Der Erhaltungsaufwand sank daher in der Folge auf ein Minimum ab. Erst nach 1948 wurden im Zuge des Wiederaufbaus Büromöbel und Ausstattungsgegenstände verstärkt neu angeschafft, so daß in den Jahren danach auch die Kosten der Instandhaltung wieder anzogen. Zu den Haushaltsstellen, bei denen dies in besonderem Maße zutraf, gehörten neben einigen neuen Amtsbereichen (Soforthilfe- und Lastenausgleichsamt, Amt für Wirtschaft und Verkehr, Flüchtlingsamt) die wieder errichteten Volks- und Mittelschulen, das Altersheim Fasanerie, die Kinderheime und -horte am Sandeldamm, in der Salzstraße und in der Brüder-Grimm-Schule (ab 1954), das Krankenhaus sowie alle Dienststellen der Bauverwaltung.

Wenn ab 1952 die Ausgaben nominell auch dem Vorkriegsstand in etwa wieder entsprachen, so blieben sie doch real wegen der inzwischen eingetretenen Preiserhöhungen noch merklich dahinter zurück.

b4) Die Sachversicherungen

Bis zum Jahre 1937 wurden die Prämien für die Sachversicherungen[1]) der Stadt Hanau zentral bei der "allgemeinen Verwaltung" (Abteilung A) nachgewiesen, und zwar für Versicherungen

des Mobiliars gegen Feuerschäden,
gegen Einbruchdiebstahl für sämtliche Schreib- und Rechenmaschinen sowie für
Geld- und Wertbestände in den Kassengewölben der Stadtkasse,
gegen Beraubung der Kassenboten, Vollziehungsbeamten und Kassenstellen,
ferner zur Abdeckung der Risiken bei

---

1) Nicht hierzu zählt die Gebäudefeuerversicherung (Brandversicherung), die dem Posten "Steuern und Abgaben" zugerechnet wurde

Personen- und Sachschäden (allgemeine Haftpflicht),
Schäden an städtischen Fahrzeugen (Auto-Kasko-Versicherung),
Schäden an Maschinen in öffentlichen Einrichtungen
(Maschinenschadenversicherung) und
Schulunfällen.

Das Schwergewicht der Prämienzahlungen lag eindeutig bei den Maschinenschaden- (34,7 vH), Haftpflicht- (27,8 vH) und Mobiliarversicherungen (20,7 vH), auf die zusammen 1936 mehr als 80 vH des gesamten Versicherungsaufwandes entfielen.[1] In besonderen Einzelfällen wurden außerdem spezielle Versicherungen abgeschlossen (z.B. Tierhalterhaftpflicht für Wachhunde), die dann unter der Sammelbezeichnung "Sonstige Versicherungen" im Haushaltsplan veranschlagt waren.[2]

Der zentrale Nachweis in der Abteilung A des Etats wurde mit der Einführung der neuen Haushaltsplangliederung nach dem Muster der Gemeindehaushaltsverordnung von 1938 aufgegeben. An seine Stelle trat die direkte Belastung der Unterabschnitte, denen das jeweilige Risiko oder Teilrisiko zuzuschreiben war. An diesem Ordnungsprinzip hat auch der 1952 eingeführte Gruppierungsplan der Finanzstatistik festgehalten.

Wie aus der Tabelle 26 hervorgeht, blieb der Versicherungsaufwand in den Jahren bis einschließlich 1944 ziemlich konstant und betrug im Durchschnitt 23 500 RM. Das änderte sich schlagartig mit der Zerstörung der Stadt. Viele Risiken waren infolge von Maschinen- und Fahrzeugverlusten, von Ausfällen an Schulen und Heimen etc., erheblich geringer geworden, andere wiederum waren ganz weggefallen (Theater, Badeanstalten). Da die Verwaltungsarbeit zudem noch erheblich eingeschränkt war, gingen die Prämienzahlungen 1945 um mehr als zwei Drittel zurück und stiegen erst mit der Normalisierung der Amtsgeschäfte wieder an. Die Erhöhungen der Jahre 1946 und 1950 resultierten zum Teil aus Nachzahlungen für die Vorjahre, 1950 außerdem aus einer Steigerung der Kraftfahrzeugversicherung durch die Neuanschaffung von Fahrzeugen. Die Aufwendungen für die Kfz-Versicherung sind - ähnlich wie die für die Kfz-Steuer - im Grunde genommen Bestandteile der allgemeinen Fahrzeugkosten und wurden deshalb gelegentlich auch unter diesen direkt verbucht.[3] In Hanau entschied man sich jedoch für den getrennten Ausweis unter den Versicherungen.

Gegen Ende des Untersuchungszeitraums nahm der Versicherungsaufwand wieder zu. Ursächlich dafür waren einerseits der Abschluß weiterer Versicherungsverträge zur Abdeckung neuer, bis dahin nicht versicherter Risiken, wie zum Beispiel - innerhalb der Arbeitgeberhaftpflicht - für Schäden, die städtischen Bediensteten bei der Verrichtung ihrer Arbeit zugefügt werden, andererseits aber auch notwendige Anpassungen der Versicherungswerte an die realen Veränderungen des städtischen Vermögens.

---

1) Die Aufschlüsselung erfolgte nach den im Haushaltsplan 1936 veröffentlichten Voranschlagszahlen

2) Hierher gehören auch Unfallversicherungen für städtische Bedienstete sowie Schulkinder und Jugendliche in Heimen und Anstalten

3) so etwa bei der Stadt Darmstadt (vgl. W.Fischer a.a.O., S.193)

b5) Die Ausgaben für Dienst- und Schutzkleidung

Vor dem Kriege wurden Ausgaben für Dienst- und Schutzkleidung nur bei wenigen Unterabschnitten des Haushaltsplans veranschlagt, hauptsächlich im Feuerlöschwesen sowie bei den städtischen Ordnungsbehörden: Marktpolizei und Feld- und Forstpolizei. Die Aufwendungen beschränkten sich auf die Anschaffung und den Ersatz von Uniformen und Ausrüstungsgegenständen.[1] Die für die Zeit bis 1944 feststellbaren Beträge sind gering und finanzwirtschaftlich unbedeutend. Allein der erhöhte Betrag des Jahres 1938 fällt etwas aus dem Rahmen; er erklärt sich wohl aus dem Ankauf eines größeren Postens von Uniformen und Mänteln für die Feuerwehr im Rahmen der Ersatzbeschaffung.[2]

Völlig anders stellt sich die Situation nach 1945 dar. Die Kommunalisierung der Polizei zwang die Stadt zu erheblichen Mehrausgaben für Bekleidung und Ausrüstung. Die Erstausstattung an Uniformen, die in den Jahren 1946 und 1947 aus Mitteln des Ordentlichen Haushalts finanziert wurde, machte allein 90 bzw.85 vH der Gesamtkosten für Dienstkleidung aus. Auch in den späteren Jahren der DM-Periode blieb der Anteil der Polizei an diesen Ausgaben hoch und betrug in den letzten drei Jahren noch über 50 vH, wie die folgenden Zahlen zeigen.

Tabelle 27 Ausgaben für die Bekleidung und Ausrüstung der Polizei[3]

Jahr	RM/DM	vH der gesamten Bekleidungsausgaben
1946	28 899	90,1
1947	34 637	84,8
1948 DM	3 985	43,1
1949	15 078	49,3
1950	2 619	10,4
1951	19 398	43,7
1952	20 080	53,7
1953	25 072	54,7
1954	30 281	54,4

Außer bei der Polizei wurde Dienst- und Schutzkleidung benötigt bei dem Ordnungsamt (für Feldhüter und Gewerbeaufsichtsbeamte), den Alters-, Kinder- und Jugendheimen, der Stadtküche, dem Krankenhaus, der Tiefbauverwaltung (Straßenbau), dem Vermessungswesen, der Bauaufsicht, bei den öffentlichen Einrichtungen: Stadtentwässerung, Straßenreinigung, Müllabfuhr, Feuerwehr, Schlachthof mit Freibank, Bestattungswesen und Badeanstalten sowie bei der Stadtgärtnerei und dem städtischen Fuhrbetrieb mit Werkstatt und Schreinerei.

1) Zu den Ausrüstungsgegenständen der Feuerwehr, die unter dieser Ausgabenposition verrechnet wurden, gehörten u.a. Handbeile, Atemschutzmasken, Filtereinsätze, Taschenlampen, Steigeisen und dergleichen. Bei der Marktaufsicht und den Feldhütern ging es vorwiegend um den Ersatz von Regenmänteln und Dienstmützen

2) Aus dem Voranschlag für das Rechnungsjahr 1938 ergibt sich, daß die Anschaffung von 50 Uniformen und 20 Mänteln vorgesehen war

3) Erfaßt sind die Ausgaben der Unterabschnitte: Schutzpolizei, Kriminalpolizei und Polizeigefängnis

Preissteigerungen und die Erhöhung des Leistungsstandards durch Verbesserung der Ausstattung in den städtischen Einrichtungen haben in den letzten Jahren des Untersuchungszeitraums, insbesondere ab 1951, die Kosten weiter ansteigen lassen (siehe dazu Tabelle 26).

b6) Die Steuern und Abgaben

Neben der Umsatzsteuer, die von der Stadt für Lieferungen und sonstige Leistungen der Verwaltung oder Betriebe zu entrichten ist, wurden unter dieser Ausgabengruppe insbesondere die Steuern und Abgaben erfaßt, die mit dem städtischen Grundvermögen in Zusammenhang stehen. Hierzu gehörten vor allem die Realsteuern, die Soforthilfe-, später Vermögensabgabe, die Hypothekengewinnabgabe, die den durch die Abwertung von Hypotheken entstandenen Gewinn an ersparten Zinsen und Tilgungsbeträgen der Abgabepflicht unterwarf, sowie Beiträge und Gebühren im Sinne des Abgabenrechts. In Hanau hatte man den Begriff der "Grundstücksabgaben" allerdings sehr weit gefaßt, denn auch Feuerversicherungsprämien für Gebäude, teilweise Wassergeld und Auslagen für die Straßenreinigung sowie die Bewachungskosten für Schulen wurden hierunter subsumiert.

Das Absinken der Ausgaben 1945 um mehr als die Hälfte im Vergleich zum Vorjahr weist auch hier auf die außerordentlich starken Verluste an Gebäuden hin, die die Stadt bei den Fliegerangriffen erlitten hatte. Betroffen waren außer den Schulen, den öffentlichen Einrichtungen und wirtschaftlichen Unternehmen insbesondere auch die städtischen Wohn- und Geschäftsgrundstücke. Allein bei dem Unterabschnitt "Bebauter Grundbesitz" verringerte sich der Aufwand an Steuern und Abgaben von 1944 auf 1945 um rund 23 000 RM.

Ab 1946 stiegen die Ausgaben aber bereits wieder an. Maßgebend dafür waren nicht nur die Wiederherrichtung städtischer Betriebe und Einrichtungen, sondern auch steigende Umsätze und die Änderungen von Gebührensätzen. Einen kräftigen Schub nach oben erhielten die Aufwendungen ferner durch die Soforthilfezahlungen der Stadt im Rahmen des Lastenausgleichs,[1)] und zwar für 1949 in Höhe von 54 213 DM, für 1950 von 60 482 DM. Die Heranziehung der stark zerstörten Städte zum Lastenausgleich erwies sich in Anbetracht der großen Substanzverluste als außerordentlich problematisch und wurde bereits damals (1952) im Bundestag heftig diskutiert.[2)] Die Veranlagung der Vermögensabgabe zog sich in die Länge und wurde bis zum Ende des Untersuchungszeitraums für Hanau auch nicht abgeschlossen. Die Stadt bildete daher in den folgenden Jahren eine spezielle Lastenausgleichsrücklage, in der die nicht verausgabten Beträge angesammelt wurden.

---

1) Der Ausgleich materieller Kriegsschäden, einschließlich der Währungsverluste infolge der Umstellung der Währung am 21. Juni 1948 von Reichsmark auf Deutsche Mark durch Abwertung im Verhältnis 10:1, war Aufgabe des Lastenausgleichsgesetzes (LAG) vom 14. August 1952. Es trat an die Stelle des vom Gemeinsamen Wirtschaftsrat noch kurz vor seiner Auflösung beschlossenen Gesetzes zur Milderung dringender sozialer Notstände (Soforthilfegesetz) vom 8. August 1949 (WiGVBl., S.205); vgl. Nöll von der Nahmer, Lehrbuch der Finanzwissenschaft, Band 2, Köln u.a. 1964, S.40

2) Bei den großen Debatten im Bundestag im Mai 1952 wurde der Oppositionsantrag, die Gebietskörperschaften von Lastenausgleichsabgaben zu befreien, abgelehnt (vgl. dazu W.Fischer, a.a.O., S.189)

b7) Die Ausgaben für Lebensmittel

Lebensmittel benötigen vor allem die sozialen Einrichtungen der Stadt, die zum Zwecke der Beköstigung der darin untergebrachten Personen eigene Küchen unterhalten.

Vor dem Zweiten Weltkrieg gehörten dazu nur die Unterabschnitte: Pflegehaus (geschlossene Armenpflege), Kleinkindergarten und Kinderkrippe sowie die Haushaltsstelle "Sonstige Jugendpflege", bei der auch die Ausgaben für die Schulspeisung[1)] verrechnet wurden. Bis 1936 existierte außerdem eine städtische Winterküche, die allerdings aus Zuschüssen der Stadtsparkasse finanziert wurde, den Haushalt der Stadt Hanau also nicht unmittelbar berührte. Der Betrieb der Winterküche wurde 1937 eingestellt.[2)]

Die in der Tabelle 26 ausgewiesenen Beträge für die Jahre 1936, 1938 und 1944 beruhen auf den Voranschlagszahlen. Bei den Werten für 1941 handelt es sich hingegen um Rechnungsergebnisse. Alle Zahlen dieser vier Jahre enthalten neben den Ausgaben für die Beköstigung auch Anteile für Wäsche und Bekleidung. Sie sind daher insoweit mit den Angaben späterer Jahre nicht vergleichbar.

Der Rückgang der verhältnismäßig geringen Ausgaben für Lebensmittel bis zum Kriegsende hatte mehrere Gründe. Einerseits war die Zahl der Insassen des Pflegehauses, die 1938 noch 45 betrug, rückläufig. Sie wurde für 1941 mit 42, für 1943 mit unter 40 Personen angegeben. Andererseits ist die Schulspeisung 1939 für die Dauer des Krieges eingestellt[3)] und die städtische Kinderkrippe einschließlich Kindergarten und Säuglingsstation mit Wirkung vom 1. April 1941 der NSV zur Bewirtschaftung überlassen worden. Die Ausgaben der Stadt für den Kindergarten beschränkten sich seitdem auf einen geringen Personalkostenzuschuß sowie die sächlichen Ausgaben für das Gebäude und den Schuldendienst.

1945 stand die Stadt vor einer neuen Situation. Viele Bürger hatten mit der Vernichtung ihrer Wohnungen auch ihre Kücheneinrichtungen und Vorräte verloren. Hinzu kam der Mangel an Brennstoffen und die insgesamt katastrophale Versorgungslage, so daß ein großer Teil der Bevölkerung kaum noch eine Möglichkeit hatte, sich ein warmes Essen zu bereiten. Die Militärregierung hatte deshalb im Winter 1945 für Kinder, Alleinstehende, Alte und Hilfsbedürftige Massenspeisungen angeordnet. Durch die Einrichtung einer Großküche[4)] in einem Seitenflügel des Schlosses Philippsruhe versuchten die Verantwortlichen der Stadt, dem Notstand zu begegnen. Die Essenausgabe gegen ein geringes Entgelt[5)] wurde von der Bevölkerung rasch angenommen und erfreute sich regen Zuspruchs,

---

1) Nach dem Haushaltsplan 1938 war dazu ein Milchfrühstück für etwa 450 Schulkinder vorgesehen

2) Dies ergibt sich aus einer Anmerkung des Haushaltsplans 1937; der Unterabschnitt ist im Haushaltsplan 1938 nicht mehr aufgeführt. Aus Unterlagen des Stadtarchivs (C4,Nr.71) ergibt sich allerdings, daß auch 1938 noch eine "Volksküche" in der Bangertstraße 2 existierte, deren Schließung wegen der rückläufigen Inanspruchnahme erörtert wurde, bis zur Einrichtung einer NSV-Küche in der Waldstraße aber aufgeschoben werden sollte. Ihr Betrieb wurde mit der Einberufung des Leiters ab 1.10.1939 eingestellt

3) Danach wurde nur noch ein Milchfrühstück an Kinder im Schulkindergarten abgegeben

4) Die Eröffnung fand am 12. November 1945 statt

5) Der Preis für eine Portion betrug bis zum März 1946 RM 0,40, mußte dann aber zur Deckung der Kosten auf RM 0,50 erhöht werden. Lediglich an Fürsorgeempfänger wurden Mahlzeiten weiterhin zu dem niedrigeren Preis abgegeben

wie sich anhand der Lebensmittelausgaben belegen läßt (siehe dazu die folgende Tabelle). Die Frequentierung der Stadtküche sank nach der Währungsreform zunächst stark ab, gewann aber wieder an Bedeutung, nachdem durch die Verbindung mit einer Kantine ihre Funktion sich von einer "Volksküche" mehr zu einer Betriebsküche der Stadtverwaltung hin verlagert hatte (siehe dazu auch Seite 390).

Außer bei der Stadtküche wurden Lebensmittel benötigt: beim Stadtkrankenhaus, den Alters- und Kinderheimen, den Kleinkinderhorten, dem Polizeigefängnis (bis 1951) sowie für die Schulkinderspeisung. Der weitaus größte Posten entfiel dabei auf das Krankenhaus, dessen Anteil an den Gesamtausgaben für Lebensmittel im Durchschnitt der Jahre 1949 bis 1954 zwischen 72 und 80 vH betrug.

Tabelle 28 Ausgaben für Lebensmittel

Jahr	Stadtküche RM/DM	Stadtkrankenhaus RM/DM
1945	15 598	67 874
1946	59 220	127 586
1947	32 995	149 646
1948*)	23 728	151 628
1949	20 592	194 484
1950	19 629	238 490
1951	32 849	275 190
1952	59 347	384 164
1953	53 917	443 213
1954	57 598	432 479

*) DM-Abschnitt auf ein Jahr umgerechnet

Die wachsenden Lebensmittelausgaben am Ende des Untersuchungszeitraums, insbesondere ab 1952 waren - abgesehen von den höheren Preisen, die für Lebensmittel bezahlt werden mußten - auf die steigenden Patientenzahlen des Stadtkrankenhauses zurückzuführen. Durch die Fertigstellung des zweiten Bauabschnitts des Chirurgiegebäudes hatte sich die Belegungskapazität in jenem Jahr um 77 Betten auf insgesamt 350 Betten erhöht.

b8) Die Ausgaben für Wäsche, Anstalts- und Heimkleidung

Diese Aufwendungen, die sowohl Reinigungs- als auch Instandhaltungskosten sowie kleinere Ersatzbeschaffungen einschließen, fallen dort an, wo Personen stationär untergebracht sind. Wenn man von den Haushaltsstellen "Stadtküche" und "Schulspeisung" einmal absieht, handelt es sich hierbei um die gleichen Unterabschnitte wie sie bei den Lebensmittelausgaben Gegenstand der Betrachtung waren, nämlich die Alten- und Kinderheime, das Stadtkrankenhaus und das Polizeigefängnis. Bezüglich der Entwicklung dieser Ausgaben kann daher allgemein auf die obigen Ausführungen verwiesen werden.

b9) Die übrigen Verwaltungs- und Zweckausgaben

Auf die in der Tabelle 26 nachgewiesenen "Repräsentationskosten" und die "Verfügungsmittel des Oberbürgermeisters" braucht hier nicht näher eingegangen zu werden, da sie finanzwirtschaftlich ohne größere Bedeutung waren. Auch die "Fehlbeträge" der Jahre 1936 und 1938 sind - worauf an anderer Stelle bereits hingewiesen wurde - nur nachrichtlich und der Vollständigkeit halber in die Tabelle aufgenommen worden.

Finanzwirtschaftlich relevant ist dagegen die in der vorletzten Spalte dargestellte Gruppe der "Übrigen Verwaltungs- und Zweckausgaben." Dabei handelt es sich um einen Sammelposten von vielen, sehr verschiedenartigen Einzelbeträgen, die anderen Ausgabegruppen nicht zugeordnet werden konnten. Zum Teil sind es Ausgabenbündelungen mit spezifischer Zweckbestimmung, die als solche für öffentliche Leistungen stehen ("Schneeräumung"). Nicht immer ist dabei im einzelnen erkennbar, wie sie sich zusammensetzen. Andere Positionen wiederum erscheinen als "Mischkosten", die - im Gegensatz zu den Leistungen - lediglich Hilfskostencharakter haben ("sonstige Betriebsbedürfnisse"). Schließlich finden sich darunter auch einmalige Ausgaben ("Notstandsmaßnahmen") oder solche, die zwar regelmäßig aber nur bei einem Unterabschnitt anfielen ("Apothekenbedarf").

Wegen der Heterogenität dieser Ausgabengruppe war eine weitere betragsmäßige Aufschlüsselung wenig sinnvoll, da dies der Auflistung einer großen Zahl von Einzelfällen gleichgekommen wäre, deren tabellarische Zusammenfassung unter neuen Oberbegriffen keine weitergehenden Erkenntnisse gebracht hätte. Es erschien dem Verfasser daher ausreichend zu sein, hier auf wichtige Ausgabearten hinzuweisen und an Beispielen die Haushaltsbereiche aufzuzeigen, denen sie zuzurechnen sind,[1] zumal bei der Untersuchung dieser Bereiche später noch Gelegenheit gegeben sein wird, auf einzelne Aufwendungen näher einzugehen.

Zu den "Sonstigen Verwaltungs- und Zweckausgaben" gehörten bei den jeweiligen Einzelplänen u.a. folgende Aufwendungen:

Allgemeine Verwaltung:

Kosten der Volks-, Berufs- und Betriebszählungen sowie Wahlen, Angelegenheiten des Heeres (bis 1944), Veranstaltungen der Betriebsgemeinschaft, Zuschüsse zur Verbilligung des Kantinenessens der städtischen Bediensteten, Halten eines Wachhundes, Gerichtskosten;

Öffentliche Sicherheit und Ordnung:

Angelegenheiten der Technischen Nothilfe und des Luftschutzes,[2] Fahndungskosten, Waffen und Munition, Halten von Polizei- und Diensthunden, Sondereinsätze, ärztliche Betreuung der Insassen des Polizeigefängnisses, Gefängnisgarten, Lebensmitteluntersuchungen;

---

1) Fischer ist in seiner Untersuchung ähnlich vorgegangen; seine zusätzliche tabellarische Übersicht läßt aber die Schwierigkeiten erkennen ("übrige", "sonstige"), die einer sach- und leistungsbezogenen Zusammenfassung von Untergruppen des Sammelpostens entgegenstehen (vgl. W.Fischer, a.a.O., S.195)

2) In den Haushaltsplänen der Kriegsjahre finden sich u.a. Ausgaben für die Versorgung der Bevölkerung mit Löschsand sowie Aufwendungen für die Herrichtung von Schutzräumen und Splittergräben

Schulen:

Kosten für hauswirtschaftlichen, naturkundlichen, Handarbeits- und Werkunterricht, Schulsport, Schwimmen, Anlage von Schulgärten, Lernmittel für Bedürftige, Sportfeste und Schulveranstaltungen, Auszeichnungen für besondere Leistungen;

Kultur:

Natur- und Denkmalschutz, Ausstellungen und andere kulturelle Veranstaltungen, Druckkostenzuschüsse zu Hanauer Publikationen;

Soziale Angelegenheiten:

Interniertenlager, Taschengelder für Heiminsassen, Kleinviehhaltung in Anstalten und Heimen, Verschickung hilfsbedüftiger Kinder, Erziehungsberatungen, Aufklärungsschriften und -veranstaltungen, Weihnachtsfeiern;

Gesundheits- und Jugendpflege:

Hygienische Aufklärung, Mütterberatung, Hebammenwesen, Impfungen, Seuchenbekämpfung, Bekämpfung der Suchtgefahren, Laboruntersuchungen, Apothekenbedarf, Heilmittel, Weihnachtsfeiern, vertragliche Ablösungen beim Untersuchungsamt, Desinfektionen, Schädlingsbekämpfung, Ausbildungskurse, Veranstaltungen der Jugendpflege;

Bau- und Wohnungswesen:

Foto- und Lichtpausen, Schätzergebühren, Gutachten, Gebühren für Prüfingenieure, Baulandumlegungen, Wetterdienst für Baukontrolle, Kosten der Baustoffüberwachung, Freimachungskosten für Wohnungen, Schutträumung, Neudruck des Stadtplans, Winterdienst der Straßen, Straßen- und Verkehrsschilder, Hochwasserschutz;

Öffentliche Einrichtungen, Wirtschaftsförderung:

Verwaltungskostenbeiträge der Gebührenhaushalte,[1)] Boden- und Abwässeruntersuchungen, Bewachungskosten bei Messen, Entschädigung für Tätigkeit des Kreisveterinärrats, Lebensmitteluntersuchungen, Unfallversicherung der freiwilligen Feuerwehr, Ehrengeschenke für verdiente Feuerwehrleute, Vergütungen an Brandverhütungsbeauftragte, Aufwendungen für konfessionelle Friedhöfe,[2)] Zuchtviehhaltung, Wartung öffentlicher Uhren, Leistungen zur Verkehrsförderung und Wirtschaftswerbung;

Wirtschaftliche Unternehmen:

Holzerntekosten;[3)]

Finanzen und Steuern:

Verwaltungskostenbeiträge der städtischen Hausverwaltung,[4)] Beitreibungen, Druckkosten des Haushaltsplans, Bankspesen, Schadensersatzleistungen;

---

1) Hierbei handelt es sich um innnere Verrechnungen der Leistungen, die die Stadtkasse für die Gebührenhaushalte im Rahmen der Erhebung von Kanal- und Müllabfuhrgebühren erbringt

2) Die Aufwendungen betreffen den Jüdischen Friedhof Mühltorweg und den Kesselstädter Friedhof der evangelischen Kirchengemeinde, der erst mit Wirkung vom 1. Januar 1971 kommunalisiert wurde

3) Holzerntekosten werden seit 1952 im Einzelplan 8 beim Unterabschnitt "Stadtwald" veranschlagt; bis dahin wurden entsprechende Kosten beim städtischen Gartenamt im Unterabschnitt "Wald-, Park- und Gartenanlagen" nachgewiesen

4) Innere Verechnungen zugunsten der Stadtkasse für die Erhebung von Mieten

4. Die Zuweisungen an den Außerordentlichen Haushalt

Die Zuführung von Anteilbeträgen des Ordentlichen Haushalts an den Außerordentlichen Haushalt darf nach der Gemeindehaushaltsverordnung nur dann vorgesehen werden, wenn der Ausgleich des Ordentlichen Haushalts dadurch nicht gefährdet wird. Sie ist ferner auch nur dann zulässig, wenn die Investitionsvorhaben des Außerordentlichen Haushalts zumindest teilweise aus außerordentlichen Einnahmen bestritten werden sollen (§ 1 GemHVO).

Mit der Beteiligung des Ordentlichen Haushalts an der Finanzierung von langfristigen, auf die Zukunft gerichteten Maßnahmen werden die Bürger "auf dem Weg über erhöhte Steuern, Gebühren usw. in stärkerem Maße für diese Investitionen belastet als es bei reiner Anleihefinanzierung der Fall wäre, für die lediglich der Schuldendienst aus dem Ordentlichen Haushalt aufgebracht werden muß".[1)]

Aus der Vorkriegszeit ist lediglich ein Betrag von 13 000 RM als Zuweisung aus dem Ordentlichen Haushalt beim Unterabschnitt "Straßen, Wege, Plätze" nachgewiesen, der im Rahmen der Neuanlage von Straßen Verwendung fand.

- Anliegerbeiträge zur Finanzierung von Straßen- und Kanalbauprojekten sind in Hanau in der Regel, sofern sie im Ordentlichen Haushalt vereinnahmt wurden, bei der Durchführung der Maßnahmen nicht als Zuweisungen an den Außerordentlichen Haushalt behandelt worden. Man hat sie vielmehr zur Ansammlung in die Rücklage eingestellt und im Bedarfsfalle von dort in den Außerordentlichen Haushalt übernommen. War die Baumaßnahme jedoch im laufenden Jahr vorgesehen, so wurden fällige Anliegerbeiträge oder Restzahlungen darauf im Außerordentlichen Haushalt direkt vereinnahmt.

Bei dem für 1944 festgestellten Betrag von 181 214 RM (siehe Tabelle 20, Seite 123) handelt es sich lediglich um einen Verrechnungsposten, der sich im Zusammenhang mit dem erst nachträglich vollzogenen Bücherabschluß des letzten Kriegsjahres ergab.

In der Zeit von 1945 bis 1948 wurden die Ausgaben für Trümmerbeseitigung, Instandsetzung und Wiederaufbau fast ausschließlich über den Ordentlichen Haushalt finanziert. Sie finden sich dort zum größten Teil unter den "einmaligen Ausgaben", die sich meist als Mischbeträge darstellen und durchgängig nicht in einzelne Arten zerlegt werden können. Unbestreitbar ist jedoch der außerordentliche Charakter jener Ausgaben, weswegen sie eigentlich in den Außerordentlichen Haushalt gehört hätten. Warum sie dem nicht zugeordnet worden sind, ist unklar. Möglicherweise hing das damit zusammen, daß die großen Beträge an Staatszuweisungen, auf die die Stadt in höchstem Maße angewiesen war und die oft unregelmäßig und vor allem verspätet eingingen, ebenfalls im Ordentlichen Haushalt vereinnahmt wurden, so daß es mehr einer abrechnungstechnischen Vereinfachung entsprach, die Ausgaben zur "Aufräumung und Wiederherrichtung der Stadt" im gleichen Haushalt abzuwickeln. Dafür spricht auch die Einrichtung der Sammelposten

---

1) W.Fischer, a.a.O., S.199

"Wiederaufbau der zerstörten Stadt", "Kriegsabwicklungskosten" sowie HH-Stelle 998 (AO-Ausgleich) im Einzelplan 9 des Ordentlichen Haushalts, in denen ein Teil der Ausgaben nachgewiesen wurde.

Ihres außerordentlichen Charakters wegen sind diese "einmaligen Ausgaben" in der Tabelle 20 (Seite 123) auch zusammen mit den Zuweisungen an den Außerordentlichen Haushalt der späteren Jahre 1949 bis 1954 in einer Spalte ausgewiesen worden.[1] In welcher Höhe die einzelnen Haushaltsstellen damit belastet waren, geht aus der folgenden Tabelle 29 hervor.

Tabelle 29 "Einmalige Ausgaben" für den Wiederaufbau 1945 - 1948 in RM/DM

Unterabschnitt / Haushaltsstelle	1945	1946	1947	1948 RM	1948 DM
Hauptverwaltung				5 757	35 187
Schutzpolizei			65 223	10 305	9 639
Kriminalpolizei					2 311
Polizeigefängnis	23 615	47 150	48 972	6 276	3 641
Volksschulen	7 242	56 574	87 048	7 453	90 411
Mittelschule			6 478		3 797
Realgymnasium für Mädchen		18 364	33 269	9 002	30 801
Gewerbliche Berufsschule					30 272
Stadtbibliothek			44 511	5 980	38 062
Altersheim Gondsroth		25 315			
Stadtkrankenhaus	340 718	432 461	606 413	152 824	429 566
Sonstige Sport- und Spielplätze					2 662
Allgemeine Bauverwaltung					20 550
Stadtplanungsamt	21 619	16 706			
Straßen, Wege, Plätze, Brücken			141 639		
Wasserläufe und Hochwasserschutz		132 729		83 503	128 823
Trümmerbeseitigung	365 549	486 266	479 321	8 241	101 126
Stadtentwässerung	88 352	177 423	87 803	12 744	37 153
Fuhrpark	24 261	88 696	128 172	26 261	85 790
Feuerlöschwesen				45 000	
Schlachthof	53 104	28 353	27 857	9 497	73 320
Friedhof und Krematorium	4 985	17 970	28 548		31 732
Badeanstalt Kesselstadt	951	5			
Interniertenlager			13 650		
Straßenbahn- und Autobusbetrieb					140 000
Bebauter Grundbesitz	152 325	312 649	387 650	107 219	206 961
HH-Stelle 998 (AO-Ausgleich)	476 174	64 559	25 755	86 748	13 995
Summe "einmalige Ausgaben" für den Wiederaufbau	1 558 895	1 905 220	2 212 309	576 810	1 515 799

Allein in der Zeit bis zur Währungsreform wurden insgesamt rund 6,25 Millionen RM für den Wiederaufbau aus Mitteln des Ordentlichen Haushalts ausgegeben. Die eigentlichen Außerordentlichen Haushalte jener Jahre bis 1948 einschließlich waren dagegen nur von geringem Umfang und beschränkten sich hauptsächlich auf die Verrechnung von Anlieger-

1) Die "einmaligen Ausgaben" für den Wiederaufbau sind in der Tabelle 20 in Klammern gesetzt

beiträgen, Rücklagen und einzelnen Grundstücksgeschäften (siehe dazu die Tabelle 57 auf den Seiten 273/74).[1] Erst von 1949 an hat man die Maßnahmen des Wiederaufbaus grundsätzlich im Außerordentlichen Haushalt veranschlagt und abgerechnet. Für die Zuweisungen an den Außerordentlichen Haushalt bediente man sich des Unterabschnitts 9900, der die früher bereits eingeführte Bezeichnung "Wiederaufbau der zerstörten Stadt" erhielt und in den einzelnen Jahren folgende Beträge auswies:

1949:	2 827 562 DM
1950:	266 109 DM
1951:	1 843 314 DM
1952:	1 551 524 DM
1953:	1 876 457 DM
1954:	2 313 159 DM.

Die zentrale Ansammlung der Anteilbeträge an den Außerordentlichen Haushalt war vor allem haushaltstechnisch bedingt und hing eng mit den wachsenden und ihrer Höhe nach im voraus kaum exakt abschätzbaren Steuereinnahmen dieser Jahre zusammen. Insbesondere die reichlich fließenden Mehreinnahmen bei der Gewerbesteuer ermöglichten immer wieder die Bereitstellung von zusätzlichen Mitteln für investive Zwecke über das zunächst vorgesehene Maß hinaus, so daß es mehr eine Frage der Zweckmäßigkeit war, die Zuweisungen an den Außerordentlichen Haushalt zusammenzufassen und ihre Höhe an gesicherten Jahressteuerergebnissen[2] zu orientieren. Die Zuordnung der auf einzelne Haushaltstellen entfallenden Teilbeträge, wie sie für die "einmaligen Ausgaben" der Tabelle 29 zu entnehmen ist, wird bei den entsprechenden Einnahmen des Außerordentlichen Haushalts vorgenommen (siehe dazu Tabelle 67 auf Seite 300f). Dazu ist allerdings zu bemerken, daß bei den Werten des Außerordentlichen Haushalts die Bestandsübertragungen nicht berücksichtigt sind, woraus sich die Abweichungen zu den Zahlen des Ordentlichen Haushalts erklären.

Faßt man die Anteilbeträge seit der Währungsreform zusammen, so zeigt sich, daß in einer Zeitspanne von knapp sieben Jahren (1948-1954) rund 12 Millionen DM aus Mitteln des Ordentlichen Haushalts für langfristige Investitionen aufgebracht wurden, die vorwiegend in den Wiederaufbau städtischer Einrichtungen geflossen sind. Hinzu kamen vermögenswirksame Ausgaben der Gruppe 9 für Hoch- und Tiefbauten sowie für Anschaffungen von beweglichem Vermögen in Höhe von weiteren 2 Millionen DM, so daß der Gesamtanteil des Ordentlichen Haushalts an investiven Ausgaben in dieser Zeit etwa 14 Millionen DM betrug.

5. Die Zinszahlungen

Die beiden Komponenten des städtischen Schuldendienstes, Zinszahlungen und Tilgungsleistungen, sind nach der Einteilung der Finanzstatistik unterschiedlichen Gruppen zugeordnet. Während die Zinsen den "anderen Verwaltungs- und Zweckausgaben" zugerechnet

---

1) Eine Ausnahme bildete der Außerordentliche Teilhaushalt für die DM-Periode des Rechnungsjahres 1948, der u.a. einige Positionen des städtischen Aufbauprogramms für die Einzelpläne 8 und 9 enthielt

2) In den Aufbaujahren nach der Währungsreform kam es häufig zur Verabschiedung von mehreren Nachtragshaushalten pro Jahr, so daß jeweils erst bei Vorlage des letzten Nachtrags das Gesamtvolumen der zur Verfügung stehenden Mittel übersehbar war und eine abschließende Entscheidung über die Höhe der Zuweisung an den Außerordentlichen Haushalt getroffen werden konnte (siehe dazu auch Seite 46 sowie die Ausführungen zu den Einnahmen aus der Gewerbesteuer)

werden, gehören die Tilgungen in den Bereich der "vermögenswirksamen Ausgaben". Entsprechend dieser Systematik waren beide Ausgabearten hier getrennt zu behandeln, obwohl sie in einem engen Zusammenhang stehen. Auf den Schuldendienst als Ganzes und seine Besonderheiten wird deshalb bei der Analyse der Tilgungsleistungen später noch einmal zurückzukommen sein (Seite 159).

Bei der Betrachtung der Zinsausgaben allein (Tabelle 20) fällt auf, daß sie bis zum Jahre 1949 kontinuierlich fielen und danach wieder - und zwar außerordentlich steil - anstiegen.

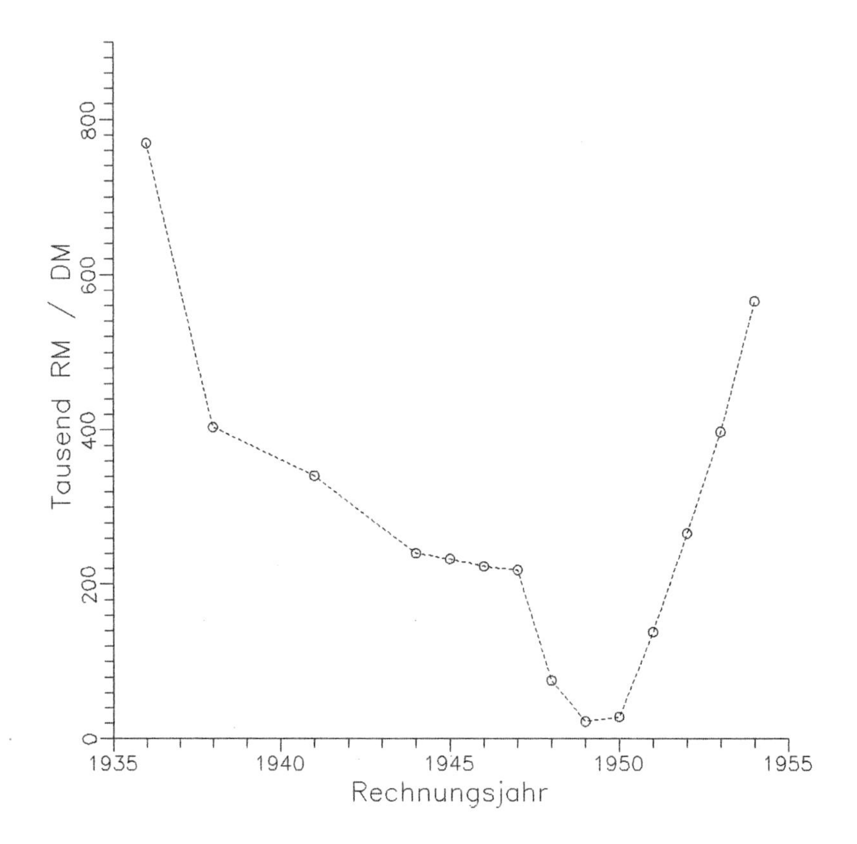

Graphik 03 Zinsausgaben der Stadt Hanau von 1936 bis 1954 (fuer 1948 wurden die Werte des RM- und DM-Abschnitts im Verhaeltnis 1:1 angesetzt

Bei genauerem Hinsehen lassen sich mehrere Intervalle ausmachen, die recht unterschiedliche Tendenzen aufweisen, wie es die vorstehende Graphik 03 deutlich macht:

a) Bis 1938 fällt die Kurve sehr stark ab. In dem darin zum Ausdruck kommenden Rückgang der Zinslast zeigt sich die außerordentliche Rückführung der Schulden während dieser Zeit. Die Höhe der Gesamtschulden, die im Jahre 1931 noch bei

15,5 Millionen RM lag,[1] wurde bis 1938 um 4,7 Millionen, also etwa um knapp ein Drittel, abgebaut, was sich auf die Zinsbelastung nachhaltig auswirkte. Es war dies die Zeit der Sparhaushalte, in der die als Folge der Weltwirtschaftskrise entstandenen Fehlbeträge[2] allmählich reduziert wurden, so daß 1938 erstmals wieder ein ausgeglichener Haushalt vorgelegt werden konnte.

b) Die Kurve bis 1947 zeigt einen wesentlich gemäßigteren Verlauf rückläufiger Zinsen. Sie steht für eine weiterhin stetige Verminderung der Schulden, die bis 1944 einschließlich im Zusammenhang mit dem Konjunkturverlauf gesehen werden muß und insbesondere aus den damals erzielten Gewerbesteuermehreinnahmen finanziert wurde.

c) Der erneute drastische Abfall im Jahre 1948 und das kurzzeitige Verharren auf niedrigstem Niveau hängen eng mit der Währungsreform zusammen, bei der die Stadt nicht nur neun Zehntel des ihr verbliebenen Geld- und Kapitalvermögens verlor, sondern auch im gleichen Maße von ihren Schulden entlastet wurde (siehe Seite 514).

d) Das Jahr 1950 schließlich indiziert eine Trendwende bei den Zinsausgaben. Durch die zunehmende Fremdfinanzierung im Rahmen des Wiederaufbaus zeigt sich danach ein rapider und zudem steiler Anstieg der Kapitalkosten. Es war aber nicht allein die wachsende Zahl der Kreditaufnahmen, die zu diesem signifikanten Verlauf der Zinsaufwendungen geführt haben, vielmehr haben auch die allgemein steigenden Zinssätze auf dem zunehmend enger werdenden Kapitalmarkt sowie die Inanspruchnahme teurer mittel- und kurzfristiger Kredite darauf entscheidenden Einfluß gehabt (siehe dazu auch das Kapitel über die "Schulden" auf Seite 513).

Bezeichnend für die Gesamtentwicklung ist schließlich die Tatsache, daß die Zinsbelastung je Einwohner, die bis 1949 auf ihren tiefsten Stand gefallen, danach aber wieder kontinuierlich gewachsen war, 1954 mit 13,76 DM den letzten Vorkriegsstand (1938 = 9,94 RM) nominell um rund 38 v.H. bereits überschritten hatte bei weiterhin steigender Tendenz.

---

1) Die Stadt Hanau stand am Anfang der dreißiger Jahre mit ihrer Schuldenlast an der Spitze der regionalen Vergleichsstädte Aschaffenburg, Fulda, Gießen und Marburg; [vgl. dazu Anhang B 05]

2) Der Vermögensabschluß der Stadt Hanau für das Rechnungsjahr 1931 wies noch einen Fehlbetrag der ordentlichen Verwaltung von 2 362 169 RM aus, der in den Folgejahren allmählich abgebaut wurde; 1938 schloß die Haushaltsrechnung erstmals wieder ausgeglichen ab

§ 5 Ausgaben der Vermögensbewegung

Die Gruppe 9 des finanzstatistischen Kennziffernplans faßt alle vermögenswirksamen Ausgaben zusammen, d.h. solche Ausgaben, die das gemeindliche Vermögen seinem Umfang oder/und seiner Struktur nach verändern. Dazu gehören die Schuldentilgung, die Gewährung von Darlehen, die Ansammlung von Rücklagen sowie investive Ausgaben für den Erwerb von Grundstücken, für Hoch- und Tiefbauten und die Anschaffung von Immobiliarvermögen.

Vermögenswirksame Ausgaben kommen sowohl im Ordentlichen als auch im Außerordentlichen Haushalt vor, wobei im Falle der Stadt Hanau bei einer Reihe von Baumaßnahmen nicht ohne weiteres nachzuvollziehen ist, warum sie im einen und nicht im anderen Haushalt veranschlagt worden sind oder umgekehrt. Eine eindeutige Regelung dafür ist nicht zu erkennen. Sie hat offensichtlich auch nicht bestanden, wenn man einmal davon absieht, daß *Neubauten* grundsätzlich im Außerordentlichen Haushalt veranschlagt wurden. Immerhin kann festgestellt werden, daß die Stadt Hanau die bei weitem überwiegende Zahl der vermögenswirksamen Wiederaufbaumaßnahmen nach dem Zweiten Weltkrieg aus Mitteln des Außerordentlichen Haushalts finanziert hat, so daß die hier für den Ordentlichen Haushalt nachgewiesenen Ausgaben der Gruppe 9 allein noch keine Schlußfolgerungen auf die Vermögensentwicklung zulassen. Solche Rückschlüsse können allenfalls aus der Summe aller vermögenswirksamen Ausgaben in beiden Haushalten gezogen werden.

Tabelle 30 Ist-Ausgaben der Vermögensbewegung der Stadt Hanau in RM/DM

Rechnungsjahr	Tilgung	Zuführungen an Rücklagen und Kapitalvermögen	Investive Ausgaben		Andere Ausgaben der Vermögensbewegung*)	Summe Ausgaben der Vermögensbewegung
			Hoch- und Tiefbauten sowie sonstige Anlagen	Anschaffungen von beweglichen Vermögen		
1936	525 166	533 144	44 582		31 553	1 134 445
1938	409 913	1 555 098	549 886		2 703	2 517 600
1941	954 419	1 972 344	489 266		501 500	3 917 529
1944	306 015	608 358	127 500		-	1 041 873
1945	288 414	73 211	46 370	48 849	3 030	459 874
1946	283 017	881 075	41 305	40 633	-	1 246 030
1947	289 475	351 545	-	57 665	-	698 685
1948 RM	1 472 233	1 870 838	-	1 808	-	3 344 879
1948 DM	22 067	826 592	2 687	25 848	-	877 194
1949	30 269	333 063	38 370	75 057	-	476 759
1950	53 254	702 698	37 566	127 398	-	920 916
1951	135 629	79 156	228 242	181 519	-	624 546
1952	236 161	409 009	180 326	268 779	-	1 094 275
1953	338 095	373 923	138 784	388 562	4 500	1 243 864
1954	618 911	1 293 583	98 886	264 011	-	2 275 391

*) Diese Gruppe enthält neben Darlehensgewährungen und Ausgaben zum Erwerb von Grundvermögen auch Einzelpositionen vermögenswirksamer Ausgaben, deren Zuordnung zu einer anderen Gruppe wegen fehlender Buchungsunterlagen nicht möglich war.

1. Die Tilgung von Kapitalschulden und der Schuldendienst

Im Gegensatz zur Entwicklung der Zinsausgaben haben die Tilgungen seit Beginn der Untersuchungsperiode - nach einer vorübergehenden Stagnation (1938) - bis in die Kriegsjahre stark zugenommen (siehe Tabelle 30). Die gegenläufige Bewegung von Zinszahlungen und Tilgungsleistungen wird in der im Anhang beigefügten Graphik C 09 besonders augenscheinlich. Es war dies die Folge eines überdurchschnittlichen Schuldenabbaus, der, begünstigt durch das Gemeindeumschuldungsgesetz vom 21. September 1933 bzw. 29. März 1935[1]), durch die wachsende Steuerkraft der Stadt während des Zweiten Weltkriegs außerordentlich gefördert wurde.

- Das Umschuldungsgesetz ermöglichte eine Konsolidierung der kurz- und mittelfristigen Schulden der Gemeinden im Wege der Umwandlung in langfristige Verpflichtungen. Es versetzte die Kommunalverbände, die dem Umschuldungsverband angehörten, in die Lage, ihren Gläubigern die Umwandlung der bis zum 3. März 1935 fälligen kurzfristigen Forderungen in eigens zu diesem Zweck emittierte Schuldverschreibungen des Umschuldungsverbandes anzubieten. Das Gesetz bezog sämtliche inländischen Schulden von Gemeinden und Gemeindeverbänden in die Umschuldung ein, soweit sie bis zum Inkrafttreten des Gesetzes notleidend geworden waren. Die Verzinsung der Anleihe betrug 4 vH. Die Tilgung erfolgte durch Auslosung innerhalb eines Zeitraums von 20 Jahren. Eine freiwillige, d.h. zusätzliche, Tilgung der Gemeinden war möglich.[2])

Für die Schuldenentwicklung der Stadt Hanau war das Gesetz von großer Bedeutung und hat wesentlich zu ihrer Entlastung beigetragen. Bei den zahlreichen in die Umschuldung einbezogenen Darlehen, die zusammen einer Schuldsumme von 5 128 600 RM[3]) entsprachen, wurden ab 1. Oktober 1936 die Tilgungsraten erhöht, wodurch sich die Restlaufzeiten verkürzten. Betroffen davon waren vor allem Anleihen, die im Zusammenhang mit folgenden Haushaltsstellen oder Einzelprojekten aufgenommen worden waren:

Kinderkrippe, Oberrealschule, Straßenbau, Müllabfuhr, Fuhrpark, Bedürfnisanstalten, Kanalisation, Kinzigregulierung, Maindeich, Baracke Schirnstraße 8, Straßenbahn, Hafen, Kriegsrechnung, Grundstücksverwaltung und allgemeine Finanzverwaltung.

Wachsende Steuereingänge in den folgenden Jahren gaben schließlich der Stadt die Möglichkeit, zusätzliche Tilgungen vorzunehmen (1941) und so den Prozeß der Entschuldung weiter voranzutreiben. Die Qualität des Schuldendienstes hatte sich dadurch wesentlich verändert. Bei rückläufigen Zinsen stieg der Anteil der Tilgungsleistungen am gesamten Schuldendienst stark an. Er betrug

1936	40,6 vH
1938	50,4 vH
1941	73,7 vH.

1) RGBl.I 1935, Seiten 647, 456 (zitiert nach E.Barocka, Kommunalkredit und kommunale Finanzwirtschaft, Frankfurt 1958, Seite 80)

2) Vgl. E.Barocka, a.a.O., S. 81f

3) Nach dem Gesamtschuldennachweis für das Rechnungsjahr 1940 (siehe Anlagen zum Haushaltsplan 1940)

Anders verlief die Entwicklung gegen Ende des Krieges und danach. Schon in den Jahren 1943 und 1944 hatte sich die Schuldentilgung wieder normalisiert. Der Tilgungsanteil war auf rund 56 vH zurückgegangen und blieb auf diesem Niveau bis zum Jahre 1947. Die Steuereinnahmen waren 1945 drastisch gesunken, so daß für zusätzliche Tilgungsleistungen keine Mittel mehr zur Verfügung standen. Zudem hatten sich wegen der herrschenden Notlage auf allen Gebieten die finanzpolitischen Prioritäten völlig verändert.

Dessenungeachtet wurde nach 1945 die Tilgung der Hypotheken und Umschuldungsanleihen sowie die regelmäßige Auslosung der Hanauer Stadtanleihe von 1926, Litera A-D[1]), uneingeschränkt fortgesetzt. Die auffallend hohe Tilgungsquote im RM-Abschnitt des Jahres 1948 geht in erster Linie auf die vorzeitige Ablösung von Hypothekendarlehen auf dem städtischen bebauten Grundbesitz zurück, was allein einem Betrag von rund 1,4 Millionen RM oder 92 vH des städtischen Schuldendienstes entsprach.

Die Umstellung der Schulden im Verhältnis 10:1 im Zeitpunkt der Währungsreform brachte für die Stadt eine Entlastung des Schuldendienstes von zunächst rund 450 000 RM/DM. Dabei ist allerdings zu berücksichtigen, daß auf der Vermögensseite die Wertpapiere des Allgemeinen Kapitalvermögens zum größten Teil ebenfalls im Verhältnis 10:1 umgestellt, die Schatzanweisungen des Reiches sogar total abgewertet wurden. Außerdem ist zu beachten, daß die mit der Währungsreform eingetretene Verknappung des Geldes, die sich bei nahezu allen städtischen Einnahmen negativ ausgewirkt hatte, die Neubildung von Vermögen erheblich erschwerte und erst mit dem später einsetzenden wirtschaftlichen Aufschwung überkompensiert wurde. So gesehen war - im Hinblick auf die städtische Vermögensbilanz - das Jahr 1948 ein Jahr des Neubeginns auf niedrigstem Niveau, wobei der Schuldendienst seinen absoluten Tiefstand erreichte (siehe dazu die Graphik im Anhang C 09).

Die 1949/50 einsetzende Investitionsphase führte mit der zunehmenden Fremdfinanzierung städtischer Wiederaufbauprojekte zu einem Wiederanstieg der Tilgungsleistungen (Tabelle 30) mit zunächst bescheidenen, später jedoch außerordentlich hohen Zuwachsraten. Im Verhältnis zum Gesamtvolumen der seit der Währungsumstellung neu aufgenommenen Anleihen war der Anstieg bis zum Rechnungsjahr 1950 einschließlich nur verhältnismäßig gering, zumal die Rückzahlungen erst im Laufe der Zeit einsetzten. Von 1951 an nahmen die Tilgungen jedoch überproportional zu und übertrafen am Ende nominell sogar die Vorkriegswerte.[2]) Entsprechend hoch waren auch die Ausgaben je Einwohner (siehe Tabelle 31).

Bei der Veranschlagung von Zinsen und Tilgungsleistungen im Haushaltsplan unterscheidet man im allgemeinen zwischen dem aufteilbaren und dem nicht aufteilbaren Schuldendienst. Zum ersten gehören die Annuitäten, die einzelnen Haushaltsstellen entsprechend ihrem Anteil an den aufgenommenen Darlehen direkt belastet werden, während zum nicht aufteilbaren Schuldendienst solche Zinsen und Tilgungsleistungen zählen, die keinem Unterabschnitt unmittelbar zugerechnet werden können. Bei der Betrachtung der Hanauer Entwicklung fällt auf, daß der Anteil des nicht aufteilbaren Schuldendienstes bis in die Kriegsjahre noch verhältnismäßig hoch war (1941 = 51,4 vH), während er zum Ende des

---

1) Vgl. dazu die Bekanntmachungen über die Auslosungen der Stücke im Mitteilungsblatt für den Stadt- und Landkreis Hanau, Folge 75 vom 14. September 1946 und Folge 176 vom 4. September 1948

2) Eine Beobachtung, die beispielsweise auch für die Stadt Darmstadt zutraf (vgl. dazu W.Fischer, a.a.O., S.203)

Untersuchungszeitraums hin immer mehr abnahm. 1954 betrug er nur noch 1,0 vH, wie aus der folgenden Tabelle ersichtlich ist.

Tabelle 31 Schuldendienst der Stadt Hanau 1936-1954

Jahr	Summe Zinsen + Tilgung absolut RM/DM	davon nicht aufteilbarer Schuldendienst absolut RM/DM	in vH	Schuldendienst je Einwohner RM/DM	Anteil an den Steuereinnahmen vH
1936	1 294 536	**a)**	..	31,80	38,3
1938	813 669	223 776	27,5	20,03	15,4
1941	1 295 238	665 263	51,4	32,88	18,5
1944	546 549	93 204	17,1	14,33	9,2
1945	520 995	90 141	17,3	25,21	44,2
1946	505 916	91 706	18,1	22,93	23,0
1947	507 386	93 232	18,4	20,73	25,6
1948 RM	1 530 220	1 941	..	}	..
1948 DM	39 904	9 408	..	} 59,19**b)**	..
1949	52 732	9 628	18,3	1,84	1,0
1950	81 350	10 249	12,6	2,64	1,6
1951	274 037	10 180	3,7	7,90	3,7
1952	502 249	11 936	2,4	13,71	5,5
1953	735 361	11 903	1,6	18,87	6,7
1954	1 184 452	11 850	1,0	28,83	10,9

a) Im Haushaltsplan 1938 wurde das Rechnungsergebnis des nicht aufteilbaren Schuldendienstes für 1936 mit insgesamt 1 734 340 RM angegeben. Darin enthalten ist allerdings ein "weggefallener Posten" in Höhe von 1 490 607 RM, dessen ursächlicher Zusammenhang mit dem Schuldendienst ungeklärt und heute nicht mehr nachvollziehbar ist

b) RM- und DM-Abschnitt im Verhältnis 1:1

Es zeigt dies, daß Darlehen in den Jahren des Wiederaufbaus überwiegend projektbezogen aufgenommen und die Haushaltsstellen somit stärker als in früheren Jahren direkt belastet wurden. Die darin zum Ausdruck kommende Wandlung zu mehr kostenrechnerischer Klarheit hat damit auch die Haushaltspläne - zumindest in diesem Punkt - ein wenig transparenter gemacht.

Aufschlußreich sind auch die Meßzahlen in den letzten beiden Spalten der Tabelle. Insbesondere der prozentuale Anteil der Steuereinnahmen, der zur Bestreitung von Zinsen und Tilgungsleistungen benötigt wurde, führt die sehr unterschiedliche Belastung des Haushalts während der einzelnen Zeitabschnitte eindrucksvoll vor Augen. Abgesehen von dem Ausnahmeergebnis des Jahres 1936, das durch besondere Abschlußbuchungen in Verbindung mit der Neuordnung des Haushaltsplans beeinflußt war und hier nicht als echter Vergleichswert herangezogen werden kann, zeigten die Jahre 1938 und 1941 eine außerordentlich starke Bindung von allgemeinen Deckungsmitteln für den Schuldendienst, die nach dem Kriege bis 1947 - als Folge der großen Steuerausfälle - relativ sogar noch zunahm. Die Werte nach 1948 lassen andererseits erkennen, welche Entlastung die Währungsreform für die städtische Schuldenwirtschaft mit sich brachte. Die Erholungsphase war allerdings nur von kurzer Dauer, denn bereits ab 1951 nahmen Zinsen und Tilgungsleistungen wieder sprunghaft zu. Sie reichten am Ende des Untersuchungszeitraums nominell fast wieder an den Vorkriegsstand und damit zugleich an die Belastbarkeitsgrenze der Stadt heran, wie sich aus der nachfolgenden Berechnung ergibt.

- Für die Frage nach der Höhe des Schuldendienstes, den der Ordentliche Haushalt verkraften kann, galten als geeignete Bezugsgröße[1)] die allgemeinen Deckungsmittel, d.h. Steuereinnahmen, Finanzzuweisungen, Erträge des allgemeinen Finanz- und Grundvermögens sowie die Ablieferungen der wirtschaftlichen Unternehmen. Nach herrschender Meinung galt als unbedenklich, wenn die Ausgaben für Zinsen und Tilgung nicht höher waren als 10 bis 15 vH der allgemeinen Deckungsmittel.[2)] Es verstand sich dabei von selbst, daß eine solche Norm angesichts der Konjunkturempfindlichkeit der Steuereinnahmen und der schwankenden Größe der Finanzzuweisungen - aus der Sicht der Städte - nur als ein Anhaltspunkt gewertet werden konnte.

  Um eine entsprechende Relation für die Stadt Hanau zu ermitteln und dabei größere Schwankungen auszuschalten, war von einem Durchschnitt mehrerer Rechnungsjahre auszugehen. Erträge des allgemeinen Finanz- und Grundvermögens durften dabei vernachlässigt werden, weil sie in den fraglichen Jahren eine nennenswerte Höhe nicht erreicht hatten. Andererseits waren die Gewerbesteuereinnahmen wegen des hohen Einpendlerüberhangs um den Saldo der Gewerbesteuerausgleichszahlungen zu kürzen. Danach ergab sich folgende Rechnung:

Einnahmen aus	Rechnungsjahr 1952 DM	1953 DM	1954 DM	Durchschnitt DM
Realsteuern	8 616 320	10 369 150	10 339 806	9 775 092
- Saldo aus dem Gewerbesteuerausgleich	- 376 410	- 417 445	- 434 930	- 409 595
Finanzzuweisungen	588 219	254 197	176 052	339 489
Wegeabgabe der Stadtwerke	289 923	465 000	740 650	498 524
Insgesamt	9 118 052	10 670 902	10 821 578	10 203 510
Davon 10 vH				1 020 035
15 vH				1 530 526

Wie das Ergebnis zeigt, lag der kritische Bereich der Schuldendiensthöhe der Stadt Hanau am Ende des Untersuchungszeitraums zwischen 1 und 1,5 Millionen DM. Vor diesem Hintergrund wird verständlich, daß der Kämmerer, der für das Jahr 1955

1) Vgl. G.Seiler, Probleme der kommunalen Finanzwirtschaft, Düsseldorf 1964, S.129

2) Vgl. dazu die Richtlinien des Innenministers von Baden-Württemberg vom 28.5.1962, die allerdings die Grenze bereits bei 10 vH zogen. Schuler in "Der Gemeindehaushalt 1963" S.60ff hielt dagegen einen Schuldendienst bis zur Höhe von 15 vH der allgemeinen Deckungsmittel für vertretbar. (zitiert nach G.Seiler, a.a.O., S.130)

mit Ausgaben für Zinsen und Tilgung in Höhe von rund 1,6 Millionen DM rechnen mußte, bei der Erstattung seines Halbjahresberichts für 1954 mit allem Nachdruck auf die großen Gefahren einer weiteren Verschuldung hinwies und die Fortsetzung der bis dahin geübten Anleihepraxis für nicht mehr tragbar hielt.[1)]

2. Die Zuführungen an Rücklagen und Kapitalvermögen

Bei den unter der finanzstatistischen Gruppierungsziffer 9300 ebenfalls erfaßten Zuführungen zum Kapitalvermögen[2)] handelt es sich im wesentlichen um die aus den Erträgen von fiduziarischen Stiftungen angesammelten Kapitalbeträge, die bis zu ihrer Verwendung im Sinne des Stiftungszwecks auf Sparkonten angelegt werden. Die Rechnungsergebnisse dieser Kapitalzuführungen, die beispielsweise 1938 insgesamt 49 316 RM, 1941 148 510 RM und 1945 immerhin noch 27 579 RM betrugen, ließen sich allerdings nicht in allen Rechnungsjahren von den Zuführungen an Rücklagen scharf abgrenzen, weshalb beide zusammen in der Tabelle 30 (Seite 158) nur in einer Summe dargestellt werden konnten. Einen Anhaltspunkt dafür, in welchem bescheidenen Umfang Kapitalzuführungen darin enthalten sind, geben jedoch - zumindest für die Zeit nach der Währungsreform - die folgenden Voranschlagszahlen.

Zuführungen an Kapitalvermögen nach dem Voranschlag

1949	5 939 DM
1950	3 213 DM
1951	2 133 DM
1952	3 477 DM
1953	4 183 DM
1954	4 440 DM

Anders als bei der Bildung von Kapitalvermögen, das in der Regel erhalten und nur sein Ertrag einer haushaltswirtschaftlichen Verwendung zugeführt werden soll, handelt es sich bei der Bildung von Rücklagen um einen Sparvorgang, bei dem auch die Verwendung des Rücklagenkapitals a priori beabsichtigt ist.

Die Ansammlung bestimmter Reservefonds ist vom Gesetzgeber ausdrücklich vorgeschrieben. So heißt es in der Rücklagenverordnung vom 5. Mai 1936: "Jede Gemeinde hat eine Betriebsmittelrücklage und eine allgemeine Ausgleichsrücklage anzusammeln." Soweit besondere Bedingungen vorliegen, "hat sie ferner eine Tilgungsrücklage, eine Bürgschafts-

1) Vgl. Hanauer Anzeiger Nr.280, 222.Jahrgang vom 2. Dezember 1954, S.3

2) Zum "allgemeinen Kapitalvermögen" (§ 21 GemHVO) gehören, gleichviel ob es sich dabei um Guthaben, Forderungen, Wertpapiere oder andere Anlageformen handelt, die Vermögensgegenstände, die weder dem Verwaltungsvermögen, dem Vermögen der wirtschaftlichen Unternehmen, dem allgemeinen Grundvermögen oder dem Sondervermögen noch den Rücklagen oder den Kassenbeständen zuzurechnen sind. Begrifflich davon zu unterscheiden ist das gemeindliche "Kapitalvermögen" (§ 1 GemHVO). Dazu rechnen alle Kapitalbestände (Geld und geldgleiche Werte wie Guthaben, Forderungen und dgl.) ohne Rücksicht darauf, welcher Vermögensgruppe sie zugehören (Vgl. F.Hötte u.a., Gemeindehaushalt in Schlagworten, 3.Auflage, Köln 1965, S.94)

sicherungsrücklage, Erneuerungsrücklagen und Sonderrücklagen für Zwecke, die aus anderen Mitteln nicht bestritten werden können, anzusammeln."[1] Darüber hinaus können freie Rücklagen gebildet werden. In der Hessischen Gemeindeordnung vom 25. Februar 1952[2] sind die Vorschriften über die Rücklagenbildung fortgeschrieben und dahingehend ergänzt worden, daß die Veranschlagung im Haushaltsplan nur unterbleiben darf, wenn andernfalls der Ausgleich des Etats gefährdet wäre.[3]

Grundsätzlich unterscheidet man zwischen:

a) allgemeinen Rücklagen, die dem Gesamthaushalt zu dienen bestimmt sind, wie z.B. die Ausgleichsrücklage oder die Betriebsmittelrücklage, und

b) Rücklagen für besondere Zwecke, z.B. Erneuerungsrücklagen (Schulen, Straßen, etc.) und Sonderrücklagen, wie in Hanau etwa die Wiederaufbaurücklage, die Forstrücklage, Rücklagen für den Hochwasserschutz, für Grundstücksankäufe, etc.

Den Zuführungen an Rücklagen auf der Ausgabenseite entsprechen auf der Einnahmeseite des Haushalts die Entnahmen aus Rücklagen innerhalb der Gruppe 3: "Einnahmen aus Vermögensbewegung". Die Stadt Hanau hat sich auch bei der Bildung von Reservefonds in der Regel der Ansammlung auf Sparbüchern bedient, die bei der Stadtsparkasse angelegt waren. Eine Aufschlüsselung der städtischen Rücklagen findet sich im vierten Hauptteil dieser Untersuchung in Tabelle 156 (Seite 510).

Die strengen Auflagen der Rücklagenverordnung haben in Hanau erst allmählich Wirkung gezeigt. Mit der Bildung der Betriebsmittelrücklage wurde durch die Einstellung eines Betrages von 81 000 RM überhaupt erst 1938 begonnen. Sie blieb, ebenso wie die allgemeine Ausgleichsrücklage, zunächst deutlich hinter den Sollwerten zurück und erreichte erst in den von der Rüstungskonjunktur begünstigten, einnahmestarken Jahren gegen Ende des Krieges die vom Gesetzgeber vorgeschriebene Höhe. Dessenungeachtet ergab sich für 1938 ein beachtlicher Zuwachs bei den Ausgaben zur Rücklagenbildung (siehe Tabelle 30), der die folgenden wesentlichen Einzelposten enthält:

Bildung von Ausgleichsrücklagen bei den Berufsschulen (Gewerbliche-, Kaufmännische- und Mädchenberufsschule) zur Ansammlung von Überschüssen aus den Berufsschulbeiträgen mit einem Gesamtbetrag von	77 382 RM
Einrichtung einer Pensionsrücklage für die vom 1. April 1938 an gemeinsam mit dem Landkreis Hanau betriebene Gewerbliche Berufsschule	81 000 RM
Rücklage für Kunst- und Volksbildung	25 496 RM

1) § 1 RücklVO vom 5. Mai 1936; RGBl.I, S.435

2) Gesetz und Verordnungsblatt für das Land Hessen (GVBl) 1952, S.11 ff

3) Vgl. dazu § 116 HGO 1952; Vorschriften über die einzelnen Rücklagearten finden sich in den §§ 92 Abs.3 (Erneuerungs- und Erweiterungsrücklagen), 107 Abs.3 (Bürgschaftssicherungsrücklage), 110 Abs.4 (Betriebsmittelrücklage) und 115 Abs.3 (allgemeine Ausgleichsrücklage)

Rücklage für Jugendheime, Kindergärten und Jugendherberge	42 000 RM
Rücklage zur Förderung des Wohnungsbaus und der Schließung von Baulücken	101 089 RM
Instandsetzung von Althäusern (Altstadtsanierung)	20 000 RM
Erweiterungsrücklage für Schwimmbäder (gedacht war hierbei u.a. an die Errichtung eines Hallenschwimmbades)	123 491 RM
Erneuerungsrücklage für das Hotel Adler	40 000 RM
Rücklage für die Schaffung sozialer Einrichtungen und für den Grundstücksfonds II ("Henkelfonds")[1]	558 284 RM
für weitere Grundstücksankäufe.	60 902 RM.

Wie sich aus der Tabelle 30 weiterhin ergibt, verzeichnete das Rechnungsjahr 1941 eine beträchtliche Steigerung der Ausgaben an die Reservefonds. Die zunehmende Inanspruchnahme der zivilen Produktion für die Herstellung kriegswichtiger Güter hatte auf nahezu allen Gebieten des täglichen Lebens zu einer Materialverknappung geführt und der städtischen Ausgabenwirtschaft damit hinsichtlich der Erweiterung und Erneuerung öffentlicher Einrichtungen sowie der Anschaffung von Mobilien enge Grenzen gezogen. Ein großer Teil der reichlich fließenden Einnahmen, insbesondere aus der Gewerbesteuer, wurde deshalb zur Aufstockung der Rücklagen verwandt. Die Zuwachsraten bei den Erneuerungsrücklagen der städtischen Einrichtungen waren in diesen Jahren entsprechend hoch. Unter den Ausgaben des Rechnungsjahres 1941 ragten die folgenden besonders heraus:

Schulbaurücklage	156 700 RM
Rücklage für den Umbau des Stadttheaters	28 727 RM
Rücklage für Jugendheime und Kindergärten	54 908 RM
Rücklage für Straßen, Brücken, Stege und Wasserläufe	412 686 RM
Rücklage aus Rückflüssen von Hauszinssteuerhypotheken	114 124 RM
Betriebsmittelrücklage[2]	26 119 RM
Allgemeine Ausgleichsrücklage	26 546 RM

---

1) Der "Henkelfonds" war eine Ansammlung von Mitteln für den Erwerb von Grundstücken und die Arrondierung eines Geländes im Hafengebiet, das der Ansiedlung eines Großunternehmens der Chemischen Industrie dienen sollte. Die Verhandlungen, die dazu mit dem Waschmittelhersteller Henkel geführt wurden, konnten jedoch nicht erfolgreich abgeschlossen werden

2) Die Betriebsmittelrücklage hatte am 1.4.1941 ihren Sollwert von 398 000 RM noch nicht erreicht. Sie hinkte rund 38 000 RM hinterher. Bei der Allgemeinen Ausgleichsrücklage betrug der Fehlbetrag zum Soll (260 000 RM) 58 000 RM

Tilgungsrücklage	19 957 RM
Rücklagen I und II für Grundstücksankäufe und soziale Einrichtungen (einschließlich "Henkelfonds")	764 414 RM.

Die Auffüllung der Rücklagen setzte sich auch in den folgenden Jahren fort. Sie brach erst 1945 fast vollständig ab. Die Einnahmen waren nach dem Zusammenbruch so stark zurückgegangen, daß nunmehr thesaurierte Mittel in erheblichem Umfang zum Ausgleich des Haushalts benötigt wurden (siehe dazu die Tabelle 55 auf Seite 259). Auch 1946 und 1947 überstieg der Finanzbedarf das Niveau der der Stadt verbliebenen eigenen Einnahmen in hohem Maße, so daß die für die Bildung von Rücklagen notwendigen Beträge nicht mehr zur Verfügung standen. Wenn es trotzdem - wie die Tabelle 30 zeigt - zu beträchtlichen Aufstockungen kam, so ist das auf die unregelmäßig fließenden Steuereinnahmen jener Jahre zurückzuführen, die wegen der durch die Zerstörungen ausgelösten Flut von Stundungs- und Erlaßanträgen oft sehr spät und schubartig eingingen und deshalb im laufenden Haushaltsjahr nicht mehr eingesetzt werden konnten. Die meisten Zuführungen an Rücklagen jener Jahre sind denn auch mehr als kurzfristige Geldanlagen ("vorläufige Rücklagen") anzusehen, die gleichsam als Pufferzone zwischen der Einnahme- und Ausgabewirtschaft fungierten.

Die außergewöhnlich hohen Ausgaben des RM-Abschnitts 1948 sind buchungstechnisch bedingt. Sie ergaben sich im Zusammenhang mit der Währungsreform aus dem Abschluß der RM-Periode des Rechnungsjahres bis zum 19. Juni 1948. Da ihnen eine besondere Aussagekraft nicht zukommt, kann verzichtet werden, hier näher darauf einzugehen.

Die Ausgaben der DM-Periode 1948 enthalten einen wesentlichen Teil der Erstausstattung von insgesamt 1 035 000 DM, die die Stadt Hanau als Ausgleich für die durch die Währungsumstellung untergegangenen Altgeldguthaben, so auch für die verlorenen Rücklagen[1], erhielt. Die Mittel der Erstausstattung sind in den folgenden Jahren fast ausschließlich für den Wiederaufbau verwandt worden, weil sich die Verantwortlichen der Stadt darüber im klaren waren, daß die Zukunft Hanaus entscheidend vom Fortgang des Wiederaufbaus abhing. Die damit gesetzten Prioritäten waren ausschlaggebend dafür, daß die Stärkung der Rücklagenbasis, insbesondere die Einrichtung der in der Hessischen Gemeindeordnung ausdrücklich vorgeschriebenen Allgemeinen Ausgleichsrücklage sowie der Bürgschaftssicherungsrücklage[2] zunächst unterblieb. Wenngleich hier ein klarer Verstoß gegen gesetzliche Auflagen gegeben war, so ist doch bei der Beurteilung die besondere Notlage zu berücksichtigen, in der die Stadt sich damals befand und die ohne Zweifel andere Maßstäbe rechtfertigte.[3] Das galt um so mehr, als die mangelnde Absicherung der Haushaltswirtschaft durch Rücklagen nur vorübergehender Natur war, denn mit der Verbesserung der Einnahmesituation - spätestens aber ab 1954, wie die Tabelle 30 zeigt - hatte der Magistrat damit begonnen, die Versäumnisse der Jahre 1949 bis 1953 auszugleichen. Allein der Allgemeinen Ausgleichsrücklage flossen 1954 Mittel in Höhe von 687 142 DM zu.

---

1) Der Erstausstattung von 1,035 Millionen DM stand ein Verlust an Rücklagen durch die Währungsreform in Höhe von rund 9,5 Millionen RM gegenüber

2) Hessische Gemeindeordnung (HGO) vom 25. Februar 1952, §§ 107 Abs.3, 115 Abs.3

3) In der ebenfalls stark zerstörten Stadt Darmstadt hat man die Dinge damals wohl ähnlich gesehen, wie aus den Bemerkungen Fischers zu entnehmen ist (vgl. W.Fischer, a.a.O., S.210)

3. Die investiven Ausgaben

Zu den "volkswirtschaftlichen Investitionen", die nachstehend untersucht werden sollen, rechnet die Statistik die aktivierungspflichtigen Ausgaben für den Neu- und Wiederaufbau, den Umbau und die Erweiterung städtischer Gebäude und Anlagen, einschließlich großer Instandsetzungen und der - ab 1945 - mit solchen Maßnahmen in Zusammenhang stehenden Trümmerräumung. Hinzu gehören ferner die Anschaffungen der dem jeweiligen Anlagenzweck dienenden Gegenstände des beweglichen Vermögens (Einrichtungen, Gerätschaften, Fahrzeuge etc).

An anderer Stelle ist bereits darauf hingewiesen worden, daß vermögenswirksame Ausgaben sowohl im Ordentlichen als auch im Außerordentlichen Haushalt vorkommen. Speziell für die Investitionen kann hier vorweg gesagt werden, daß sie während der Untersuchungsperiode in Hanau zum weit überwiegenden Teil über den Außerordentlichen Haushalt finanziert worden sind. Die im Ordentlichen Haushalt verrechneten Beträge erschienen meist unter dem Begriff der "einmaligen Ausgaben" und wurden häufig als Sammelposten in einer Zahl ausgewiesen. Für die vorliegende Untersuchung waren sie - zumindest für die Jahre bis zum Kriegsende - nicht mehr in Ausgaben für Immobilien und Mobilien zu zerlegen, weil sämtliche dafür erforderlichen Buchungsunterlagen bei der Zerstörung des Rathauses untergegangen sind. Sie mußten deshalb auch hier in einem Betrag dargestellt werden (siehe dazu die Tabellen 30 und 32).

1936 waren die investiven Ausgaben insgesamt sehr gering und erreichten mit knapp 45 000 RM kaum mehr als 0,5 vH der Gesamtausgaben des Ordentlichen Haushalts. Der Sparkurs und die Bemühungen der Stadt, das aus den Vorjahren übernommene Haushaltsdefizit weiter zu verringern, hatten sich auf die Investitionstätigkeit nachhaltig ausgewirkt. Nur dringend notwendige Maßnahmen wurden durchgeführt. Nahezu die Hälfte der Aufwendungen entfiel auf größere Instandsetzungen bei dem städtischen bebauten Grundbesitz, der auch in der Folgezeit mit steigendem Volumen an den investiven Ausgaben beteiligt war. Ein anderer Schwerpunkt waren die Schulen, und hier insbesondere die Berufs- und Fachschulen, für die, neben der Einrichtung neuer Klassenräume[1]), die Beschaffung von Einrichtungsgegenständen und Arbeitsgeräten im Vordergrund stand (z.B. Schreibmaschinen für die Handels- und die Höhere Handelsschule). Schließlich erschienen 1936 zum ersten Mal unter der Haushaltsstelle "Maßnahmen für die Lebensmittelversorgung" investive Ausgaben für die Einrichtung einer städtischen Dienststelle, die als Vorläufer des späteren Ernährungsamtes anzusehen ist.

Das Ende der Sparperiode zeichnete sich 1938 ab und schlug sich in einem gegenüber 1936 um mehr als das Zwölffache höheren Investitionsvolumen nieder. Die herausragenden Posten entfielen dabei auf den Straßen- und Wegebau mit 398 000 RM sowie auf Erneuerungen im Bereich der öffentlichen Einrichtungen mit zusammen rund 63 000 RM und des bebauten Grundbesitzes mit 36 000 RM.

Das Jahr 1941 brachte erhöhte Aufwendungen durch bauliche Maßnahmen im Rathaus (Änderung der früheren Stadtkasse) sowie auf dem Gebiete des Luftschutzes. Der Bau und

---

1) Neu eingerichtet wurde die Mädchenberufsschule am 1. April 1938, worauf der Anstieg der Ausgaben in der Tabelle 32 hindeutet

Tabelle 32 Investive Ausgaben für Immobilien und Mobilien im Ordentlichen Haushalt der Stadt Hanau 1936-1944

Haushaltsstelle	Rechnungsjahr 1936	1938	1941	1944
Hauptverwaltung	-	5 612	59 826	6 940
Luftschutz	-	-	75 869	-
Volksschulen	9 700	813	15 934	-
Mittelschulen	-	-	9 300	-
Oberschulen	3 175	1 784	9 086	-
Berufs- und Fachschulen	2 893	21 005	8 778	1 352
Theater	997	1 433	54 434	-
Heimatkunst	-	-	6 150	1 349
Stadtbibliothek und -archiv	-	2 329	17 800	1 125
Stadtmuseum	-	2 380	9 901	2 997
Jugendamt	-	-	900	-
Kinderkrippe	-	-	2 806	9 278
Desinfektionsanstalt	-	-	1 087	-
Sportplatz Wilhelmsbad	-	5 208	-	-
Jugendheime	-	-	35 115	-
Vermessungsamt	-	-	-	1 507
Straßen-, Wege-, Brückenbau	-	398 079	42 549	-
Stadtentwässerung	-	13 070	5 873	-
Müllabfuhr	-	12 100	646	1 085
Fuhrpark	-	-	6 135	-
Feuerwehr	-	19 437	26 316	2 817
Märkte und Messen	-	-	10 149	-
Schlachthof	-	11 004	15 747	78
Wald-, Park-, Gartenanlagen	-	7 097	4 463	-
Badeanstalten	-	666	922	-
Ernährungsamt	9 801	-	14 762	-
Wirtschaftsamt	-	-	1 009	-
Industriebahn Hanau-Nord	-	1 155	-	-
Hotel Adler	-	7 000	13 324	13 630
Städtischer bebauter Grundbesitz	18 016	35 939	40 177	85 342
Sonstige	-	3 775	208	-
Insgesamt	44 582	549 886	489 266	127 500

die Einrichtung von öffentlichen Schutzräumen sowie damit zusammenhängende Entschädigungen schlugen mit rund 76 000 RM zu Buche.[1]) Weitere Schwerpunkte waren die Instandsetzung des Zuschauerraums des Stadttheaters, die Erweiterung der Buchbestände der Stadtbibliothek sowie Ausgaben für den Neubau des Hanauer Hauses in Rückersbach (Jugendheime). Unter den Ausgaben für die öffentlichen Einrichtungen ragten besonders heraus: die Aufwendungen für die Feuerwehr (Anschaffung von Geräten und Schlauchmaterial), den Schlachthof (Erweiterung der Häuteverwertung), die Dienststelle Messen und Märkte (Herrichtung des Paradeplatzes) und das Ernährungsamt, das inzwischen erheblich vergrößert und aus Platzgründen in Räume am Bangert 2/4 verlegt worden war.

Im weiteren Verlauf des Krieges gingen die investiven Ausgaben dann stark zurück. Es fehlte an Material und Facharbeitern, so daß die Investitionstätigkeit auf wenige, unaufschiebbare Sanierungsarbeiten beschränkt bleiben mußte. Dieser Trend setzte sich auch nach dem Zusammenbruch zunächst fort, wie aus der Tabelle 30 ersichtlich ist. Erst 1950 nahmen die Ausgaben wieder deutlich zu, und zwar stärker bei den Anschaffungen von beweglichem Vermögen als bei den Bauinvestitionen. In den folgenden beiden Tabellen 33 und 34 sind die Schwerpunkte des Investitionsaufwandes, der sich insgesamt aus einer Vielzahl von zum Teil kleinen Einzelausgaben zusammensetzt, dargestellt. Um die Aufstellungen nicht zu unübersichtlich werden zu lassen, war ein Beschränkung notwendig. Bei der Auswahl wurden deshalb Beträge unter 7 000.- DM nicht berücksichtigt. Dadurch verminderte sich zwar das Volumen der dargestellten Ausgaben im Durchschnitt auf Anteile zwischen 66 und 76 vH des Gesamtvolumens, die Gewichte traten aber stärker hervor.

Tabelle 33 Schwerpunkte der Hoch- und Tiefbauinvestitionen im Ordentlichen Haushalt der Stadt Hanau 1950 - 1954

Abschnitt/Unterabschnitt	Rechnungsjahr 1950	1951	1952	1953	1954
Schulen	-	22 878	-	15 041	-
Fürsorgeverwaltung	14 259	-	-	-	-
Notunterkunft Ost	-	-	-	12 767	-
Sportamt	7 224	-	-	-	-
Jugendheime	-	7 934	-	-	-
Straßen-, Wege-, Brückenbau	-	-	8 894	-	-
Stadtentwässerung	-	-	42 049	-	-
Fuhrpark mit Werkstatt	-	7 341	-	-	-
Wald-, Park-, Gartenanlagen	-	-	14 932	16 583	14 468
Bebauter Grundbesitz	-	184 674	77 817	59 663	56 037
Sonstige Hoch- und Tiefbauinvestitionen in Einzelbeträgen unter 7 000 DM	16 083	5 415	36 634	34 730	28 381
Insgesamt	37 566	228 242	180 326	138 784	98 886

1) Nicht enthalten darin waren die Kosten für Luftschutzeinrichtungen des Krankenhauses in Höhe von 17 000 RM, die zusammen mit anderen städtischen Geldleistungen für bauliche Änderungen unter den Zuschüssen an den Zweckverband verrechnet wurden

Eine gewisse Kontinuität wiesen nur die Investitionsausgaben des Abschnitts "Bebauter Grundbesitz" auf. Der vergleichsweise hohe Betrag 1951 resultierte hauptsächlich aus großen Instandsetzungen an Mietwohngrundstücken, die ab 1951 in die Verwaltung der Baugesellschaft Hanau GmbH übergingen. Weitere Ausgaben entfielen u.a. auf Reparaturen an der Stadthalle sowie auf Sanierungsarbeiten am Schloß Philippsruhe; die letzteren haben auch die folgenden Jahre noch erheblich belastet.

Die Aufwendungen des Abschnitts "Wald-, Park- und Gartenanlagen" ergaben sich einerseits aus der Herrichtung der städtischen Parkanlagen (Schloßgarten und Park des Schlosses Philippsruhe), andererseits aus der Neuanlage von Grün- und Spielflächen, die die dicht besiedelten Neubaugebiete im Kernbereich der Stadt auflockern sollten (Beschaffung von Mutterboden, Baumpflanzungen etc).

Bei dem herausragenden Posten der Stadtentwässerung ging es in der Hauptsache um den Einbau eines neuen Schlammaufzugs in der Kanalpumpstation.

Wesentlich gleichförmiger als bei den Bauinvestitionen verlief die Entwicklung bei den Ausgaben für die Anschaffung von Gegenständen des beweglichen Vermögens, wie die folgende Tabelle zeigt.

Tabelle 34 Schwerpunkte der Investitionen in Mobilien im Ordentlichen Haushalt der Stadt Hanau 1950 - 1954

Abschnitt/Unterabschnitt	Rechnungsjahr 1950	1951	1952	1953	1954
Hauptverwaltung	7 382	18 984	-	-	-
Schutzpolizei	19 400	13 870	40 928	20 103	-
Schulen	7 279	16 280	21 483	42 602	41 574
Heimatkunst	-	-	9 994	8 509	8 995
Stadtbibliothek und -archiv	-	-	11 210	12 000	14 998
Soforthilfeamt/Ausgleichsamt	-	-	8 474	-	-
Notunterkunft Ost	-	-	-	19 198	9 015
Stadtkrankenhaus	13 977	27 991	17 914	78 224	-
Sportplatz Wilhelmsbad	-	7 425	-	-	-
Öffentliches Untersuchungsamt	-	-	7 669	-	-
Stadtentwässerung	-	-	-	45 703	8 694
Müllbeseitigung	-	19 484	25 647	37 711	41 805
Fuhrpark	14 484	-	13 015	52 864	19 187
Feuerwehr	-	7 505	16 038	7 778	44 043
Sonstige Investitionen in Mobilien in Einzelbeträgen unter 7 000 DM	64 876	69 980	96 407	63 870	75 700
Insgesamt	127 398	181 519	268 779	388 562	264 011

Hier fallen zunächst die Ausgaben für die Ausrüstung der Polizei auf. Neben der Anschaffung von Einrichtungsgegenständen ging es dabei u.a. um den Kauf von Fahrzeugen sowie einer Funkanlage (1952), die zur Aufrechterhaltung der Einsatzfähigkeit der Polizei, die ab 1951 erhebliche personelle Einschränkungen zu verkraften hatte, dringend benötigt wurden (siehe dazu Seite 331ff).

Auffallend sind weiterhin die ansteigenden Ausgaben für die räumliche und technische Ausstattung der neu- oder wieder aufgebauten Schulen. Aufwendungen dieser Art kamen praktisch bei allen Schulkategorien vor.

Unter den vermögenswirksamen Ausgaben des Kulturetats finden sich größere Posten für den Ankauf von Kunstwerken Hanauer Künstler (Heimatkunst), von Einzelstücken für das Stadtmuseum[1)] sowie für die Ergänzung und Erweiterung des Bücherbestandes der Stadtbibliothek.

Einmalige Aufwendungen fielen 1951 beim Ausbau des Sportplatzes Wilhelmsbad und 1952 sowohl durch die Vergrößerung des Ausgleichsamts als auch beim Öffentlichen Untersuchungsamt an, das im gleichen Jahr erstmals als städtische Dienststelle geführt wurde.

Die 1953 eingerichtete Notunterkunft Ost entstand als Durchgangslager für Flüchtlinge aus der Sowjetzone und Ostberlin und diente später in eingeschränktem Rahmen zeitweilig als Obdachlosenasyl.

Für das Stadtkrankenhaus wurden u.a. angeschafft: allgemeine Einrichtungsgegenstände für die Unterbringung von Patienten (Krankenbetten, Matratzen etc.), die Ausstattung der Apotheke, mehrerer Labors, der Behandlungs- und Operationsräume mit medizinischen Apparaten und ärztlichen Spezialgeräten (darunter 1953/54 eine Röntgentherapieanlage) sowie der Verwaltung mit Schreib-, Rechen- und Buchungsmaschinen. Zu beachten ist hier allerdings, daß der insgesamt größere Teil der Anschaffungen an Mobiliarvermögen für das Krankenhaus über den Außerordentlichen Haushalt finanziert wurde.

Der größere Posten bei der Stadtentwässerung im Jahre 1953 geht auf die Verbesserungen der Werkstatteinrichtung zurück.

Steigende Ausgaben bei der Müllbeseitigung dienten in erster Linie der Deckung des wachsenden Bedarfs an Mülltonnen. Seit 1951 wurden jährlich zwischen 500 und 800 Gefäße angeschafft. Die Plandaten wurden dabei gelegentlich auch nachträglich noch erhöht. So war beispielsweise nach dem Voranschlag für 1954 der Kauf von zunächst 800 Müllgefäßen zu einem Stückpreis von 40 DM (= 32 000 DM) vorgesehen. Tatsächlich angeschafft aber wurden nach der Rechnung 1000 Einheiten.

Bei den Abschnitten Fuhrpark und Feuerlöschwesen hängen die herausragenden Posten mit dem Kauf von Spezialfahrzeugen oder Fahrzeugaufbauten zusammen. So erhielt u.a. der Fuhrpark 1952 eine Motorwalze und 1953 einen neuen Müllwagenaufbau. In den Ausgaben der Feuerwehr für 1954 enthalten ist die 2. Rate für ein Tanklöschfahrzeug in Höhe von 35 951 DM. Bei den Aufwendungen der Feuerwehr handelt es sich vorwiegend um Ergänzungskäufe von Gerätschaften und Schlauchmaterial.

---

1) Ab 1953 wurde das Stadtmuseum unter der Bezeichnung "Historisches Museum Hanau" weitergeführt

Schließlich enthalten die Werte der Tabelle 34 auch alle Ausgaben für die Ergänzung des Büroinventars und für Dienstfahrräder, die im Laufe der Jahre von zahlreichen Dienststellen angeschafft wurden.

4. Andere Ausgaben der Vermögensbewegung

Dieser Sammelposten umfaßt alle vermögenswirksamen Ausgaben, die den bisher analysierten Gruppen nicht zugeordnet werden konnten. Als nicht zurechenbar in diesem Sinne müssen insbesondere die Nachweisungen der Jahre 1936 und 1938 angesehen werden (Tabelle 30, Seite 158), weil die Haushaltspläne keine näheren Erläuterungen dazu enthalten und Buchungsunterlagen, die Aufschluß über die genaue Zweckbestimmung einzelner Posten hätten geben können, nicht mehr zur Verfügung stehen. In allen Fällen handelte es sich jedoch um "einmalige Ausgaben" bei öffentlichen Einrichtungen, was dort - analog den Erfahrungen bei eindeutig zurechenbaren Werten in anderen Jahren - auf vermögenswirksame Anschaffungen schließen läßt und deshalb ihre Einordnung hier unter die Ausgaben der Vermögensbewegung rechtfertigte.

Der hohe Wert des Jahres 1941 setzt sich aus zwei Teilbeträgen zusammen: aus 1 500 RM für den Ankauf von Wertpapieren und einer Summe von 500 000 RM, die offensichtlich als Darlehen gewährt worden sind. Im Haushaltsplan wurde der fragliche Betrag unter der Bezeichnung "Ausleihungen" im Abschnitt "Allgemeines Kapitalvermögen" kommentarlos nachgewiesen. Auch hier waren im nachhinein weder Einzelheiten noch die Umstände aufklärbar, die zu diesem Rechnungsergebnis geführt haben, wenngleich die Vermutung naheliegt, daß die zugrundeliegenden Vorgänge mit einem inneren Darlehen in Zusammenhang stehen.

Bei den geringfügigen Posten der Jahre 1945 und 1953 handelt es sich um unbedeutende Grundstücksankäufe, die über den Ordentlichen Haushalt abgewickelt wurden.

IV. DIE EINNAHMEN

In der Finanzstatistik werden die Einnahmen in vier Gruppen eingeteilt:

1. Steuern und Zuweisungen	(Gruppe 0)
2. Gebühren, Entgelte, Strafen	(Gruppe 1)
3. Andere Einnahmen aus Verwaltung und Betrieb	(Gruppe 2)
4. Einnahmen aus Vermögensbewegung	(Gruppe 3).

Die Unterscheidungen nach allgemeinen und speziellen Deckungsmitteln sowie nach fortdauernden und einmaligen Einnahmen, wie sie die Gemeindehaushaltsverordnung getroffen hat (§§1 und 5), überlagern diese Gruppierung der Finanzstatistik. Sie gehen von grundsätzlich anderen Überlegungen aus und sollen deshalb hier als Einteilungskriterien vernachlässigt werden.

Über die Einnahmen der Stadt Hanau während des Untersuchungszeitraums gibt die Tabelle 35 auf der folgenden Seite im einzelnen Auskunft. Sie enthält neben den absoluten Beträgen der jeweiligen Gruppe auch die prozentualen Anteile an den Gesamteinnahmen und erlaubt so einen Einblick in die relative Bedeutung der einzelnen Einnahmekategorien.

Wie die Übersicht zeigt, stiegen die Einnahmen, die in den Vorkriegsjahren bei einem Niveau von insgesamt etwa 8 Millionen Reichsmark lagen, während der Kriegsjahre durch wachsende Steuererträge infolge der Rüstungskonjunktur beträchtlich an. 1944 lag die Gesamtsumme um mehr als 56 vH über dem Ergebnis des Jahres 1936. Das Kriegsende brachte dann einen gewaltigen Einschnitt, als die Einnahmen um fast die Hälfte zurückfielen. Dieser Rückgang nach dem Zusammenbruch wäre gewiß noch drastischer ausgefallen, wären im Jahr 1945 die ungewöhnlich hohen Steuereinbußen der Stadt als Folge der Zerstörung der heimischen Wirtschaft nicht wenigstens zu einem Teil durch Zuweisungen des Landes ersetzt worden. Der Konsolidierungsphase, die 1948 durch die Währungsreform entscheidende Impulse erhielt, folgte schließlich - etwa ab 1950 - eine Periode des Aufschwungs und der Prosperität.

Aus den Relativzahlen wird sichtbar, daß die Steuern und Zuweisungen, wenn man von den durch die Währungsreform beeinflußten Ergebnissen des Jahres 1948 einmal absieht, mit einem Anteil zwischen 52 und 79 vH in allen Jahren weit an der Spitze aller Einnahmen lagen. Gebühren, Beiträge und Entgelte sowie die sonstigen Einnahmen aus Verwaltung und Betrieb hielten sich - der Höhe ihres Aufkommens nach - im allgemeinen auf annähernd gleichem Niveau und erbrachten zusammen einen Anteil zwischen 20 und 37 vH. Dagegen spielten die Einnahmen aus der Vermögensbewegung nur eine untergeordnete Rolle. Ihr Anteil lag in der Vorkriegszeit bei etwa 3 vH. Nach der Währungsreform erreichten sie kaum mehr als 1 vH.

Tabelle 35 Gesamteinnahmen (Ist) im Ordentlichen Haushalt der Stadt Hanau in RM/DM

Rechnungs-jahr	Steuern und Zuweisungen	Gebühren, Entgelte, Strafen	Andere Einnahmen aus Verwaltung und Betrieb	Einnahmen aus der Vermögens-bewegung	Gesamteinnahmen
1936	5 116 472 65,9 %	991 147 12,8 %	1 408 151 18,1 %	251 179 3,2 %	7 766 949 100 %
1938	5 731 354 66,4 %	1 043 350 12,1 %	1 598 063 18,5 %	259 160 3,0 %	8 631 927 100 %
1941	9 654 101 70,3 %	1 103 554 8,1 %	2 536 354 18,5 %	429 987 3,1 %	13 723 996 100 %
1944	9 441 139 77,8 %	713 545 5,9 %	1 710 798 14,1 %	270 970 2,2 %	12 136 452 100 %
1945	3 335 977 52,1 %	564 838 8,8 %	1 668 431 26,1 %	834 829 13,0 %	6 404 075 100 %
1946	6 640 914 75,8 %	893 778 10,2 %	1 082 800 12,4 %	136 929 1,6 %	8 754 421 100 %
1947	8 220 611 75,1 %	989 120 9,0 %	1 398 450 12,8 %	335 005 3,1 %	10 943 186 100 %
1948 RM	1 590 932 18,0 %	223 700 2,6 %	2 604 499 29,5 %	4 400 213 49,9 %	8 819 344 100 %
1948 DM	6 132 538 83,0 %	632 417 8,6 %	620 265 8,4 %	2 393 0,1 %	7 387 613 100 %
1949	8 259 176 79,8 %	1 108 057 10,7 %	974 102 9,4 %	10 707 0,1 %	10 352 042 100 %
1950	6 900 310 75,6 %	1 224 723 13,4 %	982 456 10,8 %	21 663 0,2 %	9 129 152 100 %
1951	9 019 168 73,7 %	1 656 536 13,5 %	1 544 114 12,6 %	19 541 0,2 %	12 239 359 100 %
1952	11 124 149 72,7 %	2 239 238 14,6 %	1 854 306 12,1 %	84 204 0,6 %	15 301 897 100 %
1953	12 268 548 70,7 %	2 591 212 14,9 %	2 415 228 13,9 %	90 671 0,5 %	17 365 659 100 %
1954	12 088 512 61,6 %	2 910 598 14,8 %	4 417 836 22,5 %	214 267 1,1 %	19 631 233 100 %

§ 1 Steuern und Zuweisungen

Einen charakteristischen Verlauf während der Vor- und Nachkriegszeit nahm die Entwicklung der Einnahmen aus Steuern und Zuweisungen: bei steigenden Steuereinnahmen sanken allgemein die staatlichen Finanzzuweisungen und umgekehrt. Diese Feststellung, die sich anhand der folgenden Tabelle 36 für die Stadt Hanau leicht nachvollziehen läßt, weist deutlich auf die Ergänzungsfunktion hin, die den Mitteln aus dem Finanzausgleich zur Stärkung der gemeindlichen Finanzkraft zukommt.

Tabelle 36 Ist-Einnahmen aus Steuern und Zuweisungen RM/DM

Jahr	Steuern	Zuweisungen	Summe
1936	3 380 649	1 735 823	5 116 472
1938	5 287 237	444 117	5 731 354
1941	7 019 801	2 634 300	9 654 101
1944	5 962 227	3 478 912	9 441 139
1945	1 179 724	2 156 253	3 335 977
1946	2 199 587	4 441 327	6 640 914
1947	1 983 731	6 236 880	8 220 611
1948 RM	731 293	859 639	1 590 932
1948 DM	2 866 609	3 265 929	6 132 538
1949	5 433 768	2 825 408	8 259 176
1950	5 093 422	1 806 888	6 900 310
1951	7 317 307	1 701 861	9 019 168
1952	9 101 198	2 022 951	11 124 149
1953	10 947 213	1 321 335	12 268 548
1954	10 915 095	1 173 417	12 088 512

Zu unterscheiden sind fünf Entwicklungsabschnitte:

1. die Zeit bis zum Wirksamwerden der Realsteuerreform (1938), als die Einnahmen aus eigenen Steuern im wesentlichen durch Beteiligungssteuern, die hier unter den Zuweisungen erscheinen, ergänzt wurden;
2. die Periode von der Realsteuerreform bis zum Kriegsbeginn, in der die Stärkung der städtischen Steuerkraft durch Übernahme der Ertragshoheit über die Grund- und Gewerbesteuer von einem entsprechenden Rückgang der staatlichen Zuweisungen begleitet war;
3. die Kriegsjahre mit ihren durch die Rüstungskonjunktur bedingten hohen Gewerbesteuererträgen und dem gleichzeitigen sprunghaften Ansteigen der Zuweisungen infolge der Übernahme neuer Pflichtaufgaben auf dem Gebiete der Familienunterhaltsgewährung für Wehrpflichtige und vergleichbare Personengruppen;
4. die Nachkriegsjahre bis zur Währungsreform, die von starken Steuereinbußen und hohen Staatszuweisungen als Ausgleich dafür gekennzeichnet waren;
5. die Aufschwungsphase ab 1949/50 mit wieder wachsender Steuerkraft und sinkenden Zuweisungen.

A. Steuern

Die wichtigsten Finanzmittel der Gemeinden, die voraussetzungslos gewährt werden und deshalb ihre Autonomie nachhaltig stützen, sind die Einnahmen aus Steuern.[1] Steuern sind Geldleistungen, die in Ausübung hoheitlicher Gewalt zur Deckung des Finanzbedarfs einseitig den Abgabepflichtigen auferlegt werden.[2] Sie gehören zu den allgemeinen Deckungsmitteln. Bei ihnen ist die unmittelbare Zurechnung einer Gegenleistung nicht möglich. Sie dürfen andererseits auch nicht - so verlangt es das Nonaffektationsprinzip - durch Zweckbindung für bestimmte Ausgaben reserviert werden.

Nach dem finanzstatistischen Kennziffernplan setzen sich die städtischen Steuereinnahmen aus drei Gruppen zusammen: den Realsteuern, den Steuern vom Vermögen und Vermögensverkehr sowie den Verbrauchs- und Aufwandssteuern. Welche Ergebnisse sie im einzelnen von 1936 bis 1954 in Hanau erbrachten, geht aus der Tabelle 37 auf der folgenden Seite hervor.

Die Verhältniszahlen zeigen die überragende Bedeutung der Realsteuern für den städtischen Haushalt. Wenn man von den Jahren bis 1941 einschließlich einmal absieht, betrug ihr Anteil an den Gesamtsteuereinnahmen weit über 90 vH. Die Steuern vom Vermögen und Vermögensverkehr dagegen, die bis zum Wegfall der Bürgersteuer im Jahr 1942[3] noch eine gewisse Rolle spielten, haben nach 1945 erheblich an Gewicht verloren. Ihr Anteil lag meist unter 1 vH des Gesamtsteueraufkommens. Anders die Verbrauchs- und Aufwandssteuern. Ihr Ertrag ging zwar in den Kriegsjahren wegen des zeitbedingten Sinkens der Einnahmen aus der Vergnügungssteuer stark zurück; er stieg aber mit der Besserung der Lebensverhältnisse wieder an und stabilisierte sich ab 1951 bei einem Anteil von etwa 4 vH des Gesamtsteueraufkommens.

1. Die Realsteuern

Die Realsteuern sind heute noch immer das Rückgrat des Gemeindefinanzsystems. Bereits in der Miquelschen Steuerreform von 1891 wurden sie in Preußen zum Ausschöpfen den Gemeinden überlassen. Eine reichseinheitliche Regelung gab es indessen noch nicht. Erst die Realsteuerreform von 1936 brachte unter maßgeblichem Einfluß von Johannes Popitz im gesamten Reich den Übergang der Ertragshoheit von den Ländern auf die Gemeinden. Seitdem sind sie deren Haupteinnahmequellen. Auch nach Artikel 106 des Grundgesetzes von 1949 ist mit der sogenannten Realsteuergarantie den Gemeinden das Aufkommen an Grund- und Gewerbesteuern zugesprochen worden.

---

1) Vgl. P.Kirchhof, Die kommunale Finanzhoheit, in G.Püttner (Hrsg), Handbuch der kommunalen Wissenschaft und Praxis, 2.Auflage, Band 6, Berlin u.a.1985, S.18

2) Vgl. E.Froböß, Gemeindesteuern, Allgemeines, in H.Peters (Hrsg), Handbuch der kommunalen Wissenschaft und Praxis, 1.Auflage, 3.Band, Berlin u.a.1959, S.272

3) Während des Krieges wurde die Erhebung der Bürgersteuer im Lohnabzugsverfahren ab 1. Juli 1942 und bei der Veranlagung ab 1. Januar 1943 aufgehoben und in den Einkommensteuertarif eingebaut. (Vgl. dazu 2.Lohnabzugsverordnung (LAV) vom 24. April 1942, RGBl.I, S.252). Diese Maßnahme sollte der Verwaltungsvereinfachung dienen. Die Gemeinden erhielten dafür sogenannte Bürgersteuerausgleichsbeträge als allgemeine Finanzzuweisungen

Tabelle 37 Ist-Einnahmen der Stadt Hanau aus Steuern in RM/DM

Rechnungs-jahr	Realsteuern	Steuern vom Vermögen und Vermögensverkehr	Verbrauchs- und Aufwandsteuern	Summe Steuern
1936	2 729 169	462 185	189 295	3 380 649
	80,7 %	13,7 %	5,6 %	100 %
1938	4 537 219	588 905	161 113	5 287 237
	85,8 %	11,1 %	3,1 %	100 %
1941	6 212 597	707 432	99 772	7 019 801
	88,5 %	10,1 %	1,4 %	100 %
1944	5 867 536	4 032	90 659	5 962 227
	98,4 %	0,1 %	1,5 %	100 %
1945	1 125 682	9 060	44 982	1 179 724
	95,4 %	0,8 %	3,8 %	100 %
1946	2 040 723	38 186	120 678	2 199 587
	92,8 %	1,7 %	5,5 %	100 %
1947	1 748 019	44 067	191 645	1 983 731
	88,1 %	2,2 %	9,7 %	100 %
1948 RM	683 220	-	48 073	731 293
	93,4 %		6,6 %	100 %
1948 DM	2 745 749	10 628	110 232	2 866 609
	95,8 %	0,4 %	3,8 %	100 %
1949	5 204 345	41 035	188 388	5 433 768
	95,8 %	0,7 %	3,5 %	100 %
1950	4 793 403	42 229	257 790	5 093 422
	94,1 %	0,8 %	5,1 %	100 %
1951	6 922 034	58 804	336 469	7 317 307
	94,6 %	0,8 %	4,6 %	100 %
1952	8 653 850	53 496	393 852	9 101 198
	95,1 %	0,6 %	4,3 %	100 %
1953	10 407 385	127 992	411 836	10 947 213
	95,1 %	1,1 %	3,8 %	100 %
1954	10 387 521	109 149	418 425	10 915 095
	95,2 %	1,0 %	3,8 %	100 %

Die Berechnung der Steuerschuld erfolgt bei den Realsteuern übereinstimmend durch Vervielfachung des von den Finanzämtern ermittelten Steuermeßbetrages mit den Hebesätzen der Gemeinden. Dabei ergibt sich der Steuermeßbetrag aus dem Produkt von Bemessungsgrundlage und Steuermeßzahl, die beide im Grundsteuer- bzw. im Gewerbesteuergesetz festgelegt sind.[1])

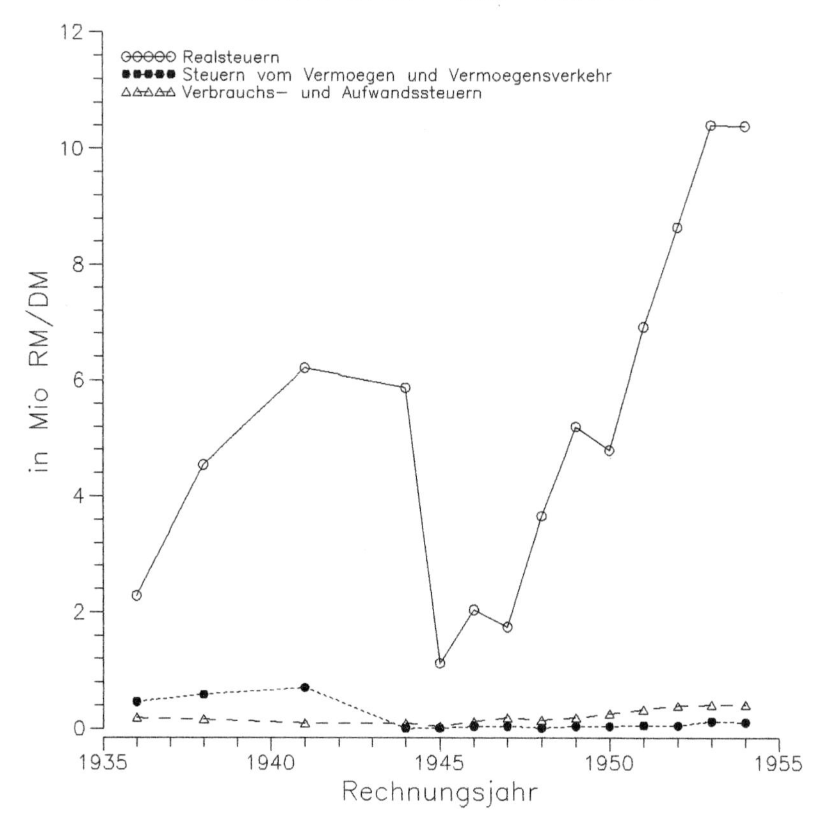

Graphik 04 Steueraufkommen der Stadt Hanau nach Steuergruppen 1936–1954. (Fuer 1948 wurden die Werte des DM–Abschnitts jeweils auf ein Jahr umgerechnet)

Wird die Steuermeßzahl als allgemeiner Steuersatz aufgefaßt, der durch den Hebesatz nur vervielfacht wird, so ergibt sich die effektive Steuerbelastung aus der Rechnung:[2])

$$\frac{\text{Steuermeßzahl x Hebesatz}}{100}$$

1) Vgl. K.Littmann, Die Gestaltung des kommunalen Finanzsystems unter raumordnungspolitischen Gesichtspunkten, Hannover 1968, S.11

2) K.Littmann, a.a.O

Zu den Realsteuern, die die Stadt Hanau erhob und deren überragende Bedeutung für den städtischen Haushalt in der obigen Graphik 04 sichtbar wird, gehörten die Grundsteuer, die Gewerbesteuer, die Lohnsummensteuer und die von Betriebsgemeinden an die Stadt zu entrichtenden Gewerbesteuerausgleichszahlungen.

Tabelle 38 Ist-Einnahmen der Stadt Hanau aus Realsteuern in RM/DM

Rechnungsjahr	Grundsteuer	Gewerbesteuer	Lohnsummensteuer	Gewerbesteuerausgleich von Betriebsgemeinden	Summe Realsteuern
1936	1 196 933	1 523 239	-	8 997	2 729 169
1938	1 976 632[a]	2 556 414	-	4 173	4 537 219
1941	1 999 371	4 195 836	-	17 390	6 212 597
1944	1 544 664	4 322 872	-	-	5 867 536
1945	684 559	441 123	-	-	1 125 682
1946	776 649	1 260 805	-	3 269	2 040 723
1947	788 182	957 960	-	1 877	1 748 019
1948 RM	207 321	475 899	-	-	683 220
1948 DM	647 613	1 621 336	476 800	-	2 745 749
1949	998 593	3 620 920	576 597	8 235	5 204 345
1950	1 091 144	3 682 088	4 837	15 334	4 793 403
1951	1 138 705	5 752 926	108	30 295	6 922 034
1952	1 222 553	7 392 470	1 297	37 530	8 653 850
1953	1 446 367	8 921 631	1 152	38 235	10 407 385
1954	1 247 932	9 091 874	-	47 715	10 387 521

a) einschließlich 46 321 RM staatliche Grundvermögenssteuer

Die Anteile an der staatlichen Hauszinssteuer einschließlich der städtischen Zuschläge wurden, obwohl die Erträge sachlich den Realsteuereinnahmen zuzurechnen sind, nicht hier, sondern bei den Finanzzuweisungen erfaßt und auch dort dargestellt, weil es sich dem Grunde nach um Steuerüberweisungen des Staates handelt.

a) Die Grundsteuer

Ebenso wie in Preußen, das mit der Miquelschen Steuerreform die Erträge der Grundsteuer den Gemeinden zugewiesen hatte, war die Steuer in den meisten deutschen Staaten ursprünglich eine Haupteinnahmequelle der Länder. Die landesrechtlichen Regelungen wurden durch das Grundsteuergesetz vom 1. Dezember 1936[1] abgelöst und mit Wirkung vom 1. April 1938 durch eine reichseinheitliche Rechtsgrundlage ersetzt. Das Einführungsgesetz bestimmte, daß die Grundsteuer nur nach dem Grundsteuergesetz erhoben werden durfte.[2] Die Gemeinden waren daher nicht frei bei der Ausgestaltung der Steuer. Das

1) RGBl.I, S.986

2) Vgl. § 1 Einführungsgesetz zu den Realsteuergesetzen (EinfGRealStG) vom 1. Dezember 1936, RGBl.I, S.961

Besteuerungsverfahren war mehrstufig. Seine Durchführung lag, soweit es die Ermittlung der Einheitswerte und die Feststellung der Steuermeßbeträge betraf, bei den Finanzämtern. Allein die Ausschöpfung der Grundsteuer durch Festsetzung und Anwendung des Hebesatzes auf die Grundsteuermeßbeträge oblag den Gemeinden. Sie erhoben die Grundsteuer von dem in ihrem Gebiet gelegenen Grundbesitz in zwei Formen:

als Grundsteuer A
für die land- und forstwirtschaftlichen Betriebe und
als Grundsteuer B
für die Grundstücke.

In Hanau blieben die Hebesätze, die 1938 im Zuge der Anpassung der ursprünglich staatlichen Grundvermögenssteuer an die neue gesetzliche Grundlage herabgestuft worden waren (siehe Anhang A 23), während des restlichen Untersuchungszeitraums unverändert. Sie betrugen

	bis zum Jahr 1937	von 1938 bis 1954
bei der Grundsteuer A für land- und forstwirtschaftliche Betriebe	350 vH	252 vH
bei der Grundsteuer B für bebaute und unbebaute Grundstücke	400 vH	360 vH.

Mit diesen Werten lag Hanau nach dem Kriege erheblich über dem Durchschnitt aller kreisfreien Städte in Hessen. Bei der Grundsteuer A hatte nur Gießen einen höheren Steuersatz (280 vH), und Darmstadt lag seit 1948 mit 252 vH gleichauf. Bei der Grundsteuer B dagegen war der Hebesatz der Stadt Hanau der höchste unter allen kreisfreien Städten des Landes (siehe Anhang B 14).

Da die Haushaltspläne die Erträge der Grundsteuer A und B nicht getrennt auswiesen und auch die Verbuchung in den Sachbüchern nur in Gesamtbeträgen erfolgte, mußte die folgende Aufschlüsselung der Ist-Ergebnisse, soweit das für die einzelnen Jahre überhaupt möglich war, nach den Soll-Werten bzw. nach den Meßbeträgen vorgenommen werden. Die so ermittelten Zahlen dürften den tatsächlichen Verhältnissen aber sehr nahe kommen, da die Schwankungen der Gesamtbeträge mit denen der Meßbeträge nahezu parallel verlaufen.

Die Ergebnisse der Jahre 1944 bis 1954 sind um die Kasseneinnahmereste bereinigt, die der Jahre 1936 und 1941 hingegen nicht. 1938 ist insofern ein Sonderfall, als der unbereinigten Gesamtsumme die um die Einnahmereste verminderten "Nettoerträge" der Grundsteuer A und B, die sich aus den Aufzeichnungen einer Abschlußakte der Finanzverwaltung rekonstruieren ließen, gegenübergestellt wurden.

Die Grundsteuer A war - im Gegensatz zur Grundsteuer B - eine relativ ertragsbeständige Einnahmequelle, wenn auch ihr Aufkommen nie eine besondere Höhe erreicht hat. Ihre Ertragskraft ist durch die Zerstörungen weniger stark tangiert worden, weil bei ihr die nicht so sehr in Mitleidenschaft gezogenen landwirtschaftlichen Flächenerträge Gegenstand der Besteuerung sind. Der sichtbare Einschnitt im Jahre 1945 ging deshalb auch nur zum Teil auf Steuererlässe infolge von Kriegsschäden zurück. Bedeutsamer für den Rückgang waren die für diese Zeit charakteristischen allgemeinen Schwierigkeiten der Steuererhebung, auf die bei der Betrachtung der Gewerbesteuer noch näher eingegangen wird (vgl. Seite 184). Wie die überdurchschnittliche Steigerung des Aufkommens im darauf folgenden Jahr aber erkennen läßt, konnte ein Teil der 1945 nicht mehr erfaßten Mittel nachträglich noch eingebracht werden. In der Folgezeit hat die Grundsteuer A, die vor dem Kriege zwischen 2 vH und 3 vH der gesamten Grundsteuereinnahmen erbrachte, ihr Ertragsniveau gehalten, ehe sie 1954 dann infolge der Einschränkung von landwirtschaftlichen Betriebsflächen um etwa ein Drittel zurückfiel.

Tabelle 39 Ist-Aufkommen der Grundsteuer A und B in RM/DM

Rechnungsjahr	Grundsteuer A	Grundsteuer B	Grundsteueraufkommen insgesamt	Grundsteueraufkommen je Einwohner
1936	nicht aufteilbar		1 196 933	
1938[a]	36 733	1 712 453	1 930 311[b]	47,52
1941	nicht aufteilbar		1 999 371	
1944	32 438	1 512 226	1 544 664	40,50
1945	24 762	659 797	684 559	33,13
1946	39 159	737 490	776 649	35,19
1947	35 862	752 320	788 182	32,21
1948 RM	8 542	198 779	207 321)	
1948 DM	26 682	620 931	647 613)	32,23
1949	nicht aufteilbar		998 593	34,86
1950	34 916	1 056 228	1 091 144	35,47
1951	35 299	1 103 406	1 138 705	32,81
1952	33 008	1 189 545	1 222 553	33,38
1953	33 266	1 413 101	1 446 367	37,11
1954	22 462	1 225 470	1 247 932	30,37

a) Grundsteuer A und B ohne Kasseneinahmereste

b) Nicht bereinigtes Soll ohne 46 321 RM staatliche Grundvermögenssteuer

Wesentlich anders verlief die Entwicklung der konjunkturunempfindlichen Grundsteuer B, die neben der Gewerbesteuer zu den wichtigsten Einnahmequellen der Stadt gehört. Auffallend ist der abrupte Rückgang des Steueraufkommens 1945 um mehr als 56 vH gegenüber dem Vorjahr - im Vergleich mit 1938 betrug der Rückgang sogar fast 65 vH. Hier wurden die Auswirkungen des Krieges auf der Einnahmeseite des städtischen Haushalts besonders spürbar. Bei den Luftangriffen auf Hanau kurz vor Kriegsende waren rund 88 vH des Wohnungsbestandes von 1939 im Stadtgebiet zerstört worden. Mit dieser Schadensbilanz lag Hanau weit an der Spitze aller kreisfreien Städte Hessens vor Gießen (76 vH) und Darmstadt (61 vH), und selbst im Bundesgebiet gab es nur zwei Städte, die mehr Wohnraum verloren hatten: Düren (99 vH) und Paderborn (95 vH).[1] Bei derartig großen Gebäudeverlusten und den daraus resultierenden Einbußen an Grundstückserträgen mußten die Steuerausfälle beträchtlich sein, wie sich aus dem Aufkommen bis etwa 1949 ablesen läßt. Erst ab 1950 machten sich die Erfolge des Wiederaufbaus bei der Grundsteuer B durch entsprechende Zuwachsraten bemerkbar.

1) Vgl. dazu die Angaben über den Zerstörungsgrad der übrigen acht Stadtkreise Hessens sowie einiger anderer Städte des Bundesgebiets im Anhang B 07

Einen interessanten Einblick in die Struktur der Grundsteuerausfälle bietet die Zerlegung des Steuersolls auf der Basis von 1938 nach total zerstörtem und deshalb nicht steuerbarem, nach beschädigtem und nur bedingt steuerbarem und nach voll steuerbarem Grundbesitz. Wie die folgende Tabelle, die für die Jahre 1945 bis 1950 zusammengestellt wurde, zeigt, ist das Gesamtsteuersoll bis etwa 1948 nahezu unverändert geblieben. Die relative Zunahme des Steuersolls für den voll steuerbaren Grundbesitz während dieser Zeit deutet auf die verstärkte Instandsetzung von noch vorhandenem, beschädigtem oder teilzerstörtem Wohnraum hin. Der eigentliche, neue Werte schaffende und die Ertragskraft der Grundsteuer steigernde Wiederaufbau setzte dagegen erst in der DM-Periode ein.

Tabelle 39 Ist-Aufkommen der Grundsteuer A und B in RM/DM

Jahr	Steuersoll der Grundsteuer B in RM/DM			
	zerstörter Grundbesitz nicht steuerbar	beschädigter Grundbesitz teilweise steuerbar	voll steuerbarer Grundbesitz	insgesamt auf der Basis 1938
1945	881 596	1 050 707[a]		1 932 303
1946	912 377[b]	1 019 926[a]		1 932 303
1947	828 114	322 270	782 133	1 932 517
1948 RM	200 884	66 488	217 158	484 530
1948 DM	552 230	227 572	676 566	1 456 368
1949	624 316	300 702	1 025 628	1 950 646
1950	550 703	286 197	1 122 901	1 959 801

a) Die Zerlegung in teilweise und voll steuerbaren Grundbesitz war anhand der vorhandenen Unterlagen nicht mehr möglich

b) Die Erhöhung des Sollbetrages 1946 ist auf nachträglich eingegangene Schadensmeldungen für 1945 zurückzuführen.

Eine wesentliche Einschränkung in der Aufwärtsentwicklung der Grundsteuer B ergab sich durch die Einführung von Steuervergünstigungen zur Förderung des Wiederaufbaus nach dem 1. Wohnungsbaugesetz vom 24. April 1950,[1] das für die seit dem 1. Januar 1950 wiederhergestellten oder neu aufgebauten Wohnungen unter bestimmten Voraussetzungen eine Befreiung von der Grundsteuer auf die Dauer von zehn Jahren zuließ. Für die städtische Finanzwirtschaft bedeutete dies eine zusätzliche und relativ größer werdende Belastung, weil mit dem vorankommenden Wohnungsbau die städtischen Leistungen anstiegen, die Grundsteuereinnahmen aber nicht im gleichen Maße mitwuchsen. Zwar ergaben sich aus dem Wiederaufbau andere Einnahmeverbesserungen für den Haushalt, z.B. bei den Verbrauchs- und Aufwandssteuern, den Gebühren und anderen Einnahmearten, dennoch verblieb hier ein nicht quantifizierbarer Einnahmeausfall, der in den Ergebnissen nicht erkennbar wird.

Der auffallend starke Rückgang der Grundsteuererträge am Ende des Untersuchungszeitraums war in erster Linie die Folge der durch Bundesgesetz vorgeschriebenen Herab-

1) BGBl.I, S.83

setzung der Steuermeßzahlen für Baugelände von ursprünglich 10 vT auf 5 vT[1] sowie die von den Finanzämtern auf den 21.6.1948 fortgeschriebenen Einheitswerte und Steuermeßbeträge für die durch Kriegseinwirkung beschädigten Grundstücke.[2]

b) Die Gewerbesteuer

Unter allen Einnahmequellen der Stadt Hanau war die Gewerbesteuer die wichtigste, aber auch die empfindlichste. Die Steuerergebnisse von 1936 bis 1954 belegen das auf eindrucksvolle Weise. Die Konjunkturphasen der heimischen Wirtschaft - Aufschwung, Prosperität und Niedergang - spiegeln sich darin ebenso wie die daraus sich herleitenden Folgen für den städtischen Haushalt.

Rechtsgrundlage für die Erhebung der Gewerbesteuer war mit Wirkung vom Rechnungsjahr 1937 an das Gewerbesteuergesetz vom 1. Dezember 1936 [3] in Verbindung mit § 1 des Einführungsgesetzes zu den Realsteuergesetzen. Diese gesetzliche Neuordnung brachte - in enger Anlehnung an das preußische Vorbild - die Vereinheitlichung des bis dahin zersplitterten Gewerbesteuerrechts im gesamten Reichsgebiet und machte die Gewerbesteuer zu einer reinen Gemeindesteuer. Bemessungsgrundlagen waren Gewerbeertrag und Gewerbekapital sowie fakultativ die Lohnsumme des Gewerbebetriebs. Durch das Gesetz zur Änderung des Gewerbesteuerrechts vom 27. Dezember 1951 [4] wurden die Regelungen von 1936 teilweise geändert. Die neue Fassung, die am 30. April 1952 [5] verkündet wurde, war - zusammen mit der ebenfalls geänderten Gewerbesteuer-Durchführungsverordnung 1950 [6] - für alle Veranlagungen nach dem 30. Dezember 1951 maßgebend.

b1) Die Gewerbesteuer nach Ertrag und Kapital

Der *Gewerbeertrag* ist der nach den Vorschriften des Einkommensteuer- bzw. Körperschaftsteuerrechts ermittelte Gewinn. Dem Gewerbeertrag werden im Gesetz festgelegte Beträge, wie zum Beispiel Zinsen für Dauerschulden, Gewinnanteile persönlich haftender Gesellschafter und andere geldwerte Leistungen, auf die hier im einzelnen nicht eingegangen werden kann, hinzugerechnet. Andererseits sind vom Gewerbeertrag bestimmte Werte, so unter anderem Teile des Einheitswertes des zum Betriebsvermögen gehörenden Grundbesitzes, abzuziehen, um Doppelbelastungen des durch die Grundsteuer bereits erfaßten Grundbesitzes zu vermeiden. Auf den so festgestellten Gewerbeertrag wird durch Anwendung eines der Höhe nach abgestuften Hundertsatzes (Steuermeßzahl) der Steuermeßbetrag ermittelt.

Als *Gewerbekapital* gilt grundsätzlich der Einheitswert des dem Gewerbebetrieb dienenden Betriebsvermögens. Er wird - ähnlich wie beim Gewerbeertrag - durch Hinzufügen und

---

1) Vgl. § 33 der Durchführungsverordnung zum Grundsteuergesetz vom 29. Januar 1952 (BGBl I, S.77)

2) Vgl. § 33 Grundsteuergesetz i.d.Fassung vom 10. August 1951 (BGBl I, S.519)

3) RGBl.I, S.979

4) BGBl.I, S.996

5) BGBl.I, S.270

6) BGBl.1952 I, S.279

Absetzen bestimmter Beträge modifiziert und schließlich durch Anwendung einer Prozentzahl (Steuermeßzahl) zum Steuermeßbetrag für das Gewerbekapital umgeformt.

Die Wertfeststellungen einschließlich der Zusammenziehung beider Meßbeträge zu einem einheitlichen Gewerbesteuermeßbetrag werden von den Finanzämtern durchgeführt, bevor die eigentliche Steuerfestsetzung durch die Stadt durch Anwendung des in der Satzung festgelegten Hebesatzes auf den jeweiligen Steuermeßbetrag erfolgen kann. Das Verfahren ist also ebenfalls zweistufig wie bei der Grundsteuer.

Die Mehrstufigkeit des Besteuerungsverfahrens, vor allem aber das zeitliche Auseinanderklaffen von Meßbetragsfeststellung und Steuerfestsetzung, hat sich in der Nachkriegszeit ganz allgemein - besonders jedoch nach 1950 - für die Stadt Hanau sehr nachteilig ausgewirkt. Das Finanzamt kam mit der Berichtigung der Einheitswerte angesichts der großen Zerstörungen lange nicht nach. Außerdem verzögerten sich die Veranlagungen wegen der oft schwierigen Ermittlungen und der zunehmenden Überlastung der Finanzbehörden immer häufiger. Teilweise war das eine auch die Folge des anderen. Viele Veranlagungen waren nur vorläufig und konnten erst Jahre danach endgültig abgeschlossen werden. Die Folgen waren beträchtlich. Es kam zu Einnahmeverlagerungen in Folgejahre und zu erheblichen Zinsverlusten. Darüber hinaus führten die zeitlichen Verschiebungen zu gewissen Staueffekten, vor allem aber zu großen Unsicherheiten in der Einnahmeschätzung bei der Aufstellung der Etats.

Während in den frühen dreißiger Jahren das Aufkommen der Grundsteuer zum Teil weit über dem der Gewerbesteuer lag und damit als die ertragreichere, vor allem aber als die beständigere Steuerquelle unter den Objektsteuern galt, zeigte das Gewerbesteuerergebnis von 1936, das noch unter Anwendung der vor dem Inkrafttreten der Realsteuerreform gültigen Hebesätze zustande gekommen war[1)] und auf einer grundsätzlich anderen Meßbetragsberechnung basierte, erstmals höhere Erträge. Der mit der Weltwirtschaftskrise verbundene konjunkturelle Abschwung, der sich auf die Gewerbeerträge und damit auch auf die Gewerbesteuer sehr negativ ausgewirkt hatte, war weitgehend überwunden und das Jahr 1936 so etwas wie eine Trendumkehr. Die allgemeine Besserung der wirtschaftlichen Verhältnisse kommt in dem weiteren Anstieg des Jahres 1938 zum Ausdruck, wenngleich die Änderung des Gewerbesteuersatzes im Zuge der Anpassung an die neuen Bedingungen nach der Realsteuerreform dabei wohl eine Rolle gespielt hat.

Der Hebesatz war 1937 allgemein auf 285 vH des einheitlichen Steuermeßbetrages festgesetzt worden. Durch die Einbeziehung eines fünfzehnprozentigen Berufsschulbeitrages[2)] wurde er 1938 auf 300 vH angehoben, aber bereits ein Jahr später - nach Senkung des Berufsschulbeitrages um 5 vH - wieder auf 295 vH herabgesetzt. Auf dieser Höhe blieb er dann bis zum Ende des Untersuchungszeitraums. Allerdings muß dabei berück-

---

1) Die Hebesätze betrugen bis dahin bei der Gewerbeertragssteuer 540 vH, bei der Gewerbekapitalsteuer 1280 vH; für Zweigstellen betrugen die entsprechenden Sätze 648 bzw. 1536 vH; vgl. dazu Hanauer Anzeiger Nr.72 v.26. März 1935, S.3

2) Zwischen der Stadt und dem Landkreis Hanau war mit Wirkung vom 1.4.1938 ein Zweckverband zur Einrichtung, zum Betrieb und zur Unterhaltung einer gemeinsamen gewerblichen Berufsschule für die männliche Jugend gebildet worden, dessen Verwaltung der Oberbürgermeister der Stadt Hanau vorstand; zum gleichen Zeitpunkt entstand ein weiterer Zweckverband für die Betreibung einer Diamantschleiferschule, dessen Geschäftsführung dem Landrat des Landkreises Hanau oblag

sichtigt werden, daß der Berufsschulbeitrag ab 1942 weggefallen ist. Der unverändert gebliebene Hebesatz kam damit einer indirekten Steuererhöhung gleich und machte Hanau zur Stadt mit der damals höchsten Gewerbesteuerbelastung in Hessen (Siehe dazu Anhang B 14).

Realsteueraufkommen

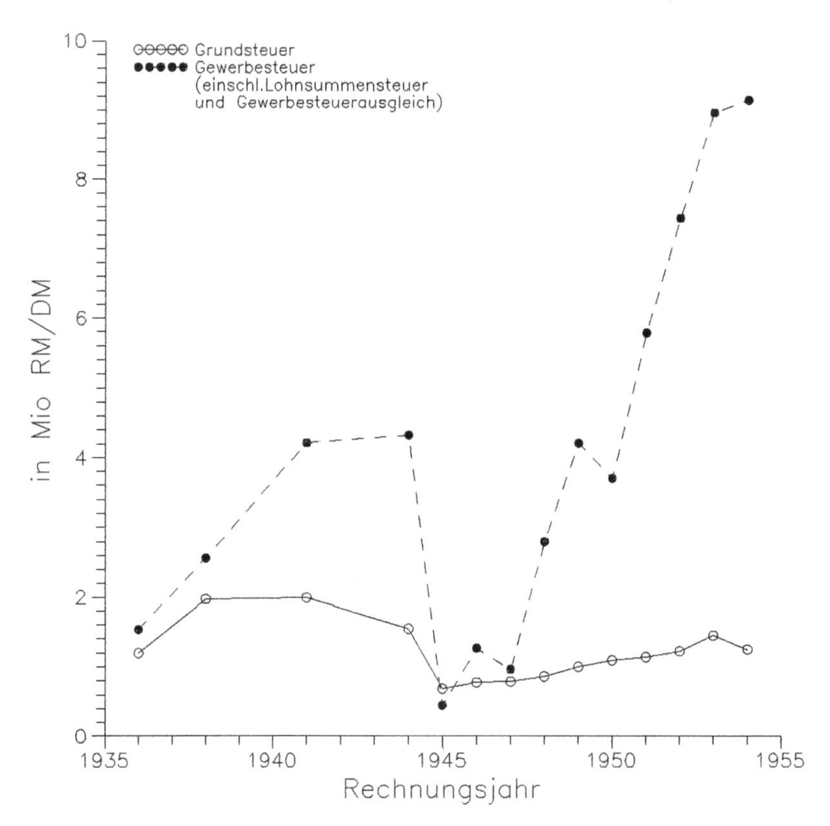

Graphik 05 Realsteueraufkommen der Stadt Hanau 1936–1954
(Fuer 1948 wurden die Werte des DM-Abschnitts
jeweils auf ein Jahr umgerechnet)

Unternehmen, die in Hanau eine Zweigstelle unterhielten, ohne hier ihre Geschäftsleitung zu haben,[1] unterlagen der höheren Zweigstellen- oder Filialsteuer. Für sie betrug der Hebesatz ab 1937 bis zum Ende des Untersuchungszeitraums unverändert 370 vH.

Das starke Anwachsen des Steueraufkommens in den Jahren 1941 und 1944 auf 4,3 Millionen RM, das sind nahezu 170 vH des Vorkriegsstandes, ist - abgesehen von den Auswirkungen der genannten Steuersatzkorrektur - in erster Linie eine Folge der Hochrüstung gewesen. Wie überall in den Industriestädten des Reichsgebietes hatten auch

1) Bei der Filialsteuer war - wie sich aus dem Wortlaut der Haushaltssatzung von 1937 ergibt - insbesondere an die Besteuerung von Niederlassungen auswärtiger "Bank-, Kredit- und Wareneinzelhandelsunternehmen" gedacht

Hanauer Unternehmen, soweit ihre angestammten Produkte sich nicht den Zwecken der Kriegswirtschaft unterordnen ließen, die Produktion auf "kriegswichtige Erzeugnisse" umstellen müssen und waren voll ausgelastet. Das galt selbst für das Gold- und Silberschmiedehandwerk, das mit staatlichen Aufträgen zur Herstellung von Orden und Ehrenzeichen gut beschäftigt war.

Mit dem Kriegsende folgte dann ein gewaltiger Einbruch (siehe Graphik). Wie das Gewerbesteuerergebnis von 1945 zeigt, war das Aufkommen als Folge der schweren Kriegsschäden, die die heimische Wirtschaft erlitten hatte, auf einen Bruchteil des Vorjahres zusammengeschrumpft. Es betrug nurmehr rund 10 vH der Ergebnisse des Jahres 1944. Dabei ist zu berücksichtigen, daß in dem Betrag von 441 123 RM noch Zahlungseingänge enthalten sind, die als Nachentrichtungen für das abgelaufene Rechnungsjahr zu gelten haben. Besonders auffällig ist ferner der Ballungseffekt im Jahr 1946. Das außergewöhnlich hohe Aufkommen mit über 1,2 Millionen RM enthält umfangreiche, im einzelnen aber nicht quantifizierbare Steuernachzahlungen, die rechnerisch den Vorjahren 1944/45 zuzuordnen sind. Ihre Realisierung war praktisch erst nach der Wiederingangsetzung der Verwaltung möglich. Bereits bei der Betrachtung der Grundsteuer war darauf hingewiesen worden, daß solche "Stauungen", wie sie in den Jahren 1945 bis 1947 mehrfach vorkamen, auf die Anfangsschwierigkeiten bei der Steuererhebung zurückgeführt werden müssen. Raumnot, Mangel an Fachkräften, unzureichende Kommunikationsmittel, ja selbst das Fehlen der einfachsten Dinge wie Büro- und Schreibmaterial[1)] haben die Arbeit ebenso behindert wie die vielfältigen Schwierigkeiten bei der Ermittlung der Werte auf der Seite der Steuerpflichtigen. Die Steuerrealisierung stieß auf große Schwierigkeiten. Es kam zu zahllosen Stundungs-, Erlaß- und Teilerlaßanträgen, die das Steuererhebungsverfahren nicht nur erschwerten, sondern auch erheblich in die Länge zogen.

Für die Stadt Hanau bedeuteten die ungeheuren Verluste an Steuerkraft die totale Abhängigkeit von staatlicher Hilfe. Angesichts der fehlenden eigenen Mittel und der aus den unvorstellbaren Zerstörungen erwachsenden Aufgaben sahen sich die Körperschaften vor schier unüberwindliche Probleme gestellt. Das Angewiesensein auf Beihilfen von außen war denn auch in den folgenden Jahren - zumindest bis 1951/52 - das bestimmende Kriterium für die Gestaltung der Haushalte. Allein in den ersten drei Nachkriegsjahren 1945 bis 1947 betrugen die Zuweisungen das Zwei- bis Dreifache der eigenen Steuereinnahmen (siehe Tabelle 36 auf Seite 175).

Wie sehr schlechtes Geld die Schuldentilgung fördert, zeigen die verstärkten Zahlungseingänge an Gewerbesteuer zu Beginn des Jahres 1948. Viele Betriebe versuchten in der Erwartung währungspolitischer Maßnahmen Steuerschulden nicht nur sofort auszugleichen, sondern auch erhöhte Vorauszahlungen für die Zukunft zu leisten.[2)] So betrugen die Gewerbesteuereinnahmen allein in der kurzen RM-Periode des Rechnungsjahres 1948, d.h.

---

1) Charakteristisch für die Verhältnisse jener Zeit ist eine amtliche Bekanntmachung der Stadt Hanau im Mitteilungsblatt für den Stadt- und Landkreis Hanau vom 12. April 1947, in dem es hinsichtlich der Zahlung von Grundstücksabgaben (Grundsteuer, Kanal- und Müllabfuhrgebüren) für 1947 heißt: "Zwecks Papierersparnis findet eine Zustellung von Steuerzetteln nicht statt. Nur in den Fällen, in denen eine Änderung im Steuersoll eintritt, werden Steuerzettel ausgefertigt"

2) Die Annahme von Vorauszahlungen auf Steuern, Mieten, Pachten, Zinsen und sonstige Forderungen wurden allerdings, nach einer amtlichen Bekanntmachung vom 26. Mai 1948, veröffentlicht im Mitteilungsblatt für den Stadt- und Landkreis Hanau vom 29. Mai 1948, S.1, von den städtischen Kassen nicht mehr angenommen

in der Zeit vom 1. April bis zum 20. Juni 1948, 475 899 RM - das war mehr als das Rechnungsjahr 1945 insgesamt an Gewerbesteuer erbracht hatte.

Durch die Neuordnung des Geldwesens erhielt der Wiederaufbau in der Stadt mächtigen Auftrieb. Während vor der Währungsreform die Aufbauleistungen eher den Charakter von Improvisationen hatten, mehr der Trümmerbeseitigung, der notdürftigen Reparatur noch vorhandener Anlagen und der Ingangsetzung des gewerblichen Lebens dienten, begann mit der Stabilisierung der Geldverhältnisse die Phase eines planvollen Wiederaufbaus und wachsender Prosperität auf breiter Ebene. Industrie, Handel und Handwerk investierten in neue Anlagen und Werkstätten und gingen daran, ihre Produkt- und Dienstleistungsangebote der nach dem Krieg entstandenen außerordentlichen Bedarfslage anzupassen. Die Hanauer Industrie erwies sich dabei als sehr erfolgreich. Insbesondere die Großunternehmen der Kautschuk- und Metallindustrie, die schon vor dem Kriege mit ihren Erzeugnissen Weltruf erlangt hatten, konnten ihre Marktpositionen im Laufe der folgenden Jahre systematisch ausbauen. Schließlich hat auch die im Januar 1949 wiedereingeführte Gewerbefreiheit die wirtschaftliche Entwicklung in der Stadt wesentlich begünstigt. Die Zahl der Gewerbebetriebe stieg in der Zeit von 1949 bis 1953 von 2023 um rund 47 vH auf insgesamt 2976 an.

Die Gewerbesteuerergebnisse folgten diesem Aufschwung der gewerblichen Wirtschaft in einem auch von Optimisten nicht voraussehbaren Maße. Das bis dahin beste Resultat der Gewerbesteuer aus dem Jahre 1944 (4,3 Millionen RM) wurde schon 1951 mit über 5,7 Millionen DM nominell weit überschritten, 1954 sogar mehr als verdoppelt, und der Trend wies weiter nach oben. Dieser ungewöhnlich steile Anstieg darf allerdings nicht darüber hinwegtäuschen, daß der innere Wert dieser Steuereinnahmen mit den Ergebnissen aus der Zeit vor 1945 wegen der ab 1949 sich stärker auswirkenden Lohn- und Preissteigerungen nicht ohne weiteres verglichen werden kann. Wie aus den vom Statistischen Amt der Stadt Hanau ermittelten Daten zur Industriestatistik (siehe Anhang A 03) zu entnehmen ist, war das durchschnittliche Jahreseinkommen der Hanauer Industriebeschäftigten beispielsweise in der Zeit von 1949 bis 1954 um rund 45 vH gestiegen, und die Grundstoff- und Baupreise lagen im Jahr 1954 zwischen 15 und 25 vH über denen des Jahres 1949.[1)] Vergleichbare Lohn- und Preiserhöhungen hatte es in der Zeit vor 1945 aber nicht gegeben. Die "Kaufkraft" der Steuereinnahmen muß also differenzierter gesehen werden. Auf dieses Problem wird deshalb an anderer Stelle noch einzugehen sein (vgl. dazu Seite 206ff).

Was die Gewerbesteuer-Ist-Zahlen der Tabelle 38 ebenso wenig zeigen, ist der ungleichmäßige Zufluß der Steuermittel in den einzelnen Jahren. Auf die Staueffekte durch das Hinterherhinken der Veranlagungen bei den Finanzämtern ist bei der Grundsteuer bereits hingewiesen worden. Sie wirkten sich bei der Gewerbesteuer noch gravierender aus. Die endgültige Veranlagung für das Rechnungsjahr 1948 beispielsweise wurde durch das Finanzamt erst 1950, die für das Rechnungsjahr 1949 erst 1951 durchgeführt. Die tatsächlichen Zahlungseingänge basierten daher zunächst überwiegend auf Vorauszahlungen. Wegen der aufgeschobenen endgültigen Veranlagung entstanden beachtliche Steuerrückstände, die die Finanzdispositionen der Stadt erheblich durcheinanderbrachten. Oft ergaben sich unerwartete, umfangreiche Nachzahlungen, die schubartig auftraten und so die Etatansätze über den Haufen warfen. Verläßliche Einnahmeschätzungen waren bei der Gewerbe-

---

1) Vgl. dazu Statistische Vierteljahresberichte der Stadt Hanau 1949-1954

steuer, der wichtigsten Einnahmequelle der Stadt, kaum noch möglich, so daß die Aufstellung von Nachtragshaushalten immer wieder notwendig wurde. Bereits 1949 waren die Voranschlagszahlen wesentlich übertroffen worden. Die Mehreinnahmen in diesem Jahr resultierten aber nicht allein aus den höheren Steuererträgen, sondern waren teilweise auch die Folge von Änderungen bei den Staatszuweisungen, auf die an anderer Stelle noch einzugehen ist. Von 1950 an mußten jährlich ein bis zwei Nachtragshaushalte[1)] beschlossen werden, um solche nicht vorhersehbaren Mehreinnahmen aus Gewerbesteuern oder verspätet oder nachträglich eingegangenen Mitteln des Finanzausgleichs, die wegen des großen Finanzbedarfs der Stadt in der ersten Aufbauphase dringend benötigt wurden, noch in das laufende Rechnungsjahr einzubringen.

Tabelle 41 Gewerbesteueraufkommen nach Wirtschaftszweigen[a)] in vH des Ist-Aufkommens

Wirtschaftszweig	Zahl der Betriebe	Zahl der Beschäftigten	v.-H.-Anteil am Ist-Aufkommen der Gewerbesteuer 1949	1950	1951	1952
1. Industrie						
Großbetriebe der Kautschuk- und Metallverarbeitung[b)]	3	4 448	72	68	60	57
Übrige						
Metallverarbeitung	14	2 060)				
Holzverarbeitung	11	562)				
Elektrotechnik	3	493)				
Papier und Druck	4	330)	18	11	16	14
Nahrungsmittel	6	278)				
Chemie	7	225)				
Steine und Erden	3	283)				
Textil	1	40)				
Summe Industrie	52	8 719	90	79	76	71
2. übrige gewerbliche Wirtschaft	1 768	8 161	10	21	24	29
Gesamt-Ist-Aufkommen absolut in Mio. DM (ohne Lohnsummensteuer)			3,621	3,682	5,753	7,392

a) Zusammengestellt aus den Ist-Ergebnissen für 52 Betriebe nach Unterlagen der Steuerverwaltung

b) In dieser Zeile wurden die Gewerbesteueraufkommen dreier Großbetriebe (zwei kautschukverarbeitende und ein metallverarbeitendes Unternehmen) zusammengefaßt

1) In den Rechnungsjahren 1949 und 1954 wurde jeweils ein Nachtragshaushalt, in den Rechnungsjahren 1950 bis 1953 wurden jeweils zwei Nachtragshaushalte verabschiedet (siehe dazu Anhang A 10)

Daß die außergewöhnlich guten Gewerbesteuerergebnisse der Stadt in erster Linie auf die günstige Entwicklung der in Hanau niedergelassenen Industrie und darunter vor allem der wenigen Großbetriebe zurückzuführen waren, geht aus der prozentualen Aufschlüsselung des Steueraufkommens nach Wirtschaftszweigen hervor. Aufschluß darüber gibt die vorstehende Tabelle 41. Zwischen 70 vH und 90 vH der Gewerbesteuererträge der Jahre 1949 bis 1952 wurden von rund 50 Industrieunternehmen aufgebracht und davon wiederum rund vier Fünftel allein von drei Großbetrieben.[1] Die Übersicht macht auch deutlich, daß die Industrie die Folgen der Kriegsschäden rascher überwunden hatte als die übrigen Gewerbezweige. Das hängt wohl auch damit zusammen, daß die meisten Betriebe wegen ihrer Ortsrandlage bei den Fliegerangriffen mit weniger Totalschäden davongekommen waren als die Gewerbebetriebe im Innenstadtbereich. Die Konzentration des Gewerbesteueraufkommens auf so wenige, branchenmäßig eng begrenzte Steuerzahler birgt allerdings auch erhebliche Gefahren in sich. Konjunkturelle Rückschläge dieser Wirtschaftszweige oder andere, nicht vorherseh- oder beeinflußbare Faktoren, wie etwa Brandkatastrophen, können große Steuerausfälle nach sich ziehen und leicht auf den Haushalt durchschlagen. Die Stadt Hanau ist sich solcher Risiken wohl bewußt gewesen und hat ihnen dadurch Rechnung zu tragen versucht, daß sie im Rahmen ihrer langfristig angelegten Anwerbung neuer Unternehmen um eine stärkere Differenzierung der Industriestruktur bemüht war.

Im Vergleich mit der Großindustrie hatte das einstige Traditionsgewerbe der Stadt, die Schmuckwarenbranche, aus der Sicht der Gewerbesteuer - zumindest in den ersten Jahren nach der Währungsreform - keine besondere Bedeutung. Der Anteil am Gesamtaufkommen, errechnet nach dem Gewerbesteuersoll, lag unter 2 vH. Wie sich dieser Anteil auf die einzelnen Zweige des Gewerbes aufteilte, ist aus der folgenden Tabelle zu ersehen.

Tabelle 42 Gewerbesteueraufkommen des Schmuckgewerbes

Gewerbezweig	Zahl der Betriebe	vH-Anteil am Gewerbesteueraufkommen des Schmuckgewerbes 1949	1950
Diamantschleifereien	10	33,6	40,8
Gold- und Silberschmiede-Industrie	22	59,4	50,9
Gold- und Silberschmiede-Handwerk	31	7,0	8,3
Insgesamt	63	100	100
Anteil des Schmuckgewerbes am Gesamtaufkommen der Gewerbesteuer in vH		1,99	1,96

1) Der Schwerpunkt lag hier eindeutig bei einem Unternehmen der Kautschukindustrie (Dunlop-Werke)

b2) Die Lohnsummensteuer

Auf die Erhebung der fakultativen Gewerbesteuer nach der Lohnsumme, die gemäß § 6 Abs.2 des Gewerbesteuergesetzes vom 1. Dezember 1936 neben der Gewerbesteuer nach dem Gewerbekapital und dem Gewerbeertrag erhoben werden konnte - sie wird gelegentlich auch als "echte" Lohnsummensteuer bezeichnet -, hatte die Stadt Hanau, wie die meisten hessischen Städte, verzichtet.[1] Der Grund dafür lag wohl in der durch die stark angespannten Realsteuersätze ohnehin schon hohen Steuerbelastung der gewerblichen Wirtschaft. Eine weitere Verschärfung wäre deshalb nicht zu verantworten gewesen und hätte den Bemühungen der Stadt um neue Industrieansiedlungen eher geschadet als genützt.

Nicht verzichten konnte die Stadt jedoch auf die vorübergehende Einführung der Lohnsummensteuer (siehe Tabelle 38 auf Seite 179), deren Erhebung den hessischen Gemeinden durch Gesetz vom 13. Juli 1948 zur Pflicht gemacht wurde.[2] Besteuerungsgrundlage war die im Kalendermonat gezahlte Lohnsumme, die durch Anwendung eines Tausendsatzes (2 vT) in den Steuermeßbetrag umgerechnet wurde. Die Gemeinden bestimmten dann den Hebesatz. In Hanau waren es 1000 vH. Die Lohnsummensteuer war im Grunde keine eigenständige Steuer, sondern vielmehr eine in monatlichen Zahlungen fällige Vorauserhebung auf die Gewerbesteuer nach Gewerbekapital und Gewerbeertrag. Ergab sich nämlich bei der endgültigen Veranlagung nach Ertrag und Kapital eine höhere Steuerschuld, so war der Differenzbetrag nachzuentrichten. Überstiegen dagegen die Vorauszahlungen die Steuerschuld, dann wurden die zu viel entrichteten Beträge nicht zurückerstattet, d.h., in diesem Falle wurde die Lohnsummensteuer wie eine "echte" gehandhabt.[3]

Die obligatorische Lohnsummensteuer sollte den Gemeinden, die mit der Währungsreform ihre Geldbestände eingebüßt hatten und zunächst nur auf die "Erstausstattung" zurückgreifen konnten, rasch zu liquiden Mitteln verhelfen. Den Zweck hat sie auch, wie die Ergebnisse der Rechnungsjahre 1948 und 1949 zeigen, für den städtischen Haushalt erfüllt. Allerdings waren die Nachteile für einen Teil der gewerblichen Wirtschaft, insbesondere für die vielen lohnintensiven Klein- und Mittelbetriebe, gravierend, weil sie durch hohe Vorauszahlungen unverhältnismäßig stark belastet wurden. Kapitalintensive Unternehmen wurden in ihrer Liquidität weniger beeinträchtigt, weil sie den größten Teil ihrer Gewerbesteuerschuld erst nach der Veranlagung zu zahlen hatten.

Die Erhebung der Lohnsummensteuer, die ursprünglich bis zum 31. Januar 1949 befristet, dann aber um ein Jahr bis zum 31. Januar 1950 verlängert worden war,[4] wurde mit dem Auslaufen des Gesetzes in Hanau wieder aufgegeben. Bei den geringen Beträgen der Jahre 1950 bis 1953 handelt es sich um Restzahlungen aus früheren Veranlagungen.

---

1) Von den hessischen Städten der früher preußischen Landesteile erhoben nur Frankfurt, Kassel und Fulda eine "echte" Lohnsummensteuer

2) Gesetz über die Erhebung der Lohnsummensteuer durch die hessischen Gemeinden vom 13. Juli 1948 (GVBl. S.89)

3) Vgl. W.Fischer, a.a.O., S.39

4) Gesetz zur Änderung des Gesetzes über die Erhebung der Lohnsummensteuer durch die hessischen Gemeinden vom 29. Januar 1949, GVBl. S.10

b3) Die Gewerbesteuerausgleichszahlungen von Betriebsgemeinden

Bei dieser Einnahmeposition handelt es sich um das Gegenstück zu der Ausgabeart "Gewerbesteuerausgleich an Wohngemeinden" (siehe Seite 104). Auf die dort gemachten grundsätzlichen Ausführungen zur Problematik des Gewerbesteuerausgleichs kann deshalb verwiesen werden.

Die Ausgleichszahlungen von Betriebsgemeinden an die Stadt Hanau für Hanauer Bürger, die dort ihrer Arbeit nachgingen, haben - wie die Tabelle 38 auf Seite 179 zeigt - bis zum Jahre 1949 eine nennenswerte Höhe nicht erreicht. Erst mit dem beginnenden wirtschaftlichen Aufschwung stiegen die Einnahmen merklich an und erreichten 1954 ein Volumen von etwas mehr als 10 vH der von der Stadt zu leistenden Gewerbesteuerausgleichszahlungen (vgl.Tabelle 05 auf Seite 89).

Wegen der früher bereits erwähnten Aufrechenbarkeit bei wechselseitigen Ansprüchen zwischen einzelnen Gemeinden und der damit verbundenen Problematik[1)] sagen Pendlerzahlen allein über die Höhe der Ausgleichszahlungen nichts aus. Auch kann das Fehlen einzelner Jahresergebnisse nicht so interpretiert werden, daß es in den fraglichen Jahren keine auswärts arbeitenden Pendler gegeben hätte. Vielmehr sind in diesen Fällen die eigenen Forderungen als Wohngemeinde von den weitaus höheren Ausgleichsverpflichtungen der Stadt als Betriebsgemeinde abgezogen worden. Die ausgewiesenen Einnahmen aus dem Gewerbesteuerausgleich sind deshalb hier als "Nettoerträge" anzusehen.

Über die Anzahl der Auspendler in den Vorkriegs- und Kriegsjahren liegen statistische Angaben nicht vor. Wie die vergleichsweise niedrigen Ausgleichsbeträge zeigen, dürfte sie allerdings nicht groß gewesen sein und wohl kaum die Schwelle von tausend Beschäftigten überschritten haben. Selbst in der Zeit der stärksten Ausschöpfung der Arbeitskraftreserven[2)] durch Dienstverpflichtungen während des "totalen Krieges" kann sie nicht nennenswert gestiegen sein, wie die kaum veränderten Etatansätze dieser Jahre erkennen lassen.[3)]

Auch für die Nachkriegszeit gibt es in der städtischen Statistik nur spärliche Hinweise zur Frage der Auspendler. Das hängt nicht zuletzt damit zusammen, daß Hanau nach den schweren Luftangriffen 1944 und 1945 seine Rolle als Wohngemeinde zunächst fast vollständig eingebüßt hatte. Erst mit der allmählichen Rückkehr der Evakuierten änderte sich das. So erklärt es sich auch, daß in den Jahren 1944/45 und 1947 ein Gewerbesteuerausgleich nicht durchgeführt wurde.

---

1) Für die Errechnung der Ausgleichszahlungen waren z.B. nur diejenigen auswärts Beschäftigten heranzuziehen, die dort in gewerbesteuerpflichtigen Betrieben arbeiteten

2) Zu denken ist hier auch an die zahlreichen "Fremdarbeiter", die im Dritten Reich zur Aufrechterhaltung der Kriegsproduktion in der Rüstungsindustrie eingesetzt und meist am Beschäftigungsort in Barackenlagern untergebracht waren

3) Wie aus den Voranschlägen für die Jahre 1940 bis 1943 hervorgeht, rechnete man damals mit einem relativ gleichbleibenden Einnahmeniveau der Gewerbesteuerausgleichszahlungen zwischen 12000 und 16000 RM pro Jahr

Nach einer Betriebszählung im November 1947 gab es wieder 1036 in Hanau ansässige Arbeitnehmer, die auswärts arbeiteten, 163 davon in Frankfurt und weitere 220 in den östlichen und südöstlichen Vororten: Wolfgang, Großauheim und Steinheim.[1] Mit den drei zuletzt genannten Gemeinden, aus denen erheblich mehr Arbeitskräfte zu ihrem Arbeitsplatz nach Hanau einpendelten als umgekehrt, gab es beachtliche gegenseitige Verrechnungen, die fast ausschließlich zu Lasten der Stadt Hanau ausfielen (siehe dazu die Ausführungen über die Problematik der Vorortgemeinden auf Seite 108).

Nach den Erhebungen des Hessischen Statistischen Landesamtes betrug die Auspendlerzahl im Jahre 1950 in Hanau 1619.[2] Dies entsprach einem Anteil von 5,3 vH an der Gesamtbevölkerung und wurde im Vergleich der neun kreisfreien Städte Hessens relativ nur von Offenbach übertroffen. Die übrigen sieben Stadtkreise lagen weit darunter. Den Unterlagen der Steuerverwaltung zufolge gehörten aber nur etwa 800 dieser Beschäftigten in die Kategorie der ausgleichsrelevanten Pendler, denn nur sie arbeiteten in auswärtigen, *gewerbesteuerpflichtigen* Betrieben. Die übrigen Auspendler waren zum größten Teil bei amerikanischen Dienststellen der näheren Umgebung oder im Bereich des öffentlichen Dienstes beschäftigt, die beide für den Gewerbesteuerausgleich ohne Bedeutung sind.

Mit der wachsenden Bevölkerung muß gegen Ende des Untersuchungszeitraums auch die Zahl der Auspendler leicht angestiegen sein, worauf zumindest die wachsenden Einnahmen hinweisen. Die Schätzungen des Statistischen Amtes der Stadt Hanau[3] für 1952 gingen von 1700-1800 auswärts Beschäftigten aus; die Zahl dürfte 1954 noch höher gewesen sein. Allerdings hat sich dadurch an dem Verhältnis der Belastungen zu den Entlastungen aus dem Gewerbesteuerausgleich für die Stadt Hanau, das seit 1951 rund 10:1 betrug, nichts geändert.

---

1) Statistische Vierteljahresberichte der Stadt Hanau II u.III/1948, S.17

2) Die Zahl ergab sich im Rahmen der Auswertung der Volkszählungsergebnisse vom 13. September 1950 an Hand der Haushaltungslisten, in denen u.a. nach dem Ort des Arbeitsplatzes gefragt war; vgl. dazu Statistische Vierteljahresberichte der Stadt Hanau, a.a.O

3) Vgl. Statistische Vierteljahresberichte der Stadt Hanau, I/1952, S.18

2. Die sonstigen Steuern aus Vermögen, Vermögensverkehr und Einkommen

Mit der Verlagerung des Schwergewichts im Gemeindefinanzsystem von den Beteiligungssteuern hin zu den Realsteuern haben die hier behandelten Steuern aus Vermögen, Vermögensverkehr und Einkommen erheblich an Bedeutung verloren und seit dem Wegfall der Bürgersteuer für die kommunalen Haushalte keine große Rolle mehr gespielt. In Hanau war ihr Aufkommen - gemessen am Gesamtsteueraufkommen - seit 1942 unter 1 vH abgesunken. Allein die Grunderwerbsteuer hatte infolge des mit der Aufbautätigkeit verbundenen umfangreichen Grundstücksverkehrs noch gewisse Erträge gebracht, die, wie die folgende Tabelle zeigt, ab 1953 sogar kräftig anstiegen.

Tabelle 43 Ist-Aufkommen der Steuern aus Vermögen, Vermögensverkehr und Einkommen in RM/DM

Rechnungsjahr	Bürgersteuer	Grunderwerbssteuer	Wertzuwachssteuer	Schankerlaubnissteuer	Summe Steuern aus Vermögen, Vermögensverkehr und Einkommen
1936	407 187	51 565	2 271	1 162	462 185
1938	478 525	96 948	10 218	3 214	588 905
1941	657 129	33 245	15 563	1 495	707 432
1944	-	3 176	404	452	4 032
1945	-	8 660	-	400	9 060
1946	-	36 337	945	904	38 186
1947	-	43 466	-	601	44 067
1948 RM	-	-	-	-	-
1948 DM	-	10 588	-	40	10 628
1949	-	40 233	-	802	41 035
1950	-	40 861	-	1 368	42 229
1951	-	58 804	-	-	58 804
1952	-	53 215	-	281	53 496
1953	-	127 711	-	281	127 992
1954	-	109 149	-	-	109 149

a) Die Bürgersteuer

Die Einführung der Bürgersteuer fiel in die Zeit der großen Wirtschaftskrise und basierte auf der Verordnung des Reichspräsidenten zur Behebung finanzieller, wirtschaftlicher und sozialer Notstände vom 26. Juli 1930.[1)] Sie sollte den Gemeinden die Möglichkeit geben,

1) RGBl.I, S.311; dazu Durchführungsbestimmungen über Gemeindebiersteuer, Gemeindegetränkesteuer und Bürgersteuer vom 4. September 1930 (RGBl.I, S.450) sowie die Verordnung des Reichspräsidenten zur Sicherung von Wirtschaft und Finanzen vom 1. Dezember 1930 (RGBl.I, S.517)

durch Ausschöpfung dieser Personensteuer die immer weiter auseinanderklaffende Schere zwischen den sinkenden Einnahmen einerseits und den infolge der großen Arbeitslosigkeit wachsenden Wohlfahrtslasten andererseits zu schließen.

Nach der zuletzt gültigen Fassung des Bürgersteuergesetzes vom 20. November 1937[1]) war die Besteuerungsgrundlage das Einkommen oder das Vermögen der natürlichen Personen über 18 Jahre, die am Ort der Steuererhebung ihren Wohnsitz oder ihren gewöhnlichen Aufenthalt hatten. Ehegatten wurden gemeinsam zur Steuer herangezogen. Bei der Ermittlung des steuerpflichtigen Einkommens oder Vermögens lehnte sich das Gesetz weitgehend an das Einkommens- und Vermögenssteuerrecht an. Die Steuermeßbeträge waren im Gesetz vorgegeben und nach Jahreseinkommen bzw. nach Vermögensgruppen gestaffelt. Für minderjährige Kinder waren Abzüge zugelassen. Auf der Basis der Steuermeßbeträge wurde dann die Steuer, deren Verwaltung der Gemeinde oblag, nach einem von ihr für jedes Jahr festzusetzenden Hebesatz erhoben. Die Finanzämter hatten den Gemeinden die für die Besteuerung erforderlichen Unterlagen zur Verfügung zu stellen.

In den Haushaltsplänen der Stadt Hanau erschien die Bürgersteuer erstmals im Jahre 1930. Offensichtlich erbrachte sie aber in den ersten Jahren nach ihrer Einführung nicht die erwarteten Ergebnisse, denn man entschloß sich bereits 1933, den Hebesatz von 300 auf 500 Prozent heraufzusetzen. 1936 folgte eine weitere Anhebung auf 600 Prozent, nachdem in den benachbarten Städten dieser Satz schon seit einiger Zeit angewandt worden war.[2])

Daß sich die Steuererhöhung von 1936 unmittelbar auswirkte, zeigen die Zahlen in der Tabelle 43. Die kräftige Aufwärtsentwicklung der Ergebnisse haben die Bürgersteuer in den Jahren bis 1941 dann zur wichtigsten Steuerquelle der Stadt nach den Realsteuern gemacht.

Durch die Zweite Verordnung über die Vereinfachung des Lohnabzugs vom 24. April 1942[3]) wurde die Bürgersteuer als eigenständige Steuerquelle der Gemeinden aufgehoben und in den Einkommenssteuertarif eingebaut. Zum Ausgleich erhielten die Kommunen Finanzzuweisungen des Reiches. Es wurde ihnen außerdem zugesichert, daß mit Ablauf des zweiten Kalenderjahres nach der Beendigung des Krieges ein neues Gemeindepersonensteuergesetz erlassen werden sollte, da sich die Bürgersteuer als Ergänzung zur Realsteuerbasis und im Hinblick auf die Stärkung kommunaler Selbstverwaltung durchaus bewährt hatte.

Nach dem Inkrafttreten der zweiten Lohnabzugsverordnung erhielt die Stadt Hanau anstelle der Bürgersteuer sogenannte Bürgersteuerausgleichsbeträge, die von 1945 an bis zum Rechnungsjahr 1950 einschließlich vom Land Hessen gezahlt wurden. Auf sie wird im nächsten Kapitel bei der Untersuchung der allgemeinen Finanzzuweisungen noch näher eingegangen.

---

1) RGBl.I, S.1261

2) Hanauer Anzeiger Nr.72 vom 26. März 1935, S.3

3) RGBl.I, S.252

b) Die Grunderwerbssteuer

Die aus der alten "Handwechselabgabe" oder "Liegenschaftsakzise" [1] hervorgegangene und ursprünglich vom Reich, später von den Ländern erhobene Grunderwerbssteuer erfaßt den Wechsel der Eigentumsverhältnisse an Grundstücken. Grundlage der Besteuerung ist das obligatorische Rechtsgeschäft, das den Anspruch auf Übertragung des Eigentums begründet.

Das Finanzausgleichsgesetz von 1923[2] hatte bestimmt, "daß die Länder das Grunderwerbssteueraufkommen von den Grundstücken innerhalb ihres Gebietes mindestens zur Hälfte an die Gemeinden (und Gemeindeverbände) in selbstgewählter Unterverteilung zu überweisen hatten".[3] Die Gemeinden waren also insoweit von den Zuweisungen der Länder abhängig. 1938 wurde die Grunderwerbssteuer wieder Reichssteuer. Die Länder und Gemeinden erhielten aber das Recht, Zuschläge zu erheben.[4] Nach § 15 Abs.3 der Steuervereinfachungsverordnung vom 14. September 1944[5] betrug der Zuschlag für die Stadt- und Landkreise 2 vH des Betrages, von dem die Grunderwerbssteuer berechnet wird. Hinzu kam ein weiterer Zuschlag in Höhe von 2 vH als Abgeltung für die auf die Dauer des Krieges außer Hebung gesetzte Wertzuwachssteuer (siehe dazu das folgende Kapitel).

Diese Regelung wurde in Hessen nach 1945 beibehalten. Die Vereinigung der beiden Zuschläge zu einem einheitlichen Zuschlagssatz in Höhe von 4 vH unter gleichzeitiger Aufhebung der Wertzuwachssteuer durch das hessische Gesetz vom 12. Februar 1953[6] hatte - zumindest finanzwirtschaftlich - keine unmittelbaren Auswirkungen, weil der Gesamtumfang des Zuschlags für die Gemeinden unverändert blieb.

Wie die Tabelle 43 zeigt, sind die verhältnismäßig hohen Einnahmen der Stadt Hanau aus der Grunderwerbs- und Wertzuwachssteuer des Jahres 1938 in den Nachkriegsjahren lange nicht erreicht worden. Erst mit der verstärkt einsetzenden privaten Bautätigkeit im Stadtgebiet stieg das Aufkommen wieder an und erreichte etwa das Niveau der Vorkriegszeit. Bei dem hohen Ergebnis des Jahres 1953 handelt es sich um Eingänge aufgestauter Beträge aus Vorjahren.

c) Die Wertzuwachssteuer

Die zu Beginn dieses Jahrhunderts als Verkehrssteuer eingeführte Wertzuwachssteuer war ursprünglich eine Reichssteuer. Sie knüpfte an den Eigentumsübergang inländischer

---

1) Vgl. dazu F.Klein, Verkehrssteuern, in W.Gerloff u. F.Neumark (Hrsg), Handbuch der Finanzwissenschaft, 2.Auflage, 2.Band, Tübingen 1956, S.625

2) Vgl. dazu § 34 des Gesetzes über den Finanzausgleich zwischen Reich, Ländern und Gemeinden vom 23. Juli 1923, RGBl.I, S.494

3) W.Fischer, a.a.O., S.45

4) Vgl. § 13, Abs.3 des Grunderwerbsteuergesetzes vom 29. März 1940 (RGBl.I, S.585)

5) RGBl.I, S.202

6) Gesetz über die Erhebung eines Zuschlags zur Grunderwerbsteuer vom 12. Februar 1953 (GVBl. S.4)

Grundstücke an und machte die bei der Veräußerung im Preis zum Ausdruck kommende Erhöhung des Verkehrswertes zum Gegenstand der Besteuerung. Als jedoch das Reich im Jahre 1913 mit dem sogenannten Besitzsteuergesetz eine besondere Vermögenszuwachssteuer zu seinen Gunsten einführte, verzichtete es auf die weitere Ausschöpfung der "Bodenwertzuwachssteuer" und überließ es fortan den Ländern und Gemeinden, eine solche Steuer zu erheben.[1)]

Die Wertzuwachssteuerordnung der Stadt Hanau vom 16. November 1934 [2)] geht auf das preußische Kommunalabgabengesetz vom 14. Juli 1893 zurück. Ihr lag die preußische Mustersteuerordnung zugrunde. Danach war die Steuer in zweifacher Hinsicht abgestuft: progressiv nach der Höhe der Wertsteigerung, degressiv nach der Zeitspanne zwischen dem Erwerb und der Veräußerung des Grundstücks.[3)] In Hanau betrug die Steuer zwischen 10 vH und 30 vH des Wertzuwachses je nach dessen Umfang, sofern eine Wertsteigerung des Erwerbspreises (zuzüglich bestimmter Anrechnungen) von mindestens 20 vH vorlag. Die errechnete Steuer erhöhte sich weiter um degressiv gestaffelte Zuschläge (100 bis 20 vH), wenn zwischen dem Erwerb und der steuerpflichtigen Veräußerung eine Zeitspanne von bis zu fünf Jahren lag. Dabei verhinderten Vorschriften über Steuerhöchstbeträge übermäßige Steuerbelastungen.

Mit der zurückgestauten Inflation im Zweiten Weltkrieg wurde die Erhebung der Steuer immer problematischer, denn der Preisstopp ließ "Wertsteigerungen des Bodens nicht mehr sichtbar werden und entzog sie damit auch dem Zugriff der Wertzuwachssteuer. So setzte schließlich die Steuervereinfachungsverordnung vom 14. September 1944 an die Stelle der Wertzuwachssteuer einen Zuschlag zur Grunderwerbssteuer in Höhe von 2 vH des Betrages, von dem die Grunderwerbssteuer berechnet wurde."[4)] Diese Vorschrift, die zugleich auch das Zuschlagsrecht der Stadt- und Landkreise zur Grunderwerbssteuer der Länder regelte und zunächst nur für die Dauer des Krieges gelten sollte, war mit dem Inkrafttreten des Grundgesetzes Landesrecht geworden.

Seit 1945 wurde die Wertzuwachssteuer in den Haushaltsplänen der Stadt Hanau als selbständige Steuer nicht mehr gesondert ausgewiesen, sondern zusammen mit der Grunderwerbssteuer erfaßt. Bei dem geringen Betrag von 945 RM, der in der Tabelle unter dem Jahr 1946 erscheint, handelt es sich offensichtlich um die Abschlußzahlung aus einem über mehrere Jahren anhängigen Einspruchsverfahren.

Die gesetzliche Normierung des kommunalen Zuschlags zur Grunderwerbssteuer erfolgte in Hessen im Jahre 1953[5)] im Zusammenhang mit der Einführung eines einheitlichen Zuschlagssatzes zugunsten der kreisfreien Städte und Landkreise, der auch die Abgeltung der Wertzuwachssteuer umfaßte. Er betrug 4 vH des Betrages, von dem die Grunderwerbssteuer berechnet wurde. Diese Vorschrift, die gleichzeitig die Erhebung der Wertzu-

---

1) Vgl. Zuwachssteuergesetz vom 14. Februar 1911 (RGBl.I,S.33), ferner § 1 des Gesetzes über Änderungen im Finanzwesen vom 3. Juli 1913 (RGBl.I,S.521) und § 16 des Gesetzes über den Finanzausgleich zwischen Reich, Ländern und Gemeinden (Finanzausgleichsgesetz) vom 23. Juni 1923 (RGBl.I, S.494); außerdem O.v.Nell-Breuning, Wertzuwachssteuer, in W.Gerloff u. F.Neumark (Hrsg), Handbuch der Finanzwissenschaft, 2.Auflage, 2.Band, Tübingen 1956, S.557ff

2) im Wortlaut veröffentlicht im Hanauer Anzeiger Nr.40 vom 16. Februar 1935

3) Vgl. dazu O.v.Nell-Breuning, a.a.O., S.563

4) O.v.Nell-Breuning, a.a.O., S.563

5) Gesetz über die Erhebung eines Zuschlags zur Grunderwerbsteuer vom 12. Februar 1953 (GVBl., S.4)

wachssteuer außer Kraft setzte, war indessen nur formalrechtlich von Bedeutung, denn finanzwirtschaftlich hatte sie gegenüber den bis dahin geltenden Verhältnissen keine Änderung gebracht. Dennoch war mit der endgültigen Beseitigung des Rechts auf Erhebung einer selbständigen Wertzuwachssteuer und der Bindung an einen starren Zuschlag von 2 vH den Gemeinden eine wichtige Voraussetzung genommen worden, den nach Aufhebung der Preisstoppverordnung zu erwartenden großen Gewinnen bei Grundstücksgeschäften begegnen zu können. Daß dies insbesondere in den stark zerstörten Städten, die durch Baulandumlegungen in den Zentren für erhebliche Wertsteigerungen bei Baugrundstücken sorgten, zu heftiger Kritik herausforderte, weil die Gewinne den Bodeneigentümern zugute kamen und so zu umfangreichen Spekulationen Anlaß gaben, ist nur zu verständlich und hatte u.a. dazu geführt, daß auch der Deutsche Städtetag sich mit dieser Frage eingehend beschäftigte.[1)]

d) Die Schankerlaubnissteuer

Zu den Steuern mit örtlich bedingtem Wirkungskreis gehört die Schankerlaubnissteuer, die schon im 19.Jahrhundert eingeführt wurde und in wesentlichen Teilen auf das Preußische Kreis- und Provinzialabgabengesetz vom 23. April 1906 zurückgeht.[2)] Sie wurde als einmalige Abgabe bei der Erteilung einer Konzession zum ständigen Betrieb einer Gast- oder Schankwirtschaft oder eines Kleinhandels mit Branntwein oder Spiritus erhoben und sollte den damit verbundenen wirtschaftlichen Vorteil abgelten. Begründet wurde sie aber auch mit der Notwendigkeit, die Neugründung von Gaststätten, Bars und ähnlichen Ausschanklokalen ohne ausreichende finanzielle Grundlage zu erschweren.[3)] Die Steuer, die allgemein als Verkehrssteuer angesehen wird, hatte vor allem ordnungspolitische Zielsetzungen. Ihrer Natur nach war sie eine Konzessionsabgabe, die auch als Gebühr hätte erhoben werden können, wie es in einigen Städten - so zum Beispiel in Darmstadt - der Fall war.[4)] Die Steuerordnung der Stadt Hanau vom 31. März 1946[5)] ging von einem geteilten Steuersatz aus. Bei Neueröffnungen wurden 5 vH des Betriebsvermögens und 10 vH des ersten Jahresertrages erhoben; die Übertragung auf einen Rechtsnachfolger war mit einer Steuer belegt, die nach der Dauer des Bestehens des Betriebes gestaffelt war. Die Steuer erhöhte sich auf das Vierfache für Bars, Dielen, Likörstuben, Kabaretts und Schankwirtschaften, die vorwiegend Weine und Liköre ausschenkten, sowie auf das Sechsfache, wenn der Konzessionär seinen Wohnsitz außerhalb des Deutschen Reiches bzw. der Bundesrepublik Deutschland hatte. Da mit der Einführung der Gewerbefreiheit die Eröffnung einer Gast- oder Schankwirtschaft nicht mehr der verwaltungspolizeilichen Genehmigung unterlag, wurde die Steuerordnung durch Beschluß der Stadtverordnetenversammlung vom 28. September 1950 aufgehoben.[6)]

---

1) Vgl. dazu W.Fischer, a.a.O., S.46

2) J.Schiefer, Die einzelnen Gemeindesteuern, in H.Peters (Hrsg): Handbuch der kommunalen Wissenschaft und Praxis, 3.Band, Berlin u.a.1959, S.340

3) Vgl. dazu R.Nöll von der Nahmer, Lehrbuch der Finanzwissenschaft, Band 2, Köln 1964, S.100

4) Vgl. dazu W.Fischer, a.a.O., S.47

5) veröffentlicht im Mitteilungsblatt für den Stadt- und Landkreis Hanau, Folge 55, vom 27. April 1946

6) Die Aufhebung der Steuerordnung sollte so lange wirksam sein, bis durch die Landesgesetzgebung über eine etwaige neue Besteuerungsgrundlage Klarheit geschaffen worden sei (Vgl. Hanauer Anzeiger vom 29. September 1950, S.3)

Ein Blick auf die Ertragsentwicklung (Tabelle 43) macht deutlich, daß diese Steuer in Hanau finanzwirtschaftlich zu keiner Zeit eine nennenswerte Rolle gespielt hat. Ihr Aufkommen war unbedeutend und stand in keinem Verhältnis zu den Kosten ihrer Erhebung. Sie war das, was man in der Finanzwissenschaft als "Bagatellsteuer" bezeichnet. Wenn man nicht ihren überwiegend ordnungspolitischen Charakter bejahen würde, müßte man sich fragen, warum sie nicht bereits früher außer Kraft gesetzt worden ist.

3. Die Verbrauchs- und Aufwandssteuern

In diese nach den Realsteuern wichtigste Gruppe von Steuern, die die Stadt Hanau in den Jahren von 1936 bis 1954 erhob, fallen die Biersteuer, die Getränke- und Speiseeissteuer, die Hunde- und die Vergnügungssteuer. Während die drei zuerst genannten Steuern zu den Verbrauchssteuern zählen, werden die Hunde- und die Vergnügungssteuer den Aufwandssteuern zugerechnet. Man bezeichnet sie auch als die kleinen Gemeindesteuern. In Hanau brachten sie im einzelnen folgende Erträge:

Tabelle 44 Einnahmen der Stadt Hanau aus Verbrauchs- und Aufwandssteuern[a)]

Rechnungsjahr	Biersteuer	Getränkesteuer	Speiseeissteuer	Hundesteuer	Vergnügungssteuer	Summe Verbrauchs- und Aufwandssteuern
1936	125 951	8 858	-	22 409	32 077	189 295
1938	87 275	12 245	-	21 784	39 809	161 113
1941	-	15 255	-	18 608	65 909	99 772
1944	-	9 384	-	18 947	62 328	90 659
1945	-	8 850	-	12 425	23 707	44 982
1946	-	12 556	-	13 969	94 153	120 678
1947	-	12 044	-	22 269	157 332	191 645
1948 RM	-	2 946	-	6 809	38 318	48 073
1948 DM	-	22 295	-	27 063	60 874	110 232
1949	-	42 918	-	50 414	95 056	188 388
1950	-	59 592	-	50 309	147 889	257 790
1951	-	105 662	-	50 754	180 053	336 469
1952	-	131 774	6 773	56 616	198 689	393 852
1953	-	152 052	5 839	65 935	188 010	411 836
1954	-	136 557	4 706	64 220	212 942	418 425

a) Die Werte der Jahre 1936 und 1941 nach dem Soll-Abschluß; alle übrigen Werte sind von Kassenresten bereinigt

a) Die Biersteuer

Anders als bei der Reichsbiersteuer, deren Erhebung an die Biererzeugung anknüpfte und die insoweit eine reine Produktionssteuer war[1]), machte die gemeindliche Biersteuer den Bierkonsum innerhalb des Gemeindebezirks zum Gegenstand der Besteuerung. Die Problematik ihrer Erhebung bestand in der Erfassung des örtlichen Verbrauchs, denn nicht nur die von den lokalen Brauereien hergestellten und zum Verbrauch am Ort bestimmten, sondern auch die "eingeführten" Biere waren der Steuer unterworfen. Insbesondere der zweite Aspekt, d.h. die steuerliche Überwachung der zur Deckung des Bedarfs in das Gemeindegebiet verbrachten Biermengen, hat die gemeindliche Steuerprüfungsbehörde vor schwierige Probleme gestellt.

In Hanau geht die Einführung der Biersteuer auf das Jahr 1930 zurück. Durch die Verordnung des Reichspräsidenten zur Behebung finanzieller, wirtschaftlicher und sozialer Notstände vom 26. Juli 1930[2]) waren die Gemeinden ermächtigt worden, eine Steuer auf den örtlichen Bierkonsum zu erheben. Hanau hatte von dieser Möglichkeit Gebrauch gemacht und die Erhebung der Steuer bis in das Jahr 1938 beibehalten.

Aufkommen aus der Biersteuer der Stadt Hanau

	nach dem Voranschlag in RM	nach der Jahresrechnung in RM
1936	125 000,--	129 951,--
1937	125 000,--	148 132,--
1938	140 000,--	87 275,--
1939	325,--	--

Die Steuersätze wurden nach der Einführung mehrfach geändert. Dies hatte in den Anfangsjahren bis 1933[3]) erhebliche Schwankungen des Aufkommens zur Folge. Zunächst betrug die Steuer 7 vH des Herstellerpreises. Sie wurde aber noch im Einführungsjahr gleich zweimal heraufgesetzt. Die "Reichsnotverordnung vom 19.3.1932" brachte dann eine Senkung des inzwischen verdoppelten Steuersatzes um 40 vH. Für den Einnahmeverlust erhielten die Gemeinden im gleichen Jahr eine einmalige Entschädigung, die im Falle der Stadt Hanau insgesamt 23 738 RM betrug. Von 1934 an kamen in Hanau die nach der "Reichsnotverordnung" zulässigen Höchstsätze von 6 RM pro Hektoliter Vollbier und 9 RM pro Hektoliter Starkbier zur Anwendung. Nach der Realsteuerreform wurde die Steuer außer Kraft gesetzt. Der Voranschlag für 1938 mit 140 000 RM konnte - wie die spätere Rechnungslegung ergab - nur noch zu knapp zwei Dritteln realisiert werden. Bei dem Etatansatz für 1939 handelte es sich um eine Restforderung aus Vorjahren, die später niedergeschlagen wurde.

---

1) Vgl. dazu Reichsbiersteuergesetz vom 9. Juli 1923, RGBl.I, S.557, i.d. Fassung vom 28. März 1931, RGBl.I, S.110

2) RGBl.I, S.311

3) Das Aufkommen der Biersteuer betrug nach der Rechnung von: 1930 = 96 421 RM; 1931 = 180 317 RM; 1932 = 136 888 RM; 1933 = 114 351 RM; 1934 = 123 625 RM; 1935 = 120 251 RM

b) Die Getränke- und Speiseeissteuer

Das Recht auf Einführung einer Getränkesteuer durch die Gemeinden geht auf die zweite Auflage des Erzbergerschen Landessteuergesetzes zurück, d.h. auf § 14 des Reichsfinanzausgleichsgesetzes vom 23. Juni 1923.[1] In den Zeiten häufiger Änderungen des Finanzausgleichs in den Zwanziger Jahren hatte die Getränkesteuer ein wechselvolles Schicksal. Neuerdings wird sie auf der Grundlage von Ortssatzungen erhoben.[2]

Der Steuer unterliegt die entgeltliche Abgabe von Getränken - mit Ausnahme von Bier und Milch - zum Verzehr an Ort und Stelle. Die Stadt Hanau hatte die Getränkesteuer erstmals nach dem erwähnten Finanzausgleichsgesetz von 1923 eingeführt, sie Ende der zwanziger Jahre aber bereits wieder aufgegeben. Wegen der ständig steigenden Fürsorgelasten fand sie dann - zusammen mit der Biersteuer - als sogenannte *Schankstättenverzehrsteuer* erneut Eingang in das Gemeindefinanzsystem. In Hanau wurde sie unter der alten Bezeichnung "Getränkesteuer" 1931 zum zweiten Mal aufgelegt. Die gesetzliche Basis für die Neuauflage war die Reichsverordnung vom 26. Juli 1930[3] zur Behebung finanzieller, wirtschaftlicher und sozialer Notstände. Auf sie stützte sich die Hanauer Getränkesteuerordnung vom 9. Dezember 1930, die bis zum Rechnungsjahr 1951 galt und im Zusammenhang mit der Einführung der Speiseeissteuer neu gefaßt wurde.

Der Mindeststeuersatz der gegenüber der früheren Regelung stark erweiterten Getränkesteuer betrug 5 vH des Kleinhandelspreises. Hanau hatte sich jedoch wegen des hohen Finanzbedarfs von vornherein auf einen Satz von 10 vH festgelegt und ihn auch in den folgenden Jahren unverändert beibehalten. Obwohl es in der Nachkriegszeit heftige Kritik an dieser Steuer aus dem Bereich des Hotel- und Gaststättengewerbes gab, sind Versuche, sie abzuschaffen oder zumindest den Steuersatz zu senken, während des Untersuchungszeitraums gescheitert. Entsprechende Anträge sind sowohl vom Magistrat als auch vom Finanzausschuß mit Hinweisen auf die schwierige finanzielle Lage der Stadt und die Gefahr, daß Landesmittel ausbleiben könnten, wenn die Stadt ihre eigenen Besteuerungsmöglichkeiten nicht voll ausschöpfte, abgewiesen worden.[4] Nicht unerheblich war dabei auch, daß die übrigen kreisfreien Städte Hessens sich ebenfalls auf einen Steuersatz von 10 vH, Frankfurt, Darmstadt und Offenbach sogar auf einen Satz von 15 vH festgelegt hatten (siehe dazu auch Anhang B 15).

Bei einem Blick auf die Tabelle 44 fällt auf, daß das Getränkesteueraufkommen, das wegen der Vernichtung vieler Gaststätten bei den Luftangriffen zunächst stark abgefallen war, nach der Währungsreform erneut zunahm und ab 1951 - bei weiterhin steigender Tendenz - die Grenze von 100 000.- DM sogar deutlich überschritt. Das lag einerseits an der im Vergleich zur Einwohnerzahl überproportional gestiegenen Zahl von Ausschankbetrieben (siehe nachfolgende Übersicht). Zum anderen spielten dabei die höheren Umsätze der Ausschankbetriebe infolge der Konsumfreudigkeit der Bevölkerung nach langen Jahren der

---

1) RGBl.I, S.494; vgl. dazu H.Elsner, Das Gemeindefinanzsystem, Stuttgart 1979, S.149

2) H.Elsner, a.a.O., S.149

3) Vgl. § 3 des II.Abschnitts der Verordnung des Reichspräsidenten zur Behebung finanzieller, wirtschaftlicher und sozialer Notstände vom 26. Juli 1930, RGBl.I, S.311; der Mindeststeuersatz dieser gegenüber früher stark erweiterten Getränkesteuer betrug 5 vH

4) Vgl. dazu Bericht über die 11. öffentliche Sitzung der Stadtverordnetenversammlung am 18. März 1953, abgedruckt im Hanauer Anzeiger vom 19. März 1953, S.4

Entbehrung[1]) eine erhebliche Rolle. Schließlich haben auch die nach 1949 eingetretenen, zum Teil recht kräftigen Preissteigerungen nicht unwesentlich zu dieser Entwicklung beigetragen.

Schankbetriebe und Bevölkerungsentwicklung in der Stadt Hanau von 1944 bis 1950

Ausschank	Anzahl der Betriebe 1944	1947	1950
Gaststätten	74	27	66
Kantinen	13	7	10
Trinkhallen	11	5	39
Cafés	12	4	19
insgesamt	110	43	134
Einwohner	38 140	24 473	30 766
Schankbetriebe je 1000 Einwohner	2,9	1,7	4,3

Eine Ausdehnung des Getränkesteuerrechts auf die entgeltliche Abgabe von Speiseeis brachte in Hessen das Gesetz über die Getränke- und Speiseeissteuer vom 6. Dezember 1951[2]). Die Stadt Hanau hatte diese Steuer durch eine entsprechende Ergänzung der bestehenden Getränkesteuerordnung ab 1952 eingeführt. Ihr Erfolg war indessen äußerst bescheiden, wie die abnehmenden Erträge in der Tabelle 44 (Seite 198) erkennen lassen. Die Speiseeissteuer wurde deshalb 1955 wieder abgeschafft.

c) Die Hundesteuer

Die historische Entwicklung dieser "kleinen" Gemeindesteuer ist ein interessantes Beispiel für die tarifpolitische Ausgestaltung von Abgaben, bei denen zu ursprünglich rein fiskalischen Zielsetzungen im Laufe der Zeit ordnungspolitische Gesichtspunkte hinzugekommen sind. Ein kurzer Rückblick sei deshalb hier gestattet.

Die erste Hundesteuerordnung der Stadt Hanau fiel in das Jahr 1868. Sie kannte nur einen Einheitssatz von jährlich 6 Mark je Hund, der der Deckung des Finanzbedarfs ("zu Gunsten der Stadtkasse") zu dienen bestimmt war. 1895 beschlossen die städti-

1) Im Monatsbericht der Bank Deutscher Länder vom September 1953 wurde in der Untersuchung "Einkommen und Verbrauch im 1.Halbjahr 1953" vermerkt, daß vor allem die Ausgabenquote für Güter des "gehobenen Bedarfs", zu denen unter den Genußmitteln z.B. auch Getränke gehörten, erheblich größer geworden war. (Vgl. dazu W.Fischer, a.a.O., S.108)

2) GVBl., S.127

schen Körperschaften die Erhöhung der Steuer und gleichzeitig die Einführung eines Staffeltarifs, nach dem für den ersten Hund 15 Mark und für jeden weiteren Hund 25 Mark zu entrichten waren. Auf Vorschriften über die Befreiung von der Hundesteuer, wie sie der Bezirksausschuß, der die neue Steuerordnung prinzipiell genehmigt hatte, vorschlug, glaubten die städtischen Körperschaften indessen aus fiskalischen Überlegungen nicht eingehen zu können.[1] Mit der Hundesteuerordnung vom 3. April 1928 schließlich wurden der Staffeltarif auf drei Gruppen ausgedehnt und die Steuersätze drastisch erhöht (50 RM für den ersten, 75 RM für den zweiten und 100 RM für jeden weiteren Hund). In den Beratungen der Steuervorlage hatte man dabei erstmals und ausdrücklich auf "die überhandnehmende Hundehaltung", der es zu begegnen gelte, hingewiesen[2]. Ganz offensichtlich sollte die Einführung der dritten Steuerstufe in erster Linie dem Zweck dienen, die Hundehaltung einzudämmen.

Tabelle 45 Hundesteueraufkommen und Hundehaltung in der Stadt Hanau nach 1945

Rechnungsjahr	Steueraufkommen RM/DM	Steuerpflichtige Hunde	1 Hund je ... Einwohner
1945	12 425	261	79
1946	13 969	496	44
1947	22 269	821	29
1948 RM	6 809)		
1948 DM	27 063)	947	28
1949	50 414	945	30
1950	50 309	1 017	30
1951	50 754	1 151	30
1952	56 616	1 328	27
1953	65 935	1 406	27
1954	64 220	1 388	29

Die neueren Fassungen der Hundesteuerordnung der Stadt Hanau haben die Dreiteilung des Tarifs beibehalten. Während die Steuersätze im Jahre 1939 gesenkt wurden, was sich im Rückgang der Ergebnisse von 1941 und 1944 niederschlug, zogen sie nach dem Kriege wieder an. Nach der Steuerordnung vom 27. Dezember 1948, die am 1. Januar 1949 in Kraft trat, betrug der Satz für den ersten Hund 60 DM, für den zweiten 80 DM und für den dritten und jeden weiteren Hund 100 DM. Im Vergleich mit anderen hessischen Städten gehörte Hanau zu denen mit den höchsten Steuersätzen (siehe hierzu die Städtevergleichsstatistik im Anhang B 16). Das Hundesteueraufkommen erhöhte sich daraufhin beträchtlich, wie die obige Tabelle erkennen läßt. Eine prohibitive Wirkung hatte die Erhöhung der Steuer allerdings nicht, denn die Zunahme der Zahl der Hunde verlief -

1) Vgl. F.Halbleib, Die Finanzwirtschaft der Stadt Hanau von 1838-1910, Diss. Freiburg 1917, S.100

2) Den Ausnahmecharakter der Hundesteuer aus jener Sicht hatte u.a. schon das Preußische Kommunalabgabengesetz (§2) umschrieben, wenn es die Einführung "auch ohne besonderen Steuerbedarf" der Gemeinden zuließ

wenn man von den durch außergewöhnliche Umstände gekennzeichneten Jahren 1945 und 1946 einmal absieht - direkt proportional mit dem Bevölkerungswachstum. Im Durchschnitt der Jahre von 1947 bis 1954 kam ein Hund auf 29 Einwohner.

Auch die Hundesteuer stand mehrfach im Kreuzfeuer öffentlicher Kritik. Weil ein Teil der Hundebesitzer den wirtschaftlich schwächeren Bevölkerungskreisen angehöre, sei die ohnehin zu hohe Abgabe besonders unsozial und ungerecht, so wurde argumentiert. Sie sei "eine Bestrafung des Bürgers für seine Tierliebe".[1] Diese und ähnliche Urteile mögen wohl dafür ausschlaggebend gewesen sein, daß die Neufassung der Hundesteuerordnung im Jahre 1954 den Katalog der Ermäßigungs- und Erlaßmöglichkeiten erweitert und Härtefälle der alten Ordnung beseitigt hat.

d) Die Vergnügungssteuer

Die alte Lustbarkeitssteuer, die stark vom französischen Recht her beeinflußt war, hatte ihre Anfänge bereits im 18.Jahrhundert.[2] Zu ihrer Erhebung wurden die Gemeinden durch das vom Reich erlassene Landessteuergesetz vom 30.März 1920[3] verpflichtet. Mit dem Inkrafttreten des Grundgesetzes haben die reichsrechtlichen Regelungen zunächst als Landesrecht weiterbestanden und sind allmählich durch Landesgesetze abgelöst worden. Von den landesrechtlichen Vorschriften über die Vergnügungssteuer durften die Gemeinden indessen nur abweichen, wo das Gesetz dies ausdrücklich vorsah. Ihr Satzungsrecht war also insoweit eingeschränkt.

Die Vergnügungssteuerordnung der Stadt Hanau vom 1. August 1935, die bis in das vorletzte Jahr des Untersuchungszeitraums Grundlage der Erhebung war und dann durch die Steuerordnung vom 8. Februar 1954 ersetzt wurde, unterschied im wesentlichen vier Arten von Veranstaltungen, für die folgende Steuersätze galten:

	Steuersatz
1. Theatervorstellungen, Konzerte und sonstige Veranstaltungen, bei denen ausschließlich ein höheres wissenschaftliches oder kulturelles Interesse gegeben ist	10 vH
2. Tanzbelustigungen, Kabaretts, Bunte Abende, Lotterien und Auslosungen	25 vH
3. Karnevalistische Veranstaltungen	35 vH
4. Kinovorführungen	20 vH.

1) So die Stellungnahme des Polizei- und Schutzhundevereins (siehe Hanauer Anzeiger Nr.130 vom 8. Juni 1951, S.3)
2) Vgl. J.Schiefer, a.a.O., S.335
3) RGBl.I, S.402

Die Steuerbeträge wurden jeweils vom vereinnahmten Entgelt berechnet und unmittelbar nach der Ausgabe der Eintrittskarten fällig. Eine Ausnahme bildete lediglich die "Kinosteuer", die aus Gründen einer vereinfachten Abrechnung nur einmal im Monat erhoben wurde.

Neben der Erhebungsform der Kartensteuer gab es eine zweite, die als Pauschsteuer bezeichnet wurde. Sie war nach den Roheinnahmen gestaffelt und gelangte zur Anwendung, wenn Veranstaltungen ohne Eintrittskarten zugänglich waren und die Erhebung der Kartensteuer nicht hinreichend überwacht werden konnte, oder wenn die Pauschsteuer zu einem höheren Ergebnis führte als die Kartensteuer.

Die neue Steuerordnung von 1954 erweiterte nicht nur den Katalog der steuerpflichtigen Veranstaltungen, sie brachte auch die Senkung einiger Steuersätze sowie eine stärkere Differenzierung der Steuerermäßigungen für bestimmte Veranstaltungen.[1)]

Die Vergnügungssteuer war - wie die Getränkesteuer - seit ihrer Einführung ein stabiles Element der städtischen Finanzwirtschaft. Betrachtet man die Gesamtentwicklung während des Untersuchungszeitraums, so lassen sich drei Abschnitte unterscheiden, die jeweils von ansteigenden Trends gekennzeichnet waren. Von 1936 bis 1944 hatte sich das Aufkommen etwa verdoppelt. Zwar waren die steuerpflichtigen Tanz-, Karnevals- und ähnliche Veranstaltungen mit der Fortdauer des Krieges immer mehr zurückgegangen und schließlich - nach deren Untersagung[2)] - auf null gesunken, die Zahl der Kinovorstellungen stieg dafür um so deutlicher an. Filmvorführungen waren praktisch das einzige Vergnügen, das den Bürgern am Ende des Krieges noch geblieben war. So beruhte das Steueraufkommen des Jahres 1944 auch alleine auf dem Ergebnis der "Kinosteuer". Dem Rückgang nach 1945, bedingt durch die Dezimierung der Bevölkerung sowie den Verlust an Vergnügungslokalen und Lichtspielhäusern in der verwüsteten Stadt, folgte ein rascher und steiler Anstieg bis zur Währungsreform. Die wiedergewonnene Freiheit und das Bewußtsein, den Schrecken des Krieges entronnen zu sein, weckten lange entbehrte Bedürfnisse nach Geselligkeit und führten zu neuer Lebensfreude unter den Bürgern, die in einer steigenden Zahl von Veranstaltungen zum Ausdruck kam. Das Aufkommen der Vergnügungssteuer erwies sich hier gleichsam als ein Gradmesser der Revitalisierung der Stadt. Die dritte Periode begann praktisch mit der Währungsumstellung. Der DM-Abschnitt 1948 brachte zwar zunächst einen Rückgang des Aufkommens, doch zeigen die Ergebnisse der folgenden Jahre, daß dieser Einschnitt sehr bald überwunden wurde. Der Aufwärtstrend setzte sich weiter fort und hielt auch am Ende des Untersuchungszeitraums an. Das hing nicht zuletzt damit zusammen, daß die der Vergnügungssteuer unterliegenden Ausgaben der Bevölkerung, die dem "gehobenen Konsum" zuzurechnen sind, mit der Besserung der Lebenshaltung gegenüber den Ausgaben für Ernährung, Kleidung und Wohnung relativ zugenommen hatten.[3)]

---

1) Ermäßigte Steuersätze galten beispielsweise für künstlerisch hochstehende Veranstaltungen, wenn sie außerdem bestimmte Bedingungen erfüllten, für Zirkusveranstaltungen sowie für einige Sportveranstaltungen. Die letzteren waren 1950 zunächst generell aus der Vergnügungssteuerpflicht herausgenommen (Vgl. Hanauer Anzeiger 7.11.1950), 1954 aber wieder in den Katalog der steuerpflichtigen Veranstaltungen aufgenommen worden. Der Steuersatz für Kulturfilme wurde 1954 um die Hälfte herabgesetzt

2) Mit dem Eintritt in den "totalen Krieg" waren öffentliche Tanz- und Karnevalsveranstaltungen verboten worden

3) Vgl. dazu W.Fischer, a.a.O., S.51

Der hohe Anteil der "Kinosteuer" am Gesamtaufkommen der Vergnügungssteuer ist besonders auffallend. Er lag nur in den Jahren 1946 bis 1948 unter 80 vH, sonst immer darüber, wie die folgende Übersicht zeigt:

Tabelle 46 Vergnügungssteuer- und Kinosteueraufkommen der Stadt Hanau 1944 bis 1951 in RM/DM

Rechnungsjahr	Aufkommen an Vergnügungssteuer	davon für Kinoveranstaltungen absolut	vH
1944	62 328	62 328	100
1945	23 707	22 356	94,3
1946	94 153	58 582	62,2
1947	157 332	84 887	54,0
1948 RM	38 318	21 772	56,8
1948 DM	60 874	41 611	68,3
1949	95 956	82 950	87,2
1950	147 889	126 162	85,3
1951	185 943[a)]	158 029	84,9

a) Soll-Wert einschließlich der Kasseneinnahmereste

Die Verdoppelung der Ergebnisse im Jahre 1949 und der weitere Anstieg danach waren die Folge der Ausweitung der Veranstaltungskapazität durch die Neueröffnung zweier Kinotheater. Hanau besaß damit wieder - wie in der Vorkriegszeit - vier Lichtspielhäuser, die insgesamt jedoch über erheblich mehr Sitzplätze verfügten als vor der Zerstörung der Stadt (siehe dazu die Statistik der Hanauer Kinotheater im Anhang A 24).

4. Die Kaufkraftentwicklung der Steuereinnahmen

Die bisherige Untersuchung hat gezeigt, daß die meisten Steuerquellen der Stadt Hanau, vor allem die Gewerbesteuer, nach 1948 wesentlich höhere Erträge brachten als im Vergleichsjahr 1938. Diese Feststellung gründet sich jedoch nur auf die Verlaufsbeobachtung der absoluten nominalen Ertragsziffern. In Zeiten stetig steigender Löhne und Preise reicht bei Vergleichen, die sich über mehrere Jahre erstrecken, die alleinige Wiedergabe der nominalen Steuererträge jedoch nicht aus. Eine gewissenhafte Untersuchung muß deshalb - wie das bei einzelnen Ausgabearten an anderer Stelle bereits geschehen ist - die Schwankungen der Kaufkraft berücksichtigen.

Um eine Vorstellung von der tatsächlichen Wertentwicklung zu gewinnen, waren die jeweiligen Steuererträge auf das Lohn- und Preisniveau des Vergleichsjahres 1938 umzurechnen. Dazu mußte aus verschiedenen Preisindizes ein Generalindex entwickelt werden, der einerseits die Vielschichtigkeit der Ausgaben städtischer Haushalte weitgehend abdeckt, andererseits die spezifische Ausgabenstruktur der Stadt Hanau berücksichtigt. Methodisch wegweisend dafür war die Arbeit von Gunzert[1]), der bereits 1952 für die Stadt Frankfurt ähnliche Untersuchungen angestellt hat, und eine Denkschrift des Deutschen Städtetages zur Frage der Auswirkung der Kaufkraftentwicklung auf die kommunalen Haushalte.[2])

Die vier großen gemeindlichen Ausgabengruppen, die von Marktpreisentwicklungen stark beeinflußt werden und im Falle der Stadt Hanau rund 78 vH der Gesamtausgaben[3]) ausmachten, sind: die Löhne und Gehälter, die Fürsorgeaufwendungen, der breite Fächer der sächlichen Kosten und die Bauausgaben, denen in der Phase des Wiederaufbaus ein besonderer Stellenwert zukam. Darüber hinausgehende Ausgaben, von denen zumindest ein Teil ohnehin konjunkturunempfindlich ist, konnten bei dieser Modellrechnung vernachlässigt werden. Die Fürsorgeausgaben folgen weitgehend den Lebenshaltungskosten der unteren Verbrauchergruppen. Die stark divergierende Gruppe der Sachausgaben kann an den Erzeugerpreisen industrieller Produkte gemessen werden, und für die Bauausgaben gilt die Preisentwicklung im Wohnungsbau als repräsentativ.[4]) Für diese drei Ausgabenbereiche stehen amtliche Indexreihen des Statistischen Bundesamtes auf der Basis von 1938 zur Verfügung. Als besonderes Problem erwies sich die Einbeziehung der städtischen Löhne und Gehälter in die Rechnung, da hierfür ein spezifischer Personalkostenindex der kommunalen Haushalte, der die sehr unterschiedliche Entwicklung der Bezüge von Beamten, Angestellten und Arbeitern berücksichtigt, nicht vorlag. Die amtlichen Indizes der Bruttostunden- und Bruttowochenverdienste waren dazu nicht geeignet. Die Lösung brachte ein Rückgriff auf Berechnungen des Deutschen Städtetages. Die dort auf der Basis von 1938 ermittelte Indexreihe der gemeindlichen Personalkosten 1949-1952 wurde zu diesem Zweck für die Jahre 1953 und 1954 fortgeschrieben.

---

1) R.Gunzert, Sinkender Ertrag der Gemeindesteuern, Manuskript, Frankfurt 1952

2) Deutscher Städtetag, Rückkehr zur verbundenen Steuerwirtschaft, Denkschrift, Köln 1953

3) Unter den Gesamtausgaben sind hier die Ausgaben des Ordentlichen und des Außerordentlichen Haushalts zusammen zu verstehen

4) Vgl. Denkschrift des Deutschen Städtetages, a.a.O., S.7

Zur Berechnung des Generalindexes wurden im einzelnen die folgenden Indexreihen herangezogen:

Jahr	Index der Personalkosten[1]	Preisindex für den Wohnungsbau[2]	Index der Erzeugerpreise industrieller Produkte[3]	Index der Lebenshaltungskosten[4]
1938	100	100	100	100
1949	131,4	193	191	166
1950	136,7	184	186	156
1951	151,6	213	221	168
1952	171,1	227	226	171
1953	183,4	220	220	168
1954	194,7	221	217	169

Die Berücksichtigung der besonderen Hanauer Verhältnisse erfolgte durch eine spezifische Gewichtung der Reihen. Sie ergab sich aus den vH-Anteilen der einzelnen Ausgabengruppen an den Gesamtausgaben[5] der Stadt Hanau nach Durchschnitten der Jahre 1949 bis 1954 und betrug:

für die Personalausgaben	36,5
für die Bauausgaben	21,9
für die übrigen sächlichen Ausgaben	35,0
für die Fürsorgeausgaben	6,6.

Der aufgrund dieser Gewichtung zustande gekommene Generalindex der marktpreisabhängigen Ausgaben der Stadt Hanau auf der Basis 1938 = 100 hatte folgendes Aussehen:

1949	168,03
1950	165,58
1951	190,42
1952	202,55
1953	203,21
1954	206,57.

Die Umrechnung der nominalen Steuererträge mit dieser Indexreihe zur Ausschaltung des veränderten Geldwertes erlaubt wichtige Erkenntnisse. Wie die folgende Gegenüberstellung der Meßziffern des absoluten und des preisberichtigten Steueraufkommens zeigt,

1) Nach Ermittlungen des Deutschen Städtetages, a.a.O., S. 25; der Index wurde auf die Hanauer Belange umgerechnet, wobei die Indizes für die Gehälter und Vergütungen der Beamten und Angestellten mit 71,2 vH, für die Arbeiterlöhne mit 28,8 vH (jeweils errechnet aus dem Anteil der entsprechenden Ausgaben an den Personalgesamtausgaben der Stadt Hanau im Durchschnitt der Jahre 1949-1954) zu einem Gesamtindex der Personalkosten addiert wurden

2) Statistisches Jahrbuch für die Bundesrepublik Deutschland 1955, S.459

3) Statistisches Jahrbuch für die Bundesrepublik Deutschland 1955, S.434

4) Statistisches Jahrbuch für die Bundesrepublik Deutschland 1955, S.461

5) Unter den Gesamtausgaben sind hier wiederum die Ausgaben des Ordentlichen und des Außerordentlichen Haushalts zusammen zu verstehen; die zur Gewichtung herangezogenen Ausgaben decken 77,8 v.H. dieser Gesamtausgaben

brachten die Steuereinnahmen der Stadt Hanau insgesamt bis einschließlich 1952 real erheblich geringere Erträge als vor dem Kriege und dies, obwohl sie nominal bereits 1949 deutlich höher waren als 1938 und in den Folgejahren weiterhin kräftig anstiegen. Erst 1953 erreichte das Steueraufkommen kaufkraftmäßig in etwa wieder den Stand von 1938 (siehe dazu auch die Graphik 06 auf Seite 209).

Steueraufkommen der Stadt Hanau nominal auf der Basis 1938=100

Jahr	Grundsteuer	Gewerbe-steuer	Summe Realsteuern	Übrige Steuern	Steuer-aufkommen insgesamt
1938	100	100	100	100	100
1949	50,5	164,2	114,6	30,6	102,7
1950	55,2	144,2	105,4	40,0	96,3
1951	57,6	225,0	152,0	52,7	137,9
1952	61,8	289,2	190,1	59,6	171,6
1953	73,2	349,0	228,7	72,0	206,5
1954	63,1	355,6	228,1	70,3	205,7

Steueraufkommen der Stadt Hanau in Kaufkraft von 1938

Jahr	Grundsteuer	Gewerbe-steuer	Summe Realsteuern	Übrige Steuern	Steuer-aufkommen insgesamt
1938	100	100	100	100	100
1949	30,1	97,7	68,2	18,2	61,6
1950	33,3	87,1	63,7	24,2	58,7
1951	30,2	118,2	79,8	27,7	73,1
1952	30,5	142,8	93,8	29,4	85,4
1953	36,0	171,8	112,6	35,4	102,5
1954	30,6	172,2	110,4	34,1	100,4

Bei den Realsteuern fällt die unterschiedliche Entwicklung besonders ins Auge. Während die Grundsteuer nach hohen Verlusten durch die Kriegsschäden 1949 nominal etwa auf die Hälfte des Vorkriegsstandes zurückgefallen war und - preisberichtigt - in den Folgejahren ohne erkennbare Zuwachsraten kaum mehr als ein Drittel des Vorkriegsertrages brachte, hat die Gewerbesteuer eine Entwicklung genommen, die es rechtfertigt, von einem "Boom" zu sprechen. Ihr verdankte die Stadt in erster Linie die hohe Steuerkraft, die in den Nachkriegsjahren so entscheidend war für die Ankurbelung des Wiederaufbaus. Im Verlauf der untersuchten sechs Jahre ist sie absolut auf das Dreieinhalbfache des letzten Friedensaufkommens angewachsen. Wie die Meßziffern belegen, war sie die einzige städtische Steuer überhaupt, die - auch preisberichtigt - den Vorkriegsertrag überschritt, und zwar schon ab 1951 mit steigender Tendenz. Die Regressionen der Jahre 1950 und 1954 in den Zahlenreihen hängen eng mit der Veranlagungstechnik bei den Realsteuern zusammen, auf die an anderer Stelle bereits hingewiesen wurde (siehe Seite 187). Sie waren überwiegend eine Folge des Auseinanderklaffens von Vorauszahlungen und Abschlußzahlungen nach der Veranlagung, die Teile des Steuerertrages häufig in das nächste oder gar übernächste Rechnungsjahr verschoben. Es kann nicht übersehen werden, daß die Kurven der Entwicklung der Realsteuern insgesamt flacher verlaufen würden, wenn das Bild nicht durch die zum Teil erheblichen Nachzahlungen beeinflußt wäre.

Steueraufkommen
in Kaufkraft von 1938
(1938 = 100)

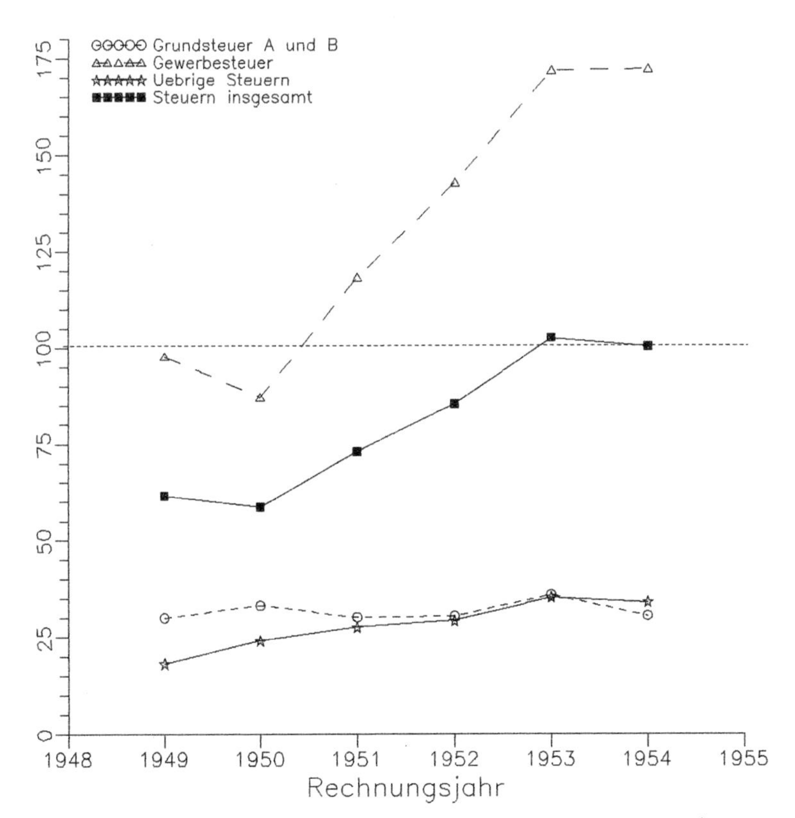

Graphik 06 Steueraufkommen der Stadt Hanau an Realsteuern (einschliesslich Lohnsummensteuer, ohne Gewerbesteuerausgleich) und sonstigen Steuern (Vermoegens-, Vermoegensverkehrs-, Verbrauchs- und Aufwandssteuern), umgerechnet auf der Preisbasis von 1938

B. Zuweisungen

Der finanzstatistische Kennziffernplan unterscheidet bei den Zuweisungen zwei Kategorien:

1. Zuweisungen von Gebietskörperschaften und
2. andere Zuweisungen.

Die erste Gruppe umfaßt neben den Zuweisungen von Bund und Land, die häufig auch als Staatszuweisungen bezeichnet werden, solche von übergeordneten und nachgeordneten Gemeindeverbänden sowie von sonstigen Gemeinden und Gemeindeverbänden.

Bei der zweiten Gruppe handelt es sich in der Regel um Zuweisungen von Zweckverbänden und sonstigen Körperschaften.

Die Einnahmen der Stadt Hanau, die während des gesamten Untersuchungszeitraums diesen Kategorien zuzurechnen waren, sind in der Tabelle 47 auf der folgenden Seite zusammengestellt.

Die nachgewiesenen Zuweisungsbeträge resultieren aus vielgestaltigen, öffentlich-rechtlichen Beziehungen der Stadt zu anderen Gebietskörperschaften und gehören in den Problemkreis des Finanz- und Lastenausgleichs, der seit der Erzbergerschen Finanzreform nach dem Ersten Weltkrieg zu einem zentralen Thema der öffentlichen Finanzwirtschaft geworden ist. Die in diesem Zusammenhang entstandenen, grundlegenden Arbeiten von Popitz[1]), der mit seiner Konzeption der Zeit weit voraus war, bilden noch heute - cum grano salis - das Fundament des kommunalen Finanzausgleichs. Sein Ziel ist die bedarfsgerechte Finanzausstattung der Gemeinden unter Berücksichtigung der ihnen zugeordneten Aufgaben und ihrer eigenen Steuerkraft. Der kommunale Finanzausgleich erfüllt damit zugleich mehrere Funktionen[2]):

a) eine fiskalische, indem er die zur Durchführung der Aufgaben nicht ausreichende gemeindliche Finanzmasse aufstockt und quantitativ verstärkt,

b) eine redistributive, indem er die hohen Steuerkraftunterschiede zwischen einzelnen Gemeinden abbaut und einander angleicht,

c) eine allokative und raumordnungspolitische, mit der über den finanziellen Regelbedarf hinaus der Mehrbedarf ausgeglichen werden soll, der einzelnen Kommunen durch ihr Engagement in überörtlichen Infrastruktureinrichtungen entsteht und anderweitig, zum Beispiel durch Entgelte, nicht gedeckt werden kann.

---

1) J.Popitz, Finanzausgleich, i.Handwörterbuch der Staatswissenschaften, 4.Auflage, Band 3, Seite 1016ff, ferner: Der Finanzausgleich, i.Handbuch der Finanzwissenschaft, 1.Auflage, Band 2, Tübingen 1926, S.338ff, sowie: Der künftige Finanzausgleich zwischen Reich, Ländern und Gemeinden, Gutachten, Berlin 1932

2) Vgl. dazu A.Katz, Der kommunale Finanzausgleich, i. Handbuch der kommunalen Wissenschaft und Praxis, Band 6, 2.Auflage, Berlin u.a. 1985, S.307f; ferner R.Musgrave/P.Musgrave/L.Kullmer, Die öfffentlichen Finanzen in Theorie und Praxis 1, Tübingen 1978, S.4ff

In der finanzwissenschaftlichen Literatur werden über diese drei Hauptzielsetzungen hinaus noch weitere Funktionen genannt[1]), von denen hier nur die wichtigste, die Autonomiefunktion, d.h."die Erhaltung und Stärkung der kommunalen Selbstverwaltung als eine ständige verfassungsrechtliche Aufgabe"[2]), erwähnt werden soll.

Tabelle 47 Ist-Aufkommen aus Zuweisungen an die Stadt Hanau 1936-1954

Rechnungsjahr	Zuweisungen von Gebietskörperschaften				andere Zuweisungen		
	von Bund/Reich und Land	von übergeordneten Gemeindeverbänden	von sonstigen Gemeinden und Gemeindeverbänden	Summe Zuweisungen von Gebietskörperschaften	von Zweckverbänden	von sonstigen Körperschaften	Summe andere Zuweisungen
1936	1 611 384	16 498	60 026	1 687 908	-	47 915	47 915
1938	333 337	23 668	23 668	380 673	12 552	50 892	63 444
1941	2 543 849	19 728	10 188	2 573 765	22 677	37 858	60 535
1944	3 377 485	49 935	18 512	3 445 932	32 980	-	32 980
1945	1 996 884	11 080	524	2 008 488	2 500	145 265	147 765
1946	4 061 830	26 064	283 983 a)	4 371 877	1 500	67 950	69 450
1947	6 204 795	27 215	841	6 232 851	1 500	2 529	4 029
1948 RM	845 407	5 642	1 480	852 529	-	7 110	7 110
1948 DM	3 221 409	37 577	5 443	3 264 429	1 500	-	1 500
1949	2 779 655	32 169	11 344	2 823 168	1 500	740	2 240
1950	1 723 780	61 333	19 032	1 804 145	1 500	1 243	2 743
1951	1 530 408	58 955	92 394	1 681 757	6 932	13 172	20 104
1952	1 868 403	45 703	95 136	2 009 242	7 532	6 177	13 709
1953	1 117 091	93 659	100 699	1 311 449	7 287	2 599	9 886
1954	869 739	125 530	152 875	1 148 144	7 496	17 777	25 273

a) darin Zuweisung des Landkreises Hanau in Höhe von 250 000 RM für den Wiederaufbau des Stadtkrankenhauses

1. Die Zuweisungen von Bund/Reich und Land

a) Allgemeine Finanzzuweisungen

Allgemeine Finanzzuweisungen sind Finanzmittel, die den Gemeinden ohne Zweckbindung überlassen werden und die der Verstärkung und Ergänzung ihrer allgemeinen Deckungsmittel dienen. Ihr Primärzweck ist auf den Finanzkraftausgleich gerichtet. Sie werden unterschieden nach der Art der Zuteilungstechnik (Schlüssel- und Bedarfszuweisungen, mit Einschränkungen auch Globalzuweisungen), nach der Steuerquelle, aus der sie gespeist werden (Bürgersteuerausgleich, Körperschaftssteuer-Rücküberweisungen) oder nach dem Entschädigungsgrund (Grund- und Gewerbesteuerausfallbeträge).

---

1) Vgl. Katz, a.a.O., S.308

2) Katz, a.a.O. S.308

Bis zum Inkrafttreten der Realsteuerreform bestanden die allgemeinen Finanzzuweisungen überwiegend aus den Reichssteuerüberweisungen, d.h. aus den gemeindlichen Anteilen an der Einkommens-, Körperschafts- und Umsatzsteuer. Hinzu kamen die Rücküberweisungen der Körperschaftssteuer der städtischen Versorgungsbetriebe sowie Entschädigungen zum Ausgleich der den Kommunen auferlegten Senkung der Realsteuern. Der 1936 für Hanau ausgewiesene Posten von 1 065 678 RM enthält außer den oben genannten Reichssteuerüberweisungen eine Notstandsbeihilfe von 404 000 RM, über die die Stadt frei verfügen konnte. Sie war an keine besondere Verwendungsauflage gebunden und resultierte aus den Bemühungen des Magistrats um Finanzierungsbeihilfen des Reiches zum Abbau der hohen Arbeitslosenzahl im Gebiet der Stadt Hanau. Mit Notstandsarbeiten im Rahmen der dringend notwendig gewordenen Kinzigregulierung zur Verhütung von Hochwasserschäden, die sich über mehrere Jahre erstreckten, hatte die Stadtverwaltung dieses Problem zu lösen versucht.

Tabelle 48 — Allgemeine Finanzzuweisungen der Stadt Hanau 1936-1954

Rechnungsjahr	Reichssteuerüberweisungen und andere	Schlüsselzuweisungen	Bedarfszuweisungen aus dem Ausgleichsstock	Bedarfszuweisungen aus dem Sonderfonds [Aufbaustock]	Bürgersteuerausgleich	Entschädigungen für		Körperschaftssteuerrücküberweisung	Gesamtbetrag
						Grundsteuerausfall	Gewerbesteuerausfall		
1936	1 065 678[a]	-	-	-	-	(80 221)[i]		205 920	1 351 819
1938	-	-	-	-	-	-	-	49 541	49 541
1941	-	-	-	-	-	-	-	-	-
1944	-	-	-	-	599 926	-	-	-	599 926
1945	-	-	-	-	100 495	1 409 150	-	-	1 509 645
1946	-	-	-	841 736	703 470	1 047 330	817 630	-	3 410 166
1947	-	312 259[b]	1 100 000[f]	2 499 131	602 972	800 000	-	-	5 314 362
1948 RM	-	76 314[b]	-	400 000	150 741	152 066	-	-	779 121
1948 DM	-	288 774[b]	1 035 524[g]	510 000	301 485	556 535	-	26 116	2 718 434
1949	-	859 248[c]	-	-	376 855	589 901	-	205 000	2 031 004
1950	-	70 880	-	-	301 477	565 421	-	190 000	1 127 778
1951	-	419 106	-	-	-	435 273	-	173	854 552
1952	-	413 219	14 615[h]	-	-	175 000	-	65 808	668 642
1953	-	79 197[d]	-	-	-	175 000	-	-	254 197
1954	-	82 052[e]	-	-	-	94 000	-	-	176 052

a) Darin 404 000 RM Notstandsbeihilfe; die Aufschlüsselung der gesamten Staatszuweisungen für 1936 (einschließlich der Zweckzuweisungen) findet sich im Anhang A 25

b) Finanzzuweisungen nach der Einwohnerzahl anstelle von Schlüsselzuweisungen

c) Darin 96 258 DM Kopfzuweisungen und 762 990 DM Zuweisungen nach Schlüssel

d) nach Abzug von 8 863 DM Kasseneinnahmeresten

e) nach Abzug von 11 428 DM Kasseneinnahmeresten

f) Darin Zahlung von 500 000 RM aus dem Ausgleichsstock 1946

g) DM-Erstausstattung

h) Nachzahlung zur DM-Erstausstattung (1948)

i) Aufgrund der Reichsnotverordnung vom 1. Dezember 1930 wurden die Gewerbesteuer um 20 vH und die Grundvermögenssteuer um 10 vH gesenkt. Der Steuerausfall wurde von den Ländern aus Hauszinssteuermitteln zum Teil ersetzt

a1) Die Schlüsselzuweisungen

Bei den Schlüsselzuweisungen handelt es sich um Dotationen, die - wie der Name sagt - nach bestimmten Schlüsseln verteilt werden. Dabei wird meist ein entweder nur nach der Einwohnerzahl oder zusammen mit fiktiven oder tatsächlichen Normgrößen errechneter "Finanzbedarf" zugrunde gelegt und der eigenen Steuerkraft der Gemeinde gegenübergestellt. Der so ermittelte Unterschied zwischen Finanzbedarf und Deckungsmitteln bildet dann die Basis für die Finanzzuweisung.

Das Problem der "gerechten" Verteilung der in den Haushalten der zuweisenden Gebietskörperschaften für diese Zwecke vorgesehenen Finanzmasse war häufig Gegenstand wissenschaftlicher Untersuchungen und ist in der Praxis sehr unterschiedlich gelöst worden[1]. Die in den ersten Nachkriegsjahren angewandten Verteilungsmaßstäbe gingen von bestimmten, vorwiegend vergleichbaren Merkmalen aus. Dazu gehörten u.a. die Bevölkerung und ihre soziologische Gliederung sowie die Kriegszerstörungen, die an besonderen Hilfswerten gemessen wurden. Auf der Steuerkraftseite knüpfte man an die Steuererträge an und ermittelte durch prozentuale Aufgliederung entsprechende Meßzahlen. Je nach der Kombination der Merkmale sprach man von einfachen oder veredelten Schlüsseln. So standen neben äußerlich groben Methoden, zum Beispiel der kopfquotenmäßigen Zuteilung, wie sie anfänglich in Bayern und Baden-Württemberg praktiziert wurde[2], andere, wesentlich verfeinerte Systeme, die mehr einen "objektivierten Bedarf" zum Ausgangspunkt nahmen.

Kennzeichnend für die Entwicklung nach 1945 und damit gleichzeitig Ausdruck für den dynamischen Charakter des Finanzausgleichs war die Tatsache, daß die Verteilungsschlüssel in den einzelnen Ländern der Bundesrepublik häufig geändert wurden. Durch das Hinzukommen neuer Aufgaben und den sich daraus ergebenden neuen Belastungen - man denke hier beispielsweise an die Probleme der "Flüchtlingsaufnahmegemeinden" - mußten bestehende Schlüssel stärker differenziert oder, soweit dies nicht zweckmäßig erschien, völlig neue entwickelt werden. Auch das Land Hessen hat den Verteilungsschlüssel mehrfach grundlegend geändert und neue Kriterien bei der Berechnung eingeführt. Nach der Art der in Hessen zur Anwendung gekommenen Methoden kann man den Untersuchungszeitraum in drei Perioden einteilen:

1. 1944 - 1946

   Verteilungsgrundlage war hier das Schlüsselsystem der Reichsfinanzausgleichsverordnung vom 30.10.1944[3], das, auf Popitzschen Gedanken aufbauend, die Zuweisungen durch Gegenüberstellung von sogenannten Bedarfs- und Steuerkraftmeßzahlen ermittelte.

---

1) Vgl. dazu Braess, Der kommunale Finanzausgleich in den westdeutschen Ländern, in "Der Städtetag", 4.Jahrgang, Heft 2, Februar 1951, S.41. Eine vergleichende Übersicht über im Ausland angewandte Verteilungsschlüssel gibt die Arbeit von H.Abegg, Verteilungsschlüssel bei Subventionen und Anteilen, Bern 1948

2) Zu den mehr oder weniger veredelten Kopfquotenschlüsseln siehe Braess, a.a.O

3) RGBl.I, S.282ff

2. 1947/1948

Das "System 1944", das den vor allem durch die Zerstörungen wesentlich veränderten Nachkriegsverhältnissen nicht gerecht zu werden vermochte, wurde 1947 durch Kopfzuweisungen ersetzt. Damit war zunächst nur erreicht, daß die infolge des Rückgangs der eigenen Steuerkraft erheblich mehr belasteten Städte, die nach der Verordnung von 1944 zum Teil überhaupt keine Zuweisungen erhielten, nun ebenfalls in den Genuß von Mitteln aus der Schlüsselmasse kamen.

3. ab 1949

Die grundlegende Neuordnung von 1949, die in Anlehnung an das von Popitz entwickelte Verfahren verwirklicht wurde, unterschied sich von dem früheren Schema insbesondere dadurch, daß es die Kriegsfolgeerscheinungen in die Berechnung mit einbezog. Auch dieses System ist im Verlauf der folgenden Jahre noch weiter differenziert worden.

Die ersten Schlüsselzuweisungen nach dem Kriege erhielt die Stadt Hanau im Jahre 1947. Berechnungsgrundlage war die Bevölkerungszahl. Gemäß § 6 des Finanzausgleichsgesetzes von 1947[1)] erhielten die Stadtkreise je Kopf der Bevölkerung Finanzzuweisungen in Höhe von 3 RM. Überstieg in einem Stadtkreis das Aufkommen an Grundsteuern im Haushaltsjahr 1944 das Aufkommen im Haushaltsjahr 1947 um mehr als 35 vH, so wurde die Einwohnerzahl mit dem 3,5fachen angesetzt. Da die Voraussetzungen hinsichtlich des Grundsteueraufkommens für Hanau zutrafen, ergab sich ein Zuweisungsbetrag vom 10,50 RM je Einwohner. Problematisch bei der Berechnung der Gesamtzuweisung war jedoch die Fixierung der zuweisungsberechtigten Einwohnerzahl. Nach der Auffassung der Stadt Hanau waren die hier untergebrachten 6145 Ausländer (displaced persons) bei der Feststellung der Kopfzahl zu berücksichtigen, da dieser Personenkreis die städtischen Einrichtungen in gleicher Weise in Anspruch nahm wie die ansässige Wohnbevölkerung. Die Einbeziehung der displaced persons war allerdings vom Gesetzgeber nicht expressis verbis vorgesehen. So kam es nach einem längeren und mit großem Nachdruck geführten Schriftwechsel zu direkten Verhandlungen mit den zuständigen Regierungsstellen, die schließlich zur Anerkennung der Forderung der Stadt Hanau und damit zu einer Erhöhung des ursprünglich festgesetzten Zuweisungsbetrages von 247 737 RM um 64 522 RM für jene Personengruppe führten.

Die Zuweisungen des Jahres 1948 wurden für die sieben kreisfreien Städte Hessens gesondert festgesetzt. Die Kopfbeträge waren gestaffelt und schwankten - je nach Zerstörungsgrad - zwischen 3 und 12 RM je Einwohner. Mit seinen hohen Kriegsschäden stand Hanau an der Spitze aller hessischen Städte und hatte deshalb neben Kassel und Darmstadt Anspruch auf den Höchstsatz von 12 RM. Die Zahlungen wurden wegen der Währungsreform, die das Haushaltsjahr in zwei Abschnitte teilte, in zwei entsprechenden Raten geleistet, wobei auch diesmal - wie 1947 - die Insassen des Ausländerlagers bei der Feststellung der Bevölkerungsziffer Berücksichtigung fanden.

---

1) Gesetz zur Regelung des Finanzausgleichs für das Haushaltsjahr 1947 vom 1.7.1947, GVBl., S.61ff

Vom Rechnungsjahr 1949 an wurden die Kopfzuweisungen wieder durch Schlüsselzuweisungen ersetzt. Das Finanzausgleichsgesetz vom 14. Juni 1949[1]) folgte dabei den Grundsätzen der Finanzausgleichsverordnung von 1944 insofern, als es die Höhe der Zuweisung aus der Gegenüberstellung von Ausgangsmeßzahl und Steuerkraftmeßzahl errechnete. Neu war hingegen die Berücksichtigung von bedarfssteigernden Faktoren, die sich aus der besonderen Nachkriegssituation ergaben. Den Hauptansatz der Ausgangsmeßzahl bildete nach wie vor die Gemeindegröße, dargestellt durch die Bevölkerungsziffer. Ergänzend kamen hinzu Ansätze für hohe Einwohneranteile an Unselbständigen,[2]) für Flüchtlinge und Evakuierte sowie für Kriegszerstörungen.

Die gemeindliche Steuerkraft wurde aus der Zusammenfassung von drei Teilwerten ermittelt, die sich aus prozentualen Anteilen an den Meßbeträgen der Grundsteuer und der Gewerbesteuer sowie aus dem halben Soll des Bürgersteuerausgleichs von 1944 zusammensetzten. War die den Finanzbedarf charakterisierende Ausgangsmeßzahl höher als die Steuerkraftmeßzahl, so erhielten die kreisfreien Städte die Hälfte des Differenzbetrages als Schlüsselzuweisung. Für die Stadt Hanau ergab sich aus dieser Neuregelung zunächst eine bedeutende Steigerung der Schlüsselzuweisungen, wie die Tabelle 48 zeigt (siehe Seite 212).

Ganz anders dagegen wirkte sich die Finanzausgleichsregelung des Jahres 1950[3]) für Hanau aus. Danach wurde die Schlüsselmasse grundsätzlich zwischen den Stadt- und Landkreisen nach dem Verhältnis der Einwohner aufgeteilt, was für die durch hohe Evakuierten- und Flüchtlingszahlen belasteten Landkreise eine wesentliche Verbesserung, für die durch Kriegszerstörungen erheblich stärker betroffenen Städte aber eine Verschlechterung brachte. Für die Stadt Hanau kam als weiterer Faktor hinzu, daß infolge der deutlich gewachsenen Steuereinnahmen, insbesondere bei der Gewerbesteuer, die Steuerkraftmeßzahl so stark angestiegen war, daß die Gegenüberstellung mit der Bedarfsmeßzahl zu einem negativen Saldo führte. Hanau hatte deshalb lediglich Anspruch auf die Mindestzuweisung in Höhe von 2,50 DM je Einwohner. Die Folge war ein abrupter Rückgang der Schlüsselzuweisungen. Das Maß des Ausfalls war für die Stadt gewaltig, denn sie konnte danach nur noch mit etwa 10 vH des Zuweisungsvolumens von 1949 rechnen. Da die weitere Verfeinerung des Schlüssels im übrigen keine Vorteile brachte, die die Einbußen hätten ausgleichen können, blieb das Jahr 1950 im Hinblick auf die Haushaltsfinanzierung eines der schwierigsten Jahre der Nachkriegszeit überhaupt. Die Lage wurde nicht zuletzt dadurch erschwert, daß sich die Verabschiedung des Finanzausgleichsgesetzes lange hinzog, so daß der Magistrat über die endgültigen Auswirkungen Monate lang im unklaren blieb. Der Etat konnte erst sehr spät verabschiedet werden, wohl auch deshalb, weil die Haushaltsdispositionen insgesamt mit großen Unsicherheitsfaktoren belastet waren.

Ähnlich kompliziert wie bei der Grundsteuerausfallentschädigung ist auch die Berechnung der Schlüsselzuweisungen. Am Beispiel der Regelung für das Jahr 1950 soll dies auf den folgenden Seiten dargestellt werden.

---

1) GVBl., S.50

2) Die besondere Berücksichtigung der Unselbständigen geht auf eine Forderung von Popitz zurück, der Gemeinden mit einem großen Anteil an Unselbständigen (z.B."Rentnerstädte") im Vergleich zu anderen Gemeinden als steuerschwächer ansah und ihnen deshalb beim Vorliegen hoher Ausgaben für die Befriedigung kollektiver Bedürfnisse entsprechende Ausgleichsleistungen zugestand

3) Gesetz zur Regelung des Finanzausgleichs vom 27. Juni 1950, GVBl., S.119

Berechnung der Schlüsselzuweisung 1950 für die Stadt Hanau
nach dem Abrechnungsbogen des Hessischen Finanzministeriums

I. Bedarfsmeßzahl

Ansätze			Aufrechnung der Bedarfsmeßzahl
1) Hauptansatz: Bevölkerung			
Einwohnerzahl am 31.8.1949		32 976	
Umrechnung gem.§ 5 Abs.1, Ziff.1 *)			43 927
2) Ergänzungsansatz für die Beruflosen und Kinder unter 14 Jahren bzw. für die unselbständige Bevölkerung (Lohnempfänger)			
a) selbständige Berufslose	4 402		
Kinder unter 14 Jahren	4 146		
Summe	8 548		
in vH der Einwohnerzahl vom 29.10.1946		38,74	
b) Zahl der Arbeiter	8 803		
in vH der Einwohnerzahl vom 29.10.1946		39,89	
Umrechnung des höheren Ansatzes (hier: 39,89) gem.§ 5 Abs.1, Ziff.2 *)			1 757
3) Ergänzungsansatz für Flüchtlinge und Evakuierte			
Flüchtlinge am 30.9.1949		1 314	
Evakuierte am 31.3.1949		103	
Summe:		1 417	
Umrechnung gem.§ 5 Abs.1, Ziff.3 *)			483
4) Ergänzungsansatz für die Kriegszerstörungen			
Grundsteuerausfall in vH		56,29	
Umrechnung gem.§ 5 Abs.1, Ziff.4 *)			31 891
Gesamtansatz			78 058

Der Gesamtansatz, multipliziert mit dem vom
Hessischen Finanzministerium festgesetzten
Grundbetrag für 1950 = 47,50 DM, ergibt die

B e d a r f s m e ß z a h l: 3 707 755

----

*) Zu den Einzelheiten der Umrechnug vgl. Gesetz zur Regelung des Finanzausgleichs vom 27. Juni 1950 (GVBl., S.119)

II. Steuerkraftmeßzahl

Ansätze	Aufrechnung der Steuerkraftmeßzahl

Grundlagen für die Ermittlung der Steuerkraftmeßzahl sind die

Örtlichen Steuermeßbeträge

Grundsteuer A	14 812
Grundsteuer B	541 104
Gewerbesteuer	1 359 631
Bürgersteuer	602 964

(=Meßziffer des Ausgleichsbetrages)

Steuerkraftzahlen

(dargestellt durch Prozentwerte der Meßbeträge)

	Meßbeträge	davon...vH gem. § 5 Abs.2, Ziff.1-4 des FAG 1950		
Grundsteuer A	14 812	120 vH		17 774
Grundsteuer B				
für die ersten	20 000	120 vH	= 24 000	
für weitere	100 000	160 vH	= 160 000	
für weitere	421 104	200 vH	= 842 208	
Summe	541 104		1 026 208	1 026 208
Gewerbesteuer	1 359 631	225 vH		3 059 170
Bürgersteuer	602 964	50 vH		301 482
	Summe Steuerkraftzahlen			4 404 634

1. Korrektur gem.§ 5 Abs.2, Ziff.3
   plus/minus 50 vH des Unterschieds der
   Gewerbesteuerausgleichszahlungen

von Betriebsgemeinden (1948/49)	8 712	
an Wohngemeinden (1948/49)	201 621	
	192 909	
	50 vH des Betrages	- 96 455

2. Korrektur gem.§ 5 Abs.2, Ziff.2
   Kürzung der Grundsteuer B um 4/10 des Grundsteuerausfallbetrages (§ 2 des Gesetztes), da dieser Ausfall in den Meßbeträgen noch nicht berücksichtigt ist — - 230 897

S t e u e r k r a f t m e ß z a h l : 4 077 282

Bedarfsmeßzahl	3 707 755
Steuerkraftmeßzahl	4 077 282
Unterschied	- 369 527

Dem Jahr 1950 vergleichbare Schwierigkeiten ergaben sich auch 1951 für den städtischen Haushalt.[1] Allerdings muß dazu festgestellt werden, daß wegen der weiterhin beachtlich angewachsenen eigenen Steuerkraft die drastische Kürzung der Mittel aus den Schlüsselzuweisungen - ex post gesehen - nicht nur ausgeglichen, sondern weit überkompensiert worden ist. Mit seiner Steuerkraftzahl (3 663) lag Hanau bereits 1950 weit vor den hessischen Vergleichsstädten Fulda (2 406), Gießen (2 320) und Marburg (1 773). Auch die zum östlichen Rhein-Main-Gebiet zählende Industriestadt Aschaffenburg blieb mit ihrem Ergebnis (2 341) deutlich hinter Hanau zurück. Eine vergleichende Darstellung der Steuerkraftberechnungen[2] der genannten Städte findet sich im Anhang B 19 bis B 22.

Durch das Gesetz zur Regelung des Finanzausgleichs vom 17. Juli 1951[3] wurden die bis dahin gesondert gezahlten Bürgersteuerausgleichsbeträge in die Schlüsselzuweisungen eingebaut. Die höheren Beträge von 1951 und 1952 gehen darauf zurück.

a2) Die Bedarfszuweisungen aus dem Ausgleichsstock und dem Sonderfonds

Im Gegensatz zu den Schlüsselzuweisungen, auf die die Gemeinden einen gesetzlich normierten Anspruch hatten, waren die Bedarfszuweisungen antragsgebunden. Sie stellten eine Ergänzung zu den Zuweisungen aus der "Schlüsselmasse" dar und richteten sich nach dem besonderen, individuellen Bedarf der Gemeinde. Über ihre Gewährung wurde nach Feststellung und Anerkennung des Bedarfs im Rahmen der für diese Zwecke im Landeshaushalt bereitgestellten Mittel durch die zuständigen Landesbehörden entschieden. Sie hatten den Charakter von "Beihilfen".

Zum Wesen der Bedarfszuweisungen gehörte es, daß sie nur in Ausnahmefällen gewährt wurden, und zwar dann, wenn besondere Umstände vorlagen und Schlüssel- oder Zweckzuweisungen nicht ausreichten, den Finanzbedarf der Gemeinde auszugleichen. Das Land Hessen hatte dafür seit 1946/47 zwei Etatposten vorgesehen:

1. den *Ausgleichsstock*, aus dem Zuschüsse bei außergewöhnlichen Belastungen und Härten bei der Durchführung des Finanzausgleichsgesetzes gezahlt wurden, und

2. den *Sonderfonds* zur Wiederherstellung lebensnotwendiger öffentlicher Einrichtungen, der 1951 die Bezeichnung *Aufbaustock*, später (1953) *Landesaufbaustock* erhielt.

---

1) Vgl. dazu die Vorberichte zu den Haushaltsplänen der Jahre 1950 und 1951; Bei Verabschiedung der Haushaltspläne 1950 und 1951 lagen jeweils nur die Entwürfe der entsprechenden Finanzausgleichsgesetze vor. Die großen Schwierigkeiten bei der Etataufstellung durch die für Hanau zu erwartende beträchtliche Kürzung der Schlüsselzuweisungen wird aus der Bemerkung im Vorbericht zum Haushaltsplan 1950 vom 16. April 1950 deutlich, in der es heißt: "Wir hoffen, daß die Gesetzesvorlage (Finanzausgleich) n i c h t Gesetzeskraft erhält, weil wir in diesem Gesetz eine starke Schädigung der Stadt Hanau sehen !"

2) Die Steuerkraftvergleiche, die nach Angaben des Statistischen Jahrbuchs deutscher Gemeinden (39.Jg.1951, S.334ff) zusammengestellt wurden, gehen bei der Ermittlung der Steuerkraftziffer von etwas anderen Voraussetzungen aus als bei der Berechnung der Schlüsselzuweisungen

3) GVBl., S.39

Die Stadt Hanau erhielt Bedarfszuweisungen aus beiden Fonds (Tabelle 48). Dabei fallen die hohen Beträge des Jahres 1947 besonders auf, die rechnerisch zum Teil noch dem Haushaltsjahr 1946 zuzuordnen sind. Es handelte sich hier um das Zusammentreffen von termingerechten und nachträglich eingegangenen Zahlungen, was unter anderem auch darauf zurückzuführen war, daß die landesgesetzlichen Regelungen dazu erst sehr spät ergingen.[1)] Von den Leistungen aus dem Ausgleichssstock entfielen

500 000	RM	auf die partielle Deckung des Fehlbetrags 1946
600 000	RM	auf die partielle Deckung des Fehlbetrags 1947
1 035 524	DM	auf die Erstausstattung 1948 zum Ausgleich für die durch die Währungsreform untergegangenen Altgeldguthaben
14 615	DM	auf eine Nachzahlung zur DM-Erstausstattung 1948.

Die Ausstattung mit neuen Zahlungsmitteln nach der Währungsreform ging zurück auf das 1. Gesetz zur Neuordnung des Geldwesens vom 20. Juni 1948 (Währungsgesetz). Danach erhielten die Länder und von diesen dann die Gemeinden ein Sechstel der RM-Ist-Einnahmen der Zeit vom 1.10.1947 bis zum 31.3.1948 in Deutscher Mark (DM) als Ersatz für die erloschenen Altgeldguthaben.[2)] Diese Guthaben beliefen sich am Tage der Währungsumstellung bei der Stadt Hanau einschließlich der Stadtwerke auf rund 9,5 Millionen Reichsmark, darunter 2,3 Millionen Reichsmark treuhänderisch verwalteter, zumeist aus Stiftungen stammender Gelder.[3)]

Die Mittel des Sonderfonds zur Wiederherstellung lebensnotwendiger öffentlicher Einrichtungen wurden nach der Dringlichkeit kommunaler Bauprojekte durch den Minister des Innern zusammen mit dem Minister der Finanzen mit Zustimmung des Haushaltsausschusses des Landtags verteilt. Aus diesem Fonds erhielt die Stadt Hanau die folgenden Beträge:

1946	341 736	RM	zur allgemeinen Beseitigung von Kriegsschäden
	500 000	RM	für den Wiederaufbau des Stadtkrankenhauses
1947	999 131	RM	zur allgemeinen Beseitigung von Kriegsschäden
	1 500 000	RM	für den Wiederaufbau öffentlicher Einrichtungen
1948 RM	400 000	RM	Beihilfe zur Instandsetzung der Stadtwerke
1948 DM	510 000	DM	für den Wiederaufbau öffentlicher Einrichtungen.

Ab 1949 wurden Bedarfszuweisungen nicht mehr im Ordentlichen Haushalt, sondern im Außerordentlichen Haushalt vereinnahmt und bei den jeweiligen Aufbauprojekten direkt verbucht. Das war einerseits geboten, weil nach dem für den Außerordentlichen Haushaltsplan geltenden Einzeldeckungsprinzip jedes Vorhaben nach Fertigstellung gesondert abzurechnen war;[4)] andererseits erschien es zweckmäßig, weil die Mittel ohnehin in jedem

---

1) Das Finanzausgleichsgesetz für das Haushaltsjahr 1946 datierte vom 8. April 1947 und wurde am 8. Mai 1947 veröffentlicht (GVBl.1947, S.24); das Finanzausgleichsgesetz für das Haushaltsjahr 1947, datierte vom 1. August 1947 (GVBl., S.61)

2) Siehe dazu Beilage Nr.5 zum Gesetz- und Verordnungsblatt des Wirtschaftsrates des Vereinigten Wirtschaftsgebietes, 1948, S.1; (zit. nach Fischer, a.a.O., S.67)

3) Vgl.dazu Mitteilungsblatt für den Stadt- und Landkreis Hanau, Folge 170, vom 24. Juli 1948

4) Ziffer 2 der Ausführungsanweisung zu § 23 GemHVO

Einzelfall beantragt werden mußten. Die Gesamtzuweisungen aus dem Aufbaustock des Landes, teilweise auch aus Mitteln der staatlichen Totogesellschaft, die der Stadt in den Jahren 1949 bis 1954 zuflossen, setzten sich daher aus zahlreichen Einzelbeträgen zusammen, die hier der Vollständigkeit halber mit den Jahressummen nachgewiesen werden sollen.

Eingang an Bedarfszuweisungen im
Außerordentlichen Haushalt

1949	675 748 DM
1950	722 434 DM
1951	865 158 DM
1952	895 773 DM
1953	809 413 DM
1954	1 428 632 DM

Auf die Zusammensetzung der Beträge und die Besonderheiten bei der Verwendung dieser investiven Mittel wird im Kapitel über den Außerordentlichen Haushalt noch näher eingegangen werden.

a3) Der Bürgersteuerausgleich

Die Bürgersteuerausgleichsbeträge, die den Gemeinden als eigenständige Zahlungen im Rahmen des Finanzausgleichs bis zum Jahre 1950 zugewiesen wurden, stellten einen Ersatz dar für die früher von den Kommunen erhobene Personensteuer. Sie sollten den Einnahmeverlust ausgleichen, der den Gemeinden entstand, als 1942 die Bürgersteuer aus Gründen der Verwaltungsvereinfachung in die Einkommenssteuer einbezogen wurde. Diese Lösung hat sich allerdings für die Gemeinden als wenig vorteilhaft erwiesen, da die Ausgleichsbeträge, deren Erhebungsgrundlage nach 1941 unverändert blieb, auf der Basis des Aufkommens von 1944 zunächst eingefroren und im Laufe der folgenden Jahre gekürzt wurden. Im Lande Hessen waren sie ein selbständiger Teil des Finanzausgleichs und wurden bis 1948 in der Höhe des vollen Solls, danach nur noch mit dem halben Soll des Rechnungsjahres 1944 gewährt.[1] Für Hanau bedeutete das eine beträchtliche Einbuße an allgemeinen Deckungsmitteln. Nach den Etatansätzen der Jahre 1941-1943 konnte die Stadt mit einer jährlichen Zuweisung von rund 600 000 RM rechnen. Wie ein Blick auf die Tabelle 48 zeigt, ist dieser Durchschnittsbetrag - zumindest nach den Ist-Ergebnissen - in den ersten Nachkriegsjahren aber nicht mehr ganz erreicht worden. Von 1948 an lagen die Bürgersteuerausgleichsbeträge nur noch knapp über 300 000 DM. Was die Tabelle auch hier wieder deutlich macht, ist der ungleichmäßige Zahlungseingang, d.h. die Verlagerung von effektiven Zahlungen in das der Zuordnung folgende Rechnungsjahr.

Von 1951 an hat das Land Hessen den Bürgersteuerausgleich in die Schlüsselzuweisungen einbezogen. Damit sollte die bis dahin starre Berechnungsbasis aufgehoben und das

1) Vgl. dazu die hessischen Finanzausgleichsgesetze vom 1. August 1947 (GVBl., S.61) und 14. Juli 1949 (GVBl., S.50)

zugrundeliegende Ausgleichskonzept den veränderten Nachkriegsverhältnissen angepaßt werden. Am Ergebnis der gegenüber 1950 um etwa 300 000 DM höheren Schüsselzuweisungen in den Jahren 1951 und 1952 läßt sich diese Verschiebung für Hanau auch belegen. Danach allerdings sanken die Schlüsselzuweisungen wieder auf das Niveau von 1950 ab, ein Zeichen dafür, daß der Stadt Hanau von dem Bürgersteuerausgleich mit der Änderung des Zuweisungsverfahrens am Ende nicht viel geblieben ist. Aus Hanauer Sicht waren die Einnahmen aus der Bürgersteuer praktisch weggefallen. Schwerer als die Kürzung der Mittel wog indessen der Verlust der einst eigenständigen städtischen Einnahmequelle. Insoweit erwies sich die hessische Regelung auch als problematisch, zumal sich das Nebeneinander von gemeindlichen Real- und Personensteuern, wie es bereits von Miquel in der Finanzreform von 1891/93 kodifiziert worden war, durchaus bewährt hatte. Dafür spricht auch, daß nach der gesetzlichen Regelung, die 1942 den Einbau der Bürgersteuer in die Einkommensteuer vollzog, die Bürgersteuerausgleichsbeträge nur bis zur Einführung einer neuen kommunalen Personensteuer gezahlt werden sollten.[1]) Die Diskussion um diese Frage, der sich auch die Finanzwissenschaft angenommen hatte,[2]) wurde deshalb in den sechziger Jahren weitergeführt.

a4) Die Realsteuerausfallentschädigungen

Die unmittelbaren Kriegsfolgen, insbesondere die Zerstörung von Gebäuden und Gewerbebetrieben, waren - worauf an anderer Stelle bereits hingewiesen wurde - von nachhaltiger Wirkung auf die kommunale Finanzwirtschaft. Auf der Einnahmeseite waren davon die Erträge aus den Realsteuern am stärksten betroffen. Der Fluß der Mittel aus den Haupteinnahmequellen der Gemeinden ging schlagartig zurück und hinterließ ein beachtliches Vakuum, das nur durch finanzielle Hilfe des Landes überbrückt werden konnte. Ein Blick auf die Tabelle 38 (Seite 179) zeigt, daß in Hanau beispielsweise 1945 die verfügbaren Einnahmen aus der Gewerbesteuer, bezogen auf die Ist-Einnahmen des Vorjahres, um fast 90 vH gesunken waren. Solche Verluste wenigstens teilweise zu ersetzen, war das Ziel der Realsteuerausfallentschädigungen, die in einigen Ländern - so auch in Hessen - im Rahmen des Finanzausgleichs an die Gemeinden gezahlt wurden.

Die Entschädigung für den Gewerbesteuerausfall, die ihrer Natur nach eine Bedarfszuweisung war, wurde nur während einer kurzen Periode nach Kriegsende und nur auf Antrag gewährt.[3]) Danach ging "das Risiko eines Einnahmerückgangs aus der konjunkturempfindlichen Gewerbesteuer" wieder voll zu Lasten der Gemeinden, so wie ihnen andererseits die konjunkturbedingten Mehreinnahmen aus dieser Steuer alleine zustanden.[4])
Hanau erhielt nur einmal, und zwar im Jahre 1946, eine entsprechende Entschädigungszahlung in Höhe von 817 630 RM.

---

1) Dabei hatte man an die Realisierung eines variablen Zuschlags zur Einkommensteuer gedacht (Vgl. dazu W.Fischer, a.a.O., S.69

2) Vgl. dazu G.Unckel, Probleme einer gemeindlichen Personalbesteuerung in Deutschland, (Diss.) Frankfurt a.M. 1959

3) Eine Berücksichtigung der Änderung der Steuerkraft wurde später durch die Ausgestaltung der Steuerkraftmeßzahlen bei den Schlüsselzuweisungen erreicht

4) W.Fischer a.a.O., S.73

Anders dagegen war die Handhabung der Grundsteuerausfallentschädigung. Sie wurde im Länderfinanzausgleich zunächst als gesonderte und jährlich wiederkehrende Ausgleichsleistung ausgewiesen. Anspruchsberechtigt waren die Gemeinden, bei denen durch Vernichtung von Grundbesitz infolge kriegerischer Ereignisse die Einnahmen an Grundsteuer unter das Aufkommen des Haushaltsjahres 1944 zurückgefallen waren. Die Differenz zu jenem Aufkommen wurde anfänglich voll, von 1946 an nur noch mit einem Bruchteil des Verlustes ersetzt.[1)] Ab 1951 erhielten dann nur noch die schwer zerstörten Gemeinden eine Entschädigung für den Grundsteuerausfall. Die auf diese Weise eingesparten Beträge wurden dem neu geschaffenen Aufbaustock zugeführt, aus dem der Wiederaufbau wichtiger öffentlicher Einrichtungen durch Zuschüsse - nach der Dringlichkeit der Projekte - mitfinanziert werden sollte.[2)] Der Länderfinanzausgleich ab 1952 enthielt dann keine gesonderte Regelung des Grundsteuerausfalls mehr. Notwendige Entschädigungen wurden zum Teil bei den Schlüsselzuweisungen berücksichtigt oder durch Bedarfszuweisungen, dem sogenannten Härteausgleich, abgefunden. Insbesondere diese zweite Variante bedeutete für die Städte mit hohem Zerstörungsgrad eine qualitative Verschlechterung des kommunalen Finanzausgleichs, da die gesetzlich nach objektiven Merkmalen bestimmten Finanzzuweisungen durch Beihilfen ersetzt wurden, bei denen die Kriterien der Verteilung eher im Bereich des Ermessens als bei festen Normen zu suchen waren.[3)]

In Hanau betrug der Ausfall an Grundsteuer B nach dem Krieg - bezogen auf das Jahr 1939 - 67,5 vH. Die Stadt lag damit an erster Stelle der neun kreisfreien Städte Hessens vor Darmstadt und Kassel (siehe dazu Anhang B 07). Angesichts dieser schwerwiegenden Verluste war die Grundsteuerausfallentschädigung, die anfänglich den Umfang von 1 Million RM weit überstieg, für die städtische Finanzwirtschaft von außerordentlicher Bedeutung.

Schwierig gestaltete sich die Feststellung der Berechnungsbasis von 1944, weil wesentliche Teile der älteren Steuerunterlagen bei dem Bombenangriff am 19. März 1945 vernichtet worden waren. Das tatsächliche Steueraufkommen von 1944, d.h. der Betrag, der der Stadt aus der Grundsteuer effektiv zugeflossen war und deshalb zumindest als Orientierungshilfe hätte dienen können, war dazu nicht verwendbar. Er stellte praktisch nur ein Teilergebnis dar, weil die Steuerhebestelle während der letzten vier Monate des Rechnungsjahres (Dezember 1944 bis März 1945) infolge der Kriegsereignisse keine Steuerzahlungen in bar mehr hatte annehmen können.[4)] Für diesen Zeitraum lagen deshalb nur Angaben über die verhältnismäßig geringen Bank- und Postscheckzahlungen für Grundsteuer vor, und der auf die fehlenden Bareingänge entfallende Anteil hätte geschätzt werden müssen. Nur unter großen Schwierigkeiten gelang es schließlich, das berichtigte Erhebungssoll des Jahres 1944 in Höhe von 1 893 350 RM zu rekonstruieren und durch Gegenüberstellung mit dem jeweiligen Jahressoll den Grundsteuerausfall zu ermitteln.

---

1) Vgl. dazu die hessischen Finanzausgleichsgesetze vom 8. April 1947 (GVBl.1947, S.24), vom 1. August 1947, (GVBl., S.61), vom 10. Juni 1948 (GVBl., S.83), vom 12. April/14. Juni 1949 (GVBl., S.50), vom 27. Juni 1950 (GVBl., S.119), vom 17. Juli 1951 (GVBl., S.39)

2) Diese Änderung erschien dem Land Hessen geboten, weil der Wiederaufbau lebensnotwendiger öffentlicher Einrichtungen hinter der privaten Bautätigkeit erheblich zurückgeblieben war. (Vgl. dazu die Begründung zum Hessischen Gesetz zur Regelung des Finanzausgleichs vom 17. Juli 1951, veröffentlicht im Staatsanzeiger S.520)

3) Vgl. dazu auch W.Fischer a.a.O., S.70

4) Nach den Akten hat die Steuerhebestelle vom 12. Dezember 1944 bis Ende April 1945 keine Zahlungen entgegennehmen können. Weitere Einzelheiten, insbesondere über die Gründe, sind nicht ersichtlich

Tabelle 49 Grundsteuerausfall und Grundsteuerausfallentschädigung der Stadt Hanau 1945-1954

Rechnungs-jahr	Grundsteuer-ausfall	vom Land ersetzt Bruchteil des Aufkommens von 1944	vom Land ersetzt effektiv RM/DM	Steuerausfall zu Lasten der Stadt RM/DM
1945	1 409 150[a]	10/10	1 409 150	-
1946	1 116 701	9/10	1 047 330	69 371
1947	1 105 168	8/10 }	952 066[e]	153 102
1948 RM		}		
1948 DM	1 038 416	7/10	556 535	481 881
1949	894 756	b)	589 901	304 855
1950	802 206	b)	565 421	236 785
1951	754 645	c)	435 273	319 372
1952	670 797	- d)	175 000	495 797
1953	446 983	- d)	175 000	271 983
1954	645 418	- d)	94 000	551 418

a) einschließlich 130 255 RM Grundsteuerausfälle für die Zeit von Januar bis März 1945 (letztes Quartal des Rechnungsjahres 1944)
b) 8/10 soweit der Grundsteuerausfall 10 vH des Aufkommens von 1944 überstieg
c) 8/10 soweit der Grundsteuerausfall 20 vH des Aufkommens von 1944 überstieg
d) Bedarfszuweisung aus dem "Härteausgleich"
e) einschließlich der Zuweisung für die RM-Periode des Jahres 1948

Für die Zeit von Januar 1945 bis zum Ende des Rechnungsjahres (31. März 1946) setzte sich der Ausfall aus Grundsteuer wie folgt zusammen:

Januar bis März 1945	
Ertragsminderungen bei schwer beschädigten Häusern	130 255 RM
April 1945 bis März 1946 (Ende des Rechnungsjahres)	
Ertragsausfall bei völlig zerstörten Häusern	893 355 RM
Ertragsminderungen bei schwer beschädigten Häusern	385 540 RM
zusammen	1 409 150 RM.

Dieser Betrag wurde - wie die Tabelle zeigt - auch voll ersetzt. Von 1946 an gingen die Entschädigungen dann jedoch Jahr für Jahr zurück. Die Kürzungen waren nach 1948 sogar weit stärker, als der Grundsteuerausfall der Stadt durch den Wiederaufbau kompensiert worden ist. Die Entschädigungsleistungen aus staatlichen Mitteln konnten deshalb auch nicht als Ausgleich für die Verschlechterung der allgemeinen Finanzlage der Stadt infolge der Kriegsschäden angesehen werden.

a5) Die Körperschaftssteuerrücküberweisungen

Diese Zuweisungen erhielten nur solche Gemeinden, denen auch Einnahmen aus öffentlichen Versorgungsbetrieben[1] zuflossen. Es waren Ausgleichszahlungen des Landes für die Verminderung dieser Einnahmen durch die Heranziehung der Versorgungsbetriebe zur Körperschaftssteuer. Die Vorgeschichte der Rücküberweisungen geht zurück auf das Jahr 1935, als die Privatwirtschaft die Besteuerung der Versorgungsbetriebe, die bis dahin von der Körperschaftssteuer befreit waren, mit dem Hinweis auf die notwendige Beseitigung von Wettbewerbsverzerrungen durchgesetzt hatte. Der daraus resultierende Einnahmeausfall der Gebietskörperschaften hätte angesichts der damals äußerst angespannten Finanzlage nur durch die Anhebung der Realsteuern ausgeglichen werden können. Um das abzuwenden, überwies das Reich die von den öffentlichen Versorgungsbetrieben aufgebrachte Körperschaftssteuer zurück an die Gebietskörperschaften, denen die Erträge dieser Betriebe zustanden. Diese reichsgesetzliche Regelung bestand bis zum Jahre 1938, wobei allerdings die Rücküberweisungen bereits erheblich herabgesetzt waren.[2] Die Tabelle 48 (Seite 212) weist die Kürzung im Falle der Stadt Hanau deutlich aus.

Der Anspruch der Stadt auf Ausgleichsleistungen bezog sich allein auf die Einnahmen, die sie aus den drei ursprünglich getrennt verwalteten und mit gesonderter Buch- und Kassenführung ausgestatteten Werken (Gas-, Wasser- und Elektrizitätswerk) bezog. Die Teilbetriebe bildeten die Unternehmenseinheit "Stadtwerke", die als Eigenbetrieb geführt wurde. Auf die Beteiligung der Stadt an der Hanauer Straßenbahn AG konnten indessen Rücküberweisungsansprüche nicht gegründet werden, weil körperschaftssteuerpflichtige Erträge dort nicht erwirtschaftet wurden.

Das hessische Finanzausgleichsgesetz vom 1. August 1947[3] führte die Körperschaftssteuerrücküberweisungen wieder ein. Die Stadt Hanau erhielt sie erstmals im DM-Abschnitt des Rechnungsjahres 1948 und danach bis 1951, dem Jahr, in dem sie dann endgültig weggefallen sind.[4] Der in der Tabelle 48 (Seite 212) für das Jahr 1952 ausgewiesene Betrag ist ein verspäteter Zahlungseingang, der noch dem Jahr 1951 zuzurechnen ist.

---

1) Öffentliche Versorgungsbetriebe im Sinne des Finanzausgleichs sind "Betriebe eines Landes, einer Gemeinde, eines Gemeindeverbandes oder eines Zweckverbandes, die der Versorgung der Bevölkerung mit Wasser, Gas, Elektrizität oder Wärme, dem öffentlichen Verkehr oder dem Hafenbetrieb dienen. Als öffentliche Versorgungsbetriebe gelten auch solche Betriebe der in Satz 1 bezeichneten Art, die in privatrechtlicher Form geführt werden, wenn die Anteile an ihnen ausschließlich Ländern, Gemeinden, Gemeindeverbänden oder Zweckverbänden gehören und die Erträge ausschließlich diesen Körperschaften zufließen" (§ 13, Abs.2 des Gesetzes zur Regelung des Finanzausgleichs für das Haushaltsjahr 1947 vom 1. August 1947 (GVBl.für das Land Hessen, S.61)

2) W.Fischer a.a.O., S.74

3) Vgl. dazu § 13 (GVBl.S.62)

4) Gesetz zur Regelung des Finanzausgleichs vom 17. Juli 1951, (GVBl., S.39)

b) Zweckzuweisungen

Anders als die allgemeinen Finanzzuweisungen sind die Zweckzuweisungen hinsichtlich ihrer Verwendung insofern eingeschränkt, als sie den Gemeinden nicht zur freien Verfügung überlassen, sondern für bestimmte Zwecke gewährt werden oder an besondere Auflagen gebunden sind. Zweckzuweisungen können einmalige oder wiederkehrende Zahlungen sein. Sie sind spezielle Deckungsmittel und können sowohl als Bedarfszuweisungen ausgestaltet sein, die nur nach Antragstellung und Prüfung des Bedarfs zur Auszahlung kommen, wie auch als Zuweisungen mit einer gesetzlich normierten Anspruchsgrundlage. Meist handelt es sich um Kostenbeiträge oder Zuschüsse zur Durchführung spezifischer Aufgaben. Ihr Umfang ist dann abhängig von den Ausgaben, die den Gemeinden bei der Erfüllung dieser Aufgaben entstehen. In der Praxis werden dabei allerdings nicht immer die effektiven, sondern häufig fiktive Ausgaben der Berechnung zugrunde gelegt, die unter Heranziehung von Hilfsgrößen ermittelt werden.

Die Stadt Hanau erhielt in der Zeit von 1936 bis 1954 die folgenden Zweckzuweisungen:

Tabelle 50 Ist-Einnahmen der Stadt Hanau aus Zweckzuweisungen in RM/DM

Rechnungsjahr	Anteile an der Hauszinssteuer[a)]	Polizeikostenzuschüsse	Zuweisungen im Schulwesen einschl. Ersätze für Schulgeldausfall	Theaterzuschuß	Ersätze und Zuschüsse im Fürsorgewesen[b)]	Zuschüsse zu den Kriegswirtschaftsämtern	Ersatz der Kosten des Kriegsschadenamtes	Sonst. Zweckzuweisungen	Summe Zweckzuweisungen
1936	120 140	6 000	5 664	50 000	54 876	-	-	22 885	259 565
1938	74 680	-	12 000	50 000	115 010	-	-	32 106	283 796
1941	47 443	-	5 500	32 000	2 331 468	72 474	-	54 964	2 543 849
1944	-	-	15 447	50 000	2 610 127	92 057	-	9 928	2 777 559
1945	-	200 000	-	-	150 000	118 393	-	18 846	487 239
1946	-	444 500	41 020	-	69 187	81 349	-	15 600	651 656
1947	-	400 000	145 517	-	321 178	-	7 916	15 822	890 433
1948 RM	-	-	6 887	-	59 319	-	-	80	66 286
1948 DM	-	190 878	73 931	-	168 086	-	8 700	61 380	502 975
1949	-	460 460	122 693	-	118 258	-	16 988	30 252	748 651
1950	-	309 885	129 799	-	108 227	-	5 329	42 762	596 002
1951	-	302 153	153 346	-	122 001	-	42 353	56 003	675 856
1952	-	225 150	191 291	-	727 971[c)]	-	18 000	37 349	1 199 761
1953	-	247 665	203 673	-	268 803	-	95 508	47 245	862 894
1954	-	247 665	2 836	-	280 527	-	118 983	43 676	693 687

a) Staatliche Zuweisung und städtische Erhebung zusammen
b) einschließlich Zuweisungen in der Kriegsfolgenhilfe
c) darin 627 117 DM Leistungen nach dem Lastenausgleichsgesetz

Die Erscheinungsformen der Zweckzuweisungen sind vielgestaltig. Es kann deshalb hier nur auf die Hauptgruppen näher eingegangen werden. Die zahlreichen kleineren Zuschüsse, die in der Spalte der "sonstigen Zweckzuweisungen" zusammengefaßt sind, werden im zweiten Abschnitt, der Untersuchung der Einzelpläne, im Kontext mit dem jeweiligen Haushalts- bzw. Verwendungsbereich erörtert.

b1) Die Anteile an der Hauszinssteuer

Die hier behandelten Anteile an der Hauszinssteuer setzen sich zusammen einerseits aus Zuweisungen aus dem örtlichen Aufkommen der staatlichen Sondergebäudesteuer auf den bebauten Grundbesitz, andererseits aus einem städtischen Zuschlag zu jener Steuer. Die Einordnung im Rahmen der vorliegenden Arbeit erfolgte deshalb unter den Zweckzuweisungen und nicht unter den Steuern, weil nach den Rechnungsergebnissen der überwiegende Teil der Hauszinssteuerbeträge aus staatlichen Mitteln stammte und ebenso wie der auf die städtische Erhebung entfallende Anteil zumindest partiell zweckgebunden zu verwenden war.

Die Entstehung der Hauszinssteuer[1] fiel in die Zeit der Währungsstabilisierung nach der Inflation in den zwanziger Jahren dieses Jahrhunderts. Sie wurde durch die dritte Steuernotverordnung vom 14. Februar 1924[2] als "Geldentwertungs-Ausgleichssteuer" eingeführt und sollte die Inflationsgewinne, die bei den Hauseigentümern durch die Abwertung der Hypotheken entstanden waren, abschöpfen und zur Erfüllung öffentlicher Aufgaben nutzbar machen. Die Steuer zielte auf denjenigen Teil der Mieterträge, der zuvor in der Form von Hypothekenzinsen den Hypothekengläubigern zugeflossen war und nach dem Wegfall der Zinsverpflichtung und der allmählichen Angleichung der Mieten den Hauseigentümern zufallen würde.[3]

Durch die Novelle zum Finanzausgleichsgesetz vom 10. August 1925 wurde den Ländern die Erhebung des "Geldentwertungsausgleichs" durch die Einführung der Hauszinssteuer zur Pflicht gemacht.[4] Sie wurde erhoben als Hundertsatz der veranlagten Steuer vom Grundvermögen. In Preußen waren die Gemeinden kraft Landesrechts durch entsprechende Erhebungszuschläge am Steueraufkommen beteiligt, das zu einem geringeren Teil für allgemeine Zwecke, zum größeren Teil für die Förderung des Wohnungsbaus zu verwenden war.

Mit Wirkung vom 1. Januar 1943 wurde die Steuer aufgehoben[5] und gegenüber den Gemeinden durch eine Vorauszahlung auf die Steuer für zehn Jahre abgegolten.

In Hanau sind Mittel aus der Hauszinssteuer nur noch im ersten Drittel des Untersuchungszeitraums angefallen und vorwiegend zur Finanzierung von meist mittelfristigen Hypothe-

---

1) In der Literatur finden sich unterschiedliche Bezeichnungen für diese Steuer. So wird sie u.a. auch als Sondergebäudesteuer, als Aufwertungssteuer oder Gebäude-Entschuldungssteuer bezeichnet

2) RGBl.I, S.75

3) K.v.Eheberg, Gebäudesteuer, i.Handwörterbuch der Staatswissenschaften, 4.Band, Jena 1927, S.606

4) K.v.Eheberg, a.a.O.

5) Vgl. Runderlaß des Reichsministers des Innern vom 8. Januar 1943, RMBliV S.45

ken an private Bauherren, zur Zinsverbilligung von Wohnungsbaudarlehen sowie zur Ansammlung eines Fonds zur Schließung von Baulücken genutzt worden. Durch die erneute Ausgabe zurückgeflossener Beträge entstand dabei ein revolvierender Effekt.

Der auffallend hohe Betrag des Jahres 1936 enthält vermutlich größere Zuweisungen aus Hauszinssteuermitteln zur Zinsverbilligung von Baudarlehen im Rahmen der Förderung des "Arbeiterwohnstättenbaus", die in Hanau in der Zeit von 1936 bis 1938 verstärkt betrieben wurde.

b2) Die Polizeikostenzuschüsse

Bis zum Jahre 1944 war die Polizei in Hanau eine Einrichtung des Staates, zu der die Stadt Kostenbeiträge zu leisten hatte (vgl.dazu die Ausführungen über die Polzeikostenbeiträge auf Seite 96). 1945 änderte sich das grundlegend. Auf Anordnung der Besatzungsmacht,[1] die ihre Hauptaufgabe darin sah, die nationalsozialistischen Machtstrukturen und damit auch alle zentralistischen Organisationen zu beseitigen, wurde die Polizei kommunalisiert. Da unmittelbar nach dem Zusammenbruch des Reiches Staatsverbände noch nicht existierten, bedeutete dies, daß die gesamten Kosten der Polizei zunächst allein den Gemeinden zur Last fielen. Der Zuschußbedarf ihrer Polizeietats erhöhte sich damit ruckartig. In Hanau hatte er sich je Einwohner gegenüber 1936 sogar mehr als verdoppelt (siehe dazu Seite 331f).

Der neu gebildete Hessische Staat konnte sich dieser die Gemeinden erheblich belastenden Entwicklung gegenüber nicht verschließen und beteiligte sich vom Rechnungsjahr 1946 an durch einen besonderen Lastenausgleich an den kommunalen Polizeikosten.[2] Die Entwicklung zeigte allerdings, daß diese staatliche Kostenbeteiligung in den Folgejahren ständig gekürzt und deshalb zum Gegenstand heftiger Auseinandersetzungen wurde.[3]

Nach dem Hessischen Polizeikostengesetz von 1946[4] erhielten die Gemeinden je nach Einwohnerzahl Zuschüsse zu den laufenden Ausgaben sowie zu den einmaligen Ausgaben für die Erstausstattung der neu aufzubauenden Sicherheitsorgane. Die Stadt Hanau, der 1945 vorab ein Betrag von 200 000 RM für diese Zwecke zugewiesen worden war, fiel in die Gemeinde-Größenklasse II (20 000 bis 100 000 Einwohner) und erhielt für jede von der kommunalen Aufsichtsbehörde[5] als zuschußberechtigt anerkannte und besetzte Polizeivollzugs- und Polizeiverwaltungsbeamtenstelle einen Zuschuß in Höhe von

2750 RM zu den laufenden Ausgaben und
750 RM zu den einmaligen Ausgaben,

1) Gem.Titel 9 der Vorschriften der Militärregierung über die öffentliche Sicherheit (zit.nach W.Fischer a.a.O.)
2) W.Fischer a.a.O., S.292
3) Vgl. dazu W.Fischer a.a.O., S.289ff
4) Gesetz zur Regelung der Polizeikosten für das Rechnungsjahr 1946 vom 9. April 1946 (GVBl., S.25)
5) Aufsichtsbehörde für den Stadtkreis Hanau war der Regierungspräsident in Wiesbaden

zusammen also 3500 RM. Bei einer Etatstärke[1] von

140 Schutzpolizeibeamten,
20 Kriminalbeamten,
15 Verwaltungspolizeibeamten,

insgesamt also 175 Bediensteten im Bereich der öffentlichen Sicherheit und Ordnung, hatte die Stadt Hanau Anspruch auf einen Polizeikostenzuschuß von 612 500 RM, auf den die Vorauszahlung für 1945 anzurechnen war.

1947 und 1948 ergingen keine neuen gesetzlichen Regelungen. Staatliche Beiträge zu den Polizeikosten wurden nur als vorläufige Zuschüsse zu den laufenden Ausgaben gezahlt. Die Zuschüsse zu den einmaligen Ausgaben - das waren Ausgaben für Dienstbekleidung, Waffen, Munition, Fahrzeuge und Geräte - wurden 1947 um die Hälfte gesenkt und sind 1948 schließlich ganz weggefallen. Erschwerend kam hinzu, daß die Beamten der Verwaltungspolizei nicht mehr bezuschußt wurden. Die Kosten der Amtsstellen für die Kfz-Zulassung, die Bearbeitung von Führerscheinen, das Meldewesen und für Ausländerangelegenheiten, um nur einige zu nennen, gingen damit voll zu Lasten der Stadt. Überdies zwangen die nach der Währungsreform notwendig gewordenen Sparmaßnahmen auf dem Personalsektor zu erheblichen Stellenreduzierungen. Das Land Hessen kürzte die Anzahl der zuschußberechtigten Beamten und Angestellten bei der Hanauer Polizei - wie übrigens auch in anderen hessischen Städten[2] - um etwa 10 Prozent, was in Hanau eine Sollstärke von nur noch 129 Stellen ergab. Da das Land aber aufgrund eines Verbots der Besatzungsmacht keine eigene Bereitschaftspolizei unterhalten durfte, lag ihm sehr daran, ungeachtet der notwendigen Haushaltseinsparungen, die gemeindlichen Polizeikräfte nicht zu sehr zu schwächen, denn sie waren praktisch das einzige Machtpotential, auf das es im Bedarfsfalle hätte zurückgreifen können. So genehmigte der Hessische Minister des Innern durch Erlaß vom 21. August 1948[3] auch generell die einstweilige Beibehaltung der im Rechnungsjahr 1947 für die Zahlung der Polizeikostenzuschüsse festgesetzten Anzahl von Personalstellen.

Das Polizeikostengesetz von 1949[4] brachte zwar eine geringfügige Erhöhung des Polizeikostenzuschusses zu den laufenden Kosten von ursprünglich 2750 RM auf nunmehr 2850 DM, doch wurde der Kreis der als notwendig erachteten, zuschußberechtigten Polizeibeamten schon bald weiter verringert. Das Haushaltssicherungsgesetz vom 1. Februar 1950[5] bestimmte nämlich, daß fortan Zuschüsse nur noch "für jede als notwendig anerkannte Polizeivollzugsbeamtenstelle gewährt wurde, die über die Zahl von einem Beamten je 2000 Einwohner hinausging." Zuvor war das Verhältnis immerhin noch ein Beamter je 1250 Einwohner gewesen. Diese Neuordnung zielte eindeutig auf einen weiteren Abbau der Polizeikostenzuschüsse. In besonderen Fällen waren zwar Ausnahmeregelungen möglich, doch für die Stadt Hanau bedeutete die neue Gesetzeslage - trotz einiger Zugeständ-

---

1) Nach einer Entscheidung des Hessischen Innenministeriums vom 17. Dezember 1946 (vgl. Hanauer Anzeiger vom 29. März 1950)

2) So auch in Darmstadt (vgl. dazu W.Fischer a.a.O., S.294)

3) Erlaß des Hessischen Ministers des Innern vom 21. August 1948 betreffend die Anwendung der 1. Sparverordnung vom 7. Juli 1948 auf die Polizei

4) Gesetz zur Regelung der Polizeikosten vom 9. Juli 1949 (GVBl., S.87)

5) Gesetz zur Sicherung der Haushaltsführung vom 1. Februar 1950 (GVBl., S.14)

nisse, zu denen das Land wegen der besonderen polizeilichen Situation am Ort bereit war[1]) - eine Verringerung der Planstellen auf 105 Vollzugspolizei- und 15 Kriminalbeamte.

Gegen die qualitative Verschlechterung des Polizeilastenausgleichs gab es seitens der Städte erhebliche Widerstände. Der Hessische Städtetag hatte mehrfach auf die Notwendigkeit der Verbesserung der staatlichen Leistungen im Interesse einer ordnungsgemäßen Durchführung der örtlichen Polizeivollzugsaufgaben aufmerksam gemacht und immer wieder eine Erhöhung der Mittel gefordert. Als Antwort darauf erklärte der Hessische Minister des Innern mit Schreiben vom 20.6.1951:

> "Die Gemeinden erhielten ja neben dem allgemeinen Finanzausgleich einen speziellen Polizeikostenzuschuß. Zur Übernahme weiterer Zahlungsverpflichtungen bestehe um so weniger Anlaß, als nach dem vorgelegten Zahlenmaterial der Anteil der Gemeinden an den Ausgaben der kommunalen Polizeiverwaltung im Rechnungsjahr 1949 weniger als 50 % betragen habe. Da die Polizeikostenzuschüsse für die polizeilichen Aufgaben allgemein gewährt würden, sei es nicht möglich, daneben noch Zuschüsse für Einzelaufgaben zu bewilligen. Die Gemeinden, die durch Anschaffung notwendiger größerer Ausrüstungsgegenstände in finanzielle Schwierigkeiten gerieten, hätten die Möglichkeit, eine Beihilfe aus dem Ausgleichsstock zu beantragen."[2])

Die stärkere Bindung der zuschußfähigen Sollstärke der Polizei an die Einwohnerzahl bedeutete für Hanau jedenfalls eine Reduzierung ihrer Anspruchsgrundlage. Die spezielle Problematik ergab sich daraus, daß einerseits der besonderen Umstände wegen die Polizeiaufgaben in der Stadt nur mit hohem Personaleinsatz zu bewältigen waren,[3]) andererseits aber die vergleichsweise niedrige Bevölkerungszahl nicht ausreichte, die Finanzierung der dafür notwendigen Planstellen durch staatliche Zuschüsse sicherzustellen. Der Magistrat unternahm deshalb 1950 und 1951 wiederholt Vorstöße bei der Aufsichtsbehörde, um Sonderregelungen durchzusetzen, und erreichte dabei immerhin, daß der Abbau der Sollstärke sich wenigstens kurzfristig verlangsamte. Man war sich allerdings in Hanau darüber im klaren, daß auf längere Sicht und mit steigender Finanzkraft die Stadt einen Teil der notwendigen Polizeistellen würde selbst tragen müssen, wenn die ordnungsgemäße Durchführung der Sicherheitsaufgaben gewährleistet bleiben sollte.[4])

Im Jahre 1952 hat der Regierungspräsident in Wiesbaden dann die für Hanau als notwendig anerkannten Stellen noch einmal drastisch herabgesetzt und damit einen wesentlich höheren Zuschuß der Stadt zu den Polizeikosten erzwungen. Wie sich die sukzessive, vom Land verordnete Verringerung der Planstellen auf den von der Stadt Hanau zu tragenden Kostenanteil während des Untersuchungszeitraums praktisch ausgewirkt hat,

---

1) Zu den Besonderheiten der Lage der Stadt Hanau rechneten vor allem die infolge der Zerstörung schwierige Überwachung des Stadtgebiets, die große Zahl der am Ort stationierten Besatzungstruppen sowie das Vorhandensein von Depots der Besatzungsmacht und von Ausländerlagern

2) zitiert nach W.Fischer a.a.O., S.297

3) Wegen der besonderen polizeilichen Situation siehe die Ausführungen zum Einzelplan 1 auf S.331ff

4) So der Oberbürgermeister und Polizeidirektor in der Stadtverordnetenversammlung am 3. März 1950 (siehe Hanauer Anzeiger vom 4. März 1950, S.3)

darüber gibt die nachfolgende Darstellung zur Polizeistellenbesetzung im einzelnen Aufschluß.

Durch eine Entscheidung des Hessischen Landtags vom 3. Juni 1953 wurde vom Rechnungsjahr 1953 an der Polizeikostenzuschuß für jede genehmigte und besetzte Polizeivollzugsbeamtenstelle um 10 vH erhöht. Es war dies eine Reaktion auf die ständigen Bemühungen der gemeindlichen Spitzenverbände bei der Hessischen Landesregierung und dem Landtag um einen Ausgleich für die wachsende Ausgabenbelastung der Städte durch die Polizei. Ein Rechtsanspruch auf diesen Zuschlag bestand allerdings nicht. Für Hanau ergab sich danach ein Stellenzuschuß in Höhe von 3135 DM je anerkannte Vollzugsbeamtenstelle, der aber den hohen Finanzbedarf für den Einzelplan 1 nicht wesentlich verringerte (siehe dazu die Ausführungen zum Einzelplan 1 im zweiten Abschnitt auf Seite 331ff).

Polizeistellenbesetzung der Stadt Hanau

Jahr	Vollzugs- und Kriminalpolizeistellen durch Polizeikostenzuschüsse gedeckt	effektiv besetzt	zu Lasten der Stadt Hanau
1946	160	158	(2)
1949	120	151	31
1951	110	123	13
1952	81	113	32
1953	79	111	32
1954	79	114	35

b3) Die Zuweisungen im Schulwesen

Bis zum Jahre 1944 beschränkten sich die staatlichen Zuweisungen auf geringe Zuschüsse zu den Kosten der Berufs- und Fachschulen. In den Genuß der staatlichen Mittel kamen 1936 die Kaufmännische Berufsschule, die Handelsschule und die Höhere Handelsschule. Mit ihrer Einrichtung wurde 1938 auch die Mädchenberufsschule in die Regelung einbezogen.

Nach 1945 änderte sich das Bild grundlegend. Die Schulen der Stadt Hanau waren weitgehend zerstört; der Unterrichtsbetrieb konnte - trotz der außerordentlichen Bemühungen um den Wiederaufbau der Schulgebäude - erst allmählich wieder aufgenommen werden (siehe dazu die Ausführungen zum Einzelplan 2 im zweiten Abschnitt dieser Arbeit). Die Stadt Hanau, die mit Pensionszahlungen der eigenen städtischen Oberschulen ohnehin schwer belastet war,[1] fungierte 1946/47 auch für einen Teil der Lehrerschaft der

1) Allein die Ruhegeldzahlungen der städtischen Oberrealschule schlugen 1945 mit 130 970 RM zu Buche, denen Einnahmen infolge der totalen Zerstörung der Lehranstalt nicht mehr gegenüberstanden. Die Schule wurde nicht mehr aufgebaut, so daß die Haushaltsposition "Oberrealschule" noch einige Jahre mit einem hohen Zuschußbedarf, der sich nur langsam abbaute, bestehen blieb

Volksschulen und der Mittelschule als Zahlstelle für Ruhegehälter, die ihr vom Land Hessen später erstattet wurden. Die hohen Zuweisungsbeträge für diese Jahre in der Tabelle 50 (Seite 225) gehen im wesentlichen darauf zurück.

Durch die Einführung der Unterrichtsgeld- und Lernmittelfreiheit in Hessen nach dem Kriege haben sich die regelmäßigen Zuweisungen des Landes im Schulwesen erhöht. Wegen der besonderen Problematik dieses Themenkreises ist es zweckmäßig und für das Verständnis der Zusammenhänge sicher auch erforderlich, auf die Entstehungsgeschichte kurz einzugehen.

- Der Gedanke des unentgeltlichen Unterrichts und der Bereitstellung von Lernmitteln auf Kosten des Staates in Volks- und Fortbildungsschulen ist bereits in der Weimarer Verfassung (Artikel 145) verankert gewesen. Die Hessische Verfassung[1)] des Jahres 1946 (Artikel 59) hat diese Vorstellung weiter ausgedehnt, indem sie bestimmte: "In allen öffentlichen Grund-, Mittel-, Höheren und Hochschulen ist der Unterricht unentgeltlich. Unentgeltlich sind auch die Lernmittel[2)] mit Ausnahme der an Hochschulen gebrauchten." Einzelheiten sollte ein besonderes Gesetz regeln. Zwar lag ein entsprechender Entwurf dazu bereits im Jahre 1947 vor, doch die endgültige und wirksam gewordene Fassung datierte erst vom 16. Februar 1949.[3)] Der Grund für die Verzögerung lag offensichtlich in den erwarteten finanzpolitischen Auswirkungen der Umsetzung dieses Verfassungsauftrags. Immerhin hatte der Finanzminister bei der Verabschiedung des Gesetzes vor dem Hessischen Landtag deutlich darauf hingewiesen, daß der Staat, um zunächst einmal die schlimmste Not zu lindern, wegen seiner eigenen schwierigen Finanzlage oft gezwungen sei, die Verwirklichung neuer, wertvoller Ideen zurückzustellen.[4)] Dies wird verständlich vor dem Hintergrund der großen finanzwirtschaftlichen Probleme, die die Währungsreform auch für das Land Hessen aufgeworfen hatte.

  Die endgültig verabschiedete gesetzliche Regelung sah vor, den Gemeinden und Gemeindeverbänden ab 1. Oktober 1948 den entstehenden Ausfall an Unterrichtsgeld und die für die Lernmittel aufgewendeten Kosten zu ersetzen, wenn auch unter Abzug einer Interessenquote. Zu errechnen war die Zuweisung auf der Grundlage des bisherigen Unterrichtsgeldes, vervielfacht mit 75 Prozent der Zahl der am 1. Mai eines jeden Jahres vorhandenen Schüler. So ergaben sich aus dieser

---

1) Verfassung des Landes Hessen vom 11. Dezember 1946 (GVBL.S.229) in der von der verfassungsgebenden Landesversammlung in Wiesbaden am 29. Oktober 1946 beschlossenen und durch Volksentscheid am 1. Dezember 1946 angenommenen Form. Der Streit darüber, ob der Artikel 59 Abs.1 Satz 1 nur proklamatorischen Charakter habe oder geltendes Recht darstelle, wurde vom Staatsgerichtshof des Landes Hessen am 27. Mai 1949 dahingehend entschieden, daß die Verfassungsbestimmung unmittelbar geltendes Recht sei (vgl. dazu Wortlaut des Urteils im GVBl.1949, S.129)

2) Zu den Lernmitteln in diesem Sinne rechnete man Lehrbücher und Lernmaterial; zum Lernmaterial wiederum gehörten z.B. Arbeitshefte, Zeichenblocks, Arbeits- und Übungsmaterial für den Werk- und Handarbeitsunterricht etc.

3) Gesetz über Unterrichtsgeld- und Lernmittelfreiheit vom 16. Februar 1949 (GVBl. S.18); dieses Gesetz wurde ergänzt durch die Gesetze zur Durchführung der Lernmittelfreiheit vom 12. Juli 1949 (GVBl. S.96) sowie über Unterrichtsgeld- und Lernmittelfreiheit an Privatschulen vom 12. Juli 1949 (GVBl. S.97)

4) So der Finanzminister Dr.Hilpert in der 52. Plenarsitzung des Hessischen Landtages am 12. Januar 1949 (zitiert nach W.Fischer a.a.O., S.334)

bedeutsamen Neuerung in der Sozial- und Kulturpolitik des Landes nicht nur für den Haushalt des Staates, sondern auch für die Gemeindehaushalte erhebliche finanzielle Belastungen.

Solange sich der Gesetzentwurf über die Unterrichtsgeld- und Lernmittelfreiheit noch in der parlamentarischen Diskussion befand,[1] wurde die Regulierung des Ausfalls an Schulgeldern praktisch in Einzelfällen entschieden. Die Stadt Hanau, deren Schulaufbau damals noch am Anfang stand, konnte in dieser Übergangsphase lediglich den teilweisen Ersatz des entsprechenden Einnahmeausfalls des Realgymnasiums für Mädchen geltend machen und durchsetzen, der einzigen städtischen Höheren Schule, die ihren Unterrichtsbetrieb bereits wieder aufgenommen hatte. Die weitere Entwicklung der Staatszuweisungen an die Stadt Hanau für den Schulgeldausfall ergibt sich aus der folgenden Tabelle.

Tabelle 51 Leistungen des Landes Hessen für Schulgeldausfall an die Stadt Hanau in RM/DM

Rechnungsjahr	Höhere Schulen	Berufsfachschulen				Gesamtsumme
	Realgymnasium für Mädchen	Handelsschule	Höhere Handelsschule	Haushaltungsschule	Kinderpflegerinnen- und Hausgehilfinnenschule	
1947	42 600	-	-	-	-	42 600
1948 DM	37 780	-	-	-	-	37 780
1949	78 200	-	-	-	-	78 200
1950	81 900	12 306	2 820	1 140	1 085	99 251
1951	88 740	16 775	5 043	2 303	1 528	114 389
1952	115 660	28 773	7 551	5 183	2 341	159 508
1953	107 640	40 599	9 720	10 044	2 250	170 253
1954[a]	-	2 376	360	-	-	2 736

a) Ersatz des Schulgeldausfalls nur noch für Schüler mit Wohnort in Bayern (Unterfranken)

Kritisch ist dazu anzumerken, daß - unabhängig von der gesetzlich vorgegebenen Beteiligung der Gemeinden an den Lasten der Schulgeldfreiheit - die Zuweisungen die steigende Kostenentwicklung nicht voll ausgeglichen haben. Durch Preissteigerungen bei den Sachausgaben ebenso wie durch die Erhöhung der Personalkosten einschließlich der Ruhegelder waren die städtischen Ausgaben, insbesondere für die Höheren Schulen, erheblich gewachsen, ohne daß die staatlichen Mittelzuweisungen damit Schritt gehalten hätten. Dies hatte die Finanzdezernenten der kreisfreien Städte 1952 veranlaßt, höhere Ausgleichsbeträge zu fordern.[2] Auch der Hessische Städtetag griff in diese Diskussion ein und versuchte, angesichts der äußerst schwierigen finanziellen Lage der kommunalen Schulträger, eine Verbesserung zugunsten der Gemeinden zu erreichen. Alle Bemühungen blieben indessen ohne Erfolg. Das Finanzministerium des Landes verwies in diesem Zusammenhang auf den bevorstehenden Erlaß eines neuen hessischen Schulgesetzes, das dann 1953

1) Strittig war dabei insbesondere, ob die Befreiung von der Schulgeldzahlung allen Bürgern gleichermaßen oder nur einem begrenzten, durch bestimmte Maximaleinkommen ausgewiesenen Elternkreis zugute kommen sollte

2) Über Einzelheiten dazu siehe W.Fischer, a.a.O., S.337f

auch verabschiedet wurde. Es sah vor, daß vom Rechnungsjahr 1954 an der nach dem Gesetz vom 16. Februar 1949 erstattungsfähige Schulgeldausfall nicht mehr ersetzt wurde. Die finanzielle Belastung der Stadt Hanau war durch die gesetzliche Neuordnung - wie an anderer Stelle bereits gezeigt wurde - erheblich größer geworden (siehe hierzu Seite 90f).

b4) Der Theaterzuschuß

Das Hanauer Theater ist seit seiner Übernahme in städtische Regie nie ohne beträchtliche Zuschüsse ausgekommen. Dies belastete die Stadt, insbesondere in den frühen dreißiger Jahren, so sehr, daß auch der Gedanke der Aufgabe des Theaters erwogen wurde. Dem Magistrat gelang es jedoch, höhere Reichszuschüsse zu erwirken, so daß die Fortführung des Betriebs in eigener Regie gesichert werden konnte. Die staatlichen Mittelzuweisungen bewegten sich in den Anfangsjahren des Untersuchungszeitraums auf einer Höhe von jährlich 50 000 RM, wurden aber mit der Verbesserung der Einspielergebnisse durch eine stärkere Auslastung der Bühne und des Ensembles mit Sonderveranstaltungen und Gastspielen in anderen Städten 1940/41 auf 30 000 RM bzw. 32 000 RM reduziert. Einen weiteren Zuschuß in Höhe von 2 000 RM gewährte in diesen Jahren der Oberpräsident der Provinz Hessen-Nassau. Wegen des zeitbedingten Ausfalls von Vorstellungen durch Fliegeralarm erhöhte das Reich seinen Zuschuß in den letzten Kriegsjahren wieder auf 50 000 RM (siehe Tabelle 50 auf Seite 225 sowie die Ausführungen über das Stadttheater im zweiten Abschnitt dieser Arbeit, Seite 366ff).

b5) Die Ersätze und Zuschüsse im Fürsorgewesen und in der Kriegsfolgenhilfe

Die Zuweisungen des Reiches im Fürsorgewesen bis 1944 sind gekennzeichnet durch zwei gegenläufige Bewegungen: während globale Zahlungen, wie etwa die "Notstandsbeihilfen"[1] für Maßnahmen zur Arbeitsbeschaffung nach der Weltwirtschaftskrise und die "Reichswohlfahrtshilfe" zur finanziellen Unterstützung der kommunalen Fürsorgeleistungen an Wohlfahrtserwerbslose, schon in der Mitte der dreißiger Jahre zurückgingen oder ganz wegfielen, nahmen die Zuweisungen für spezielle Zielgruppen unter den Fürsorgeempfängern zu. Gleichzeitig übertrug das Reich die Auszahlung von Familienunterhaltszahlungen für Angehörige von Wehr-, Arbeits- und Luftschutzdienstpflichtigen als Auftragsangelegenheit an die Gemeinden und sorgte damit für einen weiteren Mittelzufluß.

---

1) Interessant ist in diesem Zusammenhang, daß nach einem Minister-Erlaß vom 26. Januar 1935 die zahlenmäßige Veranschlagung der Notstandsbeihilfen des Staates im Haushaltsplan der Empfängergemeinden zu unterbleiben hatte (vgl. dazu Haushaltspläne der Stadt Hanau 1935, 1936 und 1937, jeweils Seite 15, Erläuterung 5). Ganz offensichtlich sollte damit die Berücksichtigung fester Beträge an Notstandsbeihilfen bei der Herbeiführung des Haushaltsausgleichs verhindert werden. Die Stadt Hanau begnügte sich deshalb in ihren Etats mit der lapidaren Randbemerkung: "Es werden Notstandsbeihilfen in Höhe von .... RM e r h o f f t !"

Die Einnahmen der Stadt Hanau aus Reichszuweisungen, wie sie in der Tabelle 50 (Seite 225) nachgewiesen sind, enthalten im Jahr 1936 nur noch einen Restbetrag aus der Reichswohlfahrtshilfe, die ab 1937 nicht mehr gezahlt wurde. Bei den übrigen Beträgen handelt es sich um die folgenden Zuschüsse in Reichsmark:

Zuweisung für	1936	1938	1941	1944
Reichswohlfahrtshilfe	38 650	-	-	-
Kostenerstattung für Auszahlung der Kriegsbeschädigtenrente	1 465	638	-	)
Kleinrentnerhilfeempfänger	5 538	12 732	15 160	) 19 132
sonstige Kleinrentner	5 000	7 720	6 160	)
Familienunterhalt	4 223	93 920	2 310 148	2 590 995
Summe	54 876	115 010	2 331 468	2 610 127

Die Reichszuschüsse für die Gruppe von Kleinrentnern waren zur unmittelbaren Weiterleitung an die Unterstützungsempfänger bestimmt. Zu dieser Gruppe gehörten alte oder erwerbsunfähige Personen, die infolge eigener oder fremder Vorsorge ohne die eingetretene Geldentwertung nicht auf die öffentliche Fürsorge angewiesen gewesen wären. Sie unterschieden sich damit grundsätzlich von den Sozialrentnern, die dem Kreis der Alters- oder Invalidenrentner aus der Arbeiter- oder Angestelltenversicherung zuzurechnen waren.[1])

Mit der starken Zunahme der Familienunterhaltsleistungen der Stadt Hanau während des Krieges stiegen auch die Reichszuschüsse, die knapp 95 vH der städtischen Aufwendungen deckten, entsprechend an (Einzelheiten hierzu siehe Seite 122).

Abgesehen von geringen Einzelbeträgen, die allgemeine Fürsorgeempfänger betrafen und auf die hier nicht näher eingegangen zu werden braucht, und einer Einmalzahlung nach dem Lastenausgleichsgesetz im Jahre 1952 (siehe Tabelle 50, Anmerkung c) wurde die Entwicklung der staatlichen Mittelzuweisungen im Rahmen des Fürsorgewesens nach 1945 beherrscht von den Zuweisungen in der Kriegsfolgenhilfe. Unter dem Begriff der Kriegsfolgenhilfe waren alle Fürsorgeaufwendungen zusammengefaßt, die auf gesetzlicher Grundlage an folgende Personen oder Personengruppen gezahlt wurden:

1. Heimatvertriebene,
2. Evakuierte,
3. Zugewanderte aus der sowjetischen Besatzungszone und der Stadt Berlin,
4. Ausländer und Staatenlose,
5. Angehörige von Kriegsgefangenen und Vermißten sowie heimgekehrte Kriegsteilnehmer,
6. Kriegsbeschädigte, Kriegshinterbliebene und ihnen gleichgestellte Personen.

---

1) Vgl. hierzu §§ 14, 16 der Reichsgrundsätze über Voraussetzung, Art und Maß der öffentlichen Fürsorge vom 4. Dezember 1924, RGBl.I, S.765 (zitiert nach W.Fischer, a.a.O., S.364)

Die Leistungen in der Kriegsfolgenhilfe (siehe dazu Seite 117) beschränkten sich nicht auf Geld- und Sachleistungen, wie einmalige oder laufende Barunterstützungen, Erziehungsbeihilfen, Ersatz der Arzt- und Arzneikosten etc., sondern sie umfaßten ebenso die Pflegekosten in Anstalten, Heimen, Heilstätten und Krankenhäusern (geschlossene Fürsorge). Ergänzend kamen später hinzu (sonstige Kriegsfolgenhilfe): Entlassungsgelder und Übergangsbeihilfen für Heimkehrer, Umsiedlungskosten für Heimatvertriebene und Evakuierte sowie vergleichbare Zahlungen.

Nach der Besetzung durch die amerikanischen Streitkräfte war die Stadt Hanau zunächst auf sich selbst gestellt und mußte alle Fürsorgeaufwendungen aus eigenen Mitteln bestreiten. Als einzige Zuwendung in diesem Zusammenhang erhielt die Stadt 1945 einen Betrag in Höhe von 140 000 Reichsmark aus dem durch die örtliche Militärregierung beschlagnahmten Geldvermögen der NSV.[1)][2)] Staatliche Hilfe wurde der Stadt Hanau erst nach der Konstituierung des Landes Hessen am Ende des Rechnungsjahres 1945, d.h. im Frühjahr 1946, zuteil. Dabei handelte es sich um eine einmalige Zuweisung zu den Fürsorgelasten in Höhe von 150 000 Reichsmark.

Die Lastenverteilung in der Kriegsfolgenhilfe im Lande Hessen

Rechnungsjahr	Bund vH	Land Hessen vH	Landesfürsorgeverband vH	Bezirksfürsorgeverband vH
1946	-	Kosten Ostflüchtlinge	-	alle übrigen Kriegsfolgekosten
1947	-	85	5	10
1948	-	75	5	20
1949	-	80	-	20
1950	75	10	-	15
1951	85	-	-	15
1952	85	-	-	15
1953	85	-	-	15
1954	85	-	-	15

Von 1946 an wurde die Lastenverteilung in der Kriegsfolgenhilfe zwischen den Gemeinden und dem Land Hessen durch die Hessischen Finanzausgleichsgesetze[3)] geregelt, ehe 1950 der Bundeshaushalt den Hauptanteil an den Kosten übernahm. Die Gemeinden blieben jedoch mit einer Interessenquote beteiligt. Durch das 1. Gesetz zur Überleitung von Lasten

1) "Nationalsozialistische Volkswohlfahrt", im Dritten Reich eine Organisation, die Fürsorgeaufgaben wahrzunehmen hatte

2) Eine weitere Zahlung aus dem durch die Miltärregierung beschlagnahmten NSV-Vermögen in Höhe von 60 339 RM erhielt die Stadt Hanau im Rechnungsjahr 1946

3) § 8 des Hessischen Finanzausgleichsgesetzes 1946 vom 8. April 1947, GVBl.1947, S.24,
§ 4 des Hessischen Finanzausgleichsgesetzes 1947 vom 1. August 1947, GVBl.1947, S.61
§ 13 des Hessischen Finanzausgleichsgesetzes 1948 vom 10. Juni 1948, GVBl., S. 83
§ 13 des Hessischen Finanzausgleichsgesetzes 1949 in der Fassung vom 14. Juni 1949, GVBl., S.50
§ 16 des Hessischen Finanzausgleichsgesetzes 1950 vom 27. Juni 1950, GVBl., S.119
§ 15 des Hessischen Finanzausgleichsgesetzes 1951 vom 17. Juli 1951, GVBl., S. 39

und Deckungsmitteln auf den Bund vom 28. November 1950[1] wurde der Bund mit Wirkung vom 1. April 1950 Träger der Kosten für die Kriegsfolgenhilfe. Die Länder haben zwar zunächst noch mit einem Zehntel an den Kosten partizipiert, schieden dann aber aus dem Ausgleichsverfahren ganz aus. Einen Einblick in die prozentuale Lastenverteilung auf die verschiedenen Gebietskörperschaften vermittelt die obige Übersicht.[2]

Wie aus der Tabelle 50 ersichtlich ist, sind die Zuweisungen des Bundes erst nach der Neuordnung der Fürsorgeleistungen in der Kriegsfolgenhilfe in Verbindung mit einer spürbaren Anhebung der Richtsätze für die Pflichtleistungen im Sinne der Fürsorgepflichtverordnung vom 13. Februar 1924 ab 1953 merklich angestiegen. Die Aufwärtstendenz hat sich danach fortgesetzt.

Der auffällige Betrag des Jahres 1947 erklärt sich daraus, daß Teile der Landeszuweisungen aus 1946 erst im Rechnungsjahr 1947 wirksam geworden sind.

b6) Die Zuschüsse zu den Kriegswirtschafts- und Kriegsfolgenämtern

Die Einrichtung der Ernährungs- und Wirtschaftsämter zur Regelung des Verbrauchs unter den Bedingungen der Kriegswirtschaft war für die Gemeinden eine Auftragsangelegenheit, die auf die Verordnung über die Wirtschaftsverwaltung vom 27. August 1939[3] zurückging. An den persönlichen und sächlichen Kosten der bei den Stadt- und Landkreisen geführten kommunalen Dienststellen beteiligte sich der Staat durch Zuschüsse, die von der Größe der Bevölkerung abhängig waren. Im Jahr 1940 betrug die staatliche Kostenbeteiligung 0,10 RM je Monat und Kopf der Bevölkerung. Als mit der Fortdauer des Krieges und der immer umfangreicher werdenden Bewirtschaftung der Güter des täglichen Bedarfs die Arbeitsbelastung der Ämter zunahm, hat man dem durch Erhöhung des Pro-Kopf-Satzes Rechnung getragen. So betrugen die Staatszuschüsse je Monat und Kopf der Bevölkerung in den Rechnungsjahren

1941:	0,1055 RM	(=1,27 RM/Jahr/je Einwohner)
1942:	0,14 RM	(=1,68 RM/Jahr/je Einwohner)
1943:	0,15 RM	(=1,80 RM/Jahr/je Einwohner).

Außerdem zahlte das Reich einmalige Zuschüsse in besonderen Fällen. Die aus den Erhöhungen resultierende Steigerung der Einnahmen der Stadt Hanau ist aus der Tabelle 50 (Seite 225) ersichtlich.

In den Rechnungsjahren 1945 und 1946 hatte der Hessische Minister der Finanzen die staatliche Kostenbeteiligung vorläufig auf 2,40 RM je Einwohner festgesetzt[4], bis das Hessische Finanzausgleichsgesetz für 1946 den Satz endgültig mit 3,60 RM je Einwohner

1) BGBl. S.773
2) Vgl. dazu W.Fischer, a.a.O., S.370f
3) RGBl.I S.1495
4) Vgl. W.Fischer a.a.O., S.78

normierte. Den Zahlungen zugrunde gelegt wurde der Stand der Bevölkerung vom 1. Januar 1946.[1]) Von 1947 an wurden keine Kostenbeiträge mehr gezahlt.

Bei dem Kriegsschadenamt[2]) hat der Staat die persönlichen und sächlichen Kosten bis zum 1. April 1952 voll ersetzt. Ab 1953 wurde die Dienststelle dem Ausgleichsamt angegliedert, das aus dem Soforthilfeamt hervorgegangenen war. Für das Ausgleichsamt erhielt die Stadt dann gemäß § 351 des Lastenausgleichsgesetzes vom 1. September 1952 an die in der Tabelle 50 für 1953 und 1954 nachgewiesenen Zuschüsse.

b7) Sonstige Zweckzuweisungen

Die unter dieser Einnahmeart in der Tabelle 50 dargestellten Einnahmen setzen sich aus vielen Kleinbeträgen zusammen, die sich meist auf Einzelfälle beziehen und sehr unterschiedliche Komplexe betreffen. In den Jahren bis 1944 gehörten zu solchen Zuweisungsbeträgen u.a.:

> Verrentungsbeihilfen zum Schuldendienst für die Kinzigregulierung, Beiträge zu den Kosten der Verwaltung von Hauszinssteuerhypotheken, Zuschüsse für Zwecke des Luftschutzes und zur Beschaffung von Behelfsheimen, Ersatz von Quartiergeldern, von Wahl- und statistischen Erhebungskosten, von Verwaltungs- und Portokosten des Stadtverwaltungsgerichts, Vergütungen für die Einziehung der Schlachtsteuer, für Personenstandsaufnahmen für Zwecke des Finanzamts, Zuschüsse zur Jugendförderung und zur Unterhaltung von Kriegsgräbern, Pensionszahlungen für Flüchtlingsbeamte, die zum Teil noch bis in die Nachkriegszeit erstattet wurden.

In der Zeit nach 1945 lassen sich u.a. nachweisen:

> Erstattungen für die Verwaltung von Umstellungsgrundschulden im Zusammenhang mit Hauszinssteuerhypotheken, Beiträge zur Schulkinderspeisung, Jugendförderung, Schulgesundheitspflege, zur Förderung des Hebammenwesens, Beihilfen für die Unterhaltung der Betreuungsstelle für politisch, religiös und rassisch Verfolgte sowie für die Beseitigung von Hochwasserschäden.

Wie an anderer Stelle bereits ausgeführt wurde, wird im zweiten Abschnitt bei der Untersuchung der Haushaltsstellen auf einzelne dieser Zuweisungen noch näher eingegangen, wenn und soweit sie für den jeweiligen Haushaltsbereich finanzwirtschaftlich von Bedeutung sind.

---

1) § 3 des Hessischen Finanzausgleichsgesetzes 1946 vom 8. April 1947, GVBl. S.24

2) Die Bezeichnung der Dienststelle hat mehrfach gewechselt. Bis 1950 hieß sie "Schaden- und Besatzungskostenamt", 1951 wurde sie zum "Schaden-", 1952 zum "Kriegsschadenamt"

2. Zuweisungen von übergeordneten Gemeindeverbänden

Bei den Zahlungen von übergeordneten Gemeindeverbänden (siehe Tabelle 47 auf Seite 211) handelt es sich im wesentlichen um Leistungen in zwei Sachbereichen:

1. um Ersatzleistungen des Landesfürsorgeverbandes in der Allgemeinen Fürsorge sowie in der Kriegsfolgenhilfe, und

2. um Zuweisungen des Provinzialverbandes (bis 1944) bzw. des Bezirksverbandes (ab 1945) für die Unterhaltung der Straßen höherer Ordnung im Stadtgebiet Hanau.

Die Erstattungen des Landesfürsorgeverbandes betrafen in der Hauptsache Leistungen für die Gruppe der allgemeinen Unterstützungsempfänger und Sozialrentner sowie für die wirtschaftliche Fürsorge in der Tuberkulosenhilfe. Insbesondere letztere, die im Einzelfall sowohl Rentenversicherten als auch Nichtrentenversicherten zugute kamen, hatten seit 1953 stark zugenommen, während die Leistungen in der Kriegsfolgenhilfe eine geringere Rolle spielten.

Die Zuweisungen für die Straßenunterhaltung sind Teil des vertikalen Finanz- und Lastenausgleichs, der zu den ältesten Formen der finanzwirtschaftlichen Beziehungen zwischen über- und nachgeordneten Gebietskörperschaften gehört. Er vollzieht sich in beiden Richtungen. Einerseits leistet die Stadt im Rahmen der Bezirksumlage Beiträge zur Unterhaltung des regionalen Netzes der Landstraßen I. Ordnung, andererseits übernimmt der Staat durch Zuschüsse an die Stadt einen Teil der Unterhaltungskosten der Landstraßen II. Ordnung und der Ortsdurchfahrten. Bei den Ortsdurchfahrten beschränken sich die Zuschüsse auf Reichs- bzw. Bundesstraßen sowie auf Landstraßen I. Ordnung. Als Zuweisungsmaßstab galten während des Untersuchungszeitraums die Gemeindegröße (Einwohnerzahl) und die jeweilige Straßenlänge.

Bis zum Jahre 1945 erhielt die Stadt Hanau Straßenunterhaltungsbeiträge in der Form von Anteilen an dem örtlichen Aufkommen der Kraftfahrzeugsteuer. Diese sogenannten "Reichssteuerüberweisungen",[1] deren Einführung auf die Erzbergersche Finanzreform der Jahre 1920/23 zurückging, waren als zweckgebundene Mittel für die Straßenunterhaltung zu verwenden.

Nach der Konstituierung des Landes Hessen wurden die Straßenunterhaltungsbeiträge durch die Finanzausgleichsgesetze näher bestimmt. Danach erhielten die Stadtkreise aus Staatsmitteln:

---

1) Unter dem Begriff der Reichssteuerüberweisungen wurden die Anteile der Länder und Gemeinden an dem Ertrag der sogenannten Beteiligungssteuern (Einkommen-, Körperschaft-, Umsatz- und Kraftfahrzeugsteuer) verstanden. Sie waren an das örtliche Steueraufkommen gebunden und wurden ab 1938 durch die von Popitz als "Finanzzuweisungen" bezeichneten Dotationen abgelöst, die an die Stelle der kommunalen Anteile an den (von Einkommen, Unternehmensgewinn und Umsatz abhängigen) Beteiligungssteuern traten. Die Steuerüberweisungen an die Gemeinden aus dem örtlichen Kraftfahrzeugsteueraufkommen wurden jedoch zunächst beibehalten

im Rechnungs-jahr	für jeden Kilometer der von ihnen zu unterhaltenden Landstraßen II. Ordnung	für die Unterhaltung von Ortsdurchfahrten im Zuge von Reichs-/Bundesstraßen sowie von Landstraßen I. Ordnung je Kilometer
1946[1]	400 RM	800 RM
1948[2]	320 RM	640 RM
1950[3]	500 DM	1000 DM
1954[4]	600 DM	1000 DM

Nach diesen Regelungen hatte die Stadt Hanau einen Anspruch (Soll) auf folgende Zuschußbeträge zu den Straßenunterhaltungskosten:

	1946 RM	1950 DM	1954 DM
1. als Träger der Baulast für 11,459 km Landstraßen II.Ordnung	4 583,60	5 729,50	6 875,40
2. für die Unterhaltung von Ortsdurchfahrten im Zuge von insgesamt 12,865 km Bundesstraßen und Landstraßen I.Ordnung	10 292,--	12 865,--	12 865,--
zusammen	14 875,60	18 594,50	19 740,40

Wie die folgenden Ist-Ergebnisse zeigen, weichen die tatsächlichen Einnahmen nur verhältnismäßig wenig von diesen Sollzahlen ab.

aus Reichssteuerüberweisungen		nach den Hessischen Finanzausgleichsgesetzen	
1936	12 754 RM	1946	15 555 RM
1938	13 412 RM	1947	14 834 RM
1941	9 804 RM	1948	8 890 DM
1944	14 876 RM	1949	13 582 DM
1945	7 726 RM	1950	19 877 DM
		1951	18 521 DM
		1952	18 522 DM
		1953	18 492 DM
		1954	19 502 DM

1) Hessisches Finanzausgleichsgesetz 1946 vom 29. Juli 1947 (GVBl.1947, S.61) §§ 1 und 2
2) Hessisches Finanzausgleichsgesetz 1948 vom 10. Juni 1948 (GVBl., S.83) §§ 11 und 12
3) Hessisches Finanzausgleichsgesetz 1950 vom 27. Juni 1950 (GVBl., S.119) §§ 14 und 15
4) Hessisches Finanzausgleichsgesetz 1954 vom 6. Juli 1954 (GVBl., S.122) § 12

Wenn man bedenkt, daß die Straßenunterhaltungsbeiträge aber nur einen Bruchteil der tatsächlichen Unterhaltungskosten deckten, den die Gemeinden aufzuwenden hatten,[1] und daß die Lohn- und Materialkosten nach der Währungsreform ständig gestiegen waren, dann wird verständlich, daß die Stadt Hanau sich den von den kommunalen Spitzenverbänden erhobenen Forderungen auf Erhöhung der Staatszuschüsse zu den laufenden Unterhaltungskosten für Ortsdurchfahrten und Straßen II. Ordnung vorbehaltlos anschloß.[2]

3. Zuweisungen von sonstigen Gemeinden und Gemeindeverbänden

Einen beachtlichen Teil dieser Zuweisungen bilden die Ersätze anderer Bezirksfürsorgeverbände für Leistungen des Bezirksfürsorgeverbandes Hanau in der offenen und geschlossenen Fürsorge sowie in der Jugendhilfe. Ferner gehören hierher die Berufsschulbeiträge anderer Gemeinden sowie die Zuschüsse des Landkreises Hanau zu Einrichtungen des Stadtkreises oder zu gemeinsam mit der Stadt Hanau betriebenen Dienststellen. Die Zahlungen sind dem interkommunalen Finanz- und Lastenausgleich zuzurechnen.

Der herausragende Betrag des Jahres 1946 in der Tabelle 47 (Seite 211) betrifft einen einmaligen Zuschuß des Landkreises Hanau zum Wiederaufbau des Stadtkrankenhaus. Die auffallende Zunahme der Einnahmen ab 1951 erklärt sich aus den von diesem Jahr an gezahlten jährlichen Beiträgen des Landkreises Hanau in Höhe von 70 000 DM zu den laufenden Kosten des städtischen Krankenhauses sowie aus den Zuschüssen von 2 740 DM zu der gemeinsam unterhaltenen Kreisbildstelle. Ein weiterer Kostenbeitrag für das ebenfalls von dem Stadt- und Landkreis Hanau gemeinsam betriebene Versicherungsamt kam 1954 hinzu. Seine Höhe betrug nach der Rechnung 55 843 DM .

4. Andere Zuweisungen

In dieser Einnahmekategorie sind alle Zuweisungen zusammengefaßt, die der Stadt Hanau von Verbänden, Vereinen und sonstigen Körperschaften zugeflossen sind. Eine Untergruppe stellen die Zuweisungen von Zweckverbänden dar, die in der Tabelle 47 (Seite 211) getrennt ausgewiesen sind. Sie enthalten hauptsächlich Zahlungen für die von der Stadt Hanau wahrgenommenen Gechäftsführungsaufgaben der Zweckverbände "Dr.-Robert-Ley-Krankenhaus" (bis 1944) und "Gewerbliche Berufsschule". Der Zweckverband "Gewerbliche Berufsschule" leistete außerdem Zahlungen zugunsten der Steuerverwaltung und der Stadtkasse für die Veranlagung und Erhebung von Berufsschulbeiträgen sowie zugunsten der Liegenschaftsverwaltung für die Überlassung der erforderlichen Unterrichtsräume in der Mittelschule, deren Schulträger die Stadt Hanau war.

---

1) Nach einer Schätzung des Hessischen Ministers des Inneren aus dem Jahre 1951 ergab sich, daß die Kosten für Unterhaltung, Instandsetzung, Umbau und Ausbau der Landstraßen II.Ordnung damals bereits bei mindestens 2 000 DM je Kilometer lagen (so bei W.Fischer a.a.O., S.400)

2) Bei der Tiefbauverwaltung der Stadt Hanau gab es darüber einen lebhaften Schriftverkehr mit anderen Städten und den zuständigen Stellen der Aufsichtsbehörde

Mit der Auflösung des Krankenhaus-Zweckverbandes kurz vor Kriegsende und der Zerstörung der Mittelschule fielen diese Zuweisungen weg. Übrig blieb lediglich eine finanzwirtschaftlich unbedeutende Erstattung von Versorgungsbezügen der Gewerblichen Berufsschule, für die die Stadt Hanau weiterhin aufzukommen hatte.

Unter den übrigen Zuweisungen sind auch die jährlichen Erstattungen des Kapitaldienstes der Hanauer Straßenbahn AG einzuordnen, die diese für die von der Stadt Hanau gewährten Darlehen zu leisten hatte. Sie beliefen sich 1936 auf 22 389 RM und ab 1938 auf 28 418 RM. Die Zahlen beider Rechnungsjahre enthalten außerdem "Ablieferungsbeträge von Besoldungs- und Lohnersparnissen aufgrund der Reichsnotverordnung (Fürsorgeabgabe) der Stadtwerke", und zwar 13 698 RM in 1936 und 13 719 RM in 1938.

Für die Höhe der Beträge in den Jahren 1945 und 1946 gaben Zuweisungen der Militärregierung den Ausschlag. Sie stammen aus der Auflösung des NSV-Vermögens. Die Barmittel dieser Organisation des Dritten Reiches wurden der Stadt Hanau für Zwecke des Fürsorgehaushalts in zwei Teilbeträgen (1945: 140 000 RM; 1946: 60 339 RM) zur Verfügung gestellt (siehe dazu Seite 235). Danach haben die Einnahmen aus sonstigen Zuweisungen finanzwirtschaftlich keine Rolle mehr gespielt. Sie enthalten meist unbedeutende Beträge, wie etwa Zuschüsse (keine Ersätze) von Versicherungsträgern, kleinere Zuwendungen und Verwaltungskostenbeiträge des "Althanauer Hospitals"[1] und der "Bierschenkschen Stiftung", Spenden, Zahlungen der Toto-GmbH zur Instandsetzung von städtischen Sportanlagen, Verwaltungskostenanteile der Stadthallen GmbH, in früheren Jahren auch der Stadtsparkasse, sowie Renteneinnahmen aus der Vereinigten städtischen Armenstiftung. Besonderer Erwähnung bedarf lediglich eine Zuweisung der Hessischen Brandversicherung 1954 in Höhe von 12 000 DM für die Anschaffung eines Löschfahrzeugs für die Freiwillige Feuerwehr.

---

1) Das in den Haushaltsplänen ausdrücklich genannte "Althanauer Hospital", ein Altersheim für Frauen, ist eine selbständige Stiftung mit eigener Rechtspersönlichkeit unter städtischer Verwaltung, das bereits im 14. Jahrhundert entstand und in dem den aufgenommenen Personen aus Mitteln der Stiftung freie Wohnung und, soweit notwendig, Bar- oder Naturalunterstützung gewährt wird

§ 2 Gebühren, Beiträge, Entgelte, Strafen

Die nach den Steuern und Zuweisungen wichtigste Einnahmegruppe des Ordentlichen Haushalts der Stadt Hanau sind die Einnahmen aus Gebühren und Beiträgen. Sie fallen - wie die Steuern - unter den Oberbegriff der öffentlich-rechtlichen Abgaben,[1] gehören aber - im Gegensatz zu jenen - zu den speziellen Deckungsmitteln. Sie stellen Entgelte für Leistungen der öffentlichen Hand dar und sind zweckgebunden zu verwenden.

Bei den Gebühren handelt es sich um Geldleistungen für die Inanspruchnahme der städtischen Verwaltung oder die Benutzung ihrer öffentlichen Einrichtungen. Entsprechend dieser Differenzierung unterscheidet man zwischen Verwaltungs- und Benutzungsgebühren. Gegenstand der Gebührenerhebung kann eine einmalige, gelegentliche oder auch laufende Inanspruchnahme sein, die von Einzelpersonen oder von Institutionen veranlaßt wird und mit städtischen Leistungen zu deren Gunsten verbunden ist.[2]

Den Gebühren eng verwandt sind die als "Entgelte" bezeichneten Zahlungen. Sie werden deshalb in der Finanzstatistik ebenfalls der Gruppe 1 zugeordnet. Die Abgrenzung von den Gebühren ist in der Praxis oft schwierig. Grundsätzlich kann man davon ausgehen, daß es den öffentlichen Verbänden überlassen ist, ob sie für die Benutzung ihrer Einrichtungen eine privatrechtliche Vergütung erheben oder ob sie den Institutionen eine öffentlich-rechtliche Benutzungsordnung geben wollen. Liegt keine Gebührensatzung vor, so ist das Benutzungsverhältnis privatrechtlicher Natur; die Gegenleistung ist dann privatrechtliches Entgelt. Unterliegt das Benutzungsverhältnis dagegen öffentlich-rechtlichen Normen, so handelt es sich bei den geforderten Beträgen um Gebühren.[3]

Unter den Beiträgen[4] werden Abgaben im Sinne des Abgabenrechts verstanden, die zur Deckung von Aufwendungen für die Erbringung spezieller öffentlicher Leistungen[5] von Grundstückseigentümern und Gewerbetreibenden erhoben werden, denen aus diesen Leistungen besondere wirtschaftliche Vorteile erwachsen. Anders als bei den Gebühren, die eine Inanspruchnahme oder Nutzung von Einrichtungen voraussetzen, knüpft die

---

1) Sie sind insoweit - wie die Steuern - einseitig von der Stadt auferlegte Geldleistungen

2) Siehe dazu G.Zeitel, Gebühren und Beiträge, im Handwörterbuch der Wirtschaftswissenschaften (HdWW), Band 3, Stuttgart 1981, S.347ff

3) So H.v.Rosen-v.Hoewel in: Gebühren, Beiträge, Hand- und Spanndienste i.H.Peters (Hrsg.) Handbuch der Kommunalen Wissenschaft und Praxis, 1.Auflage, 3.Band, Berlin u.a, 1959, S.454ff

4) In der Finanzwissenschaft hat die Einordnung der Beiträge einen Meinungsstreit ausgelöst, der bis in das 19. Jahrhundert zurückgeht. Während sich bei den Steuern die Opfertheorie gegenüber der Äquivalenztheorie mehr und mehr durchsetzte, mußte man erkennen, daß andere Abgaben nicht nach der Leistungsfähigkeit der Abgabenschuldner, sondern nach den wirtschaftlichen Vorteilen, die ihnen aus jenen öffentlichen Leistungen erwachsen, bemessen werden. (Vgl. R.Büchner, a.a.O.; siehe auch W.Wittmann, Einführung in die Finanzwissenschaft, II.Teil, 2.Auflage, Stuttgart 1975, S.6ff)

5) Die hier angesprochenen, im öffentlichen Interesse geschaffenen und deshalb beitragspflichtigen Einrichtungen und Anlagen werden in der Literatur vielfach als "Veranstaltungen" bezeichnet, so bei R.Büchner, Handbuch der Finanzwissenschaft, 2.Auflage, 2.Bd., S.225ff. Auch H.v.Rosen-v.Hoewel (a.a.O.) hat diese Formulierung übernommen. Die Wahl des Begriffes erscheint jedoch wegen der Assoziierungsmöglichkeit mit völlig anderen Sachbereichen nicht sehr glücklich und wurde deshalb hier durch den allgemeineren Oberbegriff der "öffentlichen Leistungen" ersetzt

Beitragspflicht allein an die Vorteile an, die sich für den Beitragspflichtigen aus dem Vorhandensein der Einrichtung herleiten.[1]) Hier genügt die Bereitstellung einer öffentlichen Leistung, für den Begünstigten also die bloße Möglichkeit der Inanspruchnahme, um die Abgabenpflicht auszulösen.

Die vierte Einnahmekategorie, die nach dem Plan der finanzstatistischen Kennziffer der Gruppe 1 zugeordnet ist, bilden die Strafen, Buß- und Zwangsgelder. Sie leiten sich her aus den vom Staat auf die Stadt übertragenen Hoheitsrechten und kommen auf unterschiedlichen Gebieten zur Anwendung. Das Recht zur Verhängung von Strafen und Bußgeldern durch die Kommunen war nach dem Kriege zeitweilig durch die Besatzungsmächte eingeschränkt.

Tabelle 52 Ist-Einnahmen der Stadt Hanau aus Gebühren, Beiträgen, Entgelten, Strafen

Rechnungsjahr	Verwaltungsgebühren einschließlich Verwarnungsgebühren,[a)] Buß- und Strafgelder in RM/DM	Benutzungsgebühren, einschließlich tarifliche und gebührenartige Entgelte in RM/DM	Beiträge im Sinne des Abgabenrechts in RM/DM	Gesamtsumme in RM/DM
1936	36 242	954 905	131 583[e)]	991 147
1938	46 423	996 927	136 065[e)]	1 043 350
1941	29 158	1 074 396	165 386[e)]	1 103 554
1944	16 835	696 710	--	713 545
1945	65 944	498 894	--	564 838
1946	158 435	735 343	(8 822)[f)]	893 778
1947	147 800	841 320	[g)]	989 120
1948 RM	43 685	180 015	[g)]	223 700
1948 DM	96 496	535 921	[g)]	632 417
1949	109 521	998 536	[g)]	1 108 057
1950	84 990	1 139 733	[g)]	1 224 723
1951	104 514	1 552 022	[g)]	1 656 536
1952	129 616[b)]	2 014 044	95 578	2 239 238
1953	152 858[c)]	2 378 628	59 726	2 591 212
1954	147 419[d)]	2 624 021	139 158	2 910 598

a) Verwarnungsgebühren, Buß- und Strafgelder, die vorwiegend im Einzelplan 1 "Polizei" anfielen, sind bis 1951 häufig unter der Bezeichnung "Gebühren und Strafen" mit den Verwaltungsgebühren zusammengefaßt und auch so verbucht worden, so daß eine klare Trennung, selbst unter Heranziehung der Sachbücher, nicht möglich war. Erst ab 1952 erfolgte eine gesonderte Ausweisung (siehe Anm.b-d)

b) darin 4 334 DM Verwarnungsgebühren, Bußgelder etc. (nach Abzug von 1 670 DM Kasseneinnahmeresten)

c) darin 18 035 DM Verwarnungsgebühren, Bußgelder etc. (nach Abzug von 756 DM Kasseneinnahmeresten)

d) darin 13 221 DM Verwarnungsgebühren, Bußgelder etc. (nach Abzug von 5 861 DM Kasseneinnahmeresten)

e) nur Berufsschulbeiträge; die Anliegerbeiträge, die im Außerordentlichen Haushalt erfaßt und deshalb in der Gesamtsumme hier nicht enthalten sind, betrugen 1936 = 29 823 RM, 1938 = 45 471 RM, 1941 = 1 623 RM

f) Anliegerbeiträge aus dem Außerordentlichen Haushalt (nur nachrichtlich); in der Gesamtsumme nicht enthalten

g) Beiträge wurden nicht gesondert ausgewiesen; sie sind in der Spalte der Benutzungsgebühren mit enthalten

---

1) In § 11 Abs.1 des hessischen Kommunalabgabengesetzes (Gesetz über kommunale Abgaben [KAG] vom 17. März 1970) [GVBl.I S.225] heißt es: "Die Gemeinden und Landkreise können zur Deckung des Aufwands für die Schaffung, Erweiterung und Erneuerung öffentlicher Einrichtungen Beiträge von den Grundstückseigentümern erheben, denen die Möglichkeit der Inanspruchnahme dieser öffentlichen Einrichtungen nicht nur vorübergehende Vorteile bietet"

In der vorliegenden Untersuchung wurde der Benutzungsgebührenbegriff - entsprechend dem finanzstatistischen Kennziffernplan - weit gefaßt und die tariflichen und gebührenartigen Entgelte darunter subsummiert. Auch das Statistische Bundesamt hat beispielsweise Eintrittsgelder bei Veranstaltungen der Stadttheater oder Pflegesätze städtischer Krankenanstalten, obwohl sie tarifliche Entgelte darstellen, den Benutzungsgebühren zugerechnet. Auf eine gesonderte Ausweisung der Entgelte ist deswegen hier verzichtet worden.

Andererseits war eine an sich wünschenswerte Trennung der Verwaltungsgebühren von den Strafen und Bußgeldern nicht durchführbar, weil bei der Verbuchung dieser Einnahmen gelegentlich "Gebühren und Strafen" zusammengefaßt und nur in einem Betrag ausgewiesen worden sind. Für eine nachträgliche Zerlegung fehlten jedoch geeignete Unterlagen. Erst mit der Einführung des Kennziffernplans der Finanzstatistik sind beide Kategorien grundsätzlich getrennt und unabhängig voneinander verbucht worden (siehe dazu Tabelle 52, Anmerkungen b-d).

Aus der Tabelle 35 (Seite 174) war ersichtlich, daß der Anteil der Einnahmen der Gruppe 1 an den Gesamteinnahmen, wenn man von der Kriegszeit und den Ausnahmejahren bis 1948 einmal absieht, immer zwischen 10 und 15 vH lag. Betrachtet man nun die Aufschlüsselung dieses Anteils (Tabelle 52), so wird deutlich, daß der weitaus größte Prozentsatz davon, häufig weit über 90 vH, auf die Benutzungsgebühren und Entgelte entfiel. Von 1950 an war ihr Aufkommen allein sogar höher als das der Grundsteuer (vgl.hierzu Tabelle 38 auf Seite 179). Die beachtlichen Einnahmesteigerungen der letzten Jahre des Untersuchungszeitraums waren im wesentlichen eine Folge der im Zuge des Wiederaufbaus erweiterten und verbesserten Leistungen der Gebührenhaushalte sowie des Stadtkrankenhauses.

1. Verwaltungsgebühren und Bußgelder

Verwaltungsgebühren erhebt die Stadt Hanau für besondere Amtshandlungen oder eine Tätigkeit der Behörde im öffentlich-rechtlichen Bereich, die dem Gebührenpflichtigen einen individuellen Vorteil verschaffen. Die erbrachte städtische Leistung muß von ihm veranlaßt, d.h. von ihm entweder beantragt oder durch eine Handlung, die das Tätigwerden der Behörde verursacht hat, ausgelöst worden sein.

Die Höhe der Gebühr folgt aus dem Prinzip von Leistung und Gegenleistung, da die Gebühr grundsätzlich die Selbstkosten, d.h. die persönlichen und sächlichen Kosten der Amtshandlung, decken soll (Prinzip der Kostendeckung). Nach dem Grundsatz der Verhältnismäßigkeit sollen außerdem Gebühr und Amtshandlung in einem adäquaten Verhältnis zueinander stehen.[1]

In der Variationsbreite der Verwaltungsgebühren spiegelt sich die Vielfalt der städtischen Verwaltungstätigkeit. Zu den am häufigsten vorkommenden Abgaben dieser Art rechnen u.a. die folgenden Gebühren:

---

1) Vgl. F.Hötte/F.Mengert/K.Weyershäuser, Gemeindehaushalt in Schlagworten, 3.Auflage, Köln 1965, S.115

Standesamtsgebühren für Urkunden, Aufgebote, Eintragungen in Familienstammbücher etc.,

Gebühren für Baugenehmigungen, Bauabnahmen, Vermessungen und Schätzungen,

für Beglaubigungen, die Ausfertigung von Bescheinigungen und Ausweisen (Führerscheine, Pässe, Personalausweise),

für die Erlaubniserteilung zur Errichtung eines Gewerbes,

für die Inanspruchnahme des Ortsgerichts und der Schiedsmänner,

für Mahnungen und Zwangsvollstreckungen,

für die Kraftfahrzeugzulassung, die Ausfertigung amtsärztlicher Zeugnisse und die Fleischbeschau.

Das Aufkommen aus Verwaltungsgebühren, das von 1936 bis 1938 zwischen 40 000 und 50 000 RM lag, ging in den Kriegsjahren stark zurück. Dies zeigt, daß die Verwaltungstätigkeit bis 1944 zunehmenden Einschränkungen unterworfen war. Die kriegsbedingten Änderungen der Verwaltungsaufgaben, insbesondere deren Erweiterung, wie etwa durch die Einrichtung des Ernährungs- und Wirtschaftsamts oder der Fürsorgestelle für den Familienunterhalt, wirkten sich auf die Einnahmen nicht sonderlich aus, weil bei diesen Dienststellen Gebühren kaum erhoben wurden.

Die Nachkriegsentwicklung war dagegen von einem lebhaften Anstieg der Verwaltungsgebühren gekennzeichnet. Bereits 1945 lag das Aufkommen höher als 1938. Der größte Anteil davon entfiel auf die Polizei- und Ordnungsverwaltung,[1] die Meldebehörde und das Standesamt. Die Wiederbeschaffung verlorengegangener persönlicher Dokumente und Unterlagen, die Registrierung von Opfern der Bombenangriffe, von Gefallenen und Vermißten, die Bearbeitung von Suchmeldungen, die Flut der durch die Besatzungsmächte vorgeschriebenen Bescheinigungen und Genehmigungen, um nur einige Beispiele zu nennen, haben diese außergewöhnliche Entwicklung, die etwa bis 1948 anhielt, bewirkt. Danach wurden die "Baugebühren"[2] dominant. Gefördert durch den Wiederaufbau, wuchs ihr Anteil stärker als die Gebühren der übrigen Amtsbereiche. 1953 kamen schließlich die wieder eingeführten "polizeilichen Verwarnungsgebühren" hinzu.

Einnahmen aus Geldbußen und Strafmandaten sind zwar während des gesamten Untersuchungszeitraums angefallen, sie haben indessen finanzwirtschaftlich nie eine große Rolle gespielt. Während des Krieges und bis in das Jahr 1948 hatten beispielsweise das Ernährungs- und das Wirtschaftsamt, das Preisamt sowie einzelne Behörden der Ordnungsverwaltung im Vollzug ihrer Überwachungsaufgaben Strafbescheide erlassen, deren Vollstreckung zu entsprechenden Einnahmen führten. Dagegen waren die Strafmöglichkeiten der Polizei, die auch nach 1944 zunächst noch bestanden, mit dem Hessischen Gesetz zur Überleitung des Strafverfügungsrechts der Polizeibehörden auf die Gerichte vom 16. Mai

---

1) Dazu gehörte auch die Bauaufsicht, damals noch Baupolizei, die angesichts der großen Gebäudeschäden häufig tätig werden mußte

2) Vgl. dazu die Gebührenordnung für das Bauamt und die Bauaufsicht der Stadt Hanau vom 1. Januar 1948 (abgedruckt im Mitteilungsblatt für den Stadt- und Landkreis Hanau, Folge 142, vom 10. Januar 1948), die die bis dahin geltende Baupolizeigebührenordnung vom 3. Juni 1930 ablöste

1946[1] und entsprechenden Anordnungen der Militärregierung in Hessen vom 2. Mai 1947[2] aufgehoben worden. Obwohl die örtlichen Polizeidienststellen die aus Ordnungswidrigkeiten resultierende Verwaltungsarbeit weiterhin unverändert zu leisten hatten, flossen die Einnahmen aus den verhängten Geldbußen dem Staat zu.[3] Erst mit der Aufhebung dieser Beschränkung änderte sich das Bild. Nach dem Erlaß des Ministers des Inneren vom 13. Januar 1953 erhielt die Polizei wieder die Berechtigung, beim Vorliegen von Ordnungswidrigkeiten gebührenpflichtige Verwarnungen auszusprechen. Die Einnahmen flossen seitdem der Stadt zu und wurden zu einem festen Bestandteil des Polizeietats (Siehe dazu die Ausführungen zum Einzelplan 1 im zweiten Abschnitt).

2. Benutzungsgebühren und Entgelte

Unter Benutzungsgebühren im weiteren Sinne werden hier die Vergütungen verstanden, die für die Benutzung von Einrichtungen bezahlt werden, die die Stadt im öffentlichen Interesse unterhält.

Die Festsetzung einer Benutzungsgebühr ist ein Dritten gegenüber wirksamer Verwaltungsakt. Sie muß daher nach Grund und Höhe durch eine Rechtsvorschrift bestimmt sein. Als Rechtsgrundlagen für die städtischen Benutzungsgebühren dienen die Gebührenordnungen. Sie gehören zu den Ortssatzungen (Gemeindegesetzen) im Sinne des Gemeindeverfassungsrechts.[4]

Zu den öffentlichen Einrichtungen, für die die Stadt Hanau Benutzungsgebühren erhebt, gehören neben dem Krankenhaus und dem Hafen insbesondere die Gebührenhaushalte. Zu ihnen rechnen zum Beispiel der Schlachthof und die Freibank, die Badeanstalten, die Müllabfuhr, die Abwässerbeseitigung, der Friedhof und das Krematorium, die Desinfektionsanstalt und die Tierkörperbeseitigung. Als "Gebührenhaushalte" bezeichnet man sie deshalb, weil sie ihre Ausgaben überwiegend aus Benutzungsgebühren finanzieren. Nach den jeweiligen Ortssatzungen sind sie entweder Zuschußbetriebe, oder sie müssen sich in Einnahmen und Ausgaben ausgleichen.

Wie solche Regelungen praktisch aussehen, zeigen die Gebührenordnungen der Müllabfuhr und der Stadtentwässerung.[5] Danach sind die Gebühren dieser Haushalte so festzusetzen, daß Einnahmen und Ausgaben sich ausgleichen (§ 4 Abs.1). Ergibt sich am Schluß des Rechnungsjahres bei Gegenüberstellung der entstandenen Ausgaben und der für den gleichen Zeitraum erzielten Benutzungsgebühren ein Fehlbetrag, so wird zu den Gebühren für das folgende Rechnungsjahr ein entsprechender Zuschlag erhoben. Ergibt sich ein Überschuß, so wird dieser vorgetragen (§ 4 Abs.2).

---

1) GVBl. S.164

2) Anordnung der Militärregierung in Hessen über die Auferlegung von Geldstrafen, Zwangsgeld oder anderen Strafen durch die Polizei vom 2. Mai 1947, veröffentlicht im GVBl., S.94

3) Vgl. dazu Gesetz über Ordnungswidrigkeiten vom 25. März 1952, BGBl.I, S.177

4) Vgl. H.v.Rosen-v.Hoewel, a.a.O., S.460

5) Vgl. die Ordnungen betreffend die Erhebung von Müllabfuhr- und Kanalbenutzungsgebühren im Stadtbezirk Hanau vom 15. Juni 1949, abgedruckt im Mitteilungsblatt für den Stadt- und Landkreis Hanau, Folge 217, vom 18. Juni 1949

Die Höhe des auf 100.- DM Bemessungswert entfallenden Gebührensatzes wird alljährlich durch besonderen, der aufsichtsbehördlichen Genehmigung nach §§ 8 und 77 KAG unterliegenden Beschluß der Stadtverordnetenversammlung festgesetzt (§ 4 Abs.3). Die Gebühren ruhen als dingliche Last auf den Grundstücken. Als öffentliche Abgaben können sie deshalb im Verwaltungszwangsverfahren beigetrieben werden (§ 9).

Unter Entgelten werden hier - wie oben dargelegt - privatrechtliche Vergütungen verstanden, die an die Stadt für Leistungen gezahlt werden, die gleichermaßen von Dritten, also auch von nicht öffentlich-rechtlichen Institutionen, erbracht werden könnten. Solche Einnahmen, wie sie beispielsweise für allgemeine Transportleistungen sowie für die Beseitigung von Schutt und Trümmern in den ersten Nachkriegsjahren beim Fuhrpark oder für die Arbeiten der Stadtküche bei der Schulkinderspeisung anfielen, sind jedoch in Hanau nicht immer gesondert ausgewiesen worden. Vor allem in der ersten Hälfte des Untersuchungszeitraums waren sie häufig in den summarisch erfaßten Benutzungsgebühren oder den "Sonstigen Betriebseinnahmen" enthalten. Auf eine zahlenmäßig getrennte Darstellung mußte deshalb hier verzichtet werden.

Die leichte Zunahme der Benutzungsgebühren und Entgelte bis 1941 hatte ihre Ursache hauptsächlich in einem Anstieg der Einnahmen aus den Veranstaltungen des Stadttheaters. Sie lagen 1941 um mehr als ein Drittel über dem Niveau des Jahres 1936. Zugenommen hatten auch die Gebühreneinnahmen des Friedhofs und der Badeanstalten. Rückläufig waren dagegen die Ergebnisse bei der Müllabfuhr und im Marktwesen. Im Verlauf des Krieges gingen die Gebühreneinnahmen infolge geringerer Inanspruchnahme aller Anstalten merklich zurück und erreichten mit der Zerstörung der Stadt 1945 ihren absoluten Tiefpunkt.

Trotz des Schrumpfens der Bevölkerung um mehr als die Hälfte konnte die Stadt auf keine der öffentlichen Einrichtungen verzichten. Ihre Wiederingangsetzung wurde deshalb mit allem Nachdruck betrieben. Nach den Improvisierungen des Jahres 1945 vollzog sich die Rückkehr zu geordneten Verhältnissen jedoch nur langsam. Große Schwierigkeiten bereitete die Wiederherstellung des Krankenhauses, auf das der weitaus größte Teil der Benutzungsgebühren entfiel. So nahm das Gebührenaufkommen nur allmählich und in dem Maße zu, wie der Auf- und Ausbau der städtischen Einrichtungen und Anstalten vorankam und die Bevölkerungszahl wuchs.

Der kräftige Anstieg nach 1949 ist als ein Zeichen der beginnenden Normalisierung der Verhältnisse anzusehen. Die Ergebnissprünge 1951 und 1952 waren die Folge von drastischen Erhöhungen der Kanalbenutzungs- und Müllabfuhrgebühren (siehe dazu Seite 452f) sowie der Pflegesätze des Stadtkrankenhauses. Bei der Krankenanstalt machten sich außerdem die steigenden Belegungsziffern, insbesondere nach dem Ausbau der medizinischen Klinik, bemerkbar (siehe dazu Seite 407ff).

3. Beiträge im Sinne des Abgabenrechts

Einnahmen dieser Kategorie kamen in Hanau in zwei Formen vor: als Berufsschulbeiträge (bis 1941) und als Anliegerbeiträge.

Bei den ersteren handelt es sich um anteilige Geldleistungen des ortsansässigen Gewerbes für die Einrichtung, Unterhaltung und den Betrieb von berufsbildenden Schulen im Rahmen des dualen Ausbildungssystems. Ihrer Rechtsgrundlage nach Beiträge, hatten sie in Preußen wegen ihres Erhebungs- und Bemessungsverfahrens mehr und mehr den Charakter einer "Steuer" angenommen, denn sie wurden von allen Gewerbetreibenden erhoben, gleichviel, ob im Betrieb Berufsschulpflichtige oder überhaupt abhängige Arbeitskräfte beschäftigt wurden. Außerdem wurde bei der Veranlagung der Beiträge derselbe Meßbetrag zugrunde gelegt wie bei der Gewerbesteuer.

Tabelle 53 Ist-Einnahmen der Stadt Hanau aus Berufsschulbeiträgen in RM

Rechnungsjahr	Berufsschulbeiträge			
	Gewerbliche Berufsschule	Kaufmännische Berufsschule	Mädchen-Berufsschule	insgesamt
1936	100 236	31 247	-	131 583
1937	137 845	41 202	-	179 047
1938	91 697	30 395	13 973	136 065
1939	82 265	35 081	15 493	132 839
1940	98 906	23 957	9 702	132 565
1941	114 998	35 570	14 818	165 386

Es war daher auch nur folgerichtig, wenn ein großer Teil der preußischen Städte, die ihre Schulbeiträge nach den Maßstäben der Gewerbesteuer veranlagten, sie dann unter Hinweis auf § 3 des Einführungsgesetzes zu den Realsteuergesetzen[1] als "Mehrbelastung" in die Gewerbesteuer einbezog.[2] Zwar wurde dieses Verfahren in einem Runderlaß des Reichs- und Preußischen Ministers für Wissenschaft, Erziehung und Volksbildung vom 25. September 1937 aus formalen Gründen für nicht gangbar erklärt, doch blieb der Ministerialerlaß weitgehend wirkungslos, weil zahlreiche preußische Gemeinden - so auch die Stadt Hanau - *ohne Berufung auf § 3 des Gewerbesteuergesetzes* die Berufsschulbeiträge in die Gewerbesteuer eingebaut hatten und eine solche Vorgehensweise formalrechtlich nicht zu beanstanden war.[3] Diese Art der Erhebung bestand daher in Hanau unverändert fort, bis die Beiträge 1942 ganz wegfielen.

Die Anliegerbeiträge zur Herstellung neuer Straßen finden ihre Berechtigung einerseits in den tatsächlichen Kosten der Stadt für das jeweilige Straßenbauprojekt, andererseits in den Vorteilen, die den Anliegern aus der Werterhöhung ihrer erschlossenen Grundstücke erwachsen. Die Stadt nimmt an dieser Wertsteigerung (Rente der Lage) durch das zu erwartende höhere Grundsteueraufkommen teil, das etwa über höhere Einheitswerte bei der Umwandlung von ursprünglich landwirtschaftlich genutzten Flächen in Bauland realisiert wird.[4]

1) vom 1. Dezember 1936 [RGBl I, S.961]

2) Vgl. P.Stegemann, Gewerbesteuerhebesätze 1937 mit Berufsschulbeiträgen in Preußen, in Statistisches Jahrbuch deutscher Gemeinden, 33.Jahrgang , 1938. S.346

3) Vgl. P.Stegemann, a.a.O.

4) Vgl. dazu W.Fischer, a.a.O., S.88

Da der Neubau von Straßen zu den außerordentlichen Maßnahmen gehört, wurden die Anliegerbeiträge in den Anfangsjahren ausschließlich im Einzelplan 6, Abschnitt *Tiefbau,* des Außerordentlichen Haushaltsplans vereinnahmt. Sie sind daher bis 1941 in den Gesamtsummen der Tabelle 52 nicht enthalten, sondern dort nur in den Anmerkungen e) und f) nachrichtlich wiedergegeben. Gegen Ende des Untersuchungszeitraums ging man dazu über, Anliegerbeiträge im Ordentlichen Haushalt zu erfassen und bis zur tatsächlichen Verwendung der Rücklage zuzuführen.

In den Jahren 1945 bis etwa 1949 sind neue Anliegerstraßen nicht gebaut worden. Die Beseitigung von Kriegsschäden, die Wiederherstellung städtischer Einrichtungen und der soziale Wohnungsbau hatten Vorrang. Außerdem war man in Hanau daran interessiert, zuerst den Kernstadtbereich, in dem es die größten Zerstörungen gegeben hatte, wieder mit Leben zu erfüllen. Die systematische Aufbereitung neuer Wohngebiete wurde deshalb zunächst vernachlässigt. Erst nach mehrjährigen Vorbereitungen begann man 1951 damit, neue Siedlungsflächen in Stadtrandlagen zu erschließen, um dem wachsenden Drang zum Bau privater Eigenheime entgegenzukommen. Damit wuchsen auch die Eingänge an Anliegerbeiträgen wieder stärker an.

§ 3 Andere Einnahmen aus Verwaltung und Betrieb

Im Gegensatz zu dem überwiegend öffentlich-rechtlichen Charakter der Einnahmen der Gruppe 1 handelt es sich bei den "Sonstigen Einnahmen aus Verwaltung und Betrieb" um solche, die vornehmlich dort anfallen, wo die zugrundeliegenden Rechtsverhältnisse privatrechtlicher Natur sind. Gemeinsam haben sie mit den Gebühren, Entgelten und Beiträgen, daß sie auf einer Tätigkeit oder Inanspruchnahme der Verwaltung, ihrer Anstalten oder Betriebe beruhen und insoweit ebenfalls Gegenleistungen darstellen.

Die einzelnen Einnahmearten der Gruppe 2 mit ihren Ergebnissen während der Jahre 1936 bis 1954 ergeben sich aus der folgenden Darstellung:

Tabelle 54 Ist-Aufkommen der Stadt Hanau aus anderen Einnahmen aus Verwaltung und Betrieb in RM/DM

Rechnungsjahr	Ersätze	Betriebs- und sonstige Einnahmen einschließlich Überschüssen aus Vorjahren	Miet- und Pachteinnahmen	Zinseinnahmen	Wegeabgabe Stadtwerke	Reingewinn Stadtwerke Überschußanteile der Stadtsparkasse	Verwaltungskostenbeiträge der wirtschaftl. Unternehmen	Summe Andere Einnahmen aus Verwaltung und Betrieb
1936	121 006	70 369	512 838	132 385	291 580	279 973	-	1 408 151
1938	122 329	101 294	516 497	231 004	476 779	119 780	30 380	1 598 063
1941	115 597	1 086 234[a)]	592 368	267 711	322 464	120 030[e)]	31 950	2 536 354
1944	114 289	259 046	466 026	349 437	502 000	-	20 000	1 710 798
1945	138 421	1 141 761[b)]	291 455	41 360	29 434	-	26 000	1 668 431
1946	187 395	515 421	301 797	45 687	-	-	32 500	1 082 800
1947	408 406	632 198	287 998	43 348	-	-	26 500	1 398 450
1948 RM	104 363	2 426 820[c)]	61 616	5 200	-	-	6 500	2 604 499
1948 DM	133 664	226 272	232 822	6 407	-	-	21 100	620 265
1949	250 775	388 313	272 427	38 687	-	-	23 900	974 102
1950	229 169	315 953	337 070	73 964	-	-	26 300	982 456
1951	234 405	401 917	408 365	110 427	365 000	-	24 000	1 544 114
1952	319 426	574 711	467 955	158 541	289 923	-	43 750	1 854 306
1953	329 338	858 464	532 399	185 962	465 000	-	44 065	2 415 228
1954	399 227	2 406 467[d)]	537 716	283 516	740 650	-	50 260	4 417 836

a) darin Überschuß 1941: 863 814 RM
b) darin Überschüsse aus Vorjahren: 1 005 028 RM
c) darin Überschüsse aus Vorjahren: 2 233 308 RM
d) darin Überschüsse aus Vorjahren: 2 132 120 DM
e) nur Reingewinn der Stadtwerke

Der Anteil der "Anderen Einnahmen aus Verwaltung und Betrieb" an den städtischen Gesamteinnahmen betrug bis in die Kriegsjahre etwa 18 vH, ging dann infolge der Zerstörungen zurück, stieg aber gegen Ende des Untersuchungszeitraums wieder an und übertraf 1954 mit 22 vH sogar das Vorkriegsniveau.

1. Ersätze

Zu dieser Einnahmeart gehören alle Ersatzleistungen für Kosten, für die die Stadt Hanau in Vorlage getreten ist. Sie kommen in der Hauptsache im Fürsorgebereich vor, in dem nach dem Subsidiaritätsprinzip der Bezirksfürsorgeverband Hanau Vorleistungen zu erbringen hat. Bereits bei der Betrachtung der Zweckzuweisungen war auf die Ersätze des Bundes (Reichs) und Landes, der Landes- und Bezirksfürsorgeverbände hingewiesen worden, die der Stadt Hanau im Rahmen des Finanz- und Lastenausgleichs im Fürsorgewesen zufließen. Hier handelt es sich nun um die Ersätze, die von den Unterstützten selbst, von ihren Erben, unterhaltspflichtigen Angehörigen und anderen Verpflichteten zu erbringen sind, und zwar sowohl für empfangene Geld- und Sachzuwendungen als auch für eine Unterbringung in Kranken-, Heil- oder Pflegeanstalten.

Neben den Fürsorgeersätzen kamen gelegentlich auch andere Ersatzleistungen vor, wie etwa solche für städtische Beamte, Angestellte und Arbeiter, die aufgrund privatrechlicher Vereinbarungen vorübergehend zu Dienstleistungen abgestellt waren, sowie für Sachverständigentätigkeiten städtischer Mitarbeiter oder für Portoauslagen, Telefon- und Gerichtskosten, für die die Stadt in Vorlage getreten ist. Ihr Umfang hatte jedoch insgesamt nur geringe Bedeutung, so daß hier darauf nicht weiter eingegangen zu werden braucht.

Wie die Tabelle 54 zeigt, sind die Einnahmen aus Ersätzen nach 1945 stärker gestiegen als in der Zeit davor. Die Entwicklung verlief jedoch ziemlich gleichmäßig und entsprach insoweit der allmählichen Rückkehr zu geordneten Verhältnissen. Auffallend ist lediglich der starke Ausschlag 1947. Er ergab sich aus verspäteten Eingängen von längst fällig gewesenen Forderungen. Angesichts der zunehmenden Entwertung der Reichsmark und in der Erwartung geldpolitischer Maßnahmen, wie sie dann 1948 mit der Währungsreform tatsächlich auch eingetreten sind, war die zügigere Begleichung von Altschulden damals eine häufig zu beobachtende Erscheinung.

2. Betriebs- und sonstige Einnahmen

Diese äußerst heterogen zusammengesetzte Einnahmegruppe enthält hauptsächlich Umsatzerlöse von Betrieben, Anstalten und Dienststellen. Als Beispiele seien hier angeführt die Erlöse aus der Überlassung von Ausschreibungsunterlagen, der Abgabe von Mahlzeiten der Stadtküche, der Schulkinderspeisung, der Beköstigung des Pflegepersonals[1)] in Krankenanstalten, Alten- und Pflegeheimen, aus dem Verkauf von Holz, Blumen und Pflanzen der Stadtgärtnerei, von Altmaterial sowie von verwertbaren Bau- und anderen Stoffen im Zusammenhang mit der Trümmerbeseitigung, aus der Veräußerung eingezogener Gegenstände aufgrund von Wirtschaftsstrafgesetzen, aus Sammlungen und Lotterien für gemeindliche Zwecke.[2)] Auch Spenden von Privatpersonen, Firmen oder anderen Institutionen sowie die Anteile der Stadt an den Honoraren der hauptamtlichen Kranken-

1) sofern die Beköstigung nicht als Bestandteil der Vergütung (Deputat) anzusehen war

2) zu denken ist hier beispielsweise an die Erlöse aus der Lotterie zum Wiederaufbau der Stadthalle 1949

hausärzte, wenn ihnen ein besonderes Liquidationsrecht zugestanden war, gehören hierher. Letztere hatten mit dem Ausbau und der Erweiterung der Pflegestationen des Stadtkrankenhauses gegen Ende des Untersuchungszeitraums eine gewisse Bedeutung erlangt.

Ferner umfaßt diese Gruppe diejenigen Beträge, die anders nicht exakt zugeordnet oder nicht aufgeschlüsselt werden konnten. Die Buchungsunterlagen - ebenso wie die Haushaltspläne - waren in manchen Fällen nicht sehr aussagefähig und enthielten nur Sammelbezeichnungen, wie "Betriebseinnahmen" oder "sonstige Einnahmen", ohne daß ihre Zusammensetzung im einzelnen hätte nachgeprüft und eine andere Zuordnung oder Zerlegung hätte vorgenommen werden können. Ihre summarische Einordnung in diese Kategorie erklärt - zumindest teilweise - die Schwankungen der Ergebnisse während des Untersuchungszeitraums.

Schließlich gehören hierher auch die Soll-Überschüsse aus Vorjahren, die - wie die Tabelle 54 zeigt - in einigen Jahren beträchtlichen Umfang annahmen. Bei den Soll-Überschüssen handelt es sich um in Einnahmen und Ausgaben durchlaufende Abschlußposten der Jahresrechnung. Ihre Entstehung ist 1945 im wesentlichen aus der Fehlbetragsabdeckung, 1948 aus Bereinigungen beim Abschluß der Reichsmarkperiode zu erklären. Der hohe Überschußanteil aus 1953 im Rechnungsjahr 1954 geht auf die weit über die Erwartungen hinaus angestiegenen Erträge der Gewerbesteuer zurück, über deren Verwendung auch in Nachtragshaushalten durch die Stadtverordnetenversammlung nicht mehr zeitgerecht hatte entschieden werden können.

3. Miet- und Pachteinnahmen

Die Erträge aus städtischen Mietwohngrundstücken machen den größten Teil der Miet- und Pachteinnahmen aus. Daneben gab es lediglich geringe Einnahmen aus der Überlassung von sonstigem bebautem und unbebautem Grundbesitz an Dritte für gewerbliche oder andere Zwecke. Geht man davon aus, daß das Grundvermögen der von Luftkriegsschäden noch nicht betroffenen Stadt Hanau etwa 1941 seinen höchsten Stand erreichte und danach bis Anfang 1944 kaum noch Änderungen erfahren hat, so kann die Summe der Miet- und Pachteinnahmen des Rechnungsjahres 1941 mit rund 592 000 RM als Maßstab dienen, an dem die Ertragseinbußen nach der Zerstörung durch Totalausfälle oder Mietminderungen zu messen sind. Aus dem Einnahmenrückgang bis 1949 wird dann indirekt auch erkennbar, in welchem Ausmaß stadteigene Wohnungs- und Bausubstanz durch die Folgen des Krieges verloren gegangen ist. Nach den Feststellungen der Bauverwaltung beliefen sich die Verluste an städtischen Wohnungen auf über 70 vH. Von 205 stadteigenen Häusern waren nach dem 19. März 1945

85 total zerstört	(41,5 vH)
70 schwer beschädigt	(34,1 vH)
50 leicht oder nicht beschädigt	(24,4 vH).[1]

1) Dabei hatte sich als besonderer Glücksfall erwiesen, daß eine Reihe größerer städtischer Wohnkomplexe - wie etwa die am Beethovenplatz und am Hafen - in Stadtrandgebieten lagen und so der totalen Vernichtung entgangen waren

Die Einnahmen nur aus Wohnungsmieten, die nach der Sollstellung, d.h. ohne Abzug der Kasseneinnahmereste, 1944 noch 480 786 RM betragen hatten, gingen 1945 auf 157 475 RM zurück und erreichten auch 1946 nur eine Höhe von 163 993 RM.[1] Die Jahre 1947 bis 1949 brachten nur verhältnismäßig geringe Verbesserungen, weil die Wiederherstellung unter dem Mangel an Baustoffen und Arbeitskräften erheblich litt. Notdürftige Instandsetzungen wurden anfänglich überwiegend von den Mietern selbst vorgenommen. Erst mit dem Anbruch der fünfziger Jahre machte der Wiederaufbau auch beim städtischen Grundbesitz deutliche Fortschritte, so daß die Erträge den Vorkriegsstand allmählich wieder erreichten. Dabei ist allerdings zu berücksichtigen, daß mit der Fertigstellung neuen Wohnraums auch die Mietwerte neu festgesetzt und so wegen der allgemein besseren Ausstattung ein höheres Mietniveau erreicht wurde.

Die Ergebnisse ab 1951 enthalten außer Mieten in steigendem Maße auch Einnahmen aus der Überlassung von städtischem Bauland in Erbpacht an gemeinnützige Bauträgergesellschaften und Genossenschaften. Die von der Stadt Hanau in diesem Zusammenhang abgeschlossenen Erbpachtverträge hatten wesentlich dazu beigetragen, den Wohnungsbau vor allem im Kernstadtbereich zu fördern.

4. Zinseinnahmen

In dieser Kategorie sind sämtliche Zinseinnahmen der Stadt zusammengefaßt, und zwar unabhängig von ihrer Entstehung oder Herkunft. Sie umfaßt daher sowohl Erträge aus Kapitalanlagen als auch aus der Verzinsung von Aktivdarlehen, von Rücklagen oder anderen nur vorübergehend angelegten Mitteln.

Die Zinseinnahmen hatten bis 1944 infolge der vermehrten Rücklagenbildung während der Kriegsjahre, als Investitionen und Ersatzbeschaffungen wegen der kritischen Versorgungslage kaum noch durchgeführt werden konnten, stark zugenommen (siehe Tabelle 54). Der abrupte Abfall des Aufkommens 1945 und das niedrige Niveau in den nächsten beiden Jahren ist darauf zurückzuführen, daß für die Anlauffinanzierung des Haushalts und die Abdeckung von Fehlbeträgen in Ermangelung ausreichender anderer Einnahmequellen in großem Umfang Rücklagen aufgelöst werden mußten. Das weitere Absinken 1948 dokumentiert schließlich die durch die Währungsreform eingetretenen Verluste bei den wenigen noch vorhandenen Kapitalbeständen. Guthaben und Forderungen wurden damals im Verhältnis 10:1 umgestellt.

Erst nach 1949 konnten in bescheidenem Umfang wieder Kapital angesammelt und neue Rücklagen gebildet werden. Ihren besonderen Niederschlag fand auch die Wohnungsbaupolitik der Stadt im Zinsaufkommen. Anteilige Zinserträge resultierten aus der Darlehensgewährung an örtliche Wohnungsbaugenossenschaften und -gesellschaften in der Aufschwungsphase gegen Ende des Untersuchungszeitraums. Einen interessanten Einblick in die Zusammensetzung der Zinserträge gibt die folgende Aufschlüsselung dieser Einnahmen für das Rechnungsjahr 1954:

---

1) Vgl. dazu Verwaltungsbericht der Stadt Hanau für die Verwaltungsjahre 1945 und 1946, S.64

Zinsaufkommen 1954 aus:		
Darlehen zur Förderung des Wohnungsbaus		32 930 DM
vorübergehend angelegten Mitteln (Stadtkasse)		76 988 DM
allgemeinem Kapitalvermögen		127 580 DM
Sondervermögen		9 520 DM
Betriebsmittelrücklage	19 298	
andere Rücklagen (Kanalbau, Straßenbau etc.)	17 200	
Rücklagen insgesamt		36 498 DM
Zinsaufkommen 1954 insgesamt		283 516 DM.

Finanzwirtschaftlich relevante Erträge brachten insbesondere die von der Stadtkasse kurzfristig angelegten Barbestände. Sie hatten seit 1951 jährlich sogar überdurchschnittliche Zuwachsraten zu verzeichnen:

		Index
1951	31 646 DM	100
1952	54 297 DM	172
1953	66 173 DM	209
1954	76 988 DM	243.

5. Ablieferungen von wirtschaftlichen Unternehmen

Die hier behandelten Einnahmen gehören in den Bereich der öffentlichen Erwerbseinkünfte.[1] Sie ergeben sich aus der wirtschaftlichen Betätigung öffentlicher Verbände, die in gleicher Weise auch von privatwirtschaftlich organisierten Unternehmen wahrgenommen werden könnte. Zu dieser Betätigung gehören u.a. der Betrieb und die Unterhaltung von kommunalen Versorgungsunternehmen. Sie werden im Rahmen der Erfüllung gemeindlicher Aufgaben errichtet und sind dazu bestimmt, dem Wohl und der Förderung der örtlichen Gemeinschaft zu dienen. Ihre Unterhaltung liegt also - wie die der öffentlichen Anstalten und Einrichtungen - im öffentlichen Interesse. Von jenen unterscheiden sie sich jedoch grundsätzlich durch die angestrebte Erwirtschaftung eines angemessenen Ertrags. Die Gewinnerzielung war durch die Gemeindeordnungen ausdrücklich vorgesehen.[2] Aus der Sicht der Gemeinden sind die Ablieferungen an den gemeindlichen Haushalt deshalb so etwas wie ein Gradmesser des wirtschaftlichen Erfolges der kommunalen Unternehmen.

Für die Stadt Hanau standen die finanziellen Leistungen der als Eigenbetrieb[3] im Sinne der Eigenbetriebsverordnung von 1938[4] geführten Stadtwerke in diesem Zusammenhang an erster Stelle. Daneben spielten die Einnahmen aus anderen wirtschaftlichen Unternehmen im Bereich des Verkehrs, der Verkehrsförderung und der Land- und Forstwirtschaft, auf

1) Vgl. dazu W.Wittmann, Einführung in die Finanzwissenschaft, 2.Auflage, III.Teil, S.151

2) Vgl. § 72 der Deutschen Gemeindeordnung (DGO) vom 30. Januar 1935 (RGBl.I, S.49), ebenso § 72 der Hessischen Gemeindeordnung (HGO) vom 21. Dezember 1945 und § 103 der Hessischen Gemeindeordnung (HGO) vom 25. Februar 1952

3) Die Umwandlung der Stadtwerke in eine GmbH durch Zusammenschluß mit den Werken der Stadt Großauheim erfolgte erst im Rahmen der Gebietsreform 1974

4) Eigenbetriebsverordnung (EBVO) vom 21. November 1938 (RGBl.I, S.1650)

die später bei der Untersuchung des Einzelplans 8 noch eingegangen wird (siehe Seite 470ff), hier keine Rolle. Lediglich die Stadtsparkasse hatte bis 1939 in begrenztem Umfang Teile ihrer Überschüsse an die Stadt abgeführt, und zwar

1936	23 342 RM
1937	--
1938	20 159 RM
1939	50 248 RM.

Die Ablieferungen der Stadtwerke an die Stadt Hanau setzten sich während des Untersuchungszeitraums zusammen aus:

a) den Reingewinnen,
b) den Verwaltungskostenbeiträgen und
c) der Wegeabgabe.

Auf die sonstigen Vorteile, die der Stadt Hanau aus dem Verhältnis zu ihren wirtschaftlichen Unternehmen erwuchsen und zu denen im vorliegenden Falle u.a. die Preisvorteile beim Bezug von Strom, Gas und Wasser zu rechnen waren, soll hier nicht näher eingegangen werden.[1]

Über die Gewinnverteilung der Stadtwerke, und damit auch über die Höhe des an die Stadt abzuführenden Reingewinns, hatte bis 1945 gemäß § 4 Ziffer 10 der Eigenbetriebsverordnung von 1938 (EBVO)[2] der Bürgermeister allein zu entscheiden. Er tat dies in seiner Eigenschaft als der für die Verwaltung der Eigenbetriebe ausschließlich Verantwortliche.[3] Nach dem Zweiten Weltkrieg ist die "Entscheidungsfunktion nach dem Führerprinzip" aufgehoben und wieder an die Stadtverordnetenversammlung zurückgegeben worden. Ansonsten hat sich an den gesetzlichen Rahmenbedingungen für die Gewinnabführung nichts Wesentliches geändert. Der Jahresgewinn mußte so hoch sein, daß außer den notwendigen offenen Rücklagen mindestens eine marktübliche Verzinsung des Eigenkapitals erwirtschaftet wurde.[4]

Bis 1943 einschließlich haben die Stadtwerke Gewinne an die Stadt Hanau in unterschiedlicher Höhe abgeführt:

1936	256 631 RM
1937	148 928 RM
1938	99 607 RM
1939	17 082 RM
1940	--
1941	120 030 RM
1942	167 584 RM (nach dem Voranschlag)
1943	160 095 RM (nach dem Voranschlag).

---

1) Bei Lieferungen und Leistungen an die Stadtverwaltung durften lediglich die Selbstkosten berechnet werden (Vgl. dazu Haushaltsplan der Stadt Hanau 1937, S.11, Erläuterungen zur Anmerkung 5)

2) Eigenbetriebsverordnung (EBVO) vom 21. November 1938 (RGBl.I S.1650)

3) § 2 EBVO

4) § 8, Abs.5 EBVO

Bei dem Luftangriff am 19. März 1945 sind die Versorgungsbetriebe dann zum großen Teil zerstört worden. Nach dem Umfang der Schäden war klar vorauszusehen, daß die Wiederherstellung der lebenswichtigen Anlagen zeitaufwendig und kostspielig sein und den Finanzhaushalt der Stadtwerke schwer belasten würde. Die Stadt Hanau hat deshalb nach Kriegsende für eine Reihe von Jahren auf die Wegeabgabe sowie auf die Abführung von Gewinnen, mit denen auf Jahre hinaus ohnehin kaum zu rechnen war, grundsätzlich verzichtet, um so den raschen Wiederaufbau und die Bildung neuen Eigenkapitals zu erleichtern.[1])

Bei den Verwaltungskostenbeiträgen handelt es sich um Belastungen der Stadtwerke mit anteiligen Kosten einzelner Amtsbereiche für von diesen erbrachte Leistungen, so etwa für die Hilfe bei der Verlegung von Stromtrassen durch das Stadtplanungamt, für die Unterhaltung der Straßen im Hafengebiet durch das Straßenbauamt, für die Verwaltung von Schulden der Stadtwerke durch die Finanzabteilung der Stadtverwaltung etc. Wie aus der Tabelle 54 hervorgeht, waren diese Kostenbeiträge nach 1951 durch vermehrte Leistungen der Verwaltung merklich angestiegen.

Eine besondere Form des Ausgleichs für gemeindliche Vorleistungen an die Versorgungs- und Verkehrsunternehmen stellt die Konzessions- oder Wegeabgabe dar. Durch sie wird die Nutzung der öffentlichen Verkehrswege innerhalb des Gemeindegebiets durch die Unternehmen zur Verlegung von Versorgungsleitungen oder zur Durchführung eines Linienverkehrs[2]) abgegolten.[3]) Die Nutzung kann sowohl eine ausschließliche als auch eine eingeschränkte sein. Die Einräumung des ausschließlichen Nutzungsrechts ist also keine wesensnotwendige Voraussetzung für die Zahlung einer Wegeabgabe. Sie stellt indessen die am meisten vorkommende Regelung dar. Die Gewährung der Wegenutzung für den jeweiligen Versorgungszweck unter Ausschluß Dritter hat in jedem Falle eine Einschränkung des Wettbewerbs zur Folge. Die Wettbewerbsbeschränkung, die bei Versorgungsunternehmen monopolrechtlich zulässig ist,[4]) ist eine wichtige Voraussetzung für die Tragfähigkeit der Betriebe. Sie gewährleistet eine optimale Abnehmerdichte und bildet so gleichsam die wirtschaftliche Grundlage für die hohen Anlageinvestitionen, deren Rentabilität davon entscheidend abhängt.

Ihrem Wesen nach ist die Konzessionsabgabe keine Abgabe im öffentlich-rechtlichen Sinne, sondern ein privatrechtliches Entgelt, das über den Preis auf den Abnehmer abgewälzt werden kann. Ihrer Festsetzung waren der Höhe nach jedoch einerseits durch die Preisstoppverordnung vom 26.4.1936, andererseits durch die Vorschriften der Konzes-

---

1) Erst von 1956 an sind nach den Haushaltsvoranschlägen wieder Gewinnabführungen erwartet worden

2) Mit der Hanauer Straßenbahn AG hatte die Stadt Hanau am 30. Dezember 1938 einen Vertrag abgeschlossen, nach dem die Gesellschaft als Entgelt für das ihr zugestandene Sonderbenutzungsrecht der Straßen für die Gleisanlagen der Straßenbahn eine Wege- und Betriebsabgabe von jährlich 12 vH der Einnahmen aus dem Straßenbahnbetrieb zu entrichten hatte. Wegen der schwierigen finanziellen Situation, in der sich die Hanauer Straßenbahn AG befand, ist es jedoch nie zu Ablieferungen der Gesellschaft gekommen (siehe dazu die Ausführungen zum Einzelplan 8 auf Seite 470 ff)

3) Vgl. dazu F.Zeiß, Wirtschaftsrecht und Wirtschaftspolitik, in H.Peters (Hrsg), Handbuch der Kommunalen Wissenschaft und Praxis, 1.Auflage, 3.Band, Berlin u.a. 1959, S.637

4) Vgl. F.Zeiß a.a.O; siehe dazu auch P.Gieseke, Energierecht, im Handwörterbuch der Sozialwissenschaften, 3.Band, Stuttgart u.a. 1961, S.206

sionsabgabenverordnung von 1941[1]) enge Grenzen gezogen. Die letztere hatte ihre Neueinführung sogar grundsätzlich untersagt, die Berechnung reichseinheitlich geregelt und die Abgabe auf bestimmte Höchstbeträge herabgesetzt.[2])

Bis zum Rechnungsjahr 1938 einschließlich sind die erwarteten bzw. tatsächlich erzielten Ablieferungen im Haushaltsplan für die einzelnen Werke noch getrennt ausgewiesen worden. Aus diesen Aufzeichnungen läßt sich ersehen, daß rund zwei Drittel der Wegeabgabe, d.h. zwischen 65,1 und 68,0 vH, allein auf das städtische Elektrizitätswerk entfielen, während der größte Teil des damals abgeführten Reingewinns, nämlich zwischen 48,5 und 56,7 vH, von den Wasserwerken aufgebracht wurde, wie die folgenden Zahlen belegen:

	Elektrizitätswerk DM	Gaswerk DM	Wasserwerke DM	Summe Ablieferung DM
1936 (Ist)				
Wegeabgabe	189 700	60 900	40 980	291 580
Ablieferung Reingewinn	105 432	26 826	124 373	256 631
Summe	295 132	87 726	165 353	548 211
1937 (Voranschlag)				
Wegeabgabe	219 600	71 640	45 000	336 240
Ablieferung Reingewinn	57 320	7 152	84 456	148 928
Summe	276 920	78 792	129 456	485 168
1938 (Voranschlag)				
Wegeabgabe	272 700	78 000	50 300	401 000
Ablieferung Reingewinn	82 793	13 699	102 821	199 313
Summe	355 493	91 699	153 121	600 313

In der Zeit des Wiederaufbaus der Eigenbetriebe nach 1945 hatte die Stadt Hanau - wie oben dargelegt - auf die Wegeabgabe verzichtet. Erst von 1951 an wurde sie wieder eingeführt und erbrachte, wie aus der Tabelle 54 hervorgeht, jährlich steigende Beträge.

1) Anordnung über die Zulässigkeit von Konzessionsabgaben der Unternehmen und Betriebe zur Versorgung mit Elektrizität, Gas und Wasser an Gemeinden und Gemeindeverbände vom 4. März 1941 (RAnz.Nr.57 vom 8. März 1941) mit Ausführungsanordnung vom 27. Februar 1943 (RAnz.Nr.75 vom 31. März 1943) und Durchführungsbestimmungen vom 27. Februar 1943 (MtBl.RKP 1943, S.228)

2) Vgl. P.Gieseke, Energierecht, im Handwörterbuch der Sozialwissenschaften, 3.Band, Stuttgart u.a. 1961, S.206

§ 4 Einnahmen aus Vermögensbewegung

In diese Einnahmengruppe der Finanzstatistik (Gruppe 3), die ihre Entsprechung auf der Ausgabenseite des Haushalts in den Ausgaben der Vermögensbewegung (Gruppe 9) findet, fallen alle Einnahmen aus Kapitalbewegungen, die sich wie folgt klassifizieren lassen:

1. Die Inanspruchnahme eigener Kapitalmittel:

   Rückflüsse von Darlehen (Tilgungen),
   Entnahmen aus Rücklagen,
   Entnahmen aus Kapitalvermögen,
   Erlöse aus der Veräußerung von Grundvermögen,
   Erlöse aus der Veräußerung von Sach- und sonstigem Vermögen.

2. Die Inanspruchnahme fremder Kapitalmittel

   durch die Aufnahme von Krediten
   aus öffentlichen Mitteln,
   aus Kreditmarktmitteln.

3. Innere Darlehen.

Im Ordentlichen Haushalt kommen nur Einnahmen der 1. Kategorie vor. Eine Ausnahme bilden lediglich die Erlöse aus der Veräußerung von Grundvermögen, die ebenso wie alle Formen der Kreditaufnahme, einschließlich der inneren Darlehen[1]), zu den außerordentlichen Einnahmen rechnen. Sie sind nach den Deckungsvorschiften der Gemeindehaushaltsverordnung[2]) im Außerordentlichen Haushaltsplan zu veranschlagen.

Bei der Inanspruchnahme eigener Kapitalmittel handelt es sich um eine Art der Selbstfinanzierung. Die zur Deckung von Ausgaben benötigten Mittel werden dadurch beschafft, daß gemeindliches Vermögen in Geld umgewandelt wird. Vermögenswirksam sind die damit zusammenhängenden Einnahmen deshalb, weil sie den Vermögensbestand der Gemeinde verändern. So haben die Rückflüsse aus Darlehen eine Verminderung der Forderungen, die Entnahmen aus Rücklagen und Kapitalvermögen eine Verringerung des Finanzanlagenbestandes zur Folge, und durch die Veräußerung von Mobilien schließlich werden die Bestände an Sachkapital reduziert. Soweit die dadurch freigewordenen Mittel wieder investiert werden, tritt lediglich eine Umschichtung innerhalb der Vermögensstruktur der Gemeinde ein.

---

1) Die inneren Darlehen werden in den Haushaltsplänen nicht offen ausgewiesen und sind deshalb nur schwer zu erkennen. Sie nehmen eine Sonderstellung ein. Einerseits sind sie unter den Krediten einzuordnen, andererseits gehören sie zu den eigenen Kapitalmitteln, da es sich bei ihnen um eine vorübergehende und zugleich zweckfremde Inanspruchnahme von liquiden Mitteln, vorwiegend aus Rücklagen, handelt (vgl. L.Weichsel, Vergleichende Haushaltsbeschreibung und Haushaltsanalyse ausgewählter Städte, Nr.11 der Beiträge zur Empirie und Theorie der Regionalforschung, München 1957, S.29)

2) Vgl. § 1 Abs.3 sowie § 48, Ziffer 22 der Gemeindehaushaltsverordnung (GemHVO) vom 4. September 1937 (RGBl.I S.921)

Unter den Gesamteinnahmen der Stadt Hanau standen die Einnahmen aus der Vermögensbewegung immmer an letzter Stelle. Während ihr relativer Anteil in der Zeit bis 1945 kaum mehr als 3 vH ausmachte, fiel er, wenn man von den Ausnahmejahren bis zur Währungsreform einmal absieht, ab 1949 auf unter 1 vH zurück (siehe Tabelle 35 auf Seite 174). Dabei spielten die Entnahmen aus Kapitalvermögen sowie die Erlöse aus der Veräußerung von Sachvermögen so gut wie keine Rolle. Wie aus der folgenden Aufschlüsselung hervorgeht, haben sie überhaupt erst ab 1952 in den Haushaltsplänen einen, wenn auch unbedeutenden Niederschlag gefunden. Die durch den Krieg verursachten Substanzverluste hatten nur wenig an liquidierbarem Vermögen übriggelassen, und neues Sachvermögen konnte erst allmählich wieder gebildet werden.

Tabelle 55 Ist-Einnahmen der Stadt Hanau aus der Vermögensbewegung in RM/DM

Rechnungsjahr	Rückflüsse von Darlehen	Entnahmen aus Rücklagen	Entnahmen aus Kapitalvermögen	Erlöse aus Veräußerung von Sachvermögen	Summe Einnahmen aus der Vermögensbewegung
1936	36 901	165 516	-	-	251 179[a]
1938	78 582	175 544	-	-	259 160[b]
1941	159 694	270 293	-	-	429 987
1944	232 294	13 676	25 000	-	270 970
1945	75 512	762 317	-	-	834 829
1946	136 929	-	-	-	136 929
1947	324 840	10 165	-	-	335 005
1948 RM	1 458 509	2 941 704	-	-	4 400 213
1948 DM	2 393	-	-	-	2 393
1949	4 926	5 781	-	-	10 707
1950	11 650	10 013	-	-	21 663
1951	19 214	327	-	-	19 541
1952	60 436	21 591	400	1 777	84 204
1953	83 846	4 750	-	2 075	90 671
1954	209 042	-	-	5 245	214 287

a) darin 48 762 RM andere Einnahmen, die keiner der übrigen Kategorien zugeordnet werden können;
b) darin 5 034 RM andere Einnahmen, die keiner der übrigen Kategorien zugeordnet werden können;

Die Entnahmen aus Kapitalvermögen im Jahre 1944 resultierten aus der Veräußerung des städtischen Anteils an der Hessischen Heimstätten GmbH, Kassel. Der Gegenwert wurde damals dem Grundstücksfonds zugeführt. Bei dem Einzelposten des Jahres 1952 handelt es sich dagegen lediglich um eine Korrekturbuchung.

1. Rückflüsse von Darlehen (Tilgungen)

Bis 1948 entfiel der weitaus größte Teil der hier nachgewiesenen Tilgungsbeträge auf die Rückzahlung von Hauszinssteuerhypotheken. Die so verfügbar gewordenen Gelder wurden im Rahmen der Förderung des Baus von Wohnungen und Kleinsiedlungen bestimmungsgemäß wieder zur Gewährung von Hypothekenkrediten verwandt. Auf diese Weise entstand ein gewisser Mittelkreislauf, der - insbesondere vor dem Kriege - zu einem beachtlichen Teil die Finanzierung der städtischen Wohnungsbau- und Siedlungspolitik abdeckte. Die ansteigenden Rückflüsse vor der Währungsreform waren symptomatisch für die Zeit, in der die Hypothekenschuldner angesichts der zunehmenden Geldentwertung die Tilgung ihrer Schulden verstärkt betrieben. Das herausragende Ergebnis des Teil-Rechnungsjahres 1948 RM enthält außerdem eine außerordentliche Schuldentilgung der städtischen Eigenbetriebe.

Zu den weiteren Einnahmen dieser Gruppe gehörten die Rückzahlung von vorgetragenen Straßen- und Kanalkosten durch die beitragspflichtigen Anlieger sowie Tilgungsbeträge meist geringen Umfangs aus Darlehen des Sondervermögens (Stiftungen).

Die Vergabe von Darlehen gehört in der Regel in den Außerordentlichen Haushalt. Nur in Ausnahmefällen kann die Stadt Darlehen aus Mitteln des Ordentlichen Haushalts gewähren. Unbeschadet dessen sind jedoch die Tilgungsbeträge im Außerordentlichen Haushalt zu vereinnahmen.

Anders dagegen, wenn die Stadt selbst Kreditschuldnerin wird und die aufgenommenen Mittel darlehensweise zum Beispiel an Eigenbetriebe oder andere Kreditnehmer weitergibt. Die Gesamtkreditaufnahme ist dann innerhalb der städtischen Finanzwirtschaft sowohl unter den Schulden als auch unter den Forderungen zu erfassen.

Die aus solchen Darlehensgeschäften resultierenden Tilgungsbeträge haben den Charakter von durchlaufenden Posten und sind, weil sie den Vermögens- und Schuldenhaushalt der Stadt berühren, in der Rechnung nachzuweisen. Folgerichtig müssen sie auch bei den Haushaltstellen vereinnahmt werden, die mit dem entsprechenden Schuldendienst belastet sind. Eine Übertragung in den Außerordentlichen Haushalt würde zur Folge haben, daß die Stadt, die den Schuldendienst aus Mitteln des Ordentlichen Haushalts finanzieren muß, die Allgemeinheit über höhere Abgaben mit Ausgaben belastet, die einzelnen zugute kommen.[1])

Die zunächst langsam, dann sprunghaft angestiegenen Tilgungsbeträge während der DM-Phase des Untersuchungszeitraums enthielten, vor allem ab 1953, die ersten größeren Rückzahlungsraten aus Darlehen, die an die Stadtwerke, die Hanauer Straßenbahn AG sowie an Wohnungsbaugenossenschaften für Investitionszwecke oder als Aufbau- und Instandsetzungsdarlehen gegeben worden waren. Die Kredite an Genossenschaften dienten dabei entweder der Anschubfinanzierung oder der Abdeckung von Spitzenbeträgen und kamen überwiegend bei Projekten in der von den Luftangriffen am stärksten betroffenen Innenstadt vor.

---

1) Vgl. dazu W.Fischer a.a.O., S.100 f

2. Entnahmen aus Rücklagen

Rücklagen sind aus Mitteln des Ordentlichen Haushalts angesammelte Reservefonds, die je nach der Zweckbestimmung zu verwenden sind. Die Rücklagenverordnung vom 5. Mai 1936[1] hatte die Bildung bestimmter Reservefonds den Gemeinden zur Auflage gemacht (siehe dazu die Ausführungen auf Seite 163f). Die vom Gesetzgeber erzwungene Thesaurierung sollte die Gemeinden zu sparsamer Wirtschaftsführung anhalten, ihre innere finanzielle Gesundung fördern und den Kapital- und Geldmarkt entlasten.[2] Die auf Sparkonten angelegten Beträge werden bei Bedarf - buchungstechnisch - unter dieser Einnahmeart wieder in den Ordentlichen Haushalt zurückgebracht.

Bis zum Beginn des Zweiten Weltkrieges waren die Entnahmen aus Rücklagen zur Ersatzbeschaffung verbrauchter Anlagegüter relativ konstant. Der erhöhte Betrag des Jahres 1941 wurde durch eine Teilauflösung der Erneuerungsrücklage für das Stadttheater in Höhe von 53 901 RM verursacht. Während des Krieges gingen die städtischen Ersatzinvestitionen und damit auch die Auflösung von Rücklagen merklich zurück. Der Bedarf des Reiches auf allen als kriegswichtig geltenden Gebieten der Wirtschaft hatte absoluten Vorrang. Der Spielraum für die zivile Versorgung war dadurch erheblich eingeschränkt, so daß auch auf kommunaler Ebene Erneuerungen nur noch in beschränktem Umfang und nur bei lebensnotwendigen öffentlichen Einrichtungen vorgenommen werden konnten.

1945 hatte sich die Situation grundlegend geändert. Angesichts der beträchtlichen Steuerausfälle mußte die Stadt zur Finanzierung des Ordentlichen Haushalts auf ihre Reserven zurückgreifen. Der Ausgleich des ersten Nachkriegsetats wäre - ungeachtet der Tatsache, daß auch das Land Hessen durch erhebliche Zuschüsse dazu beitrug - ohne die Auflösung entsprechender Rücklagen praktisch unmöglich gewesen. Die hohen Entnahmen des Jahres 1945 in der Tabelle 55 belegen das eindrucksvoll. Die außergewöhnliche Rücklagenauflösung in der RM-Periode des Jahres 1948 stand dagegen in engem Zusammenhang mit der Währungsreform und war vor allem abrechnungstechnisch bedingt.

Was in den ersten Nachkriegsjahren an ersparten Mitteln nicht verbraucht wurde, ging dann allerdings durch die Abwertung der Geldvermögensbestände im Verhältnis 10:1 am 21. Juni 1948 weitgehend verloren, so daß die Stadt am Anfang des DM-Abschnitts nur noch über geringe Reserven verfügte (siehe dazu Tabelle 155 auf Seite 509). Die Entnahmen bewegten sich daher in der Folgezeit bis zum Ende des Untersuchungszeitraums auf sehr niedrigem Niveau.

---

1) RGBl.I, S.435

2) Der Erlaß der Rücklagenverordnung 1936 ist hier auch unter einem zeitgeschichtlichen Aspekt zu sehen, denn die verstärkte Reservefondsbildung bei den Gemeinden sollte den Kapitalmarkt weitgehend freihalten für die Anforderungen des Reiches zum Aufbau der Wehrmacht. (Vgl. dazu Ausführungsanweisung zur Rücklagen-Verordnung, RdErl.d.RuPrMdI vom 17. Dezember 1936 (RMBliV S. 1647) in: Gemeindewirtschaftsrecht (Kohlhammer Gesetzestexte), Stuttgart 1949, S.195

V. ZUSAMMENFASSUNG DES ORDENTLICHEN HAUSHALTS

Zu Beginn des Untersuchungszeitraums befand sich die Stadt Hanau noch in einer Phase defizitärer Haushalte, die in der Weltwirtschaftskrise ihren Anfang genommen und zu einer drastischen Sparpolitik Anlaß gegeben hatte. Bei einem Haushaltsniveau von rund 8 Millionen RM war das Jahr 1936 noch mit einem Fehlbetrag von mehr als 600 000 RM belastet. Erst 1938 wurde wieder ein geringer rechnerischer Überschuß von etwa 76 000 RM erzielt. Dieses Ergebnis war nicht zuletzt auf die nach der Realsteuerreform von 1936 gestiegenen Einnahmen aus der Grund- und der Gewerbesteuer zurückzuführen.

Mit dem Abbau der Schuldenlast sanken die Zinsausgaben 1938 um fast die Hälfte. Dies und die weiterhin steigenden Realsteuereinnahmen, die das Haushaltsniveau bis 1941 um mehr als fünf Millionen RM hatten anwachsen lassen, hätten den Handlungsspielraum der Stadt insgesamt merklich erweitern können, wäre er nicht gleichzeitig durch neue Aufgaben und kriegsbedingte Ausgaben erheblich eingeschränkt worden. Zu denken ist hier an die Einrichtung der Kriegswirtschaftsstellen: Ernährungs- und Wirtschaftsamt, an die Zahlungen des Familienunterhalts, die Maßnahmen des Luftschutzes, an die mit der Einstellung von Aushilfspersonal für die neu hinzugekommen Dienststellen und die zum Kriegsdienst einberufenen städtischen Bediensteten verbundenen zusätzlichen Kosten sowie an die hohen Geldleistungen an das Reich in der Form der Kriegsbeiträge. Zu Investitionen für große Instandsetzungen oder Erweiterungen städtischer Einrichtungen (Gebäude, Straßen, Betriebsanlagen etc.) ist es dagegen im Kriege nicht gekommen, einerseits weil eine uneingeschränkte Materialbeschaffung wegen des Vorrangs der Rüstungswirtschaft nicht mehr möglich war, andererseits weil es an Arbeitskräften mangelte. So wurden freie Finanzmittel hauptsächlich den Rücklagen zugewiesen, die dadurch mehr und mehr anschwollen. Allein 1941 waren es fast zwei Millionen RM, die im Rahmen dieses "Zwangssparprozesses" den Rücklagen zuflossen.

Trotz des nahenden Kriegsendes hatte das Haushaltsvolumen des Jahres 1944 nur verhältnismäßig wenig abgenommen. Die Personalausgaben (Gruppe 4), die Zuweisungen an das Reich (Kriegsbeitrag) und die Familienunterhaltszahlungen innerhalb des Fürsorgetats (Gruppe 5) waren sogar noch gewachsen. Nur die Ausgaben der Vermögensbewegung gingen stark zurück, weil in diesem Jahr weniger Mittel den Rücklagen zugeführt wurden. Bei den Personalausgaben machte sich die zunehmende Doppelbelastung bemerkbar, die sich aus dem Nebeneinander von Gehaltszahlungen für die neuen Hilfskräfte und der Fortzahlung der Bezüge an die zum Kriegsdienst eingezogenen städtischen Verwaltungsmitarbeiter und Lehrer herleitete. Im Zuge des "totalen Krieges" war die Zahl der Aushilfsangestellten weiter gestiegen. Auf der Einnahmeseite blieb bis zuletzt die Gewerbesteuer, deren Erträge nach wie vor einem Aufwärtstrend folgten, die Hauptstütze. Zeitbedingte Rückgänge verzeichneten dagegen die Gebühren, Beiträge und Entgelte, die anderen Einnahmen aus Verwaltung und Betrieb sowie die Einnahmen aus der Vermögensbewegung.

Im Vergleich mit dem letzten Kriegsjahr ging das Haushaltsvolumen 1945 schlagartig um mehr als die Hälfte zurück. Wenn man die beiden neu hinzugekommenen Aufgabengebiete, Polizei und Stadtkrankenhaus, außer Ansatz läßt, betrug der Rückgang rund 54 vH, gegenüber 1941 sogar mehr als 60 vH. An diesem gewaltigen Einbruch wird das ganze Ausmaß der Wirkungen auf den städtischen Haushalt sichtbar, die die Kriegszerstörungen und der daraus folgende große Verlust an Steuerkraft hinterlassen hatten. Er ist der signifikante Ausdruck für die katastrophale Situation, in der sich die schwer gezeichnete Stadt am Ende des Zweiten Weltkriegs befand. Die Erträge der eigenen Steuerquellen waren auf ein Minimum geschrumpft. Hanau war dadurch stärker als jemals zuvor auf finanzielle Hilfe angewiesen. Das galt um so mehr, als zu den schier unübersehbaren Problemen der Kriegsschädenbeseitigung und der Wiederherstellung der Infrastruktur völlig neue öffentliche Aufgaben hinzugetreten waren. Zu den wichtigsten und im Hinblick auf den damit verbundenen Finanzbedarf aufwendigsten gehörten der Aufbau der kommunalen Polizei und die Fortführung des Betriebs des früheren Landkrankenhauses unter städtischer Regie. Weitere Beispiele neuer Auftragsangelegenheiten und Selbstverwaltungsaufgaben waren u.a. die Einrichtung des Besatzungskostenamtes (Kriegsschadenamt), der Fahrbereitschaft (Straßenverkehrsamt), der Flüchtlingsfürsorge, des Soforthilfe- bzw. Ausgleichsamtes, der Stadtküche sowie die Durchführung der Schuttbeseitigung und der Trümmerverwertung.

Angesichts der damit einhergehenden finanziellen Belastungen ist es um so erstaunlicher, daß die Stadt in verhältnismäßig kurzer Zeit wieder Tritt faßte und die Aufräumungs- und Instandsetzungsarbeiten konsequent vorantrieb. Mit entscheidend dafür war in den Anfangsjahren die Unterstützung durch das Land Hessen, das nach seiner Konstituierung zumindest einen Teil der Steuerausfälle durch Finanzzuweisungen kompensierte. Wie sehr die Stadt auf Beihilfen von außen angewiesen war, wie andererseits die wiedergewonnene Steuerkraft diese Abhängigkeit allmählich reduzierte, wird offenkundig, wenn man den Saldo aus Zuweisungen *an* übergeordnete Gebietskörperschaften und *von* übergeordneten Gebietskörperschaften den Einnahmen aus eigenen Steuern gegenüberstellt:

Jahr	Zuweisungen an übergeordnete Gebietskörperschaften	Zuweisungen von übergeordneten Gebietskörperschaften	Saldo	Einnahmen aus eigenen Steuern
	in Millionen RM/DM			
1944	3,06	3,43	+ 0,37	5,96
1947	0,31	6,23	+ 5,92	1,98
1954	1,52	0,99	- 0,53	10,91

Während die Zuweisungen in beiden Richtungen sich 1944 annähernd ausglichen und immerhin noch ein geringer Überschuß zugunsten der Stadt verblieb, stieg der Überschuß der Zuweisungen von außen 1947 auf nahezu 6 Millionen Reichsmark an, was die beträchtliche Unterstützung der Stadt durch Landesmittel in Zahlen zum Ausdruck bringt. Der negative Saldo am Ende des Untersuchungszeitraums wiederum erklärt die stark gedrosselten Finanzhilfen infolge der verbesserten eigenen Einnahmesituation der Stadt.

In der RM-Periode blieb der Wiederaufbau wegen der angespannten Lage auf dem Materialsektor und fehlenden Fachkräften im wesentlichen auf die provisorische Herrichtung städtischer Einrichtungen beschränkt, um sie wenigstens in begrenztem Umfang wieder funktionsfähig zu machen. Der Wiederinbetriebnahme von Schulen, Anstalten und städtischen Betrieben, sowie der Versorgung der Bevölkerung und der Wirtschaft mit Wasser und Energie galten vorrangig die Anstrengungen jener Jahre. Der Neuaufbau der lebensnotwendigen öffentlichen Einrichtungen und die dringend gebotene Förderung des Wohnungsbaus begannen dagegen nach der Währungsreform und wurden durch erhebliche Mittel aus dem Ordentlichen Haushalt mitfinanziert.

Durch Zuweisungen an den Außerordentlichen Haushalt brachte die Stadt Hanau vom 20. Juni 1948, dem Stichtag der Währungsumstellung, bis zum Ende des Rechnungsjahrs 1954 rund zwölf Millionen DM auf. Wenn man die rund zwei Millionen DM Ausgaben der Vermögensbewegung des gleichen Zeitraums (für Immobilien und Mobilien), die ebenfalls der Werterhaltung und Werterhöhung des städtischen Vermögens dienten, hinzurechnet, so ergibt sich insgesamt ein Betrag von vierzehn Millionen DM, mit dem die Stadt Hanau in diesem letzten Abschnitt der Untersuchungsperiode den Wiederaufbau aus Mitteln des Ordentlichen Haushalts finanziert hat.

Die Entwicklung des Haushaltsniveaus folgte in den Nachkriegsjahren einem deutlichen Aufwärtstrend. Sie verlief aber bis 1950 ziemlich unstetig, was mit den unregelmäßig fließenden, durch verspätete Veranlagung oft schubartig eingehenden Erträgen aus den Realsteuern zu erklären ist. Von 1951 an hat sich das Haushaltsniveau dann eher gleichförmig entwickelt mit Zuwachsraten von jährlich zwei bis drei Millionen DM. Es lag am Ende (1954) nominell um fast 130 vH über dem Stand des Jahres 1938. Realvergleiche bei den Ausgaben für die Instandhaltung des Immobiliarvermögens und bei den Steuereinnahmen haben jedoch gezeigt, daß bis zum Jahre 1954 die Vorkriegswerte - gemessen an der Kaufkraft von 1938 - gerade eben erreicht, kaum jedoch überschritten worden sind.

Besonders auffällig war die Entwicklung der Personalausgaben. Nicht nur ihr permanenter absoluter Anstieg, sondern vor allem ihre relative Zunahme war es, die ins Auge sprang und auf eine bedenkliche Entwicklung hinwies. Der Anteil der Personalkosten an den Gesamtausgaben, der 1936 nur 24,6 vH betragen hatte, wuchs nach dem Krieg rapide an und ereichte sein Maximum 1950 mit 46,5 vH. Wie die Untersuchung gezeigt hat, lag die Hauptursache dafür in der Vermehrung der Aufgaben. Allerdings haben strukturelle Änderungen in der Zusammensetzung und Einstufung des Personals sowie die von der Stadt nicht zu beeinflussenden gesetzlichen und tarifvertraglichen Erhöhungen der Löhne und Gehälter das Wachstum entscheidend mitbestimmt und dazu beigetragen, daß Hanau 1953 unter allen Gemeinden der Bundesrepublik mit mehr als 10 000 Einwohnern in der Personalausgabenbelastung pro Kopf der Bevölkerung eine Spitzenstellung einnahm (siehe dazu Anhang B 12).

Wie sehr die durch Lohn- und Gehaltssteigerungen verursachten Mehrausgaben die Finanzwirtschaft der Stadt eingeengt und welche finanziellen Sorgen sie den Verantwortlichen bereitet haben, läßt sich auch an den Verstärkungsmitteln ablesen, die eigens für diese Zwecke in die jährlichen Haushaltsvoranschläge aufgenommen werden mußten, so zum Beispiel für

1951:	630 000 DM,
1952:	266 000 DM,
1953:	816 500 DM,
1954:	146 000 DM.

Bei den Zuweisungen und Umlagen an Gebietskörperschaften haben die Ausgaben der Stadt Hanau nach dem Wegfall der Kriegsbeiträge und der Polizeikostenbeiträge merklich abgenommen. Ihr Anteil an den Gesamtausgaben, der im Durchschnitt der Jahre 1936 bis 1941 rund 17 vH betragen hatte, sank am Ende des Untersuchungszeitraums unter 10 vH. Dafür mußte die Stadt allerdings einen großen Teil der Personal- und Sachkosten der kommunalisierten Schutz- und Kriminalpolizei selbst tragen.

Ähnlich rückläufig war die Entwicklung bei den Fürsorgeausgaben. Nach der Einstellung der Familienausgleichszahlungen sank der Anteil der Fürsorgeausgaben an den Gesamtaufwendungen, der in den Kriegsjahren auf bis zu 28 vH angewachsen war, ebenfalls unter die 10 vH-Marke. Zur Entlastung nach 1948 trug ferner der Umstand bei, daß in der offenen Fürsorge zahlreiche Personen aus der Betreuung durch den Bezirksfürsorgeverband Hanau ausschieden, weil sie nach der Durchsetzung eigener Rentenansprüche von anderen Versorgungsträgern übernommen wurden.

Auffallend größer geworden war dagegen der Anteil der "Anderen sächlichen Verwaltungs- und Zweckausgaben", der 1936 etwa ein Viertel der Gesamtausgaben ausmachte, im Krieg aber zeitweilig bis auf etwa 13 vH zurückfiel. Er wuchs im Durchschnitt der Jahre 1945 bis 1954 auf rund 38 vH an und machte diese Gruppe damit zur zweitstärksten nach den Personalausgaben. Daß zwischen beiden Gruppen, die von den Lohn- und Preissteigerungen der Nachkriegszeit gleichermaßen stark beeinflußt waren, ein gewisser statistischer Zusammenhang besteht, läßt sich anhand der Graphik im Anhang C 10 leicht nachvollziehen. Reduziert man die sächlichen Verwaltungsausgaben auf die Gruppe der direkt personalabhängigen Kosten (Ausgaben für Büromaterial, Telefon, Aus- und Weiterbildung, Arbeits- und Schutzkleidung etc.), so hat man es mit einer eindeutig positiven Korrelation zu tun (siehe dazu die Graphik im Anhang C 07).

Der Anstieg der "Anderen sächlichen Verwaltungs- und Zweckausgaben" hatte seine Ursache hauptsächlich in den darin enthaltenen hohen Zuweisungsbeträgen an den Außerordentlichen Haushalt. Für den Rest der Aufwendungen dieser Gruppe kann die Zunahme als Ausdruck der steigenden Folgekosten gewertet werden, die sich aus dem aufgabenbedingten Anwachsen der städtischen Verwaltung sowie dem Wiederaufbau, der Erweiterung und Neugestaltung der öffentlichen Einrichtungen herleiteten. Den umfangreichen Investitionen, die im wesentlichen über den Außerordentlichen Haushalt finanziert wurden, mußten zwangsläufig höhere Sachausgaben im Ordentlichen Haushalt folgen. Sie müssen hier aber - zumindest teilweise - auch als ein Zeichen der qualitativen Verbesserung der öffentlichen Leistungen angesehen werden.

Die Ausgaben der Vermögensbewegung lagen nach 1945 insgesamt auf einem beträchtlich niedrigeren Niveau als vor dem Kriegsende. Verantwortlich dafür waren in erster Linie der durch die Finanznot der Stadt erzwungene Verzicht auf die Bildung von ausreichenden Rücklagen sowie die nach der Abwertung der städtischen Schulden im Jahre 1948 stark geschrumpften Tilgungen.

Eine besondere Ausnahmeerscheinung auf der Einnahmeseite des Ordentlichen Haushalts stellte die Entwicklung der Steuereinnahmen, und hier insbesondere der Realsteuern, dar. Während die Stadt seit 1938 mit relativ konstanten Einnahmen aus der Grundsteuer von jährlich knapp zwei Millionen RM rechnen konnte, hatte die Rüstungskonjunktur die Erträge der Gewerbesteuer gewaltig anschwellen und im Jahre 1944 ihr bis dahin höchstes Ergebnis von 4,3 Millionen RM erreichen lassen. Diesem Maximalaufkommen folgte mit der Zerstörung vieler Gewerbebetriebe ein jäher finanzieller Einbruch. Im Durchschnitt der ersten drei Nachkriegsjahre war die Grundsteuer um fast zwei Drittel, die Gewerbesteuer sogar um vier Fünftel zurückgegangen. Diese außergewöhnlichen Verluste waren nur durch Finanzhilfen des Landes auszugleichen, was sich in den zunächst überproportional gewachsenen Zuweisungen nach 1945 niederschlug. Die eigene Steuerkraft entwickelte sich erst wieder nach der Währungsreform mit dem verstärkten Wiederaufbau und dem beginnenden Aufschwung der gewerblichen Wirtschaft. Dabei erwies sich bereits das Anfangsniveau des Hanauer Steueraufkommens je Einwohner im Vergleich mit anderen Städten des hessisch-unterfränkischen Raums als verhältnismäßig hoch, wie die folgende Übersicht, die auch die Finanzzuweisungen in den Vergleich mit einbezieht, zeigt.

Einnahmen aus Steuern und allgemeinen Finanzzuweisungen je Einwohner in DM nach der Rechnungsstatistik 1949- 1954*)

	Hanau	Aschaffenburg	Fulda	Gießen	Marburg
Steuereinnahmen					
1949	190,6	85,5	74,0	79,1	60,1
1950	159,9	85,2	78,4	64,7	59,7
1951	202,1	120,1	161,9	88,7	61,6
1952	234,5	128,7	135,4	103,0	67,7
1953	262,6	150,7	133,2	115,1	72,4
1954	270,0	159,0	150,9	114,4	78,1
Allgemeine Finanzzuweisungen					
1949	74,2	17,2	15,7	36,9	24,7
1950	36,7	12,3	12,0	34,3	30,2
1951	24,6	9,6	15,5	26,4	20,5
1952	17,9	6,6	2,0	22,9	33,1
1953	6,7	6,4	./. 1,0	22,1	37,7
1954	4,5	3,4	14,2	19,4	45,0

*) zusammengestellt aus Veröffentlichungen im Statistischen Jahrbuch deutscher Gemeinden 39.-43.Jahrgang (1951-1955)

Während das Aufkommen der Grundsteuer sich nur langsam erholte und bis zum Ende des Untersuchungszeitraums nominell kaum mehr als 60 vH des Vorkriegsstandes erreichte, nahmen die Erträge der von der konjunkturellen Entwicklung begünstigten Gewerbesteuer sprunghaft zu und verzeichneten beträchtliche Zuwachsraten, mit denen damals niemand gerechnet hatte. Die jährlichen Mehreinnahmen bewegten sich von 1950 bis 1953 zwischen

1,5 und 2 Millionen DM. Sie flossen fast ausschließlich in den Außerordentlichen Haushalt (siehe dazu die Graphik im Anhang C 11). Besonders bemerkenswert war dabei die Tatsache, daß zwischen 60 und 70 vH des Gesamtertrages dieser Steuer von nur drei Unternehmen aufgebracht wurden, von denen immerhin zwei dem gleichen Industriezweig (Kautschukindustrie) angehörten. Daß eine derart starke Konzentration des Steueraufkommens auf nur wenige und zudem branchenverwandte Steuerzahler auch beachtliche Risiken für den städtischen Haushalt in sich bergen kann, insbesondere dann, wenn - wie im Fall der Stadt Hanau - die konjunkturanfällige Gewerbesteuer den beherrschenden Teil der Gesamteinnahmen ausmacht, darf dabei nicht übersehen werden.

Die relativen Anteile der Einnahmegruppen 1 und 2 zusammen ("Gebühren, Beiträge, Entgelte" und "Andere Einnahmen aus Verwaltung und Betrieb") hatten sich im Durchschnitt der letzten fünf Berichtsjahre mit 28,6 vH nur unwesentlich gegenüber 1938 (30,6 vH) verändert, obwohl es zu strukturellen Verschiebungen gekommen war. So hatten insbesondere die Benutzungsgebühren durch das Hinzukommen des Krankenhauses beträchtlich zugenommen. Auf der anderen Seite waren Gewinnabführungen der Stadtwerke und der Stadtsparkasse, die bis 1941 noch unter den Einnahmen aus Verwaltung und Betrieb mit Beträgen zwischen 120 000 und 280 000 RM zu finden waren, in den ersten zehn Nachkriegsjahren nicht mehr vorgekommen.

Nur geringe Bedeutung im Rahmen des Gesamthaushalts kamen den Einnahmen aus Vermögensbewegung zu. Ihr Anteil war von 3 vH im Jahre 1938 auf kaum mehr als 1 vH im Jahre 1954 zurückgegangen. In den Aufbaujahren bis 1953 lag er sogar meist wesentlich darunter, was mit den großen Substanzverlusten beim Sach- und Kapitalvermögen durch den Krieg und die Abwertung 1948 zu erklären ist.

B.

DER AUSSERORDENTLICHE HAUSHALT

Vorbemerkung

Die Untersuchung der Finanzvorgänge des Außerordentlichen Haushalts nach dem Rechnungsquerschnitt litt - zumindest soweit es die erste Hälfte der Untersuchungsperiode betrifft - unter dem Mangel an aussagefähigen Quellen. Das in den Haushaltsplänen enthaltene Zahlenmaterial für die Jahre bis 1944 war kaum erläutert, und Sach- und Abschlußbücher sowie Akten oder sonstige Aufzeichnungen der Finanzabteilung standen nicht mehr zur Verfügung. In einigen Fällen fehlte es an Hinweisen auf die Herkunft der Mittel, in anderen wiederum war unklar, wofür die Mittel verwendet worden sind, so daß eine exakte Aufschlüsselung nach Einnahme- und Ausgabearten nicht möglich war. Eine Einbeziehung der Werte dieser Jahre in die Horizontalanalyse schloß sich damit von selbst aus. Ähnlich unscharf waren die AO-Daten für die ersten Nachkriegsjahre (1945-1948). Die Außerordentlichen Haushalte spielten damals im Rahmen der städtischen Finanzwirtschaft nur eine untergeordnete Rolle und waren dem Volumen nach auch wesentlich geringer, weil in diesen Jahren Vorhaben investiven Charakters (Aufräumungsarbeiten, Trümmerbeseitigung, Reparatur- und erste Baumaßnahmen) fast ausschließlich aus ordentlichen Einnahmen finanziert und daher im Ordentlichen Haushalt abgewickelt worden sind. Für die wenigen effektiven Ansätze im Außerordentlichen Haushalt existierten aber nur spärliche und zudem nicht immer verläßliche Erläuterungen, die insgesamt nicht ausreichten, eine adäquate Zerlegung der Ist-Ergebnisse vorzunehmen. Erst nach der Währungsreform mit dem eigentlichen Beginn des planmäßigen Wiederaufbaus waren die Außerordentlichen Haushalte ausreichend dokumentiert. Der Verfasser entschloß sich daher, die Analyse der Außerordentlichen Haushalte in zwei Abschnitte aufzuteilen. Der erste umfaßt die Zeit von 1936 bis 1948 und beschränkt sich im wesentlichen auf die tabellarische Wiedergabe der Einnahmen und Ausgaben nach den S o l l - Abschlüssen der Rechnung, wie sie sich aus den Haushaltsplänen ergaben. Anmerkungen dazu sind - soweit solche aus den Etatangaben herzuleiten waren - in die Tabellen mit aufgenommen oder in entsprechenden Fußnoten hinzugefügt worden. Der zweite Abschnitt beginnt nach der Währungsreform mit dem Rechnungsjahr 1949 und umfaßt den Rest des Untersuchungszeitraums bis 1954. Er basiert dagegen auf den I s t - Werten nach den Sach- und Abschlußbüchern, und zwar *ohne Berücksichtigung der Bestandsübertragungen* ! Da es - analog der Bearbeitung des Ordentlichen Haushalts - hier ebenso auf die Darstellung der *tatsächlichen* Einnahmen und Ausgaben ankam, mußten sowohl die Übertragungen von DM-Restbeständen aus Vorjahren als auch die von nicht verbrauchten Mitteln in die jeweils folgenden Jahre eliminiert werden, was nur durch einen Rückgriff auf die Buchungsunterlagen möglich war. Das erklärt auch, warum die auf diese Weise entstandenen Tabellenwerte zum Teil erheblich von den veröffentlichten (Soll-) Ansätzen nach der Rechnung in den Außerordentlichen Haushaltsplänen abweichen und Einnahmen und Ausgaben sich nicht ausgleichen.

I. ALLGEMEINES

Im Unterschied zum Ordentlichen Haushalt, bei dem die Finanzvorgänge der laufenden und periodisch wiederkehrenden Verwaltungsgeschäfte und kommunalen Dienstleistungen im Vordergrund stehen, handelt es sich bei dem Außerordentlichen Haushalt um die finanzwirtschaftliche Konkretisierung von Einzelvorhaben, deren Wirkung über die jeweilige Periode hinausreicht. Dieser Differenzierung nach der Periodizität entspricht auch die Auflage des Gesetzgebers nach Einzeldeckung der Vorhaben des Außerordentlichen Haushalts (§ 39,Abs.2 GemHVO).[1)] Während im Ordentlichen Haushalt für die Einnahmen das Prinzip der "Nonaffektation" gilt, diese also dem gesamten Haushalt als Deckungsmittel dienen, dürfen außerordentliche Einnahmen nur für außerordentliche Ausgaben verwendet werden, für die sie in den Haushaltsplan eingestellt worden sind. Diesem Deckungsgrundsatz entspricht auch, daß jedes Vorhaben nach seinem Abschluß gesondert abzurechnen ist (§ 23, Abs.3 GemHVO).

Ein weiteres Kriterium des Außerordentlichen Haushalts besteht darin, daß die Einnahmen und Ausgaben mit der Vermögenswirtschaft in engem Zusammenhang stehen, indem sie das Vermögen mehren, mindern oder in seiner Zusammensetzung verändern. Allerdings ist der Außerordentliche Haushalt mit der Vermögenswirtschaft nicht schlechthin gleichzusetzen, da auch zumindest ein Teil der Einnahmen und Ausgaben des Ordentlichen Haushalts Einfluß auf das städtische Vermögen hat. Diese uneinheitliche Handhabung vermögenswirksamer Einnahmen und Ausgaben bestand auch nach Einführung des finanzstatistischen Kennziffernplans 1952 zunächst unverändert fort und ist erst durch die Reform des gemeindlichen Haushaltsrechts 1974 beseitigt worden.[2)]

Bei den Ausführungen über den Ordentlichen Haushalt (siehe oben Seite 57, Anm.1) ist bereits darauf hingewiesen worden, daß die Zuordnung von Finanzvorgängen zum Außerordentlichen Haushalt wesentlich von der Art der Deckungsmittel abhängig ist. Was außerordentliche Einnahmen sind, wird in § 1 der Gemeindehaushaltsverordnung (GemHVO) näher bestimmt. Danach gehören dazu die Erlöse aus der Aufnahme von Darlehen und der Veräußerung von Gemeindevermögen, die Entnahmen aus dem Kapital-

1) Verordnung über die Aufstellung und Ausführung des Haushaltsplans der Gemeinden vom 4. September 1937 (RGBl.I S.921)

2) Bereits 1952 hatte F.Neumark die Forderung erhoben, an die Stelle der traditionellen und nur beschränkt aussagefähigen Unterteilung in "Ordentliche" und "Außerordentliche" Haushalte, die im Ausland weniger üblich ist als in Deutschland und in den angelsächsischen Ländern überhaupt nicht angewandt wird, die Trennung in eine "laufende" und eine "Kapitalrechnung" zu setzen (F.Neumark, "Aktuelle Budget- und Steuerfragen", in: Schriftenreihe des Instituts Finanzen und Steuern, Heft 25, S.5ff). Aber erst in den 60er Jahren ist mit den Vorarbeiten zur Reform des kommunalen Haushaltsrechts in diesem Sinne begonnen worden. Die Vorschriften wurden dem Haushaltsrecht des Bundes und der Länder angepaßt und die Gemeinden in die Finanzplanung einbezogen. Der Gesetzgeber hat danach Form und Gliederung des Haushaltsplans verbindlich festgelegt. Neu war insbesondere die Trennung des Gesamthaushalts in einen "Verwaltungs-" und in einen "Vermögenshaushalt". Alle vermögenswirksamen Einnahmen und Ausgaben, d.h. solche, die das Vermögen mehren oder mindern oder in seiner Struktur ändern, gehören danach in den Vermögenshaushalt, alle anderen in den Verwaltungshaushalt. Die revidierten Bestimmungen der Gemeindeordnungen und die neuen Gemeindehaushaltsverordnungen sind dann am 1.1.1974 bzw. 1.1.1975 in Kraft getreten. (siehe dazu M.Fuchs, Der Haushalt nach dem Gemeindehaushaltsrecht, in: Handbuch der kommunalen Wissenschaft und Praxis, Band 6, 2.Auflage, Berlin u.a. 1985, S.402f)

vermögen und aus Rücklagen sowie die Anteilsbeträge aus dem Ordentlichen Haushalt. Mit Ausnahme der Anteilsbeträge sind diese "Einnahmen aus der Vermögensbewegung" im finanzstatistischen Kennziffernplan unter der Gruppe 3 zusammengefaßt. Zu den außerordentlichen Einnahmen rechnen ferner Zweckzuweisungen des Staates, Schenkungen und andere Zuwendungen von Dritten, soweit sie für Vorhaben des Außerordentlichen Haushalts bestimmt sind, Anliegerbeiträge sowie Rückflüsse aus von der Stadt gewährten Darlehen (Tilgungen).

Nach der Gemeindehaushaltsverordnung sind außerordentliche Ausgaben solche, "die für Vorhaben entstehen, deren Deckungsmittel mindestens teilweise außerordentliche Einnahmen sind. Es gehören also auch solche Vorhaben in den Außerordentlichen Haushalt, die nur zum geringen Teil aus außerordentlichen Einnahmen finanziert werden (gemischte Finanzierung)".[1] Im wesentlichen setzen sich die außerordentlichen Ausgaben zusammen aus den Investitionen in Immobilien (Wiederaufbau, Neubau, Grundstückskäufe, bauliche Veränderungen und große Instandsetzungen, soweit diese eine deutliche Werterhöhung[2] im Gefolge haben) und den Anschaffungen von beweglichen Wirtschaftsgütern, wenn und soweit es sich dabei um größere Vermögensposten handelt.[3] Zu den außerordentlichen Ausgaben rechnen ferner die Gewährung von Aktiv- und die Tilgung von Passivdarlehen sowie finanzielle Zuwendungen und Zuschüsse an Dritte im Rahmen außerordentlicher Vorhaben. Soweit besondere Sachkosten in unmittelbarem Zusammenhang mit Investitionsprojekten des Außerordentlichen Haushalts anfallen, sind diese den jeweiligen Projekten zuzurechnen. Die wesentlichen Vorgänge der Vermögensbewegung, wie sie sich im Außerordentlichen Haushalt niederschlagen, sind in der Ausgabengruppe 9 zusammengefaßt. Zu beachten ist allerdings, daß diese Ausgabearten im Ordentlichen Haushalt ebenso vorkommen, wo sie sich zum Teil als "einmalige Ausgaben" darstellen.[4]

II. DIE AUSSERORDENTLICHEN HAUSHALTE DER REICHSMARKZEIT (1936-1948)

In den folgenden beiden Tabellen sind die Außerordentlichen Haushalte der Stadt Hanau nach den (Soll-)Rechnungsabschlüssen der Jahre 1936, 1938 und 1941 einerseits sowie der Jahre 1945 bis 1948 andererseits zusammengestellt.

Bemerkenswert ist der starke Rückgang der Haushaltsvolumina seit 1936. Herausragende städtische Projekte, wie etwa die Notstandsarbeiten zur Kinzigregulierung, deren finanzielle Auswirkungen in den ungeklärten Posten der Jahre 1936 und 1938 noch enthalten sein dürften, waren in der zweiten Hälfte der dreißiger Jahre zum Abschluß gekommen. Mit dem Beginn des Zweiten Weltkriegs waren Vorhaben außerordentlichen Charakters, insbesondere solche zur Substanzerneuerung kaum noch durchführbar. Ausnahmen bildeten lediglich unabwendbare und "kriegswichtige" Investitionen, deren Realisierung das

1) W.Fischer, a.a.O., S.235

2) Für die Erfassung in der Finanzstatistik kamen nur solche Objekte infrage, deren ursprünglicher Wert mindestens 500 RM/DM und deren Instandsetzungskosten mindestens ein Drittel dieses Basiswertes betrug

3) Die untere Wertgrenze betrug hier im Einzelfall 20 DM, wobei das zu aktivierende Objekt eine Mindestlebensdauer von 3 Jahren haben mußte

4) Vgl. W.Fischer, a.a.O.

Reich zur Auflage gemacht hatte, so zum Beispiel der Bau und die spätere Erweiterung einer Schweinemastanstalt. Schließlich waren die Außerordentlichen Haushalte auf kaum mehr als die Verrechnung einiger Grundstücksgeschäfte, die Vereinnahmung von Anliegerbeiträgen und die Bildung von Rücklagen zusammengeschrumpft.

Tabelle 56 Einnahmen und Ausgaben der Außerordentlichen Haushalte der Stadt Hanau 1936, 1938 und 1941 nach den (Soll-)Rechnungsabschlüssen

EINZEL-PLAN	HAUSHALTS-ABSCHNITT	BETRAG RM	EINNAHMEN AUS	VERWENDUNG FÜR
Rechnungsjahr 1 9 3 6				
6	Wohnungswesen	107 368	vermutlich Reichszuschüssen (?)[a)]	Förderung von Siedlungshausprojekten (?)[a)]
	Straßen, Wege, Plätze	29 823	Anliegerbeiträgen	Rücklagen
		78 686	Rücklagen	Straßenbau
		28 900	Rücklagen	3.Bauabschnitt Kinzigregulierung
		220 748	Anliegerbeiträgen, Rücklagen, Reichsdarlehen, Erlösen aus Kasernenverkauf (15 000) und Wertpapierverkauf (10 000) sowie Zuschüssen des Arbeitsamts	Straßenbau, Kanalbauten, Überholung der Kinzigbrücke, Ankauf von Fahrzeugen für den Fuhrpark, Verbesserung des Kanalpumpwerks II
7	Stadtentwässerung	75 534	vermutlich Anliegerbeiträgen und/oder Rücklagen (?)	Kanalbaumaßnahmen (?)
9	Unbebauter Grundbesitz	32 281	vermutlich Geländeverkäufen (?)	Ankauf von Grundstücken (?)
	Andere, im einzelnen nicht mehr feststellbare außerordentliche Einnahmen[b)]	2 005 294		nicht mehr feststellbare Maßnahmen[b)]
	Summe AO-Einnahmen	2 578 634		AO-Ausgaben 2 578 634

a) Vermutlich handelt es sich hier um die Förderung von Baumaßnahmen des vom Reich durch Zuschüsse und Kreditbeihilfen gestützten Siedlungshausprogramms, das 1935/36 in der damaligen Tannenbergstraße (heute: Erzbergerstraße) durchgeführt wurde

b) Der weitaus überwiegende Teil der Ausgaben wird wohl noch mit Hochwasserschutzmaßnahmen in Zusammenhang gestanden haben. Die Kinzigregulierung und die damit verbundenen umfangreichen Erdarbeiten (Aufschüttung von Dämmen) wurden in den Dreißiger Jahren vom Reich als Notstandsarbeiten im Rahmen von Arbeitsbeschaffungsmaßnahmen anerkannt und mit beachtlichen Zuschußleistungen unterstützt. In der Zeit von 1933 bis 1938 arbeiteten zeitweilig bis zu 200 Beschäftigte - überwiegend Erwerbslose und Wohlfahrtsunterstützungsempfänger - an dem Projekt (vgl.Hanauer Anzeiger vom 22. Juli 1933; vom 7. April 1934, S.3; vom 4. April 1938, S.3; vom 9. April 1938, S.3). In den außerordentlichen Einnahmen dürften daher erhebliche Zweckzuweisungen des Reiches enthalten sein

EINZEL-PLAN	HAUSHALTS-ABSCHNITT	BETRAG RM	EINNAHMEN AUS	VERWENDUNG FÜR
Rechnungsjahr 1 9 3 8				
6	Straßen, Wege, Plätze	45 471 324 560 13 000 114 500	Anliegerbeiträgen) Rücklagen) Zuweisung des Ordentlichen) Haushalts) (vermutlich) Rücklagen)	Kinzigregulierung und Hochwasserdamm (452 061 RM) Rücklagen (22 184 RM)
7	Stadtentwässerung	9 237 167 611	Rücklagen) ungeklärt (Anliegerbeiträge?))	Kanalverlegung (171 917 RM)
9	Allgemeines Kapitalvermögen	56 343	Rückzahlung von) Anliegerbeiträgen)	Ansammlung von Tilgungsbeträgen (56 343 RM) Forderungen aus Anliegerbeiträgen zur Übertragung an Straßenbau und Stadtentwässerung (38 617 RM)
		23 620	ungeklärt (Darlehen?)	ungeklärt (23 620 RM)
	Unbebauter Grundbesitz	189 714 234 952	Erlösen aus Grundstücks-) verkäufen) ungeklärt)	vermutlich Geländeankauf und/oder Rücklagen (414 338 RM)
	Bebauter Grundbesitz	184 400 210 554	Erlösen aus dem Verkauf) von bebautem Grundbesitz) ungeklärt (Rücklagen?))	Erwerb von bebautem Grundbesitz (394 882 RM)
	Sonstiges Vermögen	262 423	ungeklärt	ungeklärt (262 423 RM)
	Summe AO-Einnahmen	1 836 385		AO-Ausgaben 1 836 385
Rechnungsjahr 1 9 4 1				
6	Straßen, Wege, Plätze	1 623	Anliegerbeiträgen	Abführung an Straßenbau-Rücklage
		50 889	Rücklagen	Ankauf von Straßengelände
7	Stadtentwässerung	503 17 468	Anliegerbeiträgen Rücklagen	Abführung an Kanalbau-Rücklage Kanalbaumaßnahmen
	Wirtschaftsförderung	2 110	ungeklärt (Rücklagen ?)	Erweiterung der Schweinemastanstalt
9	Allgemeines Kapitalvermögen	33 833	Rückzahlung von Anlieger-) beiträgen und Grundstücks-) restforderungen)	Ansammlung von Tilgungsbeträgen
	Unbebauter Grundbesitz	23 311	Grundstücksverkäufen	Grundstücksankäufe (352 234 RM)
		780 078	Rücklagen	Restrückzahlung für Kaufpreis Henkel
	Bebauter Grundbesitz	302 320 17 146	Grundstücksverkäufen) Rücklagen)	Erwerb von bebautem Grundbesitz
	Summe AO-Einnahmen	1 229 281		AO-Ausgaben 1 229 281

Tabelle 57 Einnahmen und Ausgaben der Außerordentlichen Haushalte der Stadt Hanau 1945 bis 1948 nach den (Soll-)Rechnungsabschlüssen

EINZEL-PLAN	HAUSHALTS-ABSCHNITT	BETRAG RM	EINNAHMEN AUS	VERWENDUNG FÜR
Rechnungsjahr 1 9 4 5				
6	Straßen, Wege, Plätze	6 170	Anliegerbeiträgen	Rücklagen
7	Stadtentwässerung	3 541	Anliegerbeiträgen	Rücklagen
9	Allgemeines Kapitalvermögen	13 293	Rückzahlung von Anliegerbeiträgen und Grundstücksrestforderungen	Ansammlung von Tilgungsbeträgen
	Unbebauter Grundbesitz	3 314	Grundstücksverkäufen	Rücklagen
	Bebauter Grundbesitz	6 516	Grundstücksverkäufen	Rücklagen
	Kriegsfolgekosten	176 877	Zuweisungen der Militärregierung aus der Abwicklung von NS-Vermögen, eingezogenen Beträgen des Winterhilfswerks (WHW) sowie Spenden Dritter für Fliegergeschädigte	Rücklagen
	Summe AO-Einnahmen	209 711		AO-Ausgaben 209 711
Rechnungsjahr 1 9 4 6				
6	Straßen, Wege, Plätze	11 475	Anliegerbeiträgen	Rücklagen
7	Stadtentwässerung	11 159 4 967	Rücklagen Anliegerbeiträgen	Sielbaumaßnahmen Rücklagen
	Schlachthof	12 000	Rücklagen	Wohngebäude Schlachthof
8	Unternehmen der Verkehrsförderung	8 080	Rücklagen	Einrichtung des Gästehauses
9	Allgemeines Kapitalvermögen	13 160	Anliegerbeiträgen	Ansammlung von Tilgungsbeträgen
	Unbebauter Grundbesitz	4 122	Grundstücksverkäufen	Rücklagen (4 064 RM) Geländeerwerb im Lamboywald (58 RM)
	Bebauter Grundbesitz	27 529	Grundstücksverkäufen	Erwerb von bebauten Grundstücken
	Summe AO-Einnahmen	92 492		AO-Ausgaben 92 492

EINZEL-PLAN	HAUSHALTS-ABSCHNITT	BETRAG RM	EINNAHMEN AUS	VERWENDUNG FÜR
Rechnungsjahr 1 9 4 7				
4	Interniertenlager	27 233	Rücklagen	Bau und Ausstattung des Lagers
6	Straßen, Wege, Plärz	6 808	Rücklagen	Hochwasserdamm (653 RM), Hochwasserschutz Pumpstation III (Bulau) (5 656 RM); Wiederherstellung des Fallbachstegs (499 RM);
		18 974	Anliegerbeiträgen	Rücklagen (18 974 RM)
7	Stadtentwässerung	15 604	Rücklagen	Einbau Kanal Annastraße (14 190 RM) Erweiterung Sielanlage (1 414 RM)
		4 004	Anliegerbeiträgen	Rücklage (4 004 RM)
8	Gästehaus	33 814	Rücklagen	Ausbau und Einrichtung des Gästehauses
9	Allgemeines Kapitalvermögen	38 997	Anliegerbeiträgen und Grundstücksrestforderungen)	Amsammlung von Tilgungs-beträgen
	Unbebauter Grundbesitz	2 950	Rücklagen	Erwerb von Gelände im Lamboywald
	Bebauter Grundbesitz	53 634	Rücklagen	Erwerb von bebauten Grund-stücken
	Kriegsfolgekosten	12 191	ungeklärt	Rücklage für Wiederaufbau
	Summe AO-Einnahmen	214 209		AO-Ausgaben 214 209

Rechnungsjahr 1 9 4 8		**RM**	**DM**			**RM**	**DM**
4	Interniertenlager	-	2 794	ungeklärt	Lagerausstattung	10 601	2 794
6	Straßen, Wege, Plätze	25 060	4 683	Rücklagen (?)	Trümmerräumung	48 926	4 683
7	Stadtentwässerung	952	727	ungeklärt	ungeklärt	2 444	727
8	Straßenbahn	-	140 000	Darlehensaufnahme	Fahrzeugbeschaffung	-	140 000
	Gästehaus	-	11 249	ungeklärt	Innenausstattung	13 615	11 249
9	Allg. Kapitalvermögen	12 806	338	Anliegerbeiträgen	Rücklagen	-	338
	Unbebauter Grundbesitz	-	63 210	Grundstücksverkäufen	Ankauf Baugelände	-	63 210
	Bebauter Grundbesitz	31 000	20 533	ungeklärt	ungeklärt	-	20 533
	Kriegsfolgekosten	2 400	100	ungeklärt	ungeklärt	18 000	100
	Summe AO-Einnahmen	72 218	243 634		Summe AO-Ausgaben	93 586	243 634

III. DIE AUSSERORDENTLICHEN HAUSHALTE DER DM-ZEIT (1949-1954) NACH DEM RECHNUNGSQUERSCHNITT

1. DIE AUSGABEN

Die tatsächlichen Ausgaben des Außerordentlichen Haushalts der Stadt Hanau - ohne Berücksichtigung der jährlichen Bestandsübertragungen - während der DM-Periode von 1949 bis 1954 sind in der folgenden Tabelle nach Ausgabearten zusammengestellt:

Tabelle 58 Effektive Ausgaben der Stadt Hanau im Außerordentlichen Haushalt von 1949 bis 1954 in DM

Kennz.	Ausgabeart	1949	1950	1951	1952	1953	1954
5110	Zuweisungen an das Land	-	-	-	100 000	100 000	-
5230	Zuschüsse an Organisationen	20 000	-	3 500	2 940	63 250	6 770
5300	Zuschuß an Stadtwerke	25 000	92 700	-	-	-	-
6100	Planungen, Bauleitpläne	12 665	18 827	12 630	8 461	36 289	13 844
6800	Zuschüsse an Private	-	-	-	-	49 122	86 584
9100	Tilgungen	-	529	-	126 470	42 903	113 814
9200	Darlehensgewährungen	747 200	329 146	519 382	2 393 337	1 007 010	2 731 785
9300	Zuführungen an Rücklagen und Kapitalvermögen	20 958	143 496	172 426	1 013 283	139 109	317 068
9400	Ankauf von Grundstücken	454 870	551 526	1 343 288	1 012 802	767 934	1 101 949
9500	Hochbau	1 358 232	1 751 780	1 975 650	2 562 409	1 647 246	2 151 518
9600	Tiefbau	327 939	689 588	481 086	1 094 688	794 110	1 758 882
9700	Sonstige Anlagen und Trümmerbeseitigung	160 379	129 868	79 131	242 051	288 035	374 790
9800	Anschaffung bewegl. Vermögens	261 548	213 498	169 200	267 374	216 377	230 068
	Insgesamt:	3 388 791	3 920 958	4 756 293	8 823 815	5 151 385	8 887 072

Die Übersicht zeigt, daß die außerordentlichen Ausgaben sich in ganz überwiegendem Maße aus Ausgaben der Gruppe 9, d.h. aus vermögenswirksamen Geldleistungen, zusammensetzen. Die Gruppen 5 und 6 sind dagegen nur mit relativ geringen Beträgen vertreten und betreffen meist besondere Einzelfälle.

a) Die Ausgaben der Gruppen 5 und 6

Bei den Zuweisungen an das Land Hessen handelte es sich um finanzielle Beiträge der Stadt Hanau zu den Aufbaukosten der damals noch staatlichen Hohen Landesschule.

Die Zuschüsse an Organisationen betrafen Maßnahmen zur Förderung des Wohnungsbaus, des Wiederaufbaus zerstörter Anlagen, der Herrichtung von beschädigten Vereins- und kirchlichen Einrichtungen sowie Angelegenheiten der freien Wohlfahrtspflege. Es finden sich darunter u.a. Zuschüsse an die Baugesellschaft Hanau für den Neubau von Wohnungen (1949: 20 000 DM, 1953: 26 750 DM für den Wohnblock Nordstraße) und an die Martin-Luther-Stiftung für den Bau eines Altenheimes (1953: 30 000 DM) sowie geringe Beträge - meist zwischen ein- und fünftausend DM - zum Beispiel an den Prießnitzverein zur Beseitigung von Bombentrichtern auf seinem Vereinsgelände, den Terrarienverein für die Anschaffung einer Baracke, den Turn- und Sportverein 1860 für Baukosten, an die evangelische Kirchengemeinde Kesselstadt für die Reparatur des Glockenturms der Friedenskirche und der Kapelle auf dem Kesselstädter Friedhof.

Die Zuschüsse an die Stadtwerke waren zweckgebunden. Sie dienten der Wiederherstellung der Straßenbeleuchtung (1949) und dem Wiederaufbau der Betriebsgebäude (1950). Die großen Investitionen der Stadtwerke für die Strom-, Gas- und Wasserversorgung wurden vorwiegend durch die Aufnahme von Darlehen finanziert (siehe dazu unten Seite 277).

Für die Enttrümmerung von Privatgrundstücken, deren Räumung im Interesse städtischer Aufbaumaßnahmen dringend geboten, deren Eigentümer dazu aber finanziell nicht in der Lage waren, leistete die Stadt in einzelnen Fällen Zuschüsse zu den Kosten der Schuttbeseitigung.

Schließlich sind hier noch die besonderen Planungskosten zu nennen, die im Zusammenhang mit der Ausschreibung von Planungswettbewerben sowie durch die Vergabe von besonderen Projektierungs- und Gutachteraufträgen an freischaffende Architekten entstanden. Planungskosten wurden in der Regel den jeweiligen Objekten direkt zugerechnet. Soweit eine solche direkte Zurechnung aber nicht möglich war, weil es sich um Gesamt- oder Leitplanungen handelte, fanden die Aufwendungen als besondere Sachkosten ihren Niederschlag in den Außerordentlichen Haushalten, so u.a. 1953 für einen Generalentwurf der Kanalisation sowie für die Wiederaufbauplanung der Altstadt und des Bangerts.

b) Die Ausgaben der Gruppe 9

b1) Die Tilgung von Schulden

Die Gemeinde darf Darlehen (Anleihen, Schuldscheindarlehen und sonstige Kredite mit Ausnahme von Kassenkrediten) nur im Rahmen des Außerordentlichen Haushaltsplans aufnehmen.[1)] Gleichwohl sind die Ausgaben für die Verzinsung und Tilgung der aufgenommenen Kredite aus Mitteln des Ordentlichen Haushalts zu bestreiten (vgl. dazu Seite 159f). Soweit Tilgungsbeträge im Außerordentlichen Haushalt erscheinen, handelt es sich überwiegend um Zahlungen für außergewöhnliche Tilgungen, zum Beispiel für verstärkte Rückzahlung oder Gesamttilgung. Sie können im Außerordentlichen Haushalt verrechnet werden, sofern die dazu notwendigen Mittel aus außerordentlichen Einnahmen bestritten werden. Diese wiederum können auch Zuweisungen aus dem Ordentlichen Haushalt einschließen.

---

1) § 76 DGO; die Hessischen Gemeindeordnungen (HGO) von 1945 (§76) und 1952 (§105) haben diese Ermächtigungsformel jeweils wörtlich übernommen

Wie aus der Tabelle 58 ersichtlich ist, kamen Tilgungsleistungen im Außerordentlichen Haushalt, wenn man von einem unbedeutenden Betrag an Anleihekosten des Jahres 1950 einmal absieht, erst ab 1952 vor. Dabei handelte es sich vor allem um erhebliche Disagiobeträge aus der Aufnahme von neuen Krediten zur Förderung des Wohnungsbaus. Sie waren nach dem Bruttoprinzip der Verbuchung von Darlehen als Tilgungsmehrleistungen zu behandeln. Im übrigen enthalten die Beträge neben echten Rückzahlungsraten für Passivhypotheken auch Darlehenskosten wie Bankspesen, Vermittlungsprovisionen etc.

b2) Die Gewährung von Darlehen

Während der DM-Periode des Untersuchungszeitraums sind im Außerordentlichen Haushalt der Stadt Hanau für die Gewährung von Darlehen die folgenden Ist-Ausgaben nachzuweisen:

Tabelle 59 Ist-Ausgaben im Außerordentlichen Haushalt der Stadt Hanau zur Gewährung von Darlehen 1949-1954 in DM

	1949 DM	1950 DM	1951 DM	1952 DM	1953 DM	1954 DM
Straßenbahn und Autobusbetrieb zur Anschaffung von Bussen	140 000	50 000	-	-	-	-
Stadtwerke zur Beseitung von Kriegsschäden[a)]	-	-	170 000	1 500 000	670 000	540 000
Baugesellschaft Hanau zum Wiederaufbau städtischen Grundbesitzes	600 000[b)]	-	-	390 850	-	-
Bauträgergesellschaften zur Förderung des Wohnungsbaus[c)]	-	186 000	258 500	259 000	153 000	1 776 926
Arbeitgeberdarlehen zum Eigenheim- oder Wohnungsbau	-	-	30 000	30 000	10 500	44 000
Privatdarlehen zur Instandsetzung von beschädigtem Wohnraum	7 200	13 340	1 000	620	10 800	1 889
Straßenkosten-, Kanalkosten- und Grundstücksforderungen[d)]	-	79 806	59 882	212 867	135 396	368 970
Andere[e)]	-	-	-	-	27 314	-
Insgesamt:	747 200	329 146	519 382	2 393 337	1 007 010	2 731 785

a) In den Posten für 1952 und 1954 sind Kreditmittel enthalten (1954: 200 000 DM aus ERP-Mitteln), die bei der Stadt durchlaufend gebucht wurden

b) Darlehen von 500 000 DM für den Aufbau des Hafenblocks und 100 000 DM für den 1.Bauabschnitt an der Französischen Allee

c) Die in 1954 gewährten Darlehensbeträge zur Förderung des sozialen Wohnungsbaus an die Nassauische Heimstätten GmbH (12 500 DM, 20 000 DM) und an die Baugesellschaft Hanau (283 500 DM) wurden im Laufe des Rechnungsjahres in Beteiligungen umgewandelt oder zur Erhöhung bereits bestehender Beteiligungen verwandt. Sie sind im obigen Betrag nicht enthalten, sondern in der Tabelle 60 nachgewiesen

d) Hier handelt es sich um Vorträge aus fälligen Restforderungen von Grundstückveräußerungen und Erschließungskosten

e) Der Posten des Jahres 1953 setzt sich zusammen aus einem Darlehen an die Telefonbau und Normalzeit GmbH in Höhe der Jahresmiete einer Vermittlungsanlage beim städtischen Bauamt (7 314 DM) und einem Darlehen an den Verkehrsverein Hanau (20 000 DM)

In diese Ausgabenkategorie gehören grundsätzlich alle Aktivdarlehen, gleichviel, ob sie Gebietskörperschaften, anderen Körperschaften des öffentlichen Rechts oder Privaten gewährt wurden; dabei ist auch ohne Belang, ob die darlehensweise Hingabe von städtischen Geldern aus Haushaltsmitteln erfolgte oder aus Mitteln, die die Stadt selbst aus Darlehensaufnahmen finanzierte.[1]

Wie sich aus der Aufstellung erkennen läßt, sind die Aktivdarlehen der Stadt Hanau hauptsächlich für die unmittelbare Beseitigung von Kriegsschäden und -folgen gewährt worden. Ihre Zielsetzung war nicht die rentierliche Anlage von Kapital, sondern vielmehr die unmittelbare Erfüllung öffentlicher Aufgaben. Im Vordergrund standen die Förderung des Wiederaufbaus und die Wiederbelebung des innerstädtischen Personenverkehrs. Als Darlehensschuldner traten neben den städtischen Verkehrs- und Versorgungsbetrieben (Hanauer Staßenbahn AG und Stadtwerke) hauptsächlich Bau- und Bauträgergesellschaften in Erscheinung, deren Aufgabe zunächst darin bestand, den für die Rückführung und Unterbringung der ausgebombten und evakuierten Hanauer Bürger dringend benötigten Wohnraum zu schaffen. Zu den wichtigsten Gesellschaften, mit denen die Stadt Hanau kreditvertragliche Beziehungen in diesem Sinne unterhielt, gehörten u.a.: die Baugesellschaft Hanau, die Nassauische Heimstätte GmbH und Nassauisches Heim GmbH, an denen die Stadt selbst beteiligt war und noch heute beteiligt ist[2], ferner die Wohn- und Siedlungsbau Genossenschaft eGmbH, Hanau, die gemeinnützige Kleinsiedlungsbaugesellschaft, die Kleinwohnungsbau-GmbH, die evangelische Baugemeinde Hanau, die Arbeitsgemeinschaft Lückhard/Grahn sowie die gemeinnützige Wohnungsbaugesellschaft (GEWOBAG). Ein Teil der gewährten Darlehen ist später von der Stadt Hanau in Beteiligungen umgewandelt worden, was sich in der Vermögensbilanz als Kapitalumschichtungen darstellte.

Die Darlehen an die städtischen Verkehrs- und Versorgungsbetriebe resultierten entweder aus eigens von der Stadt für deren Belange aufgenommenen Krediten, oder es handelte sich um Tranchen aus globalen Aufbaudarlehen Dritter zugunsten der Stadt.

b3) Die Zuführungen an Rücklagen und zum Kapitalvermögen

Über die Rücklagenwirtschaft der Stadt Hanau ist Grundsätzliches an anderer Stelle bereits gesagt worden (siehe dazu Seite 163ff), so daß hier auf die dort gemachten Ausführungen verwiesen werden kann.

---

1) Vgl. Hötte/Mengert/Weyershäuser, Gemeindehaushalt in Schlagworten, 3.Auflage, Köln 1965, S.156

2) Die Baugesellschaft ist eine Gründung der Stadt Hanau zusammen mit Hanauer Industriefirmen, die auf das Jahr 1942 zurückgeht. Ihr Ziel war die Schaffung von Wohnraum für in Hanau beschäftigte Arbeitskräfte. Zu den Gesellschaftern gehören nach dem Stand von 1991 neben der Stadt Hanau und den mit ihr verbundenen Unternehmen: Stadtwerke Hanau GmbH, Hanauer Straßenbahn AG und Sparkasse Hanau, die Hanauer Industriefirmen: Dunlop GmbH, W.C. Heraeus GmbH, Vacuumschmelze GmbH, Degussa Hanau und Degussa Wolfgang. Einziger nichthanauer Gesellschafter ist die Mainzer Aktien-Bierbrauerei. Die Beteiligung an der Nassauischen Heimstätte GmbH geht auf das Jahr 1951, die an der Nassauischen Heim GmbH auf das Jahr 1952 zurück

Bei den Zuführungen an Rücklagen im Außerordentlichen Haushalt handelt es sich zum Teil um kurzfristige Anlagen von nicht verbrauchten Geldmitteln aus einzelnen Bauabschnitten von Wiederaufbauprojekten. Soweit sich solche Projekte über längere Zeiträume hinzogen, kam es gelegentlich vor, daß Mittel zur Verfügung standen, ehe ein weiterer Bauabschnitt in Angriff genommen werden konnte. Die Beträge wurden dann vorübergehend auf Sparkonten festgelegt. Die Rücklagen dienten hier gleichsam als Puffer zwischen mehreren Abschnitten eines Bauvorhabens.

Ansonsten setzt sich diese Ausgabeart vor allem aus Anliegerbeiträgen zusammen, die der Straßen- und Kanalbaurücklage zugeführt wurden.

Tabelle 60 Zuführungen an Rücklagen und zum Kapitalvermögen der Stadt Hanau

Ausgabeart	1949 DM	1950 DM	1951 DM	1952 DM	1953 DM	1954 DM
Rücklagen und Wertpapieranlagen	20 958	120 456	105 584	994 783[a)]	126 609	1 068
Beteiligungen	-	23 040	66 842	18 500	12 500	316 000
Summe	20 958	143 496	172 426	1 013 283	139 109	317 068

a) darin enthalten sind 339 300 DM für die Anschaffung von Wertpapieren

Über die Beteiligungen in den jeweiligen Jahren gibt die folgende Übersicht im einzelnen Auskunft:

Jahr	DM	Beteiligung
1950:	20000	Aufstockung des Gesellschaftskapitals der Stadthallen GmbH
	3040	Zehn Geschäftsanteile an der Hanauer Wohn- und Siedlungsbaugesellschaft
1951:	10000	Beteiligung an der Finanz- und Treuhandgesellschaft
	46842	Ankauf eines Geschäftsanteils an der Continent Metall AG
	10000	Beteiligung an der Nassauischen Heimstätten GmbH
1952:	6000	Geschäftsanteile BBC-Siedlung
	12500	Beteiligung an Nassauisches Heim GmbH, 1. Rate
1953:	12500	Beteiligung an Nassauisches Heim GmbH, 2. Rate
1954:	12500	Beteiligung an Nassauisches Heim GmbH, 3. Rate[1)]
	20000	Erhöhung der Beteiligung an der Nassauischen Heimstätte GmbH, Frankfurt[2)]
	283500	Erhöhung der Beteiligung an Baugesellschaft Hanau

1) Die Stammeinlage der Stadt Hanau betrug am 31.12.1954 an der Nassauisches Heim GmbH 50 000 DM
2) Die Stammeinlage der Stadt Hanau betrug am 31.12.1954 an der Nassauischen Heimstätte GmbH 30 000 DM

Wie weiter oben bereits ausgeführt wurde, sind städtische Aufbaudarlehen zum Teil später in Beteiligungen umgewandelt worden. Ein Beispiel dafür bietet die Erhöhung der Beteiligung an der Baugesellschaft Hanau 1954. Auch der Beteiligung an der Continent Metall AG war eine Kreditierung durch die Stadt Hanau vorausgegangen.

b4) Die Sachinvestitionen

b4.1) Der Ankauf von Grundstücken

Wie aus der Tabelle 58 (Seite 275) hervorgeht, waren unter den Sachinvestitionen im Außerordentlichen Haushalt der Stadt Hanau die Aufwendungen für den Erwerb von Grundstücken die zweithöchsten nach den Ausgaben für Hochbauten. Bereits 1951 hatten sie sich gegenüber dem Vorjahr weit mehr als verdoppelt und hielten sich im Durchschnitt der letzten vier Untersuchungsjahre deutlich über der Millionengrenze. Der hohe Rang der Ausgaben für Grundstücksankäufe wird verständlich, wenn man sich die Ausgangslage ins Gedächtnis zurückruft, vor die sich die für den Wiederaufbau verantwortlichen städtischen Behörden damals gestellt sahen.

Die Innenstadt war ein einziges Trümmerfeld. Für den Bau neuer Wohn- und Geschäftshäuser, für die Wiederherstellung von Straßen und Plätzen waren die dringlichsten Aufgaben, Leitpläne zu entwickeln, Fluchtlinien- und Bebauungspläne aufzustellen, die für die Bebauung notwendigen Flächen zu arrondieren und von Trümmern zu befreien. Es galt Fahrbahnen zu verbreitern und Straßen durchzubrechen, wo es den Erfordernissen des modernen Verkehrs entsprach, und es mußten - soweit Grundstückseigentümer zum Aufbau nicht in der Lage waren - Bauträger gefunden und verpflichtet werden, Wohnungen zu bauen. Entscheidende Voraussetzung für all diese Maßnahmen war die Ordnung der Bodenverhältnisse. Es waren Grundstücke anzukaufen oder - soweit das nicht möglich war - zu enteignen und Umlegungen durchzuführen, um entsprechende Flächen für die Bebauung reif zu machen. Die rechtlichen Rahmenbedingungen dazu schuf das Hessische Aufbaugesetz vom 22. November 1948.[1] Es verwies die Zuständigkeit für Maßnahmen des Wiederaufbaus an die Stadt- und Landkreise, indem es die örtliche Planung, Bodenordnung und Bebaung zur kommunalen Selbstverwaltungsaufgabe machte, und regelte u.a. das gemeindliche Vorkaufsrecht an Grundstücken, die Eigentumsentziehung im Fluchtlinienverfahren, die Enteignung und Umlegung von Flächen sowie die aus solchen Vorgängen resultierenden Entschädigungsansprüche.

---

1) "Gesetz über den Aufbau der Städte und Dörfer des Landes Hessen" (Aufbaugesetz) vom 25. Oktober 1948, GVBl., S.139. Ergänzt wurde das Aufbaugesetz im Rahmen der Förderung des sozialen Wohnungsbaus durch den Bund durch das "Erste Wohnungsbaugesetz" vom 24. April 1950 [BGBl.I, S.83], das "Gesetz zur Änderung und Ergänzung des Ersten Wohnungsbaugesetzes" vom 25. August 1953 [BGBl.I, S.1037], das "Baulandbeschaffungsgesetz" vom 3. August 1953 [BGBl.I, S.720] sowie durch das "Gesetz über Gebührenbefreiungen beim Wohnungsbau" vom 30. Mai 1953 [BGBl.I, S.273]

Zu umfangreichen Flächenarrondierungen kam es bereits 1949.[1] Es waren vor allem die großen Wohnungsbauprojekte mit teilweise über 200 Wohnungseinheiten, für die die Stadt Hanau das Gelände baureif zu machen hatte, um es dann Bauträgergesellschaften in Erbpacht zur Verfügung zu stellen. Zu denken ist hier beispielsweise an den ersten Hanauer Wohnblock an der Französischen Allee (Westseite), den die Baugesellschaft Hanau erstellte, ferner an die Flächenaufbereitungen für das große Wohnungsbauprogramm Nordstraße I für insgesamt 253 Wohnungen, das sich bis weit in das Jahr 1952 hinzog, ferner an die Projekte an der Französischen Allee (Süd- und Ostseite) (1952), in der Paul-Ehrlich-/Karl-Marx-Straße (1953), am Ballplatz, im Bangert und in der gesamten Altstadt (1954), um nur einige zu nennen.

Die Enteignungsverfahren im Bodenverkehr brachten erhebliche Kostenvorteile mit sich, nicht zuletzt deshalb, weil bestimmte Rechtsgeschäfte nach dem Aufbaugesetz von öffentlichen Abgaben befreit waren.[2] Neben Kosten im Preisgenehmigungsverfahren und einer Reihe anderer Gebühren konnte insbesondere die Grunderwerbsteuer eingespart werden. Das führte dazu, daß förmliche Enteignungsverfahren immer häufiger auch dort angewandt wurden, wo die Eigentumsübertragung nicht strittig war oder einvernehmlich erfolgte. Die Entschädigungen im Enteignungsverfahren wurden buchhalterisch wie Kaufpreiszahlungen behandelt und sind deshalb in den Ausgaben für Grundstückskäufe (Tabelle 58) ebenfalls enthalten. Das gleiche gilt hinsichtlich der Ausgleichsleistungen der Stadt für Eigentumsentziehungen im Fluchtlinienverfahren.[3][4]

Schließlich trat die Stadt auch auf dem Immobilienmarkt als Käufer auf, wenn es darum ging, die Kriegsverluste an Bausubstanz auszugleichen. Die Verwaltung hatte ja nicht nur ihr Rathaus verloren, sondern auch viele Sozialeinrichtungen. Ein Defizit bestand insbesondere bei Kindergärten, Jugend- und Altersheimen, die dringend ersetzt werden mußten. Es lag also nahe, solchen Notständen auch durch die Anschaffung bebauter Grundstücke abzuhelfen, wenn und soweit sich Möglichkeiten dazu ergaben. Beispiele dafür sind u.a. die Ausgaben für den Erwerb der folgenden Immobilien:

1950 - 15 000 DM für den Kinderhort Salzstraße,
1951 - 802 748 DM Kaufgeldrate für das Schloß Philippsruhe,
1952 - 136 617 DM für das Wildmeistergehöft Fasanerie, in dem das Altenheim Fasanerie eingerichtet wurde,
1954 - 150 794 DM für das Jugendheim Philippsruher Allee 1.

1) Dabei waren zum Teil äußerst schwierige eigentums- und erbrechtliche Fragen zu klären. Einige Hauseigentümer waren aus dem Kriege nicht zurückgekehrt, verschollen, vermißt oder noch in Kriegsgefangenschaft, andere bei dem letzten Bombenangriff auf Hanau ums Leben gekommen oder nach dem Verlust all ihrer Habe evakuiert worden und nicht auffindbar. Die behördlichen Vorermittlungen dauerten oft Monate, ehe die förmlichen Enteignungsverfahren eingeleitet werden konnten

2) § 55 des Gesetzes über den Aufbau der Städte und Dörfer des Landes Hessen (Aufbaugesetz) vom 25. Oktober 1948, GVBl.Nr.25 vom 22. November 1948, S.139ff

3) Der Höchstsatz der unentgeltlichen Entziehung von Grundstücksteilen für öffentliche Straßen, Plätze und Erholungsflächen betrug 35 vH der Grundstücksfläche. Die darüber hinausgehende Entziehung war angemessen zu entschädigen (§ 11 Abs.2 Hessisches Aufbaugesetz von 1948)

4) Von zahlreichen kleinen und weniger bedeutenden Fluchtlinienkorrekturen abgesehen, entstanden neue Fluchtlinienpläne zur Fahrbahnverbreiterung und/oder Änderung der Straßenführung nach 1948 u.a. für die Nürnberger Straße, die Nußallee, Eugen-Kaiser-Straße und die Kleine Hainstraße; ferner für die Hospitalstraße, die Hanauer Vorstadt, den Freiheitsplatz Nordseite (ehemalige Schirnstraße) und Südseite (ehemalige Philipp-Ludwig-Anlage), die Bangertstraße (nach der Schleifung der Theaterruine) sowie für einige Bereiche der Altstadt (Schloßplatz, Altstädter Markt, an der Johannes- und der Marienkirche)

b4.2) Die Hochbauten

Die über den Außerordentlichen Haushalt der Stadt Hanau finanzierten Investitionen in Hochbauten sind - soweit sie in die DM-Periode von 1949 bis 1954 fallen - in der Tabelle 61 zusammengestellt. Bei genauerer Betrachtung der Zahlen sind vier Schwerpunkte zu erkennen, die zusammen mehr als drei Viertel aller Bauinvestitionen dieser Periode ausmachen:

der Wiederaufbau der Schulen,
des Stadtkrankenhauses,
der öffentlichen Einrichtungen und
des stadteigenen bebauten Grundbesitzes.

Der mit Abstand größte Posten entfällt dabei auf den Schulbau. Von den knapp 11,5 Millionen DM Gesamtausgaben für Hochbauten wurden allein 4,5 Millionen DM, also rund 40 vH, dafür aufgewandt.

An anderer Stelle dieser Arbeit ist bereits darauf hingewiesen worden, daß außer der Volksschule in Kesselstadt (Bezirksschule IV) keine andere Schule der Stadt den Krieg ohne Schaden überstanden hatte. Die meisten Schulgebäude waren den Sprengbomben zum Opfer gefallen, andere waren ausgebrannt oder zumindest so schwer beschädigt worden, daß sie für den Unterrichtsbetrieb nicht mehr genutzt werden konnten. Die Schaffung von Schulraum war daher zu einer der dringendsten Aufgaben geworden. In der Anfangszeit hatte man sich wegen des Mangels an Baustoffen und fehlender Facharbeiter mit notdürftigen Instandsetzungen von Gebäudeteilen und der Aufstellung von Baracken (Gebeschusschule, Bezirksschule III) behelfen müssen. Teilweise war man bei der Abhaltung des Unterrichts auf angemietete (berufsbildende Schulen) oder private Räume (Realgymnasium für Mädchen) angewiesen. Erst nach 1948 begann dann der planvolle Aufbau neuer Gebäude. Vorrang hatten dabei die Volks- und Mittelschulen - die Volksschulen vor allem wegen des großen Raumbedarfs, gemessen an den Schülerzahlen. Außerdem galt es, die Schulwege zu verkürzen. Die wenigen, bis dahin verfügbaren Klassenräume mußten mehrfach belegt werden. Daraus war ein Schichtbetrieb entstanden, der zu "Wanderbewegungen" der Schüler geführt hatte, die zu beseitigen dringend geboten war. Jeder Stadtteil sollte wieder seine Grundschule erhalten. (Über Einzelheiten dazu siehe die späteren Ausführungen zum Einzelplan 2)

Auch der Wiederaufbau der Mittelschule wurde frühzeitig in Angriff genommen, weil damit relativ rasch eine größere Anzahl von Klassenräumen geschaffen und so ein Teil der anderen, insbesondere der berufsbildenden Schulen wenigstens vorübergehend untergebracht werden konnte. Die zentrale Lage der Schule spielte dabei eine nicht unwesentliche Rolle.

Auffallend ist, daß außerordentliche Ausgaben für den Bau städtischer Oberschulen in der Tabelle nicht vorkommen. Das hat mehrere Gründe. Ausschlaggebend war einerseits die Tatsache, daß die Stadt Hanau nach dem Totalschaden der Oberrealschule am 19. März 1945 auf ihre Wiedererrichtung und Fortführung als selbständige Anstalt verzichtete und statt dessen ihre Vereinigung mit der staatlichen Hohen Landesschule anstrebte. Die endgültige Entscheidung darüber fiel, nachdem die Zusicherung des Landes Hessen vorlag,

Tabelle 61 Investitionen der Stadt Hanau in Hochbauten 1949 bis 1954 in DM

Amtsbereich/Projekt	1949	1950	1951	1952	1953	1954
Hauptverwaltung	14 218	-	-	-	-	-
Schutzpolizei	1 371	-	-	-	-	-
Polizeigefängnis	2 823	622	1 278	-	-	-
Bezirksschule 1	-	-	275 085	678 634	163 544	241 223
Bezirksschule 3	53 000	14 012	277 093	460 774	322 709	187 787
Bezirksschule 5	62 670	-	40 771	52 809	1 476	-
Hilfsschule	-	-	11 551	234 613	350 304	15 731
Mittelschule	125 000	401 123	161 696	37 032	11 749	6 831
Kaufmännische Berufsschule	29 224	-	-	-	-	306 195
Mädchenberufsschule	-	8 082	-	-	-	-
Handelsschule	9 781	-	-	-	-	-
Haushaltungsschule	1 000	-	-	-	-	-
Kinderpflegerinnenschule	950	-	-	-	-	-
Kulturamt	-	-	-	43 313	160 786	12 255
Stadtbibliothek	32 522	8 453	-	-	-	-
Natur- und Denkmalschutz[a)]	-	-	-	13 250	39 961	128 955
Altersheim Langenselbold	-	-	4 000	-	-	-
Altersheim Fasanerie	-	-	81 781	11 500	3 818	767
Interniertenlager	-	-	-	-	-	-
Kinderhort Salzstraße	-	-	37 727	4 194	2 702	-
Kinderheim Sandeldamm	-	-	-	42 990	59 260	35 831
Stadtkrankenhaus	135 316	160 544	468 589	388 927	297 423	447 023
Jugendheim[b)]	-	-	-	12 134	5 275	183 776
Sportplatz Wilhelmsbad	1 400	1 960	33 672	-	-	-
Vermessungswesen	-	-	771	467	-	-
Notunterkünfte[c)]	-	-	-	-	-	364 976
Tiefbauverwaltung[d)]	-	-	-	-	6 404	-
Stadtentwässerung[e)]	19 956	-	-	-	12 022	27 206
Fuhrpark	11 753	7 884	-	4 014	-	-
Feuerwehr	1 040	6 959	1 524	1 115	457	-
Schlachthof	108 816	19 035	314 550	209 390	10 978	-
Friedhof	60 165	10 264	42 125	71 823	8 275	-
Stadtgärtnerei	-	1 100	-	-	-	-
Verkehrsbetriebe[f)]	-	-	-	-	-	26 448
Stadtwerke	200 000	-	-	-	-	-
Stadthalle	36 273	716 173	90 446	236	-	1 998
Gästehaus (Hanauer Hof)	68 547	127 048	867	6 381	-	-
Bebauter Grundbesitz	382 407	268 521	113 915	287 039	190 103	164 516
Allgemeiner Wiederaufbau	-	-	18 209	1 774	-	-
Summe Hochbauten	1 358 232	1 751 780	1 975 650	2 562 409	1 647 246	2 151 518

a) Wiederaufbau des Frankfurter Tores 1952/53 und des Altstädter Rathauses (1.Bauabschn.) 1953/54

b) Jugendheim Hochstädter Landstraße 1952/53 und Schullandheim Rückersbach (1.Bauabschn.) 1953/54

c) Bau von Notwohnungen in der Rhein-, Nidda- und Thälmannstraße 1954 (Notunterkunft Ost)

d) Errichtung einer Sandlagerhalle

e) Wiederaufbau Kanalpumpstation II (1949/53) und Errichtung einer Bedürfnisanstalt am Freiheitsplatz 1954

f) Errichtung der Bus-Wartehalle und Einsteigstelle am Freiheitsplatz 1954

die Hohe Landesschule mit staatlichen Mitteln, also ohne eine Kostenbeteiligung der Stadt, vordringlich wieder aufzubauen. Der Zusammenschluß beider Schulen wurde daraufhin am 1. April 1946 vollzogen und der Unterricht noch im gleichen Monat aufgenommen. Für einen später notwendig gewordenen Anbau der Hohen Landesschule (1952/53) mußte die Stadt Hanau allerdings verlorene Zuschüsse in Höhe von zweimal 100 000 DM zahlen (siehe dazu Tabelle 58 auf Seite 275). Das Gelände der ehemaligen Oberrealschule wurde nach dem Abriß der Ruine neuer Standort der in Pavillonbauweise errichteten Bezirksschule III (Brüder-Grimm-Schule), deren ursprüngliches Areal an der Brüder-Grimm-Straße einem dort vorgesehenen Wohnungsbauprojekt zugute kam.

Auf der anderen Seite hielten die Stadtverordneten Aufbaumaßnahmen für die städtische Oberschule für Mädchen, die ihr Gebäude in der Steinheimer Straße ebenfalls durch Bombentreffer verloren hatte, zwar für durchaus wünschenswert, nicht aber für dringlich, nachdem sie 1947 in einer Schulbaracke im Pedro-Jung-Park Zuflucht gefunden hatte.[1]) Zumindest für den Rest des Untersuchungszeitraums waren Mittel für weitere Maßnahmen im Außerordentlichen Haushalt nicht vorgesehen. Obwohl es deswegen im Stadtparlament mehrfach zu Auseinandersetzungen gekommen war, rangierte das "Lyzeum" in der Prioritätenliste ziemlich am Ende und mußte sich in den Folgejahren mit immer neuen provisorischen Lösungen zufriedengeben.

Ein Zuschußobjekt besonderer Art war das Stadtkrankenhaus. Mehr als 15 vH aller Ausgaben für Hochbauinvestitionen, insgesamt fast 1,9 Millionen DM, sind in der Zeit von 1949 bis 1954 allein für seine bauliche Wiederherstellung ausgegeben worden. Zeitweilig war es das größte städtische Bauvorhaben überhaupt.

Nach dem Einmarsch der Amerikaner war die medizinische Versorgung der Bevölkerung fast vollständig zusammengebrochen. Alle drei Krankenhäuser am Ort waren entweder zerstört oder schwer beschädigt worden. Wegen der miserablen Lebensbedingungen, insbesondere der unzureichenden Ernährung, befürchtete man ernste Folgen für die Gesundheit der Bevölkerung. Der hohe Grad an Unterernährung und die zum Teil katastrophalen Wohnverhältnisse machten die Menschen anfälliger und erhöhten das Krankheitsrisiko, hieß es in einem Pressebericht aus dem Jahre 1947.[2]) Die Wiederherstellung der Krankenanstalten war daher von besonderer Dringlichkeit. Dafür sprach auch die Mittelpunktfunktion der Stadt, denn nach den Erfahrungen früherer Jahre kamen rund zwei Drittel der Patienten aus den Gemeinden des Landkreises.

Auf Anordnung der Besatzungstruppen entstand zunächst ein Hilfs- und Notkrankenhaus in Großauheim, das später wieder aufgelöst wurde.[3]) Die Stadt Hanau eröffnete Ausweichstationen in Langenselbold und Neuenhaßlau/Gondsroth und begann bereits im Sommer 1945 mit der Trümmerräumung sowie der Sicherung von Gebäudeteilen auf dem Krankenhausgelände. 1946 schlossen sich erste Instandsetzungs- und Aufbaumaßnahmen an, so daß bis Ende 1947 - außer den Betten in Langenselbold (85) und Neuenhaßlau-Gondsroth (92) - in Hanau insgesamt 148 Betten wieder belegt werden konnten. Der weitere Aufbau

1) Dem Einzug in die Schulbaracke im Pedro-Jung-Park waren mehrere Wechsel in der Unterbringung vorausgegangen. Zuletzt war die Mädchenoberschule im Kurhaus Wilhelmsbad untergebracht

2) Mitteilungsblatt für den Stadt- und Landkreis Hanau, Folge 128 vom 27. September 1947

3) Die Auflösung erfolgte 1947 mit Zustimmung der Militärregierung, nachdem sich die beiden Krankenanstalten am Ort, das städtische Krankenhaus und das St.-Vinzenz-Krankenhaus, bereit erklärt hatten, die in Großauheim untergebrachten Kranken aufzunehmen

vollzog sich in mehreren Etappen auf dem - nach der Enteignung angrenzender Grundstücke in der Leimenstraße - inzwischen arrondierten Areal von rund 29 000 Quadratmetern. Zu den wichtigsten Bauabschnitten gehörten:

1949: die Wiederherstellung des Wirtschaftsgebäudes und des Kesselhauses sowie die Arbeiten am Medizin- und Isolierbau;
1950: die Fortsetzung der Arbeiten am Medizinbau, die Herrichtung der Apotheke und der Beginn des Wiederaufbaus der Chirurgie;
1951: der Wiederaufbau des Ostflügels der Chirurgie und der Umbau der Schwesternunterkunft;
1952: die Fortsetzung der Arbeiten am Ostflügel der Chirurgie, die Einrichtung der Prosektur und der Leichenhalle;
1953: der Abschluß der Arbeiten am Ostflügel der Chirurgie und der Wiederaufbau des Medizinbaus Ost;
1954: die Fortsetzung der Arbeiten am Medizinbau und der Umbau des Wirtschaftsgebäudes.

Unter den vielfältigen Aufbauarbeiten an Gebäuden der öffentlichen Einrichtungen sind insbesondere die Herrichtung des Schlachthofs sowie der Kapelle und des Krematoriums auf dem Hauptfriedhof hervorzuheben. Beide Projekte erstreckten sich über mehrere Jahre und kamen erst 1953 zum Abschluß. Diese und weitere Bauvorhaben der städtischen Betriebe, Anstalten und Versorgungseinrichtungen werden später im Zusammenhang mit der Vertikalanalyse noch ausführlicher behandelt.

Ein weiterer Schwerpunkt unter den Hochbaumaßnahmen war die Wiederherstellung des stadteigenen Grundbesitzes. Vorrang hatten hier eindeutig die kriegszerstörten oder beschädigten städtischen Wohnbauten. Wohnungen wurden instandgesetzt und notwendige Reparaturen an Dach und Fach durchgeführt. Die Aufwendungen der Jahre 1949 und 1950 setzen sich aus vielen Einzelbeträgen für Baumaßnahmen zusammen, die sich über das gesamte Stadtgebiet verteilen.[1] Als besonders aufwendige Objekte erwiesen sich dabei die Wohngebäude am Beethovenplatz, in der Hauptbahnhofstraße 27, der Friedrichstraße 19, der Westerburgstraße 5 und 6 sowie in der Dunlopstraße. Hinzu kamen größere Aufwendungen für Notwohnungen durch die Errichtung von Holz- und Steinbaracken.[2] Unter den Ausgaben für Hochbauten, die nicht Wohnzwecken dienten, sind vor allem die Instandsetzungskosten für die Polizeireviere I und II sowie für das 1951 angekaufte Schloß Philippsruhe hervorzuheben.

Für die Entwicklung aller investiven Ausgaben des Außerordentlichen Haushalts gilt im übrigen auch die früher für die Sachausgaben des Ordentlichen Haushalts bereits getroffene Feststellung, daß sie von erheblichen Preissteigerungen beeinflußt waren. In der zusammenfassenden Betrachtung des Außerordentlichen Haushalts soll deshalb darauf noch einmal kurz eingegangen werden.

---

1) Der Maßnahmenkatalog des Jahres 1949 nennt allein mehr als 20 Einzelobjekte, an denen gleichzeitig gearbeitet wurde: Beethovenplatz, Hauptbahnhofstraße 27, Marköblerstraße 63/73, Buchbergstraße 14/32, Birkenhainerstraße 10, Friedrichstraße 19, Freigerichtstraße 58/82, Odenwaldstraße 14, Gabelsbergerstraße 7/17 und 18/20, Hafenstraße 22, Hainstraße 20 und 23, Ostheimerstraße, Karl-Marx-Straße 80b, Kinzigheimer Weg, Nordstraße 42, Marktplatz 18, Canthalstraße, Westerburgstraße 5 und 6, Engelhardstraße, Dunlopstraße

2) Die Errichtung von Steinbaracken ist für das Jahr 1953 in der Rheinstraße nachzuweisen

b4.3) Die Tiefbauten

Außer den klassischen Bereichen des Straßen- und Kanalbaus ist in Hanau auch der Hochwasserschutz dem Tiefbau zuzurechnen. Auf alle drei Sparten entfielen in den Außerordentlichen Haushalten von 1949 bis 1954 die folgenden Ausgaben:

Tabelle 62 Investitionen der Stadt Hanau in Tiefbauten 1949 bis 1954 in DM

AO-Ausgaben für	1949 DM	1950 DM	1951 DM	1952 DM	1953 DM	1954 DM
Straßenbau	162 077	355 808	359 980	816 108	652 592	798 358
Kanalbau	35 960	68 996	87 343	266 584	132 793	960 524
Hochwasserschutz	129 902	264 784	33 763	11 996	8 725	-
Summe Tiefbau	327 939	689 588	481 086	1 094 688	794 110	1 758 882

Bei der Untersuchung der Ausgaben für die Instandhaltung des Immobiliarvermögens war bereits darauf hingewiesen worden, daß in den Kriegsjahren nur sehr wenig für die Vermögenserhaltung getan werden konnte. Noch drastischer offenbart sich der Substanzverlust in dem Rückgang der Aufwendungen von 1945 bis 1948. In dieser Periode fand eine laufende Straßenunterhaltung überhaupt nicht statt. Die Arbeiten beschränkten sich vielmehr auf die Beseitigung von Trümmerschutt und unumgängliche, meist provisorische Ausbesserungen von Bombenschäden an den Hauptverkehrsstraßen. Ähnlich lagen die Dinge im Kanalbau.

Das änderte sich nach der Währungsreform. Die Instandsetzungsmaßnahmen wurden intensiviert und erreichten wegen der nun besseren Versorgung mit Baustoffen einen wesentlich höheren Qualitätsstandard. 1949 lag das Schwergewicht noch auf den in der RM-Zeit begonnenen Reparaturen an bombengeschädigten Straßen und Abwasseranlagen. Mit dem Wiederaufbau der Stadt traten die Erschließungsprojekte in den Vordergrund. Wie die Auflistung der größeren Einzelvorhaben mit Herstellkosten von mehr als 10 000 DM zeigt (siehe dazu Anhang A 26 und A 27), sind Straßen- und Kanalbauarbeiten vorwiegend dort in Angriff genommen worden, wo größere Bauobjekte geplant waren. Eine starke Konzentration solcher Maßnahmen fand sich im Bereich der Französischen Allee, der Nordstraße und den jeweils angrenzenden Straßenzügen, wo die ersten Wohnblöcke entstanden. Erheblichen Aufwand verursachte auch das große Neubaugebiet am Rande des Lamboywaldes (Feuerbach-, Lenbach-, Cranach-, Rubens-, Grünewald- und Rembrandtstraße). Für die verschiedenen Wohnungsbauprojekte,[1] die dort gleichzeitig vorangetrieben wurden, war die Schaffung der Infrastruktur notwendige Voraussetzung. Die Erschließung eines weiteren neuen Baugebiets für die Errichtung von Ein- und Zweifamilienhäusern begann 1952 im Kinzdorf.

1) Zu den Bauträgern, die im Gebiet am Rande des Lamboywaldes Wohnungsbauprojekte durchführten, gehörten beispielsweise die Wohn- und Siedlungsbaugesellschaft eGmbH, die evangelische Baugemeinde und das Land Hessen, das dort u.a. Wohnungen für Landesbedienstete erstellte

Im Kernbereich der Stadt galt neben dem Wiederaufbau und der Instandsetzung der Zufahrtsstraßen zu den Industriebetrieben auch die Linienführung der städtischen Busse als Kriterium der Priorität. Als besonders aufwendig erwies sich dabei die Einrichtung der Umsteigestelle am Paradeplatz, der nach dem Krieg in Freiheitsplatz umbenannt wurde.

Unter den Ausgaben für den Kanalbau ist die Verrohrung des Mainkanals hervorzuheben, die 1952/53 Ausgaben in einer Höhe von insgesamt 229 359 DM verursachte.

Erhebliche finanzielle Belastungen brachte der Hochwasserschutz. Bedingt durch ihre geographische Lage am Unterlauf zweier Flüsse mußte die Stadt von jeher mit Überflutungen weiter Teile ihres Gebietes rechnen. Durch die Errichtung von Dämmen an der Kinzig und ihren Nebenbächen versuchte man in den dreißiger Jahren, dieser Gefahr zu begegnen. Die dazu aufgelegten Notstandsprogramme wurden zum Teil mit städtischen Mitteln, zum Teil aus Zuschüssen des Reichs finanziert (siehe hierzu Seite 113). Dennoch ist es immer wieder zu Überschwemmungen der Uferbezirke und zu erheblichen Schäden an den Dammanlagen gekommen. Besonders gravierend waren die Ereignisse in den Wintermonaten der Rechnungsjahre 1945, 1947 und 1950, wie aus zeitgenössischen Berichten zu entnehmen ist.[1] Weite Teile der Kinzigauen standen unter Wasser. Die Auswirkungen schlugen sich in beträchtlichen Ausgaben für die Schadensbeseitigung nieder.[2]

b4.4) Die sonstigen Anlagen und die Trümmerbeseitigung

Unter den Investitionen in sonstige Anlagen sind hier die Ausgaben für den Bau, die Erweiterung und Verbesserung von Sport- und Kinderspielplätzen, Flußbadeanstalten, Park- und Gartenanlagen (Erdanfuhr und Bepflanzungen) sowie die Einrichtung von Klein-

Tabelle 63 Investitionen der Stadt Hanau in sonstige Anlagen und Ist-Ausgaben zur Trümmerbeseitigung im Außerordentlichen Haushalt

AO-Ausgaben für	1949 DM	1950 DM	1951 DM	1952 DM	1953 DM	1954 DM
Sonstige Anlagen	45 271	94 949	1 874	84 048	46 626	124 267
Trümmerbeseitigung	115 108	34 919	77 257	158 003	241 409	250 523
Summe	160 379	129 868	79 131	242 051	288 035	374 790

gärten zu verstehen. Auch Planierarbeiten für die Aufforstungen im Stadtwald gehören hierher. Der auffällige Betrag des Jahres 1950 geht hauptsächlich auf die Wiederherstel-

1) Vgl. dazu Mitteilungsblatt für den Stadt- und Landkreis Hanau, Folge 142, vom 10. Januar 1948 sowie Hanauer Anzeiger Nr.19/218.Jahrg. vom 23.1.1951, Seite 3

2) Die Tabelle 29 auf Seite 154 weist hohe "einmalige Ausgaben" für Wasserläufe und Hochwasserschutz in den Jahren 1946 und 1948 aus, die damit in unmittelbarem Zusammenhang standen

lung der Sportplatzanlage in Wilhelmsbad zurück (73 997 DM), der Anstieg 1954 auf die Errichtung des Kinzigbades "alte May", die rund die Hälfte des gesamten Jahresbetrages ausmachte (66 200 DM).

Die Eingliederung der "Trümmerbeseitigung und -verwertung" als gesonderte Haushaltsstelle (6700) in den Kennziffernplan der Finanzstatistik war eindeutig kriegsfolgenbedingt. Für den Wiederaufbau war die Befreiung der innerstädtischen Flächen vom Trümmerschutt die wichtigste Voraussetzung. Ein kurzer Rückblick auf die Hanauer Situation wird das verständlich machen.

- Die Bombardierung der Stadt am 19. März 1945 hatte den Stadtkern innerhalb der großen Kinzigschleife völlig ausgelöscht und in den Randgebieten erhebliche Schäden angerichtet. Die gewaltige, kaum vorstellbare Schuttmenge, die dieses schreckliche Ereignis zurückgelassen hatte, wurde von Fachleuten auf knapp 750 000 Kubikmeter geschätzt.[1)]

  Die Aufräumungsarbeiten begannen bereits wenige Wochen, nachdem die Stadt von amerikanischen Truppen besetzt worden war, zunächst auf freiwilliger Basis, später (1946) auf dem Wege der "Notdienstverpflichtung" der Bürger durch die Verwaltung.[2)] Dieser "Ehrendienst", zu dem man alle Hanauer aufgerufen hatte, war für die Teilnehmer nicht grundsätzlich unentgeltlich. Bei Lohnausfall erhielten Lohn- und Gehaltsempfänger bis zu einem Monatseinkommen von 300 RM für ihre Arbeit Ausgleichszahlungen der Stadt in Höhe von zwei Dritteln des Hilfsarbeitertarifs.[3)] Soweit Arbeitgeber Löhne vorgelegt hatten, wurden diese erstattet. Prinzipiell ohne Gegenleistung zur Arbeit herangezogen wurden ehemalige Mitglieder der NSDAP und der zahlreichen ihr angeschlossenen Organisationen aus dem Stadt- und Landkreis Hanau.[4)]

  Vordringlich war die Räumung der Straßen, damit die Reparaturkolonnen der Stadtwerke und der Stadtentwässerung leichter an die im Erdreich verlegten Wasserrohre, an Stromkabel und Abwasserkanäle herankamen. Erst danach folgte die Freilegung der übrigen Flächen.

  Die Trümmerbeseitigung stand unter der Aufsicht des Tiefbauamtes, das 1946 in einer Baracke auf dem Marktplatz neben dem Brüder-Grimm-Denkmal unterge-

---

1) Statistisches Jahrbuch deutscher Gemeinden, 37.Jahrgang, 1949, S.378

2) Einer Verfügung des kommissarischen Oberbürgermeisters vom 21. Februar 1946 zufolge waren männliche Personen im Alter von 14 bis 65 Jahren und weibliche Personen im Alter von 14 bis 30 Jahren, sofern jene nicht Kinder und einen Haushalt zu betreuen hatten, verpflichtet, 12 Tage im Jahr an den Aufräumungsarbeiten teilzunehmen. Der Bezug von Lebensmittelkarten und der Zuzug evakuierter Bürger nach Hanau wurde von der Erfüllung dieser Arbeitsleistung abhängig gemacht (vgl. Mitteilungsblatt für den Stadt- und Landkreis Hanau, Folge 46, vom 23. Februar 1946)

3) Ab 1947 betrug der bei Lohnausfall von der Stadt gezahlte "Einheitslohn" 0,75 RM pro Stunde. (Siehe dazu den gemeinsamen "Aufruf des Magistrats, des Ältestenausschusses der Stadtverordnetenversammlung und der politischen Parteien vom 12. Februar 1947 zur Fortsetzung der Aufräumungsarbeiten" im Mitteilungsblatt für den Stadt- und Landkreis Hanau, Folge 96, vom 15. Februar 1947)

4) Zugrunde lag ein Beschluß des Bauausschusses der Stadtverordnetenversammlung über den kolonnenweisen Einsatz ehemaliger Parteigenossen, die in bereits abgeschlossenen Spruchkammerverfahren zu Arbeitsleistungen beim Wiederaufbau verurteilt worden waren (vgl. Mitteilungsblatt für den Stadt- und Landkreis Hanau, Folge 79, vom 12. Oktober 1946)

gebracht war. Sorgen bereitete vor allem der Mangel an Räumgeräten und Transportmitteln. In der Anfangszeit stand nur ein Löffelbagger zur Verfügung. Der weitaus größte Teil der Schuttmengen mußte per Hand verladen werden. Zum Einsatz kamen neben den wenigen verfügbaren Lastkraftwagen und Pferdegespannen vor allem Feldbahnen, die von Privatfirmen zur Verfügung gestellt wurden. Mit drei Dampfloks, 95 Kipploren und 46 Kastenkippern[1]) wurden die Trümmermassen - nach der Aussortierung noch verwertbarer Steine - aus dem Stadtzentrum an die Peripherie befördert, wo sie an unterschiedlichen Stellen zur Auffüllung des Geländes Verwendung fanden.[2]) Die von Zeit zu Zeit notwendige Verlegung der Feldbahngleise wurde im amtlichen Mitteilungsblatt bekanntgemacht, so daß sich die Einsatzgruppen danach richten konnten.[3])

Wie in anderen Städten, so hat man auch in Hanau 1947 den Gedanken, grobkörnigen Schutt für die Herstellung von Steinen zu verwenden, aufgegriffen und in die Tat umgesetzt. Für die Verarbeitung der im Stadtzentrum anfallenden Trümmer gewann der Magistrat zwei Firmen,[4]) denen er durch Vertrag die Errichtung und den Betrieb einer Trümmerverwertungsanlage auf dem Freiheitsplatz gestattete. Die Stadt selbst war an jenem Unternehmen finanziell nicht beteiligt. Sie trug daher auch kein unternehmerisches Risiko. Die Festsetzung der Preise für die gefertigten Steine unterlag jedoch der städtischen Preiskontrolle, ihre Zuteilung an die Abnehmer den Anweisungen der Kreisstelle für Bauwirtschaft. Dem Verwertungsbetrieb in der Mitte der Stadt war allerdings keine lange Lebensdauer beschieden, denn sehr bald nach der Währungsreform trat auch bei der Versorgung mit Baustoffen eine Normalisierung ein, die die Fortführung der Anlage auf dem Freiheitsplatz unwirtschaftlich erscheinen ließ.

Die beachtlichen Beträge für die Trümmerräumung der ersten beiden Nachkriegsjahre, die unter den einmaligen Ausgaben im Ordentlichen Haushalt verbucht wurden (siehe dazu Tabelle 29 auf Seite 154), sind fast ausschließlich für die Freilegung der Straßen ausgegeben worden[5]), die Ende des Jahres 1946 weitgehend abgeschlossen war. Die "Trümmerbahn" war zu jener Zeit voll in Betrieb. Von 1947 an wurden auf Antrag auch Privatgrundstücke gegen eine Kostenerstattung von 8 RM je Kubikmeter Schutt geräumt.[6])

Der ausgewiesene Gesamtaufwand für die Trümmerbeseitigung belief sich in der RM-Periode auf rund 1,34 Millionen RM. Hinzu kamen in der DM-Periode bis zum Jahre 1954 noch einmal rund 1,06 Millionen DM (siehe Tabellen 29 und 63). Dabei ist allerdings zu berücksichtigen, daß auch in den Bauausgaben verschiedener Haushaltsstellen noch Beträ-

---

1) Mitteilungsblatt des Stadt- und Landkreises Hanau, Folge 93, vom 25. Januar 1947

2) Zuerst wurde das "große Rohr" am Hauptbahnhof zugeschüttet, dann der stillgelegte Fallbacharm nördlich der "krummen Kinzig" und schließlich der Mainkanal. Aufgefüllt wurde u.a. die frühere Abfahrrampe der Straßenbahn vom Viadukt zum Hafenplatz, die später als Trasse zur Verlegung der Bundestraße 43 genutzt wurde

3) Vgl. dazu die amtliche Bekanntmachung vom 12. August 1948 im Mitteilungsblatt für den Stadt- und Landkreis Hanau, Folge 173 vom 14. August 1948

4) Nach der Veröffentlichung im örtlichen Mitteilungsblatt handelte es sich um die Baustoffgroßhandlung Kämmerer, Hanau, und die Saarbau-Industrie AG (Mitteilungsblatt für den Stadt- und Landkreis Hanau, Folge 133, vom 1. November 1947)

5) Mitteilungsblatt für den Stadt- und Landkreis Hanau, Folge 83, vom 9. November 1946

6) Mitteilungsblatt für den Stadt- und Landkreis Hanau, Folge 93, vom 25. Januar 1947

ge für die Enttrümmerung enthalten sind, so daß der effektive Aufwand den ausgewiesenen erheblich übertrifft. [Zur Schutträumung hessischer Vergleichsstädte siehe Anhang B 23 und B 24]

Das hessische Trümmerbeseitigungsgesetz vom 21. Dezember 1949[1] machte die planmäßige Trümmerräumung zur öffentlichen Aufgabe, die den Gemeinden übertragen wurde. An Stelle der Eigentümer, die - aus welchen Gründen immer - Trümmerschutt nicht selbst beseitigten, hatten die Gemeinden aus Gründen der Sicherheit, Gesundheit und im Interesse des Wiederaufbaus diese Aufgabe zu übernehmen (§ 1) und die Kosten dafür zu tragen. Im Gegenzug wurden sie Eigentümer der Schuttmasse, die ohne ihre Zustimmung weder entfernt noch verwertet werden durfte.

Die mit den Auswirkungen dieses Gesetzes verbundenen finanziellen Lasten waren für die betroffenen Gemeinden erheblich, weil den hohen Ausgaben nur unzureichende, in Hanau praktisch keine nennenswerten Erlöse aus der Trümmerverwertung gegenüberstanden. Spürbare Hilfe wurde der Stadt in dieser schwierigen Zeit seitens der Besatzungsmacht zuteil. Auf Bitten des Magistrats halfen amerikanische Pioniereinheiten an vielen Stellen des Stadtgebiets, insbesondere auch in der Altstadt, mit schwerem Gerät bei der Trümmerbeseitigung.[2] Bis zum 30. April 1952 hatten die Räumfahrzeuge der US-Streitkräfte rund 4000 Kubikmeter Schutt abgefahren. Weitere Einsätze in den Jahren 1953 und 1954 haben die Bilanz, über die exakte Zahlen nicht vorliegen, noch deutlich verbessert. Der Stadt Hanau brachte diese durch die Militärregierung vermittelte, unentgeltliche Hilfeleistung beachtliche Kosteneinsparungen, für die sie den amerikanischen Dienststellen zu großem Dank verpflichtet war.[3]

Nach einem Erlaß des hessischen Ministers des Inneren vom 9. Juli 1952 förderte das Land Hessen in den Folgejahren die Wiederaufbereitung von Baugelände für den Wohnungsbau in den Innenstädten durch zweckgebundene Zuschüsse zu solchen Vorhaben, sofern sie die Anforderungen des sozialen Wohnungsbaus erfüllten. Die Zuschüsse, die die Stadt Hanau als Anreiz für die Trümmerbeseitigung und Baureifmachung von Privatgrundstücken auf Antrag an private Bauherren weitergab, waren auf 5 DM je Quadratmeter Wohnfläche festgesetzt.[4] Außerdem übernahm das Land Hessen ab 1. April 1953, zunächst auf die Dauer von fünf Jahren, einen Teil der Kosten der für die Trümmerräumung aufgenommenen Fremdmittel. Konkret bedeutete das im Falle der Stadt Hanau die Ersparnis von 5 vH Zinsen und der Hälfte der Disagien für Anleihen, die zu diesen Zwecken aufgenommen wurden. Daß die Fördermaßnahmen ihre Wirkung nicht verfehlten, zeigen die gegen Ende des Untersuchungszeitraums wieder ansteigenden Ausgaben für die Schuttbeseitigung im Außerordentlichen Haushalt (Tabelle 63).

---

1) Gesetz über die Beseitigung der Trümmer im Lande Hessen (Trümmerbeseitigungsgesetz) vom 21. Dezember 1949, GVBl 1950, S.1

2) Die Pioniereinheiten der Amerikaner waren u.a. im Einsatz an der katholischen Kirche (Bangert), am Freiheitplatz, auf Baugrundstücken in der Römer-, Schnur- und Birkenhainerstraße, am Altstädter Markt, in der Mühlstraße sowie in der Großen Dechaneigasse

3) Dank und Anerkennung der Stadt Hanau für die uneigennützige Hilfe brachte der Oberbürgermeister anläßlich eines Empfangs von Pionieroffizieren der in Hanau und Wolfgang stationierten amerikanischen Truppen am 20. Mai 1954 zum Ausdruck (vgl. Hanauer Anzeiger Nr.118/222.Jahrgang vom 22. Mai 1954, S.4)

4) Beschluß der Stadtverordnetenversammlung vom 25. November 1952 (Vgl. Hanauer Anzeiger Nr.274/220. Jahrgang vom 26. November 1952, S.3)

b4.5) Die Anschaffungen von beweglichem Vermögen

Über die Ist-Ausgaben im Außerordentlichen Haushalt der Stadt Hanau für die Beschaffung von Mobilien gibt die nachfolgende Tabelle Auskunft. Sie unterteilt das Gesamtausgabevolumen nach Sachkategorien in: Büroinventar, Betriebsinventar und Fahrzeuge. Die entsprechenden Ausgaben des Ordentlichen Haushalts sind auf den Seiten 167ff dargestellt.

Tabelle 64 Investitionen der Stadt Hanau in Mobilien von 1949 bis 1954 in DM

Rechnungsjahr	Büroeinrichtungen und -maschinen	Betriebseinrichtungen	Fahrzeuge	Gesamtbetrag
1949	46 452	169 046	46 050	261 548
1950	24 993	178 505	10 000	213 498
1951	26 919	99 281	43 000	169 200
1952	70 483	152 757	44 134	267 374
1953	59 290	153 837	3 250	216 377
1954	43 648	174 008	12 412	230 068

Wie aus der Aufstellung ersichtlich, sind rund zwei Drittel der Investitionen in Mobilien für Betriebseinrichtungen ausgegeben worden. Der Begriff der Betriebseinrichtungen ist hier sehr weit gefaßt. Er umschließt die Ausstattung der städtischen Betriebe und Werkstätten mit Maschinen, Geräten und Werkzeugen ebenso wie etwa die Möblierung von Schulen, Kindergärten, Jugend- und Altersheimen oder die räumliche und technische Ausgestaltung des Krankenhauses, um nur einige Beispiele zu nennen. Auch die Anschaffung von Mülltonnen, von Schlauchmaterial für die Feuerwehr und die Erweiterung des Bücherbestandes der Stadtbibliothek gehören hierher. Den Betriebseinrichtungen ebenfalls zugerechnet wurden die für den Unterrichtsgebrauch angeschafften Schreib- und Rechenmaschinen der Kaufmännischen Schulen.

Wie der Einzelnachweis nach Haushaltsstellen auf Seite 292 zeigt, lagen auch bei den Investitionen in Mobilien Schwerpunkte bei den Schulen und dem Stadtkrankenhaus. Insoweit ist bei diesen Haushaltsstellen eine gewisse Parallelität zu den außerordentlichen Ausgaben für Hochbauten festzustellen.

Bei den Ausgaben für die Beschaffung von Büroinventar sind regelmäßig vergleichsweise hohe Beträge für die Hauptverwaltung angefallen, was zunächst grundsätzlich als Ausdruck des außerordentlichen Nachholbedarfs nach der Vernichtung des Rathauses angesehen werden muß. Sie weisen aber auch auf die sich verändernde Bedarfslage hin, die sich aus der Umstrukturierung und Erweiterung der Verwaltung durch neue Aufgaben und ihrer Etablierung unter weniger günstigen räumlichen Bedingungen im Schloß Philippsruhe ergab.

Unter den Ausgaben für den Ankauf von Fahrzeugen ragen die Bereiche Straßenreinigung, Müllabfuhr, allgemeiner Fuhrbetrieb und Feuerwehr besonders heraus, was angesichts der im Krieg dezimierten Fahrzeugbestände dieser Haushaltsstellen kaum anders erwartet werden konnte.

Investitionen der Stadt Hanau in Mobilien im Außerordentlichen Haushalt 1949 bis 1954 in DM

Haushaltsstelle	1949	1950	1951	1952	1953	1954
Anschaffung von Büromöbeln und -maschinen						
Hauptverwaltung	39 939	24 993	26 919	63 585	59 290	43 648
Verwaltungspolizei	910	-	-	-	-	-
Einwohnermeldeamt	-	-	-	5614	-	-
Stadtbibliothek	5 603	-	-	-	-	-
Schlachthof	-	-	-	1 284	-	-
Summe Büroeinrichtungen:	46 452	24 993	26 919	70 483	59 290	43 648
Anschaffung von Schul- und Betriebseinrichtungen						
Bezirksschule III	16 330	1 649	-	-	-)	
Bezirksschule V	2 403	-	-	25 945	4 439)	24 830
Mittelschule	4 289	60 519	61 788	-	-	-
Realgymnasium für Mädchen	8 743	223	-	-	-	-
Kaufmännische Berufsschule	8 999	-	-	-	-	-
Mädchenberufsschule	2 427	500	-	7 953	95 103	19 039
Handelsschule[a)]	10 063	-	-	-	-	-
Kreisbildstelle	2 329	-	-	-	-	-
Kulturamt[b)]	-	-	-	-	8 849	-
Stadtbibliothek[c)]	4 500	4 704	1 546	-	-	-
Altersheim Fasanerie	-	-	9 907	-	-	-
Kinderhort Salzstraße	-	-	4 835	-	-	803
Kinderheim Sandeldamm	-	-	-	3 700	20 317	2 598
Stadtkrankenhaus[d)]	9 356	57 714	-	107 730	16 708	105 546
Öffentliches Untersuchungsamt	-	4 655	2 105	2 471	-	-
Sportplatz Wilhelmsbad	-	3 000	597	4 536	-	-
Haus Rückersbach	-	1 692	-	-	-	1 177
Vermessungswesen	2 146	358	-	-	-	-
Tiefbauamt	-	-	-	-	1 200	-
Müllabfuhr[e)]	9 965	11 500	18 503	-	-	20 015
Fuhrbetrieb[f)]	3 985	-	-	-	-	-
Feuerwehr[g)]	1 866	-	-	-	-	-
Friedhof und Krematorium	1 465	-	-	422	361	-
Schlachthof	80 180	2 936	-	-	-	-
Stadthalle	-	10 000	-	-	2 999	-
Gästehaus	-	19 055	-	-	3 861	-
Summe Betriebseinrichtungen:	169 046	178 505	99 281	152 757	153 837	174 008
Anschaffung von Fahrzeugen						
Schutzpolizei[h)]	1 500	-	-	-	-	-
Stadtentwässerung[i)]	-	-	-	6 500	-	-
Straßenreinigung[j)]	-	-	13 000	13 172	-	-
Müllabfuhr[k)]	-	-	20 000	24 462	-	-
Fuhrbetrieb[l)]	-	10 000	10 000	-	-	6 247
Feuerwehr[m)]	44 550	-	-	-	3 250	-
Friedhof[n)]	-	-	-	-	-	6 165
Summe Fahrzeuge:	46 050	10 000	43 000	44 134	3 250	12 412

Anmerkungen zur Übersicht auf Seite 292:

a) darin für Schreibmaschinen zum Gebrauch im Unterricht 5 053 DM
b) für die Einrichtung der Volkshochschule
c) für die Ergänzung des Bücherbestandes; 1950 außerdem 3 703 DM Anschaffungen für die Buchbinderei
d) in 1952: für die Einrichtung des Chirurgiebaus 99 459 DM
e) für die Anschaffung von Mülltonnen
f) für die Anschaffung von Werkzeugen
g) für die Anschaffung von Schlauchmaterial
h) für die Anschaffung eines Motorrades
i) für die Anschaffung eines Kanalpflegewagens
j) zwei Kaufgeldraten für den Kauf eines Sprengwagens zur Straßenbegießung
k) für Müllwagen 1. Kaufgeldrate (1951: 20 000 DM), Restzahlung (1952: 10 617 DM); außerdem Anschaffung eines Lastkraftwagens 1952: 13 845 DM
l) anteilige Belastung des Fuhrparks mit je einer Kaufgeldrate von 10 000 DM für die Anschaffung des Sprengwagens der Straßenreinigung (1950) und des 10 cbm-Müllwagens der Müllabfuhr (1951)
m) 1949: Anschaffung einer Kraftfahrdrehleiter (42 950 DM und eines gebrauchten Kommandowagens (1 600 DM); 1953: Anschaffung eines Lkw (Opel Blitz)
n) für die Anschaffung eines Elektrowagens

2. DIE EINNAHMEN

Die folgende Tabelle 65 zeigt die effektiven Einnahmen, die dem Außerordentlichen Haushalt der Stadt Hanau in der Zeit von 1949 bis 1954 zugeflossen und für die darin veranschlagten Maßnahmen ausgegeben worden sind. Es sei an dieser Stelle nochmals darauf hingewiesen, daß die tabellarisch erfaßten Werte - ebenso wie bei den außerordentlichen Ausgaben - nur die tatsächlichen Geldbewegungen, hier also die tatsächlich vereinnahmten Beträge, wiedergeben, die jeweiligen Bestandsübertragungen, d.h. die nicht verbrauchten Finanzmittel aus Vorjahren, dagegen außer acht lassen.

Tabelle 65 Effektive Einnahmen der Stadt Hanau im Außerordentlichen Haushalt von 1949 bis 1954 in DM

Kennz.	Einnahmeart	1949	1950	1951	1952	1953	1954
0710	Staatszuweisungen	675 748	722 434	865 158	895 773	809 413	1 428 632
0770	Zuweisungen von anderen						
	Gebietskörperschaften[a)]	20 000	50 000	-	-	-	30 000
	sonst. Körperschaften[b)]	21 200	-	-	-	155 100	782 470
1310	Anliegerbeiträge	20 958	287 690	99 642	50 584	98 371	150 828
2309	Sonstige Einnahmen[c)]	3 363	83 666	3 577	8 266	187	54 906
2800	Zuweisungen aus dem OH	2 781 556	333 238	1 900 012	1 553 842	2 150 457	2 187 424
3100	Rückflüsse aus Darlehen[d)]	-	540	46 842	211 775	-	283 500
3200	Darlehensaufnahmen	320 300	1 236 760	2 107 200	4 367 648	3 156 704	3 751 619
3300	Entnahme aus Rücklagen	-	865 983	781 642	1 067 072	292 997	454 852
	Erlöse aus dem Verkauf						
3500	von Grundbesitz	55 818	210 685	177 852	331 155	433 028	591 900
3600	von Sachvermögen	-	-	-	312	-	-
	Insgesamt:	3 898 943	3 790 996	5 981 925	8 486 427	7 096 257	9 716 131

a) darin Baukostenzuschüsse des Landkreises Hanau zum Aufbau des Stadtkrankenhauses (1949: 20 000 DM; 1950: 50 000 DM) und der damals noch selbständigen Gemeinde Wolfgang zu den Kanalanschlußarbeiten an das Netz der Stadt Hanau (1954)

b) 1949: Zuwendung der Kreishandwerkerschaft für die Gewerbliche Berufsschule (1 000 DM) und Zuschuß der Hessischen Brandversicherungsanstalt an die Feuerwehr für die Anschaffung einer Drehleiter (20 000);
1953: darin Baukostenzuschüsse verschiedener Baugesellschaften von zusammen 145 100 DM zu Kanal- und Straßenbauprojekten;
1954: darin Baukostenzuschüsse verschiedener Baugesellschaften von zusammen 58 170 DM zu Kanal- und Straßenbauprojekten sowie Zuschuß der Besatzungsmacht in Höhe von 724 300 DM für die Kanalisation der Aschaffenburger Straße zur Pionierkaserne

c) darin u.a. Erlöse aus der Schrottverwertung und für Einreißarbeiten sowie Spenden von Privatpersonen und Hanauer Firmen für den Aufbau der Stadthalle (1950: 76 013 DM), des Altstädter Rathauses (1954: 50 000 DM) und die Anlage von Spielplätzen

d) 1950: Tilgung eines Privatdarlehens zur Hausinstandsetzung; 1951: Rückzahlung eines Darlehens an die Baugesellschaft Hanau; 1952: außerplanmäßige Rückzahlung eines Darlehens an die Stadtwerke; 1954: Rückflüsse von Darlehen an verschiedene Bauträger, die nicht in Beteiligungen umgewandelt wurden

Schon bei oberflächlicher Betrachtung der Übersicht fällt auf, welcher hohe Stellenwert den Staatszuweisungen, den Mittelübertragungen aus dem Ordentlichen Haushalt und den Darlehensaufnahmen zukam. Diese drei Einnahmearten waren in den hier untersuchten Jahren die tragenden Säulen der außerordentlichen Finanzierung der Stadt Hanau. Rund 80 vH des gesamten Finanzvolumens des Außerordentlichen Haushalts der sechs Berichtsjahre stammte aus diesen Quellen. Insbesondere auf die Zuweisungen des Landes und die Aufnahme von Krediten soll deshalb nachfolgend ausführlicher eingegangen werden, während bei den Anteilbeträgen des Ordentlichen Haushalts und den übrigen außerordentlichen Einnahmen, die in der obigen Tabelle und den dazugehörigen Anmerkungen dokumentiert sind, auf die grundsätzlichen Ausführungen zu den entsprechenden Einnahmearten des Ordentlichen Haushalts verwiesen werden kann.

a) Die Einnahmen der Gruppe 0

a1) Die Staatszuweisungen

Diese Gruppe enthält alle Zuweisungen aus dem Sonderfonds[1] des Landes Hessen, dem späteren Aufbaustock[2], ferner aus Mitteln des Landesarbeitsamts, die für Notstandsarbeiten gewährt wurden, und der Staatlichen Sportwetten GmbH. Letztere dienten ausschließlich der Errichtung von Sportstätten, insbesondere dem Bau von Turnhallen, Sport- und Spielplätzen.

Die Stadt Hanau hat die ihr zugewiesenen Beträge für Maßnahmen des Wiederaufbaus und Ausbaus von Gebäuden, Tiefbauanlagen und Betriebseinrichtungen investiert. Die Aufteilung auf die einzelnen Vorhaben des Außerordentlichen Haushalts ergibt sich aus der folgenden Tabelle 66.

Beihilfen für den Wiederaufbau lebensnotwendiger öffentlicher Einrichtungen und Gebäude wie Schulen, Krankenhäuser, Strom- und Wasserversorgung, Kanalisation, gewährte das Land Hessen bis 1948 aus dem sogenannten "Sonderfonds" nach Maßgabe der Finanzausgleichsgesetze (vgl.dazu auch Seite 218f). Dabei handelte es sich nicht etwa um Entschädigungen zum Ausgleich von Verlusten durch Kriegszerstörungen, sondern um finanzielle Unterstützungen für Aufbauleistungen, die die Gemeinden aus eigener Kraft nicht erbringen konnten. Die Zuweisungen waren grundsätzlich antragsgebunden. Entscheidungen darüber traf der Innenminister im Einvernehmen mit dem Finanzminister. Sie sollten 80 vH (ab 1952 70 vH) der jeweiligen Gesamtaufwendungen nicht übersteigen. Die Gemeinden mußten also in jedem Falle mindestens ein Fünftel (ab 1952 knapp ein Drittel) der Kosten selbst beitragen.

Ab 1949 wurden die Beihilfen aus allgemeinen Landesmitteln bestritten und unter der Bezeichnung "Aufbaustock" (ab 1953: "Landesaufbaustock") im Landeshaushalt veran-

---

1) Vgl. § 15 des Gesetzes zur Regelung des Finanzausgleichs für das Rechnungsjahr 1947 vom 1. August 1947, GVBl. S.62 und § 14 des Gesetzes zur Regelung des Finanzausgleichs vom 10. Juni 1948, GVBl. S.84

2) Vgl. § 17 des Gesetzes zur Regelung des Finanzausgleichs vom 17. Juli 1951, GVBl. S.39

schlagt. Die Verteilung der Mittel für bestimmte Bauprojekte erfolgte nach Maßgabe der Dringlichkeit und nach Anhörung der zuständigen kommunalen Verbände. Sie bedurfte der Zustimmung des Haushaltsausschusses des Hessischen Landtags. Ausschlaggebend für die Zuteilungsquoten waren vom Rechnungsjahr 1952 an die von den Gemeinden an das Finanzministerium gemeldeten Bauwertverluste an Verwaltungsgebäuden, Schulen und Krankenhäusern nach dem Stand vom 31. März 1951, abzüglich des Wertes der im Rechnungsjahr 1951 erstellten Ersatzgebäude.[1])

Tabelle 66 Effektive Einnahmen im Außerordentlichen Haushalt der Stadt Hanau aus Zweckzuweisungen des Staates 1949 bis 1954

Haushaltsstelle	1949	1950	1951	1952	1953	1954
Schutzpolizei	90 000	-	-	-	-	-
Bezirksschule 1	-	-	310 000	135 000	35 000	-
Bezirksschule 3	-	10 000	280 000	225 000	245 000	-
Bezirksschule 5	-	-	35 000	-	-	-
Hilfsschule	-	-	30 000	250 000	210 000	-
Mittelschule	127 800	523 300	146 700	-	-	-
Kaufmännische Berufsschule	6 000	-	-	-	-	510 000
Gewerbliche Berufsschule	40 000	-	-	-	-	-
Natur- und Denkmalschutz[a)]	-	-	-	-	-	200 000
Sportplätze[b)]	106 555	3 000	10 600	18 000	60 379	180 971
Straßen, Wege, Plätze	-	150 000	33 000	267 773[c)]	219 100	-
Wasserläufe	-	36 134[d)]	19 858	-	-	-
Trümmerbeseitigung	-	-	-	-	39 934	58 480
Stadtentwässerung	89 000	-	-	-	-	44 025
Schlachthof	80 000	-	-	-	-	-
Friedhof und Krematorium	60 000	-	-	-	-	-
Bebauter Grundbesitz	76 393	-	-	-	-	-
Allgemeines Kapitalvermögen[e)]	-	-	-	-	-	435 156
Insgesamt	675 748	722 434	865 158	895 773	809 413	1 428 632

a) Bundes- und Landesmittel für den Wiederaufbau des Altstädter Rathauses
b) darin aus Mitteln der Staatlichen Sportwetten GmbH:
1950: 3 000 DM -- 1951: 10 600 DM -- 1952: 18 000 DM -- 1953: 52 500 DM -- 1954: 154 000 DM, ferner Grundförderungsmittel des Landesarbeitsamts für Notstandsarbeiten 1953: 7 879 DM und 1954: 2 971 DM sowie 1954 außerdem eine regionale Zuweisung von 28 000 DM
c) darin 165 000 DM Baukosten für die Verlegung der Bundesstraße 43 auf die Trasse Viadukt-Hafen
d) Grundförderungsmittel des Landesarbeitsamts für Notstandsarbeiten (Beseitigung des Uferabbruchs nach dem Kinzighochwasser)
e) Landesbaudarlehen, Abtretung des Landes Hessen

Ab 1951 kamen die Zuteilungen aus dem *Aufbaustock* auch den Wachstumsgemeinden für den Bau oder die Erweiterung von öffentlichen Einrichtungen zugute, wenn ihr Bevölkerungszuwachs im Vergleich zu 1939 wenigstens 30 vH betrug. Damit sollte der starke Zuzug von Flüchtlingen im Rahmen dieser Sonderzuweisungen entsprechend berücksichtigt werden. Für die Gesamtheit der von Kriegszerstörungen schwer betroffenen Gemeinden bedeutete dies praktisch eine Halbierung der Mittel aus dem Aufbaustock. Für die Stadt Hanau, die wegen ihrer starken Wohnungsverluste zunächst von der Zuweisung von

1) Vgl. W.Fischer a.a.O., S.243

Flüchtlingen verschont war, hat sich dies auf den ersten Blick nicht nachteilig ausgewirkt. Die insgesamt ansteigenden Beträge der Tabelle jedenfalls scheinen darauf hinzudeuten. Bei genauerer Betrachtung, insbesondere bei dem Vergleich von Einzelprojekten und Projektgruppen, zeigt sich allerdings, daß die Stadt erheblich höhere als die vom Land Hessen geforderten Deckungsbeiträge (30 vH) aufzubringen hatte. Besonders deutlich wird das am Beispiel des Wiederaufbaus der Schulen von 1949 bis 1954.[1)] Allein bei den reinen Bauinvestitionen der Volks- und Hilfsschulen betrugen die Eigenleistungen der Stadt Hanau 48,75 vH, wie die folgende Übersicht zeigt.

Schule	Bauinvestitionen der Stadt Hanau im AO-Haushalt 1949-1954 DM	davon durch Staaszuweisungen gedeckt 1949-1954 DM	Unterdeckung (-) Überdeckung (+) (Deckungsbeitrag) 1949-1954 DM	
Bezirksschule 1	1 358 486	480 000	- 878 486	
Bezirksschule 3	1 315 375	760 000	- 555 375	
Bezirksschule 5	157 726	35 000	- 122 726	
Hilfsschule	612 199	490 000	- 122 199	
Zwischensumme	3 443 786	1 765 000	- 1 678 786	(48,75 %)
Mittelschule	743 431	797 800	+ 54 368	
Kaufmännische Berufsschule	335 419	516 000	+ 180 581	
Andere Berufsschulen	19 813	-	- 19 813	
Summe Schulen	4 542 449	3 078 800	- 1 463 649	
Eigenleistung der Stadt Hanau in vH			32,22	

Wenn die gesamte Eigenleistung der Stadt im Schulbau sich hier allerdings mit nur 32,22 vH errechnet, so ist das darauf zurückzuführen, daß die städtischen Investitionen für die Mittelschule und die Kaufmännische Berufsschule nur die bis 1954 aufgelaufenen Kosten beinhalten, also nur Teilbeträge darstellen, während sich die Staatszuweisungen auf das jeweilige Gesamtprojekt beziehen. Der Innenausbau der Mittelschule war 1954 noch nicht vollständig abgeschlossen und die Errichtung der Kaufmännischen Berufsschule hatte in diesem Jahr überhaupt erst begonnen. Wenn man weiterhin berücksichtigt, daß über die reinen Bauinvestitionen hinaus noch erhebliche Ausgaben für die Ausstattung der Schulen (Mobiliar, Lehrmittel, Büchereien etc.) erforderlich waren, die von der Stadt alleine getragen werden mußten, dann wird erst so recht verständlich, in welchem Maße der Wiederaufbau der Bildungseinrichtungen den Etat der Stadt Hanau belastet hat.

Bundesmittel erhielt die Stadt lediglich 1954 im Rahmen des Denkmalschutzes, zusammen mit Geldern des Landes, in einem Gesamtbetrag von 200 000 DM für den Wiederaufbau des Altstädter Rathauses (siehe Tabelle 66, Anmerkung a).

---

1) Unberücksichtigt blieb dabei die Gewerbliche Berufsschule, die zusammen mit dem Landkreis Hanau als Zweckverband betrieben und deshalb außerhalb der städtischen Finanzrechnung geführt wurde

a2) Andere Zuweisungen

In dieser Einnahmegruppe sind die Zuweisungen sowohl von Gebietskörperschaften als auch von sonstigen Institutionen, Körperschaften und Verbänden zusammengefaßt. Zu den ersteren rechnen die Zuschüsse des Landkreises Hanau zum Aufbau und Betrieb des Stadtkrankenhauses sowie der Baukostenzuschuß der Gemeinde Wolfgang zu dem Anschluß an das Kanalnetz der Stadt Hanau (vgl. Tabelle 65, Anmerkung a).

Zuwendungen von anderen Institutionen, Körperschaften und Verbänden erhielt die Stadt von der Hessischen Brandversicherungsanstalt für die Ergänzung der Ausrüstung der Feuerwehr sowie von der Kreishandwerkerschaft für die Ausstattung der Gewerblichen Berufsschule. Vergleichsweise hohe Beträge entfielen ferner auf die Baukostenzuschüsse von verschiedenen Baugesellschaften für Kanal- und Straßenbauprojekte innerhalb des Stadtgebiets sowie auf die Zuweisung der amerikanischen Besatzungsmacht (724 300 DM) zu den Kosten der Kanalisierung der Aschaffenburger Straße, an der die von den US-Streitkräften noch heute genutzte Pionierkaserne liegt. Der Anschluß der Kaserne an das Kanalnetz erfolgte 1953/54 im Zusammenhang mit dem Ausbau der Entsorgungsleitungen nach Wolfgang (vgl. Tabelle 65, Anmerkung b).

b) Die Einnahmen der Gruppe 1

Bei dem einzigen Posten aus dieser Gruppe handelt es sich um die Anliegerbeiträge zu den Straßen- und Kanalbaukosten, die - wie die Tabelle 65 zeigt - sehr unregelmäßig anfielen. Der Eingang 1950 ist - zumindest teilweise - noch als Nachwirkung einer Satzungsänderung[1)] aus dem Jahre 1947 anzusehen. Angesichts der zu erwartenden Straßenbaulasten hatte das Stadtparlament beschlossen, daß bei Neubauten an endgültig ausgebauten Straßen die Anliegerbeiträge sofort und in voller Höhe fällig werden. Die Umsetzung dieses Beschlusses nahm einige Zeit in Anspruch, so daß seine verwaltungsmäßige Realisierung erst im Jahre 1948 wirksam werden konnte. Die inzwischen als Folge der Währungsreform eingetretene Geldverknappung gab dann jedoch den Zahlungspflichtigen erneut berechtigte Gründe an die Hand, eine zeitweilige Stundung der fällig gewordenen Beträge zu erwirken mit dem Ergebnis, daß die Einziehung der Mittel erst im Laufe der folgenden beiden Jahre gelang. Außerdem machte sich die anziehende Baukonjunktur bemerkbar. Sie hatte 1950 ihren ersten Höhepunkt. Die Zahl der Bauvorhaben war nach der Währungsstabilisierung sprunghaft gestiegen. Es gab mehr Baufreigaben als in den Jahren zuvor. Die Rohbauabnahmen im Wohnungsbau hatten 1949 gegenüber 1948 um

---

1) Beschluß der Stadtverordnetenversammlung vom 29. Januar 1947. Er legte u.a. fest: die sofortige Fälligkeit von Anliegerbeiträgen bei Neubauten an endgültig ausgebauten Straßen; die Beitragsfreiheit von Wiederaufbau-Grundstücken bei gleichbleibender Grundrißfläche und gleicher Straßenberührungslänge, sofern die Grundstücke zum Zeitpunkt des endgültigen Ausbaus der Straße bereits beitragsfrei waren; die Begrenzung der Straßenkosten auf höchstens 125 RM pro Meter Straßenberührungslänge bei einer Schließung von Baulücken an endgültig ausgebauten Straßen oder breiten, dem überörtlichen oder Durchgangsverkehr dienenden Straßen. Bei Neubauten an nicht endgültig ausgebauten Straßen waren die anteiligen Anliegerbeiträge bis zum Zeitpunkt des Ausbaus der Straße zu stunden und die im voraus veranschlagten Beiträge durch Eintrag einer unverzinslichen Sicherungshypothek im Grundbuch abzusichern

69,4 vH, die der Gebrauchsabnahmen um 56,2 vH zugenommen. 1950 erlebte noch einmal Zuwachsraten von 4,4 bzw. 8,0 vH[1]), was sich notwendigerweise auch auf die Veranlagung von Anliegerbeiträgen auswirken mußte.

Nach einem vorübergehenden Rückgang zeichnete sich ab 1953 wieder ein insgesamt ansteigender Trend ab, der mit der Ausweisung neuer Baugebiete sowie mit der zunehmenden Förderung des Eigenheimbaus durch den Bund zusammenhing. In der Reichsmarkzeit waren Neubaugebiete nicht erschlossen worden. Soweit Anliegerbeiträge anfielen, resultierten diese meist aus der Schließung von Baulücken. Das änderte sich jedoch mit dem Beginn der Fünfziger Jahre. Obwohl die Frage der Erschließung von Bauland für private Bauvorhaben und nicht öffentlich geförderten Wohnungsbau zunächst außerordentlich kontrovers diskutiert wurde[2]), entschied sich die Stadtverordnetenversammlung für die Einleitung mehrerer Umlegungsverfahren in den südlichen und südwestlichen Randzonen des Stadtgebiets. Größere Flächen für die Errichtung von Einfamilienhäusern entstanden so zum Beispiel im Kinzdorf, in den Gebieten zwischen Weihergraben, Salisweg und Baumweg sowie zwischen Philippsruher Allee und Mainkanal, denen in späteren Jahren weitere Areale im Norden und Nordwesten folgten.

c) Die Einnahmen der Gruppe 2

Die sonstigen Einnahmen, unter denen neben Spenden von Privatpersonen und Firmen vorwiegend Erlöse aus dem Verkauf von Altmaterial, aus Arbeiten des Einreißtrupps und der Verwertung von Schrott zu finden sind, waren finanzwirtschaftlich unerheblich, wie aus der Tabelle 65 zu ersehen ist. Bezogen auf das Gesamtvolumen der außerordentlichen Einnahmen haben sie praktisch keine Rolle gespielt. Anders dagegen die Zuweisungen aus dem Ordentlichen Haushalt. Sie waren in den hier untersuchten sechs Jahren mit einem Anteil von 27,98 vH an den Gesamteinnahmen des Außerordentlichen Haushalts zu einem tragenden Element der Wiederaufbaufinanzierung geworden. Die Anteilbeträge des Ordentlichen Haushalts, die eine Übertragung von Deckungsmitteln in den Außerordentlichen Haushalt darstellen, sind im wesentlichen dadurch entstanden, daß laufende Instandhaltungs- und Erneuerungsarbeiten an städtischen Einrichtungen (Hoch- und Tiefbauobjekten) nicht in dem erforderlichen Maß durchgeführt werden konnten. Sie resultierten also aus einem Spareffekt innerhalb des Ordentlichen Haushalts, an dem eine große Zahl von Haushaltsstellen beteiligt war. In welchem Umfang einzelne Unterabschnitte an der Finanzierung des Außerordentlichen Haushalts teilgenommen haben, ergibt sich aus der nachfolgenden Tabelle 67.

---

1) Vgl. dazu Statistische Vierteljahresberichte der Stadt Hanau IV/1949 (S.6) und IV/1950 (S.6)

2) In der Stadtverordnetenversammlung war es darüber einerseits aus prinzipiellen Erwägungen andererseits wegen der damit verbundenen Kosten 1951 zu heftigen Auseinandersetzungen gekommen. Der soziale Wohnungsbau habe Priorität. Die Stadt müsse in dieser von großer Wohnungsnot geprägten Zeit vorrangig den Massenbedarf an Wohnraum im Auge haben und sich deshalb auf die Förderung von Großbauprojekten konzentrieren. Im übrigen seien die Kosten des Umlegungsverfahrens, die die Stadt zu tragen habe (Vermessung, Schätzung und Verwaltung), zu hoch. Bezogen auf die entstehenden Wohnungseinheiten könne damit im sozialen Wohnungsbau mehr erreicht werden. So etwa lauteten die Haupteinwände der damaligen Umlegungsgegner - Argumente, die aber bald der Einsicht weichen mußten, daß die Förderung des privaten Bauens ebenso notwendig wie dringend war, um den öffentlichen Wohnungsbau zu entlasten (vgl. dazu Hanauer Anzeiger Nr.111/221.Jahrgang vom 15. Mai 1953, S.3, "Nun laßt die Privaten bauen")

Tabelle 67 Effektive außerordentliche Einnahmen aus Anteilbeträgen des Ordentlichen Haushalts 1949 bis 1954

Haushaltsstelle	1949	1950	1951	1952	1953	1954
Hauptverwaltung	51 157	-	27 400	20 000	90 500	25 000
Verwaltungspolizei	910	-	-	133	-	-
Schutzpolizei	2 871	-	-	-	-	-
Polizeigefängnis	4 723	-	-	-	-	-
Volks- und Hilfsschulen	46 073	-	101 000	230 000	469 000	422 300
Mittelschulen	1 489	-	-	-	-	-
Realgymnasium für Mädchen	10 000	-	-	-	-	-
Hohe Landesschule	-	-	-	-	100 000	-
Käufmännische Berufsschule	16 223	-	-	-	-	-
Mädchenberufsschule	2 427	-	-	20 000	-	-
Handelsschule	19 844	-	-	-	-	-
Haushaltungsschule	1 000	-	-	-	-	-
Kinderpflegerinnenschule	950	-	-	-	-	-
Kreisbildstelle	2 329	-	-	-	-	-
Kulturamt	-	-	-	70 000	-	-
Stadtbibliothek	42 625	-	-	-	-	-
Heimatpflege	-	4 509	-	-	-	6 770
Natur- und Denkmalschutz	-	-	-	45 000	230 000	2 000
Kirchliche Angelegenheiten	-	-	-	-	1 100	-
Altersheim Fasanerie	-	-	13 032	-	-	-
Förderung d. fr. Wohlfahrtspflege	-	-	-	-	30 000	-
Einrichtungen der Jugendhilfe	15 000	-	30 500	100 000	32 000	-
Stadtkrankenhaus	55 051	2 000	54 000	-	303 642	742 950
Öffentliches Untersuchungsamt	-	-	-	366	-	-
Sportamt	-	-	-	-	2 500	-
Sportplatz Wilhelmsbad	5 445	-	9 550	-	-	14 700
Sonstige Spielplätze	-	-	-	-	-	8 500
Einrichtungen der Jugendpflege	-	-	-	-	50 000	58 665
Stadtplanung	15 224	-	-	50 000	-	-
Wohnungswesen (inkl. Beteilig.)	40 000	-	1 000	195 000	25 000	115 240
Vermessungswesen	7 392	-	-	-	-	-
Straßen, Wege, Plätze	299 491	72 129	305 860	158 225	230 000	232 859
Wasserläufe	-	-	16 000	23 800	16 000	15 000
Trümmerbeseitigung	-	-	-	165 000	-	46 200
Straßenbeleuchtung	25 000	-	-	-	-	-
Stadtentwässerung	96 818	-	27 000	15 000	-	52 975
Straßenreinigung	-	-	-	16 000	-	20 000
Müllabfuhr	9 965	-	-	24 000	-	20 000
Fuhrpark	27 160	-	-	-	-	-
Feuerwehr	31 216	-	4 525	-	-	-
Friedhof und Krematorium	12 965	-	115 000	1 000	7 400	6 165
Schlachthof	130 000	-	530 000	5 000	-	-
Wald, Park und Gartenanlagen	2 765	6 100	-	-	22 000	16 000
Städtische Badeanstalten	500	-	-	-	-	-
Flußbadeanstalten	3 506	5 500	-	-	-	-

Haushaltsstelle	1949	1950	1951	1952	1953	1954
Werbung und Verkehrsförderung	-	-	3 000	-	-	-
Straßenbahn	190 000	-	-	-	-	-
Industriebahn Nord	-	4 000	-	-	-	-
Stadtwerke	-	-	170 000	-	170 000	340 000
Stadthalle	36 025	-	14 960	-	-	-
Gästehaus (Hanauer Hof)	160 000	-	17	-	-	-
Allgemeines Kapitalvermögen	-	39 000	410 500	-	7 315	-
Bebauter Grundbesitz	1 065 856	-	54 168	215 318	150 000	42 100
Unbebauter Grundbesitz	349 556	200 000	12 500	200 000	214 000	-
Insgesamt	2 781 556	333 238	1 900 012	1 553 842	2 150 457	2 187 424

Die Anteilbeträge des Ordentlichen Haushalts sind ihrer Natur nach Erstattungen, die im Ordentlichen Haushalt als Ausgaben gebucht, gleichzeitig im Außerordentlichen Haushalt als Einnahmen verrechnet und dort zur Finanzierung von außerordentlichen Vorhaben verwandt werden.[1])

In diesem Zusammenhang darf auf die Ausführungen zu den entsprechenden Ausgaben des Ordentlichen Haushalts auf Seite 155 verwiesen werden. Wenn die dort aufgelisteten summarischen Ausgabenbeträge sich mit den jeweiligen Gesamteinnahmen der vorstehenden Tabelle nicht decken, so hängt das hauptsächlich mit den hier unberücksichtigt gebliebenen Bestandsübertragungen zusammen. Aber auch nachträglich geänderte Finanzierungsmodalitäten haben bei einzelnen Unterabschnitten zu Veränderungen der Ist-Ergebnisse geführt.

d) Die Einnahmen der Gruppe 3

d1) Rückflüsse aus Aktivdarlehen

Die von der Stadt Hanau während der Untersuchungsperiode gewährten Darlehen sind an anderer Stelle dieser Arbeit dokumentiert worden (siehe dazu Seite 277). Sie dienten - wie dort im einzelnen ausgeführt wurde - ausschließlich investiven Zwecken, und zwar einerseits beim Aufbau der Versorgungs- und Verkehrsbetriebe, andererseits zur Förderung des Wohnungsbaus, wobei im letzten Fall als Schuldner sowohl Bau- und Bauträgergesellschaften als auch Privatpersonen (Arbeitgeber- und Privatdarlehen) in Erscheinung traten. Die Einnahmen aus der Rückzahlung solcher Darlehen flossen wieder dem Außerordentlichen Haushalt zu. Die angefallenen Zinsen waren dagegen dem Ordentlichen Haushalt zugutegekommen. Der Geldeingang aus den Kredittilgungen verlief nicht gleichförmig, wie die Tabelle 65 zeigt, sondern in Schüben. Zu den lebhaften Schwankungen beigetragen haben außerplanmäßige Rückzahlungen (Stadtwerke) sowie die Umwandlung von Krediten oder Teilen davon in Beteiligungen (Baugesellschaft, Nassauische Heimstätte u.a.).

1) Vgl. W.Fischer a.a.O., S.246

d2) Die Aufnahme von Darlehen

Während in der gesamten RM-Periode des Untersuchungszeitraums die Finanzierung außerordentlicher Ausgaben durch die Aufnahme von Darlehen kaum in Erscheinung trat - selbst wenn man die ungeklärten Einnahmeposten der Tabellen 56 und 57 der Fremdfinanzierung zurechnen müßte, würde sich an dieser Feststellung wenig ändern - stieg die Neuverschuldung nach der Währungsreform steil an und wurde in den folgenden Jahren zur stärksten Einnahmequelle des Außerordentlichen Haushalts. Der Schuldenstand hatte sich bis zur Währungsreform zunächst stetig vermindert und war im Zuge der Geldumstellung auf seinen niedrigsten Stand gesunken. Nach der Stabilisierung der Währung, die den Beginn der eigentlichen Wiederaufbauphase (1949) einleitete, konnte der unabweisbare Investitionsbedarf nicht mehr ohne die Aufnahme von Fremdmitteln finanziert werden. Die Beseitigung der Kriegsschäden, der Wohnungsbau und der aufgestaute Nachhol- und Erweiterungsbedarf bei städtischen Einrichtungen und Anlagen zwangen die Verantwortlichen der Stadt, verstärkt auf den Geld- und Kapitalmarkt auszuweichen. Zwar blieb die Eigenfinanzierung dank der immer besser fließenden Gewerbesteuererträge ein wesentlicher Bestandteil der Deckung des außerordentlichen Finanzbedarfs, doch gewann die Aufnahme von Krediten nicht zuletzt auch wegen des nach der Geldumstellung zusammengeschmolzenen Rücklagenpolsters zusehends an Gewicht. Sie erreichte 1952 mit einem Anteil von mehr als 50 vH an den gesamten Einnahmen des Außerordentlichen Haushalts ihren Höhepunkt, wie die Graphik 07 verdeutlicht. Die Stadt hatte sich damit in der "Verschuldung je Einwohner" an die Spitze aller hessischen Städte gesetzt und wurde in den Jahren danach nur von Darmstadt und Frankfurt noch übertroffen (siehe dazu Anhang B 25).

Die Darlehen aus öffentlichen Kassen (z.B. Mittel aus dem Hessenplan, Landesdarlehen für den Wohnungsbau, Soforthilfemittel etc.) spielten im Rahmen der Gesamtverschuldung während dieser Zeit zwar eine wichtige, dem Volumen nach aber eine nur untergeordnete Rolle, wie die folgende Übersicht zeigt. Sie wurden zum weitaus überwiegenden Teil an

Neuverschuldung der Stadt Hanau seit dem 21. Juni 1948 in 1000 DM[a)]

Ende Rechnungsjahr	Stand der Neuverschuldung absolut	davon aus öffentlichen Mitteln	davon Kreditmarktschulden absolut	davon Kreditmarktschulden in vH	nach der Fälligkeit: Rückzahlung innerhalb eines Jahres	Rückzahlung innerhalb 2-3 Jahren	Rückzahlung innerhalb mehr als 3 Jahren	Annuitätsdarlehen
1951	3 353	114	3 239	96,6				
1952	7 656	503	7 153	93,4	1 023	1 217	1 651	3 765
1953	10 038	199	9 839	98,0	996	1 250	3 342	4 450
1954	12 767	826	11 941	93,5	1 312	1 129	5 018	5 308

a) Zusammengestellt aus den veröffentlichten Daten der Finanzstatistik im Statistischen Jahrbuch deutscher Gemeinden, 40.- 43.Jahrgang 1952-1955

die gemeinnützigen Baugesellschaften für Zwecke des Wohnungsbaus weitergegeben. An erster Stelle standen eindeutig die Kreditmarktschulden. Sie waren wegen der damals herrschenden außerordentlich starken Nachfrage nach Investitionskrediten und eines insgesamt überlasteten Kapitalmarktes nicht immer leicht zu beschaffen[1]), vielfach an kurze oder mittlere Laufzeiten gekoppelt und mit hohen Kosten verbunden (Zinsen, Disagio, Provisionen)[2]). Die Knappheit der verfügbaren Mittel bestimmte ihren "Preis". Die besondere Problematik der Laufzeit wird aus der obigen Aufschlüsselung nach der Fälligkeit deutlich sichtbar. Wenn die Verschuldung aus der Aufnahme von Anleihen mit Laufzeiten bis zu 3 Jahren zwischen 20 vH und 30 vH anzusetzen ist und unter Einbezie-

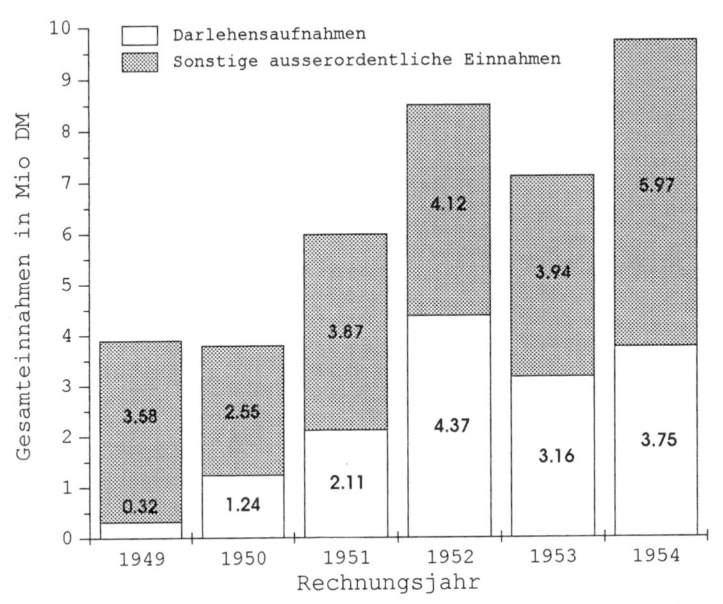

Graphik 07 Anteilige Finanzierung der Gesamteinnahmen im Ausserordentlichen Haushalt der Stadt Hanau durch die Aufnahme von Darlehen 1949 - 1954

hung der Anleihen mit Laufzeiten von mehr als 3 Jahren, die man hier immer noch zu den mittelfristigen Fälligkeiten rechnen kann, sogar zwischen 50 vH und 60 vH, dann erhalten

1) Weil langfristige Kredite kaum zu bekommen waren, mußte - besonders in den ersten Jahren nach der Währungsumstellung - immer wieder auf mittel- und kurzfristige Darlehen, teilweise auch auf Kreditangebote aus dem Ausland zurückgegriffen werden

2) Die Auszahlungsquote lag teilweise zwischen 80 und 90 vH. Im Rückblick des Finanzdezernenten auf das Kalenderjahr 1952 hieß es u.a.: Die Zinssätze sind hoch für jegliches Geld, das wir aufnahmen, und die Laufzeiten aller Anleihen sind kurz, d.h. sie betragen zumeist nur fünf Jahre. Und wenn sie länger sind, beträgt das Disagio bis zu 18 Prozent und mehr. Bei kurzen Laufzeiten wird die Anleihekapazität der Stadt Hanau in Kürze ausgeschöpft sein. Bei langfristigen Anleihen mit hohem Disagio sind die Nebenkosten der Kreditaufnahme außerordentlich hoch und für die Stadt verlustreich [vgl. Hanauer Anzeiger Nr.30/220.Jahrgang vom 31. Dezember 1952, S.9]

Fragen nach der Schuldendienstleistungsfähigkeit und der Tragbarkeit einer Schuldenaufnahme überhaupt besonderes Gewicht. Je kürzer die Laufzeiten sind, um so höher müssen zwangsläufig die Tilgungsraten sein, was wiederum erhebliche Auswirkungen auf den Ordentlichen Haushalt hat, der die Mittel dafür bereitstellen muß.

- Eine allgemein gültige Regel für die vertretbare Höhe des Schuldendienstes gibt es nicht. Absolut läßt sie sich überhaupt nicht berechnen, denn sie hängt weitgehend ab von der mannigfaltigen Schwankungen und Einflüssen unterworfenen Gesamtwirtschaftskraft der Stadt, soweit sie sich in ihrem Haushalt niederschlägt. "Man kann deshalb den leistbaren Schuldendienst nur ausdrücken als Verhältniszahl zu einer objektiven Haushaltskonstanten", etwa zur Summe der Steuereinnahmen oder der Gesamteinnahmen oder einer anderen repräsentativen Bezugsgröße.[1)]

  Da bei einem ausgeglichenen Haushalt, von dem hier ausgegangen werden kann, die Gesamteinnahmen dem gesamten anerkannten Ausgabenbedarf entsprechen, sollte der gemeindliche Schuldendienst einen gewissen Prozentsatz des Haushaltsvolumens nicht überschreiten. Nach einer Untersuchung von K.Herrmann[2)] haben die Gemeinden im Bundesgebiet in den Rechnungsjahren 1950 bis 1954 zwischen 0,9 vH (1950) und 3,3 vH (1954) der Gesamteinnahmen für den Schuldendienst aufgewandt, wie aus der folgenden Übersicht zu ersehen ist. Im Vergleich dazu ist der Anstieg in Hanau weit heftiger ausgefallen. War der Anteil des Schulden-

Entwicklung der Einnahmen, der Schulden und des Schuldendienstes der Stadt Hanau

Jahr	Index (vH) Gesamteinnahmen der Stadt Hanau	Index (vH) Steuereinnahmen der Stadt Hanau	Index (vH) Neuverschuldung der Stadt Hanau	Index (vH) Schuldendienst der Stadt Hanau	Schuldendienst in vH der Gesamteinnahmen: Bundesdurchschnitt	Schuldendienst in vH der Gesamteinnahmen: Stadt Hanau
1950	100	100	100	100	0,9	0,8
1951	134	144	217	337	1,2	2,2
1952	168	179	514	617	1,7	3,3
1953	190	215	674	904	2,3	4,2
1954	215	214	857	1456	3,3	6,0

dienstes an den Gesamteinnahmen der Stadt Hanau 1950 mit 0,8 vH noch unterdurchschnittlich, so erreichte er 1954 die Höhe von 6 vH bei anhaltend steigender Tendenz. Er war damit fast doppelt so hoch wie der Bundesdurch-

1) So G.Giere, Gedanken über die gemeindliche Schuldengrenze, in: Der Städtetag, Oktober 1954, S.455 Als andere Bezugsgrößen zur Beurteilung der Schuldendienstleistungsfähigkeit nennt Barocka u.a.: das Steueraufkommen und die Steuerkraft je Einwohner, die durchschnittlichen Reineinnahmen, die für vermögensbildende Zwecke zur Verfügung stehenden Mittel, die allgemeinen Deckungsmittel, der Wert der kommunalen Vermögensanlagen, die Verschuldung je Einwohner (E.Barocka, Kommunalkredit und kommunale Finanzwirtschaft, Frankfurt 1958, S.317 ff); siehe dazu auch K.Koch, Maßstäbe für die gemeindliche Schuldenpolitik, Dissertation, Köln 1967, S.105ff

2) K.Herrmann, Investitionen und Schuldenaufnahmen der Gemeinden in den Rechnungsjahren 1948 bis 1955, Wirtschaft und Statistik, 8.Jahrgang (NF) 1956, Heft 5, S.266

schnitt.[1] Was die Beurteilung der Hanauer Situation in einem besonders kritischen Licht erscheinen ließ, waren die aus den kurzen Laufzeiten resultierenden hohen Tilgungsraten mit ihren Folgen für die Liquidität; es war aber auch die Tatsache, daß die Steuerkraft, aus der die Stadt ihre Leistungsfähigkeit schöpfte, weitgehend von dem Aufkommen der äußerst konjunkturempfindlichen Gewerbesteuer abhing, das noch dazu ganz wesentlich von der Prosperität nur eines Wirtschaftszweiges bestimmt wurde (siehe dazu Seite 188f).

Vor diesem Hintergrund wird verständlich, daß die Schuldenwirtschaft der Stadt in den Finanzierungsdebatten des Stadtparlaments äußerst kontrovers diskutiert wurde.[2] Wiederholt mahnte der Kämmerer zur Zurückhaltung bei der Kreditaufnahme. Er machte seine Bedenken nicht nur gegen hohe Mittelbewilligungen, sondern auch gegen große Finanzbeträge erfordernde Projekte geltend.[3] Grund dazu hatte er genug, war doch der Schuldendienst 1951 explosionsartig angewachsen (siehe dazu Tabelle 31 auf Seite 161) und bis 1954 schneller gestiegen als die Neuverschuldung. Der raschere Anstieg des Schuldendienstes deutet hier nicht nur auf die Kurzfristigkeit der Fremdmittel hin, sondern auch und insbesondere auf die insgesamt gestiegene Zinslast. Interessant ist in diesem Zusammenhang ein Vergleich der Belastungen der Stadt durch den Schuldendienst der Jahre 1939 und 1951:

Bei einem Schuldenstand von 13,1 Millionen RM
betrug der Schuldendienst 1939 rund 1 000 000 RM;

bei einem Schuldenstand von 3,1 Millionen DM
betrug der Schuldendienst 1951 rund 456 000 DM.[4]

Schon aus haushaltsrechtlichen Gründen war der Magistrat bemüht, große außerordentliche Projekte, deren Durchführung sich voraussehbar über mehr als ein Jahre erstreckte, in mehrere Bauabschnitte zu zerlegen. Die Veranschlagung von in sich geschlossenen Teilabschnitten war indessen nicht immer möglich. Soweit Vorhaben eine Ganzheit darstellten, mußte die Beschaffung der Mittel durch die Aufnahme von Darlehen oder durch Landeszuschüsse bereits vor der Etataufstellung gewährleistet sein, um den Entscheidungsgremien, der Stadtverordnetenversammlung, den Kreditgebern und den für die Genehmigung der Kreditaufnahme zuständigen Aufsichtsbehörden, die Sicherung der Gesamtfinanzierung nachzuweisen.[5] Außerdem hatte man, um kreditwürdig zu bleiben, bei der Gestaltung des Außerordentlichen Haushaltsplans die Ausgaben grundsätzlich auf das Volumen der Einnahmen zurückgeschraubt und keine Fehlbeträge ausgewiesen. So waren beispielsweise die im Außerordentlichen Haushaltsplan von 1951 ursprünglich vorgesehenen Wiederaufbauarbeiten nur zum Teil durchgeführt worden, weil die für die Finanzierung notwendigen Mittel nicht voll aufgebracht werden konnten.[6]

---

1) Gegen Ende der fünfziger Jahre, als die reichlicher fließenden Gemeindesteuern das Haushaltsniveau bestimmten, hat man einen Schuldendienst bis zu 7 vH der Gesamteinnahmen als unbedenklich angesehen (E.Barocka, a.a.O.,S.321)

2) Vgl. die Sitzungsprotokolle der Stadtverordnetenversammlung der Jahre 1950-1954 [Stadtarchiv B2, 229/5-9]

3) Vgl. Protokoll der 5.öffentlichen Sitzung der Stadtverordnetenversammlung am 23. Sept. 1953 [Stadtarchiv B2-229/8]; siehe dazu auch Bericht im Hanauer Anzeiger Nr.222/221.Jahrgang vom 24. September 1953, S.3

4) Aus einem Interview mit dem Finanzdezernenten der Stadt Hanau am 27. September 1951, abgedruckt im Hanauer Anzeiger Nr.226/219.Jahrgang vom 28. September 1951, S.3

5) Vgl. dazu E.Barocka, Kommunalkredit und kommunale Finanzwirtschaft, Frankfurt 1958, S.236f

6) So der Oberbürgermeister in seinem Vorbericht zum Etatentwurf 1952 [Vgl.dazu Hanauer Anzeiger Nr.198/ 220.Jahrgang vom 28. August 1952, S.3]

Tabelle 68 Effektive Einnahmen aus Darlehensaufnahmen der Stadt Hanau im Außerordentlichen Haushalt von 1949 bis 1954 in DM nach Haushaltsstellen

Haushaltsstelle	1949	1950	1951	1952	1953	1954
Hauptverwaltung	-	-	-	40 400	-	-
Bezirksschule 1	-	-	274 000	252 500	-	-
Bezirksschule 3	-	-	-	121 200	45 000	-
Bezirksschule 5	-	-	-	55 550	-	-
Mittelschule	-	-	-	-	-	8 000
Hohe Landesschule	-	-	-	101 070	-	-
Kaufmännische Berufsschule	-	-	-	-	-	415 000
Mädchenberufsschule	-	-	-	-	102 100	-
Kulturamt	-	-	-	-	156 000	-
Natur- und Denkmalschutz	-	-	-	-	60 000	55 000
Kirchliche Angelegenheiten	-	-	-	-	2 900	-
Altersheim Fasanerie	-	3 000	-	148 737	-	-
Kinderhort Salzstraße	-	-	25 000	-	-	-
Kinderheim Sandeldamm	-	-	-	-	-	38 500
Stadtkrankenhaus	100 000	150 300	590 730	200 000	205 358	464 050
Öffentliches Untersuchungsamt	-	10 500	-	-	-	-
Sportplatz Wilhelmsbad	-	29 000	-	-	71 389	7 105
Schwimmbad	-	-	-	-	20 000	-
Jugendheime[a)]	-	-	-	16 160	-	210 000
Stadtplanungsamt	-	-	-	-	50 000	-
Förderung des Wohnungsbaus[b)]	-	-	-	836 100	668 400	1 126 000
Straßen, Wege, Plätze	-	109 900	62 500	190 560	195 600	15 000
Trümmerbeseitigung	-	-	-	-	209 000	40 000
Stadtentwässerung	-	6 500	26 000	255 273	89 707	383 190
Feuerwehr	-	-	-	-	3 250	-
Schlachthof	-	-	-	-	274 000	-
Wald, Park und Gartenanlagen	-	-	-	-	-	40 000
Flußbadeanstalten	-	-	-	-	-	69 450
Förderung von Wirtschaft und Verkehr	-	-	-	-	20 000	-
Straßenbahn	-	-	-	-	-	37 000
Stadtwerke	200 000	92 700	-	1 502 500	500 000	200 000
Stadthalle	-	440 160	72 620	115	-	-
Allgemeines Kapitalvermögen[c)]	-	18 700	5 000	-	-	231 824
Bebauter Grundbesitz	20 300	243 000	767 080	330 923	260 000	142 500
Unbebauter Grundbesitz	-	133 000	284 270	316 560	224 000	269 000
Darlehensaufnahme insgesamt	320 300	1 236 760	2 107 200	4 367 648	3 156 704	3 751 619
in vH der AO-Einnahmen	8,21	32,62	35,23	51,37	44,48	38,61

a) 1952: Hochstädter Landstr.1 / 1954: Schullandheim Rückersbach

b) Die zur Förderung des Wohnungsbaus aufgenommenen Kredite sind teilweise als Darlehen unmittelbar an Bau- und Bauträgergesellschaften weitergegeben, zum Teil auch für direkte Beteiligungen (Baugesellschaft Hanau, Nassauische Heimstätte GmbH, Nassauisches Heim GmbH) sowie als Mieterdarlehen an genossenschaftliche Bauträger verwandt worden. Die ausgewiesenen Kreditsummen enthalten zum Teil auch erhebliche Anleihekosten (Disagio, Vermittlungsgebühren etc.), in den Jahren 1953 und 1954 allein 34 162 DM bzw. 85 135 DM

c) 1954: Ausgleichsschuld gegenüber dem Land Hessen und dem Landeswohlfahrtsverband

Die Haushaltsbereiche, denen die von der Stadt Hanau aufgenommenen Darlehen zugeordnet waren, sind in der obigen Tabelle 68 nachgewiesen. Sie zeigt die Massierung der Fremdmittel im Schulwesen, bei der Förderung des Wohnungsbaus einschließlich der Trümmerbeseitigung, im Straßenbau und beim stadteigenen Grundbesitz. Unter den Einzelobjekten ragen besonders heraus: die Stadtwerke, das Stadtkrankenhaus, die Stadthalle und der Schlachthof. Nach dem Stande vom 31. März 1953 entfielen rund 70 vH der gesamten Neuverschuldung auf die Beseitigung von Kriegsschäden, der Rest auf innovative Maßnahmen zur Erweiterung und Verbesserung der kommunalen Einrichtungen. Vergleicht man die im Rahmen des Wiederaufbaus der Schulen erbrachten Eigenleistungen der Stadt (siehe dazu Seite 297), so zeigt sich, daß diese nahezu vollständig, nämlich zu 96,65 vH, durch Anleihen aufgebracht worden sind. Ähnlich hoch (90,12 vH) war die Heranziehung von Fremdmitteln zur Abdeckung der städtischen Leistungen beim Aufbau des Stadtkrankenhauses.

d3) Die Entnahmen aus Rücklagen

Unter dieser Einnahmekategorie zusammengefaßt sind sowohl die Entnahmen aus "echten" Rücklagen, die für außerordentliche Zwecke angesammelt wurden, als auch aus sogenannten "vorläufigen Rücklagen". Bei den letzteren handelt es sich in der Regel um nicht verbrauchte Teilbeträge aus der Gesamtfinanzierung von Bauobjekten, die vorübergehend, d.h. bis zu ihrer endgültigen Verwendung, auf Sparkonten "geparkt" wurden (siehe dazu auch die Ausführungen auf den Seiten 163ff und 278f). Sie kamen überwiegend dort vor, wo die Planungen mehrere Bauabschnitte vorsahen, wie etwa beim Bau der Stadthalle (1950) oder des Stadtkrankenhauses (1952). Auch einzelne Abschnitte von Straßenbauvorhaben sind aus vorläufigen Rücklagen finanziert worden. Von der Summe aller Entnahmen aus Rücklagen der Jahre 1950 bis 1954 in Höhe von 3 462 546 DM entfiel knapp die Hälfte, nämlich 1 662 931 DM (=48 vH), auf vorläufige Rücklagen, die haushaltsmäßig dem allgemeinen Kapitalvermögen zugerechnet werden.

Unter den "echten" Rücklagen (Haushaltsabschnitt 92), die zur Finanzierung von Projekten im Außerordentlichen Haushalt herangezogen wurden, sind einmal die "Kanal- und Straßenbaurücklage", zum anderen die allgemeine "Wiederaufbaurücklage" zu nennen. Während erstere zu den klassischen Erscheinungsformen der Rücklagenbildung gehört und ihren Bestand aus vereinnahmten Anliegerbeiträgen herleitet, war die Wiederaufbaurücklage eine typische Nachkriegserscheinung - ein Kind der Not. Sie entstand angesichts der großen Zerstörungen im Jahre 1945 und wurde hauptsächlich aus nicht verbrauchten Deckungsmitteln gespeist. Die Verwendung der angesammelten Beträge für Aufbauzwecke war allerdings in der Reichsmarkzeit wegen der Materialknappheit sehr stark eingeschränkt, so daß die Rücklage ständig weiter zunahm. Ihr Umfang wuchs bis zur Währungsreform auf rund 5,8 Millionen RM an, schrumpfte dann allerdings durch die Abwertung 1948 auf weniger als ein Zehntel zusammen (siehe dazu die Tabelle 156 im Kapitel "Die Rücklagen" im vierten Hauptteil dieser Arbeit).

d4) Die Erlöse aus dem Verkauf von Grundstücken

Dieser Einnahmeposten stellt das Pendant zu den Ausgaben für den Ankauf von Grundstücken dar (siehe Seite 280ff) und ist insoweit Teil des finanzwirtschaftlichen Niederschlags der zahlreichen Grundstücksgeschäfte der Stadt Hanau. Ebenso wie der Magistrat in erheblichem Umfang Grundstücke ankaufte - in der Hauptsache, um Flächen für den Wohnungsbau zu gewinnen und zu arrondieren -, so verkaufte er auch Grundstücke an bauwillige Bürger, an Zusammenschlüsse von Bauinteressenten (Baugenossenschaften) und an Bauträgergesellschaften zur Förderung des Wohnungsbaus.[1] Die städtische Grundstückspolitik war hier keineswegs Selbstzweck, sondern ergab sich vielfach aus Sachzwängen in Verbindung mit dem Wiederaufbau.

Auffallend war die stärkere Zunahme der Einnahmen aus Grundstücksverkäufen ab 1952 (siehe dazu Tabelle 65 sowie die Übersicht auf der folgenden Seite). Sie war Anzeichen und Ausdruck einer gewissen Neuorientierung in der Wiederaufbaupolitik der Stadt hin zur vermehrten Förderung auch des privaten Wohnungsbaus. Angesichts der herrschenden Wohnungsnot hatte die Stadt zunächst der Herstellung von Großprojekten absoluten Vorrang eingeräumt und ihre Maßnahmen auf deren Förderung konzentriert, weil nur so die Unterbringung einer Vielzahl von Bürgern in kürzester Zeit sichergestellt werden konnte. Die Entstehung großer Wohnblöcke im Zentrum war die Folge. Diese auf möglichst viele Wohnungseinheiten ausgerichtete Zweckbauweise war aber nicht nur aus städtebaulicher Sicht umstritten[2], ihr waren auch finanzwirtschaftlich Grenzen gesetzt. Die Großbauvorhaben verschlangen hohe Summen, sie erforderten Kapital, das zunehmend durch teure Darlehen finanziert werden mußte, und engten so den finanziellen Spielraum der Stadt erheblich ein. In den Entscheidungsgremien hatte sich deshalb die Erkenntnis durchgesetzt, das private Bauen mehr zu fördern, um auf diese Weise den städtischen Haushalt zu entlasten und den finanziellen Spielraum für andere Aufgaben zu vergrößern.[3]

Stellt man die Summe der Ausgaben für Grundstücksankäufe den Einnahmen aus Grundstücksverkäufen gegenüber, so zeigt sich, daß die Ausgaben die Einnahmen bei

1) Die Protokolle der Stadtverordnetenversammlungen der Jahre 1949 bis 1954 weisen eine schier endlose Zahl von Bewilligungen von Grundstücksgeschäften aus (Ankäufe, Verkäufe aber auch Tauschgeschäfte), die meist in nichtöffentlichen Sitzungen behandelt wurden [Stadtarchiv B2, 229/4-9]; von Grundstückstauschgeschäften berichten u.a. die Protokolle der Sitzungen am 5. Oktober 1949 (Tausch: Johanniskirchplatz 9 gegen Pachtgelände am Licht- und Luftbad; Leimenstraße 62 gegen Gelände am Remisenweg), am 3. März 1950 (Tausch: Zollamtsgebäude am Westbahnhof gegen Gelände im Hafengebiet), am 7. Juni 1950 (Flächentausch für das Strommeistergehöft am Mainkanal)

2) Die teilweise monotone Blockbauweise hatte zu heftiger Kritik und lebhaften Diskussionen in der Bevölkerung geführt ("Wird aus Hanau ein Blockhausen ?"); vgl. dazu die Berichte und Stellungnahmen im Hanauer Anzeiger Nr.108/220. Jahrgang vom 9. Mai 1952, S.3; Nr.206/220. Jahrgang vom 6. September 1952, S.3; Nr.156/221. Jahrgang vom 9. Juli 1953,S.3

3) Daß diese Hinwendung zur nachhaltigeren Unterstützung privater Bauvorhaben durchaus auch eine politische Entscheidung war, zeigen die Ausführungen des Finanzdezernenten in seiner Rückschau auf das Jahr 1952, in denen er den "weltanschaulichen Einwänden" sachbezogene Argumente entgegenstellte ("Nachdem die Landesbaudarlehen entsprechend den [gestiegenen] Baukosten angehoben worden sind und es möglich ist, zusätzliche Gelder aus Mitteln des Lastenausgleichs zu erhalten, sollte die Stadt den Wohnungsbau Privater und durch Privatgesellschaften in viel stärkerem Maße zulassen, um die dadurch freiwerdenden Mittel ...für den Aufbau der noch fehlenden öffentlichen Einrichtungen bereitstellen zu können") vgl. Hanauer Anzeiger Nr.302/220. Jahrgang vom 31. Dezember 1952, S.7

weitem übertrafen. Die Grundstücksverkehrsbilanz aus der Zusammenfassung der letzten sechs Jahre des Untersuchungszeitraums war - wie die Zahlen der folgenden Übersicht zeigen - eindeutig passiv und mußte sich daher in einer Erhöhung des Vermögens niederschlagen. Allein aus den Finanzbewegungen des Außerordentlichen Haushalts - im Ordentlichen Haushalt sind Grundstücksgeschäfte so gut wie nicht vorgekommen - läßt sich so für die Zeit von 1949 bis 1954 ein Passivsaldo von mehr als 3,4 Millionen DM nachweisen.

Gegenüberstellung der Ausgaben und Einnahmen aus Grundstücksgeschäften im Außerordentlichen Haushalt der Stadt Hanau

Jahr	Ausgaben für den Ankauf von	Einnahmen aus dem Verkauf von	Mehr an Ausgaben
	G r u n d s t ü c k e n		
1949	454 870	55 818	399 052
1950	551 526	210 685	340 841
1951	1 343 288	177 852	1 165 436
1952	1 012 802	331 155	681 647
1953	767 934	433 028	334 906
1954	1 101 949	591 900	510 049
	5 232 369	1 800 438	3 431 931

IV. ZUSAMMENFASSUNG DES AUSSERORDENTLICHEN HAUSHALTS

Der Beginn des Untersuchungsabschnitts fiel mitten in eine lang anhaltende Sparperiode, in der sich die Stadt Hanau seit der Weltwirtschaftskrise befand. Der Abbau des bis in die frühen dreißiger Jahre angesammelten Schuldenberges hatte absoluten Vorrang vor neuen Aufgaben, so daß der Spielraum für Investitionen im Rahmen der gemeindlichen Selbstverwaltung eng begrenzt war. Die Außerordentlichen Haushalte schrumpften von Jahr zu Jahr und standen ganz im Zeichen der Schuldentilgung. Heraus ragte unter den Vorhaben jener Jahre nur die dringend gebotene und als Notstandsmaßnahme durch Reichszuschüsse unterstützte Kinzigregulierung, die gleichzeitig Arbeitsbeschaffungsmaßnahme war und sich bis 1938 hinzog. Im übrigen beschränkte sich der Außerordentliche Haushalt 1936 im wesentlichen auf die Förderung eines vom Reich subventionierten Siedlungsprojektes (Bau von sogenannten "Volkswohnungen") an der Marköbler- und Tannenbergstraße [heute: Erzbergerstraße], einige Grundstücksgeschäfte sowie auf wenige, unaufschiebbare Straßen- und Kanalbauarbeiten.

In den Jahren 1937 bis 1943 nahm das Volumen der Außerordentlichen Haushalte ständig weiter ab und sank 1939 unter die Millionengrenze. 1944 ist kein Außerordentlicher Haushalt mehr aufgestellt worden. Nach den Voranschlagszahlen erreichte das Ausgabenniveau des letzten AO-Etats von 1943 nur noch einen Sollbetrag von 260 631 RM. Er betraf lediglich vier Haushaltsstellen: die Tiefbauverwaltung (Straßenbau), die Stadtentwässerung (Kanalarbeiten), das allgemeine Kapitalvermögen (Ansammlung von Rücklagen aus Anliegerbeiträgen) und das Grundvermögen (Geländeankäufe und -verkäufe). Allein der außerordentliche Rechnungsabschluß 1941 fiel in dieser Zeit aus dem Rahmen wegen einer hohen Kaufpreisrate von 435 000 RM für den Rückkauf eines ursprünglich an die Firma Henkel & Co. verkauften Hafengrundstücks im Werte von 920 000 RM. Mit dem Rückkauf des Geländes hatten sich die Bemühungen der Stadt um die Ansiedlung des Großunternehmens der chemischen Industrie im Hafengebiet, die neue Arbeitsplätze nach Hanau bringen, den Kreis potenter Gewerbesteuerzahler erweitern, die Wirtschaftsstruktur günstig beeinflussen und auf lange Sicht ausgewogener machen sollte, endgültig zerschlagen.

Entscheidend für die Einschränkung der außerordentlichen Vorhaben bis zum Jahre 1944 war der im Verlauf des Krieges zunehmende Material- und Arbeitskräftemangel, der es der Stadtverwaltung nicht erlaubte, notwendige Erneuerungen und Erweiterungen ihrer Einrichtungen vorzunehmen. Die so erzwungene Zurückhaltung bei den Investitionen führte - bei gleichzeitig steigenden Gewerbesteuereinnahmen - zu einer verstärkten Rücklagenbildung und einem sich aufstauenden Nachholbedarf, der auch innerhalb der ersten zehn Nachkriegsjahre nicht ausgeglichen werden konnte.

Finanzwirtschaftlich zwar unbedeutend, zeitgeschichtlich aber von Interesse sind die durch Auflagen des Reiches entstandenen beiden Anlagen zur Belieferung der Bevölkerung mit frischem Fleisch, die die Stadt Hanau 1937 schuf und die als Posten der Außerordentlichen Haushalte in Erscheinung traten. Dabei handelte es sich einmal um eine "Viehverteilungsstelle" im Schlachthof zur Verbesserung der regionalen Schlachtviehversorgung und eine "Schweinemästerei", die in Verbindung mit dem Ernährungshilfswerk am Stadtrand errichtet und in den folgenden Jahren ausgebaut wurde. Beide Einrichtungen sind unter dem Einfluß des "Reichsnährstandes" im Zuge der Autarkiebestrebungen des Reiches entstanden und gehörten im weitesten Sinne zu den kriegsvorbereitenden Maßnahmen auf kommunaler Ebene, die in der Lebensmittelversorgung unter dem Schlagwort der *landwirtschaftlichen Erzeugungsschlacht* bekannt geworden sind.

Die Außerordentlichen Haushalte von 1945 bis 1948 geben nur ein völlig unzureichendes Bild von den vielfältigen und höchst schwierigen Aufräumungs-, Instandsetzungs- und Aufbauarbeiten jener Zeit, weil die dafür aufgewandten Kosten vorwiegend über den Ordentlichen Haushalt finanziert worden sind. Ausnahmen bilden lediglich der Ausbau eines Interniertenlagers, die Errichtung des Gästehauses, die Ausbesserung des Wohngebäudes im Schlachthof und ein äußerst kleiner Bereich der Trümmerbeseitigung, die zumindest teilweise Eingang in die außerordentliche Rechnung gefunden haben (vgl. Tabelle 57, Seite 273). Alle anderen großen Maßnahmen zur Beseitigung von Kriegsschäden, insbesondere die Schutträumung und die notdürftige Wiederherstellung der Funktionsfähigkeit städtischer Einrichtungen sind, soweit sie in diese Periode fallen, unter den "einmaligen Ausgaben" des Ordentlichen Haushalts zu finden (vgl. Tabelle 29, Seite 154). Erst ab 1949 wurden die Außerordentlichen Haushalte zum Spiegelbild der städtischen Wiederaufbauleistungen.

Das Volumen aller außerordentlichen Aufwendungen von 1949 bis 1954 betrug rund 35 Millionen DM. Mehr als die Hälfte davon, nämlich 17 867 382 DM (=51,15 vH), entfielen auf Baumaßnahmen im weiteren Sinne, d.h. auf Ausgaben für Hochbau, Tiefbau, den Bau sonstiger Anlagen und die Trümmerbeseitigung. Wenn man die städtischen Zuschüsse zur Beseitigung von Kriegsschäden, die Planungsausgaben und die gewährten Darlehen für Bau-, insbesondere für Wohnungsbauvorhaben (einschließlich der Kredite, die später in Beteiligungen umgewandelt worden sind) hinzurechnet, so ergibt sich ein Finanzvolumen von rund 26,6 Millionen DM (=76,39 vH), das innerhalb von sechs Jahren im Rahmen des Außerordentlichen Haushalts dem Wiederaufbau der Stadt Hanau zugutegekommen ist.

Gesamtausgaben des Außerordentichen Haushalts in der Zeit von 1949 bis 1954

Finanzstat. Gruppe Kennziffer	Ausgabeart	DM insgesamt	vH
5000-5300	Zuweisungen an Gebietskörperschaften, Zuschüsse an Organisationen und städtische Betriebe	414 160	1,19
6100-6800	Planungen, Unterstützung Privater	238 422	0,68
9100	Tilgungen	283 716	0,81
9200	Darlehensgewährungen	7 727 860	22,13
9300	Zuführungen an Rücklagen und Kapitalvermögen (inkl. Beteiligungen)	1 806 340	5,17
9400	Ankauf von Grundstücken	5 232 369	14,98
9500-9700	Investive Bauausgaben Hochbau, Tiefbau, sonstige Anlagen, Trümmerbeseitigung	17 867 382	51,15
9800	Anschaffung von beweglichem Vermögen	1 358 065	3,89
Gesamtsumme der außerordentlichen Ausgaben		34 928 314	100,00

Unter den städtischen Bauprojekten mit hohem Finanzbedarf standen die Schulen weit an der Spitze (4,5 Millionen DM), gefolgt vom Krankenhaus (1,9 Millionen DM) und den stadteigenen Wohnhäusern (1,4 Millionen DM). Gemessen an den Hochbauinvestitionen entfielen auf sie allein mehr als zwei Drittel (rund 69 vH) des Gesamtaufwands, während das restliche Drittel sich auf andere Haushaltsbereiche verteilte, von denen nur die Baumaßnahmen der Wirtschaftlichen Unternehmungen (1,2 Millionen DM) und der öffentlichen Einrichtungen (1,0 Million DM) die Millionengrenze erreichten oder noch überschritten. Den geringsten Investitionsbedarf in baulicher Hinsicht verzeichneten die allgemeine Verwaltung und die Polizei.

Die stimulierende Wirkung dieser Ausgaben für die regionale, insbesondere für die heimische Wirtschaft liegt auf der Hand. Die Impulse, die von den Investitionen der Außerordentlichen Haushalte ausgingen, wirkten sich zunächst unmittelbar in der Bauwirtschaft aus, deren Beschäftigung rasch zunahm und einen gewaltigen Aufschwung erlebte (siehe dazu auch die Ausführungen auf Seite 26 über die Entwicklung des örtlichen Bauhandwerks und der Baunebengewerbe nach 1949). Sie setzten sich in den Zulieferindustrien und schließlich in anderen Bereichen der Wirtschaft weiter fort und verstärkten so ihre multiplikative Effizienz. Dabei waren es nicht etwa nur die unmittelbaren Bauinvestitionen der Stadt, sondern auch und insbesondere die von ihr geförderten Großprojekte des Wohnungsbaus, die den Beschäftigungsschub nachhaltig beeinflußten und entsprechende Multiplikator- und Akzeleratoreffekte auslösten. Eine eingehende Untersuchung dieser Zusammenhänge wäre gewiß von Interesse zur Vertiefung der Erkenntnisse über die ortsspezifische Wechselbeziehung zwischen den städtischen Investitionen und der Erhöhung der lokalen Wirtschaftskraft, die ihrerseits wiederum zu steigenden Steuereinnahmen führen kann. Eine solche Untersuchung, die auch die Sekundärwirkungen aus den Einkommensveränderungen berücksichtigen müßte, würde aber über den Rahmen der vorliegenden Arbeit weit hinausgehen und kann hier nur als Anregung verstanden werden.

Bei der Betrachtung der außerordentlichen Ausgaben darf keineswegs übersehen werden, daß sie - ebenso wie die ordentlichen Ausgaben - von Preissteigerungen stark beeinflußt sind. Ihre nominelle Höhe allein läßt daher nur begrenzte Aussagen zu. Einen Anhaltspunkt für die realen Veränderungen liefert auch hier wiederum eine Umrechnung auf der Wertbasis von 1938. Zu diesem Zweck wurden die direkten investiven Ausgaben der Außerordentlichen Haushalte, d.h. die Ausgaben für Hochbau, Tiefbau, sonstige Anlagen einschließlich der Trümmerbeseitigung und für die Anschaffung von beweglichem Vermögen, die 1949 bis 1954 zusammen rund 19,2 Millionen DM (= 55 vH der gesamten außerordentlichen Ausgaben) betrugen, mit Hilfe eines Mischindexes in Kaufkraft von 1938 umgerechnet. Die Aufwendungen für Grundstücksgeschäfte mußten allerdings außer Ansatz bleiben, weil für sie ein geeigneter Index nicht zur Verfügung stand.

Jahr Gewichtung:a)	Preisindex für Wohnungsbau (86,31)	Index der Erzeugerpreise (13,69)	Mischindex	Investive Ausgaben ohne Grundstücksausgaben nominell	Investitive Ausgaben ohne Grundstücksausgaben auf der Basis von 1938
1938	100	100	100,0	-	-
1949	193	191	192,7	2 108 098	1 093 979
1950	184	186	184,3	2 784 734	1 510 978
1951	213	221	214,1	2 705 067	1 263 459
1952	227	226	226,9	4 166 522	1 836 281
1953	220	220	220,0	2 945 768	1 338 985
1954	221	217	220,5	4 515 258	2 047 736
Summe				19 225 447	9 091 418
vH				100	47,29

a) nach dem Anteil der Ausgaben für Hoch- und Tiefbau (86,31 vH) sowie für sonstige Anlagen einschließlich Trümmerbeseitigung und für Anschaffungen von beweglichem Vermögen (13,69 vH) an der Gesamtsumme dieser Aufwendungen

Der Vergleich zeigt, daß die direkten investiven Ausgaben der Jahre 1949 bis 1954 real, d.h. in Kaufkraft von 1938, nicht einmal die Hälfte des nominellen Gesamtbetrages ausmachen, oder - anders ausgedrückt - für die zugrundeliegenden städtischen Aufbauleistungen wurden in den Jahren 1949 bis 1954 insgesamt mehr als doppelt so viele Mittel benötigt wie 1938. Diese Aussage gilt jedoch nur in bezug auf die Kaufkraftrelation. Sie läßt den Aspekt einer mit dem Aufbau einhergehenden möglichen Qualitätsveränderung der öffentlichen Leistung unberücksichtigt. Obwohl direkte Qualitätsvergleiche aus naheliegenden Gründen nicht möglich sind, so kann doch ganz allgemein festgestellt werden, daß die neu erbauten Anlagen ebenso wie die als Ersatz für zerstörte Einheiten angeschafften Maschinen, Geräte, Fahrzeuge etc. als Folge des inzwischen eingetretenen technischen Fortschritts vielfach einen höheren Wirkungsgrad hatten, eine bessere Ausstattung aufwiesen und insgesamt leistungsfähiger waren als die untergegangenen. Die aus der Gegenüberstellung der nominellen und der "fiktiven" realen Ausgaben sich herleitende Differenz zwischen den "Anschaffungswerten" wird also zumindest teilweise durch eine Qualitätsverbesserung der wiederhergestellten städtischen Einrichtungen und damit der öffentlichen Leistung überhaupt relativiert.

Mit rund 5,2 Millionen DM, das sind 15 vH aller Ausgaben der Außerordentlichen Haushalte von 1949 bis 1954, rangierten die Aufwendungen für die Ankäufe von Grundstücken hinter den Bauinvestitionen und der Gewährung von Darlehen auf dem dritten Platz. Sie unterstreichen damit die herausragende Bedeutung, die den Grundstücksgeschäften innerhalb der Wiederaufbaumaßnahmen der Stadt Hanau zukam.

Die Wiederbebauung des zerstörten Stadtkerns insbesondere mit großen Wohnkomplexen, wie sie angesichts des beträchtlichen Wohnungsbedarfs erforderlich war, setzte zunächst eine eigentumsrechtliche Aufbereitung der Ruinenlandschaft voraus, die von der Verwaltung nur unter erheblichen Schwierigkeiten gelöst werden konnte. Nach vorausgegangener Planung und Festlegung der Bauzonen mußten Ruinengrundstücke in großer Zahl angekauft, getauscht oder durch Enteignung erworben und schließlich zusammengelegt werden, um die für die Bebauung benötigten Flächen bereitstellen zu können. Viele der Grundstückseigentümer waren bei dem letzten Bombenangriff ums Leben gekommen, andere waren evakuiert worden oder hatten die Stadt mit unbekanntem Ziel verlassen, so daß es umfangreicher Ermittlungsarbeiten bedurfte, ehe man mit den Berechtigten in Verhandlungen über das weitere Schicksal der betroffenen Grundstücke eintreten und zu Entscheidungen kommen konnte. Die Ordnung der Grund- und Bodenverhältnisse durch die Verwaltung, die erst nach mühevoller Kleinarbeit und nur durch das Zusammenwirken der zuständigen städtischen Behörden möglich wurde, schuf so überhaupt erst die Grundlagen für einen planvollen Wiederaufbau und kann - ex post betrachtet - als eine der großen Aufbauleistungen der Stadt angesehen werden. Die Realisierung der von ihr finanziell geförderten großen Projekte des sozialen Wohnungsbaus wäre ohne sie nicht denkbar gewesen.

Zur Finanzierung der außerordentlichen Ausgaben versuchte die Stadt Hanau, zunächst ihre eigene Finanzkraft auszuschöpfen und möglichst viele Mittel durch Einsparungen im Ordentlichen Haushalt dafür freizumachen. Wegen der hohen Steuerausfälle gelang dies allerdings in den Anfangsjahren nur in sehr begrenztem Maße und überhaupt nur, weil ein

Teil der städtischen Ausgaben durch Zuweisungen des Landes abgedeckt war. Erst als sich die Erträge der Gewerbesteuer nach der Währungsreform erholten und sprunghaft anstiegen, verbesserten sich auch die Voraussetzungen, durch sparsame Haushaltsführung im Ordentlichen Haushalt weitere Mittel für außerordentliche Vorhaben bereitzustellen. Zwar gingen gleichzeitig die Schlüsselzuweisungen zurück, doch wurde deren Absinken durch die Steuererträge überkompensiert (siehe dazu Tabelle 36 auf Seite 175). So sind denn die im Ordentlichen Haushalt eingesparten Beträge, die von 1949 bis 1954 zusammen mehr als ein Viertel (27,98 vH) der außerordentlichen Gesamteinnahmen ausmachten, in erster Linie der wachsenden Steuerkraft der Stadt zuzuschreiben.

Bei der Beseitigung von Kriegsschäden an öffentlichen Einrichtungen spielten neben der Eigenfinanzierung die Einnahmen aus zweckgebundenen Zuschüssen des Landes eine wichtige Rolle. Ihr Anteil an den gesamten Einnahmen der Außerordentlichen Haushalte von 1949 bis 1954 lag immerhin bei 14 Prozent. Ihre Gewährung war allerdings stets davon abhängig, daß die Stadt selbst erhebliche Finanzbeiträge für die einzelnen Vorhaben aufbrachte. Am deutlichsten zeigte sich das auf dem Schulsektor, wo die Eigenleistungen der Stadt fast 50 vH erreichten. Dennoch bleibt festzustellen, daß der größte Teil der der Stadt Hanau nach 1948 zugeteilten Landesmittel in den Schulbau geflossen sind. Von den 5,4 Millionen DM Zuweisungen aus dem Aufbaustock sind allein 3,1 Millionen DM, d.h. weit mehr als die Hälfte (57,78 vH), für diese Zwecke ausgegeben worden.

Der mit Abstand größte Posten der außerordentlichen Einnahmen in der DM-Periode entfiel auf die Kreditaufnahmen. Zur Lösung der vielfältigen Wiederaufbauprobleme reichten die im Ordentlichen Haushalt erwirtschafteten eigenen Mittel und die Staatsbeihilfen nicht aus. Die Rücklagen waren auf ein Minimum zusammengeschmolzen und zusätzliche Einnahmen aus Vermögensveräußerungen konnten lediglich aus dem Verkauf von Grundstücken erwartet werden. Der Umfang dieser Einnahmen war allerdings eng begrenzt. So blieb nach der Währungsreform nur der Weg der Mittelbeschaffung über den Kapitalmarkt offen, wenn der Wiederaufbau weiter vorangetrieben werden sollte. Von dieser Möglichkeit hat die Stadt Hanau dann auch lebhaften Gebrauch gemacht. Die Aufnahme von Darlehen wurde zur wichtigsten Quelle der Finanzierung der Außerordentlichen Haushalte in den fünfziger Jahren. Mit der rasch wachsenden Verschuldung, die den Kapitaldienst anschwellen ließ und der Stadt im interlokalen Vergleich eine Spitzenposition unter den kreisfreien Städten Hessens eingebracht hatte (siehe dazu Anhang B 26), wurde sehr bald die Grenze der Schuldendienstleistungsfähigkeit erreicht. Die Verschuldung je Einwohner, die am Ende des Rechnungsjahres 1951 noch weniger als 100 DM betragen hatte, stieg innerhalb von drei Jahren auf mehr als das Dreifache. Ab 1952 bewegte sich die Stadt praktisch ständig an der oberen Grenze ihrer Kreditaufnahmekapazität, die jedoch durch gleichzeitig steigende Steuereinnahmen bis zum Ende des Untersuchungszeitraums immer wieder hinausgeschoben wurde. Wegen der verhältnismäßig kurzen Laufzeiten vieler Darlehen war dieser Verlauf der städtischen Schuldenwirtschaft nicht unproblematisch. Der Magistrat war sich der Gefahren wohl bewußt. Er hat deshalb seine Finanzpolitik den Gegebenheiten angepaßt und zunehmend versucht, bestehende kurz- und mittelfristige Kredite umzuschulden, d.h. durch langfristige

Gelder zu ersetzen, was ihm teilweise auch gelang. Darüber hinaus hatte der Magistrat bei neu aufzunehmenden Darlehen Angeboten den Vorzug gegeben, bei denen die Laufzeit wenigstens 10 Jahre betrug, selbst wenn dies zu Lasten der übrigen Konditionen ging.

2. Abschnitt

DIE AUSGABEN UND EINNAHMEN NACH DEM RECHNUNGSLÄNGSSCHNITT

[VERTIKALANALYSE]

Vorbemerkung:

In diesem zweiten Abschnitt wird die Finanzwirtschaft der Stadt Hanau anhand der Rechnungsergebnisse im Längsschnitt untersucht. Gegenstand der Betrachtung sind nicht mehr die einzelnen Ausgabe- und Einnahme*arten* und ihre Relevanz innerhalb des Gesamthaushalts, im Vordergrund stehen nun die *Aufgabenbereiche* der Stadt, genauer gesagt, die Abschnitte und Unterabschnitte der Einzelpläne des Haushalts. Gefragt wird hier - soweit es die Daten des Ordentlichen Haushalts betrifft - nach den finanziellen Ergebnissen der Verwaltungsdienststellen, der Ämter, Betriebe und Einrichtungen, in denen die städtischen Leistungen erbracht werden. Dabei ist Gelegenheit gegeben, auf einige grundsätzliche Probleme der kommunalen Wirtschaft einzugehen und Fragen von besonderem Interesse aus Hanauer Sicht aufzugreifen. Den für die Aufgabenerfüllung notwendigen Ausgaben der einzelnen Haushaltsbereiche werden die jeweiligen Einnahmen gegenübergestellt, wonach sich - wenn man von dem seltenen Fall, daß beide Seiten sich ausgleichen, einmal absieht - entweder ein Zuschußbedarf ergibt, der aus allgemeinen Deckungsmitteln zu finanzieren ist, oder ein Überschuß, der die Summe der Deckungsmittel erhöht und auf diese Weise anderen Stellen des Haushalts zugute kommt. Neben dem Volumen der Ausgaben und Einnahmen je Abschnitt oder Unterabschnitt sind Zuschußbedarf oder Überschuß die wichtigsten Vergleichsgrößen; werden sie zur Einwohnerzahl in Beziehung gesetzt, so entstehen daraus Meßzahlen, die häufig im interlokalen Vergleich Verwendung finden (z.B. Ausgaben oder Zuschußbedarf "je Einwohner"). Die den jeweiligen Verwaltungszweigen zuzurechnenden Finanzdaten des Außerordentlichen Haushalts ergänzen dieses Bild, indem sie die besonderen, über den Umfang der laufenden Geschäfte hinausgehenden Leistungen aufzeigen, welche in den Haushaltsbereichen erstellt worden sind.

Angesichts der starken Wandlungen des gemeindlichen Aufgabenkatalogs während des Untersuchungszeitraums gab es erhebliche Veränderungen in der Struktur des Haushaltsplans, die sich vor allem bei den Abschnitten und Unterabschnitten ausgewirkt haben. So sind zahlreiche Dienststellen im Laufe der Zeit neu entstanden und in den Haushaltsplan aufgenommen worden, andere sind weggefallen oder zusammengefaßt oder in bestehende Amtsbereiche integriert worden; wiederum andere waren nur zeitweilig, z.B. während des Krieges, nicht veranschlagt, haben dann aber erneut Eingang in die Haushaltspläne gefunden. Da auch die Zuordnung einiger Abschnitte und Unterabschnitte zu bestimmten

Haushaltsbereichen mehrfach gewechselt hat, schien es zweckmäßig, den Untersuchungen der Einzelpläne und ihren finanziellen Ergebnissen jeweils eine Dokumentation der ihnen zugrundeliegenden Abschnitte und Unterabschnitte voranzustellen. Dabei sind die Rechnungsjahre ihrer Veranschlagung in der Rubrik "Haushaltsansatz" besonders vermerkt worden, sofern die fraglichen Abschnitte und Unterabschnitte nicht während der gesamten Untersuchungsperiode bestanden haben.

Im Unterschied zur Horizontalanalyse basieren die folgenden Kapitel auf den Ergebnissen nach dem buchmäßigen Rechnungsabschluß (Soll-Abschluß), wie sie in den Spalten "Sollergebnis Rechnung" der Haushaltspläne enthalten sind. Eine Bereinigung der Werte des Ordentlichen Haushalts durch Eliminierung der Einnahme- und Ausgabereste, wie sie für die Analyse der tatsächlichen Geldbewegungen angezeigt war, wurde nicht vorgenommen. Insoweit sind einzelne Finanzdaten mit denen des vorangegangenen Abschnitts auch nicht direkt vergleichbar. Außerdem wurde das Zahlenmaterial wesentlich gestrafft. Die zusammenfassenden Übersichten zur Finanzentwicklung beschränken sich auf die Berichtsjahre 1936, 1941, 1945, 1949 und 1954, in denen sich gleichsam schwerpunktartig die veränderten finanzwirtschaftlichen Bedingungen der gesamten Untersuchungsperiode widerspiegeln. Mit der Verdichtung in Intervallen von 4 bzw. 5 Jahren gelang es, Einschnitte stärker hervorzuheben und Trendverläufe deutlicher sichtbar zu machen. Dort allerdings, wo es sich empfahl, zum besseren Verständnis der Zusammenhänge oder aus anderen Gründen ausführlichere Zahlenreihen heranzuziehen, wurde darauf nicht verzichtet.

Die Finanzdaten der Außerordentlichen Haushalte der DM-Periode basieren auf den Ist-Werten ohne Bestandsübertragungen, d.h. auf den effektiven Einnahmen und Ausgaben (siehe dazu die Ausführungen auf Seite 268).

Die Notwendigkeit einer weiteren Beschränkung ergab sich aus der großen Zahl von Haushaltsstellen. Wie an anderer Stelle bereits dargelegt, war der Haushaltsplan der Stadt Hanau mit der Einführung der finanzstatistischen Kennziffer 1952 in mehr als 71 Abschnitte und 172 Unterabschnitte unterteilt worden (siehe Seite 49). Auf sie alle hier im einzelnen einzugehen, würde nicht nur den Rahmen dieser Arbeit erheblich überschreiten, es würde auch die Gefahr von Überschneidungen mit den bisherigen Untersuchungen, die ohnehin nicht ganz ausgeschlossen werden können, weiter erhöhen. Der Verfasser hielt es daher für richtig, neben den Ergebnissen der Einzelpläne nur Abschnitte und Unterabschnitte in die Betrachtung einzubeziehen, die für die Finanzwirtschaft der Stadt von besonderer Wichtigkeit sind oder bei denen interessante Problemkreise aufgezeigt werden können.

§ 1

EINZELPLAN 0
Allgemeine Verwaltung

1. Gliederung und finanzwirtschaftliche Gesamtergebnisse

Die Gliederung des Haushaltsplans folgte 1936 noch der alten, an die verwaltungsinterne Organisationsstruktur gebundenen Einteilung[1]. Sie kannte die heute übliche Aufspaltung in 10 Einzelpläne noch nicht. Die "Allgemeine Verwaltung" - im Geschäftsverteilungsplan damals als "Abteilung A" bezeichnet - war enger gefaßt als in den späteren Jahren und umschloß lediglich die Dienststellen der Hauptverwaltung und des Rechnungsprüfungsamtes sowie die Hilfsstellen: Botenmeisterei und Fernsprechzentrale. Alle übrigen "Titel" dieses Geschäftsbereiches waren nur haushaltstechnische Verrechnungspositionen. Die meisten der heute zur Zentralverwaltung gehörenden Stellen, wie zum Beispiel das Standesamt und das Wahlamt, waren organisatorisch und etatmäßig der Abteilung "P" zugeordnet, die einerseits als untere Verwaltungsbehörde für die sogenannten "Polizei-, Reichs- und Staatsangelegenheiten" zuständig war, gleichzeitig aber die allgemeinen Gemeindeeinrichtungen mitverwaltete. Hinsichtlich der Ausgabenbelastung hatte die "Abteilung A" allerdings insofern eine andere Qualität, als dort eine Reihe von Kosten zentral verrechnet wurden, wie etwa die Ausgaben für Sachversicherungen, Ruhegehälter, Ruhelöhne, Witwen- und Waisengelder, die heute den jeweiligen Dienststellen direkt belastet werden.

Mit der Neugliederung des Haushaltsplanes durch die Gemeindehaushaltsverordnung im Jahre 1938[2] wurde die alte Einteilung aufgegeben und durch eine Gliederung in 10 Einzelpläne mit Abschnitten und Unterabschnitten ersetzt (siehe dazu Seite 47ff). Der Einzelplan 0 "Allgemeine Verwaltung" erfuhr dabei nicht nur eine strukturelle Neuordnung, sondern auch eine Erweiterung um die zwei Bereiche:

> Besondere Verwaltungsstellen zur Durchführung von eigenen Angelegenheiten, und
>
> Besondere Verwaltungsstellen zur Durchführung von Auftragsangelegenheiten.

Zum ersten Bereich (Abschnitt 01) gehörten in Hanau das Rechts- und Statistische Amt sowie das Verkehrsamt und die Nachrichtenstelle. Unter den Auftragsangelegenheiten

---

1) Schon 1934 war der HHPl nach dem Geschäftsverteilungsplan (Dezernatseinteilung) gegliedert. Danach gab es sieben Abteilungen: A) Allgemeine Verwaltung; P) Polizei- und sonstige Reichs- und Staatsangelegenheiten; W) Wirtschaftliche Unternehmungen; S) Sozialpolitische Angelegenheiten; B) Bildungs- und Erziehungswesen; T) Technische Angelegenheiten; F) Finanz- und Steuerverwaltung (Vgl. dazu die Ausführungen im Kapitel "Die Verwaltung" auf Seite 41f)

2) Verordnung über die Aufstellung und Ausführung des Haushaltsplans der Gemeinden (GemHVO) vom 4.9.1937 (RGBl.I S.921) mit Ausführungsanweisung vom 10.12.1937 (RMBliV. S.1899) und Mustern zur GemHVO im RdErl. des RuPrMdI und des RdF vom 4.9.1937 (RMBliV. S.1460)

(Abschnitt 02) wurden das Standesamt, das Versicherungs- und das Wahlamt, das Stadtverwaltungsgericht, die Schiedsmänner und die im Zuge der Kriegsvorbereitungen entstandenen Dienststellen:

"Erfassungswesen und Quartierleistungen" sowie
"Maßnahmen für die Lebensmittelversorgung" (das spätere Ernährungsamt)

der Allgemeinen Verwaltung zugeordnet und dort veranschlagt.

Die nach dem Zusammenbruch 1945 umfangreicher gewordenen gemeindlichen Aufgaben hatten - ungeachtet dessen, daß einige kriegsbedingte Unterabschnitte weggefallen waren - den Aufbau weiterer Dienststellen erforderlich gemacht und damit die Struktur der Zentralverwaltung noch einmal entscheidend verändert. Es entstanden die "Ämter für allgemeine Kriegsfolgen" (siehe unten), die in den Fünfziger Jahren allmählich wieder abgebaut wurden. Dennoch hatte sich die Zahl der Abschnitte und Unterabschnitte im Einzelplan 0 insgesamt kaum verringert, weil mit der Schaffung von Einrichtungen für die Bediensteten der Stadtverwaltung ("Kantine", "Förderung der Betriebsgemeinschaft") und mit der Institutionalisierung des Betriebsrats wiederum neue hinzukamen, deren Einnahmen und Ausgaben im Haushalt gesondert auszuweisen waren.

Die Finanzstatistik schließlich hatte mit der Neugliederung 1952 die bis dahin übliche Unterscheidung in Haushaltsstellen für eigene und für Auftragsangelegenheiten aufgegeben, weil in den Ländern weder einheitliche Rechtsgrundlagen noch eine übereinstimmende Definition der Auftragsangelegenheiten vorhanden waren.

Der Bereich der "Allgemeinen Verwaltung" war also seiner Struktur nach keine festgefügte, gleichbleibende Ordnung, sondern war Wandlungen unterworfen, die einerseits durch zeitbedingte Zu- oder Abgänge, andererseits durch wechselnde Zuordnung einzelner Dienststellen zu verschiedenen Einzelplänen verursacht worden sind.

In der nachfolgenden Übersicht sind nun alle Abschnitte und Unterabschnitte zusammengestellt, welche nach den Gliederungskriterien der Finanzstatistik einheitlich für den gesamten Untersuchungszeitraum dem Einzelplan 0 zugrunde gelegt wurden, und zwar unabhängig davon, ob sie dauernd oder nur zeitweilig bestanden haben.

ABSCHNITT:	UNTERABSCHNITT:	HAUSHALTSANSATZ:
Oberste Gemeindeorgane	(Oberbürgermeister, Beigeordnete und Gemeinderäte)	(bis 1944)
	Magistrat (und Stadtverordnete)	(1945-1950)
	Stadtverordnete	(ab 1951)
Rechnungsprüfungsamt		
Hauptverwaltung		
	Hauptverwaltungsamt	
	Rechtsamt	
	Repräsentationskosten	(1949-1951)

Einrichtungen für Verwaltungsangehörige

	Betriebsrat	(ab 1952)
	Kantine	(ab 1952)
	Förderung der Betriebsgemeinschaft	(ab 1952)

Einrichtungen der Hauptverwaltung

	Adrema	(bis 1950)

Besondere Dienststellen der allgemeinen Verwaltung

	Standesamt	
	Versicherungsamt	
	Statistisches Amt	
	Wahlamt	
	Verkehrsamt (Amt für Wirtschaft und Verkehr)	(bis 1951)
	Erfassungswesen und Quartierleistungen	(1941-1945)
	Stadtverwaltungsgericht	(bis 1943)
	Schiedsmänner	(bis 1944/ab 1948)
	Ortsgericht	(ab 1953)

Dienststellen für allgemeine Kriegsfolgen

	Schadens- und Besatzungskostenamt	(1947-1953)
	Betreuungsamt für politisch, rassisch und religiös Verfolgte	(1945-1953)

Beiträge an Verbände und Vereine

Verfügungsmittel des Oberbürgermeisters

Für diese im Einzelplan 0 erfaßten Abschnitte und Unterabschnitte ergaben sich während des Untersuchungszeitraums folgende Gesamteinnahmen und -ausgaben:

Tabelle 69

Rechnungsergebnisse des Einzelplans 0
"Allgemeine Verwaltung"
im Ordentlichen Haushalt der Stadt Hanau

Rechnungsjahr	Einnahmen	Ausgaben		Zuschuß	
	RM/DM	RM/DM	in % der Gesamtausgaben OH	absolut RM/DM	je Einwohner RM/DM
1936[a)]	422 971	603 864	6,3	180 893	4,44
1941	114 160	448 447	3,3	334 287	8,48
1945	48 765	274 924	4,2	226 159	10,94
1949	63 413	436 743	4,1	373 330	13,03
1954	163 140	875 433	4,4	712 293	17,33

a) In den Ergebnissen des Jahres 1936 sind Ausgaben in Höhe von 406 021 RM für Ruhelöhne und -gehälter sowie für Versicherungen enthalten, die bis 1937 einschließlich bei der Hauptverwaltung zentral verrechnet, danach den Unterabschnitten direkt belastet und vom 1.4.1948 an in Sammelnachweisen dargestellt wurden. Die Einnahmeseite enthält die diesbezüglichen Erstattungen (373 278 RM) anderer Dienststellen

Wenn man von den Jahresergebnissen 1936, die sich im vorliegenden Fall - wie oben dargelegt - anders zusammensetzen und deshalb mit denen der folgenden Jahre nicht zu vergleichen sind, einmal absieht, so zeigen die Werte der Tabelle klar eine aufsteigende Tendenz, und zwar sowohl absolut als auch relativ. Der Ausgabenanstieg bis 1954 ist überproportional, und auch der Zuschußbedarf ist rascher gewachsen als die Einwohnerzahl der Stadt. Diese Entwicklung kann zunächst ganz allgemein als Ausdruck der umfangreicher gewordenen Aufgaben gewertet, sie muß aber auch unter dem Aspekt gestiegener Löhne und Preise sowie unter den nach dem Kriege völlig veränderten Arbeitsbedingungen der Verwaltung gesehen werden.

In den Einzelverwaltungen des Haushalts nimmt die "Allgemeine Verwaltung" eine Sonderstellung ein. Ihre Betätigungsfelder umschließen den gesamten städtischen Verwaltungsbereich, in dem sie "wichtige Führungsaufgaben" wahrzunehmen hat. Eine dieser Aufgaben ist die zentrale Personaldisposition. "Im Gegensatz zu den Fachverwaltungen, deren Tätigkeit der Bürgerschaft unmittelbar dient, richtet sich die der "Allgemeinen Verwaltung" zunächst auf die Gesamtverwaltung selbst, auf ihre Verfassung und Organisation, und befaßt sich damit, für sie Personen, Sachen und Gelder bereitzustellen und zu verwalten."[1)] Dabei hat sie grundsätzlich die Vermutung der Zuständigkeit für sich, wenn eine Angelegenheit fachlich in den anderen Verwaltungsbereichen nicht einzuordnen ist.[2)] Die in Hanau mehrfach vorgekommene, zeitweilige Zuordnung von Dienststellen mit neuen Aufgaben zum Einzelplan 0 ist dafür ein typisches Beispiel.[3)] Der Gesamtverwaltungskörper erlangt so nach innen die "potentielle Allzuständigkeit", als deren Außenbild die Gemeindeordnung "der kommunalen Selbstverwaltung die Befugnis zuweist, jede Aufgabe des örtlichen Wirkungskreises an sich zu ziehen".[4)] Die "Allgemeine Verwaltung" im spezifischen Sinne ist einerseits Integrationsverwaltung, die Leitungs- und Aufsichtsfunktionen wahrnimmt, andererseits ist sie Arbeitsverwaltung, die Aufgaben selbst durchführt, die überwiegend dem Zwecke des Ganzen dienen.

Einzelplan 0
Allgemeine Verwaltung

Tabelle 70 — Rechnungsergebnisse der Abschnitte des Ordentlichen Haushalts in RM/DM

HAUSHALTSABSCHNITT	1936	1941	1945	1949	1954
Oberste Gemeindeorgane					
Einnahmen	--	9 000	9 000	11 000	13 160
Ausgaben	26 856	38 473	46 014	71 379	175 177
Zuschuß absolut	26 856	29 473	37 014	60 379	162 017
je Einwohner	0,65	0,74	1,79	2,10	3,94

1) G.Giere, Die allgemeine Verwaltung, in H.Peters (Hrsg.), Handbuch der Kommunalen Wissenschaft und Praxis, 2.Band, Berlin u.a. 1957, S.11

2) G.Giere, a.a.O.

3) Zu denken ist hier beispielsweise an die Ämter für "Erfassungswesen und Quartierleistungen" (1938), für "Maßnahmen zur Lebensmittelversorgung" (1938), an das "Schadens- und Besatzungskostenamt" (1947), an die "Flüchtlingsfürsorge" (1947) oder das "Amt für Wirtschaft und Verkehr" (1951), die alle bei ihrer Einführung zunächst im Einzelplan 0 veranschlagt, später jedoch anderen Einzelplänen zugeordnet worden sind

4) G.Giere, a.a.O.

HAUSHALTSABSCHNITT	1936	1941	1945	1949	1954
Rechnungsprüfungsamt					
Einnahmen	--	4 000	4 000	3 038	7 000
Ausgaben	21 105	18 841	8 590	32 214	73 064
Zuschuß absolut	21 105	14 841	4 590	29 176	66 064
je Einwohner	0,51	0,37	0,22	1,01	1,60
Hauptverwaltung					
Einnahmen	415 537[a)]	68 210	30 601	21 617	21 835
Ausgaben	505 222[a)]	300 048	120 953[b)]	203 298	409 595
Zuschuß absolut	89 685	231 838	90 352	181 681	387 760
je Einwohner	2,20	5,88	4,37	6,34	9,43
Einrichtungen für Verwaltungsangehörige					
Einnahmen	--	--	--	--	39 483
Ausgaben	--	--	--	--	67 746
Zuschuß absolut	--	--	--	--	28 263
je Einwohner	--	--	--	--	0,68
Besondere Dienststellen der Allgemeinen Verwaltung					
Einnahmen	7 282	11 678	4 861	10 770	73 942
Ausgaben	44 192	61 527	46 331	96 165	137 783
Zuschuß absolut	36 910	49 849	41 470	85 395	63 841
je Einwohner	0,90	1,26	2,00	2,98	1,55
Kriegsbedingte Dienststellen und solche für allgemeine Kriegsfolgen					
Einnahmen	152	20 072	303	16 988	7 720
Ausgaben	2 240	23 961	51 133	28 247	--
Zuschuß absolut	2 088	3 889	50 830	11 259	+ 7 720
je Einwohner	0,05	0,09	2,45	0,39	+ 0,18
Beiträge an Verbände und Vereine					
Einnahmen	--	1200	--	--	--
Ausgaben	1 420	3 585	--	3 072	9 071
Zuschuß absolut	1 420	2 385	--	3 072	9 071
je Einwohner	0,03	0,06	--	0,10	0,22
Verfügungsmittel des Oberbürgermeisters					
Einnahmen	--	--	--	--	--
Ausgaben	2 829	2 012	1 903	2 368	2 997
Zuschuß absolut	2 829	2 012	1 903	2 368	2 997
je Einwohner	0,06	0,05	0,09	0,08	0,07

a) einschließlich der bis zum 1.4.1938 hier zentral verrechneten Einnahmen (373 278 RM) und Ausgaben (406 021 RM) für Ruhelöhne und -gehälter sowie für Sachausgaben (Vgl.dazu Anmerkung a) der Tabelle 69)

b) einschließlich der Ausgaben für Einrichtungen der Hauptverwaltung (Adrema)

2. Die obersten Gemeindeorgane

Die städtischen Körperschaften, d.h. die Legislativ- und Exekutivorgane der Stadt, und die sie betreffenden Veränderungen während des Untersuchungszeitraums sind im zweiten Hauptteil der Arbeit bereits untersucht worden (siehe dazu Seite 37ff), so daß hier nurmehr die finanzwirtschaftlichen Aspekte dieses Abschnitts kurz gestreift werden sollen.

Magistrat und Stadtverordnete (vor 1945: Oberbürgermeister, Beigeordnete und Gemeinderäte) waren bis 1950 in einem Unterabschnitt zusammengefaßt. Erst von 1951 an wurden die Finanzvorgänge beider Gremien haushaltsmäßig getrennt ausgewiesen.

Auf der Einnahmeseite fallen lediglich Verwaltungskostenbeiträge der Stadtwerke an, die früher als "Anteile an der Besoldung des Oberbürgermeisters" in seiner Eigenschaft als Werksdezernent verstanden wurden.[1)]

Die Aufwandseite enthält in der Hauptsache persönliche Ausgaben, daneben - in wesentlich geringerem Umfang - sächliche Verwaltungs- und Zweckausgaben sowie Aufwendungen für die Anschaffung oder Ersatzbeschaffung von Büroinventar.

Der starke Ausgabenanstieg nach 1949 geht einerseits zurück auf die Erweiterung des Magistrats von ursprünglich drei auf vier hauptamtliche Mitglieder (1952) sowie auf gesetzliche Besoldungserhöhungen und Preissteigerungen bei den Sachausgaben. Auch die Vergrößerung der Stadtverordnetenversammlung, die seit der zweiten Legislaturperiode nach den Kommunalwahlen am 25. April 1948 von 24 auf insgesamt 36 Sitze erweitert wurde, wirkte sich kostenerhöhend aus. Die ehrenamtlich tätigen Mitglieder des Magistrats fielen dagegen weniger ins Gewicht. Sie erhielten nur ihren Verdienstausfall und ihre Auslagen ersetzt.[2)]

3. Das Rechnungsprüfungsamt

Die Einrichtung des Rechnungsprüfungsamtes als selbständige Revisionsinstanz des gemeindlichen Rechnungswesens, wie es die Stadt Hanau seit den frühen dreißiger Jahren unterhält, geht auf eine preußische Gesetzesinitiative zurück, die in die Zeit der Weltwirtschaftskrise fiel. Ein kurzer Rückblick auf die historische Entwicklung soll die mit diesem Amt verbundene Problematik verständlicher machen.

- Mit der Gemeindefinanzverordnung vom 2. November 1932[3)] schuf Preußen für seinen Bereich eine einheitliche Ordnung des gemeindlichen Finanzwesens. Dieses Gesetzeswerk wies die "örtliche" Rechnungsprüfung gemeindlichen Rechnungsprü-

---

1) Vgl. dazu die Haushaltspläne 1938-1947

2) Die Vergütungen der Wahlbeamten der hessischen Städte und Gemeinden wurden im Rechnungsjahr 1953 neu geregelt (vgl. hessisches Gesetz über die Bezüge der Wahlbeamten der Gemeinden und Landkreise vom 29. Oktober 1953, GVBl.S.172)

3) Preußische Gesetzessammlung S. 341

fungsämtern zu, die hiermit die Voraussetzung für die Entlastung der Verwaltung durch die Vertretungskörperschaft zu erbringen hatten. Die "überörtliche" Prüfung sollte einem besonderen Prüfungsverband vorbehalten bleiben.[1)]

Diese Regelung und die sich daraus herleitende Trennung in eine "örtliche " und eine "überörtliche" Prüfung wurde durch das Gesetz über die Haushalts- und Wirtschaftsführung der Gemeinden (Gemeindefinanzgesetz) vom 15. Dezember 1933[2)] modifiziert und teilweise aufgehoben. "Nach einer Prüfung durch das gemeindliche Rechnungsprüfungsamt, die nur als Vorprüfung gewertet wurde, waren die als staatliche Dienststellen eingerichteten Gemeindeprüfungsämter angewiesen, eine als Ordnungsprüfung bezeichnete Prüfung der gesamten Haushalts- und Wirtschaftsführung der Gemeinde durchzuführen, damit von der Aufsichtsbehörde späterhin die Entlastung ausgesprochen werden konnte."[3)] Durch diese Verlagerung auf die staatliche Ebene war die Rechnungsprüfung als gemeindliche Selbstverwaltungsaufgabe weitgehend außer Kraft gesetzt.

Die Deutsche Gemeindeordnung (DGO) vom 30. Januar 1935[4)] brachte eine grundsätzliche Vereinheitlichung des deutschen Gemeinderechts. Sie machte die Einrichtung eines Rechnungsprüfungsamtes den Stadtkreisen zur Pflicht (§ 100) und unterstellte das Amt, das die "örtliche" Prüfung durchzuführen hatte, dem Bürgermeister. Dieser durfte den Amtsleiter, der mit ihm, den Beigeordneten und dem Kassenverwalter nicht bis zum dritten Grad verwandt oder bis zum zweiten Grad verschwägert sein durfte, allerdings nur mit Genehmigung der Aufsichtsbehörde berufen oder abberufen (§ 101). Die "überörtliche" Prüfung des Haushalts-, Kassen- und Rechnungswesens, der Wirtschaftlichkeit und Zweckmäßigkeit der Verwaltung sowie der wirtschaftlichen Unternehmen sollte durch Verordnung des Reichsministers des Innern in Verbindung mit dem Reichsminister der Finanzen geregelt werden. Außerdem war vorgesehen, zu diesem Zweck eine besondere Anstalt des öffentlichen Rechts zu errichten. Dazu ist es aber bis zum Kriegsende nicht mehr gekommen, so daß die Prüfungsanstalten und -verbände, die damals auf Länderebene noch bestanden, weiterhin tätig wurden. Es blieb also bei der örtlichen Vorprüfung durch die gemeindlichen Rechnungsprüfungsämter, während die "endgültige Prüfung der Jahresrechnung nach wie vor einer "überörtlichen" Stelle zugewiesen wurde."[5)]

Im neuen Gemeinderecht nach 1945 wurden in Hessen die aus der Deutschen Gemeindeordnung bekannten Vorschriften über das Kassen-, Rechnungs- und Prüfungswesen zunächst nahezu unverändert übernommen. Nach der Hessischen Gemeindeordnung vom 21. Dezember 1945 [6)] (HGO 1945) blieb das Rechnungsprüfungsamt dem Bürgermeister unmittelbar unterstellt (§ 101). Erst die Neufassung der Gemeindeordnung vom 25. Februar 1952[7)] brachte eine Stärkung seiner Rechts-

---

1) Vgl. W.Bollig, Rechnungsprüfungswesen, in H.Peters (Hrsg.) Handbuch der kommunalen Wissenschaft und Praxis, 3.Band, Berlin u.a. 1959, S.525f

2) Preußische Gesetzessammlung S.442

3) W.Bollig, a.a.O.

4) RGBl.I S.49

5) W.Bollig, a.a.O., S.527

6) Gesetz- und Verordnungsblatt für das Land Hessen 1946, S.1

7) Gesetz- und Verordnungsblatt für das Land Hessen 1952, S.11

stellung, indem sie ausdrücklich bestimmte: "Das Rechnungsprüfungsamt ist bei der Durchführung von Prüfungen unabhängig. Der Gemeindevorstand kann keine Weisungen erteilen, die den Umfang, die Art und Weise oder das Ergebnis der Prüfung betreffen" (§ 130). Dieser Schritt des Gesetzgebers war konsequent und gewiß folgerichtig; er war aber nur ein halber Schritt, denn unbeantwortet blieb die Frage nach der Umsetzung der Prüfungsergebnisse. Jede Prüfung macht nur Sinn, wenn die getroffenen Feststellungen zu Schlußfolgerungen führen, wenn Fehlerquellen beseitigt, Mißstände abgestellt und erkannte Verbesserungsmöglichkeiten genutzt werden. Dazu bedarf es einer klaren Regelung der Durchsetzungskompetenz, die hier aber fehlt. Offen blieb auch in der Hessischen Gemeindeordnung 1952 die endgültige Gestaltung der überörtlichen Prüfung, die durch ein besonderes Gesetz geregelt werden sollte, das aber - zumindest bis zum Ende der Untersuchungsperiode - noch nicht erlassen war.

Wenn auch das Rechnungsprüfungsamt der Stadt Hanau finanzwirtschaftlich kaum hervorgetreten ist, so ist doch bemerkenswert, daß sich sein Gesamtaufwand seit 1936 mehr als verdreifacht hatte. Der größte Ausgabeposten waren naturgemäß die Personalkosten, die im Durchschnitt des Untersuchungszeitraums 94,2 vH der Gesamtausgaben des Abschnitts ausmachen, wobei allerdings festzustellen ist, daß der durchschnittliche Personalkostenanteil bis zum Ende des Zweiten Weltkriegs mit 97,0 vH höher lag als in der DM-Periode nach der Währungsreform (92,8 vH). Der Anteil der Sachkosten hatte also leicht zugenommen. Unter der Annahme einer 60%igen Steigerung der Beamtengehälter und Angestelltenvergütungen von 1938 bis 1952 (vgl. Seite 82) waren die Personalkosten des Rechnungsprüfungsamtes gegenüber der Vorkriegszeit bereits 1950 deutlich überschritten worden. 1952 lagen sie - gemessen an dem Basiswert von 1938 (21 587 RM) - mit 58 011 DM sogar um 67,96 vH höher. Die Gründe dafür sind einerseits in den nach 1945 umfangreicher gewordenen Kosten der Altersversorgung zu sehen, die das Amt anteilig zu tragen hatte, zum anderen in dem durch die Ausweitung der Prüfungsarbeit erzwungenen Personalzuwachs. Die personelle Aufstockung 1951, 1952 und 1954, die mit tariflichen Höhergruppierungen von Planstellen verbunden war, hatte sich als notwendig erwiesen, als das Tätigkeitsfeld des Amtes auf die Prüfung der Stadthallen GmbH und der Baugesellschaft Hanau GmbH sowie 1954 auf die Hanauer Staßenbahn AG ausgedehnt wurde. Auf der Einnahmeseite sollte sich das ebenfalls auswirken. Am Anfang, d.h. bis einschließlich 1937, hatte das Amt überhaupt keine Einnahmen, so daß die Höhe der Ausgaben dem Zuschußbedarf entsprach. 1938 wurde dann erstmals ein Beitrag zu den Kosten der Rechnungsprüfung in Höhe von 4000 RM von den Stadtwerken eingefordert. Er blieb - wenn auch ab 1945 in geringerer Höhe (3000 RM) - bis 1950 die einzige Einnahmequelle des Amtes. Ab 1951 kamen dann weitere Verwaltungskostenbeiträge der oben genannten Gesellschaften hinzu, so daß die jährlichen Einnahmen bis 1954 auf insgesamt 7000 DM anwuchsen.

4. Das Hauptverwaltungsamt

Unter den neun Haushaltsabschnitten des Einzelplans 0 hat der Abschnitt "Hauptverwaltung", der sich aus den Unterabschnitten "Hauptverwaltungsamt", "Rechtsamt" und dem Verrechnungstitel "Repräsentationskosten" zusammensetzt, das größte Gewicht, wie aus der Gesamtübersicht (Tabelle 70) zu entnehmen ist. Sowohl nach Bedeutung und Umfang als auch nach der Höhe seiner Einnahmen und Ausgaben nimmt das Hauptverwaltungsamt eine besondere Stellung ein. Die Vielzahl seiner Funktionen, die der städtischen Verwaltung als Ganzes dienen, hebt es aus den übrigen Haushaltsstellen heraus und weist ihm eine zentrale Position zu, in der viele Fäden zusammenlaufen. Seine Bedeutung wurde im vorliegenden Falle noch dadurch unterstrichen, daß ab 1949 - von einer Ausnahme abgesehen - sämtliche Ausgaben im Außerordentlichen Haushalt des Einzelplans 0, d.h. alle Investitionen im Bereich der allgemeinen Verwaltung, bei diesem Unterabschnitt anfielen (siehe dazu Tabelle 72).

Tabelle 71

Rechnungsergebnisse des Unterabschnitts "Hauptverwaltungsamt" im Ordentlichen Haushalt der Stadt Hanau

Rechnungs-jahr	Einnahmen	Ausgaben	Zuschuß	
			absolut	je Einwohner
	RM/DM	RM/DM	RM/DM	RM/DM
1936	415 537	494 055	78 518	1,92
1941	67 710	286 094	218 384	5,54
1945	30 601	105 935	75 334	3,64
1949	21 617	188 455	166 838	5,82
1954	20 729	385 335	364 606	8,87

Zu den Aufgaben des Hauptverwaltungsamtes gehören u.a. die Aufstellung des Stellenplans, die Verwaltungsorganisation, die Regelung des Dienstbetriebs, das Beschaffungswesen, die Materialverwaltung, die Verwaltung der städtischen Diensträume, die Poststelle einschließlich der Fernsprechvermittlung und des zentralen Fernschreibverkehrs sowie die Botenmeisterei. Zu der allgemeinen Organisationsaufgabe zählen auch die ständige Überprüfung und Verbesserung der Struktur und der Verfahrensabläufe der Gesamtverwaltung, d.h. Innenrevision und Rationalisierung.[1]

Ebenfalls vom Hauptamt wahrgenommen werden die Belange der Stadt als Ganzes "bei allem, was mit ihrem Gebiet zusammenhängt (Eingemeindungen, Änderungen der Gemeindegrenzen, Bezirkseinteilung, Benennung von Straßen und Plätzen) sowie bei allgemeinen Angelegenheiten des Gemeinderechts und der Schaffung und Sammlung des Ortsrechts, soweit diese Aufgaben nicht dem Rechtsamt übertragen sind."[2]

1) Vgl. G.Giere, a.a.O., S.14

2) G.Giere, a.a.O., S.16

Schließlich fielen die heute üblicherweise in einer gesondert veranschlagten Dienststelle (Personalamt) bearbeiteten Personalangelegenheiten während des Untersuchungszeitraums noch in den Kompetenzbereich des Hauptverwaltungsamtes und rundeten damit seine zentralen Aufgaben ab.

Anders als beim Rechnungsprüfungsamt sind beim Hauptverwaltungsamt im Ordentlichen Haushalt die Rechnungsergebnisse des Jahres 1936 - wie oben dargestellt (Seite 321 und Tabelle 69 Anm.a) - mit denen der nachfolgenden Jahre nicht direkt vergleichbar. Abgesehen von dem unterschiedlichen Volumen ist auch der Zuschußbedarf insofern anders zu bewerten, als er durch den Rückgang der Einnahmen bei dem Hauptverwaltungsamt relativ stärker gewachsen war. Insbesondere gegen Ende des Untersuchungszeitraums waren die Ausgaben beachtlich angestiegen, was auf die räumliche und personelle Ausweitung dieses Amtes zurückgeführt werden kann. Allein die Personalausgaben, deren Anteil an den Gesamtausgaben 1945 noch 75,0 vH betrug, stiegen bis 1954 auf 84,8 vH an. Ein Teil dieser Zunahme war allerdings die Folge von gesetzlichen und tarifvertraglichen Erhöhungen der Beamtenbezüge und Angestelltenvergütungen.

Einzelplan 0

Tabelle 72 Effektiv-Ausgaben im Außerordentlichen Haushalt der Stadt Hanau in DM

HAUSHALTSABSCHNITT	1949	1950	1951	1952	1953	1954
Hauptverwaltungsamt	54 157	34 993	75 696	63 616	59 290	43 648
Wahlamt	-	1 971	-	-	-	-
Insgesamt	54 157	36 964	75 696	63 616	59 290	43 648

Außerordentliche Ausgaben waren im Einzelplan 0 nach 1945 überhaupt nur bei zwei Unterabschnitten des Haushaltsplanes entstanden. Für das Wahlamt wurde 1950 ein größerer Posten Wahlplakattafeln angeschafft, während die Ausgaben des Hauptverwaltungsamtes, von wenigen Ausnahmen abgesehen, für den Ankauf von Büroeinrichtungen und -machinen verwandt wurden. Unter den Ausnahmen befand sich 1949 ein Betrag von 14 218 DM für den Ausbau von Büros der technischen Abteilung im ehemaligen Kaufhofgebäude, 1950 ein Planungskostenanteil von 10 000 DM für statische Berechnungen des damals bereits vorgesehenen Neubaus des Rathauses, sowie 1951 ein Betrag von 30 000 DM für Arbeitgeberdarlehen.

§ 2

EINZELPLAN 1
Öffentliche Sicherheit und Ordnung

1. Gliederung und finanzwirtschaftliche Gesamtergebnisse

Der Einzelplan 1 des Haushaltsplans der Stadt Hanau gliedert sich in die Abschnitte "Polizei" und "Öffentliche Ordnung", die im Laufe der Jahre erheblichen strukturellen Veränderungen unterworfen waren.

Bis einschließlich 1937 wurde der gesamte Polzeietat zusammen mit den "allgemeinen Gemeindeeinrichtungen" in der Abteilung P des Haushaltsplans unter dem Titel "Polizei-, Reichs- und Staatsangelegenheiten als untere Verwaltungsbehörde" ausgewiesen. Zum Abschnitt II "Polizeiverwaltung" gehörten damals neben dem Polizeiamt nur noch das Meldeamt und die Haushaltsverrechnungsstelle für den Beitrag zu den Kosten der staatlichen Polizei.

Von 1938 an folgten die Haushaltspläne dann der verbindlichen Einteilung nach § 4 der Gemeindehaushaltsverordnung vom 4. September 1937,[1] die der Polizei einen eigenen Etatbereich, den Einzelplan 1, zuwies. Darin wurde unterschieden nach staatlicher (Abschnitt 10) und gemeindlicher Polizei (Abschnitt 11). Im Abschnitt 10 wurde damals lediglich der Polizeikostenbeitrag veranschlagt, den die Stadt an den Staat zu entrichten hatte.[2] Der Abschnitt 11, "gemeindliche Polizei", entsprach im wesentlichen der späteren Ordnungsverwaltung und umfaßte alle Ämter und Dienststellen mit verwaltungspolizeilichen Aufgaben, die meist als Auftragsangelegenheiten durchzuführen und hinsichtlich ihres Wirkungsbereiches auf das Stadtgebiet beschränkt waren. Hierzu gehörten u.a. das Einwohnermeldeamt, die Marktpolizei, die Feld- und Forstpolizei, die Baupolizei und die Obdachlosenpolizei. Die Gliederung der "gemeindlichen Polizei" nach Unterabschnitten hat sich jedoch je nach Aufgabenlage mehrfach geändert. Kriegsbedingte Einrichtungen, wie etwa der Luftschutz, Einrichtungen für das Heer oder die Tauschstelle, die zeitweilig im Polizeietat geführt wurden, sind 1945 weggefallen. Dafür sind andere, typische Nachkriegsämter hinzugekommen. Zu denken ist hier beispielsweise an das Straßenverkehrsamt (Fahrbereitschaft) oder die Treibstoffstelle, die vorwiegend mit Transport-, Verkehrszulassungs- und Überwachungsaufgaben sowie mit der Bewirtschaftung von Kraftstoffen befaßt waren und in den ersten Jahren nach dem Zusammenbruch ordnungspolizeiliche Funktionen wahrzunehmen hatten.[3] Bei der Betrachtung der "Ordnungsverwaltung" wird darauf noch einzugehen sein.

---

1) RGBl.I, S.921 einschließlich der Ausführungsanweisungen gemäß RdErl.des RuPrMdI und des RFM vom 10. Dezember 1937 (RMBliV S.1899) Muster 3 (Gliederung des Haushaltsplans)

2) Vgl. dazu die Ausführungen auf Seite 96

3) Offenbar ist auch die Tätigkeit des Wohnungsamtes am Anfang als ordnungspolizeiliche Aufgabe angesehen worden, denn anders ist die Einordnung in den Einzelplan 1, wie dies noch 1945 der Fall war, nicht zu verstehen. Von 1948 an erschien die Dienststelle folgerichtig im Einzelplan 6 "Bau- und Wohnungswesen"

Mit der Kommunalisierung der Polizei 1945 ist haushaltsmäßig an die Stelle der staatlichen Polizei der Abschnitt "Gemeindepolizei" getreten. In den Einzelplan 1 sind seitdem die neu geschaffenen Dienstbereiche "Schutzpolizei", "Kriminalpolizei" und "Polizeigefängnis" als Unterabschnitte eingeführt worden. Die meisten Verwaltungspolizeiaufgaben, die in einigen Jahren - zumindest teilweise - in anderen Einzelplänen veranschlagt worden waren,[1] wurden von 1952 an in dem Abschnitt "Öffentliche Ordnung" zusammengefaßt.

Unter Berücksichtigung dieser Änderungen sind in der nachfolgenden Übersicht alle Abschnitte und Unterabschnitte zusammengestellt, welche nach den Gliederungskriterien der Finanzstatistik einheitlich für den gesamten Untersuchungszeitraum dem Einzelplan 1 zugrundegelegt wurden, und zwar unabhängig davon, ob sie dauernd oder nur zeitweilig bestanden haben.

ABSCHNITT:	UNTERABSCHNITT:	HAUSHALTSANSATZ:
Polizei	[Staatliche Polizei]	(bis 1944)
	Schutzpolizei	(ab 1945)
	Kriminalpolizei	(ab 1945)
	Polizeigefängnis	(1945-1951)
Öffentliche Ordnung	[Gemeindliche Polizei]	(bis 1944)
	Allgemeine Polizeiverwaltung	(bis 1946)
	Verwaltungspolizei	(1947-1949)
	Ordnungsamt	(ab 1950)
	Gewerbeamt	(ab 1947)
	Einwohnermeldeamt	
	Preisamt	(ab 1947)
	Marktpolizei	(bis 1945)
	Obdachlosenpolizei	(bis 1945)
	Feld- und Forstpolizei	(bis 1945)
	Lebensmittelpolizei	(bis 1945)
	Treibstoffstelle	(bis 1951)
	Fahrbereitschaft / Straßenverkehrsamt	(bis 1949)
	Luftschutz / Technische Nothilfe	(bis 1944)
	Leistungen für das Heer	(bis 1944)
	Tauschstelle	(1944)

Für diese Abschnitte und Unterabschnitte ergaben sich während des Untersuchungszeitraums die in der folgenden Tabelle 73 ausgewiesenen Einnahmen und Ausgaben sowie Zuschüsse.

Bereits aus dieser Zahlenübersicht wird deutlich, daß der Stadt Hanau mit der Übertragung der Polzeiaufgaben 1945 zugleich erhebliche Lasten aufgebürdet wurden. Der Zuschußbedarf lag schon im ersten Jahr weit über dem Vorkriegsniveau, und das bei einer etwa

1) So wurde etwa das Straßenverkehrsamt (Fahrbereitschaft) 1947 und 1948, das Gewerbeamt, das Preisamt und die Schiedsmänner noch bis 1951 im Einzelplan 0 als "Besondere Verwaltungsstellen zur Durchführung von Auftragsangelegenheiten" geführt

Tabelle 73

Rechnungsergebnisse des Einzelplans 1
"Öffentliche Sicherheit und Ordnung"
im Ordentlichen Haushalt der Stadt Hanau

Rechnungs-jahr	Einnahmen	Ausgaben		Zuschuß	
	RM/DM	RM/DM	in % der Gesamt-ausgaben OH	absolut RM/DM	je Einwohner RM/DM
1936	31 949	268 134	2,8	236 185	5,80
1941	85 732	315 663	2,3	229 931	5,83
1945	308 850	557 582	8,5	248 732	12,03
1949	515 612	765 186	7,3	249 574	8,71
1954	338 392	1 299 360	6,6	960 068	23,38

halbierten Einwohnerzahl. Am Ende des Untersuchungszeitraums, als die Bevölkerungsziffer mit dem Vorkriegsstand wieder annähernd vergleichbar war, lag er sogar viermal höher als 1936. Die Pro-Kopf-Zahlen sprechen hier eine eindeutige Sprache und weisen auf die besondere Problematik hin, die mit dem Polizeilastenausgleich für die Stadt Hanau verbunden war. Daß der hohe Zuschußbedarf hauptsächlich durch die Übernahme der Vollzugspolizei und weniger durch die Ordnungsverwaltung, die zuvor schon eine typische Gemeindeaufgabe war, verursacht wurde, zeigt die folgende Tabelle, in der die Einnahmen und Ausgaben der Abschnitte "Polizei" und "Öffentliche Ordnung" getrennt dargestellt sind.

Einzelplan 1
Öffentliche Sicherheit und Ordnung

Tabelle 74 — Rechnungsergebnisse der Abschnitte des Ordentlichen Haushalts in RM/DM

HAUSHALTSABSCHNITT	1936	1941	1945	1949	1954
Polizei					
Einnahmen	--	--	230 676	468 182	267 599
Ausgaben	192 155[a)]	109 606	372 891	608 335	1 043 359
Zuschuß absolut	192 155	109 606	142 215	140 153	775 760
je Einwohner	4,71	2,78	6,88	4,89	18,87
Öffentliche Ordnung					
Einnahmen	31 949	85 732	78 174	47 430	70 793
Ausgaben	75 979	206 057	184 691	156 851	256 001
Zuschuß absolut	44 030	120 325	106 517	109 421	185 208
je Einwohner	1,08	3,05	5,15	3,82	4,50

a) Darin 64 601 RM Ausgleichsbetrag im Polizeilastenausgleich, der 1938 wegfiel

2. Die Polizei

Die staatliche Polizei war in Hanau vor dem Krieg in zwei Revieren untergebracht: in dem 1939 erbauten Polizeirevier 1 in der Marienstraße, das zugleich der Polizeidirektion als Kommandozentrale diente und dem das Polizeigefängnis unmittelbar angeschlossen war, und im Polizeirevier 2 in der Admiral-Scheer-Straße. Die Kriminalpolizei hatte ihre Büros ebenfalls in der Marienstraße. Über die Stärke der staatlichen Polizeikräfte, denen als Polizeidirektor der Landrat vorstand, sind heute keine exakten Angaben mehr vorhanden. Geht man jedoch davon aus, daß der Polizeikostenbeitrag damals 1200 RM[1] je Beamtenstelle betragen hat, so ergibt sich für 1938 rechnerisch eine Sollstärke der Sicherheits- und Kriminalpolizei[2] in Hanau von insgesamt 106 Beamten. Diese Zahl sank dann allmählich infolge des kriegsbedingten Rückgangs sowohl der Bevölkerung als auch des Polizeipersonals durch Einberufungen zum Wehrdienst bis 1943/44 auf knapp die Hälfte ab. Die finanzielle Belastung für die Stadt Hanau bestand, da die Einnahmen und Ausgaben aus den sicherheits- und kriminalpolizeilichen Einrichtungen dem Staat als Träger zufielen, allein in der Zahlung des jährlichen Polizeikostenbeitrags. Für die Ordnungsverwaltung hingegen hatte die Stadt alle anfallenden Kosten selbst zu tragen. Dafür standen ihr auch die Einnahmen aus diesem Abschnitt zu. Der Gesamtzuschuß, den die Stadt für polizeiliche Zwecke aufzuwenden hatte, setzte sich demnach zusammen aus dem Polizeikostenbeitrag und dem Mehr der Ausgaben über die Einnahmen in der Ordnungsverwaltung. Wie die Haushaltspläne von 1936 bis 1943 zeigen, war dieser Gesamtzuschuß nur im Jahre 1937 etwas höher;[3] er schwankte danach nur noch wenig und lag im Mittel bei etwa 225 000 RM pro Jahr. Je Einwohner ergaben sich daraus Beträge, die meistens weniger als 6 RM betrugen.

Tabelle 75 Zuschußbedarf des Einzelplans 1 von 1936-1943

Rechnungsjahr	absolut	je Einwohner
1936	236 185 RM	5,80 RM
1937	267 622 RM	6,57 RM
1938	219 915 RM	5,41 RM
1939	228 016 RM	5,62 RM
1940	193 722 RM	4,78 RM
1941	229 931 RM	5,83 RM
1942	211 309 RM[a]	5,35 RM
1943	195 612 RM[a]	4,99 RM

a) nach dem Voranschlag

Mit der Kommunalisierung der Polizei änderte sich das grundsätzlich. Auf Anordnung des Oberbefehlshabers der Alliierten Streitkräfte, der die Dezentralisierung der deutschen Sicherheitsorgane befohlen hatte, wurde die Aufstellung und Unterhaltung der Polizei den

1) Vgl. dazu W.Fischer a.a.O., S.290

2) Zahlen über die Stärke der im Jahre 1936 eingeführten Geheimen Staatspolizei waren nicht feststellbar

3) Verursacht war dies durch Zahlungen der Stadt im Rahmen des damals noch bestehenden besonderen Polizeilastenausgleichs, der ab 1938 wegfiel

größeren Gemeinden übertragen. Die Stadt Hanau sah sich damit vor eine äußerst schwierige Aufgabe gestellt, denn es fehlten nicht nur die notwendigen Erfahrungen beim Aufbau einer schlagkräftigen Schutz- und Kriminalpolizei, sondern auch die materiellen und personellen Voraussetzungen. Die Unterkünfte der ehemals staatlichen Polizei und das Polizeigefängnis waren ausgebombt, die Einrichtungen und Fahrzeuge vernichtet; es gab weder verwertbare Ausrüstungsgegenstände in städtischem Besitz noch genügend polizeilich geschultes Personal, auf das zurückgegriffen werden konnte und das zudem den Anforderungen, politisch unbelastet zu sein, entsprach. So vollzog sich der Aufbau der Sicherheitskräfte praktisch aus dem Nichts heraus unter schwierigsten Bedingungen, was, ungeachtet der zeitbedingten Beschaffungsprobleme wegen der Knappheit aller Güter, mit hohen Kosten verbunden war.

Angesichts der alleinigen Kostenträgerschaft der Stadt stieg bereits 1945 die Ausgabenbelastung je Einwohner im Einzelplan 1 - bei einer gegenüber 1938 um mehr als die Hälfte verringerten Bevölkerungsziffer - weit über das Doppelte des Vorkriegsbetrages an (siehe nachfolgende Tabelle 76). Der Zuschußbedarf blieb wegen der sinkenden Staatszuschüsse dann auch weiterhin nach oben gerichtet und erreichte schließlich, nach einem durch drastische Sparmaßnahmen nach der Währungsreform ausgelösten vorübergehenden Rückgang, am Ende des Untersuchungszeitraums die beachtliche Höhe von knapp einer Million DM. Dabei schnellten vor allem die Personalausgaben nach oben, weil mehr als einhundert Bedienstete bereits im ersten Jahr neu eingestellt werden mußten.

Tabelle 76 Zuschußbedarf des Einzelplans 1 von 1945-1954

Rechnungsjahr	absolut	je Einwohner
1945	248 732 RM	12,03 RM
1947	502 180 RM	20,51 RM
1949	249 574 DM	8,71 DM
1951	469 925 DM	13,54 DM
1953	856 992 DM	21,98 DM
1954	960 968 DM	23,38 DM

Die notwendigen Polizeireviere wurden in die noch einigermaßen intakten Stadtrandgebiete verlegt. Das Polizeirevier 1 fand Unterkunft in einem Gebäude in der Lamboystraße. Der Keller jenes Hauses diente zugleich als Polizeigefängnis. Die Polizeidirektion wurde - zusammen mit der Kriminalpolizei - in Kesselstadt, in der Mittelstraße 19, untergebracht.[1)] Die Kraftfahrzeugeinsatzstelle, die am Anfang überhaupt nur über requirierte Fahrzeuge verfügte, wurde in Ermangelung anderer Möglichkeiten auf einem Trümmergrundstück mitten in der Stadt neben der ehemaligen Polizeikaserne, dem späteren Finanzamt, stationiert. Der personelle Aufbau bereitete die größten Sorgen, denn es war

1) Die zentrale Einsatzstelle der Polizei ist erst in den Fünfziger Jahren an den Freiheitsplatz, in ein Seitengebäude neben dem Finanzamt, und im Frühjahr des Jahres 1953 in das inzwischen wieder aufgebaute Polizeirevier 1 an der Marienstraße umgezogen

schwierig, genügend geeignete und vor allem zuverlässige Leute für den Einsatz im Polizeidienst zu finden.[1] Zuverlässigkeit aber war oberste Bedingung, denn die Situation in der Stadt hatte sich - auch aus polizeilicher Sicht - nach dem Zusammenbruch sichtbar verschlechtert. Ordnung und Sicherheit waren erheblich gefährdet. Raub und Plünderungen, Schwarzmarktgeschäfte und das Dirnenunwesen - vor allem in der Nähe der von den Besatzungstruppen beschlagnahmten Kasernen und der Ausländerlager - hatten in erschreckendem Maße zugenommen. Die Not der Menschen, ihre schlechte Versorgungslage und die Enge der Wohnverhältnisse waren der Nährboden für die wachsende Kriminalität, der es Herr zu werden galt und die die Stadt Hanau im Bereich der öffentlichen Sicherheit zu einem hohen Personaleinsatz zwang.

Das in der Zwischenzeit neu konstituierte Land Hessen, das sich vom Rechnungsjahr 1946 an im Rahmen des Polizeilastenausgleichs an den örtlichen Polizeikosten beteiligte (siehe hierzu Seite 227ff), anerkannte die Ausnahmesituation der Stadt und bewilligte noch für das Rechnungsjahr 1945 eine auf die spätere Regelung anzurechnende Abschlagszahlung in Höhe von 200 000 RM.

Durch Verfügung des Ministers des Innern vom 17. Dezember 1946 wurde die Etatstärke der Hanauer Polizei auf

140 Polizeivollzugsbeamte,
20 Kriminalbeamte und
15 Verwaltungspolizeibeamte

festgesetzt, für die der Hessische Staat Zuschüsse zu den laufenden wie zu den einmaligen Ausgaben, insgesamt 3500 RM je besetzte Polizeistelle, zahlte (siehe hierzu Seite 228).

Mit der von der Aufsichtsbehörde bewilligten Sollstärke hoffte man, die Aufgaben, die der Polizei gestellt waren, zu lösen. Die Probleme weiteten sich indessen aus. Immer häufiger kam es vor, daß Kriminelle aus der nahen Großstadt Frankfurt, um den massiven Razzien der dortigen Polizei zu entgehen, auch in die stark zerstörten Städte des Umlandes auswichen und diese in ihr "Operationsgebiet" mit einbezogen. Die zahlreichen Trümmergrundstücke in Hanau boten diesen "zugereisten" Verbrechern geradezu ideale Unterschlupfmöglichkeiten. Bezeichnend für die damalige Situation in der Stadt war ein Aufruf des Oberbürgermeisters, den er in seiner Eigenschaft als Polizeidirektor am 3. Dezember 1946 an die männliche Bevölkerung richtete und der hier deshalb auszugsweise wiedergegeben werden soll:

> "Die immer stärker werdende Kriminalität in Hanau erfordert eine Verstärkung der Polizei, ohne daß jedoch die Stadt ... einen größeren Polizeiapparat finanzieren kann. Aus diesem Grunde ergeht der Aufruf an alle Männer ..., sich

---

1) Von negativen Erfahrungen, die dabei gemacht wurden und die u.a. auch zu Entlassungen wegen begangener Dienstvergehen führten, berichtete der Oberbürgermeister der Stadt in seiner Eigenschaft als Polizeidirektor anläßlich der Begründung eines Antrags für zusätzliche Mittel für den Polizeietat in der Stadtverordnetenversammlung am 6.2.1950 (siehe dazu Hanauer Anzeiger Nr.32/217.Jahrgang vom 7.2.1950, S.3)

> freiwillig zur Verfügung zu stellen und ehrenamtlich mit der Polizei gemeinsam den Schutz der Stadt und insbesondere der lebenswichtigen Betriebe zu übernehmen. Vorgesehen ist eine Verstärkung der Nachtstreifen durch ehrenamtliche Hilfskräfte. Melden können sich alle Männer im Alter von 18-40 Jahren, die unbescholten und politisch nicht belastet sind..."[1])

Dieser Appell, der übrigens nicht sonderlich erfolgreich war, enthält zwei für die finanzwirtschaftliche Beurteilung der damaligen Lage in Hanau signifikante Feststellungen:

1. Die vorhandene Personalstärke der Polizei war angesichts der gegebenen Situation zu gering und
2. einer notwendigen Erweiterung der Polizeikräfte stand die Knappheit der Mittel des städtischen Haushalts entgegen.

Die eng gezogenen finanziellen Grenzen werden verständlicher vor dem Hintergrund der Tatsache, daß die Vollzugs- und Kriminalpolizei außer den staatlichen Polizeikostenzuschüssen und geringen Haftkostenerstattungen bei dem Polizeigefängnis über keine nennenswerten Einnahmen verfügte. Die Erhebung von Strafgeldern, die vor dem Kriege immerhin einen - wenn auch bescheidenen - Teil der Ausgaben des Polizeietats deckten, war auf Anordnung der Militärregierung im Jahre 1946 der Polizei entzogen worden.[2]) So sollten die beiden vorgenannten Aspekte auch in den folgenden Jahren für die finanzwirtschaftliche Entwicklung des Einzelplans 1 bestimmend bleiben. Die ständigen Vorstellungen der Verwaltung bei der Aufsichtsbehörde um die Anerkennung einer größeren Zahl von zuschußfähigen Planstellen für die Hanauer Polizei belegen das eindrucksvoll (siehe weiter unten).

In den ersten Nachkriegsjahren hatte die Stadt Hanau die ihr zugestandene Sollstärke voll ausgenutzt. Die großen Gefahren, die mit der Verbrechensbekämpfung für die Polizeikräfte verbunden waren, veranlaßte die Stadtverordneten 1947, die ohnehin beträchtlichen Polizeiausgaben sogar noch anzuheben, indem sie einer Vorlage des Magistrats zur Zahlung einer monatlichen Gefahrenzulage von 30 RM an alle Beamten der Schutz- und Kriminalpolizei mit Wirkung ab 1. Juli 1947 zustimmten. Diese nach Meinung des Magistrats unbedingt notwendige Aufstockung der Ausgaben um 37 800 RM ging voll zu Lasten der Stadt.

Mit der Währungsreform ergab sich dann allerdings die Notwendigkeit einschneidender Sparmaßnahmen, von denen auch der Polizeietat nicht verschont blieb. Der Staat reduzierte die zuschußberechtigten Polizeipersonalstellen um 10 vH. Kürzungen nach der 1. Sparverordnung vom 7. Juli 1948[3]) wirkten sich aber nicht sofort aus, weil das Land Hessen, das noch über keine eigene Bereitschaftspolizeieinheiten verfügte, an einer Schwächung der kommunalen Polizei nicht interessiert war und einstweilen die Beibehaltung der 1947

---

1) Mitteilungsblatt für den Stadt- und Landkreis Hanau, Folge 87, vom 7. Dezember 1946, S.1

2) Hessisches Gesetz zur Überleitung des Strafverfügungsrechts der Polizeibehörden auf die Gerichte vom 16. Mai 1946, GVBl. S.164, sowie Anordnung der Militärregierung in Hessen über die Auferlegung von Geldstrafen, Zwangsgeld oder anderen Strafen durch die Polizei vom 2. Mai 1947, im GVBl.1947, S.94

3) 1.Verordnung über Maßnahmen zur Sicherung der Währung und öffentlichen Finanzen vom 7. Juli 1948 (1.Sparverordnung) GVBl. S.86

festgesetzten Planstellen genehmigte.[1]) Diese Regelung kündigte aber die restriktive Politik im Polizeilastenausgleich bereits an, die die folgenden Jahre bestimmen sollte und die das Verhältnis der Gemeinden zum Land Hessen in der Polizeikostenfrage erheblich belastete.[2])

Trotz der außergewöhnlichen Situation, in der sich die Stadt Hanau befand, wurde vom Regierungspräsidenten in Wiesbaden die Gesamtzahl der zuschußberechtigten Planstellen der Schutz- und Kriminalpolizei 1949 auf 120, nur zwei Jahre später auf 110 und 1953 schließlich auf 79 Beamte und Angestellte herabgesetzt (siehe dazu die Ausführungen über die Polizeikostenzuschüsse auf Seite 227ff).

Besetzung der Polizeistellen der Stadt Hanau

Rechnungsjahr	Vollzugs- und Kriminalpolizeistellen durch Polizeikosten-zuschüsse gedeckt	effektiv besetzt	zu Lasten der Stadt Hanau
1946	160	158	(2)
1949	120	151	31
1951	110	123	13
1952	81	113	32
1953	79	111	32
1954	79	114	35

Schon die erste Rückstufung brachte den Finanzdezernenten in arge Schwierigkeiten, denn der geforderte Stellenabbau ließ sich unmöglich in so kurzer Zeit verwirklichen. Allein bei der Schutzpolizei ergab sich bei einer neuen Sollstärke von 105 Stellen ein Personalüberhang von 24 Beamten. Entlassungen kamen aus beamtenrechtlichen Gründen nicht in Frage. Versetzungen in andere Dienstbereiche schieden aus, weil in der übrigen Verwaltung personelle Einsparungen ebenfalls dringend geboten waren (siehe dazu Seite 75). Schließlich scheiterte zunächst auch der Versuch, Polizeikräfte bei anderen Gemeinden unterzubringen,[3]) wie es von der Aufsichtsbehörde vorgeschlagen worden war, weil jene sich praktisch vor die gleichen Probleme gestellt sahen wie die Stadt Hanau. So entstand 1949 im Einzelplan 1, da Staatszuweisungen für die Überhangstellen nicht mehr erwartet werden konnten, ein Fehlbetrag von rund 50 000 DM, für dessen Deckung im Nachtragshaushalt zusätzliche Mittel bereitgestellt werden mußten. Um die Bewilligung dieses Nachtrags kam es in der Stadtverordnetenversammlung dann allerdings zu heftigen Kontroversen.[4]) Wegen der außerordentlich angespannten Haushaltslage wurde die

1) Erlaß des Hessischen Ministers des Innern vom 21. August 1948 betreffend die Anwendung der 1. Sparverordnung vom 7. Juli 1948 auf die Polizei

2) Über die Forderungen der Finanzdezernenten der kreisfreien Städte Hessens sowie der kommunalen Spitzenverbände berichtet Fischer ausführlich a.a.O., S.297 ff

3) Erst im Rechnungsjahr 1950 gelang es der Stadt Hanau, zur Verringerung ihrer Planstellen drei Polizeibeamte an die Stadt Frankfurt abzugeben

4) Vgl. dazu die Presseberichte im Hanauer Anzeiger vom 7. Februar sowie vom 4. und 29. März 1950

Zustimmung zu diesem Haushaltsansatz zunächst versagt und der Magistrat aufgefordert, mit den zuständigen Regierungsstellen erneut Verhandlungen aufzunehmen, um eine Besserstellung der Stadt zu erreichen. Dies schien den Stadtverordneten um so dringlicher, als die Notwendigkeit der Stationierung ausreichender Polizeikräfte in Hanau angesichts der bestehenden Verhältnisse dort nicht bestritten wurde. Nachdem es gelungen war, eine Übergangsregelung mit einer erweiterten Toleranzfrist für den Stellenabbau durchzusetzen, konnte der Nachtragshaushalt schließlich verabschiedet werden.

Bei den Verhandlungen mit dem Regierungspräsidenten hatte sich auf der Hanauer Seite gleichwohl die Erkenntnis durchgesetzt, daß die Stadt - angesichts der gegebenen Gesetzeslage - auf Dauer einen größeren Teil der Polizeikosten werde selbst tragen müssen, wenn sie den Personalbestand bei der Polizei nicht wesentlich verringerte. Wie die folgenden Jahre zeigten, hat sich die Entwicklung auch tatsächlich in dieser Richtung vollzogen. Mit dem weiteren Planstellenabbau durch den Staat in den Jahren 1951 und 1953 wuchs der städtische Zuschuß rapide an, weil eine adäquate Rückführung der Iststärke der Vollzugs- und Kriminalpolizei aus der Sicht der Stadt Hanau nicht zu verantworten war.[1)] Allerdings hatten sich die finanzwirtschaftlichen Voraussetzungen für die Hinnahme des hohen Zuschußbedarfes durch die inzwischen gewachsene Steuerkraft der Stadt wesentlich verbessert. Hanau konnte sich am Ende des Untersuchungszeitraums eine größere Polizeistärke eher "leisten" als in den Jahren zuvor. Dazu trug auch - wenngleich in mäßigem Umfang - der Anstieg der zweckgebundenen Einnahmen bei, der durch die Wiedereinführung der Verwarnungsgebühren vom Rechnungsjahr 1951 an eingetreten war. Freilich waren die Erwartungen hier zunächst erheblich höher als die tatsächlich erzielten Ergebnisse, wie die nachfolgenden Zahlen zeigen. Eine wesentlich realistischere Einschätzung folgte erst ab 1954.

Tabelle 77 Einnahme der Stadt Hanau aus Verwarnungsgebühren

Rechnungsjahr	gemäß Voranschlag	nach dem Rechnungs-Soll
1951	50 000 DM	-
1952	80 000 DM	3 696 DM
1953	60 000 DM	15 386 DM
1954	17 000 DM	13 011 DM

Bleibt die Frage nach dem Interessenausgleich und der daraus folgenden angemessenen Verteilung der Polizeikosten auf das Land und die Gemeinden. Da beide an der Aufrechterhaltung der öffentlichen Sicherheit und Ordnung gleichermaßen interessiert waren, war eine Beteiligung beider an den Kosten auch sachlich gerechtfertigt. Bei kritischer Würdigung wird man allerdings sagen müssen, daß die Bindung der Polizeikostenzuschüsse allein an die Bevölkerungsziffer, wie dies in den ersten Nachkriegsjahren der Fall war, keine

1) Insbesondere die Kriminalpolizei war stark überlastet. Im März 1953 wurde mit 481 bearbeiteten Fällen der bis dahin höchste Stand der Kriminalität seit dem Bestehen der Kriminalpolizei in Hanau registriert. Die von ursprünglich 22 (1948/49) auf 16 Beamte (1953) reduzierte Abteilung hatte wiederholt eine personelle Verstärkung gefordert, die ihr aber versagt blieb (Vgl. dazu Hanauer Anzeiger vom 14. April 1953)

wirkliche Lösung des Problems darstellen konnte. Die örtlichen Polizeiprobleme waren ja - worauf die Gemeinden bei ihren Protesten immer hingewiesen haben - nicht nur von der Einwohnerzahl, sondern von vielfältigen Faktoren abhängig, die eine differenziertere Betrachtung notwendig machten. Dabei durfte der Umfang der Bevölkerung bestenfalls den Charakter eines Hilfsmaßstabs haben, aber nicht mehr. Als Bezugsgröße allein reichte er jedenfalls nicht aus.

3. Die Ordnungsverwaltung

Im Zuge der Umorganisation des Polizeiwesens nach dem Zusammenbruch waren alle Verwaltungsaufgaben der Polizeibehörden, die von ihnen über Jahrzehnte als "Verwaltungspolizei" wahrgenommen wurden, auf die Ämter übergegangen, "in deren Ebene die Polizeibehörden bis dahin ihre verwaltungspolizeilichen Befugnisse ausübten".[1] Der Abschnitt "Öffentliche Ordnung" umfaßte somit gemeindliche Polizeiaufgaben sehr unterschiedlicher Art, zu denen außer einer zentralen, Aufsicht führenden Behörde ("allgemeine Polizeiverwaltung", später "Ordnungsamt") und dem "Einwohnermeldeamt" bis zum Kriegsende u.a. die Dienstbereiche der "Preisüberwachung",[2] der "Markt-", "Lebensmittel-",[3] "Feld- und Forst-" sowie der "Obdachlosenpolizei" gehörten, später auch der "Luftschutz" und die "Technische Nothilfe". Hinzugekommen waren noch während des Krieges die "Treibstoffstelle" und nach 1945 die "Fahrbereitschaft", das spätere "Straßenverkehrsamt". Wesentliche Teile dieser gemeindlichen Polizeiaufgaben wurden nach dem Zusammenbruch zunächst als "Besondere Verwaltungsstellen zur Durchführung von Auftragsangelegenheiten" im Einzelplan 0 veranschlagt, ehe sie - sofern sie nicht weggefallen waren - von 1952 an im Einzelplan 1 ihren endgültigen Platz fanden. Die Reorganisation der Ämterstruktur ließ die Anzahl der Unterabschnitte zusammenschrumpfen. Die Aufgaben der früheren Verwaltungspolizei sowie der Gesundheits-, Lebensmittel- und Obdachlosenpolizei wurden in das Ordnungsamt integriert, so daß außer dieser neuen Dienststelle im Bereich "Öffentliche Ordnung" am Ende nur noch das Einwohnermeldeamt, das Gewerbe- und das Preisamt übrigblieben.

In der nachfolgenden Tabelle 78 sind die finanzwirtschaftlichen Ergebnisse der einzelnen Unterabschnitte dargestellt. Daraus wird ersichtlich, in welchem Maße das Hinzukommen des "Luftschutzes" 1941 die Ausgaben hat ansteigen lassen. Dem zeitbedingten Rückgang des Zuschußbedarfs 1945 folgte dann ein stetiger Anstieg bis zum Ende des Untersu-

---

1) G.Enderling, Kommunale Ordnungsverwaltung, in H.Peters (Hrsg.), Handbuch der Kommunalen Wissenschaft und Praxis, 2.Band, 1957, S.667

2) Ihre Aufgabe bestand vor allem in der strengen Überwachung der Einhaltung der "Preisstoppverordnung" [Verordnung über das Verbot von Preiserhöhungen vom 26. November 1936 (RGBl I, S.955)] und der sonstigen Preisvorschriften im Dritten Reich einschließlich der Abschnitte III ("Kriegslöhne") und IV ("Kriegspreise") der Kriegswirtschaftsverordnung vom 1.September 1939. Wie weit die staatlich gelenkte Preispolitik und Preisüberwachung damals ging und welche Formen sie annahm, zeigt das Beispiel der "Weihnachtsbaumpreise 1939," die vom Reichskommissar für die Preisbildung festgesetzt und deren Einhaltung zu überwachen den örtlichen Preisbehörden anbefohlen war. [Vgl. dazu die Amtliche Bekanntmachung im Hanauer Anzeiger Nr.244, vom 18. Oktober 1939, S.8]

3) Angesichts der im Kriege immer schwieriger werdenden Versorgungsbedingungen gehörte die ständige Überwachung der Lebensmittel zu den besonderen Aufgaben der städtischen Polizei

Einzelplan 1
Abschnitt: Öffentliche Ordnung

Tabelle 78 Rechnungsergebnisse der Unterabschnitte in RM/DM

UNTERABSCHNITT	1936	1941	1945	1949	1954
Ordnungsamt / Allgemeine Polizeiverwaltung					
Einnahmen	12 521	3 357	57 508	28 034	55 681
Ausgaben	17 570	28 004	130 919	54 653	156 028
Zuschuß absolut	5 049	24 647	73 411	26 619	100 347
Gewerbeamt					
Einnahmen	--	--	--	4 215	7 806
Ausgaben	--	--	--	27 163	27 771
Zuschuß absolut	--	--	--	22 948	19 965
Einwohnermeldeamt					
Einnahmen	815	--	--	--	1 497
Ausgaben	12 490	8 354	--	--	33 867
Zuschuß absolut	11 675	8 354	--	--	32 370
Preisamt					
Einnahmen	--	4 890	--	8 292	5 809
Ausgaben	--	7 115	--	33 200	38 335
Zuschuß absolut	--	2 225	--	24 908	32 526
Marktpolizei					
Einnahmen	--	--	--	--	--
Ausgaben	4 550	4 864	2 994	--	--
Zuschuß absolut	4 550	4 864	2 994	--	--
Obdachlosenpolizei					
Einnahmen	18 613	42 050	694	--	--
Ausgaben	27 713	43 410	1 981	--	--
Zuschuß absolut	9 100	1 360	1 287	-	-
Feld- und Forstpolizei					
Einnahmen	--	1 007	--	--	--
Ausgaben	12 421	10 361	20 287	--	--
Zuschuß absolut	12 421	9 354	20 287	--	--
Lebensmittelpolizei					
Einnahmen	--	614	--	--	--
Ausgaben	--	3 137	2 304	--	--
Zuschuß absolut	--	2 523	2 304	--	--

UNTERABSCHNITT	1936	1941	1945	1949	1954
Treibstoffstelle					
Einnahmen	--	--	624	6 889	--
Ausgaben	--	526	5 338	41 835	--
Zuschuß absolut	--	526	4 714	34 946	--
Straßenverkehrsamt / Fahrbereitschaft					
Einnahmen	--	--	19 348	--	--
Ausgaben	--	--	20 868	--	--
Zuschuß absolut	--	--	1 520	--	--
Luftschutz und Technische Nothilfe					
Einnahmen	--	28 653	--	--	--
Ausgaben	1 235	94 862	--	--	--
Zuschuß absolut	1 235	66 209	--	--	--
Sonstige Ordnungsbereiche					
Einnahmen	--	5 161	--	--	--
Ausgaben	--	5 424	--	--	--
Zuschuß absolut	--	263	--	--	--
GESAMTSUMME ÖFFENTLICHE ORDNUNG					
Einnahmen	31 949	85 732	78 174	47 430	70 793
Ausgaben	75 979	206 057	184 691	156 851	256 001
Zuschuß absolut	44 030	120 325	106 517	109 421	185 208

chungszeitraums. Diese Entwicklung kann einerseits als Zeichen der zunehmenden Normalisierung der Verwaltungsarbeit gesehen, sie muß andererseits aber auch als Ausdruck der Erweiterung der Aufgaben gewertet werden, die insgesamt größer war als das, was an Aufgaben bei Kriegsende weggefallen ist. Schließlich kommen darin die nach der Währungsumstellung von 1948 eingetretenen Kostensteigerungen zum Ausdruck.

Eine besondere und für die erste Nachkriegszeit typische Einrichtung, auf die hier kurz eingegangen werden soll, war das nur wenige Jahre existierende "Straßenverkehrsamt". Seine Entstehung verdankte es der außerordentlich schwierigen Transportsituation in den Anfängen der Besatzungszeit, die von dem Mangel an Fahrzeugen und Gerätschaften gekennzeichnet war. Viele Last- und Personenkraftwagen hatten die Bombennächte in Hanau nicht überstanden, waren in den Wirren der letzten Kriegstage untergegangen oder von den sich nach Mitteldeutschland absetzenden deutschen Truppen irgendwohin mitgenommen worden. Den wenigen überhaupt noch vorhandenen und betriebsfähigen Fahrzeugen, die sich teils in Privatbesitz teils im Eigentum von Firmen befanden, stand ein kaum vorstellbarer Bedarf an Transportleistungen gegenüber. Die Beschaffung von Lebensmitteln, Brennstoffen und Baumaterial, die Bergung von Maschinen und verwertbaren Stoffen aus den Trümmern und die Räumung des Schutts, um nur einige Beispiele aufzuzeigen, all das war ohne den Einsatz von Fahrzeugen nicht zu bewerkstelligen. Die katastrophale Lage auf dem Transportmittelsektor verlangte daher nach außerordentlichen Maßnahmen: nach einer öffentlichen Bestandsaufnahme, nach behördlichen Eingriffen in die Besitzrechte, wo es erforderlich war, und nach einem planvollem Einsatz aller vorhandenen Fahrzeuge.

Diese Aufgabe fiel der ursprünglich von der Besatzungsmacht ins Leben gerufenen und von ihr überwachten Dienststelle "Der Transport-Offizier Hanau-Stadt und -Land" zu, die später, d.h. Ende 1945, in "Fahrbereitschaft Hanau-Stadt und -Land" umbenannt und - nach Abtrennung des für den Landkreis zuständigen Teilbereichs - im Jahre 1946 zu einer rein städtischen Behörde, dem "Straßenverkehrsamt Hanau-Stadt", wurde.[1] Seine Funktion bestand in der Organisation und Lenkung des gesamten Transportwesens am Ort und schloß sowohl die Erfassung als auch den Einsatz sämtlicher im Stadt- und Landkreis verfügbaren Kraftfahrzeuge ein.[2] Das Amt war außerdem zuständig für Fahrzeugzulassungen und die Treibstoffbewirtschaftung, es gab Anweisungen für die Durchführung von Transporten nach Dringlichkeitsstufen, überwachte deren Abwicklung und erteilte die notwendigen Fahrgenehmigungen (Fahrbefehle) für Fahrten im Umkreis von 50 Kilometern. Bei größeren Entfernungen waren Genehmigungen der Gruppenfahrbereitschaftsleitung beim Regierungspräsidenten in Wiesbaden sowie vom zuständigen Straßentransportoffizier der Bezirksmilitärregierung einzuholen. Das Aufgabengebiet, das wesentlich von den Besatzungsmächten vorgeschrieben war und in der Anfangszeit auch deren Kontrolle unterstand, wurde im Laufe der Zeit noch erweitert, wodurch der personelle Aufwand zunahm. Es wurde u.a. zuständig für die Erfassung des gesamten verfügbaren Lagerraums, die Zuweisung von Ersatzteilen, Bereifungen und Batterien, sowie für die Ausstellung von "Bezugscheinen" für die Anschaffung von Kraftfahrzeugen.

Einen interessanten Einblick in die Überwachungspraxis des Amtes gibt eine amtliche Bekanntmachung vom 13. August 1948, in der es u.a. hieß:

> "...hat der Regierungspräsident in Wiesbaden verfügt, daß der Besuch des Motorradrennens "Rund um Schotten" mit Personenkraftwagen und Krafträdern verboten ist. Zuwiderhandlungen werden auf Grund des Kraftfahrzeugmißbrauchsgesetzes geahndet.
>
> Der Besuch des Rennens unter Inanspruchnahme von Omnibussen und LKW ist gestattet, sofern der Arbeiterberufsverkehr nicht beeinträchtigt wird....Treibstoffzuteilung für Fahrten zu dem Besuch des Rennens kann nicht gewährt werden."

Mit der Aufhebung der Fahrzeugbewirtschaftung nach der Währungsreform nahm die Bedeutung des Amtes allerdings rasch ab. Am 15. September 1948 wurde es als eigenständige Behörde aufgehoben und als Straßenverkehrsstelle zur Abwicklung dem Wirtschaftsamt Hanau-Stadt unterstellt.

---

1) Im Frühjahr 1945 waren die Geschäfte zur Ordnung des Transportwesens, wie sie später von der Fahrbereitschaft wahrgenommen wurden, zeitweilig der Firma Carl Presser & Co. GmbH übertragen worden, die insoweit dem Wirtschaftsamt der Stadt Hanau unterstand (Vgl. Mitteilungsblatt der Stadtverwaltung Hanau, vom 19. Mai 1945)

2) Nachdem die Aufforderung zur Registrierung aller im Stadt- und Landkreis vorhandenen Fahrzeuge nur zum Teil befolgt worden war, wurde auf Anordnung der Alliierten Militärregierung vom 20. Juni 1945 das gesamte Transportwesen der Leitung eines Offiziers der Hanauer Schutzpolizei unterstellt, dem u.a. auch die Beschlagnahme von Fahrzeugen oblag

4. Die Investitionen im Bereich der öffentlichen Sicherheit

Im Dritten Reich waren investive Ausgaben für die Polizei nicht angefallen, weil der Staat die ausschließliche Kompetenz für die öffentliche Sicherheit hatte, also auch für die Investitionen der Polizei zuständig war. Allein der dem Einzelplan 1 zuzuordnende Unterabschnitt "Luftschutz", der als Auftragsangelegenheit in die Haushaltspläne der Gemeinden Eingang gefunden hatte, veranlaßte die Stadt Hanau 1941 zu Ausgaben im Umfang von rund 75 000 RM für die Errichtung von öffentlichen Schutzräumen (siehe Seite 168). Die Zuständigkeit änderte sich allerdings 1945 mit der Kommunalisierung der Polizei. Der Aufbau der Schutz- und Kriminalpolizei, der im Hinblick auf die Grundausrüstung und Unterbringung bis zur Währungsreform weitgehend abgeschlossen war, wurde zur neuen städtischen Aufgabe. Die Investitionen betrugen in RM/DM für die

	1946 -1948/RM	1948/DM - 1954
Schutzpolizei	75 528	103 940
Kriminalpolizei	-	6 260
das Polizeigefängnis	126 013	3 641
zusammen	201 541	113 841.

Die Ausgaben sind in der RM-Zeit ausschließlich, ab 1949 vorwiegend über den Ordentlichen Haushalt abgewickelt worden (siehe dazu Seite 154 und 170), so daß im Außerordentlichen Haushalt nur noch geringe Beträge zu finden sind, wie die folgende Tabelle 79 zeigt. Der weitaus größte Teil wurde für bauliche Zwecke ausgegeben. Im Vordergrund stand dabei zunächst die Wiederherstellung des Polizeigefängnisses und der Polizeireviere 1 und 2. In den Jahren nach der Währungsreform erhielt die Beschaffung von Büroeinrichtungen und Ausrüstungsgegenständen (1952: Funkanlage) sowie von Einsatzfahrzeugen (PKW und Motorräder) stärkeres Gewicht.

Einzelplan 1

Tabelle 79 — Effektiv-Ausgaben im Außerordentlichen Haushalt der Stadt Hanau in DM

HAUSHALTSABSCHNITT	1949	1950	1951	1952	1953	1954
Schutzpolizei	2 871	-	-	-	-	-
Polizeigefängnis	2 823	622	1 278	-	-	-
Verwaltungspolizei (Ordnungsverwaltung)	910	-	-	5 614	-	-
Insgesamt	6 604	622	1 278	5 614	-	-

Die Außerordentlichen Haushalte enthielten meist nur geringe Restfinanzierungen. Sie waren betragsmäßig unbedeutend und haben finanzwirtschaftlich keine entscheidende Rolle gespielt.

§ 3

EINZELPLAN 2
Schulen

1. Gliederung und finanzwirtschaftliche Gesamtergebnisse

Der Einzelplan 2 hat während des Untersuchungszeitraums nur geringe strukturelle Änderungen erfahren. Von den bis 1944 vorhandenen fünf Volksschulen war nur die Volksschule in Kesselstadt (Bezirksschule IV) unversehrt geblieben. Alle anderen einschließlich der Hilfsschule waren den Bomben zum Opfer gefallen. Von den vier zerstörten Volksschulen sind bis 1954 nur drei wieder aufgebaut worden und erhielten neue Bezeichnungen.[1] Auch die Hilfsschule entstand neu. Die Bezirksschule II, die ursprünglich zusammen mit der Bezirksschule I in einem Gebäudekomplex untergebracht war, ist weggefallen.

Von den drei Höheren Schulen am Ort, die alle Totalschaden erlitten hatten oder ausgebrannt waren, sind während des Untersuchungszeitraums nur zwei wieder errichtet worden.

Unter den Abschnitten der Berufs- und sonstigen Fachschulen gab es zeitweilig, d.h. in den letzten Kriegsjahren (1943/44), geringe Haushaltsansätze für Zuschüsse an die "Berufsschule für die Diamantindustrie", die vom Landkreis Hanau unterhalten wurde, und an die staatliche "Zeichenakademie". In beiden Fällen handelte es sich um geringfügige Beträge, die das Gesamtergebnis des Einzelplans 2 nur unwesentlich beeinflußt haben, so daß hier auf eine nähere Betrachtung dieser nur vorübergehend veranschlagten Haushaltspositionen verzichtet werden kann.

Zu erwähnen ist noch die "Stadtbildstelle". Sie war anfänglich eine rein städtische Einrichtung und als Unterabschnitt des Schulwesens dem Einzelplan 2 zugeordnet. Sie wurde 1948 in die "Kreisbildstelle für Hanau-Stadt und -Land" umgewandelt. Die Verwaltungshoheit der Dienststelle blieb zwar bei der Stadt Hanau, die Kosten wurden aber zur Hälfte vom Landkreis mitgetragen.

ABSCHNITT:	UNTERABSCHNITT:	HAUSHALTSANSATZ:
Schulverwaltung		
Volks- und Hilfschulen		
	Bezirksschule I	(bis 1944/ab 1952)
	Bezirksschule II	(bis 1944)
	Bezirksschule III	(bis 1944/ab 1950)
	Bezirksschule IV	
	Bezirksschule V	(bis 1944/ab 1951)
	Hilfsschule	(bis 1944/ab 1950)

1) Die Bezirksschulen I, III, IV und V erhielten die Namen Pestalozzi-, Brüder-Grimm-, Geibel- und Gebeschus-Schule, die frühere Hilfsschule den Namen Pedro-Jung-Schule

Mittelschule		
Höhere Schulen		
	Oberschule für Jungen	(bis 1944)
	Oberschule für Mädchen	
	Staatliche Hohe Landesschule	(bis 1944/ab 1949)
Berufsschulen		
	Kaufmännische Berufsschule	
	Gewerbliche Berufsschule	
	Mädchen-Berufsschule	
	Berufsschule für das Edelmetallgewerbe	(1944)
Berufsfachschulen		
	Handelsschule	
	Höhere Handelsschule	(bis 1944/ab 1949)
	Haushaltungsschule	
	Kinderpflege- und Hausgehilfinnenschule	(bis 1944/ab 1946)
	Sonstige Fachschulen	
Stadtbildstelle	(Kreisbildstelle Hanau Stadt und Land)	

Für diese im Einzelplan 2 erfaßten Abschnitte und Unterabschnitte ergaben sich während des Untersuchungszeitraums folgende Gesamteinnahmen und -ausgaben:

Tabelle 80

Rechnungsergebnisse des Einzelplans 2
"Schulen"
im Ordentlichen Haushalt der Stadt Hanau

Rechnungsjahr	Einnahmen	Ausgaben		Zuschuß	
	RM/DM	RM/DM	in % der Gesamtausgaben OH	absolut RM/DM	je Einwohner RM/DM
1936	433 438	1 030 405	10,8	596 967	14,66
1941	443 263	1 407 043	10,3	963 780	24,46
1945	35 898	631 151	9,6	595 253	28,80
1949	142 970	715 090	6,8	572 120	19,97
1954	113 135	1 878 444	9,6	1 765 309	42,96

Wie die Übersicht zeigt, ist der Anteil der Ausgaben des Schuletats an den Gesamtausgaben nach 1945 zwar zurückgegangen, der städtische Zuschuß aber ist sowohl absolut als auch relativ erheblich gestiegen. Die Pro-Kopf-Belastung je Einwohner war 1954 gegenüber der Vorkriegszeit mehr als dreimal so hoch. Wie sich das bei den Abschnitten im einzelnen ausgewirkt hat, ergibt sich aus der folgenden Aufschlüsselung nach Schularten.

Einzelplan 2
Schulen

Tabelle 81 Rechnungsergebnisse der Abschnitte des Ordentlichen Haushalts in RM/DM

HAUSHALTSABSCHNITT	1936	1941	1945	1949	1954
Schulverwaltung					
Einnahmen	43 469	12 642	4 389	1 970	1 500
Ausgaben	43 469	192 432	19 333	42 913	57 664
Zuschuß absolut	--	179 790	14 944	40 943	56 164
je Einwohner	--	4,56	0,72	1,42	1,36
Volksschulen					
Einnahmen	5 340	11 438	2 390	2 366	14 184
Ausgaben	257 105	297 744	162 642	82 947	495 468
Zuschuß absolut	251 765	286 306	160 252	80 581	481 284
je Einwohner	6,18	7,26	7,75	2,81	11,71
Mittelschulen					
Einnahmen	85 748	67 339	5 136	362	37 481
Ausgaben	182 338	185 181	111 863	10 448	123 499
Zuschuß absolut	96 590	117 842	106 727	10 086	86 018
je Einwohner	2,37	2,99	5,16	0,35	2,09
Höhere Schulen					
Einnahmen	109 955	122 101	13 270	78 487	726
Ausgaben	304 717	374 483	217 870	293 936	652 967
Zuschuß absolut	194 762	252 382	204 600	215 449	652 241
je Einwohner	4,78	6,40	9,90	7,52	15,87
Berufsschulen					
Einnahmen	150 938	189 051	5 923	20 906	41 318
Ausgaben	202 738	260 173	112 869	252 916	342 518
Zuschuß absolut	51 800	71 122	106 946	232 010	301 200
je Einwohner	1,27	1,80	5,17	8,10	7,33
Berufsfachschulen					
Einnahmen	37 988	38 811	4 596	33 291	3 796
Ausgaben	40 038	89 218	30	15 327	166 864
Zuschuß absolut	2 050	50 407	+ 4 566	+ 17 964	163 068
je Einwohner	0,05	1,27	+ 0,22	+ 0,62	3,96
Stadt-/Kreisbildstelle					
Einnahmen	--	1 881	194	5 588	14 130
Ausgaben	--	7 812	6 544	16 603	39 464
Zuschuß absolut	--	5 931	6 350	11 015	25 334
je Einwohner	--	0,15	0,30	0,38	0,61

Der beträchtliche Anstieg des Zuschußbedarfs nach 1945 hängt nicht zuletzt damit zusammen, daß sich die Einnahmesituation bei den Schulen grundsätzlich geändert hatte. Die bis zum Jahre 1944 von den Schülern der Mittelschule, der Höheren Schulen sowie der Berufs- und Fachschulen[1] durch die Stadt unmittelbar erhobenen Schul- und Aufnahmegelder sind nach dem Kriege mit der Einführung der Unterrichtsgeld- und Lernmittelfreiheit weggefallen (siehe dazu Seite 230ff). Die vom Staat als Ausgleich dafür gezahlten Ausfallentschädigungen waren jedoch - durch die Einführung einer Interessenquote zu Lasten der Kommunen - erheblich niedriger, so daß der Stadt ein erheblicher Einnahmeausfall verblieb.

Unter den Ausgaben des Außerordentlichen Haushalts der Stadt Hanau hatten diejenigen, die für Maßnahmen des Einzelplans 2 bestimmt waren, besonderes Gewicht. Rund 15 vH aller außerordentlichen Ausgaben nach der Währungsreform 1948 hat die Stadt für den Wiederaufbau von Schulen aufgewandt. Dabei entfiel der weitaus größte Teil auf die Volks- und Mittelschulen, wie die folgende Tabelle zeigt.

Einzelplan 2

Tabelle 82 Effektiv-Ausgaben im Außerordentlichen Haushalt der Stadt Hanau in DM

HAUSHALTSABSCHNITT	1949	1950	1951	1952	1953	1954
Volksschulen	-	-	-	-	-	24 830
Bezirksschule I	-	-	275 085	678 634	163 544	241 223
Bezirksschule III	69 330	15 661	282 390	460 774	322 709	187 787
Bezirksschule IV	-	-	-	-	-	-
Bezirksschule V	65 073	-	40 771	78 754	6 025	-
Hilfsschule	-	-	11 551	234 613	350 304	15 731
Mittelschulen	129 289	461 642	223 484	37 032	11 749	6 831
Oberschulen						
Realgymnasium für Mädchen	8 743	223	1 034	-	-	-
Staatliche Hohe Landesschule	-	-	-	101 070	100 000	-
Berufsschulen						
Kaufmännische Berufsschule	38 223	-	-	-	-	306 195
Gewerbliche Berufsschule	-	-	-	-	-	-
Mädchen-Berufsschule	2 427	8 582	-	7 953	95 103	19 039
Berufsfachschulen						
Handelsschule	19 844	-	-	-	-	-
Haushaltungsschule	1 000	-	-	-	-	-
Kinderpflegerinnenschule	950	-	-	-	-	-
Stadt- und Kreisbildstelle	2 329	-	-	-	-	-
Insgesamt	337 208	486 108	834 315	1 598 830	1 049 434	801 636

1) Schul- und Aufnahmegeld hatten bei den Berufsschulen nur die "freiwilligen" Schüler zu entrichten. Für die Pflichtschüler war der Unterricht unentgeltlich

2. Die Volks- und Hilfsschulen

Die Volksschulen, zu denen auch die Sonderschulen und Hilfsschulen zählen, "sind öffentliche und unentgeltliche Jugendbildungsanstalten zur Erfüllung der allgemeinen Schulpflicht."[1)] Nach den während des Untersuchungszeitraums geltenden gesetzlichen Vorschriften[2)] erstreckte sich die Pflicht zum Schulbesuch über einen Zeitraum von insgesamt elf Jahren. Acht Jahre davon entfielen auf den Besuch der Volksschule. Danach mußten die Jugendlichen noch drei Jahre eine öffentliche Berufsschule besuchen.[3)]

Bereits in der Zeit der Weimarer Republik bestanden in Hanau fünf Volksschulen, die über das Stadtgebiet verteilt und für bestimmte Einzugsgebiete zuständig waren: für die Altstadt, das Stadtzentrum und die nördlichen Ausfallstraßen die Bezirksschulen I und II, für die Gebiete im Süden und Südosten die Bezirksschule III, für Kesselstadt und die westlichen Randzonen die Bezirksschule IV und schließlich für das Lamboyviertel im Osten die Bezirksschule V. Ungeachtet dieser Einteilung nach Stadtregionen war das Volksschulwesen bis 1949 in nur einem Haushaltstitel zusammengefaßt, für den die in der Tabelle 81 (Seite 344) dargestellten Einnahmen und Ausgaben abgerechnet wurden. Erst ab 1950 wurden die Voranschläge und Rechnungsergebnisse des Ordentlichen Haushalts für die einzelnen Schulen gesondert ausgewiesen.

Wie die Aufstellung zeigt, waren die Einnahmen des Abschnitts "Volksschulen" nur sehr gering. Sie bestanden bis 1944 überwiegend aus Mieterträgen für Hausmeisterwohnungen. Der vorübergehende Anstieg 1941, der auch im Jahre 1940 bereits zu beobachten war, resultierte aus Erstattungen des Quartieramtes für die entgeltliche Überlassung der Bezirksschule II zu Bürozwecken an das zeitweilig dort untergebrachte Wehrbezirkskommando. Solche Erstattungen für die Inanspruchnahme von Schulgebäuden blieben in den Folgejahren aufgrund des Reichsleistungsgesetzes außer Ansatz.

Die Ausgabenseite war mit vergleichsweise hohen Personalkostenbeiträgen an die Landesschulkasse belastet (siehe dazu Tabelle 07 und die Ausführungen zum "Schullastenausgleich" auf Seite 90ff). Die Beteiligung der Gemeinden an den persönlichen Kosten der Volksschulen wurde mehrfach heraufgesetzt. Die Stellenbeiträge stiegen von 1272 RM im Jahre 1936 über zwei Zwischenstufen bis 1942 auf 1680 RM an, die Beiträge für die anzurechnenden Mehrstellen in den gleichen Zeitintervallen von 3 180 RM auf 4 200 RM.

Im übrigen gingen die sächlichen Kosten, d.h. die Aufwendungen für die Instandhaltung der Schulgebäude, für Heizung, Beleuchtung und Reinigung der Klassenräume, die Anschaffung und Unterhaltung von Schulmobiliar, Inventar und Lehrmitteln, voll zu Lasten der Stadt. Unter den einmaligen Ausgaben fanden sich ab 1940 u.a. solche für die Anschaffung von Rundfunkgeräten für den Gemeinschaftsempfang; daneben zunehmend

---

1) W.Fischer a.a.O., S.304

2) Vgl. Artikel 145 der Verfassung des Deutschen Reichs vom 11. August 1919, RGBl. S.1383; ferner das Gesetz über die Schulpflicht im Deutschen Reich vom 6. Juli 1938, RGBl.I S.799, dazu das Änderungsgesetz vom 16. Mai 1941, RBGl.I S.282 sowie das Gesetz über die Schulpflicht im Lande Hessen (Schulpflichtgesetz) in der Fassung vom 27. Mai 1950, GVBl.S.68

3) Vgl. W.Fischer, a.a.O., S.304

kriegsbedingte Aufwendungen, wie etwa für Mittel und Einrichtungen zur Verdunkelung der Klassenräume, zur Brandbekämpfung oder für die Errichtung von Splitterschutzwänden vor Luftschutzkellerfenstern.

Die Fliegerangriffe auf Hanau kurz vor Kriegsende hatten im Bereich des Schulwesens eine erschreckende Bilanz hinterlassen. 18 von insgesamt 19 städtischen und staatlichen Schulen waren den Bomben zum Opfer gefallen, 12 Schulgebäude waren entweder total zerstört oder zumindest so schwer beschädigt worden, daß sie nicht verwendet werden konnten. Von 185 Klassenräumen, die noch 1944 zur Verfügung standen, waren nur 12 unversehrt geblieben.[1)] Bei den Volksschulen, die naturgemäß den größten Raumbedarf hatten, machte sich dies am stärksten bemerkbar. Zwar waren die Schülerzahlen allgemein zunächst spürbar zurückgegangen, weil viele Familien nach dem Verlust ihrer Wohnungen die Stadt verlassen hatten. Doch mit der allmählichen Rückkehr der Evakuierten stiegen sie bald wieder an und sorgten so für erhebliche Engpässe bei der Unterrichtserteilung. Die einzige intakte Schule nach dem Zusammenbruch befand sich in Kesselstadt (Bezirksschule IV). Sie nahm ihren Betrieb bereits in der vierten Septemberwoche des Jahres 1945 wieder auf und diente Grundschülern aus verschiedenen Stadtteilen sowie der Hilfsschule als Domizil.[2)] Der Unterricht war allerdings erheblich eingeschränkt und fand im Drei-Schichten-Betrieb statt.

Diese völlig veränderte Situation führte 1945 zu einem merklichen Ausgabenrückgang im Ordentlichen Haushalt, der sich jedoch - insgesamt betrachtet - nicht so nachhaltig auswirkte, wie man das hätte erwarten können. Einerseits hatte die Stadt die persönlichen Ausgaben wegen der unklaren Rechtslage etwa in dem Umfang der Stellenbeiträge des Jahres 1944 an die Landesschulkasse weitergezahlt, andererseits nahmen die Sachausgaben, insbesondere die einmaligen Ausgaben, infolge der einsetzenden Aufräumungs- und Instandsetzungsarbeiten schon sehr bald wieder zu. Schließlich war durch die Verlegung des Unterrichts in den westlichen Außenbezirk das Problem unzumutbar langer Schulwege entstanden, das die Stadt durch die Einrichtung eines mit erheblichen Kosten verbundenen Schulbusverkehrs löste. Von festgelegten Sammelpunkten aus wurden die Schulkinder aus den südlichen und östlichen Stadtbezirken (Hafengebiet und Freigerichtstraße) nach Kesselstadt zum Unterricht und anschließend wieder zurückgebracht. Die Ausgaben dafür, die in den Etats für 1947 und 1948 zum Beispiel mit 12 000 RM und 16 800 RM angesetzt waren, gingen jedoch mit dem Aufbau der Schulen in den anderen Stadtregionen wieder zurück und wurden am Ende nur für die Hilfsschule beibehalten.

Die persönlichen Zweckausgaben des Jahres 1945 in Höhe von insgesamt 145 082 RM enthielten vor allem Stellenbeiträge, von denen ein Teil - wie sich später herausstellen sollte - zu viel bezahlt und nach Prüfung des Sachverhalts durch die Landesbehörden von der Staatskasse 1947 wieder zurückerstattet worden ist. Der effektive Personalaufwand für 1945 lag also - ex post gesehen - niedriger als es das Rechnungsergebnis ausweist. 1946

---

1) Nach einer Rede des Oberbürgermeisters anläßlich der Etatberatungen für den Haushalt des Jahres 1950 (vgl. Hanauer Anzeiger Nr.99/217.Jahrgang vom 28. April 1950, S.3)

2) In den drei unversehrt gebliebenen Schulgebäuden in Kesselstadt wurden die Grundschüler der Bezirksschule III und IV sowie der Hilfsschule unterrichtet. Die Bezirksschule V (Gebeschusschule) hat erst 1946 ihren Betrieb wieder auf genommen

waren dann infolge der Lehrerentlassungen aufgrund der Entnazifizierungsgesetzgebung[1] nur noch 64 028 RM für die Lehrerbesoldung im städtischen Zuschuß enthalten. Von 1947 an wurden die Kosten für die Normalstellen der Lehrkräfte an hessischen Volksschulen ganz vom Land übernommen, so daß die Stadt, abgesehen von einer Pauschalerstattung für Mehrstellen, keine Zuschüsse mehr zu leisten hatte.[2] Die persönlichen Ausgaben bei den Volksschulen reduzierten sich damit im wesentlichen auf die Personalkosten für Hausmeister, Heizungs- und Reinigungspersonal. An dieser Regelung hat sich durch die hessischen Finanzausgleichsgesetze bis zum Jahre 1953 nichts geändert. Erst das Schulkostengesetz vom 10. Juli 1953,[3] wonach Lehrer zu Landesbediensteten wurden, brachte hinsichtlich der Besoldung eine Neuordnung dergestalt, daß das Land weiterhin die Kosten für Normalstellen übernahm, die Gemeinden aber als neue Schulträger stärker zu den Kosten für Mehrstellen herangezogen wurden[4] (siehe dazu Seite 93f). Die Ausgaben der Stadt für Lehrkräfte an Volksschulen stiegen daraufhin wieder beträchtlich an.

Tabelle 83 Einnahmen und Ausgaben des Abschnitts "Volksschulen" im Ordentlichen Haushalt 1945 bis 1954 in RM/DM[a]

Rechnungsjahr	Einnahmen RM/DM	Ausgaben persönliche RM/DM	Ausgaben sächliche RM/DM	Zuschuß RM/DM
1945	2 390	145 082	17 560	160 252
1946	3 668	64 028	73 428	133 788
1947	66 628	14 256	130 966	78 594
1948 RM/DM	.	.	.	.
1949	2 366	19 520	63 427	80 581
1950	2 199	22 444	64 858	85 103
1951	2 191	67 947	123 683	189 439
1952	6 146	72 322	199 603	265 779
1953	10 738	121 926	226 010	337 198
1954	14 184	175 589	319 879	481 284

a) nach dem Rechnungssoll

Der Aufbau der Volksschulen vollzog sich in mehreren Etappen. Zunächst schuf man provisorische Lösungen durch die Aufstellung von Baracken auf den Schulhöfen der Bezirksschule IV und der Bezirksschule V (Gebeschusschule), der einzigen noch

1) Von der auf Anordnung der Militärregierung durchgeführten Entnazifizierung mußten 51 Volksschullehrer, 12 Mittelschullehrer, 13 Lehrer der städtischen Oberschulen und 25 Berufsschullehrer aus dem Dienst entlassen werden (Vgl. Verwaltungsbericht der Stadt Hanau für die Verwaltungsjahre 1945 und 1946, Hanau 1948, S.26); für 1365 Schulkinder standen im September 1945 nur noch 21 Lehrkräfte zur Verfügung (Vgl. Mitteilungsblatt der Stadtverwaltung Hanau Folge 23 vom 15. September 1945

2) § 3 des Gesetzes zur Regelung des Finanzausgleichs für das Haushaltsjahr 1947 vom 1. August 1947, GVBl.1947, S.61

3) GVBl. S.126ff

4) Den Gemeinden als Schulträger war außerdem bei der Stellenbesetzung nach § 23 des Schulkostengesetzes vom 10. Juli 1953 in Verbindung mit dem Schulverwaltungsgesetz vom 10. Juli 1953 (GVBl. S.131) ein Mitwirkungsrecht eingeräumt worden

aufbaufähigen Volksschule. Die vierklassige Holzbaracke der zuletzt genannten Anstalt war Ende Juli 1946 bezugsfertig, so daß der Unterricht nach fast zweijähriger Unterbrechung im August in beschränktem Umfang wieder aufgenommen werden konnte. Bis dahin hatte ein geregelter Schulbetrieb in diesem Stadtgebiet nicht stattgefunden. Im Herbst desselben Jahres war mit der Herrichtung des alten, schwer beschädigten Schulgebäudes, in dessen Mittelbau zeitweilig noch Evakuierte untergebracht waren, begonnen worden. Die Aufbauarbeiten zogen sich über insgesamt sechs Jahre hin und wurden bis zur Währungsreform ausschließlich aus Mitteln des Ordentlichen Haushalts, danach aus dafür aufgenommenen Darlehen über den Außerordentlichen Haushalt finanziert (siehe dazu die Tabellen 29 [Seite 154] und 61 [Seite 283]). Für die bauliche Wiederherstellung hat die Stadt vor der Währungsreform 142 000 RM, von 1948 bis 1953 knapp 250 000 DM aufgewandt. Hinzu kamen erhebliche Beträge für die Einrichtung; unter den außerordentlichen Ausgaben der DM-Periode allein 57 617 DM. Diese stellen jedoch nur einen Teilbetrag dar. Die Aufwendungen erhöhen sich um einen entsprechenden Anteil an den vermögenswirksamen Ausgaben des Ordentlichen Haushalts für die Anschaffung von Schulmöbeln (Tabelle 34 auf Seite 170), dessen Umfang allerdings für die Gebeschusschule nicht exakt zu ermitteln war, weil diesbezügliche Aufzeichnungen der städtischen Finanzbuchhaltung nicht nach Schulen getrennt vorlagen.

1951 waren rund 1200 Volksschüler in der Bezirksschule V untergebracht. Von 17 Klassenzimmern standen ihnen damals aber nur 13 zur Verfügung, in denen 26 Klassen an Vor- und Nachmittagen unterrichtet wurden. Die übrigen Räume dienten der Gewerblichen Berufsschule, die Baracke im Hof der Mittelschule als Domizil.

Der Aufbau der anderen Volksschulen fiel in die Zeit nach der Währungsreform. Während die Gebeschusschule unter Verwendung der erhalten gebliebenen Bausubstanz wieder hergestellt werden konnte, mußten die übrigen Volksschulen von Grund auf neu gebaut werden. Begonnen wurde mit der Bezirksschule III ("Brüder-Grimm-Schule")[1] im Jahre 1949. Sie entstand in vier Bauabschnitten in Pavillonbauweise[2] auf dem Ruinengelände der ehemaligen städtischen Oberrealschule, deren Wiederaufbau nach ihrer Vereinigung mit der staatlichen Hohen Landesschule nicht mehr vorgesehen war. Den Anfang machte hier ein als "Baracke" bezeichneter Trakt mit sechs Klassen. Ihm folgten 1950 und 1951 zwei weitere Pavillons mit jeweils vier Klassen, 1952 das zweigeschossige Hauptgebäude in der Stresemannstraße und 1953 der Gebäudeflügel am Wallweg. Die einzelnen Gebäudeabschnitte wurden jeweils nach ihrer Fertigstellung bezogen und trugen damit sukzessive zur Entlastung der überbelegten Grundschule in Kesselstadt bei.

Die Bauinvestitionen für die Brüder Grimm-Schule von		1 315 375 DM
wurden bestritten:		
aus staatlichen Mitteln (Aufbaustock)		760 000 DM
aus städtischen Mitteln		555 375 DM
davon aus Zuweisungen des Ordentlichen Haushalts	389 175 DM	
aus Darlehensaufnahmen	166 200 DM.	

---

1) Mit Genehmigung der Schulaufsichtsbehörde erhielt die Bezirksschule III 1954 die Bezeichnung "Brüder-Grimm-Schule"

2) Der Bau von auseinander liegenden, eingeschossigen Pavillons galt damals als besonders fortschrittlich; später ist man allerdings von dieser Bauweise wieder abgekommen

Das zweite Neubauprojekt auf dem Volkschulsektor, die Bezirksschule I, die später die Bezeichnung "Pestalozzischule"[1]) erhielt, wurde im Oktober 1951 in Angriff genommen. Nach der Räumung des alten Schulgeländes am Johanneskirchplatz von Schutt und Trümmern entstanden in fünfjähriger Bauzeit: eine neue zweigeschossige Schulanlage, ein eingeschossiger Pavillonanbau und eine Schulturnhalle, für die bis einschließich 1954 an

baulichen Gesamtinvestitionen aufzubringen waren.		1 358 486 DM
An der Finanzierung war das Land Hessen beteiligt mit		480 000 DM,
die Stadt Hanau mit insgesamt		878 486 DM,
wovon auf Darlehensaufnahmen	526 500 DM	
und Zuweisungen aus Ordentlichen Mitteln	351 986 DM	

entfielen.

Der Umzug der Schüler der Bezirksschule I in die neuen, geräumigen Klassenzimmer trug wesentlich dazu bei, die noch immer herrschende Überbelegung an den Volksschulen in Kesselstadt und im Lamboyviertel, wo sie bisher unterrichtet worden waren, zu entspannen. Allerdings war der Schichtunterricht damit nicht beseitigt, denn mit dem zunehmenden Wohnungsbau in der Innenstadt war die Bevölkerung im Einzugsgebiet der Schule und damit auch die Schülerzahl gewachsen (siehe hierzu die zahlenmäßige Entwicklung der Schüler und Lehrer im Anhang A 28). Außerdem mußte ein Teil der neuen Räume der Oberschule für Mädchen zur Benutzung überlassen werden, die selbst noch kein eigenes Schulgebäude besaß und an mehreren Stellen im Stadtgebiet untergebracht war.

Die Errichtung der Hilfsschule in der Gärtnerstraße ("Pedro-Jung-Schule") bildete den vorläufigen Abschluß des städtischen Schulbauprogramms für die Volksschulen. Die Planung dieses Projektes geht auf das Jahr 1949 zurück. Seine Realisierung sollte sich jedoch noch drei Jahre hinziehen. Zum einen gab es in den zuständigen Gremien unterschiedliche Auffassungen über den Standort der Schule, zum anderen bereitete die Finanzierung Schwierigkeiten. Die für den dritten Bauabschnitt benötigten 300 000 DM sollten, so hatte die Stadt gerechnet, überwiegend durch Mittel aus dem hessischen Aufbaustock gedeckt werden, doch blieb die Bestätigung des Landes zunächst aus. Erst nach längeren Verhandlungen und nachdem die Stadt die Restfinanzierung gesichert hatte, wurde eine Tranche von 210 000 DM bewilligt. Von den Gesamtkosten für den Baukörper in Höhe von 612 199 DM hatte die Stadt Hanau einen Anteil von 122 199 DM zu tragen. Die Innenausstattung der Schule ging allerdings voll zu ihren Lasten.

Wie aus der Tabelle 83 (Seite 348) hervorgeht, sind die Sachausgaben der Volksschulen, die nach der Währungsreform infolge der staatlich verordneten Sparmaßnahmen[2]) zunächst deutlich zurückgegangen waren, mit der Inbetriebnahme der neuen Schulgebäude ganz erheblich angestiegen. Der städtische Zuschuß war 1954 mit 481 284 DM gegenüber 1938 mit 220 688 RM nominell immerhin mehr als doppelt so hoch. Er enthält allerdings auch

---

1) Die Genehmigung durch die Aufsichtsbehörde wurde 1954 erteilt

2) Vgl. Erste Verordnung über Maßnahmen zur Sicherung der Währung und öffentlichen Finanzen vom 7. Juli 1948 ("Erste Sparverordnung"), GVBl.S.86

die persönlichen Ausgaben, die wegen der unterschiedlichen gesetzlichen Rahmenbedingungen nicht direkt verglichen werden können. Eliminiert man diese Kosten, so reduziert sich der Zuschuß auf den vergleichbaren Teil der übrigen Ausgaben

für 1938 auf 56 887 RM
für 1954 auf 309 695 DM.

Die bemerkenswert große Differenz zwischen diesen Beträgen liegt hauptsächlich in den unterschiedlich hohen Anteilen des Schuldendienstes begründet, die darin enthalten sind, nämlich

	für Zinsen	und Tilgung	zusammen
1938	810 RM	1 136 RM	1 946 RM
1954	29 225 M	143 198 DM	172 423 DM.

Hier werden die massiven Folgelasten sichtbar, die sich aus der teuren Kreditfinanzierung beim Aufbau der Schulgebäude herleiteten. Auffallend ist insbesondere der Tilgungsbetrag, für dessen Höhe die kurzen Kreditlaufzeiten verantwortlich waren.

Eliminiert man auch den Schuldendienst, so verkürzt sich der Zuschuß auf die laufenden sächlichen Kosten

für 1938 auf 54 941 RM
für 1954 auf 137 272 DM.

Unter der Annahme einer knapp 120%igen Preissteigerung[1)] in der Zeit zwischen 1938 und 1954 hätte dem Wert der Vorkriegszeit 1954 ein Zuschuß von etwa 120 000 DM gegenüberstehen müssen. Tatsächlich aber lag er um gut 14 vH höher, was darauf zurückgeführt werden kann, daß mit dem Wiederaufbau der Schulen zugleich Leistungsverbesserungen vorgenommen wurden (größere Räume, modernere Ausstattung, Kosten für Werk- und Naturkundeunterricht, Beförderung von Schulkindern [Hilfsschule] etc.), die mit zusätzlichen Kosten verbunden waren.

3. Die Mittelschulen

Die Aufgabe der Mittelschulen, die in einigen Ländern als "Realschulen" bezeichnet wurden, "ist die Vermittlung einer gehobenen Ausbildung für die Erwerbszweige des technischen Lebens, namentlich in Handel und Industrie, Handwerk und Kunstgewerbe, Land- und Forstwirtschaft, ferner die allgemeinbildende Vorbereitung für mittlere Stellen

---

1) Für die durchschnittliche Preisentwicklung in der Bundesrepublik wurden die folgenden Indizes zugrundegelegt:

	1938	1954	Entwicklung 1938 - 1954
der Baukostenindex	100	221	+ 121
der Index der Erzeugerpreise industrieller Produkte	100	217	+ 117
arithmetisches Mittel	100	219	+ 119

im öffentlichen und privaten Verwaltungsdienst. Die Mittelschule baut in sechs Jahrgängen auf der vierjährigen Grundschule auf."[1] In ihr wird eine Fremdsprache als Pflichtfach gelehrt, in der Regel *Englisch.*[2]

Die Stadt Hanau unterhielt vor dem Zweiten Weltkrieg für männliche und weibliche Jugendliche getrennte Mittelschulen, die in einem Gebäude untergebracht waren und unter der gemeinsamen Bezeichnung "Eberhardschule" geführt wurden. 1938 bestanden insgesamt 13 Klassen mit 258 Schülern und 225 Schülerinnen, für deren Unterrichtung 19 Lehrkräften zur Verfügung standen.[3] Das Gebäude wurde vom Zweckverband der Gewerblichen Berufsschule, der Kaufmännischen Berufsschule sowie der Handels- und Höheren Handelsschule mitbenutzt.

Der Haupteinnahmeposten waren die Schul- und Aufnahmegelder, die aufgrund wachsender Schülerzahlen von 1936 bis 1941 von 53 876 RM auf 57 909 RM anstiegen. Ein geringer Kompensationseffekt ergab sich bei diesen Einnahmen durch die Einführung von Freistellen und einer Geschwisterermäßigung.

Auf der Ausgabenseite lag das Schwergewicht bei den persönlichen Zweckausgaben, insbesondere bei den Beiträgen an die Landesmittelschulkasse, die mehrfach angehoben wurden. Für die Besoldung der Lehrkräfte veranschlagte die Stadt Hanau

1938 für 19 Schulstellen je 5 520 RM + Ortsklassenbeitrag je 164,40 RM = 108 003,60 RM,
1940 für 21 Schulstellen je 5 880 RM + Ortsklassenbeitrag je 170,40 RM = 127 058,40 RM,
1943 für 24 Schulstellen je 6 300 RM + Ortsklassenbeitrag je 183,60 RM.= 155 606,40 RM.

1938 kam außerdem ein Sonderbeitrag für eine Rektorstelle hinzu, der mit 853 RM angesetzt war. Die Rechnungsergebnisse wichen nur unerheblich von diesen Werten ab.

Am 1. September 1942 wurde eine zusätzliche Hauptschule eingerichtet. Sie bestand aber praktisch nur bis zur Zerstörung der Anstalt in den letzten Kriegswochen, also etwas länger als zwei Jahre, und wurde nach dem Zusammenbruch nicht mehr fortgeführt.

Durch den Untergang des Gebäudes der Mittelschule bei den Bombenangriffen auf Hanau war der Unterricht für mehr als ein Jahr unterbrochen. Erst im Herbst 1946 wurden die Eltern der Schüler aufgerufen, ihre Kinder wieder anzumelden. Das Schulamt verschaffte sich damit einen Überblick über den voraussichtlichen Platzbedarf und erstellte Belegungspläne für die wenigen, in der Stadt noch vorhandenen Klassenzimmer. Die neun Klassen der Mittelschule mit 356 Schülern mußten sich schließlich einen Raum im Gebäude der Gebeschusschule und vier Zimmer in der Baracke auf dem Hof jener Schule teilen.

Die laufenden Ausgaben für den eingeschränkten Schulbetrieb, der nicht für Knaben und Mädchen getrennt veranschlagt wurde[4], gingen entsprechend zurück, wie aus der Tabelle

---

1) H.Heckel, Schulverwaltung, in H.Peters (Hrsg.), Handbuch der kommunalen Wissenschaft und Praxis, 2.Band, Berlin u.a. 1957, S.116

2) Vgl. H.Heckel, a.a.O., S.117

3) Statistisches Jahrbuch deutscher Gemeinden, 34.Jahrgang 1939, S.98; [siehe auch ANHANG B 28]

4) Die Mittelschulen für Knaben und Mädchen sind erstmals 1956 wieder im Haushaltsplan getrennt ausgewiesen worden

81 (Seite 344) zu entnehmen ist. Insbesondere nach dem Wegfall der Stellenbeiträge 1947 beschränkten sich die Ausgaben hauptsächlich auf solche für Lernmittel und anteilige Unterhaltungskosten.

Mit dem Wiederaufbau des in seinen Außenmauern zum größten Teil erhalten gebliebenen Schulgebäudes wurde 1949 begonnen. Die Stadt förderte das Projekt mit Nachdruck (siehe hierzu Tabelle 82 auf Seite 345), weil sie sich von seiner Fertigstellung eine wesentliche Entschärfung der Schulraumnot versprach. Die Planung sah den Ausbau von 36 Klassenräumen vor, in denen außer der Mittelschule auch andere Anstalten untergebracht werden sollten. Tatsächlich wurden nach Abschluß der Bauarbeiten die Gewerbliche Berufsschule und die Oberschule für Mädchen dort eingewiesen. Sie behielten dieses Gastrecht bis zum Ende des Untersuchungszeitraums.

Die ersten Klassenräume waren am 1. August 1950 bezugsfertig. Mit einer Staatszuweisung von 335 000 DM wurde der Weiterbau vorangetrieben, so daß die Eberhardschule, deren Errichtung sich im Außerordentlichen Haushalt mit Gesamtaufwendungen von rund 870 000 DM niederschlug, im Oktober 1951 eingeweiht werden konnte. Die laufenden Kosten zogen damit zugleich merklich an und erhöhten den städtischen Zuschuß, der 1949 nur 10 086 DM betragen hatte, um mehr als das Achtfache auf 86 000 DM.

4. Die Höheren Schulen

Zu den Höheren Schulen, die in verschiedenen Formen und mit unterschiedlichen Fächerstrukturen[1]) vorkommen, rechnet man die Gymnasien, Realgymnasien, Oberrealschulen und Aufbauschulen. Auf der Grundschule aufbauend, beginnen sie in der Regel im fünften Schuljahr und schließen nach neun Schuljahren - also am Ende des 13. Schuljahres - mit der Reifeprüfung (Abitur) ab.

1936 gab es in Hanau drei öffentliche Höhere Schulen: die Hohe Landesschule, die Oberrealschule und das Lyzeum, das im gleichen Jahr durch die Angliederung einer erweiterten Oberstufe (Prima) zur Oberschule erhoben wurde. Schulträger der beiden zuletzt genannten Schulen war die Stadt Hanau. Die Hohe Landesschule dagegen war eine staatliche Anstalt. Für sie hatte die Stadt Hanau nach einem Vertrag mit der preußischen Schulaufsichtsbehörde nur geringe laufende Kosten für Gas, Elektrizität und Wasser zu tragen. Außerdem war ein Beitrag zu den Kosten der Geschäftsführung an die staatliche Gymnasialkasse zu entrichten. Darüber hinausgehende Aufwendungen entstanden der Stadt nicht. Auch an dem Wiederaufbau des teilzerstörten Schulgebäudes nach 1945 durch das Land Hessen war die Stadt Hanau finanziell nicht unmittelbar beteiligt. Der 1946 vollzogene Zusammenschluß der Hohen Landesschule mit der städtischen Oberrealschule zu einer Doppelanstalt, die als Realgymnasium weitergeführt wurde, hatte an der Zuständigkeit nichts geändert. Die Wiederaufbaukosten gingen zu Lasten des Landes Hessen, wenngleich zu bemerken ist, daß die Stadt zur Enttrümmerung des Geländes wesentlich beigetragen hat. Erst bei der notwendig gewordenen Erweiterung des Gebäudes durch einen Anbau (1952/53) wurde die Stadt zur Mitfinanzierung herangezogen. Die

1) Über die verschiedenen Grundformen der Höheren Schulen berichtet H.Heckel ausführlich a.a.O., S.117

Stadt leistete einen Zuschuß von zweimal 100 000 DM (siehe Tabelle 82, Seite 345). Mit dem Inkrafttreten des Schulkostengesetzes vom 10. Juli 1953 trat dann jedoch eine grundsätzliche Änderung ein. Die Stadt Hanau wurde Schulträger der Hohen Landesschule und hatte fortan nicht nur die Instandhaltungskosten und die laufenden Aufwendungen des Schulbetriebs zu tragen, sondern wurde auch anteilig an der Lehrerbesoldung beteiligt, was sich 1954 in einem Ad-hoc-Anstieg des Zuschußbedarfs auf mehr als 250 000 DM auswirkte.

Der städtische Zuschuß für die Oberrealschule, der bis zum Kriegsende im Durchschnitt jährlich etwa 150 000 RM betragen hatte, ging, obwohl die Schule Totalschaden erlitt und Unterricht nach der Besetzung der Stadt durch die amerikanischen Truppen nicht mehr stattfand, zunächst nur geringfügig zurück. Er belief sich 1945 immerhin noch auf 123 654 RM. Der Grund hierfür ist darin zu sehen, daß die persönlichen Ausgaben, in denen ein hoher Ruhegeldanteil enthalten war, zunächst unvermindert weitergezahlt wurden. Nach der Entlassung einiger Lehrkräfte im Zuge der Entnazifizierung verminderten sich die persönlichen Ausgaben und damit auch der städtische Zuschuß, der nun im wesentlichen auf Pensionszahlungen beschränkt war. Infolge der Besoldungsanpassungen nach dem Beamtenrecht nahmen diese Zahlungen von 1949 an (74 754 DM) zunächst wieder zu, gingen dann aber, nachdem 1952 der Höchststand mit 97 559 DM erreicht war, allmählich zurück (1954: 90 439 DM).

Die einzige Höhere Lehranstalt in der Schulträgerschaft der Stadt, die während des gesamten Untersuchungszeitraums bestand und nach einer kurzzeitigen Unterbrechung 1945 den Unterrichtsbetrieb fortführte, war die Oberschule für Mädchen. Ihre Entwicklung bis zum Kriegsende verlief - aus finanzieller Sicht - unauffällig und ohne besondere Höhepunkte. Die durchschnittlichen Einnahmen, die sich fast ausnahmslos aus Schul- und

Tabelle 84 Einnahmen und Ausgaben der Oberschule für Mädchen im Ordentlichen Haushalt der Stadt Hanau in RM (Rechnungssoll)

Rechnungsjahr	Einnahmen		Ausgaben		Zuschuß
	absolut	davon Schulgeld	absolut	davon persönliche Ausgaben	
1936	50 485	49 091	114 197	99 793	63 712
1937	52 372	51 003	113 178	101 334	60 806
1938	52 102	50 711	117 634	106 595	65 532
1939	58 047	56 623	123 972	111 757	65 925
1940	63 298	61 884	130 697	121 325	67 399
1941	61 593	60 868	157 723	144 794	96 130
1942[a]	59 581	58 945	158 878	141 836	99 297
1943[a]	60 585	59 500	167 382	146 321	106 797

a) nach dem Voranschlag

Aufnahmegeldern zusammensetzten, betrugen jährlich rund 57 000 RM. Die Aufwandseite, auf der naturgemäß die persönlichen Ausgaben besonderes Gewicht haben, zeigte bis 1940 ein ziemlich gleichförmiges Wachstum mit nur geringen Zuwächsen. Die Unterbrechung dieses Trends 1941 durch einen Ausgabensprung um 23 000 RM, der zugleich eine Erhöhung des Zuschusses nach sich zog, war die Folge von Änderungen im Stellenplan[1]), verbunden mit einer Erweiterung des Lehrkörpers.

Einen gänzlich anderen Verlauf nahm die Entwicklung nach Kriegsende. Mit dem Verlust des Schulhauses "heimatlos" geworden, begann die Schule, die fortan die Bezeichnung "Realgymnasium für Mädchen" trug, im Frühjahr 1946 den Unterricht unter denkbar schwierigen Bedingungen.[2]) Die Initiative dazu ging von der Schulleiterin aus, die in den Anfangsmonaten - wegen des Fehlens einer geeigneten Unterkunft - ihre Privatwohnung für Schulzwecke solange zur Verfügung stellte, bis andere Räume gefunden und angemietet werden konnten. Die Frage der Unterbringung der rasch wachsenden Klassen blieb auch in den folgenden Jahren das Hauptproblem dieser Anstalt. Die Zahl der Schülerinnen stieg von 41 im März 1946 auf 267 im März 1947 und nahm mit Beginn des neuen Schuljahres erneut um 86 zu.[3]) Mehrfach mußten die Schulräume gewechselt und der Unterricht in andere Gebäude verlegt werden. Einige Jahrgangsstufen waren zeitweilig in der Schulbaracke der Gebeschusschule, später in den Sälen des Kurhauses Wilhelmsbad untergebracht, ehe sie im Herbst 1947 in einer eigens dafür errichteten Baracke mit sechs Klassenzimmern im Pedro-Jung-Park eine Bleibe fanden. Aber auch diese Lösung war keine dauerhafte, und sie konnte auch keine endgültige sein, denn der Platzbedarf wuchs mit der steigenden Schülerinnenzahl weiter an[4]). Erschwerend kam hinzu, daß die starke Beanspruchung der mehrschichtig genutzten Barackenräume wiederholt Instandsetzungsarbeiten notwendig machte, die mit Umquartierungen einzelner Klassen verbunden waren, so daß der Unterricht im Jahre 1949 zeitweise an fünf verschiedenen Stellen im Stadtgebiet abgehalten werden mußte. Wenn man bedenkt, daß die Ersatzunterkünfte bis zu zweieinhalb Kilometer voneinander entfernt lagen, dann lassen sich die daraus resultierenden großen Schwierigkeiten aller am Unterricht Beteiligten leicht nachvollziehen. Eine merkliche Besserung, wenngleich keine endgültige Beseitigung der Schulraumnot trat mit der teilweisen Fertigstellung sowohl der Mittelschule (1951) als auch der Bezirksschule I (1953) ein, in denen dem Realgymnasium jeweils fünf Klassenzimmer zugewiesen wurden. Eine eigene Heimstatt allerdings erhielt die Schule während des Untersuchungszeitraums nicht[5]).

Die unstete räumliche Unterbringung der Mädchenoberschule blieb nicht ohne Wirkung auf den Haushalt. Der Anteil der sächlichen Aufwendungen an den Gesamtausgaben, der im Durchschnitt der Jahre 1936 bis 1941 rund 9,5 vH betragen hatte, verdoppelte sich in den ersten fünf Nachkriegsjahren auf rund 18,6 vH, wobei insbesondere die "einmaligen

---

1) Die Umwandlung einer Oberlehrerinnenstelle in die einer Studienrätin sowie die Einrichtung und Besetzung einer weiteren Personalstelle gaben dazu den Ausschlag

2) Der Unterricht begann mit den Klassen 5 und 6 im März 1946 (vgl. Mitteilungsblatt für den Stadt- und Landkreis Hanau, Folge 48, vom 9. März 1946)

3) Die Zahl der Schülerinnen am 15. Mai 1947 wurde mit 353 angegeben (vgl. Statistisches Jahrbuch deutscher Gemeinden, 37.Jahrgang 1949, S.356);

4) Die Entwicklung der Zahl der Schülerinnen wird durch die folgenden Ziffern belegt:

Stand 3. Februar 1951	=	467	[vgl. Hanauer Anzeiger Nr.29/218.Jahrg.,S.3]
Stand 15. Mai 1952	=	537	[Statistisches Jahrbuch deutscher Gemeinden, 40.Jahrg.1952, S.460]
Stand 15. Mai 1955	=	676	[Statistisches Jahrbuch deutscher Gemeinden, 43.Jahrg.1955, S.338]

5) 1952 hatte die Stadt Hanau ins Auge gefaßt, durch die Errichtung des Friedrichsbaus des Stadtschlosses dem Realgymnasium für Mädchen wieder ein eigenes Schulgebäude zu schaffen

Ausgaben" für die Beschaffung von Baracken und Einrichtungen sowie für Reparaturen und andere bauliche Maßnahmen erheblich ins Gewicht fielen. Für diese Zwecke aufgewandt wurden im Ordentlichen Haushalt:

1946	18 609 RM,
1947	33 271 RM,
1948 I	9 002 RM,
1948 II	30 801 DM,
1949	14 989 DM.

Neu hinzugekommen waren außerdem die Mietausgaben für die in Anspruch genommenen Räume Dritter. Sie fielen erst nach 1951 wieder weg. Da auch keine einmaligen Ausgaben mehr im Ordentlichen Haushalt verrechnet wurden, reduzierte sich der Sachkostenanteil ab 1951 auf sein "Normalmaß" von 9,1 vH. Der Rest entfiel auf die persönlichen Ausgaben.

Tabelle 85 Einnahmen und Ausgaben der Oberschule für Mädchen im Ordentlichen Haushalt der Stadt Hanau in DM[a)]

Rechnungsjahr	Einnahmen aus Staatszuweisungen	Ausgaben absolut	Ausgaben davon persönliche Ausgaben	Zuschuß
1950	81 900	240 055	221 727	158 155
1951	88 740	303 423	276 527	214 683
1952	115 660	355 576	326 251	239 916
1953	107 640	423 053	387 051	315 413
1954	-	303 454	268 832	303 454

a) nach dem Rechnungssoll

Die Einnahmeseite wurde ausschließlich bestimmt von Erstattungen des Schulgeldausfalls durch das Land Hessen (vgl.Tabelle 51 auf Seite 232). Diese Ausgleichszahlungen waren ab 1950 die einzige Einnahmequelle der Schule, die aber durch die Regelungen des Schulkostengesetzes vom 10. Juli 1953 wegfiel (siehe hierzu Seite 232f). Der städtische Zuschuß hatte sich dadurch allerdings nominell kaum verändert.

Das beachtliche Anschwellen der Ausgaben nach 1945, vor allem in den letzten Jahren der Untersuchungsperiode, hatte seine Ursache in dem kontinuierlich gewachsenen Schulbetrieb, nicht zuletzt durch den anhaltenden Zustrom von Mädchen aus Gemeinden des Landkreises, der selbst keine Höhere Lehranstalt unterhielt. Die Zahl der Schülerinnen, die - wie oben dargelegt - Ostern 1947 noch mit 353 beziffert wurde, stieg bis 1952 auf 537 (darunter 212 auswärtige) an und lag damit gegenüber 1938 (231 Schülerinnen) um 132 vH über dem Vorkriegsstand. Entsprechend zugenommen hatte auch die Zahl der hauptamtlichen Lehrkräfte von 13 (1938) auf 25 (1952). Der städtische Zuschuß je Schülerin, der sich für 1938 mit 283 RM errechnet, hätte 1952 - unter der Annahme einer

Personalkosten- und Preissteigerungsrate von rund 66 vH[1] - realiter 471 DM betragen können. Tatsächlich aber lag er mit 446 DM noch deutlich darunter, was im wesentlichen durch das Fehlen eines eigenen Schulgebäudes und die dadurch verminderten sächlichen Ausgaben zu erklären ist.

5. Die berufsbildenden Schulen

Die Berufs- und Berufsfachschulen sind formal getrennte, selbständige Schulformen, die von unterschiedlichen Gruppen von Schülerinnen und Schülern besucht werden. Die Berufsfachschulen der Stadt Hanau waren den Berufsschulen jedoch organisatorisch und räumlich angegliedert. Der überwiegende Teil der Lehrkräfte unterrichtete in beiden Schulzweigen. Die vorhandenen Klassenräume wurden meist wechselweise genutzt, so daß eine enge personelle und räumliche Verflechtung bestand.

Die "Berufsschulen" sind nach Fachrichtungen gegliederte, berufsbegleitende Fortbildungsschulen. Ihr Besuch war für alle Jugendlichen Pflicht, die in der beruflichen Ausbildung oder in einem Arbeitsverhältnis standen (oder erwerbslos waren) und noch keine 10-jährige Schulzeit absolviert hatten. In der Stadt Hanau bestanden während der Zeit zwischen 1936 und 1954 eine gemischtklassige Kaufmännische und eine Gewerbliche Berufsschule für die männliche Jugend sowie seit dem 1. April 1938 eine besondere Mädchenberufsschule.

Im Gegensatz zu den Berufsschulen setzen die "Berufsfachschulen", eine praktische Berufsausbildung nicht voraus. Sie stellen eine Zwischenstufe zwischen den Berufs- und den Fachschulen dar. Ihr Besuch, der mindestens ein Jahr umfaßt, dient der Vorbereitung auf einen gewerblichen, kaufmännischen oder hauswirtschaftlichen Beruf, ersetzt vielfach ganz oder zum Teil die Lehrzeit und gilt als Erfüllung der Berufsschulpflicht.[2] In Hanau bestanden unter städtischer Regie vier Berufsfachschulen: die Handelsschule und die Höhere Handelsschule, zu denen nach dem Krieg als spezielle Schulformen für die weibliche Jugend die Haushaltungsschule und die Kinderpflegerinnen- und Hausgehilfinnenschule hinzukamen.

Die Etats für 1936 und 1937 wiesen neben der "Gewerblichen Berufsschule" (Titel 176), die ab 1938 als Zweckverbandsschule[3] vom Stadt- und Landkreis Hanau gemeinsam

1) Für die Ermittlung der durchschnittlichen Personalkosten- und Preissteigerung wurde ein Mischindex zugrunde gelegt, der sich aus den Indizes der "Beamtengehälter und Angestelltenvergütungen", der "industriellen Erzeugerpreise" und der "Baukosten" (siehe Seite 207) zusammensetzt und im Verhältnis der Anteile der persönlichen und sächlichen Ausgaben (90:10) gewichtet wurde;

	Index			Mischindex	
	Besoldung	Ind.Erzeugerpreise	Baukosten		
1938	100	100	100	159,5 x 90	
1952	159,5	226	227	226,5 x 10	
Gewichte:	90	10		:100	**= 166,2**

2) Vgl. H.Heckel, a.a.O., S.118

3) Die Verwaltung führte der Oberbürgermeister in seiner Eigenschaft als Verbandsvorsteher. Für den Zweckverband wurde ein besonderer Haushaltsplan aufgestellt. Gleichzeitig mit dem Zweckverband "Gewerbliche Berufsschule

betrieben wurde, nur den Sammelposten: "Kaufmännische Fortbildungs- und Handelsschulen" aus (Titel 175). Erst vom Rechnungsjahr 1938 an, führte man auch hinsichtlich der Kaufmännischen Schulen eine Differenzierung nach Berufs- und Berufsfachschulen ein. Letztere, so auch die Handels- und die Höhere Handelsschule, wurden damals als "Fachschulen" bezeichnet.

Die Haupteinnahmequelle der Berufsschulen vor dem Kriege waren die Berufsschulbeiträge, die etwa die Hälfte der Ausgaben decken sollten, was nach den Rechnungsergebnissen tatsächlich auch der Fall war (siehe Anhang A 29). Sie wurden von den Gewerbetreibenden erhoben und waren von 1938 an als "Mehrbetrag" in den Gewerbesteuerhebesatz eingebaut worden (siehe dazu Seite 247ff sowie Anhang A 23). Die Berufsschulbeiträge sind 1942 weggefallen. Der Hebesatz blieb jedoch unverändert, was praktisch einer Erhöhung der Gewerbesteuer gleichkam (siehe Seite 184f).

Zur Deckung der Kosten der Kaufmännischen und der Mädchenberufsschule beigetragen haben nach dem Kriege auch - wenngleich in relativ bescheidenem Umfang - die Zuweisungen des Landkreises für die Aufnahme auswärtiger Schülerinnen und Schüler, die sogenannten "Gastschulbeiträge". Die zwischen der Stadt und dem Landkreis vereinbarte Abrechnung erfolgte nach Kopfbeträgen auf der Basis eines Pauschalsatzes von 6 RM/DM je Jahreswochenstunde, wobei man bis 1951 von fünf, danach von sechs Jahreswochenstunden ausging. Andererseits zahlte die Stadt Hanau für Schüler, die auswärtige Berufsschulen besuchten, entsprechende Beiträge an die jeweiligen Schulträger, wie aus der folgenden Tabelle 86 zu ersehen ist.

- Der zum Problemkreis des interkommunalen Finanz- und Lastenausgleichs gehörende Komplex der Gastschulbeiträge, der gleichermaßen auch auf die städtischen Höheren Lehranstalten zutrifft, ist in den Fünfziger Jahren bundesweit heftig diskutiert worden.[1] Die zum Teil stark zerstörten Städte, die als Schulortgemeinden einerseits erhebliche Aufbauleistungen zu finanzieren, andererseits aber durch Steuerausfälle hohe Einnahmeverluste zu verkraften hatten, strebten damals eine gesetzliche Regelung an, die die Stadt- und Landkreise gemeinsam zu Trägern des Ausgleichs zwischen Wohnsitz- und Schulgemeinden macht. Die Landkreise sollten so zu einer angemessenen Beteiligung an den durch die auswärtigen Schulpflichtigen entstehenden Mehrkosten verpflichtet werden. Die Bemühungen der Städte stießen allerdings auf den Widerstand der Landkreise, die hauptsächlich finanzpolitische aber auch historische Gesichtspunkte sowie Gründe "de lege ferenda" geltend machten.[2] Hessen löste das Problem im Schulkostengesetz vom 10. Juli 1953 dergestalt, daß es den Schulträgergemeinden grundsätzlich das Recht zur Erhebung eines Schulbeitrages für auswärtige Schüler einräumte (§ 20), die Höhe des Beitrages aber der freien Vereinbarung der Beteiligten überließ (§ 21,1). Sollte eine Vereinbarung nicht zustandekommen, so entschied die Schulaufsichtsbehörde (Regierungspäsident) über die Höhe des

---

für die männliche Jugend" war zwischen dem Stadt- und Landkreis Hanau ein Zweckverband für die "Diamantschleifer-Schule" gebildet worden, dessen Geschäfte vom Landrat als Verbandsvorsteher geführt wurden

1) Vgl. v.Schwerin, Um die Gastschulbeiträge, in: "Der Städtetag" (neue Folge), 3.Jahrgang 1950, Heft 5, S.139; ferner K.Kottenberg, Um die Gastschulbeiträge, ebenda Heft 8, Seite 232, sowie W.Fischer a.a.O., Seite 339ff; zur anfänglichen Diskussion vgl. auch "Kommunalpolitischer Informationsbrief", Heft 9/1950, S.201f und "Die demokratische Gemeinde", Heft 7/1950, S.31

2) Über die unterschiedlichen Standpunkte siehe K.Kottenberg, a.a.O., S.233

Beitrags. Der Minister für Erziehung und Volksbildung konnte im Einvernehmen mit dem Minister des Innern Pauschbeträge je Schüler festsetzen (§ 20, 3).

Für die Stadt Hanau war die Problematik der Gastschulbeiträge - zumindest bei den Berufsschulen - nicht evident. Das mag vor allem damit zusammenhängen, daß die Stadt ebenso wie der Landkreis Hanau aus der Zusammenarbeit in dem gemeinsam betriebenen Zweckverband "Gewerbliche Berufsschule" mit der Notwendigkeit einer angemessenen Kostenbeteiligung seit Jahren vertraut war und diese Erfahrung auch für den Interessenausgleich bei den anderen Berufsschulen einbringen konnte.

Der Zuschußbedarf des Zweckverbandes "Gewerbliche Berufsschule" wurde auf die Stadt und den Landkreis Hanau nach dem Verhältnis der einheimischen zu den auswärtigen Schülern umgelegt.[1] An direkten Kosten hatte die Stadt Hanau lediglich die in der Zeit vor der Gründung des Zweckverbandes entstandenen Ruhegehälter der beamteten städtischen Lehrkräfte sowie anteilige Zuführungen an die Ausgleichs-, Erneuerungs- und Pensionsrücklage zu tragen.

Tabelle 86 Erstattung von Beschulungskosten 1945-1954 nach dem Rechnungs-Soll in RM/DM bei Berufsschulen

Jahr	durch andere Schulträger an die Stadt Hanau für die		an andere Schulträger von der Stadt Hanau für sonstige Berufsschulen
	Kaufmänn. Berufsschule	Mädchenberufsschule	
1945	-	1 595	-
1946	4 329	1 594	-
1947	-	-	-
1948 DM	2 808	2 525	-
1949	3 624	2 196	-
1950	5 100	2 880	-
1951	5 682	2 376	72
1952	6 462	1 512	168
1953	8 616	1 338	456
1954	-	-	-

Bei den Berufsfachschulen, für die keine Berufsschulbeiträge erhoben wurden, standen vor dem Krieg die Schulgelder als Einnahmequelle im Vordergrund. Mit der Einführung der durch Artikel 59 der Hessischen Verfassung von 1946 vorgegebenen Unterrichtsgeld- und Lernmittelfreiheit[2] wurden sie teilweise durch staatliche Zuweisungen ersetzt.[3] Für den Einnahmeausfall erhielten die Gemeinden seitdem pro Jahr einen Betrag, der dem bishe-

1) Der Zuschußbedarf des Zweckverbandes "Diamantschleifer-Schule" wurde ebenfalls nach dem Verhältnis der Schülerzahlen aufgeteilt

2) Hessisches Gesetz über Unterrichtsgeld- und Lernmittelfreiheit vom 16. Februar 1949, GVBl.S.18

3) Siehe dazu die Ausführungen zu den Schulgeldausfallerstattungen im Kapitel "Zuweisungen im Schulwesen" (Seite 230)

rigen Schulgeldsatz entsprach, multipliziert mit 75 vH der jeweils am 1. Mai vorhandenen Schülerzahl. Dabei war berücksichtigt worden, daß unter Anrechnung von Geschwisterermäßigungen und im Hinblick auf die Erlasse wegen Bedürftigkeit im allgemeinen nur 75 vH des vollen Aufkommens an Schulgeld erreicht wurden.[1] Die Ausgleichszahlungen des Landes Hessen haben den Ausfall also nur partiell abgedeckt, wie sich am Beispiel der Handels- und der Höheren Handelsschule in einem Vergleich mit der Vorkriegszeit leicht nachvollziehen läßt.

Handelsschulen der Stadt Hanau

Jahr	Schülerzahl	Einnahmen aus Schulgeld RM	Einnahmen aus Schulgeldausfall-entschädigung RM	Einnahmen je Schüler RM
1938	174	32 733	--	188,12
1952	288	--	36 324	126,12

Nach dem Inkrafttreten des hessischen Schulkostengesetzes vom 10. Juli 1953[2] wurde der Ausfall an Unterrichtsgeld vom Rechnungsjahr 1954 an nicht mehr ersetzt. Die Stadt hatte damit nach 1942 die zweite wichtige Einnahmequelle des Schulhaushalts endgültig verloren. Zwar waren durch das Gesetz über die Unterrichtsgeldfreiheit einerseits und das Schulkostengesetz andererseits spürbare Entlastungen im Schulhaushalt insgesamt eingetreten - insbesondere entstanden der Stadt durch die Kostenübernahme des Staates keine Aufwendungen mehr aus der Lernmittelfreiheit -, doch hat sich dies, zumindest bei den Berufsfachschulen, nicht nachhaltig ausgewirkt. Ihr Zuschußbedarf stieg gegen Ende des Untersuchungszeitraums sogar beträchtlich an, wie aus der Tabelle 81 (Seite 344) zu ersehen ist. Das wog insofern besonders schwer, als der Ausgleich aus allgemeinen Deckungsmitteln zu finanzieren war, "denn für die Schulen gilt nicht das Kostendeckungsprinzip der Gebührenhaushalte, bei denen vermehrte Ausgaben in der Regel zu Gebührenerhöhungen führen."[3]

Ursächlich für den höheren Zuschußbedarf im Ordentlichen Haushalt waren ebenso die gestiegenen Ausgaben, und zwar gleichermaßen bei den Berufs- wie bei den Berufsfachschulen. Das hatte verschiedene Gründe. Dazu beigetragen hat vor allem das rapide Anwachsen der Schülerzahlen und die dadurch bedingte Erweiterung des Lehrkörpers (siehe Anhang A 28). Aber auch die mit dem Wiederaufbau verbundenen Mehrausgaben sowie die allgemeinen Lohn- und Preissteigerungen nach der Währungsreform 1948 haben sich auf die Kostenentwicklung ausgewirkt. Allein die Summe der persönlichen Ausgaben aller berufsbildenden Schulen nahm von 1950 (218 183 DM) bis 1953 (420 204 DM), also in nur drei Jahren, um 92,5 Prozent zu. Sie fiel jedoch im Rechnungsjahr 1954 durch die Umstellungen nach dem Schulkostengesetz von 1953 wieder um etwa ein Fünftel zurück (331 881 DM). Als kostentreibend erwies sich schließlich die Dezentralisierung des Schulbetriebs nach der Zerstörung der Schulgebäude. Als Folge der häufig wechselnden

1) Vgl. dazu W.Fischer a.a.O., Seite 336

2) GVBl.S.126

3) W.Fischer a.a.O., S.337

Unterbringung der Klassen an verschiedenen Stellen innerhalb und außerhalb des Stadtgebiets entstanden zum Beispiel erhebliche zusätzliche Mietaufwendungen sowie erstattungspflichtige Fahrtkosten für die Lehrkräfte.

Ein treffendes Beispiel dafür bietet die Mädchenberufsschule mit den ihr angegliederten Berufsfachschulen (Haushaltungsschule, Kinderpflege- und Hausgehilfinnenschule), die den Unterricht im April 1946 an drei verschiedenen Stellen wieder aufnahm. Zwei Klassen hatten in der Volksschule der Nachbargemeinde Dörnigheim Zuflucht gefunden, wo auch in je einem weiteren Raum die Haushaltungs- und die Kinderpflegerinnenschule eröffnet wurden; zwei weitere Klassenzimmer für den Berufsschulunterricht standen in der Volksschule Großauheim und ab Juni 1946 ein angemietetes Nebenzimmer in der Gastwirtschaft "Zum Löwen" in Kesselstadt zur Verfügung. Das Mietverhältnis in Kesselstadt endete 1947. Als Ersatz dafür übernahm die Schule mietweise einige Kellerräume im Altersheim der "Inneren Mission" in der Hochstädter Landstraße 39; außerdem bezog sie 1949, als die Unterbringung in den Volksschulen der Landkreisgemeinden nicht mehr möglich war, einige Räume im Kellergeschoß der Gebeschusschule. Ein vorläufiges Ende fanden diese provisorischen Lösungen schließlich 1953 mit dem Einzug in das inzwischen umgebaute Maschinenhaus der staatlichen Zeichenakademie, das für diese Zwecke angemietet wurde.

Eine ähnliche, wenngleich nicht ganz so wechselvolle Entwicklung nahm die Unterbringung der anderen berufsbildenden Schulen.

Die Kaufmännische Berufsschule war nach der Zerstörung ihres alten Gebäudes in der Erbsengasse ebenfalls in die Volksschule Großauheim verlegt worden, wo bereits im November 1945 der Unterrichtsbetrieb mit der Vorbereitung einer Lehrlingsklasse für die Kaufmannsgehilfenprüfung begonnen hatte. 1947 wurde dort auch die ihr angeschlossene zweijährige Handelsschule wieder eröffnet und 1948 eine Klasse der Höheren Handelsschule eingerichtet. Nach der Fertigstellung des wiederaufgebauten Schulhauses in der Erbsengasse kehrte die Anstalt 1949 an ihren alten Standort zurück. Die ständig wachsende Schülerzahl machte jedoch schon sehr bald eine Erweiterung dieses Gebäudetrakts notwendig. Über den Umfang der Erweiterung, an deren Finanzierung sich der Staat beteiligen sollte, bestanden zwischen der Stadt Hanau und dem Land Hessen erhebliche Meinungsverschiedenheiten. Die Planung der Stadt war ursprünglich von einem Platzbedarf von 15 Klassenräumen ausgegangen, der mit einer Bausumme von 735 000 DM veranschlagt war. Sie sollte aus einem Eigenanteil der Stadt von 245 000 DM und Landesmitteln aus dem Aufbaustock in Höhe von 490 000 DM finanziert werden. Das Land machte seinen Zuschuß jedoch davon abhängig, daß - in Anbetracht des erwarteten "Schülerbergs" - die Stadt den Bau von 21 Klassenräumen vorsehe. Die daraufhin erforderlich gewordene Neuplanung des Projekts, das seit 1952 in der öffentlichen Diskussion gestanden und inzwischen höchste Priorität erlangt hatte, führte zu einem veränderten Gesamtkostenansatz von 925 000 DM, so daß sich der städtische Anteil nunmehr auf 435 000 DM belief. Dies zwang den Magistrat, die Restfinanzierung durch eine weitere Darlehensaufnahme sicherzustellen, die die inzwischen bereits stark verschuldete Stadt bis an den Rand ihrer Belastbarkeit brachte. Durch die Kontroverse verzögerte sich der Baubeginn bis weit in das Jahr 1954, weil die Ausschreibungen erst nach dem Abschluß der Neuplanung durchgeführt werden konnten. Die auf dasselbe Jahr entfallende Tranche des ersten Bauabschnitts aus Mitteln des Außerordentlichen Haushalts umfaßte einen Betrag von 306 195 DM und betraf die Teilfertigstellung des Seitenflügels am Schloßplatz (vgl.dazu Tabelle 82 auf Seite 345). Der An- und Umbau des alten Berufsschulgebäudes (zweiter Bauabschnitt) in der Erbsengasse folgte 1955.

Die Zweckverbandsschule für gewerbliche Lehrlinge, die ihre Unterrichts- und Werkräume in der Eberhardschule ebenfalls vollständig verloren hatte, mußte sich nach dem Krieg zunächst mit einer vierklassigen Schulbaracke im Hof des Schlosses Philippsruhe behelfen, ehe sie im Oktober 1951 wieder in ihr altes Domizil zurückkehren konnte. Die Lehrlinge

Tabelle 87 Städtischer Zuschuß (Ist) an die Zweckverbandsschulen

Jahr	Gewerbliche Berufsschule RM	Berufsschule für die Diamantindustrie RM	Jahr	Gewerbliche Berufsschule RM/DM
1936	--	--	1945	34 202
1937	--	--	1946	11 196
1938	57 065	1 510	1947	11 995
1939	62 847	4 536	1948	33 865 b)
1940	77 639	18 724	1949	68 524
1941	79 998	23 708	1950	70 418
1942 a)	92 950	24 000	1951	127 330
1943 a)	95 531	25 428	1952	124 883
1944	..	..	1953	170 431

a) nach dem Voranschlag
b) Betrag des DM-Abschnitts auf ein Jahr umgerechnet

des Elektrohandwerks fanden dagegen für einige Jahre Aufnahme in der Lehrwerkstatt der Firma Brown, Boveri & Co. in Großauheim. In dem wieder aufgebauten Mittelschulkomplex erhielt die Gewerbliche Berufsschule - neben den anderen dort untergebrachten Anstalten - insgesamt 13 Klassenzimmer und 7 Werkstatträume.

An den Kosten des Zweckverbandes war die Stadt Hanau mit unterschiedlichen Beträgen beteiligt. Der Haushaltsbedarf für den laufenden Betrieb war vom Stadt- und Landkreis Hanau nach dem Verhältnis der Schülerzahl vorzuschießen und am Ende des Rechnungsjahres abzurechnen. Wie die Tabelle 87 zeigt, hat die Stadt Hanau bis kurz vor Kriegsende nicht nur an den Zweckverband "Gewerbliche Berufsschule", sondern auch an die "Berufsschule für Diamantschleifer" Zuschüsse gezahlt, die ebenfalls zusammen mit dem Landkreis Hanau als Zweckverband betrieben, 1945 aber nicht mehr fortgeführt wurde (siehe dazu auch Seite 100f).

Der auffallend hohe Zuschuß an die Gewerbliche Berufsschule im Jahre 1945, in dem eine Beschulung praktisch noch nicht stattgefunden hatte,[1] resultierte aus der Abrechnung des letzten Kriegsjahres. Es handelte sich dabei um Abwicklungskosten, die zum Teil auf vertraglichen Verpflichtungen beruhten und nach der "Gesamtschülerzahl" des Jahres 1944 verteilt wurden. Grundlage bildete die Schülerzahl aller Berufsschulen, d.h. der Kaufmännischen, Gewerblichen und Mädchenberufsschule:

	Schüler des	
	Stadtkreises	Landkreises
Gewerbliche Berufsschule	1 042	562
Kaufmännische Berufsschule	739	133
Mädchenberufsschule	432	49
Schüler (1944) insgesamt	2 213	744.

Diese Regelung war während des Krieges aus Vereinfachungsgründen getroffen worden. Sie war aber nach 1945 nicht mehr aufrechtzuerhalten. Die Stadt Hanau bestand auf der Abrechnung nach der tatsächlichen Schülerzahl der Gewerblichen Berufsschule, zumal die Stadt für die anderen beiden Berufsschulen ohnehin alleiniger Träger war. Die Zuschüsse fielen so in den folgenden Jahren weit geringer aus, nicht zuletzt auch deshalb, weil sich die Wanderungsbewegung der Schüler gegenüber 1944 grundsätzlich umgekehrt hatte, wie die folgenden Zahlen zeigen:

	Schüler aus dem		
	Stadtkreis	Landkreis	Schüler insgesamt
1946:	397	736	1 133
1947:	496	1 310	1 806.

Erst mit den allgemein steigenden Beschulungskosten wuchs auch der Anteil der Stadt an diesen Kosten. Die drastische Aufwärtsbewegung des Zuschusses ab 1951 war die Folge der Vergrößerung des Lehrkörpers durch die Einrichtung von zwei neuen Planstellen, ferner durch die Erhöhung der Miete sowie durch die Aufwendungen für die Ausstattung und Unterhaltung der neuen Unterrichts- und Werkräume in der Eberhardschule. Außerdem hatte die Zahl der Hanauer Schüler in demselben Jahr um eine Klassenstärke zugenommen und war auf 780 gestiegen. Diese Auftriebstendenz, die maßgeblich auf die weitere Kostenentwicklung eingewirkt hat, riß auch in den folgenden Jahren nicht ab und verlief insoweit parallel mit der Entwicklung der Einwohnerzahl.

---

1) So der Schlußbericht des Rechnungsprüfungsamts der Stadt Hanau für das Rechnungsjahr 1945 vom 28. April 1950, S.37; tatsächlich stand die Schulbaracke im Hof des Schlosses Philippsruhe erst ab Juli 1946 zur Verfügung; lediglich für die Lehrlinge des Elektrohandwerks hatte der Unterricht in der Lehrwerkstatt der Firma Brown, Boveri & Co. bereits im November 1945 begonnen

§ 4

EINZELPLAN 3
Kultur

1. Gliederung und finanzwirtschaftliche Gesamtergebnisse

Im Einzelplan 3 sind während des Untersuchungszeitraums mehrere Änderungen eingetreten, die sich auf die Finanzwirtschaft der Stadt ausgewirkt haben:

1. das den Kulturetat einst beherrschende "Stadttheater" ist nach seiner Zerstörung ab 1945 weggefallen,

2. der durch die Nationalsozialisten eingeführte Abschnitt "Gemeinschaftspflege", der der Verbuchung von Ausgaben zur 'Förderung der Volksgemeinschaft in Verbindung mit der NSDAP und der Garnison' diente und vorwiegend Zuschüsse für Schulungszwecke der Partei enthielt, wurde 1945 gestrichen.

3. Wieder aufgenommen in den Etat wurden 1951 der Bereich "Wissenschaftspflege" und der vor 1933 bereits vorhandene Abschnitt "kirchliche Angelegenheiten". Die "Wissenschaftspflege" war durch die Mustergliederung des Haushaltsplans 1938 eingeführt, im Haushaltsplan der Stadt Hanau bis 1944 aber nur nachrichtlich, d.h. ohne Finanzbewegungen, vermerkt worden.

Unter Berücksichtigung dieser Besonderheiten stellt sich die Gliederung des Kulturhaushalts wie folgt dar:

ABSCHNITT:	UNTERABSCHNITT:	HAUSHALTSANSATZ:
Kulturpflege		
	Kulturamt	
Wissenschaftspflege		(ab 1951)
Theater und Konzerte		
	Kunst- und Musikpflege	
	Stadttheater	(bis 1944)
Sonstige Kunstpflege		
	Heimatkunst	
Volksbildung		
	Allgemeine Volksbildung	
	Stadtbibliothek	
	Gemeinschaftspflege	(bis 1944)

Heimatpflege		
	Stadtarchiv	
	Stadtmuseum	
	Natur- und Denkmalschutz	
	Lamboywaldfest	(bis 1943 / ab 1951)
Kirchliche Angelegenheiten		(ab 1951)

Für diese im Einzelplan 3 erfaßten Abschnitte und Unterabschnitte ergaben sich während des Untersuchungszeitraums folgende Gesamteinnahmen und -ausgaben:

Tabelle 88

Rechnungsergebnisse des Einzelplans 3 "Kultur" im Ordentlichen Haushalt der Stadt Hanau

Rechnungsjahr	Einnahmen RM/DM	Ausgaben RM/DM	Ausgaben in % der Gesamtausgaben OH	Zuschuß absolut RM/DM	Zuschuß je Einwohner RM/DM
1936	211 386	342 825	3,6	131 439	3,22
1941	321 494	603 804	4,4	282 310	7,16
1945	-	55 778	0,8	55 778	2,69
1949	408	131 133	1,2	130 725	4,56
1954	3 467	340 038	1,7	336 571	8,19

Der Kulturetat der Stadt Hanau wurde bis zum Kriegsende vom Stadttheater beherrscht. Das Theater war der Mittelpunkt des kulturellen Lebens. Zwischen 92 vH (1936) und 98 vH (1941) der Einnahmen des Einzelplans 3 entfielen allein auf diesen Unterabschnitt. Bei den Ausgaben lag der Anteil zwischen 77 vH (1941) und 82 vH (1936). Daneben spielten die Bereiche Volksbildung und Heimatpflege - aus finanzieller Sicht - eine nur untergeordnete Rolle.

Ein grundlegend anderes Bild ergab sich nach dem Kriege. Die schwere Beschädigung des Theaters am 6. Januar 1945 und seine endgültige Zerstörung in der Bombennacht vom 19. März 1945 war für die kulturfreudige Stadt ein schwerer Verlust, der bis heute nicht ersetzt werden konnte. Da auch die übrigen Kultureinrichtungen: Museen, Stadtbücherei, Stadtarchiv und Stadthalle, den Bomben zum Opfer gefallen waren, erreichte das Kulturleben am Ende des Zweiten Weltkriegs seinen absoluten Tiefstand. Wegen der Vordringlichkeit, zunächst lebensnotwendige öffentliche Einrichtungen wieder aufzubauen und alle Anstrengungen darauf zu konzentrieren, war eigentlich eine rasche Überwindung dieser wenig hoffnungsvollen Situation nicht zu erwarten. Der Kulturetat der Stadt, der 1941 noch einen Anteil von 4,5 vH an den Gesamtausgaben hatte, fiel 1945 weit hinter dieses Ergebnis zurück und erreichte nur einen Anteil von weniger als 1 vH. Er enthielt zudem außer umfangreichen Altlasten aus vergangenen Jahren (z.B. Restgagen des Theaterpersonals) vorwiegend Personalausgaben, ansonsten aber keine die Kulturszene aktivierenden Aufwendungen. Um so überraschender war der Aufschwung in den folgenden Jahren, in denen sich zunächst durch private Initiativen, die von der kommunalen Verwaltung nach Kräften gefördert wurden, später durch gezielte Aufbauleistungen wieder ein Kulturleben entwickelte, das an die alten Traditionen anknüpfte und die Stadt wieder zum kulturellen Mittelpunkt ihres Umlands werden ließ. Bis 1954 wuchs der Anteil der Kulturausgaben an den Gesamtausgaben zwar nur auf knapp 2 vH an, die absoluten Beträge in den wichtigsten Abschnitten des Einzelplans 3 übertrafen aber die Vorkriegszahlen zum Teil erheblich, wie die folgende Tabelle 89 deutlich macht.

2. Das Stadttheater

Das 1768 unter Landgraf Wilhelm IX. von Franz Ludwig von Cancrin erbaute Komödienhaus, das von 1803 bis 1866 die Bezeichnung "kurfürstliches Schauspielhaus" trug und danach schlicht "Theater in Hanau" genannt wurde, ging 1871 in das Eigentum der Stadt über, die es an einen Theaterunternehmer verpachtete. Nach den wenigen Anhaltspunkten in den Haushaltsplänen der Jahre 1879 bis 1881 zahlte der Schauspieldirektor Frey damals jährlich 700.- Mark für die Benutzung des Theaters. Die etwa doppelt so hohen Ausgaben für die bauliche Unterhaltung sowie für die Ergänzung und Instandhaltung des Inventars, der Maschinerie und der Dekorationen gingen indessen zu Lasten der Stadt Hanau. Vom 15. September 1883 an wurde dem Theaterdirektor dann gegen die Verpflichtung, jährlich eine Vorstellung für einen wohltätigen Zweck zu geben[1]), die Nutzung der Einrichtungen "ohne Zins" zunächst auf die Dauer von 3 Jahren, ab 15. September 1886 für weitere 3 Jahre und ab 1890 schließlich unbefristet überlassen. Die Belastung der Stadt blieb im wesentlichen auf die Instandhaltungskosten des Gebäudes, seiner technischen Anlagen und Dekorationen beschränkt. Ein unternehmerisches Risiko aus den Veranstaltungen hatte die Stadt nicht zu tragen.

Auch unter den späteren Pächtern und Theaterdirektionen[2]), die die Stadt bis in die Zeit nach dem Ersten Weltkrieg zur Bespielung des Hauses unter Vertrag nahm, bestand die Belastung des Theateretats vor allem in dem wachsenden Zuschußbedarf für die laufende Unterhaltung und die technischen Betriebskosten (Licht- und Kraftstrom, Heizung, Feuerwache, Bedienung der Heizung und Lüftung), zu denen die Pächter nur bescheidene Beträge beizusteuern hatten.[3]) Nach dem Vertrag mit dem Theaterdirektor Spannuth-Bodenstedt vom 10. August 1918 lieferte die Stadt außerdem das für Theaterzwecke benötigte Gas, Wasser und den Strom für jährlich 100 Vorstellungen ohne Berechnung. Der Energiebedarf für darüber hinausgehende Veranstaltungen wurde zu Selbstkostenpreisen abgerechnet.

---

1) Der Ertrag sollte der Armenverwaltung zugute kommen

2) Der Haushaltsplan für 1910 nennt als Pächter den Schauspieldirektor Adalbert Steffter, der Etat für 1920 den Theaterdirektor Spannuth-Bodenstedt als Vertragspartner der Stadt. Sein Nachfolger wurde 1920 Johannes Poetsch, der seinerseits 1924 von Ludwig Piorkowski in der Leitung des Theaters abgelöst wurde

3) Im Haushaltsplan für 1910 sind die vom Pächter zu entrichtenden anteiligen Betriebskosten je Vorstellung mit 40.- Mark beziffert. Die daraus errechnete Jahresleistung an die Stadt betrug 5 953,20 Mark. Dem standen Ausgaben der Stadt in Höhe von 21 527,40 Mark gegenüber. Der städtische Zuschuß betrug demnach 15 574,20 Mark. Im Haushaltsplan für 1920 standen den von der Theaterdirektion zu zahlenden anteiligen Betriebskosten von 12 568.- Mark Ausgaben der Stadt in Höhe von 50 323.- Mark gegenüber. Der Zuschußbedarf lag demnach bei 47 755.- Mark

Einzelplan 3
Kultur

Tabelle 89 Rechnungsergebnisse der Abschnitte des Ordentlichen Haushalts in RM/DM

HAUSHALTSABSCHNITT	1936	1941	1945	1949	1954
Kulturpflege (Kulturamt)					
Einnahmen	--	4 566	--	--	--
Ausgaben	--	22 379	12 117	16 275	68 743
Zuschuß absolut	--	17 813	12 117	16 275	68 743
je Einwohner	--	0,45	0,58	0,56	1,67
Wissenschaftspflege					
Einnahmen	--	--	--	--	--
Ausgaben	--	--	--	--	4 588
Zuschuß absolut	--	--	--	--	4 588
je Einwohner	--	--	--	--	0,11
Theater und Konzerte					
Einnahmen	201 675	315 651	--	--	160
Ausgaben	289 386	475 010	19 048	69 874	64 243
Zuschuß absolut	87 711	159 359	19 048	69 874	64 083
je Einwohner	2,15	4.04	0,92	2,43	1,55
Sonstige Kunstpflege (Heimatkunst)					
Einnahmen	--	--	--	--	--
Ausgaben	--	6 150	208	572	10 931
Zuschuß absolut	--	6 150	208	572	10 931
je Einwohner	--	0,15	0,01	0,01	0,26
Volksbildung					
Einnahmen	367	507	--	408	3 302
Ausgaben	25 895	54 309	7 398	33 108	114 590
Zuschuß absolut	25 528	53 502	7 398	32 700	111 288
je Einwohner	0,62	1,35	0,35	1,14	2,70
Heimatpflege					
Einnahmen	9 344	470	--	--	5
Ausgaben	27 544	45 956	17 007	11 304	50 824
Zuschuß absolut	18 200	45 486	17 007	11 304	50 819
je Einwohner	0,44	1,15	0,82	0,39	1,23
Kirchliche Angelegenheiten					
Einnahmen	--	--	--	--	--
Ausgaben	--	--	--	--	26 119
Zuschuß absolut	--	--	--	--	26 119
je Einwohner	--	--	--	--	0,63

Seit der Übernahme des Theaters durch die Stadt Hanau hat sich das Haus nie selbst getragen. Daran änderte auch eine bessere Auslastung des künstlerischen und technischen Personals durch die Ausdehnung des Spielbetriebes auf andere Städte nichts[1]. Dennoch hat die Stadt immer, selbst in der von massiven Fehlbeträgen gekennzeichneten Zeit während der Weltwirtschaftskrise, an ihrem Theater festgehalten. Die Fortführung des Betriebes in eigener Regie war allerdings ohne Beihilfen des Reichs nicht mehr möglich. Die Reichszuschüsse, die - erstmalig für 1934 - in unterschiedlicher Höhe gezahlt wurden, betrugen ab 1936 für die acht- bis neunmonatige Regelspielzeit (Winterspielzeit vom September bis Mai) jährlich 50 000.- RM und ab 1942 mit der Einführung des ganzjährigen Spielbetriebs 70 000.- RM.

Über die Einnahmen und Ausgaben des Stadttheaters gibt die folgende Übersicht Auskunft:

Tabelle 90 Einnahmen und Ausgaben des Hanauer Stadttheaters 1936 - 1943 (Ist-Ergebnisse)

	1936	1937	1938	1939	1940	1941	1942[a]	1943[a]
Einnahmen								
aus Theaterbetrieb	136 065	148 994	159 717		195 091	217 668	372 000	368 530
aus Zuschüssen								
des Reichs[b]	50 000	50 000	50 000		32 000	34 000	72 000	72 000
von anderen Städten[c]	8 000	6 575	6 750		-	-	50 000	50 000
sonstige Einnahmen	-	2 243	2 850		7 613	61 333	7 759	7 311
Summe Einnahmen	194 065	207 812	219 317	209 817	234 704	313 001	501 759	497 841
Ausgaben								
Verwaltungspersonal	24 830	23 821	25 414		23 154	26 768	36 068	37 615
Künstlerisches und technisches Personal	190 181	203 499	247 008		213 893	257 724	412 817	424 104
Sachkosten Verwaltung	3 513	3 567	5 905		7 032	6 843	9 250	9 250
Sachkosten Theaterbetrieb	61 581	66 365	73 174		70 434	63 231	103 076	104 341
Vergütung an die Stadt Aschaffenburg	-	-	-		37 250	27 300	33 600	33 600
Andere Ausgaben[d]	997	57 057	1 433		11 747	83 161	31 789	5 161
Summe Ausgaben	281 102	354 309	352 934	341 570	363 510	465 027	626 600	614 071
Zuschuß	87 037	146 497	133 617	131 753	128 806	152 026	124 841	116 230

a) nach dem Voranschlag

b) 1940-1943 jeweils einschließlich RM 2 000.- Zuschuß des Oberpräsidenten

c) Darin Zuschüsse der Stadt Aschaffenburg 1936: 8 000 RM; 1937-1938: je 6 000 RM; der Stadt Bad Orb 1937: 575 RM 1938: 750 RM; der Stadt Offenbach 1942-1943: je 50 000 RM

d) Darin Zuführung an Theaterbaurücklage 1937: 44 100 RM; 1941: 28 727 RM; ferner einmalige Ausgaben für Renovierungsarbeiten 1937: 12 957 RM; 1941: 54 434 RM; 1942: 30 730 RM

1) Von Einzelgastspielen in verschiedenen hessischen Städten (Bad Nauheim, Höchst und Marburg) abgesehen, bestanden von der Spielzeit 1925/26 an mit den Städten Aschaffenburg und Bad Homburg v.d.H., von 1926/27 an auch mit der Stadt Offenbach feste Vereinbarungen über die Bespielung der dortigen Theater

Mit der Einführung der Sommergastspiele im Jahre 1936 nahm die Zahl der Vorstellungen deutlich zu. Das wachsende Publikumsinteresse[1], das sich auch in einer Zunahme der Abonnentenzahl niederschlug, brachte zudem steigende Einnahmen und verbesserte so die wirtschaftliche Situation des Theaters, auch im Vergleich mit anderen städtischen Bühnen[2]. Hinzu kamen ab 1941 sogenannte "KdF-Veranstaltungen"[3], die sich an einen speziellen Zuschauerkreis wandten und nicht nur in Hanau, sondern auch in anderen Städten[4] durchgeführt wurden. Sie trugen immerhin zur Stabilisierung der Einnahmesituation bei.

Die stärkere Beanspruchung der Einrichtungen zwang einerseits zur Bildung von Rücklagen und verursachte darüber hinaus erhebliche einmalige Ausgaben für die Renovierung des Theaters in den Jahren 1941 und 1942.

Im Jahre 1940 wurden die bis dahin bestehenden Vereinbarungen mit der Stadt Aschaffenburg, die ein eigenes Ensemble unterhielt, auf eine neue vertragliche Grundlage gestellt. Danach übernahm das Hanauer Stadttheater den Opern- und Operettenspielbetrieb mit einem eigenen Orchester, das Stadttheater Aschaffenburg das Schauspiel. Ein regelmäßiger Austausch von Vorstellungen nach einem festen Konzept, das eine gegenseitige Mindestabnahme von 45 Vorstellungen pro Jahr vorsah, versetzte beide Bühnen in die Lage, einen umfassenden Spielplan anzubieten. In dem zugrundeliegenden Vertrag von 1941 wurde die finanzielle Regelung in der Weise getroffen, daß die Stadt Aschaffenburg der Stadt Hanau je Opern- bzw. Operettenaufführung einen Betrag von 1270 RM, die Stadt Hanau an Aschaffenburg für jede Schauspielvorstellung 560 RM zu zahlen hatte. Zusätzliche Vorstellungen, für die eine Abnahmeverpflichtung nicht bestand, wurden mit einem Betrag von 1000 RM für Oper und Operette, mit 450 RM für Schauspiele und 350 RM für Märchenaufführungen vergütet. Mit dem Inkrafttreten des Vertrages mußte sich die Stadt Hanau allerdings einen Teil der Reichszuschüsse, nämlich 18 000 RM, auf den von der Stadt Aschaffenburg zu zahlenden Spitzenausgleich anrechnen lassen.

Eine besondere Gastspielvereinbarung wurde 1942 auch mit der Stadt Offenbach getroffen. Da die Stadt zwar über ein eigenes Theater, nicht jedoch über ein eigenes Ensemble verfügte, einigte man sich auf einen festen jährlichen Zuschuß von 50 000 RM, den Offenbach, neben einem Kostenersatz von 1270 RM je Vorstellung, an die Stadt Hanau zu zahlen hatte. Die Abnahme von zwei Vorstellungen wöchentlich war garantiert.

Unter den Ausgaben des Hanauer Stadttheaters nahmen die Kosten für das Personal, das sich in vier Gruppen gliederte, naturgemäß den größten Raum ein. In der Spielzeit 1937/38

---

1) Das Stadttheater hatte 410 Plätze, die 1938 durchschnittlich mit 87,3 vH ausgelastet waren. Die Besucherzahlen in Hanau und Aschaffenburg hatten sich von 1934/35 bis 1937/38 von 67 553 auf 141 233, d.h. um 109 vH erhöht. [Vgl. dazu Hanauer Anzeiger Nr.293 vom 15. Dezember 1938, S.3 und Nr.103 vom 4. Mai 1939, S.5; ferner "170 Jahre Stadttheater Hanau" Spielzeit 1938/39, Stadtarchiv Hanau H 5, Nr.74]; die Zahl der Abonnenten war von 1932 bis 1937 von 400 auf insgesamt 700 gestiegen [Vgl. Hanauer Anzeiger Nr.83, vom 8. April 1938, S.7]

2) Der Durchschnittskostensatz des Hanauer Stadttheaters pro Kopf der Bevölkerung betrug 1937/38 2,63 RM und lag damit wesentlich unter dem anderer Bühnen: Erfurt (4,46 RM), Düsseldorf (4,50 RM), Köln (3,56 RM), Kottbus (3,48 RM), Mainz (4,96 RM), Frankfurt (5,34 RM), Heidelberg (5,76 RM) und Darmstadt (6,74 RM) [Vgl. Hanauer Anzeiger Nr.155, vom 6. Juli 1938, S.4]

3) NS-Gemeinschaft Kraft durch Freude (KdF), eine von den Nationalsozialisten ins Leben gerufene Institution für die politisch organisierte Freizeitgestaltung

4) Zu KdF-Veranstaltungen reiste das Hanauer Ensemble u.a. nach Bad Homburg v.d.H., Gelnhausen und Offenbach

setzte sich der Personalkörper[1] wie folgt zusammen:

Intendanz, Musikvorstände, Spielleiter und Assistenten:		9 Personen
Verwaltung (Kanzlei, Inspektion und Kasse):		5 Personen
Künstlerisches Personal:		
Oper und Operette	6 Gesangssolisten	
	3 Gesangssolistinnen	
	1 Kinderrolle	
	5 Tänzerinnen	
	12 Chormitglieder	
	21 Orchestermitglieder	
Summe künstlerisches Personal:		48 Personen
Technisches Personal:		
(einschließlich Friseuren)	9 Handwerker	
	und 11 Gehilfen	
		20 Personen
	insgesamt	82 Personen.

Zu diesem unter Vertrag stehenden Stammpersonal kamen je nach Bedarf Gastspielverpflichtungen sowie Hilfskräfte (Handwerker, Statisten und Aushilfsmusiker). Durch die Erhöhung verschiedener Solisten- und Chorgagen und der Gehälter des technischen Personals sowie durch die Einordnung der Musikervergütungen in den "Kulturorchestertarif" entstanden 1941 erhebliche Personalmehrausgaben. Die Einführung des ganzjährigen Spielbetriebs ein Jahr später machte außerdem eine Vergrößerung des Stammpersonals notwendig. Dadurch und infolge einer weiteren Erhöhung der Gagen um durchschnittlich 14 vH stiegen die Personalkosten nochmals erheblich an, wie aus den Voranschlagszahlen für 1942 und 1943 hervorgeht (siehe Tabelle 90). Dank der besseren Gesamtauslastung des Theaters, der höheren Zweckzuweisungen des Reiches sowie der hinzugekommenen Zuschüsse der Stadt Offenbach hatte sich der Zuschußbedarf jedoch nicht vergrößert; er war absolut sogar zurückgegangen.

Ein Bombenangriff am 6. Januar 1945 bereitete dem Hanauer Theaterleben ein jähes Ende. Das Haus wurde schwer beschädigt und nur wenige Monate später am 19. März 1945 total zerstört. Auf die bescheidenen Versuche der Wiederbelebung der Theaterszene nach dem Zusammenbruch ist im folgenden Kapitel noch kurz einzugehen. Sie litten allesamt unter den äußerst ungünstigen Bedingungen jener Zeit. Es fehlte nicht an Idealismus, es fehlte im wesentlichen an den materiellen Voraussetzungen, die für eine gedeihliche Theaterarbeit unumgänglich sind. Obwohl von der Stadt ideell und - im Rahmen ihrer beschränkten Möglichkeiten - auch materiell unterstützt, blieb den Bemühungen der eigens dazu gegründeten "Notgemeinschaft Hanauer Bühnenkünstler" um eine Anknüpfung an die Theatertradition der Stadt der nachhaltige Erfolg versagt.

Die Theaterruine am damaligen Paradeplatz, deren Wiederaufbau zwar zeitweilig erwogen[2], aber wegen fehlender Mittel nicht realisiert werden konnte, wurde durch Beschluß

1) Stadtarchiv H 5, Nr.74

2) 1953 glaubte man noch, die Reste des Theatergebäudes vor dem endgültigen Verfall bewahren zu können, nachdem ein Kinounternehmer mit dem Plan an die Stadt herangetreten war, die noch vorhandene Bausubstanz zu einem großen Lichtspielhaus auszubauen und auf 25 Jahre zu pachten. Die Pläne haben sich jedoch wegen der unlösbaren Finanzierungsprobleme später zerschlagen. (Vgl. dazu Hanauer Anzeiger, 221.Jahrgang, Nr.21 vom 26. Januar 1953, S.3)

der Stadtverordnetenversammlung vom 9. Juni 1954 mit der Hilfe amerikanischer Pioniereinheiten endgültig beseitigt und das Trümmerfeld eingeebnet.[1]

3. Der Wiederaufbau des Kulturlebens

a) Das Kulturamt

Die zentrale Verwaltungsbehörde für den Einzelplan 3 ist das Kulturamt. Als selbständige Einrichtung erschien es erstmals im Haushaltsplan 1939 unter dem Oberbegriff "Allgemeine Verwaltung der Kultur- und Gemeinschaftspflege". Seine Entstehung verdankte es der Herauslösung der kulturellen Aufgaben aus der allgemeinen Schulverwaltung, von der der weit gefaßte, auch Kulturfragen umfassende Komplex des "Bildungs- und Erziehungswesens" bis dahin allein wahrgenommen worden war. Die Trennung vom Schulamt folgte aber nicht allein organisatorischen Notwendigkeiten, sondern war zugleich Ausdruck einer stärkeren Betonung der im Kulturetat angesiedelten neuen Gemeinschaftspflege, worunter im Dritten Reich vor allem parteiideologische Schulung zu verstehen war. Unter der "Förderung der Volksgemeinschaft in Verbindung mit der NSDAP" fanden sich denn seit 1939 auch Ausgaben wie: Beiträge zu Schulungseinrichtungen der Partei, Beschaffung von Schulungsmaterial, Ankauf von Fahnen, Anstrich von Fahnenmasten etc.

Zu den ursprünglichen Aufgaben des Kulturamtes in Hanau gehörte neben der Betreuung des Stadttheaters, der Stadtbibliothek, des Stadtarchivs und des Heimatmuseums auch die Förderung anderer kultureller Anliegen und Veranstaltungen, wie sie sich zum Teil in den Abschnitten und Unterabschnitten des Einzelplans 3 widerspiegeln:

Theater- und Konzertveranstaltungen (Kunst- und Musikpflege),
Ausstellungen heimischer Künstler (Heimatkunst; sonstige Kunstpflege),
Volksbildungsprogramme und Vorträge,
Heimatfeste (Lamboyfest) sowie der
Natur- und Denkmalschutz.

Die allmähliche Ausweitung des verselbständigten Kulturetats wird aus dem wachsenden Gesamtzuschuß sichtbar, den die Stadt zu tragen hatte und der nach den Rechnungsergebnissen von 1936 bis 1941 von 131 439 RM auf insgesamt 282 310 RM anstieg. Die Voranschlagszahlen für 1942 und 1943 wiesen darüber hinaus eine weiterhin ansteigende Zuschußtendenz auf, die jedoch vorwiegend durch Zuweisungen an Rücklagen (1942: 150 000 RM für das Stadtmuseum) und einmalige Ausgaben (1943: für das Deutsche Goldschmiedehaus) bedingt war.

---

1) Der Abriß der Stadttheaterruine war vom Magistrat zunächst ohne förmlichen Beschluß der Stadtverordnetenversammlung nur nach vorheriger telefonischer Zustimmung der Fraktionsvorsitzenden veranlaßt worden, nachdem Bemühungen für eine anderweitige Verwertung ohne Ergebnis geblieben waren und ein kurzfristiges Angebot amerikanischer Pioniereinheiten vorlag, mit schwerem Gerät bei der Enttrümmerung der Innenstadt zu helfen. Die Möglichkeit, bei der Beseitigung der Theaterruine auf diese Weise etwa 40 000.- DM einsparen zu können, hatte den Magistrat zu der Entscheidung bewogen, den Abriß durchzuführen und den förmlichen Beschluß der Stadtverordnetenversammlung nachzuholen. (Vgl. Hanauer Anzeiger, 222.Jahrgang, Nr.132 vom 10. Juni 1954, S.3/4)

Nach dem Kriege mußte sich die Förderung des Kulturlebens wegen der vordringlich für den Wiederaufbau benötigten Mittel in engen Grenzen halten. Die großen Sorgen um die Wiederherstellung der lebensnotwendigen öffentlichen Einrichtungen und die Schaffung des dringend erforderlichen Wohnraums für die Bürger ließen der Stadtverwaltung nach 1945 nur wenig Spielraum für andere Interessen. Ausgaben für kulturelle Zwecke beschränkten sich daher zunächst auf die zuschußweise Unterstützung privater Initiativen, die vor allem von ehemaligen Mitgliedern des Stadttheaters ausgingen.

- Schon Ende 1945 war es zur Gründung der oben bereits erwähnten "Notgemeinschaft Hanauer Bühnenkünstler" gekommen[1]), aus der sich schließlich ein Privattheater entwickelte, das versuchte, das Kulturleben wieder in Gang zu bringen. Nach ersten musikalischen Veranstaltungen im Saal sowie im Park des Schlosses Philippsruhe[2]) entstanden einfache Operetten- und Schauspielprogramme, die unter denkbar schwierigen Bedingungen an wechselnden Orten aufgeführt wurden. Anfänglich diente eine notdürftig hergerichtete Reithalle in der Cardwellstraße[3]) als Spielstätte, die aber, weil sie zum Gebäudekomplex eines der Besatzungsmacht unterstehenden Ausländerlagers gehörte, nur beschränkt benutzt werden konnte. Sie fiel im übrigen 1949 bei einem Großbrand den Flammen zum Opfer. Veranstaltungen fanden später in einer aus Trümmerresten errichteten, provisorischen "Sport- und Kulturhalle" und im neu erbauten Kantinensaal der Firma Dunlop[4]) statt.

Das mit Billigung der Stadtverwaltung unter dem Namen "Stadttheater Hanau" firmierende Privatunternehmen[5]) konnte sich aber nicht halten. Zu gering waren die Einnahmen aus Kartenverkäufen und Zuschüssen, zu schwierig die Rahmenbedingungen, um einen Theaterbetrieb aufzuziehen, der den von früher her gewohnten Ansprüchen des Hanauer Publikums hätte genügen können. So schloß man am 31. März 1950 darüber endgültig die Akten.

Ähnlich erging es den "Kammerspielen Hanau", einer weiteren Privatbühne, die sich - von der Stadt ebenso mit finanziellen Zuwendungen[6]) unterstützt - als intimes Theater der Aufführung von Schauspielen widmete und 1952 gleichfalls aufgeben mußte.

---

1) Mitteilungsblatt der Stadtverwaltung Hanau, Folge 16 vom 28. Juli 1945, S.1

2) Mitteilungsblatt für den Stadt- und Landkreis Hanau Folge 53 und 72 vom 13. April und 24. August 1946

3) die Eröffnung des Theaters an der Carwellstraße fand am 28. Mai 1947 statt

4) Die erste Aufführung ("Die Fledermaus") im Kantinensaal der Firma Dunlop (Dunlop-Halle) fand am 25. Juni 1950 statt

5) In Anerkennung der Verdienste des Theaterleiters Marbod um das Hanauer Theaterleben gestattete ihm die Stadt Hanau, seine Bühne "Stadttheater Hanau, Privatdirektion Emmerich Marbod" zu nennen. Über einen zur gleichen Zeit gestellten Kredithilfeantrag des Privatunternehmens in Höhe von 10 000 DM fertigte der Magistrat eine Vorlage, über die in der Stadtverordnetenversammlung vom 4. August 1948 entschieden wurde. Anstelle des beantragten Kredits erhielt das Privattheater einen Zuschuß in Höhe von 8 000 DM [Vgl. Mitteilungsblatt des Stadt- und Landkreises Hanau, Folge 170 und 172 vom 24. Juli / 7. August 1948]

6) Für die Spielzeit 1951/52 beispielsweise erstreckte sich die Unterstützung der Stadt nach dem Beschluß der Stadtverordnetenversammlung auf folgende Vergünstigungen: a) Erlaß der Vergnügungssteuer, b) Übernahme der Miete des Kammermusiksaales für 20 Vorstellungen, c) Zuschuß zu den Reklamekosten der Kammerspiele in Höhe von 800 DM

Bereits im Herbst 1949 hatte das Kulturamt damit begonnen, eigene Theater- und Konzertveranstaltungen zu organisieren und durchzuführen. Die inzwischen gegründete und unter seiner Leitung stehende "Theatergemeinde" bildete dazu das Stammpublikum, das mit seinen Beiträgen und Eintrittsgeldern einen finanziellen Grundstock dafür sicherte. Die Veranstaltungen wurden darüber hinaus im Rahmen der allgemeinen Kunst- und Musikpflege unter dem Haushaltsabschnitt "Theater und Konzerte" von der Stadt Hanau bezuschußt (siehe dazu Tabelle 89).

Als Hauptsorge des Kulturamts hatte sich in den Anfangsjahren das Fehlen geeigneter Räumlichkeiten für kulturelle Zwecke erwiesen. An dieser Stelle soll deshalb auf die Wiederherstellung der Stadthalle kurz eingegangen werden, weil sie für die Belebung und Bereicherung des Kulturlebens nach 1945 von entscheidender Bedeutung war. Die mit der Stadthalle verbundene Betriebsgesellschaft ist nach der Finanzstatistik den Wirtschaftlichen Unternehmen des Einzelplans 8 zuzuordnen und deshalb später zu behandeln.

- Seit der Zerstörung des Theaters und der Stadthalle verfügte die Stadt Hanau über keinen geeigneten Saal mehr, in dem größere Veranstaltungen hätten abgehalten werden können. Alle bis dahin genutzten Alternativlösungen - der weiße Saal im Schloß Philippsruhe, die Sport- und Kulturhalle am Freiheitsplatz, der Kantinensaal der Dunlopwerke - hatten sich als unzureichend erwiesen oder waren nur unter erheblichen Einschränkungen nutzbar. So reifte der Plan, den Wiederaufbau der Stadthalle, für die bis zur Währungsreform bereits 31 000 RM und im DM-Abschnitt des Jahres 1948 rund 101 000 DM für Trümmerbeseitigung und eine erste Sanierung ausgegeben worden waren, trotz der zu erwartenden großen Finanzierungsschwierigkeiten vorzeitig in Angriff zu nehmen und parallel zu anderen wichtigen Vorhaben im Wohnungsbau und bei öffentlichen Einrichtungen zu vollenden. Man war sich allerdings darüber im klaren, daß die notwendigen Mittel für dieses nach dem Stadtkrankenhaus zweitgrößte Aufbauprojekt nach der Währungsumstellung von der Stadt nicht alleine aufgebracht werden konnten, daß vielmehr Hilfe von außen notwendig war. Die Stadtverwaltung wandte sich daher in einer groß angelegten Werbeaktion an die heimische Wirtschaft und an die Bürger der Stadt, bei dem Wiederaufbau durch großzügige Spenden zu helfen. Außer einer Lotterie (1949), zu der Hanauer Industriebetriebe, Geschäfts- und Privatleute Sachwerte zur Aufstellung eines Gewinnplanes beisteuerten, wurde 1950 eine Baustein-Aktion durch Hanauer Vereine veranstaltet, die in die Form von Kleindarlehen gekleidet war. Baustein-Urkunden über Darlehensbeträge von 5, 10, 50 und 100 DM zugunsten einer "Vereinigung zum Wiederaufbau der Stadthalle" wurden zur Zeichnung aufgelegt. Die Rückzahlung zum Nennwert ab 1. Dezember 1952, zuzüglich eines Agios von 10 vH, wurde von der Stadt Hanau garantiert. Alle diese Maßnahmen waren - wie die spätere Abrechnung ergab - zwar finanziell nicht sonderlich erfolgreich, immerhin aber trugen sie zur Kostendeckung bei und führten darüber hinaus zu einem beachtlichen und in der damaligen Zeit außerordentlich wichtigen Solidarisierungseffekt unter den Bürgern.

  Bei dem Stadthallenbau ist das Auseinanderklaffen von Voranschlagszahlen und tatsächlichen Ist-Ergebnissen - wie es später bei vielen anderen Projekten ebenfalls beobachtet wurde - besonders augenfällig, weshalb hier die Finanzdaten der Planung und der Rechnung einmal gegenübergestellt werden sollen.

Nach den 1949 aufgewandten Bauvorbereitungskosten in Höhe von 36 273 DM war die Halle allein (ohne Anbau) 1950 mit einem Betrag von 540 000 DM veranschlagt worden, dessen Finanzierung wie folgt vorgesehen war:

340 000 DM Darlehen von Hanauer Banken und Sparkassen
100 000 DM Darlehen der Deutschen Beamtenversicherung
50 000 DM Darlehen der Dunlopwerke
50 000 DM Spende der Dunlopwerke.

Bei den Bankendarlehen handelte es sich um mittelfristige Gelder mit einer Laufzeit von 5 Jahren zu 6½ vH Zinsen mit einer jährlichen Rückzahlungslast von 38 000 DM.

Der Bühnenanbau und der Wirtschaftstrakt sollten weitere 131 000 DM kosten, die aber zunächst nur zu einem Fünftel gesichert waren, und zwar aus:

Spenden von Geschäftsleuten	17 932,35 DM
Stadthallen-Groschenaktion	657,77 DM
Reingewinn eines Volksfestes	5 525,72 DM
Verkauf von Bausteinen	2 030,-- DM
zusammen	26 145,84 DM.

Die fehlenden rund 105 000 DM hoffte man im Zeitpunkt der Haushaltsplanung aus weiteren Spenden der Bevölkerung und Zuwendungen aus der McCloy-Stiftung decken zu können. Steigende Steuereinnahmen erlaubten es aber der Stadt, nicht nur die nach dem Voranschlag bestehende Finanzierungslücke zu schließen, sondern auch die durch gestiegene Baupreise entstandenen Mehrausgaben aus eigener Kraft zu finanzieren. Im Rahmen des 1. und 2. Nachtragshaushalts für das Rechnungsjahr 1950 genehmigten die Stadtverordneten die erforderlichen Deckungsbeträge[1].

Nach den ursprünglichen Etatansätzen der Rechnungsjahre 1948 (beginnend mit dem DM-Abschnitt) bis 1954 waren für den Wiederaufbau der Stadthalle 772 000.- DM veranschlagt worden. Die tatsächlichen Gesamtausgaben im Außerordentlichen Haushalt betrugen dagegen 875 126 DM; das waren gegenüber dem Voranschlag Mehrausgaben von 103 126 DM oder 13,4 vH, die sich im wesentlichen als Folge nachträglicher Planungsänderungen und gestiegener Preise für Baustoffe und Handwerkerleistungen ergeben hatten. (Zu den außerordentlichen Ausgaben des Abschnitts "Stadthalle" im Einzelplan 8 ab 1948 siehe Tabelle 144).

---

1) Die Kosten des Wiederaufbaus der Stadthalle erhöhten sich nach der 1. und 2. Nachtragshaushaltssatzung für das Rechnungsjahr 1950 um insgesamt 242 000 DM. Die Mehrausgaben wurden von den Stadtverordneten in zwei Teilbeträgen von 142 000 DM und 100 000 DM mit der 2. Nachtragshaushaltssatzung vom 21. März 1951 endgültig bewilligt

Bei den in der Tabelle 89 auf Seite 367 ausgewiesenen Abschnitten und Unterabschnitten:

Wissenschaftspflege,
Sonstige Kunstpflege (Heimatkunst),
Heimatpflege und
kirchliche Angelegenheiten,

die unter der Aufsicht des Kulturamtes standen, handelte es sich nicht um Verwaltungs-, sondern um Haushaltsverrechnungsstellen. Unter der "Wissenschaftspflege" wurden seit 1950 Unterstützungen und Zuwendungen an wissenschaftliche Institutionen und Gesellschaften[1]), ferner Beiträge an Stiftungen, Verbände und Vereine[2]) mit vergleichbaren Zielsetzungen sowie Druckkostenzuschüsse zu wissenschaftlichen Publikationen ausgewiesen.

Unter "Heimatkunst" erfaßte der Haushaltsplan in erster Linie Zuschüsse zu Ausstellungen und finanzielle Unterstützungen an Hanauer Künstler sowie den Ankauf von Kunstgegenständen.

Im Abschnitt "Heimatpflege" waren außer den Kosten für Natur- und Denkmalschutz sowie für das jährlich wiederkehrende "Lamboyfest" insbesondere die Ausgaben des "Historischen Museums Hanau" (früher: "Stadtmuseum") enthalten, das seit 1952 wieder eine eigene personelle Besetzung erhielt. Ferner gehörte dazu das "Stadtarchiv", das bis 1951 im Abschnitt "Volksbildung" untergebracht war (siehe dazu das folgende Kapitel). Der Ausgabenanstieg nach 1952 ist vor allem auf diese geänderte Zuordnung zurückzuführen (siehe Tabelle 89 auf Seite 367).

Die vergleichsweise hohen Ausgaben des Jahres 1954 im Abschnitt "Kirchliche Angelegenheiten"[3]) sind durch größere Zuschüsse zum Wiederaufbau der Marienkirche und zur Beschaffung neuer Glocken für die Friedenskirche in Kesselstadt verursacht. Bereits in den Jahren zuvor waren für die Wintersicherung des Westgiebels und Dachinstandsetzungen der Marienkirche sowie für Aufbaukosten der Katholischen Kirche im Bangert Zinszuschüsse zu den von den Gemeinden aufgenommenen Darlehen geleistet worden[4]).

Zusammenfassend kann festgestellt werden, daß der Kulturetat nach der Währungsumstellung im Jahre 1948 stetig gewachsen war, so daß die Stadt Hanau am Ende des Untersuchungszeitraums auch im interlokalen Vergleich wieder besser abschnitt als unmittelbar nach dem Zusammenbruch. Bei einer Gegenüberstellung mit den Städten Aschaffenburg, Gießen, Fulda und Marburg lag Hanau 1954 nach der Höhe der Gesamtausgaben für gemeindliche Kulturpflege hinter Gießen an zweiter Stelle, bei den Ausgaben je Einwohner mit DM 8,91 sogar auf dem ersten Platz (siehe dazu Anhang B 27).

---

1) Zu den unterstützten Institutionen gehörten u.a. die Wetterauische Gesellschaft für den gesamten Naturschutz, der Hanauer Geschichtsverein e.V., Kranichsteiner Musikinstitut, Stud.-Stiftung des deutschen Volkes etc.

2) Beiträge wurden u.a. entrichtet an: Freies deutsches Hochstift Frankfurt/M., Goethemuseum Frankfurt, Universitätsbund Marburg, Historische Kommission für Hessen und Waldeck, Deutsche Friedrich-Schiller-Stiftung e.V., Goethe-Gesellschaft Weimar, etc.

3) Der Abschnitt "Kirchliche Angelegenheiten" war von den Nationalsozialisten bereits vor dem Erlaß der Gemeindehaushaltsverordnung (GemHVO) vom 4. September 1937 aus den Haushaltsplänen entfernt worden. Er wurde erst 1951 wieder in den Etat aufgenommen

4) Nach dem Beschluß der Stadtverordneten vom 25. August 1950 wurde der Marienkirchengemeinde ein Zinszuschuß in Höhe von DM 1300.- für die Dauer von längstens 10 Jahren zu Lasten der Stadtkasse gewährt

b) Der Abschnitt Volksbildung

Neben den Zahlungsvorgängen für Vorträge und sonstige Veranstaltungen enthielt der Haushaltsbereich der "Volksbildung" im wesentlichen die Einnahmen und Ausgaben der Stadtbibliothek und des Stadtarchivs. Beide Einrichtungen waren bis 1940 in einem Unterabschnitt zusammengefaßt. Danach erschienen sie bis 1951 unter separaten Verrechnungsstellen. Mit der Zuordnung des Stadtarchivs zur "Heimatpflege" ab 1952 wurden im Sektor "Volksbildung" nur noch die beiden Unterabschnitte: "Allgemeine Volksbildung" und "Stadtbibliothek" geführt.

In die nachfolgende Betrachtung der Stadtbibliothek wird das Stadtarchiv mit einbezogen. Auf eine gesonderte Darstellung seiner Ergebnisse kann hier verzichtet werden.

b1) Die Stadtbibliothek

Von geringen Gebühren (Mahngebühren) und Erlösen aus dem Verkauf von Bücherverzeichnissen abgesehen, verfügte die Stadtbibliothek über keine nennenswerten eigenen Einnahmen. Die Ausgaben mußten deshalb vorwiegend aus allgemeinen Deckungsmitteln bestritten werden. Wie die folgende Tabelle 91 zeigt, machten dabei die Personalausgaben im Durchschnitt der Jahre bis zum Kriegsende etwa die Hälfte der Gesamtausgaben aus (siehe Seite 377). Ihr Anteil wuchs jedoch gegen Ende des Untersuchungszeitraums auf etwa zwei Drittel der Gesamtausgaben an.

Die Stadtbibliothek, die ursprünglich im Seitenflügel des ehemaligen Landgerichts im Bangert untergebracht war und im Juni des Jahres 1945 ihr hundertjähriges Jubiläum hätte begehen können, war bereits am 6. Januar 1945 ein Raub der Flammen geworden. Mit dem Gebäude wurden die im Keller untergebrachten Buchbestände fast vollständig vernichtet. Von den insgesamt rund 42 000 Bänden blieben nicht einmal 10 vH erhalten. Gerettet wurden einige ausgeliehene Bücher, soweit sie in den Wohnungen der Entleiher die Wirren der letzten Kriegstage heil überstanden hatten, sowie eine geringe Anzahl wertvoller älterer Werke heimatgeschichtlicher Art, die durch Auslagerung[1] der Vernichtung entgangen waren.

In den ersten Nachkriegsjahren waren die Reste der Stadtbibliothek in einem Büroraum des Schlosses Philippsruhe, in dem sich der gesamte Dienstbetrieb des Kulturamtes abspielte, notdürftig untergebracht. Erst nach dem Umzug der Bücherei in das für das Kulturamt, die Stadtbibliothek und das Stadtarchiv in einem ersten Bauabschnitt wieder hergerichtete ehemalige Kanzleigebäude des Stadtschlosses konnte im November 1949 wieder mit der öffentlichen Ausleihe begonnen werden[2]. Der Buchbestand, der anfänglich

---

1) Von den im Schloß Schwarzenfels und in Mottgers in der Rhön ausgelagerten Werken konnte nur ein Teil zurückgebracht werden. Erhalten geblieben waren etwa 4 000 Bände, hauptsächlich Hanauer und Hessische Geschichte sowie Werke aller Wissensgebiete aus der Zeit vor 1800 (Vgl. Verwaltungsbericht der Stadt Hanau für die Jahre 1945 und 1946 S.29)

2) Vgl. Statistische Vierteljahresberichte der Stadt Hanau II/1952, S.15

bei etwa 6000 Bänden lag, wuchs durch umfangreiche Neuanschaffungen in den folgenden Jahren stark an. Wie die Tabelle 91 zeigt, wurden die Ausgaben dafür von 1952 an drastisch erhöht, so daß sich die Anzahl der für die Ausleihe zur Verfügung stehenden Bücher bis zum Jahre 1953 bereits verdoppelt hatte[1]. Neue Impulse erhielt die Stadtbibliothek durch den weiteren Ausbau des alten Kanzleigebäudes zum städtischen "Kulturhaus" und die damit gleichzeitig durchgeführte Umstellung auf Freihandbücherei.

Tabelle 91 Ist-Ausgaben der Stadtbibliothek 1936-1954

Rechnungsjahr	Ist-Ausgaben in RM/DM insgesamt	davon Personalausgaben	davon Sachausgaben	in den Sachausgaben enthalten für die Ergänzung des Bücherbestandes
1936[a]	25 895	19 907	5 988	1 679
1937[a]	27 518	19 934	7 584	2 362
1938[a]	26 072	19 772	6 300	2 329
1939[a]	28 431	21 244	7 187	861
1940	43 551	15 688	27 863	21 406[b]
1941	44 851	21 760	23 091	16 773[b]
1942[c]	43 888	23 792	20 096	6 500
1943[c]	47 641	28 969	18 672	6 500
1944	28 148	22 370	5 778	1 043
1945	7 398	6 475	923	169
1946	30 805	26 196	4 609	3 958
1947	79 539[d]	28 111	51 428	3 982
1948[e]	67 445[f]	25 037	42 408	1 145
1949	26 108	21 460	4 648	2 562
1950	34 407	24 740	9 667	5 000
1951	44 980	25 496	19 484	5 999
1952	71 276	46 825	24 451	11 210
1953	82 117	55 942	26 175	12 000
1954	94 544	63 318	31 226	14 998

a) einschließlich Stadtarchiv
b) darin für Jugendbücher 1940: 20 605 RM / 1941: 14 424 RM
c) nach dem Voranschlag
d) darin einmalige Ausgaben für den Wiederaufbau: 44 511 RM
e) DM-Abschnitt auf ein Jahr umgerechnet
f) darin einmalige Ausgaben für den Wiederaufbau: 39 159 DM

Dem Aufbau des bis dahin noch zerstörten Gebäudeteils hatten die Stadtverordneten in der Sitzung vom 11. September 1952 zugestimmt und eine erste Rate in Höhe von 70 000 DM dafür bewilligt. Der zweite und dritte Bauabschnitt, der für Roh- und Innenausbau insgesamt einen Betrag von 225 000 DM erforderte und ausschließlich über den Außerordentlichen Haushalt finanziert wurde, wurde am 1. April 1953 begonnen und noch im

1) Der Buchbestand wurde für Ende 1953 mit insgesamt 12 000 angegeben (Vgl. Hanauer Anzeiger Nr.289/221.Jg. vom 12. Dezember 1953, S.3)

gleichen Jahr abgeschlossen. In den neuen Räumen des Kulturhauses, die am 12. Dezember 1953 ihrer Bestimmung übergeben wurden, waren fortan nicht nur die Stadtbibliothek, das Stadtarchiv und das Kulturamt, sondern auch die Volkshochschule untergebracht, die sich an den Aufbaukosten mit einem Betrag von 10 000 DM beteiligt hatte.

b2) Die Zuschüsse an die Volkshochschule

Während in der Zeit bis 1944 die Ausgaben für allgemeine Volksbildung sich auf geringe Zuschußbeträge für einzelne Vorträge und Veranstaltungen beschränkten, unterstützte die Stadt Hanau ab 1946 im Rahmen der Erwachsenenbildung die Volkshochschule mit regelmäßigen Kostenbeiträgen[1]).

Tabelle 92 Ist-Ausgaben für allgemeine Volksbildung 1936-54

Rechnungsjahr	Zuzchüsse zu Vorträgen RM	Rechnungsjahr	Kostenbeiträge an die Volkshochschule RM
1936	--	1946	8 000
1937	--	1947	8 000
1938	--	1948 DM	6 100
1939	895	1949	7 000
1940	801	1950	7 000
1941	199	1951	7 000
1942 Soll	1 500	1952	10 000
1943 Soll	1 500	1953	14 270
1944	--	1954	18 720

Die Zuweisungen waren zunächst nur zur teilweisen Deckung der mit den Lehrveranstaltungen verbundenen Kosten vorgesehen. Sie wurden jedoch ab 1953 ausgedehnt auf anteilige Zuschüsse zu Mieten und den Kosten für Heizung, Reinigung und Beleuchtung der Vortragsräume. Die Erhöhung der Ist-Beträge der Jahre 1953 und 1954 in der obigen Tabelle gehen auf diese Leistungserweiterung zurück.

c) Die Wiederaufbaukosten im Außerordentlichen Haushalt

Nachdem der Aufbau des Kulturhauses oben bereits behandelt worden ist, kann hier von einer ausführlichen Darstellung seiner Finanzierung, soweit sie dem Einzelplan 3 zuzurechnen ist, abgesehen werden. Zu den übrigen, in der nachstehenden Tabelle abschnittsweise aufgelisteten außerordentlichen Ausgaben ist folgendes zu bemerken:

---

1) Der erste Zuschuß in Höhe von 8 000 RM wurde von den Stadtverordneten in der Sitzung vom 9. Oktober 1946 bewilligt. Er ging auf einen Antrag des Vereins für Volksbildung und Demokratie zurück, der gleichzeitig um die kostenlose Überlassung eines Raumes im Schloß Philippsruhe für Unterrichtszwecke nachgesucht hatte

Einzelplan 3

Tabelle 93 Effektiv-Ausgaben im Außerordentlichen Haushalt der Stadt Hanau in DM

HAUSHALTSABSCHNITT	1949	1950	1951	1952	1953	1954
Kulturhaus/Stadtbibliothek	42 625	13 157	1 547	43 313	169 635	12 255
Natur- und Denkmalschutz	-	-	2 500	13 250	39 961	132 061
Heimatpflege	-	4 509	-	-	-	6 770
Kirchliche Angelegenheiten	-	-	-	-	4 000	-
Insgesamt	42 625	17 666	4 047	56 563	213 596	151 086

Unter "Natur- und Denkmalschutz" sind - außer einem Zuschuß an den Terrarienverein [1951 = 2 500 DM] - vor allem die Ausgaben für die Instandsetzung des Frankfurter Tores [46 310 DM] sowie für den Wiederaufbau des Altstädter Rathauses (1.Bauabschnitt) [133 856 DM] zusammengefaßt. Beide Projekte waren am Ende des Untersuchungszeitraums noch nicht abgeschlossen.

Unter der "Heimatpflege" wurde 1950 die Herrichtung des Lamboywaldgeländes verbucht. Bei den Ausgaben von 6 770 DM (1954) handelte es sich um einen Zuschuß zur Publikation eines heimatkundlichen Werkes.

Die Ausgaben in "Kirchenangelegenheiten" betrafen einen städtischen Zuschuß zur Instandsetzung des Glockenturms der Friedenskirche[1)] sowie zur Herrichtung der Kapelle des damals noch unter kirchlicher Aufsicht stehenden Friedhofs in Kesselstadt.

1) Die Förderung der Beschaffung von Kirchenglocken sowie der damit verbundenen bautechnischen Vorarbeiten war ein besonderes Anliegen des Magistrats, der mit der Wiedereinführung des Geläutes ein Zeichen setzen wollte ("Eine Stadt ohne Glockengeläut ist eine tote Stadt")

§ 5

EINZELPLAN 4
Fürsorge und Jugendhilfe

1. Gliederung und finanzwirtschaftliche Gesamtergebnisse

Die Einteilung des Einzelplans 4 in Abschnitte und Unterabschnitte ist während des Untersuchungszeitraums, insbesondere im Bereich der Fürsorgeleistungen mehrfach geändert worden. Bis zum Jahre 1946 folgte die Gliederung im wesentlichen der Unterscheidung nach Leistungen in der "offenen" und in der "geschlossenen" Fürsorge. Zur geschlossenen Fürsorge rechneten alle Aufwendungen und Maßnahmen, die im weitesten Sinne mit der Unterbringung von Fürsorgeempfängern in Anstalten zusammenhingen, während die Geld-, Sach- und Dienstleistungen an Bedürftige der offenen Fürsorge zugerechnet wurden. Ab 1947 begann man bei der Etataufstellung unter der bis dahin üblichen Abschnittseinteilung die städtischen allgemeinen Fürsorgeleistungen von den Kriegsfolgelasten zu trennen. Mit der Einführung der finanzstatistischen Kennziffer im Jahre 1951 schließlich wurde diese Trennung zum beherrschenden Gesichtspunkt der Abschnittsgliederung. Gleichzeitig differenzierte man bei den Unterabschnitten stärker nach Leistungsempfängern, behielt jedoch bei den Ausgabenkategorien die Unterscheidung nach "offener" und "geschlossener" Fürsorge bei.

> Diese strukturellen Verschiebungen zwangen bei der Bearbeitung der finanzwirtschaftlichen Ergebnisse zu Kompromissen. Ausgehend von der neueren Etatstruktur - im wesentlichen der des Jahres 1954 - die die wichtigen Gliederungsgesichtspunkte auch der früheren Jahre weitgehend abdeckt, mußte die Untersuchung der Fürsorgeausgaben im Interesse einer wenigstens partiellen Vergleichbarkeit auf die Einheiten mit dem "kleinsten gemeinsamen Nenner". d.h. auf die Leistungskategorien der offenen und geschlossenen Fürsorge beschränkt werden (Siehe dazu Seite 109ff). Eine weitere Aufschlüsselung war angesichts der grundsätzlichen Änderungen in der Einteilung der Unterabschnitte nicht möglich.

Ein wichtiger Einschnitt in die Etatstruktur des Einzelplans 4 war der Wegfall der Familienunterhaltszahlungen für Wehr-, Arbeits- und Luftschutzdienstpflichtige mit dem Jahre 1945. Es war in der Kriegszeit der größte Posten des Fürsorgeetats überhaupt, auf den zwischen 80 und 90 vH der gesamten Fürsorgeausgaben entfielen.

Auf der anderen Seite entstanden mit den Kriegsfolgelasten nach dem Zusammenbruch neben der allgemeinen Fürsorgeverwaltung eine Reihe neuer Amts- und Betreuungsstellen mit spezifischen Aufgabestellungen. Sie nahmen sich der Sorgen und Nöte von Flüchtlingen, Heimkehrern, Kriegsbeschädigten, Ausländern und Staatenlosen sowie Angehörigen von Kriegsgefangenen und Vermißten an oder waren mit dem neuen Problemkreis der Soforthilfe als Vorläufer des späteren Lastenausgleichs befaßt.

Nachfolgend sind die Abschnitte und Unterabschnitte zusammengestellt, die für den gesamten Untersuchungszeitraum dem Einzelplan 4 zugrunde gelegt wurden.

ABSCHNITT:	UNTERABSCHNITT:	HAUSHALTSANSATZ:
Fürsorgeverwaltung		
	Allgemeine Fürsorgeverwaltung	
	Flüchtlingsamt	(ab 1951)
	Fürsorgestelle für Kriegsbeschädigte und -hinterbliebene	(ab 1951)
Allgemeine Fürsorge		
	Allgemeine Unterstützungsempfänger	
	Sozialrentner	
	Pflegekinder	
	Erstattungen an andere Fürsorgeverbände	
	Unterbringung obdachloser Emittierter	
	Wirtschaftliche Fürsorge in der Tuberkulosenhilfe für Rentenversicherte	(ab 1953)
	Wirtschaftliche Fürsorge in der Tuberkulosenhilfe für Nichtrentenversicherte	(ab 1953)
Kriegsfolgenhilfe		
	Heimatvertriebene	(ab 1952)
	Evakuierte	(ab 1952)
	Zugewanderte aus der sowjetischen Besatzungszone und der Stadt Berlin	(ab 1952)
	Ausländer und Staatenlose	(ab 1952)
	Angehörige von Kriegsgefangenen und Vermißten, Heimkehrer	(ab 1952)
	Kriegsbeschädigte, Kriegshinterbliebene und ihnen gleichgestellte Personen	(ab 1952)
	Sonstige Kriegsfolgenhilfe	(ab 1952)
	Notunterkunft Ost	(1953-1954)
Einrichtungen der allgemeinen Fürsorge		
	Pflegehaus	(bis 1944)
	Rückwandererfürsorge	(1939-1945)
	Heimstätte Schloß Naumburg	(bis 1949)
	Altersheim Langenselbold	(bis 1953)
	Altersheim Gondsroth	(1946-1951)
	Altersheim Fasanerie	(ab 1952)
	Stadtküche	
	Obdachlosenasyl	(ab 1952)
Besondere Einrichtungen der Kriegsfolgenhilfe		
	Durchgangslager und Fürsorge für Ostflüchtlinge	(1946)
Soforthilfe / Lastenausgleich		
	Soforthilfeamt/Ausgleichsamt	(ab 1952/53)
	Soforthilfeleistungen/Leistungen nach dem Lastenausgleichgesetz	(ab 1952/53)

ABSCHNITT:	UNTERABSCHNITT:	HAUSHALTSANSATZ:
Förderung der freien Wohlfahrtspflege		
Familienunterhalt für Wehr-, Arbeits- und Luftschutzdienstpflichtige		(bis 1944)
Jugendhilfe		
	Jugendamt	
	Fürsorgeerziehung	
	Jugenderholungsfürsorge	
Einrichtungen der Jugendhilfe		
	Kindergarten und Krippe	(bis 1944)
	Kinderheim Langenselbold	(1945-53)
	Kinderhort Salzstraße	(ab 1952)
	Kinderhort Bezirksschule I	(1952)
	Kinderhort Bezirksschule III	(ab 1954)
	Kinderheim Sandeldamm	(ab 1954)
	Schulkinderspeisung	(ab 1951)
	Sonstige Einrichtungen der Jugendhilfe	(ab 1952)

Für diese Abschnitte und Unterabschnitte des Einzelplans 4 ergaben sich in der Untersuchungsperiode folgende Gesamteinnahmen und -ausgaben:

Tabelle 94

Rechnungsergebnisse des Einzelplans 4
"Fürsorge und Jugendhilfe"
im Ordentlichen Haushalt der Stadt Hanau

Rechnungs-jahr	Einnahmen RM/DM	Ausgaben RM/DM	Ausgaben in % der Gesamt-ausgaben OH	Zuschuß absolut RM/DM	Zuschuß je Einwohner RM/DM
1936	232 017	1 923 543	20,1	1 691 526	41,54
1941	2 435 096	3 251 473	23,9	816 377	20,72
1945	479 986	883 933	13,4	403 947	19,54
1949	498 847	1 295 907	12,3	797 060	27,82
1954	1 130 876	2 606 116	13,3	1 475 240	35,90

Die hohen Fürsorgeausgaben des Jahres 1936 sind noch die Spätfolgen der großen Arbeitslosigkeit während der Weltwirtschaftskrise, von der Hanau als Industriestadt besonders hart betroffen war. Zwar war die Zahl der Erwerbslosen seit dem Höchststand im Jahre 1932 allmählich zurückgegangen, doch blieben die Belastungen der Stadt noch immer hoch. Dies wird ersichtlich an dem großen Zuschußbedarf, der 1936 pro Kopf der Bevölkerung 41,54 RM betrug und in keinem der folgenden Jahre mehr erreicht wurde. Fast ein Viertel der städtischen Gesamtausgaben entfielen damals auf den Fürsorgeetat.

Allein für Wohlfahrtserwerbslose (394 542 RM), für sonstige Arbeitslose (466 762 RM) und andere Hilfsbedürftige (359 488 RM) mußten in diesem Jahr insgesamt mehr als 1,2 Millionen RM aufgewandt werden. An Einnahmen standen dem nur 142 169 RM gegenüber, wobei es sich überwiegend um Erstattungen von Unterhaltspflichtigen sowie von anderen Fürsorgeverbänden und nur zu einem geringen Teil (38 650 RM) um Zahlungen aus der Reichswohlfahrtshilfe handelte.

Die Werte für das Jahr 1941 sind mit den übrigen nicht ohne weiteres vergleichbar, denn sie enthalten neben den eigentlichen Einnahmen und Ausgaben des Fürsorgewesens auch die Zahlungen der vom Reich weitgehend ersetzten Familienunterhaltsleistungen für Wehr-, Arbeits- und Luftschutzdienstverpflichtete. Diese "durchlaufenden Gelder" blähten die Fürsorgeetats während der Kriegsjahre erheblich auf. Den Gemeinden als unterste Verwaltungsbehörden war die Auszahlung der Unterhaltsleistungen als Auftragsangelegenheit übertragen worden, allerdings mit der Maßgabe einer geringen Selbstbeteiligung. Von den Gesamtausgaben trug das Reich 90 vH, soweit die Kosten den Betrag von 2,40 RM je Kopf der Bevölkerung nicht überstiegen. Von den darüber hinausgehenden Kosten übernahm das Reich 95 vH.

In welcher Größenordnung sich die gemeindliche Beteiligung tatsächlich bewegte, läßt sich an der folgenden Beispielrechnung der Stadt Hanau für das Jahr 1941 aufzeigen, die - ceteris paribus - auch für die anderen Kriegsjahre anwendbar ist:

Gesamteinnahmen im Fürsorgeetat 1941	2 435 096	Gesamtausgaben im Fürsorgeetat 1941	3 251 473
- Erstattungen des Reiches für Familienunterhalt	2 310 148	- Familienunterhaltszahlungen	2 533 907
= Rest Fürsorgeeinnahmen	124 948	= Rest Fürsorgeausgaben	717 566.

Nach Eliminierung der Unterhaltszahlungen auf der Ausgaben- und der Zuweisungen des Reiches auf der Einnahmeseite fällt der Zuschuß - wie das Beispiel zeigt - für die verbleibenden originären städtischen Fürsorgeaufgaben deutlich geringer aus. Er beträgt in diesem Falle nur noch 592 618 RM und liegt damit um mehr als ein Viertel niedriger als der von der Stadt tatsächlich erbrachte Zuschuß. Bezogen auf das Jahr 1941 bedeutet dies, daß die Stadt Hanau einen Anteil von 8,83 vH aus eigenen Mitteln zu den Unterhaltszahlungen beigesteuert hat.

Die Nachkriegsentwicklung ist zunächst gekennzeichnet von einem beträchtlichen Rückgang der Einnahmen und Ausgaben, bedingt durch den Wegfall der vorgenannten Unterhaltszahlungen einerseits und die starke Schrumpfung der Bevölkerung andererseits. Der städtische Zuschuß sank damit nominell auf das niedrigste Niveau seit den frühen Jahren der Weimarer Republik. Doch dieser Einbruch war nur vorübergehender Natur. Mit den aus den Kriegsfolgen entstandenen, erweiterten Aufgaben des Fürsorgewesens stiegen sowohl die Ausgaben als auch der Zuschuß wieder an, und zwar sowohl absolut als auch relativ. Am deutlichsten erkennbar wird das an dem Zuschußbetrag je Einwohner, der 1954 nominell nur noch wenig hinter der Spitzenbelastung des Jahres 1936 zurückstand. So verlief die Entwicklung einerseits parallel mit der Zunahme der Einwohnerzahl, sie war andererseits aber auch entscheidend beeinflußt von neuen Auftragsangelegenheiten (Soforthilfe, Lastenausgleich), die die Errichtung weiterer Ämter erforderlich machten, sowie von der mehrfachen Erhöhung der Fürsorgerichtsätze (siehe dazu Seite 116f) und von allgemeinen Preissteigerungen. Schließlich verbirgt sich hinter dem Anstieg der Kosten auch eine qualitative Verbesserung der öffentlichen Leistung, insbesondere bei den Einrichtungen der Jugendhilfe. In den Jahren nach der Währungsreform entstanden nicht nur erweiterte Kindertagesstätten mit einer größeren Aufnahmekapazität, sie waren auch moderner eingerichtet und technisch besser ausgestattet, was - im Vergleich mit der Vorkriegszeit - höhere laufende Kosten nach sich zog.

Wie sich die Einnahmen und Ausgaben des Fürsorgewesens auf die einzelnen Abschnitte und Unterabschnitte verteilten, ergibt sich aus der folgenden Tabelle 95.

Einzelplan 4
Fürsorge und Jugendhilfe

Tabelle 95 Rechnungsergebnisse der Abschnitte des Ordentlichen Haushalts in RM/DM

HAUSHALTSABSCHNITT	1936	1941	1945	1949	1954
Fürsorgeverwaltung					
Einnahmen	2 864	8	294 698	-	4 000
Ausgaben	170 261	120 783	81 792	100 460	275 602
Zuschuß absolut	167 397	120 775	+ 212 906	100 460	271 602
je Einwohner	4,11	3,06	+ 10,30	3,50	6,61
Allgemeine Fürsorge					
Einnahmen	184 189	97 525	118 808	85 486	361 974
Ausgaben	1 629 229	509 967	634 080	568 953	1 110 020
Zuschuß absolut	1 445 040	412 442	515 272	483 467	748 046
je Einwohner	35,49	10,46	24,93	16,87	18,20
Familienunterhalt für Wehr-, Arbeits- und Luftschutzdienstverpflichtete					
Einnahmen	4 223	2 310 148	-	-	-
Ausgaben	8 219	2 533 907	-	-	-
Zuschuß absolut	3 996	223 759	-	-	-
je Einwohner	0,10	5,68			
Einrichtungen der allgemeinen Fürsorge					
Einnahmen	14 513	12 529	50 193	132 500	136 066
Ausgaben	35 157	26 309	86 361	217 583	234 012
Zuschuß absolut	20 644	13 780	36 168	85 083	97 946
je Einwohner	0,50	0,34	1,75	2,97	2,38

Tabelle 95 Rechnungsergebnisse der Abschnitte des Ordentlichen Haushalts in RM/DM (Fortsetzung)

HAUSHALTSABSCHNITT	1936	1941	1945	1949	1954
Kriegsfolgenhilfe					
Einnahmen	-	-	-	194 981	332 258
Ausgaben	-	-	-	219 182	324 702
Zuschuß absolut	-	-	-	24 201	+ 7 556
je Einwohner	-	-	-	0,84	+ 0,18
Besondere Einrichtungen der Kriegsfolgenhilfe					
Einnahmen	-	-	12 249	-	29 285
Ausgaben	-	-	29 970	-	37 587
Zuschuß absolut	-	-	17 721	-	8 302
je Einwohner	-	-	0,85	-	0,20
Sonstige Kriegsfolgelasten					
Einnahmen	-	-	-	-	118 983
Ausgaben	-	-	-	31 036	269 351
Zuschuß absolut	-	-	-	31 036	150 368
je Einwohner	-	-	-	1,08	3,65
Förderung der freien Wohlfahrtspflege					
Einnahmen	8 163	5 000	217	-	-
Ausgaben	9 739	13 780	655	9 252	20 776
Zuschuß absolut	1 576	8 780	438	9 252	20 776
je Einwohner	0,03	0,22	0,02	0,32	0,50
Jugendhilfe					
Einnahmen	9 414	8 053	-	19 040	23 723
Ausgaben	32 264	37 887	32 227	74 332	140 592
Zuschuß absolut	22 850	29 834	32 227	55 292	116 869
je Einwohner	0,56	0,75	1,55	1,93	2,84
Einrichtungen der Jugendhilfe					
Einnahmen	8 651	1 833	3 821	66 840	124 587
Ausgaben	38 674	8 840	18 848	75 109	193 474
Zuschuß absolut	30 023	7 007	15 027	8 269	68 887
je Einwohner	0,73	0,17	0,72	0,28	1,67

Der auffallende Überschuß der Fürsorgeverwaltung im Jahre 1945 resultiert aus dem Eingang von außerordentlichen bzw. außerplanmäßigen Mitteln zur unmittelbaren Verwendung durch dieses Amt. Dabei handelte es sich um einen einmaligen Zuschuß des Landes Hessen (150 000 RM) zum Ausgleich von allgemeinen Wohlfahrtslasten und um eine Zuweisung der amerikanischen Militärregierung (140 000 RM) aus der Auflösung des von ihr beschlagnahmten NSV-Vermögens. Die Ausgabenerhöhung des Amtes in den anschließenden Jahren war das Ergebnis der Ausweitung der Fürsorgeaufgaben, insbesondere in der Kriegsfolgenhilfe. Sie machte die Aufstockung des Personals ebenso wie den Umzug in größere Verwaltungsräume (1951) notwendig.

Wenn man von dem Sonderfall der Unterhaltsleistungen an Wehr-, Arbeits- und Luftschutzdienstverpflichtete in der Kriegszeit, deren verwaltungsmäßige Abwicklung sich als eine spezielle Auftragsangelegenheit am Rande der eigentlichen kommunalen Fürsorgeaufgaben darstellt, einmal absieht, so lag der Schwerpunkt der Fürsorgeausgaben während der gesamten Untersuchungsperiode immer und eindeutig bei den Transferzahlungen. In der "allgemeinen Fürsorge" beanspruchten sie die höchsten städtischen Zuschüsse; weit geringer waren sie hingegen in der "Kriegsfolgenhilfe", für die das Land Hessen durch zweckgebundene Finanzzuweisungen einen partiellen Ausgleich schuf, ehe der Bund den größten Teil dieser Lasten übernahm. Auf beide Ausgabegruppen und die Quellen ihrer Finanzierung ist im Rahmen der Vertikalanalyse bereits ausführlich eingegangen worden, so daß hier auf diese Ausführungen verwiesen werden kann (siehe dazu die Seiten 109ff und 233ff sowie Anhang A 20 und A 21).

Zur Förderung der freien Wohlfahrtspflege zahlte die Stadt Hanau Zuschüsse und Unterstützungen an Körperschaften, Organisationen und Verbände in nichtkommunaler Trägerschaft, die sich der allgemeinen Wohlfahrtspflege widmeten. Vor 1945 gehörten zu den Empfängern in erster Linie Gruppierungen der nationalsozialistischen Volkswohlfahrt (NSV), so z.B. die von ihr betriebene Volksküche, der Bahnhofsdienst etc., aber auch Sanitätskolonnen des Roten Kreuzes und mehrere Schwesternstationen (Nußallee 22, Castellstraße 9, Vorstadt 26). Nach Kriegsende gingen die Zahlungen zunächst stark zurück, weil der Stadt die Mittel dazu fehlten. Zuschüsse flossen von 1945 bis 1948 lediglich an die zentrale Rettungsstelle des Roten Kreuzes in Hanau. Erst nach der Währungsreform wuchs die Zahl der Beihilfenempfänger wieder und schloß insbesondere auch kirchliche und karitative Einrichtungen (Innere Mission, Diakonissenhaus) mit ein.

Im Bereich der Jugendhilfe und ihrer Einrichtungen ist die Veränderung des Haushaltsniveaus gegenüber der Vorkriegszeit signifikant. Auf sie wird weiter unten noch einzugehen sein.

Einzelplan 4

Tabelle 96 — Effektiv-Ausgaben im Außerordentlichen Haushalt der Stadt Hanau in DM

HAUSHALTSABSCHNITT	1948 DM	1949	1950	1951	1952	1953	1954
Altersheim Langenselbold	-	-	-	4 000	-	-	
Altersheim Fasanerie	-	-	-	91 688	159 151	4 901	767
Förd. d. fr. Wohlfahrtspflege	-	-	-	-	-	30 000	-
Kinderhort Salzstraße	-	-	15 000	42 562	7 894	2 702	803
Kinderheim Sandeldamm	-	-	-	1 400	42 990	79 577	44 457
Interniertenlager	2 793	-	-	-	-	-	-
Insgesamt	2 793	-	15 000	139 650	210 035	117 180	46 027

Im Außerordentlichen Haushalt konzentrierten sich die Wiederaufbauleistungen auf Alters- und Säuglingsheime sowie Kinderhorte, wie die obige Statistik zeigt. Auch die Mittel zur Förderung der freien Wohlfahrtspflege sind, soweit sie sich im Außerordentlichen Haushalt niederschlugen (1953), hier einzuordnen. Bei dem Betrag von 30 000 DM handelte es sich um einen städtischen Zuschuß zur Errichtung eines Altenzentrums durch die evangelische Diakonissenstation in der Martin-Luther-Anlage, in das ein Teil der Bewohner des von der Stadt Hanau in Langenselbold unterhaltenen und 1953 aufgelösten Altenheims übernommen wurden.

2. Die städtischen Einrichtungen des Fürsorgewesens und der Jugendhilfe

a) Die Heime zur Alten- und Kinderbetreuung

Abgesehen von den zum Stiftungsvermögen gehörenden Sozialeinrichtungen für betagte Mitbürger (Althanauer Hospital, Lindenbauersche Stiftung u.a.)[1], die die Stadt Hanau nur fiduziarisch verwaltete und die selbst nur zum Teil über Heimstätten verfügten, besaß die Stadt an eigenen Anstalten des Fürsorgewesens und der Jugendhilfe vor 1945 lediglich das "Pflegehaus"[2], eine Einrichtung der geschlossenen Armenpflege mit ursprünglich 56 Heimplätzen, und die städtische "Kinderkrippe mit Kindergarten und Säuglingsstation".[3] Letztere war nach einem Vertrag vom 4./31. März 1941 mit Wirkung vom 1. April 1941 der nationalsozialistischen Volkswohlfahrt (NSV) unentgeltlich zur Benutzung überlassen worden. Die direkten finanziellen Zuschüsse der Stadt gingen daher von diesem Zeitpunkt ab stark zurück und beschränkten sich auf einen geringen Personalkostenanteil und die mit dem Gebäude verbundenen Fixkosten. Die Zuschüsse zum Pflegehaus haben sich dagegen kaum verändert, obwohl die Zahl der Bewohner in den letzten Kriegsjahren auf unter 45 abgesunken war.

Tabelle 97 Ist-Einnahmen und Ist-Ausgaben der städtischen Sozialeinrichtungen von 1936 bis 1943 in RM

Jahr	Pflegehaus			Kindergarten und -krippe		
	Einnahmen	Ausgaben	Zuschuß	Einnahmen	Ausgaben	Zuschuß
1936	14 513	35 157	20 644	7 979	31 591	23 612
1937	14 970	32 306	17 336	9 095	32 475	23 380
1938	12 772	31 896	19 124	8 224	33 955	25 731
1939	12 290	31 624	19 334	10 532	44 186	33 654
1940	10 645	28 608	17 963	9 629	51 906	42 277
1941	12 529	26 309	13 780	1 833	8 491	6 658
1942[a]	13 236	34 433	21 197	-	5 811	5 811
1943[a]	13 236	33 863	20 627	-	5 892	5 892

a) nach dem Voranschlag

1) Die "Lindenbauersche Stiftung" geht zurück auf ein Vermächtnis der Anna Maria Lindenbauer und ihrer Mutter, Wilhelmine Lindenbauer, die in einem gemeinsamen Testament vom 19. Januar 1882 (mit einem Nachtrag vom 29. März 1900) der Stadt Hanau ein Stiftungsvermögen von 346 410 Goldmark hinterließen, von dem 14 vH den bestehenden Armenanstalten, 76,3 vH einem Fonds für arbeitsunfähige Frauen und 18,6 vH einer Pflegeanstalt für arme kranke Kinder zugute kommen sollten [Stadtarchiv C4, Nr.35]

2) Das Pflegehaus befand sich vor seiner Zerstörung in der Dettinger Straße 2

3) Die Säuglingsstation der städtischen Kinderkrippe befand sich damals im Gebäude Nußallee 15. Sie wurde am 1.8.1936 in Betrieb genommen. Die Kleinkinder aus dem Elisabethenhaus, das bis dahin in Notfällen für die Stadt Hanau Säuglinge aufgenommen hatte, wurden nach dort verlegt [Stadtarchiv C4, Nr.40]

Beide Anstalten, das "Pflegehaus" und die "Kinderkrippe", sind 1945 den Fliegerangriffen zum Opfer gefallen. Mit der Heimpflege mußte daher von Grund auf neu begonnen werden. Zunächst galt es, dem akuten Notstand abzuhelfen und Lösungen zu schaffen, die dem unabweisbaren Raumbedürfnis der Alten und Gebrechlichen, soweit sie sich in unmittelbarer Obhut der Stadt befanden, gerecht wurden. In dem Verwaltungsbericht der Stadt Hanau heißt es dazu:

> "Die ersten Arbeiten leisteten hier die Gemeinden Langendiebach und Langenselbold, die in dankenswerter Weise Behelfsheime herrichteten und wenigstens für einen kleinen Teil der Pfleglinge zunächst ein Unterkommen schafften. So wurden von der Gemeinde Langendiebach in einem Schulsaal und in zwei Räumen einer ehemaligen Schleiferei etwa 30 Pfleglinge behelfsmäßig untergebracht. Die Stadt zahlte der Gemeinde für jeden Pflegling einen Tagessatz von 2,50 RM. Da die Unterbringung der Altersheiminsassen nur eine vorübergehende sein konnte, weil die seinerzeit in Anspruch genommene Schule sowie das Gebäude der Schleiferei für die Bedürfnisse der Gemeinde gebraucht wurden, bemühte sich die Stadtverwaltung um den Erwerb eines Anwesens in der Umgebung."[1)]

Es gelang schließlich den Verantwortlichen, in der Gemeinde Gondsroth im Kreis Gelnhausen eine ehemalige Zigarrenfabrik anzumieten und die Räume unter heute kaum vorstellbaren Schwierigkeiten so herzurichten, daß die 30 Heimbewohner von Langendiebach nach dort verlegt werden konnten. Wenig später erweiterte man die Aufnahmekapazität. Durch einen Umbau, der 1946 abgeschlossen war und dessen Kosten sich auf insgesamt 25 315 RM beliefen (siehe Tabelle 29 auf Seite 154), entstanden zusätzliche Räumlichkeiten für 20 pflegebedürftige Personen.

Der Gemeinde Langenselbold verdankte die Stadt Hanau 1945 die Möglichkeit der Unterbringung von weiteren 20 alten Menschen und 20 Kindern in einem ehemals von der NSV genutzten zweigeschossigen Gebäude, das die Gemeinde der Stadt gegen eine Monatsmiete von 200 RM überließ. Kinder- und Altersheim wurden getrennt geführt und verwaltet.

Schließlich diente auch das Schloß Naumburg bei Erbstadt 1945 für eine begrenzte Zeit (bis 1949) als Ausweichquartier für 30 alte Hanauer Bürger. Hierbei handelte es sich allerdings um eine Heimstätte für "Selbstzahler". Die Aufnahme erfolgte gegen einen Kostensatz von monatlich 90 RM.[2)]

Obwohl alle diese Lösungen nur provisorischen Charakter hatten und mit erheblichen zusätzlichen Kosten für die Stadt verbunden waren, mußten sie über mehrere Jahre aufrechterhalten werden, da Alternativen zunächst nicht zur Verfügung standen. Für Neubauten fehlten die Mittel. Insbesondere die Dezentralisierung der Einrichtungen stand einer rationellen Bewirtschaftung entgegen und sorgte sowohl für personellen Mehraufwand als auch für vermehrte Sachausgaben (Miete, Heizung und Energie) und zusätzliche Transportkosten. Erst zu Beginn der Fünfziger Jahre zeichnete sich eine Wende ab. Durch die Übernahme eines großzügig angelegten Wohnhauskomplexes in der Fasanerie und dessen Umbau zu einer altengerechten Wohnanlage wurden mit einem Gesamtauf-

---

1) Verwaltungsbericht der Stadt Hanau für die Verwaltungsjahre 1945 und 1946, Hanau 1948, S.31

2) Vgl. a.a.O. S.31

wand von 256 000 DM 28 neue Heimplätze geschaffen, die es der Stadt 1951 ermöglichten, das Haus in Gondsroth aufzugeben und die Bewohner nach Hanau zu verlegen. Eine weitere Unterbringungsmöglichkeit für alte und pflegebedürftige Menschen in Hanau ergab sich - wie oben bereits erwähnt - in Verbindung mit einem städtischen Zuschuß von 30 000 DM zu einem Altenheimprojekt der evangelischen Diakonissenstation in der Martin-Luther-Anlage, so daß auch das Heim in Langenselbold im November 1953 endgültig aufgelöst werden konnte.

Tabelle 98 Ist-Einnahmen und Ist-Ausgaben der städtischen Sozialeinrichtungen von 1945 bis 1954 in DM

Jahr	Altersheime[a]			Kinderhorte und Säuglingsheime[b]		
	Einnahmen	Ausgaben	Zuschuß	Einnahmen	Ausgaben	Zuschuß
1945	12 689	33 569	20 880	3 821	18 797	14 976
1946	41 442	77 407	35 965	6 774	17 960	11 186
1947	65 967	114 480	48 513	10 385	24 613	14 228
1948[c]	48 773	96 434	47 661	7 942	24 869	16 927
1949	44 756	96 961	52 205	19 810	28 111	8 301
1950	37 843	78 689	40 846	19 110	34 759	15 649
1951	68 250	83 868	15 618	24 690	42 473	17 783
1952	53 178	93 985	40 807	33 618	66 885	33 267
1953	71 670	97 095	25 425	48 741	85 984	37 243
1954	55 409	84 674	29 265	87 277	121 758	34 481

a) Schloß Naumburg, Langenselbold, Gondsroth und Fasanerie
b) Kinderheime Langenselbold und Sandeldamm sowie die Horte in den Bezirksschulen I und III sowie in der Salzstraße
c) Die Einnahmen und Ausgaben des DM-Abschnitts 1948 sind auf ein Jahr umgerechnet

Die Umsiedlung des Kinderheims von Langenselbold nach Hanau war bereits einige Monate vorher (August 1953) vollzogen worden, nachdem der Kinderhort am Sandeldamm wieder aufgebaut und um eine Säuglingsstation vergrößert worden war. Insgesamt 40 Kinder fanden nach dem Abschluß der Arbeiten dort Aufnahme. 1952 waren bereits zwei städtische Kinderhorte in der Salzstraße und in der Bezirksschule I eingerichtet worden. Der letztere, dessen Errichtung aus Mitteln des Ordentlichen Haushalts finanziert wurde, existierte aber nur etwa ein Jahr unter städtischer Regie. Er wurde anschließend durch das Rote Kreuz verwaltet. 1954 entstand schließlich ein weiterer Kinderhort in der Bezirksschule III (Brüder-Grimm-Schule), nachdem die erhöhte Wohndichte in der Innenstadt als Folge der starken Bautätigkeit dort die Nachfrage nach Hortplätzen erheblich gesteigert hatte.

Die Stadt schuf aber nicht nur eigene Einrichtungen dieser Art, sie förderte auch - mit steigender Tendenz - entsprechende Initiativen anderer Träger durch beträchtliche Zuschüsse. In den letzten drei Untersuchungsjahren zahlte die Stadt Hanau für den Bau und die Unterhaltung von Kindergärten an Wohlfahrtsverbände, private und kirchliche Organisationen die folgenden Beihilfen:

1952:	20 000 DM,
1953:	20 000 DM,
1954:	36 000 DM.

Diese trugen wesentlich dazu bei, daß am Ende des Jahres 1954 den Familien mit Kindern in der Stadt Hanau insgesamt sieben Kindergärten mit einer Kapazität von rund 500 Plätzen und drei Kinderhorte mit Aufnahmemöglichkeiten für 130 Kinder zur Verfügung standen.[1])

b) Die Stadtküche

Die Einrichtung einer Großküche unter städtischer Regie im Herbst 1945 ging auf die Weisung der amerikanischen Besatzungsmacht zurück. Die Militärregierung hatte angesichts der katastrophalen Wohnverhältnisse und der miserablen Versorgungslage der Bevölkerung für Kinder und Alleinstehende, aber auch für andere Hilfsbedürftige "Massenspeisungen" angeordnet. Zu den Hilfsbedürftigen in diesem Sinne zählten in Hanau vor allem die vielen ausgebombten Bürger, die nach dem Verlust ihrer Wohnungen keine eigene Kochgelegenheit mehr hatten, um sich eine warme Mahlzeit zu bereiten. Durch Verfügung vom 31. Oktober 1945 ordnete daher der kommissarische Oberbürgermeister die Errichtung eines Küchenbetriebes in den Wirtschaftsräumen des Schlosses Philippsruhe an.[2]) Schon bald nach der Eröffnung übernahm dieser aber nicht nur die Versorgung von Bedürftigen, sondern auch eine Reihe anderer Personengruppen, wie die folgende Aufstellung der in der Zeit von Juli 1946 bis März 1947 verabreichten Mahlzeiten und die damit erzielten Umsätze zeigt:[3])

Abgabebereich	Portionen	Abgabepreis RM	Gesamtumsatz RM
1. Normalessen	79 899	0,50	39 949,50
2. Fürsorgeempfänger	7 399	0,40	2 959,60
3. Räumungskolonnen	50 149	0,30	15 044,70
4. Kinderspeisung	220 000	0,10	22 000,00
5. Flüchtlinge	4 147	0,50	2 073,50
6. Sonstige a)	456	0,30	136,80
b)	829	0,70	580,30
Insgesamt	362 879		82 744,00

Mit Essensportionen versorgt wurden auch die mit der Trümmerbeseitigung befaßten Räumungskolonnen des "Ehrendienstes", die Flüchtlingstransporte aus dem Osten, für die am Hauptbahnhof ein Bereitschaftsdienst des Roten Kreuzes und der Inneren Mission eingerichtet worden war, sowie Sondereinsatzkommandos am Marktplatz in Hanau und in Großauheim [oben Ziffer 6 a) und b)]. Wie aus der Aufstellung ferner hervorgeht, war die Kinderspeisung in jenen Jahren eine zentrale Aufgabe der Stadtküche. Sie ist zunächst

1) Vgl. Jahresbericht des Oberbürgermeisters vom 31. Dezember 1954 [Hanauer Anzeiger Nr.304/222.Jahrgang, S.5]

2) Verwaltungsbericht der Stadt Hanau für die Verwaltungsjahre 1945 und 1946, Hanau 1948, S.40

3) Vgl. a.a.O., S.41

unter der "sonstigen Jugendhilfe" verrechnet worden, hat aber ihrer Bedeutung wegen ab 1951 als selbständiger Unterabschnitt ("Schulkinderspeisung") Eingang in den Einzelplan 4 des Haushaltsplans gefunden. Die Versorgung der Schulkinder mit warmen Mahlzeiten nahm mit der wachsenden Schülerzahl sehr rasch zu und erreichte ihren Höhepunkt im Jahre 1947 mit Spitzenwerten von monatlich 140 000 Essenseinheiten.[1] Der relative Anteil an den von der Stadtküche insgesamt verabreichten Mahlzeiten lag in der Folgezeit immer über 90 vH. Dennoch ist die absolute Zahl der Portionen in der Schulkinderspeisung - insbesondere von 1951 an, als die kostenlose Abgabe generell aufgehoben wurde - ständig zurückgegangen. Die Stadtverwaltung sah sich daher 1952 veranlaßt, die Versorgung der Schulkinder aus dem Betrieb der Stadtküche herauszunehmen und auf ein Milchfrühstück umzustellen, dessen Auslieferung an die Milchzentrale Hanau vergeben wurde.

Tabelle 99 Die Betriebsergebnisse der Stadtküche 1947 bis 1953 in RM/DM

Jahr	Verabreichte Mahlzeiten insgesamt	davon in der Kinderspeisung	= vH	Ist-Einnahmen RM/DM	Ist-Ausgaben RM/DM	Zuschuß absolut RM/DM	Zuschuß je Mahlzeit RM/DM
1947	1 306 000	1 148 000	87,9	95 343	123 881	28 538	0,02
1949	886 053	829 293	93,6	87 744	120 622	32 878	0,04
1951	442 615	391 778	91,9	66 326	116 906	50 580	0,11
1953	89 989	-	-	89 725	150 140	60 415	0,67

Der Rückgang der Inanspruchnahme der Stadtküche setzte sich mit der allmählichen Besserung der räumlichen und wirtschaftlichen Verhältnisse der Bevölkerung auch bei anderen Benutzergruppen fort. Rückläufig waren vor allem die verabreichten Mahlzeiten an Minderbemittelte, an Rentner und Fürsorgeunterstützungsempfänger, so daß bei stagnierenden Einnahmen und steigenden Ausgaben für Lebensmittel, Brennstoffe, Löhne und Gehälter die Kosten-Nutzen-Schere immer mehr auseinanderklaffte, was die Zuschußleistungen der Stadt permanent ansteigen ließ. Ein gewisser Kompensationseffekt ergab sich jedoch einerseits dadurch, daß ab 1952 die städtischen Kinderhorte mit einer speziellen Kost für Kleinkinder versorgt, andererseits die werktäglichen Essensangebote von einer wachsenden Zahl von Bediensteten der Stadtverwaltung als Mittagstisch genutzt wurden. Die Verwaltungsangehörigen machten von dieser Möglichkeit zunehmend Gebrauch, so daß die Stadtküche in Verbindung mit der städtischen Kantine, die in ihren Anfängen haushaltsmäßig bereits bei dem Küchenbetrieb direkt verrechnet worden war, sich mehr und mehr zu einer Betriebsküche hin entwickelte. Was ursprünglich als Wohlfahrtseinrichtung zur Massenspeisung begonnen hatte, war so Schritt für Schritt zu einer sozialen Einrichtung für Verwaltungsangehörige geworden. Diese Strukturänderung der Stadtküche hatte allerdings keine Kosteneinsparungen zur Folge. Der städtische Zuschuß stieg vielmehr angesichts rückläufiger Umsätze und Betriebserlöse weiter an und erreichte 1954 mit insgesamt 68 681 DM (0,89 DM je Mahlzeit) seinen bis dahin höchsten Stand.

1) Vgl. Stadt Hanau (Hrsg.), Ein Jahr Statistisches Amt der Stadt Hanau, Jahresbericht 1947, S.44. Die 1946 von der Stadtverwaltung in Zusammenarbeit mit karitativen Organisationen ins Leben gerufene Schulspeisung wurde 1947 durch umfangreiche Lebensmittelspenden der amerikanischen Besatzungsmacht stark unterstützt, was der Aktion erheblichen Auftrieb gab (vgl. Stadt Hanau, Statistische Vierteljahresberichte, III/1949, S.15)

c) Die sonstigen Einrichtungen des Fürsorgewesens

Die meisten Aufgaben innerhalb des Fürsorgewesens, die die Kommunen im Rahmen ihrer Selbstverwaltungskompetenz aufgreifen oder die ihnen als Auftragsangelegenheit übertragen sind, schlagen sich im Haushaltsplan als selbständige Abschnitte oder Unterabschnitte nieder. Daneben gibt es im Fürsorgebereich gemeindliche Aktivitäten und Institutionen, die nur als Einzelansatz innerhalb eines Unterabschnitts oder in Sammelposten vorkommen, wo sie zum Teil nur schwer auszumachen sind. Einige dieser Ansätze repräsentieren Dauereinrichtungen, andere wiederum sind nur von vorübergehender Natur oder treten sporadisch in den Haushaltsplänen auf. Sie verschwinden daraus wieder, wenn die jeweiligen Maßnahmen abgewickelt oder die gesteckten Ziele erreicht sind. In Hanau waren solche Ansätze - gleichviel, ob als Unterabschnitt oder in Sammelposten ausgewiesen - finanzwirtschaftlich meist von untergeordneter Bedeutung. Da sie aber zeitgeschichtlich von Interesse sind und ein Licht auf die Breite des Aufgabenfeldes im Hanauer Fürsorgewesen der Nachkriegsjahre werfen, sollen wenigstens einige Beispiele hier erwähnt werden.

Zu Einrichtungen dieser Art gehörten in Hanau u.a:

1. die "Wärmestuben", die die Stadt 1945/46 in verschiedenen Stadtbezirken einrichtete, um den in den Trümmern und Kellergeschossen hausenden ausgebombten Bürgern in den kalten Wintermonaten tagsüber eine Zuflucht zu geben. Angesichts des herrschenden Brennstoffmangels waren diese "Zufluchtstätten" für das Überleben vieler alleinstehender Menschen von außerordentlicher Bedeutung;

2. die "Betreuungsstelle für politisch, rassisch und religiös Verfolgte",[1)] für die das Land Hessen gemäß der Verordnung über die Bildung und das Verfahren der Betreuungsstellen vom 27. November 1946 nur die sächlichen Verwaltungskosten übernahm;

3. der "Flüchtlingsdienst", eine Anlaufstelle für Flüchtlinge aus den Gebieten jenseits der Oder-Neiße-Linie zur Unterstützung ihrer Ansiedlung und ihrer sozialen Eingliederung in Hanau;

4. die "Betreuungsstelle für Ausländer und Staatenlose" nach der Auflösung des IRO-Lagers (International Refugee Organisation);

5. das "Durchgangslager für Ostflüchtlinge", eine Einrichtung der Kriegsfolgenhilfe (untergebracht im Kasernenbereich des Lamboyviertels), das der vorübergehenden Aufnahme von Ostflüchtlingen diente bis zu ihrer Verlegung in die endgültige Aufnahmegemeinde;

6. Schließlich gehörte zu diesen Einrichtungen auch das "Obdachlosenasyl" (Unterbringung obdachloser Exmittierter), das von 1952 an im Haushaltsplan als selbständiger Unterabschnitt veranschlagt wurde.

---

1) Die Betreuungsstelle war ihrer Natur nach eine Fürsorgestelle. Die Stadt Hanau hat sie daher auch regelmäßig im Einzelplan 4 nachgewiesen. Die Finanzstatistik hat sie jedoch als "Dienststelle für allgemeine Kriegsfolgen" dem Einzelplan 0 zugeordnet, was demzufolge auch in der vorliegenden Arbeit so geschah [siehe dazu Seite 320] (Vgl. F.Hötte/F.Mengert/K.Weyershäuser, Gemeindehaushalt in Schlagworten, 3.Auflage, Köln 1965, S.218)

3. Die Leistungen in der Jugendhilfe und Jugendpflege

Nach dem Reichsgesetz für Jugendwohlfahrt vom 9. Juli 1922 (RJWG)[1] und der diesbezüglichen Verordnung vom 14. Februar 1924[2] gehören zur öffentlichen Jugendhilfe alle behördlichen Maßnahmen zur Förderung der Jugendwohlfahrt (Jugendpflege und Jugendfürsorge). Organe der öffentlichen Jugendhilfe sind die Jugendwohlfahrtsbehörden. Auf der Gemeindeebene sind dies die Jugendämter. Sie sind kommunale Einrichtungen (§ 2 RJWG). Das Reichsjugendwohlfahrtsgesetz, das mehrfach durch Verordnungen ergänzt worden ist, bestand in seiner letzten Fassung nach der Novelle vom 1. Februar 1939[3] auch nach 1945 zunächst fort. Erst durch das Gesetz zur Änderung der Vorschriften des Reichsjugendwohlfahrtsgesetzes vom 28. August 1953[4] sind einzelne Bestimmungen neu gefaßt, insbesondere ist die Einheit der Jugendhilfe gesetzlich verankert worden.[5]

Zuständig für die Leistungen in der Jugendhilfe ist das Jugendamt. Von seinen vielfältigen Aufgaben[6] sollen hier nur einige besonders wichtige erwähnt werden: Die Bearbeitung und Betreuung von Amtsvormundschaften und Amtspflegschaften, die Sicherung der Unterhaltsbeiträge für Minderjährige, die Anlage und Überwachung von Mündelgeldern, die Kontrolle der Arbeit des Gemeindewaisenrates, die Bearbeitung der Anträge auf Fürsorgeerziehung, die gerichtliche und freiwillige Schutzaufsicht über Jugendliche[7] sowie Unterstützungen in der Jugendgerichtshilfe. Von den unter der Jugendhilfe und ihren Einrichtungen im Haushaltsplan der Stadt Hanau gesondert ausgewiesenen Leistungen sind die "Fürsorgeerziehung", die "Jugenderholungsfürsorge" und die "Schulkinderspeisung" in der folgenden Tabelle 100 zusammengefaßt. Bezüglich der Einrichtungen der Jugendhilfe kann auf die oben in Kapitel 2a) gemachten Ausführungen (Seite 387) verwiesen werden.

Die "Fürsorgeerziehung" dient der Verhütung oder Beseitigung der Verwahrlosung der Fürsorgezöglinge. Sie wird in einer geeigneten Familie oder in einer Erziehungsanstalt unter öffentlicher Aufsicht durchgeführt. Die Kosten werden aus öffentlichen Mitteln bestritten (§ 62 RJWG). Für die Stadt ging es dabei in erster Linie um Bar- und Sachleistungen an die mit der Erziehung betrauten Eltern sowie um die Erstattung von Transportauslagen, denen auf der Einnahmeseite entsprechende Ersatzleistungen der Landesfürsorgeverbände gegenüberstanden.

Die Verschickung heilbedürftiger Kinder im Rahmen der "Jugenderholungsfürsorge" wurde aus Beiträgen der Eltern, aus Spenden und sonstigen Zuwendungen finanziert. Den notwendigen Deckungsausgleich trug die Stadt.

In der "Schulspeisung" betrugen die jährlichen Ausgaben der Stadt von 1936 bis 1938 zwischen 5000 RM und 7000 RM. Ihnen standen keine nennenswerten Einnahmen

---

1) RGBl.I S.633

2) RGBl.I S.110

3) RGBl.I S.109

4) BGBl. S.1035

5) Zu Einzelheiten siehe K.W.Jans, Jugendhilfe, in H.Peters (Hrsg.) Handbuch der kommunalen Wissenschaft und Praxis, 2.Band, Berlin u.a. 1957, S.315ff

6) Vgl. §§ 3 und 4 RJWG

7) Jugendlicher im Sinne des Reichsgesetzes vom 16. Februar 1923 (Jugendgerichtsgesetz) ist, wer über 14, aber noch nicht 18 Jahre alt ist

gegenüber. Mit Beginn des Krieges wurde die Schulspeisung eingestellt. Lediglich die Kinder des Schulkindergartens erhielten damals ein kostenloses Milchfrühstück.

Nach 1945 lebte die Schulspeisung erneut auf und erfuhr in den ersten Jahren, etwa bis zur Währungsreform, eine beachtliche Aufwertung wegen des allgemein schlechten Ernährungszustandes der Kinder. Danach sank ihre Bedeutung mit der zunehmenden Besserung der Lebensverhältnisse von Jahr zu Jahr. Am Anfang standen Hilfslieferungen und Lebensmittelspenden aus Amerika, die die Versorgung der Schulkinder mit lebenswichtigen Nahrungsmitteln ermöglichten, ehe man bei der Zubereitung auf heimische Produkte zurückgreifen konnte. Die Stadtküche übernahm die Verteilung und organisierte die regelmäßige Belieferung der Schulen (siehe dazu oben Seite 390f). Den Höhepunkt erreichte die Schulspeisung 1947 mit einem Ausgabevolumen von 183 646 RM. Das außergewöhnlich hohe Niveau der Leistungen in der Jugendhilfe jenes Jahres ist wesentlich dadurch begründet. Anders als vor dem Kriege, war von 1945 an die Finanzierung weitgehend durch Beiträge der Eltern, durch Spenden und andere Zuwendungen gedeckt, so daß der städtische Zuschuß sich in engen Grenzen hielt. 1946/47, 1949 und 1954 wurden sogar leichte Überschüsse erzielt.

Tabelle 100 Ist-Einnahmen und Ist-Ausgaben der Jugendhilfe der Stadt Hanau 1936 bis 1953

Jahr	Jugendamt		Leistungen[a] in der Jugendhilfe		Gesamtsumme Jugendhilfe[b]		Zuschuß	
	Einnahmen RM/DM	Ausgaben RM/DM	Einnahmen RM/DM	Ausgaben RM/DM	Einnahmen RM/DM	Ausgaben RM/DM	absolut RM/DM	je Einwohner RM/DM
1936	-	18 026	10 086	21 321	10 086	39 347	29 261	0,72
1938	110	25 315	5 134	21 661	5 244	46 976	41 732	1,03
1941	5 802	33 413	2 251	4 823	8 053	38 236	30 183	0,76
1945	-	32 190	-	88	-	32 278	32 278	1,56
1947	-	41 231	240 019	212 240	240 019	253 471	13 452	0,55
1949	-	47 682	66 070	73 648	66 070	121 330	55 260	1,93
1951	-	67 686	36 947	56 295	36 947	123 981	87 034	2,51
1953	-	88 429	66 725	79 599	66 725	168 028	101 303	2,60

a) Fürsorgeerziehung, Jugenderholungsfürsorge und Schulspeisung zusammen

b) ohne Pflegekinder in Familienfürsorge

Obwohl Jugendhilfe und Jugendpflege sachlich eng zusammengehören - die rechtliche Verankerung geht in beiden Fällen auf das Reichsjugendwohlfahrtsgesetz von 1922 zurück - so sind sie doch nach der Gemeindehaushaltsvordnung (GemHVO) im städtischen Haushaltsplan getrennt veranschlagt worden. Während die "Jugendhilfe" als ein Teil des Fürsorgewesens angesehen wurde (Einzelplan 4), hatte man die "Jugendpflege" unter der Bezeichnung "Jugendertüchtigung" dem Gesundheitswesen (Einzelplan 5) zugeordnet.[1] Diese Trennung wurde auch nach Einführung der finanzstatistischen Kennziffer beibehalten. Aus Gründen der interlokalen und intertemporalen Vergleichbarkeit mußte die Aufbereitung der finanzwirtschaftlichen Ergebnisse ebenfalls dieser Zweiteilung folgen.

1) Vgl. Muster 3 zur Gemeindehaushaltsverordnung (GemHVO) vom 4. September 1937 (RGBl.I S.921) in der Fassung des RdErl. des RuPrMdI und des RFM vom 22. Dezember 1937 (RMBliV S.2010) und vom 3. Mai 1939 (RMBliV S.1000)

Dennoch erschien es sinnvoll, die Darstellung der Jugendpflege hier der der Jugendhilfe unmittelbar folgen zu lassen, weil beide kommunalen Tätigkeitsfelder einander ergänzen und zusammen als Teilbereich des Fürsorgewesens - der Jugendwohlfahrt[1] - anzusehen sind. Dies wird auch durch die generelle Zuständigkeit des Jugendamtes für alle Fragen der Jugendwohlfahrt erhärtet.

Die Jugendpflege der Stadt Hanau gliederte sich in zwei Abschnitte:

1. die Förderung der Jugend,
2. die Einrichtungen der Jugendpflege,

für die während der Untersuchungsperiode folgende Einnahmen und Ausgaben nachgewiesen wurden:

Tabelle 101 Ist-Einnahmen und Ist-Ausgaben der Jugendpflege der Stadt Hanau 1936 bis 1953

Jahr	Förderung der Jugend		Einrichtungen der Jugendpflege		Gesamtsumme Jugendpflege		Zuschuß	
	Einnahmen RM/DM	Ausgaben RM/DM	Einnahmen RM/DM	Ausgaben RM/DM	Einnahmen RM/DM	Ausgaben RM/DM	absolut RM/DM	je Einwohner RM/DM
1936	300	3 954	-	5 362	300	9 316	9 016	0,22
1938	-	7 693	223	47 720	223	55 413	55 190	1,36
1941	-	5 944	5 286	67 243	5 286	73 187	67 901	1,71
1945	-	-	-	280	-	280	280	0,01
1947	450	570	-	28	450	598	148	.
1949	-	-	-	7 152	-	7 152	7 152	0,25
1951	-	1 858	-	16 477	-	18 335	18 335	0,53
1953	1 700	12 766	11 954	33 346	13 654	46 112	32 458	0,83

Nach dem grundlegenden Erlaß des preußischen Unterrichtsministers vom 18. Januar 1911[2] richtet die Jugendpflege ihre Aufmerksamkeit insbesondere auf die "schulentlassene Jugend". Durch amtliche Förderung will sie "die Erziehungstätigkeit der Eltern, der Schule und der Kirche, der Dienst- und Lehrherren unterstützen und weiterführen."[3] Aus der Sicht der kommunalen Jugendämter sind unter der öffentlichen Jugendpflege alle Maßnahmen zu verstehen, "die sich zum Ziele gesetzt haben, persönlichkeitsbildende Werte zu vermitteln und damit die Grundlage zur gesunden Entwicklung des Jugendlichen zu fördern oder zu schaffen."[4] Bei der Förderung des Wohls der Minderjährigen wird

1) Der Oberbegriff Jugendwohlfahrt, der alle Maßnahmen umfaßt, die auf dem kommunalen Sektor der Jugendarbeit erforderlich werden können, hat nach der gesetzlichen Definition des RJWG (§ 2, Abs.2) zwei Komponenten: die Jugendpflege und die Jugendfürsorge. Diese knappe Aufgliederung wird aber heute als unzureichend angesehen, denn wichtige Aufgaben der modernen Jugendhilfe, wie etwa der Jugendschutz und die Jugendsozialarbeit, bleiben darin unberücksichtigt (Vgl. dazu K.W.Jans, a.a.O., S.317)

2) Erlaß vom 18. Januar 1911, Zentralblatt der Unterrichtsverwaltung in Preußen, S.276 (zit.n.K.W.Jans a.a.O., S.329)

3) zitiert nach K.W.Jans, a.a.O., S.329

4) K.W.Jans, a.a.O., S.329

eine Gefährdung der Erziehung im Einzelfall nicht vorausgesetzt. Die Jugendpflege betraf und betrifft noch heute die Gesamtheit der Jugendlichen, gleichviel, ob sie in Jugendverbänden organisiert sind oder nicht.[1)]

Die Jugendförderung im Dritten Reich war ganz unter die Zielsetzungen des Nationalsozialismus gestellt worden. Unter dem Titel "Jugendertüchtigung" (Abschnitt 56) rangierte die Förderung der allgemeinen Aufgaben der Hitler-Jugend (HJ) an erster Stelle. Von den in diesem Abschnitt ausgewiesenen Beihilfen flossen bis zum Kriegsende zwischen 68 vH und 98 vH an die HJ. Andere Förderungsmaßnahmen betrafen die körperliche Ertüchtigung (Sportveranstaltungen) und die Berufsförderung, zum Beispiel durch finanzielle Unterstützungen im Rahmen des "Reichsberufswettkampfes".[2)] Auch bei den Einrichtungen der Jugend galten die Zuwendungen vor allem den Hitlerjugendheimen. Die vorgesehene Neuschaffung von HJ-Unterkünften mußte jedoch im Kriege zurückgestellt werden. Dafür sammelte die Stadt Mittel in der Rücklage an, was die überdurchschnittlichen Ausgaben der Jahre 1938 und 1941 in der Tabelle 101 erklärt. Insgesamt belief sich das von 1938 bis 1943 angehäufte Rücklagenkapital für solche Jugendunterkünfte (einschließlich NSV-Kindergärten) auf 176 241 RM.

Nach dem Krieg bewegte sich die allgemeine Jugendförderung finanziell zunächst auf äußerst niedrigem Niveau, weil die knappen städtischen Mittel für dringendere Aufgaben gebraucht wurden. Der Schulbau und die Wiederherstellung der öffentlichen Einrichtungen hatten Vorrang. Die Stadt konnte sich eine nachhaltigere Unterstützung der Jugend erst wieder leisten, als die Steuereinnahmen reichlicher flossen. Unterstützt wurden in der Anfangszeit die Bemühungen der freien Jugendverbände durch kleinere Geldzuwendungen. Zuschüsse gab es zu Zeltlagern und anderen Jugendveranstaltungen. Nach der Währungsreform wurden vereinzelt auch wieder Jugendprogramme organisiert. Die Stadt zahlte Beihilfen an Verbände und Vereinigungen u.a. für:

> Ausbildungskurse, Veranstaltungen des Jugendausschusses, Jugendleitertagungen, Jugendfahrten, internationalen Jugendaustausch, Ergänzungen der Jugendbücherei, Instandhaltung von Vereins-Jugendheimen etc.

An Unterkünften für die Jugend mangelte es nach der Zerstörung der Stadt am Anfang sehr. Man behalf sich daher zunächst mit der Übernahme freigewordener Baracken[3)], bis 1951 die ehemalige Jugendherberge in der Hochstädter Landstraße 1 in ein Jugendheim umgewandelt wurde.[4)] Es bestand nur vier Jahre und wurde 1955, zusammen mit der Jugendherberge, als "Haus der Jugend" nach Kesselstadt in die Hinterstraße 2 verlegt. Zu den ständigen Einrichtungen der Jugendpflege gehörten ferner das Schullandheim in Rückersbach, dem das "Hanauer Haus" 1954 angegliedert wurde. Das Schullandheim, das einige Jahre mit Flüchtlingen belegt war, stand Hanauer Schulklassen - während der Schulferien auch der Jugendpflege - ab 1951 für Freizeiten wieder zur Verfügung.

---

1) K.W.Jans, a.a.O.

2) Den Siegern des Reichsberufswettkampfes winkte 1938 eine von der Stadt finanzierte Fahrt zur Schiller-Festspielwoche in Weimar

3) 1949 wurde die Baracke Himmler im Salisweg als Jugendheim hergerichtet; im Haushaltsplan 1950 ist von 2 Baracken für die Jugend die Rede. Ihr damaliger Standort ist nicht bekannt

4) Die ehemalige Jugendherberge befand sich in einem kleinen Waldstück zwischen der Hochstädter Landstraße und der Bahnlinie Hanau-West/Hanau-Wilhelmsbad, unweit der Umgehungsstraße; das Gebäude existiert heute nicht mehr

§ 6

EINZELPLAN 5
Gesundheits und Jugendpflege

1. Gliederung und finanzwirtschaftliche Gesamtergebnisse

Dem Einzelplan 5, dessen Struktur in der Zeit von 1936 bis 1954 nur verhältnismäßig wenige Änderungen erfahren hat, sind die folgenden Abschnitte und Unterabschnitte zugrundegelegt:

ABSCHNITT:	UNTERABSCHNITT:	HAUSHALTSANSATZ:
Gesundheitsdienst		
	Allgemeine Gesundheitsverwaltung/ Gesundheitsamt	(ab 1951)
	Allgemeine Gesundheitspflege	
	Gesundheitliche Volksaufklärung	
	Hebammenwesen	
	Impfwesen	
	Bekämpfung von Krankheiten	
	Schnakenbekämpfung	(1941-1947)
	Schädlingsbekämpfung	(ab 1949)
Einrichtungen des Gesundheitswesens		
	Stadtkrankenhaus	(ab 1945)
	Schwesternschule	(ab 1951)
Sonstige Einrichtungen des Gesundheitswesens		
	Öffentliches Untersuchungsamt	
	Desinfektionsanstalt	
	Tuberkulosenhilfe	
	Mütterberatung	(ab 1945)
Leibesübungen		
	Sportamt	(ab 1951)
	Förderung der Sportvereine	(1942-1951)
Einrichtungen für Leibesübungen		
	Sportplatz Wilhelmsbad	
	Sonstige Sport- und Spielplätze	
Jugendpflege		
	Förderung der Jugend	
Einrichtungen der Jugendpflege		
	Jugendheime, Schullandheime, Zeltlager	
	Jugendherbergen	

Bis 1950 einschließlich bestand in Hanau eine staatliche Gesundheitsbehörde[1]), an dessen Kosten die Stadt Hanau und der Landkreis beteiligt waren. Mit der Kommunalisierung der staatlichen Gesundheitsämter erhielt Hanau 1951 ein eigenes städtisches Gesundheitsamt, das organisatorisch mit dem Haushaltsabschnitt "Gesundheitsverwaltung" zusammengelegt wurde. Gleichzeitig wurde der Verwaltungsverband mit dem Landkreis aufgehoben.

Der seit 1936 unter der Bezeichnung "allgemeine Gesundheitsverwaltung" bestehende Abschnitt des Haushaltsplans erhielt mit der Neugliederung nach der finanzstatistischen Kennziffer die Bezeichnung: "Gesundheitsdienst". Der von 1941 bis 1948 gesondert dargestellte Unterabschnitt "Schnakenbekämpfung" ging von 1949 an in dem Haushaltstitel "Schädlingsbekämpfung" auf.

Bei den "Einrichtungen des Gesundheitswesens" wurden im Haushaltsplan bis 1944 nur die Zuschüsse an den Zweckverband "Dr.Robert-Ley-Krankenhaus", dem früheren Landkrankenhaus[2]), nachgewiesen. Am 1. April 1944 löste sich der Zweckverband auf. Gegen Zahlung einer einmaligen Abfindung von DM 50 000 RM an den Landkreis Hanau schied dieser aus dem Zweckverband aus. Die Stadt Hanau übernahm die Anstalt, die eine eigene Kassen- und Rechnungsführung besaß, in ihre Regie und veranschlagte die Einnahmen und Ausgaben bis 1947 einschließlich in einem Sonderetat als Anlage zum städtischen Haushaltsplan. Im Haushaltsplan selbst erschienen nur die Betriebszuschüsse an das Krankenhaus. Gleichwohl sind die gesamten Rechnungsergebnisse jener Jahre in das Zahlenwerk der vorliegenden Arbeit voll integriert worden.[3])

1951 kam im Abschnitt "Einrichtungen des Gesundheitswesens" der Unterabschnitt "Schwesternschule" hinzu.

Das "Öffentliche Untersuchungsamt" und die "Desinfektionsanstalt" waren bis 1946 im Einzelplan 7 untergebracht. Sie gehören aber nach dem Gliederungsplan der Finanzstatistik zu den "sonstigen Einrichtungen des Gesundheitswesens" und wurden deshalb im Rahmen der vorliegenden Betrachtung, wie es von 1947 an auch im Haushaltsplan der Fall war, dem Einzelplan 5 zugeordnet.

Im Abschnitt "Leibesübungen" wurde 1951 das "Sportamt" der Stadt neu eingerichtet. Die "Förderung der Sportvereine" war seit 1942 ein selbständiger Titel innerhalb dieses Abschnitts. Er wurde 1951 aufgehoben. Die Förderungsmittel erschienen von diesem Jahr an als Zuwendungen und Sachausgaben zugunsten der Sportvereine im Abschnitt "Einrichtungen der Leibesübungen" unter den "Sonstigen Sport- und Spielplätzen".

Die finanzwirtschaftlichen Ergebnisse der "Jugendpflege" und ihrer Einrichtungen sind ebenfalls hier erfaßt worden, obwohl sie als Teilbereich der allgemeinen Jugendwohlfahrt eher dem Fürsorgewesen (Einzelplan 4) als dem Gesundheitswesen zuzurechnen sind. Auf die diesbezüglichen Ausführungen im vorigen Kapitel darf deshalb verwiesen werden (siehe dazu Seite 394ff).

---

1) Das staatliche Gesundheitsamt, dessen Leitung einem Amtsarzt oblag, unterstand dem Regierungspräsidenten als Aufsichtsbehörde

2) Das frühere Landkrankenhaus war im Jahre 1941 durch den Zweckverband von der Landesverwaltung in Kassel übernommen worden (Vgl.Verwaltungsbericht der Stadt Hanau für die Verwaltungsjahre 1945 und 1946, Hanau 1948, S.46)

3) Siehe dazu die Vorbemerkung zur Horizontalanalyse (1.Abschnitt) auf Seite 56

Für die so gegliederten Abschnitte und Unterabschnitte des Einzelplans 5 ergaben sich während des Untersuchungszeitraums die folgenden Gesamteinnahmen und -ausgaben sowie Zuschüsse:

Tabelle 102

Rechnungsergebnisse des Einzelplans 5
"Gesundheits- und Jugendpflege"
im Ordentlichen Haushalt der Stadt Hanau

Rechnungsjahr	Einnahmen RM/DM	Ausgaben RM/DM	Ausgaben in % der Gesamtausgaben OH	Zuschuß absolut RM/DM	Zuschuß je Einwohner RM/DM
1936	10 885	75 487	0,8	64 602	1,58
1941	13 108	215 112	1,6	202 004	5,12
1945	557 581	788 750	12,0	231 169	11,18
1949	844 741	1 040 312	9,9	195 571	6,82
1954	1 971 491	2 699 357	13,7	727 866	17,71

Der unübersehbare, gewaltige Anstieg der Einnahmen und Ausgaben ab 1945 war vor allem eine Folge der Übernahme des Krankenhauses durch die Stadt Hanau. Mit der vollständigen Einbeziehung der Krankenanstalt in die städtische Finanzwirtschaft erhöhten sich nicht nur die Gesamteinnahmen und -ausgaben des Einzelplans 5, auch der Gesamtzuschußbedarf, an dem der Krankenhausbetrieb überdurchschnittlichen Anteil hatte, nahm ad hoc beträchtlich zu. Zur Ausdehnung des Finanzvolumens beigetragen haben außerdem die höheren Ausgaben im Bereich der "Jugendpflege", die Einrichtung des Sportamtes im Abschnitt "Leibesübungen" (1951) und der sukzessive Ausbau der Sportstätten in Wilhelmsbad. Die zuletztgenannten Maßnahmen lagen ganz im Trend der Aufwertung des Breitensports zu Beginn der Fünfziger Jahre, dem in Hanau große Beachtung geschenkt wurde. Schließlich kommen in den wachsenden Ausgaben auch die allgemeinen Lohn- und Preissteigerungen jener Zeit zum Ausdruck, die insbesondere den Aufbau und das gesamte Beschaffungswesen des Krankenhauses nachhaltig beeinflußt haben.

Wie sich die Gesamteinnahmen und -ausgaben des Einzelplans 5 auf die einzelnen Abschnitte verteilten, zeigt die nachfolgende Tabelle 103:

Einzelplan 5
Gesundheits- und Jugendpflege

Tabelle 103 — Rechnungsergebnisse der Abschnitte des Ordentlichen Haushalts in RM/DM

HAUSHALTSABSCHNITT	1936	1941	1945	1949	1954
Gesundheitsdienst					
Einnahmen	3 498	151	185	570	25 248
Ausgaben	50 917	34 375	14 225	46 896	112 837
Zuschuß absolut	47 419	34 224	14 040	46 326	87 589
je Einwohner	1,16	0,86	0,67	1,61	2,13

Tabelle 103 Rechnungsergebnisse der Abschnitte des Ordentlichen Haushalts in RM/DM (Fortsetzung)

HAUSHALTSABSCHNITT	1936	1941	1945	1949	1954
Einrichtungen des Gesundheitswesens					
Einnahmen	--	--	548 541	839 472	1 896 836
Ausgaben	--	88 974	762 796	960 500	2 389 785
Zuschuß absolut	--	88 974	214 255	121 028	492 949
je Einwohner	--	2,25	10,36	4,22	11,99
Sonstige Einrichtungen des Gesundheitswesens					
Einnahmen	6 741	7 027	8 324	4 176	38 746
Ausgaben	8 437	10 688	9 265	9 105	52 579
Zuschuß absolut	1 696	3 661	941	4 929	13 833
je Einwohner	0,04	0,09	0,04	0,17	0,33
Leibesübungen					
Einnahmen	--	--	--	--	619
Ausgaben	--	--	--	11 672	33 575
Zuschuß absolut	--	--	--	11 672	32 956
je Einwohner	--	--	--	0,40	0,80
Einrichtungen für Leibesübungen					
Einnahmen	346	644	531	523	7 586
Ausgaben	6 817	7 888	2 184	4 987	64 176
Zuschuß absolut	6 471	7 244	1 653	4 464	56 590
je Einwohner	0,15	0,18	0,07	0,15	1,37
Jugendpflege					
Einnahmen	300	--	--	--	1 559
Ausgaben	3 954	5 944	--	--	15 521
Zuschuß absolut	3 654	5 944	--	--	13 962
je Einwohner	0,08	0,15	--	--	0,33
Einrichtungen der Jugendpflege					
Einnahmen	--	5 286	--	--	897
Ausgaben	5 362	67 243	280	7 152	30 884
Zuschuß absolut	5 362	61 957	280	7 152	29 987
je Einwohner	0,13	1,57	0,01	0,24	0,72

Wie im Ordentlichen, so ragten auch im Außerordentlichen Haushalt unter den Ausgaben zwei Teilbereiche besonders heraus, auf die sich die Investitionstätigkeit der Stadt nach der Währungsreform konzentrierte: das Stadtkrankenhaus und die Sportstätten in Wilhelmsbad. Auf beide zusammen entfielen von 1949 bis 1954 mehr als 90 vH aller Investitionsbeträge des Einzelplans 5 - auf das Stradtkrankenhaus alleine 80,4 vH. Erst am Ende des Untersuchungszeitraums trat als weiterer Schwerpunkt das Schullandheim in

Rückersbach hinzu, mit dessen Bau 1954 begonnen und das ein Jahr später fertiggestellt wurde. Die Stadt Hanau besaß in Rückersbach eine größere Liegenschaft mit einer festen Unterkunft für Jugendliche ("Hanauer Haus"), das dem Schullandheim angegliedert wurde. Das Gelände war zuvor für Zeltlager und Jugendfreizeiten genutzt worden.

Einzelplan 5

Tabelle 104 Effektiv-Ausgaben im Außerordentlichen Haushalt der Stadt Hanau in DM

HAUSHALTSABSCHNITT	1949	1950	1951	1952	1953	1954
Stadtkrankenhaus	148 103	220 977	490 490	606 553	319 502	552 569
Öffentliches Untersuchungsamt	-	4 655	2 105	2 471	-	-
Sportamt	-	-	-	-	2 500	-
Sportplatz Wilhelmsbad	40 400	84 675	34 287	18 439	110 513	51 457
Sonstige Sport- und Spielplätze	-	-	1 000	-	-	9 897
Schwimmbad	-	-	-	-	1 293	3 000
Einrichtungen der Jugendhilfe						
Schullandheim Rückersbach	-	1 692	-	-	1 254	177 636
Jugendheim Hochst. Landstr. (ab 1954 Hinterstraße 2)	-	-	-	12 134	4 026	7 317
Insgesamt	188 503	311 999	527 882	639 597	439 088	801 876

2. Die Gesundheitsverwaltung (Gesundheitsamt)

Wie oben bereits ausgeführt, bestand in Hanau bis 1950 einschließlich eine staatliche Gesundheitsbehörde, zu deren Kosten die Stadt und der Landkreis Hanau Beiträge zu leisten hatten. Die Einrichtung dieser Behörde fand ihre rechtliche Grundlage in dem Reichsgesetz über die Vereinheitlichung des Gesundheitswesens (GesVG) vom 3. Juli 1934[1)], wonach die Stadt- und Landkreise in Anlehnung an die untere Verwaltungsbehörde Gesundheitsämter errichten und "nach Bedürfnis und Leistungsfähigkeit" zu den Kosten ihrer Unterhaltung beitragen mußten[2)]. Damit wurden die von den Gemeinden bis dahin freiwillig übernommenen Aufgaben der Gesundheitsfürsorge zu Pflichtaufgaben der Gesundheitsämter.[3)]

Den staatlichen Gesundheitsämtern oblag die Durchführung ärztlicher Aufgaben der Gesundheitspolizei, der gesundheitlichen Volksbelehrung, der Schulgesundheitspflege, der Mütter- und Kinderberatung[4)], der Fürsorge für Tuberkulose- und Geschlechtskranke, für Körperbehinderte, Sieche und Süchtige, ferner die Mitwirkung bei Maßnahmen zur

1) RGBl.I, S.531

2) § 4 Abs.1 GesVG

3) Vgl. J.Stralau, Gesundheitswesen, i. H.Peters (Hrsg.), Handbuch der kommunalen Wissenschaft und Praxis, 2.Band, Berlin u.a. 1957, S.440

4) Die Mütterberatung nationalsozialistischer Prägung wurde bis 1944 im Unterabschnitt 512 mit der Bezeichnung "Erb- und Rassenpflege" veranschlagt

Förderung der Körperpflege und Leibesübungen und schließlich die amts-, gerichts- und vertrauensärztliche Tätigkeit, soweit sie den Amtsärzten nach Landesrecht übertragen war.[1]

Die Beiträge der Stadt Hanau zu den Kosten des staatlichen Gesundheitsamtes betrugen in den Rechnungsjahren:

1936	12 000 RM,	1940	14 102 RM,
1937	12 000 RM,	1941	14 260 RM,
1938	21 047 RM,	1942	13 840 RM,[a]
1939	21 354 RM,	1943	15 000 RM.[a]

a) nach dem Voranschlag

Die Beiträge für die ersten beiden Jahre wurden vom Regierungspräsidenten der Höhe nach festgesetzt. Von 1938 an galt die Provinzialumlage als Bemessungsgrundlage. Zu zahlen war ein Satz von 2 vH des Maßstabsolls der Umlage, was fast eine Verdoppelung des Beitrags zur Folge hatte. Die Gemeinden wehrten sich heftig gegen diese drastische Erhöhung. Es kam zu regen Kontakten unter den kreisfreien Städten, die das Ziel verfolgten, die Aufstockung rückgängig zu machen. Ihnen war jedoch kein Erfolg beschieden.[2] 1940 wurde die Basis der Beitragserhebung erneut geändert, indem man fortan die Kopfzahl der Bevölkerung zum Maßstab erhob. Je Einwohner hatten die Stadtkreise 0,35 RM, die Landkreise 0,30 RM zu zahlen. Die Finanzausgleichsverordnung vom 30. Oktober 1944[3] behielt die gemeinsame Kostenbeteiligung der Stadt- und Landkreise grundsätzlich bei. Soweit die Gesundheitsämter noch keine staatlichen Einrichtungen geworden waren, leistete das Reich seinerseits Zuschüsse an die kommunalen Träger.[4]

Ab 1945 wurden in Hessen Kostenbeiträge nicht mehr angefordert. Die damit verbundene finanzielle Entlastung sollte bei der Regelung des Finanzausgleichs berücksichtigt werden.[5] Die Rechtslage blieb aber zunächst unklar. Zwar bestimmte das Finanzausgleichsgesetz für das Haushaltsjahr 1946 vom 8. April 1947[6] in § 7:

> "Die Gesundheitsämter gehen mit Wirkung vom 1. Oktober 1946 auf die Stadt- und Landkreise über. Das Nähere regelt der Minister des Innern im Einvernehmen mit dem Minister der Finanzen."

Die Überleitungsverordnung erging jedoch erst 1949[7] und wurde ab 1950 wirksam. Die Stadt Hanau, die bis dahin mit dem Landkreis eine gemeinsame Gesundheitsbehörde in der Form eines Verwaltungsverbandes unterhalten hatte (Kommunale Gesundheitsbehörde Stadt- und Landkreis Hanau), richtete in diesem Jahr ein eigenes Gesundheitsamt ein, das

1) Vgl. § 3 des Gesetzes über die Vereinheitlichung des Gesundheitswesens, a.a.O. sowie die 1. und 2. Durchführungsverordnung (DVO) zu diesem Gesetz vom 6. und 22. Februar 1935, RGBl.I, S.177/215

2) Vgl. Stadtarchiv C 4, Nr.67

3) RGBl.I S.281

4) Vgl. W.Fischer, a.a.O., S.391

5) So in einem Schreiben des Regierungspräsidenten in Wiesbaden vom 30. November 1945 an den Magistrat der Stadt Wetzlar (vgl. Stadtarchiv a.a.O.)

6) GVBl. 1947, S.24

7) Verordnung zur Überleitung der Gesundheitsämter auf die Stadt- und Landkreise vom 2. Februar 1949, GVBl. S.22

organisatorisch und haushaltsplanmäßig mit der bereits bestehenden städtischen Gesundheitsverwaltung zusammengefaßt wurde. Der Verwaltungsverband mit dem Landkreis Hanau wurde im gleichen Jahr aufgehoben.

Die Kommunalisierung der Gesundheitsämter brachte für die Stadt Hanau eine erhebliche finanzielle Mehrbelastung, insbesondere bei den persönlichen Ausgaben, die durch die staatlichen Zuschüsse keineswegs ausgeglichen wurden.

Der Personalbedarf des städtischen Gesundheitsamtes stieg ad hoc um mehrere Stellen. Benötigt wurden ein Stadtarzt, zwei Fürsorgerinnen und zwei Verwaltungsangestellte, die auch sukzessive eingestellt wurden, wodurch sich der Personalaufwand im ersten Jahr (1951) fast verdoppelte und bis 1954 gegenüber 1950 sogar annähernd verdreifachte. (Im Durchschnitt der Jahre 1936 bis 1943 hatten die Personalkosten der städtischen Gesundheitsverwaltung allein jährlich nur rund 12 700 RM betragen). Der Sachaufwand ging dagegen relativ zurück, weil das neue Amt Einrichtungen der seitherigen Gesundheitsverwaltung zum Teil mitbenutzen konnte.

Tabelle 105 Ist-Einnahmen und Ist-Ausgaben des Gesundheitsamts der Stadt Hanau in DM

Jahr	Einnahmen absolut	Einnahmen davon Staatszuschüsse	Ausgaben absolut	Ausgaben davon Personalausgaben	Zuschuß
1950	14 029	11 585	43 817	26 902	29 788
1951	14 323	10 746	56 610	49 856	42 287
1952	15 624	11 945	57 166	51 305	41 542
1953	21 077	17 612	64 658	53 622	32 545
1954	23 500	18 696	86 484	75 243	51 743

Auf der Einnahmeseite des Gesundheitsamts waren die Erlöse aus Gebühren nur sehr gering. Der größere Teil der Einnahmen entfiel auf die staatlichen Zuweisungen. Seit 1950 erhielten die Träger der Gesundheitsämter vom Land Hessen einen Zuschuß von 0,35 DM pro Kopf der Bevölkerung.[1] Dieser Zuschuß wurde im Rechnungsjahr 1953 im Interesse der Ausweitung der gesundheitsfürsorgerischen Maßnahmen auf 0,50 DM heraufgesetzt.[2]

3. Das Stadtkrankenhaus

a) Der Wiederaufbau

Das Krankenhauswesen in Hanau befand sich am Ende des Zweiten Weltkriegs in einer verzweifelten Lage. Von den ursprünglich vorhandenen drei Anstalten, die vor Kriegsausbruch zusammen mit etwas mehr als 800 Betten über reichlich Platz für die Unterbringung

1) Hessisches Finanzausgleichsgesetz vom 27. Juni 1950 (GVBl. S.119) und vom 17. Juli 1951 (GVBl. S.39)

2) Erlaß des Hessischen Ministers des Innern - VII - Med.A - Az. 18a 0 4 Tgb.Nr.8920/53 Nr.183 - vom 17. Oktober 1953 sowie Gesetz zur Regelung des Finanzausgleichs vom 11. Mai 1953, GVBl. S.105

von Kranken verfügten, waren nach dem letzten Fliegerangriff am 19. März 1945 nur noch spärliche Reste von zwei Häusern übriggeblieben. Das Gustav-Adolf-Krankenhaus hatte Totalschaden erlitten; das St.-Vinzenz-Krankenhaus war schwer beschädigt und das 1944 in die alleinige Trägerschaft der Stadt Hanau übergegangene ehemalige Landkrankenhaus von so vielen Spreng- und Brandbomben getroffen worden, daß es für die Aufnahme von Patienten zunächst nicht in Frage kam. Kein Gebäude der städtischen Krankenanstalt war von Verwüstungen verschont geblieben. Die Kriegsschäden an Bauwerken und Inventar wurden auf über 1,8 Millionen Reichsmark geschätzt.[1] Allein der vorzeitigen Einrichtung eines Ausweichkrankenhauses mit 85 Betten in Langenselbold im Januar 1945 durch die Stadt Hanau war es zu verdanken, daß die Krankenversorgung überhaupt aufrechterhalten werden konnte. Wie kritisch die Situation tatsächlich war, erhellt auch aus der Tatsache, daß die amerikanische Besatzungsmacht sich unmittelbar nach ihrem Einzug veranlaßt sah, wegen der erhöhten Seuchengefahr und der Krankheitsanfälligkeit der unterernährten Bevölkerung die Errichtung einer Behelfskrankenstation im Nachbarort Großauheim anzuordnen.[2]

Der Notstand zwang die Stadt Hanau zu raschem Handeln. Wenige Wochen nach dem Einmarsch der amerikanischen Truppen begann man mit den Aufräumungsarbeiten auf dem Gelände des Stadtkrankenhauses und mit den ersten Instandsetzungen an Gebäuden. Nach einer notdürftigen Herrichtung waren einige Kellergeschosse benutzbar. In den Bauten 7 und 9 konnten bereits im Sommer 1945 etwa 40 bis 50 Kranke, wenn auch unter denkbar primitiven Bedingungen, einquartiert werden.[3] Die chirurgische Abteilung ruhte zunächst ganz und wurde erst im Juni 1945 in eingeschränktem Umfang wieder funktionsfähig. Der Röntgenbetrieb konnte im Oktober desselben Jahres im Keller des ehemaligen Nordgebäudes[4] aufgenommen werden, nachdem es gelungen war, ein "Schweres Feld-Röntgengerät" aus ehemaligen Wehrmachtsbeständen zu beschaffen.[5]

Der beträchtliche Bedarf an Krankenhausbetten, der sich vor allem aus der Mittelpunktfunktion der Stadt herleitet und durch die Unterbringungsmöglichkeiten in Hanau und Langenselbold nicht gedeckt wurde, machte weitere Notlösungen erforderlich. Im Herbst 1945 pachtete die Stadt die Wohngebäude des ehemaligen Luftwaffentanklagers in Neuenhaßlau und richtete dort ein zweites Ausweichquartier für 85 Kranke ein. Die Instandsetzungsarbeiten in Hanau nahmen unterdessen ihren Fortgang, so daß am Ende des Rechnungsjahres ein Teil des Isolierbaus wieder mit 50 Kranken belegt werden konnte.

---

1) Von dem errechneten Kriegsschaden in Höhe von 1 818 500 RM entfielen auf Gebäude 1 435 500 RM (= 78,9 vH), auf das Inventar 383 000 RM (= 21,1 vH) [vgl. Verwaltungsbericht der Stadt Hanau 1945/46, S.47]; nicht ersichtlich aus den Unterlagen ist, auf welchen Wertansätzen die Berechnung basiert; vermutlich handelt es sich um Buchwerte

2) Die Krankenstation Großauheim, für die die Räume einer Schule und einer Gastwirtschaft requiriert worden waren, wurde 1947 wieder aufgelöst, nachdem sich die im Aufbau befindlichen beiden Krankenhäuser in Hanau (Stadtkrankenhaus und St.Vinzenz-Krankenhaus) bereiterklärt hatten, die Kranken in ihren Anstalten aufzunehmen

3) Verwaltungsbericht der Stadt Hanau 1945/46, S.46

4) Das etwa um die Jahrhundertwende entstandene Nordgebäude, das seinen Zugang vom Mühltorweg hatte, existiert heute nicht mehr. Es mußte 1961 dem Bau des Bettenhochhauses (H-Bau) mit angegliedertem Behandlungstrakt (B-Bau) weichen

5) Zuvor hatte die UNRRA mit der von ihr im Ausländerlager eingesetzten Röntgenanlage ausgeholfen; (die UNRRA [United Nations Relief and Rehabilitation Administration] war eine von den Vereinten Nationen übernommene Hilfsorganisation zur Unterstützung von Flüchtlingen und Verschleppten, die im Ostteil der Stadt Hanau ein Sammellager unterhielt)

Die Pflege und Betreuung der Patienten wurde von der Schwesternschaft des Hessischen Diakonievereins Darmstadt wahrgenommen.

Die Ausgaben für die Aufbaumaßnahmen des ersten Nachkriegsjahres beliefen sich auf insgesamt 340 718 RM, die unter den "einmaligen Ausgaben" des Ordentlichen Haushalts nachgewiesen sind (siehe Tabelle 29 auf Seite 154). Sie betrafen in erster Linie die Aufwendungen für die Trümmerbeseitigung, für bauliche Ausbesserungen und den Witterungsschutz von Gebäudeteilen, die wieder aufgebaut werden sollten. Darin enthalten waren aber auch geringe Umbau- und Instandsetzungskosten der Ausweichkrankenhäuser in Langenselbold und Neuenhaßlau. Als Anschubfinanzierung dienten Mittel aus der Auflösung von Rücklagen in Höhe von 200 000 RM.

In den folgenden beiden Jahren wurde die Bettenkapazität erweitert, so daß am Ende des Rechnungsjahres 1947 in Hanau 148, in Langenselbold 85 und in Neuenhaßlau 92 Patienten Platz fanden. Hinzugekommen war in Hanau eine Baracke für Haut- und Geschlechtskranke, die 30 Patienten aufnehmen konnte und zugleich als Chirurgieambulanz diente. Fortschritte machten die Instandsetzungen des Medizinbaus, des Nordgebäudes (Chirurgie) und des Isolierbaus. Sie waren zu etwa zwei Dritteln im Rohbau fertiggestellt. Die Arbeiten kamen jedoch nur schleppend voran. Der Aufbau litt sehr unter dem Mangel an Material und Arbeitskräften.[1]

Während in den ersten beiden Nachkriegsjahren mehr die Trümmerbeseitigung und die Erhaltung und Instandsetzung der vorhandenen, noch verwertbaren Bausubstanz im Vordergrund stand, begann man 1947 mit dem planvollen Aufbau des Krankenhauses, der über die bloße Wiederherstellung der zerstörten Gebäude hinausging und hinsichtlich der Gesamtkonzeption in Aufriß und Gestaltung ein Neuanfang darstellte. Die Planung sah am Ende eines mehrstufigen Aufbaus eine Aufnahmemöglichkeit - bei normaler Belegung - für 520 Patienten vor.[2] Das inzwischen arrondierte Krankenhausgelände, das durch Geländeerwerb[3] auf insgesamt rund 29 000 Quadratmeter angewachsen war, bot dazu gute Voraussetzungen, auch für später vorgesehene Neu- und Erweiterungsbauten. Im Zuge des ersten Bauabschnitts sollte eine Bettenkapazität von 285 Betten geschaffen werden, wobei daran gedacht war, zuerst die chirurgische Abteilung, die sich damals noch in Langenselbold befand, nach Hanau zu verlegen.

Wie 1945, so wurde auch in den folgenden Jahren bis 1948 einschließlich die Aufbaufinanzierung allein aus Mitteln des Ordentlichen Haushalts bestritten (siehe Seite 153f). Der Aufwand summierte sich bis zur Währungsreform zu einem Gesamtbetrag von 1 532 416 RM, der an Zuschüssen von außen eine Zuweisung des Landes Hessen von 500 000 RM[4] und ein Baukostenzuschuß des Landkreises Hanau von 250 000 RM einschloß. Der Saldo in Höhe von 782 416 RM zuzüglich des im DM-Abschnitt des Jahres

---

1) Der Magistrat sah sich deshalb veranlaßt, einen dringenden Appell an die gesamte Öffentlichkeit, insbesondere an die heimische Handwerkerschaft, zu richten, das "gemeinnützige Bauvorhaben" Krankenhaus stärker "zu unterstützen und sich bereitwilliger als bisher zur Verfügung zu stellen" (Mitteilungsblatt für den Stadt- und Landkreis Hanau, Folge 136 vom 29. November 1947)

2) Nach ausführlicher Darstellung des Magistrats und des mit der Planung beauftragten Architekten genehmigten die Stadtverordneten am 17. November 1947 einstimmig den endgültigen Aufbauplan des Stadtkrankenhauses

3) Der Geländeerwerb geht auf die Enteignung anliegender Grundstücke in der Leimenstraße zurück

4) Die Landesmittel entstammten dem "Sonderfonds zur Wiederherstellung lebensnotwendiger öffentlicher Einrichtungen" (siehe dazu die Ausführungen auf Seite 219)

1948 aufgewandten Betrages von 429 566 DM mußte von der Stadt aus allgemeinen Deckungsmitteln aufgebracht werden.

Die vergleichsweise hohen DM-Ausgaben 1948 erklären sich aus den Verpflichtungen, die der Stadt nach dem Vorliegen der Generalplanung für Lieferungen und Leistungen aus dem ersten Bauabschnitt entstanden waren und deren Regulierung in die Zeit nach der Geldumstellung fiel. Sie dienten vor allem der Erweiterung des Bettenangebots in Hanau und standen in engem Zusammenhang mit der Auflösung des Behelfskrankenhauses in Langenselbold. Von 1949 an wurden die Investitionen grundsätzlich im Außerordentlichen Haushalt veranschlagt und abgerechnet.

Der systematische Aufbau des Krankenhauskomplexes erhielt zwar nach der Währungsreform durch die zunehmend besser werdende Materialversorgung Auftrieb. Auch der Mangel an Arbeitskräften ging allmählich zurück. Sorgen bereitete den Verantwortlichen aber die Finanzierung und die stete Aufwärtsentwicklung von Löhnen und Preisen, die dazu führte, daß die Einhaltung der Voranschläge immer schwieriger wurde.

Die Währungsumstellung und die daraus resultierende Liquiditätsenge hatten - zumindest vorübergehend - eine gewisse Zurückhaltung bei den Investitionen zur Folge, was sich bei den Bemühungen der Stadt um staatliche Beihilfen nachteilig auswirken sollte. Das Land Hessen lehnte weitere Baukostenzuschüsse für das Krankenhaus mit dem Hinweis ab, daß die Stadt selbst zu wenig Eigenleistungen erbracht hätte - eine Begründung, die angesichts der Tatsache, daß die Stadt Hanau, seitdem sie 1944 alleiniger Träger des Krankenhauses geworden war, mehr als 1,2 Millionen RM/DM für die Wiederherstellung der Anstalt aufgewandt hatte, heute kaum verständlich erscheint. Die außerordentlichen Ausgaben in den Jahren 1949 und 1950 für den Ausbau der Wäscherei, für das Pförtnerhaus mit Transformatorenstation am Mühltorweg und die Fertigstellung des Isolierbaus[1)] mußten daher - mangels ausreichender Eigenmittel - vorwiegend aus Kreditaufnahmen bestritten werden.

Ende 1950 waren die Instandsetzungsarbeiten an den Einrichtungen der Anstalt zwar erst zu etwa zwei Dritteln abgeschlossen, die klinische Leistungsfähigkeit des Hauses aber wieder hergestellt. Völlig unzureichend waren hingegen nach wie vor die Raumverhältnisse und der Bestand an Krankenbetten. Das hessische Innenministerium hatte 1951 im Hinblick auf die Mittelpunktfunktion der Stadt 900 Betten als Planziel für den Standort Hanau vorgegeben.[2)] Wenn man berücksichtigt, daß das Stadtkrankenhaus in jenem Jahr über 370 Betten (davon 95 in Neuenhaßlau), das St.-Vinzenz-Krankenhaus über etwa 250

---

1) Der Isolierbau konnte ab September 1950 wieder voll genutzt werden

2) Dabei war von einem Einzugsgebiet der Krankenversorgung ausgegangen worden, das den Stadt- und Landkreis Hanau sowie einige angrenzende Gebietsabschnitte umfaßte und in dem zusammen etwa rund 120 000 Menschen wohnten. Bei einer Schlüsselzahl von 7,5 Betten je 1000 Einwohner kam man auf 900 Betten; (im Vergleich dazu: vor dem Krieg besaß Hanau drei Krankenhäuser mit zusammen 840 Betten; bei einer Einwohnerzahl von rund 94 000 für den Stadt- und Landkreis ergab sich rechnerisch eine Schlüsselzahl von 8,9 Betten je 1000 Einwohner). Über die Schwierigkeiten einer zuverlässigen Schätzung des aktuellen und zukünftigen Bedarfs an Krankenbetten, Untersuchungs-, Behandlungs- und Wirtschaftseinrichtungen, die sich vor allem aus Unsicherheiten über das zukünftige Ausmaß der Binnenwanderung, der Planungen anderer Krankenhausträger im Einzugsgebiet, der Änderung der Gebiets- und Bevölkerungsstruktur, dem Wandel der vorherrschenden Krankheiten und anderen Gründen herleiteten, siehe P.van Aubel/G.Eberhard, Krankenhauswesen, i.H.Peters (Hrsg.) Handbuch der kommunalen Wissenschaft und Praxis, 2.Band, Berlin u.a. 1957, S.477

Betten[1] verfügte und das total zerstörte Gustav-Adolf-Krankenhaus völlig ausfiel, weil es nicht mehr aufgebaut wurde, dann wird ersichtlich, wie groß der Nachholbedarf an Krankenbetten tatsächlich war. Dies galt umso mehr, als die Einwohnerzahl der Stadt ständig zunahm und auch die Bevölkerung des Umlandes durch den Zustrom von Flüchtlingen weiterhin im Wachsen begriffen war.

Über Bettenmangel klagte insbesondere die chirurgische Abteilung des Stadtkrankenhauses. Durch den Ausbau des Ostflügels des ehemaligen Nordgebäudes, mit dem man 1951 begonnenen hatte und der Ende 1952 abgeschlossen war, wurde deshalb die Möglichkeit zur Aufstellung von weiteren 82 Betten geschaffen und gleichzeitig eine Frauenabteilung mit einer Säuglingsstation eingerichtet. Die Gesamtbettenzahl hatte sich damit auf 457 erhöht. Gegenüber 1948 war das eine Steigerung um 50 vH, die die Stadt Hanau an den Bettenbestand der Vergleichsstädte Aschaffenburg und Fulda allmählich heranrücken ließ (siehe dazu Anhang B 29). Die Finanzierung des zweiten Bauabschnitts der Chirurgie war durch die von der Stadtverordnetenversammlung am 25. April 1951 gebilligte Aufnahme eines Darlehens von 100 000 DM[2] in Verbindung mit einem Darlehen der Landesversicherungsanstalt Hessen in Höhe von 320 000 DM und einer Kreditzusage der Firma Dunlop über 50 000 DM endgültig gesichert. Die Kosten des gesamten Objekts beliefen sich am Ende auf rund 935 000 DM, für die die Stadt sich - mangels ausreichender Eigenmittel und Zuschüssen des Landes - mit 590 000 DM hatte verschulden müssen.

Ebenfalls 1952/53 fertiggestellt wurden die Prosektur und die provisorischen Bürounterkünfte für die Krankenhausverwaltung.

Der Aufbau konzentrierte sich in den letzten beiden Untersuchungsjahren (1953 und 1954) auf die medizinische Klinik (M-Bau) und das Wirtschaftsgebäude. Die Errichtung und Aufstockung des alten, noch aus dem Jahre 1911 stammenden M-Baus sollte vor allem das Bettenangebot in Hanau vergrößern und so die Auflösung der hohe Kosten verursachenden Außenstelle Neuenhaßlau ermöglichen. Planung und Aufbau beider Objekte standen in einem direkten Zusammenhang, weil die teilweise Fertigstellung des einen Voraussetzung für den Weiterbau des anderen war. Vorrang hatte dabei zunächst die Klinik, später das Wirtschaftsgebäude, das neben der Küche und den Vorratslagern auch Speisesäle und Personalwohnräume aufnehmen sollte. Die bis dahin im Medizinbau provisorisch eingerichteten Schwesternunterkünfte mußten erst in das Wirtschaftsgebäude verlegt werden, ehe die Arbeiten an der medizinischen Klinik vollendet werden konnten. Beide Projekte waren daher in mehrere Bauabschnitte zerlegt worden, von denen am Ende des Untersuchungszeitraums nur der erste, den Ostflügel des Medizinbaus betreffende abgeschlossen war.

Faßt man die Baukosten des Stadtkrankenhauses nach dem Kriege zusammen, so ergeben sich folgende Teilansätze in RM/DM:

---

1) Das St.-Vinzenz-Krankenhaus war zu etwa 85 vH zerstört und befand sich in jener Zeit - wie das Stadtkrankenhaus - im Wiederaufbau. Seine Aufnahmekapazität mit ca.250 Betten für 1951 ist geschätzt; der Bettenbestand, der vor der Zerstörung 360 Betten betragen hatte, wurde für das Jahr 1953 mit 270 angegeben [Hanauer Anzeiger Nr.50/221. Jahrgang vom 28. Februar 1953, S.3]

2) Dieses Darlehen hatte - wie andere in jenen Jahren aufgenommene Anleihen - eine Laufzeit von nur fünf Jahren, mußte also mit jährlichen Tilgungsraten von 20 000 DM zurückgezahlt werden, was den Ordentlichen Haushalt erheblich belastete

im Ordentlichen Haushalt (einmalige Ausgaben)	1945-1948/I	1 532 416	RM
	1948/II	429 566	DM
im Außerordentlichen Haushalt	1949-1954	2 338 194	DM
	das sind zusammen	4 300 176	RM/DM.
Rechnet man ferner die vermögenswirksamen Ausgaben der DM-Periode hinzu		68 539	DM,
so ergibt sich ein rechnerischer Gesamtaufwand für den Aufbau des Stadtkrankenhauses von 1945 bis 1954 von insgesamt		4 368 715	RM/DM.

Finanziert wurde dieser Gesamtaufwand durch:

Eigenmittel der Stadt	1 908 277	RM/DM
Fremdfinanzierung (Anleihen)	1 710 438	DM
Zuschüsse des Landes Hessen und des Landkreises Hanau	750 000	RM.

Daraus erhellt, daß ein beachtlicher Teil der Wiederherstellungskosten des Stadtkrankenhauses nach 1945 durch Anleihen aufgebracht worden ist. Bezogen auf die eigentliche Wiederaufbauphase nach der Währungsreform (1948-1954) waren es exakt 60,3 vH. Da diese Kreditmarktmittel fast ausschließlich aus kurz- bis mittelfristigen Darlehen bestanden, deren Laufzeit in der Regel fünf Jahre nicht überschritt, mußte sich dies besonders nachhaltig auf den Ordentlichen Haushalt auswirken. Der die Anstalt belastende jährliche Schuldendienst, der bis zur Währungsumstellung überhaupt nicht in Erscheinung getreten war, wuchs denn auch nach 1948 sprunghaft an. Er überschritt im Jahr 1953 die 100 000-DM-Grenze und war mit entscheidend für den kontinuierlichen Anstieg der Betriebskosten und des daraus resultierenden Zuschußbedarfs (siehe dazu die nachfolgende Tabelle 106).

b) Zur Frage der Pflegesätze

Kommunale Krankenhäuser galten nach der Hessischen Gemeindeordnung von 1952 nicht als "wirtschaftliche Unternehmen", gleichwohl waren sie - als gemeinnützige Einrichtungen - nach wirtschaftlichen Gesichtspunkten zu verwalten.[1] Was man darunter zu verstehen hat, war jedoch in der Gemeindeordnung selbst nicht näher ausgeführt. Nach Fischer, der sich auf einen unveröffentlichten Erlaß des Hessischen Ministers des Innern vom 28. Oktober 1948 bezieht, sollte die Erfüllung der Aufgaben des Krankenhauses "mit dem geringstmöglichen Aufwand" geschehen. Krankenanstalten "sollten sich, 'wenn auch nicht vollständig', so doch im wesentlichen in Einnahmen und Ausgaben ausgleichen".[2] Ziel mußte es sein, unter sparsamer Haushaltsführung ein optimales Verhältnis zwischen Mitteleinsatz und Betriebsleistung herbeizuführen,[3] wobei davon auszugehen war, daß die Selbstkosten durch die Betriebseinnahmen gedeckt wurden.

---

1) § 98 Abs.2 Hessische Gemeindeordnung vom 25. Februar 1952 [HGO 1952] (GVBl.S.11 ff)

2) Erlaß des Hessischen Ministers des Innern vom 28. Oktober 1948 (Az.IV - 400/09) zit. nach Fischer a.a.O., S.381

3) P.van Aubel/G.Eberhard, a.a.O., S.475/76

In Hessen konnten die kommunalen Krankenhausträger das Entgelt für die Benutzung ihrer Anstalten als öffentlich-rechtliche Gebühr durch Satzung festlegen.[1] Der Krankenhausträger erhielt mit der Aufnahme der Patienten einen Anspruch auf Entrichtung der ihm nach dem Aufnahmevertrag zustehenden Benutzungsgebühr. In der Gestaltung der Gebührensätze, die grundsätzlich der aufsichtsbehördlichen Genehmigung unterlagen, waren die Gemeinden allerdings durch Preisvorschriften stark eingeschränkt.

Die Gebühreneinnahmen, die ihrer Natur nach eigentlich tarifliche Entgelte darstellen, waren die mit Abstand größte und für die Finanzierung der laufenden Ausgaben wichtigste Einnahmequelle der Krankenanstalten, wie sich am Beispiel der Stadt Hanau leicht nachzuvollziehen läßt (siehe Tabelle 106). In der DM-Zeit, in der das Stadtkrankenhaus zumindest so weit wieder hergestellt war, daß trotz der herrschenden Bettenknappheit von einem Regelbetrieb gesprochen werden konnte, lag der Anteil der Benutzungsgebühren an den Gesamteinnahmen immer zwischen 85 und 90 vH.

Tabelle 106 Ist-Einnahmen und Ist-Ausgaben des Stadtkrankenhauses im Ordentlichen Haushalt der Stadt Hanau 1945-1954 in RM/DM [a]

Jahr	Gesamteinnahmen absolut	Gesamteinnahmen davon aus Benutzungsgebühren	Gesamtausgaben absolut	Gesamtausgaben davon für Personal	Gesamtausgaben davon für Schuldendienst	Zuschuß (Überschuß +) absolut	Zuschuß (Überschuß +) je Einwohner
1945	548 541	287 899	762 796[c]	213 936	-	214 255	10,37
1946	1 257 142[b]	434 751	1 093 364[c]	321 342	-	+ 217 778	+ 9,87
1947	712 852	553 376	1 389 482[c]	365 600	-	676 630	27,65
1948 RM	132 991	103 171	311 516[c]	80 278	-	178 525	6,73
1948 DM	486 306	421 690	1 067 469[c]	329 537	-	581 163	21,91
1949	839 472	756 109	960 500	480 939	502	121 028	4,22
1950	968 449	872 832	1 137 702	566 678	23 563	169 253	5,50
1951	1 245 067[d]	1 062 784	1 492 080	745 223	53 356	247 013	7,12
1952	1 506 936[d]	1 320 688	1 865 833	893 199	81 162	358 897	9,80
1953	1 943 400[d]	1 741 127	2 289 660	1 136 179	105 967	346 260	8,88
1954	1 896 836[d]	1 688 681	2 389 580	1 253 007	118 655	492 744	11,99

a) Die Ist-Werte der Sonderhaushalte des Stadtkrankenhauses 1945 bis 1947 sind in die Tabelle eingearbeitet

b) darin enthalten einmalige Zuweisungen des Landes Hessen (500 000 RM) und des Landkreises Hanau (250 000 RM)

c) In den Gesamtausgaben sind neben den Ausgaben für den laufenden Betrieb auch die Wiederaufbaukosten (einmalige Ausgaben) enthalten [vgl. dazu Tabelle 29 auf Seite 154]

d) darin enthalten laufende jährliche Zuschüsse des Landkreises Hanau zu den Betriebskosten des Stadtkrankenhauses in Höhe von 70 000 DM

Um dem Wirtschaftlichkeitsgrundsatz in der Haushaltsführung gerecht zu werden, müssen sich die Gebührensätze für die Leistungen der Krankenanstalten an den Selbstkosten orientieren. Und hier nun wird ein zentrales Problem der Krankenhaussituation der

---

1) § 19 HGO 1952

Nachkriegszeit sichtbar, die über Jahre durch den Kampf mit den Krankenkassen um die Erhöhung der Pflegesätze charakterisiert war.[1] Der bei weitem größte Teil der Patienten waren Sozialversicherte, für deren Krankenhauskosten nach der Reichsversicherungsordnung (RVO) die gesetzlichen Krankenkassen aufzukommen hatten.[2] Die Krankenanstalten hatten daher mit diesen Kassen Verträge abgeschlossen, in denen die den Kassenpatienten berechneten Pflegesätze festgelegt waren,[3] welche wegen der erwähnten strengen Preisvorschriften für diesen Personenkreis einzeln oder gruppenweise von den Preisbildungsstellen der Länder genehmigt werden mußten.[4]

Kennzeichnend für die Lage nach dem Kriege war nun die Tatsache, daß die von den RVO-Kassen bezahlten Pflegesätze die Selbstkosten[**] des laufenden Betriebs - ungeachtet des Nachhol-, Erneuerungs- und Wiederaufbaubedarfs der Krankenanstalten - nie deckten, sondern immer beträchtlich darunter lagen. Die Krankenhäuser sahen sich auf nahezu allen Gebieten steigenden Ausgaben gegenüber, während ihre Leistungen preisgebunden blieben und aus den Gegenleistungen, den Gebühreneinnahmen, allein nicht finanzierbar waren.[5] Die seit langem überfällige Anpassung der Pflegesätze begann erst nach der Währungsreform 1948. Sie vollzog sich in kleinen Schritten und glich in den folgenden Jahren nicht einmal annähernd die laufend wachsenden Kosten aus -- von einer Angleichung an die Selbstkosten ganz zu schweigen. Die in wiederholten Verhandlungen zwischen den Krankenanstalten und den gesetzlichen Krankenkassen ausgehandelten Erhöhungen der Pflegesätze hinkten zudem zeitlich ständig hinterher, so daß die Schere zwischen Einnahmen und Ausgaben zunehmend weiter auseinanderklaffte und die Gemeinden sich zur Zahlung immer höherer Zuschüsse an ihre Krankenanstalten gezwungen sahen.[6] Das Wort von den "kranken Krankenhäusern" machte damals die Runde.[7]

**) Unter den *Selbstkosten für stationäre Behandlung*, denen die Pflegesätze als Erlöse gegenüberstehen, sind hier zu verstehen:

die Kosten für Personal, Lebensmittel, medizinischen Sachbedarf, Bewirtschaftung (Energie und Wasser, bauliche und technische Instandhaltung, sonstiges Material, Versicherung), Verwaltung, Steuern und Abgaben, Mieten, Verzinsung des betriebsnotwendigen Kapitals, Abschreibungen, a b z ü g l i c h der Gegenposten für freie Station, Rückvergütungen und Ambulanz.[8]

In Hanau betrug der Pflegesatz des Stadtkrankenhauses vor 1945 ohne Nebenkosten 4,20 RM. Er lag damit - nach der Feststellung des Krankenhausdezernenten - 50 vH unter den

1) Vgl. W.Fischer, a.a.O., S.381

2) § 182 der Reichsversicherungsordnung (RVO) vom 19. Juli 1911, [RGBl. S.509]

3) W.Fischer, a.a.O.

4) P.van Aubel/G.Eberhard, a.a.O.

5) Über die bereits in der RM-Zeit zwischen 1936 und 1947 trotz der Preisstoppverordnung vom 26. November 1936 [RGBl.I S..955] gestiegenen Preise für Lebensmittel, Medikamente, klinisches Mobiliar, klinisches Verbrauchsmaterial, Porzellan, Textilien, Wasch- und Reinigungsmittel und Brennstoffe siehe W.Fischer a.a.O., S.382

6) Daß dieses Problem nicht etwa nur die kommunalen Krankenanstalten in Deutschland betraf, sondern zum Beispiel auch in Österreich Geltung hatte, belegen die Ausführungen des Generalsekretärs des Österreichischen Städtebundes, der in seinem Rechenschaftsbericht vor dem 8. Österreichischen Städtetags von den Städten sprach, "die das Unglück haben, ein Spital besitzen und führen zu müssen !" (zit.nach: Der Städtetag, Neue Folge, Jahrgang 5, Heft 3, März 1952, S.65)

7) Vgl. Der Städtetag, Neue Folge, Jahrgang 5, Heft 3, März 1952, S.65

8) Vgl. W.Fischer a.a.O, S.389

Selbstkosten.[1] Man kann also davon ausgehen, daß die Selbstkosten bis zum Kriegsende etwa 8,40 RM betragen haben. Rechnet man die Nebenkosten, für die ein Betrag von 0,50 RM angesetzt war[2], zum Pflegesatz hinzu, so ergibt sich für jene Zeit eine Gesamtpauschalvergütung für Krankenkassenpatienten von 4,70 RM pro Tag, die auch nach 1945 zunächst unverändert fortbestand. Erst nach 1948 kam es hier zu Verbesserungen, wie aus der nachfolgenden Übersicht hervorgeht. Die Selbstkosten des Stadtkrankenhauses fielen nach der Zerstörung infolge des insgesamt eingeschränkten Betriebs zwar etwas zurück, sie waren aber dennoch wegen der durch die Zweigbetriebe in Langenselbold und Neuenhaßlau verursachten erheblichen Mehrkosten für Personal, Miete, Fahrt- und Transportauslagen etc. mit 7,35 RM relativ hoch.

Entwicklung der durchschnittlichen Pflegesätze und der Selbstkosten des Stadtkrankenhauses Hanau in der III. Pflegeklasse (Erwachsene)

	Durchschnitts-Pflegesatz	Selbstkosten	Unterdeckung absolut	Unterdeckung in vH
bis 1945	4,70 RM[a]	8,40 RM	3,70 RM	44,0
1946	4,70 RM	7,35 RM	2,65 RM	36,0
1949	4,81 DM	.	.	.
1950	6,35 DM	.	.	.
1951	6,90 DM	10,35 DM	3,45 DM	33,3
1952	7,36 DM	15,32 DM[b]	7,96 DM	51,9
1953	8,07 DM	.	.	.
1954	9,80 DM	.	.	.

a) inkl. Pauschalvergütung für sämtliche Nebenkosten
b) ohne die ab 1.4.1953 wirksam gewordenen Lohn- und Gehaltserhöhungen des Personals

Obwohl Hinweise auf die Selbstkosten des Stadtkrankenhauses nicht für alle Jahre vorliegen, so zeigen doch die wenigen vorhandenen Daten sehr eindrucksvoll, in welchem Maße die Stadt an den Pflegekosten der Kassenpatienten mitzutragen hatte. Das erklärt auch den rapide wachsenden Zuschußbedarf der Anstalt, wie er sich aus der Tabelle 106 ergibt.

Da der überwiegende Teil der Patienten des Stadtkrankenhauses aus dem Landkreis kam - nach den Belegungsziffern schwankte ihr Anteil zwischen 60 und 70 vH -, hielten die Stadtverordneten einen Zuschuß des Landkreises zu den Kosten des Krankenhauses für dringend erforderlich. Sie beauftragten deshalb den Magistrat, mit den zuständigen Stellen des Kreises in Verhandlungen einzutreten. Die Diskussion des Sachverhalts, die bereits früh begonnen hatte und 1950 in ihre entscheidende Phase trat, führte schließlich zu einer

1) Bericht über die Situation des Stadtkrankenhauses in der Stadtverordnetenversammlung vom 24. November 1953 (Vgl. Hanauer Anzeiger Nr.274/221.Jahrgang vom 25. November 1953, S.3)

2) Sämtliche Nebenkosten einschließlich der Röntgenleistungen wurden bei den stationären Krankenkassenpatienten mit einer Pauschalvergütung von 0,50 RM abgerechnet (Vgl. Verwaltungsbericht der Stadt Hanau für die Verwaltungsjahre 1945 und 1946, S.48)

Vereinbarung zwischen der Stadt Hanau und dem Landkreis, wonach letzterer vom Rechnungsjahr 1951 an jährlich einen Betrag von 70 000 DM zu den Kosten des Krankenhauses beisteuerte.[1])

Diese einnahmeseitige Verbesserung reichte aber keineswegs aus, dem ständig weiter steigenden Kostendruck zu begegnen. Die durch die wachsende Bettenzahl verursachte Ausgabenvermehrung in Verbindung mit den Preis-, Lohn- und Gehaltserhöhungen ließen das Haushaltsdefizit des Krankenhauses schon 1952 die Marke von 350 000 DM überschreiten und nur zwei Jahre später sogar die Höhe von rund 495 000 DM erreichen. Die Anzahl der Pflegekräfte - soweit sie vom Hessischen Diakonieverein [2]) gestellt wurden - hatte sich von 1949 (55) bis 1954 (109) fast verdoppelt. Eine Pflegekraft kostete die Stadt Hanau im Durchschnitt der Jahre

1949	2 454,54 DM,
1952	2 970,-- DM,
1954	3 504,58 DM.

Die Zahl der Ärzte hatte ebenfalls zugenommen, so daß - unter Berücksichtigung der eingetretenen Besoldungsverbesserungen - allein die Personalkosten des Krankenhauses die folgenden Zuwachsraten aufwiesen:

1951	178 545 DM,
1952	147 976 DM,
1953	242 980 DM,
1954	116 828 DM.

Der Anteil der Personalausgaben an den Gesamtausgaben der Anstalt erhöhte sich damit in dieser Zeit von 49,9 vH auf 52,4 vH, wobei die mittleren und höheren Besoldungsgruppen kostenmäßig relativ stärker ins Gewicht fielen als die unteren.[3])

Da sich das Krankenhaus noch im Aufbau befand, wuchsen die Ausgaben im sächlichen wie auch im personellen Bereich aber eher zwangsläufig. Wegen des großen Nachholbedarfs auf nahezu allen Gebieten waren Einsparungen nur begrenzt möglich, wenn man von der grundsätzlichen Frage nach dem betriebsnotwendigen Personal und seiner Entlohnung, die bei einem Dienstleistungsunternehmen immer ein zentrales Problem darstellt, einmal absieht. Die Lösung der schwierigen Haushaltslage des Krankenhauses, die übrigens

1) Die ursprüngliche Forderung der Stadt Hanau, die vom Krankenhausdezernenten unter Hinweis auf den hohen Patientenanteil des Kreises vorgetragen und mit der außerordentlich schwierigen Haushaltssituation der Krankenanstalt begründet wurde, belief sich auf 150 000 DM [Vgl. Hanauer Anzeiger Nr.69/218.Jahrgang vom 22. März 1951, S.3]. Während die Stadt von der Notwendigkeit einer permanenten finanziellen Unterstützung ausging, war der Landkreis zunächst nur bereit, einen einmaligen Zuschuß zu den Wiederaufbaukosten zu leisten. Man einigte sich schließlich auf den Betrag von 70 000 DM, der dann auch in den folgenden Jahren wiederholt gezahlt wurde. Die Höhe des Landkreis-Zuschusses blieb indessen - angesichts des sich in den folgenden Jahren weiter verschlechternden Einnahme-Ausgabe-Verhältnisses des Krankenhausetats - in der Diskussion

2) Der Hessische Diakonieverein, Darmstadt, stellte neben einer Oberin die Oberschwestern, Vollschwestern, Helferinnen und Lernschwestern. Die Stadt Hanau rechnete mit dem Mutterhaus direkt ab. Die Schwesternvergütungen setzten sich zusammen aus einer Barvergütung und dem Sachbezug (freie Station). Der Barvergütungsanteil betrug 1949 rund 66,6 vH; er stieg bis 1954 auf 73,9 vH der Gesamtvergütung an

3) Auf die überdurchschnittliche Besetzung höherer Besoldungsstellen ist an anderer Stelle bereits hingewiesen worden (siehe dazu die Ausführungen auf den Seiten 65f und 81)

in anderen Städten des Bundesgebietes sehr ähnlich war, mußte daher verstärkt auf der Einnahmeseite gesucht werden.

Mit dem Inkrafttreten des "Gesetzes über die Erhöhung der Einkommensgrenzen in der Sozialversicherung und der Arbeitslosenversicherung und zur Änderung der 12. Verordnung zum Aufbau der Sozialversicherung" vom 13. August 1952[1] waren bundesweit die Voraussetzungen für eine Verbesserung der Einnahmen der gesetzlichen Krankenkassen geschaffen worden. Die Krankenhausträger nahmen daher die Verhandlungen mit den Krankenkassen erneut auf mit dem Ziel, die Erhöhung der geltenden Pflegesätze zu erreichen. Die Hessische Landesregierung, die die Notlage der Krankenanstalten anerkannte, unterstützte deren Forderungen und erarbeitete im Sommer 1953 neue Grundsätze für die Ermittlung der Selbstkosten der Krankenhäuser. Die Verhandlungen zogen sich jedoch lange hin, ohne daß es zu einer generellen Einigung zwischen der Hessischen Krankenhausgesellschaft und den Landesverbänden der Krankenkassen gekommen wäre. Der Landesverband hessischer Ortskrankenkassen verwies die Städte vielmehr auf Verhandlungen mit den örtlichen Geschäftsstellen der Kassen, um nach Lösungsmöglichkeiten zu suchen. Die Stadt Hanau ging darauf ein und erreichte zumindest eine geringfügige Verbesserung des Pflegesatzes von durchschnittlich 7,36 DM auf 8,07 DM. Gleichzeitig aber beantragte sie erneut bei dem Hessischen Minister für Arbeit, Wirtschaft und Verkehr, die Pflegesätze auf 9,95 DM heraufsetzen zu dürfen. Der entsprach schließlich dem Antrag am 5. Oktober 1953. Der Magistrat beschloß daraufhin, den Pflegesatz für alle Kostenträger der Sozialversicherten rückwirkend vom 1. Juli 1953 auf 9,80 DM täglich festzusetzen. Das reichte zwar nicht, den Haushalt des Stadtkrankenhauses auszugleichen, weil der neue Satz nach wie vor erheblich unter den Selbstkosten lag, doch trug dieser Schritt dazu bei, den Fehlbetrag zu begrenzen. Die damit erreichte vorübergehende Stabilisierung war allerdings nur von kurzer Dauer, denn die Kostenauftriebstendenz hielt am Ende des Untersuchungszeitraums weiterhin an.

4. Die Sportförderung

Wie aus der Tabelle 103 hervorgeht, war der Abschnitt "Leibesübungen" (54), der unter der Bezeichnung "Volksertüchtigung" 1938 erstmals in den Haushaltsplan aufgenommen worden war und auf den Erwachsenensport ausgerichtet sein sollte, während der ersten Hälfte der Untersuchungsperiode finanzwirtschaftlich nicht besetzt. Auch die kommunale Verwaltungsstelle zur Förderung des Breitensports bestand nur auf dem Papier (Abschnitt 53: "Allgemeine Verwaltung der Angelegenheiten der Leibesübungen und der Jugendertüchtigung"). Sie verzeichnete weder Einnahmen noch Ausgaben und war daher praktisch ohne Bedeutung. Beihilfen leistete die Stadt - wenn überhaupt, dann in sehr geringen Beträgen - nur an Sportvereine, die dem "NS-Reichsbund für Leibesübungen" angehörten. Ansätze dafür finden sich lediglich in den Etats 1942 und 1943.[2] Die allgemeine Sportförderung der Stadt beschränkte sich damals in der Hauptsache auf die Bereitstellung und Unterhaltung öffentlicher Sport- und Spielplätze, insbesondere der Sportanlagen in Wilhelmsbad.

---

1) BGBl.I S.437

2) In den Etats für 1942 und 1943 waren für diesen Zweck jährliche Gesamtausgaben von 500 RM bzw. 300 RM vorgesehen

Die Sportvereine konnten zwar auch nach 1945 zunächst nicht mit unmittelbarer finanzieller Hilfe rechnen, weil der Stadt die Mittel dazu fehlten, dennoch war die Bereitschaft zur Unterstützung bei den Körperschaften deutlich gewachsen. Im Wissen um die soziale, kulturelle und erzieherische Bedeutung des Sports für das Gemeinschaftsleben hat die Stadt die Eigeninitiativen der Vereine moralisch gestärkt und nach der Währungsreform im Rahmen ihrer Möglichkeiten dann auch finanziell gefördert. In das Jahr 1951 fiel die Einrichtung eines Sportamtes[1]), das als zentrale Dienststelle für alle Angelegenheiten des Sports zuständig war.

Ihre Hauptaufgabe im Rahmen der Sportförderung sah die Stadt in der Einrichtung von Sportstätten für den Breitensport. An erster Stelle stand dabei der Sportplatz in Wilhelmsbad, in dessen Herrichtung und Erweiterung in den sechs Jahren von 1949 bis 1954 rund 340 000 DM investiert wurden (siehe dazu Tabelle 104 auf Seite 401). Weitere 10 800 DM flossen in die Anlage von Spielplätzen. Die nach den Richtlinien des Deutschen Städtetages mindestens geforderten 4 Quadratmeter nutzbare Spielfläche pro Einwohner hatte die Stadt Hanau 1953 erreicht. Sie lag damit hinter Ulm (4,30 qm) auf dem zweiten Platz im Bundesgebiet vor den Großstädten Hannover, Schweinfurt, Mainz, Augsburg, Köln, Stuttgart, Frankfurt und Kassel.[2]) Unter den hessischen Vergleichsstädten (Fulda, Gießen und Marburg) lag Hanau schon 1950 mit 116 000 qm Sportplatzfläche weit an der Spitze (siehe dazu Anhang B 30).

Die Stadt unterstützte den Sport ferner durch Ausgaben für die Anschaffung von stadteigenen Sportgeräten, Wettkampfzubehör (Stoppuhren, Bandmaße, Bälle etc.) und Sanitätsmaterial sowie durch Aufwendungen zur Förderung von Sportvereinen und Sportveranstaltungen. In welcher Größenordnung sich die Ausgaben für die beiden zuletzt genannten Zwecke bewegten, zeigen die folgenden Zahlen:

Jahr	Aufwendungen für Sportveranstaltungen	Beihilfen an Vereine
1951	16 453 DM	4 352 DM
1952	19 363 DM	8 771 DM
1953	8 707 DM	6 524 DM
1954	7 243 DM	14 148 DM

Unter den Beihilfen an Sportvereine finden sich u.a. Zinszuschüsse für aufgenommene Darlehen, Zuschüsse zu den Licht, Wasser-, Heizungs- und Reinigungskosten der Turn- und Sporthallen, Zuschüsse für die sportärztliche Betreuung sowie für den Wiederaufbau von Vereinsheimen und die Ersatzbeschaffung von im Krieg verlorengegangenen Sportgeräten.

---

1) Über die Aufgaben der Sportämter siehe J.Sampels, Sport und Leibesübungen als kommunale Aufgabe, in H.Peters (Hrsg.) Handbuch der kommunalen Wissenschaft und Praxis, 2.Band, Berlin u.a. 1957, S.480ff (dort i.Anhang, S.484)

2) Vgl. J.Sampels, a.a.O., S.481

§ 7

EINZELPLAN 6
Bau- und Wohnungswesen

1. Gliederung und finanzwirtschaftliche Gesamtergebnisse

Dem Einzelplan 6 wurden während des Untersuchungszeitraums die folgenden Abschnitte und Unterabschnitte zugeordnet:

ABSCHNITT:	UNTERABSCHNITT:	HAUSHALTSANSATZ:
Bauverwaltung		
	Allgemeine Bauverwaltung	
Städtebau und -planung		
	Stadtplanungsamt	
	Vermessungsamt	
	Baupolizei	(1936-1947)
	Bauaufsicht	(ab 1948)
	Kreisstelle für Bauwirtschaft	(1947-1948)
Hochbauverwaltung		
	Hochbauamt	
Wohnraumbewirtschaftung und Wohnungsaufsicht		
	Wohnungsaufsicht und Wohnungspflege	(1938-1951)
	Wohnungsamt	(ab 1947)
Wohnungswesen		(1938-1951)
Siedlungswesen		(1938-1944)
Wohnungsbau und Wohnsiedlung		(ab 1952)
	Instandsetzung vorhandenen Wohnraums	(ab 1938)
	Neubau von Wohnungen	(1938-1944)
	Förderung des Wohnungsbaus	(ab 1955)
Straßen, Wege, Brücken und sonstiger Tiefbau		
	Allgemeine Tiefbauverwaltung	(bis 1952)
	Tiefbauplanung	(ab 1953)
	Straßen, Wege, Plätze, Brücken (und Wasserläufe)	(bis 1950)
Wasserläufe und Wasserbau		(ab 1951)
	Wasserläufe und Hochwasserschutz	(ab 1951)
Trümmerbeiseitigung und Trümmerverwertung		

Der Abschnitt "Städtebau und -planung" ist mit der Einführung der finanzstatistischen Kennziffer 1952 neu geschaffen worden. Er umfaßte seitdem das "Stadtplanungsamt", das "Vermessungsamt" und die "Bauaufsicht", die aus der "Baupolizei" hervorgegangen ist. Das "Vermessungsamt" war bis dahin im Haushaltsplan als selbständiger Abschnitt 64 geführt worden. Die "Baupolizei" wiederum galt ursprünglich als Aufgabenbereich der "Ordnungsverwaltung" und hatte deshalb noch bis 1947 ihren Platz im Einzelplan 1. Mit dem sich verstärkenden Wiederaufbau wuchsen Aufgaben und Bedeutung des Amts und veranlaßten den Magistrat, die inzwischen beträchtlich erweiterte Dienststelle 1948 unter der geänderten Bezeichnung "Bauaufsicht" in den Einzelplan 0 zu übernehmen. Dies stand wohl auch im Zusammenhang mit der Neuordnung der Dezernatsverteilung, denn anders läßt sich der ansonsten kaum begründbare Wechsel in den Bereich der "Allgemeinen Verwaltung" nicht erklären. Von 1952 an erschien die "Bauaufsicht" dann endgültig im Einzelplan 6, wo sie nach der neuen Gliederung der Finanzstatistik folgerichtig einzuordnen ist.

Die ursprünglichen Aufgaben der vor dem Kriege selbständigen Abschnitte "Wohnungswesen" und "Siedlungswesen" haben sich nach Inhalt und Zielsetzung den nach 1945 geänderten Voraussetzungen angepaßt und sind nicht nur erheblich ausgedehnt, sondern auch mit anderen Prioritäten versehen worden. Wegen der großen Verluste an Wohngebäuden hatte die Wohnraumbewirtschaftung einen besonderen Stellenwert erlangt, dem durch die Vergrößerung der Wohnungsbehörde Rechnung getragen werden mußte. Die außerordentliche Knappheit an bewohnbaren Häusern zwang zur strengen Überwachung der Bewirtschaftungsregelungen und erhob die Tätigkeit des Amtes in den Rang einer mehr verwaltungspolizeilichen Aufgabe. Das "Wohnungsamt" hatte deshalb 1945 und 1946 seinen Platz als Teil der Ordnungsverwaltung im Einzelplan 1, ehe es 1947 dem Einzelplan 6 zugeordnet wurde.

Das übrige Wohnungswesen faßte man in dem Abschnitt "Wohnungsbau und Wohnsiedlung" zusammen, der neben der "Instandsetzung vorhandenen Wohnraums" vor allem diejenigen Bereiche einschloß, die der Unterstützung des Wohnungsbaus dienten. Ein spezieller Haushaltstitel "Förderung des Wohnungsbaus" ist jedoch erst im Haushaltsjahr 1955 (!) in den Einzelplan 6 aufgenommen worden.

Im Bereich des Tiefbaus wurde mit der Einführung der finanzstatistischen Kennziffern der Abschnitt "Wasserläufe und Wasserbau", der den Hochwasserschutz mitumfaßt, neu gebildet und von dem Abschnitt "Straßen, Wege, Brücken und sonstiger Tiefbau", in dem er bis dahin aufgegangen war, abgetrennt. Die allgemeine Tiefbauverwaltung wurde 1953 der allgemeinen Bauverwaltung angegliedert. Andererseits kam der Dienstbereich "Tiefbauplanung" 1954 als neuer Unterabschnitt hinzu.

Obwohl die Räumung des Trümmerschutts und seine Verwertung in den Nachkriegsjahren in Hanau eine beachtliche Rolle spielte (siehe dazu Seite 287ff), ist sie im Etat als gesonderte Haushaltsposition lange Zeit nicht in Erscheinung getreten. Die Einnahmen und Ausgaben, die damit in Zusammenhang standen, wurden nicht grundsätzlich zentral verrechnet. Sie finden sich vielmehr in Sammelposten des Ordentlichen Haushalts ("Wiederaufbau der zerstörten Stadt") und Einzelansätzen des Außerordentlichen Haushalts oder wurden - soweit es städtische Grundstücke betraf - bei den jeweiligen Haushaltsstellen nachgewiesen. Erst 1954, als die Schuttmassen zu einem großen Teil bereits aus der Stadt geschafft waren, fand die "Trümmerbeseitigung und Trümmerverwertung" als selbständiger Abschnitt des Einzelplans 6 Eingang in den Haushaltsplan. Er diente gleichsam als Abrechnungsstelle für die restlichen Räumungsarbeiten und die aus diesem Anlaß von der Stadt aufgenommen Anleihen, zu denen das Land Hessen beträchtliche Zinszuschüsse leistete (siehe Seite 290).

Unter Berücksichtigung dieser für den Untersuchungszeitraum geltenden Zuordnung der Abschnitte und Unterabschnitte ergaben sich im Einzelplan 6 die folgenden Gesamteinnahmen und -ausgaben:

Tabelle 107

Rechnungsergebnisse des Einzelplans 6
"Bau- und Wohnungswesen"
im Ordentlichen Haushalt der Stadt Hanau

Rechnungsjahr	Einnahmen	Ausgaben		Zuschuß	
			in % der Gesamtausgaben OH	absolut	je Einwohner
	RM/DM	RM/DM		RM/DM	RM/DM
1936	78 355	523 055	5,4	444 700	10,92
1941	73 129	1 090 847	8,0	1 017 718	25,83
1945	251 838	858 711	13,1	606 873	29,37
1949	114 539	930 621	8,8	816 082	28,49
1954	457 354	2 023 233	10,3	1 565 879	38,10

Die Tabelle zeigt einen markanten Unterschied zwischen den beiden Zeitabschnitten vor und nach 1945. Die Periode nach Kriegsende zeichnet sich durch ein wesentlich höheres Einnahmen- und Ausgabenniveau aus, das mit dem Wachstum der Dienststellen als Folge der regen Bautätigkeit in den Aufbaujahren in engem Zusammenhang stand. Auf der Einnahmeseite spiegeln sich darin u.a. die gestiegenen Gebühreneinnahmen der allgemeinen Bauverwaltung, des Vermessungsamtes und der Bauaufsicht, ferner die Zinserträge und Tilgungseinnahmen aus Darlehen zur Förderung des Wohnungsbaus, die die Stadt sowohl an Private als auch an Wohnungsbaugesellschaften und -genossenschaften gegeben hatte, sowie das wachsende Aufkommen an Straßenanliegerbeiträgen und Ablösungsbeträgen für PKW-Abstellplätze.

Die Ausgabenseite ist geprägt einerseits von der im Vergleich zur Vorkriegszeit erheblich erweiterten Aufgabenlage (Wohnungsamt, Kreisstelle für Bauwirtschaft, Trümmerbeseitigung), die sich in zusätzlichen Personal- und Sachkosten niederschlug. Zum anderen waren die traditionellen Amtsbereiche der Bau- und der Straßenbauverwaltung im Zuge des Wiederaufbaus der Stadt, insbesondere in den letzten Jahren der Untersuchungsperiode, personell beträchtlich verstärkt worden, was ebenfalls höhere Aufwendungen nach sich zog.

Der auffällige Betrag des Jahres 1941 ist durch die Bildung von Rücklagen (412 686 RM) für die Unterhaltung von Straßen, Brücken und Stegen sowie für den Hochwasserschutz begründet. Wegen des Material- und Arbeitskräftemangels mußten Reparaturen und Erneuerungsarbeiten im Kriege weitgehend vernachlässigt werden, so daß ein Großteil der dafür vorgesehenen Mittel den Rücklagen zugeführt wurde. Insoweit ist die auf diese Weise erzwungene Mittelthesaurierung charakteristisch für die Zeit zwischen 1940 und 1944.

Die Gesamtergebnisse der Tabelle 107 verteilten sich auf die einzelnen Haushaltsabschnitte wie folgt :

Einzelplan 6
Bau- und Wohnungswesen

Tabelle 108 Rechnungsergebnisse der Abschnitte des Ordentlichen Haushalts in RM/DM

HAUSHALTSABSCHNITT	1936	1941	1945	1949	1954
Bauverwaltung					
Einnahmen	2 690	2 070	80	110	1 698
Ausgaben	24 859	22 500	22 964	48 886	98 883
Zuschuß absolut	22 169	20 430	22 884	48 776	97 185
je Einwohner	0,54	0,51	1,10	1,70	2,36
Städtebau und -planung					
Einnahmen	9 273	4 012	5 774	63 071	77 877
Ausgaben	60 506	60 519	82 105	209 371	484 979
Zuschuß absolut	51 233	56 507	76 331	146 300	407 102
je Einwohner	1,25	1,43	3,69	5,10	9,90
Hochbauverwaltung					
Einnahmen	43 984	17 337	14 066	6 549	13 831
Ausgaben	61 836	47 494	42 363	128 671	153 841
Zuschuß absolut	17 852	30 157	28 297	122 122	140 010
je Einwohner	0,43	0,76	1,36	4,26	3,40
Wohnraumbewirtschaftung und Wohnungsaufsicht					
Einnahmen	--	--	1 321	122	--
Ausgaben	3 200	12 254	75 173	82 687	85 504
Zuschuß absolut	3 200	12 254	73 852	82 565	85 504
je Einwohner	0,07	0,30	3,57	2,88	2,08
Wohnungsbau und Wohnsiedlung					
Einnahmen	--	18 000	3 600	272	134 113
Ausgaben	--	19 517	5 316	6 578	158 524
Zuschuß absolut	--	1 517	1 716	6 306	24 411
je Einwohner	--	0,03	0,08	0,22	0,59
Straßen, Wege, Brücken und sonstiger Tiefbau					
Einnahmen	22 408	31 710	226 997	44 415	228 306
Ausgaben	372 654	928 563	630 790	426 148	984 609
Zuschuß absolut	350 246	896 853	403 793	381 733	756 303
je Einwohner	8,60	22,76	19,54	13,32	18,40

Tabelle 108 Rechnungsergebnisse der Abschnitte des Ordentlichen Haushalts in RM/DM (Fortsetzung)

HAUSHALTSABSCHNITT	1936	1941	1945	1949	1954
Wasserläufe und Wasserbau (Hochwasserschutz)					
Einnahmen	im sonstigen Tiefbau enthalten			--	1 529
Ausgaben				28 280	42 458
Zuschuß absolut				28 280	40 929
je Einwohner				0,98	0,99
Trümmerbeseitigung und Trümmerverwertung					
Einnahmen	--	--	--	--	--
Ausgaben	--	--	--	--	14 435
Zuschuß absolut	--	--	--	--	14 435
je Einwohner	--	--	--	--	0,35

In den Außerordentlichen Haushalten der Nachkriegsjahre traten drei Abschnitte bzw. Unterabschnitte des Einzelplans 6 wegen der Höhe ihrer Ausgaben besonders hervor: die Trümmerbeseitigung, die Förderung des Wohnungsbaus und der Straßenbau. Sie gehörten zu den Tätigkeitsbereichen der Stadt mit höchster Priorität. Dabei verzeichnete der Straßenbau seit 1949 durchgängig beträchtliche Ausgabenvolumina, während die beiden anderen Bereiche erst ab 1952 stärker ins Gewicht fielen.

Einzelplan 6

Tabelle 109 Effektiv-Ausgaben im Außerordentlichen Haushalt der Stadt Hanau in DM

HAUSHALTSABSCHNITT	1949	1950	1951	1952	1953	1954
Städtebau und -planung	10 897	5 577	11 230	3 766	63 754	7 741
Vermessungswesen	7 034	358	771	730	-	-
Neubau von Wohnungen	-	-	-	-	-	364 976
Förderung des Wohnungsbaus	27 200	12 800	67 842	824 370	302 672	1 430 148
Straßen, Wege, Plätze	251 473	456 086	436 572	914 888	564 894	754 298
Hochwasserschutz und -schäden	-	264 784	35 858	12 000	13 354	-
Trümmerbeseitigung	-	-	-	121 904	241 785	250 523
Insgesamt	296 604	739 605	552 273	1 877 658	1 186 459	2 807 686

2. Die Ämter des Bau- und Vermessungswesens

Die Bauverwaltungen mit den Amtsstellen "Allgemeine Bauverwaltung, Stadtplanungsamt, Vermessungsamt, Bauaufsicht (Baupolizei), Kreisstelle für Bauwirtschaft, Hochbauamt,

Tiefbauverwaltung und Tiefbauplanung" sind reine Dienstleistungsbereiche, in denen naturgemäß der Personalaufwand die Sachausgaben bei weitem übersteigt. Sein Anteil an den Gesamtausgaben der genannten Unterabschnitte betrug stets mehr als 80 vH (1938: 87,9 vH, im Durchschnitt der Jahre 1946 bis 1954: 82,4 vH). Die Entwicklung der Personalziffern und der damit direkt korrelierenden Personalausgaben sagt daher mehr darüber aus, in welchem Maße sich das Arbeitspensum dieser Dienststellen im Verlauf der Untersuchungsjahre verändert hat, als jede andere Größe. Die folgende Zusammenstellung der Gesamteinnahmen und -ausgaben der Bauverwaltungen ist daher um die personalrelevanten Daten ergänzt und hinsichtlich der Personalausgaben nach Amtsbereichen aufgeschlüsselt worden.

Tabelle 110 Personalziffern, Ist-Ausgaben und Ist-Einnahmen der Ämter des Bau- und Vermessungswesens der Stadt Hanau 1938-1954

Unterabschnitt	1938 RM	1946 RM	1948 RM/DM	1950 DM	1952 DM	1954 DM
Personalziffern:[a]						
Beamte	13	..	..	17	21	16
Angestellte	17	..	..	31	40	51
Bedienstete insgesamt (ohne Arbeiter)	30	..	..	48	61	67
Personalausgaben:						
Allgemeine Bauverwaltung	23 282	9 949	31 415	33 745	56 207	86 937
Stadtplanungsamt	5 301	2 302	20 982	23 126	30 836	42 101
Vermessungsamt	24 552	42 969	57 936	124 458	183 122	251 881
Bauaufsicht	31 045	30 445	48 604	60 566	92 174	106 350
Hochbauamt	25 464	55 790	100 848	155 228	92 610[b]	140 655
Tiefbauamt	19 786	15 485	43 477	26 413	--[c]	--
Tiefbauplanung	--	--	--	--	--	25 476
Kreisstelle für Bauwirtschaft	--	--	26 756	--	--	--
Σ Personalausgaben	129 430	156 940	330 018	423 536	454 949	653 400
Σ Sachausgaben	17 798	45 479	82 697	49 675	109 310	118 305
Gesamtausgaben	147 228	202 419	412 715	473 211	564 259	771 705
Gesamteinnahmen	49 655	43 379	77 848	44 400	57 443	103 406
Zuschuß	97 573	159 040	334 867	428 811	506 816	668 299
Index	100	163	343	439	519	685

a) Zahl der jeweils am 1.10. tatsächlich besetzten Stellen nach den Stellenplänen (ohne Arbeiter); für 1946 und 1948 liegen vergleichbare Zahlen nicht vor;

b) Bis 1951 einschließlich wurden die Aufgaben der "Hausverwaltung" des städtischen Grundbesitzes von der Hochbauverwaltung wahrgenommen. Die "Hausverwaltung" erhielt ab 1952 eine eigene Verrechnungsstelle (Unterabschnitt 9411) im Einzelplan 9

c) Das "Tiefbauamt" ist 1952 der "Allgemeinen Bauverwaltung" angegliedert und seitdem dort ausgewiesen worden

Wie die Übersicht veranschaulicht, hat sich nach 1945 - wenn man von der Höhe der absoluten Werte einmal absieht - an der Verteilung der Gewichte der einzelnen Ämter gegenüber der Vorkriegszeit nur wenig geändert. Allein das stärkere Hervortreten des Vermessungsamtes und der Bauaufsicht fällt besonders ins Auge. Es ist dies ein Hinweis auf die Ausdehnung und die damit einhergehende personelle und räumliche Erweiterung dieser Ämter ab 1951. Zweimal mußten Teilbereiche der Bauverwaltung wegen des wachsenden Platzbedarfs in andere Gebäude verlegt werden[1]), ehe 1952 eine Zusammenführung in den Obergeschossen der inzwischen wieder aufgebauten Stadtsparkasse möglich wurde.

Hinsichtlich der Veränderungen beim Hochbau- und beim Tiefbauamt kann hier auf die Anmerkungen b) und c) zur Tabelle 110 verwiesen werden.

Bei der Betrachtung der Entwicklung der Personalkosten darf nicht übersehen werden, daß die steigenden Ausgaben nicht allein auf die Aufstockung des Personals zurückzuführen sind, wobei die mittleren und oberen Besoldungsgruppen relativ stärker zunahmen als die unteren[2]), sondern auch auf die gesetzlichen bzw. tarifvertraglichen Erhöhungen der Arbeitsentgelte und der in den Beträgen enthaltenen Ruhegeldzahlungen, die entsprechend mitgewachsen waren.

Die Einnahmen fielen in der Hauptsache bei der Bauaufsicht und dem Vermessungsamt an, und zwar als Verwaltungs- und Vermessungsgebühren, als Ersätze von Dritten für die Tätigkeit von Prüfingenieuren sowie als Erlöse aus der Abgabe von Plänen, Lichtpausen etc.

Der abrupte Anstieg in der Aufwärtsentwicklung der Bauaufsicht ab 1952 ist aus der starken Beschäftigung und der relativ konstanten Auftragslage des Amtes (Anträge auf Bauerlaubnis) sowie der Zunahme der Auftragsabwicklungen (Baufreigaben, Rohbauabnahmen, Gebrauchsabnahmen) allein nicht zu erklären (siehe dazu Anhang A 33); ein Auftragsüberhang hat hier praktisch immer bestanden. Der Kostenanstieg hängt vielmehr auch damit zusammen, daß diese Dienststelle im Lauf der Jahre mehr und mehr in die Bearbeitung der Wohnungsbauförderung einbezogen wurde. Die mit den Fördermaßnahmen (Landesbaudarlehen, Baufinanzierung aus anderen öffentlichen Kassen, Steuerbegünstigungen für Wohnbauten etc.) verbundenen zusätzlichen Arbeiten erforderten mehr Personal und führten zwangsläufig auch zu höheren Sachausgaben.[3]) Da eine Kostenerstattung durch Dritte jedoch nicht stattfand, mußte sich dies in steigenden städtischen Zuschüssen auswirken.

- Zu den neu hinzugekommenen Aufgaben des Amtes gehörten u.a. die Verwaltungsarbeiten für:

  1. die zentrale und dezentrale Verteilung von Landesbaudarlehen zur Förderung des sozialen Wohnungsbaus nach dem 1. Wohnungsbaugesetz vom 24. April

---

1) Die allgemeine Bauverwaltung war als Lenkungs- und Überwachungsbehörde für die Trümmerräumung 1946 in das Zentrum der Stadt, d.h. in eine Baracke auf dem Marktplatz, verlegt worden. 1948 bezog sie, zusammen mit der Bauaufsicht, dem Hochbauamt und der Stadtplanung eine Etage im ehemaligen "Kaufhof"-Gebäude an der Nürnberger-/Ecke Hirschstraße, dem heutigen Parkhaus Ost (vgl. Mitteilungsblatt für den Stadt- und Landkreis Hanau, Folge 157, vom 24. April 1948)

2) siehe dazu auch die grundsätzlichen Ausführungen oben auf Seite 81f

3) Der Anteil an dem Gesamtaufwand, der auf die Tätigkeit der Bauaufsicht für die Bauförderung entfiel, wurde 1953 auf ein Drittel geschätzt (vgl. Haushaltsplan für das Rechnungsjahr 1953, S.101, Erläuterung zu U.A.6102)

1950, in der Fassung vom 25. August 1953, aus Mitteln des Bundes, des Landes und des Bundesausgleichsamtes;[1])

2. die Gewährung von Landesbaudarlehen zur Beseitigung von Kriegsschäden an Wohngebäuden nach den Richtlinien des Landes Hessen vom 22. August 1951, 19. Dezember 1952 und 18. März 1954;[2])

3. für die Gewährung von Darlehen aus dem Soforthilfefonds zur Schaffung von Wohnungen für Flüchtlinge und Sachgeschädigte.

Weiterhin gehörten dazu:

4. die bautechnische Prüfung der Anträge auf Gewährung von Aufbaudarlehen nach dem Lastenausgleichsgesetz vom 14. August 1952[3]) vor ihrer Weiterleitung an den interministeriellen Bewilligungsausschuß sowie

5. die Überwachung der mit öffentlichen Mitteln geförderten Bauvorhaben.

Einen völlig anderen Stellenwert als in der Vorkriegszeit erhielt das Stadtplanungsamt nach 1945. Seine erheblich gewachsene Bedeutung erhellt aus der Verachtfachung seines Ausgabenvolumens im Vergleich der Jahre 1936 (6 800 RM) und 1954 (55 192 DM). Die Planung des Wiederaufbaus unter weitgehender Beseitigung von Mängeln, die vor der Zerstörung schon bestanden, und die damit notwendig gewordene Neuordnung der Bodenverhältnisse in der Stadt waren die zentralen Aufgaben, die es im Zusammenwirken mit der Liegenschaftsverwaltung und den übrigen Behörden der städtischen Bauverwaltung zu bewältigen hatte. Für den Wiederaufbau der Stadt waren die Flächen, die Wohnzwecken, dem Verkehr, der Erholung und der gewerblichen Nutzung dienen sollten, neu festzulegen und planmäßig aufzubereiten. Es mußten Leitpläne für die Flächennutzung und die Stadtbebauung erstellt und daraus Richtlinien für die Ausnutzung des Bodens in horizontaler und vertikaler Ausdehnung entwickelt werden, die dann in Durchführungsplänen (Fluchtlinien-, Bebauungs- und Baugestaltungsplänen, Ortssatzungen und dgl.) ihren Niederschlag fanden. Hinzu kamen die planerischen Vorarbeiten für die Erschließung neuer Baugebiete am Rande der Stadt, so beispielsweise für das Areal am Westrand des Lamboywaldes, das mehreren genossenschaftlichen Bauprojekten sowie der Ansiedlung von Flüchtlingen vorbehalten war, und das Gelände im "Kinzdorf" für den Bau von Einfamilienhäusern. Das Umlegungsverfahren im "Kinzdorf" wurde 1952 eingeleitet. Daß über die rein technische Planung hinaus auch städtebauliche Aspekte wie etwa Raumordnungs- und Gestaltungsfragen ästhetischer Art, zu berücksichtigen waren, ist - und war auch in

1) BGBl.1950, S.83, BGBl.1953, S.1047; außerdem die Richtlinien des Landes Hessen vom 29. März 1950 (Staatsanzeiger S.139), vom 8. März 1951 (Staatsanzeiger S.160), vom 19. Februar 1952 (Staatsanzeiger S.173) und vom 26. November 1953 (Staatsanzeiger S.1123)

2) Vgl. Richtlinien über die Förderung von Instandsetzungsmaßnahmen an Wohngebäuden in Hessen vom 22. August 1951 und vom 19. Dezember 1952 (zit.nach W.Fischer a.a.O., S.463) sowie vom 18. März 1954 (Staatsanzeiger S.347)

3) Vgl. § 254 Abs.2 und 3 des Lastenausgleichsgesetzes (LAG) vom 14. August 1952, BGBl. S.446, sowie Richtlinien über das Verfahren in Hessen bei der Gewährung von Aufbaudarlehen vom 10. Dezember 1952 (Staatsanzeiger 1953, S.47)

Hanau - ebenso selbstverständlich, wie die zum Teil heftigen Diskussionen, die darüber in der Öffentlichkeit geführt worden sind.[1]

Typisch für die Situation nach dem Kriege - wenn auch zeitlich nur von kurzer Dauer - war die Einrichtung der "Kreisstelle für Bauwirtschaft". Sie entstand im Zusammenhang mit der am 1. April 1946 für Groß-Hessen verfügten Änderung in der Baustoffbewirtschaftung. Die gesamte Produktion der Erzeugungsbetriebe bestimmter Baumaterialien galt von diesem Zeitpunkt an als beschlagnahmt zugunsten des "Hessischen Ministeriums für Wiederaufbau und politische Befreiung" in Wiesbaden. Lieferungen dieser Materialien - in der Hauptsache Bauholz, Ziegel und Eisenteile - durften vom 1. April 1946 an nur noch an Abnehmer ausgeführt werden, die über Bezugsberechtigungsscheine des Ministeriums verfügten. Anträge auf Zuweisung von Baustoffen waren an die bei den Land- und Stadtkreisen dafür eingerichteten "Kreisstellen für Bauwirtschaft" zu richten, die die Verteilung der vom Ministerium zugewiesenen Kontingente vornahmen. Mit der Lockerung der Bewirtschaftung ging die Bedeutung des Amtes jedoch stark zurück. Als selbständige Dienststelle wurde sie letztmalig im Haushaltsplan 1948 veranschlagt. Die Abwicklung danach übernahm in Hanau die Bauaufsicht.[2]

3. Die Wohnraumbewirtschaftung und Wohnungsaufsicht

Das städtische Wohnungsamt, das von 1936 bis 1947 unter der Bezeichnung "Wohnungsaufsicht und Wohnungspflege" im Haushaltsplan geführt wurde und - soweit es die "Wohnungspflege" betraf - bis zum Kriegsende auch für die Obdachlosenunterkünfte zuständig war, befaßte sich ursprünglich mehr mit der Registrierung des örtlichen Wohnungsbedarfs als mit der Vermittlung von Wohnräumen. Da der freie Wohnungsmarkt - ungeachtet des allgemein knappen Wohnraums - noch funktionierte, beschränkte sich die Behörde im wesentlichen darauf, Wohnungssuchende, die auf dem freien Markt nicht zum Zuge kamen, zu erfassen und für stadteigene Projekte vorzumerken. Sie leistete damit zugleich eine wichtige Vorarbeit für die Planungsbehörden, denen sie notwendige Daten für Siedlungsprojekte und den Neubau von Wohnungen lieferte. Im Kriege erweiterte sich das Aufgabenfeld des Amtes um die Beschaffung von Quartieren für Rüstungsarbeiter und 1943, als der Luftkrieg allmählich eskalierte und in den Städten zunehmend Schäden an Wohngebäuden hinterließ, um die staatlich verordnete "Wohnraumlenkung".[3] Die für das Reichsgebiet angeordneten Maßnahmen zur Versorgung der luftkriegsbetroffenen Bevöl-

1) Vgl. dazu die sich in zahlreichen Artikeln des Hanauer Anzeigers widerspiegelnden Debatten in der Öffentlichkeit ["Wird aus Hanau ein Blockhausen ?"(9.5.1952 - Nr.108/220.Jg., S.3); "Wird das künftige Gesicht des Marktplatzes langweilig ?" (6.9.1952 - Nr.206/220.Jg., S.3); "Wir bitten uns etwas mehr Geschmack aus" (11.10.1952 - Nr.236/ 220.Jg. S.3); "Das neue Gesicht der Stadt Hanau" (9.7.1953 - Nr.156/221.Jg., S.3); "Hanaus Wiederaufbau liefert das schlechte Beispiel" (29.6.1954 - Nr.147/222.Jg., S.3); "Das Verhältnis des Bauamtes zur Öffentlichkeit" (10.7.1954 - Nr.157/222.Jg., S.5); "Kritik am Städtebau zurückgewiesen" (19.7.1954 - Nr.164/222.Jg., S.4)]

2) Vgl. dazu Mitteilungsblatt für den Stadt- und Landkreis Hanau, Folge 51, vom 30. März 1946, sowie Folge 173, vom 14. August 1948

3) Verordnung zur Wohnraumlenkung vom 27. Februar 1943 (RGBl.I S.127) und Verordnung zur Wohnraumversorgung der luftkriegsbetroffenen Bevölkerung vom Juni 1943 (RGBl. I S.355)

kerung mit Wohnraum (Notunterkünften), die in Hanau zunächst kaum zur Anwendung kamen, weil die Stadt bis in den Sommer des Jahres 1944 zumindest von schweren Luftangriffen verschont geblieben war, waren praktisch die Vorstufe der totalen Wohnraumbewirtschaftung, wie sie nach dem Zusammenbruch zwingend notwendig wurde.[1)]

Ihre herausragende Bedeutung erlangte die Wohnungsbehörde in der großen Wohnungsnot nach 1945, wie aus dem Ausgabenanstieg und den beträchtlichen städtischen Zuschüssen in der Tabelle 108 auf Seite 418 ersichtlich ist. Von den 1939 in der Stadt Hanau vorhandenen 12 749 Wohnungen hatten insgesamt 7 934 - das sind 62,2 vH - Totalschaden erlitten und 3 738 waren zum Teil erheblich beschädigt worden.[2)] In vielen Fällen waren die Schäden so gravierend, daß die Räume - wenn überhaupt - nur beschränkt genutzt werden konnten. Kaum mehr als 1000 Wohnungen hatten den Krieg ohne Beeinträchtigung überstanden (siehe dazu Seite 28). Als verschärfend für die Gesamtsituation am Beginn des Rechnungsjahres 1945 erwies sich ferner, daß zahlreiche unversehrt gebliebene Häuser von der Besatzungsmacht beschlagnahmt und für ihre Zwecke in Anspruch genommen worden waren.

So wurde die Erfassung und Verteilung des noch vorhandenen, nutzbaren Wohnraums, zur Hauptaufgabe des Wohnungsamtes. Daß dies - insbesondere in den ersten Nachkriegsjahren, als die Instandsetzung beschädigter und der Bau neuer Wohnungen nur zögerlich vorankam - nicht ohne schmerzliche Eingriffe in die bestehenden Eigentums- und Nutzungsrechte möglich war, sei hier nur am Rande vermerkt.

Bereits am 25. April 1945 hatte der kommissarische Oberbürgermeister der Stadt auf Weisung des Regierungspräsidenten in Wiesbaden eine Zuzugssperre verhängt. Nach dieser Anordnung war es Hanauer Bürgern, die als Ausgebombte oder Evakuierte ein Ausweichquartier außerhalb der Stadt gefunden hatten, für eine Übergangszeit nur mit einer besonderen *Zuzugsgenehmigung* erlaubt, in die Stadt zurückzukehren.[3)] Aussicht auf eine Genehmigung hatten ausschließlich Antragsteller, bei denen die "Notwendigkeit ihrer Anwesenheit" in Hanau anerkannt war. Diese Voraussetzung galt als erfüllt, wenn sie aufgrund ihrer beruflichen Tätigkeit in eine von vier Dringlichkeitsgruppen fielen. Als dringlich eingestuft waren:

I. Bedienstete der örtlichen Verwaltungen (Post, Bahn, Justiz, der Kammern, der Stadt- und Kreisbehörden einschließlich der Polizei etc.);

II. Personen für die unmittelbare Versorgung der Bevölkerung im Gesundheitswesen (Ärzte, Hebammen etc.) und auf den Gebieten der Ernährung (Bäcker, Metzger etc.), der Bekleidung und sonstiger Körperbedürfnisse (Schuhmacher, Schneider, Friseure etc.) sowie des Reparaturhandwerks (Schreiner, Installateure);

III. Baufachkräfte aller Art;

IV. Fachkräfte der Industrie und der gewerblichen Produktion, soweit sie den Gruppen I-III zuarbeiteten.

---

1) Daraus folgt, daß die Wohnungsaufsicht - ebenso wie später die Wohnungsämter - der Gemeinden in erster Linie staatliche Auftragsangelegenheiten wahrzunehmen hatten und insoweit nicht im Rahmen der kommunalen Selbstverwaltung tätig waren (Vgl. dazu H.Brandstätter, Bau- und Wohnungswesen, in H.Peters (Hrsg.), Handbuch der kommunalen Wissenschaft und Praxis, 2.Band, Berlin u.a. 1957, S. 555ff)

2) Die Zahlen basieren auf dem statistischen Vergleich mit dem Jahr 1939. Die tatsächlichen Wohnungsbestände und -verluste lagen jedoch insofern höher, als in der Zeit von 1939 bis 1945 weitere Wohnungen entstanden waren

3) Vgl. Mitteilungsblatt der Stadtverwaltung Hanau, Folge 3 und Folge 9, vom 28. April und 9. Juni 1945

Die Zuzugssperre hatte eine Flut von Anträgen zur Folge, die nur mit einem erheblichen personellen Aufwand zu bewältigen war. Erschwert wurde die Arbeit außerdem dadurch, daß der größte Teil der Mitarbeiter des Amtes neu, in der Sache unerfahren und für den Geschäftsbereich nicht ausgebildet war, weil gesetzliche Richtlinien noch gänzlich fehlten. Die Rahmenbedingungen für die Zwangsbewirtschaftung von Wohnraum schuf erst der Kontrollrat der Alliierten mit dem Gesetz Nr.18 (Wohnungsgesetz) vom 8. März 1946[1], unter dem im gleichen Jahr in Hessen die Zuteilungsnorm von 1 Wohnraum für je 2 Personen festgelegt wurde.[2] Weitere Detailregelungen ergingen ein Jahr später mit der Durchführungsverordnung vom 26. Juni 1947.[3]

Welches Arbeitspensum für das Amt sich hinter dem Ansturm der Rückkehrwilligen verbarg, erhellt aus der Tatsache, daß in den beiden Rechnungsjahren 1945 und 1946 zusammen rund 13 250 Anträge auf Zuweisung von Wohnraum bearbeitet wurden.[4] Ein "Wohnungsauschuß" beriet die Behörde bei der Wohnungsvergabe; für Beschwerden gegen ihre Entscheidungen war ein "Beschwerdeausschuß" zuständig. Trotz der Zuzugsbeschränkungen und der Tatsache, daß die Stadt Hanau 1946 unter der Wohnungsnot besonders schwer zu leiden hatte und deshalb von der Zuweisung von Flüchtlingen zunächst verschont blieb, stieg die Einwohnerzahl wegen des anhaltenden Zustroms von Evakuierten, heimkehrenden Kriegsgefangenen und Gewerbetreibenden ständig weiter an. Es geschah dies nicht zuletzt auch deswegen, weil immer mehr Antragsteller dazu übergingen, sich Wohngelegenheiten in Selbsthilfe zu schaffen, wobei die bestehende Bauordnung häufig umgangen wurde, so daß Bauverbote fast wirkungslos blieben.

- Während am Anfang Notwohnungen und Behelfsheime in begründeten Ausnahmefällen noch mit städtischer Genehmigung errichtet wurden, nahm das "wilde Bauen" allmählich so sehr zu, daß sich der Magistrat veranlaßt sah, strengere Maßstäbe anzulegen. In seiner Sitzung vom 12. Dezember 1949 beschloß er deshalb, Befreiungen von den Bestimmungen der Bauordnung und des Ortsstatuts für die Erstellung von Behelfsheimen nicht mehr zu erteilen.[5]

Eine gewisse Entlastung der Wohnraumbewirtschaftung brachten die von der Stadt geförderten Wohnungsbauprogramme - zu denken ist hier vor allem an die Wohnblöcke in der Innenstadt (Französische Allee, Nordstraße, Hafenblock) - und die verstärkte private Bautätigkeit nach der Währungsreform. Die Beschäftigung des Amtes nahm damit zwar ab, nicht aber seine Effizienz. Deutlich wird dies, wenn man sich die Ziffern der bearbeiteten Zuweisungsvorgänge und der tatsächlich eingewiesenen Personen ansieht:

---

1) Amtsblatt des Kontrollrates 1946 S.117 [siehe auch Beilage Nr.3 zum Gesetz- und Verordnungsblatt für Großhessen, Nr.21 vom 3. Juli 1946]

2) Erlaß des Großhessischen MfAuW über die Festlegung der Wohnraumnorm vom 27. Mai 1946 (zit.nach Fischer, a.a.O., S.395); die Wohndichte, die vor dem Krieg in Hanau 1,18 Personen je Raum betragen hatte, war nach der Zerstörung - trotz der großen Zahl von Bürgern, die die Stadt verlassen hatten - auf 1,93 hochgeschnellt und bewegte sich damit unmittelbar am Rande dieser Norm

3) Verordnung zur Durchführung des Wohnungsgesetzes (Kontrollratsgesetz Nr.18) vom 26. Juni 1947 (GVBl. S.41)

4) Vgl. Statistische Übersicht zur Tätigkeit des Wohnungsamtes vom 1. April 1945 bis 31. März 1947 im Verwaltungsbericht der Stadt Hanau für die Verwaltungsjahre 1945 und 1946, Hanau 1948, S.44

5) Vgl. dazu die Berichte und Bekanntmachungen im Mitteilungsblatt für den Stadt- und Landkreis Hanau, Folge 109, vom 17. Mai 1947 und Folge 146, vom 7. Februar 1948 sowie im Hanauer Anzeiger Nr.9/217.Jahrg. vom 11. Januar 1950, S.3

	Anzahl der Zuweisungen	eingewiesenePersonen
1947 bis 1950	6 740	11 785
1951 bis 1954	4 160	11 436

Während die Zahl der Verwaltungsvorgänge nach 1950 um mehr als ein Drittel abfiel, blieb die der eingewiesenen Personen nahezu unverändert. Weiterhin notwendig war das Wohnungsamt aber schon deswegen, weil das Volumen an neu geschaffenem Wohnraum nach wie vor hinter dem Bedarf herhinkte. Die personelle Besetzung des Wohnungsamtes konnte zwar vermindert werden, doch hat sich das finanzwirtschaftlich kaum ausgewirkt, weil die durch den Personalabbau erzielten Einsparungen durch die eingetretenen Gehaltsaufbesserungen überkompensiert wurden, wie die folgenden Zahlen zeigen:

Tabelle 111 Ist-Ausgaben des Wohnungsamtes der Stadt Hanau in RM/DM

Jahr	Gesamt-ausgaben	davon Personal-ausgaben	davon Sachausgaben
1941	12 254	11 874	380
1945	75 173	70 419	4 754
1950	86 640	79 843	6 797
1954	85 504	80 982	4 522

Am 1. Juli 1953 trat das Wohnungsbewirtschaftungsgesetz vom 31. März 1953[1)] in Kraft, das das Kontrollratsgesetz Nr.18 ablöste und die "öffentliche Bewirtschaftung" von Wohnraum auf eine bundeseinheitliche Rechtsgrundlage stellte. Es lockerte die herrschende Praxis der Wohnraumzuteilung auf, indem es Ausnahmen zuließ (z.B. frei finanzierte und steuerbegünstigte Wohnungen) und sowohl die Bundesregierung als auch - unter bestimmten Voraussetzungen - die Landesregierungen ermächtigte, weitere Ausnahmen auf dem Verordnungswege einzuräumen, was dann später auch tatsächlich geschah. Neu war außerdem die Wiedereinführung der "Eigenbedarfsklage" in Hessen (§ 29).

1) BGBl.I, S.97

4. Der Wiederaufbau und die Förderung des Wohnungsbaus

Als Hanau im März 1945 nach einem infernalischen Bombardement in Trümmern lag, die Straßen verschüttet, die öffentlichen Einrichtungen zerstört oder nicht mehr funktionsfähig waren, da glaubte niemand so recht an eine Wiederherstellung normalen Lebens in dieser Stadt. Der Anblick der ungeheuren Verwüstungen war entmutigend, und die technischen und finanziellen Mittel, sie zu beseitigen, waren nicht in Sicht. Der Untergang des einst blühenden Gemeinwesens schien besiegelt. Umso erstaunlicher ist es, daß die Hanauer Bürger angesichts der trostlosen Wirklichkeit nicht resignierten, sondern die schicksalhafte Herausforderung annahmen, mit den gewaltigen Schäden, die ihnen der Luftkrieg hinterlassen hatte, fertig zu werden.

Über die Kriegszerstörungen bei öffentlichen, gewerblich und privat genutzten Gebäuden ist im 1. Hauptteil dieser Arbeit bereits ausführlich berichtet worden. Die Ausgangssituation ist in der statistischen Aufstellung auf Seite 28 näher umschrieben. Sie zeigt, wie schwer die Stadt unter den Bombenangriffen, insbesondere unter dem letzten, vernichtenden Schlag wenige Wochen vor Kriegsende, gelitten hatte. Nach den Schätzungen des Kriegsschadenamts belief sich die Gesamtschadenssumme damals auf rund 400 Millionen Reichsmark, wovon auf Gebäude 135 Millionen, auf Hausrat 100 Millionen, auf Gewerbeschäden 105 Millionen und auf Einrichtungen von Behörden und Körperschaften 60 Millionen entfielen.[1])

Den Bürgern und den Verantwortlichen der Stadt war klar, daß die Zukunft Hanaus maßgeblich davon abhing, ob es gelingen würde, den zu einem Ruinenfeld gewordenen und verwaisten Innenstadtbereich wieder mit Leben zu erfüllen. Das Interesse der Einwohnerschaft und der Verwaltung konzentrierte sich daher von Anbeginn auf die Wiederherstellung des Stadtkerns. Entscheidende Voraussetzung für die Erreichung des hochgesteckten Ziels war die Beseitigung der gewaltigen Schuttmassen. In einer beispiellosen Gemeinschaftsaktion, die unter dem Namen "Ehrendienst" in die Geschichte der Stadt eingegangen ist, haben die Bürger Straßen und Plätze freigelegt, Ruinen abgetragen und so überhaupt erst die Möglichkeit geschaffen, mit dem Wiederaufbau zu beginnen. Die gemeinsamen Anstrengungen bei der Trümmerräumung und der sichtbare Erfolg dieser Arbeit bewirkten nicht nur einen gewissen Solidarisierungseffekt unter den Bürgern, sie trugen auch mit dazu bei, die allgemeine Resignation abzubauen, Hoffnung wieder aufkommen zu lassen und so im Denken der Menschen eine Wende zum Positiven herbeizuführen.

Der städtische Etat stand in den ersten Jahren nach dem Zusammenbruch im Zeichen von Aufräumungsarbeiten und der Beseitigung von Notständen, in den Jahren nach der Währungsreform dann im Zeichen des Wiederaufbaus städtischer Einrichtungen und des Wohnungsbaus.

Der Wiederaufbau begann praktisch mit einem "Bauverbot". Die Sorge um einen geordneten, planvollen Wiederaufbau hatte den kommissarischen Oberbürgermeister als Ortspolizeibehörde veranlaßt, am 12. und 19. Juni 1945 in öffentlichen Bekanntmachungen auf die Pflicht der Hausbesitzer zur Instandsetzung von Wohnungen ebenso wie auf die

---

1) Vgl. Mitteilungsblatt für den Stadt- und Landkreis Hanau, Folge 123, vom 23. August 1947

Genehmigungspflicht für alle Baumaßnahmen hinzuweisen. Zugleich hatte er für die gesamte Innenstadt ein generelles Bauverbot erlassen.[1] Es sollte damit verhindert werden, daß durch unkontrollierte private Notbaumaßnahmen Fakten geschaffen werden, die den städtebaulichen Erfordernissen entgegenstehen und die mit dem Wiederaufbau angestrebte, grundsätzliche Neugestaltung der Stadt (Verbreiterung von Straßen, Straßendurchbrüche, Sanierung von Grundstücken etc.) gefährdeten. Ein ähnliches, auf wenige Monate beschränktes Bauverbot für die zerstörten Städte Hessens war im gleichen Jahr auf Landesebene ergangen.[2] Es stand allerdings in engerem Zusammenhang mit dem Arbeitskräftemangel und dem Problem der landesweiten Verteilung des außerordentlich knappen, für den Aufbau benötigten Baumaterials. Außerdem sollte die Anordnung wohl sicherstellen, daß gewisse Schadenserhebungen und Planungen durchgeführt werden konnten, ehe mit der Zuteilung der von den zuständigen Landesbehörden zentral bewirtschafteten Baustoffe an die Stadtkreise begonnen wurde. Die Einrichtung der "Kreisstelle für Bauwirtschaft", der die weitere Materialverteilung auf der lokalen Ebene oblag, geht auf diese Zeit zurück (siehe dazu Seite 423).

In der Bauverwaltung wurde alsbald unter heute kaum noch vorstellbaren Schwierigkeiten mit der Wiederaufbauplanung begonnen und die Umsetzung praktischer Schritte zur Förderung der Selbsthilfe der Bürger eingeleitet. Die Stadt wurde in vier Aufbaubezirke eingeteilt und ein Bauausschuß[3] ins Leben gerufen. Bauwillige und private Initiativen zur Instandsetzung beschädigter Wohnungen erhielten durch städtische Vermittlung Anschluß an Aufbaugemeinschaften, denen die Stadt durch Baufachleute Rat und Unterstützung zuteil werden ließ ("Aufbauwerk der Stadt"). Das Stadtplanungsamt führte eine Bestandsaufnahme sämtlicher noch vorhandener Wohngebäude in den Außenbezirken durch, um festzustellen, wieviele Häuser dort wenigstens provisorisch soweit wieder hergerichtet werden konnten, daß sie als bewohnbar gelten durften. Eine allgemeine Zuzugssperre nach Hanau hatte die Ortspolizeibehörde bereits wenige Tage nach dem Einmarsch der amerikanischen Truppen in die Stadt verfügt, um das bestehende, gewaltige Wohnraumdefizit nicht weiter anwachsen zu lassen.[4] Die Untersuchungen der Planungsbehörde offenbarten schließlich das ganze Ausmaß der Katastrophe. Selbst in den Randbezirken war nur eine begrenzte Zahl von Häusern völlig intakt geblieben; 208 Häuser waren immerhin leicht, 641 dagegen mittelschwer oder schwer beschädigt worden, während 322 Wohngebäude - ebenso wie fast alle Gebäude in der Stadtmitte - Totalschaden erlitten hatten und für eine Instandsetzung nicht mehr in Frage kamen.[5] Die Schaffung neuen Wohnraums für die vielen ausgebombten und evakuierten Bürger war damit zum größten Problem der Stadt,

---

1) Verwaltungsbericht der Stadt Hanau für die Verwaltungsjahre 1945 und 1946, Hanau 1948, S.50

2) Vgl. Mitteilungsblatt für den Stadt- und Landkreis Hanau, Folge 36, vom 15. Dezember 1945; etwa zur gleichen Zeit hatte die amerikanische Militärregierung für Neubauten ein ähnliche Anordnung getroffen

3) Dem Bauausschuß gehörten an: der Leiter des Stadtbauamtes, vier Vertreter der führenden Parteien, je ein Vertreter des Gewerkschaftsbundes, der Industrie- und Handelskammer, der Handwerkerschaft, der Leiter des Arbeitsamtes, der für den Wiederaufbau zuständige Einsatzleiter beim Arbeitsamt, der Chef der Liegenschaftsverwaltung sowie der Direktor der Landesleihbank als Finanzsachverständiger. Der Ausschuß trat am 26. März 1946 erstmals zusammen. (Vgl.Mitteilungsblatt für den Stadt- und Landkreis Hanau, Folge 52, vom 6. April 1946)

4) Die Zuspitzung der Wohnraumlage führte 1946 zu einer wesentlichen Verschärfung der Zuzugssperre. Danach wurden seit dem 28. März 1946 vom Wohnungsamt überhaupt nur noch in ganz besonderen Ausnahmefällen, insbesondere bei heimkehrenden Kriegsteilnehmern, wenn ihre Familien bereits in Hanau ansässig waren, Anträge auf Zuzugsgenehmigung angenommen (vgl. Mitteilungsblatt für den Stadt- und Landkreis Hanau, Folge 52, vom 6. April 1946)

5) Vgl. Mitteilungsblatt der Stadtverwaltung Hanau, Folge 25, vom 29. September 1945

seine Lösung zur wichtigsten kommunalen Aufgabe geworden. Die Verantwortlichen waren daher von Anbeginn entschlossen, dem Wohnungsbau - neben der Wiederherstellung der städtischen Einrichtungen, Anstalten und Anlagen - die höchste Dringlichkeitsstufe zuzuerkennen.

1946 ließ die Stadtverwaltung einen Generalbebauungsplan[1)] ausarbeiten, der noch im gleichen Jahr von der Aufsichtsbehörde genehmigt wurde. Nach ihm sollte die Innenstadt wieder als Geschäftszentrum gestaltet und seiner Belebung durch Wohnungsbauten Rechnung getragen werden. Mit den daraus abgeleiteten Bebauungsplänen für den innerstädtischen Bezirk verfolgte man u.a. auch das Ziel, den Schwerpunkt der Bautätigkeit in das Zentrum zu legen und so der Tendenz des Abdriftens in die Randzonen entgegenzuwirken. Es hatte sich nämlich gezeigt, daß private Bauinitiativen, insbesondere zur Erstellung von Notbehausungen und Behelfsheimen, sich zunehmend zur Peripherie hin orientierten. So positiv solche Selbsthilfeaktionen, die dem Überlebenswillen der Bevölkerung Ausdruck gaben, auch gesehen werden durften, unter städtebaulichen Aspekten war diese Entwicklung keineswegs wünschenswert. Im Stadtinnern waren die Straßen, die Stromversorgungs- und Kanalisationsanlagen, in denen erhebliches Kapital investiert ist, vorhanden und wenigstens eingeschränkt benutzbar; in den Randgebieten dagegen, insbesondere in den Gartenkolonien, wo das "wilde Bauen" immer mehr um sich griff, fehlten solche Anlagen und stellten die Stadt dort vor neue Probleme. Vordringliche Aufgabe mußte es demnach sein, den Bau von Wohnungen in der Innenstadt zu forcieren. Die Stadt entschied sich deshalb für die Förderung großer Wohnbauprojekte im Kernstadtbereich unter Einbeziehung und der Mitwirkung von Baugesellschaften und -genossenschaften. Es muß in diesem Zusammenhang besonders hervorgehoben werden, daß die dabei in den folgenden Jahren erzielten außergewöhnlichen Erfolge im sozialen Wohnungsbau ohne die enge und vertrauensvolle Zusammenarbeit der Stadt mit den Bauträgern kaum denkbar gewesen wäre.

Mit der Annahme des vom Magistrat und der Baukommission entwickelten neuen Fluchtlinienplans für den Innenstadtbereich[2)] war ein entscheidender Schritt für den Wiederaufbau getan. Voraussetzung für die Errichtung großer Wohnblöcke war darüber hinaus eine großflächige Ordnung der Bodenverhältnisse. Die Aufgaben, die der Stadt daraus erwuchsen, waren vielfältig und oftmals nur unter erheblichen Schwierigkeiten lösbar. Den umfangreichen Bodenordnungmaßnahmen ging in der Regel eine örtliche Bausperre[3)] voraus. Es mußten Grundstücke getauscht, angekauft und baureif gemacht werden. Dazu war es erforderlich, die Grundstückseigentümer oder ihre Erben zu ermitteln und ausfindig zu machen, um mit ihnen in Verhandlungen einzutreten. Es mußten alte Grenzen aufgespürt, Grundstücke geräumt und bewertet, Gutachten erstellt, Entschädigungsleistungen festgelegt, Enteignungen durchgeführt und Umlegungsverfahren abgewickelt werden, ehe die Stadt schließlich über die zur Bebauung geeigneten, arrondierten Flächen verfügen konnte, die sie dann - meist durch Erbbauverträge - den jeweiligen Gesellschaften zur Errichtung großer Wohnhausprojekte überließ.

---

1) Der Generalbebauungsplan für die Stadt Hanau wurde von Prof.Dr.Ludwig Neundörfer vom soziographischen Institut der Universität Frankfurt und dem Frankfurter Architekten Drevermann in Zusammenarbeit mit dem Stadtbaurat Hans Schmidt vom Hochbauamt der Stadt Hanau ausgearbeitet (vgl. Mitteilungsblatt für den Stadt- und Landkreis Hanau, Folge 76, vom 21. September 1946)

2) Vgl. Mitteilungsblatt für den Stadt- und Landkreis Hanau, Folge 121, vom 9. August 1947

3) Bei der Bau- oder Veränderungssperre handelt es sich um eine vorübergehende baurechtliche Maßnahme, die verhüten soll, daß die Aufstellung, Änderung oder Ergänzung eines Bebauungsplans gestört wird

Zu solchen Bauvorhaben, die nach 1949 in Angriff genommen wurden, gehörten beispielsweise die großen Wohnblöcke an der Französischen Allee, in der Nordstraße, am Schloß- und am Johanneskirchplatz sowie im Bangert, an der Hahnenstraße und am Ballplatz. Aber auch mehrere Wohnungsbauprojekte mittleren Umfangs im Rahmen der Industriearbeiteransiedlung in der Rembrandt- und in der Feuerbachstraße (Hessenplan) sowie in der Limesstrasse, ferner die Errichtung von Wohnungen zur Unterbringung von Staatsbediensteten und ihren Familien in der Brüder-Grimm-Straße sind hier zu erwähnen. Selbstverständlich ist die Auflistung nicht vollständig; sie zeigt aber einige der Schwerpunkte, die in den ersten Jahren nach der Währungsreform den Wohnungsbau in Hanau bestimmt und in der städtischen Finanzwirtschaft unmittelbar oder mittelbar ihren Niederschlag gefunden haben.

Unter den zahlreichen Bauträgern, mit denen die Stadt dabei besonders eng zusammenarbeitete[1]), traten zwei Gesellschaften besonders hervor:

die Baugesellschaft Hanau GmbH[2]) und
die Nassauische Heimstätte GmbH.

Die wichtigsten Hanauer Projekte beider Gesellschaften für den Bau von insgesamt 1525 Wohnungen im Rahmen des sozialen Wohnungsbaus während der Zeit von 1949 bis 1954 sind im Anhang A 35 zusammengestellt.

Die unmittelbaren Förderungsmaßnahmen, wie sie im Außerordentlichen Haushalt ihren Niederschlag gefunden haben (siehe Tabelle 109 auf Seite 419), erstreckten sich - außer auf wenige, nicht rückzahlungspflichtige Finanzzuweisungen - in der Hauptsache auf die Gewährung von Darlehen. Soweit diese an Wohnungsbaugesellschaften gewährt wurden, wurden sie zum Teil später in städtische Beteiligungen umgewandelt. Typische Beispiele dafür sind die aus Darlehen finanzierten Beteiligungen an der Baugesellschaft Hanau GmbH und an der Nassauischen Heimstätte GmbH sowie an deren Tochtergesellschaft Nassauisches Heim Siedlungsbaugesellschaft mbH.[3]) Die folgende Tabelle 112 stellt praktisch eine Aufschlüsselung der in der Tabelle 109 summarisch erfaßten außerordentlichen Ausgaben zur "Förderung des Wohnungsbaus" dar. Die darin nachgewiesenen Beträge für die Übernahme oder die Erhöhung von Geschäftsanteilen (Beteiligungen) sind ausnahmslos aus Darlehensgewährungen hervorgegangen.

---

1) Zu nennen sind hier außer der Baugesellschaft Hanau, der Nassauischen Heimstätte GmbH und deren Tochtergesellschaft Nassauisches Heim GmbH, u.a. die Gemeinnützige Siedlungs- und Wohnungsbaugenossenschaft, die Kleinwohnungsbau GmbH, die Evangelische Baugemeinde eGmbH, die Gewobag, die Bundesbahn-Siedlungsgesellschaft, die Flüchtlings-Siedlungsvereinigung Neuhof, die Militärbaugenossenschaft, die BBC-Siedlungsgesellschaft

2) Die "Baugesellschaft Hanau" wurde 1942 als gemeinnützige Wohnungsbaugesellschaft gegründet. Die "Baugenossenschaft", die bis dahin bestanden hatte, ging mit einem Bestand von etwas mehr als 100 Wohnungen am Kinzigheimer Weg in dieser neuen Gesellschaft auf. Zu den Gesellschaftern gehören heute neben der Stadt Hanau, der Stadtwerke GmbH, der Sparkasse Hanau und der Hanauer Straßenbahn AG mehrere Hanauer und ein Mainzer Industrieunternehmen (vgl. Geschäftsbericht 1991 der Baugesellschaft Hanau GmbH, S.35). Bei einem Gesamtkapital der Baugesellschaft Hanau am 30.9.1952 von 216 580 DM betrug der Gesellschaftsanteil der Stadt Hanau 109 600 DM (= 50,6 vH). Um den bestimmenden Einfluß weiter zu festigen, hat die Stadt ihre Beteiligung 1954 im Zusammenhang mit einer Kapitalerhöhung um 283 500 DM aufgestockt (siehe die Aufstellung auf Seite 431)

3) Die Stadt Hanau hatte sich 1951 an der Nassauischen Heimstätte GmbH mit einer Stammeinlage von 10 000 DM beteiligt. Die Stammeinlage betrug zum 31.12.1954 30 000 DM (Gesamtkapital: 9 000 000 DM); die Beteiligung an der Nassauischen Heim GmbH geht auf das Jahr 1952 zurück. Die Stadt Hanau übernahm damals eine Stammeinlage von 50 000 DM, die in vier Jahresraten zu je 12 500 DM erbracht wurde

Die finanziellen Leistungen der Stadt im Rahmen der Bauförderung enthalten - neben einer einmaligen Zahlung in Höhe von 20 000 DM an die Baugesellschaft Hanau GmbH (1949) - von 1953 an überwiegend Zuschüsse an private Bauherren für die Enttrümmerung von Grundstücken.

Die Darlehensbeträge umfassen außer der Anschubfinanzierung für Großprojekte des Wohnungsbaus durch die Bauträgergesellschaften auch Instandsetzungsdarlehen an private Bauherren sowie die von der Stadt für ihre Mitarbeiter erbrachten Arbeitgeberdarlehen.

Tabelle 112 Aufschlüsselung der außerordentlichen Ausgaben zur Förderung des Wohnungsbaus in DM [a)]

	1949	1950	1951	1952	1953	1954
Finanzzuschüsse	20 000	-	-	-	75 872	86 584
Darlehen	7 200	12 800	1 000	680 470	174 300	942 429
Anleihekosten	-	-	-	125 400	40 000[b)]	85 135
Beteiligungen	-	-	66 842	18 500	12 500	316 000
Summe AO-Ausgaben zur Förderung des Wohnungsbaus	27 200	12 800	67 842	824 370	302 672	1 430 148

a) Vgl. dazu Tabelle 129 auf Seite 419
b) Einschließlich einer Zuführung an Rücklagen in Höhe von 5 838 DM

Die hohen Anleihekosten setzen sich zusammen aus dem Disagio sowie aus Vermittlungsprovisionen und Bankspesen. Sie sind im Zusammenhang mit der Aufnahme von Krediten angefallen, die zur darlehensweisen Weitergabe an Baugesellschaften und -genossenschaften für Projekte des sozialen Wohnungsbaus bestimmt waren.

Hinter den außerordentlichen Ausgaben für "Beteiligungen" verbergen sich die folgenden Teilbeträge:

	Erwerb von Geschäftsanteilen an	
1951:	Finanz- und Treuhandgesellschaft	10 000 DM
	Continent Metall AG	46 842 DM
	Nassauische Heimstätte GmbH	10 000 DM
1952:	Nassauisches Heim Siedlungsbaugesellschaft mbH	12 500 DM
	BBC-Siedlungsgesellschaft	6 000 DM
1953:	Nassauisches Heim Siedlungsbaugesellschaft mbH	12 500 DM
1954:	Nassauische Heimstätte GmbH	20 000 DM
	Nassauisches Heim Siedlungsbaugesellschaft mbH	12 500 DM
	Baugesellschaft Hanau GmbH	283 500 DM

Die Stadt Hanau hat den privaten und den genossenschaftlichen Wohnungsbau unmittelbar auch durch den Verkauf von städtischen Baugrundstücken und mittelbar durch die Übernahme von selbstschuldnerischen Bürgschaften (Verzicht auf die Einrede der Vorausklage) gegenüber Banken, Sparkassen, Versicherungsgesellschaften, dem Landesarbeitsamt und anderen Kreditgebern gefördert, und zwar für nachstellige Hypotheken und Zwischenkredite. Der Wiederaufbau zahlreicher Geschäftsgrundstücke und Wohnbauten in der Innenstadt wurde nach der Währungsreform dadurch erheblich erleichtert. Die Bürgschaften, denen jeweils eine Baukostenberechnung, ein Finanzierungsplan sowie eine Wirtschaftlichkeitsberechnung des Objekts zugrundelag und die auf Antrag nur nach eingehender Prüfung gewährt wurden, erstreckten sich im allgemeinen auf die Spitzenbeträge von Grundschulden bzw. nachstelligen Hypotheken, die die Beleihungsgrenze der Kreditinstitute überstiegen. Eine gewisse Sicherheit für die Stadt war dadurch gegeben, daß die verbürgten Beträge den tatsächlichen Bauwert nach dem damaligen Baukostenindex mit Abstand nicht erreichten. Im Falle einer Inanspruchnahme aus einer solchen Bürgschaft hätte die Stadt also immer noch die Möglichkeit gehabt, die Kredite zu übernehmen und damit selbst Eigentümerin der Liegenschaft zu werden. Selbstschuldnerische Bürgschaften sind gegen Ende des Untersuchungszeitraums ein probates Mittel der Wiederaufbauförderung gewesen (siehe Anhang A 38).

Wie sich die Gesamtfinanzierung eines Wohnungsbauprojekts gestaltete, bei dem die Stadt auch mit einer Bürgschaft in Erscheinung trat, soll hier an einem Beispiel gezeigt werden, das typisch war für den "frei finanzierten Wohnungsbau" und deshalb als Modellfall angesehen werden kann. Dabei ging es um die Errichtung von 26 Wohnungen am Ballplatz durch die Baugesellschaft Hanau, ohne daß dafür Landesbaudarlehen in Anspruch genommen wurden.

Die Baukosten für das Gesamtprojekt in Höhe von 455 000 DM wurden aufgebracht durch:

a) eine erststellige Hypothek der Nassauischen Heimstätte von	130 000 DM,
b) eine zweite, nachstellige Hypothek der Nassauischen Heimstätte von	208 000 DM,
c) ein zinsbegünstigtes Aufbaudarlehen von	52 000 DM,
d) ein weiteres Darlehen der Stadt Hanau von	65 000 DM.

Die zweite Hypothek, die eine Laufzeit von 32 Jahren hatte, wurde von der Stadt Hanau durch eine selbstschuldnerische Bürgschaft besichert, woraus sich eine jährliche Zinslast von 11 180 DM ergab. Über den Ausgleich der auflaufenden Bürgschaftskosten war unter den Beteiligten eine Finanzierungsvereinbarung getroffen worden. Sie sah vor, daß die Gesamtsumme dieser Kosten in ein Darlehen zugunsten der Stadt umgewandelt wird, das - hypothekarisch abgesichert - nach der Tilgung der beiden Hypotheken an die Stadt zurückzuzahlen war.

Die Stadt erleichterte mit ihrer Bürgschaft die Refinanzierungsmöglichkeiten der Gesellschaft auf dem Kreditmarkt und trat hinsichtlich der damit zusammenhängenden Ausgaben für Zinsen lediglich vorschußweise in das Finanzierungskonzept ein. Sie sicherte außerdem die Rückzahlung der über die eigenen Darlehen hinaus aufgewandten Mittel für dieses Objekt durch die Eintragung einer Hypothek zu ihren Gunsten langfristig ab und bewirkte so eine weitere Streckung des Finanzierungszeitraums, wodurch die auf die Mieten umzulegenden Finanzierungskosten in Grenzen gehalten wurden.

Ein Beispiel für die Förderung privater Bauvorhaben im Stadtkern, die - wie die Projekte der öffentlichen Hand - vor allem unter den damals herrschenden, äußerst schwierigen Kapitalmarktverhältnissen zu leiden hatten, waren die Finanztransaktionen, die 1951 zwischen der Stadt Hanau und der Stadtsparkasse auf der einen und der Frankfurter Hypothekenbank auf der anderen Seite durchgeführt wurden. Die Stadt erwarb damals für 217 900 DM, die Stadtsparkasse für 500 000 DM Hypothekenpfandbriefe der Bank gegen deren Verpflichtung, nachstellige Hypotheken zu sehr günstigen Bedingungen für den Wiederaufbau zerstörten privaten Grundbesitzes im Stadtzentrum zur Verfügung zu stellen. Die Kreditmittel kamen vor allem dem Bau von Geschäftshäusern zugute, an denen es noch mangelte und die zur kommerziellen Belebung beitragen sollten. Für die Stadt bedeutete dies im Grunde nur eine Umschichtung im Vermögenshaushalt.

Nicht unerwähnt bleiben dürfen schließlich auch die finanziellen Opfer der Stadt durch die auf die Dauer von zehn Jahren gewährten Grundsteuervergünstigungen nach dem 1. Wohnungsbaugesetz von 1950,[1] die den Bau von Wohnungen erheblich gefördert haben. Weiterhin entgingen den städtischen Finanzen beträchtliche Einnahmen durch die Grunderwerbssteuerbefreiung beim Geländeerwerb für den sozialen Wohnungsbau[2] sowie aus den Vergünstigungen des § 7c des Einkommensteuergesetzes[3] (Absetzbarkeit von Zuschüssen oder unverzinslichen Darlehen im Rahmen der Förderung des sozialen Wohnungsbaus), was das Aufkommen an Gewerbeertragssteuer schmälerte.

Durch die aktive Wohnungsbaupolitik der städtischen Körperschaften erhielt der Wohnungsbau in Hanau mächtig Auftrieb. Der Erfolg blieb den Bemühungen nicht versagt. Dafür sind die steigenden Wohnungs- und Wohnraumzahlen sowie die abnehmende Wohndichte, wie sie aus der Übersicht auf der folgenden Seite hervorgehen, der sichtbare Beweis.

Die Meßziffern zeigen, daß die Zahl der Wohnungseinheiten bis zum Ende des Untersuchungszeitraums den Vorkriegsstand nahezu wieder erreicht hatte. Bei der Zahl der Wohnräume waren es dagegen erst rund 76 vH, was darauf hindeutet, daß die durchschnittliche Wohnungsgröße im Rahmen des Wiederaufbaus - gemessen an der Zahl der Räume - niedriger lag als vor dem Krieg. Kleine und mittlere Wohnungen mit nur 2-3 Räumen wurden damals häufiger gebaut als grössere Einheiten. Auch im interlokalen Vergleich schnitt die Stadt Hanau hervorragend ab. Bezogen auf die Einwohnerzahl hielt sie im Wohnungsbau unter den Vergleichsstädten im hessisch-unterfränkischen Raum in den Jahren 1951 bis 1954 einen Spitzenplatz (siehe dazu die Übersicht im Anhang B 39).

Die Auswirkungen der intensiven Bautätigkeit auf die Hanauer Wirtschaft liegen auf der Hand. Durch die wachsende Zahl von Wohnungen wurden zunehmend Pendler an ihren Arbeitsplatz herangeführt und neue Möglichkeiten für die Errichtung gewerblicher Betriebe geschaffen. Mit der Bevölkerung wuchs die Zahl der Arbeitsstätten (siehe dazu auch Anhang A 36). Begünstigt wurde diese Entwicklung noch durch die Einführung der

---

1) Vgl. §§ 7 und 8 des 1. Wohnungsbaugesetzes vom 24. April 1950 in der Fassung vom 25. August 1953, BGBl. I, S.1047

2) Vgl. § 4 des Grunderwerbsteuergesetzes vom 29. März 1940, RGBl.I, S.585 einschließlich der Ergänzung durch § 4a des hessischen Gesetzes vom 28. Februar 1950, GVBl. S.39

3) Vgl. § 7c des Einkommensteuergesetzes in der Fassung vom 28. Dezember 1950 (BGBl.I 1951, S.1) sowie der neuen Fassung vom 15. September 1953 (BGBl.I, S.1355)

des Provinzialverbandes aus dem Aufkommen der Kraftfahrzeugsteuer. Dabei deckten diese Zuweisungen nur einen geringen Teil der tatsächlichen Kosten. Und weil die Stadt für den Bau und die Instandhaltung der übrigen Verkehrswege im Stadtgebiet selbst aufkommen mußte, das für die Straßen zuständige städtische Tiefbauamt aber nur über sehr geringe Betriebseinnahmen verfügte, blieb der Zuschußbedarf aus allgemeinen Deckungsmitteln in jenen Jahren besonders hoch.

- Die der Betreuung durch das Tiefbauamt unterliegenden und im Lastenausgleich berücksichtigungsfähigen Bundesstraßen sowie Landstraßen I. und II. Ordnung hatten eine Gesamtlänge von 24,2 Kilometer (vgl. Seite 239). Die Länge der übrigen Stadtstraßen und der nicht ausgebauten Straßen und Wege im Stadtgebiet betrug insgesamt 91,6 Kilometer.

An die Stelle des Provinzialverbandes trat nach 1945 der Bezirksverband. An der grundsätzlichen Regelung des finanziellen Ausgleichs zwischen über- und nachgeordneten Gebietskörperschaften hatte sich nur wenig geändert, wenn man davon absieht, daß die Straßenunterhaltungsbeiträge in Hessen nun durch die Finanzausgleichsgesetze näher bestimmt wurden (siehe dazu Seite 238f). Eine vorübergehende Einnahmequelle erschloß sich der Haushaltsstelle "Straßen, Wege, Plätze, Brücken" bis zum Jahre 1948 aus der Beseitigung von Trümmerschutt und für das Einreißen von Mauerresten (Tabelle 113, Anmerkung g). Hinzu kamen mit der Erschließung neuer Baugebiete ab 1952 erhebliche Einnahmen aus Straßenanliegerbeiträgen. Sie trugen wesentlich dazu bei, den Zuschußbedarf, der mit den im Verlauf des Wiederaufbaus intensivierten Straßenbauarbeiten ab 1953 merklich zunahm, in Grenzen zu halten.

Die reinen Zweckausgaben für die laufende Unterhaltung der Straßen im Stadtgebiet sind bereits in Tabelle 21 auf Seite 124 nachgewiesen worden. Dabei hatte sich gezeigt, daß der jährliche Aufwand von 1948 bis zum Jahre 1954 - einerseits als Folge der schweren Kriegsschäden, andererseits wegen der nach 1948 stark gestiegenen Materialpreise - gegenüber der Vorkriegszeit etwa auf das Dreifache angewachsen war. Eine ähnliche Entwicklung nahmen die Personalausgaben, die am Ende des Untersuchungszeitraums sogar viermal höher waren als 1936 (siehe Tabelle 113).

Bis zur Einführung der finanzstatistischen Kennziffer wurden Einnahmen und Ausgaben für die Unterhaltung der Wasserläufe und den Hochwasserschutz unter der Haushaltsstelle "Straßen, Wege, Plätze, Brücken" miterfaßt. Seit dem Rechnungsjahr 1952 bestand jedoch eine Trennung beider Bereiche. Die den Wasserbau und die Wasserläufe betreffenden Finanzvorgänge wurden seitdem in einem gesonderten Abschnitt 66 nachgewiesen. In der Tabelle 113 sind jedoch - der intertemporalen Vergleichbarkeit wegen - die Einnahmen und Ausgaben des Abschnitts 66 durchgängig, d.h. auch für die Jahre 1949 bis 1954, in die Zahlen eingearbeitet worden. Eine separate Darstellung der Werte des Abschnitts 66 findet sich in der Tabelle 116 auf Seite 439.

Die Ausgaben des Jahres 1937 wurden vor allem durch größere Hochwasserschäden beeinflußt. Die Stadt sah sich daraufhin veranlaßt, eine besondere Rücklage in Höhe von 121 454 RM für den Hochwasserschutz einzurichten. 1938 waren es neben der Beseitigung weiterer Uferabbrüche an der Kinzig u.a. eine Zahlung von 45 000 RM an das Reich als Kostenbeitrag zum Bau der Umgehungsstraße und vermehrte Ausgaben für das

Anlegen von Fahrradwegen, die die Gesamtausgaben nach oben trieben. In den Kriegsjahren mußte der Bau neuer Straßen und Wege zurückgestellt und die Unterhaltung des bestehenden Straßennetzes wegen der zunehmenden Materialknappheit stark eingeschränkt werden. Die dafür vorgesehenen Mittel wurden deshalb in die Rücklage übernommen. Eine besondere Belastung der Haushaltstelle ergab sich schließlich aus der Fremdfinanzierung vieler Straßenbaumaßnahmen. Die dafür aufgenommenen Darlehen verursachten erhebliche Zins- und Tilgungsleistungen, so daß der Schuldendienst bis zum Jahr 1948 zu einem bestimmenden Faktor der Haushaltsansätze wurde. Durch die Umstellung der Schuldpositionen im Verhältnis 10:1 ging diese Belastung nach der Währungsreform vorübergehend auf ein Zehntel zurück, stieg aber gegen Ende des Untersuchungszeitraums wieder stärker an, als für den Ausbau bestehender sowie den Bau neuer Straßen, Brücken und Wege größere Kredite aufgenommen werden mußten.

Zwei dieser Projekte sind hier besonders erwähnenswert: der Bau des Rückertstegs, der im August 1952 fertiggestellt und seiner Bestimmung übergeben wurde, und die Verlegung der Bundesstraße 43 durch die Schaffung einer Verkehrsverbindung vom Viadukt zum Hafenplatz. Für dieses Straßenbauvorhaben, das zu 85 vH aus Bundes- und Landesmitteln und zu 15 vH von der Stadt Hanau finanziert wurde, begannen die Bauarbeiten im Herbst desselben Jahres. Beide Projekte waren mitbestimmend für die hohe Ausgabensumme von 914 888 DM im Außerordentlichen Haushalt des Jahres 1952 (siehe dazu Tabelle 109, Seite 419 sowie Anhang A 26).

6. Der Unterabschnitt "Wasserläufe und Hochwasserschutz"

Auf die hochwassergefährdete Lage der Stadt am Unterlauf der Kinzig ist an anderer Stelle bereits hingewiesen worden (siehe Seite 10). In den Dreißiger Jahren hatte man durch umfangreiche Kanalisierungsarbeiten diese Gefahren zu begrenzen versucht (siehe dazu Seite 113 und 212) und dafür - im Rahmen von staatlich geförderten Notstandsprogrammen - erhebliche Schulden aufnehmen müssen (Arbeitsbeschaffungsdarlehen)[1]. Seitdem haben die alljährlich erforderlichen Aufwendungen für die Unterhaltung der Uferbefestigungen und Dämme sowie für die Reinigung der Feldgräben in den Niederungen am Rande des Stadtgebiets[2] in den Haushaltsplänen ihren Niederschlag gefunden (vgl. dazu Tabelle 21, Seite 124). Die regelmäßig wiederkehrenden Ausgaben zur Instandhaltung der Wasserläufe und den Hochwasserschutz sowie die jährlichen Zuweisungen an eine eigens dafür gebildete Rücklage sind aber nur ein Teil des tatsächlichen Aufwands, der der Stadt aus dieser besonderen geographischen Lage erwächst. Hinzuzurechnen sind vielmehr die aus der Beseitigung von Hochwasserschäden resultierenden Kosten. Sie fallen zwar nicht

---

1) Es handelte sich hierbei um zwei 1933 bei der Deutschen Rentenbank-Kreditanstalt, Berlin, aufgenommene, langfristige Schuldscheindarlehen für "Arbeitsbeschaffung und wertschaffende Arbeitslosenfürsorge" in Höhe von ursprünglich 290 000 RM und 205 000 RM, die am 31.12.1936 noch mit 275 500 RM und 196 800 RM zu Buche standen. Diesen beiden Krediten war bereits in den Jahren 1925/31 die Aufnahme von mehreren "Notstandsdarlehen" für die Beschäftigung von Erwerbslosen im Hafengebiet, beim Straßenbau, bei der Kinzigregulierung und der Errichtung des Maindeichs vorausgegangen. Sie waren zum gleichen Stichtag mit 238 548 RM valutiert. Der für diese Schulden in den Haushaltsplänen nachgewiesene Kapitaldienst belief sich 1935 auf 23 188 RM, 1936 auf 39 952 RM und 1937 auf 42 308 RM

2) Die Stadt leistete außerdem von Fall zu Fall finanzielle Beihilfen an die Bruchwiesengenossenschaft

regelmäßig an, können aber im Einzelfall erheblich höher sein als die laufenden Ausgaben für den Uferbau und die Hochwasserschutzmaßnahmen, wie die nachfolgenden Tabellen zeigen.

Hinsichtlich der Kosten der Beseitigung von Hochwasserschäden in der Zeit von 1936 bis 1944 sind die Rechnungsergebnisse heute nicht mehr gesondert feststellbar. Anhaltspunkte dafür liefern jedoch die Voranschlagszahlen einzelner Rechnungsjahre.

Tabelle 114 Ausgaben der Stadt Hanau für die Beseitigung von Hochwasserschäden nach den Voranschlägen der Rechnungsjahre 1938 bis 1943

Jahr	Maßnahme	Haushaltsvoranschlag im Ordentlichen Haushalt	Haushaltsvoranschlag im Außerordentlichen Haushalt
1938	Beseitigung von Uferschäden	34 967 RM	-
1939	Zuschüttung der Kinzigdurchbruchstelle am Herrenmühlenwehr	-	24 000 RM
1940	Behebung von Uferabbrüchen	18 000 RM	79 700 RM
	Geländeauffüllung am Herrenmühlenwehr	-	15 500 RM
1942	Geländeauffüllung am Herrenmühlenwehr	-	20 000 RM
1943	Beseitigung von Hochwasserschäden	15 000 DM	-
	Geländeauffüllung am Herrenmühlenwehr	-	18 000 DM

Auch in der Nachkriegszeit ist das Stadtgebiet - vor allem im Bereich des Herrenmühlenwehrs am Beginn des großen Kinzigbogens sowie an der Mündung des Flusses in den Main - von schweren Überschwemmungen nicht verschont geblieben. Besonders kritisch und mit hohen Schäden verbunden waren die Überflutungen in den Winterhalbjahren 1946/47, 1947/48 und 1950/51. Sie haben sich nachhaltig auf die städtische Finanzwirtschaft ausgewirkt. Die Uferabbrüche oberhalb der Lamboybrücke im Winterhalbjahr 1947/48 erwiesen sich dabei als die schwersten seit den Zwanziger Jahren. Ihre Instandsetzung fiel in die Zeit der Währungsreform und hat die für die RM- und DM-Periode des Rechnungsjahres 1948 getrennt abgerechneten Haushalte erheblich belastet, wie die folgende Tabelle zeigt.

Tabelle 115 Einmalige (OH) und außerordentliche (AO) Ist-Ausgaben für die Beseitigung von Hochwasserschäden 1946-1953

Rechnungsjahr	Einmalige Ausgaben im Ordentlichen Haushalt[a)]	Ausgaben im Außerordentlichen Haushalt[b)]
1946	132 729 RM	-
1948 RM	83 503 RM	-
1948 DM	128 823 DM	-
1950	-	264 784 DM
1951	-	35 858 DM
1952	-	12 000 DM
1953	-	13 354 DM

a) Vgl. dazu Tabelle 29 auf Seite 154
b) Vgl. dazu Tabelle 109 auf Seite 419

Die hohen außerordentlichen Ausgaben des Rechnungsjahres 1950 sind vor allem darauf zurückzuführen, daß die Bauarbeiten an der Flußbegradigung oberhalb der Lamboybrücke noch nicht abgeschlossen waren, als die Kinzig - bereits im Herbst 1950 - das erste Mal über die Ufer trat. Die aufgeschütteten Böschungen wurden dabei unterspült und zum Teil abgeschwemmt. Auch an anderen Stellen war es zu erheblichen Uferabbrüchen gekommen, die noch nicht vollständig behoben waren, als das zweite Hochwasser im Januar 1951 einsetzte und an den Reparaturstellen erneut schwere Schäden anrichtete.

Die ordentlichen Einnahmen und Ausgaben des Abschnitts "Wasserläufe und Wasserbau", der erst seit 1952 im Haushaltsplan gesondert ausgewiesen wurde, lassen sich nach der Rechnung bis 1949 zurückverfolgen. Sie sind in der folgenden Tabelle zusammengestellt.

Tabelle 116 Ist-Einnahmen und Ist-Ausgaben des Abschnitts Wasserläufe und Wasserbau im Ordentlichen Haushalt der Stadt Hanau 1949 - 1954

Rechnungsjahr	Einnahmen DM	Ausgaben DM	Zuschuß DM
1949	--	28 280	28 280
1950	--	28 716	28 716
1951	135	33 723	33 588
1952	135	49 266	49 131
1953	1 500	49 106	47 606
1954	1 529	42 458	40 929

§ 8

EINZELPLAN 7
Öffentliche Einrichtungen, Wirtschaftsförderung

1. Gliederung und finanzwirtschaftliche Gesamtergebnisse

Die Anpassung an den finanzstatistischen Kennziffernplan erforderte zwei wesentliche Änderungen in der Struktur des Einzelplans 7:

1. Das "öffentliche Untersuchungsamt", die "Desinfektionsanstalt" und die "Schnakenbekämpfung" (vom Jahre 1949 an unter der Bezeichnung "Schädlingsbekämpfung" geführt), die bis 1946 im Einzelplan 7 unter den "Öffentlichen Einrichtungen" veranschlagt wurden, wechselten ab 1947 als "Sonstige Einrichtungen des Gesundheitswesens" in den Einzelplan 5. Sie wurden, weil sie nach der Finanzstatistik auch dort hingehören, in dieser Untersuchung aus dem Einzelplan 7 herausgenommen und durchgängig dem "Gesundheitswesen" zugeordnet.

2. Neu in den Einzelplan 7 aufgenommen wurden das "Ernährungsamt" und das "Wirtschaftsamt", die in der Zeit von 1941 bis 1946 als Anhang des Einzelplans 9 im Abschnitt 99 "Kriegswirtschaftsstellen", von 1947 bis 1951 dann im Einzelplan 0 unter dem Abschnitt 02 "Besondere Verwaltungsstellen zur Durchführung von Auftragsangelegenheiten" untergebracht waren. Die Finanzstatistik hat beide Ämter und ihre Abwicklungsstellen jedoch dem Bereich der "Öffentlichen Einrichtungen" zugewiesen, weshalb sie auch hier durchgängig erfaßt wurden.

Unter Berücksichtigung dieser Änderungen waren dem Einzelplan 7 während des Untersuchungszeitraums die folgenden Abschnitte und Unterabschnitte zugeordnet:

ABSCHNITT:	UNTERABSCHNITT:	HAUSHALTSANSATZ:
Beleuchtung und Reinigung des Stadtgebiets		
	Straßenbeleuchtung	
	Stadtentwässerung	
	Bedürfnisanstalten	(1936-1951)
	Straßenreinigung	
	Müllbeseitigung und -verwertung	
	Fuhrpark (Fuhrbetrieb)	
	Werkstattbetrieb	
	Schreinerei	
	Tierkörperbeseitigung	
Feuerlöschwesen		
Einrichtungen der Lebensmittelversorgung und Marktwesen		
	Märkte und Messen	
	Schlachthof	
	Freibank	

Bestattungswesen		
	Friedhof und Krematorium	
Sonstige öffentliche Einrichtungen		
	Wald-, Park- und Gartenanlagen	
	Badeanstalten	
	Flußbadeanstalten	
	Sparkassen	
Andere öffentliche Einrichtungen		
	Öffentliche Uhren	
	Anschlagwesen und Plakatsäulen	(ab 1954)
Förderung der Land- und Forstwirtschaft		
Förderung von Wirtschaft und Verkehr		
	Förderung des Handwerks	
	Verkehrsförderung (einschließlich Werbung)	
Ernährungs- und Wirtschaftsämter		
	Ernährungsamt	(1936-1952)
	Wirtschaftsamt	(1940-1952)

Für die so gegliederten Abschnitte und Unterabschnitte des Einzelplans 7 ergaben sich in den untersuchten Jahren die folgenden Gesamteinnahmen und -ausgaben sowie Zuschüsse:

Tabelle 117

Rechnungsergebnisse des Einzelplans 7
"Öffentliche Einrichtungen, Wirtschaftsförderung"
im Ordentlichen Haushalt der Stadt Hanau

Rechnungs-jahr	Einnahmen RM/DM	Ausgaben RM/DM	Ausgaben in % der Gesamt-ausgaben OH	Zuschuß absolut RM/DM	Zuschuß je Einwohner RM/DM
1936	712 338	919 575	9,6	207 237	5,09
1941	840 763	1 198 383	8,8	357 620	9,07
1945	369 302	1 006 957	15,3	637 655	30,85
1949	546 619	1 156 561	11,0	609 942	21,29
1954	1 419 876	2 191 078	11,1	771 202	18,76

Der beachtliche Anstieg von Einnahmen und Ausgaben am Ende des Untersuchungszeitraums geht im wesentlichen auf das Wachstum des nach Unterabschnitten umfangreichsten Sektors "Beleuchtung und Reinigung des Stadtgebiets" zurück, wie aus der folgenden Aufschlüsselung nach Abschnitten zu ersehen ist:

Einzelplan 7
Öffentliche Einrichtungen und Wirtschaftsförderung

Tabelle 118 — Rechnungsergebnisse der Abschnitte des Ordentlichen Haushalts in RM/DM

HAUSHALTSABSCHNITT	1936	1941	1945	1949	1954
Beleuchtung und Reinigung des Stadtgebiets					
Einnahmen	431 783	467 145	186 870	364 331	1 057 685
Ausgaben	531 825	533 198	534 226	709 312	1 382 815
Zuschuß absolut	100 042	66 053	347 356	344 981	325 130
je Einwohner	2,45	1,67	16,81	12,04	7,91
Feuerlöschwesen					
Einnahmen	1 569	2 177	4 635	2 436	14 219
Ausgaben	30 972	61 420	48 962	41 069	117 375
Zuschuß absolut	29 403	59 243	44 327	38 633	103 156
je Einwohner	0,72	1,50	2,14	1,34	2,51
Einrichtungen der Lebensmittelversorgung und Marktwesen					
Einnahmen	126 884	128 888	17 014	62 933	204 527
Ausgaben	122 921	140 603	79 686	84 861	211 598
Zuschuß absolut	+ 3 963	11 715	62 672	21 928	7 071
je Einwohner	+ 0,09	0,29	3,03	0,76	0,17
Bestattungswesen					
Einnahmen	75 028	85 159	43 544	80 357	102 974
Ausgaben	86 397	67 910	48 262	84 384	144 447
Zuschuß absolut	11 369	+ 17 249	4 718	4 027	41 473
je Einwohner	0,27	+ 0,43	0,22	0,14	1,00
Sonstige öffentliche Einrichtungen					
Einnahmen	58 186	70 981	7 391	29 151	20 365
Ausgaben	125 287	153 814	56 370	144 255	306 930
Zuschuß absolut	67 101	82 833	48 979	115 104	288 565
je Einwohner	1,64	2,10	2,37	4,01	6,97
Andere Einrichtungen					
Einnahmen	--	--	--	--	18 961
Ausgaben	670	507	136	310	1 252
Zuschuß absolut	670	507	136	310	+ 17 709
je Einwohner	~ 0,01	~ 0,01	~ 0,01	~ 0,01	+ 0,43
Förderung der Landwirtschaft					
Einnahmen	1 135	857	513	2 028	1 085
Ausgaben	1 231	1 399	1 770	2 371	1 689
Zuschuß absolut	96	542	1 257	343	604
je Einwohner	~ 0,01	~ 0,01	0,06	~ 0,01	~ 0,01

Tabelle 118 Rechnungsergebnisse der Abschnitte des Ordentlichen Haushalts in RM/DM (Fortsetzung)

HAUSHALTSABSCHNITT	1936	1941	1945	1949	1954
Sonstige Förderung von Wirtschaft und Verkehr					
Einnahmen	7 952	3 164	1 455	4 977	60
Ausgaben	7 313	13 167	2 432	3 205	24 972
Zuschuß absolut	+ 639	10 003	977	+ 1 772	24 912
je Einwohner	+ 0,01	0,25	0,04	+ 0,06	0,60
Ernährungs- und Wirtschaftsämter					
Einnahmen	9 801	82 392	107 880	406	--
Ausgaben	12 959	226 365	235 113	86 794	--
Zuschuß absolut	3 158	143 973	127 233	86 388	--
je Einwohner	0,07	3,65	6,15	3,01	--

Unter den Effektivausgaben der Außerordentlichen Haushalte (Tabelle 119) springen zwei Unterabschnitte besonders ins Auge: die Stadtentwässerung und der Schlachthof. Während der Wiederaufbau und die Erweiterung des Schlachthofs 1952 weitgehend abgeschlossen war (siehe unten Seite 460), hat die Stadt Hanau für den Kanalbau im Zuge des Ausbaus innerstädtischer Straßen und für die Erschließung neuer Wohngebiete während der gesamten DM-Periode jährlich erhebliche Beträge investiert. Zu den besonders aufwendigen Einzelprojekten der Stadtentwässerung im Außerordentlichen Haushalt gehörten u.a. die Behebung von Kriegschäden in der Innenstadt (1949: 29 954 DM), die Beseitigung von Hochwasserschäden (1949: 129 902 DM), die Erschließung des Siedlungsgebiets am Lamboywald (1950: 62 496 DM und 1951: 24 957 DM), die Kanalisierung des Mainkanals (1952: 202 191 DM und 1953: 27 168 DM) sowie die Anlage des großen Regenwasserkanals an der Aschaffenburger Straße (1954: 772 505 DM). Auf besondere Einzelposten der anderen Unterabschnitte wird im Zusammenhang mit der Untersuchung jener Haushaltsstellen noch eingegangen.

Einzelplan 7

Tabelle 119 Effektiv-Ausgaben im Außerordentlichen Haushalt der Stadt Hanau in DM

HAUSHALTSABSCHNITT/ U-ABSCHNITT	1949	1950	1951	1952	1953	1954
Straßenbeleuchtung	25 000	-	-	-	-	-
Stadtentwässerung	187 455	91 767	132 975	276 262	152 378	990 833
Straßenreinigung	-	-	13 000	24 842	4 158	19 747
Müllabfuhr	9 965	11 500	38 719	24 462	-	20 015
Fuhrpark	15 738	18 221	10 000	4 014	-	6 247
Feuerlöschwesen	47 456	6 959	1 524	1 115	5 135	-
Schlachthof	188 996	25 221	314 550	210 674	12 480	-
Bestattungswesen	61 630	11 335	42 125	72 245	9 030	6 165
Wald, Park- und Gartenanlagen	2 765	6 100	-	3 818	26 055	6 392
Badeanstalten/Flußbäder	4 006	5 500	1 856	-	6 000	66 200
Wirtschafts- und Verkehrsförderung	-	-	-	3 000	20 000	-
Insgesamt	543 011	176 603	554 749	620 432	235 236	1 115 599

2. Die Beleuchtung und Reinigung des Stadtgebiets

a) Die Straßenbeleuchtung

Die Haushaltsstelle "Straßenbeleuchtung" verfügt über keine eigenen Einnahmen. Alle Aufwendungen müssen ausschließlich aus allgemeinen Deckungsmitteln finanziert werden. Die Höhe der Gesamtausgaben entspricht daher zugleich dem erforderlichen Zuschuß.

Die Straßenbeleuchtung in Hanau war ursprünglich - ebenso wie in vielen anderen Städten - eine reine Gasbeleuchtung. Erst in den Zwanziger Jahren kamen mit dem Ausbau der städtischen Stromversorgung elektrisch betriebene Beleuchtungsanlagen hinzu.[1] Seitdem waren beide Energieträger nebeneinander in Gebrauch. Die Stadtwerke lieferten dazu Gas und Strom zu Selbstkosten. 1939 waren diese Kosten für beide Energien gleich hoch und

Tabelle 120 Ist-Ausgaben der Straßenbeleuchtung der Stadt Hanau 1936 - 1954

Rechnungs-jahr	Einnahmen RM/DM	Ausgaben RM/DM	Zuschuß RM/DM
1936	-	57 230	57 230
1941	-	16 324	16 324
1945	-	9 912	9 912
1949	-	34 063	34 063
1954	-	177 371	177 371

betrugen 6 Pfennig je Kubikmeter Gas bzw. je Kilowattstunde Strom. Auch der Unterhaltungs- und Bedienungsaufwand hielt sich in beiden Fällen damals etwa die Waage.[2] Im Durchschnitt der Jahre 1936 bis 1938 betrug der Gesamtaufwand für die Straßenbeleuchtung rund 56 000 RM pro Jahr.

Mit dem Beginn des Krieges gingen die Ausgaben wegen der angeordneten Verdunkelung im Stadtgebiet schlagartig zurück. Das machte sich nicht nur beim Energieverbrauch, sondern auch bei den Aufwendungen für die Instandhaltung und Bedienung der Laternen bemerkbar, wie die nachfolgende Tabelle 121 zeigt.

Mit der Vernichtung der Stadt im Jahre 1945 brach die Straßenbeleuchtung vollständig zusammen. Angesichts der chaotischen Situation im gesamten Stadtgebiet war in den ersten Nachkriegsjahren mit einer Wiederingangsetzung auch nicht zu rechnen, weil andere Aufbauprobleme Vorrang hatten. So blieb die Stadt zunächst ohne jede Straßenbe-

1) Vgl. E.Stein (Hrsg.), Monographien deutscher Städte, Band XXXI, Hanau, der Main- und der Kinziggau, Berlin 1929, S.115; für die elektrische Straßenbeleuchtung wurde zunächst die Innenstadt erschlossen, die Außenbezirke folgten später. Die Akademiestraße und die Dunlopstraße beispielsweise erhielten erst 1935 elektrische Beleuchtungskörper. [Vgl. Hanauer Anzeiger Nr. 137 vom 15. Juni 1935, S.3]

2) Im Voranschlag 1939 wurde der Unterhaltungsaufwand für Gaslaternen mit 15 000 RM, der für elektrische Beleuchtung mit 14 000 RM angesetzt. Die Verbrauchswerte für die Straßenbeleuchtung lagen bei 320 000 cbm Gas (= 19 200 RM) und 270 000 kwh Strom (= 16 200 RM)

leuchtung.[1] Erst 1948 begann man wieder mit ihrer Herrichtung. Dabei konzentrierten sich die Instandsetzungsarbeiten am Anfang auf die dicht bewohnten Randbezirke in Kesselstadt und an der Rosenau. Später folgten die Straßen im Osten und Südosten und erst im Oktober 1949 die der Innenstadt. Der im Jahr 1949 dafür investierte Betrag in Höhe von 25 000 DM war der einzige, der aus außerordentlichen Mitteln bestritten wurde (siehe Tabelle 119). Alle späteren Baumaßnahmen gingen ausschließlich zu Lasten des Ordentlichen Haushalts.

Tabelle 121 Straßenbeleuchtung der Stadt Hanau, laufende Kosten (Ist) 1936 - 1954

Rechnungsjahr	Ausgaben in RM/DM für Instandhaltung und Bedienung RM/DM	Energie Strom, Gas RM/DM
1936	16 376	40 854
1938	20 559	31 399
1940	10 834	3 253
1941	13 732	2 592
1943	9 470	1 884**a)**
1945**b)**	9 593	319
1946	-	64
1947	-	350
1948 RM	21	555
1948 DM	-	5 945
1949	11 003	23 060
1950	23 264	49 306
1951	27 911	42 725
1952	42 337	80 934
1953	62 359	86 476
1954	65 000	112 371

a) geschätzt aus dem Gesamt-Ist (16,6 vH)
b) die Werte gehören rechnerisch in das Jahr 1944

Bei der Neuinstallation von Lampen erhielten elektrische Beleuchtungskörper mehr und mehr den Vorzug (siehe dazu die Übersicht auf der nachfolgenden Seite). Straßen in Neubaugebieten wurden überhaupt nur noch elektrisch beleuchtet und mit einer dichteren Lampensequenz ausgestattet.[2] Gasanschlüsse richtete man nur dort noch ein, wo das vorhandene Leitungsnetz dies zuließ. Für den Übergang zur verstärkten Anwendung von elektrischem Strom sprachen hauptsächlich technische Gründe, wie etwa die bessere Energieausnutzung,[3] größere Wartungsfreundlichkeit, flexiblere Installations-, aber auch modernere Gestaltungsmöglichkeiten, die beim Wiederaufbau der Stadt eine nicht unerhebliche Rolle spielten.

1) Die Absicht, 1945 wenigstens in Kesselstadt eine behelfsmäßige Beleuchtung der Straßen zu installieren, ließ sich einerseits wegen fehlender Fachkräfte, vor allem aber wegen des Mangels an Material nicht verwirklichen

2) Der Lampenabstand sollte bei Neuanlagen 40 Meter betragen und so eine wesentlich bessere Ausleuchtung der Straßen gewährleisten. Bei einer Ausführung in Stahlrohrmasten mit Aufsätzen und Leuchtstoffröhren lag die Investitionssumme je Kilometer Straße 1954 zwischen 25 000 und 28 000 DM

3) Seit 1951 kamen in zunehmendem Maße Lampen mit sparsameren Leuchtstoffröhren zur Anwendung

1953 war allerdings noch immer der größere Teil des Straßennetzes, nämlich 46,5 Kilometer, mit Gaslaternen und nur 37,7 Kilometer mit elektrischen Lampen ausgerüstet. Die Zahl der bis zum Ende des Untersuchungszeitraums insgesamt installierten Straßenlaternen lag, wie aus der folgenden Übersicht hervorgeht, um rund 25 vH höher als vor der Zerstörung.

Straßenbeleuchtung der Stadt Hanau

Jahr	Gaslaternen	elektrische Beleuchtungskörper
1944	580	400
22.08.51	ca.110	330
31.12.53	466	500
30.12.54	499	731

Die Ausweitung des Laternennetzes war von einem beträchtlichen Ausgabenanstieg begleitet (siehe Tabelle 120), der durch Preissteigerungen noch verstärkt wurde. Die Verdreifachung des städtischen Zuschusses im Vergleich der Jahre 1936 und 1954 ist allerdings auch Ausdruck einer qualitativ erheblich verbesserten öffentlichen Leistung. Die Stadt Hanau hat sich ihre Straßenbeleuchtung etwas kosten lassen.

b) Die Straßenreinigung

Die Reinigung der Straßen und Gehsteige ist nach der Ortssatzung Sache der Grundstückseigentümer.[1] Überlegungen, die Säuberung aller Ortsstraßen zu zentralisieren und zu einer rein städtischen Angelegenheit zu machen, sind zwar in den Dreißiger Jahren mehrfach angestellt, aber immer wieder fallengelassen worden[2], weil die zur Finanzierung notwendigen Gebühren[3] die durch Steuern und Abgaben ohnehin stark in Anspruch genommenen Grundstücke im Stadtgebiet noch mehr belastet hätten. So blieb die städtische Straßenreinigung im wesentlichen auf die öffentlichen Grundstücke, Straßen und Plätze beschränkt.

In manchen Städten ist - anders als in Hanau - die Straßenreinigung als Gebührenhaushalt organisiert.[4] Dort besteht Anschluß- und Benutzungszwang. Zur Deckung der Reinigungskosten werden satzungsgemäß alle Anlieger, Grundstückseigner und Pächter, zu Gebührenzahlungen herangezogen.

---

1) So nach der von den Stadtverordneten am 24. April 1952 beschlossenen Ortssatzung, die eine bis dahin geltende Polizeiverordnung über die Reinigung öffentlicher Wege vom 27. März 1913 ablöste

2) Verschiedene Versuche, zuletzt im Jahre 1935, zur Einführung einer städtischen Straßenreinigung waren stets an dem Widerstand der Stadtverordneten gescheitert. Auch der im Rahmen der Beratung des Etats für 1935 vorgelegte Entwurf einer Straßenreinigungs-Ordnung, die vorsah, die gesamten Jahreskosten in Höhe von 247 000 RM zu 3/4 durch Gebühren und zu 1/4 durch Steuermittel zu decken, fand nicht die Billigung der Gemeinderäte [Vgl. dazu Hanauer Anzeiger vom 26. März (S.3) und 15. Juni 1935 (S.3)]

3) Die Gesamtkosten ergaben auf den Quadratmeter Reinigungsfläche umgelegt einen Satz von 42 Pfg pro Jahr. Hiervon sollten die Anlieger 31,5 Pfg, die Allgemeinheit aus Mitteln des städtischen Fürsorgeamts 10,5 Pfg tragen. Die Zahlungen aus dem Fürsorgeetat wurde in der Vorlage damit begründet, daß die Wohlfahrtslasten durch Einstellung nicht anerkannter Wohlfahrtserwerbsloser in den Straßenreinigungsdienst fühlbar gemindert werden könnten

4) So zum Beispiel in Darmstadt [vgl. dazu W.Fischer, a.a.O., S.414]

In Hanau erscheinen auf der Einnahmeseite dieses Unterabschnitts in der Hauptsache "Erstattungen" anderer Haushaltsstellen (Schulen, Badeanstalten, Schlachthof, Marktverwaltung, Liegenschaftsamt, Stiftungen etc.), die die Leistungen der Straßenreinigung in Anspruch nehmen und so durch entsprechende Kostenbelastungen einen Teil des Ausgabenvolumens mit finanzieren. In den Berichtsjahren fielen nur vereinzelt und meist in verhältnismäßig geringem Umfang sonstige Einnahmen an, wie etwa Kostenersätze der Stadtwerke oder Zahlungen Dritter für besondere Reinigungsarbeiten oder Schneeräumung.

Tabelle 122 Ist-Einnahmen und Ist-Ausgaben der Straßenreinigung der Stadt Hanau 1936 - 1954

Rechnungs-jahr	Einnahmen RM/DM	Ausgaben RM/DM	Zuschuß RM/DM
1936	16 616	53 702	37 086
1941	22 380	66 797	44 417
1945	4 213	9 199	4 986
1949	23 120	61 710	38 590
1954	38 348	110 546	72 198

Auf der Ausgabenseite ist im Laufe der Jahre eine starke Gewichtsverlagerung zu den Personalausgaben hin eingetreten. Während noch 1936 das Verhältnis der Personalkosten zu den Sachkosten etwa 1 zu 2 betrug, war es am Ende des Untersuchungszeitraums nahezu umgekehrt.

Tabelle 123 Personal- und Sachausgaben (Ist) der Straßenreinigung der Stadt Hanau 1936 - 1954

Rechnungsjahr	Personalausgaben RM/DM	Sachausgaben RM/DM
1936	18 170	35 532
1941	23 810	42 987
1945	8 570	629
1949	39 324	22 386
1954	70 584	39 962

Der Grund dafür lag vor allem in den seit 1951 personell erheblich aufgestockten Reinigungskolonnen, die auch zur Trümmerbeseitigung herangezogen wurden. Steigende Arbeiterlöhne haben dann - nach 1948 - den Aufwärtstrend weiter verstärkt.

Während bis 1951 zeitweilig noch zwei Pferdegespanne für die Straßenreinigung im Einsatz waren, wurden später ausschließlich Motorfahrzeuge für diesen Zweck verwandt. Dafür hatte die Stadt im gleichen Jahr einen Sprengwagen für die Straßenbegießung und eine 2-t-Kehrmaschine angeschafft, wobei der Sprengwagen in zwei Raten [13 000 DM

(1951) und 13 172 DM (1952)] zu Lasten des Unterabschnitts "Straßenreinigung" aus Mitteln des Außerordentlichen Haushalts, die Kehrmaschine dagegen als Investition des "Fuhrparks" über die vermögenswirksamen Ausgaben des Ordentlichen Haushalts finanziert wurden.

c) Die Stadtentwässerung

Der Gebührenhaushalt "Stadtentwässerung", dem seit 1952 auch die öffentlichen Bedürfnisanstalten angegliedert waren, hat die Aufgabe, innerhalb des Stadtgebietes die an das städtische Kanalnetz angeschlossenen Grundstücke zu entwässern sowie Abwasser- und Fäkaliengruben zu entleeren. Für diese städtische Einrichtung bestand und besteht in Hanau Anschluß- und Benutzungszwang.[1)] Nach der Ortssatzung sollen sich die Einnahmen und Ausgaben des Unterabschnitts ausgleichen.[2)] Da die Gebührenhaushalte nicht dem "Nonaffektationsprinzip" unterliegen,[3)] die dort erzielten Einnahmen also zweckgebunden für diese Haushalte zu verwenden sind, kommt der Festsetzung der Benutzungsgebühren besondere Bedeutung zu. Die Städte haben dabei sehr unterschiedliche Wege beschritten.[4)] So können als Berechnungsbasis der Mietwert, der Einheitswert, das Brandversicherungskapital, der Wasserverbrauch, die Frontmeter des Grundstücks oder die Zahl der Haushaltungen - um nur einige Beispiele zu nennen - herangezogen werden. Auch Kombinationen solcher Ansätze sind möglich. Die Stadt Hanau entschied sich für die Friedensmiete als Ausgangswert. In Gießen ging man dagegen von einer zweigeteilten Bemessungsgrundlage aus: dem Brandversicherungswert und der Flächengröße des Grundstücks. In Marburg wiederum dienten ebenfalls Mietwerte als Grundlage der Gebührenberechnung, wobei man Wohn- und Gewerberäume unterschiedlich behandelte.

Tabelle 124 Ist-Einnahmen und Ist-Ausgaben der Stadtentwässerung der Stadt Hanau 1936 - 1954

Rechnungsjahr	Einnahmen RM/DM	Ausgaben RM/DM	Zuschuß RM/DM
1936	197 504	201 477	3 973
1941	229 262	233 388	4 126
1945	103 734	275 812	172 078
1949	138 528	209 277	70 749
1954	450 227	426 139	+ 24 088

1) Rechtsgrundlage dafür war ursprünglich § 18 der Deutschen Gemeindeordnung vom 30. Januar 1935, nach dem Kriege dann § 19 der Hessischen Gemeindeordnung vom 25. Februar 1952

2) Ergibt sich am Schluß des Rechnungsjahres bei der Gegenüberstellung der im Laufe dieses Rechnungsjahres entstandenen Ausgaben und der für den gleichen Zeitraum aufgekommenen Benutzungsgebühren ein Fehlbetrag, so wird zu den Gebühren für das folgende Rechnungsjahr ein entsprechender Zuschlag erhoben. Ergibt sich ein Überschuß, so wird dieser vorgetragen (Vgl. dazu § 4 Abs.2 der Ordnung betr. die Erhebung von Kanalbenutzungsgebühren im Stadtbezirk Hanau vom 15. Juni 1949)

3) Vgl. dazu § 12 Gemeindehaushaltsverordnung und Ausführungsanweisung dazu, RMBliV 1937, S.1899

4) Vgl. dazu Statistisches Jahrbuch deutscher Gemeinden, 39.Jahrgang 1951, S.324ff sowie 44. Jahrgang 1956, S.478ff. Siehe dazu auch die Städtevergleichsstatistik "Kanalisation und Kanalgebühren 1949/1955" im Anhang B 34

Einnahmen und Ausgaben des Unterabschnitts "Stadtentwässerung" waren bis 1944 weitgehend ausgeglichen. In dem geringfügig erhöhten Gebührenaufkommen nach 1936 schlägt sich der auf wenige Einzelfälle beschränkte Ausbau der Kanalisation in einigen Stadtrandlagen[1)] nieder (siehe dazu Tabelle 125 auf Seite 450). Neue Siedlungsgebiete wurden während des Krieges nicht mehr erschlossen.

Bei der Bombardierung der Stadt am 19. März 1945 wurde das Kanalnetz, dessen Entstehung in wesentlichen Teilen auf die Zeit zwischen 1889 und 1910 zurückgeht, schwer getroffen. 104 Einschläge, die sich über das ganze Stadtgebiet verteilten, markierten die Hauptbruchstellen. Besonders schwer waren die Schäden an den Sielen und Nebensielen in der Innenstadt. Die Hochwasserpumpstationen am Kanaltor (I) und in der Bulau (III) erlitten Totalschaden. Die Pumpstation an der Philippsruher Allee wurde schwer, die Kläranlage an der Straße nach Dörnigheim leicht beschädigt.

- Die besondere Lage Hanaus in dem hochwassergefährdeten Terrain am Unterlauf der Kinzig hatte die Stadt bei dem Bau ihres Kanalnetzes zu aufwendigen Konstruktionen ihrer Siel- und Nebensielanlagen sowie zur Errichtung besonderer *Pumpeinrichtungen* gezwungen, die bei Hochwasser die Funktion der städtischen Entwässerungsanlagen gewährleisten sollen.

Die Wiederherstellung der Funktionsfähigkeit der Kanalisation und der Pumpstationen gehörte daher 1945 zu den vordringlichen Aufgaben. Sie wurde mit großem personellen Einsatz und unter Aufbietung aller verfügbaren technischen und finanziellen Mittel vorangetrieben. Materialmangel zwang in der Anfangszeit häufig zu Notlösungen und Improvisationen, die erst später endgültig beseitigt werden konnten. Die Instandsetzungskosten der ersten Aufbaujahre (1945-1948) wurden über den Ordentlichen Haushalt abgewickelt und waren ursächlich für den gewaltigen Zuschußbedarf der Haushaltsstelle, der 1945 rund 172 000 RM erreichte. Der Einnahmerückgang gegenüber den Vorjahren um mehr als die Hälfte, der auf die Zerstörungen und die daraus resultierenden umfangreichen Gebührenherabsetzungen und Gebührenerlasse zurückzuführen war, kennzeichnet darüber hinaus die insgesamt schwierige Ausgangssituation nach dem Zusammenbruch. 1946 und 1947 stieg der Zuschußbedarf sogar noch an und erreichte mit 263 165 RM bzw. 363 899 RM seine höchsten Werte in der Reichsmarkzeit.

Nach der Währungsreform 1948 kamen nur noch kleinere Ersatzbeschaffungen unter den vermögenswirksamen Ausgaben des Ordentlichen Haushalts vor. Große Investitionen wurden dagegen von da an aus Mitteln des Außerordentlichen Haushalts bestritten (siehe dazu Tabelle 119 auf Seite 443). Auf die herausragenden Projekte dieses Unterabschnitts ist oben bereits hingewiesen worden.

Die lange Zeit unverändert gültig gewesene Gebührenordnung der Stadt Hanau für die Grundstücksentwässerung aus dem Jahre 1930 legte der Abgabenberechnung - wie bereits erwähnt - den Friedensmietwert zugrunde. Danach betrugen die Kanalbenutzungsgebühren 2,76 RM je 100 RM der Bemessungsgrundlage. Diese Festsetzung galt bis 1948, obwohl sich die Mietwerte in der Zwischenzeit merklich verschoben hatten. Nach der Stabilisie-

---

1) Nach 1936 gehörten zu Ausbaugebieten beispielsweise im Norden der Bereich auf der Ostseite der Bruchköbler Landstraße [Marköbeler-, Mittelbuchener-, Tannenbergstraße (heute Erzbergerstraße)], im Westen etwa der Bereich südlich des Beethovenplatzes [Schubert-, Haydn-, Gluckstraße]

rung des Geldes im gleichen Jahr wurden die Gebühren den Zeitverhältnissen angepaßt und auf eine neue Rechtsgrundlage gestellt. Die Gebührenordnung vom 15. Juni 1949 setzte an die Stelle der reinen Friedensmiete die sogenannte "berichtigte Friedensmiete". Sie entsprach 79 vH der am 1. März 1949 geforderten gesetzlichen oder vereinbarten Miete oder des entsprechenden Mietwertes.

Tabelle 125 Ist-Einnahmen der Stadtentwässerung der Stadt Hanau nach Einnahmearten

Rechnungs-jahr	Kanalbenutzungs-gebühren RM/DM	Kanalkostenbeiträge RM/DM	Grubenentleerung RM/DM
1936	175 167	a)	1 743
1941	183 030	a)	4 712
1945	95 658	-	721
1949	128 101[b)]		1 809
1954	369 309	20 787	8 777

a) im Haushaltsplan nicht ausgewiesen
b) einschließlich Kanalkostenbeiträge

Der Gebührensatz von 2,76 DM je 100 DM der Bemessunggrundlage blieb jedoch zunächst unverändert. Die neue Berechnungsmethode hatte nur geringe Auswirkungen auf die Höhe der Gebühreneinnahmen. Sie war weitgehend aufkommensneutral. Daß die Gebührenerträge dennoch leicht anstiegen und der städtische Zuschuß sich verringerte, hing vielmehr damit zusammen, daß die Behebung der Kriegsschäden am Kanalnetz inzwischen fortgeschritten war und so die Zahl der Gebührenerlasse allmählich abnahm. Mit der drastischen Anhebung des Gebührensatzes auf 4,68 DM am 16. Juni 1951 gelang es der Stadt, die inzwischen durch Lohn- und Preissteigerungen, aber auch durch die Erweiterung des Netzes[1)] erheblich gestiegenen Unterhaltungskosten zu kompensieren und Einnahmen und Ausgaben des Unterabschnitts wieder auszugleichen.

d) Die Müllabfuhr

Aufgabe der städtischen Müllbeseitigung ist es, den anfallenden Müll von allen im Stadtgebiet gelegenen, bebauten Grundstücken regelmäßig abzufahren. Ebenso wie für die Stadtentwässerung besteht für den Gebührenhaushalt "Müllabfuhr" Benutzungszwang. Abgabepflichtig sind die Grundstückseigentümer, in besonderen Fällen die Nutzungsberechtigten. Sind mehrere Verpflichtete vorhanden, so haften sie als Gesamtschuldner.

1) Neben den erschlossenen Neubaugebieten am Stadtrand sind hier vor allem die Hauptsielerweiterungen an der Aschaffenburger Straße zu erwähnen, die die damals noch selbständige Gemeinde Wolfgang und das auf ihrem Gebiet gelegene Kasernengelände an die Hanauer Kanalisation anschloß

In der ersten Hälfte des Untersuchungszeitraums waren Einnahmen und Ausgaben des Unterabschnitts Müllabfuhr stets ausgeglichen. Die Höhe des Gebührensatzes betrug 1,56 RM je 100 RM des Bemessungswerts, der - wie bei den Kanalbenutzungsgebühren - dem Friedensmietwert des jeweiligen Grundstücks entsprach. Das Gebührenaufkommen lag bis zum Beginn des Krieges im Durchschnitt bei 116 000 RM[1)] und sank dann von 1939 an zeitbedingt und bei nur geringen Schwankungen auf durchschnittlich 97 000 RM ab.[2)]

Tabelle 126 Ist-Einnahmen und Ist-Ausgaben der Müllabfuhr der Stadt Hanau 1936 - 1954

Rechnungs-jahr	Einnahmen RM/DM	Ausgaben RM/DM	Zuschuß RM/DM
1936	110 912	110 912	-
1941	100 060	100 060	-
1945	48 702	47 927	+ 775
1949	73 206	112 205	38 999
1954	285 230	285 400	170

Auf der Ausgabenseite dominierten die Personalkosten, gefolgt von den Betriebskosten der Müllbeseitigung, den regelmäßig anfallenden Ausgaben für Instandhaltung von Maschinen, Geräten und Gebäuden sowie für den Schuldendienst und die Rücklagenbildung. Unter den sonstigen Sachausgaben, die nur gelegentlich vorkamen, nahmen die Kosten der Beschaffung von Mülltonnen, die sowohl als Ersatz für ausgediente Müllbehälter als auch für die durch Wohnungsneubauten erforderliche Aufstockung des Gesamtbestandes benötigt wurden, den größten Umfang ein.

Die Folgen des Krieges waren auch bei der Müllabfuhr deutlich zu spüren. Da der größte Teil der im Stadtgebiet aufgestellten Mülltonnen dem Bombenhagel zum Opfer gefallen, die Mülltonnenreinigungs- und reparaturwerkstatt auf dem Gelände der Kanalpumpstation II total zerstört war, konnte der Betrieb zunächst nur in eingeschränkter Form und mit einem Höchstmaß an Improvisation aufgenommen werden.[3)] Das infolge der Vernichtung aller Spezialfahrzeuge bestehende Transportproblem wurde durch die Umstellung der Abfuhr auf private Pferde- und Fahrzeughalter gelöst. Beschädigte Mülltonnen wurden repariert und fehlende so weit wie möglich durch andere Behälter ersetzt. Die Einrichtung kleiner Sammelstellen erleichterte die Organisation der Abholung.

Finanzwirtschaftlich tritt der Einschnitt des Jahres 1945 in den Tabellen 126, 127 und 128 klar hervor. Einnahmen und Ausgaben waren gegenüber den Vorjahren stark abgesunken. Auffallend bleibt dennoch der im Verhältnis zu den Gesamtausgaben hohe Personalkostenanteil, der anzeigt, daß fehlendes Kapital in den Anfangsjahren durch vermehrten Einsatz menschlicher Arbeitskraft ersetzt werden mußte.

---

1) Durchschnitt des Gebührenaufkommens der Rechnungsjahre 1936 bis einschließlich 1938

2) Durchschnitt der Rechnungsjahre 1939 bis einschließlich 1943

3) Der Betrieb der Müllabfuhr wurde behelfsmäßig im Juni 1945 wieder aufgenommen [Vgl. Mitteilungsblatt der Stadtverwaltung Hanau, Folge 8 vom 2. Juni 1945, Ziffer 14]

Tabelle 127 Ist-Einnahmen der Müllabfuhr der Stadt Hanau aus Benutzungsgebühren

Rechnungs-jahr	RM/DM
1936	109 736
1941	98 680
1945	48 702
1949	73 206
1950	60 806
1951	162 060
1952	217 520
1953	248 971
1954	284 160

Von 1946 an stand wieder ein städtischer Müllwagen zur Verfügung, der allerdings wegen seiner Reparaturanfälligkeit mehrfach für längere Zeit ausfiel, so daß die Müllbeseitigung nur mit einem Notbetrieb aufrechterhalten werden konnte.[1)] Der Einsatz eines zweiten Müllwagens, der bereits für 1947 vorgesehen war, aber wegen der damals herrschenden Beschaffungsschwierigkeiten immer wieder verschoben werden mußte, gelang erst im Jahre 1949 und brachte eine gewisse Normalisierung des Betriebsablaufs. Ein neues

Tabelle 128 Ist-Ausgaben der Müllabfuhr der Stadt Hanau nach Personal- und Sachkosten

Rechnungs-jahr	Personalausgaben RM/DM	Sachausgaben RM/DM
1936	40 318	70 594
1941	49 901	50 159
1945	38 920	9 007
1949	60 202	52 003
1954	105 706	179 694

Fahrzeug wurde schließlich 1951 aus Mitteln des Außerordentlichen Haushalts erworben und in zwei Raten von 20 000 DM (1951) und 10 617 DM (1952) bezahlt. Ein Engpaß blieb die Beschaffung neuer Mülltonnen. Er konnte wegen des hohen Investitonsbedarfs nur allmählich beseitigt werden.[2)] So enthielten die außerordentlichen Ausgaben des Unterabschnitts "Müllabfuhr" - mit Ausnahme des Jahres 1953 - jährliche Beträge zwischen 10 000 und 20 000 DM für diesen Zweck (siehe dazu Tabelle 119 oben auf Seite 443).

1) Zur Aufhebung des Notbetriebs und der Neuordnung der Müllabfuhr siehe Mitteilungsblatt für den Stadt- und Landkreis Hanau, Folge 174 vom 21. August 1948

2) Ab 1950 wurden jährlich zwischen 500 und 1000 neue Mülltonnen angeschafft

Steigende Löhne und wachsende Kosten für die laufende Unterhaltung von Maschinen und Geräten sowie für die Erneuerung von Reinigungs- und Reparaturanlagen ließen den Zuschußbedarf nach 1949 immer größer werden. Die Stadtverordneten beschlossen daher mit Genehmigung der Aufsichtsbehörde eine Anhebung der Müllabfuhrgebühren auf DM 4,44 je 100 DM Bemessungswert. Sie trat am 1. Juli 1951 in Kraft und sorgte für den Ausgleich des Gebührenhaushalts.

Bei einer Analyse der Gesamtkosten fallen auch hier die hohen Personalausgaben des Unterabschnitts gegen Ende des Untersuchungszeitraums besonders auf. Wie ein Vergleich mit anderen Städten zeigt, wurde die Müllabfuhr der Stadt Hanau sehr personalintensiv betrieben. Bezogen auf die Müllmenge kamen die Vergleichsstädte mit zum Teil erheblich geringeren Personalstärken aus. Das lag u.a wohl auch daran, daß dort mehr Fahrzeuge eingesetzt wurden als in Hanau (siehe dazu die Städtevergleichsstatistik "Müllabfuhr 1949/1954" im Anhang B 35).

e) Der Fuhrpark

Die zentrale Einrichtung für das gesamte Transportwesen der Stadt Hanau ist der Fuhrpark, dem eine Werkstatt und eine Schreinerei angegliedert sind. Er erbringt die notwendigen Fahrdienst- und Fuhrleistungen und erhält für seine Inanspruchnahme von den jeweiligen Ämtern und Betrieben die dadurch anfallenden Kosten ersetzt. Die Einnahmen des Fuhrparks resultieren daher hauptsächlich aus "Erstattungen" von anderen Dienststellen. Erlöse aus der Inanspruchnahme durch Dritte kommen nur in verhältnismäßig geringem Umfang vor.

Von 1936 bis 1944 waren die Etats des Fuhrparks stets ausgeglichen. Das änderte sich jedoch nach dem Kriege schlagartig, wie aus den hohen Zuschußzahlen der folgenden Tabelle hervorgeht.

Tabelle 129 Ist-Einahmen und Ist-Ausgaben des Fuhrparks und der Werkstätten der Stadt Hanau 1936 - 1954

Rechnungs-jahr	Einnahmen RM/DM	Ausgaben RM/DM	Zuschuß RM/DM
1936	106 732	106 732	-
1941	115 443	115 443	-
1945	30 221	191 168	160 947
1949	129 326	287 263	157 937
1954	280 500	371 528	91 028

Die Funktion des Fuhrparks und der ihm angeschlossenen Werkstätten ist der einer Hilfskostenstelle[1]) im industriellen Rechnungswesen vergleichbar. Bestimmungsgemäß und ohne Selbstzweck dient er in erster Linie den anderen Haushaltsstellen und unterstützt sie

1) Über die Funktion der Hilfskostenstellen im industriellen Rechnungswesen siehe G.Wöhe, Einführung in die Allgemeine Betriebswirtschaftslehre, 14.Auflage, München 1981, S.1111 ff

bei der Erstellung öffentlicher Leistungen. Folgerichtig müssen seine Kosten nach dem Verursachungsprinzip - hier nach dem Maßstab der Inanspruchnahme - von ihnen getragen werden. So gesehen, haben die Erstattungen etwa den Charakter von Entgelten für "innerbetriebliche Leistungen" und weisen eine diesen ähnliche Problematik auf.

In den Jahren 1936 und 1937 wurde der Fuhrpark im Haushaltsplan unter der Abteilung T, "Technische Angelegenheiten," ausgewiesen. Wagenpark und Werkstätten waren nach der damals herrschenden Organisationsstruktur integrierende Bestandteile eines größeren technischen Dienstbereichs, der insgesamt für die Unterhaltung aller "oberirdischen Anlagen und Einrichtungen" sowie für die Reinhaltung der Stadt zuständig und auf die Nutzung von Fahrzeugen am meisten angewiesen war. Der entsprechende Haushaltsabschnitt umfaßte die Unterhaltung von Straßen, Plätzen, Brücken und Stegen, die Straßenreinigung und -begießung sowie die Müllabfuhr und trug die Bezeichnung *"Planbau"*. Zum Fahrzeugbestand[1] gehörten neben mehreren Last- und Personenkraftwagen, zahlreiche Spezialfahrzeuge, Zugmaschinen und zwei Dampfwalzen, die im Straßen- und Wegebau auch an Dritte vermietet wurden.

In das Jahr 1939 fiel die Anschaffung eines neuen Müllwagens und einer Kehrmaschine, die beide aus der Erneuerungsrücklage finanziert wurden. 1941 kamen vier weitere Fahrzeugeinheiten hinzu. Mit der Vergrößerung des Wagenparks stiegen die Personalausgaben, während die Sachausgaben sowohl relativ als auch absolut zurückgingen.[2] Nach den Haushaltsvoranschlägen für die folgenden Jahre war der Ankauf weiterer Nutzfahrzeuge vorgesehen. Er scheiterte aber daran, daß in jener Zeit die Fahrzeugproduktion für kriegswichtige Zwecke, insbesondere für die Ausrüstung der Wehrmacht, Vorrang vor dem zivilen Bedarf hatte.

Eine völlig andere Entwicklung ergab sich nach 1945. Der durch Kriegseinwirkung weitgehend zerstörte Fuhrpark mußte von Grund auf neu aufgebaut und organisiert werden. Etwa die Hälfte der einst vorhandenen Gebäude war der Vernichtung anheimgefallen; viele Fahrzeuge waren beschädigt, ausgebrannt oder im Zuge der Kampfhandlungen abhanden gekommen. Es fehlte an Lastkraftwagen und Zugmaschinen nicht nur für

Tabelle 130 Ist-Ausgaben des Fuhrparks und der Werkstätten der Stadt Hanau nach Personal- und Sachkosten

Rechnungsjahr	Personalausgaben RM/DM	Sachausgaben RM/DM
1936	37 898	68 834
1941	54 304	61 139
1945	99 759	91 409
1949	153 833	133 430
1954	223 798	147 730

1) Einzelheiten über den Fahrzeugbestand der Stadt Hanau vor und nach dem Zusammenbruch finden sich in Anhang A 22

2) Der Rückgang der Betriebskosten hing u.a. auch damit zusammen, daß damals zur Einsparung von flüssigem Treibstoff eine Reihe von Fahrzeugen auf Holzgas umgestellt wurde, eine Maßnahme, die durch Reichszuschüsse gefördert wurde

den Einsatz bei den wenigen noch intakten städtischen Einrichtungen, sondern auch für die zusätzlichen Aufgaben der Trümmerbeseitigung und der Beschaffung von Baumaterial für den Wiederaufbau. Personenkraftwagen standen überhaupt nicht zur Verfügung. So mußte die Stadtverwaltung u.a. auf beschlagnahmte Privatfahrzeuge zurückgreifen, um beispielsweise die Funktionsfähigkeit der nunmehr gemeindlichen Polizei überhaupt zu gewährleisten.

Da der Kauf von neuen Lastkraftwagen unmittelbar nach Kriegsende praktisch unmöglich war, half die amerikanische Militärregierung zunächst aus, indem sie eine Reihe von 2,5-Tonnen-Fahrzeugen zur Verfügung stellte, die zentral über die "Hessische Truck-Company, Wiesbaden," an Interessenten vermietet wurden. Der Fuhrpark der Stadt Hanau machte von diesem Angebot Gebrauch und übernahm zwei Wagen, um wenigstens den dringendsten Anforderungen für Materialtransporte gerecht werden zu können.[1]

Die Jahre bis 1948 waren so gekennzeichnet von Notbehelfen und Improvisationen. Erst danach war es wieder möglich, den Fahrzeugbestand aufzustocken und allmählich dem Bedarf anzupassen. Mit der Zahl der Fahrzeuge wuchs auch der Personalaufwand des Fuhrparks. Wie die Tabelle 130 verdeutlicht, hat sich das Verhältnis der Personal- zu den Sachausgaben im Laufe des Untersuchungszeitraums nahezu umgekehrt. Während der Anteil der Personalausgaben an den Gesamtausgaben von 36 vH (1936) auf 60 vH (1954) anstieg, ging der Anteil der Sachausgaben dagegen im gleichen Zeitraum von 64 vH auf 40 vH zurück. Auffallend ist dabei, daß die Personalausgaben bereits 1945 fast zweimal höher waren als 1936. Dies erklärt sich aus dem außergewöhnlich hohen Bedarf an Reparatur- und Instandsetzungsleistungen, die sowohl im eigenen Dienstbereich als auch für andere Zweige der Verwaltung zu erbringen waren und bei denen die Werkstätten des Fuhrparks eine gewisse Schüsselrolle einnahmen. Da Geräte und Maschinen kaum, moderne Hilfsmittel - wie sie heute üblich sind - aber überhaupt nicht zur Verfügung standen, mußten selbst größere Reparaturen in Handarbeit, d.h. durch vermehrten Einsatz von Arbeitskräften, ausgeführt werden.

Auf der Ausgabenseite lösten die Investitionen nach 1948, die fast ausnahmslos über den Außerordentlichen Haushalt finanziert wurden (siehe dazu Tabelle 119 auf Seite 443), im Ordentlichen Haushalt wachsende Betriebs- und Unterhaltungskosten aus. Das galt für die angeschafften neuen Fahrzeuge ebenso wie für den Auf- und Ausbau der Garagen und Werkstätten sowie für deren Ausrüstung mit Geräten und maschinellen Anlagen.

---

1) Vgl. dazu Verwaltungsbericht der Stadt Hanau für die Verwaltungsjahre 1945 und 1946, S.62

f) Die Tierpflege und Tierkörperbeseitigung

Diese Haushaltsstelle ist finanzwirtschaftlich nie besonders in Erscheinung getreten. Unter ihr wurde ursprünglich die Tätigkeit des "Hundefängers" veranschlagt, der die Aufgabe hatte, frei umherlaufende Hunde ohne Steuermarke einzufangen und dem Hundeasyl zuzuführen. Er war gleichzeitig zuständig für die Beseitigung von Tierkadavern im gesamten Stadtgebiet. Von 1942 an wurde die Dienststelle "Hundefang und Tierkörperbeseitigung" um den Bereich der "Tierpflege" erweitert, für die ab 1952 eine eigene Haushaltsstelle im Abschnitt "Öffentliche Ordnung" des Einzelplans 1 eingerichtet wurde. Der Vergleichbarkeit wegen sind die Ergebnisse aber hier zusammengefaßt.

Tabelle 131 Ist-Einnahmen und Ist-Ausgaben der Stadt Hanau für die Tierpflege und die Tierkörperbeseitigung in RM/DM

Rechnungs-jahr	Einnahmen RM/DM	Ausgaben RM/DM	Zuschuß RM/DM
1936	19	1 772	1 753
1941	-	1 186	1 186
1945	-	208	208
1949	151	4 794	4 643
1954	3 380	11 831	8 451

Die Einnahmen beschränkten sich auf Benutzungsgebühren für die Inanspruchnahme des Hundeasyls durch Dritte. Die Ausgaben setzten sich zusammen aus den Aufwendungen für das Tierheim, Zuwendungen an den Tierschutzverein sowie aus Zuschüssen an die Sammelwasenmeisterei.[1)]

3. Das Feuerlöschwesen

Hanaus Feuerwehr, dessen Gründung auf das Jahr 1861 zurückgeht, stützte sich schon immer auf freiwillige Helfer. Angeführt von einem ehrenamtlich tätigen Branddirektor, der bis 1933 aus den Reihen der Mitglieder gewählt, danach vom Polizeidirektor bestimmt wurde,[2)] war die Brandbekämpfung in der Stadt die Aufgabe der freiwilligen Feuerwehr. Diese Organisationsform hatte für die Finanzwirtschaft der Stadt besondere Vorteile, denn die hohe Personalkostenbelastung - wie sie vor allem viele Großstädte bei ihren Wehren

1) Daneben hat die Stadt Hanau auch in besonderen Fällen Leistungen durch die Gewährung von Krediten erbracht. So wurde beispielsweise 1952 dem Landkreis Hanau für die Tierkörperverwertungsanstalt in Bruchköbel ein Betrag von 600 DM als zinsloses Darlehen gewährt. Der Betrag ist auf Grund eines Aufbringungsschlüssels als Anteil der Stadt Hanau errechnet worden

2) Die Auswirkungen des im Dritten Reich in der öffentlichen Verwaltung durchgesetzten "Führerprinzips" wurden auch hier, bei der Einsetzung des sogenannten "Kreiswehrführers", sichtbar

zu verzeichnen hatten - konnte so vermieden werden. Unter den städtischen Ausgaben für das Feuerlöschwesen dominierten deshalb, abgesehen von den notwendigen Investitionen, stets die Sach- und Betriebsausgaben. Die Instandhaltungskosten für die Gebäude der Feuerwache, der Löschfahrzeuge und -geräte sowie der Feuermeldeanlage rangierten dabei an vorderster Stelle.

Die Einnahmen blieben dagegen meist gering (siehe Tabelle 118, Seite 442). Sie beschränkten sich auf wenige Betriebseinnahmen, wie zum Beispiel auf Vergütungen für das Auspumpen von Kellern, auf Zinsen aus Rücklagen und gelegentliche Zuschüsse der Brandversicherungsanstalt für die Anschaffung von Großgeräten.

Tabelle 132 Personal- und Sachausgaben der Stadt Hanau im Feuerlöschwesen in RM/DM

Rechnungs-jahr	Personalausgaben RM/DM	Sachausgaben RM/DM	Gesamtausgaben RM/DM
1936	4 248	26 724	30 972
1941	8 146	53 274	61 420
1945	27 871	21 091	48 962
1949	17 797	23 272	41 069
1954	36 063	81 312	117 375

Die Mannschaftsstärke betrug vor dem Kriege 160 Feuerwehrleute. Nach 1945 ging die Zahl zunächst drastisch zurück. Im ersten Jahr nach dem Zusammenbruch standen nur noch 65 freiwillige Helfer zur Verfügung. Dafür stieg aber der Anteil der hauptamtlich bei der Feuerwehr Beschäftigen, wie die Entwicklung der Personalausgaben verdeutlicht. Das hing nicht zuletzt damit zusammen, daß wegen des Fehlens geeigneter Unterkünfte im Zentrum der Stadt nach der Zerstörung des Zeughauses die Unterbringung der Feuerwehr zwangsläufig dezentralisiert werden mußte.[1)] Die personelle Aufstockung war aber auch eine Folge des verstärkten Einsatzes bei der Trümmerbeseitigung sowie der häufigen Heranziehung zu besonderen Aufgaben, wie sie sich aus den ungewöhnlichen Bedingungen einer zerstörten Stadt ergaben. Schließlich spielte die Instandhaltung der Löschteiche dabei eine Rolle, der wegen des noch nicht voll funktionsfähigen Hydranten- und Wasserrohrnetzes für die Brandbekämpfung erhöhte Bedeutung zukam.

Von dem umfangreichen Maschinen- und Gerätepark der Feuerwehr vor dem Zusammenbruch[2)] standen 1945 nur noch ein Fahrzeug und wenige Einzelteile zur Verfügung. Es fehlte nahezu die gesamte Ausrüstung. Das meiste war den Bombenangriffen zum Opfer gefallen oder in den Wirren der letzten Kriegstage abhanden gekommen und mußte neu beschafft werden. Die Anfangsjahre standen daher ganz im Zeichen von Notlösungen, um die Einsatzbereitschaft der Wehr aufrecht zu erhalten. Die Zentrale der aus der Vorkriegszeit stammenden und nur notdürftig reparierten Feuermeldeanlage wurde in die Pumpsta-

---

1) Als Unterkunftsräume dienten bis 1947 Garagen am Schloß Philippsruhe, eine Garage im Hof der Bezirksschule IV und im Sandhof in der Hainstraße

2) Nach dem Verwaltungsbericht der Stadt Hanau für die Jahre 1945 und 1946 waren vor der Zerstörung der Stadt vorhanden: 1 Gerätewagen, 1 Schlauchwagen, 2 Personenkraftwagen, 1 Kraftrad, 4 mechanische Leitern, 9000 Meter B-Schläuche und 12 000 Meter C-Schläuche

tion verlegt. Ansonsten behalf man sich in der Reichsmarkzeit mit der Wiederherrichtung alter und dem Umbau sachfremder Fahrzeuge und Aggregate. Erst nach der Stabilisierung des Geldes konnte die Ausstattung der Feuerwehr durch Neuanschaffungen systematisch betrieben und den Erfordernissen der Stadt nach dem neuesten Stande der Technik angepaßt werden.

Im Vordergrund stand der Bedarf an mobilem Gerät, an Löschfahrzeugen, Kommandowagen und Schlauchmaterial, der Schritt für Schritt - vorwiegend aus Mitteln des Ordentlichen Haushalts - gedeckt wurde (siehe die folgende Tabelle 133). Benötigt wurden außerdem Kähne und Schlauchboote für den Hochwasser- und Katastropheneinsatz. Zur Finanzierung trugen erhebliche Zuschüsse der Hessischen Brandversicherungsanstalt bei.[1]) Bereits 1951 verfügte die Hanauer Feuerwehr wieder über sieben, 1954 über acht Fahrzeuge moderner Ausstattung. Sie gehörte damit zu den am besten ausgerüsteten Brandbekämpfungseinheiten des Bezirks.

Tabelle 133 Einmalige und vermögenswirksame Ausgaben der Stadt Hanau im Feuerlöschwesen in DM

Rechnungs-jahr	Ordentlicher Haushalt	Außerordentlicher Haushalt[a)]
1949	5 063	47 456
1950	15 226	6 959
1951	7 505	1 524
1952	16 038	1 115
1953	11 914	5 135
1954	49 017	-

a) Vgl. Tabelle 119 auf Seite 443

Die insgesamt günstige Situation, in der sich die Stadt Hanau damit hinsichtlich der Brandbekämpfung und des Katastrophenschutzes am Ende des Untersuchungszeitraums wieder befand, wurde noch dadurch abgerundet, daß mehrere Industriebetriebe am Ort[2]) und die amerikanische Besatzungsmacht eigene Wehren unterhielten, die im Bedarfsfalle bei Großeinsätzen ebenfalls zur Verfügung standen.

4. Die Einrichtungen der Lebensmittelversorgung und das Marktwesen

a) Die Märkte und Messen

Das Marktwesen, d.h. die Veranstaltung von Wochenmärkten, Krammessen und Schaustellungen im Stadtgebiet untersteht der Aufsicht der Dienststelle, die im Haushaltsplan

1) Für die Anschaffungen einer Kraftfahrdrehleiter mit einem Investitionsvolumen von 49 950 DM und eines Tanklöschfahrzeuges mit einem Investitionsvolumen von 36 000 DM erhielt die Stadt Hanau Zuschüsse der Hessischen Brandversicherungsanstalt in Höhe von 20 200 DM und 12 000 DM

2) Zu den Industriebetrieben mit eigener Werksfeuerwehr gehörten u.a. die Firmen Dunlop, Degussa, Vereinigte Klebstoffwerke, Hanauer Gummischuhfabrik, W.C.Heraeus

unter der Bezeichnung "Märkte und Messen" ausgewiesen ist. Dieser Amtsbereich ist zuständig für die Vergabe von Standplätzen, er sorgt für die Herrichtung und Reinigung der Marktflächen sowie für die Bereitstellung von Wasser- und Energieanschlüssen und erhebt von den Beschickern die nach der Ortssatzung zu zahlenden Benutzungsgebühren, die sogenannten Standgelder.

Zu den Veranstaltungen, die diesem Unterabschnitt finanzwirtschaftlich zuzuordnen sind, gehören in Hanau außer den Wochenmärkten u.a. die jährlich stattfindenden Frühjahrs- und Herbstmessen sowie das traditionsreiche "Lamboyfest". Letztere waren hinsichtlich des Gebührenaufkommens insgesamt wesentlich ergiebiger als die wöchentlichen Lebensmittelmärkte. Sie erbrachten bis in die ersten Kriegsjahre etwa das Drei- bis Vierfache an Standgeldern.

Tabelle 134 Ist-Einnahmen und Ist-Ausgaben des Unterabschnitts Märkte und Messen der Stadt Hanau 1936 - 1954

Rechnungsjahr	Einnahmen RM/DM	Ausgaben RM/DM	Überschuß/Zuschuß RM/DM
1936	20 270	16 307	+ 3 963
1941	9 548	21 263	11 715
1945	168	2 743	2 575
1949	22 845	24 525	1 680
1954	32 071	39 087	7 016

In den Anfangsjahren schloß der Unterabschnitt noch mit leichten Überschüssen ab. Wegen geringerer Marktbeschickung gingen die Einnahmen im Kriege dann jedoch zurück. Die Marktveranstaltungen kamen im Jahre 1944 schließlich vollständig zum Erliegen. Die Unterbrechung war allerdings nur von kurzer Dauer, denn bereits 1946 wurden wieder - wenn auch in sehr bescheidenem Umfang - die ersten Wochenmärkte abgehalten. Sie standen im Zeichen einer äußerst schwierigen Versorgungslage und hatten nur wenige Waren anzubieten. Dennoch erfüllten sie einen wichtigen urbanen Zweck. Die Verkaufsstände wurden - gleichsam als Ersatz für die vielen ausgebombten Geschäftslokale inmitten der Trümmerwüste - von der Bevölkerung als willkommene Einkaufsmöglichkeiten angenommen und trugen so in den ersten Jahren mit dazu bei, die verwaiste Innenstadt wieder zu beleben. Insbesondere nach der Währungsreform wurden die dann besser beschickten Marktveranstaltungen wieder zum Ausgangspunkt eines pulsierenden Geschäftslebens im Zentrum der Stadt, was durch die steigenden Standgeldeinnahmen, wie die obige Tabelle zeigt, belegt wird.

Bereits 1951 verfügte die Stadt Hanau unter den Vergleichsstädten des hessisch-unterfränkischen Raums nach Gießen wieder über die zweitgrößte Marktfläche. Nach der Zahl der Beschicker lag sie sogar deutlich an der Spitze und erzielte allein bei den Wochenmärkten - trotz einer geringeren Anzahl von Markttagen im Jahr - die höchsten Gebühreneinnahmen (siehe Anhang B 36).

b) Der Schlachthof und die Freibank

Die Versorgung der Bevölkerung mit Frischfleisch erfordert besondere Vorkehrungen hygienischer und veterinärmedizinischer Art, deren strikte Einhaltung im Interesse der Volksgesundheit liegt. Ihre Überwachung wurde in Hanau durch die Einrichtungen des Schlachthofs gewährleistet. Dem ortsansässigen Fleischerhandwerk war die Benutzung des Schlachthofs durch Ortssatzung zur Auflage gemacht. Dieser Benutzungszwang verfolgte einen doppelten Zweck. Er diente einerseits und primär der strengen Lebensmittelkontrolle im Sinne des Lebensmittelrechts, zugleich aber sorgte er für die entsprechende Benutzerdichte, die die öffentliche Einrichtung auch wirtschaftlich tragbar machen sollte.

Zur Deckung seiner Ausgaben erhob der Schlachthof Benutzungsgebühren. Dazu gehörten außer den reinen Schlachtgebühren, die je nach Tierart und Gewichtsklasse unterschiedlich hoch waren (siehe hierzu die Gebührentabelle der Vergleichsstädte im Anhang B 37), auch die Gebühren für die Fleischbeschau. Daneben bestand die Möglichkeit, eine Ausgleichsabgabe auf Frischfleisch zu erheben, das aus Schlachtungen außerhalb des Gemeindebezirks stammte und innerhalb des Gemeindebezirks in den Verkehr gebracht wurde. Die Abgabe sollte einerseits den Anreiz erhöhen, den örtlichen Schlachthof stärker zu nutzen, seine Inanspruchnahme also fördern, andererseits diente sie der Finanzierung der Einrichtung, indem sie die Fleischversorgung des Gemeindegebiets von außen, da sie von den örtlichen Schlachteinrichtungen keinen Gebrauch machte, mit einer Abgabe belegte. Sie verfolgte also sowohl eine ordnungspolitische als auch eine fiskalische Zielsetzung. Die Stadt Hanau hatte 1949 von der Möglichkeit, eine Ausgleichsabgabe zu erheben, Gebrauch gemacht. Die dazu erlassene und vom Regierungspräsidenten genehmigte Ordnung[1]) sah eine Anzeigepflicht für alle Fleischmengen über fünf Kilogramm vor, die nach Hanau "eingeführt" wurden (§ 5). Abgabepflichtig war der Einführer (§ 4). Anzeigepflichtig waren Einführer und Empfänger (§ 5,1), zu Auskünften verpflichtet darüber hinaus alle an der Zufuhr oder dem Absatz Beteiligten (§ 8). Die Abgabe betrug 8 Pfennig je Kilogramm; bei Fleisch, das der Stadt Hanau über den Fleischmarkt zugeführt wurde, betrug die Ausgleichsabgabe 6 Pfennig je Kilogramm (§ 3).

Bis zum Kriegsende war der Schlachthofhaushalt stets ausgeglichen. Die Ausnutzung der Anlagen bewegte sich bis zum Jahre 1940 kontinuierlich nach oben. Danach ging die Zahl der Schlachtungen als Folge der allgemein schlechter gewordenen Versorgungslage mehr und mehr zurück. Wie die Haushaltsvoranschläge erkennen lassen, erwartete man mit zunehmender Dauer des Krieges rückläufige Einnahmen. Während 1940 noch 81 560 RM an Gebühren veranschlagt wurden, waren es 1941 nur noch 54 600 RM, 1943 sogar nur noch 34 100 RM. Die Einnahmen aus der Vermietung von Kühlzellen sank auf den niedrigsten Stand seit ihrer Inbetriebnahme. Ein großer Teil der Kühlzellen stand überhaupt leer.

---

1) Ordnung über die Erhebung einer Ausgleichsabgabe auf frisches Fleisch, das der Stadt Hanau aus einer Schlachtung außerhalb des Gemeindebezirks zugeführt wird, vom 15. April 1947 (Vgl. dazu Mitteilungsblatt für den Stadt- und Landkreis Hanau, Folge 106, vom 26. April 1947). Die Ordnung war vom Regierungspräsidenten in Wiesbaden am 19. März 1947 genehmigt und auf Grund des § 77 des Kommunalabgabengesetzes vom 14. Juli 1893 hinsichtlich seiner Gültigkeit bis zum 19. März 1949 befristet worden. Danach erließ die Stadt Hanau die Ordnung erneut unter dem 15. Juli 1949 (Vgl. Mitteilungsblatt für den Stadt- und Landkreis Hanau, Folge 221, vom 16. Juli 1949)

Die Auslastung der Freibank,[1] die in abgetrennten Räumen des Schlachthofs in einem Untermietverhältnis untergebracht war, ging etwa im gleichen Verhältnis zurück. Sie wurde im Haushaltsplan immer gesondert ausgewiesen, hat aber finanzwirtschaftlich nie eine große Rolle gespielt.

Tabelle 135 Ist-Einnahmen und Ist-Ausgaben des Schlachthofs und der Freibank der Stadt Hanau 1936 - 1954

Rechnungs-jahr	Gesamteinnahmen RM/DM	Gesamtausgaben RM/DM	Zuschuß RM/DM
1936	106 614	106 614	-
1941	119 340	119 340	-
1945	16 846	76 943	60 097
1949	40 088	60 336	20 248
1954	172 456	172 511	55

Gänzlich anders verlief die Entwicklung nach 1945. Mit der Zerstörung des Schlachthofs am 19. März 1945 war ein Notstand eingetreten, dem unverzüglich abgeholfen werden mußte. Da die Versorgung der Bevölkerung mit Lebensmitteln absoluten Vorrang hatte, erhielt die Wiederherstellung der Anlage im Rahmen der städtischen Aufbaumaßnahmen einen besonderen Stellenwert. Noch im Jahre 1945 wurden die Schlachthalle und die Kühlanlage notdürftig so weit wieder hergerichtet, daß der Betrieb wenigstens provisorisch aufgenommen werden konnte. Finanzwirtschaftlich bedeutete dies eine starke Belastung der Stadt, denn den geringen Einnahmen standen in dieser Zeit beträchtliche Instandsetzungsausgaben gegenüber, die ausschließlich aus Mitteln des Ordentlichen Haushalts gedeckt wurden. Der Zuschußbedarf stieg auf über 60 000 RM an. Auch in den folgenden Jahren nahmen die Ausgaben für die Beseitigung der Kriegsschäden den größten Raum ein. Insgesamt wurden in der Zeit von 1945 bis zur Währungsreform 228 125 RM für Wiederherstellungsmaßnahmen ausgegeben (siehe dazu Tabelle 29 auf Seite 154).

Die systematische Neugestaltung des Schlachthofs erfolgte dann in den Jahren nach der Geldwertstabilisierung über den Außerordentlichen Haushalt (siehe Tabelle 119 auf Seite 443). Die Investitionen in der DM-Zeit beliefen sich auf insgesamt 825 241 DM. Für den Wiederaufbau und die Modernisierung des Schlachthofbetriebes wurden demnach von 1945 bis 1954 weit mehr als 1 Million RM/DM aufgewandt. Dabei war das Gesamtprojekt so konzipiert worden, daß es auch der Versorgung einer wachsenden Bevölkerung gerecht wurde. Eine Auslegung für 60 000 Einwohner entsprach den damaligen Zielvorstellungen und zeugte von einer weitsichtigen, zukunftsorientierten Planung. Die neue Schlachthalle wurde 1950 ihrer Bestimmung übergeben. Das ein Jahr später begonnene, gegenüber der früheren Kapazität wesentlich vergrößerte Kühlhaus nahm 1952 seinen Betrieb auf.

1) Die Freibank ist eine Verkaufsstelle für bedingt taugliches und minderwertiges Fleisch. Minderwertig in diesem Sinne ist Fleisch, das aus veterinärpolizeilicher Sicht zwar nicht bedenklich, aber mit Mängeln behaftet ist. Bedingt taugliches Fleisch dagegen muß durch entsprechende Behandlung erst zum Genuß für den Menschen brauchbar gemacht werden

Die Stadt verfügte damit wieder über einen mit modernster Technik ausgestatteten Schlachthofbetrieb, der dem heimischen Metzgerhandwerk beste Arbeitsvoraussetzungen bot und zugleich allen Anforderungen einer zeitgemäßen Fleischversorgung gerecht wurde.

Tabelle 136 Gebühren-, Miet- und Pachteinnahmen des Schlachthofs und der Freibank der Stadt Hanau 1936 - 1954

Rechnungs-jahr	Gebühreneinnahmen		Einahmen aus Mieten und Pachten Schlachthof RM/DM
	Schlachthof RM/DM	Freibank RM/DM	
1936	73 702	2 779	2 312
1941	52 448	679	11 560[a]
1945	9 397	4 988	585
1949	21 803	1 684	8 041[a]
1954	129 544	8 240	20 492[a]

a) einschließlich der Einnahmen aus der Vermietung von Kühlzellen

Die räumliche und technische Ausstattung des Schlachthofs, die über den Rahmen eines bloßen Wiederaufbaus weit hinausging, hatte naturgemäß höhere Ausgaben zur Folge. Auffallend war insbesondere der Anstieg der Sachausgaben und der Maschinenbetriebskosten, der hier als "Preis für den technischen Fortschritt" zu verstehen ist und gleichsam als Ausdruck für die Qualitätserhöhung der öffentlichen Leistung gewertet werden kann. Die verbesserte Leistung war von den Benutzern allerdings mitzutragen. Die Stadt Hanau hatte deshalb 1953 folgerichtig durch eine entsprechende Gebührenerhöhung den bis dahin vorherrschenden Zuschußbedarf beseitigt und so dafür gesorgt, daß der Schlachthofhaushalt sich von 1954 an ausglich.

Tabelle 137 Personal- und Sachausgaben des Schlachthofs und der Freibank der Stadt Hanau 1936 - 1954

Rechnungs-jahr	Personalausgaben RM/DM	Maschinenbetriebs-kosten RM/DM	Sonstige Sachausgaben RM/DM
1936	53 156	10 098	43 360
1941	66 843	13 710	38 787
1945	13 903	-	63 040
1949	39 322	8 767	12 247
1954	78 043	21 613	72 855

5. Das Bestattungswesen

Historisch gesehen war das Bestattungswesen früher eine Angelegenheit der Kirchen. Nach dem heutigen Gemeinderecht ist die Anlegung und Unterhaltung von Friedhöfen eine Pflichtaufgabe der Gemeinden.[1] Ihrem Charakter nach sind Friedhöfe öffentliche Anstalten, für die Benutzungszwang besteht.

Im allgemeinen, d.h. wenn außergewöhnliche Einflußfaktoren nicht vorliegen und der Beobachtungszeitraum genügend lang ist, kann man davon ausgehen, daß die Entwicklung der Sterbefälle innerhalb einer Gebietskörperschaft mit der Bevölkerungsentwicklung korreliert. Auch für Hanau ist dieser Zusammenhang nachweisbar.[2]

Seit der Eingemeindung von Kesselstadt verfügte die Stadt über zwei Friedhöfe, auf denen Bestattungen vorgenommen wurden, wovon allerdings nur einer, der rund 20 Hektar große Hauptfriedhof, unter städtischer Verwaltung stand. Für den Friedhof in Kesselstadt war dagegen die Evangelische Kirchengemeinde zuständig, die ihn nach kurhessischem Gewohnheitsrecht bis 1970[3] verwaltete und unterhielt. Die finanzwirtschaftlich relevanten Daten während des Untersuchungszeitraums beziehen sich daher nur auf den damals allein unter kommunaler Verwaltungshoheit stehenden Hauptfriedhof.

Die Gesamteinnahmen und -ausgaben im Bestattungswesen der Stadt Hanau sind aus der Tabelle 118 (Seite 442) ersichtlich.

Der Friedhof finanziert sich hauptsächlich aus Gebühreneinnahmen. Ihr Anteil an den Gesamteinnahmen lag - wie aus der folgenden Aufstellung hervorgeht - zwischen 85 und 98 vH. Die wichtigsten Gebühren sind die für Erd- und Feuerbestattungen sowie für die Benutzung der Kapelle, der Einäscherungsanlage und anderer Einrichtungen.[4] Unter den sonstigen Einnahmen des Friedhofs waren lediglich die Staatszuweisungen erwähnenswert, die der Stadt für die Unterhaltung von Kriegsgräbern[5] aus Mitteln des Reiches, später des Landes/Bundes, zuflossen.

Bei den laufenden Ausgaben machten naturgemäß die Aufwendungen für das Personal den größten Prozentsatz aus. Ihr Anteil an den Gesamtausgaben war in den Jahren von 1941 bis 1954 relativ konstant und lag bei durchschnittlich 75 vH. Von den Sachausgaben des Ordentlichen Haushalts entfiel in der Zeit nach 1945 bis zur Währungsreformreform ein verhältnismäßig großer Teil auf Instandsetzungsmaßnahmen und die Beseitigung von Kriegsschäden (siehe dazu Tabelle 29 auf Seite 154).

---

1) Vgl. dazu K.Hurst, Bestattungswesen, in H.Peters [Hrsg], Handbuch der kommunalen Wissenschaft und Praxis, 2.Band, Berlin u.a. 1957, S.889 ff

2) Vgl. dazu die Angaben über Bestattungen und Bevölkerungsentwicklung in den Vierteljahresberichten des Statistischen Amtes der Stadt Hanau

3) Durch Vereinbarung zwischen der Evangelischen Kirchengemeinde Kesselstadt und dem Magistrat der Stadt Hanau vom 28. Oktober 1970, die kirchenaufsichtsrechtlich von der Evangelischen Kirche von Kurhessen-Waldeck am 9. November 1970 genehmigt wurde, übernahm die Stadt mit Wirkung vom 1. Januar 1971 auch die Verwaltungshoheit über den Kesselstädter Friedhof am Baumweg

4) Hier sind in erster Linie die Kühlzellen des Leichenschauhauses und die Autopsieräume zu nennen, die mit dem Wiederaufbau der Friedhofskapelle eingerichtet wurden

5) Die Stadt Hanau hat im Vergleich zu anderen hessischen Städten eine besonders große Zahl von Kriegsgräbern zu betreuen (Vgl. dazu die Städtevergleichsstatistik "Friedhöfe und Bestattungswesen 1952" im Anhang B 38)

Tabelle 138 Gebühreneinnahmen im Bestattungswesen der Stadt Hanau 1936 - 1954

Rechnungs-jahr	Gebühreneinnahmen RM/DM	in vH der Gesamteinnahmen
1936	65 610	87,45
1941	80 115	94,08
1945	42 994	98,74
1949	68 350	85,06
1950	78 116	96,00
1951	89 235	94,60
1952	89 267	91,14
1953	93 031	92,65
1954	96 374	93,59

Die Fliegerangriffe 1944 und 1945 hatten am Hauptfriedhof schwere Schäden hinterlassen. Die Gräberfelder waren durch unzählige Bombentrichter verwüstet, die Friedhofsmauer an vielen Stellen getroffen, das Krematorium, die Kapelle und das Verwaltungsgebäude mit seinen Nebeneinrichtungen zerstört. Einäscherungen konnten nicht mehr stattfinden und Beisetzungen in den Tagen nach dem Zusammenbruch nur unter großen Schwierigkeiten durchgeführt werden.

Mit der Instandsetzung der Friedhofsanlage wurde noch im Jahr 1945 begonnen. Die Beseitigung der Bombenschäden in den Gräberfeldern gehörte zu den ersten Maßnahmen. Wegen des Mangels an Baustoffen, die an anderen Stellen der Stadt dringender benötigt wurde, mußte der Wiederaufbau der Trauerhalle zunächst zurückgestellt werden. Man beschränkte sich am Anfang auf die notdürftige Herrichtung des in seinen Umfassungsmauern erhalten gebliebenen Verwaltungsgebäudes. Als Kapelle für die Abhaltung der Beisetzungsfeiern diente einige Jahre lang eine Baracke. Erst nach der Währungsreform wurde der Wiederaufbau in Angriff genommen. Die Herrichtung des Krematoriums, dem wegen der Mittelpunktfunktion Hanaus im Bestattungswesen des hessisch-unterfränkischen Raumes eine überörtliche Bedeutung zukam, war im Februar 1950 abgeschlossen. Seiner Fertigstellung folgte nur wenige Monate später die Einweihung der neu gebauten Trauerhalle, die 1952 in einem zweiten Bauabschnitt ihre endgültige Ausgestaltung erfuhr.

6. Die sonstigen öffentlichen Einrichtungen

a) Die Wald-, Park- und Gartenanlagen

Das Weichbild einer Stadt wird im wesentlichen durch ihre gärtnerischen Anlagen, durch die Bepflanzung von Straßenrändern, Plätzen und Freiflächen mit Bäumen, Sträuchern und Blumenrabatten bestimmt. Sie prägen ihr Gesicht und tragen dazu bei, den Wohnwert und die Lebensqualität für ihre Bürger zu erhöhen.

Die wichtigste Aufgabe des Stadtgartenamts besteht darin, diese die Wohn- und Geschäftsbereiche durchziehende Grünstruktur zu gestalten, zu unterhalten und mit den im Verlaufe der Stadtentwicklung sich ändernden Voraussetzungen in Einklang zu bringen. Dazu sind vielfältige Vorarbeiten erforderlich. Sie reichen von der Pflanzenzucht über Kultivierungsmaßnahmen und Meliorationen bis zur gärtnerischen Projektgestaltung. Die Stadt Hanau hat diesen Aufgaben, insbesondere der Pflege ihrer Parks und Gartenanlagen, stets große Aufmerksamkeit gewidmet und durch die Bewahrung eines großen Baumbestandes im Stadtgebiet ihre nicht eben günstige ortsklimatische Ausgangssituation zu verbessern versucht.

Die Stadtgärtnerei unterhielt bereits vor dem Kriege umfangreiche Gewächshäuser und Frühbeetanlagen sowie eine eigene Baumschule.[1)] Sie sorgte in großem Umfang für die Anzucht des benötigten Pflanzenmaterials und war außerdem zuständig für die Gemeindewaldungen[2)] sowie für die gärtnerische Betreuung des Friedhofs.

Tabelle 139 Ist-Einnahmen und Ist-Ausgaben des Unterabschnitts "Wald-, Park- und Gartenanlagen" der Stadt Hanau 1936-1954

Rechnungsjahr	Gesamteinnahmen RM/DM	davon für Holzeinschlag RM/DM	Gesamt-Ausgaben RM/DM	Zuschuß RM/DM
1936	11 262	2 691	57 795	46 533
1941	27 237	3 191	98 257	71 020
1945	6 514	4 638	51 668	45 154
1949	16 290	13 914	106 915	90 625
1954	9 738	5 524	258 457	248 719

Die Einnahmen, die sich überwiegend aus Betriebseinnahmen der Stadtgärtnerei und den Erlösen des Holzeinschlags zusammensetzen, waren meist gering. Eine Ausnahme bildeten nur die Nachkriegsjahre bis 1949, in denen - wegen des großen Bedarfs an Bauholz - die Erträge aus der Waldnutzung stärker angestiegen waren. Der überdurchschnittliche Einnahmebetrag des Jahres 1941 ist vor allem buchungstechnisch zu erklären. Er enthält eine Entnahme aus der Erneuerungsrücklage in Höhe von 19 830 RM, die aber, weil die vorgesehenen Instandsetzungsmaßnahmen nicht zur Durchführung kamen, der Rücklage wieder zugeführt werden mußten. Insoweit ist auch die Ausgabenseite um diesen Betrag überhöht.

1) Die Gärtnerei befand sich in der Hainstraße, die Baumschule am Fischerhüttenweg

2) 1936 und 1937 wurden die "Gemeindewaldungen" als gesonderter Abschnitt im Haushaltsplan bei den wirtschaftlichen Unternehmen ausgewiesen; von 1938 bis 1951 erschienen sie zusammen mit dem Stadtgartenamt unter dem Titel "Wald-, Park- und Gartenanlagen" im Einzelplan 7; ab 1952 wurde der Unterabschnitt "Stadtwald" als forstwirtschaftliches Unternehmen wieder dem Einzelplan 8 zugeordnet. Der Vergleichbarkeit wegen wurden die Ergebnisse der städtischen Waldwirtschaft für die vorliegende Untersuchung durchgängig zusammen mit dem Stadtgartenamt erfaßt

Auffallend ist weiterhin die starke Zunahme der Ausgaben gegen Ende des Untersuchungszeitraums, die den Zuschußbedarf ansteigen ließ. Verantwortlich dafür waren sowohl vermehrte Personalausgaben infolge der Erweiterung des Mitarbeiterbestandes als auch erhöhte investive Ausgaben für die Anschaffung neuer Geräte sowie für umfangreiche Neupflanzungsprojekte. Zum einen war mit dem Ankauf des Schlosses Philippsruhe im Jahre 1950 die Betreuung eines weiteren großen Parkgeländes in Kesselstadt hinzugekommen, andererseits hatte sich mit dem fortschreitenden Wiederaufbau die Zahl der Grünflächen in der Innenstadt deutlich vergrößert. Nach den entbehrungsreichen Jahren, in denen - umgeben von Schutt und Ruinen - das bloße Dach über dem Kopf fürs erste ausgereicht hatte, wollten die Bürger nun endlich heraus aus dieser Trümmerwüste; sie wollten nicht mehr in einer Ruinenlandschaft leben, sondern in einer freundlicheren, naturnahen Umgebung mit Bäumen, Sträuchern und Blumen. Die Stadt Hanau ist diesem Bürgerwunsch entgegengekommen und hat ihn durch die Ausweisung großzügiger Grünflächen in den Bebauungsplänen im Sinne einer langfristigen Stadtentwicklungsplanung gestalterisch umgesetzt. Damit wurde auch die Arbeit des Stadtgartenamtes neu bewertet und auf eine breitere Grundlage gestellt, denn die Schaffung einer veränderten Stadtlandschaft mit vielen grünen Akzenten wurde Ziel und Aufgabe zugleich. Eine Erweiterung und Intensivierung der Aktivitäten des Stadtgartenamtes, die sich naturgemäß in höheren Ausgaben niederschlagen mußte, waren die Folge. In der Aufstockung der Zahl der Arbeitskräfte in den Jahren 1951 bis 1954 von 19 auf 27 kommt dies auch sichtbar zum Ausdruck.[1)] Den Körperschaften der Stadt schien die damit verbundene finanzwirtschaftliche Mehrbelastung jedoch gerechtfertigt zu sein. Die positive Resonanz in der Bevölkerung auf die erweiterte Ausstattung des Stadtgebiets mit Grünanlagen hat ihnen offensichtlich recht gegeben.

b) Die Badeanstalten und die Flußbäder

Öffentliche Einrichtungen, die ausschließlich der Körperreinigung und Körperpflege dienten und wie es sie in dieser Form heute nicht mehr gibt, waren die städtischen Badeanstalten. Die meisten älteren Wohnungen, insbesondere die in der Altstadt, verfügten vor dem Kriege noch nicht über eigene Bade- oder Duschräume, so daß die Benutzung öffentlicher Reinigungsbäder einem weit verbreiteten Bedürfnis entsprach. Die Stadt Hanau unterhielt drei solche Badeanstalten,[2)] in denen neben Wannen- und Brausebädern in begrenztem Umfang auch Dampf- und Heilbäder sowie Massagen angeboten wurden.

Die Einnahmen der Badeanstalten bestanden hauptsächlich aus Benutzungsgebühren. Daneben kamen vereinzelt geringe Miet- und sonstige Betriebseinnahmen vor. Eine aus der Vorkriegszeit erhaltene Aufstellung gibt Auskunft über die damals gültigen Bäderpreise. So kosteten 1936 zum Beispiel Brausebäder 18 Pfennig, Wannenbäder 45 und 90 Pfennig, Heilbäder 1,50 RM und Dampfbäder 2,00 RM.

---

1) Bei den Zahlen handelt es sich um die tatsächlich besetzten Arbeiterplanstellen laut Stellenplan (ohne Beamte und Angestellte). Nicht darin enthalten sind die Arbeitskräfte des Stadtwaldes

2) Sie befanden sich in der Hindenburganlage, in der Bangertstraße und in Kesselstadt

Die Übersicht über die jährlichen Einnahmen aus den Benutzungsgebühren der Badeanstalten zeigt, daß deren Inanspruchnahme während der Kriegsjahre stark zugenommen hatte. Der Umfang dieser Einnahmesteigerung ist umso erstaunlicher, als Wannen- und Brausebäder in jener Zeit an den ersten Wochentagen zu einem um ein Drittel ermäßigten Preis abgegeben wurden.

Tabelle 140 Gebühreneinnahmen der Badeanstalten der Stadt Hanau

Rechnungs-jahr	Gebühreneinnahmen RM/DM
1936	10 975
1938	17 572
1941	27 513
1945	851
1949	12 670
1954	10 054

Die Ausgaben setzten sich im wesentlichen aus Personal-, Unterhaltungs- und Betriebskosten zusammen. Sie konnten allein durch die Einnahmen aus Benutzungsgebühren nicht gedeckt werden, so daß ein jährlicher Zuschuß aus allgemeinen Deckungsmitteln erforderlich war.

Der Zerstörung war 1945 nur die Badeanstalt in Kesselstadt entgangen. Sie blieb auch die einzige Einrichtung dieser Art bis zum Ende des Untersuchungszeitraums. Das Bad wurde am 11. März 1946 in Betrieb genommen und war in den Anfangsjahren wegen Kohlenmangels nur an vier Tagen in der Woche geöffnet.[1] Seine Bedeutung ging allerdings mit der wachsenden Verbreitung von privaten Dusch- und Badeeinrichtungen im Zuge des Wiederaufbaus der Stadt immer mehr zurück. Ende der fünfziger Jahre wurde es schließlich ganz aufgegeben und später abgerissen.

Von den drei unentgeltlich zu benutzenden Flußbädern, die die Stadt Hanau vor dem Kriege unterhielt[2] - es waren dies die beiden Freibäder an der Dammstraße und in Kesselstadt sowie das Kinzigbad - war 1945 keines erhalten geblieben. Das völlig zerstörte Bad an der Dammstraße war überdies durch eine zeitweilig dort angelegte Notfähre unbenutzbar geworden. Erst 1946 richtete man das ehemalige Kesselstädter Bad unterhalb des Schlosses Philippsruhe wieder her. Später folgten die anderen Freibäder an Main und Kinzig.

Alle Flußbäder waren Zuschußbetriebe, da sie über keine nennenswerten eigenen Einnahmen verfügten.

1) Zur Verfügung standen vier Wannen- und acht Brausebäder sowie ein Gemeinschaftsbad (Schulbad), das etwa 30 Personen aufnehmen konnte

2) Daneben bestanden noch zwei vereinseigene und drei weitere Flußbäder am Main, die privat betrieben wurden und nur gegen Entgelt benutzt werden konnten

7. Andere Einrichtungen

Zu den sonstigen öffentlichen Einrichtungen gehören die städtischen Uhren,[1] deren Instandhaltung unter dieser Haushaltsstelle veranschlagt und abgerechnet wurde, und das Anschlagwesen.

Aus der Verpachtung von Reklameflächen erzielte die Stadt Gebühreneinnahmen, die unter den Benutzungsgebühren einzuordnen sind. Sie haben erst in den letzten Jahren des Untersuchungszeitraums eine nennenswerte Höhe erreicht und waren, wie der ansteigende Trend der folgenden Tabelle zeigt, offensichtlich noch steigerungsfähig.

Tabelle 141 Gebühreneinnahmen des Anschlagwesens der Stadt Hanau

Rechnungs-jahr	Gebühreneinnahmen RM/DM
1949	4 977
1950	5 385
1951	6 886
1952	12 943
1953	14 940
1954	18 961

Auf der Ausgabenseite dieser Haushaltsposition wurde in den letzten Jahren lediglich die Umsatzsteuer für Einnahmen aus der Reklamepacht veranschlagt.

8. Die Wirtschaftsförderung

Die "Förderung der Wirtschaft" war bis zum Kriegsende im Abschnitt 72 des Haushaltsplans untergebracht und erstreckte sich auf drei Bereiche (Unterabschnitte), d.h. auf Förderungsmaßnahmen

a) für die Landwirtschaft,
b) für das Handwerk, den Handel und den Verbrauch
sowie c) für den Verkehr.

Auf der Einnahmeseite fielen überwiegend - wenn auch nur in geringem Umfang - Gebühren (Anerkennungsgebühren, Deckgebühren aus der Zuchtviehhaltung) sowie Pacht-

1) Zu den von der Stadt Hanau unterhaltenen öffentlichen Uhren gehörten vor dem Kriege u.a. die Rathausuhr und der Uhrturm am Westbahnhof, der unter der Bezeichnung "Persil-Uhr" bekannt geworden war; nach dem Kriege erhielt u.a. die Friedenskirche in Kesselstadt Zuschüsse für die Instandhaltung ihrer Turmuhr, da es in Hanau nur wenige öffentliche Uhren gab

einnahmen (aus der Verpachtung von Reklameflächen) an, die aber in der Regel zur Deckung der Ausgaben nicht ausreichten. Der Zuschußbedarf hielt sich jedoch in engen Grenzen.

Die Ausgaben waren dagegen stärker differenziert. Im Bereich der "Förderung der Landwirtschaft" waren dies die Kosten der Zuchtviehhaltung, die in einem verhältnismäßig geringen Umfang betrieben wurde, und der Unterhaltung einer Schweinemästerei. Letztere war in den Kriegsjahren (vgl. dazu Seite 270/71) eingerichtet, 1945 aber nicht mehr fortgeführt worden.

Die Ausgaben zur "Förderung von Handel und Handwerk" galten in erster Linie dem ortsansässigen Schmuck- und Edelmetallgewerbe, das Zuschüsse zu Veranstaltungen und Denkschriften sowie zu Anschaffungen für Ausstellungszwecke erhielt und vereinzelt mit Aufträgen bedacht wurde.

Im Rahmen der allgemeinen "Verkehrsförderung" leistete die Stadt Hanau Zuschüsse an den Verkehrsverein, übernahm einen Teil der Ausstattungs- und Unterhaltungskosten des Reisebüros und finanzierte den Druck von Werbeschriften für die Stadt. In den ersten Nachkriegsjahren wurden die Aufgaben des Verkehrsamtes vom örtlichen Verkehrsverein wahrgenommen.[1])

Mit dem Zusammenbruch wurde die Wirtschaftsförderung den Umständen entsprechend eingeschränkt. Die "Förderung von Handwerk und Verkehr" entfiel zunächst vollständig. Einzig die Zuchtviehhaltung wurde unverändert aufrechterhalten, ja, sie erhielt - angesichts der großen Not auf dem Ernährungssektor - gerade in der ersten Zeit besonderen Auftrieb.

Der Unterabschnitt "Verkehrsförderung" erschien 1946 erstmals wieder im Haushaltsplan. Die hier verbuchten Einnahmen und Ausgaben standen im Zusammenhang mit einer Fahrradwache, die am Schloß Philippsruhe eingerichtet worden war. Das Schloß - in unmittelbarer Nähe des Wohnbezirks Kesselstadt gelegen, der der totalen Vernichtung entgangen war - beherbergte damals nicht nur Teile der Stadtverwaltung, sondern auch ein Kino und war so zum wichtigsten Kommunikationszentrum der Bürger geworden.

---

1) siehe Haushaltsplan 1947, S.4 (Anmerkung)

§ 9

EINZELPLAN 8
Wirtschaftliche Unternehmen

1. Gliederung und finanzwirtschaftliche Gesamtergebnisse

Dem Einzelplan 8 waren in der Zeit von 1936 bis 1954 die folgenden Abschnitte und Unterabschnitte zugeordnet:

ABSCHNITT:	UNTERABSCHNITT:	HAUSHALTSANSATZ:
Verkehrsunternehmen		
	Straßenbahn und Autobusbetrieb	
Kombinierte Versorgungs- und Verkehrsunternehmen		
	Stadtwerke einschließlich Hafen	
	Industriebahn Hanau-Nord	(bis 1951)
Unternehmen der Verkehrsförderung		
	Stadthalle	(bis 1948/ab 1951)
	und Stadtgarten	(1943-1948)
	Hotel Adler	(bis 1946)
	Gästehaus (Hanauer Hof)	(1946-1950)
Land- und forstwirtschaftliche Unternehmen		
	Stadtwald	(ab 1952)
[Sonstige Unternehmen]		(bis 1951)
	[Hessische Heimstätten GmbH]	(bis 1941)
	[Nassauische Heimstätten GmbH]	(1951)
	[Baugesellschaft Hanau]	(1950-1951)

Bis zum Rechnungsjahr 1938 einschließlich wurden die drei städtischen Versorgungsunternehmen, die Elektrizitäts-, Gas- und Wasserwerke, im Haushaltsplan noch getrennt als Unterabschnitte der Stadtwerke ausgewiesen und der Hafenbetrieb als gesonderter Abschnitt veranschlagt. Das änderte sich mit dem Rechnungsjahr 1939. Von da an faßte man die Stadtwerke und den Hafenbetrieb zu einer Haushaltsstelle zusammen, die mit der Einführung der finanzstatistischen Kennziffer 1952 in dem Abschnitt "Kombinierte Versorgungs- und Verkehrsunternehmen" aufging. Der Unterabschnitt Industriebahn Hanau-Nord, der finanzwirtschaftlich nie besonders hervorgetreten ist, ist 1952 weggefallen. Er war bereits in den Jahren 1950 und 1951 nicht mehr veranschlagt worden. Die Schmalspurbahn diente in der Hauptsache dem Transport von Kohlenwaggons vom Hanauer Hauptbahnhof zu den Stadtwerken und unterstand - wegen des unmittelbaren Zusammenhangs mit der Gasproduktion - schon in den Dreißiger Jahren verwaltungsmäßig dem Gaswerk. Mit der Aufgabe der Gasproduktion nach 1945 hatte sie ihre Bedeutung verloren und wurde 1952 aufgegeben.

Änderungen traten auch bei den "Unternehmen der Verkehrsförderung" ein. Die Stadthalle wurde nach ihrer Zerstörung ab 1945 im Ordentlichen Haushalt nur noch als *Erinnerungsposten* geführt und fand erst nach ihrem Wiederaufbau im Jahre 1951 erneut Eingang in den Haushaltsplan. Ebenfalls im Kriege zerstört, aber nicht wieder aufgebaut wurden der Stadtgarten und das Hotel Adler.

Den Stadtgarten - er war ursprünglich Eigentum des "Bürgervereins" - hatte die Stadt Hanau bald nach der Machtübernahme durch die Nationalsozialisten, vermutlich noch 1933, übernommen. Der Bürgerverein, der in dem Gebäude einen gastronomischen Betrieb unterhielt, mußte das Anwesen auf Druck der Partei der Stadt Hanau gegen Übernahme der darauf ruhenden Lasten überlassen.[1] Die Verwaltung gab dem Restaurant, das u.a. über zahlreiche Versammlungsräume verfügte, den Namen "Stadtgarten" und gliederte es etatmäßig der Stadthalle an, ohne es jedoch im Haushaltsplan gesondert auszuweisen. Das Gebäude wurde am 19. März 1945 vollständig vernichtet. An seiner Stelle an der Westseite der Französischen Allee befindet sich heute ein Wohnblock.

Das Hotel Adler hatte die Stadt Hanau 1938 im Zuge von Zwangsvollstreckungsmaßnahmen erworben, die über das Vermögen des früheren Eigentümers verhängt worden waren. Um die mögliche Schließung des Hauses für längere Zeit abzuwenden, was nach der Auffassung der Ratsherren ein nicht wieder gut zu machender Rückschritt in der städtischen Verkehrspolitik bedeutet hätte, übernahm die Stadt das Objekt und überließ es, nach einer aufwendigen Renovierung, einem Pächter.[2] Das Gebäude fiel später ebenfalls dem Bombenkrieg zum Opfer.

Im Einzelplan 8 neu hinzugekommen waren nach 1945 der Hanauer Hof, ein unter städtischer Regie entstandenes Gästehaus, mit dessen Aufbau 1946 begonnen wurde, und der Stadtwald als forstwirtschaftliches Unternehmen. Bis einschließlich 1951 waren die Einnahmen und Ausgaben der Forstwirtschaft etatmäßig in dem Abschnitt "Wald-, Park- und Gartenanlagen" des Einzelplans 7 enthalten (siehe Seite 464f). Der Vergleichbarkeit der Rechnungsergebnisse wegen wurde diese frühere Zuordnung in der vorliegenden Arbeit auch durchgängig bis 1954 beibehalten.

Der Abschnitt "Sonstige Unternehmen" ist in die obige Auflistung nur nachrichtlich aufgenommen worden, weil die hierunter in den Haushaltsplänen sporadisch vermerkten Beteiligungen im Einzelplan 8 keinen Platz haben und außerdem Rechnungsergebnisse in diesem Abschnitt nicht nachgewiesen sind. Nach den Grundsätzen der Finanzstatistik gehört der Erwerb von Aktien, Geschäfts- und Gesellschaftsanteilen in den Abschnitt 93, "Allgemeines Kapitalvermögen", wenn lediglich eine allgemeine Vermögensanlage damit bezweckt wird. Wenn dagegen die Wahrung oder Förderung gemeindlicher Interessen oder die Unterstützung gemeinnütziger Bestrebungen im Zuge kommunaler Aufgabenerfüllung im Vordergrund steht, sind die fraglichen Rechnungsposten bei den betreffenden Verwaltungszweigen nachzuweisen.[3] Da es sich im vorliegenden Fall um Beteiligungen an Baugesellschaften zur Stützung und Förderung des Wohnungsbaus handelte, wurden die diesbezüglichen Finanzvorgänge im entsprechenden Abschnitt des Einzelplans 6 erfaßt (siehe dazu Seite 430f). Wie die weitere Untersuchung ergab, diente zumindest einer der in Frage stehenden Unterabschnitte des Einzelplans 8 der Stadt Hanau vorübergehend

---

1) Vgl. W.M.Fraeb, Menschen und Schicksale der Hanauer "Arche Noah", die Geschichte eines Trümmerhauses, in Neues Magazin für Hanauische Geschichte Nr.4, 1.Jahrgang 1950, S.36

2) Vgl. Hanauer Anzeiger Nr.57 vom 8. März 1939, S.3

3) F.Hötte, F.Mengert, K .Weyershäuser, Gemeindehaushalt in Schlagworten, 3.Auflage, Köln 1965, S.157

(1951/52) als Hilfsstelle für die Veranschlagung von Betriebszuschüssen an die Baugesellschaft Hanau, die auf solche Geldzuweisungen einen vertraglich zugesicherten Anspruch für die Verwaltung und Betreuung der Wohnblocks am Hafen, an der Französischen Allee und in der Thälmannstrasse hatte. Mit der Umstrukturierung des Haushaltsplans nach dem System der finanzstatistischen Kennziffer fiel der Abschnitt "Sonstige Unternehmen" weg.

Unter Berücksichtigung dieser Zuordnung von Abschnitten und Unterabschnitten zum Einzelplan 8 ergaben sich für den Untersuchungszeitraum die folgenden Gesamteinnahmen und -ausgaben:

Tabelle 142

Rechnungsergebnisse des Einzelplans 8
"Wirtschaftliche Unternehmen"
im Ordentlichen Haushalt der Stadt Hanau

Rechnungsjahr	Einnahmen RM/DM	Ausgaben RM/DM	Ausgaben in % der Gesamtausgaben OH	Überschuß(+)/Zuschuß(-) absolut RM/DM	Überschuß(+)/Zuschuß(-) je Einwohner RM/DM
1936	571 945	337 067	3,5	+ 234 878	+ 5,76
1941	494 296	63 742	0,5	+ 430 554	+ 10,92
1945	62 877	28 264	0,4	+ 34 613	+ 1,67
1949	4 301	11 461	0,1	- 7 160	- 0,24
1954	834 076	426 069	2,2	+ 408 007	+ 9,92

Die hohen Überschüsse in der ersten Hälfte und am Ende der Untersuchungsperiode resultieren hauptsächlich aus den Ablieferungen der Stadtwerke, bestehend aus der Wegeabgabe und den Anteilen der Stadt an den Reingewinnen (siehe dazu Seite 254ff). Daß die positiven Ergebnisse des Einzelplans 8 eindeutig von den "Kombinierten Versorgungs- und Verkehrsunternehmen" ausgingen, zeigt die Aufschlüsselung der Gesamtresultate in der Tabelle 143. In der Zeit von 1945 bis 1951 hatte die Stadt allerdings wegen der beträchtlichen Kriegschäden, die die Versorgungsbetriebe erlitten hatten, auf die Abführung einer Wegeabgabe verzichtet, und Gewinne fielen in diesen Jahren nicht an. Im Gegenteil, die Stadt mußte in den Aufbaujahren nicht nur erhebliche Betriebsverluste der Stadtwerke ausgleichen, sondern auch durch verlorene Baukostenzuschüsse und die Gewährung von Darlehen den Aufbau vorantreiben, so daß der Überschußphase im Ordentlichen Haushalt bis 1944 eine sechs Jahre währende Zuschußperiode folgte. Erst mit der Wiederherstellung und Modernisierung der Anlagen zur Strom-, Gas- und Wasserversorgung, mit der Verbesserung der Technik und der damit verbundenen wachsenden Leistungsfähigkeit der städtischen Werke gelang schließlich die Umkehrung dieses Entwicklungsprozesses.

Daß dieser Weg hohe Anforderungen an die Finanzkraft der Stadt stellte und erhebliche Mittel verschlang, zeigen die Finanzbewegungen zugunsten der Stadtwerke im Außerordentlichen Haushalt. Ein Blick auf die Tabelle 144 belegt überdies, in welchem Ausmaß die Stadt Hanau für den Aufbau der Versorgungsbetriebe aufzukommen hatte.

Einzelplan 8
Wirtschaftliche Unternehmen

Tabelle 143 Rechnungsergebnisse der Abschnitte des Ordentlichen Haushalts in RM/DM

HAUSHALTSABSCHNITT	1936	1941	1945	1949	1954
Verkehrsunternehmen					
Einnahmen	22 389	28 418	33 154	3 552	2 842
Ausgaben	95 881	30 024	28 418	2 842	3 027
Zuschuß absolut	73 492	1 606	+ 4 736	+ 710	185
je Einwohner	1,80	0,04	+ 0,23	+ 0,02	0,01
Kombinierte Versorgungs- und Verkehrsunternehmen					
Einnahmen	549 057	447 204	29 723	596	822 766
Ausgaben	240 454	710	116	220	340 000
Zuschuß absolut	+ 308 603	+ 446 494	+ 29 607	+ 376	+ 482 766
je Einwohner	+ 7,58	+ 11,26	+ 1,43	+ 0,01	+ 11,74
Unternehmen der Verkehrsförderung					
Einnahmen	499	22 674	--	153	8 468
Ausgaben	774	33 008	(- 270)	8 399	83 042
Zuschuß absolut	275	10 334	--	8 246	74 574
je Einwohner	0,01	0,26	--	0,28	1,81

Weitere Schwerpunkte der außerordentlichen Finanzierung im Einzelplan 8 bildeten der kommunale Autobusbetrieb (Hanauer Straßenbahn AG), die Stadthalle und das neu geschaffene Gästehaus (Hanauer Hof), das im Interesse der Verkehrsförderung auf Betreiben des Magistrats angekauft, umgebaut und eingerichtet wurde. Die Verwirklichung des Projekts hielt die Verwaltung deshalb für geboten, weil Hanau, das sämtliche Beherbergungsbetriebe im Kriege verloren hatte, Unterbringungsmöglichkeiten auch für Gäste dringend benötigte und sich nach 1945 zunächst keine privaten Bauherren fanden, die bereit waren, in einen neuen Hotelbetrieb am Ort zu investieren.

Einzelplan 8

Tabelle 144 Effektiv-Ausgaben im Außerordentlichen Haushalt der Stadt Hanau in DM

HAUSHALTSABSCHNITT	1948 DM	1949	1950	1951	1952	1953	1954
Hanauer Straßenbahn AG	140 000	140 000	50 000	-	-	-	26 448
Industriebahn Hanau-Nord	-	-	4 000	-	-	-	-
Stadtwerke	-	200 000	92 700	170 000	1 714 275	670 000	540 000
Stadthalle	-	36 273	746 173	90 446	236	-	1 998
Gästehaus (Hanauer Hof)	11 250	68 547	146 103	867	-	-	-
Insgesamt	151 250	444 820	1 038 976	261 313	1 714 511	670 000	568 446

2. Straßenbahn und Autobusbetrieb

Die ordentlichen Einnahmen der Stadt Hanau aus dem Verkehrsbetrieb der Hanauer Straßenbahn AG beschränkten sich während des gesamten Untersuchungszeitraums auf die jährlichen Erstattungen des Kapitaldienstes, die bis zur Währungsreform in gleichbleibenden Annuitäten von 28 418 RM anfielen. Auf der Ausgabenseite standen ihnen zunächst die Zins- und Tilgungsleistungen gegenüber, die die Stadt für Restschulden aus Darlehen, die sie aufgenommen und an die Gesellschaft weitergegeben hatte, entrichten mußte. Die Höhe der jeweiligen Gesamtausgaben wurde aber bis in die Zeit des Zweiten Weltkriegs häufig durch hohe Betriebszuschüsse bestimmt, denn das Verkehrsunternehmen war seit den Zwanziger Jahren, trotz allmählich steigenden Beförderungsleistungen, immer ein Zuschußbetrieb, der der Stadt schwere Sorgen bereitete. Ein kurzer historischer Rückblick soll die Zusammenhänge verständlich machen.

- Das Unternehmen der Hanauer Straßenbahn wird in der Rechtsform einer Aktiengesellschaft betrieben. Ihre Entstehung geht zurück auf den Gründungsvertrag vom 27. März 1907 zwischen der Stadt Hanau und einem aus vier Banken bestehenden Konsortium. Danach beteiligten sich beide Parteien mit je 50 vH an dem Grundkapital von 230 000 Mark durch die Übernahme von je 115 Aktien zum Nennwert von je 1000 Mark. Der Bau der Straßenbahn wurde der Firma Hecker und Co. GmbH, Wiesbaden, übertragen, die vertragsgemäß auch den Fahrbetrieb pachtweise übernahm. Der Betrieb wurde am 15. Juni 1908 auf zwei Linien (Hauptbahnhof-Rosenau und Westbahnhof-Nordbahnhof) aufgenommen. Bereits im gleichen Jahr billigten die Hanauer Stadtverordneten einen Vertrag der Aktiengesellschaft mit den Gemeinden Groß- und Klein-Steinheim, der die Anbindung beider Orte an das bestehende Verkehrsnetz durch die Errichtung einer dritten Linie vorsah. Wegen der damit verbundenen, erheblichen Ausweitung des Anlagevermögens mußten das Aktienkapital auf 430 000 Mark erhöht und die beträchtlichen Mehrkosten für den Schienenneubau und die Erweiterung des Wagenparks durch Schuldscheindarlehen aufgebracht werden. Die Gemeinden Groß- und Klein-Steinheim traten mit 30 bzw. 25 Aktien im Gesamtwert von 50 000 Mark als neue Aktionäre in das Unternehmen ein.

  Während des 1. Weltkriegs übernahm die Stadt Hanau durch Ankauf von Aktien und Schuldverschreibungen von den Banken die absolute Aktienmehrheit und gewann dadurch mehr Einfluß auf die Gesellschaft. Die Straßenbahn, die von der Bevölkerung, insbesondere auch von den in Hanau arbeitenden und in Steinheim ansässigen Pendlern gut angenommen wurde, hatte sich bis dahin positiv entwickelt. Das änderte sich jedoch nach Beendigung des Krieges. Rückläufige Beförderungsziffern und steigende Kosten hatten eine Verschlechterung der Betriebsergebnisse zur Folge und führten 1919/20 zu einem Fehlbetrag von 380 000 Mark. Eine Fahrpreiserhöhung konnnte das Defizit nicht ausgleichen, so daß im Herbst 1920 schließlich der Konkurs beantragt werden mußte. 1922 wurde der Verkehr ganz eingestellt und erst 1925, nachdem die Firma Hecker als Betreiber der Bahn ausgeschieden war und die Stadt Hanau wichtige Funktionen in der Geschäfts- und Betriebsführung sowie im

Aufsichtsrat besetzt hatte, nahm die Gesellschaft den Betrieb in eigener Regie wieder auf.[1] Die finanzielle Lage des Unternehmens blieb aber weiterhin angespannt.

Im Jahre 1928 wurde die Straßenbahnlinie Hauptbahnhof-Rosenau bis zum Beethovenplatz verlängert, die Linie vom Westbahnhof zum Nordbahnhof dagegen eingestellt und durch eine Buslinie ersetzt. Anlaß dazu gab die als notwendig erachtete, längst überfällige Ausdehnung der Strecke über die beiden Endhaltestellen hinaus nach Kesselstadt und bis zu den Kasernen in der Lamboystraße. Der Plan war jedoch im schienengebundenen Verkehr nicht realisierbar, weil die die Streckenführung kreuzenden Gleisanlagen der Reichsbahn am West- und Nordbahnhof das nicht zuließen. Man entschied sich deshalb für die Verwendung von Bussen. Auch die Straßenbahnlinie nach Steinheim mußte wenige Jahre später einem bis nach Klein-Auheim erweiterten Omnibusverkehr weichen.

Erneut stark rückläufige Fahrgastzahlen während der Wirtschaftskrise zu Beginn der dreißiger Jahre brachten das Unternehmen dann in große Schwierigkeiten. Die Einnahmen aus den Fahrscheinverkäufen sanken von 405 000 RM im Jahre 1929 auf 178 000 RM im Jahre 1932, so daß die Stillegung des Betriebes ernsthaft in Erwägung gezogen wurde.[2] Dazu kam es jedoch nicht. Die Stadt Hanau entschied vielmehr, die entstandenen und noch entstehenden Verluste der Hanauer Straßenbahn AG durch entsprechende Betriebszuschüsse abzudecken.

Die Ausgleichszahlungen der Stadt Hanau für die Fehlbeträge der Gesellschaft nahmen mit der Besserung der Verhältnisse in den folgenden Jahren sukzessive ab. Ausschlaggebend dafür war insbesondere der Anstieg der Beförderungsleistung[3]. Von 1939 bis 1941 wurden keine Zuschüsse mehr gezahlt. 1942 jedoch mußte die Stadt erneut für einen Fehlbetrag aufkommen, der infolge erhöhter Abschreibungen entstanden war. Im einzelnen zahlte die Stadt Hanau die folgenden Zuschüsse an die Hanauer Straßenbahn AG:

1935	82 000 RM (nach dem Etat)
1936	72 000 RM
1937	50 000 RM
1938	10 000 RM
1942	31 000 RM.

Die städtischen Leistungen der Jahre 1937 und 1938 wurden nachträglich in eine Kapitalbeteiligung in Höhe von 64 000 RM umgewandelt. Vorgesehen war außerdem der Abschluß eines Vertrages zwischen der Stadt und der Hanauer Straßenbahn AG über die Erhebung einer jährlichen Wege- und Betriebsabgabe. Die diesbezügliche Vorlage des Oberbürgermeisters vom 30. Dezember 1938, die "als Entgelt für die der Gesellschaft

---

1) Vgl. G.Lobin, Von der halbprivaten Straßenbahn zum kommunalen Verkehrsunternehmen, in: 75 Jahre Hanauer Straßenbahn AG, Festschrift anläßlich des 75jährigen Jubiläums der Hanauer Straßenbahn AG, Hanau 1983, S.21ff

2) Vgl. G.Lobin, a.a.O. S.42

3) 1938 war eine dritte Omnibuslinie Hanau-Wolfgang hinzugekommen, nachdem in Wolfgang mit der Errichtung von Kasernen begonnen worden war. Die Beförderungsleistung, die 1936 noch bei etwa 1,7 Millionen Fahrgästen gelegen hatte, stieg bis 1940 auf etwa 3,6 Millionen an und erreichte 1943 ihren vorläufigen Höhepunkt mit insgesamt rund 5,1 Millionen Fahrgästen

zugestandenen Sondernutzungsrechte der Straßen für die Gleisanlagen der Straßenbahn" einen Anteil von 12 vH an den Einnahmen aus dem Straßenbahnbetrieb vorsah[1]), wurde auch von den Gemeinderäten angenommen, kam aber - wie die Rechnungsergebnisse der nachfolgenden Haushaltsjahre beweisen - praktisch nicht zur Durchführung.

Bei den Luftangriffen auf Hanau am 12. Dezember 1944, am 6. Januar und 19. März 1945 hatte das Verkehrsunternehmen schwerste Schäden erlitten. Das Straßenbahndepot, die Omnibushalle und das Verwaltungsgebäude wurden total zerstört. Der Schienenbetrieb hatte seinen gesamten Wagenpark verloren, und von fünfzehn Busfahrzeugen waren nur noch drei - mehr oder weniger stark beschädigt - übriggeblieben. Diese wurden noch 1945 repariert und wieder betriebsfähig gemacht, anschließend im Berufsverkehr, später (1946) auch zur Beförderung von Schulkindern aus den entlegenen Stadtteilen im Osten zur einzigen intakt gebliebenen Schule in Kesselstadt eingesetzt. Im Herbst desselben Jahres richtete man dann, nachdem ein viertes Fahrzeug hinzugekommen war, den ersten Linienverkehr ein, der im 24-Minutentakt den Hauptbahnhof mit Kesselstadt, dem Beethovenplatz und der Lamboystraße verband.

An eine Wiederaufnahme des schienengebundenen Verkehrs war angesichts der Kriegszerstörungen nicht zu denken. Die Organe der Gesellschaft beschlossen daher, den Straßenbahnbetrieb aufzugeben und die Aufbauarbeit auf den Omnibusverkehr zu konzentrieren. Die Gleise wurden 1951 ausgebaut und verkauft. Der Erlös in Höhe von 144 000 DM kam der Instandsetzung der Straßen zugute.[2])

Einen tiefen Einschnitt bedeutete die Währungsreform 1948. Die ein Jahr zuvor begonnenen Aufbaumaßnahmen an Werkstatt und Wagenhalle litten unter der Verknappung des Geldes. Die Stadt Hanau überbrückte diesen finanziellen Engpaß dadurch, daß sie der Hanauer Straßenbahn AG ein Darlehen in Höhe von 140 000 DM einräumte, dem 1949 und 1950 zwei weitere Darlehen von 140 000 DM und 50 000 DM folgten (siehe dazu Tabelle 144 auf Seite 473). Sie dienten sowohl der Finanzierung der Baumaßnahmen als auch der Anschaffung von neuen Fahrzeugen und Anhängern.

Mit der Geldumstellung[3]) war eine Neubewertung der Aktiva und Passiva der Aktiengesellschaft verbunden. In der DM-Eröffnungsbilanz wurde das Aktienkapital von 150 000 RM auf 120 000 DM herabgesetzt. Danach entfielen auf die Stadt Hanau 112, auf die Gemeinde Steinheim 8 Aktien. Außerdem wurden die Forderungen an das Reich für Kriegsschäden in Höhe von 698 000 RM gestrichen und die Verbindlichkeiten der Gesellschaft im Verhältnis 10:1 abgewertet. Auf den Ordentlichen Haushalt der Stadt Hanau wirkte sich die Reduzierung der Schulden dahingehend aus, daß die Einnahmen und Ausgaben für den Kapitaldienst von 28 417 RM vor der Geldumstellung auf zunächst 2 842 DM nach der Geldumstellung schrumpften (siehe Tabelle 143 auf Seite 473).

Der weitere Aufbau der Hanauer Straßenbahn AG verschlang erhebliche Mittel, die das Unternehmen aus eigener Kraft nicht aufbringen konnte. Zwar deckten die Einnahmen die laufenden Betriebskosten, sie reichten aber nicht aus, die Abschreibungen zu erwirtschaften, geschweige denn Erweiterungsinvestitionen vorzunehmen. Da die Stadt Hanau

---

1) Vgl. Anlage 8 zu den Entschließungen der Gemeinderäte in der Sitzung am 7. März 1939 [Stadtarchiv B 2, 220/8]

2) Vgl. G.Lobin, a.a.O. S.54

3) Vgl. Gesetz Nr.63 der Militärregierung im amerikanischen Kontrollgebiet (Drittes Gesetz zur Neuordnung des Geldwesens [Umstellungsgesetz]) vom 27. Juni 1948

ein nachhaltiges Interesse an der Verbesserung des innerstädtischen Verkehrsangebotes hatte, mußte sie als Hauptaktionär - wie oben angedeutet - neue Kredite beschaffen, um den dringendsten Finanzbedarf zu decken. Die Stadt bemühte sich dabei vor allem um langfristige, zinsgünstige Mittel aus dem ERP-Sondervermögen[1]), was ihr 1950 auch mit einer Tranche von 150 000 DM gelang.

Den aufgelaufenen Kreditschulden aus Darlehen der Stadt Hanau (330 000 DM) und ERP-Geldern (150 000 DM) stand nun jedoch nur ein Aktienkapital von 120 000 DM gegenüber. Der Gefahr der Überschuldung begegnete die Gesellschaft durch eine Kapitalerhöhung. Am 24. November 1950 beschlossen die Aktionäre, das Aktienkapital auf insgesamt 300 000 DM aufzustocken, wovon 290 000 DM auf die Stadt Hanau und 10 000 DM auf die Stadt Steinheim entfielen. Der Hanauer Anteil an der Erhöhung wurde durch Umwandlung von 178 000 DM Darlehensforderungen aufgebracht, die Restforderung von 222 000 DM blieb als Tilgungsdarlehen bestehen.

Eine zweite einschneidende Änderung brachte 1950 die Entscheidung der Aktionäre und der städtischen Körperschaften, die Hanauer Straßenbahn AG als Organgesellschaft den Stadtwerken anzugliedern und das städtische Aktienpaket auf die Stadtwerke zu übertragen.[2]) Wichtigster Bestandteil des das Organverhältnis begründenden Vertrages war die Gewinn- und Verlustübernahmevereinbarung, die die steuerliche Aufrechnung von Verlusten des einen gegen Gewinne des anderen Unternehmens zuließ und so der Stadt Hanau ermöglichte, erhebliche Beträge an Körperschaftssteuer einzusparen. Die wichtigen steuerrechtlichen Voraussetzungen für diese Regelung galten durch die vollzogene Verschmelzung des Rechnungswesens beider Unternehmen sowie durch die Zusammenlegung von Führungsfunktionen auf der Geschäfts- und Betriebsleitungsebene als erfüllt.

Hanauer Straßenbahn AG

Jahr	Anzahl Fahrzeuge und Anhänger	Personal	Fahrkilometer	beförderte Personen
1948	8	48	215 861	1 469 437
1950	15	62	504 187	2 252 682
1952	19	82	682 107	3 144 767
1954	27	121	1 031 682	4 722 476

Die wachsende Nachfrage der Bevölkerung nach Beförderungsleistungen im öffentlichen Nahverkehr in den fünfziger Jahren führte zu einer deutlichen Aufwärtsentwicklung des Omnibusbetriebs, wie aus der obigen Übersicht zu erkennen ist (siehe dazu auch Anhang

1) Bei dem ERP-Sondervermögen handelte es sich um einen aus amerikanischer Wirtschaftshilfe abgeleiteten, revolvierenden Vermögensfonds, der im Rahmen des Europäischen Wiederaufbauprogramms (European Recovery Program, bekannt unter dem Namen "Marshall-Plan") gebildet und aus dem verzinsliche Kredite gewährt wurden

2) Vgl. Protokoll der 8.öffentlichen Sitzung der Stadtverordnetenversammlung am 21. Dezember 1950, (Stadtarchiv B 2, 229/5)

B 40). Die Hanauer Straßenbahn AG trug dem Rechnung durch die Ausweitung des Streckennetzes sowie durch die Vergrößerung des Wagenparks und des Personals. Zeitweilig erwog man auch die Einführung von O-Buslinien, die nach den Erfahrungen anderer Städte als kostengünstiger und daher rentabler galten, doch scheiterten solche Überlegungen an den dafür notwendigen Investitionen, die zu verantworten sich die Körperschaften in Anbetracht der vielen ungelösten Aufbauprobleme, die die Stadt noch zu bewältigen hatte, nicht in der Lage sahen.

Mit dem wachsenden Verkehrsangebot erwies sich die zentrale Umsteigestelle am Marktplatz schon bald nicht mehr als ausreichend. Sie wurde deshalb nach der Anhörung von Sachverständigen zum Freiheitsplatz verlegt, wo ein neuer Verkehrsknotenpunkt (Busbahnhof) entstehen sollte. Die Stadt errichtete dort 1954 eine Wartehalle, deren Kosten in Höhe von 26 448 DM über den Außerordentlichen Haushalt finanziert wurden (siehe dazu Tabelle 144 auf Seite 473).

3. Die Stadtwerke

Das Unternehmen "Stadtwerke Hanau" bestand ursprünglich aus den Abteilungen Elektrizitätswerk, Gaswerk und Wasserwerke, die jeweils eigene kaufmännische Buch- und Kassenführungen unterhielten. Als Unternehmenseinheit betrachtet, handelte es sich um einen Versorgungsbetrieb im Sinne des § 39 des Steueranpassungsgesetzes vom 16. Oktober 1934[1]) und der Eigenbetriebsverordnung vom 21. November 1938[2]), dessen Aufgabe es war und auch heute noch ist, die Bevölkerung der Stadt Hanau mit Strom, Gas und Leitungswasser zu beliefern. Die Stadtwerke gehörten zum städtischen Betriebsvermögen und wurden als Eigenbetrieb, d.h. als "wirtschaftliches *Nettounternehmen*" ohne eigene Rechtspersönlichkeit, geführt[3]).

- *Nettounternehmen* verfügen über ein gesondertes Rechnungswesen und sind lediglich mit dem Saldo, d.h. mit den von der Stadt empfangenen oder an die Stadt gezahlten Geldleistungen (Zuschuß oder Ablieferung), in den städtischen Haushalt integriert. Die veröffentlichten Wirtschafts- und Finanzpläne haben im Rahmen des Haushaltsplans lediglich Beilagencharakter. Damit unterscheiden sich die Eigenbetriebe von den Regiebetrieben, die - wie die übrigen Verwaltungszweige - den Regeln des Kameralrechts unterliegen und mit allen Einnahmen und Ausgaben im städtischen Haushaltsplan veranschlagt werden. Man bezeichnet sie deshalb auch als "wirtschaftliche *Bruttounternehmen*". Beiden Betriebsformen ist im übrigen gemeinsam, daß sie rechtlich unselbständig sind.

---

1) RGBl.I S.244

2) RGBl.I S.1650

3) Eine Änderung des Rechtsstatus' der Stadtwerke trat erst 1974 im Zuge der Gebietsreform mit dem Zusammenschluß der Städte Hanau und Großauheim ein. Die Stadt Großauheim hatte bis dahin selbst ein Versorgungsunternehmen unterhalten, das in der Rechtsform einer GmbH (Stadtwerke-GmbH) betrieben wurde. Für die am 1. Juli 1974 vollzogene Vereinigung beider Vorsorgungsunternehmen zu einer erweiterten Gesellschaft mit beschränkter Haftung, die dann als "Eigengesellschaft" der Stadt Hanau fortgeführt wurde, sprachen sowohl organisatorische als auch steuerliche Gründe

Aus organisatorischen Gründen wurde 1939 der bis dahin getrennt geführte Hafenbetrieb den Stadtwerken als weitere Abteilung angegliedert. Damit wurde - nach der Definition der Finanzstatistik - aus einem reinen Versorgungsunternehmen ein "kombiniertes Versorgungs- und Verkehrsunternehmen".[1])

Die nach der Aufwands- und Ertragsstruktur größte Abteilung bildete das Elektrizitätswerk. Es war 1898 errichtet worden, produzierte ursprünglich Gleichstrom mit Hilfe von dampfangetriebenen Dynamos und versorgte in der Anfangszeit vor allem das Kleingewerbe.[2]) Im Zuge der industriellen Entwicklung und des wachsenden Bedarfs an elektrischer Energie wurde die Eigenerzeugung später aufgegeben, das Werk 1920/23 auf Dreh- bzw. Wechselstrom und damit gleichzeitig auf Fremdbezug umgestellt. In den dreißiger Jahren kaufte man den Strom vom Elektrozweckverband Mitteldeutschland aus den Erzeugungsanlagen der Preußischen Elektrizitäts AG - 1937 in einer Größenordnung von etwa 39 Millionen Kilowattstunden. Für die Stromverteilung im Stadtgebiet sorgten 66 Transformatorenstationen. Die Aufwands- und Ertragsrechnungen des Elektrizitätswerks schlossen während des gesamten Untersuchungszeitraums - mit Ausnahme des Jahres 1945 - mit positiven Ergebnissen ab.

Rechnungsabschlüsse der Stadtwerke Hanau nach Werksabteilungen [a)]
Ist-Ergebnisse nach den Wirtschaftsplänen in 1000 RM/DM

	1937	1941	1946	1951	1954
Elektrizitätswerk					
Aufwendungen	2 355	2 659	1 273	5 400	9 142
Erträge	2 459	2 847	1 783	5 543	9 390
+ / -	+ 104	+ 188	+ 510	+ 142	+ 248
Gaswerk					
Aufwendungen	1 241	1 544	525	1 423	2 175
Erträge	1 182	1 591	104	1 410	2 185
+ / -	- 59	+ 47	- 421	- 13	+ 10
Wasserwerke					
Aufwendungen	403	434	296	646	961
Erträge	484	507	305	608	886
+ / -	+ 81	+ 73	+ 9	- 38	- 75
Mainhafen[b)]					
Aufwendungen	195	202	116	208	236
Erträge	86	94	81	161	146
+ / -	- 109	- 108	- 35	- 47	- 90
Summe Stadtwerke					
Aufwendungen	4 194	4 839	2 210	7 677	12 514
Erträge	4 211	5 039	2 273	7 722	12 607
+ / -	+ 17	≈+ 200	+ 63	≈+ 45	+ 93

a) Soweit Gewinne an die Stadt abgeführt und Konzessionsabgaben gezahlt wurden, sind diese jeweils in den Aufwendungen enthalten

b) Der Wirtschaftsplan des Mainhafens wurde im Rechnungsjahr 1937 noch getrennt von den Stadtwerken ausgewiesen, hier aber - der Vergleichbarkeit wegen - in die Übersicht mit einbezogen

1) Vgl. Hötte F./F.Mengert/K.Weyershäuser, a.a.O., S.90

2) Vgl. H.Werner, Die städtische Elektrizitätsversorgung, in: Monographien deutscher Städte Bd.XXXI, Hanau, der Main- und der Kinziggau, Berlin 1929, S.110

Die zweitgrößte Abteilung stellte das Gaswerk dar, das bis zum Ende des Zweiten Weltkriegs über eigene Produktionsanlagen verfügte und im Jahre 1937 rund 4,7 Millionen Kubikmeter Gas herstellte und verkaufte. Für eine bessere Auslastung des Werkes über den lokalen Gasbedarf der Industrie, des Handwerks und der Haushalte hinaus, hatte die Stadt Hanau bereits 1901 durch den Anschluß der Gemeinden Groß- und Klein-Steinheim an das städtische Netz gesorgt. Im Jahre 1928 kamen dann Lieferverträge mit dem Landkreis Hanau sowie mit dem Stadt- und Landkreis Gelnhausen hinzu. Über drei Fernleitungsstränge nach

Wolfgang - Großauheim - Großkrotzenburg,
Bruchköbel - Roßdorf - Windecken
und Wolfgang - Niederrodenbach (mit einer Verlängerung nach Gelnhausen)

belieferte das Gaswerk insgesamt 16 Orte des unteren Kinzigtals und erlangte damit regionale Bedeutung. Eine während des Zweiten Weltkriegs (1942) gebaute Ferngasverbundleitung nach Seligenstadt, die vor allem zur Sicherstellung der Gaslieferungen an die mit der Produktion von Rüstungsgütern beschäftigten Hanauer Industriebetriebe gebaut worden war und der Stadt einen Anschluß an die Südhessische Gas- und Wasser AG in Darmstadt verschaffte, blieb zunächst ungenutzt und diente lediglich als Reserve für den Notfall. Sie sollte später - nach der Zerstörung des heimischen Gaswerks - für die Dauer von sechs Jahren die einzige Quelle der Gasversorgung der Stadt Hanau und ihres Umlandes werden.

Ein zweiter, nicht unerheblicher Umsatzträger war der bei der Gaserzeugung als Kuppelprodukt anfallende Koks mit einem Jahresausstoß von rund 12 500 t (1937). Die anderen Nebenprodukte wie Teer, Benzol und Ammoniak spielten dagegen nur eine untergeordnete Rolle. Das Anlagevermögen des Gaswerks, das neben den Produktionseinrichtungen, -maschinen und -geräten mehrere Gebäude (Kesselhaus, Ofenhaus, Apparatehaus, Uhren- und Reglerhaus) sowie drei Gasbehälter und das Leitungsnetz umfaßte, verkörperte am 1.1.1935 - unter Berücksichtigung der Abschreibungen - einen Bilanzwert von insgesamt 2,060 Millionen RM. Nicht eingeschlossen darin war der Anlagewert der Industriebahn Hanau-Nord (siehe oben Seite 470), die in der Hauptsache der Anfuhr der zur Gasproduktion benötigten Kohlen diente und die Transportverbindung vom Hauptgüterbahnhof zum Werksgelände herstellte.[1)] Trotz seiner modernen Ausstattung und der günstigen Absatzbedingungen arbeitete das städtische Gaswerk - wie die obige Übersicht zeigt - mit wechselndem Erfolg.

Ebenfalls an Aufwand und Ertrag gemessen, rangierten die Wasserwerke innerhalb der Versorgungsbetriebe an dritter Stelle. Mit drei Werkseinheiten[2)], die aus insgesamt 50

---

1) Die Industriebahn ist 1950/51 an die Deutsche Bundesbahn übereignet worden, die den Betrieb auf ihre Rechnung übernahm (vgl. Haushaltsplan der Stadt Hanau 1951, S.123, Anmerkung zu 830)

2) Während des Untersuchungszeitraums existierten: Wasserwerk II ["Leipziger Straße"] mit 10 Flachbrunnen, Wasserwerk III ["Wilhelmsbad"] mit 20 Flachbrunnen, Wasserwerk IV ["Krotzenburg"] mit 20 Flachbrunnen; das Wasserwerk IV, das während des Ersten Weltkriegs von der ehemaligen Kgl.Pulverfabrik (als Wasserwerk Wolfgang II) errichtet worden war, hatte die Stadt Hanau 1922 nach der Auflösung der Pulverfabrik käuflich erworben; das Wasserwerk I ["Wasserturm an der Straße nach Dörnigheim"], das nur ca.100 m vom Main entfernt lag, mußte wegen der Verunreinigung des Grundwassers infolge der Mainkanalisierung am 24. Februar 1923 stillgelegt werden

Flachbrunnen Wasser förderten, kam die Stadt Hanau in der Trinkwasserversorgung der Bevölkerung ohne Fremdbezug aus. Nur in besonderen Ausnahmefällen oder Notstandssituationen wurde auf fremde Quellen zurückgegriffen. Von dem Wasserverbrauch im Jahre 1937 in Höhe von 2,460 Millionen Kubikmeter beispielsweise entfielen 97,5 vH auf die Eigenförderung. Der Rest (rund 60 000 Kubikmeter oder knapp 2,5 vH) war Zukauf. Eine besondere Notlage ergab sich 1945. Wegen der außerordentlich hohen Wasserverluste, verursacht durch die zahlreichen Leitungs- und Gebäudeschäden, betrug der Anteil des Fremdbezuges in jenem Jahr einmalig 6,2 vH. Die hohe Schadensbilanz war im übrigen auch dafür verantwortlich, daß sich die bis zum Kriegsende positiv gestaltende Ertragsentwicklung nach 1945 deutlich verschlechterte.

Unter allen Abteilungen der Stadtwerke war der Mainhafen der mit Abstand ertragsschwächste. Er war praktisch immer ein Zuschußbetrieb. Das lag einerseits an der hohen Fixkostenbelastung durch Zinsen und Abschreibungen, andererseits an den nur begrenzt steigerungsfähigen Einnahmen. Unter diesen nahmen in der ersten Hälfte des Untersuchungsabschnitts die Hafenbahngebühren mit durchschnittlich 66,1 vH an den Gesamteinnahmen und leicht ansteigender Tendenz die dominierende, die Werftgebühren mit 22,8 vH und fallender Tendenz die zweite Stelle ein. Die sonstigen Einnahmen waren dagegen ohne nennenswerte Bedeutung. In der Nachkriegsperiode ging der Anteil der Werftgebühren zunächst weiter drastisch zurück und erholte sich erst allmählich. Er stieg von 1948 (11,8 vH) bis 1954 wieder auf 21,2 vH. Der auf die Hafenbahngebühren entfallende Prozentsatz blieb dagegen - nach einem vorübergehenden Einbruch in der Reichsmarkzeit - ab 1948 relativ konstant und mit durchschnittlich 72,6 vH der Gesamteinnahmen auf hohem Niveau.

Die wirtschaftlichen Unternehmen bildeten in den dreißiger Jahren eine wichtige Einnahmequelle der Stadt. Die erzielten Gewinne aus der Geschäftstätigkeit einerseits und die von den einzelnen Versorgungsbetrieben nach den Satzungen abgeführte Wegeabgabe (Konzessionsabgabe) andererseits brachten der Stadt Einnahmen in beträchtlicher Höhe, wie aus der Tabelle 54 (Seite 250) und der Übersicht auf Seite 257 zu ersehen ist. Insbesondere die an den Umsatz gebundene, 10- bzw.12prozentige Wegeabgabe[1)] erwies sich als ein bedeutender Ertragsfaktor. Während die abzuliefernden Gewinne von 1936 (256 631 RM) bis zum Jahre 1940, in dem keine Gewinnabführung stattfand, stark zurückgingen, stieg das Aufkommen aus der Wegeabgabe im gleichen Zeitraum von 291 580 RM auf 488 750 RM an. Mit dem Inkrafttreten der Konzessionsabgabenverordnung von 1941, die die Abgabe zum Zwecke der Entlastung der Verbraucherpreise reichseinheitlich auf bestimmte Höchstbeträge begrenzte, sank das Niveau des Aufkommens dann allerdings um etwa ein Drittel ab -- nach den Voranschlägen für 1942 und 1943 auf 322 464 RM bzw. 346 500 RM. Auf der anderen Seite stiegen die abzuführenden Gewinne der Stadtwerke als Folge des zunehmenden Energieverbrauchs der Industrie in der Zeit der Rüstungskonjunktur wieder an, und zwar

1941	auf	120 030	RM (Ist),
1942	auf	167 584	RM (Voranschlag),
1943	auf	160 095	RM (Voranschlag),

---

1) Die Wege- oder Konzessionsabgabe, die bis 1938 jeweils 10 vH des Strom-, Wasser und Gasverkaufs (einschließlich des Verkaufswertes der anfallenden Nebenprodukte Koks, Teer, Benzol und Ammoniak) betragen hatte, wurde 1939 auf 12 vH heraufgesetzt; eine entsprechende Wegeabgabe für Gaslieferungen wurde auch an die Gemeinde Steinheim gezahlt

so daß die Ablieferungen an die Stadt insgesamt nur geringen Schwankungen unterworfen waren. Sie lagen von 1936 bis zum Kriegsende immer zwischen 450 000 und 550 000 RM und waren damit ein beständiger und relativ konstanter Einnahmefaktor (siehe dazu die Ausführungen auf Seite 254ff).

Die Ereignisse der letzten Kriegsmonate bereiteten dieser bis dahin positiven Entwicklung ein jähes Ende. Bereits am 12. Dezember 1944 waren durch Bombeneinwirkung das Verwaltungsgebäude, das Ofen- und das Apparatehaus des Gaswerks sowie die Leitungsnetze der Versorgungsbetriebe und die Anlagen der Hafenbahn schwer beschädigt worden. Die Gasproduktion war dadurch zum Erliegen gekommen und die Versorgung der Stadt mit Strom und Wasser erheblich gestört. Bei dem Fliegerangriff am 6. Januar 1945 wurden die Strom- Gas- und Wasserleitungen im Stadtgebiet erneut an zahlreichen Stellen schwer getroffen, und der Bombenhagel am 19. März 1945 vollendete schließlich das Zerstörungswerk. Das Betriebsgebäude des Elektrizitätswerks erhielt dabei einen Volltreffer und sank in Schutt und Asche, die Gleisanlagen der Hafenbahn und die Kaimauer des Mainhafens erlitten schwere Beschädigungen.[1)]

Die finanzwirtschaftlichen Auswirkungen der Zerstörung waren für die Stadt gravierend.[2)] Nicht nur, daß in den folgenden Jahren mit Erträgen nicht mehr zu rechnen war, die Stadt mußte nun auch beträchtliche Summen aufwenden, um die lebensnotwendigen Versorgungseinrichtungen wieder in Gang zu setzen und aufzubauen. Allein mit Betriebszuschüssen von mehr als einer Million RM/DM aus Mitteln des Ordentlichen Haushalts hat die Stadt Hanau bis 1948 Fehlbeträge der Stadtwerke abgedeckt (siehe dazu Tabelle 05 auf Seite 89). Davon entfielen 900 000 RM auf die Zeit vor der Währungsreform, während 180 000 DM als "Erstausstattung" in neuer Währung nach dem 21. Juni 1948 gezahlt wurden. Hinzu kamen beachtliche Beträge, die von 1949 bis 1954 - teils als einmalige Baukostenzuschüsse (1949/1950), größtenteils aber in der Form von Darlehen (1951-1954) - in einem Gesamtumfang von 3 386 975 DM aus Mitteln des Außerordentlichen Haushalts an die Stadtwerke geflossen sind (siehe dazu Tabelle 144 auf Seite 473). Bei der Fremdkapitalbeschaffung übernahm die Stadt Hanau den Banken gegenüber die Schuldnerfunktion und führte die aufgenommenen Mittel den Stadtwerken zu, die dann die Zinslast übernahmen. In den Buchungsunterlagen zu diesen Finanzvorgängen des Außerordentlichen Haushalts sind folgende "Kreditbeträge zur Weitergabe an die Stadtwerke" nachgewiesen:

1951	170 000	DM,
1952	1 500 000	DM,
1953	500 000	DM.

Ein anderer Teil der Kreditfinanzierung ging aus "inneren Darlehen" hervor. Nachdem die Wegeabgabe mit dem Beginn der Fünfziger Jahre wieder erwirtschaftet werden konnte und ab 1951 tatsächlich auch gezahlt wurde, überließ die Stadt den Eigenbetrieben Teilbeträge des Aufkommens darlehensweise für Zwecke des weiteren Aus- und Wiederaufbaus, so

1953	170 000	DM und
1954	340 000	DM.

1) Vgl. dazu Verwaltungsbericht der Stadt Hanau für die Verwaltungsjahre 1945 und 1946, Hanau 1948, S.69

2) Der in der Tabelle 143 auf Seite 473 für das Rechnungsjahr 1945 ausgewiesene Überschuß von 29 607 RM, der aus einer Restzahlung an Konzessionsabgabe aus dem Jahre 1944 resultiert, gibt die 1945 tatsächlich entstandene Finanzbedarfslage der Stadtwerke insoweit nicht richtig wieder

Zu erwähnen ist schließlich ein Darlehen aus ERP-Mitteln in Höhe von 200 000 DM, das die Stadt 1954 auf Antrag erhielt und den Stadtwerken für die Fertigstellung des neuen Verwaltungsgebäudes überließ.

Durch die Initiativen des Magistrats, der dem Aufbau der Eigenbetriebsanlagen einen hohen Stellenwert zuwies, gelang es, die Funktionsfähigkeit der Versorgungsbetriebe in relativ kurzer Zeit wiederherzustellen. Bereits Ende 1945 waren die Strom- und Wasserversorgung wenigstens notdürftig wieder in Gang gebracht, insbesondere die wichtigen Industriebetriebe an die Leitungsnetze angeschlossen. Die Versorgung der Industrie mit Gas aus der Fernleitung von Seligenstadt, die innerhalb des Stadtgebiets nur wenige Bombentreffer erhalten hatte, konnte im März 1946 aufgenommen werden.[1] Zur Vorbereitung der Gaslieferungen an die Privathaushalte sowie an die Abnehmer in Steinheim, den Landkreisen Hanau und Gelnhausen wurden die Reparaturarbeiten am Gashochbehälter mit Nachdruck vorangetrieben.

Insgesamt wurden von den Stadtwerken in der Zeit von 1945 bis zum 31. Dezember 1947 für Instandsetzungen und die Beseitigung von Kriegsschäden folgende Beträge aufgewandt:

Elektrizitätswerk	542 060 RM
Gaswerk	610 794 RM
Wasserwerke	205 513 RM
Mainhafen	216 644 RM.

Die grundsätzliche Frage, ob die Gasproduktion überhaupt wieder aufgenommen oder die Versorgung der Stadt auf Fremdbezug umgestellt werden sollte, hat die städtischen Körperschaften längere Zeit beschäftigt.[2] Nach Einholung von technischen Gutachten und sorgfältiger Abwägung des "Für" und "Wider" entschied man sich schließlich für den Fremdbezug. Für die Herstellung neuer Produktionsanlagen[3] hätte die Stadt mit einer Nettoinvestition von mehr als 8 Millionen RM/DM rechnen müssen, was - angesichts des gewaltigen Investitionsbedarfs für den Wiederaufbau anderer städtischer Objekte - damals nicht zu verantworten und finanzwirtschaftlich kaum zu verkraften gewesen wäre. Erleichtert wurde die Entscheidung zugunsten des Fremdbezugs einerseits dadurch, daß der Ferngaslieferant der ersten Stunde, das Gaswerk der Stadt Darmstadt, das später unter der Bezeichnung "Südhessische Gas und Wasser AG, Darmstadt" firmierte,[4] im Rahmen eines langfristigen Abkommens Gaslieferungen zu günstigen Bedingungen anbot, die die Rentabilität des Fremdbezugsgeschäftes gewährleistete. Zum anderen eröffnete sich der Stadt Hanau die Möglichkeit einer wesentlichen Verbesserung der Versorgungslage durch die Errichtung einer weiteren Fernleitung von den Maingaswerken in Frankfurt, die ihrerseits an den Ruhrgasverbund angeschlossen waren. Von dieser Möglichkeit hat die Stadt Hanau

---

1) Aus dieser Leitung direkt beliefert wurden die Firmen: Heraeus-Vacuumschmelze, Brown, Boveri & Cie., die Quarzlampen GmbH und W.C.Heraeus GmbH (Vgl.Verwaltungsbericht der Stadt Hanau für die Verwaltungsjahre 1945 und 1946, Hanau 1948, S.72)

2) Vgl. Mitteilungsblatt für den Stadt- und Landkreis Hanau vom 29. Juni 1946, ferner Verwaltungsbericht der Stadt Hanau für die Verwaltungsjahre 1945 und 1946, Hanau 1948, S.72

3) Dabei hatte man an die Verlegung der Gasproduktion aus der Leipziger Straße (am Rande der Wohnviertel der Innenstadt) in das Hafengebiet gedacht

4) Das Darmstädter Gaswerk war Teil der bis 31.12.1949 als Eigenbetrieb geführten "Stadtwerke Darmstadt", die mit Wirkung vom 1.1.1950 in eine Eigengesellschaft der Stadt Darmstadt unter der Bezeichnung "Südhessische Gas und Wasser AG" umgewandelt wurden (Vgl. dazu W.Fischer, a.a.O., S.428)

Gebrauch gemacht und im Jahr 1949 einen Liefervertrag mit der Maingaswerke AG in Frankfurt abgeschlossen, der die Gasversorgung der Stadt Hanau auf 30 Jahre sicherte. Die Fernleitung von Frankfurt nach Hanau wurde am 5. Januar 1950 in Betrieb genommen.

Die Aufräumungs- und Ausbesserungsarbeiten auf dem Betriebsgelände der Stadtwerke waren 1950 soweit abgeschlossen, daß mit dem systematischen Neuaufbau begonnen werden konnte. Schwere Sorgen bereitete nach wie vor die Wiederherstellung der Leitungsnetze, der Gasregler- und Trafostationen. Ein beträchtlicher Teil der laufenden Personal- und Sachausgaben mußte dafür aufgewandt werden. In der Wasserversorgung waren die Rohrleitungsschäden das größte Problem, das bis zum Ende des Untersuchungszeitraums nicht vollständig behoben werden konnte. Die Wasserverluste betrugen 1949 noch über 30 vH. Sie verringerten sich zwar durch laufende Reparaturarbeiten ständig, lagen aber 1954 noch immer bei 21 vH.

Mit der zunehmenden Bautätigkeit in der Stadt nahm die Zahl der Hausanschlüsse ständig zu, so daß sich der Strom-, Gas- und Wasserabsatz von Jahr zu Jahr erhöhte. Diese Entwicklung war auf der Kostenseite von häufigen Lohn- und Preissteigerungen begleitet, die die Aufwands- und Ertragsrechnungen erheblich beeinflußten. Insbesondere die steigenden Kohlenpreise haben sich auf die Energiepreisbildung nachhaltig ausgewirkt. Die Strom- und Gastarife mußten daher zweimal, 1948 und 1951, die Wasserpreise einmal, im Jahr 1951, heraufgesetzt werden.[1] Neue finanzielle Belastungen ergaben sich danach einerseits aus dem Wiederaufleben der Konzessionsabgabe, andererseits aus dem lebhaften Anstieg der Zinsen für die seit 1951 aufgenommenen Kredite. Hinzu kam schließlich die Verlustübernahme aus dem Organschaftsverhältnis mit der Hanauer Straßenbahn AG. Die Einzelbeträge sind der folgenden Übersicht zu entnehmen.

Jahr	Aufwand für	Elektrizitätswerk	Gaswerk	Wasserwerke	Summe
1951	Konzessionsabgabe[a]	261 604	93 785	56 948	412 337
	Zinsen	13 942	7 337	7 617	28 896
	Verlustabdeckung	121 524	-	-	121 524
1952	Konzessionsabgabe[a]	320 099	115 927	64 014	500 040
	Zinsen	31 188	8 456	9 243	48 887
	Verlustabdeckung	120 470	-	-	120 470
1953	Konzessionsabgabe[a]	367 427	140 951	70 527	578 905
	Zinsen	97 828	24 525	24 602	146 955
	Verlustabdeckung	148 249	-	-	148 249
1954	Konzessionsabgabe[a]	402 365	151 773	70 634	624 772
	Zinsen	125 047	42 885	40 968	208 900
	Verlustabdeckung	126 193	-	-	126 193

a) Die Summen der Konzessions- oder Wegeabgabe sind mit den Werten der Tabelle 54 auf Seite 250 nicht vergleichbar, einerseits weil es sich bei den Werten dort um bereinigte Zahlen (ohne Kassenreste) handelt, während die vorstehenden Zahlen aus dem Sollabschluß gewonnen wurden; andererseits enthalten die Konzessionsabgabenanteile des Gaswerks auch die an die Gemeinde Steinheim gezahlten Beträge.

1) Beschlüsse der Stadtverordnetenversammlung vom 4. August 1948 und vom 25. April 1951 (vgl. dazu Mitteilungsblatt für den Stadt- und Landkreis Hanau, Folge 172 vom 7. August 1948 sowie Hanauer Anzeiger Nr.97/218.Jahrg. vom 26. April 1951, S.4

Die unterschiedliche Entwicklung der einzelnen Abteilungen der Stadtwerke in den letzten vier Untersuchungsjahren ist an den Daten des Strom- und Gasbezugs, der Wasserförderung und der Gebühreneinnahmen des Hafenbetriebs der Stadt Hanau leicht ablesbar. Danach hat sich der Strombezug seit 1951 nahezu verdoppelt, der Gasbezug hat um 56 vH, die Wasserförderung um 21 vH zugenommen, was sich in entsprechenden Umsatzsteigerungen niederschlug und auf die starke Expansion der Versorgungsbetriebe in den Aufbaujahren hinweist. Die Gebühreneinnahmen des Mainhafens stagnierten dagegen und waren - trotz zweier Gebührenerhöhungen[1] - am Ende sogar rückläufig.

Entwicklung der Abteilungen der Stadtwerke Hanau 1951 - 1954

Jahr	Elektrizitätswerk Strombezug (Ist) DM	Gaswerk Gasbezug (Ist) DM	Wasserwerke Wasserförderung Mio cbm	Mainhafen Ist-Einnahmen aus Werft- und Schutzgebühren DM
1951	3 759 965	657 433	3,3	141 085
1952	4 890 187	826 958	3,6	161 170
1953	5 880 076	1 026 338	3,9	145 262
1954	6 619 917	1 027 330	4,0	136 764

(Eine Gegenberstellung von Daten der Versorgungsbetriebe der Städte Hanau, Aschaffenburg, Fulda, Gießen und Marburg für das Jahr 1951 findet sich im Anhang B 41, 42 und 43)

Die Fehlbeträge des Mainhafens in der ersten Nachkriegszeit waren zunächst eine Folge der umfangreichen Kriegsschäden, deren Behebung beträchtliche Kosten verursachte, denen aber nur geringe Einnahmen gegenüberstanden. Es mußten Schiffswracks gehoben und beseitigt, Bombenschäden an der Kaimauer repariert und die Gleisanlagen der Hafenbahn instandgesetzt werden, ehe der Umschlagsbetrieb sich wieder normalisieren konnte. Aber auch danach erwiesen sich die Aufwendungen der laufenden Unterhaltung im Verhältnis zur Auslastung der Hafenanlagen und damit zu den erzielbaren Gebührenerträgen immer als zu hoch. Besondere Beispiele für die mit der Instandhaltung verbundene Kostenlast sind die Beseitigung von "Kalischäden"[2] sowie die von Fall zu Fall erforderlichen Ausbaggerungen des Hafenbeckens, die nicht nur für die Aufrechterhaltung der Betriebsfähigkeit, sondern auch wegen der Schutzfunktion des Hafens für die Mainschiffahrt bei Niedrigwasser von grundsätzlicher Bedeutung sind und von der oberen Schiffahrtsbehörde zur Auflage gemacht wurden. Derartige Baggerarbeiten sind vorwiegend nach Hochwasserperioden notwendig. Sie wurden in den Jahren 1950 mit rund 30 000 DM, 1951 mit 40 000 DM und 1952 mit weiteren 100 000 DM veranschlagt.

---

1) Nachdem die Hafenbahn- und Werftgebühren bereits am 22. August 1949 an die gestiegenen Kosten angepaßt worden waren, beschlossen die Stadtverordneten am 17. März 1952 erneut eine Erhöhung der Hafenbahngebühren um 60 vH (für Kali nur um 50 vH) sowie der Werftgebühren um 30 vH vom gleichen Zeitpunkt (1.3.1952) an. Sie folgten damit den allgemeinen Lohn- und Preissteigerungen sowie der Anhebung der Gebührentarife der Bundesbahn für Rangierleistungen

2) Schäden an der Kaimauer entstanden beim laufenden Kali-Umschlag insbesondere dadurch, daß in Wasser gelöste Teile des Düngemittels in die Mauer eindrangen und sie von hinten zersetzten

4. Die Unternehmen der Verkehrsförderung

a) Die Stadthalle

Die Betriebsgesellschaft der "Stadthalle" ist eine städtische Eigengesellschaft und wird in der Rechtsform einer GmbH geführt, deren alleinige Gesellschafterin die Stadt Hanau ist.[1] Zu ihren Aufgaben gehörten bis zum Kriegsende außer der Verwaltung der Stadthallen-Säle und des angeschlossenen Restaurationsbetriebes auch das "Stadtgarten"-Restaurant und ab 1. April 1943 das "Hotel Adler", das die Gesellschaft von der Stadt Hanau gepachtet hatte. Alle drei Gebäudekomplexe fielen 1944/45 den Bombenangriffen zum Opfer.

Nach 1945 ruhte die Geschäftstätigkeit der Stadthallen GmbH. Mit der Fertigstellung des Gästehauses "Hanauer Hof" (siehe weiter unten) übernahm sie dann 1950 zunächst dessen Verwaltung. Ein Jahr später kam die Verwaltung der Stadthalle wieder hinzu, nachdem diese aufgebaut und ihrer Bestimmung übergeben worden war (siehe dazu die Ausführungen auf Seite 373f).

Dem Gründungsgedanken gemäß sollte die Stadthallen GmbH sich selbst tragen, d.h. die Ausgaben sollten durch die Einnahmen, die sich in der Hauptsache aus Saalmieten, Einlaßgeldern und den Pachterträgen aus der Bewirtschaftung der Restaurationsbetriebe zusammensetzten, gedeckt werden. Erzielt werden sollte darüber hinaus zeitweilig eine 4%ige Verzinsung der Stammeinlage von 20 000 RM, auf die die Stadt aber nach 1936 verzichtete. In den Haushaltsplänen erschienen daher bei dem Unterabschnitt Stadthalle bis 1944 einschließlich nur Einnahmen aus der mietweisen Überlassung der genannten Objekte an die GmbH und geringfügige sonstige Einnahmen, die zusammen der Rücklage für kulturelle Zwecke zugeführt wurden. Auf der Ausgabenseite waren nur Entschädigungen der Stadt für "Preisnachlässe im öffentlichen Interesse" zu finden. Diese vereinzelt ausgewiesenen Entschädigungsleistungen an die Gesellschaft wurden lediglich für solche Veranstaltungen gewährt, bei denen wegen des öffentlichen Interesses die Säle den Veranstaltern entweder verbilligt oder unentgeltlich zur Verfügung gestellt wurden. Während des Dritten Reiches waren dies hauptsächlich Parteiveranstaltungen der NSDAP.

1943 und 1944 entstand bei den bis dahin insgesamt positiv abschließenden "Unternehmen der Verkehrsförderung" ein Zuschußbedarf durch die Angliederung des Hotels Adler.

Die nach dem Kriege wiederaufgebaute Stadthalle sollte der Betriebsgesellschaft anfänglich zur Nutzung ohne Entgelt überlassen werden.[2] Dazu kam es jedoch nicht. Der mit der Stadthallen GmbH tatsächlich abgeschlossene Pachtvertrag sah vielmehr für das Anlaufjahr 1951 eine Pacht von 6 000 DM, für die Jahre danach von 8 000 DM p.a. vor.

---

1) Die "Hanauer Stadthallen GmbH" wurde durch Vertrag vom 6. November 1928 von der Stadt Hanau und dem Musikdirektor Heinrich Appun gegründet. Gegenstand des Unternehmens, das unter der Nummer 552 im Handelsregister beim Amtsgericht Hanau eingetragen wurde (heute: HR B 1076), waren anfänglich allein "der Betrieb und die Verwaltung der Stadthalle." Das Stammkapital betrug 20 000 RM, von dem 19 000 RM auf die Stadt Hanau und 1 000 RM auf den Gesellschafter Appun entfielen, der gemäß § 4 des Gesellschaftsvertrages verpflichtet war, "der Stadt Hanau jederzeit auf Verlangen seinen Geschäftsanteil gegen Erstattung der von ihm darauf eingezahlten Beträge zu übertragen." Dies geschah noch vor dem 14. März 1932, so daß die Stadt Hanau von dem Zeitpunkt an alleinige Gesellschafterin war

2) Vgl. Haushaltsplan 1951, S.123, Anmerkung zu 850

Diese Umorientierung erschien dem Magistrat zwingend geboten, nachdem fortan bei diesem Unterabschnitt mit hohen Ausgaben, verursacht durch den überwiegend mit Fremdkapital finanzierten Wiederaufbau der Stadthalle, gerechnet werden mußte (siehe oben Seite 373f sowie die Tabelle 144 auf Seite 473). Der zu erwartende städtische Zuschuß sollte in Anbetracht der angespannten Finanzlage deshalb so niedrig wie möglich gehalten werden. Als kostentreibend erwies sich vor allem der Schuldendienst, der allein zwischen 85 und 91 vH aller Aufwendungen der Haushaltsstelle ausmachte. Im einzelnen wurden dafür gezahlt:

	für Zinsen	für Tilgung	insgesamt
1951	30 111 DM	37 668 DM	67 779 DM
1952	30 124 DM	57 860 DM	87 984 DM
1953	25 585 DM	47 247 DM	72 832 DM
1954	22 798 DM	47 552 DM	70 350 DM.

Nach Abzug der Reineinnahmen hatte die Stadt in dieser Zeit jährliche Zuschußleistungen an die Gesellschaft von durchschnittlich 77 000 DM zu erbringen.

b) Das Gästehaus ("Hanauer Hof")

Während der Luftangriffe in den letzten Kriegsmonaten waren in Hanau sämtliche Beherbergungsbetriebe vernichtet worden. Dieser Verlust an Hotelbetten wurde nicht nur von Behörden, sondern auch von der heimischen Wirtschaft heftig beklagt, die in der wichtigen Aufbauphase auswärtige Besucher und Geschäftspartner nicht in angemessener Weise unterbringen konnten. Angesichts der damals herrschenden Materialknappheit und des Fehlens an Facharbeitern fand sich in dieser schwierigen Zeit kein Investor, der bereit und in der Lage gewesen wäre, in Hanau ein Hotelprojekt zu realisieren. Der Magistrat glaubte deshalb, im Interesse der allgemeinen Verkehrs- und Wirtschaftsförderung - neben der Lösung der Probleme des Wiederaufbaus und der Schaffung von Wohnungen - auch dem Mangel an ausreichenden Unterbringungsmöglichkeiten für Besucher der Stadt abhelfen und damit den Bedürfnissen der heimischen Wirtschaft Rechnung tragen zu müssen. So entstand 1946 der Gedanke, ein Gästehaus (Hotel) unter städtischer Regie zu errichten, das wenigstens dem dringendsten Bettenbedarf gerecht werden sollte. Als ein dafür geeignetes und ausbaufähiges Objekt hielt der Magistrat die verkehrsmäßig günstig gelegene Brüningsche Villa in der Philippsruher Allee nahe der Hellerbrücke, die zwar beschädigt aber in ihrer Bausubstanz soweit erhalten geblieben war, daß man mit einem zügigen Aufbau rechnen konnte.

Die Verhandlungen mit der Eigentümerin, die einen Verkauf des insgesamt 12 Hektar großen Grundstücks ablehnte, führten schließlich zu dem Abschluß eines Pachtvertrages auf zunächst 15 Jahre, wobei der Stadt ein grundbuchlich abgesichertes Vorkaufsrecht, der Eigentümerin ein auf wenige Räume begrenztes Nutzungsrecht auf Lebenszeit eingeräumt wurde. Der Pachtzins sollte bis zum 30. Juni 1949 monatlich 500 RM betragen. Die von der Stadt zu tragenden Instandsetzungs- und Umbaukosten des Gebäudes, die mit

80 000 RM veranschlagt waren, wurden durch eine Grundschuld zugunsten der Stadt Hanau gesichert.[1] Der Pachtanspruch der Eigentümerin wurde nach der Währungsreform 1948 auf Deutsche Mark umgestellt und mit dem zeitlichen Ablauf der ersten Vereinbarung 1949 auf eine monatliche Zahlung von 595 DM erhöht.

Der Umbau, für den vor der Währungsreform ein Betrag von 55 100 RM aufgewandt worden war, zog sich allerdings länger hin als ursprünglich angenommen, so daß das auf eine Kapazität von 42 Betten ausgelegte Hotel erst am 19. August 1950 seiner Bestimmung übergeben werden konnte. Was die Ausbaukosten in der DM-Zeit betrifft, so darf hier auf die Tabelle 144 auf Seite 473 verwiesen werden.

Mit seiner Fertigstellung überließ die Stadt die Führung des Hotelbetriebs einem Pächter, während die Stadthallen GmbH ab 1951 die Verwaltung des Hauses übernahm. Der Unterabschnitt "Gästehaus" (Hanauer Hof) wurde von da an im Haushaltsplan der Stadt Hanau nicht mehr veranschlagt und die sächlichen Kosten - soweit solche noch anfielen - bei dem Unterabschnitt "Bebauter Grundbesitz" im Einzelplan 9 nachgewiesen.

---

1) Die Grundschuld wurde wegen der erheblich gestiegenen Baukosten 1949 auf 120 000 DM aufgestockt. Weitere Einzelheiten zur Entwicklung des Gästehauses und zu dem Pachtvertrag, dem die Stadtverordneten in ihrer Sitzung vom 1. August 1946 zustimmten, im Mitteilungsblatt für den Stadt- und Landkreis Hanau, Folge 64 vom 29. Juni 1946, ferner Folge 69 vom 3. August 1946 und Folge 71 vom 17. August 1946

§ 10

EINZELPLAN 9
Finanzen und Steuern

1. Gliederung und finanzwirtschaftliche Gesamtergebnisse

Dem Einzelplan 9 waren in der Zeit von 1936 bis 1954 die folgenden Abschnitte und Unterabschnitte zugeordnet:

ABSCHNITT:	UNTERABSCHNITT:	HAUSHALTSANSATZ:
Finanz- und Steuerverwaltung		
	Allgemeine Finanzverwaltung	
	Stadt- und Steuerkasse	
	Steuerverwaltung	
Nicht aufteilbarer Schuldendienst		
Rücklagen für den Gesamthaushalt		
	Betriebsmittelrücklage	(ab 1952)
	Tilgungsrücklage	(ab 1952)
	Wiederaufbaurücklage	(ab 1952)
	Ausgleichsrücklage	(ab 1954)
Allgemeines Kapitalvermögen		
Allgemeines Grundvermögen		
	Verwaltung des allgemeinen Grundvermögens	
	Hausverwaltung	(ab 1952)
	Bebauter Grundbesitz	
	Sonstiges Grundvermögen	
Sondervermögen		
	Staatliche Hauszinssteuerhypotheken	
	Gemeindliche Hauszinssteuerhypotheken	
	Unselbständige Stiftungen	
	Gemeindegliedervermögen	
Steuern und steuerähnliche Einnahmen, allgemeine Finanzzuweisungen, allgemeine Umlagen		
	Steuerüberweisungen	(bis 1951)
	[Eigene Steuern]	(bis 1951)
	Steuern und steuerähnliche Einnahmen	(ab 1952)
	[Beihilfen des Reiches und des Landes ohne besondere Zweckbestimmung]	(bis 1944)
	[Beihilfen des Landes Hessen]	(1945-1951)
	(Finanz-) Zuweisungen des Landes	(ab 1952)
	Umlagen an Gemeindeverbände	
	Kriegsbeitrag	(1939-1944)

Abwicklung der Vorjahre		
Verstärkungsmittel		
(Kriegswirtschaftsstellen)		(1940-1944)
(Kriegsfolgekosten)		(1945-1950)
	(Kriegsabwicklungskosten)	(1947-1949)
	(Wiederaufbau der zerstörten Stadt)	(ab 1949)
Wiederaufbau der zerstörten Stadt		(ab 1951)

Die bis 1944 im Einzelplan 9 unter dem Abschnitt 99 zusammengefaßten "Kriegswirtschaftsstellen" mit den Unterabschnitten: Ernährungsamt, Wirtschaftsamt, Quartieramt, Treibstoffwirtschaft, Rückwandererfürsorge, Leistungen für das Heer, Luftschutz und ärztliche Versorgung der Zivilbevölkerung, die - soweit sie mit Aufgaben der Konsumgüterbewirtschaftung befaßt waren - 1945 unter der Bezeichnung "Kriegsfolgekosten" dort zunächst weitergeführt wurden, sind hier nur nachrichtlich erwähnt und deshalb in Klammern ( ) gesetzt. Die genannten Unterabschnitte wurden im Interesse einer einheitlichen Etatgliederung für alle Untersuchungsjahre bei der strukturellen Aufbereitung der Haushaltspläne aus dem Einzelplan 9 herausgelöst und den Einzelplänen zugeordnet, denen sie nach dem System der finanzstatistischen Kennziffer oder nach sachlichen Gesichtspunkten zuzurechnen waren (vgl. oben Seite 316f). Neu hinzu kam 1949 im Einzelplan 9 der Unterabschnitt "Wiederaufbau der zerstörten Stadt", eine Haushaltsstelle, die der Ansammlung vorwiegend investiver Ausgaben diente und im wesentlichen die Zuweisungen des Ordentlichen an den Außerordentlichen Haushalt aufnahm. Sie wurde 1951 zum Abschnitt erhoben.

Entnahmen aus Rücklagen und Zuführungen an diese wurden bis 1950 einschließlich im Haushaltsplan nur in Sammelpositionen ausgewiesen. 1951 fand dagegen bereits eine Aufteilung statt, der 1952 die Einrichtung besonderer Unterabschnitte für die Betriebsmittel-, die Tilgungs- und die Wiederaufbaurücklage folgte. Zuweisungen an die Ausgleichsrücklage wurden erstmalig 1954 ausgewiesen.

Einige Unterabschnitte haben zeitbedingt Änderungen erfahren. Einige dieser Änderungen waren lediglich begrifflicher Natur ("Allgemeine Finanzzuweisungen" anstelle von "Beihilfen des Staates ohne besondere Zweckbestimmung") und standen meist im Zusammenhang mit der 1952 erneuerten Nomenklatur der Finanzstatistik. Bei anderen wiederum sind die zugrundeliegenden Inhalte neu oder anders definiert worden, wie etwa bei den Schlüsselzuweisungen, die in jenem Jahr erstmals im Haushaltsplan als gesonderter Posten erschienen. Bis dahin wurden allgemeine Finanzzuweisungen und zweckgebundene Staatszuweisungen nicht getrennt, sondern in einer Summe unter dem Abschnitt "Beihilfen des Landes" nachgewiesen.

Begriffe, die durch andere zumindest teilweise überlagert oder später ausgetauscht worden sind, wurden in der obigen Aufstellung der Unterabschnitte nur nachrichtlich verwendet und mit [ ] gekennzeichnet.

Im Einzelplan 9 ergaben sich für den Untersuchungszeitraum folgende Gesamteinnahmen und -ausgaben:

Tabelle 145

Rechnungsergebnisse des Einzelplans 9
"Finanzen und Steuern"
im Ordentlichen Haushalt der Stadt Hanau

Rechnungs-jahr	Einnahmen RM/DM	Ausgaben RM/DM	Ausgaben in % der Gesamt-ausgaben OH	Überschuß (+) absolut RM/DM	Überschuß (+) je Einwohner RM/DM
1936	6 877 968	3 555 567	37,1	+ 3 322 401	+ 81,60
1941	9 095 466	5 017 852	36,9	+ 4 077 614	+ 103,50
1945[a)]	4 853 897	1 491 633	22,7	+ 3 362 264	+ 162,71
1949	8 205 861	4 054 771	38,5	+ 4 151 090	+ 144,92
1954	14 888 740	5 328 987	27,1	+ 9 559 753	+ 232,66

a) Die Ergebnisse sind aus Rückrechnungen gewonnen, da ein Zeitbuchabschluß für das Jahr 1945 nicht vorliegt. Grundlage dafür bot der Stadtkassenabschluß, eine zusammengefaßte Ergebnisübersicht zur Haushaltsrechnung. Danach konnte der Ausgleich der Ist-Einnahmen und -Ausgaben 1945 unter Berücksichtigung eines Ist-Überschusses aus 1944 in Höhe von 990 019 RM nur durch Staatszuweisungen von 1 854 715 RM und die Auflösung von Rücklagen in einer Gesamtsumme von 737 079 RM erreicht werden. (Vgl. dazu Schlußbericht des Rechnungsprüfungsamtes über die Prüfung der Jahresrechnung 1945, Seite 3f)

Im Einzelplan 9 fällt der weitaus überwiegende Teil der allgemeinen Deckungsmittel an. Es sind dies vor allem die Steuern und die allgemeinen Finanzzuweisungen, die bereits im 1. Abschnitt der Arbeit untersucht wurden (siehe Seite 173ff), so daß hier auf eine weitere Erörterung verzichtet werden kann. Alle Einnahmen des Einzelplans zusammen machten im Durchschnitt des Untersuchungszeitraums knapp 80 vH der städtischen Gesamteinnahmen im Ordentlichen Haushalt aus, während die Ausgaben nur einem Anteil an den Gesamtausgaben von etwa 33 vH entsprachen. Das unterstreicht die überragende Rolle, die dem Einzelplan 9 "Finanzen und Steuern" in der städtischen Mittelbeschaffung zukommt und erklärt zugleich die hohen Überschüsse, wie sie in der Tabelle 145 ausgewiesen sind. Auffallend ist dabei, daß die absoluten Werte zum Ende der Untersuchungsperiode hin überproportional anstiegen - ein Ergebnis, das auf die ebenfalls überproportional gewachsenen Steuererträge, insbesondere der Gewerbesteuer, zurückzuführen ist (siehe dazu auch die Entwicklung des Abschnitts "Steuern, Zuweisungen und Umlagen" in Tabelle 146). Besonders deutlich wird dies an den Pro-Kopf-Beträgen. Die Überschüsse je Einwohner waren im Jahr 1954 fast dreimal so hoch wie 1936.

Überschüsse - wenn auch in geringerer Höhe - ergaben sich ansonsten nur noch im Abschnitt "Allgemeines Kapitalvermögen", wenn man von den abrechnungsbedingten Sonderfällen bei den "Rücklagen" (1945) und beim "Sondervermögen" (1949) absieht (vgl. Tabelle 146 auf Seite 492). Die Einnahmen des Kapitalvermögens setzten sich zusammen aus Zinserträgen und Rückzahlungen von Aktivdarlehen (Tilgungen), aus Kursgewinnen beim An- und Verkauf von Wertpapieren sowie aus Erlösen von vorübergehend angelegten Geldern der Stadtkasse.

Einzelplan 9
Finanzen und Steuern

Tabelle 146 Rechnungsergebnisse der Abschnitte des Ordentlichen Haushalts in RM/DM

HAUSHALTSABSCHNITT	1936	1941	1945	1949	1954
Finanz- und Steuerverwaltung					
Einnahmen	43 451	26 865	24 572	34 582	102 825
Ausgaben	201 461	215 378	128 858	249 011	487 340
Zuschuß absolut	158 010	188 513	104 286	214 429	384 515
je Einwohner	3,88	4,70	5,04	7,48	9,35
Nicht aufteilbarer Schuldendienst					
Einnahmen	1 105 333	--	--	1 906	--
Ausgaben	1 734 340	665 263	90 141	9 628	11 850
Zuschuß absolut	629 007	665 263	90 141	7 722	11 850
je Einwohner	15,44	16,88	4,36	0,26	0,28
Rücklagen für den Gesamthaushalt					
Einnahmen	16 325	59 645	337 080	15 793	23 094
Ausgaben	173 232	432 245	--	325 793	743 940
Zuschuß/Überschuß absolut	156 907	372 600	+ 337 080	310 000	720 846
je Einwohner	3,85	9,45	+ 16,31	10,82	17,54
Allgemeines Kapitalvermögen					
Einnahmen	44 643	73 044	32 807	17 628	176 763
Ausgaben	7 325	513 437	9 351	2 296	89 262
Zuschuß/Überschuß absolut	+ 37 318	440 393	+ 23 456	+ 15 332	+ 87 501
je Einwohner	+ 0,91	11,17	+ 1,13	+ 0,53	+ 2,12
Allgemeines Grundvermögen					
Einnahmen	481 281	535 075	305 387	259 068	502 081
Ausgaben	704 984	1 078 759	482 578	280 925	1 056 920
Zuschuß absolut	223 703	543 684	177 191	21 857	554 839
je Einwohner	5,49	13,80	8,57	0,76	13,50
Sondervermögen					
Einnahmen	316 077	463 274	194 447	36 825	23 703
Ausgaben	316 077	463 274	195 217	19 051	24 132
Zuschuß/Überschuß absolut	--	--	770	+ 17 774	429
je Einwohner	--	--	(0,03)	(+ 0,62)	(0,01)
Steuern, Zuweisungen, Umlagen					
Einnahmen	4 870 858	7 073 749	2 969 585	7 670 305	11 928 154
Ausgaben	307 414	1 649 496	109 314	340 503	942 384
Überschuß absolut	+ 4 563 444	+ 5 424 253	+ 2 860 271	+ 7 329 802	+10 985 770
je Einwohner	+ 112,08	+ 137,68	+ 138,42	+ 255,90	+ 267,36

Tabelle 146 Rechnungsergebnisse der Abschnitte des Ordentlichen Haushalts in RM/DM (Fortsetzung)

HAUSHALTSABSCHNITT	1936	1941	1945	1949	1954
Abwicklung der Vorjahre					
Einnahmen	--	863 814	990 019	169 754	2 132 120
Ausgaben	100 734	--	--	--	--
Verstärkungsmittel					
Einnahmen	--	--	--	--	--
Ausgaben	10 000	--	--	--	--
Wiederaufbau der zerstörten Stadt					
Einnahmen	..	..	--	--	--
Ausgaben	..	..	476 174	2 827 564	1 973 159
Zuschuß absolut	..	..	476 174	2 827 564	1 973 159
je Einwohner	..	..	23,04	98,71	48,02

Zu den herausragenden Posten unter den Ausgaben des Einzelplans 9 gehörten die Aufwendungen für den städtischen Grundbesitz (Instandhaltung, Schuldendienst, Steuern und Abgaben), die Gewerbesteuerausgleichszahlungen an Wohngemeinden, die Bezirksumlage sowie die Personal- und Sachausgaben der Finanz- und Steuerverwaltung. Die Ausgaben für den nicht aufteilbaren Schuldendienst, die wegen der beträchtlichen Verschuldung der Stadt vor dem Kriege und bis zum Jahr 1948 noch eine erhebliche Rolle gespielt hatten, sind nach der Währungsreform infolge der Abwertung stark zurückgegangen und haben - zumindest bis zum Ende der Untersuchungsperiode - auch keine besondere Bedeutung mehr erlangt.

Die zweifellos wichtigsten Posten auf der Ausgabenseite des Einzelplans 9 nach 1945 waren aber die Zuweisungen der im Ordentlichen Haushalt ersparten Mittel an den Außerordentlichen Haushalt. In diesen Beträgen, die in vollem Umfang dem Wiederaufbau zugutekamen, dokumentiert sich - trotz mancher und zuweilen wohl auch berechtigter Kritik an der städtischen Finanzpolitik - die insgesamt sparsame Haushaltsführung des Magistrats während dieser für die Stadt Hanau so bedeutsamen Aufbaujahre.

Die Effektiv-Ausgaben des Außerordentlichen Haushalts des Einzelplans 9 (Tabelle 147) enthalten in erster Linie die hohen Aufwendungen der Stadt für Aktivdarlehen und die umfangreichen Grundstücksgeschäfte im Zusammenhang mit dem Wiederaufbau und der Förderung des Wohnungsbaus (siehe oben Seite 429f). Sie erreichten gegen Ende der Untersuchungsperiode ihr Maximum. Unter den Ausgaben des Allgemeinen Kapitalvermögens sind hier u.a. die an die Baugesellschaften und -genossenschaften gewährten Kredite, die Arbeitgeberdarlehen sowie die für den Aufbau der Versorgungsbetriebe aufgenommenen und an die Stadtwerke weitergegebenen Fremdmittel nachgewiesen.

Einzelplan 9

Tabelle 147 — Effektiv-Ausgaben im Außerordentlichen Haushalt der Stadt Hanau in DM

HAUSHALTSABSCHNITT	1948 DM	1949	1950	1951	1952	1953	1954
Allgem. Kapitalvermögen	81	210	272 514	326 553	562 867	142 711	1 249 356
Rücklagen	-	-	-	-	339 300	-	-
Beteiligungen[a)]	-	-	-	-	-	-	-
Unbebauter Grundbesitz	63 210	405 374	536 526	494 575	598 573	727 202	861 268
Bebauter Grundbesitz	20 532	1 069 675	288 375	965 753	534 428	311 189	440 444
Sonstiges	100	-	-	18 209	1 791	-	-
Insgesamt	83 923	1 475 259	1 097 415	1 805 090	2 036 959	1 181 102	2 551 068

a) Die in den Zeitraum von 1948 bis 1954 fallenden Übernahmen von Geschäftsanteilen an Wohnungsbaugesellschaften sind im Einzelplan 6 nachgewiesen (Vgl. dazu Tabelle 112 auf Seite 431)

2. Die Finanz- und Steuerverwaltung

Zu den drei klassischen Ressorts der städtischen Finanzverwaltung gehören:

die allgemeine Finanzverwaltung einschließlich der Verwaltung des Kapital- und Sondervermögens sowie der Schulden,
die Stadt- und Steuerkasse
und die Steuerverwaltung,

deren Rechnungsergebnisse in der folgenden Tabelle zusammengestellt sind:

Tabelle 148 — Rechnungsergebnisse der "Finanz- und Steuerverwaltung" im Ordentlichen Haushalt der Stadt Hanau nach Unterabschnitten in RM/DM

Unterabschnitt	1936	1941	1945	1949	1954
Allgem. Finanzverwaltung					
Einnahmen	23 312	7 031	6 431	21 551	1 957
Ausgaben	31 714	38 613	42 944	98 262	169 476
darin Personalausgaben	29 640	36 651	41 295	72 048	146 558
in vH	93,5	94,9	96,2	73,3	86,5
Stadt- und Steuerkasse					
Einnahmen	13 942	13 654	15 141	10 031	91 522
Ausgaben	109 815	107 032	55 519	95 016	177 963
darin Personalausgaben	100 189	98 795	49 075	86 217	156 938
in vH	91,2	92,3	88,4	90,7	88,2
Steuerverwaltung					
Einnahmen	6 197	6 180	3 000	3 000	9 346
Ausgaben	59 932	69 733	30 395	55 733	139 901
darin Personalausgaben	56 167	65 062	26 027	45 956	115 495
in vH	93,7	93,3	85,6	82,5	82,6

Die Einnahmen der Unterabschnitte setzten sich in der Hauptsache zusammen aus Verwaltungsgebühren, zu denen auch die Beitreibungsgebühren der Stadtkasse zu rechnen sind, sowie aus den Verwaltungskostenbeiträgen anderer Haushaltsstellen. Bei der Stadtkasse fielen außerdem, insbesondere in den letzten Untersuchungsjahren, erhebliche Zinserträge aus vorübergehend angelegten Geldern und aus dem Kontokorrentverkehr an, so in

1951 31 646 DM,
1952 54 297 DM,
1953 66 173 DM
und 1954 76 988 DM.

Die Verwaltungskostenbeiträge gründeten sich bei der Allgemeinen Finanzverwaltung auf die Dienstleistungen dieses Amtes für die unselbständigen Stiftungen, bei der Stadtkasse auf das Inkasso von Wohnungsmieten für den städtischen Grundbesitz und bei der Steuerverwaltung auf die Veranlagung und Erhebung von Kanal- und Müllabfuhrgebühren für die Unterabschnitte Stadtentwässerung und Müllbeseitigung.

Auf der Ausgabenseite standen diesen Einnahmen vor allem Personal- und Sachausgaben gegenüber. Die drei Ämter, die in der Vorkriegszeit eine relativ konstante Personalbesetzung aufwiesen, sind nach dem Krieg mit den Anforderungen entsprechend gewachsen, was sich in den steigenden Ausgaben niederschlägt. Auffallend ist hier insbesondere die Allgemeine Finanzverwaltung, die den stärksten Personalkostenzuwachs aufweist. Der Kostenanstieg nach dem Kriege war aber nicht nur durch die zahlenmäßige Aufstockung des Personals bedingt, er war vielmehr auch verursacht durch die gesetzlichen und tarifvertraglichen Anhebungen der Besoldung und einer im Verhältnis zur Vorkriegszeit wesentlich stärkeren Belastung der Dienststellen mit Altersruhegeldzahlungen. Während der Anteil der Ruhegelder an dem gesamten Personalaufwand der Finanz- und Steuerverwaltung im Durchschnitt der Jahre 1938 bis 1940 beispielsweise nur 16,1 vH betrug, lag dieser im Durchschnitt der Jahre 1952 bis 1954 immerhin fast 10 vH darüber, nämlich bei 25,7 vH.

3. Die Verwaltung des städtischen Grundbesitzes

Die Grundstücksverwaltung unterscheidet zwischen "unbebautem" und "bebautem Grundbesitz", die im Haushaltsplan in getrennten Unterabschnitten veranschlagt werden. Zum bebauten Grundbesitz gehören die städtischen Wohn- und Geschäftsgrundstücke[1]), zum unbebauten die im Eigentum der Stadt stehenden freien Flächen, wie etwa landwirtschaftlich und gärtnerisch nutzbare Liegenschaften, Wiesen, Ackerland, aber auch Geländeparzellen, die der Industrieansiedlung zu dienen bestimmt sind, Bau- und Bauerwartungsland etc. Soweit solche unbebauten Grundstücke Dritten zur zeitweiligen Nutzung überlassen sind, werfen sie in der Regel einen Pachtertrag ab. Unter den laufenden Einnahmen der Haushaltsstelle "Unbebauter Grundbesitz" finden sich daher vorwiegend Pachten, in geringem Umfang auch Erträge aus verzinslich angelegten Rücklagen. Die Pachteinnahmen waren durch Zu- und Abgänge im Bestand an Grundstücken zwar immer

1) Nach dem Reichsbewertungsgesetz rechnete man zu den *Wohngrundstücken* solche, die zu mehr als 80 vH Wohnzwecken dienen, zu den *Geschäftsgrundstücken* solche bebauten Grundstücke, die zu mehr als 80 vH gewerblichen oder öffentlichen Zwecken dienen (vgl. W.Fischer a.a.O., S.442)

gewissen Schwankungen unterworfen, sie erreichten aber nach 1945 infolge des Überhangs an Zugängen und der nach der Währungsumstellung 1948 allmählich anziehenden Pachtzinsen im Durchschnitt ein höheres Niveau als vor dem Krieg. Festzustellen ist allerdings, daß die Pachterträge ab 1951 wieder eine leicht rückläufige Tendenz aufwiesen wegen der häufigeren Vergabe von Grundstücken unter den Bedingungen des Erbbaurechts.

Tabelle 149 Rechnungsergebnisse des Unbebauten und Bebauten Grundbesitzes im Ordentlichen Haushalt der Stadt Hanau 1936 - 1953 in RM/DM

Rechnungsjahr	Unbebauter Grundbesitz			Bebauter Grundbesitz		
	Einnahmen	Ausgaben	Zuschuß (-) Überschuß (+)	Einnahmen	Ausgaben	Zuschuß (-) Überschuß (+)
1936 RM	33 997	18 275	+ 15 722	445 401	649 400	- 203 999
1938 RM	41 572	147 949	- 106 377	455 141	479 143	- 24 002
1940 RM	48 391	437 732	- 389 341	490 421	514 575	- 24 154
1947 RM	62 465	37 793	+ 24 672	202 517	1 192 687	- 990 170
1949 DM	55 273	52 405	+ 2 868	203 479	217 657	- 14 178
1951 DM	66 667	83 133	- 16 466	310 118	470 747	- 160 629
1953 DM	58 238	224 623	- 166 385	356 592	532 568	- 175 976

Die Ausgabepositionen des Unbebauten Grundbesitzes in den Jahren 1938 und 1940 fallen hier insofern aus dem Rahmen, als sie hohe einmalige Ausgaben für Grundstücksankäufe (1938: 60 902 RM / 1940: 100 100 RM) und Zuweisungen an den Außerordentlichen Haushalt (1940: 250 731 RM) enthalten. Sie standen im Zusammenhang mit der Anwerbung eines westdeutschen Großunternehmens der Waschmittelindustrie, das die Hanauer Industriestruktur und - langfristig gesehen - auch die Gewerbesteuererträge der Stadt verbessern sollte. Als Standort für dieses Unternehmen war das Hafengebiet vorgesehen. Dem Projekt, dem die Verwaltung mehrere Jahre lang große Aufmerksamkeit gewidmet hatte und für das ein besonderer Kapitalfonds (Henkelfonds) gebildet worden war, blieb jedoch am Ende der Erfolg versagt und mußte aufgegeben werden.

Unter den regelmäßig wiederkehrenden Ausgaben des Unbebauten Grundbesitzes nahmen neben den Steuern, Abgaben und Versicherungen vor allem die Aufwendungen für den Schuldendienst (Zinsen, Tilgung) den größten Raum ein. Die für die Stadtentwicklung so außerordentlich wichtigen Baulandreserven lassen sich nur durch eine vorausschauende Grundstückspolitik sicherstellen, insbesondere dann, wenn - wie in Hanau - die für Bebauungszwecke geeigneten Flächen im Stadtgebiet knapp sind und die Aufschließung neuer Baugebiete, zum Beispiel in den hochwassergefährdeten Randzonen, mit besonderen Schwierigkeiten und hohen Kosten verbunden ist (vgl. oben Seite 10). Die Stadt Hanau hat deshalb im Rahmen ihrer Möglichkeiten immer eine gewisse Vorratswirtschaft betrieben und Geländeankäufe mit langfristigen Krediten finanziert. Die Zins- und Tilgungsbeträge dafür gingen zu Lasten der Haushaltsstelle Unbebauter Grundbesitz. Diese Grundstücksvorratspolitik wurde auch nach 1945 grundsätzlich fortgeführt. Sie erhielt jedoch einen zusätzlichen Akzent durch die Notwendigkeit, große Flächen der zerstörten Innenstadt für die Errichtung von Wohngebäuden baureif zu machen. Das führte dazu, daß die meist kreditfinanzierten Grundstückskäufe erheblich zunahmen. In den hohen außerordentlichen Ausgaben der Tabelle 147 kommt dies sichtbar zum Ausdruck. Für die Zeit von 1948 bis 1954 weisen die Außerordentlichen Haushalte allein für den Geländeerwerb (unbebauter Grundbesitz) Beträge mit einem Gesamtvolumen von mehr als 3,68 Millionen DM aus. Die Auswirkungen der fremdfinanzierten Grundstücksgeschäfte auf den Ordentlichen Haushalt werden durch den Anstieg des Schuldendienstes dokumentiert, der in der gleichen Zeit stark zunahm. Von den Ausgaben des Jahres 1953 (siehe oben Tabelle 149) entfielen auf Zinsen und Tilgung 121 168 DM (=53,9 vH). 1954 waren es bereits 178 572 DM (=55,1 vH).

Einen weiteren zusätzlichen Aufwand für den städtischen Grundbesitz brachten ab 1949 die Lastenausgleichsabgaben. Die Stadt mußte mit der Heranziehung der stadteigenen Liegenschaften zur Vermögensabgabe rechnen. Da sich jedoch die endgültige Veranlagung von Jahr zu Jahr hinausschob - sie lag auch am Ende des Untersuchungszeitraums noch nicht vor -, sah sich der Kämmerer veranlaßt, entsprechende Reserven anzulegen. So kam es 1953 zur Einrichtung einer "Rücklage für Lastenausgleichsabgaben" für den Bebauten (74 887 DM) und für den Unbebauten Grundbesitz (53 481 DM), die die Gesamtausgaben beider Unterabschnitte weiter nach oben trieb.

Beim "Bebauten Grundbesitz" lag der Einnahmeschwerpunkt eindeutig bei den Mieten. Andere Einnahmen, wie etwa Zinsen aus Rücklagen, spielten dagegen nur eine untergeordnete Rolle. In den Jahren bis 1944 einschließlich haben im Ordentlichen Haushalt außerdem die Erlöse aus der Veräußerung von Grundstücken, also vermögenswirksame Einnahmen, ihren Niederschlag gefunden. In der Nachkriegszeit sind vergleichbare Finanzvorgänge vorwiegend im Rahmen des Außerordentlichen Haushalts abgewickelt worden, weil die Verkaufserlöse meist sofort wieder zur Finanzierung von Wiederaufbauprojekten verwendet wurden.

Im Gegensatz zu den Pachten zeigten die Einnahmen des Bebauten Grundbesitzes den auch für andere Unterabschnitte typischen Einbruch nach dem Kriege. Als Folge der Vernichtung oder Beschädigung von Wohngrundstücken hatte die Stadt, wenn man die Rechnungsergebnisse der beiden Jahre 1943 (487 997 RM)[1] und 1945 (229 660 RM) vergleicht, Einnahmeausfälle von 52,9 vH, die sich in den anschließenden Jahren durch weitere Mietminderungen noch erhöhten und 1947 (202 185 RM) rund 56,6 vH erreichten. Die Mieterträge blieben auch danach und bis zum Ende der Untersuchungsperiode, trotz der allmählich eintretenden Verbesserungen im Zuge des Wiederaufbaus, nominell weit hinter den Vorkriegsergebnissen zurück.

Unter den Ausgaben des Bebauten Grundbesitzes rangierten die laufenden Instandsetzungskosten und die Aufwendungen für große Reparaturen an vorderster Stelle, dicht gefolgt von den Ausgaben für den Schuldendienst. Diese grundsätzliche Feststellung kann für alle untersuchten Jahre gleichermaßen getroffen werden. Entscheidende Unterschiede zwischen der Vor- und Nachkriegszeit ergaben sich jedoch durch die notwendigen Investitionen der Stadt für die Wiederherstellung der total zerstörten, schwer oder leicht beschädigten, stadteigenen Mietwohngrundstücke. Deutlich wird das in der Tabelle 149 an dem hohen Ausgabenbetrag des Jahres 1947, in dem 871 563 RM für die Beseitigung von Kriegsschäden enthalten sind. Wie an anderer Stelle bereits dargelegt wurde, sind die Wiederaufbaukosten in den Anfangsjahren nach dem Kriege aus Mitteln des Ordent-

---

1) Das Rechnungsergebnis der Einnahmen des Bebauten Grundbesitzes für 1943 ist dem Haushaltsplan 1945 entnommen

lichen Haushalts bestritten und erst nach der Währungsstabilisierung (1948) über den Außerordentlichen Haushalt finanziert worden (siehe oben Seite 153ff). Die außerordentlichen Mittel, die seitdem bis 1954 in den stadteigenen bebauten Grundbesitz geflossen waren, beliefen sich auf insgesamt 3,63 Millionen DM (siehe Tabelle 147), von denen wiederum der weitaus größte Teil auf den Bau und die Instandsetzung von Wohnanlagen und Mietshäusern entfiel. Diese Aufbaumaßnahmen dürfen gewiß nicht nur aus der finanzwirtschaftlichen Perspektive der Bildung und Erhaltung städtischen Vermögens gesehen werden; sie waren vielmehr - neben der Förderung des privaten und genossenschaftlichen Wohnungsbaus - auch ein unmittelbarer Beitrag der Stadt zur Beseitigung der Wohnungsnot jener Zeit und ein nicht unwesentlicher Impuls zur Belebung der heimischen Wirtschaft. Schließlich hatte insbesondere das örtliche Bauhandwerk aus den städtischen Investitionen erheblichen Nutzen gezogen.

Wohl aus Gründen der Verwaltungsvereinfachung hatte der Magistrat zu Beginn der fünfziger Jahre hinsichtlich des Unterabschnitts Bebauter Grundbesitz organisatorische Änderungen vorgenommen und einen Teil seiner Aufgaben aus dem städtischen Kompetenzbereich ausgegliedert. 1950 stimmte die Stadtverordnetenversammlung einem vom Magistrat mit der Baugesellschaft Hanau GmbH abgeschlossenen Vertrag zu[1], nach dem dieser die Verwaltung eines Teils der städtischen Mietwohngrundstücke - dabei ging es um insgesamt 338 Wohnungseinheiten[2] - übertragen wurde. Im Haushaltsplan erschienen fortan die Einnahmen und Ausgaben nach Verwaltungsträgern getrennt, wie aus der folgenden Tabelle ersichtlich ist.

Tabelle 150 Rechnungsergebnisse des Bebauten Grundbesitzes der Stadt Hanau 1950 - 1954 in DM

Jahr	Einnahmen			Ausgaben				Zuschuß
	insgesamt	davon		insgesamt	davon			
		Mieten aus Gebäuden in der Verwaltung der			allgemeine Ausgaben	für Gebäude in der Verwaltung der		
		Stadt	Baugesellschaft			Stadt	Baugesellschaft	
1950	216 271	145 367	70 726	230 350	69 546	109 599	51 205	14 079
1951	310 118	138 498	170 705	470 747	62 701	101 026	307 020	160 629
1952	321 680	142 875	178 738	543 241	231 252	142 984	169 005	221 561
1953	356 592	165 716	186 926	532 568	200 194	165 446	166 928	175 976
1954	359 760	175 558	177 195	533 000	232 133	143 672	157 195	173 240

Der beträchtliche und ins Auge springende Ausgabenanstieg ab 1952 ist auf die Einrichtung der "Rücklage für Lastenausgleichsabgaben" zurückzuführen.

Im Zuge der Reorganisation der Verwaltung des städtischen Grundbesitzes wurde 1952 die Hausverwaltung verselbständigt. Zu ihren Aufgaben, die bis dahin vom Hochbauamt der Stadt wahrgenommen wurden, gehörte u.a. die Prüfung und Überwachung aller Instandsetzungs- und Bauarbeiten im gesamten städtischen Grundbesitz.

1) Dem diesbezüglichen Magistratsbeschluß vom 15. August 1950 stimmten die Stadtverordneten in der ersten nichtöffentlichen Sitzung am 25. August 1950 zu (Vgl. Protokoll, Stadtarchiv B2, 229/5)

2) Vgl. Baugesellschaft Hanau GmbH, Geschäftsbericht 1991, Hanau 1992, S.4

§ 11

ZUSAMMENFASSUNG

Die vertikalen Schnitte durch den Haushalt der Stadt Hanau haben gezeigt, daß sich die Gewichte der Einzelpläne innerhalb des Ordentlichen Haushalts im Laufe der Zeit zum Teil beträchtlich verschoben haben. Dies trifft gleichermaßen bei den Einnahmen wie bei den Ausgaben zu, wobei allerdings die jeweiligen Schwankungen große Unterschiede aufweisen und deshalb auch unterschiedlich zu bewerten sind. Während bei den Einnahmen der Schwerpunkt eindeutig im Einzelplan 9 (Finanzen und Steuern) zu finden ist, weil dort die Haupteinnahmequellen der allgemeinen Deckungsmittel, die Steuern und ein Teil der Staatszuweisungen, zentral erfaßt werden, ist bei den Ausgaben - ungeachtet der Tatsache, daß auch hier der Einzelplan 9 stärker hervortritt, wenn auch nicht in demselben Maße wie bei den Einnahmen - eine wesentlich größere Streuung festzustellen. Die folgende Tabelle zeigt das deutlich.

Tabelle 151 Prozentuale Anteile der Einzelpläne an den Gesamtausgaben und Gesamteinnahmen der Ordentlichen Haushalte der Stadt Hanau 1938 - 1954

Einzel-	Anteil der Ausgaben (vH)					Anteil der Einnahmen (vH)				
plan	1936	1941	1945	1949	1954	1936	1941	1945	1949	1954
0	6,3	3,3	4,2	4,1	4,4	4,4	0,8	0,7	0,6	0,8
1	2,8	2,3	8,5	7,3	6,6	0,4	0,6	4,4	4,7	1,6
2	10,8	10,3	9,6	6,8	9,6	4,5	3,2	0,5	1,3	0,5
3	3,6	4,4	0,8	1,2	1,7	2,2	2,3	-	>0,01	0,01
4	20,1	23,9	13,4	12,3	13,3	2,4	17,5	6,9	4,6	5,3
5	0,8	1,6	12,0	9,9	13,7	0,1	0,1	8,0	7,7	9,3
6	5,4	8,0	13,1	8,8	10,3	0,8	0,5	3,6	1,1	2,1
7	9,6	8,8	15,3	11,0	11,1	7,4	6,0	5,3	5,0	6,7
8	3,5	0,5	0,4	0,1	2,2	6,0	3,6	0,9	0,04	3,9
9	37,1	36,9	22,7	38,5	27,1	71,8	65,4	69,7	75,0	69,8
	100	100	100	100	100	100	100	100	100	100

Bei den Einnahmen, von denen im Mittel rund 70 vH auf den Einzelplan 9 (Finanzen und Steuern) entfielen, waren allenfalls noch die Anteile der Gebührenhaushalte im Einzelplan 7 (Öffentliche Einrichtungen) und der Allgemeinen Verwaltung (Einzelplan 0) relativ konstant, wenn man von dem Sonderfall des Jahres 1936 einmal absieht.[1] Die Schwankungen der übrigen Einzelpläne waren mehr oder weniger stark ausgeprägt. Sie weisen

1) Unter der Allgemeinen Verwaltung wurden bis 1937 einschließlich noch Ruhegehälter und Ruhelöhne sowie zahlreiche Versicherungen zentral verrechnet, weshalb sich die relativen Anteile des Einzelplans 0 insoweit bei den Einnahmen ebenso wie bei den Ausgaben überhöht darstellen. 1938 ist die zentrale Verrechnung aufgegeben worden. Die Anteile der Einnahmen der Allgemeinen Verwaltung sanken dadurch auf 0,9 vH, die der Ausgaben auf 3,9 vH ab und lagen somit etwa auf dem Niveau der späteren Jahre

ganz allgemein auf veränderte Rahmenbedingungen hin und wirken sich zwangsläufig auch auf die Relationen der Haushaltsbereiche untereinander aus. Signifikante Veränderungen, von denen hier nur die wichtigsten hervorgehoben werden sollen, ergaben sich im Zeitablauf auf der Einnahmeseite bei dem

Einzelplan 1 [Öffentliche Sicherheit und Ordnung]
aus dem Zugang der zweckgebundenen Staatszuweisungen für die kommunale Polizei nach 1945;

Einzelplan 2 [Schulen]
aus dem Wegfall der Schulgelder durch die Einführung der Unterrichtsgeld- und Lernmittelfreiheit nach 1949;

Einzelplan 3 [Kultur]
aus dem Wegfall der Einnahmen des Theaters nach seiner Zerstörung (1944/45);

Einzelplan 4 [Fürsorgewesen und Jugendhilfe]
aus dem Wegfall der Zahlungen des Reiches für Familienunterhalt nach 1945;

Einzelplan 5 [Gesundheitswesen und Jugendpflege]
aus den ab 1945 hinzugekommenen Benutzungsgebühren des Krankenhauses;

Einzelplan 6 [Bau- und Wohnungswesen]
aus den gestiegenen Verwaltungsgebühreneinnahmen der Ämter der Bauverwaltung im Zuge des Wiederaufbaus ab 1945 und den wachsenden Anliegerbeiträgen ab 1954;

Einzelplan 8 [Wirtschaftliche Unternehmen]
aus den Gewinnabführungen der Stadtwerke sowie aus den Wege- und Konzessionsabgaben, deren Wegfall 1941 und ihrer Wiedereinführung ab 1951.

Ganz anders ist die Ausgabenseite des Ordentlichen Haushalts zu beurteilen. Hier zeichnen sich nicht nur allgemeine Veränderungen des Aufgabenbestandes ab, sondern auch so etwas wie eine Gewichtung der großen städtischen Aufgabenbereiche. Die Relationen vermitteln einen Einblick in das Gefüge des Haushalts; sie geben Aufschluß über das Verhältnis der Einzeletats zueinander, über ihre im Zeitablauf sich wandelnde finanzwirtschafliche Relevanz und lassen die jeweiligen Schwerpunkte der kommunalen Betätigung zutage treten.

- Die Entstehung von Haushaltsschwerpunkten kann einerseits Ausdruck gestaltungsbewußten Handelns sein, also etwa aus der sachlichen Einschätzung der Körperschaften resultieren. Sie kann andererseits aber auch durch staatliche Auflagen (Auftragsangelegenheiten) herbeigeführt werden. Die Übertragung der Auszahlung des Familienunterhalts durch das Reich auf die Gemeinden während des Zweiten Weltkriegs war ein typisches Beispiel für eine fremdbestimmte Schwerpunktbildung. Die Transferleistungen, an denen die Stadt selbst nur mit einem Satz zwischen 5 und 10 vH beteiligt war, haben den Fürsorgeetat in jener Zeit mächtig aufgebläht und ihn - nach dem Einzelplan 9 - zum zweitstärksten des Gesamthaushalts werden lassen.

Eine ähnliche Gewichtung erfuhr der Einzelplan 7 durch die Verlagerung von Bewirtschaftungsaufgaben auf die Gemeindeebene (Einrichtung der Ernährungs- und Wirtschaftsämter) in den Kriegs- und Nachkriegsjahren.

So gesehen, spiegeln sich in den Relationen der Einzelplanergebnisse zum Gesamthaushalt und ihren Veränderungen im Zeitablauf nicht nur finanzwirtschaftlich relevante Vorgänge wider, sie weisen auch auf Zusammenhänge hin, die sich als Folge zeitgeschichtlicher Entwicklungen darstellen.

Besonders markante Änderungen des Aufgabenbestandes der Stadt Hanau, die sich in deutlichen Steigerungen des relativen Ausgabenanteils niederschlugen, zeigten sich im Einzelplan 1 durch die Kommunalisierung der Polizei (1945) und im Einzelplan 5 durch den Wechsel des Krankenhauses in die ausschließliche Zuständigkeit der Stadt (1944). Den sowohl absolut als auch relativ höchsten Anteil an den Ausgaben verzeichnete auch hier der Einzelplan 9, der - ähnlich wie bei den Einnahmen - als zentrale Verrechnungsstelle für allgemeine Umlagen und den Gewerbesteuerausgleich fungiert und darüber hinaus die Finanzbewegungen des umfangreichen Kapital- und Grundstücksverkehrs wiedergibt. Was die außergewöhnlich hohen Werte der Jahre 1941 und 1949 betrifft, so war der erste durch die Kriegsbeiträge an das Reich, der zweite durch die Zuweisungen des Ordentlichen an den Außerordentlichen Haushalt für Wiederaufbauzwecke verursacht, die hier ebenfalls verrechnet wurden ("Wiederaufbau der zerstörten Stadt").

Völlig andere Schwerpunkte ergaben sich in den Außerordentlichen Haushalten der Stadt Hanau. Bei der Betrachtung kann hier die Einnahmeseite vernachlässigt werden, weil die für die Investitionsvorhaben erforderlichen Deckungsmittel zwar objektbezogen, aber unabhängig davon zu beschaffen sind, welchem Etatbereich das Objekt zugeordnet ist.

Die Ausgaben der Außerordentlichen Haushalte in der Vorkriegs- und Kriegszeit beschränkten sich im wesentlichen auf Maßnahmen innerhalb der Einzelpläne 6, 7 und 9 (siehe Seite 271f). Im Vordergrund standen in den Jahren 1936 bis 1939 der Bau von sogenannten Volkswohnungen, die Erweiterung der Schweinemastanstalt, der Ausbau und die Erneuerung von Straßen und Kanalanlagen sowie die Flußregulierung am Kinzigbogen. In bedeutendem Umfang müssen auch Grundstücks- und Geländeankäufe zum Tragen gekommen sein (Henkel). Einzelheiten dieser Grundstückspolitik sind jedoch heute nicht mehr zu belegen. Man ist hier auf die wenigen Aussagen in den Haushaltsplänen angewiesen, die allerdings für eine tiefergehende Untersuchung nicht ausreichen. Eindeutig ist indessen, daß die Investitionen in Bodenflächen - ebenso wie auch die Investitionen in Sachanlagen - in den Kriegsjahren immer mehr zugunsten der Rücklagenbildung zurücktraten.

Eng begrenzt in ihrer Aussagefähigkeit sind auch die Inhalte der Außerordentlichen Haushalte der Jahre 1945 bis zur Währungsreform 1948. Da die Kriegsschädenbeseitigung damals fast ausschließlich aus Mitteln des Ordentlichen Haushalts bestritten wurde, beschränkten sich die außerordentlichen Haushaltsansätze auf wenige Einzelfälle (siehe Seite 273f).

Interessante Einblicke in die Investitionstätigkeit der Stadt Hanau erlauben dagegen die Außerordentlichen Haushalte der Zeit nach der Währungsreform bis zum Jahre 1954. Das Gesamtvolumen der außerordentlichen Aufwendungen während dieser Periode belief sich auf mehr als 35 Millionen Deutsche Mark. Für welche Aufgabenbereiche diese Summe ausgegeben wurde, zeigt die folgende Tabelle.

Tabelle 152 Summe der Effektiv-Ausgaben im Außerordentlichen Haushalt der Stadt Hanau von 1948 (DM) bis 1954 nach Einzelplänen

	Einzelplan	AO-Aufwand 1948 II - 1954 DM	vH
0	Allgemeine Verwaltung	333 371	1,0
1	Öffentliche Sicherheit und Ordnung	14 118	> 0,1
2	Schulen	5 107 531	14,5
3	Kultur	485 583	1,4
4	Fürsorge und Jugendhilfe	530 685	1,5
5	Gesundheits- und Jugendpflege	2 908 945	8,3
6	Bau- und Wohnungswesen	7 460 285	21,2
7	Öffentliche Einrichtungen	3 245 630	9,2
8	Wirtschaftliche Unternehmen	4 849 316	13,8
9	Finanzen und Steuern	10 230 816	29,1
		35 166 280	100

Nimmt man die tatsächlich ausgegebenen Mittel als Maßstab, so ergibt sich eine Rangfolge der Etatbereiche, an deren Spitze auch hier wiederum der Einzelplan 9 steht. Sein Ausgabevolumen von rund 10,2 Millionen DM setzt sich im wesentlichen zusammen aus Grundstücksankäufen (≈ 5,0 Mio DM), Darlehensgewährungen (≈ 2,0 Mio DM) und Baumaßnahmen am stadteigenen Grundbesitz (einschließlich Trümmerbeseitigung). Der Rest verteilt sich auf andere Zwecke (Rücklagenbildung, Tilgung, Mobilienankauf, Beteiligungen etc). Die hohe Summe für Grundstücksgeschäfte stand dabei in direktem Zusammenhang mit der Bodenordnung im Rahmen des Wiederaufbaus der Stadt.

An zweiter Stelle rangiert das Bau- und Wohnungswesen (≈ 7,4 Mio DM), gefolgt von den Schulen (≈ 5,1 Mio DM), den Wirtschaftlichen Unternehmen (≈ 4,8 Mio DM), den Öffentlichen Einrichtungen (≈ 3,2 Mio DM) und schließlich dem Gesundheitswesen, für die von der Währungsreform bis zum Jahre 1954 zusammen mehr als 20 Millionen DM an außerordentlichen Mitteln - das sind rund 67 vH des Gesamtvolumens - ausgegeben wurden. Diese Investitionen dienten im weitesten Sinne dem Wiederaufbau und der Verbesserung der Infrastruktur der Stadt, die durch das Kriegsgeschehen so schwer gelitten hatte. Dahinter mußten Investitionen im Fürsorgehaushalt, im Kulturbereich und in der allgemeinen Verwaltung zwangsläufig zurückbleiben. Die auffallend niedrigen Ausgaben im Einzelplan 1 - ihr Anteil lag unter 0,1 vH - ist damit zu erklären, daß sich der Aufbau der städtischen Vollzugs- und Kriminalpolizei unmittelbar nach 1945, also noch in der Reichsmarkzeit, vollzog und die damit verbundenen Kosten für die Unterbringung, Ausrüstung und deren laufende Unterhaltung aus Mitteln des Ordentlichen Haushalts bestritten wurden.

Vierter Hauptteil

DIE ENTWICKLUNG DES VERMÖGENS, DER RÜCKLAGEN UND DER SCHULDEN DER STADT HANAU

Vorbemerkung:

Gegenstand der Betrachtung im vierten Hauptteil ist die Entwicklung des Vermögens, der Rücklagen und der Schulden der Stadt Hanau. Diese Untersuchung konnte, insbesondere hinsichtlich des Vermögens, jedoch nur mit erheblichen Einschränkungen durchgeführt werden, da die Vermögenssachbücher der Kriegs- und Vorkriegsjahre nicht mehr vorhanden sind. Unter diesem Quellenverlust hatte auch die Arbeit der Finanzabteilung bei der Ermittlung von Daten für die Vermögensnachweise nach 1945 sehr zu leiden gehabt. Exakte Aufstellungen über das Verwaltungs-, Betriebs- und Sachvermögen waren praktisch überhaupt nicht möglich.[1] Die in der Anlage 2 zur Haushaltsrechnung 1946 und 1947 ("Nachweisung über das Vermögen und die Schulden der Stadt Hanau") eingesetzten Werte beruhten auf groben Schätzungen und waren durch die Währungsreform sehr bald überholt. Eine Neubewertung des Vermögens und die Feststellung von kriegsbedingten Vermögensschäden erfolgte erst später durch die "Gesellschaft für Wirtschaftsberatung Deutscher Gemeinden, Frankfurt" (Wirtschaftsberatungs AG), deren Gutachten dem Verfasser allerdings nicht zur Verfügung stand. Die vorliegende Betrachtung beschränkt sich daher hinsichtlich des Vermögens auf je zwei Jahre am Anfang (1938/39) und am Ende des Untersuchungszeitraums (1953/54), für die gesichertes Zahlenmaterial vorhanden war, und eine Schätzung der Vermögenslage zum 1. Oktober 1947. Letztere liefert zumindest einige Anhaltspunkte für die durch Kriegsschäden eingetretenen Vermögenseinbußen. Zu den Rücklagen und den Schulden konnten dagegen ausführlichere tabellarische Übersichten erstellt werden.

Bei den folgenden Zusammenstellungen sind weniger die absoluten Zahlen an einzelnen Stichtagen als vielmehr die Veränderungen zwischen den Rechnungsperioden von besonderem Interesse. In ihnen spiegeln sich eine Reihe von Daten und Vorgängen des Ordentlichen und des Außerordentlichen Haushalts wider, die in früheren Kapiteln dieser Arbeit Gegenstand der Untersuchung waren, wie etwa die Sachinvestitionen, die auf das Grundvermögen sich auswirkenden umfangreichen Grundstücksgeschäfte in der Nachkriegszeit oder der gewaltige Schuldenanstieg seit 1949.

I. DAS VERMÖGEN

Wenn man von gemeindlichem Vermögen spricht, so meint man damit - im Gegensatz zur kaufmännischen Übung - gemeinhin nur die Aktivposten ohne Berücksichtigung der Schulden. Nach Duhmer versteht man unter Gemeindevermögen "die Gesamtheit der unbeweglichen und beweglichen Sachen, die im Eigentum der Gemeinde stehen" sowie die "geldwerten Rechte, deren Träger die Gemeinde ist. Nicht dazu gehören die Gegenstände und Rechte, die in der Haushaltswirtschaft ihren Niederschlag finden."[2]

---

1) So auch die Feststellung des Rechnungsprüfungsamtes der Stadt Hanau (vgl. Schlußberichte über die Prüfung der Jahresrechnungen 1946 und 1947; für 1945 wurde von der Verwaltung kein Vermögensnachweis angefertigt)

2) W.Duhmer, Das aktive Gemeindevermögen im allgemeinen, in: Handbuch der kommunalen Wissenschaft und Praxis, 3.Band, 1.Auflage, Berlin u.a. 1959, S.75

Die reichseinheitliche Regelung der gemeindlichen Vermögenswirtschaft geht zurück auf die Deutsche Gemeindeordnung (DGO), die im ersten Abschnitt des Sechsten Teils "Gemeindewirtschaft" (§§ 60-66) grundsätzliche Vorschriften dazu enthielt. Diese sind nach dem Krieg, zum Teil wörtlich oder mit geringen Änderungen, in die Hessischen Gemeindeordnungen von 1945 und 1952[1] übernommen worden. Erste konkrete Anweisungen über die Einrichtung einer Verwaltungs- und einer Vermögensbuchführung für Gemeinden mit mehr als 3000 Einwohnern brachte die Verordnung über das Kassen- und Rechnungswesen der Gemeinden (KuRVO) vom 2. November 1938[2] mit den Ausführungsbestimmungen vom 1. März 1939.[3]

Zur Auflage gemacht wurde den Gemeinden die Führung eines Sachbuches für diejenigen Haushaltseinnahmen und -ausgaben, die die Vermögensgegenstände verändern. Darin nachzuweisen waren der Bestand des Vermögens..... bei Beginn und am Ende des Rechnungsjahres sowie zwischenzeitlich eingetretene Bestandsänderungen (§ 55). Die entsprechende Bestimmung für den Jahresabschluß enthielt § 88 Abs.3 KuRVO.

Die Ausführungsanweisung vom 1. März 1939 zur KuRVO enthielt auch die erste Empfehlung einer Vermögensgliederung, die das Gemeindevermögen in sechs Hauptgruppen unterteilt:

I. Verwaltungsvermögen
II. Betriebsvermögen
III. Allgemeines Kapital- und Grundvermögen
IV. Rücklagen
V. Stiftungsvermögen
VI. Gemeindegliedervermögen.

Außer bei den Rücklagen ist für jede der genannten Hauptgruppen eine Untergliederung vorgesehen, und zwar nach unbeweglichem Vermögen, beweglichem Vermögen, Kapitalien und Kapitalforderungen. Für die Rücklagen gilt ein besonderes Gliederungsschema (siehe dazu Seite 510). Die beiden Gruppen "Stiftungsvermögen" und "Gemeindegliedervermögen" werden häufig - so auch in Hanau - unter dem Begriff "Sondervermögen" zusammengezogen und in einem Block ausgewiesen.

Die nachstehende Tabelle 153 gibt einen Überblick über die Vermögensverhältnisse der Stadt Hanau und deren Veränderungen in den Anfangsjahren und am Ende des Untersuchungszeitraums. Grundsätzlich ist dazu zu sagen, daß die Werte der Jahre 1938/39 mit denen der Jahre 1953/54 nicht direkt verglichen werden können, weil die Bewertung vor dem Kriege teilweise von anderen Kriterien ausging als nach der Währungsreform 1948. Maßstäbe, die eine Umrechnung der unterschiedlichen Wertansätze auf einer vergleichbaren Basis ermöglichen würde, liegen nicht vor. Erkennbar ist jedoch, daß entscheidende Veränderungen innerhalb des Verwaltungsvermögens eingetreten sind, die zu erheblich höheren Wertansätzen nach dem Kriege geführt haben.

---

1) Hessische Gemeindeordnungen vom 21. Dezember 1945 [§§ 60-66] (GVBl.1946, S.1) und vom 25. Februar 1952 [§§ 92-97] (GVBl.1952, S.11)

2) RGBl. I, S.1583

3) RdErl.des RMdI und des RFM vom 1.3.1939 - V a 5049/39-1013 und G 2220-7 I

Tabelle 153 Nachweisung über den Stand des Vermögens der Stadt Hanau

	31. 3. 1938 RM	31. 3. 1939 RM	31. 3. 1953 DM	31. 3. 1954 DM
I. Verwaltungsvermögen				
1. Unbewegliches Vermögen	2 128 756	2 056 316	7 394 291	9 156 698
2. Bewegliches Vermögen				
a) Inventar, Maschinen und Betriebsanlagen einschließlich Vorräte	1 637 243	1 669 398	9 067 963	10 120 324
b) Sammlungen, Kunstwerke einschl. Kunstdenkmäler	209 540	209 540	96 000	96 000
c) Sonstiges Vermögen	-	-	1 950	-
Summe Verwaltungsvermögen	3 975 539	3 935 254	16 560 204	19 373 022
II. Betriebsvermögen (Eigenbetriebe)				
1. Anlagenwerte und Vorräte	7 907 942	7 239 803	5 804 793	7 027 013
2. Geld- und Kapitalvermögen einschließlich Beteiligungen	2 313 178	1 981 292	390 980	310 000
Summe Betriebsvermögen	10 221 120	9 221 095	6 195 773	7 337 013
III. Allgemeines Kapital- und Grundvermögen				
1. Kapitalvermögen	4 746 079	4 735 120	2 165 899	3 001 597
2. Grundvermögen	9 844 057	9 966 899	10 402 514	10 857 773
Summe Kapital- und Grundvermögen	14 590 136	14 702 019	12 568 413	13 859 370
IV. Rücklagen	2 246 603	3 813 166	1 025 650	1 219 796
V. Sondervermögen	1 135 967	1 164 493	217 978	228 973
Gesamtsumme der Vermögenswerte	32 169 365	32 836 027	36 568 018	42 018 174

Sehr wohl miteinander vergleichen kann man dagegen die Ergebnisse des Jahres 1938 mit denen von 1939 und die des Jahres 1953 mit denen von 1954. Während im ersten Falle die einzelnen Werte beider Jahre nur geringfügig voneinander abweichen und die Steigerung des Gesamtvermögens um rund 670 000 RM im wesentlichen auf einer Erhöhung der Rücklagen beruht, weist die Entwicklung der letzten beiden Untersuchungsjahre bei nahezu allen Einzelposten erheblich größere Zuwachsraten auf. Die Erhöhung des Gesamtvermögens beläuft sich hier allein auf rund 5,5 Millionen DM. Die Steigerungen bei den Posten unbewegliches und bewegliches Vermögen innerhalb des Verwaltungsvermögens sowie der Anlagenwerte im Betriebsvermögen weisen auf die hohen Sachinvestitionen hin, die die Stadt Hanau in den letzten Jahren der Untersuchungsperiode vorgenommen hat.

Der Anstieg des Kapitalvermögens hängt dagegen eng mit den Beteiligungen an Bauträgergesellschaften zusammen, während die Zunahme des Grundvermögens als eine Folge der passiven Grundstücksverkehrsbilanz angesehen werden kann.

Einen Anhaltspunkt über die Höhe der Vermögensverluste der Stadt Hanau durch den Krieg gibt eine grobe Schätzung, die von der Finanzabteilung noch vor der Währungsreform vorgenommen wurde, sich aber in das obige Schema nicht einordnen läßt.[1] Bei allen Vorbehalten, die gegenüber der folgenden Aufstellung gemacht werden müssen, nicht

Tabelle 154 Geschätzter Vermögensbestand der Stadt Hanau am 1. Oktober 1947

	Ausgangswerte (Bestand) RM	davon Kriegs-zerstörungen RM	davon sonstige Kriegsverluste RM	Restbestand (Schätzung) RM
Verwaltungsgrundbesitz und Einrichtungen	3 330 000	2 300 000	-	1 030 000
Stadtwerke	11 382 000	6 600 000	-	4 782 000
Waldungen	1 000 000	-	-	1 000 000
Wohngebäude	4 500 000	2 900 000	-	1 600 000
Äcker, Wiesen, Bauplätze	5 450 000	-	-	5 450 000
Wertpapiere, Forderungen	1 000 000	-	-	1 000 000
Hauszinssteuerhypotheken	3 500 000	-	2 800 000	700 000
Rücklagen	8 848 000	-	3 600 000	5 248 000
Stiftungsvermögen	1 360 000	260 000	-	1 100 000
Insgesamt	40 370 000	12 060 000	6 400 000	21 910 000

zuletzt auch weil das "Wie" der Entstehung der Zahlen ungeklärt ist, so zeigt sie doch, daß der Magistrat immerhin mit einem Vermögensverlust aus Kriegsschäden von annähernd 50 vH rechnete, der im wesentlichen auf die Zerstörung von Verwaltungs- und Betriebseinrichtungen, der Stadtwerke und des stadteigenen bebauten Grundbesitzes zurückzuführen war.

1) die Zahlen wurden einer Übersicht in den Handakten der Finanzabteilung entnommen

II. DIE RÜCKLAGEN

Die Rücklagen sind Teile des Finanzvermögens. Es sind aus der Haushaltswirtschaft entnommene, auf Sparkonten angelegte Geldbestände, die für bestimmte Verwendungszwecke der städtischen Aufgabenerfüllung in späteren Jahren bereitgehalten werden.[1] Ihre Verwendung dient entweder dem Gesamthaushalt (Betriebsmittelrücklage, Ausgleichsrücklage) oder ist auf Teilbereiche, d.h. auf Einzeltatbestände, Sachgebiete, Objekte, Planungsvorhaben oder dergleichen ausgerichtet (Tilgungsrücklage, Erneuerungsrücklage, Schulbaurücklage etc.). Im ersten Falle spricht man von allgemeinen, im zweiten von spezifischen Finanzreserven. Immer handelt es sich bei der Bildung solcher Reservefonds um Sparvorgänge, die die Gemeinden entweder innerhalb ihrer Vorsorgepolitik aus eigenen Entschlüssen einleiten (fakultative Rücklagenbildung) oder zu denen sie aufgrund gesetzlicher Vorschriften gezwungen sind (obligatorische Rücklagenbildung). Grundsätzliches dazu, insbesondere zu den gesetzlichen Grundlagen, ist bereits an anderer Stelle dieser Arbeit gesagt worden, so daß hier auf eine weitergehende Erörterung verzichtet werden kann (siehe dazu die Seiten 36, 163ff und 260f).

Tabelle 155 Der Rücklagenbestand der Stadt Hanau 1936-1954 in RM/DM

Jeweils am Ende des Rechnungsjahres	Rücklagenbestand RM/DM	Veränderung + RM/DM	Veränderung - RM/DM	Index
1936 RM	1 270 766			
1938	3 813 166	.	.	100
1941	6 619 413	.	.	174
.	.	.	.	.
1945	9 282 922	.	.	243
1946	8 943 339	.	- 339 583	235
1947	9 860 840	+ 917 501	.	259
1948 DM	869 403	.	- 8 991 437	23
1949	909 464	+ 40 061	.	24
1950	1 165 434	+ 255 970	.	30
1951	725 988	.	- 439 446	19
1952	1 025 650	+ 299 662	.	27
1953	1 219 796	+ 194 146	.	32
1954	2 261 220	+ 1 041 424	.	59

Bis zur Mitte der dreißiger Jahre war die Stadt Hanau wegen ihrer kritischen Haushaltssituation kaum in der Lage, Rücklagen in nennenswertem Umfang neu zu bilden. Hohe Fürsorgeausgaben und sinkende Steuereinnahmen in der Zeit der Weimarer Republik, verbunden mit einer drückenden Schuldenlast (siehe Seite 513), hatten die wenigen vorhandenen Reservefonds stark dezimiert oder vollständig aufgebraucht. Die

1) Rücklagen im Sinne der Eigenkapitalbildung sind bereits vor dem Ersten Weltkrieg als ein Weg zur Verringerung der Schuldaufnahmen angesehen worden und hatten insoweit Bedeutung für die kommunale Finanzwirtschaft (vgl. dazu Fischer a.a.O., S.502)

Einnahmen der Stadt aus Reichssteuerüberweisungen, Gemeindesteuern und Landessteuerüberweisungen gingen von 1929 an (4 209 529 RM) Jahr um Jahr zurück und erreichten 1932 ihren tiefsten Stand (2 855 250 RM). Die Probleme, den Haushalt auszugleichen, wurden dadurch zusehends größer und konnten in jener Zeit nicht gelöst werden. Zwar kam es in den sich anschließenden drei Jahren wieder zu geringfügigen Einnahmeverbesserungen und zu einer gewissen Entlastung des Sozialhaushalts - die Erträge aus Steuern und Steuerüberweisungen stiegen bis 1935 auf 3,6 Millionen RM an, der Zuschußbedarf des Fürsorgeetats sank in der gleichen Zeit um rund 630 000 RM (37,4 vH) -, doch reichten diese strukturellen Verbesserungen nicht aus, einen ausgeglichenen Haushalt und

Tabelle 156 — Die Rücklagen der Stadt Hanau nach Arten 1936 - 1954 in RM/DM

Jeweils am Ende des Rechnungsjahres	Betriebsmittelrücklage	Ausgleichsrücklage	Tilgungsrücklage	Bürgschaftssicherungsrücklage	Erneuerungs- und Erweiterungsrücklagen	Sonderrücklagen	Wiederaufbaurücklagen
	RM	RM	RM	RM	RM	RM	RM
1936	-	156 907	265 308	5 500	402 908	440 143	-
1938	81 000	170 857	401 026	5 500	1 166 075	1 988 708	-
1941	386 553	229 574	1 135 142	5 500	2 316 578	2 546 066	-
1945	444 302	429 314	714 827	5 500	583 641	1 951 707	5 153 631
1946	444 302	96 002	711 060	5 500	567 880	2 109 419	5 009 176
1947	438 737	96 001	711 059	5 500	430 094	2 316 437	5 863 012
	DM	DM	DM	DM	DM	DM	DM
1948	350 000	-	22 902	-	5 481	40 907	450 113
1949	354 462	-	23 222	-	27 946	43 315	460 519
1950	363 472	-	33 691	-	107 939	42 732	617 600
1951	374 376	-	38 728	-	145 971	133 490	33 423
1952	393 792	-	18 241	-	292 723	277 879	42 855
1953	417 948	-	19 067	-	186 652	444 268	151 906
1954	437 245	687 142	53 338	-	231 849	675 208	176 438

damit eine grundsätzliche Änderung der Situation herbeizuführen.[1] Insbesondere war es der Stadt nach wie vor nicht möglich, ausreichende Rücklagen zu bilden.[2] Das änderte sich erst mit der Realsteuerreform 1936, als das Reich die Erträge der Grund- und Gewerbesteuer allein den Gemeinden zuwies und sie so in die Lage versetzte, ihre örtlichen Steuerquellen voll auszuschöpfen. Für die Stadt Hanau brachte diese Neuordnung des kommunalen Steuersystems in Verbindung mit den vom Reich eingeleiteten Maßnahmen zur Entschuldung der Gemeinden eine wesentliche Verbesserung ihrer allgemeinen Haushaltslage, was zugleich eine Wende in ihrer Rücklagenpolitik bedeutete.

1) Die Haushalte der Jahre 1933 und 1934 schlossen nach der Rechnung jeweils mit einem Fehlbetrag von 1,5 Millionen RM, der Haushalt 1935 mit einem solchen von etwas mehr als 100 000 RM ab

2) Die Summe der vorhandenen Rücklagen betrug am 31.12.1934 rund 425 000, am 31.12.1935 rund 556 000 RM, wobei es sich fast ausschließlich um aus Abschreibungen gebildete Erneuerungsrücklagen handelte

Allerdings begann diese Politik in Hanau zunächst sehr verhalten und litt noch immer unter der Knappheit der Haushaltsmittel. Man war offensichtlich noch zu sehr befangen von dem Ringen um den Haushaltsausgleich während der vorangegangenen Jahre, als daß man der Rücklagenbildung die vom Gesetzgeber geforderte Priorität zugestanden hätte. Von einem unverzüglichen und systematischen Aufbau der Reservefonds, wie es die Rücklagenverordnung von 1936, die unmittelbar nach ihrer Verkündung in Kraft trat[1]), vorsah, konnte jedenfalls keine Rede sein. Die gesetzlichen Auflagen zur Bildung einer "Betriebsmittelrücklage" und einer "Allgemeinen Ausgleichsrücklage" waren weder 1936 noch 1937 erfüllt worden, weshalb es zu erheblichen Schwierigkeiten mit der Aufsichtsbehörde kam, die den fehlenden Rücklagenausweis mehrfach angemahnt hatte.

- Die "Betriebsmittelrücklage" ist dazu bestimmt, die rechtzeitige Leistung von Ausgaben des Ordentlichen Haushalts ohne Inanspruchnahme von Kassenkrediten zu sichern.[2])

  Aufgabe der "Allgemeinen Ausgleichsrücklage" ist es, allzu große Schwankungen in der Belastung der Einwohner auch bei einer Änderung der Wirtschaftslage zu verhindern.[3]) Sie dient damit dem Konjunkturausgleich und enthält Ansätze zu einer antizyklischen kommunalen Konjunkturpolitik. Nach dem Prinzip des Budgetgleichgewichts müßten im Konjunkturaufschwung die Steuersätze zurückgenommen werden, um Einnahmeüberschüsse zu verhindern. Die dadurch entstehende Steuerentlastung würde aber den Aufschwung verstärken. Die Reduzierung der Steuersätze ist jedoch nicht erforderlich, wenn die überschüssigen Steuererträge dem Reservefonds der Ausgleichsrücklage zugewiesen und durch eine konjunkturneutrale Anlage aus dem Kreislauf herausgenommen werden.[4])

Die vom Gesetzgeber vorgeschriebenen und im Einzelfall zu berechnenden Mindestbeträge[5]) der Betriebsmittelrücklage (1938 für die Stadt Hanau = 292 000 RM) und der Allgemeinen Ausgleichsrücklage (1938 für die Stadt Hanau = 192 000 RM) waren auch im zweiten Jahr nach dem Inkrafttreten der Rücklagenverordnung noch nicht erreicht. In Verzug geriet die Stadt anfänglich insbesondere mit der Bildung der Betriebsmittelrücklage (vgl. oben Tabelle 156). Das änderte sich jedoch bald, nachdem die Steuereinnahmen reichlicher flossen. Die einsetzende Rüstungskonjunktur ließ die Gewerbesteuererträge immer mehr anschwellen, so daß es der Stadt Hanau nicht sonderlich schwer fiel, die gesetzlichen Auflagen zu erfüllen. Dies galt umso mehr, als die Möglichkeiten, die Steuermehreinnahmen für investive Zwecke zu verwenden durch den vorrangigen Wehrbedarf des Reiches immer mehr eingeschränkt wurden. Die nicht nur für den privaten Verbrauch, sondern auch für die Gemeinden zunehmend geringer werdende "Kaufmacht" des Geldes führte praktisch zu einem Zwangssparprozeß, der sich in wachsenden Rücklagen manifestierte. So kam es, daß das Gesamtvolumen der thesaurierten Mittel der Stadt Hanau, das 1938 rund 3,8 Millionen Reichsmark betragen hatte, bis zum Kriegsende auf über 9,25 Millionen Reichsmark anstieg.

---

1) Vgl. § 22 der Rücklagenverordnung vom 5. Mai 1936, RGBl. I, S.435

2) Vgl. § 2 Abs.1 RücklVO

3) Vgl. § 3 Abs.1 RücklVO

4) Vgl. dazu W.Fischer, a.a.O., S.502

5) Vgl. dazu die Einzelheiten für die Bemessung der Betriebsmittelrücklage in § 2 Abs.2 sowie der Ausgleichsrücklage in § 3 Abs.2 der RücklVO

Die Rücklagenpolitik änderte sich nach dem Zusammenbruch grundlegend. Der radikale Rückgang der Steuereinnahmen zwang die Stadt dazu, auf ihre Reserven zurückzugreifen, und machte sie darüber hinaus stärker als jemals zuvor von Mittelzuweisungen von außen abhängig. Der Haushaltsausgleich 1945 und 1946 wäre - ungeachtet der Beihilfen des Landes - ohne die Auflösung von Guthaben der Ausgleichsrücklage, nicht möglich gewesen. Die Bildung neuer bzw. die Aufstockung bestehender Reservefonds schloß sich, angesichts der finanziellen Engpässe in den Jahren bis zur Währungsreform von selbst aus. Die 1945 eingerichtete "Wiederaufbaurücklage" (Tabelle 156) war im Grunde nur das Ergebnis einer Umbuchung der Erweiterungsrücklagen sowie eines Teils der Sonderrücklagen auf ein Sammelkonto, das in den ersten Nachkriegsjahren als Finanzstock für Aufräumungs- und Instandsetzungmaßnahmen diente. Es stellte zugleich so etwas wie eine Pufferzone dar, in der in den Folgejahren u.a. auch finanzielle Beihilfen des Landes kurzfristig "geparkt" wurden, wenn zwischen dem Eingang der Mittel und ihrer Verwendung ein "time-lag" entstand. Solche Finanzvorgänge sind nur buchungstechnisch zu erklären. In die Wiederaufbaurücklage eingegangen sind im wesentlichen die vier Erweiterungsrücklagen für Schulbau, Theaterumbau, Straßen- und Kanalneubau sowie von den zahlreichen Sonderrücklagen u.a. jene für Grundstücksankäufe, die Instandhaltung von Althäusern, den Wohnungsbau und die Schließung von Baulücken sowie für die Altstadtsanierung.

Durch die Neuordnung des Geldwesens im Jahre 1948, deren Aufgabe es war, in den drei Westzonen den aus der aufgestauten Inflation resultierenden Geldüberhang zu beseitigen, verlor die Stadt Hanau den größten Teil ihrer Rücklagen. Mit der Umstellung aller Verbindlichkeiten[1] im Verhältnis 10:1 schrumpfte der Rücklagenbestand, der zuletzt 9,86 Millionen Reichsmark betragen hatte, auf unter 900 000 Deutsche Mark zusammen, was weniger als einem Viertel des Standes von 1938 entsprach. Der Bildung neuer Reserven waren in der Folgezeit enge Grenzen gesetzt. Die besondere Lage der Stadt nach der Zerstörung ließ, worauf bereits mehrfach hingewiesen wurde, eine Thesaurierungspolitik, wie sie in den Vorkriegsjahren betrieben worden war, nicht zu. Die Lösung der dringendsten Aufgaben des Wiederaufbaus erforderten - nach der Auffassung des Magistrats - den Einsatz aller verfügbaren Mittel, so daß die Neubildung selbst der verbindlich vorgeschriebenen Ausgleichsrücklage[2] bis zum Jahre 1953 einschließlich unterblieb. Dies war zwar ein Verstoß gegen geltendes Recht und mit den Prinzipien einer ordnungsgemäßen Haushaltsführung nicht vereinbar, aber in Anbetracht der Situation, in der sich die Stadt damals befand, war der Standpunkt, der Überwindung von Notständen den Vorrang zu geben, aus heutiger Sicht durchaus zu rechtfertigen. Daß diese Einstellung auch in anderen, vom Krieg schwer in Mitleidenschaft gezogenen Städten geteilt wurde, zeigt das Beispiel der Stadt Darmstadt, die sich während dieser Zeit aus ähnlichen Überlegungen bei der Bildung von Rücklagen ebenfalls sehr zurückhielt.[3] Auf die Intervention der Aufsichtsbehörde fanden dann in Hanau die Zuweisungen von Mitteln des Ordentlichen Haushalts an die Ausgleichsrücklage ab 1954 wieder Eingang in den Etat.

---

1) Vgl. Drittes Gesetz zur Neuordnung des Geldwesens (Umstellungsgesetz) mit Durchführungsverordnungen 1, 2 und 3 vom 27. Juni 1948 (Gesetz Nr.63 der Militärregierung, amerikanisches Kontrollgebiet)

2) Vgl. § 115 Abs.3 Hessische Gemeindeordnung vom 25. Februar 1952 (GVBl., S.11); bei dieser Vorschrift handelt es sich um eine Muß-Vorschrift

3) Vgl. W.Fischer, a.a.O., S.210

III. DIE SCHULDEN

Auf die außergewöhnlich hohe Verschuldung, der sich die Stadt Hanau am Ende der Weimarer Republik gegenübersah, ist bereits an anderer Stelle hingewiesen worden (siehe oben Seite 159). Sie hatte maßgeblichen Einfluß auf die finanzwirtschaftliche Entwicklung der folgenden Jahre und soll deshalb hier des besseren Verständnisses wegen in einer kurzen zusammenfassenden Betrachtung noch einmal vergegenwärtigt werden.

- Der gewaltige Schuldenberg der Stadt Hanau betrug 1932 rund 17,3 Millionen Reichsmark, denen weitere 827 000 Reichsmark an rückständigen Zahlungsverpflichtungen hinzuzurechnen waren, woraus sich eine Gesamtschuldenlast je Einwohner von rund 445 Reichsmark errechnete. Die Notlage der Stadt hatte damals ihren Höhepunkt erreicht, nachdem sinkende Einnahmen als Folge der wirtschaftlichen Depression und steigende Fürsorgeausgaben, bedingt durch die herrschende Arbeitslosigkeit, von der der Industriestandort Hanau besonders hart betroffen war, sich in wachsenden Haushaltsdefiziten und einer hohen Verschuldung niedergeschlagen hatten. Die seit 1929 kumulierenden Fehlbeträge hatten 1932 ein Volumen von 3,4 Millionen, der Schuldendienst einen Umfang von jährlich 1,6 Millionen Reichsmark erreicht, was einem Anteil von mehr als 11 vH an den Gesamtausgaben des Ordentlichen Haushalts entsprach. Die Rückführung der enormen Verbindlichkeiten war daher zwingend geboten. Sie gelang in der Folgezeit zunächst nur in kleinen Schritten. Sie verlief annähernd parallel mit der allmählichen Erholung der Wirtschaft und war überhaupt nur möglich geworden, nachdem sich die Rahmenbedingungen für die Schuldentilgung grundlegend verbessert hatten. Von besonderer Bedeutung war in diesem Zusammenhang der Erlaß des "Gesetzes über die Umwandlung kurzfristiger Inlandsschulden der Gemeinden" (Gemeindeumschuldungsgesetz) vom 21. September 1933 /29. März 1935, dem Durchführungsverordnungen und weitere Gesetze folgten. Der ins Leben gerufene Umschuldungsverband, dem die Gemeinden und die Kommunalverbände als Mitglieder beitraten, finanzierte die Konsolidierung der kurz- und mittelfristigen Schulden der Gebietskörperschaften durch die Ausgabe einer 4%igen, vom Reich garantierten Umschuldungsanleihe, die den Gläubigern als Ersatz für ihre alten Schuldtitel angeboten wurde. Die Gemeinden und Gemeindeverbände wurden ihrerseits zu Schuldnern des Umschuldungsverbandes, wenngleich zu günstigeren Bedingungen.[1]

Unter dem Einfluß der nationalsozialistischen Machthaber kam es nach der "Kreditkrise" und dem bereits 1931 erlassenen Kommunalkreditverbot zu einer Verschärfung der Staatsaufsicht über das Schuldenwesen der Gemeinden und zu einer starken Zentralisierung der Kapitallenkung.[2] Die Neuverschuldung der Gemeinden - so auch der Stadt Hanau - wurde dadurch erheblich erschwert. Ein weiterer Schritt hin zur "Normalisierung" der städtischen Finanzwirtschaft war die Verminderung der Wohlfahrtslasten durch

---

1) Einzelheiten dazu bei E.Barocka, a.a.O:, S.81

2) Vgl. E.Barocka, a.a.O., S.80

staatliche Arbeitsbeschaffungsprogramme, die in Hanau durch die Notstandsarbeiten zur Kinzigregulierung ihre besondere Ausprägung fanden. Dieser Entlastungsprozeß setzte sich auf Reichsebene in der Einführung des Reichsarbeitsdienstes und schließlich Mitte der Dreißiger Jahre in der militärischen Aufrüstung fort.

Bevor in Hanau an die Reduzierung von Kreditmarktschulden gedacht werden konnte, mußten zunächst die aus mehreren Jahren aufgelaufenen Haushaltsfehlbeträge abgebaut werden. Für diese schwierige und eine strenge Ausgabendisziplin erfordernde Aufgabe benötigte die Stadt immerhin sechs Jahre. Erst 1938 gelang es ihr, mit einem Nachtragshaushalt den Ausgleich endgültig herbeizuführen. Danach wandte man sich verstärkt der Tilgung von Anleihen zu. Neue Kredite wurden zwischen 1936 und 1938 kaum aufgenommen, so daß sich der Schuldenrückführungstrend verfestigte, wie aus der Tabelle 157 andeutungsweise zu erkennen ist. Der Schuldenabbau erfuhr dann während des Krieges wegen des permanenten Einnahmeüberhangs noch eine Intensivierung, so daß die Summe der städtischen Verbindlichkeiten bis zum Ende des Rechnungsjahres 1944 auf wenig mehr als die Hälfte des Schuldenstandes von 1936 abgesunken war.

Die kontinuierliche Schuldentilgung, die sich in den ersten Nachkriegsjahren erheblich verlangsamte, weil die Finanzkraft der Stadt für außerplanmäßige Rückzahlungen nicht mehr ausreichte, endete praktisch mit der Währungsreform 1948. Gemäß § 16 des Dritten Gesetzes zur Neuordnung des Geldwesens (Umstellungsgesetz)[1] wurden sowohl Aktiv- als auch Passivforderungen durch den Austausch von 10 Reichsmark oder Goldmark durch eine Deutsche Mark, d.h. im Verhältnis 10:1, umgestellt. Den finanziellen Einbußen von neun Zehnteln auf der Seite der Forderungen - so etwa aus Forderungen gegenüber den Geldinstituten aus angelegten Rücklagegeldern (siehe oben Seite 512) - entsprach auf der Schuldenseite die Entlastung der Stadt von geldwerten Verbindlichkeiten gegenüber Dritten in derselben Höhe. Die nach der Umstellung verbliebenen Restschulden betrugen schließlich nur noch wenig mehr als 800 000 DM. Es war dies der niedrigste Schuldenstand, den die Stadt Hanau seit der Währungsstabilisierung 1923/24 zu verzeichnen hatte. Dabei ist allerdings zu berücksichtigen, daß für die Passivhypotheken der Stadt Umstellungsgrundschulden entstanden, für die - soweit ein Erlaß wegen Teil- oder Totalzerstörung der Grundstücke nicht in Frage kam - Hypothekengewinnabgaben zu zahlen waren.

Der weitgehenden Entschuldung durch die Währungsreform 1948 folgte die Neuverschuldung unmittelbar. Die für den Wiederaufbau sowie für die Sicherung des Nachholbedarfs erforderlichen Mittel vermochte die Stadt Hanau weder aus den durch die Kriegsereignisse erheblich geschwächten eigenen Finanzquellen noch aus den Beihilfen des Landes allein zu decken. Sie war vielmehr auf die Finanzierungsmöglichkeiten durch Kreditaufnahmen angewiesen, wenn der gerade in Gang gekommene Aufbauprozeß nicht ins Stocken geraten sollte. Seit 1949 hat die Stadt Hanau deshalb in zunehmendem Maße von diesem Weg Gebrauch gemacht und sowohl öffentliche als auch Kreditmarktmittel in beträchtlichem Umfang in Anspruch genommen. Die Neuverschuldung, insbesondere der Anteil der kurz- und mittelfristigen Verbindlichkeiten, nahm rasch zu und stieg in einem Zeitraum von nur sechs Jahren auf über 12,7 Millionen DM an. Schon 1952 nahm Hanau hinsichtlich der Neuverschuldung unter allen kreisfreien Städten Hessens eine Spitzenposition ein, die sie 1953 an die Stadt Frankfurt abgab, die ihrerseits wiederum 1954 von der Stadt Darmstadt noch übertroffen wurde. Hanau zählte dennoch auch

---

1) Siehe Anmerkung 1) auf Seite 512

Tabelle 157 Nachweis der Schulden der Stadt Hanau in Mehrjahresintervallen 1936-1948 in RM

		31. 3. 1936 RM	31. 3. 1938 RM	31. 3. 1946 RM	31. 3. 1948 RM
A.	Kreditmarktschulden				
I.	Auslandsschulden				
	Anteile an Sammelanleihen	220 691	187 839	95 705	95 705
II.	Inlandsschulden				
	1. Inhaberschuldverschreibungen	1 473 500	1 343 400	713 900	622 400
	2. Anteile an Sammelanleihen	952 132	878 708	170 297	164 609
	3. Schulden an den Umschuldungsverband	4 438 115	4 156 851	1 538 550	1 425 714
	4. Sonstige Schulden mit lfd. Tilgung	1 578 994	2 383 149	2 004 532	1 937 034
	5. Hypotheken (und Restkaufgelder)	152 828	136 011	107 164	102 742
	6. Mittel- und kurzfristige Schulden	1 001 287	---	---	---
	7. Sonstige Kreditmarktschulden (inkl. Ablösungs- und Aufwertungsschulden)	2 262 470	1 957 835	1 072 590	964 460
	Zwischensumme Inlandsschulden:	11 859 326	10 855 954	5 607 033	5 216 959
B.	Schulden aus öffentlichen Mitteln				
	1. Schulden aus Hauszinssteuermitteln	1 534 830	1 475 269	1 458 138	1 439 414
	2. Andere Schulden	1 259 056	1 154 534	611 821	571 485
	Zwischensumme öffentliche Mittel:	2 793 886	2 629 803	2 069 959	2 010 899
C.	Innere Schulden	38 757	55 345	37 983	35 492
	Gesamtsumme:	14 912 660	13 728 941	7 810 680	7 359 055
	Verschuldung je Einwohner in RM	366	338	354	277

Tabelle 158 Nachweis der Schulden der Stadt Hanau in Mehrjahresintervallen 1948-1954 in DM

	21. 6. 1948 DM	31. 3. 1950 DM	31. 3. 1952 DM	31. 3. 1954 DM
a) A L T S C H U L D E N (bis 20.6.1948)				
A. Kreditmarktschulden				
I. Auslandsschulden				
Anteile an Sammelanleihen	106 291	106 291	106 291	106 291
II. Inlandsschulden				
1. Inhaberschuldverschreibungen	62 240	42 430	42 430	---
2. Anteile an Sammelanleihen	16 461	14 614	13 257	11 788
3. Schulden an den Umschuldungsverband	136 819	105 939	79 011	49 885
4. Sonstige Schulden mit lfd. Tilgung	191 968	171 797	192 893	178 475
5. Hypotheken (und Restkaufgelder)	30 057	28 837	27 642	6 272
6. Mittel- und kurzfristige Schulden	---	---	---	---
7. Sonstige Kreditmarktschulden (inkl. Ablösungs- und Aufwertungsschulden)	96 444	63 146	---	---
Zwischensumme Inlandsschulden:	533 989	426 763	355 233	246 420
B. Schulden aus öffentlichen Mitteln				
1. Schulden aus Hauszinssteuermitteln)				
2. Andere Schulden)	60 424	49 354	42 953	---
3. Umstellungsgrundschulden/ Hypotekengewinnabgabe	108 965	108 392	89 992	80 441
Zwischensumme öffentliche Mittel:	169 389	157 746	132 945	80 441
C. Innere Schulden	2 934	2 381	1 897	---
Summe ALTSCHULDEN:	812 603	693 181	596 366	433 152
b) N E U V E R S C H U L D U N G (ab 21. 6. 1948)				
A. Kreditmarktschulden	---	1 187 500	6 517 639	11 590 703
B. Schulden aus öffentlichen Mitteln	---	294 756	213 617	397 427
C. Hypotheken und Restkaufgelder				
1. Kreditmarktmittel	---	---	848 832	750 072
2. Öffentliche Mittel	---	---	---	28 570
D. Andere Schuldverpflichtugnen	---	8 160	---	---
Summe NEUVERSCHULDUNG	---	1 490 416	7 580 088	12 766 772
Gesamtsumme SCHULDEN	812 603	2 183 597	8 176 454	13 199 924
Schulden je Einwohner in DM	31	71	223	321

weiterhin - wie die Beträge je Einwohner zeigen - zu den am höchsten verschuldeten Kommunen des Landes (siehe dazu Anhang B 26).

Die enorme Neuverschuldung brachte die Stadt bald an die Grenze ihrer Belastbarkeit. Diese Grenze, die sich an der Schuldendienstleistungsfähigkeit orientiert (vgl.dazu Seite 162f), wurde zwar durch die parallel zum Schuldenanstieg verlaufende, positive Einnahmeentwicklung zunächst immer wieder hinausgeschoben, doch blieb die Situation am Ende des Untersuchungszeitraums insofern kritisch, als weder die künftige Entwicklung der Einnahmen und Ausgaben des Ordentlichen Haushalts noch die des Kapitalmarktes in diesem Zeitpunkt abzuschätzen waren. Letztere war vor allem deswegen von großer Bedeutung, weil eine mögliche Umschuldung kurz- und mittelfristiger Anleihen davon entscheidend abhängig gewesen wäre.

Immerhin kann festgestellt werden, daß die mit Krediten finanzierten Investitionen der Stadt Hanau in Sachanlagen, Aktivdarlehen und Beteiligungen ihren Niederschlag fanden, so daß der Entwicklung der Neuverschuldung ein entsprechender Zuwachs des städtischen Vermögens gegenüberstand. Zu berücksichtigen ist außerdem, daß die in den Wohnungsbau geflossenen Mittel vielen evakuierten Hanauer Bürgern die Rückkehr und neuen Arbeitskräften die Übersiedlung nach Hanau ermöglicht haben, was sich einerseits auf die Gewerbesteuerausgleichszahlungen der Stadt an Wohngemeinden vorteilhaft auswirkte, weil sich die Zahl der Einpendler verringerte, andererseits der heimischen Wirtschaft in mehrfacher Hinsicht zugutekam. Sie profitierte nicht nur von dem Arbeitskräfteangebot, sondern erhielt auch Impulse durch neue Konsumenten, was wiederum über steigende Umsätze und wachsende Prosperität letztlich auch für die Stadt neue Steuereinnahmen bedeutete. Schließlich ist darauf hinzuweisen, daß ein großer Teil der von der Stadt aufgenommenen und weitergeleiteten Anleihen werbenden Zwecken diente und so die Wirtschaftskraft ganz allgemein entscheidend gestärkt hat.

Schlußbetrachtung

Nur wenige Entwicklungsphasen in der wechselvollen Geschichte der Stadt Hanau haben so tiefe Spuren hinterlassen und sich dabei so nachhaltig auf die städtische Finanzwirtschaft ausgewirkt wie die Zeit von 1936 bis 1954. Die gesamte, neunzehn Jahre umfassende Periode ist durch das Jahr 1945, das Jahr des Umbruchs, in zwei gleich große Zeitabschnitte geteilt. Sie unterscheiden sich - wie die vorliegende Untersuchung gezeigt hat - aus der Sicht sowohl der politischen Rahmenbedingungen als auch der vorgegebenen öffentlichen Aufgaben grundlegend voneinander. Gemeinsam ist ihnen jedoch, daß ihr Verlauf von steigenden städtischen Ausgaben begleitet war. Kriegsvorbereitungen und Kriegswirtschaft auf der einen und die Bewältigung der Kriegsfolgen auf der anderen Seite waren die beherrschenden Aspekte, unter denen sich die kommunale Entwicklung damals vollzog und die den wachsenden Finanzbedarf der Stadt entscheidend mitbestimmt haben.

Im Bereich der örtlichen Aufgabenentstehung haben in Hanau die allgemeinen Bestimmungsfaktoren der städtischen Finanzwirtschaft während dieser Zeit nicht nur strukturelle Wandlungen erfahren, sie sind auch nach 1945 um die Einflußgröße der gewaltigen Kriegsschäden erweitert worden. Die Einwohnerzahl, die bis 1944 kaum nennenswerten Schwankungen unterworfen war, sank unmittelbar nach der verheerenden Zerstörung der Stadt auf ihren niedrigsten Stand in diesem Jahrhundert und erholte sich erst allmählich wieder, begleitet von der Zuwanderung von Vertriebenen und Ost-Flüchtlingen, die hier eine neue Heimat fanden. Auswirkungen hatte der Krieg auch auf die Struktur der heimischen Wirtschaft. Vor allem die Schmuckwarenbranche, das Traditionsgewerbe der Stadt, das ihr einst den Namen "Stadt des edlen Schmucks" eingetragen hatte und bis in die Kriegsjahre voll beschäftigt war, erlebte einen beispiellosen Niedergang. Schlimmer als die schweren Schläge durch Fliegerbomben wirkte sich für diesen Wirtschaftszweig der Verlust der Märkte aus. In der von existenzieller Not gezeichneten Zeit, in der die Befriedigung elementarer Bedürfnisse der Menschen so sehr in den Vordergrund gerückt war, wie selten zuvor, erlosch die Nachfrage nach Luxusgütern fast vollständig und hinterließ ein Vakuum, das die meisten Betriebe nicht zu überbrücken vermochten. Einen beachtlichen Aufschwung erlebten dagegen die heimische Bauwirtschaft, das Handwerk und mit der anspringenden Nachkriegskonjunktur die Sparten der verarbeitenden Industrie.

Im Bereich der Aufgabenkonkretisierung und Entscheidungsfindung waren es in erster Linie die unterschiedlichen politischen Bedingungen, die dem jeweiligen Entwicklungsverlauf die Richtung gaben. Das auf ein Höchstmaß an Zentralisierung der Lösung öffentlicher Aufgaben bedachte NS-Regime sorgte mit verfassungspolitischen Eingriffen, so etwa in der Deutschen Gemeindeordnung von 1935, für die Umgestaltung pluralistischer Strukturen im Sinne des Einheitsstaates.[1] Die Gemeinden als "Zellen des Staates" fanden sich - ungeachtet des zugestandenen Rechts auf Selbstverwaltung - fest eingebunden in das nationalsozialistische Herrschaftssystem. Sie wurden bei zunehmend enger werdenden Ermessensspielräumen zur "Vollzugsinstanz"[2] staatlicher Machtausübung und unterlagen nach dem Grundsatz der Einheit von Staat und Partei - zwar nicht formalrechtlich, aber doch hinsichtlich der Zielsetzung und ideologischen Ausrichtung der Gemeindepolitik - den Maßgaben der NSDAP. Das in der Deutschen Gemeindeordnung normierte

1) E.Mäding, H.Tigges, H.Hack a.a.O., S.13

2) E.Mäding u.a., a.a.O., S.14

"Führerprinzip" war eine der Ausprägungsformen dieser Zentralisierungstendenzen, die die Entscheidungsfindung auf kommunaler Ebene wesentlich beeinflußt haben. Parlamentarische Abstimmungen fanden dort nicht mehr statt.

Ganz anders die Entwicklung nach dem Ende des Zweiten Weltkriegs. Die Demokratisierung des öffentlichen Lebens und das Wiederaufleben des Parteienstaates haben der pluralistischen Idee wieder zum Durchbruch verholfen und das Selbstverwaltungsrecht der Gemeinden gestärkt. Die Stadtverordnetenversammlung, aus freien Wahlen hervorgegangen, wurde wieder zum Ort von Mehrheitsentscheidungen, an dem über Zielsetzungen gestritten, um Prioritäten gerungen und hinsichtlich der Mittelbeschaffung und Mittelverwendung die notwendigen Beschlüsse gefaßt wurden. Vorausgegangen war freilich eine Übergangsphase, in der sich der staatliche Neuaufbau vollzog. In Hanau war diese etwa ein Jahr dauernde Periode, die mit den ersten Kommunalwahlen in Hessen am 26. Mai 1946 zu Ende ging, gekennzeichnet von dem starken Einfluß der Besatzungsmacht auf die Gestaltung des öffentlichen Lebens. Der von der Militärregierung eingesetzte Oberbürgermeister war nur kommissarisch tätig und bei der Lösung vieler Einzelprobleme von der Zustimmung der Militärbehörde abhängig oder auf einvernehmliche Regelungen, stets aber auf eine enge Fühlungnahme mit den örtlichen Befehlshabern angewiesen. Die in den Anfangsmonaten von den Besatzungstruppen ausgeübte strenge Überwachungs- und Kontrollfunktion wich erst im Laufe der Zeit einer immer mehr auf Interessenausgleich bedachten Zusammenarbeit.

Die im Hinblick auf die städtische Finanzwirtschaft wesentlichsten Unterscheidungsmerkmale beider Zeitabschnitte ergaben sich aber ohne Zweifel aus dem jeweiligen Aufgabenbestand, seinen Veränderungen und seiner Finanzierung. Dabei waren es weniger die überkommenen administrativen Gemeindeaufgaben, die im zeitlichen Ablauf Wandlungen unterworfen waren, als vielmehr der spezifisch politisch und gesellschaftlich bestimmte Teil des Aufgabenkatalogs. In der ersten Hälfte der Untersuchungsperiode fand er seinen besonderen Ausdruck in der Einbindung der Stadt

a) in die Verfolgung der Ziele von Reich und Partei,
b) in die Kriegsvorbereitungen
und c) in die Kriegsfinanzierung.

Ausgestattet mit den in der Realsteuerreform von 1936 den Gemeinden zur alleinigen Ausschöpfung zugewiesenen Steuerquellen konnte die Stadt die aus der Wirtschaftskrise von 1929/32 hergebrachten Haushaltsprobleme allmählich überwinden, die Schulden reduzieren und so ihre finanzielle Lage konsolidieren. Die in der Zeit der Hochrüstung kräftig fließenden Gewerbesteuererträge erlaubten es ihr überdies - ungeachtet der an das Reich zu zahlenden Kriegsbeiträge - beträchtliche Finanzreserven anzusammeln.

Der Aufgabenbestand zu Beginn der zweiten Hälfte der Untersuchungsperiode war dagegen eindeutig bestimmt von den Kriegsfolgen. Im Vordergrund standen Fragen der unmittelbaren Existenzsicherung und der Wiederherstellung der städtischen Infrastruktur. Die Beseitigung von Notständen, die Instandsetzung lebensnotwendiger Einrichtungen und die Trümmerräumung waren Primärziele, denen die Schaffung von Wohnraum gleichrangig nebengeordnet war. Den Improvisationen der Anfangsjahre folgten die erweiterten Aufgaben des planmäßigen, von heftigen Lohn- und Preiserhöhungen begleiteten Wiederaufbaus nach der Währungsumstellung von 1948, in dem der soziale Wohnungsbau einen besonderen Schwerpunkt bildete.

Die Diskrepanz zwischen dem unabweisbaren Finanzbedarf und den tatsächlich erzielten Einnahmen machte die Stadt nach dem Kriege solange von staatlicher Hilfe abhängig, bis der Verlust an eigener Steuerkraft durch die sich allmählich erholenden Gewerbesteuererträge ausgeglichen wurde. Der mit dem Wiederaufbau wachsende außerordentliche Finanzbedarf mußte indessen durch eine zunehmende Verschuldung gedeckt werden.

Das Volumen des Ordentlichen Haushalts war 1954, in der Hauptsache bedingt durch die Minderung der Kaufkraft, nominell etwa doppelt so hoch wie 1938. Eliminiert man die Lohn- und Preissteigerungen, so ergibt sich jedoch, daß das Haushaltsvolumen am Ende des Untersuchungszeitraums den Vorkriegsstand real nur eben wieder erreicht hatte - und dies trotz einer erheblichen Ausweitung der Aufgaben. Bezieht man den Außerordentlichen Haushalt in diese Rechnung mit ein, dann zeigt sich allerdings, daß das Gesamtvolumen 1954 das Ergebnis von 1938 bereits um mehr als 20 vH übertroffen hatte - ein Hinweis auf die große Bedeutung, die dem Investitionshaushalt der Stadt in der Nachkriegszeit zukam.

LITERATURVERZEICHNIS

Abegg, H.:
Verteilungsschlüssel bei Subventionen und Anleihen,
Bern 1948

Andel, N.:
Finanzwissenschaft
3. Auflage, Tübingen 1992

Arndt, M.:
Wiederaufbau und Bauwirtschaft,
V.Heft der Schriften: Wiederaufbau zerstörter Städte,
Frankfurt 1947

Barocka, E.:
Kommunalkredit und kommunale Finanzwirtschaft,
Frankfurt 1958

Bohmann, H.:
Das Gemeindefinanzsystem,
Stuttgart und Köln 1956,
2.Auflage, Stuttgart 1967

Bolza, H.:
Grundsätzliches zur staatlichen Finanz- und Steuerpolitik,
Stuttgart 1950

Bott, H.:
Gründung und Anfänge der Neustadt Hanau 1596-1620,
Band 22 und 23 der Hanauer Geschichtsblätter,
Hanau 1970/71

Brinkmann, Th.:
Die Haushalts- und Personalkostensituation der Gemeinden,
Berichte des deutschen Industrieinstituts zur Wirtschafts-
politik, Jahrgang 6, Nr.7,
Köln 1972

Depiereux, S.:
Das neue Haushaltsrecht der Gemeinden,
3.Auflage, Siegburg 1973

Deppe, L.:
Das Verhältnis der kommunalen Ausgaben zur Größe, Struktur,
Funktion und Finanzkraft städtischer Gemeinden,
Münster (Westf.) 1966

Didden, R.:
Konzessionsabgaben der Energie- und Wasserversorgungs-
unternehmen,
Band 1 der Schriftenreihe des Energiewirtschaftlichen
Instituts an der Universität Köln,
München 1952

Drevermann, W.:
Der Generalbebauungsplan für Hanau,
in: Die Neue Stadt, 1.Jahrg.(1947), Erstes Heft,

Ebel, R. / W.Emrich,:
Hessische Gemeinde- und Landkreisordnung,
Heft 4 der Schriftenreihe des Kreisverbandes der Kommunal-Beamten und -Angestellten, Frankfurt a.M. 1953

Eimermann, J.:
Grundzüge des Finanzwesens der Gemeinden,
Frankfurt 1947

Eimermann, J. (Hrsg.):
Hessische Gemeindeordnung vom 21. Dezember 1945,
Offenbach 1948

Eimermann, J. (Hrsg.):
Gemeindehaushalts-Verordnung vom 4. September 1937,
2.Auflage, Bad Homburg v.d.H. 1950

Eimermann, J.:
Grundzüge des Finanzwesens des Staates, der Gemeinden und Gemeindeverbände,
Frankfurt a.M. 1955

Eitner, W.:
Öffentliche Schulden- und Rücklagenwirtschaft,
Göttingen 1954

Elsner, H.:
Das Gemeindefinanzsystem,
Heft 36 der neuen Schriften des Deutschen Städtetages,
Stuttgart 1979

Ermel, G.:
Gesetz über Kommunale Abgaben in Hessen, Kommentar,
2.Auflage, Wiesbaden 1978

Escher, H.:
Führer durch Hanau,
Hanau 1926

Evers, H.:
Gemeindegröße und Verwaltungsaufwand,
in: Institut für Raumforschung, "Informationen", Heft 7,
Bad Godesberg 1957

Fischer, K.W.:
Die Finanzwirtschaft der Stadt Darmstadt
[Dissertation Frankfurt/M. 1952]
Darmstadt 1954

Flämig, Ch.:
Geimeindefinanzen und kommunale Wirtschaftsentwicklungsplanung,
Baden-Baden 1974

Foerstemann, F., (Ramb, H.):
Die Gemeindeorgane in Hessen,
Kommunale Schriften für Hessen 49,
2.Auflage Köln 1985 / 3.Auflage, Mainz 1990

Frey, R. (Hrsg.):
Kommunale Demokratie,
Bonn-Bad Godesberg 1976

Fuchs, M.
Kommunales Haushaltswesen,
3.Auflage, Göttingen 1980

Gabriel, O.W. (Hrsg.):
Kommunalpolitik im Wandel der Gesellschaft,
Königstein/Ts. 1979

Gemeindewirtschaftsrecht (Gesetzessammlung)
Kohlhammer Gesetzestexte,
Stuttgart 1949

Gerloff, W.:
Die öffentliche Finanzwirtschaft,
2.Auflage, Band 1 und 2,
Frankfurt a.M.1948/1950

Gerloff,W. / F.Neumark (Hrsg.):
Handbuch der Finanzwissenschaft, 2.Auflage,
Erster Band, Tübingen 1952
Zweiter Band, Tübingen 1956
Dritter Band, Tübingen 1958

Giere, G.:
Kommunales Schuldenwesen,
in: Handbuch der kommunalen Wissenschaft und Praxis, Band 3,
Berlin u.a. 1959,

Giere, G.:
Gedanken über die gemeindliche Schuldengrenze,
in: Der Städtetag, 7.Jahrgang (NF), Heft 10, 1954

Groll, M.:
Gemeindegröße und vorkommende Ausgabenpositionen,
in: Institut für Raumforschung, "Informationen", 1956,
Heft 22, Bad Godesberg 1956,

Groll, M.:
Die Industriefolgelasten,
in: Institut für Raumforschung, "Informationen", 1958,
Bad Godesberg 1958

Groll, M.:
Ausgabengestaltung und Gemeindegröße,
Heft 38 der Mitteilungen aus dem Institut für Raumforschung,
Bad Godesberg 1958

Gruber, B.:
Das Verfahren bei der Berechnung der Schuldengrenze der
Gemeinden,
in: Der Städtetag, 10.Jahrgang (NF), Heft 12, 1957

Gunzert, R.:
Sinkender Ertrag der Gemeindesteuern,
Manuskript, Frankfurt 1952

Halbleib, F.:
Die Finanzwirtschaft der Stadt Hanau von 1838-1910,
Dissertation Freiburg i.B. 1917

Halbleib, F.:
Hessen-Kassel und die Verwaltungsreform,
als Manuskript gedruckt, Kassel 1929

Hanauer Anzeiger (Hrsg.):
Hanau in der Vorkriegszeit 1932-1939,
eine Dokumentation, Hanau 1992

Hanauer Anzeiger (Hrsg.):
Hanau, Zerstörung und Wiederaufbau,
eine Dokumentation, Hanau 1985

Hanauer Straßenbahn AG (Hrsg.):
75 Jahre Hanauer Straßenbahn AG,
Festschrift, Hanau 1983

Handwörterbuch der Sozialwissenschaften
Stuttgart, Tübingen, Göttingen 1961

Handwörterbuch der Staatswissenschaften
IV.Auflage, Jena 1924/1927

Handwörterbuch der Wirtschaftswissenschaften
Band 3, Stuttgart 1981

Herrmann, K.:
Investitionen und Schuldenaufnahmen der Gemeinden in den
Rechnungsjahren 1948 bis 1955,
Wirtschaft und Statistik, 8.Jahrgang (NF), Heft 5

Herzog, R.:
Finanzwissenschaft,
in: Die Handelshochschule, Band 14, Wiesbaden 1952

Hessische Landesregierung (Hrsg.),:
Das neue Haushaltsrecht der Gemeinden,
Heft 11 der "Hessen-Informationen",
Schriftenreihe der Hessischen Landesregierung o.J.

Hessisches Hauptstaatsarchiv (Hrsg.):
Übersicht über die Bestände des Hessischen Hauptstaatsarchivs
Wiesbaden,
Wiesbaden 1970

Hessisches Statistisches Landesamt (Hrsg.):
Die hessischen Landkreise und kreisfreien Städte,
Wiesbaden 1957

Hessisches Statistisches Landesamt (Hrsg.):
Historisches Gemeindeverzeichnis für Hessen,
Heft 1 und 2, Wiesbaden 1968

Hötte, F. / F.Mengert / K.Weyershäuser:
Gemeindehaushalt in Schlagworten,
3.Auflage, Köln 1965
4.Auflage, Stuttgart 1966

Horster, R.:
Die Reform des deutschen Gemeindesteuersystems,
Heft 16 (neue Folge) Finanzwissenschaftliche
Forschungsarbeiten,
Berlin 1958

Institut "Finanzen und Steuern", Bonn, (Hrsg.)
Gemeindehaushalte,
Heft 75 der Schriftenreihe des Instituts,
Bonn 1964

Keyser, E. (Hrsg.):
Deutsches Städtebuch,
Bd.IV, Südwest-Deutschland, 1. Land Hessen,
(Hessisches Städtebuch),
Wiesbaden 1957

Klemt, H.:
Die Stadt Hanau und ihr Umland in ihren wechselseitigen Beziehungen,
Frankfurt a.M. 1940

Koch, K.:
Maßstäbe für die gemeindliche Schuldenpolitik,
Dissertation Köln 1967

Korinsky, K.:
Finanzausgleichsgesetz,
Sammlung Hessischer Gesetze,
Bad Homburg v.d.H., o.J.

Krause, H.:
Die Eingemeindungsforderungen der Stadt Hanau,
Denkschrift o.J. (1948 ?)

Leiwig, H.:
Finale 1945 Rhein Main,
Düsseldorf 1990

Lenz, D.:
Determinanten des Personalaufwandes in den kommunalen Haushalten,
in: Der Städtetag, Neue Folge, 24.Jahrgang, Heft 12, 1971

Littmann, K.:
Raumwirtschaftliche Auswirkungen der Finanzpolitik,
im Finanzarchiv, Neue Folge, Band 19, Tübingen 1958/59

Littmann, K.:
Die Gestaltung des kommunalen Finanzsystems unter raumordnungspolitischen Gesichtspunkten,
Band 50 der Veröffentlichungen der Akademie für Raumforschung und Landesplanung,
Hannover 1968

Mäding, E. / H.Tigges / H.Hack:
Entwicklung der öffentlichen Aufgaben,
Konrad-Adenauer-Stiftung, Institut für Kommunalwissenschaften,
St.Augustin 1980

Marcus, P.:
Das kommunale Finanzsystem der Bundesrepublik Deutschland,
Darmstadt 1987

Mengert, F. / C.Kunert / J.Rehm:
Kommunalhaushalt in Schlagworten,
4.Auflage, Köln 1983

Meyers Lexikon, 8.Auflage, Bd.4, Leipzig 1938

Musgrave, R.A.:
Finanztheorie,
2.Auflage, Tübingen 1969

Muthesius, H.:
Die sozialen Aufgaben der kommunalen Selbstverwaltung,
in: Archiv für Kommunalwissenschaft, 2.Jahrgang, 1963

Nell-Breuning, O.V.:
Wertzuwachssteuer,
in: Handbuch der Finanzwissenschaft, 2. Auflage, 2. Band
Tübingen 1956

Neumark, F.:
Aktuelle Budget- und Steuerfragen,
in: Schriftenreihe des Instituts "Finanzen und Steuern",
Heft 25, Bonn 1952

Neundörfer, L.:
Hanau, Bild einer Gewerbestadt,
in: Die Neue Stadt, 1.Jg.(1947), Erstes Heft

Nöll von der Nahmer, R.:
Lehrbuch der Finanzwissenschaft,
Band 2, Köln-Opladen 1964

Otto, F.:
Die finanzwirtschaftliche Struktur und Entwicklung
Westdeutschlands seit 1945,
Dissertation Wirtschaftshochschule Mannheim 1954

Pagenkopf, H.:
Einführung in die Kommunalwissenschaft,
2.Auflage, Münster 1960

Pagenkopf, H.:
Gegenwartsprobleme der Gemeindefinanzwirtschaft,
Heft 67 der Schriftenreihe des Instituts Finanzen und Steuern,
Bonn 1963

Peffekoven, R.:
Einführung in die Grundbegriffe der Finanzwissenschaft,
3. Auflage, Darmstadt 1996

Peters, H. (Hrsg.):
Handbuch der kommunalen Wissenschaft und Praxis,
2.Band, Kommunale Verwaltung, Berlin 1957,
3.Band, Kommunale Finanzen und kommunale Wirtschaft,
Berlin 1959

Peters, H.:
Die kommunale Selbstverwaltung und das Subsidiaritätsprinzip,
in: Archiv für Kommunalwissenschaft, 6.Jahrgang, 1967

Preußisches Statistisches Landesamt (Hrsg.):
Gemeindelexikon für den Freistaat Preußen,
Band XII: Provinz Hessen-Nassau, Berlin 1930

Probst, R.:
Der Finanzausgleich in der Rechtsordnung des schweizerischen Bundesstaates als gesetzgeberisches Problem,
Abhandlungen zum schweizerischen Recht, Neue Folge, 254.Heft,
Bern 1948

Pünder, T.:
Staat und Gemeinden im Schulwesen der Bundesrepublik Deutschland,
in: Archiv für Kommunalwissenschaft, 6.Jahrgang, 1967

Püttner, G. (Hrsg.):
Handbuch der kommunalen Wissenschaft und Praxis,
Band 6, Kommunale Finanzen,
2.Auflage, Berlin u.a.1985

Ränsch, V.:
Die Wirtschafts- und Finanzkrise des Deutschen Reichs 1929-1932 unter besonderer Berücksichtigung der wirtschaftlichen Auswirkungen im Raum Hanau,
Hanau 1971

Realsteuergesetze, Textausgabe,
5.Auflage, München u.Berlin 1952

Schattenfroh, M.:
Die deutschen Gemeindegesetze,
Textausgabe mit Anmerkungen,
München, Berlin 1942

Schmidmeier, S.:
Finanzwirtschaftliche Analyse ausgewählter Gemeinden der Landkreise Eichstätt und Beilngries,
Dissertation Erlangen 1961

Schmölders, G.
Finanzpolitik,
2.Auflage, Berlin 1965

Seeger, R. / H.Wunsch / H.G.Burkhardt:
Gemeinderecht in Baden-Württemberg,
Stuttgart 1975

Seiler, G.:
Probleme der kommunalen Finanzwirtschaft,
Düsseldorf 1964

Siedenberg, A.:
Investitionsorientierte Fiskalpolitik,
Finanzwissenschaftliche Forschungsarbeiten,
Neue Folge Heft 47,
Berlin 1976

Stadt Hanau (Hrsg.):
Aus der Geschichte unserer Stadt Hanau 1143 bis 1978,
Hanau 1978

Stadt Hanau (Hrsg.):
Die städtischen Beschlußorgane seit 1946,
Dokumentation, Hanau 1986

Stadt Hanau (Hrsg.)
Die Kriegsschäden und der Wiederaufbau der Stadt Hanau in der Statistik,
Hanau 1949

Stadt Hanau (Hrsg.):
Festschrift zur Eröffnung des Mainhafens der Stadt Hanau,
Hanau 1924

Stadt Hanau (Hrsg.):
Flächennutzungsplan Stadt Hanau, Entwurfsvolage 1980
Erläuterungsbericht

Stadt Hanau (Hrsg.):
Flächennutzungsplan Stadt Hanau, Teilplan Landschaftsplan,
Erläuterungsbericht, o.J.

Stadt Hanau (Hrsg.):
Festreden zum 40.Jahrestag der ersten Kommunalwahl und des Zusammentritts der ersten frei gewählten Stadtverordnetenversammlung nach 1945 (herausgegeben vom Hauptamt der Stadt)
Hanau 1986

Stadt Hanau (Hrsg.):
Hanau einst und jetzt,
Hanau 1947

Stadt Hanau / W.A. Nagel (Hrsg.):
Hanau am Main, Tradition und Gegenwart,
Hanau 1961

Stadt Hanau / W.A. Nagel (Hrsg.):
Hanau, Dokumente des Lebenswillens einer Deutschen Stadt,
Hanau 1951

Staender, K.:
Lexikon der öffentlichen Finanzwirtschaft,
2.Auflage, Heidelberg 1989

Stargardt, H.J.:
Hessisches Kommunal-Verfassungsrecht,
Herford 1987

Statistisches Jahrbuch deutscher Gemeinden
28.-35.Jahrgang, 1933-1940
37.-44.Jahrgang, 1949-1956

Stein, E. (Hrsg.):
Hanau, der Main- und der Kinziggau,
in: Monographien deutscher Städte, Band XXXI,
Berlin 1919

Terhalle, F.:
Die Finanzwirtschaft des Staates und der Gemeinden,
Berlin 1948

Thieme, E.:
Der wirtschaftliche Aufbau der Hanauer Edelmetallindustrie,
Ergänzungsheft LIII der Zeitschrift für die gesamte Staatswissenschaft,
Tübingen 1920

Timm, H. / H.Jecht (Hrsg.):
Kommunale Finanzen und Finanzausgleich,
Band 32 (neue Folge) der Schriften des Vereins für Socialpolitik,
Berlin 1964

Unckel, G.:
Probleme einer gemeindlichen Personalbesteuerung in Deutschland,
Dissertation Frankfurt 1959

Wacke, G.:
Das Finanzwesen der Bundesrepublik,
Beihefte zur Deutschen Rechts-Zeitschrift, Nr.13,
Tübingen 1950

Weichmann, H. / C.Wawrczeck:
Neuordnung der öffentlichen Haushalte,
Hamburg 1952

Weichsel, L.:
Vergleichende Haushaltsbeschreibung und Haushaltsanalyse ausgewählter Städte,
Beiträge zur Empirie und Theorie der Regionalforschung, Bd.11,
IFO-Institut für Wirtschaftsforschung,
München 1967

Willeke, F.W. / H.Bürgel:
Haushaltsplan der Gemeinde,
1.Auflage, Recklinghausen 1966

Wirnshofer, J.:
Entwicklung und Struktur der kommunalen Finanzwirtschaft in Bayern,
Heft 190 der Beiträge zur Statistik Bayerns,
München 1953

Wittmann, W.:
Einführung in die Finanzwissenschaft,
Bd.1-4, 2.Auflage, Stuttgart 1975/76

Wöhe, G.:
Einführung in die Allgemeine Betriebswirtschaftslehre
18. Auflage, München 1993

Wolf, G.W.:
Die Stadt Hanau am Main geographisch betrachtet,
Rhein-Mainische Forschungen, Heft 6,
Frankfurt 1932

Wübben, W.:
Verfahren kommunaler Einnahmeschätzung,
Opladen 1972

Zimmermann, E.J.:
Hanau Stadt und Land,
2.Auflage 1919, Nachdruck der vermehrten Ausgabe,
Hanau 1978

Zimmermann, H. / K.-D.Henke:
Finanzwissenschaft,
7. Auflage, München 1994

ferner:

Verwaltungs- und Prüfungsberichte, Akten, Sach- und Abschlußbücher der Stadtverwaltung Hanau
Haushaltspläne der Stadt Hanau 1930-1956

Zeitschriften:

Der Gemeindehaushalt, 42.-52.Jahrgang, 1936-1951
Der Kommunaldienst, 3.Jahrgang 1949
Der Städtetag, neue Folge, 1.-7.Jahrgang, 1948-1954
WWI-Mitteilungen, 21.-23.Jahrgang, 1968-1970

Andere Publikationen:

"Mitteilungen" und "Informationen" des Instituts für Raumforschung, Bad Godesberg, Jahrgänge 1957 und 1958
Berichte des Deutschen Industrieinstituts, 6.Jahrgang, Köln 1972

Zeitungen:

Hanauer Anzeiger 208.-216.Jahrgang (1933 bis 31. Mai 1941)
Kinzig-Wacht (1. Juni 1941 bis Ende Juni 1943)
Hanauer Zeitung (1. Juli 1943 bis 24. März 1945)
Mitteilungsblatt der Stadtverwaltung Hanau Folge 1-34
Mitteilungsblatt für den Stadt- und Landkreis Hanau, Folge 35-227
Hanauer Anzeiger 216.-222.Jahrgang (1. September 1949 bis 1954)

A N H A N G   A

"Hanauer Dokumentation"

ANHANG A 01

DIE ENTWICKLUNG DER GEWERBLICHEN WIRTSCHAFT IN HANAU 1907 - 1939

Die Entwicklung ausgewählter Wirtschaftszweige[1] in Hanau 1907-1939

	1907		1925		1933		1939	
	Betriebe	Beschäftigte	Betriebe	Beschäftigte	Betriebe	Beschäftigte	Betriebe	Beschäftigte
Industrie Steine Erden	35	532	42	543	55	273	16	317
Bau- und Baunebengewerbe	93	1 506	154	1 644	155	646	146	2 915
Metallverarbeitung	245	3 990	342	4 978	243	2 191	330	5 209
Elektrotechnische Industrie	-	-	28	650	29	315	38	1 083
Papiererzeugung, -veredlung und -verarbeitung	23	452	22	905	5	127	13	450
Kautschukindustrie	-	-	4	1 580	4	2 903	7	4 671
Holzverarbeitung	71	490	101	1 046	76	735	73	1 018
Hotel- und Gaststättenwesen	132	388	119	342	121	319	150	464
Großhandel	)	)	124	769	116	552	148	943
Einzelhandel	) 569	) 1720	510	1 454	621	1 878	522	1 800
Industrie und Handwerk zusammen	1 298	11 510	1 282	14 634	1 283	9 806	1 167	18 148
Handel und Verkehr zusammen	845	2 484	978	4 745	1 171	4 768	1 119	5 543
Industrie, Handwerk, Handel und Verkehr insgesamt	2 143	13 994	2 260	19 379	2 454	14 574	2 286	23 691

1) Zusammengestellt nach den Ergebnissen der Berufs- und Betriebszählungen vom
12.Juni 1907 (Statistik des Deutschen Reiches, Bd.218, S.445 ff),
16.Juni 1925 (Statistik des Deutschen Reiches, Bd.417, Heft 10b, S.28 ff),
16.Juni 1933 (Statistik des Deutschen Reiches, Bd.466, Heft 10, S.10/28),
17.Mai 1939 (Statistik des Deutschen Reiches, Bd.568, Heft 8, S.12/35 ff).

Da die Erhebungen der Reichsstatistik nicht immer nach den gleichen Gliederungskriterien vorgenommen wurden, sind genaue Vergleiche nicht in allen Fällen möglich. Für die Zusammenstellung wurden deshalb Wirtschaftszweige herangezogen, die sich zumindest gegeneinander abgrenzen, nach Untergruppen und durch Ausklammern von Grenzfällen weitgehend bereinigen ließen. Wenn trotzdem eine exakte Vergleichbarkeit nicht erreicht werden konnte, so sollte doch auf die Darstellung hier nicht gänzlich verzichtet werden, weil das Zahlenmaterial immerhin Schwerpunkte der Veränderungen in der Wirtschaftsstruktur sowie konjunkturelle Einschnitte (1933) sichtbar macht.

ANHANG A 02

BESCHÄFTIGTENSTATISTIK DER 20 GRÖSSTEN HANAUER FIRMEN 1949

Einheimische und ortsfremde Beschäftigte in den 20 größten Hanauer Firmen[a)]

Firma	Beschäftigte insgesamt (Stand:10.10.1949)	davon Einheimische	davon Ortsfremde	Ortsfremde in vH der insgesamt Beschäftigten
Deutsche Dunlop Gummi Co. AG	3 116	745	2 371	76,1
Heraeus Platinschmelze	721	307	414	57,4
Degussa-Siebert	680	205	475	69,9
Hanauer Gummischuhfabrik	596	199	397	66,6
Vacuumschmelze AG	452	214	238	52,6
C. A. Traxel, Sperrholzwerk	283	63	220	77,7
Wilhelma, Eisengießerei	250	98	152	60,8
H. Sieger-Wellpappe	241	39	202	83,8
W. Franz, Bauunternehmen	179	30	149	83,2
W. Schwahn, Metallwaren	164	66	98	59,8
C. Deines, Sägewerk	130	31	99	76,2
W. Albrecht, Bauunternehmen	126	19	107	84,9
Quarzlampen GmbH	123	32	91	74,0
J. L.Wörner, Hoch- und Tiefbau	121	22	99	81,8
A. Fey, Bauunternehmen	115	77	38	33,0
E. G. Zimmermann, Marmorwerk	103	36	67	65,0
H. Kaus, Hoch- und Tiefbau	98	21	77	78,6
Kaufhof AG, Kaufhaus	97	61	36	37,1
G. Ph. Nicolay, Brauerei	96	49	47	49,0
Pelissier Nachf., Eisenwerk	92	36	56	60,9
	7 783	2 350	5 433	69,8

a) Quelle: Statistische Vierteljahresberichte der Stadt Hanau, 2.Kalendervierteljahr 1950, S.18

ANHANG A 03

HANAUER INDUSTRIESTATISTIK

1949 - 1954

Betriebe, Beschäftigte, Lohn- und Gehaltssumme, Umsätze (1949-1954)

	1949	1950	1951	1952	1953	1954
Zahl der Betriebe mit mehr als 10 Beschäftigten	70	77	74	74	78	77
Zahl der Beschäftigten	9 197	10 758	10 675	11 216	11 738	12 561
Lohn- und Gehaltssumme in Mio DM	27,2	33,6	33,2	43,2	46,8	53,8
Gesamtumsatz in Mio DM	149,8	202,3	243,5	303,0	291,9	311,3
Durchschnittliches Jahreseinkommen je Industrie-beschäftigten in DM	2 957	3 123	3 110	3 851	3 987	4 283

ANHANG A 04

STATISTIK DER PENDELWANDERER NACH WOHNORTGEMEINDEN

1947 / 1949

Einpendler nach Hanau 1947 und 1949[a)]

Wohngemeinde der Einpendler	Ortsentfernung von Hanau km	Einpendler nach Hanau absolut		je 1000 Einwohner		Zu- oder Abnahme je 1000 Einwohner gegenüber 1947
		1947	1949	1947	1949	
Langenselbold	11	665	839	83	99,5	+ 16,5
Großauheim	3	631	785	65	77,0	+ 12,0
Langendiebach	4	431	518	113	121,4	+ 8,4
Steinheim	2	424	496	52	61,5	+ 9,5
Niederrodenbach	7	286	.	100	.	.
Bruchköbel	5	280	341	107	117,6	+ 10,6
Großkrotzenburg	5	244	276	75	75,4	+ 0,4
Windecken	12	235	222	85	79,3	- 5,7
Wachenbuchen	5	209	155	98	70,0	- 28,0
Dörnigheim	6	204	173	55	41,6	- 13,4
Marköbel	10	202	221	103	110,7	+ 7,7
Ostheim	11	190	191	83	83,2	+ 0,2
Klein Auheim	3	180	171	4	36,2	+ 32,2
Hüttengesäß	12	180	134	111	79,0	- 32,0
Hochstadt	6	178	110	73	43,2	- 29,8
Roßdorf	8	169	191	105	118,7	+ 13,7
Somborn	16	161	230	43	61,6	+ 18,6
Ravolzhausen	8	152	168	97	106,0	+ 9,0
Mittelbuchen	5	143	196	93	121,2	+ 8,2
Hainstadt	5	116	159	31	43,3	+ 12,3
Neuenhaßlau	15	107	135	71	89,4	+ 18,4
Wolfgang	2	.	60	.	81,9	.
Rückingen	6	.	400	108	139,7	+ 31,7
Seligenstadt	10	101	178	13	23,8	+ 10,8
Dettingen	12	83	.	.	.	.
Frankfurt a. M.	20	82	.	.	.	.
Alzenau	12	59	.	.	.	.

a) Zusammengestellt aus Erhebungen des Statistischen Amtes der Stadt Hanau, veröffentlicht in Sonderberichten: "Der tägliche Zustrom zum Arbeitsplatz Hanau" in: Statistische Vierteljahresberichte der Stadt Hanau, II/III 1948, S.15ff und II/1950 S.17

ANHANG A 05

AUSZÜGE AUS DEN HAUPTSATZUNGEN DER STADT HANAU

I. Auszug aus der Hauptsatzung vom 31.10.1938:

Auf Grund des § 3 Abs.2 der Deutschen Gemeindeordnung vom 30. Januar 1935 RGBl.I, S.49, wird nach Beratung mit den Ratsherren und mit Zustimmung des Beauftragten der NSDAP folgende Hauptsatzung erlassen:

§ 1
Der Oberbürgermeister wird hauptamtlich angestellt. Er oder sein Stellvertreter muß die Befähigung zum Richteramt oder höheren Verwaltungsdienst haben.

§ 2
Dem Oberbürgermeister stehen zur Seite:
1. der hauptamtliche Bürgermeister und Stadtkämmerer,
2. der hauptamtliche technische Beigeordnete, Stadtbaurat,
3. ein weiterer besoldeter Beigeordneter, Stadtrat,
4. fünf ehrenamtliche Beigeordnete.

§ 3
Die Zahl der Ratsherren beträgt 16.
Zur beratenden Mitwirkung werden für jede Verwaltungsabteilung und für die Betriebe Beiräte bestellt.
Der Oberbürgermeister kann nach Bedarf Beiräte zur beratenden Mitwirkung in bestimmten einzelnen Fragen berufen.

§ 4
Aufwandsentschädigungen............
Auslagenersatz.....................
Reisekostenvergütungen.............

- - - - - - - - - - -

ANHANG A 06

II. Auszug aus der Hauptsatzung vom 1.8.1946:

Auf Grund der Bestimmungen der Gemeindeordnung (GO) vom 21. Dezember 1945 (Gesetz- und Verordnungsblatt Nr.1 vom 10.1.1946), des Beschlusses der Stadtverordnetenversammlung der Stadt Hanau a/M. vom 1. August 1946 und unter Bezugnahme auf § 3 Ziff.2 dieser GO wird die folgende Hauptsatzung der Stadt Hanau a.M. erlassen:

§ 1
(1) Die dem Bürgermeister nach der Großhessischen Gemeindeordnung zustehenden Rechte und Befugnisse fallen gemäß § 6 Ziff.3 der GO einem zu bildenden kollegialen Gemeindevorstand zu, der die Bezeichnung Magistrat führt.
(2) Im übrigen gilt die von dem Großhessischen Staatsministerium - Minister des Innern - erlassene Magistratsordnung vom 19. Juni 1946.

§ 2
(1) Der Magistrat besteht aus:
a) dem Bürgermeister, der die Amtsbezeichnung Oberbürgermeister führt;
b) dem 1.Beigeordneten, der die Amtsbezeichnung Bürgermeister führt und zugleich Stellvertreter des Oberbürgermeisters ist;
c) einem weiteren Beigeordneten, der die Amtsbezeichnung Stadtrat führt.
Diese Mitglieder des Magistrats sind hauptamtlich bestellt und werden gemäß § 44 der GO jeweils für 6 Jahre gewählt, jedoch für die derzeitige Wahlperiode nur auf 2 Jahre.
(2) Für die Dauer der jeweiligen Wahlzeit der Stadtverordnetenversammlung, und zwar bis zum Zeitpunkt der Amtsübernahme etwa gewählter Nachfolger, werden dem Magistrat bis zu fünf unbesoldete Mitglieder beigeordnet, die den Titel Stadtrat führen. Bei vorzeitiger Dienstbeendigung eines unbesoldeten Stadtrats tritt an dessen Stelle der nächste Anwärter der Wahlliste, auf Grund deren der weggefallene Beigeordnete gewählt worden ist.

§ 3
Ersatz der Auslagen......................
und der entgangenen Arbeitsverdienste.....

§ 4
Bürgern, die seit mehr als 20 Jahren ein Ehrenamt ohne Tadel verwaltet haben, kann die Ehrenbezeichnung Stadtältester durch Beschluß der Stadtverordnetenversammlung verliehen werden (§ 28 der GO).

§ 5
Bei feierlichen Anlässen kann der Oberbürgermeister die goldene Amtskette der Stadt Hanau a.M. tragen (§ 47 der GO).

- - - - - - - - - - -

ANHANG A 07

III. Auszug aus der Hauptsatzung vom 1.10.1952

Auf Grund des § 6 Abs.1 in Verbindung mit § 50 HGO vom 25.2.1952 (GVBl S.11 ff) wird nach Beschlußfassung der Stadtverordnetenversammlung vom 1.10.1952 folgende Hauptsatzung der Stadt Hanau a.M. erlassen:

§ 1
Präsidium der Stadtverordnetenversammlung
Die Stadtverordnetenversammlung wählt aus ihrer Mitte ein Präsidium, das aus dem Stadtverordnetenvorsteher, dem stellvertretenden Stadtverordnetenvorsteher und drei Beisitzern besteht, die abwechselnd als Schriftführer zeichnen.

§ 2
Gemeindevorstand
Der Magistrat ist der Gemeindevorstand.
Der Magistrat besteht aus:
a) dem Bürgermeister, der die Amtsbezeichnung Oberbürgermeister führt,
b) dem 1.Beigeordneten, der die Amtsbezeichnung Bürgermeister führt und zugleich Stellvertreter des Oberbürgermeisters ist,
c) einem 2. und 3. Beigeordneten mit dem Titel Stadtrat, dem ein das Arbeitsgebiet kennzeichnender Zusatz beigefügt werden kann.
Diese Mitglieder des Magistrats sind hauptamtlich bestellt.

Für die Dauer der jeweiligen Wahlzeit der Stadtverordnetenversammlung, und zwar bis zum Zeitpunkt der Amtsübernahme etwa gewählter Nachfolger, werden dem Magistrat 5 unbesoldete Mitglieder beigeordnet, die den Titel Stadtrat führen. Bei vorzeitiger Dienstbeendigung eines unbesoldeten Stadtrats tritt an dessen Stelle der nächste Anwärter der Wahlliste, auf Grund deren der weggefallene Beigeordnete gewählt worden ist.

§ 3
Ersatz der Auslagen......................
und der entgangenen Arbeitsverdienste.....

§ 4
Ehrenbezeichnung: Stadtältester..........

§ 5
Amtskette...............................

§ 6
Stadtfarben und Stadtwappen
Die Stadtfarben sind rot-gelb. Das Wappen besteht aus einem gespaltenem Schild, rechtes Feld (heraldisch): goldener Löwe auf schwarzem Grund, linkes Feld: 3 rote Sparren auf goldenem Grund, Bekrönung: silberner Helm mit goldener Krone, darauf wachsender weißer Schwan mit rotem Schnabel.

- - - - - - - - - - -

ANHANG A 08

STADT HANAU

Verwaltungsgliederung

Stand: 1.August 1948

Abt.A	Allgemeine Verwaltung
Abt.P	Polizei- u.staatliche Auftragsangelegenheiten
Abt.G/PR	Gewerbliche und Preisangelegenheiten
Abt.W	Wirtschaftliche Unternehmen
Abt.S	Sozialpolitische Angelegenheiten
Abt.B I	Schulwesen
Abt.B II	Kulturelle Angelegenheiten
Abt.T	Technische Angelegenheiten
Abt.F	Finanz- und Steuerwesen
Abt.K	Zwangsbewirtschaftung

Dezernatsverteilung

Stand: 1.August 1948

Oberbürgermeister (hauptamtlich)

Abt.A	Hauptverwaltung Personalamt Statistisches- und Wahlamt Verteilungsstelle
Abt.P	Polizeidirektion Standesamt Bäderwesen Feuerlösch- und Rettungswesen Bestattungswesen
Abt.G/PR	Gewerbeamt Preisamt A Preisamt B
Abt.W	Stadtsparkasse
Abt.B I	Schulamt Jugendpflege
Abt.K	Wirtschaftsamt

Bürgermeister (1.Beigeordneter) (hauptamtlich)

Abt.A	Rechnungsprüfungsamt
Abt.B II	Stadtbibliothek Stadtarchiv Stadtbildstelle

ANHANG A 09

Dezernatsverteilung 1948 (Fortsetzung)

Abt.F Rechnungsamt
Stadtkasse
Steuerverwaltung
Schadenamt
Besatzungskostenamt

Abt.W Schlachthof

Abt.T Allgemeine Bauverwaltung
Vermessungs- und Liegenschaftsamt
Stadtplanungsamt
Hochbauamt
Tiefbauamt
Bauaufsicht
Grundstücksverwaltung
Stadtgartenverwaltung

Stadtrat (ehrenamtlich)

Abt.S Fürsorgeamt
Jugendamt
Kriegsbeschädigten- und Hinterbliebenenfürsorge
Kinder- und Altersheime
Versicherungsamt

Stadtrat (ehrenamtlich)

Abt.S Wohnungsamt
Flüchtlingsbetreuung
Betreuungsstelle für Verfolgte

Stadtrat (ehrenamtlich)

Abt.S Stadtküche

Abt.K Ernährungsamt
Straßenverkehrsamt

Stadtrat (ehrenamtlich)

Abt.W Stadtwerke einschließlich Hafen
Straßenbahn

Stadtrat (ehrenamtlich)

Abt.S Stadtkrankenhaus

ANHANG A 10

GESAMTEINNAHMEN UND -AUSGABEN DER HAUSHALTE UND NACHTRAGSHAUSHALTE DER STADT HANAU NACH DEN VORANSCHLÄGEN VON

1949 BIS 1954

Jahr	Voranschlag der Einnahmen und Ausgaben im		durch 1. Nachtragshaushalt erhöht im		durch 2. Nachtragshaushalt erhöht im	
	Ordentlichen	Außerordentlichen	Ordentlichen	Außerordentlichen	Ordentlichen	Außerordentlichen
	Haushalt		Haushalt auf		Haushalt auf	
	DM	DM	DM	DM	DM	DM
1949	7 937 363	2 772 187	10 198 379	4 001 312	10 255 029	unverändert
1950	8 699 265	630 099	unverändert	3 847 600	8 973 968	4 742 314
1951	10 424 244	-	unverändert	4 383 965	12 132 617	5 849 418
1952	14 306 120	6 737 800	15 727 932	9 166 236	kein 2. Nachtragshaushalt verabschiedet	
1953	16 088 882	3 448 650	17 258 521	6 107 872	kein 2. Nachtragshaushalt verabschiedet	
1954	18 172 400	7 405 350	20 202 266	8 863 419	kein 2. Nachtragshaushalt verabschiedet	

ANHANG A 11

AUSZUG AUS DEM HAUSHALTSPLAN DER STADT HANAU 1936.

Einnahmen im Rechnungsjahr 1936: Im Ganzen RM	Einnahmen im Rechnungsjahr 1936: Im Einzelnen RM	Titel	Bezeichnung der Einnahmen und Ausgaben	Nr. der Erläuterungen	Ausgaben im Rechnungsjahr 1936: Im Einzelnen RM	Ausgaben im Rechnungsjahr 1936: Im Ganzen RM	Im Rj. 1936 Überschüsse = + Zuschüsse = — RM	Titel	Nach dem Haushaltsplan 1935: Einnahmen RM	Nach dem Haushaltsplan 1935: Ausgaben RM	Nach der Rechnung 1934: Einnahmen RM	Nach der Rechnung 1934: Ausgaben RM
			Abteilung T: Technische Angelegenheiten.									
		190	I. Allgemeine Bauverwaltung	1		32 058	— 32 058	190	—	35 075	—	42 632
			II. Baupolizei									
	12 550	191	Verwaltungskosten und Gebühren	1,2	30 399			191	12 550	28 972	11 421	25 024
12 550		192	Luftschutz		1 000	31 399	— 18 849	192		1 000		
									12 550	29 972	11 421	25 024
			III. Planbau									
	2 050	193	Allgemeine Verwaltungskosten	1,3	102 565			193	2 050	109 188	600	48 216
	9 428	194	Unterhaltung der Straßen und Plätze einschließlich der Verzinsung und Tilgung aufgenommener Kapitalien	4	227 389			194	10 695	170 665	37 117	185 065
	—	195	Unterhaltung der Brücken und Stege	5	6 680			195	58	2 058	7 876	37 815
	97 560	196	Kosten der Müllabfuhr und Müllabfuhrgebühren	1,6	97 560			196	98 761	98 761	83 454	81 589
	17 111	197	Straßenreinigung und Begießung	7	38 500			197	10 155	38 500	—	50 874
								197 A				
		198	Straßenbeleuchtung	8	60 000			198	—	57 750	—	74 384
	106 613	199	Kraftwagenpark und Werkstätte	1,9	106 613			199	109 146	109 348	78 297	78 297
		200	Betrieb der Dampfwalze	10				200	—	—	5 010	4 975
	1 250	201	Für allgem. Verkehrszwecke (Bedürfnishäuschen pp.)	1,11	5 033			201	981	5 821	5 323	10 098
234 012		202/5				644 340	— 410 328	202/5				
									231 846	592 091	217677	571 313
			IV. Tiefbau									
	13 987	206	Allgemeine Verwaltungskosten	1,12	109 406			206	14 002	108 218	2 063	43 255
	1 466	207	Für Unterhaltung der Kanäle	13	52 322			207	2 486	56 120	16 505	103 460
	176 100	208	Kanalbenutzungsgebühren	14				208	170 500	—	160 723	
		209	An die Finanzverwaltung für Verzinsung und Tilgung der für die Kanalisationsanlagen aufgewendeten Kapitalien	15	27 425			209	—	21 543	—	22 045
		210	Kanalbeiträge					210				
	2 000	211	Grubenentleerung		2 000			211	2 000	2 000	2 287	1 452
	40	212	Hochwasserschutz	16	2 440			212	—	2 300	—	320
		213	Kinzigregulierung, Kapitaldienst	17	39 952			213	—	24 711	—	9 330
193 593		214/20				233 545	— 39 952	214/20				
									188 988	214 892	181 578	179 862
			V. Hochbau									
	5 550	221	Allgemeine Verwaltungskosten	1,18	21 851			221	6150	16 902	2 504	21 580
	29 903	222	Unterhaltung der städtischen Amtsgebäude und Mieteinnahmen aus denselben	19	17 010			222	30 743	16 249	37 643	33 497
	20 760	223	Für Heizung, Beleuchtung, Reinigung städtischer Amtsgebäude und Ersatz von den einzelnen Verwaltungsstellen und Privaten	1	20 440			223	20 760	21 040	20 385	20 216
		224						224				
		225						225				
	50	226	Sonstiges	20	1 445			226	100	1 395	40	1 066
56 263		227/31				60 746	— 4 483	227/31				
									57 753	55 586	60 572	76 359
2 400		232	VI. Vermessungsamt	1		32 573	— 30 173	232	2 400	32 372	1 392	29 965
		233						233				
			VII. Stadtgartenverwaltung									
	9 800	234	Verwaltungskosten	1,21	55 718			234	4 620	47 382		9 344
	300	235	Unterhaltung der städtischen Anlagen	21,22	4 840			235	385	7 390	6 356	39 303
		236	Sonstiges		1 250			236	—	1 250	—	1 250
10 100		237/40				61 808	— 51 708	237/40				
									5 005	56 022	6 356	49 897
508 918			Summe Abtlg. T: Technische Angelegenheiten			1 096 469	— 587 551		498 542	1 016 010	478 996	975 052

Erläuterungen

1) Siehe Beilage I.

2) Erhöhte Verwaltungskosten durch Personalvermehrung.

4) In der Ausgabe sind enthalten:
Laufende Unterhaltung der Straßen (Materialkosten) . . . 80 000 RM
Für Neuherstellung von Straßendecken 17 [illegible] „
An Abteilung F für Verzinsung von Kapitalien . . . 78 531 „
An Abt. F für Tilgung von Kapitalien 51 283 „
(siehe Beilage III)
Erhöhte Sachkosten wegen unabweisbarer Reparaturen.
In Einnahme: 8000 RM Anteil an der Kraftfahrzeugsteuer (siehe auch Titel F 263).

5) Laufende Unterhaltung . . . 1 000 RM
für kleinere Brücken und Stege . . . 1 000 „
Kapitaldienst für zu erwartendes Reparaturdarlehen f. Wilhelmsbrücke, Zinsen 2 080 „
Tilgung 2 600 „

6) Die Müllabfuhrgebühren werden nach Maßgabe der entstehenden Kosten von den Hausbesitzern erhoben. Auf 100 RM Friedensnutzungswert der Wohnungen entfallen jährlich 1.56 RM Gebühren.

7) Reinigungsmaterial einschl. Schneebeseitigung . . . 30 500 RM
Begießung . . . 8 000 „
In Einnahme Beiträge der städt. Verwaltungsstelle.

8) Bedienung . . . 17 000 RM
Strom- und Gasverbrauch . . . 43 000 „
Von den Stadtwerken werden nur noch die Selbstkosten erhoben. Höhere Ausgaben durch Erweiterung der Straßenbeleuchtung.

9) Darin Abführung in die Erneuerungsrücklage 10 000 RM und durchlaufend 3107 RM Zinsen aus Erneuerungsfonds.

10) Nunmehr in Titel 199 enthalten.

11) Darin 409 RM Kapitaldienst.

12) Löhne sind als persönliche Kosten in Titel 206 enthalten.

13) Davon Stromverbrauch . . . 16 000 RM
Fuhrgestellung von Titel 199 . . . 9 000 „

14) Die Kanalbenutzungsgebühren werden nach Maßgabe der entstehenden Kosten von den Hausbesitzern erhoben. Sie sind auf 2.76 RM je 100 RM Friedensnutzungswert festgesetzt (wie im Vorjahr).
16 100 RM voraussichtl. Gebührenüberschuß des Vorjahres sind zur Verwendung hier vorgetragen.

15) Verzinsung und Tilgung laut Beilage III.

16) Darin 1540 RM Ausgaben bei auftret. Hochwasser.

17) Kapitaldienst der Kosten für Maindeich und Kinzigregulierung. Erhöhung mit Rücksicht auf Tilg.-Beginn der Umsch.-Anleihe und volle Tilgungs- u. Zinsleistung für die Arbeitsbesch.-Darlehen.

18) In Einnahme Erstattung von Gehalt und Lohn durch die Schulabteilung und Titel 223.

19) Laufende Unterhaltung . . . 5 380 RM
Einmalige Herstellungen . . . 5 100 „
Einnahme: Mietwerte der Amtsräume (s. Beilage I) und einige Privatmieten 29 643 „

20) Unterhaltung der Stadtmauern, Denkmäler pp.

21) Die im Rj. 1934 für Titel 235 verrechneten Löhne der Arbeiter sind als persönliche Verwaltungskosten bei Titel 234 verrechnet und zwar:
Löhne der ständigen Arbeiter . . . 32 850 RM
Für vorüberg. beschäft. Notstandsarbeiter 12 800 „
Erhöhte Aufwendung wegen Mehrbeschäftigung von Arbeitern.

22) Davon laufende Ausgaben . . . 4 000 „
Neupflanzung des Paradeplatzes mit Platanen . . . 400 „

ANHANG A 12

AUSZUG AUS DEM HAUSHALTSPLAN DER STADT HANAU 1939

7 Öffentliche Einrichtungen und Wirtschaftsförderung

Unterabschnitt Gruppe	Einnahme	Nr. d. Erläuterung	Voranschlag 1939 RM	Voranschlag 1938 RM	Rechn.-ergebnis 1937 RM
	Abschnitt 71				
	Oeffentliche Einrichtungen				
	7100 Straßenbeleuchtung		—	—	—
	Summe 7100: Straßenbeleuchtung		—	—	—
	7101 Straßenreinigung				
7101d	Sonstige Betriebseinnahmen . . . . Erstattungen von Dienststellen.	1	950 *18 303*	— *17 850*	— *16 553*
	Summe 7101: Straßenreinigung		19 253	17 850	16 553
	ab Erstattungen		*18 303*	*17 850*	*16 553*
	Reineinnahme		950	—	—
	7102 Stadtentwässerung				
7102a1 a2	Kanalbenutzungsgebühren . . . . Grubenentleerungsgebühren		187 336 2 000	174 000 2 000	187 603 1 637
7102b1 b2	Mieten . . . . Pachten		487 140	487 140	487 140
7102c1	Zinsen		2 908	3 137	2 009
7102d	Sonstige Betriebseinnahmen		*400* 200	*400* 200	*400* 545
7102e	Sonstige Einnahmen	2	*19 220* 520	*23 650* 136	*40 316* 76
	Weggefallene Posten			3 670	—
	Zu übertragen:		213 211	207 820	233 213

Erläuterungen:

¹) Von 7109d3 für Marktreinigung u. Rein- und Instandhaltung d. Messeplatzes 3 100,
für Straßenreinigung:
von Schulen 1 200,
„ Theater 220,–
„ Kinderkrippe 150,
„ Friedhof 2 430,
„ Badeanstalt 190,
„ Schlachthof 200,
„ Amtsgebäuden 360,
„ Mietshäusern 10 000,—
„ Stiftungshäusern 453,
„ Stadtwerken 950,–
19 253,–

²) Von 414d6 = 12 000,—
7102d8 = 500,—
661d8 = 500,—
7111d1 = 4 000,—
7114c5 = 1 650,—
7102d9 = 250,—
7109d5 = 320,—
19 220,—

7 Öffentliche Einrichtungen und Wirtschaftsförderung

Unterabschnitt Gruppe	Ausgabe	Nr. d. Erläuterung	Voranschlag 1939 RM	Voranschlag 1938 RM	Rechn.-ergebnis 1937 RM
	Abschnitt 71				
	Oeffentliche Einrichtungen				
	7100 Straßenbeleuchtung				
	d) Sächliche Zweckausgaben				
7100d4	Unterhaltung und Bedienung der Laternen . .	1	29 000	28 366	24 252
d5	Strom- und Gasverbrauch	1	35 400	32 500	35 465
	h) Einmalige Ausgaben				
7100h1	Anschaffung v. Straßenlaternen		5 000	—	—
	Summe 7100: Straßenbeleuchtung		69 400	60 866	59 717
	7101 Straßenreinigung				
	c) Persönliche Zweckausgaben				
7101c1	Beamtenbesoldung		—	—	—
c2	Angestelltenvergütung		—	—	—
c3	Arbeiterlöhne	2	20 985	15 737	15 592
c4	Beiträge zur Altersversorgung	2	2 870	2 422	1 757
c5	Sonstige persönliche Zweckausgaben . . .		—	—	—
	d) Sächliche Zweckausgaben				
7101d1	Gebäudeunterhaltung				
d2	Steuern und Abgaben, einschl. Wassergeld		300	300	27 208
d5	Bürounkosten	2	100	100	
d6	Unterhaltung d. Maschinen, Geräte u. Mobilien	3	500 *1000*	2 000	
d7	Sonstige sächliche Betriebskosten	3	6 000 *20 000*	25 500	
d8	Schneebeseitigung, Straßenbegießung . . .	3	4 000 *8000*	18 000	11 399
d9	Sonstige sächliche Kosten		350	350	—
7101	h) Einmalige Ausgaben	4	2 175	—	—
	Summe 7101: Straßenreinigung		66 280	61 409	55 956
	ab Erstattungen		*18 303*	*17 850*	*16 553*
	Reinausgabe		47 977	46 559	39 403
	ab Reineinnahmen		950	—	—
	Zuschuß		47 027	46 559	39 403
	7102 Stadtentwässerung				
	c) Persönliche Zweckausgaben				
7102c1	Beamtenbesoldung	2,7	20 864	17 554	21 860
c2	Angestelltenvergütung	2	6 033	6 476	5 217
c3	Arbeiterlöhne	5,2	56 288	65 500	62 482
c4	Beiträge zur Altersversorgung	2	11 565	10 581	12 079
c5	Sonstige persönliche Zweckausgaben . . .	6	*4 352*	4 460	6 161
	Weggefallene Posten		—	—	2 928
	d) Sächliche Zweckausgaben				
7102d1	Gebäudeunterhaltung		2 190	3 325	2 428
d2	Steuern und Abgaben, einschl. Wassergeld . .	2	1 525	1 515	1 960
d3	Heizung, Reinigung und Beleuchtung . . .	2	470	580	793
d4	Unterhaltung der Maschinen, Geräte und Mobilien		3 920	4 470	3 125
d5	Bürounkosten	2	1 059	993	2 159
	Zu übertragen:		108 266	115 484	121 192

Erläuterungen:

¹) Gaslaternen 15 000,
elektr. Laternen 14 000,–
Sa. 29 000,

320 000 cbm Gas à 6 Pfg. 19 200,
270 000 Kw. Strom à 6 Pfg. 16 200,–
Sa. 35 400,

Erhöht wegen Erweiterung der Straßenbeleuchtung.

²) S. Sammelnachweis.

³) Erstattungen
1 000, an 7104d
20 000, an 7104d
8 000, an 7104d

⁴) 3 Zweiradkarren 700,
3 Handschlitten je 25 RM 75,
Einbau eines Saugschachtes pp. i. d. Trafostation v. d. Kinzigbrücke 1 400,
2 175,

⁵) Es sind 3 Arbeiter neu einzustellen.

⁶) an 900c3 1 352,
an 901c3 1 500,
an 940c1 1 500,

⁷) Anderweitig Aufteilung der Personalkosten.

ANHANG A 13

AUSZUG AUS DEM HAUSHALTSPLAN DER STADT HANAU 1953

Unterabschnitt / Gruppe	Einnahme	Voranschlag 1953 DM	Voranschlag 1952 DM	Rechn.-Ergebnis 1951 DM
	Abschnitt 70 **Beleuchtung und Reinigung des Gemeindegebietes**			
7010	**701** **Straßenbeleuchtung**			
	Summe:	—	—	—
	702 **Stadtentwässerung, Bedürfnisanstalten**			
7020	**Stadtentwässerung**			
1300	Kanalbenutzungsgebühren	270 000	273 500	260 963 E 1 283
1301	Kanalkostenbeiträge	—	25 500	—
1309	Erstattungen städtischer Dienststellen für Dienstleistungen	E 20 150	E 2 250	E 2 655
2303	Laufende Betriebseinnahmen	9 000	4 570	3 678
2600	Mieten und Pachten	2 815	2 330	3 252
2730	Kostenbeitrag der Stadtwerke für Hafensiele und Spüleinlässe	725	—	—
2900	Zinsen aus Rücklage aus Kanalkostenbeiträgen	820	150	394
3100	Rückzahlung von vorgetragenen Kanalkostenbeiträgen	5 190	—	—
	Summe:	308 700	308 300	272 225

Erläuterungen:

Zu 1300: Der Hebesatz beträgt pro 100 DM Bemessungswert 4,68 DM

Zu 1301: Eingehende Kanalkostenbeiträge werden der Rücklage zugeführt (s. Ausg.-Gruppe 9300).

Zu 1309: Erstattung von

U. A. 3603/6800	200 DM
U. A. 6501/6605	18 000 DM
U. A. 7021/6601	1 650 DM
U. A. 7210/6602	300 DM
	20 150 DM

Zu 2303: Erlöse aus dem Grubenentleerungsbetrieb 8 000 DM; Kostenbeiträge von öffentl. Tankstellen 1 000 DM; zusammen 9 000 DM

Unterabschnitt / Gruppe		Ausgabe	Voranschlag 1953 DM	Voranschlag 1952 DM	Rechn.-Ergebnis 1951 DM
		Abschnitt 70 **Beleuchtung und Reinigung des Gemeindegebietes**			
7010		**701** **Straßenbeleuchtung**			
6600		Instandhaltung und Bedienung der Laternen	50 000	50 000	27 911
6601		Strom- und Gasverbrauch	100 000	85 000	42 725
		Summe:	150 000	135 000	70 636
		702 **Stadtentwässerung, Bedürfnisanstalten**			
7020		**Stadtentwässerung**			
S.N.A		Persönliche Ausgaben	141 100	142 600	115 507
6100		Instandhaltung der drei Pumpstationen und Kläranlage	6 000	4 000	1 988
6101		Instandhaltung der Kanäle	6 000	6 000	4 261
6300	S	Schreib- und Zeichenbedarf, Druckkosten	700	600	240
6301	S	Bücher, Zeitungen, Zeitschriften	100	100	—
6302	S	Porto und Fernsprechkosten	3 050	1 810	1 600
6303	S	Reisekosten	250	750	262
6304		Transport- und Fahrtkosten	400	400	—
6305		Fortbildung der Bediensteten	100	100	—
6307		Mitgliedsbeitrag zur Abwassertechn. Vereinigung	50	1 550	1 500
6500	S	Miete für Verwaltungsräume	1 460	430	450
6501	S	Instandhaltung der Verwaltungsräume	150	250	200
6502	S	Heizung, Beleuchtung, Wasser und Reinigung	625	790	800
6503		Steuern und Abgaben für Grundstücke	800	800	574
6504	S	Mobiliarunterhaltung	200	60	50
6505	S	Sachversicherungen	625	290	167
6506	S	Dienst- und Schutzkleidung	3 000	3 000	2 407
6507		Instandhaltung der Dienstfahrräder	340	340	325
6508		Steuern und Abgaben (Umsatzsteuer)	250	250	50
6600		Heizung, Beleuchtung, Wasser und Reinigung für Pumpstation und Kläranlage	5 800	5 000	5 976
6601		Instandhaltung der Maschinen und Geräte für Stadtentwässerung	19 200	15 000	16 642
6602		Maschinenbetriebskosten	33 000	34 000	26 835
6603		Wasserverbrauch für Kanalspülung	1 800	1 500	—
6604		Schlammabfuhr	24 000	20 000	16 176
6605		Grubenentleerung	7 000	3 000	2 000
6606		Sonstige Fuhrkosten	12 000	11 000	4 000
6607		Allgemeine Betriebsbedürfnisse	995	1 030	
6608		Reinigungsmittel für Arbeiter	200	200	
6700		Boden-, Grund- und Abwässerungsuntersuchungen	2 000	6 000	2 770
6701		Fotokopien und Lichtpausen	300	300	
6702		Anerkennungsgebühr	150	150	
8707		Verwaltungskostenbeitrag an U. A. 9010 und 9040	3 000	3 000	3 000
8900	S	Zinsen	4 348	4 488	2 929
9100	S	Tilgung	2 897	2 802	2 719
9300	S	Anlage der Kanalkostenbeiträge und Zinsen aus Rücklage	6 010	25 650	394
		Weggefallene Posten	—	43 620	5 149
		Summe:	287 900	340 860	218 971

Erläuterungen:

Zu 6600:

Stromlaternen	28 000 DM
Gaslaternen	22 000 DM
	50 000 DM

Zu 6601:

Strom	50 000 DM
Gas	50 000 DM
	100 000 DM

Zu 6600 und 6601: Gegenseitig deckungsfähig.

Zu 6600: Hierin 1 600 DM für Wasser- und Gasverbrauch der sanitären Anlage in der Kanalpumpstation.

Zu 6601:

a) Kanalpumpstation:	
Ersatz für Pumpe I	3 500 DM
Einbau von Schutzschaltern in Pumpe I, II u. III und der Vacuumpumpe	1 500 DM
Erneuerung der 4 Riffelblechabdeckungen	3 000 DM
Hochwasserrechenerneuerg.	2 500 DM
Werkzeuge pp.	500 DM
Werkstattverbrauch	2 000 DM
lfd. Reparatur.	1 500 DM
b) Hochwasserpumpstation Kanaltor:	
lfd. Reparatur. u. Streichen der Masch.u.Rechen	1 000 DM
c) Hochwasserpumpstation Bulau:	
Einbau zweier Schutzschalter	500 DM
Einbau eines Flacheisenrechens in die Saugkammer	700 DM
lfd. Unterhaltg. d. Kanalgeräte	2 500 DM
	19 200 DM

Gegenseitig deckungsfähig.

Zu 6602: Mehrbedarf infolge Strompreiserhöhungen.

Zu 6604: Hierin Erstattung an U. A. 7050 18 000 DM

Zu 6605: Mehrkost. infolge Betr.-Kontrollen d. Tankstellen u. der Einbeziehung der Neuhofsiedlung

Zu 6700: Hierin 700 DM Erstattg an U. A. 5300/1309

ANHANG A 14

GLIEDERUNG DER HAUSHALTSPLÄNE DER STADT HANAU NACH EINZELPLÄNEN

Einzel-plan	Bezeichnung 1938 bis 1951	Bezeichnung ab 1952
0	Allgemeine Verwaltung	Allgemeine Verwaltung
1	Polizei	Öffentliche Sicherheit und Ordnung
2	Schulwesen	Schulen
3	Kultur- und Gemeinschaftspflege	Kultur
4	Fürsorgewesen und Jugendhilfe	Fürsorge und Jugendhilfe
5	Gesundheitswesen, Volks- und Jugendertüchtigung	Gesundheits- und Jugendpflege
6	Bau-, Wohnungs- und Siedlungswesen	Bau- und Wohnungswesen
7	Öffentliche Einrichtungen und Wirtschaftsförderung	Öffentliche Einrichtungen, Wirtschaftsförderung
8	Wirtschaftliche Unternehmen	Wirtschaftliche Unternehmen
9	Finanz- und Steuerverwaltung	Finanzen und Steuern

ANHANG A 15

ANSTIEG DER GESAMTAUSGABEN NACH DEM ZWEITEN WELTKRIEG

Vergleich auf der Basis 1937 = 100

Anstieg der kommunalen Gesamtausgaben
Vergleich des Haushalts der Stadt Hanau mit der Summe aller kommunalen Haushalte des Reichs/Bundes

Jahr	Gesamtausgaben aller kommunalen Haushalte im Reichs-/Bundes-gebiet[a] in Mrd. RM/DM	Anstieg in vH Basis 1937 (=100)	Gesamtausgaben[b] der Stadt Hanau nach der Rechnung in RM/DM	Anstieg in vH Basis 1937 (=100)
1937	7,05	100	13 065 159	100
1948[c]	5,89	83,5	8 160 574	62,5
1949	6,56	93,0	11 048 616	84,6
1950	7,29	103,4	12 929 615	99,0
1951	8,42	119,4	15 107 695	115,6
1952	9,47	134,3	22 209 629	170,0
1953	10,74	152,3	20 189 335	154,5
1954	11,69	165,8	26 242 028	200,9

a) Die Zahlen aller kommunalen Haushalte sind einer Zusammenstellung von G.Schmölders in seiner Abhandlung über "Kommunale Finanzpolitik" entnommen [in H.Peters (Hrsg), Handbuch der Kommunalen Wissenschaft und Praxis, 1.Auflage, Band 3, Berlin u.a. 1959, S.52]. Mit Recht weist Schmölders allerdings darauf hin, daß die Zahlen der Vor- und Nachkriegszeit aus mehreren Gründen nicht unmittelbar miteinander vergleichbar sind, nicht zuletzt deswegen, weil sich die Ergebnisse von 1937 auf das gesamte Reichsgebiet beziehen, die von 1948 an aber nur auf das Bundesgebiet

b) Zusammengestellt aus den Rechnungsergebnissen der Ordentlichen und der Außerordentlichen Haushalte; bei den letzteren wurden allerdings nur die in den Rechnungsjahren tatsächlich geleisteten Ausgaben, d.h. ohne die Bestandsübertragungen, in Ansatz gebracht. Die Ausgaben des Ordentlichen Haushalts wurden um die Zuweisungen an den Außerordentlichen Haushalt gekürzt, um eine Doppelerfassung zu vermeiden

c) Die Zahlen des DM-Abschnitts sind auf ein volles Jahr umgerechnet

ANHANG A 16

GESAMTAUSGABEN DER STADT HANAU 1948 - 1954

Gesamtausgaben des Ordentlichen und des Außerordentlichen Haushalts der Stadt Hanau von 1948 bis 1954 in DM
(Index auf der Basis 1949 = 100)

Rechnungsjahr	Ausgaben im Ordentlichen Haushalt[a] DM	Index vH	Ausgaben im Außerordentlichen Haushalt DM	Index vH	Gesamtausgaben (Spalte 2 + 4) DM	davon im Außerordentlichen Haushalt (vH)
1	2	3	4	5	6	7
1948[b]	7 836 073		324 501		8 160 574	4,0
1949	7 659 825	100	3 388 791	100	11 048 616	30,7
1950	9 008 657	118	3 920 958	116	12 929 615	30,3
1951	10 351 402	135	4 756 293	140	15 107 695	31,5
1952	13 385 814	175	8 823 815	260	22 209 629	39,7
1953	15 037 950	196	5 151 385	152	20 189 335	25,5
1954	17 354 956	227	8 887 072	262	26 242 028	33,9
Summe	80 634 677		35 252 815		115 887 492	(∅ = 30,42)

a) ohne Zuweisungen an den Außerordentlichen Haushalt
b) Der DM-Abschnitt des Jahres 1948 ist auf ein Jahr umgerechnet

<u>zum Vergleich:</u>

1938	8 555 688		1 836 385		10 392 073	17,7

Die Statistik zeigt, daß die Ausgaben des Außerordentlichen Haushalts relativ stärker zugenommen haben als die des Ordentlichen Haushalts. Die Ausgaben des Außerordentlichen Haushalts machten im Durchschnitt knapp ein Drittel der Gesamtausgaben aus (30,42 vH). Das Verhältnis zu den ordentlichen Ausgaben betrug im Durchschnitt der Jahre 1949 bis 1954 nahezu 1:2, während es vor dem Krieg (1938) bei rund 1:5 lag

ANHANG A 17

PERSONALAUSGABEN DER KÄMMEREIVERWALTUNGEN DER STADT HANAU NACH ARBEITSENTGELTEN UND VERSORGUNGSBEZÜGEN 1938 - 1954 a)

Absolute Beträge

zusammengestellt anhand der Sammelnachweise ohne Stadtwerke und Sparkasse, für 1938-1943 auch ohne das technische und künstlerische Personal des Theaters

Jahr	Arbeitsentgelte b) in 1000 RM/DM					Altersversorgung				Arbeitsentgelte und Altersversorgung zusammen
	Beamte c)	Angestellte	Arbeiter	Sonstige persönl. Ausgaben	Summe	Beamte c)	Angestellte	Arbeiter	Summe	
1938	711	339	329	65	1 444	256 d)		39	295	1 739
1939	753	362	347	48	1 510	311	24	43	378	1 888
1940	791	436	368	104	1 699	319	18	45	382	2 081
..										
1943	945	569	523	179	2 216	370	25	39	434	2 650
..										
1947	759	839	1 167	195	2 960	317	23	60	400	3 360
..										
1949	952	1 027	1 024	75	3 078	481	59	84	624	3 702
1950	1 365	1 027	994	91	3 477	553	60	91	704	4 181
1951	1 390	1 130	1 140	108	3 768	589	62	121	772	4 540
1952	1 774	1 909	1 360	205	5 248	759	64	134	957	6 205
1953	1 809	2 177	1 449	59	5 494	795	76	144	1 015	6 509
1954	1 536	2 669	1 858	79	6 142	933	96	156	1 185	7 327

a) für die in der Tabelle fehlenden Jahre liegen die als Anlagen zu den Haushaltsplänen veröffentlichten Sammelnachweise nicht mehr vor

b) einschließlich Arbeitgeberanteile zur Sozialversicherung

c) 1938 bis 1953 einschließlich beamtete Lehrkräfte

d) für 1938 ist die Altersversorgung für Beamte und Angestellte nur in einer Summe nachgewiesen

ANHANG A 18

PERSONALAUSGABEN DER KÄMMEREIVERWALTUNGEN DER STADT HANAU NACH ARBEITSENTGELTEN UND VERSORGUNGSBEZÜGEN 1938 - 1954 a)

Prozentuale Aufschlüsselung

zusammengestellt anhand der Sammelnachweise ohne Stadtwerke und Sparkasse, für 1938-1943 auch ohne das technische und künstlerische Personal des Theaters

Jahr	Arbeitsentgelte b) in 1000 RM/DM					Altersversorgung				Arbeitsentgelte und Altersversorgung zusammen
	Beamte c)	Angestellte	Arbeiter	Sonstige persönl. Ausgaben	Summe	Beamte c)	Angestellte	Arbeiter	Summe	
1938					83				17	100
	49	24	23	4	100	87 d)		13	100	
1939					80				20	100
	50	24	23	3	100	82	6	11	100	
1940					82				18	100
	46	26	22	6	100	83	5	12	100	
..										
1943					84				16	100
	43	26	23	8	100	85	6	9	100	
..										
1947					88				12	100
	26	28	39	7	100	79	6	15	100	
..										
1949					83				17	100
	31	34	33	2	100	77	9	14	100	
1950					83				17	100
	39	29	29	3	100	78	9	13	100	
1951					83				17	100
	37	30	30	3	100	76	8	16	100	
1952					85				15	100
	34	36	26	4	100	79	7	14	100	
1953					84				16	100
	33	40	26	1	100	78	8	14	100	
1954					84				16	100
	25	44	30	1	100	79	8	13	100	

a) für die in der Tabelle fehlenden Jahre liegen die als Anlagen zu den Haushaltsplänen veröffentlichten Sammelnachweise nicht mehr vor

b) einschließlich Arbeitgeberanteile zur Sozialversicherung

c) 1938 bis 1953 einschließlich beamtete Lehrkräfte

d) für 1938 ist die Altersversorgung für Beamte und Angestellte nur in einer Summe nachgewiesen

ANHANG A 19

GEGENÜBERSTELLUNG DER JÄHRLICHEN ZUWACHSRATEN BEI PERSONALAUSGABEN UND STEUEREINNAHMEN

Jahr	Personalausgaben absolut RM/DM	Personalausgaben Veränderung gegen Vorjahr vH	Steuereinnahmen absolut RM/DM	Steuereinnahmen Veränderung gegen Vorjahr vH	Personalausgaben in vH der Steuereinnahmen
1936 RM	2 064 478[a]		3 380 649		61,1
1938	2 089 447		5 287 237		39,5
1941	2 590 475		7 019 801		36,9
1944	2 601 834		5 962 227		43,6
1945	2 391 866	- 8,1	1 179 724	- 80,2	202,7
1946	2 563 588	+ 7,2	2 199 587	+ 86,4	116,5
1947	3 242 771	+ 26,5	1 983 731	- 9,8	163,5
1948 DM[b]	3 633 346	+ 12,0	3 822 145	+ 92,7	95,1
1949	3 918 161	+ 7,8	5 433 768	+ 42,2	72,1
1950	4 313 110	+ 10,1	5 093 422	- 6,7	84,7
1951	5 238 524	+ 21,5	7 317 307	+ 43,7	71,6
1952	6 225 223	+ 18,8	9 101 198	+ 24,4	68,4
1953	6 512 963	+ 4,6	10 947 213	+ 20,3	59,5
1954	7 432 211	+ 14,1	10 915 095	- 0,3	68,1
Durchschnittszuwachs 1945-1954		+ 21,3		+ 11,4	

a) ohne Zahlungen an Landesschulkasse
b) DM-Abschnitt auf ein Jahr umgerechnet

A N H A N G A 20

A L L G E M E I N E F Ü R S O R G E
(Städtische Leistungen)
1947 - 1952 in RM/DM

	1947	1948	1949	1950	1951	1952
Leistungen in der offenen Fürsorge						
Geld-, Sach- u.Dienstleistungen an Allgemeine Fürsorgeempfänger und Sozialrentner	265 240	325 685	393 678	355 737	379 230	447 301
an Pflegekinder	11 058	11 251	12 578	12 474	12 896	15 134
Summe offene Fürsorge	276 298	336 936	406 256	368 211	392 126	462 435
Leistungen in der geschlossenen Fürsorge						
für die Unterbringung in						
Krankenhäusern	19 216	14 900	14 639	19 774	19 506	36 260
Anstalten, Alters- und Siechenheimen	27 861	27 649	37 673	43 792	102 618	103 403
Kinder- und Säuglingsheimen	3 013	2 852	13 191	19 623	25 347	34 348
Spezialpflegekosten für						
Geisteskranke	35 663	56 314	65 060	64 828	87 418	99 838
Schwachsinnige	2 107	589	6 011	7 486	9 219	12 205
Blinde und Körperbehinderte	789	333	779	3 982	4 774	6 428
Andere	--	--	6 450	1 439	10 057	10 318
Summe geschlossene Fürsorge	88 649	102 637	143 803	160 924	258 939	302 800
G e s a m t s u m m e allgemeine Fürsorge (städtische Leistungen)	364 947	439 573	550 059	529 135	651 065	765 235

ANHANG A 21

KRIEGSFOLGENHILFE

Leistungen der Stadt Hanau in der Kriegsfolgenhilfe in RM/DM

Leistungen an:	1947	1948	1949	1950	1951	1952
Heimatvertriebene						
Geld-, Sach- und Dienstleistungen	53 056	46 257	26 223	23 520	37 875	29 960
Leistungen in der geschlossenen Fürsorge	8 692	11 572	9 440	9 618	18 829	22 603
Summe:	61 748	57 829	35 663	33 138	56 704	52 563
Evakuierte						
Geld-, Sach- und Dienstleistungen	2 568	3 945	4 344	3 230	4 228	4 175
Leistungen in der geschlossenen Fürsorge	1 519	3 597	2 257	1 617	2 572	2 343
Summe:	4 087	7 542	6 601	4 847	6 800	6 518
Heimkehrende Kriegsgefangene						
Geld-, Sach- und Dienstleistungen	168 668	108 002	47 878	29 789	971	6
Leistungen in der geschlossenen Fürsorge	4 012	2 736	2 438	1 010	1 716	738
Summe:	172 680	110 738	50 316	30 799	2 687	744
Ausländer und Staatenlose						
Geld-, Sach- und Dienstleistungen	-	2 361	4 589	18 971	17 658	17 821
Leistungen in der geschlossenen Fürsorge	-	126	1 133	1 203	2 908	3 729
Summe:	-	2 487	5 722	20 174	20 566	21 650
Kriegsbeschädigte und Gleichgestellte						
Geld-, Sach- und Dienstleistungen	92 678	99 264	95 999	64 277	61 971	28 613
Leistungen in der geschlossenen Fürsorge	8 056	9 181	15 515	22 869	24 298	26 528
Summe:	100 734	108 805	111 504	87 146	86 269	55 141
Zugewanderte aus der Sowjetzone						
Geld-, Sach- und Dienstleistungen	1 078	6 251	7 400	12 188	17 389	17 698
Leistungen in der geschlossenen Fürsorge	-	-	1 716	5 471	11 961	18 871
Summe:	1 078	6 251	9 116	17 659	29 350	36 569
Andere Leistungsempfänger						
Geld-, Sach- und Dienstleistungen	6 742	./. 1 431	-	2 983	1 844	1 681
Leistungen in der geschlossenen Fürsorge	190	1 662	-	-	-	-
Summe:	6 932	231	-	2 983	1 844	1 681
Summe Geld-, Sach- und Dienstleistungen	324 790	265 009	186 423	154 958	141 936	99 954
Summe Leistungen geschlossene Fürsorge	22 469	28 874	32 499	41 788	62 284	74 812
Kriegsfolgenhilfe insgesamt	347 259	293 883	218 922	196 746	204 220	174 766

ANHANG A 22

FAHRZEUGBESTÄNDE UND -ZUGÄNGE DES FUHRPARKS DER STADT HANAU 1944 UND 1945/46

FAHRZEUGBESTAND IM JAHRE 1944 *)

2 Kehrmaschinen
1 Lastkraftwagen - einsetzbar als Schneepflug und Streudienstfahrzeug
1 Lastkraftwagen - einsetzbar als Sprengwagen
4 Müllwagen
1 Schlammabfuhrfahrzeug
4 Lastkraftwagen
1 Elektrowagen (LKW) als Sprengwagen
2 Zugmaschinen
1 Dampfwalze (15 t)
1 Tandemwalze (7 t)
4 Personenkraftwagen

FAHRZEUGBESTAND AM 1.APRIL 1945 *)

1 Müllwagen
1 Lastkraftwagen
2 Lastkraftwagenfahrgestelle ohne Aufbau
1 Dampfwalze (15 t) beschädigt

FAHRZEUGZUGÄNGE 1945/46 *)

2 Zugmaschinen - gebraucht bzw.aus Wehrmachtbeständen
1 Lastwagen (3 t) - aus Wehrmachtbeständen
2 Lastwagen (1,5 t)

4 beschlagnahmte Personenkraftwagen

----
*) Zusammengestellt aus Angaben im Verwaltungsbericht der Stadt Hanau für die Rechnungsjahre 1945 und 1946

ANHANG A 23

HEBESÄTZE DER DIREKTEN STEUERN DER STADT HANAU 1936 - 1954

Jahr	Grundsteuer A	Grundsteuer B	Gewerbesteuer nach Ertrag	Gewerbesteuer nach Kapital	Gewerbesteuer nach Lohnsumme	Gewerbesteuer von Zweigstellen	Bürgersteuer
	vH	vH	vH	vH	vH	vH	vH
1936	350	400	540	1 280	-	a)	600
1938	252	360	285+15 b)		-	370	600
1941	252	360	295 c)		-	370	600
1944	252	360	295		-	370	-
1945	252	360	295		-	370	-
1946	252	360	295		-	370	-
1947	252	360	295		-	370	-
1948	252	360	295		1 000	370	-
1949	252	360	295		1 000	370	-
1950	252	360	295		1 000	370	-
1951	252	360	295		-	370	-
1952	252	360	295		-	370	-
1953	252	360	295		-	370	-
1954	252	360	295		-	370	-

a) Bis 1936 einschließlich wurden die Hebesätze für die Gewerbesteuer vom Ertrag und Kapital auf die staatlich veranlagten Grundbeträge noch getrennt festgesetzt; für die Zweigstellensteuer galten entsprechende, um ein Fünftel höhere Sätze. Nach der Realsteuerreform wurde die Gewerbekapital- und Gewerbeertragssteuer mit einem einheitlichen Hebesatz erfaßt, zu dem in den ersten Jahren noch ein Zuschlag als Berufsschulbeitrag erhoben wurde (siehe Anmerkungen b und c), der später wegfiel

b) 285 vH Gewerbesteuer + 15 vH Mehrbelastung für Berufsschulbeitrag, zusammen also 300 vH

c) 285 vH Gewerbesteuer + 10 vH Mehrbelastung für Berufsschulbeitrag, zusammen also 295 vH

ANHANG A 24

HANAUER KINOTHEATER

Rechnungsjahr	Gesamtzahl der Kinos	Gesamtzahl der Sitzplätze	Gesamtzahl der Vorstellungen	Gesamtzahl der Besucher	Besucher je Tag	Platzausnutzung in vH
1938	3	ca. 1 190[a]	)			
1944	4	ca. 1 640[a]	)[b]			
1945	1	460	)			
1946	2	778	)			
1947	2	778	1 847	476 117	1 302	.
1948	2	800	2 083	435 715	1 190	52,3
1949	4	2 233	2 616	374 444	1 026	25,6
1950	4	2 461	4 274	726 150	1 989	27,6
1951	4	2 421	4 273	846 312	2 319	32,7
1952	4	2 421	4 362	909 105	2 493	34,4
1953	4	2 421	4 323	927 449	2 541	35,4
1954	4	2 421	4 354	983 862	2 695	37,3

a) Diese Zahlen sind geschätzt

b) Statistische Daten aus der Kriegs- und Vorkriegszeit über Vorstellungen, Besucherzahlen und Platzausnutzung liegen nicht vor

ANHANG A 25

STAATSZUWEISUNGEN AN DIE STADT HANAU 1936

Aufschlüsselung

		RM
I.	Allgemeine Finanzzuweisungen	
	Staatliche Notstandsbeihilfe	404 000
	Anteil an Reichseinkommensteuer	398 667
	Anteil an Reichskörperschaftssteuer	128 288
	Rücküberweisung Körperschaftssteuer Stadtwerke	205 920
	Anteil an Reichsumsatzsteuer	134 723
	Entschädigung für Realsteuerausfall	80 221
	Allgemeine Finanzzuweisungen	1 351 819
II.	Zweckzuweisungen für:	
	Straßenunterhalt (Kfz.-Steuer Anteil)	12 754
	Wohnungsbaufinanzierung(Anteil an Hauszinssteuer)	120 140
	Polizeilastenausgleich	6 000
	Schulkostenzuschüsse zu Berufs- und Fachschulen	5 664
	Theaterzuschuß	50 000
	Zuschüsse im Fürsorgewesen	54 876
	Andere Zweckzuweisungen:	
	Pensionen für Flüchtlingsbeamte	14 145
	Ersatz von Wahlkosten	1 005
	Ersatz von Quartiergeldern	152
	Auslagenersatz für Stadtverwaltungsgericht	1 295
	Schulgesundheitspflege	500
	Vergütung für die Erhebung der Schlachtsteuer	2 590
	Vergütung für die Personenstandsaufnahme für Finanzamt	3 197
	Zweckzuweisungen	272 319
	Staatszuweisungen insgesamt	1 624 138

ANHANG A 26

TIEFBAUMASSNAHMEN IM AUSSERORDENTLICHEN HAUSHALT DER STADT HANAU mit Herstellkosten von mehr als 10 000 DM 1949 - 1954

Jahr	Im Straßenbau
1949	Beschaffung von Straßenbaustoffen [Sammelposten] (17 447 DM); Straßenarbeiten Bangertstraße, Nürnberger Straße, Fahrstraße (76 820 DM); Ausbesserung von Asphalt-Straßendecken (19 763 DM); Wiederherstellung kriegszerstörter Straßen [Sammelposten] (35 511 DM);
1950	Straßeninstandsetzung am Baublock Französiche Allee (39 000 DM); Straßenreparaturen für die Linienführung des Stadtbusbetriebs (15 000 DM); Straßenbau zur Flüchtlingssiedlung am Neuhof/Lamboywald (41 400 DM); Ausbau der Waldstraße (Heraeusstraße) (83 962 DM); Straßenbau in der Landessiedlung am Lamboywald (86 725 DM); Ausbesserung kriegszerstörter Straßen [Sammelposten] (29 489 DM); Beschaffung von Straßenbaustoffen [Sammelposten] (20 000 DM); Eckabschrägungen am Kanaltorplatz/Römerstraße (23 177 DM);
1951	Straßenbau Barbarossastraße (13 979 DM); Begradigung Hospitalstraße (18 532 DM); Ausbau Waldstraße (Heraeusstraße), 2.Abschnitt (62 559 DM); Straßenbau Cranachstraße (86 499 DM); Straßenbau im Baugebiet Nordstraße (74 228 DM); Neupflasterung Hintergasse Kesselstadt (35 471 DM);
1952	Bau der Straße zum Hauptbahnhof (317 612 DM); Verbreiterung der Hospital- und der Nürnberger Straße (63 290 DM); Fertigstellung des Rückertstegs (60 979 DM); Aufschließung des neuen Baugebiets im Kinzdorf (Umlegung) (18 000 DM); Eckabschrägung Nordstraße (21 035 DM); Instandsetzung von Straßen in der Innenstadt [Sammelposten] (334 813 DM);
1953	Bau der Bundesstraße 43 zwischen Hafenplatz und Viadukt (20 033 DM); Ausbau Mittelbucherstraße (20 536 DM); Ausbau Bürgersteige Bruchköblerlandstraße und Alter Rückinger Weg (20 000 DM) Ausbau Krebsbachweg (37 401 DM); Ausbau Fasanerieweg (19 665 DM); Fahrdamm Cardwellstraße (137 700 DM); Straßenbau in der Feuerbachstraße (40 589 DM); Herrichtung der Schloßstraße und des Schloßhofs (65 500 DM); Ausbau Französische Allee Ostseite, Kirch- und Schützenstraße (36 257 DM); Ausbau Französische Allee Südseite, Schäfer- und Kleine Straße (17 619 DM); Herrichtung Gärtnerstraße (20 336 DM); Herrichtung Schäferstraße, 2. Abschnitt (23 913 DM); Ausbau Rubensstraße (31 539 DM); Restausbau Wichernstraße (15 642 DM); Abriegelung des Mainkanals (11 371 DM);

ANHANG A 26
Fortsetzung:

"Tiefbaumaßnahmen im Außerordentlichen Haushalt der Stadt Hanau im Straßenbau 1949 - 1954"

1954 Ausbau der Birkenhainerstraße (237 892 DM);
Erschließung Krebsbachweg (16 090 DM);
Ausbau Ulmenweg (48 762 DM);
Arbeiten an der Omnibusumsteigestelle am Freiheitsplatz (131 790 DM);
Ausbau im Kinzdorf (12 633 DM);
Ausbau Grünewald- und Lenbachstraße (11 271 DM);
Ausbau Alter Rückinger Weg (10 756 DM);
Ausbau Landwehr (18 098 DM);
Instandsetzung im Schloßhof (13 123 DM);
Instandsetzung Französische Allee Ostseite (15 129 DM);
Instandsetzung Metzgerstraße (23 982 DM);
Ausbau Kleine Straße (28 528 DM);
Herrichtung Große Dechaneistraße (Westseite) (14 931 DM);
Herrichtung Bürgersteig am Markt (10 237 DM);
Straßenbauarbeiten in der Cranach- und Feuerbachstraße (30 850 DM);
Arbeiten an der Wilhelmsbrücke (28 183 DM);

ANHANG A 27

TIEFBAUMASSNAHMEN IM AUSSERORDENTLICHEN HAUSHALT DER STADT HANAU
mit Herstellkosten von mehr als 10 000 DM
1949 - 1954

Jahr	Im Kanalbau
1949	Instandsetzung des bombenbeschädigten Kanalnetzes [Sammelposten] (29 954 DM);
1950	Kanalausbau für die Flüchtlingssiedlung am Lamboywald (62 496 DM);
1951	Kanalbau Landessiedlung am Lamboywald, 2.Abschnitt (16 995 DM); Kanalisation am Kinzigheimer Weg (23 708 DM); Kanalbau Nordstraße (15 000 DM);
1952	Kanalisierung des Mainkanals, 1.Abschnitt (202 191 DM); Verschiedene Kanalbauprojekte in der Innenstadt [Sammelposten] (61 893 DM);
1953	Kanalisierung des Mainkanals, 2.Abschnitt (27 168 DM); Kanalanschluß Frankfurter Landstraße (17 087 DM); Kanalbau Paul-Ehrlich- und Karl-Marx-Straße (21 623 DM); Kanalbau Feuerbach- und Lenbachstraße (62 459 DM);
1954	Erweiterung des Kanals Ulmenweg (17 748 DM); Regenwasserkanal Aschaffenburger Straße (772 505 DM); Erweiterung des Kanalnetzes im Neubaugebiet Kinzdorf (17 938 DM); Kanalanschluß der Omnibusumsteigestelle am Freiheitsplatz (10 591 DM); Kanalanschlüsse Bruchköblerland-, Marköbler- und Ostheimer Straße (74 244DM); Kanalanschlüsse Grünewald- und Lenbachstraße (14 412 DM); Hausanschlüsse Marköbler- und Ostheimer Straße (27 125 DM);

ANHANG A 28

ANZAHL DER SCHULEN, SCHÜLER UND LEHRER IN DER STADT HANAU

Jahr[a)]	Volksschulen			Mittelschulen			Höhere Schulen			Berufs-/Fachschulen[b)]		
	Schulen	Schüler	Lehrer	Schulen	Schüler	Lehrer	Schulen	Schüler	Lehrer	Schulen	Schüler	Lehrer
1936	6	3 773	84	2	517	20	3	700	41	4	1 474	23
1938	6	3 643	79	2	483	19	3	753	38	4	2 402	34
1945[c)]	3	567	13	-	-	-	-	-	-	-	-	-
1946[c)]	4	2 156	36	-	-	-	2	711	28	3	1 713	15
1947[d)]	4	2 666	48	1	212	7	2	874	34	3	2 374	28
1948[d)]	4	2 468	51	1	217	5	2	802	42	3	2 774	40
1949	4	2 776	60	1	358	9	2	875	43	8	2 944	53
1950	4	3 335	71	1	483	13	2	1 051	47	8	2 659	55
1951	4	3 576	81	1	692	21	2	1 097	50	9	2 985	52
1952	5	3 549	94	1	892	29	2	1 177	50	9	3 350	55
1953	5	3 731	101	1	1 033	37	2	1 340	56	9	3 887	60
1954	5	3 842	103	1	1 044	41	2	1 427	57	9	4 113	68

a) Die Zahlen der Jahre 1936 und 1938 sind dem Statistischen Jahrbuch deutscher Gemeinden entnommen [32.Jahrg.1937, S.193ff und 34.Jahrg.1938, S.92ff]; sie beziehen sich 1936 auf das Sommerhalbjahr, 1938 für die Berufs- und Fachschulen auf den Stichtag 25. Februar 1938, für Volks-, Mittel- und Höhere Schulen auf den Stichtag 25. Mai 1938; die Zahlen der Jahre 1945 bis 1954 sind zusammengestellt nach den Statistischen Vierteljahresberichten der Stadt Hanau und beziehen sich auf den Stand jeweils am Jahresende; Abweichungen davon siehe die Anmerkungen c) und d)

b) 1936 bis 1938: Kaufmännische und Gewerbliche Berufsschule, Handels- und Höhere Handelsschule;
1945 bis 1948: Kaufmännische Berufsschule, Gewerbliche Berufsschule und Mädchenberufsschule;
ab 1949 kamen hinzu vier Berufsfachschulen (Handelsschule, Höhere Handelsschule, Haushaltungsschule, Kinderpflege- und Hausgehilfinnenschule) und eine Fachschule (Zeichenakademie); ab 1951 wurde vom Statistischen Amt der Stadt Hanau auch die "landwirtschaftliche Schule" miterfaßt

c) Stand September des Jahres

d) Stand November des Jahres

ANHANG A 29

AUSGABEN DER BERUFSBILDENDEN SCHULEN UND BERUFSSCHULBEITRÄGE 1936 - 1941

Jahr	Schule	Gesamtausgaben nach der Rechnung RM	gedeckt durch Berufsschulbeiträge RM	vH
	Kaufmännische Berufsschule	48 531	31 347	
1936	Gewerbliche Berufsschule	154 207	100 236	
	Mädchenberufsschule	-	-	
	Summe	202 738	131 583	64,9
	Kaufmännische Berufsschule	57 445	41 202	
1937	Gewerbliche Berufsschule	241 390	137 845	
	Mädchenberufsschule	-	-	
	Summe	298 835	179 047	59,9
	Kaufmännische Berufsschule	48 586	30 395	
1938	Gewerbliche Berufsschule	215 634	91 697	
	Mädchenberufsschule	29 521	13 973	
	Summe	293 741	136 065	46,3
	Kaufmännische Berufsschule	54 692	35 081	
1939	Gewerbliche Berufsschule	173 048	82 265	
	Mädchenberufsschule	21 931	15 493	
	Summe	249 671	132 839	53,2
	Kaufmännische Berufsschule	43 263	23 957	
1940	Gewerbliche Berufsschule	205 679	98 906	
	Mädchenberufsschule	15 552	9 702	
	Summe	264 494	132 565	50,1
	Kaufmännische Berufsschule	59 276	35 570	
1941	Gewerbliche Berufsschule	184 075	114 998	
	Mädchenberufsschule	16 822	14 818	
	Summe	260 173	165 386	63,6

ANHANG A 30

UNTERSTÜTZUNGSEMPFÄNGER IN DER OFFENEN FÜRSORGE DER STADT HANAU

1946 - 1954

Laufend Unterstützte in der offenen Fürsorge der Stadt Hanau[a)]

Jahr	Parteien	Personen		
		insgesamt	davon in der	
			Allgemeinen Fürsorge	Kriegsfolgen-hilfe
1946	647	1 334	.	.
1948	759	1 462	644	818
1950	753	1 295	899	396
1952	636	1 040	823	217
1954	702	1 170	954	216

a) zusammengestellt aus Veröffentlichungen im Statistischen Jahrbuch deutscher Gemeinden, 37.-42.Jahrgang, 1949-1954

ANHANG A 31

ENTWICKLUNG DES WOHNUNGBAUS IN HANAU

1946 - 1954[a)]

Bestand am	Wohnungen[b)]		Wohnräume		Küchen		Wohndichte je Wohnraum
17.05.1939[c)]	12 749		ca.36 000		12 749		1,17
29.10.1946[d)]	5 067		11 942		5 041		1,85
13.09.1950[e)]	6 929		17 892		6 788		1,72
	Bestand am 1.1.	Zugang im lfd.Jahr	Bestand am 1.1.	Zugang im lfd.Jahr	Bestand am 1.1.	Zugang im lfd.Jahr	
1951	7 143	1 293	18 361	2 783	7 001	1 289	1,71
1952	8 436	719	21 144	1 638	8 290	709	1,64
1953	9 155	998	22 782	2 443	8 999	1 001	1,61
1954	10 153	879	25 225	2 197	10 000	871	1,55
1955	11 932		27 422		10 871		1,50

a) Vgl. Statistische Vierteljahresberichte der Stadt Hanau, I/1955, S.16
b) ohne Notwohnungen und Unterkünfte in Trümmerhäusern, Kellern, Gartenlauben, Wohnwagen u.dgl.
c) Volks-, Berufs- und Betriebszählung vom 17.05.1939
d) Volks-, Berufs- und Wohnungszählung vom 29.10.1946 (1.Wohnungszählung)
e) Volks-, Berufs-, Wohnungs- und Arbeitsstättenzählung vom 13.09.1950 (2.Wohnungszählung)

ANHANG A 32

STADT HANAU
BEVÖLKERUNGSBEWEGUNGEN INNERHALB DES STADTGEBIETS
1947 - 1954 a)

Entwicklung der Einwohnerzahl nach Stadtbezirken

Stand am 31.12.	Stadtbezirk					Stadtgebiet insgesamt	
	Innenstadt	Kesselstadt	West	Lamboy	Südost	absolut	Zuwachs gegen 1947 in vH
1947	3 730	4 857	6 074	4 182	5 630	24 473	.
1948	4 085	4 984	6 607	4 516	6 304	26 496	8,3
1949	4 910	5 104	7 017	4 593	6 976	28 600	16,9
1950	6 224	4 848	7 555	5 394	7 529	31 550	28,9
1951	7 457	4 732	7 847	6 270	8 480	34 786	42,1
1952	8 487	4 613	8 027	6 512	8 987	36 626	49,7
1953	9 931	4 496	8 270	7 212	9 115	39 024	59,5
1954	10 773	4 393	8 452	8 118	9 344	41 080	67,9
Veränderung gegen 1947 in vH	+ 188,8	- 9,6	+ 39,3	+ 94,1	+ 66,0	+ 67,9	.

a) Vgl. Statistische Vierteljahresberichte der Stadt Hanau, II/1955, S.19

ANHANG A 33

Bautätigkeit in der Stadt Hanau

AUFTRAGS- UND AUFTRAGSBEARBEITUNGS-STATISTIK DER BAUVERWALTUNG DER STADT HANAU

1947-1954[a)]

1. Bautätigkeit insgesamt

Jahr	Anträge auf Bauerlaubnis	Baufreigaben	Rohbauabnahmen	Gebrauchsabnahmen
1947[b)]	450	337	154	207
1948	463	330	198	223
1949	464	452	343	488
1950	427	388	319	497
1951	432	416	297	524
1952	402	382	271	379
1953	485	467	381	502
1954	494	474	324	434

2. davon Wohnungsbau

Jahr	Anträge auf Bauerlaubnis	Baufreigaben	Rohbauabnahmen	Gebrauchsabnahmen
1947[b)]	242	204	95	130
1948	215	142	108	137
1949	189	166	183	214
1950	207	183	191	231
1951	203	189	159	279
1952	175	175	149	186
1953	264	252	222	247
1954	270	252	217	221

a) Zusammengestellt nach den Veröffentlichungen zur Bautätigkeit in Hanau in den Statistischen Vierteljahresberichten der Stadt Hanau, IV/ 1948-1954

b) April bis Dezember 1947 (Vgl."Ein Jahr Statistische Amt der Stadt Hanau", Hanau 1948, S.12)

ANHANG A 34

STADT HANAU

MESSEN UND MÄRKTE
EINNAHMEN AUS STANDGELDERN

Standgelder aus Wochenmärkten, Messen und sonstigen Veranstaltungen (RM/DM)	
1936	20 070 RM
1938	15 704 RM
1940	6 659 RM
1941	9 648 RM
1942	10 100 RM[a)]
1943	10 100 RM[a)]
1945	168 RM
1946	11 728 RM
1947	24 128 RM
1948 RM	13 314 RM
1948 DM	9 707 DM
1949	22 845 DM
1950	27 477 DM
1951	29 478 DM
1952	30 052 DM
1953	33 464 DM
1954	32 071 DM

a) nach dem Voranschlag

ANHANG A 35

BAUPROJEKTE DER BAUGESELLSCHAFT HANAU GMBH UND DER NASSAUISCHEN HEIMSTÄTTE GMBH / NASSAUISCHES HEIM GMBH 1949 - 1954

Bauprojekte der Baugesellschaft Hanau GmbH:

Jahr	Objekt	Programm/Maßnahmen	Wohnungen
1949	Französische Kirche I	WA Garioa	96
	Hafenblock	WA	167
	Berliner Straße	WA LAA	9
1950	Französische Kirche II	WA ztr.	90
	Nordstraße I	WA Flüchtl.-Sonderpr.	253
1951	Nordstraße II	WA "	62
1952	Französische Kirche Süd	WA ztr.	36
	Französische Kirche Ost	WA ztr.	76
	Lamboy-/Feuerbachstraße	deztr.	27
	Schloßplatz	WA	41
1953	Kleine Sandgasse	WA ztr.	18
	Steinstraße	WA deztr	6
	Brückenstraße	WA Schandfleckbeseitigung	20
1954	Rembrandtstraße	ztr.Ind.Förd.DUNLOP	12
	Feuerbachstraße	Sozopro IIa	27
	Ballplatz	WA freifinanziert	26
	Johanneskirchplatz	WA deztr. Vorgriff	33
	Karl-Marx-Straße	Schandfleckbeseitigung	18
	Rembrandt-/Feuerbach-Str.	ztr. u.DUNLOP	18
	Frankfurter Straße	WA ztr.	15
	Karl-Marx-Straße	Schandfleckbeseitigung	18
Summe			1068

Bauprojekte der Nass.Heimstätte GmbH / Nass.Heim GmbH:

Jahr	Objekt	Programm/Maßnahmen	Wohnungen
1949	Limesstraße	ztr.Pr.	18
1951	Limesstraße	ztr.Pr.	38
	Französische Kirche 1-15	WA ztr.Pr.	40
1952	Im H...	WA ztr.Pr.	46
	Im Bangert	WA Vergleichsbauten	48
1953	Schäferstraße	WA ztr.Pr.	24
	Paul-Ehrlich/Karl-Marx-Str.	Sozopro	78
	Brüder-Grimm-Straße	WA-Staatsbedienstete	9
	Brüder-Grimm-Straße	WA Staatsbedienstete	12
	Limesstraße	Vorgriff	36
1954	Im Bangert	WA Schandfleckbeseitigung	48
	Akademiestraße	B-Programm	12
	Akademiestraße	ztr.HP	36
	Gärtnerstraße	WA OPD	12
Summe			457

ANHANG A 36

HANAUER ARBEISSTÄTTEN UND IHRE BESCHÄFTIGTEN NACH WIRTSCHAFTSGRUPPEN[a)]

Wirtschaftsgruppen	Arbeitsstätten am 13. Sept. 1950 insgesamt	Arbeitsstätten davon nach dem 31.12.1944 gegründet	Beschäftigte Personen am 13. September 1950 insgesamt	Beschäftigte Personen am 13. September 1950 vH	Beschäftigte Personen am 13. September 1950 je Betrieb	Beschäftigte Personen in nach dem 31.12.1944 gegründeten Arbeitsstätten
Nichtlandwirtschaftliche Betriebe (Gärtnereien etc.)	6	2	31	0,1	5,2	6
Gewinnung und Verarbeitung von Steinen und Erden, einschl. Energieversorgung	20	5	458	2,1	22,9	37
Eisen- und Metallbau, einschl. Elektrotechnik und Optik	118	44	3 934	18,2	33,3	215
Verarbeitendes Gewerbe, einschl. Textil-, Leder-, Holzbe- und verarbeitung sowie Nahrungs- und Genußmittel-gewerbe	424	132	7 492	34,8	17,7	450
Bau- und Bauhilfsgewerbe, einschl. Gebäudereinigung	165	59	2 598	12,1	15,7	614
Groß- und Einzelhandel, Banken und Versicherungen	655	265	2 764	12,8	4,2	654
Dienstleistungen, einschl. Gaststätten und Beherbungs-gewerbe, fotographisches und Friseurgewerbe	205	91	634	2,9	3,1	256
Verkehrsgewerbe, einschl. Bundesbahn und -post, Speditionen, Fahrschulen, Reisebüros	86	32	2 552	11,9	29,7	58
Organisationen und Einrichtungen der Politik, Kirchen, Wirtschaft, Kultur, des Gesundheits- u. Fürsorgewesens	189	66	1 069	5,0	5,7	242
Stadt Hanau 1950 insgesamt	1 868	696	21 532	100	11,5	2 532
je 100 Einwohner	6,1		70,1			
Stadt Hanau 1939 insgesamt	2 663		25 118			
je 100 Einwohner	6,3		59,5			

a) Nach Erhebungen des Hessischen Stadtistischen Landesamts im Rahmen der "Arbeitsstättenzählung" vom 13. September 1950 (Vgl. Statistischer Vierteljahresbericht der Stadt Hanau III /1951, S.15 ff)

ANHANG A 37

RÜCKLAGEN DER STADT HANAU 1939

		Stand am 31.3.1939 in RM
A.	Betriebsmittelrücklage	81 000
B.	Allgemeine Ausgleichsrücklage	170 857
C.	Tilgungsrücklage	401 027
D.	Bürgschaftssicherungsrücklage	5 500
E.	Erneuerungsrücklagen	
	für:	
	die Schulen	6 579
	Wege und Plätze im Lamboywald	2 107
	die Badeanstalten	24 817
	die Feuerwehr	6 880
	den Schlachthof	265 746
	den Fuhrpark	81 077
	die Kanalisation	5 801
	den Hochwasserschutz	3 108
	die Müllbeseitigung	33 109
	die Kämmereiverwaltung	106 078
	die Stadtgärtnerei	25 082
	Straßen und Schienenwege	7 081
	die Grundstücksverwaltung	40 000
	die Bedürfnisanstalten	6 049
F.	Erweiterungsrücklagen	
	für:	
	Schulbau	144 968
	Theaterumbau	45 112
	Straßen, Brücken, Stege, Wasserläufe	273 306
	die Kanalisation	89 175
G.	Sonderrücklagen	
	für:	
	HJ-Heime, NSV-Kindergärten, Jugendherbergen	42 000
	Soziale Einrichtungen	214 378
	Schwimmbäder und Zwecke der Volks- und Jugendertüchtigung	228 876
	Kunst und Volksbildung	39 269
	Grundstücksankäufe Fonds I	43 722
	Grundstücksankäufe Fonds II (Henkelfonds)	883 231
	die Instandsetzung von Althäusern	50 467
	die Förderung des Wohnbungsbaus und die Schließung von Baulücken	151 089
	die Ansammlung von Rückflüssen aus Hauszinssteuerhypotheken	148 741
	die Ansammlung von Berufsschulbeiträgen	105 935
	Pensionszahlungen der Gewerblichen Berufsschule	81 000
		3 813 167

ANHANG A 38

BÜRGSCHAFTEN DER STADT HANAU

1936 - 1954

Jeweils am Ende des Rechnungsjahres *)	Bürgschaften (RM/DM) betreffend					insgesamt
	Wohnungs- und Siedlungswesen	Wohlfahrtswesen	Industrie, Handel und Gewerbe	Verkehrsunternehmen	Sonstige Zwecke	
1936	48 187	-	-	-	25 331	73 518
1938	44 467	-	-	-	23 677	68 144
1945	32 089	-	-	-	18 698	50 787
1946	32 089	-	-	-	18 698	50 787
1947	24 271	-	-	-	17 160	41 431
1949	41 927	-	-	-	1 716	43 643
1950	453 443	-	10 000	150 000	-	613 443
1951	268 703	-	14 252	150 000	54 700	487 655
1952	688 264	-	23 088	150 000	-	861 352
1953	1 834 144	93 537	9 575	150 000	50 000	2 137 256
1954	3 019 245	89 039	17 548	128 600	50 000	3 304 432

*) Die Werte für die Jahre 1936 bis 1947 nach dem Jahresabschluß, für die Jahre ab 1949 handelt es sich um Voranschlagszahlen

A N H A N G B

"Städtevergleich"

Anmerkung

Zur Gewinnung von Anhaltspunkten im interlokalen Vergleich und zur besseren Einschätzung der Hanauer Verhältnisse wurden in den nachfolgenden Tabellen die Hanauer Daten zu einzelnen Sachverhalten und Bereichen adäquaten Zahlen anderer Städte des hessisch-unterfränkischen Raumes gegenübergestellt. Es sind dies die Städte:

Aschaffenburg,
Fulda,
Gießen,
Marburg.

Für die Heranziehung dieser Vergleichsstädte sprachen die folgenden Gemeinsamkeiten mit Hanau:

1. es handelte sich ebenfalls um Stadtkreise ("kreisfreie Städte"),
2. es waren Gebietskörperschaften mit regionaler Mittelpunktfuktion,
3. sie gehörten in der Gemeindestatistik zur gleichen Gemeindegrößenklasse "D" *) (Mittelstädte mit 20 000 bis 50 000 Einwohnern),
4. sie lagen innerhalb einer Zone mit einem Radius von 100 Kilometern um das Zentrum des Rhein-Main-Gebiets,
5. sie gehörten nach dem Kriege zur amerikanischen Besatzungszone.

Trotz dieser Gemeinsamkeiten sind direkte Vergleiche jedoch nur begrenzt möglich und Schlußfolgerungen daraus nicht unbedingt zu ziehen, weil die Verschiedenheit der jeweiligen örtlichen Voraussetzungen die Verwendbarkeit von Zahlen für solche Zwecke zwangsläufig beschränkt. Exakte Vergleiche würden eine detaillierte Analyse der wirtschaftlichen und soziologischen Struktur sowie der besonderen lokalen Gegebenheiten dieser Städte voraussetzen (geographische Lage, Gebietsgröße, Verwaltungsaufbau, Kriegsschäden etc.). Ohne Berücksichtigung solcher Details, deren Erarbeitung weit über den Rahmen dieser Arbeit hinausgehen würde, können Schlüsse aus dem Vergleich allein der statistischen Massen leicht zu unzulässigen Vereinfachungen und damit zur Verkennung der Wirklichkeit führen.

---

*) Gießen stieg 1953, Aschaffenburg erst 1954 in die Gemeindegrößenklasse "C" auf (50 000 bis 100 000 Einwohner)

ANHANG B 01

UNTERSTÜTZTE ARBEITSLOSE 1932 - 1935[a)]

	Hanau	Aschaffenburg	Fulda	Gießen	Marburg
Arbeitslose am 31.12.1932	4 869	2 060	1 675	1 736	1 093
davon Wohlfahrtserwerbslose (WE)	3 736	1 242	961	1 151	815
in vH	76,7	60,3	57,4	66,5	74,6
Arbeitslose am 28.2.1934	3 351	1 499	1 114	1 415	847
davon Wohlfahrtserwerbslose (WE)	2 523	919	392	631	451
in vH	75,3	61,3	35,2	44,6	53,2
Arbeitslose am 28.2.1935	3 049	1 147	1 071	1 093	640
davon Wohlfahrtserwerbslose (WE)	2 180	633	320	378	222
in vH	71,5	55,2	29,9	34,6	34,7

a) zusammengestellt aus Veröffentlichungen im Statistischen Jahrbuch deutscher Gemeinden, 28.-30.Jahrgang, 1933, S.543ff / 1934, S.416ff / 1935, S.451ff;

ANHANG B 02

FLÄCHENGRÖSSE UND EINWOHNER 1933 (1925)[a]

	Hanau	Aschaffenburg	Fulda	Gießen	Marburg
Fläche am 31.3.1933 (ha)	2 054	3 362[b]	1 112	3 441	2 201
davon bebaut (ha)	305	156	196	215	230
Fläche im Eigentum der Stadt (ha)	358	1 239	158	1 770	353
Einwohner am 16.6.1933 (Volkszählung)	40 646	36 208	27 720	35 898	28 209
Einwohner am 16.6.1925 (Volkszählung)	38 918	34 056	26 140	33 600	24 676
Bevölkerungszunahme 1925/1933 absolut	1 728	2 152	1 580	2 298	3 533
in vH	4,44	6,32	6,04	6,84	14,32

a) zusammengestellt aus Veröffentlichungen im Statistischen Jahrbuch deutscher Gemeinden, 29.Jahrgang, 1934, S.444 ff

b) am 31.12.1933

ANHANG B03

ERGEBNISSE DER GEMEINDEWAHLEN IN PREUSSEN 1929 UND 1933[a]

Parteien	Gemeindewahlen am 17.11.1929		am 12.3.1933	
	Sitze im Stadtparlament			
	Hanau	Fulda	Hanau	Fulda
SPD	8	2	5	1
Zentrum	3	20	3	19
DNVP	1	-	1	-
DVP	6	-	-	-
KPD	6	-	-	-
NSDAP	-	1	17	8
Andere	12	9	1	3
Sitze	36	32	27	31
Wahlbeteiligung	65,4 %	84,8 %	82,2 %	84,5 %

a) Vgl. Statistisches Jahrbuch deutscher Gemeinden, 28.Jahrgang, 1933, S.550ff

ANHANG B 04

ÖFFENTLICHE FÜRSORGE 1932/33a)

	Hanau	Aschaffenburg	Fulda	Gießen	Marburg
Kosten der offenen und geschlossenen wirtschaftlichen Fürsorge im Rj.1932 in 1000 RM	2 721	1 358	1 140	1 542	885
davon laufende Barleistungen an anerkannte Wohlfahrtserwerbslose (WE) in 1000 RM	1 697	688	408	417	386
Laufend bar in der offenen Fürsorge unterstützte Parteien am 31.12.1932	5 056	2 649	2 268	1 972	1 917

a) zusammengestellt aus Veröffentlichungen im Statistischen Jahrbuch deutscher Gemeinden, 29.Jahrgang, 1934, S.450ff

ANHANG B 05

SCHULDENSTAND DER KÄMMEREIVERWALTUNGEN AM 31.3.1933[a)]

	Hanau	Aschaffenburg	Fulda	Gießen	Marburg
Schuldenstand der Kämmereiverwaltungen einschließlich der Regiebetriebe (RM)	15 208 286	9 260 933	4 858 954	14 981 296	8 436 717
je Einwohner (RM)	374,16	255,77	175,29	417,33	299,08
davon Kreditmarktmittel	12 996 342	8 002 093	4 431 630	13 770 762	7 678 213
in vH der Gesamtschulden	85,4	86,4	91,2	91,9	91,0

a) zusammengestellt aus Veröffentlichungen im Statistischen Jahrbuch deutscher Gemeinden, 29.Jahrgang, 1934, S.457f

ANHANG B 06

BEVÖLKERUNGSSTATISTIK DER VERGLEICHSSTÄDTE VOR UND NACH DEM ZWEITEN WELTKRIEG[a)]

Stadtkreis	Bevölkerung am 17.5.1939 (Volkszählung)	am 31.12.1947 insgesamt	am 31.12.1947 in vH des Standes vom 17.5.1939	am 31.3.1952 insgesamt	am 31.3.1952 in vH des Standes vom 17.5.1939
Aschaffenburg	42 916	40 464	94,3	48 327	112,6
Fulda	31 645	39 591	125,1	43 579	137,7
Gießen	42 948	42 877	99,8	49 717	115,8
Marburg	26 764	39 528	147,7	41 684	155,7
Hanau	40 260	25 322	62,9	34 941	86,8

a) zusammengestellt aus Veröffentlichungen im Statistischen Jahrbuch deutscher Gemeinden, 37.u.40.Jahrgang, 1949 (S.104f) u.1952 (S.463f)

ANHANG B 07

ZERSTÖRUNGSGRAD[a)]DER NEUN KREISFREIEN STÄDTE HESSENS UND ANDERER STÄDTE DES BUNDESGEBIETS

Bevölkerungsabnahme, Wohnungsverluste, Grundsteuerausfall, Trümmermengen

Stadt	Zerstörte Wohnungen vH des Wohnungsbestandes 1939	Einwohnerzahl Zu- oder Abnahme zwischen Mai 1939 und Oktober 1946 in vH	Grundsteuer B Ist-Aufkommen Zu- oder Abnahme 1939/1946 in vH	Trümmermengen unaufgelockert cbm je Einwohner
1	2	3	4	5
		9 Stadkreise Hessens		
Hanau	88,6	- 47,7	- 67,5	13,0
Frankfurt	45,0	- 23,4	- 55,0	21,1
Wiesbaden	22,3	- 1,9	- 16,3	3,1
Kassel	63,9	- 41,0	- 57,6	26,7
Darmstadt	61,6	- 33,8	- 62,9	26,0
Offenbach	32,9	- 13,3	- 31,6	12,1
Gießen	76,5	- 14,7	- 35,3	34,4
Fulda	20,2	+ 9,5	+ 11,7	6,4
Marburg	4,0	+ 33,9	+ 3,0	0,4
		andere schwer zerstörte Städte des Bundesgebietes		
Düren	99,2	- 39,0	- 61,6	33,1
Paderborn	95,6	- 31,7	- 60,3	13,7
Würzburg	74,1	- 48,3	- 78,1	31,3
Pforzheim	62,1	- 40,8	- 61,5	24,3
Aschaffenburg	37,6	- 19,8	- 47,2	7,1

a) zusammengestellt aus Veröffentlichungen im Statistischen Jahrbuch deutscher Gemeinden, 37. Jahrgang, 1949, S.380ff

ANHANG B 08

PERSONAL DER STÄDTISCHEN VERWALTUNGEN

Teil A

Städtisches Personal nach Verwaltungszweigen 1948[a] und 1951[b]

	Hanau		Aschaffenburg		Fulda		Gießen		Marburg	
	1948	1951	1948	1951	1948	1951	1948	1951	1948	1951
Allgemeine Verwaltung	182	87	174	49	140	55	242	105	159	96
Öffentliche Sicherheit und Ordnung[c]	189	27	109	28	143	31	180	31	111	18
Schulen	131	73	33	43	185	119	75	76	90	98
Kultur	10	17	8	16	3	3	51	36	2	2
Soziale Angelegenheiten	62	73	21	46	61	56	80	38	32	65
Gesundheitspflege	116	122	91	151	354	299	--	45	4	13
Bau- und Wohnungswesen	195	132	265	120	227	112	462	152	74	45
Öffentliche Einrichtungen	148	188	15	151	68	114	148	151	92	117
Wirtschaftliche Unternehmen	222	197	359	286	132	89	225	443	318	336
Finanzen und Steuern	33	45	52	72	25	40	69	73	36	37
zusammen	1288	961	1127	962	1338	918	1532	1150	918	827
je 1000 Einwohner	50	28	28	20	33	21	35	23	23	20

a) Nach dem Stand vom 31. März 1948, vgl.dazu Statistisches Jahrbuch deutscher Gemeinden, 37.Jahrgang, 1949, S.58 ff

b) Nach dem Stand vom 1. Oktober 1951, vgl.dazu Statistisches Jahrbuch deutscher Gemeinden, 39.Jahrgang, 1951, S.377 ff

c) Für 1948 einschließlich, für 1951 ohne Vollzugs- und Kriminalpolizei

ANHANG B 09

PERSONAL DER STÄDTISCHEN VERWALTUNGEN

Teil B

Behördenangehörige der Kämmereiverwaltungen[a] (ohne Lehrkräfte) nach ihrer Rechtsstellung, jeweils nach dem Stand vom 2. Oktober 1952[b] und 1954[c]

	Hanau		Aschaffenburg		Fulda		Gießen		Marburg	
	1952	1954	1952	1954	1952	1954	1952	1954	1952	1954
Beamte	240	202	232	253	205	163	221	240	202	151
Angestellte	320	413	362	334	363	350	446	313	195	188
Arbeiter	321	351	261	243	309	306	246	221	145	149
zusammen	881	966	855	830	877	819	913	774	542	488
Zu- oder Abnahme	+ 85		- 25		- 58		- 139		- 54	
in vH	+ 9,6		- 2,9		- 6,6		- 15,2		- 10,0	

a) Die Kämmereiverwaltungen umfassen die Verwaltungszweige: Allgemeine Verwaltung, öffentliche Sicherheit und Ordnung, Schulen, Kultur, Fürsorge und Jugendhilfe, Gesundheits- und Jugendpflege, Bau- und Wohnungswesen, öffentliche Einrichtungen und Wirtschaftsförderung, Finanzen und Steuern; [**nicht** enthalten sind die Lehrkäfte]

b) Vgl. dazu Statistisches Jahrbuch deutscher Gemeinden, 41.Jahrgang, 1953, S.222ff

c) Vgl. dazu Statistisches Jahrbuch deutscher Gemeinden, 43.Jahrgang, 1955, S.169ff

ANHANG B 10

PERSONAL DER STÄDTISCHEN VERWALTUNGEN

Teil C

Personal der Kriegsfolgenämter[a] 1948-1951[b]

	Hanau	Aschaffenburg	Fulda	Gießen	Marburg
Personalstand am					
31.3.1948	277	117	128	208	115
2.4.1950	43	28	62	71	67
1.10.1951	38	32	49	57	57
Abnahme 1948-1951	239	85	79	151	58
in vH	86,2	72,6	61,7	72,5	50,4

a) Zu den Kriegsfolgeämtern gehörten: Kriegsschadenamt, Soforthilfeamt (Ausgleichsamt), Verwaltung der Kriegsfolgenhilfe (kriegsbedingte Fürsorge), Ernährungs- und Wirtschaftsamt, Wohnungsamt

b) Vgl. dazu Statistisches Jahrbuch deutscher Gemeinden, 39.Jahrgang, 1951, S.393ff

ANHANG B 11

PERSONAL DER STÄDTISCHEN VERWALTUNGEN

Teil D

Personal der Ämter zur Wahrnehmung von Kriegsfolgeaufgaben[a] am 2.4.1950 (Aufschlüsselung)

Dienststelle	Hanau	Aschaffenburg	Fulda	Gießen	Marburg
Besatzungskostenamt	4	-	3	11	4
Kriegsschadenamt	3	3	1	5	-
Kriegsbedingte Fürsorge und Lastenausgleich	16	6	26	27	25
Wohnungsamt	13	10	21	21	23
Ernährungs- und Wirtschaftsamt	-	-	6	1	10
sonstige Kriegsfolgeaufgaben	7	9	5	6	5
Personalstand am 2.4.1950	43	28	62	71	67
davon Beamte	4	5	9	4	8
Angestellte	38	22	48	55	47
Arbeiter	1	1	5	12	11

a) zusammengestellt aus Angaben im Statistischen Jahrbuch deutscher Gemeinden, 38.Jahrgang 1950, S.430f

ANHANG B 12

DIE SIEBEN WESTDEUTSCHEN STÄDTE ÜBER 10000 EINWOHNER MIT DEN HÖCHSTEN REINAUSGABEN / PERSONAL-AUSGABEN JE EINWOHNER 1953[a)]

Stadt	Einwohner am 31.12.1954	Reinausgaben absolut in 1000 DM	Reinausgaben je Einwohner in DM	Personalausgaben (ohne Versorgung) absolut in 1000 DM	Personalausgaben (ohne Versorgung) je Einwohner in DM
1. Wolfsburg	38 621	25 724	666,06	3 682	95,34
2. Pforzheim	66 559	40 099	602,46	8 234	123,71
3. Offenburg	27 039	15 012	555,20	2 177	80,51
4. Rüsselsheim	25 482	13 566	532,38	1 431	56,16
5. Freudenstadt	12 844	6 751	525,62	992	77,23
6. Kehl	11 219	5 892	525,18	548	48,85
7. Hanau	39 704	19 555	492,52		
1. Hanau				6 281	158,20
2. Wildungen	11 413	3 990	349,60	1 533	134,32
3. Reichenhall	12 652	5 312	419,85	1 642	129,78
4. Frankfurt	620 405	297 446	479,44	80 412	129,61
5. Oeynhausen	10 898	4 933	452,65	1 406	129,01
6. Pforzheim	66 559	40 099	602,46	8 234	123,71
7. Darmstadt	117 963	54 482	461,86	14 582	123,62
Regionale, hessisch-unterfränkische Vergleichsstädte					
Aschaffenburg	51 944	16 556	318,73	4 535	87,81
Fulda	45 545	14 808	325,13	5 129	112,61
Gießen	56 262	17 413	309,50	6 295	111,89
Marburg	43 066	9 767	226,79	3 443	79,95

a) zusammengestellt aus Tabellen von H.Evers in "Informationen" des Instituts für Raumforschung, 1957/7, S.171ff, nach Angaben im Statistischen Jahrbuch Deutscher Gemeinden 1955, S.414ff

ANHANG B 13

RICHTSÄTZE IN DER ÖFFENTLICHEN FÜRSORGE

Richtsätze in der allgemeinen und gehobenen Fürsorge 1932/1939 in RM[a)]

	Hanau	Aschaffenburg	Fulda	Gießen		Marburg
Am 1.Oktober 1932						
				männl./weibl.		
1. Allgemeine Fürsorge						
Alleinstehende	41,20	40,00	32,00	36,00	34,00	32,00
Ehepaare ohne Kinder	44,20	56,00	48,00	50,40		46,00
2. Gehobene Fürsorge						
Alleinstehende	44,70	44,00	40,00	41,30	39,10	39,00
Ehepaare ohne Kinder	47,70	62,00	60,00	55,80		58,00
3. Zuschlag je Kind	b.14 J. 7,80 b.21 J.13,00	allg.F. 8,00 geh.F. 9,00	allg.F. 8,00 geh.F. 10,00	1.+2.K. 12,00 weitere 8,00 üb.21 J 18,00		allg.F.10,00 geh.F. 15,00
Am 1.Januar 1939						
1. Allgemeine Fürsorge						
Alleinstehende	35,00	40,00	34,64	36,00	34,00	32,00
Ehepaare ohne Kinder	44,20	56,00	52,00	50,40		46,00
2. Gehobene Fürsorge						
Alleinstehende	38,50	44,00	40,00	41,40	39,10	39,00
Ehepaare ohne Kinder	47,70	62,00	60,00	55,80		56,00
3. Zuschlag je Kind	b.14 J. 7,80 üb.14 J.13,00	b.16 J. 8,00 geh.F. 9,00	b.14 J. 8,00 geh.F. 10,00	b.14 J.12,00 üb.14 J.13,50		b.16 J.10,00

a) Nach Angaben im Statistischen Jahrbuch deutscher Gemeinden 28.u.34.Jahrgang 1933 und 1939

ANHANG B 14

REALSTEUERHEBESÄTZE DER 9 KREISFREIEN STÄDTE HESSENS
1932-1954

		Grundsteuer A	Grundsteuer B	Gewerbe-steuer	Lohnsummen-steuer
Frankfurt	1942-1948	170			
	1949-1954	110			
	1942-1954		255		600
	1942			214	
	1943-1951			215	
	1952-1954			275	
Wiesbaden	1942-1954	170	350	290	
	1948-1949				(1000)
Kassel	1942-1954	150	290		
	1942-1949			260	
	1950-1954			240	
	1948-1949				(1000)
	1950-1954				500
Darmstadt	1942-1947	144			
	1948 RM	200			
	1948 DM-1954	252			
	1942-1947		156		
	1948 RM		200		
	1948 DM-1951		252		
	1952-1954		300		
	1942			292	
	1943-1954			295	
	1948-1949				(1000)
Offenbach	1942-1950	224			
	1951-1954	150			
	1942-1948 RM		218		
	1948 DM-1954		250		
	1942-1947			292	
	1948 RM-1951			295	
	1952-1954			325	
	1948-1949				(1000)
Gießen	1942-1954	280			
	1942-1947		135		
	1948 RM-1954		200		
	1942-1954			280	
	1948-1949				(1000)
Hanau	1942-1954	252	360	295	
	1948-1949				(1000)
Fulda	1942-1948 RM	100	170		
	1948 DM-1954	150	255		
	1942-1950			210	
	1951-1954			240	
	1948 RM-1950				380
	1951-1954				500
Marburg	1942-1950	96			
	1951-1954	120			
	1942-1954		252		
	1942-1951			250	
	1952-1954			285	
	1948-1949				(1000)

ANHANG B 15

GETRÄNKE - UND SPEISEEISSTEUERSÄTZE 1953[a)]

Steuersatz	Hanau	Aschaffenburg	Fulda	Gießen	Marburg
der Getränkesteuer in vH	10	10	15	10	10
der Speiseeissteuer in vH	5	-	25	15	25

a) zusammengestellt aus Veröffentlichungen im Statistischen Jahrbuch deutscher Gemeinden, 42. Jahrgang, 1954, S.156 ff. Die Steuer wird berechnet vom Kleinhandelspreis bestimmter steuerpflichtiger Getränke, soweit sie an Ort und Stelle verzehrt werden

ANHANG B 16

HUNDESTEUERSÄTZE 1953[a)]

Jahressteuer in DM (Normaltarif)[b)]	Hanau	Aschaffenburg	Fulda	Gießen	Marburg
für den 1. Hund	60	25	50	50	40
2. Hund	80	25	80	60	50
3. Hund und jeden weiteren Hund	100	25	100	70[c)]	60

a) zusammengestellt aus Veröffentlichungen im Statistischen Jahrbuch deutscher Gemeinden, 42.Jahrgang, 1954, S.149 ff

b) Sonderregelungen - soweit solche bestanden - für Wachhunde, Blindenführhunde, Hundezüchter und andere Ausnahmefälle sind in dieser Tabelle nicht berücksichtigt

c) Gießen hatte im Gegensatz zu den übrigen Vergleichsstädten einen vierfach gestaffelten Tarif und berechnete für den 4. und jeden weiteren Hund DM 80

Anmerkung:

Die Stadt Hanau lag mit ihren Hundesteuersätzen nach dem Zweiten Weltkrieg mit an der Spitze aller hessischen Städte. Bei der Besteuerung des ersten Hundes war sie - nach Wiesbaden mit 70 DM - zusammen mit Frankfurt und Kassel die Stadt mit dem zweithöchsten Steuersatz. Beim zweiten Hund nahm sie zusammen mit Wiesbaden, Fulda und Bad Homburg vdH den ersten Rang ein. Beim dritten Hund schließlich lag sie hinter Rüsselsheim und Bad Hersfeld auf dem dritten Platz. Auch unter den hessischen Städten der gleichen Gemeindegrößenklasse D (20 000 bis 50 000 Einwohner), für die sich eine mittlere Steuerbelastung für den ersten Hund von 44,80 DM ergab, lag Hanau mit 60 DM ebenfalls weit über dem Durchschnitt.

ANHANG B 17

DAS AUFKOMMEN AN GEMEINDESTEUERN IN DEN STADTKREISEN HESSENS 1951

Das Aufkommen an Gemeindesteuern in den hessischen kreisfreien Städten nach kassenmäßigen Ist-Einnahmen im Rechnungsjahr 1951 [a]

Stadt	Einwohner am 31.12.1951	Grundsteuer A + B	Gewerbesteuer[b] einschließlich Lohnsummensteuer	Summe Realsteuern	Übrige Gemeinde-steuern	Gemeinde-steuern insgesamt
		absolut in DM				
Hanau	34 703	1 138 705	5 783 329	6 922 034	395 273	7 317 307
Frankfurt	564 390	19 196 604	44 830 302	64 026 906	11 683 507	75 710 413
Wiesbaden	229 675	8 965 483	11 904 316	20 869 799	2 727 499	23 597 298
Kassel	171 320	6 289 621	7 680 020	13 969 641	1 386 378	15 356 019
Darmstadt	104 099	3 633 359	5 503 996	9 137 355	1 114 150	10 251 505
Offenbach	92 300	2 950 515	5 575 419	8 525 934	928 007	9 453 941
Gießen	49 570	1 406 494	2 171 566	3 578 060	460 951	4 039 011
Marburg	41 503	1 174 523	1 062 240	2 236 763	364 190	2 600 953
Fulda	43 485	1 333 877	5 364 546	6 698 423	382 752	7 081 175
Summe:	1 331 045	46 089 181	89 875 734	135 964 915	19 442 707	155 407 622
		DM je Einwohner				
Hanau		32,81	166,65	199,46	11,39	210,85
Frankfurt		34,01	79,43	113,44	20,70	134,15
Wiesbaden		39,04	51,83	90,87	11,88	102,74
Kassel		36,71	44,83	81,54	8,09	89,63
Darmstadt		34,90	52,87	87,78	10,70	98,48
Offenbach		31,97	60,41	92,37	10,05	102,43
Gießen		28,37	43,81	72,18	9,30	81,48
Marburg		28,30	25,59	53,89	8,78	62,67
Fulda		30,67	123,37	154,04	8,80	162,84
Durchschnitt:		34,63	67,52	102,15	14,61	116,75

---

a) Die Werte der Vergleichsstädte wurden zusammengestellt nach Angaben von W.Fischer, Die Finanzwirtschaft der Stadt Darmstadt, Darmstadt 1954, S.229

b) einschließlich Gewerbesteuerausgleich

ANHANG B 18

EINNAHMEN AUS EINZELNEN STEUERN[a)]

Aufkommen aus der Grunderwerbsteuer sowie aus den Aufwand- und Verbrauchssteuern:
Vergügungssteuer, Hundesteuer und Getränkesteuer[b)] nach dem Rechnungs-Soll

Steuerart	Hanau	Aschaffenburg	Fulda	Gießen	Marburg
		in 1000 DM			
Grunderwerbssteuer					
1949	40	64	20	45	30
1950	41	72	67	74	42
1951	59	91	70	66	40
1952	53	126	65	86	64
1953	128	166	79	128	85
1954	109	126	88	129	99
Vergnügungssteuer					
1949	95	183	145	158	133
1950	148	202	155	153	147
1951	179	243	184	191	160
1952	199	254	202	217	183
1953	188	282	207	236	178
1954	217	328	227	261	193
Hundesteuer					
1949	50	44	35	63	36
1950	50	45	31	63	35
1951	51	48	32	69	37
1952	55	51	34	66	35
1953	65	51	35	71	33
1954	66	51	36	73	32
Getränkesteuer					
1949	43	85	52	137	120
1950	60	105	60	144	116
1951	106	146	70	167	123
1952	127	192	80	217	127
1953	140	210	106	259	134
1954	151	216	137	246	143

a) zusammengestellt aus Veröffentlichungen im Statistischen Jahrbuch deutscher Gemeinden 39.-43.Jahrgang (1951-1955) [kleinere Abweichungen zu den Hanauer Tabellenwerten im Textteil ergeben sich aus der dort vorgenommenen Bereinigung von Kassenresten sowie aus der Rundung]

b) ohne Speiseeissteuer

ANHANG B 19

ALLGEMEINE FINANZZUWEISUNGEN 1951
STEUERKRAFTBERECHNUNG 1950

AUFSTELLUNG A

Berechnungsunterlagen für die allgemeinen Finanzzuweisungen 1951[a)]

	Hanau	Aschaffenburg	Fulda	Gießen	Marburg
Bevölkerung:					
Einwohner in 1000	30,7	45,1	42,2	46,7	39,5
Zu- oder Abnahme (Z/A) gegen 1939 in vH	A 37,4	-	Z 19,5	Z 0,3	Z 29,4
Von der Bevölkerungsziffer entfallen in vH auf:					
Kinder und Berufslose	38,7	22,2	45,4	39,6	48,7
Unselbständige	39,9	36,4	36,3	34,3	24,3
Realsteuermeßbeträge in 1000 DM					
Grundsteuer A	15	43	15	54	27
Grundsteuer B	373	577	504	662	453
Gewerbesteuer	1 388	583	715	590	416
Grundsteuerausfall durch Kriegsschäden					
in vH	48,1	17,2	5,9	32,0	--
in 1000 DM	802	195	80	449	--
Bürgersteueraufkommen im Rj. 1939 (nachrichtlich)	495	515	321	420	295

a) zusammengestellt aus Veröffentlichungen im Statistischen Jahrbuch deutscher Gemeinden, 39.Jahrgang, 1951, S.334ff

ANHANG B 20

ALLGEMEINE FINANZZUWEISUNGEN 1951
STEUERKRAFTBERECHNUNG 1950

AUFSTELLUNG B

Ausgabenansätze und Ausgangsmeßzahl für die allgemeinen Finanzzuweisungen 1951[a)]

	Hanau	Aschaffenburg	Fulda	Gießen	Marburg
Ausgabenansätze je 100 Einwohner:					
Veredelte Einwohnerzahl[b)]	132,3	133,1	136,9	138,7	135,8
Zu- oder Abnahme (Z/A) gegen 1939[c)]	A 55,8	--	Z 4,0	--	Z 8,6
Bevölkerungsstruktur (U/B)[d)]	U 7,5	4,8[g)]	B 8,4	B 5,4	B 10,2
Zerstörung[e)]	52,9	--	--	16,6	--
Gesamtsumme der Ansätze	248,5	139,4	149,3	160,7	154,6
Gesamtsumme in vH der veredelten Einwohnerzahl	187,8	104,7	109,1	115,9	113,8
Umrechnung der Ansätze in 1000 Punkte	76	63	63	75	61
Ausgangsmeßzahl in 1000 DM[f)]	3 739	2 200	3 089	3 680	2 993
+ Zuschlag für kreisfreie Städte (nur in Hessen)	576	--	476	567	462

a) zusammengestellt aus Angaben im Statistischen Jahrbuch deutscher Gemeinden, 39.Jahrgang, 1951, S.334 ff

b) Zur Errechnung des Hauptansatzes wurde je nach Größe der Gemeinde die Einwohnerzahl nach einer länderweise unterschiedlichen Staffel "veredelt". Dabei wurde von der tatsächlichen Bevölkerungsziffer an dem für den Finanzausgleich geltenden Stichtag ausgegangen

c) Die Veränderung der Bevölkerungsziffer gegenüber 1939 wurde schon beim Hauptansatz berücksichtigt, in Hessen durch entsprechende Korrekturwerte

d) Ansatz für die unterschiedliche Bevölkerungsstruktur
U = Unselbständige Bevölkerung; B = Berufslose Bevölkerung und Kinder unter 14 Jahren

e) Der bedeutsame Ansatz für Kriegszerstörungen wurde nach dem Grundsteuerausfall bemessen. Bayern und Hessen bezogen nach dem relativen Grundsteuerausfall Ansätze dann in die Berechnungen ein, wenn der Ausfall 20 vH übertraf

f) Die Ausgangsmeßzahl wurde gewonnen, indem die Punkte für alle Ansätze mit einem Grundbetrag multipliziert wurden, der sich aus dem Verhältnis der Punkte aller Gemeinden zu ihrer Steuerkraft im Lande errechnete. Zu den Ausgabenansätzen und Ausgangsmeßzahlen für Gemeinden der Größenklasse A-E siehe Statistisches Jahrbuch deutscher Gemeinden, a.a.O., S.338 f

g) einschließlich eines in Bayern berücksichtigten Ansatzes in Höhe von 1,5 vH für Heimatvertriebene

ANHANG B 21

ALLGEMEINE FINANZZUWEISUNGEN 1951
STEUERKRAFTBERECHNUNG 1950

AUFSTELLUNG C

Steuerkraft und allgemeinen Finanzzuweisungen 1951[a)]

	Hanau	Aschaffenburg	Fulda	Gießen	Marburg
Steuerkraftzahl[b)]	3 663	2 341[f)]	2 406	2 320	1 773
Zuweisungen					
Allgemeiner Schlüssel[c)]	38	45	342	680	610
Kreisaufgaben[d)]	288	116	238	284	231
Grundsteuerausfall[e)]	344	179	-	292	-
Summe Zuweisungen	670	340	580	1 256	841
Gesamtsumme Steuerkraft und Zuweisungen	4 333	2 537	2 986	3 576	2 614
= in vH der Ausgangsmeßzahl	115,9	115,6	96,7	97,2	87,4
Steuermeßzahl in vH der Ausgangsmeßzahl	98,0	100,0	77,9	63,0	59,2

a) zusammengestellt aus Angaben im Statistischen Jahrbuch deutscher Gemeinden, 39.Jahrgang, 1951, S.334 ff

b) Die Steuerkraftziffer ist aus den in der Aufstellung A aufgeführten Meßbeträgen durch Anwendung folgender Hebesätze gewonnen:

	Grundsteuer A	Grundsteuer B	Gewerbesteuer
für die hessischen Städte (vH)	120	120-240	225
für Aschaffenburg (Bayern)	110	120-220	210

Bei der Grundsteuer B wurden jeweils für die ersten 20 000 DM Meßbeträge der unterste Satz (120 vH), für weitere abgestufte Beträge ein steigender Satz bis zum Höchstwert (220 vH) angewandt

c) Darin enthalten sind die aus der Gegenüberstellung von Ausgangsmeßzahl (siehe Aufstellung B) und Steuerkraftzahl (Aufstellung C) errechneten Schlüsselzuweisungen

d) Zuweisungen für Kreisaufgaben sind in Hessen die aus der Gegenüberstellung der für kreisfreie Städte erhöhten Ausgangsmeßzahl und der Steuerkraftzahl sich ergebenden Zuweisungen

e) Die Grundsteuerausfallentschädigung betrug in Hessen 4/5 des 20 vH übersteigenden, in Bayern 4/5 des 15 vH übersteigenden Ausfalls

f) Um die in Bayern unter der Steuerkraftzahl miterfaßte Grundsteuerausfallentschädigung (144) vermindert

ANHANG B 22

ALLGEMEINE FINANZZUWEISUNGEN 1951
STEUERKRAFTBERECHNUNG 1950

AUFSTELLUNG D

Ausgangsmeßzahl, Steuerkraft und allgemeine Finanzzuweisungen 1951 in DM je Einwohner
Einheitlich errechnete Realsteuerkraft nach Einnahmen 1950[a)]

	Hanau	Aschaffenburg	Fulda	Gießen	Marburg
Ausgangsmeßzahl	121,8	48,8	73,2	78,9	75,7
Realsteuerkraft	119,3	48,8	57,0	49,7	44,8
Zuweisungen					
Allgemeiner Schlüssel	1,2	1,0	8,1	14,6	15,5
Kreisaufgaben	9,4	2,6	5,6	6,1	5,8
Grundsteuerausfall	11,2	4,0	--	6,2	--
Summe Zuweisungen	21,8	7,6	13,7	26,9	21,3
Gesamtsumme Steuerkraft und Zuweisungen	141,1	56,4	70,7	76,6	66,1
Realsteuerkraft nach Einnahmen 1950[b)]					
insgesamt in 1000 DM	3 180	2 652	2 507	2 182	1 680
DM je Einwohner	103,5	58,3	59,4	46,7	42,5
davon Grundsteuer DM je Einwohner	19,6	25,7	23,7	27,5	23,4
davon Gewerbesteuer DM je Einwohner	83,9	32,6	35,7	19,2	19,1

a) zusammengestellt aus Angaben im Statistischen Jahrbuch deutscher Gemeinden, 39.Jahrgang, 1951, S.334 ff

b) Zugrundegelegt wurden die Ist-Einnahmen das Rechnungsjahres 1950, wie sie in der Finanzstatistik ermittelt sind. Diese Einnahmen wurden zu einer Steuerkraftziffer auf der Basis folgender einheitlicher Hebesätze umgerechnet: Grundsteuer A = 120 vH, Grundsteuer B = 200 vH, Gewerbesteuer = 220 vH. Die Wahl der willkürlich gewählten Hebesätze war in dieser modellhaft angelegten Vergleichsstudie des Verbandes deutscher Städtestatistiker durchaus vertretbar, weil die Steuerkraftberechnung nur Größenordnungen für bestehende Unterschiede sichtbar machen sollte. Die Berechnungen je Einwohner sind hier mit der Einwohnerzahl der Volkszählungsergebnisse (13.9.1950) vorgenommen worden

ANHANG B 23

TRÜMMERRÄUMUNG 1945-1949[a)]

	Hanau	Aschaffenburg	Fulda	Gießen	Marburg
Fläche des Stadtgebiets (ha) am 1.7.1948	2 054	4 686	1 878	5 745	2 201
Trümmermenge (1000 cbm) im Mai 1945[b)]	400 000[c)]	300 000	218 700	800 000	12 000
je ha Fläche	194,7	64,0	116,5	139,2	5,5
davon geräumt bis 31.12.1949	204 000	260 400	20 000	520 000	9 000[d)]
= vH	51,0	86,8	9,1	65,0	75,0
mit Schienenbahn in vH	49,0	88,3	)	50,0	)
Lastkraftwagen in vH	24,5	11,6	) [e)]	31,7	) [e)]
Pferdefuhrwerken in vH	24,5	0,1	)	18,3	)
Trümmerreste am 1.1.1950 (1000 cbm)	196 000	39 600	198 700	280 000	3 000
Räumungskosten brutto (1000 RM/DM zus.)	1 318 000	2 116 300	)	1 540 000	83 400
- Einnahmen aus Verkauf von verwertbarem Material (1000 RM/DM zus.)	312 300	544 100	) [f)]	13 100	12 900
= Räumungskosten netto(1000 RM/DM zus.)	1 005 700	1 572 200	)	1 526 900	70 500
Kosten je Einwohner RM/DM [g)]	39,66	38,91	)	36,06	1,89

a) zusammengestellt aus Veröffentlichungen im Statistischen Jahrbuch deutscher Gemeinden, 38.Jahrgang, 1950, S.433 ff

b) Bei den Trümmermengen handelt es sich um die aufgelockerten Schuttmassen, wie sie bei der Statistik der Trümmerräumung zugrundegelegt wurden, nicht um die zerstörte Bausubstanz (feste Massen). Die Mengenangaben basieren auf Schätzungen der Städte.

c) Die aufgelockerte Trümmermenge in Hanau war unter Berücksichtigung eines wesentlich höheren Auflockerungskoeffizienten - wie spätere Untersuchungen ergeben hatten - tatsächlich erheblich größer. Bei der statistischen Erfassung der bis zum Jahre 1955 beseitigten Trümmermengen ging man daher von einer aufgelockerten Schuttmenge von insgesamt 730 000 cbm aus.
(siehe dazu die Tabelle: "Trümmerräumung nach dem Stand von 1955" im Anhang B24)

d) Die Stadt Marburg hatte, nachdem bis Ende 1947 9000 cbm Schutt beseitigt worden waren, die Trümmerräumung eingestellt und sie den Grundstückseigentümren überlassen. [Vgl. a.a.O, S.437, Anmerkung zu 94]

e) Für Fulda und Marburg liegen keine Angaben vor

f) Für Fulda liegen keine Angaben vor

g) Bei den Räumungskosten und Einnahmen aus der Materialverwertung wurden die RM- und DM-Beträge zusammengefaßt und für die Pro-Kopf-Belastung Einwohnermittelwerte aus den Ergebnissen der Volkszählung vom 29.10.1946 (RM-Zeit) und dem Stand vom 31.12.1949 (DM-Zeit) zugrunde gelegt

ANHANG B 24

TRÜMMERRÄUMUNG NACH DEM STAND VON 1955

Trümmerräumung (in 1000 cbm) nach dem Stand vom 31.12.1955[a)]

	Hanau	Aschaffenburg	Fulda	Gießen	Marburg[b)]
Trümmermenge im Mai 1945, aufgelockert	730	300	218	800	)
Auflockerungskoeffizient	35	25	11	15	)
Trümmerräumung bis 31.12.1955	430	300	218	783	)
Noch zu räumende Schuttmenge	300	-	-	17	)
Trümmerräumung nach Trägerschaft					
Räumung durch die Stadt	250	) c)	) c)	783	)
Räumung durch private Stellen	180	)	)	-	)
Trümmerräumung nach Leistungsarten					
Räumung durch Baggereinsätze	270	) c)	) c)	500	)
Räumung durch Handarbeit	160	)	)	283	)
Transportmittel der Trümmerbeseitigung					
Räumung durch Lastkraftwagen[d)]	310	70	) c)	283	)
Räumung durch Schienenbahnen	120	230	)	500	)

a) zusammengestellt aus Veröffentlichungen im Statistischen Jahrbuch deutscher Gemeinden, 44.Jahrgang, 1956, S.467 ff

b) Für die Stadt Marburg lagen keines Vergleichsangaben vor

c) Keine Angaben

d) Einschließlich Fuhrwerken

ANHANG B 25

GESAMTSCHULDEN JE EINWOHNER IN DEN KREISFREIEN STÄDTEN HESSENS AM ENDE DER RECHNUNGSJAHRE 1952 - 1954

in DM [a)]

Stadt	1952	1953	1954
Frankfurt	202,54	293,02	337,62
Wiesbaden	74,24	71,79	129,07
Kassel	56,46	149,42	197,08
Darmstadt	204,47	302,67	432,14
Offenbach	136,33	148,63	168,70
Gießen	60,72	88,52	160,71
Fulda	37,16	77,56	149,44
Marburg	67,66	76,12	113,11
Hanau	225,28	265,11	316,70
Durchschnitt des Landes Hessen	133,35	192,21	245,10

a) Vgl. Statistisches Jahrbuch deutscher Gemeinden 41.Jahrg.1953, S.265 ff; 42.Jahrg.1954, S.188 ff; 43.Jahrg.1955, S.155 ff;

ANHANG B 26

NEUVERSCHULDUNG IN DEN KREISFREIEN STÄDTEN HESSENS SEIT DEM 21. JUNI 1948

in 1000 DM a)

Stadt	1952 absolut 1000 DM	1952 je Einwohner DM	1953 absolut 1000 DM	1953 je Einwohner DM	1954 absolut 1000 DM	1954 je Einwohner DM
Frankfurt	114 526	197,29	173 441	288,79	206 000	333,66
Wiesbaden	9 028	38,65	15 284	64,04	29 910	122,84
Kassel	7 326	41,48	26 314	144,28	35 915	192,50
Darmstadt	19 386	178,06	32 555	285,98	49 550	417,32
Offenbach	11 866	124,44	13 571	138,20	16 116	159,64
Gießen	2 272	44,21	4 075	75,62	8 365	149,70
Fulda	1 394	31,29	3 445	75,90	6 841	148,01
Marburg	2 503	58,66	3 093	71,84	4 718	109,31
H a n a u b)	7 656	209,06	10 038	257,54	12 767	310,71
Land Hessen	181 897	119,47	295 866	185,81	391 393	239,28

a) Vgl. Statistisches Jahrbuch deutscher Gemeinden: 41.Jahrg.1953, S.265 ff; 42.Jahrg.1954, S.188 ff; 43.Jahrg.1955, S.155 ff

b) Die geringfügigen Abweichungen der absoluten Werte und der Pro-Kopf-Beträge von den Werten der Tabelle 157 im Text beruhen auf der Anwendung unterschiedlicher Stichtage

ANHANG B 27

GEMEINDLICHE KULTURPFLEGE 1954 ZUSCHUSSBETRÄGE

in 1000 DM a)

Abschnitt/Unterabschnitt	Hanau	Aschaffenburg	Fulda	Gießen	Marburg
Volksbücherei					
Zuschuß absolut	92,2	34,2	0,5	45,6	22,6
Zuschuß je Einwohner (DM)	2,30	0,66	0,01	0,83	0,52
Volkshochschulen					
Zuschuß absolut	18,7	13,7	8,4	6,6	10,0
Zuschuß je Einwohner (DM)	0,47	0,27	0,18	0,12	0,23
Heimatpflege					
Museen, Zuschuß absolut	29,0	89,0	20,6	28,6	-
Sonstige, Zuschuß absolut	22,8	48,1	14,3	5,4	1,9
Kirchliche Angelegenheiten					
Zuschuß absolut	27,3	25,7	11,4	8,2	-
Kulturpflege insgesamt					
Zuschuß absolut	356,7	318,2	146,6	487,5	148,1
Zuschuß je Einwohner (DM)	8,91	6,17	3,20	8,88	3,43

a) zusammengestellt aus Angaben im Statistischen Jahrbuch deutscher Gemeinden, 43.Jahrgang 1955, S.98ff

ANHANG B 28

SCHULWESEN 1939

Schulen, Klassen, Schüler und Lehrkräfte nach Schularten im Jahr 1939[a)]

	Hanau	Aschaffenburg	Fulda	Gießen	Marburg
Volksschulen/Hilfsschulen					
Schulen	6	9	5	5	5
Klassen	86	100	72	75	53
Schülerinnen/Schüler	3 476	4 603	3 094	3 548	2 135
Lehrkräfte	80	98	66	77	49
Mittelschulen					
Schulen	2	-	-	-	-
Klassen	17	-	-	-	-
Schülerinnen/Schüler	578	-	-	-	-
Lehrkräfte	20	-	-	-	-
Höhere Schulen					
Schulen	3	4	4	4	3
Klassen	31	54	43	74	39
Schülerinnen/Schüler	833	1 472	1 187	1 718	851
Lehrkräfte	45	89	66	113	58
Berufsschulen					
Schulen	3	1	2	3	2
Klassen[b)]	.	.	.	.	.
Schülerinnen/Schüler	2 163	4 025	1 794	2 362	1 514
Lehrkräfte	35[c)]	57	22	34	30
Berufsfach- und Fachschulen					
Schulen	2	3	1	1	2
Klassen[b)]	.	.	.	.	.
Schülerinnen/Schüler	153	470	65	239	237
Lehrkräfte	d)	32	4	23	13

a) zusammengestellt aus Veröffentlichungen im Statistischen Jahrbuch deutscher Gemeinden, 35.Jahrgang, 1940, S.92 ff

b) Für Berufs-, Berufsfach- und Fachschulen liegen keine Angaben über die Anzahl der Klassen vor

c) Ein Teil der Lehrkräfte an Berufsschulen erteilen auch Unterricht an den Berufsfachschulen

d) Siehe Anmerkung c)

ANHANG B 29

STÄDTISCHE KRANKENANSTALTEN 1948/1953[a)]

Bettenzahl, Krankenzugänge, Pflegetage, Bettenausnutzung

		Hanau	Aschaffenburg	Fulda
Anzahl der städtischen Krankenanstalten		1	1	2
Krankenbetten:				
am 31.08.1939		340	420	-[b)]
am 31. 12.1948		305	479	708
davon außerhalb des Stadtgebietes untergebracht		177	-	-
am 31.12.1953		457	549	793
Krankenzugänge	im Kj. 1948	3 722	7 193	12 577
	im Kj. 1953	7 659	10 730	10 262
Pflegetage (1000)	im Kj. 1948	79,0	132,7	299,4
	im Kj. 1953	146,9	178,6	259,9
Bettenausnutzung (vH)	im Kj. 1948	67	74	120[c)]
	im Kj. 1953	88	90	90
Personalstand am 31.12.1953				
Ärzte		23	45	44
Pflegepersonal		120	85	175
Einnahmen insgesamt (1000 DM)[d)]		2 387	2 147	2 858
darunter aus außerord. Rechnung		653	-	-
Ausgaben insgesamt (1000 DM)[d)]		2 596	2 310	3 290
darunter für Personal		1 136	955	1 530
für Investitionen		456	124	236

a) Vgl.Statistisches Jahrbuch deutscher Gemeinden, 37.u.42.Jahrg., 1949 (S.281 ff) u.1954 (S.301 ff)
Für Gießen und Marburg liegen keine Vergleichsziffern vor, weil beide Städte während des Untersuchungszeitraums keine eigenen Krankenanstalten unterhielten

b) 1939 für Fulda keine Angaben

c) Die prozentuale Bettenausnutzungsziffer wurde errechnet nach der Formel

$$\frac{\text{Verpflegungstage x 100}}{\text{Planmäßige Betten x 365}}.$$

Soweit sich eine Bettenausnutzung von mehr als 100 vH errechnet, erklärt sich dies damit, daß Notbetten oder normale Betten aus vorübergehend nicht vollbelegten Stationen verwendet werden mußten

d) Einnahmen und Ausgaben des ordentlichen und des außerordentlichen Haushalts zusammen

ANHANG B 30

SPORTSTATISTIK 1950

Vereine, Mitglieder, Sportplätze und Sporthallen [a]

	Hanau	Fulda	Gießen	Marburg
Turn- und Sportvereine	23	15	24	15
Aktive Mitglieder	4 482	1 079	6 200	2 012
Sportplätze Anzahl	7	3	6	3
Fläche in qm	116 059	63 000	59 100	26 740
Sporthallen (einschl.Schulturnhallen)	5	4	3	8
Im Krieg zerstörte Sporthallen	1	-	6	-

a) zusammengestellt aus Angaben im Statistischen Jahrbuch deutscher Gemeinden, 39.Jahrgang, 1951, S.284 ff. Für die Stadt Aschaffenburg liegen Vergleichszahlen nicht vor

ANHANG B 31

STRASSENNEUBAU UND -WIEDERAUFBAU STRASSENBAUFINANZIERUNG IM RECHNUNGSJAHR 1951

TEIL A

Länge und Fläche der befestigten Straßen innerhalb des Gemeindegebiets am 31.3.1952 [a]

Straßen	Hanau	Aschaffenburg	Fulda	Gießen	Marburg
Von der Gemeinde zu unterhalten:					
Länge insgesamt (km)	85,8	101,0	64,3	87,1	54,0
Fläche (Ar)	6 105,0	5 953,0	2 234,0	5 100,0	9 120,0
davon km					
Ortsdurchfahrten	24,2	10,6	26,4	29,7	26,0
sonstige befestigte Straßen	61,6	90,4	37,9	57,4	28,0
Nicht von der Gemeinde zu unterhalten:					
Länge insgesamt (km)	-	22,2	-	0,1	-
davon km					
Ortsdurchfahrten	-	12,0	-	0,1	-
sonstige befestigte Straßen	-	10,2	-	-	-
Befestigte Straßen zusammen	85,8	123,2	64,3	87,2	54,0

a) zusammengestellt aus Angaben im Statistischen Jahrbuch deutscher Gemeinden, 40.Jahrgang, 1952, S.345 ff

ANHANG B 32

STRASSENNEUBAU UND -WIEDERAUFBAU STRASSENBAUFINANZIERUNG IM RECHNUNGSJAHR 1951

TEIL B

Personalstand der Straßenbauverwaltung am 2.10.1951 a)

Personal b)	Hanau	Aschaffenburg	Fulda	Gießen	Marburg
Beamte insgesamt	1	1	1	2	2
davon Techniker	-	1	1	2	2
Angestellte insgesamt	8	5	5	2	1
davon Techniker	2	2	2	1	1
Arbeiter	25	29	27	10	19
Personal insgesamt	34	35	33	14	22

a) zusammengestellt aus Angaben im Statistischen Jahrbuch deutscher Gemeinden, 40.Jahrgang, 1952, S.345 ff
b) nur Straßenbau und -unterhaltung ohne Tiefbau und andere Zweige

ANHANG B 33

STRASSENNEUBAU UND -WIEDERAUFBAU STRASSENBAUFINANZIERUNG IM RECHNUNGSJAHR 1951

TEIL C

Straßenneubau und -wiederaufbau, Straßenbaufinanzierung 1951 [a)]

	Hanau	Aschaffenburg	Fulda	Gießen	Marburg
Straßenneubau und -wiederaufbau 1945 - 1952					
Länge (km)	10,465	43,754	6,089	18,560	3,000
Fläche (Ar)	1 151,0	3 882,0	290,9	111,4	210,0
darunter im Rechnungsjahr 1951					
Länge (km)	2,890	3,872	2,404	6,220	-
davon ohne fremde Zuweisungen	2,155	2,786	0,630	1,000	-
mit Zuweisungen					
des Staates	0,580	0,168	1,774	-	-
anderer	0,155	0,918	-	5,220	-
Straßenbaufinanzierung im Rechnungsjahr 1951 in 1000 DM					
Ausgaben insgesamt	701,0	857,8	434,0	1 137,0	274,0
davon für					
Personalaufwand	95,0	184,7	155,0	165,0	79,0
Sach- und Materialaufwand	314,9	673,1	279,0	955,0	144,0
Grunderwerb	291,1	-	-	17,0	51,0

a) zusammengestellt aus Angaben im Statistischen Jahrbuch deutscher Gemeinden, 40.Jahrgang, 1952, S.345ff

ANHANG B 34

KANALISATION UND KANALGEBÜHREN 1949/1955a)

		Hanau	Aschaffenburg	Fulda	Gießen	Marburg
Kanalisiertes Gebiet (ha)	1949	825	860	512	1 683	600
Netzlänge	1949	62	65	63	130	48
	1955	70	93	83	248	55
Angeschlossene Einwohner						
(in Tausend)	1949	27	44	36	44	40
	1955	43	50	40	58	43
in % der Bevölkerung	1949	94	100	83	98	92
	1955	100	94	86	100	100
Durchschnittliche Abwassermenge						
je Tag (1000 cbm)	1949	13	4	14	10	6
	1955	18	10	9,5	7,1	7,9
je 100 Einwohner	1949	48,2	9,1	38,9	22,7	15,0
	1955	43,4	20	23,7	12,2	18,4
Kanalgebührenaufkommen in 1000 DM	1949**b)**	97	18	98	111	62
	1955**c)**	360	38	252	353	153
je angeschlossener Einwohner DM	1949	3,51	0,40	2,68	2,50	1,55
	1955	8,29	0,76	6,30	6,08	3,55

a) Vgl. Statitisches Jahrbuch deutscher Gemeinden, 39.Jahrg., 1951, S.323 ff und 44.Jahrg., 1956, S.477 ff. Für 1954 lagen statistische Vergleichszahlen nicht vor

b) Die Vergleichsstädte Aschaffenburg, Fulda und Marburg erhoben wie Hanau Kanalgebühren auf der Basis des Friedensmietwertes (FM) als Bemessungsgrundlage, und zwar Aschaffenburg: je 100 DM FM 0,30 DM; Fulda: 1,1 bis 4,5 vH des FM; Marburg: 1,4 vH (ab 1950 1,8 vH) des FM; Gießen berechnete 0,90 DM je 1000 DM des Brandversicherungswertes und 1 Dpf. je qm Grundfläche (ab 1950 2 Dpf. je qm Grundfläche und 7,5 Dpf. je cbm Wasserverbrauch)

c) Die Gebührenbasis betrug ab 1955 für:
Hanau: 4,68 DM je 100 DM des berichtigten Friedensmietwerts; Aschaffenburg: 3 vT des Friedensmietwerts; Fulda: gestaffelt von 2 bis 8,1 vH des Friedensmietwerts; Gießen: siehe Anmerkung b); Marburg: für Wohnräume 3 vH des Mietwerts , für gewerbliche Räume 1,5 vH des Mietwerts

ANHANG B 35

MÜLLABFUHR 1949/1954[a)]

		Hanau	Aschaffenburg	Fulda	Gießen	Marburg
An die Müllabfuhr waren angeschlossen vH der Einwohner	1949	89,5	58,8	100	86,5	80,9[b)]
	1954	100	77,5	95,9	84,7	95,1
Müllmenge in cbm	1949	12 600[c)]	11 300	12 600	12 700	18 000
	1954	17 554	25 332	17 500	19 500	21 000
Personal	1949	17	14	8	10	13
	1954	20	17	8	16	15
Fahrzeuge (LKW)	1949	2	2	4	3	3
	1954	2	3	4	4	4
Einnahmen (1000 DM)	1949	73	58	31	101	49
	1954	288	177	83	214	121
Ausgaben (1000 DM)	1949	112	102	61	109	59
	1954	285	177	83	214	121
Zuschuß (1000 DM) insgesamt	1949	39	44	30	8	10
DM je Einwohner		1,42	1,02	0,70	0,18	0,23
DM je cbm Müll		1,81	3,89	2,38	0,63	0,56
insgesamt	1954	+ 3	-	-	-	-
Basis der Gebührenberechnung	1954	4,44 DM je 100 DM des berichtigten Friedens-mietwertes	0,40 DM je 60 l M-Gefäß 0,75 DM je 110 l M-Gefäß	0,80 bis 4,44 vH gestaffelt nach Frie-densmietwert	0,30 DM je 35 lM-Gefäß 0,50 DM je 50 l M-Gefäß	2,5 vH des Friedens-miet-wertes

a) Nach Angaben im Statistischen Jahrbuch deutscher Gemeinden, 38.Jahrg., 1950, S.451ff u. 43.Jahrg., 1955, S.394 ff;

b) Der Prozentsatz bezieht sich hier auf die bebauten Grundstücke nicht auf die Einwohnerzahl (Vgl. a.a.O., 38.Jahrg., 1950, S.461)

c) geschätzt; die in der Statistik des Deutschen Städtetags angegebene Zahl von 21 600 cbm beruht offensichtlich auf einem Fehler (Druckfehler ?). Wahrscheinlich sind die ersten beiden Ziffern vertauscht worden, denn für eine Verringerung der gesamten Müllmenge - und zudem eine so drastische, wie sie sich aus dem Zahlenvergleich von 21 600 (1949) zu 17 554 (1954) ergeben würde - gibt es keinen Anhaltspunkt. Sie ist auch unrealistisch, denn selbst unter der Annahme einer arbeitstäglichen Abfuhrleistung von durchschnittlich 350 Mülltonnen (vgl. dazu "Hanauer Anzeiger" vom 2.12.1950, S.5) mit je 0,11 cbm Fassungsvermögen und rund 300 Arbeitstagen im Jahr ergibt sich nur eine Gesamtmüllmenge von 11 550 cbm. Im übrigen wird die damals beobachtete, allgemein ansteigende Tendenz der Entsorgungsleistungen auch durch die Entwicklung bei den Vergleichsstädten erhärtet

ANHANG B 36

MARKTTAGE - MARKTFLÄCHEN MARKTBESCHICKER

EINNAHMEN UND AUSGABEN DER VERGLEICHSSTÄDTE

1951 [a)]

	Wöchentliche Markttage	Markttage im Jahr 1951	Marktfläche in qm	Stände	Einnahmen[b)] insgesamt DM	Einnahmen[b)] darin Gebühreneinnahmen DM	Ausgaben[c)] insgesamt DM	Ausgaben[c)] darin f. Reinig. u.Unterh. DM
Hanau	2	104	3 400	151	10 931	10 031	6 300	5 300
Aschaffenburg	2	104	2 344	117	8 471	2 136	1 050	1 050
Fulda	2	104	2 221	126	6 127	6 127	1 542	90
Gießen	2	130	3 600	132	10 000	6 000	6 200	5 000
Marburg	6	309	2 440	111	7 533	6 597	7 188	925

a) zusammengestellt aus Veröffentlichungen im Statistischen Jahrbuch deutscher Gemeinden, 41. Jahrgang, 1953, S.41 ff

b) Einnahmen aus Gebühren, Mieten und Pachten

c) Ausgaben für Reinigung und laufende Unterhaltung sowie für Neuerrichtung und Instandsetzung

ANHANG B 37

SCHLACHTHOF

SCHLACHTGEBÜHREN (1951) UND SCHLACHTUNGEN (1953)

Schlachthofgebühren 1951 in DM (nach Gewichtsgruppen und Tiergattungen)[a)]

		Hanau	Aschaffenburg	Fulda	Gießen	Marburg
Berechnungsbasis Lebendgewicht (Lg)/Schlachtgewicht (Sg)		Lg	Sg	Lg	Sg	Sg
Rinder	bis 250 kg	4,75	4,00	)	) 0,06	) 0,06
	bis 400 kg	)	6,00	)	) je kg	) je kg
	bis 500 kg	) 9,50	)	) 13,50	)	)
	bis 600 kg	)	) 7,00)		)	)
	über 600 kg	)	10,00)	23,00	)	)
Kälber	bis 125 kg	2,00	-	-	-	)
	je Schlachtung	-	1,50	3,50	2,00	)
Schafe	je Schlachtung	1,00	1,30	2,50	1,50	)
Ferkel		-	0,60	-	0,50	)
Schweine	über 30 kg	-	4,50	-	-	)
	bis 50 kg	3,00	-	-	3,00	)
	über 50 kg	5,50	-	-	8,00	)
	bis 60 kg	-	-	2,25	-	)
	über 60 kg	-	-	8,00	-	)
Fohlen	je Schlachtung	4,50	4,00	9,00	5,00	)
Pferde	je Schlachtung	9,00	6,00	18,00	12,50	)

a) zusammengestellt aus Veröffentlichungen im Statistischen Jahrbuch deutscher Gemeinden, 39.Jahrg., 1951, S.112 ff

Schlachtungen 1953[a)]

	Hanau	Aschaffenburg	Fulda	Gießen	Marburg
Schlachtungen insgesamt	14 464	24 458	15 557	18 292	17 082
darunter Rinder	2 833	5 833	2 471	2 131	2 403
Kälber	2 478	3 227	3 206	3 460	4 240
Schweine	8 241	14 863	8 986	11 620	9 599

a) zusammengestellt aus Veröffentlichungen im Statistischen Jahrbuch deutscher Gemeinden, 42.Jahrg., 1954, S.448f

ANHANG B 38

FRIEDHÖFE UND BESTATTUNGSWESEN 1952[a)]

Gemeindliche Friedhöfe[b)]

	Hanau	Aschaffenburg	Fulda	Gießen	Marburg
Anzahl der gemeindlichen Friedhöfe	1	5	3	4	2
Fläche insgesamt (ha)	20,00	22,92	8,18	20,95	16,20
Gräber insgesamt	13 012	9 845	9 793	26 127	14 282
darunter Kriegsgräber	1 949	612	805	537	809
Bestattungen	474	571	368	618	424
Bruttoausgaben insgesamt) jeweils	127	206	102	139	112
davon Personalausgaben) in 1000 DM	85	61	52	138	99
Zuschußbedarf)	35	53	40	58	19

a) zusammengestellt aus Veröffentlichungen im Statistischen Jahrbuch deutscher Gemeinden, 41.Jahrg., 1953, S.426 ff

b) einschließlich Friedhofsgärtnereien und Krematorien. Alle Vergleichsstädte, mit Ausnahme der Stadt Marburg, verfügten zumindest über einen weiteren, nichtgemeindlichen Friedhof. Diese konfessionellen und sonstigen Friedhöfe blieben hier außer Betracht, weil sie in der Regel keine unmittelbare Auswirkung auf die Finanzwirtschaft der Städte hatten

ANHANG B 39

WOHNUNGSBAU

FERTIGGESTELLTE WOHNGEBÄUDE, WOHNUNGEN UND WOHNRÄUME 1951 - 1954[a)]

	1951		1952		1953		1954	
	absolut	je 10 000 Einwohn.	absolut	je 10 000 Einwohn.	absolut	je 10 000 Einwohn.	absolut	je 10 000 Einwohn.
Hanau[b)]								
Wohngebäude	216		152		189		157	
Wohnungen	1 125	324	706	193	929	238	838	204
Wohnräume[e)]	3 504		2 315		3 108		2 805	
Aschaffenburg[c)]								
Wohngebäude	169		184		165		147	
Wohnungen	564	117	658	133	883	173	545	105
Wohnräume	1 939		2 140		2 932		1 917	
Fulda[d)]								
Wohngebäude	117		158		91		102	
Wohnungen	442	102	513	115	445	98	597	125
Wohnräume	1 472		1 767		1 567		2 005	
Gießen[b)]								
Wohngebäude	202		181		156		194	
Wohnungen	788	159	694	135	666	124	894	160
Wohnräume	2 850		2 597		2 262		3 208	
Marburg[c)]								
Wohngebäude	90		77		67		105	
Wohnungen	350	84	222	52	231	54	312	72
Wohnräume	1 286		852		864		1 233	

a) zusammengestellt aus der "Wohnungsbaustatistik" der Statistischen Jahrbücher deutscher Gemeinden, 40.-43.Jahrgang, 1952 - 1955; die Zahlen dieser Übersicht für die Stadt Hanau sind mit denen im Anhang A 31 nicht direkt vergleichbar. Die Divergenzen ergeben sich daraus, daß die Zahlen im Anhang A 31 vom Statistischen Amt der Stadt Hanau mit anderen Stichtagen und geringfügig abweichenden Kriterien erhoben worden sind

b) Angaben auf Grund des Bauüberhangs berechnet bzw. geschätzt

c) Angaben nach der effektiven Bauleistung

d) Angaben nach der laufenden Gebrauchsabnahme

e) Bei der Ermittlung der Wohnraumziffern für die Jahre 1953 und 1954 wurden bei Wohnungen "mit 1 und 2 Räumen" durchschnittlich 1,5 Räume je Wohneinheit, bei Wohnungen "mit 5 und mehr Räumen" durchschnittlich 5,5 Räume je Wohneinheit zugrundegelegt

ANHANG B 40

VERKEHRSBETRIEBE a)
1947 - 1951 - 1953

	Hanau	Aschaffenburg	Fulda	Gießen	Marburg
Verkehrsart	Omnibus	Omnibus (nach 1948)	Omnibus (nach 1948)	Straßenbahn Oberleit.Bus Omnibus	Straßenbahn Omnibus
Wirtschafts- und Rechtsform	AG	Eigenbetrieb	gemischt-öffentl.Untern.	Eigenbetrieb	Eigenbetrieb
1 9 4 7					
Einwohner des Einflußgebietes	50 000			69 500	43 000
Beschäftigtes Personal	34			90	53
Streckenlänge in km	?			22,4	16,9
Fahrzeuge:					
Straßenbahnen u. O-Busse	-			8	10
Omnibusse einschl. Anhänger	5			10	3
Beförderte Personen	580 000			5 558 000	6 700 000
Gefahrene Wagen-km	84 000			356 000	286 000
Verkehrseinnahmen in RM	165 000			876 000	634 000
je Fahrgast	0,28			0,16	0,09
je Wagen-km	1,96			2,46	2,22
1 9 5 1					
Beschäftigtes Personal	67	53	66	100	48
Streckenlänge in km	36,0	35,1	31,5	55,3	45,4
Fahrzeuge:					
Straßenbahnen u. O-Busse	-	-	-	28	5
Omnibusse einschl. Anhänger	17	9	13	9	6
Beförderte Personen	2 803 700	2 712 800	3 242 000	6 525 700	3 388 000
Gefahrene Wagen-km	596 400	466 400	640 400	1 080 700	407 900
Verkehrseinnahmen in DM	545 600	519 000	576 000	881 600	508 600
je Fahrgast	0,19	0,19	0,21	0,14	0,15
je Wagen-km	0,91	1,11	1,06	0,82	1,25
1 9 5 3					
Einwohner des Einflußgebietes	70 000	73 000	57 000	53 000	47 000
Beschäftigtes Personal	100	75	69	132	47
Streckenlänge in km	41,7	43,3	31,5	25,1	52,7
Fahrzeuge:					
Straßenbahnen u. O-Busse	-	-	-	30	7
Omnibusse einschl. Anhänger	23	13	16	14	6
Beförderte Personen	3 794 300	4 487 100	3 391 500	6 339 800	4 783 600
Gefahrene Wagen-km	842 700	709 500	718 100	1 041 000	470 900
Verkehrseinnahmen in DM	839 500	833 600	798 600	948 000	682 900
je Fahrgast	0,22	0,19	0,24	0,15	0,14
je Wagen-km	1,00	1,17	1,11	0,91	1,45

a) zusammengestellt aus Veröffentlichungen im Statistischen Jahrbuch deutscher Gemeinden, 37.-42.Jahrgang, 1949-1954

ANHANG B 41

VERSORGUNGSUNTERNEHMEN

Strom- Gas- und Wasserversorgung 1951

Teil A

Stromversorgung a)

	Hanau	Aschaffenburg	Fulda	Gießen	Marburg
Unternehmen:					
Eigentum	Gemeinde	Gemeinde	mehrere Gemeinden	Gemeinde	Gemeinde
Rechtsform	Eigenbetrieb	Eigenbetrieb	AG	Eigenbetrieb	Eigenbetrieb
Wirtschaftsform	rein öffentliche Unternehmen				
Betriebsform	in eig.Regie	in eig.Regie	konzess.Betr.	in eig.Regie	in eig.Regie
Wohnbevölkerung des Versorgungsgebiets am 30.6.1951 in 1000	32,9	47,5	208,0	102,2	41,1
Versorgte Haushaltungen 1951	8 044	13 923	56 195	32 500	9 400
Gesamtabnehmerzahl	10 009	15 799	57 938	36 575	9 425
Erzeugung und Fremdbezug in 1000 kWh	69 623	30 429	70 282	48 569	16 475
Nutzbare Stromabgabe 1951 insgesamt	67 151	27 675	66 089	43 607	14 523
davon an					
gewerbliche Wirtschaft	59 500	15 828	42 550	26 430	8 830
Haushaltungen	3 976	6 885	22 431	8 961	3 092
Besatzungsmacht	3 429	4 466	860	6 330	1 816
für öffentliche Beleuchtung	246	496	248	1 886	785

a) zusammengestellt aus Angaben im Statistischen Jahrbuch deutscher Gemeinden, 40.Jahrgang, 1952, S.406 ff

ANHANG B 42

VERSORGUNGSUNTERNEHMEN

Strom- Gas- und Wasserversorgung 1951

Teil B

Gasversorgung [a)]

	Hanau	Aschaffenburg	Fulda	Gießen	Marburg
Unternehmen:					
Eigentum	Gemeinde	Gemeinde	mehrere Gemeinden	Gemeinde	Gemeinde
Rechtsform	Eigenbetrieb	Eigenbetrieb	AG	Eigenbetrieb	Eigenbetrieb
Wirtschaftsform	rein öffentliche Unternehmen				
Betriebsform	in eig.Regie	in eig.Regie	konzess.Betr.	in eig.Regie	in eig.Regie
Wohnbevölkerung des Versorgungsgebiets am 30.6.1951 in 1000	88,3	47,5	42,9	43,2	41,1
Gasabnehmer 1951	8 816	8 960	29 767	7 380	6 130
Hausanschlüsse	.	3 507	1 974	3 325	2 635
Zur Verfügung stehendes Gas (1000 cbm)	7 838	5 275	4 616	4 863	5 660
davon Eigenerzeugung	-	3 725	4 616	1 575	5 660
Nutzbare Gasabgabe (1000 cbm)	6 970	4 902	4 298	4 482	5 020
davon an					
Wiederverkäufer	2 583	-	-	-	-
gewerbliche Abnehmer	2 130	2 021	1 963	1 196	2 347
Haushalte und andere	2 257	2 881	2 335	3 286	2 673

a) zusammengestellt aus Angaben im Statistischen Jahrbuch deutscher Gemeinden, 40.Jahrgang, 1952, S.406 ff

ANHANG B 43

VERSORGUNGSUNTERNEHMEN

Strom- Gas- und Wasserversorgung 1951

Teil C

Wasserversorgung a)

	Hanau	Aschaffenburg	Fulda	Gießen	Marburg
Unternehmen:					
Eigentum	Gemeinde	Gemeinde	mehrere Gemeinden	Gemeinde	Gemeinde
Rechtsform	Eigenbetrieb	Eigenbetrieb	AG	Eigenbetrieb	Eigenbetrieb
Wirtschaftsform	rein öffentliche Unternehmen				
Betriebsform	in eig.Regie	in eig.Regie	konzess.Betr.	in eig.Regie	in eig.Regie
Wohnbevölkerung des Versorgungsgebiets am 30.6.1951 in 1000	32,9	47,5	42,9	54,4	41,1
Hausanschlüsse	2 650	4 433	3 600	.	3 211
Förderung und Bezug in 1000 cbm	3 289	3 826	3 309	4 422	2 346
Wasserabgabe in 1000 cbm	3 289	3 826	2 355	4 422	2 346

a) zusammengestellt aus Angaben im Statistischen Jahrbuch deutscher Gemeinden, 40.Jahrgang, 1952, S.406 ff

A N H A N G C

"Graphische Darstellungen"

A N H A N G C 01

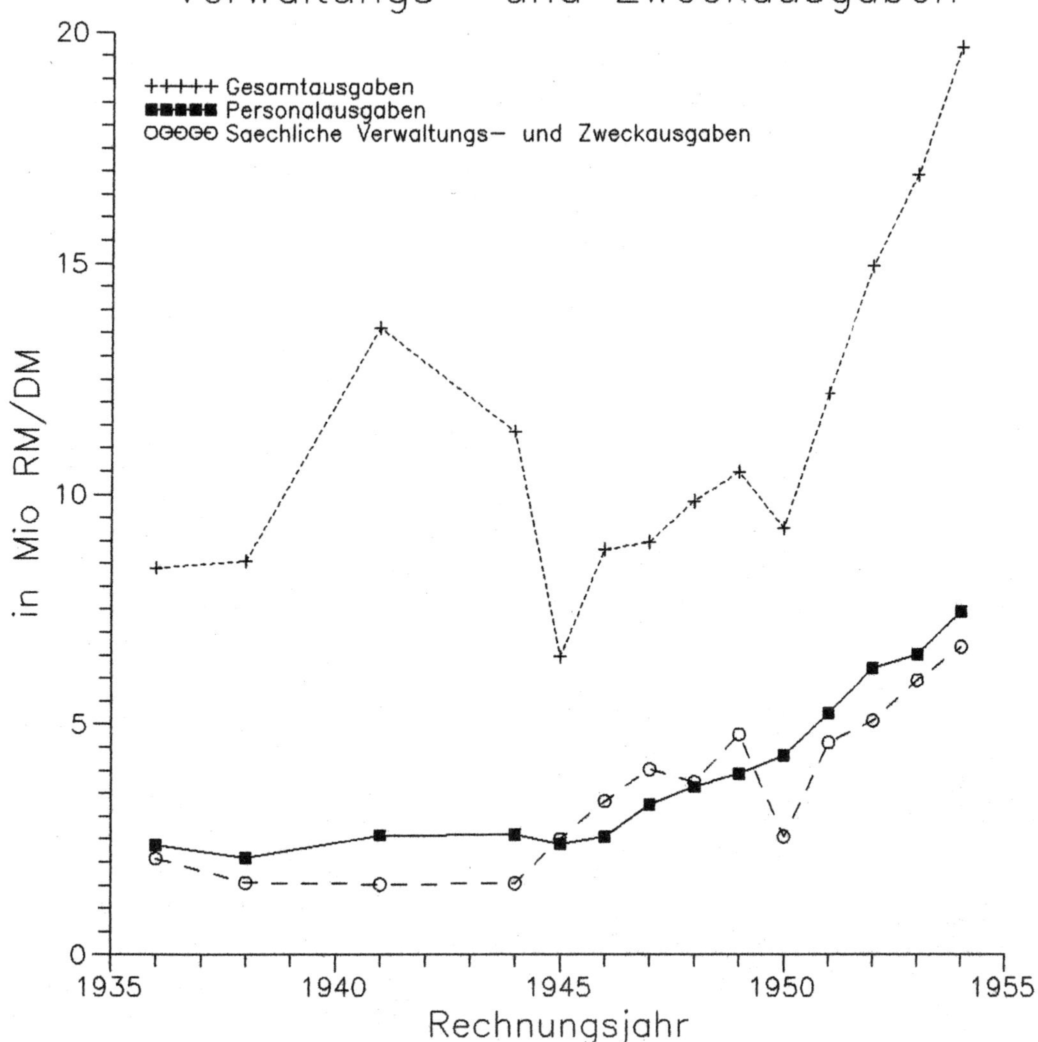

Graphik C01 Gesamtausgaben, Personal- und saechliche Verwaltungs- und Zweckausgaben der Stadt Hanau 1936-1954. (Fuer 1948 wurden die Werte des DM-Abschnitts jeweils auf ein Jahr umgerechnet)

ANHANG C 02

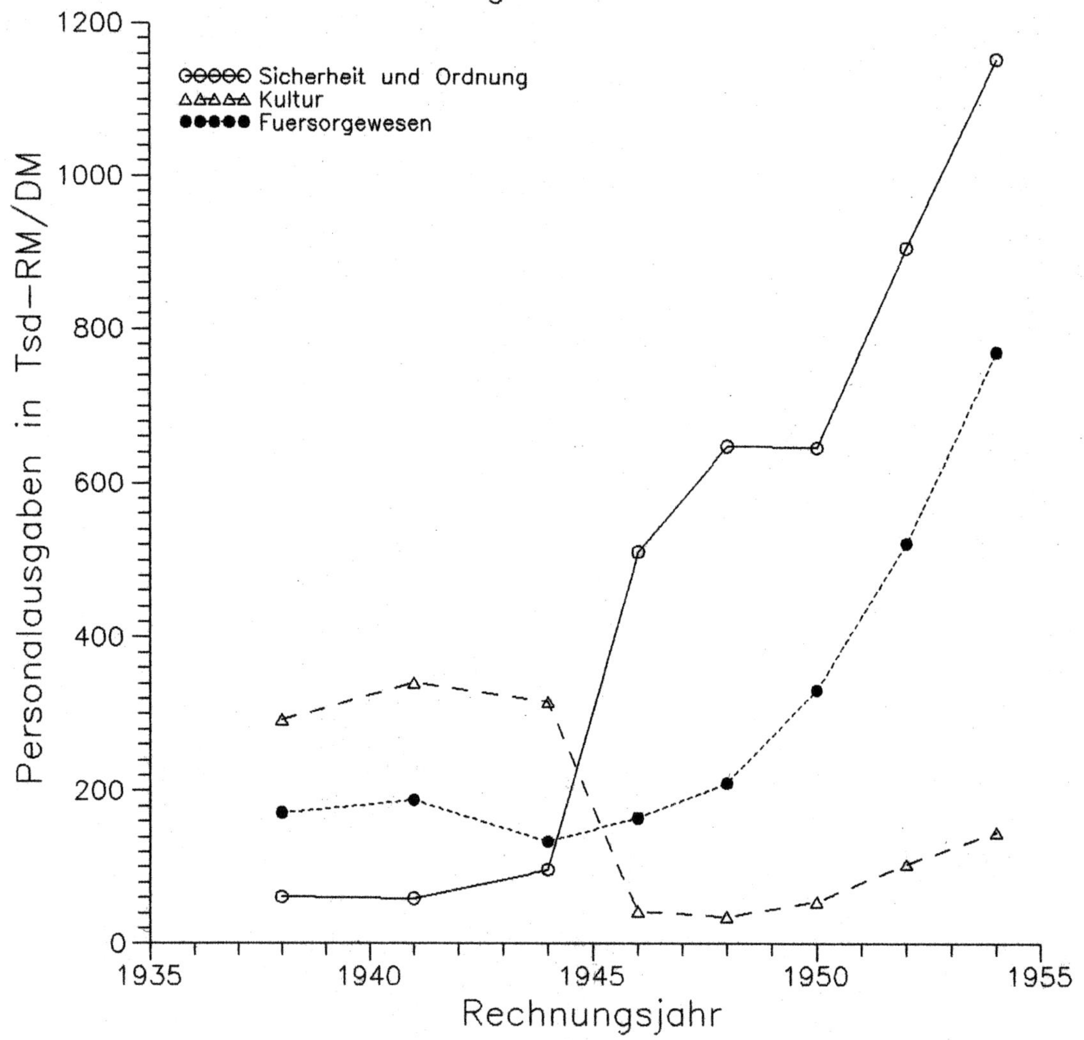

Graphik C02 Personalausgaben der Stadt Hanau 1938–1954 (Ist-Ausgaben) der Einzelplaene 1 (Sicherheit und Ordnung), 3 (Kultur) und 4 (Fuersorgewesen)

ANHANG C 03

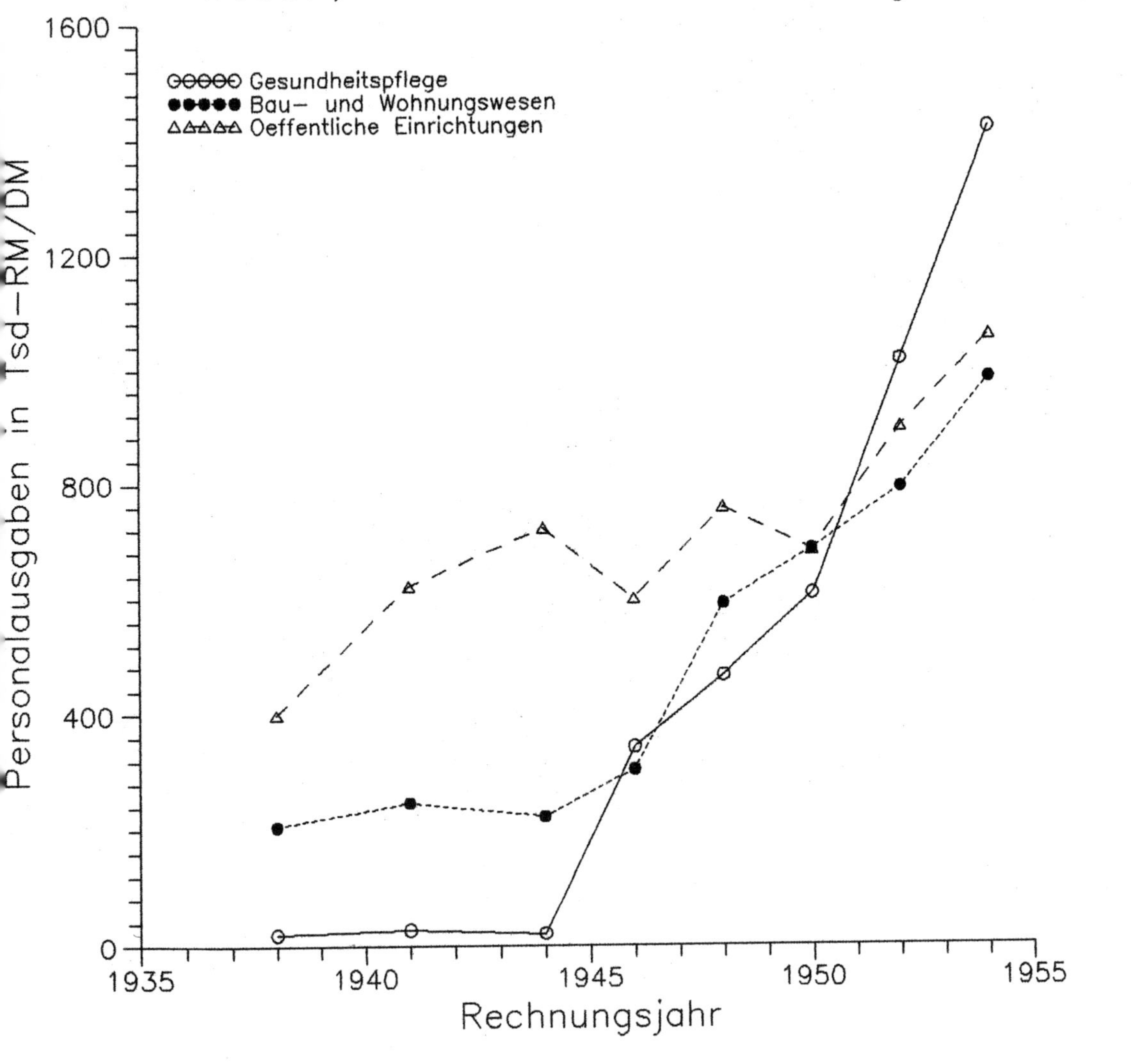

Graphik C03 Personalausgaben der Stadt Hanau 1938–1954 (Ist-Ausgaben) der Einzelplaene 5 (Gesundheitspflege), 6 (Bau- und Wohnungswesen) und 7 (Oeffentliche Einrichtungen)

ANHANG C 04

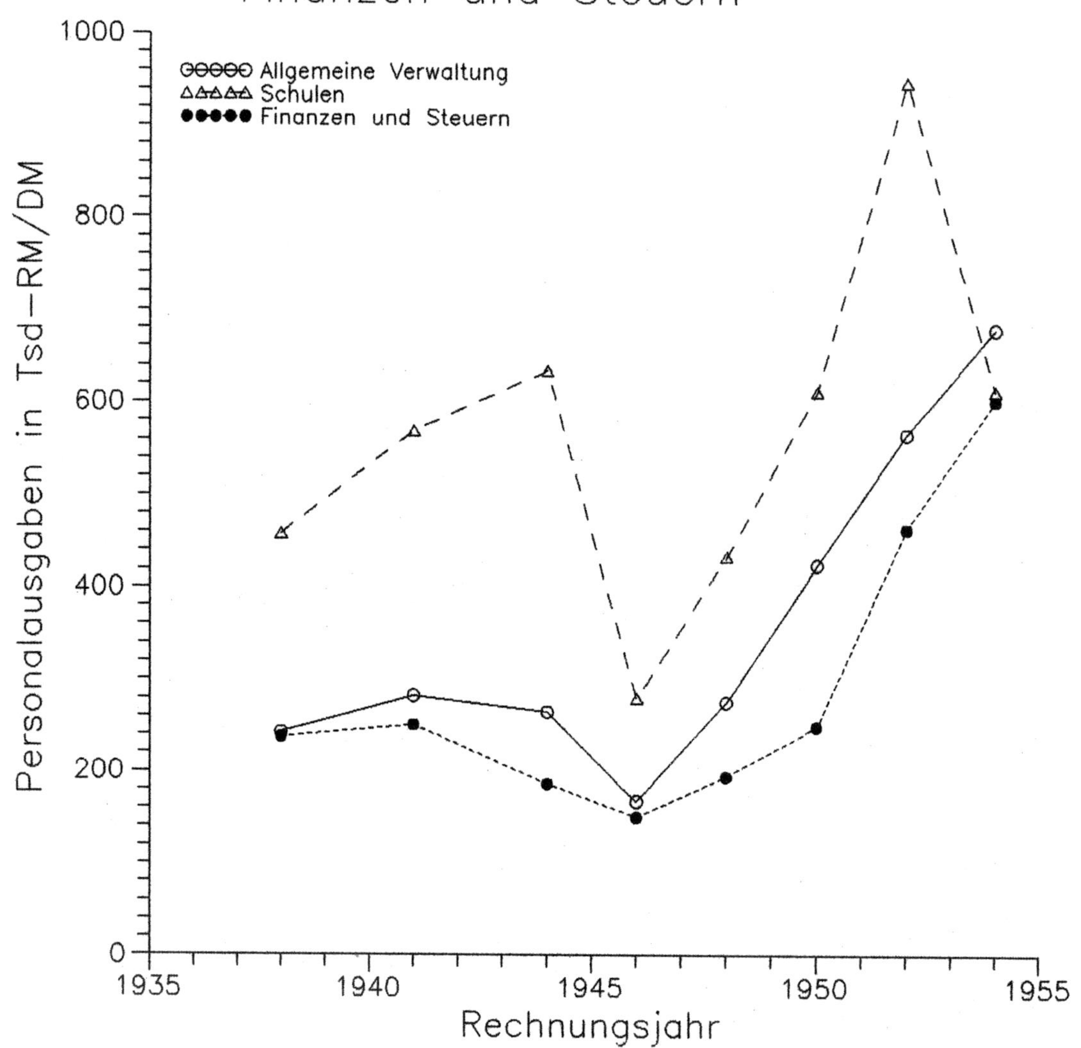

Graphik C04 Personalausgaben der Stadt Hanau 1938–1954 (Ist-Ausgaben) der Einzelplaene 0 (Allgemeine Verwaltung), 2 (Schulen) und 9 (Finanzen und Steuern)

ANHANG C 05

Entwicklung der kommunalen Gesamtausgaben nach dem Zweiten Weltkrieg in vH der Basis 1937=100

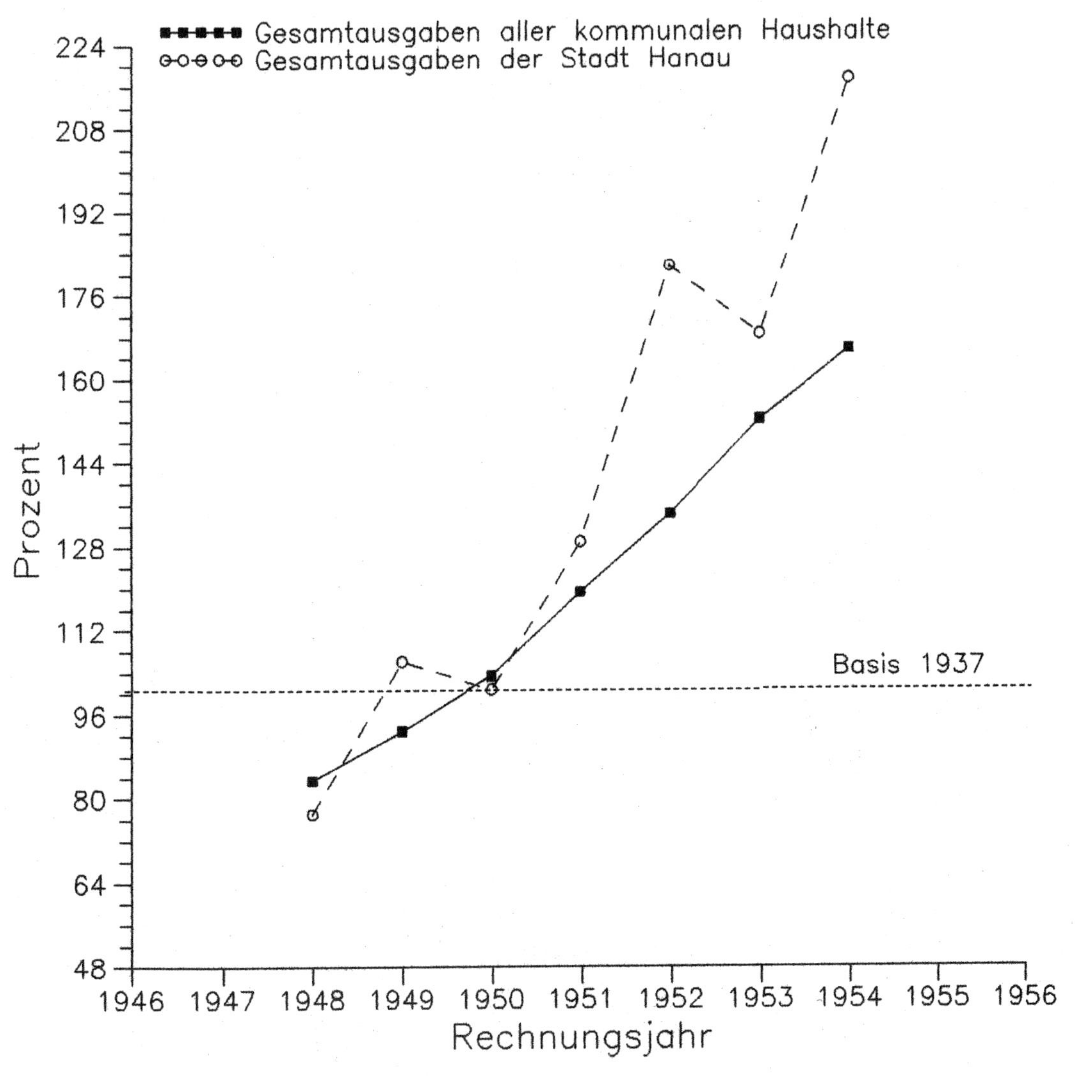

Graphik C05 Prozentualer Anstieg der kommunalen Gesamtausgaben nach dem Zweiten Weltkrieg auf der Basis 1937 = 100 Vergleich der Stadt Hanau mit der Summe aller kommunalen Haushalte im Bundesgebiet

ANHANG C 06

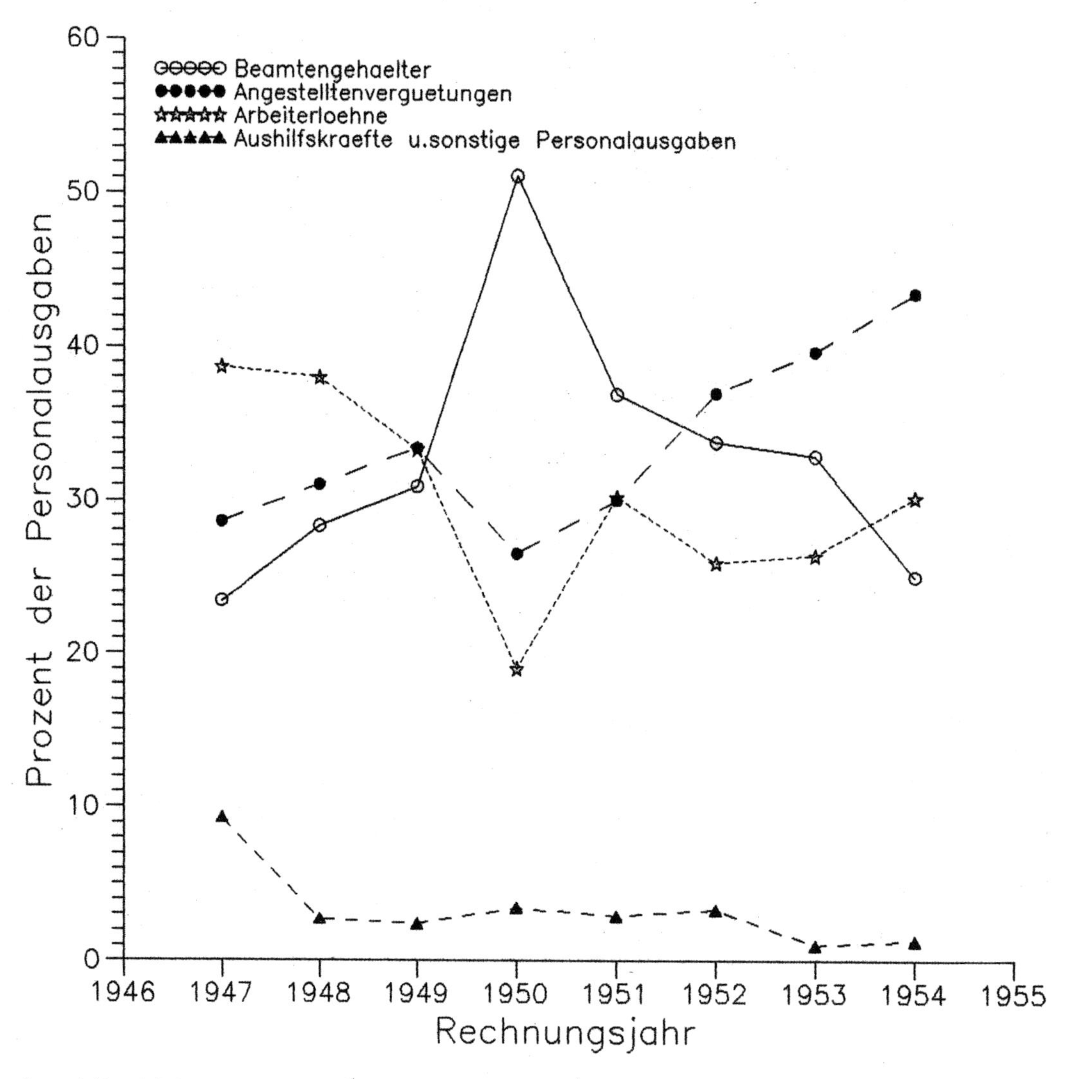

Graphik C06 Beamtengehaelter, Angestelltenverguetungen, Arbeiterloehne und Ausgaben fuer Hilfskraefte sowie sonstige Personalausgaben in vH der Gesamtpersonalausgaben der der Stadt Hanau 1947 bis 1954, zusammengestellt nach den Sammelnachweisen

ANHANG C 07

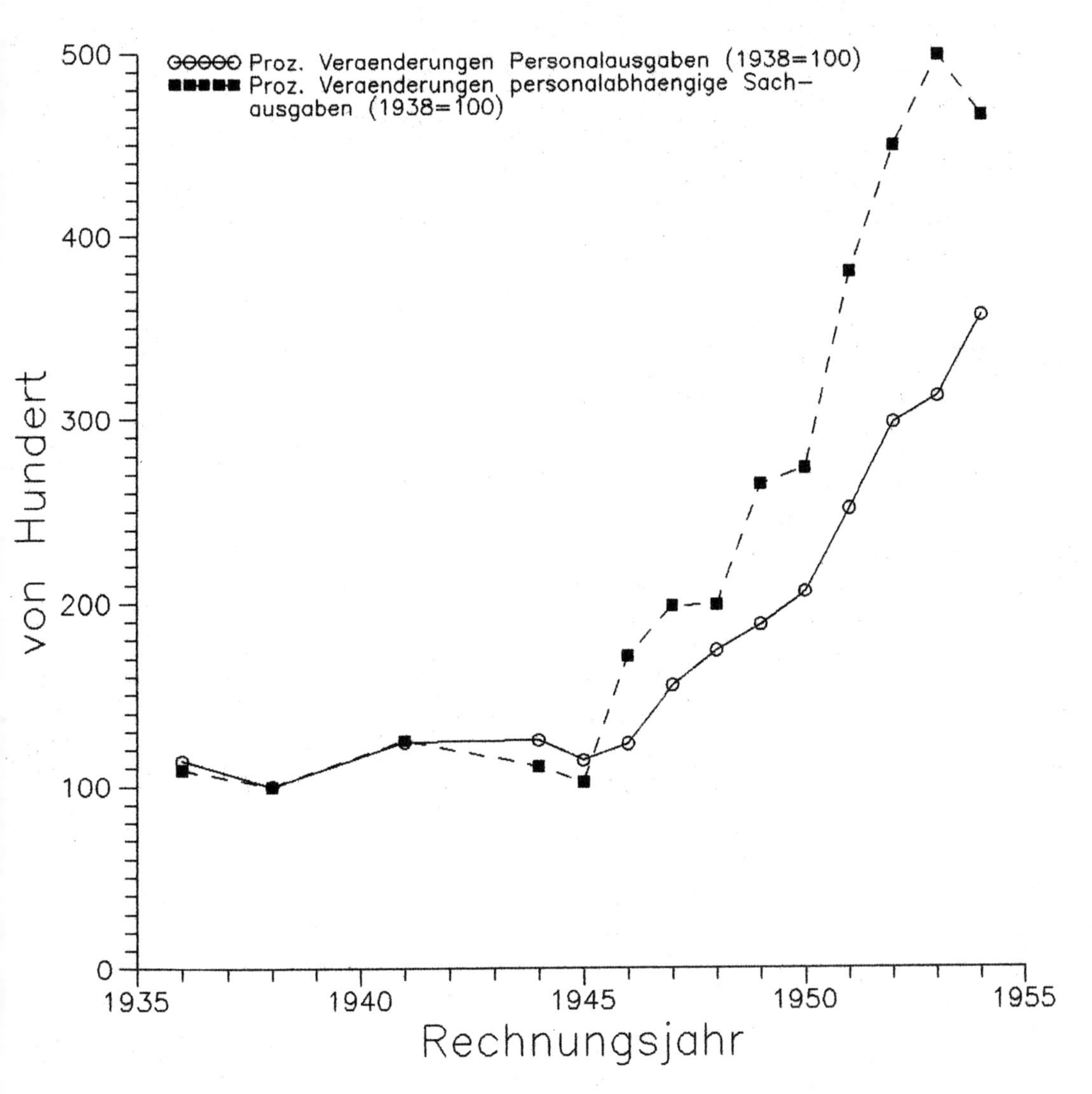

Graphik C07 Prozentuale Veraenderungen der Personalausgaben und der personalabhaengigen Sachausgaben der Stadt Hanau 1936–1954 auf der Basis 1938 = 100. (Fuer 1948 wurden die Werte des DM–Abschnitts jeweils auf ein Jahr umgerechnet)

ANHANG C 08

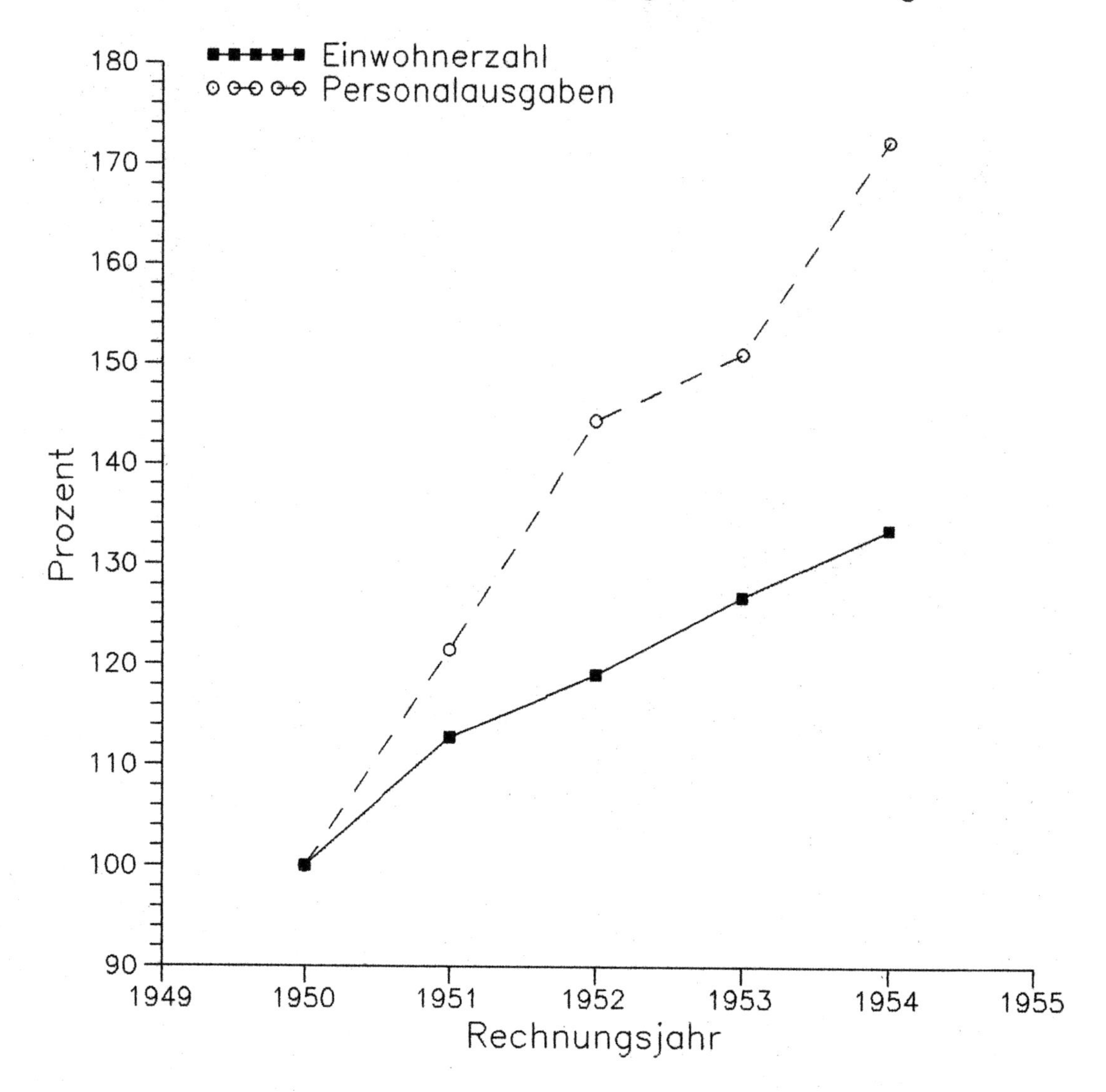

Graphik C08 Prozentuale Zunahme der Bevoelkerung und der Personalausgaben der Stadt Hanau auf der Basis 1950 = 100

ANHANG C 09

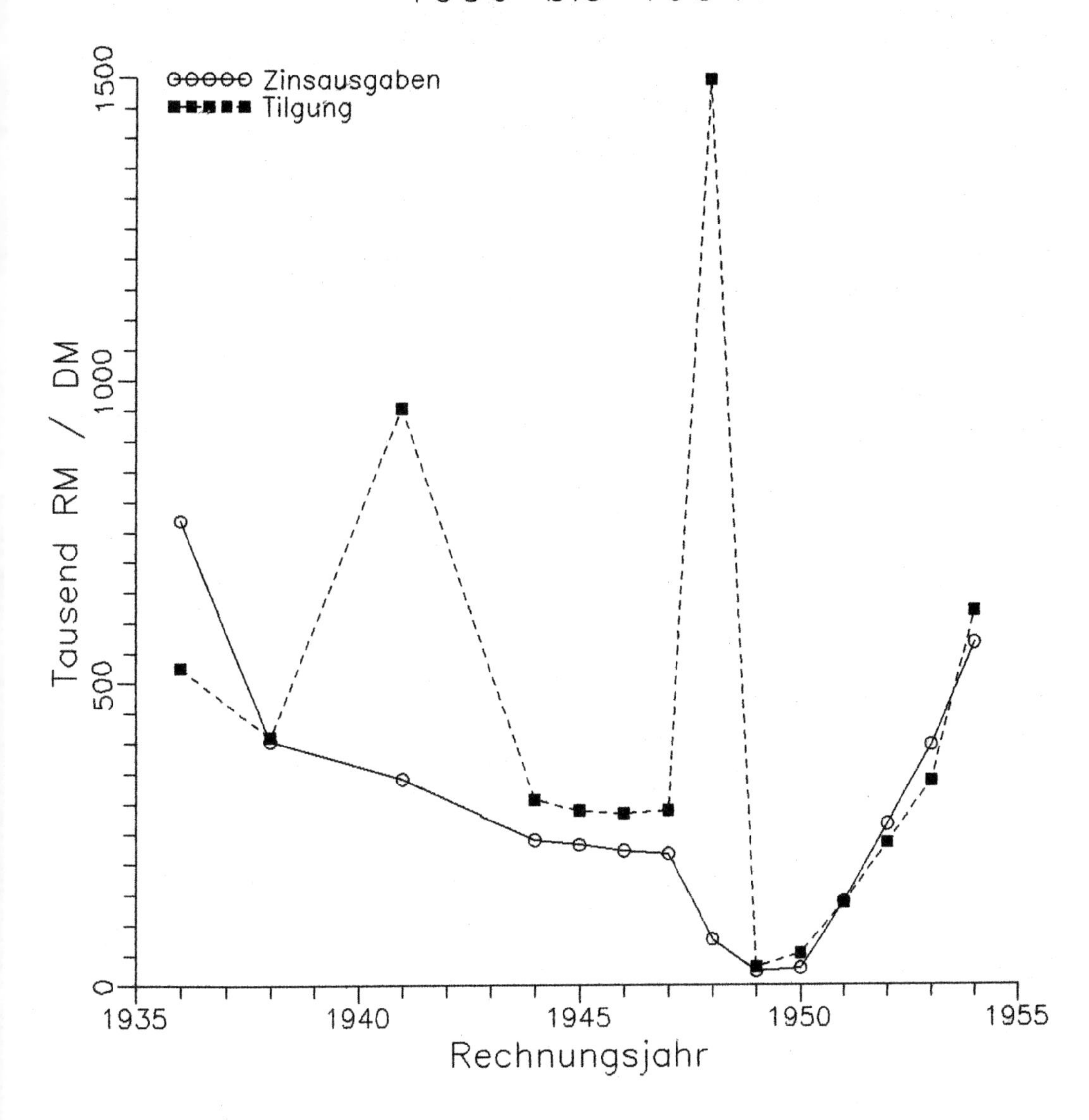

Graphik C09 Schuldendienst der Stadt Hanau 1936 bis 1954. Fuer das Jahr 1948 wurden die RM- und DM-Betraege im Verhaeltnis 1:1 angesetzt

ANHANG C 10

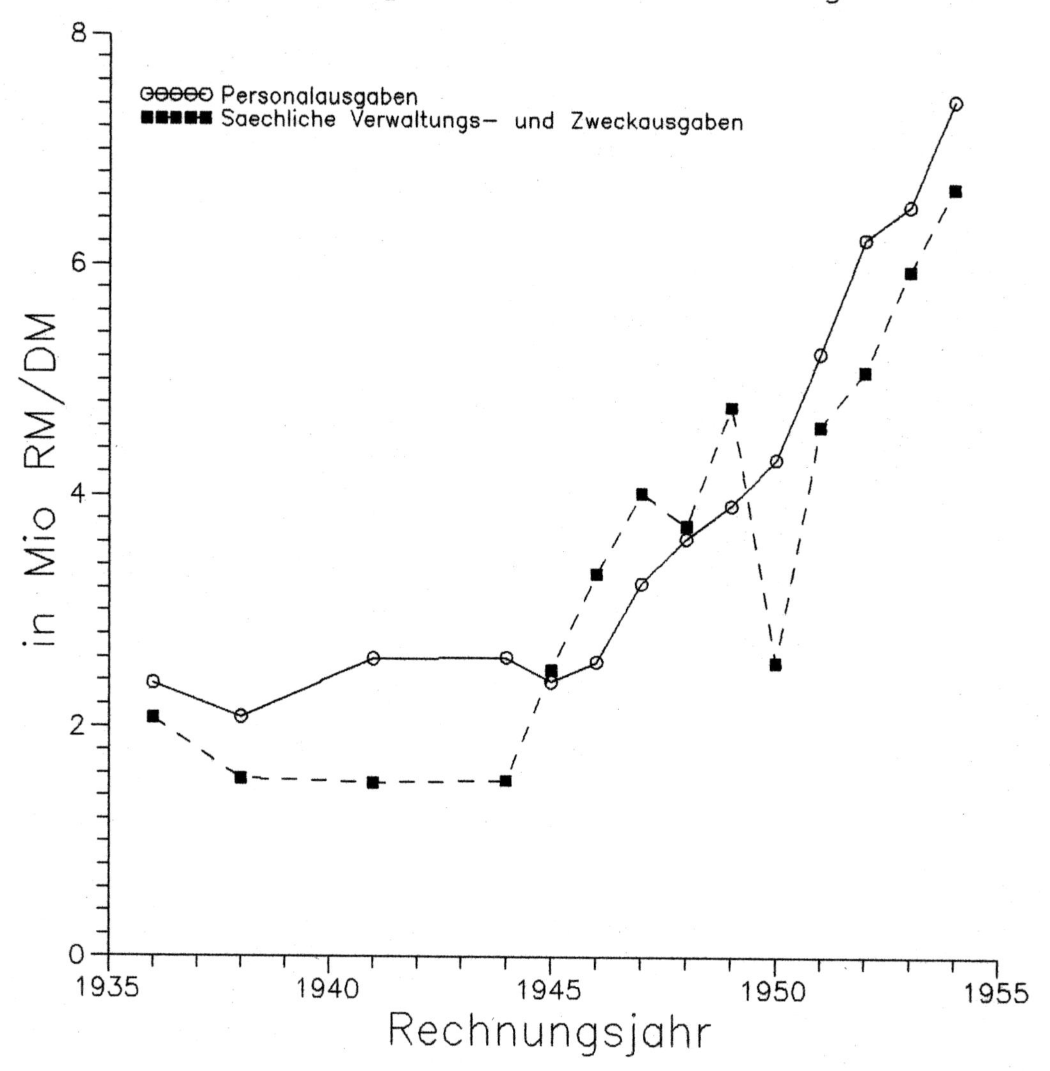

Graphik C10 Personalausgaben und saechliche Verwaltungs- und Zweckausgaben der Stadt Hanau 1936-1954. (Fuer 1948 wurden die Werte des DM-Abschnitts jeweils auf ein Jahr umgerechnet)

ANHANG C 11

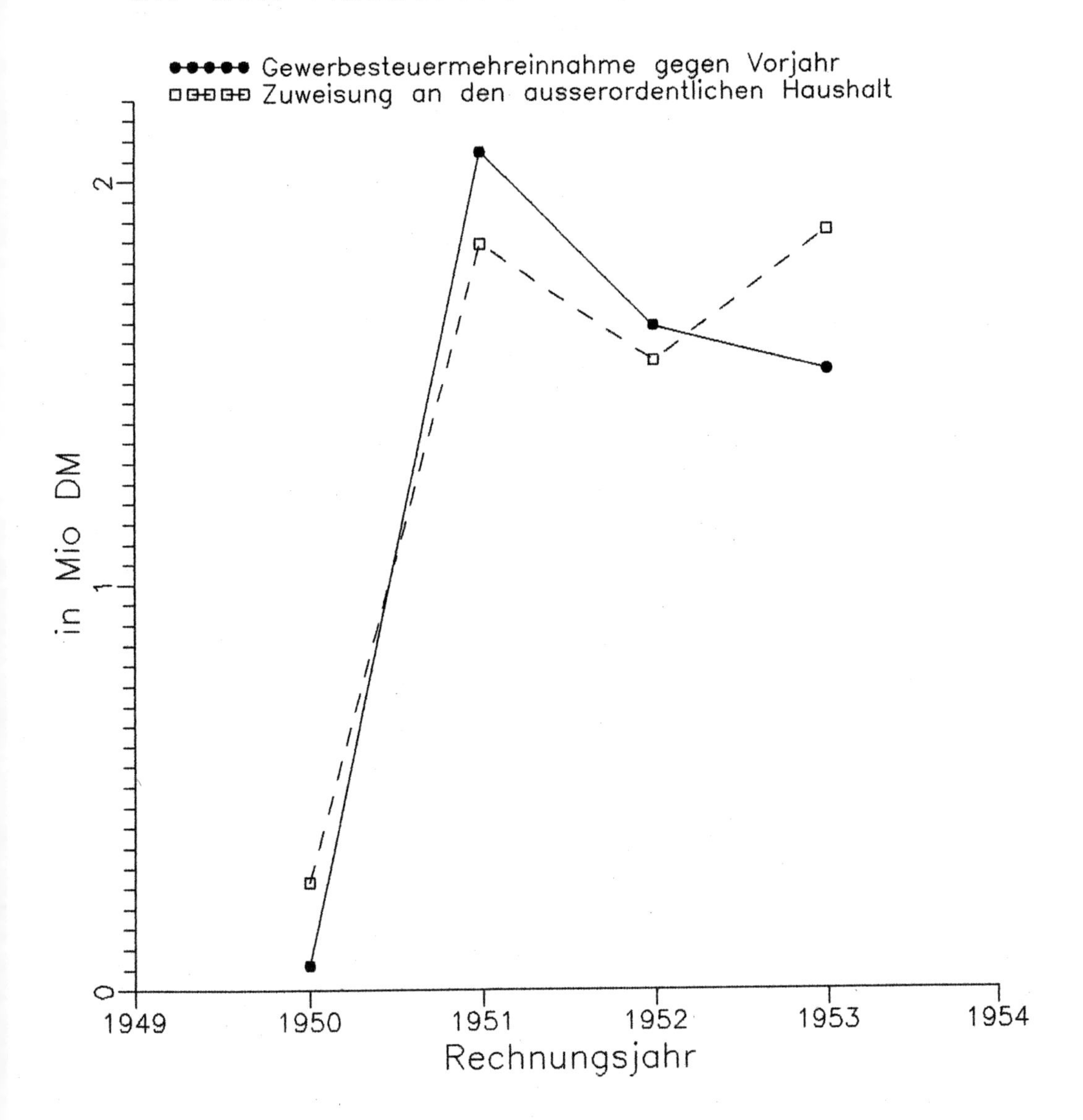

Graphik C11 Gewerbesteuerzuwachsraten und Zuweisungen an den Ausserordentlichen Haushalt der Stadt Hanau in absoluten Betraegen von 1950 bis 1953

A N H A N G   D

"Karten"

veröffentlicht mit freundlicher Genehmigung

des
Grothus Verlags - Grotthaus GmbH - Kassel
(Umgebungskarte)

und des
Magistrats der Stadt Hanau - Liegenschafts- und Vermessungsamt
(Stadtplan 1955)

n. Friedberg
n. Friedberg
n. Friedberg
n. Friedberg
n. Staden
Bönstadt
Altenstadt
Ndr. Wöllstadt
Ilbenstadt
Rodheim v. d. Höhe
Burg Gräfenrode
Erbstadt
Eichen
Kaichen
Okarben
Petterweil
Heldenbergen
Gr. Karben
Kloppenheim
Kl. Karben
Ostheim
Windecken
Rendel
Büdesheim
Dortelweil
Kilianstädten
Roßdorf
Ndr. Erlenbach
Massenheim
Gronau
Nieder-
Ober-
dorfelden
Harheim
Nidda
Bad Vilbel
Mittelbuchen
Wachenbuchen
Hochstadt
Bergen-
Enkheim
Bischofsheim
Dörnigheim
FRANKFURT
SECKBACH
RUMPENHEIM
KESSELSTADT
Main
BÜRGEL
Mühlheim a. M.
DIETESHEIM
Steinheim a. M.
Lämmerspiel
Kl. Auheim
OFFENBACH
OBERRAD
BIEBER
Hausen
Obertshausen
Neu-Isenburg
Heusenstamm
Weiskirchen
v. Langen – Darmstadt
v. Dietzenbach
8° 50' östl. L. v. Gr.
v. Dieburg
n. Rüsselsheim
n. Friedrichsdorf

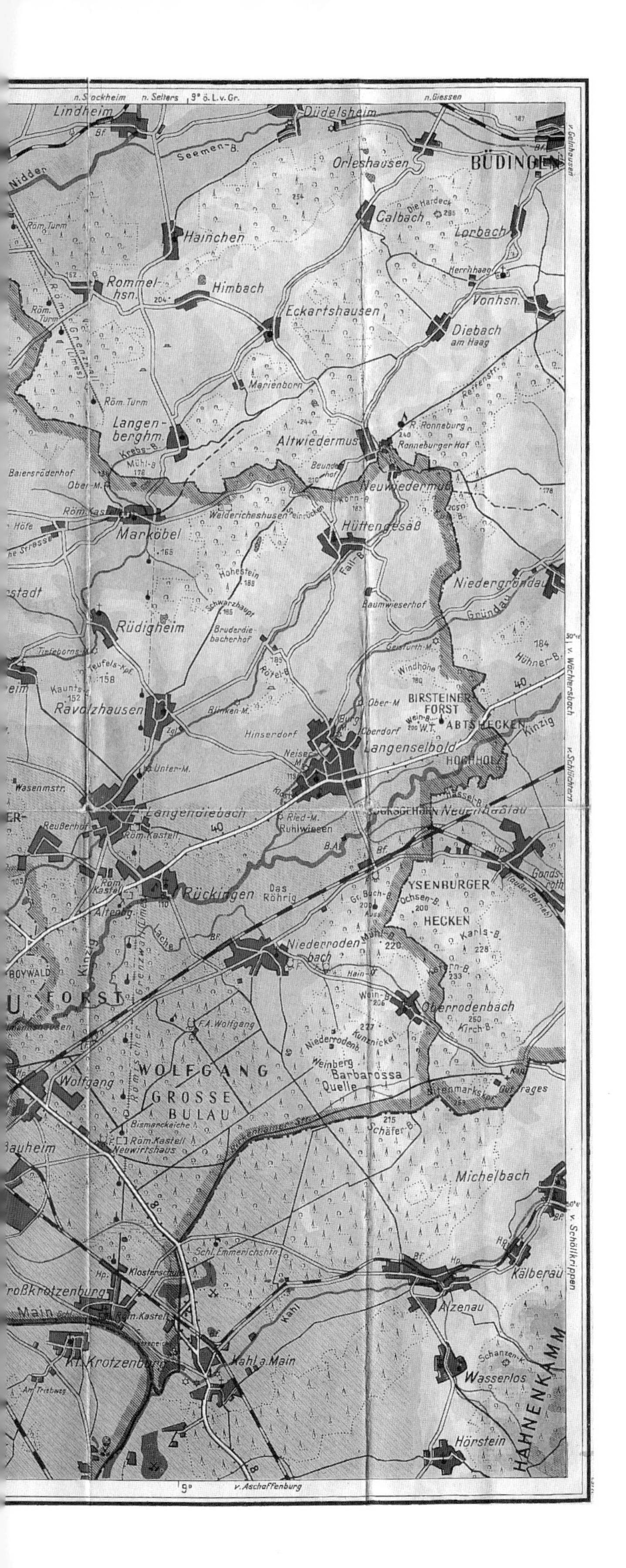

Stadt Hanau a. M.
Umgebungskarte

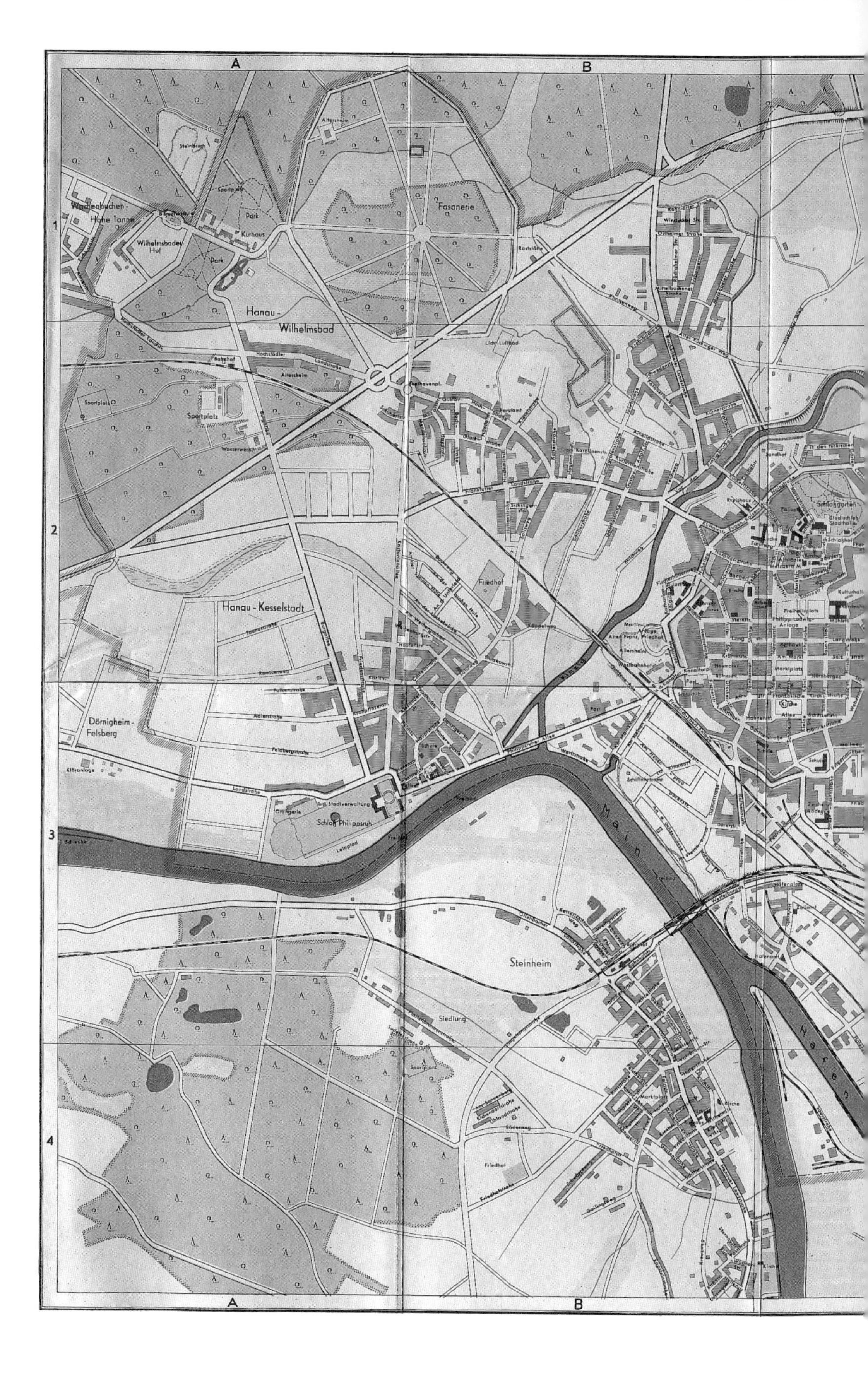

A
B
1
2
3
4
Wachenbuchen-Hohe Tanne
Wilhelmsbader Hof
Park
Kurhaus
Fasanerie
Hanau-Wilhelmsbad
Sportplatz
Friedhof
Hanau-Kesselstadt
Dörnigheim-Felsberg
Schloß Philippsruh
Stadtverwaltung
Orangerie
Main
Steinheim
Siedlung
Schloßgarten
Marktplatz
Westbahnhof
A
B

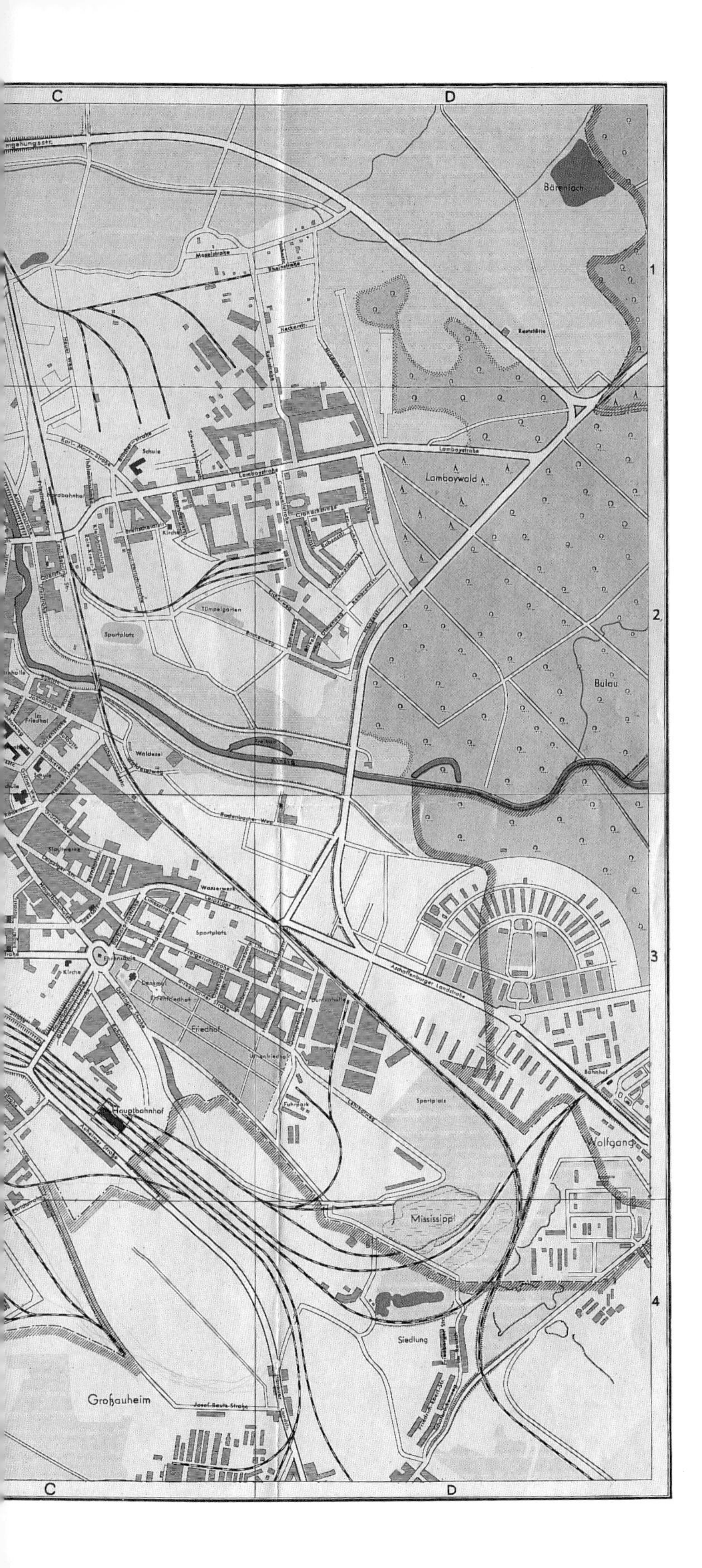

Stadtplan (1955)
Hanau a. M.

REGISTER

Die Zahlenangaben beziehen sich auf die Seitenzahlen. Die fettgedruckten Ziffern verweisen auf die entsprechenden Kapitel

Ablösungsbeträge für PKW-Abstellplätze 417
-- Rücklage 435
Abnehmerdichte, optimale (Versorgungsbetriebe), 256, siehe auch Benutzerdichte
Abstellplätze (PKW), siehe Ablösungsbeträge
Abteilungsgliederung 42
Abwasserkanäle 12, 286
Adrema 320
Äquivalenztheorie (Beiträge) 242
Aktivdarlehen 277f
-- Zinseinnahmen 253
Allokative Funktion des Finanzausgleichs 210
Allzuständigkeit der allgemeinen Verwaltung 321
Altenheime **387ff**
-- Fasanerie 76, 281, 283, 292, 381
-- Gondsroth 73, 76, 132, 142, 381, 388
-- Langenselbold 73, 76, 132, 142, 283, 381
-- Schloß Naumburg 73, 76, 132, 142, 381, 388
Altersversorgung, siehe Personalausgaben
Altgeldguthaben 166, 219
Althanauer Hospital 241, 387
Altschulden 516, siehe auch Schulden
Altstadt 11, 280
Altstadtsanierung 165, 512
Altstädter Rathaus 296f, 379
Amt für Soforthilfe 76, siehe auch Ausgleichsamt
Amt für Wirtschaft und Verkehr 76
Ämter des Bau- und Vermessungswesens **419ff**
Amtspflegschaften 393
Amtspostzustellung 131
Amtsvormundschaften 393
Angestelltenvergütungen 81
Anlauffinanzierung 253
Anleihekapazität 303
Anleihekosten 431
Anliegerbeiträge 298, siehe auch Beiträge
Anschlagwesen 441, **468**
Anschluß- und Benutzungszwang 448, 450, 460, 463
AO-Ausgaben 327, 341, 345, 379, 386, 401, 419, 443, 473, 494
Arbeiterlöhne 81ff
Arbeitgeberdarlehen 277, 301, 431
Arbeitgeberverbände, kommunale, 80f
Arbeitsbeschaffungsdarlehen 437
Arbeitsbeschaffungsmaßnahmen 271, 309
Arbeitsbeschaffungsprogramme 514
Arbeitskräftemangel 417, 428
Arbeitslosigkeit 513
Aufbaubezirke 428
Aufbaugemeinschaften 428
Aufbaugesetz (1948), Hessisches, 28, 280
Aufbaulotterie (Stadthalle) 373
Aufbaustock, siehe Einnahmen, Bedarfszuweisungen
Aufbauwerk, siehe Aufbaugemeinschaften
Aufgaben, kommunale,
-- -Entwicklung 3f, 65ff, 417, 421
-- -Erfüllung 2f
-- Grundsätzliches 33f
Aufgabenbereiche 316
Aufgabenbestand 501, 519
Aufnahmegeld, siehe Schulgeld
Aufräumungsarbeiten 268, 288, 427
Aufsichtsbehörde 227, 240, 324, 333, 511f
Auftragsangelegenheiten 33, 319, 383, 440
Auftragsüberhang (Bauverwaltung) 421
Aufwertungssteuer, siehe Hauszinssteuer
Ausgaben
-- Außerplanmäßige / überplanmäßige 46
-- Einmalige (Wiederaufbau) 154
-- Gruppierung 49ff
-- -- im Außerordentlichen Haushalt 275ff
-- -- im Ordentlichen Haushalt 61ff
Ausgabenkategorien
-- Fürsorgeausgaben **109ff**
-- -- in der geschlossenen Fürsorge 118ff
-- -- in der Kriegsfolgenhilfe 117f
-- -- in der offenen Fürsorge 112ff
-- Personalausgaben **65ff**
-- -- Lohn und Gehaltsentwicklung **79ff**
-- Sächliche Verwaltungs- und Zweckausgaben **123ff**
-- -- Aus- und Fortbildungskosten **133**
-- -- Büro- und Geschäftsbedarf **130**
-- -- Dienst- und Schutzkleidung **147**
-- -- Fehlgelder **134**
-- -- Fracht- und Transportkosten **132**
-- -- Geräteinstandhaltungs- u. Betriebskosten **136**
-- -- Gerichts- und Prozeßkosten **133**
-- -- Heizungs-, Reinigungs- und Beleuchtungskosten **144**

Eigenbedarfsklage 426
Eigenbetrieb 478
Eigenbetriebsverordnung 36, 254
Eigenfinanzierung 302
Eigenheime 249
Eingemeindungen 10, 108, 463
Einheitsfürsorge (Grundsatz) 114
Einheitswert 183
Einnahmen **173ff**
-- Gruppierung **49ff**
-- im Außerordentlichen Haushalt 294ff
-- im Ordentlichen Haushalt 173ff
-- Steuern **176ff**
-- -- Biersteuer **199**
-- -- Bürgersteuer **193f**
-- -- Getränkesteuer **200**
-- -- Gewerbesteuer **183ff**
-- -- -- des Schmuckgewerbes 189
-- -- -- Einbeziehung des Berufsschulbeitrags 184
-- -- -- Filialsteuer 184f
-- -- -- Hebesatz 184
-- -- Gewerbesteuerausgleich
-- -- -- von Betriebsgemeinden **191**
-- -- Grunderwerbssteuer **195**
-- -- Grundsteuer **179ff**
-- -- -- -Ausfälle 182
-- -- -- -Hebesätze 180
-- -- Hundesteuer **201**
-- -- Kaufkraftentwicklung der Steuern **206**
-- -- Lohnsummensteuer **190**
-- -- Realsteuern **176ff**
-- -- Schankerlaubnissteuer **197**
-- -- Speiseeissteuer **200**
-- -- Steuern aus Vermögen, Vermögensverkehr und Einkommen **193ff**
-- -- Verbrauchs- und Aufwandssteuern **198ff**
-- -- Vergnügungssteuer **203**
-- -- Wertzuwachssteuer **195ff**
-- -- -- Kommunaler Zuschlag 196
-- Zuweisungen von Bund/Reich und Land **210ff**
-- -- Allgemeine Finanzzuweisungen **211ff**
-- -- -- Bedarfszuweisungen **218ff**, 295ff
-- -- -- Bürgersteuerausgleich **220**
-- -- -- Körperschaftssteuerrücküberweisungen **224**
-- -- -- Realsteuerausfallentschädigungen **221ff**
-- -- -- Schlüsselzuweisungen **213ff**
-- -- -- - Bedarfsmeßzahl 213, 216
-- -- -- - Steuerkraftmeßzahl 213, 217
-- -- -- - Verteilungsmaßstäbe 213
-- -- Zweckzuweisungen **225ff**, 296
-- -- -- Anteile an der Hauszinssteuer **226**
-- -- -- im Fürsorgewesen und in der Kriegsfolgenhilfe) **233**
-- -- -- Kriegswirtschafts-/Kriegsfolgenämter **236**
-- -- -- Polizeikostenzuschüsse **227ff**, 334
-- -- -- Schulzuweisungen **230ff**
-- -- -- Sonstige Zweckzuweisungen **237**
-- -- -- Theaterzuschuß des Reichs **233**
-- -- -- Zuweisungen zum Wiederaufbau
-- -- -- --aus dem Aufbaustock (Landesaufbaustock) 295ff
-- -- -- --aus dem Sonderfonds 295ff
-- Zuweisungen von übergeordneten Gemeindeverbänden **238f**
-- -- des Landesfürsorgeverbandes **238**
-- -- des Provinzial-/Bezirksverbandes zur Straßenunterhaltung **238f**
-- Zuweisungen von Gemeinden und anderen Institutionen
-- -- für den Außerordentlichen Haushalt 298
-- -- für den Ordentlchen Haushalt 240f
-- Gebühren und Beiträge **242ff**
-- --Beiträge **247f**
-- --Benutzungsgebühren und Entgelte **246f**
-- --Verwaltungsgebühren und Bußgelder 243, **244**, 500
-- Andere Einnahmen aus Verwaltung und Betrieb **250ff**
-- -- Ablieferungen von wirtschaftlichen Unternehmen **254ff**
-- -- -- Reingewinne 255
-- -- -- Verwaltungskostenbeiträge 255
-- -- -- Wegeabgabe 255
-- -- Betriebs- und sonstige Einnahmen **251**
-- -- Ersätze **251**
-- -- Miet- und Pachteinnahmen **252**
-- -- Zinseinnahmen 253
-- Spenden 299
-- Ersparte Beträge des Ordentlichen Haushalts für den Außerordentlichen Haushalt 299ff
-- Einnahmen aus Vermögensbewegung **258ff**
-- -- Aufnahme von Darlehen **302ff**
-- -- Entnahmen aus Rücklagen **261**,.307
-- -- Erlöse aus dem Verkauf von Grundbesitz **308**
-- -- Rückflüsse von Aktivdarlehen
-- -- -- im Außerordentlichen Haushalt **310**
-- -- -- im Ordentlichen Haushalt **259**
Einpendler 104ff, siehe auch Pendler
Einreißtrupps 74
Einstellungspolitik 75f
Einstellungssperre 68
Einwohnermeldeamt, siehe Ordnungsverwaltung
Einzelpläne 47
Eisenbahnknotenpunkt 13
Eisenbahntrassen 12
Elektrizitätswerk, siehe Stadtwerke
Energiepreisbildung 484
Enteignungen, Enteignungsverfahren 281, 405, 429
Entgelte, siehe Einnahmen, Benutzungsgebühren und Entgelte

Entnazifizierung (Lehrer) 348
Entnazifizierungsgesetzgebung 348
Erbbauverträge 429
Erbpacht 253, 281
Erbpachtverträge 253
Erfassungswesen und Quartierleistungen 320
Ergänzungshaushalt, siehe Nachtragshaushalt
Ernährungsamt 69, 76, 440f
Ernährungshilfswerk 310
ERP-Kredit 477, 483
Erschließung von Siedlungsflächen 249
-- Neubaugebiete 286, 299, 436, 443, 445, 450
Ersätze, siehe Einnahmen, andere,
Ersatzinvestitionen 261
Erstattungen 55, 447, 453
Erstausstattung (DM) 166, 482, siehe auch Einnahmen, Bedarfszuweisungen
Erzbergersche Finanzreform 210
Erzeugungsschlacht, landwirtschaftliche, 310
Evakuierte, siehe Kriegsfolgenhilfe
Evakuierungsmaßnahmen 4

Facharbeitermangel 74
Fachverwaltungen 321
Fahrbereitschaft 73, 76, 329, 340, siehe auch Ordnungsverwaltung
Fahrradnutzung (Privaträder) 132
Fahrzeugabstellplätze, siehe Abstellplätze (PKW)
Fahrzeugbestand 454f, 554
Familienunterhalt 118, 382, 500
-- -Zahlungen 121f, 233f
Fehlbetragsdeckung 219, 252, siehe auch Zuweisungen, Bedarfszuweisungen
Feld- und Forstpolizei, siehe Ordnungsverwaltung
Ferngasleitungen (Verbund) 480, 483
Feuerlöschwesen 171, 440, **456ff**
-- Gerätebeschaffung 458
-- Löschteiche 457
-- Mannschaftsstärke der Feuerwehr 457
Feuermeldeanlage 458
Feuerwehr, freiwillige, siehe Feuerlöschwesen
Filialsteuer, siehe Einnahmen, Gewerbesteuer
Finanzausgleichsverordnung (1944) 92
Finanzbedarf 2, 518
-- Außerordentlicher - 269f
-- Ordentlicher - 58
Finanznot 265
Finanzstatistik, siehe Kennziffern
Finanz- und Lastenausgleich 88
-- Funktion 210
-- -- Autonomie - 211
-- -- allokative - 210
-- -- fiskalische - 210
-- -- redistributive - 210
-- horizontaler - 88, 358
-- vertikaler - 88, 93
Finanz- und Steuerverwaltung 44, 489, **494f**
Finanzverwaltung, allgemeine, 489
Flächenarrondierung 280
Flächennutzungsplan 10, 422
Fluchtlinienpläne 280f, 422
Flüchtlingsamt 76, 381
Flüchtlingsaufnahmegemeinden 213
Flüchtlingsdienst 392
Flüchtlingsfürsorge 73, 321
Flüchtlingszuweisung 425
Flußbadeanstalten 287, 441, **466f**
Flußbegradigung, siehe Kinzigregulierung
Förderung
-- der Betriebsgemeinschaft 319, 320
-- der freien Wohlfahrtspflege 386
-- des Handels und Handwerks 469
-- der Jugend 397
-- der Landwirtschaft 441, siehe auch Zuchtviehhaltung
-- der Sportvereine 397f
-- des Verkehrs, siehe Verkehrsförderung
-- der Wirtschaft, siehe Wirtschaftsförderung
Förderung des Wohnungsbaus 226, 264, 277, 308, 415, **427ff**, 471
-- Darlehen an Private 417
-- Darlehen an Wohnungsbaugesellschaften 417
-- Fördermaßnahmen der Bauverwaltung 421
Freibäder, siehe Flußbadeanstalten
Freibank 440,461, siehe auch Schlachthof
Fremdarbeiter 191
Fremdfinanzierung 302
Friedensmiete (als Bemessungsgrundlage) 448
Friedhöfe, siehe auch Bestattungswesen
-- Hauptfriedhof 283, 285, 441
-- Judenfriedhof 152
-- Kesselstädter Friedhof 276, 463
Friedhofskapelle, siehe Bestattungswesen
Frühjahrs- und Herbstmessen 459
Führerprinzip 37, 255, 519
Fürsorgeausgaben **109ff**, siehe auch Ausgaben
-- erweiterte Fürsorge 121
-- geschlossene Fürsorge 109, **118ff**
-- offene Fürsorge 109, **112ff**
-- --Geldleistungen 112
-- -- Sach- und Dienstleistungen 112
Fürsorgeerziehung 393
Fürsorgeerziehungsbehörde 96
Fürsorgeetat **380ff**
Fürsorgerichtsätze 116, 384
Fürsorgestelle für Kriegsbeschädigte und -hinterbliebene 76
Fürsorgeverbände 99, 110
Fürsorgeverwaltung 381

Fuhrkosten 132, 136, 138
Fuhrpark 76, 171, 440, **453ff**
Fuhrparkkosten 138

Garnisonstadt 11
Gaserzeugung 480
Gaslaternen, siehe Straßenbeleuchtung
Gasrohrnetz 12, 480
Gastschulbeiträge 94, 100, 358f
Gästehaus (Hanauer Hof) 273f, 283, 292, 470f, 473, **487f**
-- Pachtbedingungen 487
-- Umbaukosten 487f
Gaswerk, siehe Stadtwerke
Gebäudeentschuldungssteuer 95, siehe auch Hauszinssteuer
Gebeschusschule 348f
Gebietsreform 10, 108, 478
Gebrauchsabnahmen 421
Gebühren, siehe auch unter Einnahmen
-- Benutzungs- 243, 246
-- Verwaltungs- 243ff
Gebührenberechnung 448
Gebühreneinnahmen der Bauverwaltungen 417
Gebührenerlaß 449
Gebührenhaushalte 44, 152, 246, 446, 448, 499
Gebührenordnungen 246
Gebührenpflichtige Verwarnung, siehe Verwarnungsgebühren
Gefahrenzulage (Polizei) 334
Gehälter, siehe Personalausgaben
Gehaltsgruppen 81
Gehaltskürzungsverordnung 68
-- Aufhebung - 79f
Geibelschule 342
Geldbußen, siehe Bußgelder
Geldentwertungsausgleich (Steuer) 226
Geldüberhang 512
Geldumstellung, siehe Währungsreform
Gemeindeaufgaben, siehe Aufgaben, öffentliche,
Gemeindefinanzverordnung (1932) 323
Gemeindegliedervermögen, siehe Vermögen
Gemeindegrößenklasse 227
Gemeindehaushaltsverordnung 35f, 258
Gemeinden
-- Bruchköbel 456, 480
-- Erbstadt 388
-- Gelnhausen 480, 483
-- Gondsroth 388
-- Großauheim 480
-- Großkrotzenburg 480
-- Groß- und Klein-Steinheim 474, 480, 483
-- Klein-Auheim 108
-- Langendiebach 388
-- Langenselbold 388f
-- Mittelbuchen 108
-- Niederrodenbach 480
-- Roßdorf 480
-- Seligenstadt 480, 483
-- Windecken 480
-- Wolfgang 480
-- Andere 536
Gemeindeordnung
-- Deutsche- (DGO) 34, 37f, 254, 276, 324, 506, 518
-- Hessische- (HGO) 34f, 38ff, 254, 276
Gemeindeorgane 323, siehe auch Körperschaften
Gemeinderäte 38, 323, 476
Gemeindeumschuldungsgesetz (1933/35) 159, 513
Gemeindewaldungen 465
Gemeinschaftspflege 364
Generalbebauungsplan 429
Generalentwurf Kanalisation 276
Generalindex der marktpreisabhängigen städtischen Ausgaben 207
Gesetzliche Grundlagen der Gemeindefinanzwirtschaft 34ff
Geschäftsanteile der Stadt, siehe Beteiligungen
Gesundheitsamt, siehe Gesundheitsverwaltung
Gesundheitsbehörde, staatliche, 398, 401f
Gesundheitspflege 397
Gesundheitsverwaltung 76, 99, 397, **401f**
Gesundheitswesen **397**, 440 502
Gewerbeamt, siehe Ordnungsverwaltung
Gewerbefreiheit 433
Gewerbesteuerausgleich 501
-- an Wohngemeinden **104**, 517
-- von Betriebsgemeinden **191**
Gewerbesteuermeßbetrag 184
Gewinnerzielung bei Versorgungsbetrieben 254
Goldschmiedehaus, Deutsches-, 102
Gold- und Silberschmiedehandwerk 22ff, 186
Grünflächen 466
Grundbesitzverwaltung 495ff
Grunderwerbssteuerbefreiung 433
Grundgehälter 68
Grundgesetz 176
Grundsteuerausfall 30
Grundsteuerausfallentschädigung 215
Grundsteuervergünstigung 433
Grundstückskäufe **280**, 497, 502
Grundstücksverkäufe 308, 497
Grundstücksvorratspolitik 496
Grundvermögen, allgemeines, 489
Grundvermögensverwaltung 489
Grundwasserspiegel 10
Gruppierungsziffern, siehe Kennziffern
Gutsbezirke, ehemalige, Eingemeindung

-- Wilhelmsbad 9,
-- Philippsruhe 9,

Hafen 9, 481
-- Gebühren 481
-- Kalischäden 485
-- Kriegsschäden 485
Hafenbahn 481
-- -gebühren 481, 485
Hanauer Haus, siehe Schullandheim Rückersbach
Hanauer Hof, siehe Gästehaus
Hanauer Stadtanleihe von 1926 (Auslosung) 160
Hanauer Straßenbahn AG 102, **474ff**
-- Aktionäre 474
-- DM-Eröffnungsbilanz 476
-- Kapitalerhöhung (1950) 477
-- Konkurs (1920) 474
-- Neubewertung der Aktiva und Passiva (1948) 476
-- Organschaftsverhältnis (Stadtwerke) 477
Hanauer Verkehrsverein, siehe Verkehrsverein
Hanauer Wirtschaftsstruktur, siehe Wirtschaftsstruktur
Handelsschule, siehe Schulen, Berufsfachschulen
Hauptamt, siehe Hauptverwaltungsamt
Hauptsatzung 38f, 537, 538, 539
Hauptschule 352
Hauptsielerweiterung Aschaffenburger Straße 450
Hauptverwaltungsamt **326f**
Haus der Jugend 396
Haushalt
-- Außerordentlicher- **268ff**
-- Ordentlicher- **57ff**
-- Vermögens- 269
-- Verwaltungs- 269
Haushaltsdefizit 513
Haushaltsgrundsatz der Bruttoveranschlagung 49
Haushaltsniveau 59f
Haushaltsplan 44
-- Aufstellung 45
-- Gliederung 47ff, 546
-- Vollzug 45
Haushaltsrechnung 505
Haushaltungsschule, siehe Schulen, Berufsfachschulen
Hausverwaltung 489, 498
Hauszinssteuer, siehe Einnahmen, Zweckzuweisungen
Hauszinssteuerhypotheken 89, 98
Hebammenwesen 237, 397
Hebesatz 178, 184, 555
Heimatkunst 364, 375
Heimatmuseum, siehe Stadtmuseum
Heimatpflege 365, 375, 376, 379
Heimatvertriebene, siehe Kriegsfolgenhilfe
Heimkehrer (Kriegsteilnehmer), siehe Kriegsfolgenhilfe
Henkelfonds (Rücklage) 165f, 496
Herrenmühlenwehr 113, 438
Hessenplan 106
Hessische Truck-Company 455
Hessische Verfassung (1946) 231
Hessischer Diakonieverein Darmstadt 404f
Hilfsbedürftige 109
Hilfskostenstelle (Fuhrpark) 453
Hilfskräfte, siehe Kriegsaushilfsangestellte
Hilfspolizei 333f
Hilfsschule, siehe Schulen, Volksschulen
Hinterbliebenenversorgung, siehe Personalausgaben
Hochbauamt 415, 421
Hochbauverwaltung, siehe Hochbauamt
Hochwassergefahren 287, 449
Hochwasserpumpstation, siehe Pumpstation
Hochwasserschäden 212, 237, 287, 436f, 438, 443
Hochwasserschutz 152, 271, 274, 286f, **437ff**
-- Dammbauten 10, 274
-- Notstandsarbeiten, siehe Kinzigregulierung
Höhere Handelsschule, siehe Schulen, Berufsfachschulen
Höhere Schulen 353ff
Hohe Landesschule, siehe Schulen, Höhere Schulen
Holzerntekosten 152
Honoraranteile der Krankenhausärzte (Einnahmen) 251f
Horizontalanalyse **53ff**
Hotel Adler 165, 168, 470f
-- investive Ausgaben 168
Hundefang 456
Hundehaltung 202
Hypothekengewinnabgabe 514

Immobiliarvermögen, Instandhaltung **124ff**
Immobilienmarkt 281
Impfwesen 397
Index
-- Baukosten (Wohnungsbau) 126, 207
-- Beamtengehälter u. Angestelltenvergütungen 82
-- Bruttostundenverdienste der Arbeiter 82
-- Bruttowochenverdienste 127
-- Erzeugerpreise der Elektroindustrie 128
-- Erzeugerpreise industrieller Produkte 127, 207
-- Gesamteinnahmen der Stadt Hanau 304
-- Lebenshaltungskosten 207
-- Mischindex (Personalkosten- und Preissteigerungen) 357
-- Neuverschuldung der Stadt Hanau 304
-- Personalkosten 207

-- Schuldendienst der Stadt Hanau 304
-- Steuereinnahmen der Stadt Hanau 304
Industrieansiedlung (Henkel-Projekt) 310, 496
Industriebahn Hanau-Nord 168, 470, 480
Industriestandort Hanau 513
Industriestruktur 25, 496
Inflation, aufgestaute, 512
Infrastruktur 1, 519
Inlandsschulden, siehe Schulden
Innenstadtbelebung 313, 429, 459
Innerbetriebliche Leistungen (Fuhrpark) 454
Innere Darlehen 258, 482, siehe auch Schulden
Instandsetzung vorhandenen Wohnraums 415
Instandsetzungskolonnen 74
Integration von Flüchtlingen 106
International Refugee Organization (IRO) 18, siehe auch Ausländerlager
Interniertenlager 152
Investitionen
-- im Außerordentlichen Haushalt 280ff
-- im Ordentlichen Haushalt 167
-- in Hochbauten 282ff
-- in Immobilien 280
-- in Mobilien 291ff, 502
-- -- Betriebseinrichtungen 291f
-- -- Büroeinrichtungen 291f
-- -- Fahrzeuge 291f
-- in sonstige Anlagen u. Trümmerbeseitigung 287
-- in Tiefbauten 286
Investitionsbedarf 302
Investitionshaushalt 520
Investitionskreditnachfrage 302f

Jugendamt 382, 393
Jugenderholungsfürsorge 382, 393
Jugendheime 397
Jugendherberge 396f
Jugendhilfe
-- Einrichtungen 382, 387f
-- Leistungen 393f
Jugendpflege 393ff
Jugendwohlfahrt 395

Kammerspiele 372, siehe auch Privattheater
Kämmereiverwaltungen 66, 75
Kanalbau 286
-- -projekte 560
Kanalgebühren 448
-- -berechnung 448
-- -erlaß 449
-- -ordnung 449
-- -satz, siehe Gebührenberechnung
-- Vergleichsstädte 608
Kanalisierung des Mainkanals 287, 443
Kanalnetz 12, 448
Kantine 320
Kapitalmarkt 303, 314, 433
Kapitallenkung (im Dritten Reich) 513
Kapitalvermögen, allgemeines, 489, siehe auch Vermögen
Kasernen 11f
Kasseneinnahmereste 54f, 180
Kassen- und Rechnungsverordnung 36, 506
Kaufkraftentwicklung der Steuereinnahmen 187, **206ff**
Kaufkraftminderung 520
Kaufkraftrelation investiver Ausgaben 312
Kennziffern, finanzstatistische, 135, 416, 436, 470
Kennziffernplan 48f, 88, 176, 269, 270, 440
Kesselstädter Friedhof, siehe Friedhöfe
Kindergarten und Krippe 382
Kinderheim Langenselbold 73, 142, 382
Kinderheim Sandeldamm 76, 283, 292, 382
Kinderhorte 382
-- Bezirksschule I 382
-- Bezirksschule III 382
-- Salzstraße 76, 281, 283, 292
Kinderkrippe 387
Kinderpflege- und Hausgehilfinnenschule, siehe Schulen, Berufsfachschulen
Kinderzuschlag 80
Kinosteuer, siehe Einnahmen, Vergnügungssteuer
Kinzdorf (Neubaugebiet) 286, 422
Kinzigbad 467, siehe auch Flußbadeanstalten
Kinzigregulierung 271f, 309, 437, 439, 514, siehe auch Notstandsarbeiten
Kirchliche Angelegenheiten 365, 375, 379
Kläranlage 449
Kleinrentnerhilfe, siehe Einnahmen, Zweckzuweisungen im Fürsorgewesen
Kombinierte Versorgungs- und Verkehrsunternehmen 470
Kommissionen 43
Kommunalabgabengesetz (1893) 460
Kommunalaufgaben, siehe Aufgaben, öffentliche,
Kommunalbeamte 68
Kommunale Angestelltentarife Rhein-Main 68
Kommunalkreditverbot 513
Kommunalverband 94f
Kommunalwahlen 38, 519
Konjunktur
-- Bau- 298
-- Nachkriegs- 518
-- Rüstungs- 60, 175, 511
Konsolidierungsphase 60
Konzessionsabgabe, siehe Wegeabgabe
Konzessionsabgabenverordnung (1941) 256
Kopfzuweisungen 214

Körperschaften 37ff
Kostendeckungsprinzip 360
Kraftfahrzeugsteuer, siehe Reichssteuer-
überweisungen
Krammessen 458
Krankenhaus 73, 132, 171, **403ff**, 500f
-- Aufbaufinanzierung
-- -- im AO-Haushalt 401, 407f
-- -- im Ordentlichen Haushalt 405, 407f
-- Bettenbedarf 406
-- Bettenkapazität (Entwicklung) 404ff
-- Einzugsgebiet 406
-- Kriegsschäden 404
-- Notkrankenhaus Großauheim 284
-- Pflegepersonal 74
-- Pflegesätze und Selbstkosten 408ff
-- Schwestern (Hessischer Diakonieverein) 404,
412
-- Schwesternschule 397
-- Teilkrankenhäuser Neuenhaßlau und Langen-
selbold 74, 132, 142, 284, 404, 406
-- Wiederaufbau 283, 292, 307, **403ff**
-- Zweckverband Hanau Stadt und Land 72
-- Zweckverbandsauflösung (1944) 72
Krankheitsanfälligkeit der Bevölkerung 404
Krankheitsbekämpfung 397
Kreditkrise 513
Kreditlaufzeiten 303
Kreditmarktschulden 514, siehe auch Schulden
Kreisbildstelle, 240, 342f, siehe auch Stadtbildstelle
Kreisstelle für Bauwirtschaft 73, 76, 289, 415, 417,
423, 428
Krematorium 285
Kriegsaushilfsangestellte 69, 262
Kriegsbeitrag 61, 63, 89, 97, 501
Kriegsbeschädigte, siehe Kriegsfolgenhilfe
Kriegsdienstverpflichtete 63
Kriegsfinanzierung 98
Kriegsfolgenämter 75
Kriegsfolgenhilfe **117f**, 234ff, 381
-- Lastenverteilung 235f
Kriegsgräber 237, 463
Kriegshilfe 114
Kriegsschadenamt, 237, 427, siehe auch
Besatzungskostenamt
Kriegsschäden 28ff, 518
Kriegswirtschaftsämter 84, 440
Kriegswirtschaftsverordnung 82
Kriegszuschlag 98
Kriminalpolizei 336, siehe auch Polizei
Kulturamt 371ff, 377
Kulturetat 171, **364ff**
Kulturhaus 377
Kulturorchestertarif (Theater) 370
Kulturpflege 364
Kunst- und Musikpflege 364
Kurzfristige Anlage von Barbeständen 254

Lamboybrücke 438f
Lamboywald
-- Baugebiet (Feuerbachstraße) 286, 430, 443
-- Geländeerwerb 273f,
Lamboywaldfest 365, 459
Landesbeamte, (Lehrer) 91, 94
Landesbaudarlehen 421f
Landesfürsorgeverband 110, 238
Landesmittelschulkasse 91, 352
Landesschulkasse 91, 346f
Landeswohlfahrtsverband 96
Landkrankenhaus 398, siehe auch Krankenhaus
Landstraßen I. und II.Ordnung, siehe Straßen-
unterhaltung
Land- und forstwirtschaftliche Unternehmen 470
Lastenausgleichsabgaben 148, 497
Laternennetz 446, siehe auch Beleuchtungsanlagen
Lebensmittelpolizei, siehe Ordnungsverwaltung
Lebensmittelversorgung, Einrichtungen, 440, **458ff**
Lehrerbesoldung 77f
Lehrkräfte 77, 91f
Leibesübungen 397f
Leistungen für das Heer, siehe Ordnungs-
verwaltung
Leistungen nach dem Lastenausgleichsgesetz 381
Leitpläne 280, 422
Lernmittelfreiheit, siehe Unterrichtsgeld- und
Lernmittelfreiheit
Lindenbauersche Stiftung 387
Lohnabzugsverfahren (Bürgersteuer) 176
Lohnerhöhungen, siehe Preis- und Lohn-
steigerungen
Lohnstopp 82
Löhne, siehe Personalausgaben
Luftkrieg 423, 427
Luftschutz 71, 151, 168, siehe auch Ordnungs-
verwaltung
Luftwaffentanklager in Neuenhaßlau (Notkranken-
haus) 404
Lustbarkeitssteuer, siehe Einnahmen, Steuern,
Vergnügungssteuer
Lyzeum, siehe Schulen, Höhere Schulen

Mädchenberufsschule 143
Magistrat 37ff, 319, 405
Magistratsmitglieder
-- ehrenamtliche - 39
-- hauptamtliche - 39
Magistratsverfassung
-- echte - 37

-- unechte - 37, 42
Mainhafen, siehe Hafen
Mainkanal 289, siehe auch Kanalisierung
Marktpolizei, siehe Ordnungsverwaltung
Marktwesen 440, 458
Märkte und Messen 440, **458f**
-- Vergleichsstädte 610
Massenspeisungen 149, 391
Materialmangel 417
McCloy-Stiftung 374
Mehrstellen (Lehrkräfte) 77f, 91, siehe auch Schullastenausgleich
Meliorationen 465
Mieteinnahmen 252
Mieten und Pachten, siehe Ausgaben, sächliche
Mietwohngrundstücke (stadteigene) in der Verwaltung der Baugesellschaft 170
Militärregierung 4, 149, 227, 284, 290, 334, 340, 348, 476, 512, 519
Miquelsche Steuerreform (1891) 176, 179
Mischkosten 151
Mittelpunktfunktion, regionale, 9ff, 404, 406, 464
Mittelschulen 351ff
Mittelthesaurierung, erzwungene, 418
Müllabfuhr 171, 440, **450ff**
Müllabfuhrgebühren
-- Gebührenberechnung 451, 453
-- Vergleichsstädte 609
Mülltonnenbeschaffung 171, 452
Mütterberatung 397
Multiplikatoreffekt der Bauinvestitionen 312, 434
Museum, siehe Stadtmuseum

Nachholbedarf, aufgestauter, (Investitionen) 302
Nachrichtenstelle 318
Nachtragshaushalt 46, 155, 188, 252, 335, 374
Nassauische Heimstätte GmbH 278, 430
Nassauisches Heim Siedlungsbaugesellschaft mbH 278, 430
Nationalsozialistische Organisationen 101
Naturalwirtschaft 4,
Natur- und Denkmalschutz 365, 371, 379
Nettounternehmen 478
Neubaugebiete, siehe Erschließung
Neubau von Wohnungen 415
Neuverschuldung 302, 516f, siehe auch Schulden
Nonaffektationsprinzip 83, 269, 448
Notdienstverpflichtung, siehe Ehrendienst
Notgemeinschaft Hanauer Bühnenkünstler 370, 372, siehe auch Privattheater
Notstand 149, 404, 427
Notstandsarbeiten 113, 212, 271, 287, 309, 514
Notstandsbeihilfen (Fürsorge) 121, 233
Notstandsdarlehen zur Arbeitsbeschaffung 437
Notstandsprogramme (des Reichs) 437
Notunterkunft Ost 76, 171, 283, 381
Notunterkünfte 423, 425, siehe auch Behelfsheime
Notverordnung, siehe Brüningsche Notverordnung
NSDAP-Mitglieder 288
NSV (Nationalsozialistische Volkswohlfahrt) 235

Obdachlose (Fürsorge) 381
Obdachlosenasyl 381, 392
Obdachlosenpolizei, siehe Ordnungsverwaltung
Oberbürgermeister 37f, 43, 106, 290, 305, 323, 347, 390
-- kommisarischer - 288, 424, 427, 519
Oberförsterei Hanau 9
Oberrealschule 230, 349, 353f, siehe auch Schulen, Höhere Schulen
-- Zusammenschluß mit der Hohen Landesschule 353
Oberschule für Mädchen 354ff
Öffentliche Einrichtungen 440, 502
Öffentliche Uhren 441
Opfertheorie (Beiträge) 242
Optimale Abnehmerdichte (Versorgungsbetriebe), siehe Abnehmerdichte, auch Benutzerdichte
Ordnungsamt 76, siehe auch Ordnungsverwaltung
Ordnungsverwaltung **337ff**,
Ordnungswidrigkeiten 245f,
Organschaftsvertrag Stadtwerke / Straßenbahn AG 477
Ortsdurchfahrten 238ff, 435, siehe auch Straßenunterhaltung
Ortsgericht 320
Ortsklassenbeitrag (Lehrerbesoldung) 352
Ortssatzung 246
-- Schlachthof 460
-- Straßenreinigung 446
Ortsstatut 425
Ortsteile
-- Kesselstadt 11
-- West 11
-- Lamboy 11
-- Freigericht 11

Pachteinnahmen 252
Parkanlagen 170, 466
Pavillonbauweise (Schulen) 349
Pedro-Jung-Schule 350
Pendler 104ff, 108, 191f, 474, 517, 536
Pensionszahlungen, siehe Personalausgaben
Persil-Uhr 468
Personalabängige Kosten 265, 627
Personalausgaben 65ff, 264
-- Einzelpläne 67

Personalbedarf 73, 85
Personalbestand 85
-- Kämmereiverwaltungen 66
-- nach Stellenplänen 77
Personalerweiterung 71, 83
Personalnot 71
Personalpolitik 68, 84, 86
Personalstrukturvergleich (1938/46) 73
Personalverringerung 70
Pestalozzischule 350
Pferdegespanne (Straßenreinigung) 289, 447
Pflegehaus 381, 387
Pflegekinder 381
Pflegesätze, siehe Krankenhaus
Pflichtaufgaben 33, 102, 463, siehe auch
Aufgaben, kommunale,
Planstellenabbau (Polizei) 336
Plakatsäulen, siehe Anschlagwesen
Planbau 454
Planung Innenstadtaufbau 313, siehe auch
Ruinenlandschaft
Planungskosten (Wiederaufbauplanung) 276
Politische Umwälzungen 84
Polizei 170, 329, **331ff**, 500f
-- Ausrüstungsinvestitionen 170, 341
-- Personalstärke 333f
Polizeigefängnis 72, 73, 76
Polizeikostenbeitrag 89, **96**
Polizeikostengesetz,
-- Hessisches (1946) 227
-- Hessisches (1949) 228
-- Preußisches (1929) 96
-- Reichspolizeikostengesetz (1940) 96
Polizeikostenzuschüsse, siehe Einnahmen, Zweck-
zuweisungen
Polizeilastenausgleich 229
Polizeireviere 285, 331f
Polizeistellenbesetzung (Stadt Hanau) 230, 335
Popitz, Johannes, (Finanzausgleich) 176, 210,
213f, 215, 238
Preisamt 329, siehe auch Ordnungsverwaltung
Preisindex, siehe Index
Preisstopp 81
Preisstoppverordnung 256, 337, 410
Preis- und Lohnsteigerungen 144, 145, 187, 285,
360, 446, 484f, 520
Preisüberwachung 337
Privatrechtliche Vergütung (Entgelt) 242
Privattheater 372
Pro-Kopf-Beträge 86, 119, 330, 491
Prosperitätsphase 60
Provinzialumlage, siehe Bezirksumlage
Provinzialverband 94, 238, 436, siehe auch
Bezirksverband, Kommunalverband
Prüfungsberichte 73, 101
Prüfungswesen, siehe Rechnungsprüfungsamt
Pumpstation 274, 449

Quartieramt 48, 69, 71, 141, 321, 346, siehe auch
Erfassungswesen
Quartiere für Rüstungsarbeiter 423

Räumkommandos 74
Randgemeinden 10,
Rathausaufbau, geplanter, 144
Ratsherren 38f
Realgymnasium, siehe Oberschule für Mädchen
Realsteuergarantie 176
Realsteuermeßbeträge 95
Realsteuern **176ff**
Realsteuerreform (1936) 95, 175f, 184, 199, 510
Realvergleich (Instandsetzungsausgaben) 127
Rechnungsprüfungsamt 319, **323ff**
Rechtsamt 318
Redistributive Funktion des Finanzausgleichs 210
Regenwasserkanal Aschaffenburger Straße 443
Regiebetrieb 478
Regierungsbezirk (Zugehörigkeit der Stadt Hanau)
-- Darmstadt 95
-- Kurhessen (Kassel) 95
-- Wiesbaden 95
Regierungspräsident 335f, 340, 358, 398, 460
Reichsbeamte 68
Reichsberufswettkampf 396
Reichsfinanzausgleichsgesetz (1923) 200
Reichsfinanzausgleichsverordnung (1944) 213
Reichsfürsorgepflichtverordnung 109
Reichsgauumlage 95
Reichsgrundsätze über den Finanz- und Lastenaus-
gleich (1937) 91
Reichssteuerüberweisungen 212, 239, 510
Reichsstraßen 435, siehe auch Bundesstraßen
Reichsverfassung (1919), siehe Weimarer
Verfassung
Reichswohlfahrtshilfe, siehe Einnahmen, Zweck-
zuweisungen im Fürsorgewesen
Reichszuschüsse zu Notstandsarbeiten 309
Reinigungskolonnen 447
Reithalle in der Cardwellstraße (Theater), siehe
Cardwellstraße
Reklameflächen 468, siehe auch Anschlagwesen
Repräsentationskosten 319
Rohbauabnahmen 421
Rückertsteg 437
Rücklagen 163ff, 489, **509ff**
-- Allgemeine- 164
-- Bildung (Sparkonten) **163**, 278, 501
-- -- fakultative - 509

-- -- obligatorische - 509
-- Entnahmen **261**
-- Vorläufige- 166
-- Zweckgebundene- 164
Rücklagenbestand 509
Rücklagenkategorien
-- Ausgleichsrücklage 489, 510ff
-- Betriebsmittelrücklage 489, 510f
-- Bürgschaftssicherungsrücklage 510
-- Erneuerungs- und Erweiterungsrücklage 510ff
-- Sonderrücklagen 510, 512
-- Tilgungsrücklage 489, 510
-- Wiederaufbaurücklage 489, 510, 512
Rücklagenpolitik 510, 512
Rücklagenverordnung 36, 511
Rüstungskonjunktur, siehe Konjunktur
Ruhegehaltszahlungen 230, siehe auch Personalausgaben
Ruinenlandschaft, innerstädtische, bauspezifische Aufbereitung 313

Säuglingsstation, siehe Kinderkrippe
Sammelnachweis 45, 144
Sammelwasenmeisterei 456
Schadenamt, siehe Besatzungskostenamt
Schadenserhebung 428
Schädlingsbekämpfung 76, 397, 440
Schatzanweisungen des Reiches (Abwertung) 160
Schichtunterricht 282, 349f
Schiedsmänner 320, 329
Schlachthof 283, 292, 440, 443, **460ff**
-- Vergleichsstädte 611
Schloß Philippsruhe
-- Ankauf 143, 281
-- Raumkosten 142
-- Nutzungsentschädigung 142
Schmuckwarenbranche 189, 518
Schnakenbekämpfung 397, 440
Schreinerei, siehe Fuhrpark
Schulaufsichtsbehörde 94
Schulbusverkehr 133, 347
Schulden **513ff**
-- Innere Schulden 515
-- Kreditmarktschulden 515
-- -- Auslandsschulden 515
-- -- Inlandsschulden 515
-- Öffentliche Mittel 515
-- Städtevergleich 599, 600
Schulden je Einwohner (1952-54) 314f, 599
Schuldenberg (1932) 513
Schuldendienst **159ff**, 304f
-- Belastbarkeit des Ordentlichen Haushalts 162
-- Entwicklung (1936-1954) 629
-- nicht aufteilbarer- 161, 489, 629
-- Zinszahlungen **155ff**,
Schuldendienstleistungsfähigkeit 304, 314, 517
Schuldenstand 305, 514
Schuldentilgung 276
Schulen **342ff**
-- Berufsschulen 94, 143, 343f, 357
-- -- Edelmetallgewerbe (1944) 184, 357, 359, 362
-- -- Gewerbliche- 343, 345, 357ff
-- -- Kaufmännische- 343, 345, 358ff
-- -- Mädchen- 143, 343, 345, 358ff
-- Berufsfachschulen 94, 143, 343f, 357
-- -- Handelsschule 343, 345, 361
-- -- Haushaltungsschule 143, 343, 345
-- -- Höhere Handelsschule 343, 361
-- -- Kinderpflege- u.Hausgehilfinnenschule 343, 345
-- -- Sonstige Fachschulen 343
-- Höhere Schulen **353ff**
-- Mittelschulen **351f**
-- Volks- und Hilfsschulen **346ff**
-- Wiederaufbau 283, 292, 307, 314, 345
Schülerbeihilfen, siehe Fürsorgeausgaben, erweiterte,
Schulgeld 345, 354, 360
-- für Fortbildung städtischer Bediensteter, 133
Schulgeldausfall 232f
Schulgeldfreiheit, siehe Unterrichtsgeld- und Lernmittelfreiheit
Schulgesetz (1953), Hessisches, 233
Schulkinderspeisung 149f, 237, 251, 382, 391, 393f
Schulkostengesetz (1953), Hessisches, 77f, 94, 348, 360
Schullandheim Rückersbach 76
Schullastenausgleich 89, **90ff**
Schulpflichtgesetz, Hessisches, 346
Schulträgerschaft 90, 93
Schulunterhaltung 90, 93
Schulverwaltung 342
Schuttmenge, siehe Trümmermenge
Schutträumung (Landeszuschüsse) 417
Schutzpolizei, siehe Polizei
Schweinemastanstalt 272, 310, 501
Schwesternschaft, siehe Hessischer Diakonieverein
Schwesternschule, siehe Krankenhaus
Schwimmbäder, siehe Flußbäder
Selbsthilfeaktionen 429
Selbstverwaltung 321
Selbstverwaltungsaufgaben, siehe unter Aufgaben, kommunale,
Seuchengefahr 404
Siedlungsflächen in Stadtrandlagen 249
Siedlungsprojekte, subventionierte, (1936) 271, 309, 423
Siedlungswesen 415f

Sielbau 273, siehe auch Hauptsieler-
weiterung
Soforthilfe 120
Soforthilfeamt, siehe Ausgleichsamt
Soforthilfeleistungen 381
Solidarisierungseffekt 373, 427
Soll-Abschlüsse der Rechnung 268
Soll-Überschüsse aus Vorjahren 252
Sonderbenutzungsrecht städtischer Straßen 256,
siehe auch Wegeabgabe
Sonderfonds, siehe Zuweisungen, Bedarfs-
zuweisungen
Sondergebäudesteuer, siehe Hauszinssteuer
Sondervermögen 489, siehe auch Vermögen
Sozialversicherung, siehe Personalausgaben
Sparkassen 441
Sparkonten, siehe Rücklagen
Sparkurs 83, 167, 262, 334
Sparverordnung 334f
Sportamt, 397f
Sportförderung **413**
Sportplatz Wilhelmsbad 397
-- Aufbaukosten im AO-Haushalt 401
Sport- und Spielplätze 397f
Spruchkammerverfahren 73, 288
Staatenlose, siehe Kriegsfolgenhilfe
Staatszuweisungen, siehe Einnahmen,
Zuweisungen
Stadtarchiv 365, 377
Stadtbibliothek **376ff**
Stadtbildstelle 342f, siehe auch Kreisbildstelle
Städtebau und Planung 415
Stadtentwässerung 171, 440, 443, **448ff**
Stadtentwicklung 465
Städtevergleich (Aschaffenburg, Fulda, Gießen,
Marburg) **573ff** (Anhang **B**), siehe auch
Vergleichsstädte
Stadtgarten 470f
Stadtgartenamt 466
Stadtgärtnerei 465
Stadtgebiet **9ff**
Stadthalle 470f
-- Wiederaufbau 373
Stadthallen GmbH (Betriebsgesellschaft) 470, 486f
Stadtkämmerer 37
Stadtkrankenhaus, siehe Krankenhaus
Stadtküche 73, 132, 149, 381, **390ff**
Stadtlandschaft 466
Stadtmuseum 171, 365
Stadtplan Anhang **D**
Stadtplanungsamt 415, 428
Stadtstraßen 436
Stadttheater, siehe Theater
Stadt- und Steuerkasse 44, 489
Stadtverordnete 38ff, 319
Stadtverordnetenversammlung 40f, 45, 81, 84,
201, 229, 288, 290, 298f, 305, 308, 333, 371,
437, 477, 484f, 498
Stadtverwaltungsgericht 71, 320
Stadtwald 152, 287, 470f, siehe auch Wald-, Park-
und Gartenanlagen
Stadtwerke 254ff, 283, 470, **478ff**
-- Elektrizitätswerk 479
-- -- Strombezug 479, 485
-- -- Stromerzeugung 479
-- Gaswerk 480
-- -- Anschluß an Ruhrgasverbund 484
-- -- Gasbezug 485
-- -- Gaserzeugung 480
-- Mainhafen 481
-- -- Kriegsschäden 485
-- Verlustübernahme (Autobusbetrieb) 484
-- Wasserwerke 480
-- -- Förderleistungen 485
-- -- Rohrleitungsschäden 484
Staffeltarif, siehe Hundesteuer
Standesamt 320
Standgelder, siehe Märkte und Messen
Statistisches Amt 73, 320
Stellenkegel 86
Stellenpläne, siehe Personalbestand
Steueraufkommen der Stadt Hanau
-- auf der Basis 1938=100 (nominal) 208
-- in Kaufkraft von 1938 208
Steuerfestsetzung 184
Steuerkraftmeßzahl, siehe unter Zuweisungen,
Schlüsselzuweisungen
Steuerkraftverlust 520
Steuermeßbetrag 178, 183, 190
Steuermeßzahl 178, 183
Steuern , siehe Einnahmen
Steuersoll 182
Steuerstaueffekt 184, 186
Steuerverwaltung 489, 494
Stiftungen, fiduziarische 163, 387, 447, 489, 495
Stiftungsvermögen 387
Strafbescheide 245
Strafen, siehe Bußgelder
Straßenanliegerbeiträge, siehe Beiträge
Straßenbahnlinien 12,
Straßenbahn und Autobusbetrieb 470, **474ff**
-- Autobusverkehr 476
-- Beförderung von Schulkindern 476
-- Beförderungsleistungen 474f, 477
-- Schienenbetrieb 476
-- Streckenführung 475
Straßenbau 286
-- -projekte 558f
Straßenbauamt (Straßenbauverwaltung), siehe
Straßen, Wege, Plätze, Brücken

Straßenbegießung 447
Straßenbeleuchtung 127, 440, **444ff**, siehe auch Beleuchtungsanlagen
Straßennetz 12, 446
Straßenreinigung 440, **446f**
Straßenunterhaltung 238ff, 435f ,siehe auch Straßen, Wege, Plätze, Brücken
Straßenunterhaltungsbeiträge 436
Straßenverkehrsamt 73, 76, 329, siehe auch Ordnungsverwaltung
Straßen, Wege, Plätze, Brücken **435ff**
Stromerzeugung, siehe Stadtwerke
St.Vinzenz-Krankenhaus 404, 406

Tarifordnung im öffentlichen Dienst (TOA) 68
Tarifverträge 79f
Tauschstelle (1944) 328
Theater (Stadttheater) **366ff**, 500
-- Ausgaben 368
-- Einnahmen 368
-- Gastspielvereinbarungen 369f
-- Geschichte 366
-- Pacht 366
-- Personal 370
-- Ruine (Abriß) 370f
-- Zuschußbedarf 366, 368
-- Zuschuß des Reichs 233, 368f
Theaterbetrieb nach 1945 372ff
Theater und Konzerte 364
Thesaurierungspolitik 512
Tiefbauverwaltung, siehe Straßen, Wege, Plätze, Brücken
Tiefbauplanung 415f
Tierkörperbeseitigung 440, **456**
Tierpflege 456
Tilgungen, siehe Darlehen
Totaler Krieg 262
Transferleistungen 500
Treibstoffstelle, siehe Ordnungsverwaltung, auch Wirtschaftsamt
Trümmerbahn 289
Trümmerbeseitigung 76, 167, 274, 287ff, 415f, 447, 502, 520, 597f
-- auf Privatgrundstücken 276, 290
-- durch amerikanische Pioniereinheiten 290
Trümmerbeseitigungsgesetz (1949) 290
Trümmermenge 30, 288
Trümmerverwertung 289
Tuberkulosenhilfe 397

Überörtliche Prüfung, siehe Rechnungsprüfungsamt
Uferabbrüche (Kinzig) 437f, siehe auch Hochwasserschäden
Umgehungsstraße 437
Umlagen 94, 100
Umlegungsverfahren 299, 422, 429
Umschuldung 314, 517
Umschuldungsanleihe 160, 513
Umschuldungsgesetz, siehe Gemeindeumschuldungsgesetz
Umschuldungsverband 159, 513
Umstellungsgesetz (1948) 476, 512, 514
Umstellungsgrundschulden 514
Unbebauter Grundbesitz 489
United Nations Relief and Rehabilitation Administration (UNRRA) 404
Unselbständige Stiftungen, siehe Stiftungen
Unternehmen der Verkehrsförderung 470, **486ff**
Unterrichtsgeld- und Lernmittelfreiheit 121, 231f, 359f, 500
Untersuchungsamt (öffentliches), 171, 292, 397f, 440

Veränderungssperre, siehe Bausperre
Verbandsumlage 96, siehe auch Bezirksumlage
Vereinsbeiträge 320
Verfügungsmittel des Oberbürgermeisters 320
Vergleichsstädte
-- Aschaffenburg 218, 266, 375, 581, Anhang **B**
-- Bocholt 30
-- Darmstadt 29, 30, 117, 134, 146, 160, 166, 180, 197, 228, 302, 446, 512, 581, 588, 591, 599f
-- Düren 30, 581
-- Frankfurt/Main 30, 302, 581, 588, 591, 599f
-- Fulda 218, 266, 375, 581, 588, 591, 599f, Anhang **B**
-- Gießen 30, 218, 266, 375, 581, 588, 591, 599f, Anhang **B**
-- Kassel 29, 30, 581, 588, 591, 599f
-- Marburg 29, 218, 266, 375, 581, 588, 591, 599f, Anhang **B**
-- Offenbach 581, 588, 591, 599f
-- Paderborn 30, 581
-- Pforzheim 581
-- Wiesbaden 581, 588, 591, 599f
-- Würzburg 29, 30, 581
-- Andere Städte 369, 586
Vergütungsgruppen, Angestelle, 81
Verkehrsamt 71, 318, 320
Verkehrsanbindungen 9ff
Verkehrsförderung 441, 469
Verkehrslage 13
Verkehrsunternehmen 470
Verkehrsverein, Hanauer, 102
Vermessungswesen 415, **419ff**
Vermittlungsprovisionen, siehe Anleihekosten
Vermögen **505ff**

-- Betriebsvermögen 506f
-- -- Anlagevermögen 507
-- -- Geld- und Kapitalvermögen 507
-- Kapital- und Grundvermögen, allgemeines, 506
-- -- Kapitalvermögen 163, 278f, 507f
-- -- Grundvermögen 507
-- Rücklagen (Finanzvermögen) 506f
-- Sondervermögen 506f
-- -- Gemeindegliedervermögen 489, 506f
-- -- Stiftungsvermögen 506f
-- Verwaltungsvermögen 506f
-- -- bewegliches - 507
-- -- unbewegliches - 128, 507
Vermögensabgabe 148, 497
Vermögensbestand 507f
Vermögensbestandsänderungen 506
Vermögenslage 1947 (Schätzung) 505
Vermögensnachweis 505
Vermögensverluste 128, 505, 508
Verrechnungsstellen 47
Versicherungsamt 320
Versorgungsbetriebe, siehe Stadtwerke
Versorgungsprobleme 5
Verstärkungsmittel 264, 490
Vertikalanalyse **316ff**
Verursachungsprinzip 454
Verwaltung 41ff
-- Allgemeine- 318ff
Verwaltung von städtischen Mietwohngrundstücken durch die Baugesellschaft Hanau 498
Verwaltungsgebühren **244ff**, 500, siehe auch Gebühren
Verwaltungs-
-- kostenbeiträge 250, 256, 495
-- personal, siehe Personalbestand
-- polizei, siehe Ordnungsverwaltung
-- reform, siehe Gebietsreform
-- stellen 440
-- vermögen, siehe Vermögen
-- zweige 47ff, 540
Verwaltungs- und Betriebsbereitschaft 123
Verwaltungszentrum 9
Verwarnungsgebühren (Polizei) 243, 246, 336
Verzinsung des Eigenkapitals 255
Viadukt (Trasse der Bundesstraße 43) 437
Viehverteilungsstelle im Schlachthof 310
Volksaufklärung (gesundheitliche) 397
Volksbildung 364, **376ff**
Volkshochschule **378**
Volksschulen 76, **346ff**
Volkswohnungen 309, 501, siehe auch Siedlungsprojekte

Wagenpark, siehe Fahrzeugbestand
Wahlbeamte 323, siehe auch Magistratsmitglieder, ehrenamtliche,
Währungsreform 154, 160, 175, 187, 253, 286, 289, 302, 405f, 430, 432, 449, 461, 464, 496, 498, 502, 505f, 508, 512, 514, 520
Währungsumstellung, siehe Währungsreform
Wald-, Park- und Gartenanlagen 441, **464ff**
Wärmestuben 392
Wasserläufe und Wasserbau 415f, **437ff**
Wasserrohrnetz 12
Wasserwerke, siehe Stadtwerke
Wegeabgabe 255ff, 472, 475, 481, 500
Weggefallene Posten 55
Weimarer Verfassung 90, 231, 346
Weisungsaufgaben, siehe Aufgaben, kommunale,
Weltwirtschaftskrise 68, 184, 309
Werftgebühren (Hafen) 481
Werksfeuerwehren 458
Werkstattbetrieb, siehe unter Fuhrpark
Wettbewerbsverzerrungen 224
Wiederaufbau
-- Öffentliche Einrichtungen 282, 283, 286f, 291f
-- Schulen 282, 283, 284, 291f
-- stadteigener, bebauter Grundbesitz 282f, 502
-- Stadtkrankenhaus 282, 283, 284f, 291f, 307, 403ff
Wiederaufbaulotterie (Stadthalle) 251, 373
Wiederaufbauplanung Altstadt 276
Wildes Bauen 425, 429
Winterbrandversorgung 73
Wirtschaftliche Unternehmen **470ff**
-- Ablieferungen 254
Wirtschaftsamt 69, 76, 440f
Wirtschaftsförderung 434, 440, 468
Wirtschaftskrise (1929/32) 519
Wirtschaftsrat des Vereinigten Wirtschaftsgebietes 82, 219
Wirtschaftsstruktur
-- historische Entwicklung 21ff
-- Kräfteverhältnis 24ff
Wirtschaftszweige (Steueraufkommen) 188
Wissenschaftspflege 364
Wochenmarkt, siehe Märkte und Messen
Wohnbezirke 11
Wohnblöcke 106, 286, 308, 430
Wohndichte 433f
Wohnraumbewirtschaftung 423ff
Wohnraumbewirtschaftung und Wohnungsaufsicht 415f
Wohnraumdefizit 428
Wohnraumlenkung 423
Wohnungsamt 328, 415f, 424, 426
Wohnungsaufsicht 423ff
Wohnungsausschuß 425
Wohnungsbau 427ff, 613

-- frei finanzierter - 432
-- öffentlich geförderter- 299
-- privater- 308
-- sozialer- 313, 520
Wohnungsbaugenossenschaften 253, 260
Wohnungsbaugesetz (1950) 280
Wohnungsbau in der Kritik 308
Wohnungsbaupolitik 249, 253, 308, 433
Wohnungsbauprojekte 286, 429, 568
Wohnungsbedarf 423
Wohnungsbehörde 424, siehe auch Wohnungsamt
Wohnungsbeschlagnahme (Besatzungsmacht) 424
Wohnungsbestände 424
Wohnungsgeldzuschüsse 68
Wohnungsgesetz (1946) [Kontrollratsgesetz Nr.18] 425f
Wohnungsgröße, durchschnittliche, 433
Wohnungsnot 424f
Wohnungswesen 415f, 502

Zahlungen an Zweckverbände 100
Zeichenakademie 342, siehe auch unter Schulen
-- Zahlungen an die- 93
Zerstörungsgrad 29f, 581
Zeughaus 457
Zinsen
-- Einnahmen aus- 253
-- Ausgaben, siehe Schuldendienst
Zinserträge aus Aktivdarlehen 253f
Zuchtviehhaltung 152, 469
Zugewanderte aus der sowjetischen Besatzungszone, siehe Kriegsfolgenhilfe
Zuschüsse
-- an Körperschaften, Verbände und Vereine 101
-- an private Bauherren (Enttrümmerung) 431
Zuwanderung von Vertriebenen und Flüchtlingen 518
Zuweisungen, siehe auch Ausgaben
-- an Außerordentlichen Haushalt 153
-- an Gebietskörperschaften **89ff**
-- -- an Bund(Reich) und Land **90ff**
-- -- an Gemeinden und Zweckverbände 99
Zuweisungen, siehe Einnahmen
Zuweisungssaldo 263
Zuzugsbeschränkung, siehe Zuzugsperre
Zuzugsgenehmigung 424
Zuzugssperre 424f, 428
Zwangsbewirtschaftung von Wohnraum, siehe Wohnraumbewirtschaftung
Zwangssparprozeß 262, 511
Zweckverband Hanau Stadt und Land 72
Zweckverbände 100, 240f
Zweckverbandsschulen 362, siehe auch Schulen, Berufsschulen
Zweigstellensteuer, siehe Einnahmen, Gewerbesteuer

L e b e n s l a u f

Name:	R u t h	
Vorname:	Karl-Heinz	
Geburtstag:	23.11.1926	
Geburtsort:	Hanau/Main	

Schulbildung:	1937-1943	Oberrealschule Hanau
Kriegsteilnahme/ Gefangenschaft:	1944-1946	
Schulabschluß:	1947	Abitur an der Hohen Landesschule Hanau (Realgymnasium)
Studium:	1947-1952	Johann Wolfgang Goethe-Universität Frankfurt Volkswirtschaftslehre, Wirtschafts- und Sozialpolitik, Betriebswirtschaftslehre
	1951	volkswirtschaftliche Diplomprüfung
Berufsweg:	1952-1954	Wissenschaftlicher Mitarbeiter des Magistrats der Stadt Hanau
	1954	Angestellter eines Marktforschungsinstituts
	1954-1961	Direktionsassistent in einem Unternehmen der kunststoffverarbeitenden Industrie
	1962-1964	Prokurist eines Großunternehmens der Maschinenbauindustrie
	1965	Berater eines Maschinenhandelshauses
	1966-1984	Geschäftsführer einer Import-Handelsgesellschaft
	seit 1985	im Ruhestand
Wiederaufnahme des Studiums:	1996-1997	Johann Wolfgang Goethe-Universität Frankfurt Wirtschafts- und Sozialgeschichte, Finanzwissenschaft
	1997	Promotion zum Dr.rer.pol.